Julius Wellhausen
Briefe

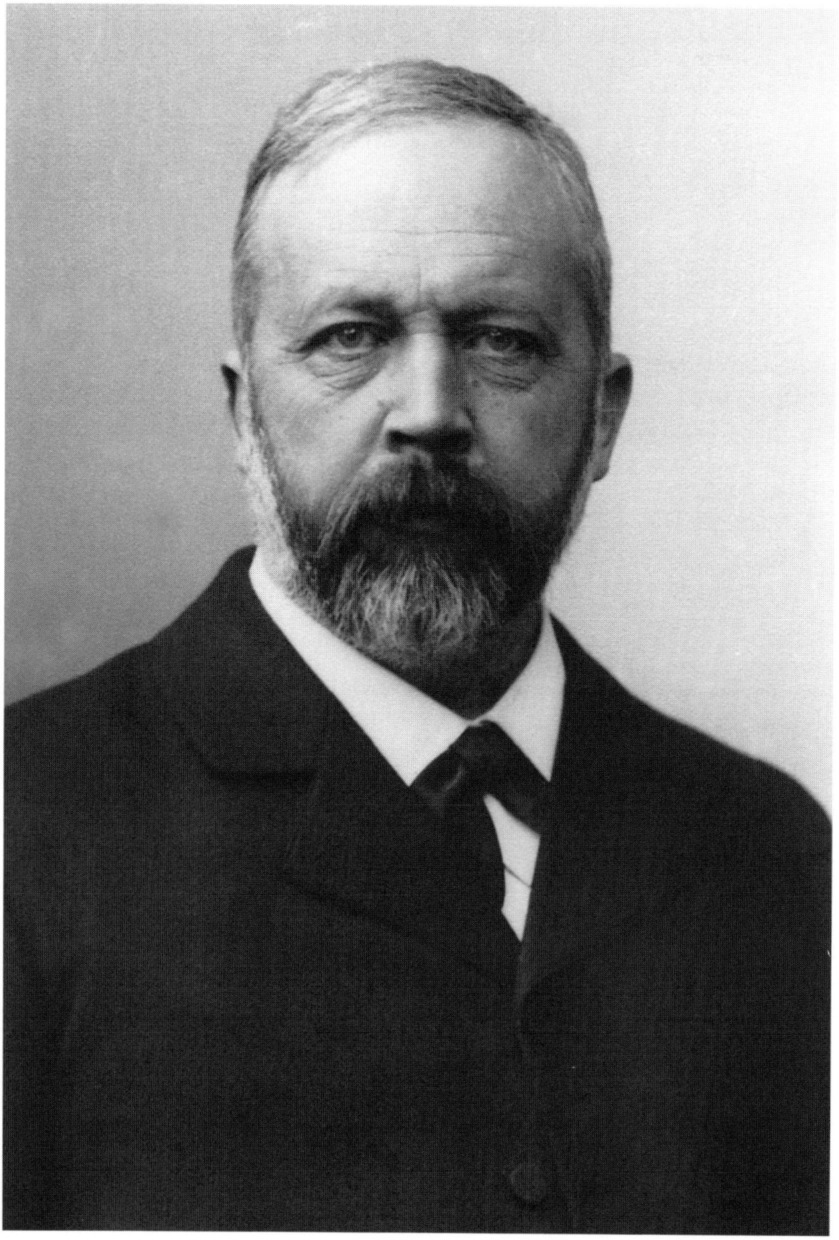

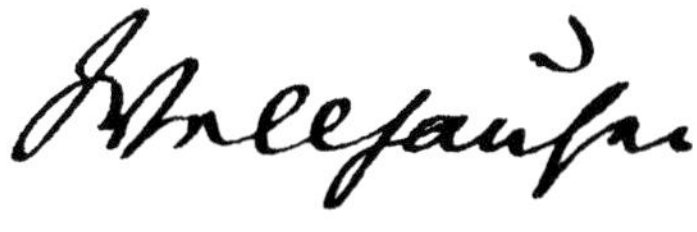

Julius Wellhausen

Briefe

herausgegeben von
Rudolf Smend

in Zusammenarbeit mit
Peter Porzig und Reinhard Müller

Mohr Siebeck

JULIUS WELLHAUSEN (1844–1918), Studium der Theologie in Göttingen 1862–65, Privatdozent ebenda 1870–72, ordentlicher Professor des Alten Testaments in Greifswald 1872–82, außerordentlicher Professor der semitischen Sprachen in Halle 1882–85, ordentlicher Professor der semitischen Sprachen in Marburg 1885–92 und Göttingen 1892–1913.

RUDOLF SMEND (geboren 1932), Studium der Theologie in Tübingen, Göttingen und Basel 1951–58, Privatdozent in Bonn 1962/63, Professor des Alten Testaments in Berlin 1963–65, Münster 1965–71 und Göttingen 1971–98.

PETER PORZIG (geboren 1971), Studium der Theologie in Göttingen 1992–99, Repetent der Braunschweiger Landeskirche ebenda 1999–2003, Wiss. Mitarbeiter im Akademieprojekt „Qumran-Wörterbuch" 2004–10, Promotion 2008, Mitarbeit bei der „Encyclopedia of the Bible and Its Reception" seit 2010.

REINHARD MÜLLER (geboren 1972), Studium der Theologie in Oberursel, Göttingen und München 1993–2000, Promotion 2003, Ordination 2006, Privatdozent des Alten Testaments in München seit 2008, Gastprofessor an der Humboldt-Universität Berlin 2011, Akademischer Oberrat in München seit 2011.

ISBN 978-3-16-152518-6

Die Deutsche Nationalbibliothek verzeichnet diese Publikation in der Deutschen Nationalbibliographie; detaillierte bibliographische Daten sind im Internet über *http://dnb.dnb.de* abrufbar.

© 2013 Mohr Siebeck Tübingen. www.mohr.de

Das Werk einschließlich aller seiner Teile ist urheberrechtlich geschützt. Jede Verwertung außerhalb der engen Grenzen des Urheberrechtsgesetzes ist ohne Zustimmung des Verlags unzulässig und strafbar. Das gilt insbesondere für Vervielfältigungen, Übersetzungen, Mikroverfilmungen und die Einspeicherung und Verarbeitung in elektronischen Systemen.

Das Buch wurde Gulde Druck in Tübingen gesetzt, auf alterungsbeständiges Werkdruckpapier gedruckt und von der Buchbinderei Spinner in Ottesweier gebunden. Den Umschlag entwarf Uli Gleis in Tübingen unter Verwendung einer Photographie von Julius Wellhausen.

Vorwort

Noch im Todesmonat Julius Wellhausens, am 30. Januar 1918, schrieb seine Witwe dem Lehrstuhlnachfolger ihres Mannes, Enno Littmann, wie sie das Andenken an die Person des Verstorbenen zu sichern gedachte. Zunächst sollte der Münchner Bildhauer Adolf v. Hildebrand eine Büste herstellen, danach wollte sie selbst eine Reise zu Freunden und Verwandten unternehmen – sie nannte die Orte Hameln, Marburg, Basel, Berlin, Hannover, Leiden „etc." –, um „Erinnerungen" zu sammeln, die Littmann zu einem „schönen Bilde" vereinigen sollte[1]. Die Büste kam zustande – sie steht heute in der Kunstsammlung der Göttinger Universität –, die Reise nicht, zu schweigen von dem „schönen Bild". Marie Wellhausen wurde bald auf die Dauer krank und verzog aus Göttingen in ein Sanatorium in Kassel, wo sie 1925 starb. In ihrer Hinterlassenschaft befand sich nur ein einziges kleines Konvolut, das im Zusammenhang der im Januar 1918 geplanten „Sammlung" gesehen werden kann: ein gutes Dutzend Briefe und Karten Wellhausens an seinen engsten Freund Rudolf Smend aus den Jahren 1891–1913, im Oktober 1918 von der Witwe Hedwig Smend nach Kassel geschickt. Wellhausen selbst hat an ihn gerichtete Briefe in der Regel nicht aufgehoben; was bei seinem Tod noch vorhanden war, wurde später vernichtet, entweder von der Witwe selbst oder aufgrund ihrer testamentarischen Verfügung. Einige Briefe überlebten, weil Wellhausen sie in Bücher gelegt hatte, die in öffentlichen Besitz gelangten[2].

Der erste, der einen größeren Einzelbestand von Wellhausen-Briefen einsehen und auswerten konnte, war der deutsch-jüdische Philosoph Friedemann Boschwitz (1909–1974). In der Einleitung seiner glänzenden Marburger Dissertation von 1938 „Julius Wellhausen. Motive und Maßstäbe seiner Geschichtsschreibung" dankt er Professor Carl Justi in Marburg dafür, dass er ihm die 44 Briefe und 26 Postkarten Wellhausens an seinen Vater, den Iranisten Ferdinand Justi, zur Verfügung gestellt hat. Sie seien, fügt Boschwitz hinzu, „der Veröffentlichung wert". Er wäre sehr geeignet gewesen, sich darum zu kümmern, aber er konnte es nicht mehr, weil er sich seit 1935 in Palästina befand. Seine Dissertation, die viele Zitate aus den Briefen an Justi enthält, wurde erst 1968 durch einen Neudruck der Wissenschaftlichen Buchgesellschaft einer breiteren Öffentlichkeit bekannt. Die Briefe gingen in den Besitz des Orientalisten Hans Heinrich Schaeder über, der, seit 1945 in Göttingen, sie dort herumzeigte und, wohl mit dem Ziel der Veröffentlichung, eine Abschrift begann, damit aber nicht weit gedieh. Nach seinem Tod (1957) wurden sie durch Vermittlung Walther Zimmerlis mir übereignet.

---

1 Der Brief befindet sich im Nachlass Littmann in der Staatsbibliothek zu Berlin.
2 Gesammelt in der Niedersächsischen Staats- und Universitätsbibliothek (Cod. Ms. hist. lit. 41 g).

Kurze Zeit war ich, zumal da sich Boschwitz' Urteil schlagend als richtig erwies, in Versuchung, die Briefe an Justi separat herauszugeben, so wie es in jenen Jahren Ernst Barnikol und Ernst Bammel mit Wellhausens Briefen an Dillmann und Mommsen taten[3]. Aber dann schien es mir doch geboten, statt vorschnell weiteres Stückwerk zu liefern, zunächst einmal nachzuforschen, wie viel Material sich etwa noch in öffentlichem oder privatem Besitz erhalten hätte und ob sich von da her nicht eine umfassendere Edition nahelegen würde. Ich sah nicht voraus, dass diese Nachforschung mehrere Jahrzehnte in Anspruch nehmen, allerdings auch nicht, dass ihr Ergebnis meine anfangs nicht sehr optimistischen Erwartungen nach Quantität und Qualität bei weitem übertreffen würde. Ein Hindernis bedeutete von vornherein das Fehlen eines Wellhausenschen Nachlasses und damit der allermeisten Briefe *an* Wellhausen, wodurch nicht nur die Möglichkeit eines Brief*wechsels* ausgeschlossen, sondern auch die Rekonstruktion der Beziehungen, in denen er gestanden hat, sehr erschwert wird. Unwiederbringlich waren die Kriegsverluste; um zwei Hauptbeispiele zu nennen: die Briefe an Wilamowitz befanden sich in dem Teil von dessen Nachlass, der 1945 den Flammen zum Opfer fiel, die an Duhm vermutlich in der in Breslau zerstörten Habe des Sohnes Hans Duhm. Einige Adressaten haben Wellhausens Briefe nicht oder nur teilweise aufgehoben: Smend von 1891, Nöldeke von 1899 an. Aber erstaunlich viel blieb erhalten und trat bei der planmäßigen Suche, die ich nach einigen früheren Sondierungen um die Mitte der sechziger Jahre begann, nach und nach ans Licht, darunter schon ziemlich am Anfang, im Februar 1967, auch jenes 1918 der Witwe übersandte Konvolut, von dessen Existenz ich damals nichts wußte und das sich unverhofft in der Verwandtschaft von Frau Wellhausen fand. Meine Erkundigungen und Bitten stießen überall auf freundliches Gehör, mancherlei Hilfe erfuhr ich auch von dritter Seite. Ich habe die Briefe, wie sie mir im Original oder kopiert in die Hand kamen, immer gleich mit der Schreibmaschine abgeschrieben, in einzelnen Fällen auch durch die wissenschaftlichen Mitarbeiter an meinem Lehrstuhl, zunächst in Münster, dann in Göttingen, abschreiben lassen und dabei, bestärkt durch viele Gespräche mit Kundigen und Urteilsfähigen, immer ernsthafter die Möglichkeit einer vollständigen Publikation ins Auge gefasst. Deren Vorbereitung begann ich 1992, aber sie verzögerte sich allein schon durch die beglückende Unabgeschlossenheit der Sammlung: beinahe Jahr für Jahr, zuletzt 2012 und 2013, fanden sich neue Briefe, und ich hoffe, dass es damit noch nicht zu Ende ist und also über kurz oder lang ein Heft mit Nachträgen erforderlich sein wird[4].

Unter diesem Vorbehalt ist die hier vorgelegte Sammlung eine vollständige. Ich habe von Zeit zu Zeit Möglichkeiten einer Auswahl erwogen, bin aber jedesmal wieder davon abgekommen. Der geläufigste Grund für Auslassungen in pu-

---

3 S. u. Briefe **11**[1] und **97**[1].
4 Ein erster Nachtrag ist schon jetzt nötig geworden: unten S. 652.

blizierten Briefwechseln, die mögliche Verletzung lebender Personen, ist nach einem reichlichen Jahrhundert gegenstandslos; und Wellhausen ohne seine scharfen, manchmal auch ungerecht scharfen Urteile wäre nicht Wellhausen. Auch dafür wage ich auf das Verständnis des Lesers zu rechnen, dass ich mich bei einzelnen Äußerungen über Frau Wellhausen, nicht zuletzt ihre Gesundheit betreffend, trotz einigen Zögerns nicht zur Streichung habe entschließen können; sie gehören zum Bild. Zum Bild gehören neben den privaten Briefen auch die mehr oder weniger offiziellen in amtlichen oder geschäftlichen Angelegenheiten. Auch sie tragen in diesem Fall fast immer den unverwechselbaren Stempel der Person, und so habe ich sie mit hereingenommen, ohne dabei eine ganz feste Grenze gegen nichtbriefliche Äußerungen zu ziehen.

Ich erwarte nicht, dass durch diesen Band, so reichhaltig er auch ist, unter uns ein neues Wellhausen-Bild ins Dasein tritt. In seinem gedruckten Werk steht der Mann, der ebenso wenig unpersönliche Bücher wie unpersönliche Briefe schrieb, längst mit großer Deutlichkeit vor aller Augen, mögen auch Unkenntnis oder böser Wille oder beide zusammen zu allerlei Missverständnissen geführt haben. Aber bei einem Autor seines Ranges – und seinen Rang bestreiten auch die nicht, die ihn missverstehen – ist die Erhellung seines persönlich-biographischen Hintergrundes und Umfeldes auch zum Verständnis seines Oeuvres jede Mühe wert. Dabei macht die Lektüre Wellhausens in seinen Briefen noch weniger Mühe als in seinen Schriften, wo sie auch schon weithin ein Genuss ist. An seiner Wirkung war von Anfang an zu einem guten Teil seine Sprache beteiligt, die manche, je nachdem bewundernd oder tadelnd oder neidisch, journalistisch nannten, die aber auch nicht wenige zu dem Urteil geführt hat, Wellhausen sei unter den neuzeitlichen Bibelwissenschaftlern der größte Schriftsteller gewesen. Dem werden, denke ich, seine Briefe nicht entgegenstehen.

Unsere Edition bietet mit 95jähriger Verspätung und in teils kleinerem, teils größerem Umfang als damals möglich, den schriftlichen Teil der „Erinnerungen", die Marie Wellhausen 1918 auf ihrer Rundreise zu sammeln gedachte. Was sie sich mündlich erzählen lassen wollte, ist für immer verloren, sofern nicht dies und jenes auf anderen Wegen mehr oder weniger zufällig bewahrt wurde. Ein Wunschtraum blieb fast zwangsläufig auch das „schöne Bild", das Enno Littmann aus der Sammlung machen sollte. Stattdessen trug ein Vierteljahr nach Wellhausens Tod in der Gedenkfeier der Göttinger Akademie Eduard Schwartz aus ähnlicher persönlicher Nähe und mit vielleicht noch größerer sachlicher Kompetenz eine Würdigung von Leben, Werk und Wesen des Verstorbenen vor, die bis heute nicht übertroffen ist und schwerlich jemals übertroffen werden wird[5]. Aber auch in der besten Gedenkrede kann nicht alles gesagt werden, und

---

5 Eduard Schwartz, Julius Wellhausen, NGWG Geschäftliche Mitteilungen 1918, 43–70 (auch separat: ders., Rede auf Julius Wellhausen. Gehalten in der öffentlichen Sitzung der Königlichen Ge-

so bleibt das Desiderat einer ausführlichen Biographie auf der Grundlage alles noch greifbaren Materials, unter dem nunmehr die Briefe den wichtigsten, aber durchaus nicht den einzigen Platz einnehmen. Ich habe vor geraumer Zeit mit der Niederschrift einer solchen Biographie begonnen, zunächst in der Absicht, sie zugleich mit den Briefen erscheinen zu lassen, deren indirekte, manchmal auch direkte Interpretation eine ihrer Aufgaben ist[6]. Aber der von vielen Seiten anhaltend und mit wachsender Dringlichkeit geäußerte Wunsch nach den Briefen hat mich zu dem Entschluss geführt, mit ihnen nicht länger zu warten. Wenn ich sie hiermit zunächst allein herausgebe, dann mit dem nachdrücklichen Hinweis, dass vieles, was zu ihrem vollen Verständnis nützlich, ja notwendig ist, erst in der Biographie enthalten sein wird, für die darum ein besonderes Briefregister vorgesehen ist, das die Anmerkungen unseres Briefbandes – zu denen stets sein Namenregister hinzuzunehmen ist – von der Aufgabe einer lückenlosen und in größere Tiefe und Breite gehenden Kommentierung entlastet.

Zu den ersten, denen ich die Briefe, natürlich noch in viel kleinerer Anzahl, gezeigt und teilweise vorgelesen habe, gehörte Gerhard von Rad. Seine Reaktion schloss mit dem Satz: „Ich will diese Briefe alle lesen und will sie so lesen, wie Wellhausen sie geschrieben hat." Ich habe mir auch das Letztere zu Herzen genommen und der Verlockung widerstanden, diese meist sehr spontan geschriebenen Texte so zu behandeln, als wären sie für den Druck bestimmt gewesen, habe also Inkonsequenzen in Orthographie und Interpunktion nicht beseitigt, Abkürzungen nicht aufgelöst, fehlende Schlusspunkte nicht ergänzt und bin bei der schon aus Raumgründen unumgänglichen Schematisierung des Satzbildes so behutsam wie möglich verfahren. Nur in einer Sache hat mir der Wandel der Gepflogenheiten eine gewisse Freiheit nahegelegt: Wellhausen schreibt gemäß damaliger Übung Deutschsprachiges in deutscher, Fremdsprachiges und gelegentlich auch sonst irgendwie Hervorgehobenes sowie die Briefe an Ausländer in lateinischer Schrift. Um eine störende Unruhe im Druckbild zu vermeiden, die die Briefe, so wie sie sind, nicht aufweisen und die es auch in Wellhausens Büchern nicht gibt, habe ich die lateinisch geschriebenen Briefe überhaupt nicht, die Einsprengsel in den deutsch geschriebenen nicht immer, das von Wellhausen Unterstrichene dagegen (entsprechend damaligem Sperrdruck) durchweg kursiviert[7].

Wellhausen, in Formalitäten kein Pedant, hat seine brieflichen Mitteilungen nicht immer mit dem Datum versehen. Dieses lässt sich aber in den meisten

---

sellschaft der Wissenschaften zu Göttingen am 11. 5. 1918, Berlin 1919), auch in ders., Vergangene Gegenwärtigkeiten. Gesammelte Schriften, Bd. 1, Berlin 1938 ([2]1963), 326–61.

6 Eine vorläufige Skizze: Rudolf Smend, Julius Wellhausen. Ein Bahnbrecher in drei Disziplinen. Themen – Eine Publikationsreihe der Carl Friedrich von Siemens-Stiftung. Bd. 84, München 2006. Vgl. auch Reinhard Gregor Kratz, Art. Wellhausen, in: TRE 35 (2003) 527–36 (mit Literatur).

7 Zu den lateinisch geschriebenen Briefen (in den Anmerkungen „lat.") sei noch vermerkt, dass in ihnen die Orthographie der Vorlage befolgt (ss statt ß) und gelegentlich eine Kursivierung nach Analogie der deutsch geschriebenen vorgenommen wurde.

Fällen mit Sicherheit oder hinreichender Wahrscheinlichkeit aus einem Poststempel oder anderen Anhaltspunkten erschließen. Die erschlossenen Daten sind jeweils ohne besondere Begründung in eckigen Klammern vorangestellt. Auch sonst enthalten eckige Klammern stets Herausgeberzusätze.

Ebenfalls zur Entlastung der Anmerkungen ist die in den Beilagen (als Nr. VII) enthaltene Bibliographie bestimmt, die in dieser gegenüber ihrer Vorgängerin von 1914 erweiterten Form auch der künftigen Beschäftigung mit Wellhausen gute Dienste leisten soll. Die ihr vorangehenden Listen der von ihm belegten und gehaltenen Lehrveranstaltungen (Beilagen IV und V) machen immerhin etwas von dem lernenden und dem lehrenden Wellhausen sichtbar, die beide sehr viel weniger bekannt sind als der forschende und schreibende. Neues Licht auf seine Anfänge werfen die Schriftstücke, die im Zusammenhang seiner Bewerbung um die Göttinger Repetentenstelle im Jahr 1868 stehen (Beilagen I–III). Während sie nie für eine Veröffentlichung bestimmt waren, wünschte Wellhausen vier Jahre später das textkritische Ergebnis seiner ersten Jesajavorlesung gedruckt zu sehen, aber an seinen Lehrer Ewald traute er sich damit nicht mehr heran, mit zwei Zeitschriften wollte er nichts zu tun haben, und die Herren Krehl, Riehm und Olshausen ließen ihn nacheinander abblitzen[8]; nach 141 Jahren holt unsere Beilage VI das von ihnen Versäumte nach.

Ich habe vielen zu danken. Von denen, die dem Vorhaben in seinen Anfängen auf verschiedene Weise Pate standen, wurden zwei schon genannt, Gerhard von Rad und Walther Zimmerli. Ich nenne weiter Walter Bauer, Walter Baumgartner, Albert Dietrich, Otto Eißfeldt, Robert Hanhart, Alfred Jepsen, Enno Littmann, Lothar Perlitt, Wilhelm Rudolph, Isac Leo Seeligmann und last not least meinen Vater, der in diesem Band als R. S. „jun." figuriert. Einen selbstverständlichen Dank schulde ich den Bibliotheken, Archiven und Privatleuten, die das in ihrem Besitz befindliche Material bereitwillig und großzügig zur Verfügung stellten und den Abdruck in diesem Band gestatteten; besonders erwähnen möchte ich in diesem Zusammenhang Familie Bewer in Berlin. Wertvolle Hinweise gaben Frau Christiane Kind-Doerne und die Herren Johannes Hempel, John Cochrane O'Neill, Brevard S. Childs, Winfried Thiel, Konrad Hammann, Hans-Christof Kraus, Bernhard Maier und Alf Christophersen. Durch die Herstellung von Kopien, Abschriften und einem ersten Namenregister haben mich in zeitlicher Reihenfolge Walter Dietrich, Susanne Wüst-Krüger, Christoph Bultmann, Stephan Frielinghaus, Henrike Lähnemann und Roman Vielhauer unterstützt.

Den Grund für die endgültige Editionsarbeit legte Reinhard Müller, indem er in den Jahren 1996–99 die bis dahin vorhandenen Abschriften in ständigem Vergleich mit ihren Vorlagen zu einem digitalen Manuskript von hoher Qualität zusammenfasste. Für das Weitere stellten die Kollegen und Freunde Christoph

---

[8] S. u. Brief 10.

Levin und Thomas Kaufmann die Weiche. In der Sorge, ich würde nicht mehr rechtzeitig fertig werden, befanden sie, mir müsse ein sowohl biblisch-orientalistisch als auch technisch qualifizierter Mitarbeiter zur Seite treten, und dafür stellte Herr Kaufmann sogleich und später noch einmal für insgesamt acht Monate Mittel seines Lehrstuhls zur Verfügung; für weitere zwölf Monate, die dann noch um zwei verlängert wurden, beantragte und erhielt er zusammen mit mir eine Beihilfe der Fritz Thyssen Stiftung für Wissenschaftsförderung, der ich ebenso wie ihm zu großem Dank verpflichtet bin. Die Stelle ließ sich in idealer Weise mit Dr. Peter Porzig besetzen, der mich schon seit mehr als einem Jahrzehnt bei meinen Arbeiten weit über Technisches hinaus unterstützt hatte. Wir haben in den Jahren 2011 und 2012 fast täglich über den Wellhausen-Briefen zusammengesessen, ihren Text endgültig festgestellt und die Anmerkungen besprochen, die mitsamt dem Namenregister sein Werk sind, aber natürlich auch in meine Verantwortung fallen. Wesentlich geholfen hat uns Dr. Martin Jagonak, indem er die Transkriptionen aus dem Arabischen überprüfte.

Den Herren Dr. h. c. Georg Siebeck und Dr. Henning Ziebritzki danke ich für das freundliche Angebot, den Verlag des Buches zu übernehmen, und Frau Ilse König für die sorgfältige Betreuung seines Druckes.

Göttingen, den 17. Mai 2013   Rudolf Smend

Inhalt

Vorwort V

Briefe 1863–1917 1
    Göttingen 1863–1872 3
    Greifswald 1872–1882 13
    Halle 1882–1885 106
    Marburg 1885–1892 173
    Göttingen 1892–1917 288

Anmerkungen 653

Beilagen 785
    I. Lebenslauf (1868) 787
    II. Wissenschaftliche Arbeit (1868) 789
    III. Predigt (1868) 800
    IV. Belegte Lehrveranstaltungen 1862–65 807
    V. Gehaltene Lehrveranstaltungen 1868–1913 808
    VI. Emendationen zu Jesaja (1872) 815
    VII. Bibliographie 1870–1914 818
    VIII. Verzeichnis der Nachrufe 838

Abbildungsnachweise 839

Empfänger der Briefe 841

Namenregister 849

Briefe
1863–1917

**1. An das Ephorat der theologischen Fakultät
der Universität Göttingen**

  Gehorsames Gesuch des Studiosus Theologiae Wellhausen
    um Aufnahme ins theologische Stift.
In der Hoffnung, durch näheren Umgang mit Studiengenossen und namentlich den Herren Repetenten vielfache Gelegenheit zur theologischen Fortbildung finden zu können, darf ich an hochwürdiges Ephorat die gehorsame Bitte richten um Bewilligung einer Wohnung im theologischen Stifte. Durch beigelegte Zeugnisse[1] glaube ich mein Ansuchen unterstützen zu können, ebenso erlaube ich mir, auf eine jüngst von mir eingelieferte Arbeit „Die Entwicklung der messianischen Weissagung"[2] Bezug zu nehmen, aus der sich hoffentlich ersehen läßt, daß sie mit Liebe gemacht ist.

  Indem ich mein Gesuch einer geneigten Berücksichtigung des hochwürdigen Ephorates anheimstelle, unterzeichne ich einer günstigen Entscheidung entgegenharrend

         gehorsamst
         Julius Wellhausen, stud. th.
Göttingen am 28ten Juli 1863.   aus Hameln

2. An Gustav Teichmüller

            Hameln, am 11ten, März 1866
Verehrter Herr Doktor!
Es war längst meine absicht, meine pflicht zu thun und Ihnen zu schreiben, und ich bin wirklich erbost, daß Ihr freundlicher brief erst als *complementum occasionis* (oder wie es sonst heißt, Sie glauben nicht, wie schön ich alles wieder vergesse, was Sie mich gelehrt haben) hinzukommen muß, um meine absicht zu realisieren. Ihre anfrage darin hat wirklich meiner eitelkeit etwas geschmeichelt; ich hatte nicht erwartet, daß Sie eine solch hohe meinung von mir hätten, mich der nachfolge des Akademikers Dr Nauck für würdig zu halten; meine ansicht ist, daß ich den gestellten anforderungen in keinem punkte genüge. Ich kann zur noth Latein verstehen, es zu sprechen bin ich aber nicht entfernt im stande; Englisch verstehe ich gleicherweise höchstwahrscheinlich nicht mehr, als irgend einer von den Petersburger Primanern, und wie meine theoretischen kenntnisse, so bedarf auch mein charakter noch eines bedeutenden wachsthumes, ehe ich mir einbilden kann, leuten, die mir im alter ziemlich gleich sind, im geringsten zu imponieren. Hinzukommt als zweiter zwingender grund, jene Petersburger aussichten nicht zu verfolgen, daß ich bereits auf Ostern engagiert bin als

hauslehrer beim Consistorialrath *Cammann* in hannover, an den Sie bereits Ihren brief adressiert haben.

Ich hätte aber fast vor lauter geschäftseifer das nächste vergessen, nemlich Ihnen recht herzlich für den neuen beweis Ihrer freundlichkeit zu danken, dessen werth mir natürlich nicht im mindesten dadurch gemindert wird, daß ich nicht in der lage bin, davon gebrauch zu machen. Sie glauben nicht, wie groß oft meine sehnsucht nach Göttingen ist; mein geist ist leider noch nicht interessant genug, um mir als gesellschafter zu genügen oder auch nur mich vor langer weile zu bewehren; und in hameln oder hannover hat man nicht die gelegenheit, sich auszutauschen wie in Göttingen. Meine gedanken und pläne für die fernere zukunft concentriren sich auch alle nach Göttingen, seit ich dort nicht mehr bin; ich denke so Gott will in zwei jahren mich dort wieder einzunisten, zunächst noch ein jahr zu studieren und dann mich um eine repetentur zu bewerben[1]. Seit meine Leipziger excursion ein ende mit schrecken genomen hat, aus lauter albernen gründen, thue ich weiter nichts als Arabisch und Hebräisch treiben und hoffe damit etwa in 2 jahren so weit vorgerückt zu sein, daß ich von Ewalds *privatissimis* profitieren kann. Die sprachen interessieren mich von tage zu tage mächtiger; wenn ich nicht in der Theologie eine art gegengewicht hätte, würde ich gewiß in etymologie und grammatik aufgehen. Die Philosophie, an der ich kaum zu naschen angefangen hatte, bleibt schon bedenklich links liegen; grade bei dem philos. studium entbehrt man besonders der gemeinschaft mit leuten gleichen interesses. Sie sehen wohl, wie sehr mir noch immer Ihre Societät im kopfe steckt; die war ganz nach meinem geschmack, nur behandelten Sie uns zu glimpflich. Ich hoffe, Sie haben da meinen lieben verstorbenen freund Weniger von einer seite kennen lernen, die ihm zur ehre gereicht und die sein äußeres nicht auf den ersten blick kund gab. Seine intellektuellen gaben waren nicht bedeutend, aber er hat gezeigt, wie man sie durch ehrlichen ruhigen willen fast ersetzen kann. Und dabei war er die treuste seele von der welt und mir insbesondere von ganzem herzen ergeben.

Bitte grüßen Sie von mir die ganze aristotelische societät, besonders aber Euken[2] (oder Oiken; ich weiß nicht, wie er seinen tollen namen schreibt) und Förster, vater und sohn. Indem ich Ihnen nochmals herzlich danke, bitte ich Sie zugleich, mir Ihre freundschaft ferner zu bewahren.

In aufrichtiger ergebenheit
Ihr Julius Wellhausen.

Julius Wellhausen

3. An die theologische Fakultät der Universität Göttingen

[Göttingen, Mitte Januar 1868]
Ordini Theologorum,
Qui Sunt In Alma Literarum
Universitate Georgia Augusta,
Summe Venerando
S. P. D.[1]
Julius Wellhausen, Cand. Theol.
Hamelensis.

Ut mos est, has ad vos litteras dedi, viri reverendissimi, quibus rogatus vos velim, ut in Repetentium qui dicuntur collegium me recipiatis. Est quidem quod dubitem an par sim praestandis Repetentis officiis. Etenim quicquid mihi supererat temporis apud Ernestum Cammann, scholarchum illum, qui mihi commiserat curam puerorum instituendorum, omne consumpsi in studio Veteris Testamenti, maxime in textibus Masorethico et Alexandrino conferendis. Ne intra hujus quidem disciplinae arcte circumscriptos fines quicquam profeci, tres enim res necessariae defecerunt me, tempus bibliotheca socii studiorum. Verum ut desint adhuc vires, tamen ἔρωτος illius Platonici mihi sum conscius speroque fore, ut aliquantulum conferre possim ad excitandum etiam in commilitonibus eum amorem. Proinde oro rogoque, ut copiam mihi detis probandae artis meae obstetriciae. Pronis accipite quod peto auribus, viri summe venerabiles, mihique favete![2]

4. An das Kuratorium der Universität Göttingen

Unterthänigstes Gesuch des Repetent. J. Wellhausen
um Beurlaubung vom Bibliotheksdienste.

Da mir von Medicinalrath Dr. Burghard in Hannover eine Kaltwasserkur angerathen ist, und derselbe empfiehlt, daß ich möglichst bald damit anfange, so ersuche ich Ein Hohes Königliches Curatorium, mir schon vom Donnerstag dem 4ten August an und bis zum Wiederanfang des Wintersemesters Dispens vom Bibliotheksdienst gewogentlichst ertheilen zu wollen.

Ehrerbietigst
J. Wellhausen
Gött. den 26' Juli 1869.   Repetent

5. An die Theologische Fakultät der Universität Göttingen

Eine Hochwürdige Theologische Fakultät
ersuche ich, unter Bezugnahme auf eine Mittheilung Snr. Hochwürden des Herrn Abtes Ehrenfeuchter, der zufolge eine anderweitige Bewerbung um die durch meinen eventuellen Abgang vakant werdende Repetentenstelle nicht stattfindet, mir das Verbleiben in meiner bisherigen Stellung für das Sommersemester 1870 gewogentlichst gestatten zu wollen.

         Einer Hochwürdigen Fakultät
         ehrerbietigster
Göttingen am 4. Merz [sic] 1870 J. Wellhausen

6. An die Theologische Fakultät der Universität Göttingen

Ordini Theologorum
Summe Venerando
S. P. D.
J. Wellhausen, de repp. colleg.

Diutius in hac Alma Literarum Universitate versandi ansam quaerens potius, quam miro aliquo docendi quae vix didici stimulatus desiderio, ambire Vos audeo, Viri summopere mihi Reverendi, ut admittere me velitis ad examinis pro licentiati honoribus capessendis periculum faciendum. Veteris Testamenti quod dudum amplexatus sum, in posterum etiam imprimis tractandi mihi esse consilium ex dissertatione, quam Vestro obtuli judicio[1], cognoscetis. Cujus quidem si satis monstrosum Vobis videbitur thema, casu illud magis quam consilio mihi contigisse fateor. Aliud enim exeunte semestri superiore tractare moliebar, sed ubi opus aggressus sum, cognovi prius de gentibus Judaeis mihi debere constare quam illud conficiam. Proinde ad carum me protinus converti scrutanda vestigia, quod tamen tantum mihi facessebat negotii, ut ad id absolvendum quod proposueram, tempus me deficeret. Queri igitur mihi restat

Amphora coepit
Institui, currente rota cur urceus exit[2]?

Vitae meae alteram, quae registraturam Vestram premet, garrulam expositionem nolite quaeso exigere; omnino vero est qua alias erga me usi estis immerita benignitate ea in posterum ne me destituatis oro rogoque.

        Dabam Gottingae a. d. III Id. Maj.[3]
        1870

7. An Justus Olshausen

Göttingen, 29.'Okt. 71

Hochverehrter Herr Geheimer Rath

Indem ich mir erlaube, beifolgendes Buch[1] Ihnen zu übersenden, geschieht es in der Hoffnung, daß Sie den Tendenzen desselben Ihre Theilnahme nicht versagen werden. Ich schmeichle mir aus Ihrer Vorrede zur zweiten Ausgabe des Hirzelschen Hiob[2] über das, was der Alttestamentl. Wissenschaft Noth ist, etwas gelernt zu haben und würde mich freuen, wenn Sie fänden, daß meine Arbeit davon Zeugnis ablege.

Ehrerbietig
Lic. J. Wellhausen.

8. An Georg Sauerwein

Gött. 3'. Nov. 1871

Lieber Sauerwein

حنِق = *ira vehementi exarsit*, also

הַמְהוֹלָל יָם = الخنِقون[1].

Ich werde mir erlauben, Dir bei Gelegenheit ein Exemplar meines neuesten *opus*[2] zu schicken, aber wahrscheinlich nicht in kürzester Frist.

Dein J. Wellhausen.

9. An Paul de Lagarde

[Göttingen, 25.11.1871[1]]

Hochverehrter Herr Professor.

Ich erlaube mir, diesen Zettel an die Stelle einzulegen, wo Kuenen Ihre Ansicht über Phurim reproduciert[2]. Zugleich bilde ich mir nicht ein, Ihnen etwas Neues mitzutheilen, sondern bitte Sie es nur als Zeichen meines Interesses an Ihrer Conjectur Jes 1,31[3] anzusehen, wenn ich zu deren Bestätigung auf Hieron. in Matth 10,28 verweise (Robins. II 143[4]). Die Gärten Jes 1,29f werden vermuthlich an der berühmten Gartenstelle beim Teiche Siloah gelegen haben und dann ist es sehr interessant, daß „der Slave wie er im Buche steht"[5] dort sagt, er habe mehr als einmal gelesen, *idolum Baal fuisse iuxta Jerusalem ad radices montis Moria, in quibus Siloe fluit*. Darf man Jes 3,10 אַשְׁרֵי und 8,9 הַאֲזִינוּ lesen für אמרו und האזינו? Würde ψ 9,7 ein Sinn entstehen durch הֶעָרִים statt וָעַ'? = mit dem Feinde ists aus, Trümmer auf ewig sind die Städte, die du (Gott)?, geschwunden das Andenken an sie (die Feinde) selbst. ??? ψ 35,13 עַל חִכִּי?

10. An Justus Olshausen

Hameln a. d. Weser.
25 März 1872.

Hochverehrter Herr Geheimerath
Obwohl ich weiß, daß Sie mit Geschäften überhäuft sind, wage ich es dennoch, Sie mit einer etwas zudringlichen Bitte zu belästigen. Ich habe im vergangenen Semester den Jesaia erklärt und bei der Gelegenheit einige textkritische Funde gemacht, welche mir der Veröffentlichung werth schienen. Ich bot dieselben Herrn Prof. Krehl für die Ztschr. der D.M.G. an, erhielt aber von diesem den Bescheid, daß dergleichen Conjecturen von dem Plane jener Zeitschrift grundsätzlich ausgeschlossen seien. Darauf schickte ich sie dem Redactor der Studien und Kritiken ein; Herr Prof. Riehm aber erklärte mir in höflicher Weise, daß er sie für werthlos halte.

Da ich nun weder mit dem Archiv[1], noch mit der Zeitschrift für wissenschaftliche Theologie in Berührung zu kommen wünsche, so bliebe mir nichts übrig als meine Emendierungen *ad acta* zu legen. Da sie mir nun aber, auch wenn sie nur Kleinigkeiten betreffen, doch dieses Schicksal nicht zu verdienen scheinen, so halte ich es für eine Möglichkeit, daß sie in den Monatsberichten der Berliner Akademie veröffentlicht werden. Allerdings lägen mir ja die Göttinger Nachrichten näher, aber leider stehe ich mit Ewald nicht mehr so, daß ich seine Vermittlung in Anspruch nehmen möchte.

Ich kann mir denken, wie seltsam es Ihnen vorkommen wird, daß ich auf diese Weise Ihr Wohlwollen auszubeuten suche. Vielleicht gereicht es meiner Unverschämtheit zur Entschuldigung, daß sie den Character einer *ultima ratio* trägt. Einer Antwort von Ihrer Seite bedarf es übrigens in keinem Falle und auch keiner Rücksendung des Manuscriptes[2], welches ich abschriftlich besitze.

Ehrerbietigst
Lic. J. Wellhausen
Privatdoz. in Göttingen

11. An August Dillmann[1]

Hameln an der Weser, 8/4. 72

Hochverehrter, Hochwürdiger Herr Professor
Zunächst drängt es mich, Ihnen meinen herzlichen Dank zu erstatten für die thatbereite Theilnahme, mit der Sie für mich Sorge tragen. Ihr Brief beschämt mich sehr; ich hätte Ihnen längst für die gütige Übersendung der Bb der Könige[2] danken müssen. Über Ihren Empfang meines Buches[3] hatte mir ja Smend alsbald Bericht erstattet. Ihre Freundlichkeit gegen diesen, von der er nicht ge-

nug zu rühmen weiß, habe ich zu einem kleinen Bruchtheil mir anzuziehen gewagt. Wenn er nur bei Ihnen Einleitung in das Alte Testament hätte hören können! Hoffentlich lesen Sie dieselbe künftigen Winter.

Da ich gegenwärtig die Ferien in meiner Heimath zubringe, zu Hameln im Kalenbergischen, so kann ich mich nicht an Ort und Stelle nach etwaigen Beziehungen mir bekannter Göttinger Professoren zu Mitgliedern der Greifswalder theol. Fakultät erkundigen. Für wahrscheinlich halte ich, daß der Abt Ehrenfeuchter Herrn Prof. Wieseler in Greifswald kennt; an diesen habe ich mich demzufolge brieflich gewandt. Den Göttinger Philologen Wieseler kenne ich zwar auch, wenn auch nur oberflächlich; mir widerstrebt es aber etwas, mich durch einen Verwandten empfehlen zu lassen, der weiter nicht sachkundig ist. Ohne mich rühmen zu wollen, glaube ich, daß Prof. Wieseler in Greifswald wohl mit mir auskommen würde. Nach der Vorrede zu seinem jüngsten allerlei Fragen zur s. g. NTlichen Zeitgeschichte behandelnden Buche[4] hat er ein lebhaftes Gefühl davon, daß der theologische Arbeiter einen etwas mehr zünftigen Charakter annehmen müsse, wenn etwas dabei herauskommen solle. Ich muß auch gestehen, daß die Dilettanterei gegenwärtig eine ganz bedenkliche Klippe für die theologische Wissenschaft mir zu werden scheint. Wenn der Geist nur gut ist, so kommt es auf die Leistungen weniger an; bei Schenkel sowohl wie bei Dorner scheint mir Gesinnungstüchtigkeit die Hauptsache zu sein. *Pectus est quod facit theologum* ist ein Satz[5], der doch eigentlich nicht vom Theologen, sondern vom Menschen und vom Christen gilt. Den Theologen macht die Theologie, d. h. die Wissenschaft: daß er ein Mann und ein Christ sei, ist Voraussetzung – nicht bloß beim Theologen.

Persönlich kenne ich keinen einzigen der Greifswalder Theologen. Nur mit Vilmar stand ich in Beziehungen, in Folge meiner Dissertation, die er brieflich sehr eingehend besprochen hat. Ich bedaure herzlich, daß er so bald gestorben ist. Seine anonyme Recension von Hitzig's Geschichte des Volkes Israel[6] hat mir außerordentlich gefallen. Vor Prof. Zöckler fürchte ich mich ein bißchen.

Ich würde mich von einer drückenden Last befreit fühlen, wenn es Ihren Bemühungen gelänge, mir aus meiner gegenwärtigen Stellung herauszuhelfen. Das Privatdocententhum hat doch den Schein eines sehr unordentlichen Berufes, und das ist mir namentlich meiner Familie gegenüber, die mich erhält, sehr unangenehm. Wenn es gelingt, mich auf die Vorschlagsliste der Greifswalder Fakultät zu bringen, so, denke ich, wird sich das Übrige in Berlin wohl machen.

Mit abermaligem herzlichen Danke für Ihre Güte empfehle ich mich Ihrem ferneren Wohlwollen.

Ehrerbietig
J. Wellhausen

12. An August Dillmann

Göttingen, 17 April 72

Hochverehrter Herr Professor
Ich erlaube mir und halte es halb und halb für meine Pflicht, Ihnen Bericht abzustatten über allerlei Dinge, welche ich in Bezug auf die Greifswalder Angelegenheit so eben vom H. Abt Ehrenfeuchter aus Briefen von Wieseler an ihn und von Zöckler an Prof. Schöberlein erfahren habe. Man wünscht in Greifswald den alten durch Vilmars Tod erschütterten Bestand in der Zusammensetzung der theol. Fakultät in *der* Weise zu sichern, daß wiederum Drei gegen den Einen Hanne ständen. Um nun der Greifswalder Fakultät anzugehören, dazu muß man Doktor der Theologie sein. Es wäre nun gradezu absurd, wenn ich *ad hoc* zum Dr. Th. creiert würde; indes ist das doch auch keineswegs die einzige Weise, wodurch Wieseler und Zöckler zu ihrem Wunsche gelangen könnten. Prof. Cremer ist kein Fakultätsmitglied, weil nicht Dr. Th.; es scheint mir bei weitem am naheliegendsten, diesen dazu zu machen. Vielleicht könnten Sie Herrn Prof Wieseler auf diese Idee bringen. Ich weiß nicht, ob es möglich sein würde, den [sic] H. Pr. Cremer in Greifswald selbst den Doktor zu verschaffen; es gehört dazu, wie ich höre, Einhelligkeit der Honorenfakultät, welche vielleicht doch nicht zu erreichen wäre. Indes ließe sich die Sache vielleicht dadurch machen, daß sich H. Prof. Wieseler nach Bonn oder nach Göttingen wendete[1]. Ich werde mit Herrn P. Ritschl noch darüber sprechen.

Ein anderes Bedenken der Greifswalder Fakultät gegen mich ist meine kirchl. Stellung. Darüber mag ich nun selbst in einem Falle, wo ich interessiert bin, nicht gern reden. Doch glaube ich viel eher in wissenschaftlichen als in kirchlichen Dingen z. b. mit Zöckler zu collidieren. Für den Protestantenverein habe ich gar keine Sympathieen, gegen die Koryphäen desselben sogar eine große Antipathie, und ich meine damit nicht bloß etwa Schenkel, sondern z. B. Holtzmann und Hausrath. Freilich ist diese Antipathie in erster Linie gegründet auf die wissenschaftliche Art dieser Leute, so geistreich und kokett sich auch Hausrath herausputzt. Mit kirchlichen Fragen habe ich mich nemlich bis jetzt nicht sehr eingehend beschäftigt, obwohl ich behaupten darf, Interesse dafür zu haben. Doch scheint mir das ein bedenkliches Pseudos des durchschnittlichen Protestantenvereinlers zu sein, zu meinen, die Christlichkeit sei kein Kampf, sondern mache sich etwa von selbst. Der religiöse Eifer, die Arbeit an sich selbst und die Aufopferungsfähigkeit scheint mir die Grundbedingung der Christlichkeit zu sein – daß man nicht dadurch vor Gott gerecht wird, versteht sich von selbst –, und diese Grundbedingung finde ich auf Seiten der kirchlichen Rechten viel eher erfüllt. Welche Diaconissenhäuser, Missionsanstalten und was es sonst an *opera caritatis* giebt, hat der Protestantenverein gestiftet? Einige edele Geister sind dazwischen, meist idealistisch angelegt; aber der Haufe ist nicht viel besser nach meiner Erfahrung als die Wiener Altkatholiken des Weltpriesters Anton.

Meine Stellung zur Bibel ist, wie Sie wissen, die Ewalds; aus der Erfahrung habe ich gemerkt, daß ich auch im Einzelnen mich schwer der Abhängigkeit von seinen Erklärungen entziehen kann, einer Abhängigkeit, die mir in der Erklärung des Jesaia und der Propheten fast drückend vorgekommen ist. Ich glaube, hinsichtlich der Auffassung einer Stelle im Großen, dem Ewald aufs Wort mehr, als dem Hitzig auf sieben mal siebenzig Gründe.

Schließlich soll mir auch meine Jugend etwas im Wege stehen. Das ist nun bekanntlich ein Fehler, der sich mit dem Alter giebt, und außerdem scheine ich den Leuten stets jünger als ich bin; ich bin 28 Jahr alt. Ostern 1865 habe ich mein erstes theologisches Examen gemacht und seit Ostern 1868 bin ich in der privatdozentlichen Thätigkeit, wenn ich die Repetentenjahre mitrechne. Ich glaube, daß in Bezug auf den akadem. Unterricht die eigentliche Experimentierzeit hinter mir liegt.

Im Vertrauen auf Ihr Wohlwollen

Ehrerbietig
der Ihrige
J. Wellhausen

13. An Justus Olshausen

Göttingen, 24. Mai 1872

Hochverehrter Herr Geheimerath

Es versteht sich von selbst, daß ich die Ernennung für Greifswald, falls sie erfolgen sollte, unter den angegebenen Bedingungen freudig annehmen würde; ich bin keineswegs so situiert, daß ich es nicht als eine wahre Erlösung ansehen müßte, aus einer so kritischen Lage wie die eines Privatdozenten ist befreit zu werden. Für Ihre Freundlichkeit danke ich Ihnen aus vollem Herzen, ich würde es als einen ferneren Beweis derselben betrachten, wenn Sie das Vertrauen zu mir hätten, daß ich keineswegs eine eingehende Beantwortung meiner Zuschrift vom 25.' März[1] erwarte. Der Schritt, den ich damals that, geschah im Ärger über meine Abweisung von Seiten Riehm's, bei ruhigem Blute würde ich nicht den Muth zu einer solchen Zudringlichkeit besessen haben; die Conjecturen sind nicht derart, daß sie beanspruchen könnten, Ihre so sehr überfüllte Tagesordnung zu stören.

Ihrem ferneren Wohlwollen empfiehlt sich

ehrerbietig
Lic. J. Wellhausen

14. An Justus Olshausen

Göttingen, 19 Juli 1872

Hochverehrter Herr Geheimerath

Sie werden es sich vielleicht erklären können, daß ich in Betreff der Greifswalder Angelegenheit allmählich etwas in Unruhe gerathe. Ich habe zwar vor einiger Zeit durch Herrn Prof. Ritschl gehört, daß die Sache noch im Gange sei; aber nach dem, was er mir sagte, bin ich doch nicht ganz der Meinung, der er selber ist, daß meine officielle Ernennung nur noch durch Formalien verzögert werde. Durch ein paar Worte über den Stand der Dinge würden Sie mich sehr verpflichten, und ich wage, Sie darum zu bitten.

Ehrerbietig
Lic. J. Wellhausen

15. An den preussischen Kultusminister

Ew. Excellenz

statte ich für meine Beförderung zum Professor hiemit meinen ehrerbietigen Dank ab. Ich werde versuchen, mich des Vertrauens Ew. Excellenz würdig zu erweisen und empfehle mich ihrem ferneren geneigten Wohlwollen.

Ehrfurchtsvoll
J. Wellhausen
des. o. Prof. d. Theologie
zu Greifswald

Hameln, 4 Sept. 72

16. An den preussischen Kultusminister

Gehorsamstes Gesuch des Professor Wellhausen in Greifswald
um Bewilligung eines Zuschusses zu den Kosten seiner Übersiedlung
von Göttingen nach Greifswald

Ew. Excellenz

erlaube ich mir gehorsamst zu bitten, daß mir ein Zuschuß zu den Kosten meiner Übersiedlung von Göttingen hierher bewilligt werden möge. Der eigentliche Umzug, der Transport meiner Sachen und meine eigene Reise, ist allerdings nichts Kostspieliges gewesen, aber die Lösung der alten Verhältnisse und die neue Einrichtung an meiner gegenwärtigen Berufsstätte sind doch mit so bedeutenden Ausgaben verbunden, daß die Quartalsrate meines Gehalts entfernt nicht ausreicht, sie zu bestreiten und zugleich mir die Mittel der Existenz für das gegenwärtige Vierteljahr zu liefern. Durch Darlehen meiner Verwandten bin ich zwar aller augenblicklichen Verlegenheit überhoben, und da ich wohl weiß, daß ein Privatdocent bei seiner Beförderung in ein Staatsamt keinen Anspruch auf Umzugskosten hat, so würde obige Bitte unausgesprochen geblieben sein, wäre mir nicht von hiesigen Collegen gesagt, daß sie nicht für unverschämt werde gehalten werden, und wüßte ich nicht, daß ein mir bekannter Privatdocent aus Göttingen, der jetzt nach Erlangen berufen ist[1], von der bairischen Regierung einen ziemlich bedeutenden außerordentlichen Zuschuß erhalten hat. So wage ich es also, die Erfüllung meines Gesuches dem Ermessen Eurer Excellenz anheimzustellen.

                                          Ehrfurchtsvoll
                                          J. Wellhausen
Greifswald, 15 Okt 1872   ord. Prof. der Theologie

17. AN AUGUST DILLMANN

                                          Greifswald 16 Okt. [1872]
Verehrter Herr Professor
Sie werden vielleicht erwartet haben, daß ich bei meiner Durchreise nach Greifswald Sie in Berlin aufsuchen würde; in der That habe ich die Absicht gehabt, sie aber nicht ausführen können. Ich bin nur einen Morgen in Berlin gewesen und habe mich an diesem Morgen nach der Halleschen Straße aufgemacht, um Sie zu treffen, erfuhr aber, daß Sie eben ausgezogen seien und zwar in die Großbeerenstraße. Die Nummer Ihrer neuen Wohnung, nach der ich fragte, konnte mir indes nicht angegeben werden; und auf dem Polizeibureau des Districts, wohin ich mich wandte, konnte ich dieselbe auch nicht erfahren. So bin ich schließlich zu meinem großen Bedauern unverrichteter Sache wieder davon gegangen.

    Ich hätte Sie namentlich gerne gefragt, ob das von Ihnen gestellte Thema einer Preisschrift[1] bearbeitet sei und ob die Bearbeitung zum Druck zugelassen und bereits erschienen sei. Wenn Letzteres der Fall ist, so erlaube ich mir, Sie um ein Exemplar zu bitten. Ich gedenke diesen Winter über den Pentateuch zu lesen, und es wäre mir interessant, eine Arbeit über diesen Gegenstand zu lesen, der Sie wohl nicht ganz fremd gegenüberstehen.

    Seit Sonnabend befinde ich mich hier in meiner neuen Berufsstätte. Überall bei den Collegen bin ich sehr freundlich aufgenommen, so daß ich allmählich die ersten Heimwehschmerzen überwinde. Man vermißt allerdings einiges, wenn man von Göttingen nach Greifswald gewandert ist; aber die Beziehungen der Professoren unter sich lassen, wie es scheint, nichts zu wünschen übrig, ausgenommen den Hader im Schoße der theologischen Fakultät, den ich glücklicherweise aber vorerst noch völlig ignorieren kann. Das habe ich wohl bemerkt, daß Hanne nicht grade eine besonders besonnene und friedfertige Natur ist. Er kam mir, einem ihm ganz fremden Menschen, gleich mit der Versicherung entgegen, daß Wieseler an Monomanieen leide und wohl nächstens irre werden werde, ebenso daß Zöckler, selbst von Wieseler als dummer Junge behandelt werde. Ich weiß nicht, was daran ist; aber vorsichtig und taktvoll waren die Äußerungen sicher nicht. Hanne scheint in liberalem Fanatismus dem Fanatismus der Orthodoxen wenig nachzugeben.

Es würde mir lieb sein, wenn ich einmal Ihre jetzige Hausnummer[2] von Ihnen erführe. Vor Ostern werde ich allerdings Berlin nicht passieren, Ostern aber hoffe ich jedenfalls nach Hannover zu gehen; es könnte indes doch sein, daß ich Lust hätte, Weihnachten im Kreise meiner Familie zuzubringen.

Empfehlen Sie mich, bitte ich, Herrn Olshausen, wenn Sie ihn sehen, und bewahren Sie mir Ihr Wohlwollen
Ehrerbietig
Ihr J. Wellhausen

18. AN DIE THEOLOGISCHE FAKULTÄT DER UNIVERSITÄT GÖTTINGEN

Hochverehrte, hochwürdige Fakultät
Sie haben mich der höchsten Ehren in der Theologie gewürdigt[1]; nehmen Sie dafür meinen aufrichtigen und warmen Dank! Ich hoffe, die Motive der Verleihung richtig zu verstehen, wenn ich in derselben ein Zeichen persönlichen Vertrauens zu mir erblicke, Zeichen eines Glaubens, der sich auf vor der Hand noch Unsichtbares richtet. Denn ich verhehle mir in keiner Weise, daß meine bisherigen Leistungen für den, der nicht Person ansieht, nimmer die Auszeichnung erklären, die mir durch Ihre Güte zu Theil geworden ist. Um so werthvoller ist mir aber die Gabe, je mehr sie Geschenk ist, je weniger ihr eine objective Würdigung vorliegender Verdienste zu Grunde liegt, kurz je mehr sie mir ein Beweis Ihres persönlichen Wohlwollens ist. Darin liegt schon eingeschlossen, daß mir das *Göttinger* Diplom von ganz besonderem Werthe ist und mir gleichsam wie ein Heimathsschein vorkommt, der mir auch äußerlich in gewissem Sinne das Recht giebt, mich noch immer zu den Ihrigen zu zählen. Über meine innerliche Zugehörigkeit zu Göttingen brauche ich allerdings keinen Schein; wie sehr ich an dieser meiner geistigen Geburtsstätte hänge, das merke ich in meiner neuen Heimath nur zu gut und zu oft. Es ist mir sehr schwer geworden, die Beziehungen zu Ihnen zu lösen; mit um so größerer Freude und innigerem Danke begrüße ich das neue Band, durch welches Sie mich so entgegenkommend verbinden.

Die Rechte und Privilegien, welche Sie auf mich conferiren, Hochwürdige Herren, schließen verantwortungsvolle Pflichten ein, deren Bedeutung ich im vollen Umfang zu würdigen weiß. Ihnen nachzukommen und wo möglich gerecht zu werden, werde ich, so viel an mir ist, mich bestreben. Je weniger ich des Titels würdig *bin*, desto mehr liegt es mir ob, mich seiner würdig zu *machen*. Darin wird der practische Dank bestehen, welchen ich Ihrem Hochwürdigen Collegium schuldig bin, daß ich die mir verliehene Ehre nicht als Prämium, sondern als Sporn betrachte.

Ich schließe, hochverehrte Herren, mit der Bitte, daß Sie mir Ihr Wohlwollen immerdar erhalten mögen.

Greifswald, 7.11.1872
Dr. Julius Wellhausen
p. p. o.[2]

19. An Paul de Lagarde

17/XII. 72

Verehrter Herr Professor

Ich sende Ihnen beide Eidesformulare, nach denen ich geschworen habe; Sie werden das lateinische meinen. Hätte ich auch schwören sollen, *me omnia probe intellexisse*, so wäre es bedenklich geworden. Der Ausdruck stellt Alles auf Schrauben. Übrigens ist das Formular eigentlich ganz unofficiell. Früher ist ein anderes in Gebrauch gewesen; Wieseler wußte nicht, seit wann das neue datierte und wer der Verfasser wäre. Furchtbar ist das *ad extremum vitae articulum*. Ich habe indes keinen Anstand genommen, diese Worte beim Schwur auszusprechen, weil sie absoluten Unsinn enthalten.

Ich beeile mich, Ihren Auftrag zu erledigen und kann deshalb im Augenblick ein Mehreres nicht hinzufügen. Übrigens hatte ich mir längst vorgenommen, Ihnen über meinen Verbleib ausführliche Nachricht zu geben und werde in den Weihnachtsferien diese Absicht ausführen.

Darf ich um ehrerbietige Grüße an Ihre Frau Gemahlin bitten?
Ihr ergebener
J. Wellhausen

Um Professor d Theol. zu sein, braucht man den lat. Eid nicht zu schwören, wie ihn denn *Cremer* bis heute nicht geschworen hat; wohl aber, um Mitglied der Fakultät zu werden – welches Recht man durch den theol Doctor erwirbt. Statutenmäßig muß man aber innerhalb 2er Jahre den Doktor machen, wenn man ihn bis dahin nicht *gratis* bekommen hat.

Diensteid, abzulegen vor dem Rektor

„Ich N. N. schwöre zu Gott dem Allmächtigen und Allwissenden, daß nachdem ich zum ord. Professor in der theolog. Fak. der Kgl. Univ. Greifsw. bestellt worden, Sr Kgl Maj. von Preußen meinem allergn. Herrn ich unterthänig treu und

gehorsam sein und alle mir vermöge meines Amts obliegende Pflichten nach meinem besten Wissen u. Gewissen genau erfüllen, auch die Verfassung gewissenhaft beobachten will. So wahr mir u. s. w."
 Eid bei der Einführung in die theol. Fak.
Ego N. N. juro et promitto, me ad extremum vitae articulum in veritate omnium capitum doctrinae christianae juxta normam scripturae propheticae et apostolicae in libris ecclesiae nostrae evangelicae symbolicis, quos gravissima habemus religionis nostrae testimonia, pro judice declaratae constanter perseveraturum neque schismata haereses aut scandala excitaturum, paci insuper et concordiae scholae atque ecclesiae summe necessariae operam sedulo daturum omniaque et singula facultatis theologicae statuta aut de consensu academiae votis in facultate plurimum statuenda sancte summo studio et conatu servaturum. Ita me Deus adjuvet per Christum.
 Die Abschrift ist genau. Der Satz *de consensu ac. cett.* heißt: unter Billigung des Concils durch Stimmenmehrheit der Fakultät zu Beschließende

20. AN PAUL DE LAGARDE

Greifsw. 13. I. 73.

Verehrter Herr Professor

Eine dicke Backe, hoffentlich das Finale einer längeren Zahnwehperiode, die mir namentlich die Nächte verbitterte, ist vielleicht Strafe des Himmels dafür, daß ich meinen Vorsatz, Ihnen in den Ferien zu schreiben, nicht ausgeführt habe, jedenfalls aber, da sie mich zum Arbeiten zu griesgrämlich macht, der Anlaß, aus dem ich nachträglich das Versäumte nachhole. Der Inhalt des Briefs wird wahrscheinlich mager ausfallen, er hat aber auch nicht den Zweck, über allerhand Gegenstände zur Sache zu reden, sondern nur den, Ihnen zu versichern, daß Sie Ihre Freundlichkeit an kein undankbares Gemüth verschwendet haben. Wie werthvoll mir die wissenschaftlichen Anregungen geworden sind, die ich Ihnen verdanke, davon hoffe ich Ihnen in Zukunft praktische Beweise zu liefern.

Nicht als ob ich in der nächsten Zeit mich mit literar. Arbeiten hervorzuthun gedächte. Mir schwebt zwar der Pentateuch vor, aber er wird noch lange „schweben." Vorläufig sind die Collegia meine einzige Sorge. Es ist das freilich undankbare Arbeit. Namentlich bei der Genesis empfinde ich, wie das, was ich sage, die Hörer so gänzlich kalt läßt. Sie verlangen hier noch viel entschiedener als in Göttingen, daß man ihnen im Colleg in den Mund wische, was sie hinterher praktisch verwerthen können. Ich kann ihnen wohl nachfühlen; die theol. Wissenschaft – ich meine natürlich nicht den Altweiberklatsch der sich so nennt – steht zu der pastoralen Praxis oft in sehr weitläufiger Beziehung, vielleicht in scheinbar feindlichem Gegensatz. Ich glaube auch wirklich, daß ich auf den Studenten zu wenig Rücksicht nehme; aber das ist die natürliche Folge davon, daß ich zum ersten Male meine Collegia lese. Wenn man das erste Mal die Vorlesung ausarbeitet, so denkt man nur an die Sache und nicht an die Pädagogik und den Studenten. Übrigens ist auch die Genesis ein besonders delikater Gegenstand für schwache Gemüther. – Am schlechtesten geht mir's im Seminar. Anfangs nahmen 3–4 Leute theil; die schmolzen in der letzten Übung vor Weihnachten auf einen zusammen, mit dem ich jetzt zu Hause unverdrossen weiter ackere. Nächst meiner Unerfahrenheit im Leiten solcher Übungen trägt wohl auch der Prophet Micha an diesem Fiasko die Schuld – wollte er so rebusartig wie er es in der 2.' Hälfte des c. 1 thut reden, so hätte er wenigstens in der nächsten Nummer die Auflösung geben sollen. Meine edelen Seminaristen waren natürlich höchst unbefriedigt, wenn ich ihnen die Gründe auseinandersetzte, warum ich die Stelle nicht verstünde. Mit dem Reste übersetze ich jetzt das erste Buch der Makkabäer ins Hebräische: das heißt, ich übersetze es schriftlich, und er vokalisiert es dann. Für den Anfang geht es nicht anders.

Über die allgemeinen Verhältnisse der hiesigen Universität ist zu sagen, daß sie sich auszeichnet durch die Liebenswürdigkeit vieler Professoren. Ich glaube nicht, daß der alte Onkel Ernestus a Leutsch hier den Ausspruch gethan haben würde, Professoren wären Leute, devot gegen oben und devot gegen unten und nur grob gegen ihresgleichen. Namentlich der zeitige Rektor, Prof. der Rechte Franklin, ein Germanist, ist ein Muster in geselliger Beziehung. Sonst finde ich hier nicht viel zu rühmen. Ich bin ein zu eingefleischter Göttinger, als daß ich mich hier schon zu Hause fühlen könnte. Übrigens braucht man wohl kaum ein eingefleischter Göttinger zu sein, um zu finden, daß ein Vergleich zwischen beiden Städten zu Ungunsten der Neuvorpommerin ausfallen würde. Von der Universität, Bibliothek etc. sehe ich billigerweise ab; aber z. B. Gegend fehlt hier ganz, vom Verkehr ist man völlig abgeschnitten, dazu ist es hier noch einmal so theuer als in Göttingen. Meine Göttinger Wohnung kostete 50 Thaler, meine hiesige 100 – sie ist keineswegs besser, zeichnet sich vielmehr zu ihren Ungunsten aus durch den Mangel eines Glockenzuges und jeglicher Bedienung, durch die Lage an der „Kapaunenstraße", durch einen Wirth, der als Wucherer bekannt ist u. was dgl. mehr ist. Für die Feuerung bezahlte ich in Göttingen 8 Thaler, hier natürlich 20 und habe es nie warm, kann auch nie ein Fenster öffnen, ohne daß der Wirth – natürlich in meiner Abwesenheit – schleunigst es wieder schließt. Dazu stiehlt das Dienstmädchen wie ein Rabe – es sind werthlose Dinge allerdings, die ihr Gewissen nicht beunruhigen, aber doch hinreichen mir das Gefühl zu geben, daß ich in den Hütten Kedar's und Mesachs wohne[1], bei Kaffern und Botokuden. Zu Ostern habe ich eine vernünftigere Wohnung gemiethet, die übrigens nicht meubliert ist. Das Verständigste wäre, ich verheirathete mich; aber in Greifswald habe ich nicht den Muth dazu.

Im März denke ich auf längere Zeit mich in Göttingen einzuquartieren und rechne sehr auf Ihre Unterstützung in der Lektüre der Mechilta etc. Bislang hatte ich hier keine Zeit dazu, außerdem fehlten alle Hilfsmittel. Z. b. ist die Bibliothek nicht im Besitz des Ugolini[2].

Ich bitte um einen ehrerbietigen Gruß an Ihre Frau Gemahlin und empfehle mich Ihrem ferneren Wohlwollen

Ihr J. Wellhausen

21. An Paul de Lagarde

Verehrter Herr Professor
Es hat lange gedauert, ehe ich mich entschließe, auf Ihre aufregende Broschüre[1], die Sie mir freundlichst übersandt, zu reagieren. Sie verlangen im Vorwort eine runde Antwort, die weder Hörner noch Zähne habe, aber ich bin mit dem besten Willen nicht im Stande eine solche zu geben. In der Opposition bin ich in den wichtigsten Puncten einverstanden – zu meinem Leidwesen, da ich weiß, daß ich dadurch mein Todesurtheil unterschreibe. Ihre Kritik des „formalen Princips" und der religiösen Verwerthung vergangener Thatsachen, die nicht von selbst in ihren Wirkungen ewig gegenwärtig sind, ist mir Wort für Wort aus der Seele gesprochen; in fast noch höherem Maße, wenn es möglich wäre, gilt dasselbe von Ihrer Beurtheilung des Liberalismus und der allgemeinen Bildung. Aber in der Werthschätzg der Kirchengeschichte und des Ap. Paulus, von der sie den Ausgang nimmt, bin ich nicht Ihrer Meinung und glaube auch, daß Sie hierin selbst nicht durchgehends Ihrer Meinung treu bleiben. Es hängt damit zus., daß ich Ihren Versuch, mit Überspringung der bisher. relig. Entwicklung für die neue Reichsreligion direct an den Anfang des Evangeliums anzuknüpfen, nicht für practisch halte. Wenn die Reformation an die gegebenen Verhältnisse anschloß, so hat sie darin nur gehandelt, wie sie handeln mußte. Eine neue kirchl. *Gemeinschaft* hätte wenigstens auf anderem Wege schwerlich gegründet werden können. Für Sie bleibt nur der religiöse Individualismus übrig, und der paßt auch zu dem Mysticismus Ihres Bekenntnisses am besten. Wie Sie zu dem Gedanken einer deutschen Nationalkirche kommen, begreife ich nicht.

Entschuldigen Sie die Nacktheit, mit der ich Ihnen diese Behauptungen vorzustellen wage. Wollte ich motivieren, so würde ich schwerlich vor acht Tagen fertig werden. Vielleicht habe ich nächstens Gelegenheit, persönlich mit Ihnen über diesen und jenen Punct zu sprechen. Die Rücksichtslosigkeit, der Ernst und die Wärme Ihrer Schrift werden Jedem, der für das Elend der Theologie Sinn hat, sympathisch sein. Wenn die Wirkung die ist, daß die stagnierenden Gewässer der Theologie dadurch einmal gründlich aufgerührt würden, so würde meine Freude groß sein.

Professor Erdmannsdörfer läßt Sie grüßen und Ihnen sagen, daß er mit dem größten Interesse Ihre Broschüre gelesen habe. Sie wird wohl noch durch viele Hände gehen; aber den Theologen gebe ich sie nicht, damit diese sie sich anschaffen. Auf den Hagel von Entgegnungen, der ohne Zweifel auf Sie herabregnen wird, sehne ich mich sehr. Kann man nicht auch Bertheau die Feder zu diesem Zweck in die Hand drücken und ihm „da einer alleine es nicht wissen kann" den Professor Wagenmann zum Adlatus geben? Wie wird er jammern um die *solida doctrina Gottingensis* – כי נהיתה[2]!

Darf ich um einen ehrerbietigen Gruß an Ihre Frau Gemahlin bitten?

Ihr ergebenster

Gr. 19 II 73 J. Wellhausen

22. An Paul de Lagarde

31 Mai [1873]

Lieber Herr Professor

Ihrem Wunsche gemäß habe ich Herrn Dr. Schuppe als einen nach der menschl. Seite von Ihnen und nach der philosoph. – der Gegensatz zu menschlich ist unbeabsichtigt – Seite von Lotze empfohlenen Gelehrten mehreren wie ich glaube für diesen Fall einflußreichen Mitgliedern der phil Fak. vorgestellt. Es herrschte einige Verwunderung, warum Lotze nicht an Stumpf dächte[1)]? An letzteren hatte man nemlich hier sehr bestimmt gedacht. Übrigens ist noch keine Fakultätssitzung dieserhalb gewesen; und die Sache wird sich noch wenigstens bis in den Juli verzögern, ehe die Vorschläge nach Berlin gelangen[1]. – Für den erledigten Stuhl Pütter's[2] käme vielleicht auch ein Göttinger in Frage.

Meine kleinen Propheten sind für hiesige Verhältnisse gut besucht (15 ordentl, 5 außerordentl Besucher, letztere mit fast nie gesehenem Fleiße) und würden mir Vergnügen machen, wenn ich sie besser verstünde. Gegenwärtig macht mir Zachar. 9 ff Pein; bislang habe ich noch nicht einsehen können, aus welchen Gründen die herrschende Meinung ihn ins 8. Jahrh verlegt. Ich selbst weiß gar nichts damit anzufangen. Aber an Hosea Amos Micha Jesaia erinnert er mich nicht. Haben Sie eine Meinung darüber?

Was ich meiner angeborenen Faulheit über die Heftfabrikation hinaus an Arbeit abgewinnen kann, verwende ich jetzt auf die Lektüre der Mechilta. Ich habe mich einigermaßen hineingelesen, mit Hülfe Ugolini's[3], dessen ich übrigens allmählich entrathen kann. Bei den Rabbinen fällt mir ein, daß Wünsche, der bei eventuell. sonstiger Unbrauchbarkeit seines Hosea's[4] doch durch die seiner Meinung nach erste Übersetzung der 3 jüdischen Erklärer sich ein Verdienst zu sichern meint, auffälligerweise im Verzeichnis der Literatur, das offenbar sonst erschöpfend ist, den Mercerus weggelassen hat, welcher eine ganz vollständige latein. Übersetzung der selben drei Juden giebt. Die Übersetzung ist auch noch später einmal besonders abgedruckt Lugd. Batav. 1621.[5], Götting. Biblioth. Theol. bibl. 10[b]. Auch im Commentar citiert Wünsche den Mercerus nie. Wunderbar ist die Sache. Aber Wünsche ist, wie man sagt, ein Biedermann. Wenn es nur nicht auch ganz „verwünschte" Biedermänner gäbe; drei mal drei ist neune, Sie wissen wie ichs meine.

Ich denke ernsthaft an Vorarbeiten zu einem Buch über den Pentateuch. Der Propheten und der histor. Bücher bin ich nächstens Herr; mit dem Josephus den Apokryphen; überh. den griech. Quellen des Judenthums bin ich aber noch im Rückstande und von den hebräischen Quellen des späteren Judenthums habe ich kaum einen Geschmack. In Bezug auf den letzteren Punct werde ich mich übrigens nothgedrungen beschränken; mehr als Mechilta Siphra und Siphri lese ich nicht. Wenn nur die Collegia mir mehr Zeit ließen! Aber ich kann mich kaum davon dispensiren, nächsten Winter Einleitung zu lesen – und wie Sie wissen, für die *histor.* Bb. des A. T. giebt es da eigentlich keine Vorarbeiten.

Gestern hatte ich die Freude, daß mich ein eifriger kleiner Zuhörer bat, ihm irgend ein Thema aus dem A. T. zur Bearbeitung zu stellen. Da ich grade über die Proph. Hosea Amos Micha lese, so habe ich ihm gesagt er möge einmal zusammenstellen, was sich aus diesen Proph. über die Religion und den Cultus der Volksmasse ergebe, und auch angeben, warum und in welchen Puncten die Propheten dagegen Opposition machen, ferner, ob ein Unterschied in dieser Hinsicht zwischen Samaria und Juda angedeutet werde. Ich werde ihm noch empfehlen, sich streng statistisch zu halten und keine Predigt, sondern ein objectives, wo möglich mit Liebe gezeichnetes Bild zu entwerfen. Wenn es nur was hilft! Wir haben hier neulich eine theolog. Arbeit mit dem Preise gekrönt, die so horrend war, daß ich mich schämte, gegen die Krönung zu opponiren.

Morgen fahre ich nach Stubbenkammer[6], leider ohne Gesellschaft. Ich vermisse hier theolog. Umgang, meine beiden Freunde Zahn und Duhm, die ärgsten Gegensätze, welche die Welt kennt. Aber man konnte sich so nett vom einen beim andern erholen. Hier sind es nur Juristen und Philosophen, wenn nicht gar Mediciner, mit denen man verkehrt. Freilich sehr nette Leute; Alfred Pernice ist beinah meine Schwärmerei.

Ich bitte Sie um ehrerbietige und freundliche Grüße an Ihre Frau Gemahlin.

Ihr J. Wellhausen.

[1)] Da Sie mir den an Zahns ehrlichem Namen verübten Witz[7] melden, so müssen Sie sich gefallen lassen zu hören, daß man mich gefragt hat: warum denn Lotze uns wohl um Stumpf „beschuppen" wolle?

23. An Justus Olshausen

Hochverehrter Herr Geheimerath
Der Inhalt dieses Briefes wird Ihnen sehr wunderlich vorkommen, sofern er auf eine Nichtacceptierung einer Sache hinausläuft, die mir bis jetzt nicht angetragen ist und vielleicht auch künftig nicht angetragen werden würde. Professor Cremer hat mir erklärt, er könne die Ernennung zum Mitgliede der Wissenschaftl. Prüfungscommission nicht annehmen und werde in Berlin darauf hinwirken, daß ich designiert würde. Aus einer vielleicht sehr ungegründeten persönlichen Angst und um eventuell nicht noch Weitläufigkeiten bei einer eiligen Angelegenheit zu veranlassen, erlaube ich mir, Ihnen privatim die Gründe anzugeben, warum ich mich für unfähig zu jener Stellung halte. Ich stehe der eigentlichen Theologie ferne und bin auf dem Gebiete des Neuen Testaments der Kirchengeschichte und der Dogmatik nicht orientiert. Es wäre mir unmöglich, von dem Gegenstande, auf den ich mich für die Prüfung vorbereitet hätte, nöthigenfalls ab- und auf einen anderen überzugehen; ebenso fehlen mir die allgemeinen Gesichtspunkte, das nur durch wirkliche Beherrschung des Stoffs zu erwerbende Gefühl, um das innere Verständnis des Examinanden zu beurtheilen. Mein Maßstab wäre der alleräußerlichste und darum zufällig und ungerecht. Außerdem will ich nicht leugnen, daß ich weder für den hebräischen noch für den Religionsunterricht auf Gymnasien ein Herz habe. Das würde mich freilich, wenn ich sonst dazu im Stande wäre, nicht hindern, nach den gesetzlichen Anforderungen zu examinieren; wohl aber würde es mich hindern, mich dieser Aufgabe mit Lust und Liebe zu unterziehen. Es ist vielleicht sehr überflüssig, aber ich bitte Sie dringend, im Interesse der Sache meiner etwaigen Ernennung vorzubeugen.

Greifsw. 28 Dez. 73
Ehrerbietig
Wellhausen

24. An Ernst Bertheau

Gr. 11 Jan. 74

Hochverehrter Herr Hofrath
Entschuldigen Sie, daß ich mich mit dem Danke für Ihre werthvolle Gabe[1], die mich im hohen Grade erfreut und überrascht hat, so ungebührlich verspäte; ich wünschte zuvor einen Theil der Chronik mit Ihrem Handbuch durchzuarbeiten und Ihnen dann zu schreiben. Ich bin aber noch immer nicht dazu gekommen, weil mich eine Arbeit über die Pharisäer und Sadducäer, die ich unter der Feder habe, länger aufgehalten hat, als ich anfangs voraussetzte. Jetzt bin ich allerdings beim Abschreiben, aber auch das geht sehr langsam von Statten, weil ich die

schlechte Sitte habe, dabei die Hälfte noch einmal umzuarbeiten. Doch hoffe ich sie nächstens in Druck bringen[2] und Ihnen dann überreichen zu können. Das Thema ist freilich trivial; ich hoffe aber doch allerlei Aufklärendes beigebracht zu haben, auch noch nach Schürer's ausgezeichnetem Buche[3].

Ich freue mich über die zunehmende Frequenz der Georgia Augusta, als deren auswärtiges Mitglied ich mich heimlicherweise noch immer betrachte. Die Theologen scheinen freilich nicht zuzunehmen, aber das liegt ja leider an allgemeinen Verhältnissen. Wenn nur auf Kosten der Quantität die Qualität sich besserte! Aber von den Greifswalder Theologen kann man das leider nicht behaupten. Fleißig sind sie, wenigstens belegen sie möglichst viele Collegia und kommen auch ziemlich regelmäßig. Aber sie haben keinen Begriff davon, wie man arbeiten muß, und legen gar keinen Werth darauf, es zu lernen. Ich versuche im Seminar stets darüber aufzuklären, daß man erst die Elemente können muß, ehe man an die interessant scheinenden Fragen gehen kann, predige aber immer tauben Ohren. Hebräische Grammatik und dgl halten sie für ganz überflüssig, obwohl sie nichts davon verstehen.

Ostern hoffe ich einige Zeit in Göttingen mich aufhalten zu können und werde Sie dann natürlich aufsuchen. Vielleicht sehe ich auch schon unsern Collegen Fuchs dort in seiner neuen Stellung. Ich freue mich recht, daß er für Göttingen ernannt ist; ich mag ihn persönlich sehr gern, und er soll ein tüchtiger Lehrer sein. Vielleicht kennen Sie seinen Vortrag über die Sternschnuppen[4], der ein außerordentliches Geschick faßbarer und geistreicher Darstellung auch fernliegender Sachen bekundet. Lagarde wird sich auch über seine Berufung freuen.

Ihrer Frau Gemahlin empfehle ich mich ehrerbietig und bitte um freundliche Grüße an Ehrenfeuchters und Dunckers.

Mit aufrichtigem und herzlichem Danke
Ihr J. Wellhausen

25. AN PAUL DE LAGARDE

Hameln 27/3 74.

Verehrter Herr Professor

Daß ich erst so spät Ihnen antworte, ist zwar jedenfalls unartig, läßt sich aber vielleicht einigermaßen damit entschuldigen, daß ich nach langem Schwanken erst jetzt zu dem Entschluß gekomen bin, nicht zu subscribiren. Ich weiß durchaus nicht, was ich mir unter dem *psalterium secundum Hebraeos Hieronymi*[1] vorzustellen habe, und würde ich darauf subscribiren, so geschähe es bloß aus Eitelkeit, um meine Ignoranz zu verbergen.

ehrerbietig [sic]
Ihr J. Wellhausen.

26. An Abraham Kuenen

Mont. 24 Aug. 1874.

Hochgeehrter Herr

Ich getraue mir Sie zu fragen, woran es liegt dass man sich hier auf keine Weise in Besitz Ihrer historisch-kritischen Untersuchung[1] u. s. w. setzen kann. Ist das Buch vergriffen? und steht eine neue Ausgabe zu erwarten? und wie bald? Ich hoffe dass Sie die Dreistigkeit, mit der ich Sie angehe, mit der grossen Theilnahme entschuldigen, die ich an Ihren Arbeiten nehme, seit ich diese kennen zu lernen beginne.

Ich bitte um geneigten Bescheid. Adresse = Göttingen, untere Masch 9.

Ehrerbietig

Dr. Julius Wellhausen.

27. An Abraham Kuenen

Göttingen 28 Aug. 74

Hochgeehrter Herr

Ich danke Ihnen herzlich für Ihre freundliche und baldige Antwort und hoffe dass es mir nun gelingen wird Ihr Buch aufzutreiben. Bei einer Jagd, die ich im Laufe dieses Sommers darauf gemacht, wurde mir schliesslich der Bescheid, es sei vergriffen. Unser buchhändlerischer Verkehr mit Frankreich und England ist viel lebhafter als der mit Holland. Die hiesige Universitätsbibliothek besass im Jahre 1871 von Ihren Arbeiten nichts, dann ward *de godsdienst van Israel*[1] angeschafft, erst seit kurzem wird die *theolog. tijdschrift* gehalten. Ich habe die ersten sieben Bände der letzteren zu Hause und sehe erstaunt in Ihre Arbeitsstatt. Es ist mir nicht vieles ganz neu; desto mehr wird mir alt und längst ausgesprochen, was ich für neu an meinen eigenen Gedanken hielt. Ich bewundere die ineinanderfassende Consequenz Ihrer Fragen und Themata; nichts von jener unfruchtbaren Anarchie ist da zu spüren, wodurch sich gegenwärtig die deutsche Arbeit auf A. T. lichem Gebiete auszeichnet. Ich beneide die Holländischen Fachgenossen um den Zusammenhang, in dem sie arbeiten, der den Einzelnen controliert und die Sicherheit des Fortschritts verbürgt. Sie mögen wohl auch *des enfants terribles* haben – aber wie beziehungsvoll ist z. B. ein Thema wie *de historiebeschouwing van den deuteronomisten*[2]! Man sieht alsbald in die Motive des Problems hinein, in die Fäden, wodurch es mit der allgemeinen Arbeit zusammenhängt. Die blosse Fragstellung nimmt mich für Herrn Kosters ein. Zuletzt freilich bringt mir Ihr reicher Tisch doch nur Tantalusqualen ein; die theils selbständig theils in Zeitschriften wie *de Gids, godgel. bijdragen, Nieuw en oud* erschienenen Abhandlungen, welche Sie in der *theol. tijdsch.* citieren, sind natürlich hier sammt und sonders nicht zu haben.

In Deutschland ist – dank Schleiermacher und seiner Schule – das gelehrte Studium des Alten Testaments verfallen. Einen so eminenten Menschen wie Vatke haben sie glücklich todt gemacht. Wenn Sie in Bezug auf Graf es den deutschen Regierungen zum Vorwurf machen, ihn nicht an eine Hochschule berufen zu haben, so lässt sich sagen, dass vor 1866 keine so zwingende Veranlassung vorlag – der Commentar zum Jeremia[3], so solide er ist, ist doch nicht grade von hervorragender Bedeutung, nach meiner Meinung wenigstens z. B. mit dem Olshausenschen Commentar über die Psalmen lange nicht gleich zu schätzen. Nach 1866 ist er wohl zuweilen in Aussicht genommen, aber seiner Schwindsüchtigkeit wegen nicht angestellt. Was soll man bei Vatke sagen, der 1835 im Alter von 28 Jahren seine biblische Theologie geschrieben hat[4] und jetzt noch immer als *extraordinarius* in Berlin lebt. Vor Gott ist er mehr werth als die gesammte lebendige und noch einige todte Generationen der Berliner theologischen Facultät. Und die Sünde ist nicht bloss an der Person des Hegelianers begangen, sondern an der biblischen Wissenschaft. Vatke hat seit geraumer Zeit im Unmuth seine ursprünglichen Studien aufgegeben und eine reiche Frau geheirathet; er lebt seit lange nur der Musik. Wer als Jüngling solch ein Buch schreibt, beruhend auf gründlichster Arbeit und zugleich auf genialster historischer Anschauungsgabe, was wäre von dem noch Alles zu hoffen gewesen! Nun ist er verschollen, und Bleek Schrader Öhler sind grosse Namen. Wenn ich kann, werde ich in den nächsten Jahren ein Buch schreiben, betitelt etwa: „das Gesetz und die Propheten", darin natürlich noch einmal in die alte Kerbe hauen – man kann die Wahrheit nicht oft genug sagen – und es Vatke'n zueignen. Gewiss wird ihn das freuen; der jetzt verstorbene Professor George in Greifswald war völlig erstaunt und ganz gerührt darüber, dass ich sein Buch über die Festgesetzgebung[5] gelesen und viel daraus gelernt hätte – er selbst, ebenfalls von seinem urspr. Studium abgedrängt, hatte sein eigenes Werk längst vergessen.

Ich habe längst vorgehabt, mich Ihnen vorzustellen, in diesen Ferien bin ich indes daran verhindert. Vielleicht komme ich in den Osterferien dazu; in jedem Falle hoffe ich Sie, nachdem Sie mir so freundlich die Erlaubnis dazu gegeben haben, noch einmal zu besuchen

        Ehrerbietig
        Ihr J. Wellhausen.

August Dillmann

28. An August Dillmann

Greifswald 15 Febr 75

Hochverehrter Herr Professor

Da ich in den nächsten Wochen im Drang der Geschäfte schwerlich zur Lectüre Ihres neuesten Buches[1] kommen werde, so halte ich es für das Beste, meinen Dank für Ihre gütige Übersendung desselben lieber gleich abzustatten. Es hat mich überrascht, Sie wiederum als Bearbeiter einer Lieferung des exegetischen Handbuches zu sehen; daß Sie bei der Genesis ebenso verfahren würden wie beim Job[2], verstand sich mir von selbst. Ich gestehe, eine kleine Antipathie gegen Knobel zu haben, die wohl hauptsächlich von seinem Prophetismus[3] herrührt. Wenn je ein Mensch einem Propheten nicht congenial war, so war es Knobel. Seine Genesis[4] kenne ich nicht; aber daß er Gen 2 und 3 verstanden haben sollte, kann ich mir auch nicht denken. Größere Gegensätze gibt es vielleicht selten, als Ewald und Knobel.

Hitzigs Tod[5] hätte mich vielleicht vor einem Jahre in Aufregung gesetzt. Er hat mir mehr als einmal geschrieben, ich sei der einzige, den er sich als Nachfolger wünschen und ausbitten würde – noch zu seinen Lebzeiten, denn er wollte sich pensionieren lassen. Gegenwärtig ist wohl nicht daran zu denken, daß ein Ruf nach Heidelberg an mich gelangt. Hausrath wird Einfluß genug haben um das abzuwenden. Mir thut es indessen nicht leid, daß ich ihm gesagt habe, was ich für recht und wahr hielt. Meine hiesige Stellung, die ich nicht zum kleinsten Theil Ihnen verdanke, behagt mir nicht übel. Die Studenten könnten besser sein; indes findet sich doch gewöhnlich einer, der sich mir widmet; augenblicklich habe ich sogar einen ganz ausgezeichneten Hörer. Aus der philolog. Prüfung, an der ich seit Jahresfrist betheiligt bin, sehe ich zudem, daß mit den Schulamtscandidaten auch im Durchschnitt kein Staat zu machen ist; sie sind nur nach einer anderen Methode dumm. Mir scheint es nachgerade ein sehr zweifelhafter Fortschritt zu sein, daß die Trennung von Theologie und Philologie in Preußen so gründlich vollzogen ist. Die Geistesrichtungen, welche einerseits durch die Theologie andererseits durch die Philologie geschaffen werden, müssen sich ergänzen, um einen verständigen Pädagogen zu bilden.

Entschuldigen Sie diese Weisheit eines *laudator temporis acti*, der im Übrigen froh ist, der Praxis ganz ferne zu stehen, die ihm unendlich viel schwieriger vorkommt als die Theorie. Empfangen Sie nochmals meinen herzlichsten Dank für Ihre Güte und Freundlichkeit

Ehrerbietig
Ihr Wellhausen

29. An Paul de Lagarde

Lieber Herr Professor

Sie haben mir, wenn ich mich recht erinnere, einmal eine in England gedruckte kleine Auswahl mittelalterl. hebräischer Gedichte gezeigt – ob aus den Machberoth Itthiel weiß ich nicht –, die Sie Ihren Zuhörern zum Übersetzen vorlegen wollten. Ich möchte gern nächstes Semester ein Gleiches thun und um die Texte früh genug zu haben, schon jetzt die nöthige Bestellung machen. Dazu muß ich aber den Titel genau wissen und möchte Sie also bitten, mir denselben auf einer Karte gütigst mitzutheilen[1].

Im Übrigen geht mir's gut, geheirathet bin ich noch immer nicht. Nach Heidelberg komme ich auch nicht und bin sehr betrübt darüber. Ich sitze immer brütend über meinen Pharisäern und versuche, ob nicht die Grobheiten die ich Hausrath gesagt habe[2] durch „theolog." Interpretation in Schmeicheleien verwandelt werden können. Wenn ich ein besserer Pharisäer wäre, gelänge mir's vielleicht eher, meine sadducäische Exegese scheitert an dieser verwünschten Klippe. Was hilft mich nun der todte Hitzig[3]! Man muß doch immer – das habe ich gelernt – seine Malice nur an den *Fachgenossen* auslassen, nie an den übrigen Facultätsmitgliedern. Ich werde nächstens nach dieser Regel mit dem weisen Schrader anfangen, „der älter ist als sein Vater an Tagen."[4] Von diesem unumgänglichen Eliphaz Schrader und von Diestel haben sie in Heidelberg Körbe bekommen; wenn sie nun von Kamphausen in Bonn und von Merx sich auch noch einen geholt haben, könnten sie vielleicht an Duhm denken. Dann hätten sie wahrhaftig mehr Glück als Verstand – was freilich nach meiner unmaßgeblichen Meinung in diesem Falle nicht viel besagt.

Warum mag Dillmann seinen Commentar zur Genesis[5] geschrieben haben? Ich sehe nicht ein, warum die Leute ihr Talent im Variieren Combinieren und Permutieren stets an den bekannten vier Büchern des Alten Testaments auslassen. Es giebt doch unschuldigere *corpora vilia*.

Sie sehen, ich bin sauertöpfisch. Ich hätte fast gesagt, ich würde mit der Zeit ebenso pessimistisch gestimmt wie Sie. Wenn ich aber bei meiner Braut[6] oder auch bei meinen weltlichen Bekannten bin, bin ich zuweilen doch ganz lustig; ängstlich ist es noch nicht mit dem Pessimismus. Ärgerlich aber ist es, daß man in den Augen der Laien, wenn man auf befragen [sic] seine Meinung über die Größen des Alttest. Olymps, als da sind Schrader Diestel Hitzig (der ist doch unendlich viel besser als diese beiden wenn auch viel verrückter), abgiebt, als hochmüthiger und eingebildeter Neidhammel erscheint, der fremdes Verdienst nicht würdigt. Der Zustand ist doch nahezu unerträglich. Freilich wenn ich daran denke, was *Vatke* wird ausgestanden haben, kann ich nur stille schweigen.

Nil amplius addam. Darf ich um einen warmen Gruß an Ihre Frau Gemahlin bitten? und an Bernhard Duhm, wenn Sie ihn sehen.

Gr 26 Febr 75   Ihr Wellhausen

30. An Hermann Usener

Greifsw 8. 3 75

Hochgeehrter Herr
Obwohl Ihnen unbekannt erlaube ich mir Ihnen ein paar flüchtige Bemerkungen mitzutheilen, die mir bei der Lektüre Ihres letzten Programms[1] eingefallen sind

Daß in der von Ihnen angeführten Stelle des *Alten* Testaments[2] irgend eine Beziehung auf den Todeslöwen stecke, überh. auf eine dgl. ausgebildete mytholog. Vorstellung, wird Ihnen schwerlich irgend ein Hebraist zugeben. Vgl Hosea 5,14. Prov. 22,13, viell. als brauchbare Stellensammlung (denn sonst ists schwerlich etwas werth) Bähr Symbolik des mosaischen Cultus (1' Aufl) I 343 f[3]. Der Scheol ist *Femininum*, der Löwe wird im Gegensatz zum Bären vorherrschend als männlich aufgefaßt. Jesaia 5,14 Sie (*die* Scheol) hat ihre Freßgier geweitet und ihren Rachen über die Maßen aufgesperrt. In der Stelle, wo die Vorstellungen über den Scheol möglichst vollständig und ausführlich zur Darstellung kommen, Jesaia 14,9ff. Ezech. 32,17ff, findet sich nicht die leiseste Erinnerung an den Löwen als Symbol des Scheol.

In Bezug auf die Assyrobabylonier steht es felsenfest, daß der Löwe das Thier Nergals[1)] ist, vgl Schrader, Die Keilschr u. das A. T. S 167.272, Ass-babyl. Keilschr. S. 88.129.140[4]. Nergal ist der Kriegsgott, blutvergießend, mordend, verderbend. Er ist der Planet Mars, an welchem im Zabisch-Syrischen und im Arabischen der alte Name Nergal in etwas verstümmelter Form haften geblieben ist. Vgl Gesenius Commentar zu Jesaia, Anhang zum letzten Theil[5]

Der Planet Mars ist im Syro-Arab „das kleine Unglück", Gefahr und Tod drohend. Der Übergang also von hier aus zu der nach Ihrer Meinung im (späteren) Phönicien herrschenden Bedeutung des Löwen ist nichts weniger als schwer. Daß in Syrien in der ersten christl Zeit, wohl gleichfalls von Nergal ausgehend, der Tod und der Löwe zusammengebracht sind, dafür könnte man sich vielleicht auf Folgendes berufen. Aphrem der Syrer faßt den Kampf Simsons mit dem Löwen – Sie würden den selben natürlich mit Hercules u. d Löwen identificieren, ich nicht – auf als einen Kampf mit dem Tod. Vgl. Carmina Nisibena, ed. Bickell 53,19. Seite 191[2)].[6] Ich bin überzeugt, daß das nichts Vereinzeltes ist, habe aber hier weder Zeit noch Gelegenheit und aufrichtig gestanden auch keine Lust, es weiter zu verfolgen. Mir scheint, daß Simson den Löwen überwindend in der christl Kirche ein ziemlich gewöhnlicher Typus für den Auferstandenen, der den Tod überwindet, geworden ist. Sie werden das leicht constatieren können. *Jüdisch* ist es aber sicher nicht. Bei Philo, der ja eine große und sehr herrliche Predigt über Simsons Abenteuer gepredigt hat[7], findet sich keine Spur; auch im Midrasch, so viel ich mit den Mitteln meiner eigenen Bibliothek finden konnte, nicht. *Syrien* ist der Geburtsort für dgl altkirchliche Dinge.

Die Namen Ari-el (wörtlich übers = Löwe Gottes; aber ob das richtig, ist sehr dubios) und Arioch tragen nur zur Verwirrung bei, obwohl es sicher zu sein scheint, daß *och* in Arioch eine Endung ist, die häufiger bei babylonischen Eigennamen erscheint.

Ich glaube, daß die Araber fabeln, irgend einer der in cap 71,23 vorkommenden Götzennamen des Korans sei löwenmäßig abgebildet[8]. Darauf ist indes nicht das Geringste zu geben. Offenbar weiß Mohammed selbst von den 5 Götzen nichts außer den Namen. Daß sie zu seiner Zeit nicht mehr verehrt wurden, folgt doch wohl mit Sicherheit aus dem Umstand, daß er ihren Cultus den Zeitgenossen Noah's zuschreibt. Krehl hat das, glaube ich, nicht beachtet, in seinem meiner Meinung nach recht dürftigen Buch über die Religion der heidnischen Araber[9]

Ich wage zum Schluß Sie noch aufmerksam zu machen auf fragm. 9 des Herodorus, bei Müller, frgm. hist Gr. II S. 30[10]. Vielleicht haben Sie es verwerthet und ich habe es übersehen – dann entschuldigen Sie mich. S. 27 Ihres Programms Anm 4 ist Danide verdruckt für Davide[11]

Machen Sie mit diesen Bemerkungen was Sie wollen, und glauben Sie nicht, daß ich den geringsten Werth darauf lege. Es empfiehlt sich Ihnen unbekannter Weise, aber mit aufrichtiger Theilnahme an dgl Grenzstudien

hochachtgsvoll
J Wellhausen.

Einen wahrsch gz albernen Einfall, der mir im Augbl. kommt, kann ich nicht verhalten. Das Wort „Ari", „Arie" heißt im Hebr *Löwe* und *Heerd*, wenigstens ist letztere Bed. sehr wahrscheinlich, namtl. für einz. Stellen Ezechiels. Welche Etymol. hat man für das griech. *Ares* und für lat. *ara*?

[1)] Daß *Nergal* = Hahn, od. = Mann – ist wohl lediglich beruhend auf alberner Etymologie bei Rabbinen u Arabern.

[2)] Diese albernsten aller albernen oriental. Kirchenlieder würden Sie viell. überhaupt dennoch interessieren; wegen einiger Andeutgen.

31. An Abraham Kuenen

Greifswald 10 Juli 75

Hochgeehrter Herr

Ich sage Ihnen meinen verbindlichen Dank für die gütige Übersendung Ihres neuesten Buchs[1]. Obwohl ich, seit vierzehn Tagen verheirathet, nicht grade zu ernsthaften Studien aufgelegt bin, habe ich doch Ihre Megilla, sobald sie in meine Hände kam, auf gut Ezechielisch verschlungen[2] – zu einer gründlichen Verdauung bedarf es natürlich noch längerer Zeit. Ich bewundere die Gewissenhaftigkeit, mit der sie [sic] sich mit Küper & Co.³ auseinandersetzen, und vor allem staune ich, wie viel bei dieser Arbeit herauskommt, die ich für ganz unfruchtbar gehalten habe. Man wird förmlich an Lessing erinnert, nur dass Sie stets die vollkommenste Ruhe bewahren. Wie viel ich, namentlich in methodischer Hinsicht, von Ihnen lerne, brauche ich nicht zu sagen. In dieser Hinsicht frappiert der Gegensatz Ihres Buchs zu dem zwar häufig äussert geistreichen, aber auch oft ganz orakelhaft gehaltenen Buche, das mein Freund B. Duhm so eben über den Prophetismus hat erscheinen lassen[4].

Darf ich einige unbedeutende Anmerkungen adspergiren? Dass προφητης später als *Vorhersager* verstanden worden ist, glaube ich wohl; heisst es aber nicht eigentlich bloss *pronunciator*? Der Gott redet unvernehmlich durch die Pythia, der προφητης spricht es deutlich aus. Darüber wird natürlich Cobet bessere Auskunft ertheilen können als irgend jemand in Greifswald.

Die Propheten der Aschera 1 Reg 18,19 scheinen doch deutlich ein ganz alberner Zusatz zu sein. Alle Stellen des Alten Testaments, in denen die Aschera als Göttin erscheint, sind doch wohl sehr späten Ursprungs.

An die Prophetengilden zur Zeit Samuels glaube ich nicht recht. Beidemal erscheinen sie in einer Geschichte, die offenbar zur Erklärung des Sprichworts gemacht ist: הגם שאול בנביאים[5]. Was von solchen Geschichten zu halten, lehren die Scholien zu den arabischen Gedichten. Dass der Saul des Sprichworts der *König* Saul ist, ist wie mir scheint eine sehr precäre Annahme, die gleichwohl einem späteren hebr. Erzähler sehr nahe lag.

Entschuldigen Sie diese Naseweisheit. Ich werde, wenn Sie erlauben, Ihr Buch zusammen mit dem Duhm's in einer neuen theolog. Literaturzeitung, die von Schürer in Leipzig herausgegeben werden soll, anzeigen – hauptsächlich um Schürer einen Gefallen zu thun[6]. Mich ekelt vor den theolog. Zeitschriften und ich schreibe in keine einzige.

Ich empfehle mich Ihrem ferneren Wohlwollen

Ihr ergebenster

J. Wellhausen.

32. An August Dillmann

Greifsw. 18. Dec 1875

Hochverehrter Herr Professor

Ich bitte um Verzeihung dafür, daß ich den Dank für die gütige Übersendung Ihrer Rektoratsrede[1] so lange aufgeschoben habe; ich kann mich damit entschuldigen, daß ich fast ein Vierteljahr lang unwohl und in Folge dessen faul und verdrießlich gewesen bin. Unter den jetzigen Umständen gehört beinah

Muth dazu, in der Weise wie Sie es gethan haben für die Theologie einzutreten; freilich konnten Sie es dreist thun, denn Niemand wird Ihnen nachsagen können, daß Sie *pro domo* geredet hätten; eine etwaige Aufhebung der theol. Fakultäten würde Sie persönlich wenig berühren. Daß die Wissenschaft etwas für die Erneuerung der Kirche thun kann, glaube auch ich; aber ich hasse die directe Anwendung der s. g. Wissenschaft aufs Leben in der Weise, wie es z. B. Pfleiderer oder Holtzmann thun. Damit die Wissenschaft aufs Leben *wirke*, muß sie doch vor allen Dingen Wissenschaft sein und ihrem eigenen Begriffe entsprechen. Was ist aber das für eine Wissenschaft, für ein Studium, das z. B. aus Pfleiderers religionsgeschichtlichen und religionsphilosophischen Werken[2] hervorleuchtet! Wenn ich mich gerade ausdrücken darf, so möchte ich sagen, daß Ewalds *metra carminum Arabicorum*[3] für die Wiedergeburt der Kirche mehr gethan haben als Alles, was Pfleiderer und Holtzmann mit der directen Beziehung der Wissenschaft auf die Religion geschrieben haben. Die Wissenschaft ist vor allen Dingen Selbstverleugnung; Sie verstehen sie so, aber es sind Wenige, die Ihnen darin gleichen.

Entschuldigen Sie diese Ausbrüche, ich habe einen Haß auf diese geistreichen, lichtverbreitenden Leute. Es mag sein, daß der Anlaß, weshalb sich diese Stimmung jetzt stärker äußert, bei mir die längere Lektüre von meines Freundes Duhm's Buch über die Propheten[4] ist. Freilich steckt hier eine tüchtige Arbeit hinter den Lukubrationen, aber im Ganzen verschwindet doch auch hier die Beobachtung hinter dem Räsonnement. Es ist mir schwer geworden, das Buch durchzulesen; und obwohl ich in Bezug auf die Entstehung des Pentateuch der selben Ansicht bin wie der Vf., muß ich doch gestehen, daß sich aus dem Prophetismus, ohne Hinzunahme einer anderen Strömung, die das Volksleben gleich stark beherrschte oder vielmehr weit stärker, die Genesis des priesterlichen Gesetzbuchs nimmermehr erklärt. Wie ich in der Sache denke, habe ich ganz kurz auf S. 13 der Pharisäer u. Sadd.[5], am Ende des Absatzes, erklärt. Übrigens fange ich jetzt eben an, mich ausführlicher über den Pentateuch und die geschichtlichen Bücher des Alten Test. zu äußern; ich hoffe in Jahresfrist mit der Arbeit hervortreten zu können. Zu meiner großen Freude habe ich aus Ihrem Genesiscommentar gesehen, daß Sie viel stärker als es bisher geschehen (abgesehen von Ewald) auf die Brüchigkeit des Jehovisten z. b. Gen 1–11 aufmerksam machen, u. auch darauf daß die Völkertafel nicht bloß in der Nimrodgeschichte, sondern durchgängig doppelte Elemente enthält. Aber ich glaube nicht, daß dem R die 3 Quellen A. B. C. vorlagen, sondern vielmehr B und C schon zusammengearbeitet, so daß er also nur A und BC[6] combinierte.

Es grüßt Sie von Herzen

in ehrerbietiger Dankbarkeit
Ihr Wellhausen

33. An Abraham Kuenen

Greifswald, 18 Dec. 1875

Hochverehrter Herr Professor

Ich schreibe Ihnen mit aufrichtiger und hochgradiger Beschämung, deren Ursachen ich kaum näher anzugeben brauche. Ihre freundliche Beurtheilung meiner Pharisäer[1], die mit meinem eigenen gegenwärtigen Urtheil – abgesehen von den *laudibus* und nur das Sachliche berücksichtigt – völlig übereinstimmt, sollte mich längst bewogen haben, Ihnen zu danken; wenn ich bisher geschwiegen habe, so bitte ich das mit einem Unwohlsein zu entschuldigen, das mich lange Zeit geistig lähmte und niederdrückte und von dem ich mich erst jetzt zu erholen anfange. Ich wüsste indessen nicht, wie weit ich es in der Consequenz undankbaren Schweigens gebracht hätte, wenn mich nicht eine neue freundliche und werthvolle Gabe von Ihnen überrascht hätte, der zweite Band der Prophetie[2]. Ich habe angefangen, ihn durchzulesen – mit grossem Interesse wie sich von selbst versteht. Über Amos 1,5 urtheile ich seit langem genau so wie Sie; dagegen stimme ich nicht in den Einzelheiten mit den Bemerkungen über Senaherib's Feldzug überein. Ich hoffe Ihnen nächstens einen kleinen Aufsatz über die Chronologie des B. Regum[3] zusenden zu können, aus dem mein Widerspruch gegen die Aufstellungen der Assyriologen erhellen wird.

Die Spitze erreichte meine Beschämung, als ich auf der einen der beiden von Ihnen verfassten Brochuren, die ich in der Verlegenheit bei Ihrem Leidener Buchhändler bestellt hatte, das „present exemplar van den schrijver" angeklebt fand. So sehr ich mich über den Besitz des raren Aufsatzes freue, so ist mir es doch fast unangenehm, ihn auf diese Weise Ihnen abgebettelt zu haben – freilich wirklich gegen meinen Willen; denn ich glaubte er sei im holländischen Buchhandel zu haben. Ich habe mir ernstlich vorgenommen, Ihnen meinen Dank für alle Ihre Freundlichkeit einmal persönlich abzutragen; es ist möglich, dass wenn ich Ostern in meine Heimath (an der Weser) reise, ich Rath finde, den Vorsatz auszuführen.

Ich habe heute angefangen, mich an die Kritik des Pentateuchs u. s. w. zu machen. Nach einem vorläufigen Plane werde ich behandeln

1. *Antiquitates sacrae* – in ihrer Genesis
   a. Die Stiftshütte und ihre Idee
   b. Levi und Aharon
   c. Die Ausstattung des Cultuspersonals
   d. Die Feste
   e. Die Opfer und die Auffassung des Cultus
   f. Das Volk und d. Gemeinde
   g. Das Gesetz und die Propheten.
2. Literarkritik des Pentateuchs
3. Kritik der gesch. Bücher des A. T.

Es soll eine Art kritischen Unterbau's werden zu einer Geschichte Israels. Aber vorläufig habe ich zu meiner Ausdauer wenig Vertrauen.

Zum Schlusse sage ich Ihnen noch einmal meinen herzlichen Dank und empfehle mich Ihrem ferneren Wohlwollen

Ehrerbietig

Ihr Wellhausen

34. An August Dillmann

Hochverehrter Herr Professor

Es hat mir sehr leid gethan, daß ich wieder einmal vergeblich den Versuch gemacht habe, Sie in Berlin zu treffen, Hr. Prof Vatke, den ich glücklich zu Hause fand, wird Ihnen vielleicht über meine Anwesenheit erzählt haben. Ich hätte recht gerne einmal mit Ihnen über Schrader gesprochen. Ursprünglich hatte ich die Absicht ihm zu erwidern, gegenwärtig halte ich's für verständiger, das bleiben zu lassen. Seine neue Inschrift[1] – die ich freilich schon vorher kannte – geht mich nichts an; im Übrigen bleibt alles beim Alten.

Ich möchte Sie bitten, die beifolgende etwas umfangreiche Abhandlung in die Jahrbücher aufzunehmen[2]. Ich glaube, daß sie auf vier Druckbogen Platz haben wird. Die zweite Hälfte[3], bei deren Redaktion ich augenblicklich beschäftigt bin, wird nicht stärker werden. Ich möchte nicht gern, daß jede einzelne Hälfte sich noch in verschiedene Theile in verschiedenen Heften der Zeitschrift zersplitterte. Außerdem wäre mir baldiger Druck erwünscht. Denn nachdem Sie und Kayser mir zuvorgekommen sind[4], wünschte ich nicht, daß auch B. Duhm in Göttingen noch ein Gleiches thäte.

In meiner Anzeige von Duhm's proph. Theologie[5] sind manche Fehler stehen geblieben, die ich mir erlaube Ihnen zu notieren.

S. 152.	Z.	14	v. unten	– unter*gelegt
———	Z.	6	———	– welch*es
S. 153	Z.	22	v. oben	– auf*drängen
S. 154	Z.	9.	———	– *gefangen* geführt
———	Z.	11.12	———	– und *speziell* im Zusammenh.
———	Z.	24	———	– H*amath
———	Z.	27	———	– *der* Galuth
S. 155	Z.	19	———	– zermalmt
S. 156.	Z.	13	———	– der aber
S. 157.	Z.	16	v. unten	– gewiß *im* Grund*e

Auf S. 157 hätte ich hervorheben sollen, daß in der ältesten Zeit zwischen Priester und Prophet noch kein Unterschied ist.

Mit ehrerbietigem Gruß empfiehlt sich Ihnen

Ihr ergebener

Greifsw. 20. April 1876   J. Wellhausen

35. An einen unbekannten Pastor

Greifsw 24'. Sept [1876[1]?]

Lieber Herr Pastor
Entschuldigen Sie, daß mein Dank für Ihre freundliche Zusendung sich verspätet, damit, daß ich erst gestern von einer längeren Ferienreise zurückgekehrt bin. Und entschuldigen Sie, daß ich Ihre Schrift noch nicht gelesen habe, damit daß ich meinen Dank nicht gern mehr aufschieben sollte, nachdem wahrscheinlich der Kreuzband einige Wochen auf meinem Zimmer abgelagert hat. Ich freue mich, daß Ihre langjährigen Studien auf diesem für mich gänzlich unbekannten Gebiete Ihnen jetzt diese Frucht zur Reife gebracht haben; es ist immer eine große Freude, wenn nach längeren Wehen das Kind zur Welt geboren ist. Und die Geschichte oder deutlicher die Entwicklung einer Schrift ist mit dem Erscheinen im Druck nicht abgeschlossen, im Gegentheil bildet das Gedruckte nur einen Kern, um den sich dann nach u nach Anderes herum- und ansetzt.

Bei mir ist das allerdings noch nicht eingetroffen; ich bin aber auch in Pommern faul geworden wie ein Eingeborener.

Mit herzlicher Gratulation
Ihr ergebenster
J. Wellhausen

36. An Paul de Lagarde

[Greifswald, Anfang Oktober 1876]

Nachträglich besten Dank für Ihre anmuth. Anzeige[1]. Über das syr. Egbatana vgl Michaelis Supplementa unter אחמתא[2]. Ich bin fast sieben Wochen in der Schweiz etc gewesen und erst seit kurzem wieder zurückgekehrt. Gerne wäre ich in Göttingen ausgestiegen, um das Handwerk zu grüßen und Stoff zu sammeln; aber ich hatte keine Zeit und kam so wie so später in Hannover an als ich erwartet wurde. Die Tübinger Philologenvers.[3] hat mich aufgehalten, ich habe den Versuch gemacht mich als „Orientalisten" aufzuspielen, es ist mir aber nicht recht gelungen. Aber fünfzig Pseudofachgenossen auf einem Brett habe ich kennen gelernt und weiß nun wie sie aussehen. קוֹץ וְדַרְדַּר[4] war abwesend, dahingegen W. Wright und de Goeje zugegen.

Herzlichen Gruß!
Ihr Wlh.

37. An Abraham Kuenen

Verehrter Herr Professor

Ich schicke Ihnen den zweiten Theil meines Aufsatzes über die Composition des Pentateuchs[1], in der Hoffnung, dass Sie seine Schwächen darum billig beurtheilen werden, weil ich meist unbetretene Bahnen wandle. Der dritte Theil, die priesterliche Gesetzgebung und das Deuteronomium betreffend[2], wird bald nachfolgen. Wenn das Ganze vollendet ist, hoffe ich auf eine Beurtheilung von Ihnen, bei der es mir aber nicht auf Lob, sondern nur auf Widerspruch ankommt. Über das Alter von J, E, JE und Q werde ich mich bei dieser Gelegenheit nicht verbreiten, wohl aber binnen Jahresfrist, so Gott will, eine Geschichte der hebräischen Alterthümer (Cultalterth.) unter irgend welchem Titel drucken lassen.

Hrn Professor Oort bitte ich meinen besten Dank für seinen Aufsatz[3] aussprechen zu wollen; ich übersende ihm gleichfalls den zweiten Theil meiner Abhandlung; den ersten, den ich ihm nicht mehr geben kann, wird ihm vielleicht sein Schwager de Goeje abtreten, der wahrscheinlich nichts damit anfangen kann. Im Vertrauen gesagt scheint mir übrigens Hr. Prof. Oort einige Neigung zu desultorischem Verfahren zu haben.

Mit dem Lobe Baudissins[4] bin ich nicht einverstanden; Urtheil hat der Mann durchaus nicht und seine Gelehrsamkeit ist mir zu buntscheckig. Guter Mensch, schlechter Musikant[5]. Mein Freund Duhm, der von dem ganzen semitischen Plunder nichts versteht, steckt von den Leuten des Kalibers *Stade* und *Baudissin* einige Dutzend bequem in die Tasche. Wenn er nur ein bisschen fleissiger wäre! und so schriebe, dass die Philister ihn verstünden!

Ich empfehle mich Ihrem Wohlwollen und verbleibe

Ihr ergebenster
Greifswald 28.12/76.   Wellhausen

38. An Abraham Kuenen

Hochverehrter Hr Professor

Ihr Brief hat mir grosse Freude gemacht; denn ich darf wohl sagen, dass ich beim Schreiben meiner Abhandlung[1] an niemand mehr als an Sie gedacht und Sie mir immer als Leser vorgestellt habe. Sie irren sich wahrscheinlich, wenn Sie meinen, in unserem grossen Deutschland würden mehr Leute meinen Aufsatz lesen und verstehen als in Ihrem kleinen Holland. Nöldeke interessirt sich nicht mehr für das A.T., Lagarde treibt nur Allotria und liest nur sich selber, sonst wüsste ich nur Duhm als urtheilsfähigen und theilnehmenden Leser. Dillmann ist ein höchst respectabler und grundgelehrter Mann, aber kein feinfühliger und scharfer Kopf; Franz Dietrich ist zwar gescheut[2] und geistvoll, bekümmert sich aber nicht um diese Sachen; Camphausen [sic] Sommer Riehm haben trotz tüchtiger Gelehrsamkeit nichts durchgreifendes, Delitzsch Klostermann und Köhler sind orthodoxe Langweiler, Diestel und Merx halte ich, mit Erlaubnis zu sagen, für Schwindler. Daraus folgt, dass da ich auf Nöldeke Lagarde und Gildemeister nicht rechnen kann, ich eigentlich nur für Sie und Duhm schreibe – abgesehen von anderen Lesern, die ich nicht kenne und von denen ich nicht vermuthe, dass sie zahlreich sind. Ich fühle mich gar nicht sehr wohl unter der Gesellschaft meiner deutschen Collegen, und obwohl ich ein guter Preusse bin, wäre ich doch viel lieber in Paris London und Leiden als in Greifswald.

Mit Ihren Fragen haben Sie Punkte getroffen, die mir selbst unklar geblieben sind. *Eine* freilich kann ich beantworten. Die Worte auf S. 572 „und die Erwähnung im Deut. 1,40" sind mir in einem Augenblick entschlüpft, worin ich es fast für gewiss hielt, dass Jehovist und Deuteronomist die selbe Person seien und demzufolge annahm, der Deuteronomist würde nicht den Jehovisten, d. h. sich selber, abschreiben. Dagegen habe ich nicht gewagt, die zweite Quelle des Jehovisten in Num. 13. 14. 16. 32 Jos 9 E zu nennen, weil dann diese Schrift – die ich allerdings nicht erst seit gestern für eine samarische Copie von J halte – in eine gar zu späte Zeit hinabgedrückt würde und weil ein directer Zwang (z b der Gottesname Elohim) fehlt oder zu fehlen *scheint* – denn vielleicht ist die fatale Verwandtschaft zu Q, die übrigens von mir nur sehr oberflächlich belegt ist, doch ein solcher. Helfen Sie mir aus meinen Zweifeln wenn Sie können! Das Verhältnis des Jehovisten zum Deuteronomisten ist mir unklar; von E ist mir klar, dass diese Schrift den Übergang zum Deuteronomisten und weiter zu Q bildet, ich wage aber nicht recht, den Faden nachzuspinnen. Im Buch Josua sind die damit zusammenhängenden Unsicherheiten auch recht spürbar, überall in den Partieen vor und nach dem Deuteronomium.

In Bezug auf Num. 14,26–38 und 32,6–15 mögen Sie wohl recht haben – in der ganzen Gegend herrscht ein unerquicklicher Mischmasch. Auf Ihre Studie über die אנשי כנסת הגדולה[3] freue ich mich; ich kann mir schon denken, *was* Sie beweisen, die Art, *wie* Sie es beweisen, ist mir aber bei allen Ihren kritischen Untersuchungen genussreich. Ich muss in dieser Hinsicht noch sehr viel von Ihnen lernen; jedesmal nach der Lecture eines Ihrer Aufsätze fällt mir ein Stück von dem alten Sophisten, der mir noch immerdar anklebt, vom Leibe.

In aufrichtiger Hochachtung
Ihr ergebenster
Wellhausen

Greifsw. 5. 1. 77.

Paul de Lagarde

39. An Adolf Hilgenfeld

Ew. Hochwürden
bitte ich um den Gefallen, nachstehenden Bemerkungen[1], deren Pointe in meinem Nachwort sich kurz angegeben findet, die Spalten Ihrer Zeitschr. für wiss. Th. zu öffnen. Die Jahrbb. für D. Th. habe ich mit Hebraicis so viel in Anspruch genommen[2], daß ich dort, wo ich bisher gewöhnlich geschrieben habe, nicht anzuklopfen wage – ich hoffe bei Ihnen keine Fehlbitte zu thun und bitte um kurzen Bescheid auf einer Postkarte

In aufrichtiger Hochachtung
ergebenst

Greifswald 21. 1. 77.   Prof. Dr. Wellhausen

40. An Paul de Lagarde

Herzl. Dank für Ihre freundl. Karte. Obwol Halevy[1] in Einzelheiten viele und unglaubl. Dummheiten begangen hat, bin ich doch geneigt, die Recension zu übernehmen. Schade, daß Sie Ihre hübschen griech. Verse[2] nicht weiter gesponnen haben!

    Sein Buch hat Halevy mir zugeschickt. In welches Blatt soll denn meine ev. Recension aufgenommen werden?[3] Hat der Schmiede Bester[4] darüber irgend einen Wunsch geäußert?

    Viele Grüße!
Gr. 18. 2. 77.   Ihr Wlh.

41. An Abraham Kuenen

Greifswald 1. Juni 77.

Hochverehrter Herr! Sie werden sich wundern, dass der Ihnen längst angekündigte Schlusstheil meiner Abhandlung[1] noch immer nicht erscheint – es ist nicht meine Schuld, er liegt seit Anfang Februar auf der Redaktion. Gott weiss, wann man Platz hat, ihn zu drucken; vielleicht dass er zu unbegreiflich ist für die Herren.

    Meine Geschichte des Cultus ist fertig, ich werde aber eine Geschichte der Tradition damit vereinigen und das Ganze vielleicht als Prolegomena zur Geschichte Israels und Juda's ausgeben; etwa zu Ostern 78, hoffe ich.

    Mit herzlichem Grusse (auch an Hr. Oort und de Goeje)

Ihr ergebenster
Wellhausen.

42. An Georg Reimer

Hochverehrter Herr
Ihr Anerbieten[1] ist mir sehr willkommen, und ich nehme es mit Freuden an, auch in Betreff des Honorars[2]. Vermehren werde ich den Umfang des Buchs in keinem Fall, es ist so schon zu dick. Daß der Druck bald beginnt, ist mir ganz recht; ich darf Sie wohl bitten, mir die letzte Ausgabe, die ich nicht besitze, in der nächsten Zeit zuzusenden, wo möglich in zwei Exemplaren, da sonst die Revision vielleicht durch Versendung der druckfertigen Bogen gestört werden könnte[3].

Indem ich Ihnen für Ihr Vertrauen aufrichtig danke, empfehle ich mich Ihnen

hochachtungsvoll und ergebenst
Greifswald 6 Juli 1877   J. Wellhausen

43. An Abraham Kuenen

Ich erlaube mir eine Bitte an Sie. Ich bearbeite die *Bleek*sche Einleitung für die 4. Auflage[1]. Darf ich wohl einen Theil Ihrer Abhandlung über die priesterlichen Bestandtheile des Hexateuchs (Th. Tijdsch IV, 391 ff[2]) wörtlich oder im Excerpt darin mittheilen? Ich weiss weder Besseres noch ebenso Gutes an die Stelle zu setzen. Hoffentlich geben Sie mir die Erlaubnis[3].

Im Übrigen wird der letzte Theil meiner *Composition des Hexateuchs* jetzt gedruckt; und mit der Ausarbeitung der Geschichte der Tradition geht es vorwärts.

Mit ehrerbietigem Grusse
Ihr ergebenster
Greifswald 16. 7. 77.   Wellhausen.

44. An Georg Reimer

Greifsw. 16 Juli 77
Hochverehrter Herr
Ich mag nicht an die Ausführung meines Planes zur Bearbeitung der Bleekschen Einleitung gehen, ohne ihn zuvor Ihnen mitgeteilt zu haben. Das Buch soll Bleeks Buch bleiben, auf der anderen Seite jedoch auch als Studentenbuch für die Gegenwart brauchbar sein[1]

Charakteristisch ist vor allem der Abschnitt über Pentateuch und Josua; ich werde ihn ganz unberührt lassen als den Ausdruck der bis vor kurzem ganz allgemeinen Meinung, von der man noch immer den Ausgang zu nehmen hat. Nur zum Schluß muß ich einen Übergang zu dem Problem, wie es gegenwärtig gefaßt und zu lösen versucht wird, anhängen. Aber erst lasse ich Bleek ganz uncorrigirt zu Worte kommen.

Durchaus nicht eigentümlich Bleek'isch, sondern ziemlich oberflächlich ist der Abschnitt über Richter Samuelis und Könige. Ich werde denselben neu bearbeiten, dem Charakter des Ganzen geschieht dadurch kein Eintrag.

Die prophetischen und poetischen Bücher werde ich unverändert lassen und nur literarische etc Nachträge machen.

Auch an der Geschichte des Kanons will ich nichts ändern, dagegen aber die Geschichte des Textes umarbeiten. Damit tue ich wiederum Bleek nicht Unrecht; denn er ist auf diesem Gebiet weder originell noch auch recht sachverständig.

Dagegen, daß nicht durch meine Neubearbeitung der Bücher Richter Samuelis und Könige der Umfang des Ganzen vergrößert werde, weiß ich Rat. Ich kann es nicht über mich bringen, die 150, sage 150, Seiten Vorbemerkungen[2] zum vierten Male drucken zu lassen. Sie gehören absolut nicht an diese Stelle und sind darum grade in einem Studentenbuche dort nicht zu dulden. Teilweise nun sind sie wertlos, z. B. Alles was über die Geschichte der semitischen Sprachen gesagt ist. Dagegen die Angaben über die Literatur der Hermeneutik sind nützlich und brauchbar; von denen werde ich darum eine Quintessenz *als Anhang* am Schlusse des ganzen Buchs geben[3], denn nur in dieser Form sind die „Vorbemerkungen" anzubringen.

Auf diese Weise glaube ich doch noch etwa drei bis vier Bogen[4] zu sparen. Mir wäre es lieb, wenn Sie mir Ihre Einwilligung zu diesem meinen Plane noch ausdrücklich erteilten

Mit ehrerbietiger Hochachtung
Ihr ergebenster
Wellhausen[5]

45. An Georg Reimer

Hochverehrter Herr Reimer

Ihre Voraussetzung, daß es künftig an weiterem Manuscript nicht fehlen werde, trifft völlig zu; ich habe die folgenden Bogen der Bleekschen Auseinandersetzung über den Pentateuch[1] bereits durchcorrigirt u. bin nahezu fertig mit meiner eigenen Darstellung, die ich nicht in Bleek hineincorrigiren, sondern, im Interesse Bleeks und meiner selbst, zum Schluß anhängen will[2]. An den Büchern der Richter Samuelis und der Könige³ arbeite ich gegenwärtig mit völlig ungetheilten Kräften und hoffe damit binnen der Ferien zu Ende zu kommen; das Übrige läßt sich dann mit verhältnismäßig leichter Mühe erledigen.

In der Meinung, die in der 3. Aufl. am Rande angegebenen Seitenzahlen umcorrigiren zu müssen, habe ich dieselben leider im Manuscript gestrichen; aber da sie sich auf die *erste* Aufl beziehen, so bleiben sie unverändert. Sie würden mich zu Dank verpflichten, wenn Sie den Setzer davon unterrichteten. In der Correctur des ersten Bogens habe ich die Marginalseitenzahlen hergestellt. Nur den Scheidungsstrich innerhalb der Zeilen halte ich in diesem Fall für überflüssig und pedantisch.

Greifsw 7 Aug. 1877
Hochachtungsvoll
J. Wellhausen

46. An Abraham Kuenen

M. H! Ich übersende Ihnen den III Theil meiner Abhandlung[1] in zwei Exemplaren, mit der Bitte eins an Hr. Oort abgeben zu wollen. Ich bin sehr gespannt auf Ihre Besprechung in der *Th. Tijdschr.*[2], zu der Ihnen Ihre Geschäftslasten hoffentlich bald Zeit lassen.

Sie haben mich durch die Erlaubnis, Ihren gesch. Überblick über den Gang der Pentateuchkritik zu reproduciren[3], zu grossem Danke verpflichtet. Ich bin so unverschämt, Ihnen noch eine Bitte vorzutragen. Es ist mir unmöglich den vollst. Titel und gegenwärtigen Umfang des Commentars von Kalisch[1)] zum Pentateuch[4] zu erfahren. Könnten Sie mir vielleicht darüber Auskunft geben?

Greifswald 3. 10. 77.
Mit ehrerbietigem Grusse
Ihr ergebenster
Wellhausen.

[1)] ist er für Graf?[5]

47. An Georg Reimer

Hochverehrter Herr

Die Absendung eines Theils Manuscript nehme ich zum Anlaß, um Ihnen Folgendes vorzutragen.

Hr. Dr. Rudolf Smend, Privatdozent in Halle, hat mir mitgetheilt, daß ihm von der Redaktion der Theol. Literaturzeitung (Leipzig, Hinrichs) event. die Anzeige der 4. Aufl. von Bleeks A.T. l. Einleitung übertragen sei[1], und läßt Sie durch mich ersuchen, daß ihm etwa die ersten zwanzig Bogen wo möglich schon jetzt zugeschickt würden, damit er sich eher orientiren und Zeit gewinnen könne; die übrigen würden ihm dann nach Vollendung des Ganzen nachgeschickt werden müssen. Außerdem hat der selbe Herr sich mir erboten, einen kurzen verständigen Index zu liefern. Für Bogen 1-34 ist ein solcher überflüssig, wie Kamphausen[2] erwiesen hat; für Bogen 35ff aber wünschenswerth. Sie würden mich verpflichten, wenn Sie mir von Bogen 35 an drei Correcturabzüge (statt zwei) zugehen ließen, wovon ich den einen, nachdem ich ihn durchgesehen und sinnentstellende Fehler corrigirt hätte, nach Halle schicken würde.

Das noch übrige Manuscript ist nahezu fertig und binnen drei Wochen in Ihren Händen. Stärker als 44 Bogen[3] wird die 4. Aufl. nicht werden; ich halte das für einen Vorzug.

Ihrem Wohlwollen empfiehlt sich

ehrerbietig

Greifswald 5.1.78 Prof. Wellhausen[4]

48. An Abraham Kuenen

13. Febr. [1878]

Lieber Herr Professor

Nachdem mich meine impudente Impatienz zum Ziele geführt hat, fange ich an mich ihrer zu schämen. An dem, was Sie mir brieflich sagen, habe ich völlig genug, und ich freue mich so auf die neue Ausgabe Ihrer Einleitung[1], dass ich Sie bitten möchte, die Kritik meiner Composition des Hexateuchs[2] nicht zu schreiben, sondern nur gleich bei Ihrem ersten Halbbande anzufangen und denselben so rasch wie möglich durch die Presse zu bringen. Dies ist keine Höflichkeits-bitte, sondern eine durchaus ernst gemeinte und wenn Sie wollen sogar selbstsüchtige.

Der Bischof von Natal[3] hat in sehr freundlicher Weise Beziehungen mit mir angeknüpft; vielleicht geht die Brücke über Sie, wie bei J. Popper, der mir schrieb, Sie hätten ihn auf meine Arbeiten aufmerksam gemacht. Ich freue mich, dass ich Hn. Colenso demnächst mit der deutschen Übersetzung der treffenden und gerechten Worte aufwarten kann, die Sie über Ihn geäussert haben[4]. Der Bleek ist bald fertig gedruckt, ausgegeben wird er wohl erst zu Ostern. Ausser Judicum Samuelis Regum habe ich an der s.g. speciellen Einleitung nichts geändert, dagegen Kanon und Text ganz neu gemacht.

Oort's Aufsatz über Lev. 16[5] habe ich nicht gelesen, mir ist der Mann unsympathisch, vor allen Dingen ist er kein Kritiker. *Ihre* umfassende Gerechtigkeit ist meinem Naturell unmöglich; meine Arbeitslust leidet zu sehr darunter. Sie ragen sehr merkwürdig über Ihre Alttestamentlichen Mitarbeiter an der *Theol. Tijdsch.* hervor; auch Herrn Tiele kann ich – *nec unquam philosophum audivi, non magis ac Trimalchio apud Petronium*[6] – durchaus keinen Geschmack abgewinnen. Verzeihen Sie mir solche Unverschämtheiten, ich begehe sie nicht gegen Jedermann.

Mein höchst orthodoxer, aber höchst gelehrter und gescheuter Freund Theodor Zahn wird der Nachfolger Hofmann's in Erlangen und siedelt schon Ostern über. Schürer wird wohl nach Kiel kommen, obwohl dies Registraturgenie à la Winer eigentlich nirgend anders als in dem hochgelehrten und sterilen Leipzig sein dürfte. Seine Literaturzeitung[7] wird mit der Zeit aus der Maassen langweilig; er will es Allen recht machen, wie er denn wirklich eine kreuzbrave Seele ist und ein sehr gewissenhafter Arbeiter.

Ihr Aufsatz über Num. 13.14[8] hat mich vollkommen überzeugt; namentlich entspricht die grössere Rolle, die Sie den Redactoren zuweisen, durchaus meiner eigenen Anschauung, die ich mir nur zu Zeiten nicht recht praesent gehabt habe. Wir stehen noch sehr in den Anfängen, aber allerhand Impulse sind doch gegeben. Mir ist eigentlich die ganze kritische Analyse gar nichts Angenehmes; Sie werden es kaum glauben, wenn ich's sage, aber es ist wahr.

Mit den besten Grüssen

ehrerbietig
Ihr ergebenster
Wellhausen

49. An Georg Reimer

Verehrter Herr

Darf ich Sie bitten, Herrn G. R. Justus Olshausen, Hrn Prof. Wilh. Vatke und Hn Prof. Aug. Dillmann je ein Ex. des Bleek zugehen zu lassen, Hn Dr. Rudolf Smend, der bereits Bogen 1–20 hat, die übrigen Bogen zu übersenden, und was Sie mir sonst an Freiexemplaren zu bewilligen geneigt sind, mir hieher nach Greifswald zu schicken!

Mit der von Smend übernommenen Anzeige im Leipz. Theol. Lit. Blatt[1] könnte man sich bei einer 4. Aufl. eigentlich begnügen; ich selbst schicke eine kurze Notiz an die Götting. Gelehrten Anz.[1)2] Vielleicht thun Sie ein Übriges und lassen an die Theol. Studien und Kritiken (Halle, Prof. Riehm) und an die Deutsche Morgenländ. Zeitschrift (Leipz., Prof. Loth) Recensionsexemplare gelangen. Dagegen möchte ich Sie bitten, den jungen Löwen, die in dem Leipziger Centralblatt und in der Jenaer Literaturzeitung brüllen, die Beute zu versagen[3].

Ich glaube Ihnen meine Überzeugung ausdrücken zu dürfen, daß die 4. Aufl. dadurch, daß sie um fast 200 Seiten kürzer geworden ist als die dritte[4], an Inhalt nicht ärmer geworden ist. Hoffentlich gibt mir nicht bloß das Urtheil competenter Fachgenossen, sondern auch der buchhändl. Erfolg Recht.

Ihrem Wohlwollen empfiehlt sich

ehrerbietig

Greifsw. 9 März 78 J Wellhausen[5]

1) Kuenen in Leiden wird eine Anzeige in der Theol[6]

50. An Abraham Kuenen

[Greifswald, 29.3.1878]

Obschon ich Sie keinen Augenblick Ihrem h. k. Onderzoek entziehen möchte, bitte ich Sie doch um des Verlegers willen eine ganz kurze und *baldige* Notiz über die neue Ausgabe von Bleek's Einl. in die Th. Tijdsch. einzurücken[1]. Die eingeklammerten Paragraphen sind die der dritten Aufl., die Marginalzahlen die Paginae der ersten. Ich brauche Ihnen nicht zu sagen, dass der Schwerpunkt meiner Arbeit in § 88–134[2] liegt, obgleich die § 269 ff[3] auch nicht unnütz sein werden und mich dreifach so viel Zeit gekostet haben – namentlich wegen der Citate, die ich gewissenhaft nachgeschlagen und dabei manche Unglaublichkeiten entdeckt habe. Der neue Lappen sitzt wunderlich auf dem alten Kleide; natürlich hat er die Absicht es zu zerreissen. Bei der nächsten Aufl. habe ich vor, das Ganze neu zu machen. Indessen möchte ich das jetzt noch nicht gern gesagt wissen. – Seit 3 Monaten faullenze ich; es geht mir schlecht und ich muss geistige Ascese üben.

Ihr Wellh.

51. An Justus Olshausen

Verehrter Herr Geheimrath

Ich habe es verschoben, Ihnen für Ihre Abhandlung über Meder und Parther[1] zu danken, die ich wie alles was aus Ihrer Feder kommt mit Vergnügen gelesen habe ohne von der Sache etwas zu verstehen. Ich wollte Ihnen eine Gegengabe machen und hoffe, daß dieselbe nunmehr in Ihren Händen ist: die von mir besorgte 4. Aufl der Bleek'schen Einl. ins A. T.

Aus dem Abschnitt über den Text des A. T.[2], den ich verfaßt habe, werden Sie sehen, wie viel ich Ihnen zu verdanken mir bewußt bin. Wenn ich etwa in die Posaune gestoßen habe, so mögen Sie mich damit entschuldigen, daß Sie – namentlich Ihre Erklärung der Pss.[3] – von Gelehrten ignorirt werden, die dazu eigentlich kein Recht haben.

Ich brauche Ihnen nicht zu sagen, daß es nichts Neues ist, was ich über den Text des A. T. beigebracht habe. Ich habe auch keine expressen Studien dazu gemacht, sondern bloß einigermaßen ausgearbeitet, was ich in der Vorlesung über den Gegenstand vorzutragen pflege. Nur die Citate habe ich sorgfältig nachgeschlagen, namentlich die aus der jüdischen Literatur und aus den Kirchenvätern – so weit mir die hiesige und meine eigene Bibliothek das erlaubten. Der eigentliche Schwerpunkt meiner Bearbeitung liegt in § 88–135[4]. Ich denke nicht zu ganz gesicherten Resultaten gelangt zu sein; aber ich glaube überhaupt zum ersten mal hier eine rechtschaffene Untersuchung eingeleitet zu haben. Mein Irrthum auf S. 234[5] ist stärker, als ich es im Vorwort zugestanden habe; aber allerdings ist die Sache, um die es sich handelt, recht unklar. Denn in 1 Reg 6,31 ist zwar von Pfosten und Thürflügeln des Debir die Rede, aber vorher nirgend von einer Scheidewand, sondern 6,21 nur von einer goldenen Kette, die vor dem Debir hergelaufen sei. Auch nach den Angaben, daß der Altar-Tisch und die übrigen goldenen Geräthe des Hekal vor dem Debir oder vor den Keruben gestanden haben, denkt man sich zunächst das Debir offen nach dem Hekal zu. Die Texte sind ohne Zweifel in heilloser Weise interpolirt, wahrscheinlich indem verschiedene Phasen der inneren Einrichtung des Tempels durcheinandergeworren sind.

Mit ergebenstem Gruße empfiehlt sich Ihrem Wohlwollen
ehrerbietig
der Ihrige
Greifsw. 30/3. 78   Wellhausen

52. An Georg Reimer

Verehrter Herr Reimer

Ich möchte Sie bitten, sich das beifolgende kurze Manuscript anzusehen und mir darnach zu sagen, ob Sie geneigt sind, das betreffende Buch[1] zu verlegen. Die beiden Bände werden je 25 Bogen[2] nicht übersteigen. Den ersten habe ich zu zwei Drittel druckfertig.

Ehrerbietig
Ihr ergebenster
Greifswald 15.4.78   Wellhausen[3]

53. An Georg Reimer

Verehrter Herr Reimer

Honorar[1] beanspruche ich nicht, aber mir würde es erwünscht sein, wenn die Auflage so klein gemacht würde, als es sich mit dem Vertrieb nur immer verträgt. Für den Druck möchte ich lateinische Lettern in der Art der großen im Bleek gewählt haben und ein Columnenformat, das etwa um den Raum von 3 Zeilen kürzer wäre als das im Bleek. Der Satz kann beginnen, wann es Ihnen paßt; nur möchte ich Sie bitten bis zum August nicht mehr als Einen Setzer dabei zu beschäftigen.

Für die Bereitwilligkeit, mit der Sie mir entgegengekommen sind, fühle ich mich Ihnen mehr zu Dank verpflichtet, als Sie annehmen werden.

Hochachtungsvoll
Ihr ergebener
Wellhausen

Greifsw. 20 April 1878

54. An Abraham Kuenen

Verehrter Herr Professor

Aus der letzten Nummer der Protest. Kirchenzeitung[1] ersehe ich, dass Sie im März Ihr 25jähriges Docentenjubiläum gefeiert haben, und erlaube mir Ihnen meine zwar sehr verspäteten aber darum nicht minder herzlichen Glückwünsche darzubringen. Ein leises Bedauern, dass Sie diesem unleidlichen Schwätzer, Hrn Nippold, in die Hände gefallen sind, kann ich nicht unterdrücken.

Meine Geschichte des Cultus ist gedruckt, meine Geschichte der Tradition nahezu desgleichen; ich habe beides zusammengefasst mit einem dritten Teile (Israel und das Judentum) und beabsichtige das Ganze als ersten kritischen Teil einer Geschichte Israels herauszugeben, dem dann ein zweiter darstellender folgen soll. Ich hoffe Ihnen Mitte Oktober den I Band zusenden zu können, und würde mich freuen, wenn Ihr I Band der Einleitung[2] dann auch fertig wäre.

Sehr gespannt bin ich auf Schraders Entgegnung auf Gutschmid[3]. Ich habe das Gutschmid'sche Buch immer als Pamphlet aufgefasst, mehr von moralischer als wissenschaftlicher Bedeutung. Der augenblickliche Effect ist gut gewesen, und das war nach meiner Auffassung die einzige Absicht. Nach zwei Jahren kann ein solches Buch nicht mehr widerlegt werden. Dass aber Schrader zwei Jahre an sich gehalten hat, ist selbst das beste Zeugnis von der guten Wirkung, die Gutschmid ausgeübt hat. Resignation! das ist die Moral der Wissenschaft.

Beiläufig halte ich Gutschmid für nichts weniger als einen grossen Kritiker; er hat weder Anschauungs- noch Darstellungsgabe, vielmehr nur eine grosse Ge-

Georg Reimer

lehrsamkeit und einen guten Verstand im Einzelnen. Mein Ideal in allen Stücken ist Theodor Mommsen.
Nochmals bezeuge ich Ihnen meine herzliche dankbare Ergebenheit
5 Aug. 78   Ihr Wellhausen

55. An Georg Reimer

Verehrter Herr Reimer
Ich bitte Sie folgenden Herren ein Exemplar der Geschichte Israels I zugehen zu lassen. In Berlin: A. Dillmann, Justus Olshausen, Wilhelm Vatke, auch Theod. Mommsen, dessen Schwiegersohn[1] mir bei der Correctur geholfen hat. In Halle: Professor Alfred Pernice, Dr. Rudolf Smend. In Göttingen: Professor Bernhard Duhm. In Straßburg: Prof. Theod. Nöldeke.
Recensionsexemplare bitte ich Sie dem Leipziger Centralblatt und der Jenaer Literaturzeitung nicht zuzuwenden, dagegen aber der Theolog. Literaturzeitung von E. Schürer (Hinrichs Verlag)[2]. Der Herausgeber der Studien und Kritiken[3] hat es für wer weiß welche Gefälligkeit angesehen (ebenso wie der der Deutschen Morgenl. Zeitschr), daß er die 4. Ausgabe von Bleek überhaupt zur Anzeige angenommen hat; er scheint nicht daran zu denken die Anzeige wirklich zu liefern. Es wäre töricht dem Manne noch weitere Opfer dieser Art zuzumuten. Kamphausen dagegen wird sich bereit finden lassen wieder eine Kritik für die Prot. Kirchenzeitung zu übernehmen. Einige Beurteilungen hoffe ich ferner von den Herren zu erwirken, denen ich ein Exemplar zustellen muß. Bei zweien bin ich in dieser Hinsicht meiner Sache sicher, nemlich bei Abr. Kuenen in Leiden[4] und bei Prof. William Robertson Smith in Aberdeen[5]. Vielleicht persuadire ich außerdem noch Nöldeke und Duhm.
Wenn Sie mir von Freiexemplaren das höchste Ihnen möglich und tunlich erscheinende Maß, wo möglich außer den obigen acht noch etwa 15 Exemplare, bewilligen und mir nach Greifswald schicken könnten, würde ich Ihnen sehr dankbar sein.
Ihrem Wolwollen mich empfehlend
                                                        Ihr ergebenster
Greifswald 26 Sept. 1878   Wellhausen

P. S. Ich reise heute nach Leiden ab; doch bleibt meine Frau in Greifswald.

Anmerkung des Verlegers:
    Rec. Ex.[6]
✓   Websky[7]
✓   Manchot[8]

✓ theolog. Literatur Ztg. (Hinrichsche)⁹
✓ neue evangel. Kirchenzeitung
✓ Südd. Wochenblatt
Jahrb. für Deutsche Theologie
Dr. Steinschneider (Hebraisten Bibliographie)¹⁰
Jüd. Literaturblatt (Dr. Rahmer, Magdeburg)¹¹
Revue critique
Polybiblion

56. An Abraham Kuenen

Greifswald 11 Okt 78

Lieber Herr Professor

Schon viel zu lange habe ich gewartet um Ihnen und Ihrer Frau Gemahlin meinen warmen Dank zu sagen für die grosse Freude die mir der Aufenthalt in Ihrem Hause gemacht hat. Die Verzögerung lässt sich einigermassen dadurch entschuldigen, dass ich bei meiner Mutter und Schwester (in Hameln a. d. Weser) sehr traurige Zustände vorfand und keine Ruhe hatte zum Schreiben. Seit heute Nacht bin ich wieder zu Hause und habe, Gott sei Dank, meine Frau recht gut angetroffen. Sie dankt Ihnen beiden für Ihre freundliche Theilnahme und insbesondere für das interessante Gebäck von Leiden und von Haarlem. Die Pfeifen sind *heel goed* angekommen, nächstens sollen sie inaugurirt werden. Vielleicht darf ich Sie bitten gelegentlich Herrn Prof Matthes und seiner Frau meinen Dank zu sagen für die freundliche Aufnahme die ich bei ihnen in Amsterdam gefunden habe. Es sind die alleraangenehmsten Erinnerungen, die ich aus ganz Holland, vorzugsweise aber aus Ihrem Hause mitgebracht habe; nie hat mir eine Reise grösseres Vergnügen gemacht.

Ich erlaube mir Ihnen zugleich die Geschichte Israels I zuzusenden. Vielleicht könnten Sie – bei der Anzeige in der Th. Tijdsch.¹ – bemerken, dass der Preis auf 6 Mark gestellt ist, ausserordentlich niedrig bei den jetzigen Verhältnissen. Ich bin besorgt dass der Verleger sich in der Hoffnung täuscht dadurch dem Buche Verbreitung zu verschaffen; anerkennenswerth ist es jedenfalls. Sehr angenehm war es mir einen Brief von ihm vorzufinden, worin er mir schreibt, dass er mit grösstem Interesse das Buch gelesen habe. Er ist gar nicht, so wie S. Hirzel, ein sehr gescheuter und methodisch geschulter Mann, sondern ein einfacher guter alter Herr, mit gesundem praktischen Verstande und einer tiefgewurzelten Vorliebe für das alte Berlin, für Schleiermacher, de Wette u. s. w. Es waren in Wirklichkeit Geister von anderem Schlage wie heute, die im ersten Drittel unsers Jahrhunderts in Berlin die Theologie und die Philosophie besorgten.

Von meiner Dissertation habe ich noch 4 Exemplare vorgefunden, כאוד מצל מאש², zwei davon schicke ich Ihnen. Sie werden wenig Weisheit darin finden; das Einzige was mir noch jetzt daran gefällt ist die Form. Das Latein ist zwar nicht klassisch, aber ich kann es noch immer verstehen und würde, das was ich sagen wollte, deutsch nicht besser ausdrücken können.

Viele und herzliche Grüsse von meiner Frau und mir an Sie beiden und an Ihre sämmtlichen Kinder. Ich bitte auch de Goeje, Oort, Rauwenhoff und Scholten bestens zu grüssen

Ihr ergebener
Wellhausen

57. An Georg Reimer

Verehrter Herr Reimer
Sie haben mir dadurch daß Sie mein Buch gelesen haben eine große Freude gemacht; ich würde Ihnen schon früher für Ihren freundlichen Brief gedankt haben, und ebenso für die Zusendung der Freiexemplare und des Pfleiderer[1], wenn ich nicht erst gestern Abend spät aus Leiden zurückgekehrt wäre. Ich fuhr zusammen mit Hr. von Wilamowitz und seiner Frau, die sich gefreut haben wird gestern Abend endlich in dem eigenen Hause zu landen: so ein Hochzeitsvagabondiren ist doch eigentlich eine schreckliche Sache.

Daß Sie den Preis, trotz der hübschen Ausstattung des Buchs, so niedrig gestellt haben, ist mir zwar sehr erfreulich; ich fürchte nur, daß Sie sich in der Hoffnung täuschen dadurch dem Werke eine weitere Verbreitung zu geben. Für das Alte Testament interessiren sich nicht viele Leute; Menschen wie Wilamowitz die Alles in ihren Ideenkreis hineinziehen giebt es nicht viele in der Welt. Vielleicht ist auf einigen Absatz in England zu hoffen; wenigstens scheine ich dort einigermaßen bekannt zu sein, durch Kuenens Vermittlung.

An den Exemplaren, die Sie so gütig waren mir zu schicken, habe ich genug. Den zweiten Band werde ich diesen Winter schreiben, so Gott will. Er wird weit weniger Anstrengung kosten als der erste.

Mit herzlichem Danke

allzeit der Ihre
Wellhausen

Greifswald 11 Okt 78

58. An William Robertson Smith

Lieber Herr Smith

Sie würden mir einen Gefallen thun, wenn Sie den ersten Band meiner Geschichte Israels, den ich gestern an Ihre Adresse habe abgehen lassen, in der Academy anzeigten und möglichst viele Bedenken dagegen vorbrächten[1].

Ihre Apologie[2], die Sie so freundlich gewesen sind mir zuzuschicken, habe ich mit grossem Interesse gelesen. Es thut mir leid dass Sie unter solchen Aufregungen arbeiten müssen. Freilich würde man sich in Deutschland ein so allgemeines Interesse an Alttestam. Dingen, wie es in Schottland zu herrschen scheint, vergebens wünschen.

Ich habe vor Kurzem Kuenen in Leiden besucht, der Mensch ist noch bedeutender als seine Bücher. Dort habe ich auch Ihren Edinburger Dr J Muir kennen gelernt, er sieht aus wie ein Nussknacker und soll doch ein poetisches Ingenium sein.

Wenn Sie verheirathet sind, so darf ich Sie wohl bitten mich Ihrer Frau Gemahlin zu empfehlen. Im Übrigen hoffe ich zuversichtlich, dass Sie meine Bitte erfüllen.

    Mit herzlichem Grusse

                                  Ihr ergebenster

Greifswald 12 Okt. 1878.   Wellhausen

59. An Abraham Kuenen

[Greifswald, 19.10.1878]

Lieber Herr Professor! Ich will nicht klagen, ich freue mich, dass Sie sich Zeit lassen[1]. Ich muss ein Misverständnis beseitigen, von dem ich allerdings nicht geglaubt hätte dass es entstehen könnte. Hr Prof Oort schreibt[2] zu S. 230, Sie gehörten auch zur hist-krit. Schule. Historisch ist der Stoff, kritisch bedeutet sachverständig; historisch-kritisch, appellativ genommen, ist jeder oder will doch jeder sein. Natürlich bezeichne ich mit dem Namen eine ganz bestimmte deutsche Gruppe, die immer bis zum Überdruss sich dies *Epitheton ornans* beilegte, die des Exegetischen Handbuchs; abgesehen von Olshausen.

Hr Prof Oort sagt, es sei jetzt leicht sich über diese Leute lustig zu machen. Überflüssig ist es aber nicht, denn sie herrschen bei uns noch durchaus. Er nimmt ferner Anstoss an dem Titel „Geschichte des Cultus" – ich behandelte den Cultus bloss, sofern seine Geschichte der histor. Kritik dient. Es ist das von mir selber gesagt S. 13. Sollte ich den Titel machen: „Gesch des Cultus sofern er zur Kritik der Gesch. Israels dient"? Bitte erwähnen Sie nichts von dieser Karte; ich muss gestehen dass ich auch noch andere Äusserungen von ihm etwas rasch fand.

60. An Abraham Kuenen

23. Okt. 78.

Lieber Herr Professor

Meinen herzlichsten Dank für Ihren freundlichen Brief, der genau so lautet wie ich ihn von Ihnen erwartet hatte, nur noch etwas freundlicher als ich zu erwarten gewagt hatte. „Derb" ist für die Form meines Buches eher etwas zu milde, die Derbheit würde ich mir vergeben, aber mich ärgert schon jetzt etwas der Sarkasmus. Polemik sollte es natürlich sein; und den Herren meine mangelnde Hochachtung vor ihren wissenschaftlichen Leistungen zu bezeugen, war auch berechtigt und notwendig. Aber der Hohn war überflüssig. Leider bemerke ich so etwas immer erst wenn es zu spät ist.

In Bezug auf die Verdeutschung Ihrer „Profeten"[1] bin ich der Meinung, dass sie keineswegs für das deutsche Publicum überflüssig ist. Dass das Buch einen ganz bestimmten Zweck hat, der nicht rein wissenschaftlicher Natur ist, werden die Leser ja selber merken; und ich hoffe, dass sie durch die Verdeutschung Ihres hist. krit. Onderzoek erkennen werden, wie Sie für das rein wissenschaftliche Publicum zu arbeiten und zu schreiben pflegen. Es tut mir fast leid, dass O. Harrassowitz Ihnen schon eine Offerte gemacht hat; ich hatte gehofft, G. Reimer zu bewegen dass er es mit de Wette[2] und Bleek[3] nun gut sein liesse, und statt dessen Ihren h. k. Onderzoek ausgäbe[4]. Als Übersetzer würde ich entweder C. Budde oder R. Smend vorgeschlagen haben.

Wenn Sie die Correcturen Ihrer „deutschen" Propheten lesen, müssen Sie vielleicht zu Ezechiel Rücksicht nehmen auf Lepsius Zeitschr. für Aegyptol. 1878 (1877?) S. 2 ff: A. Wiedemann, der Zug Nebukadnezars gegen Aegypten[5]. Auch würde vielleicht die Kritik von 2 Reg. 18 ff etwas anders gegeben werden müssen, vgl. Bleek[4] § 131.

Dass man mich bei Ihnen noch nicht ganz vergessen hat, ist mir sehr tröstlich. Ganz komisch kommt es mir vor, dass Sie sich wegen schlechten Deutschsprechens und dadurch veranlassten Mangels an geistiger Ausgiebigkeit entschuldigen. Ich bin es, der sich entschuldigen muss; denn wenn ich das Holländische auch nicht zu sprechen brauchte, so hätte ich es doch wenigstens, wenn ich Sie in Ihrem eigenen Lande besuchte, *verstehen* sollen. Im Übrigen lerne ich Ihren *Geist* aus Ihren Schriften kennen; aber als Patriarchen in Ihrem Hause habe ich Sie, zu meiner grössten Erbauung, durch den Aufenthalt kennen lernen den Sie mir so freundlich in Ihren vier Wänden gestatteten. Sie brauchen gar nichts zu sagen und machen doch Eindruck.

Verzeihen Sie dass ich Grünschnabel dergleichen zu äussern wage. Seien Sie meiner dankbarsten Anhänglichkeit versichert und grüssen Sie herzlich alle die Ihrigen

Ihr ergebener
Wellhausen

61. An Abraham Kuenen

[Greifswald, 9.11.1878]

Das Britische Museum hat kürzlich ein kleines Fragment einer Terracotta-tafel erworben, welche Theile der Annalen Nabukodrossors enthält. Dieselben beziehen sich auf sein 37. Jahr und einen Krieg mit Aegypten.

So lese ich in den Zeitungen[1]. Übrigens drängt es mich Ihnen meine Empfindungen über Schultz[2] mitzutheilen. Als Zeichen der Zeit hoffnungsvoll: unser Barometer steigt. Sonst ein grosses Misverständnis.

Ihr ergebenster
Wellhausen

Muss ich Valeton's Kritik von Bleek[4] lesen? (Groning Stud. '78 III[3]).

62. An Friedrich Zarncke

[Greifswald, 25[1].11.1878]

Hochverehrter Herr Professor
Ich bin bereit die Anzeige des Buchs[2] zu übernehmen, und binnen der gewünschten Frist einzusenden.

Ehrerbietig
Ihr Wellhausen

63. An Friedrich Zarncke

Eines plötzlichen, mich sehr nahe betreffenden Sterbefalles wegen[1] kann ich die Anzeige von Schrader[2] nun doch nicht übernehmen
26.11.'78   Wellhausen

64. An Friedrich Zarncke

Verehrter Herr Professor
Ich habe vorausgesetzt, daß die Frist von 3–4 Wochen, die Sie mir stellten, sich nicht würde ausdehnen lassen. Da das doch möglich ist, so erkläre ich mich wiederum bereit die Anzeige zu schreiben[1]

Ehrerbietig
der Ihrige

Grfsw. 3 Dez. '78.   Wellhausen

65. An Justus Olshausen

Verehrter Herr Geheimrat

Ihre Freundlichkeit gegen mich gibt mir den Mut, Sie mit einer mir sehr wichtigen Angelegenheit zu behelligen. Meine Stellung in der Theologischen Fakultät wird mir von Tage zu Tage drückender. Nicht deshalb, weil ich etwa persönlich mit meinen Spezialcollegen nicht auskommen könnte; ich stehe mit allen ohne Ausnahme auf gutem und loyalem Fuße. Sondern aus sachlichen Gründen. Es kommt mir wie eine Lüge vor, daß ich Diener der evangelischen Kirche bilden soll, der ich im Herzen nicht angehöre. Ich kann es nicht anders ansehen, trotz allem was wolwollende Freunde dagegen sagen. Es wäre also meine Pflicht, mein Amt niederzulegen. Daß ichs nicht sofort thue, ist Schwäche; aber ich habe eine kranke Frau zu erhalten und bin von Haus ohne Mittel – oder vielmehr meine Mutter lebt noch und ist im Besitz meines väterlichen Vermögens.

Wäre es möglich, mich in einer philosophischen Fakultät unterzubringen? Ich habe vor zehn Jahren nicht schlecht arabisch gekonnt, auch äthiopisch für den Hausgebrauch. Jetzt freilich ist es nicht mehr weit her, da ich es völlig habe liegen lassen. Aramäisch habe ich nie ordentlich getrieben, doch ist es mir hier zu statten gekommen, daß ich mich in den letzten Jahren mit den Thargumen und der Gemara ziemlich viel abgegeben habe. Als hebräischer Grammatiker, nach Leipziger Begriffen[1], bin ich auch nicht stark; aber ich kann Hebräisch und nicht allein das biblische. Seit zehn Jahren haben mich geschichtliche Studien ausschließlich in Anspruch genommen, Judentum und altes Israel in ihrem Gegensatze. Damit komme ich aber zu Ende; und ich glaube die Grundlage zu besitzen um auch auf sprachlichem Gebiete etwas leisten zu können. Ich weiß, daß Ewald mich in dieser Hinsicht sehr günstig beurteilt hat – so lange er nicht wußte daß ich auf historischem Gebiete eine abscheulicher Ketzer war. Selbstzeugnis gilt, und gilt auch nicht: nehmen Sie es wie Sie wollen.

Wo man mich unterbringen könnte, weiß ich freilich nicht zu sagen. In Greifswald haben wir Ahlwardt. Auf den übrigen Landesuniversitäten wird auch keine Lücke sein, in die ich einspringen könnte. Am ehesten ginge es noch in Marburg, so viel ich sehe. Die dortige philos. Fakultät scheint keinen Semiten zu haben. Dort wäre außerdem der Umstand günstig, daß Dietrich, so viel höher ich ihn schätze als die meisten anderen Fachgenossen, doch ziemlich abgebraucht ist. Allerdings würde ich ihn nicht ersetzen; denn meine Hauptkraft würde ich auf Arabisch und Syrisch verwenden müssen. Aber für Biblische Philologie, die ja auch in Göttingen in der *Philosophischen* Fak. untergebracht ist, würde mir immerhin noch einige Zeit bleiben. Das Alte Testament an sich ist mir – wenn ich von der Hälfte der Bücher absehe – nicht verhaßt, wol aber die schiefe Lage, in die ich durch meine Stellung innerhalb der Theologischen Fakultät zum Alten Test. gebracht werde.

Was Sie in dieser Sache tun können, weiß ich nicht. Eilig ist sie natürlich nicht. Ich glaube, daß Hr. Prof. Mommsen vielleicht geneigt sein wird zu helfen, daß ich aus einer Lage befreit werde, die mich mehr quält als Sie glauben werden

Ich empfehle mich Ihrem Wolwollen

ehrerbietig
Ihr ergebener
Wellhausen

Greifswald 9 Febr. 1879

66. An Georg Reimer

Greifsw 14. 2. '79.

Verehrter Herr Reimer

Es war schon länger meine Absicht Ihnen für die freundlichen Zusendungen zu danken, die Sie von Zeit zu Zeit an mich gelangen lassen. Das Buch von Köstlin[1] scheint mit vieler Liebe gearbeitet zu sein. Mit den geschichtlichen Erläuterungen, namentlich soweit sie sich auf die Chronik gründen, bin ich nicht immer einverstanden; auch zweifle ich ob der Vf seinen praktisch-erbaulichen Zweck erreichen wird. Aber in der Übersetzung habe ich nicht selten eine originale und beachtenswerthe Auffassung gefunden.

Ich wollte Ihnen außerdem beichten, daß ich kaum angefangen habe, meinen zweiten Band zu schreiben. Ich bin aber leider völlig entschuldigt. Meine Schwester ist in diesem Winter krank geworden und gestorben. Meine Frau ist noch immer krank, nun schon ein Jahr. Das ist deprimirend und hat mir die Flügel gelähmt. Ich glaube kaum, daß der Druck vor einem Jahre beginnen kann.

Die Neue Evang. KZ.[2] hat mich amüsirt. Die Hauptfrivolität, die mir aufgemutzt wird: „Wie ist der liebe David etc" (S. 189 meiner Geschichte) stammt nicht von mir, sondern von dem alten Würtemberger Prälaten J. A. Bengel[3]. Ist das nicht charmant? Auch der Ausdruck „von außen gleißende Kritik" hat mich ergötzt. Wer gleißt denn gleich von innen! Vielleicht der Kritiker der N. E. KZ? Und dann ist der Passus am Schluß sehr hübsch, worin beklagt wird, daß Männer, denen etwas besseres hätte zugetraut werden dürfen, *mit der größten Eilfertigkeit* in das Lager des neuen Gegners übergelaufen seien. Der Prof. Riehm in Halle[4] braucht sich jedenfalls nicht dadurch getroffen zu fühlen. Er ist durch mein „schreckliches Buch" in große Gewissensbedrängnis gerathen und hat jedem der es hat hören wollen erklärt, er wisse absolut sich nicht zu helfen, der Boden schwanke ihm unter den Füßen – aber Recht haben könne ich nicht, es sei zu schrecklich. Hinterher, als der Frost kam, ist ihm der Boden unter den Füßen wieder steif geworden; er sagt, es sei unglaublich, daß man 1000 Jahre nach Moses solcherlei Fabeln von ihm gefabelt habe. Das ist wohl der Mann nach dem Herzen der N. E. KZ; nur ist er in seiner aufrichtigen Dummheit zu sehr enfant terrible.

Einige werthvolle Eroberungen habe ich gemacht, und es sieht vorläufig nicht so aus, als würde die N. E. KZ darin Recht behalten, daß nach ein paar Jahren mein Buch todt sein würde. Wenn nur brav Widerlegungen kämen! Das wäre das richtige Mittel der Gegner, sich mir ans Messer zu liefern.

Wenn Sie erlauben und ich Zeit finde, so werde ich versuchen, Ostern, bei einer Durchreise durch Berlin, mich Ihnen vorzustellen.

Hochachtungsvoll
Ihr ergebenster
Wellhausen

67. AN JUSTUS OLSHAUSEN

Verehrter Herr Geheimrath
Ich danke Ihnen herzlich für Ihren Brief, für die offene Darlegung der Verhältnisse und die wohlwollende[n] Rathschläge. Mir ist es selber wohl bewußt, daß ich meinen Gegnern ihre Schulden nicht so erlasse wie sie mir die meinigen erlassen müssen. Zu meiner Entschuldigung muß ich sagen, daß es sich in dem Gutschmid'schen Handel[1] nach meiner Meinung lediglich um die Schätzung der wissenschaftlichen Persönlichkeit Schraders handelt. Das hätte mich freilich bewegen sollen mich fern davon zu halten. Freiwillig habe ich mich auch nicht hineinbegeben, ich bin halb und halb gepreßt worden.

Sobald ich den zweiten Band meiner Geschichte Israels geschrieben haben werde, werde ich mich, Ihrem Rathe und meiner Neigung folgend, lediglich der semitischen Philologie widmen. Sie würden gewiß wünschen, daß ich mich den Keilen zuwendete. Dagegen habe ich zweierlei Bedenken. Erstens fehlen mir in Greifswald die Materialien. Zweitens würden leicht zehn Jahre vergehen, ehe ich auf diesem Gebiet irgend etwas der Mühe Werthes veröffentlichen könnte. Unter anderen Umständen wäre mir das allerdings nicht unangenehm, sondern lediglich willkommen. Denn ich kann aufrichtig versichern, daß mir an dem gemeinen literarischen Ruhme nicht das Geringste liegt. Aber aus den Ihnen bewußten praktischen Gründen ist es mir allerdings, wie die Sachen liegen, wünschenswerth, bälder mit irgend einem Specimen hervorzutreten wodurch ich mich als semitischer Philologe beglaubigen könnte.

Sonst läge mir noch nahe das Aramäische in der jüdischen Literatur. Da wäre das Nothwendige, Texte zu ediren. Ich habe mich eine Zeit lang mit dem Gedanken getragen, die Reste des jerusalemischen Thargum zu sammeln und zu ediren. Aber ich glaube, das würde mir auch auf das *theologische* Conto geschrieben werden. Sonst müßte ich auf Grund ziemlich unzureichender Texte arbeiten; und auch dann hätte ich noch das Bedenken, daß dies noch immer als Theologie angesehen werden würde. Am Ende ist es das Gescheuteste, wenn ich einfach meiner Lieblingsneigung – von ehemals – folge und mich dem Kitab al Aghani[2] zuwende, mit Absicht auf Grammatik Syntax Metrik: den Inhalt, *homo tantum et audacia*, genösse ich dann still für mich; denn ich habe eine ausgesprochene Sympathie für diese Menschen, ihre Rücksichtslosigkeit und ihren صَبْر[3], während mir die nachexilischen Juden und die Syrer oder Äthiopen gar nicht am Herzen liegen, ebenso wenig wie die Moslimen.

Wenn ich Ihnen in dieser Weise meine Pläne ausbreite, so ist es durchaus nicht meine Absicht, Sie zu einem neuen Briefe zu veranlassen. Aber ich habe eine so herzliche Freude an Ihren väterlichen Worten gehabt, daß Sie es sich gefallen lassen müssen, wenn ich meinen Dank auf diese etwas kindliche Weise ausspreche.

Mit den besten Wünschen für Ihr Wohlergehen verbleibe ich
in treuer Ergebenheit
Greifswald 18 Febr. 1879.　　　　　　　　Ihr Wellhausen

68. An Abraham Kuenen

[Greifswald, 5.3.1879]

Ich hatte die Absicht, l. H. Professor, mit meiner Danksagung zu warten, bis ich Ihre Anzeige[1] erhalten hatte; aber ich bekomme sie nicht, die Post scheint sie verkrümelt zu haben. Ich muss mich gedulden, bis das Heft auf buchhändl. Wege für die hiesige Bibliothek ankommt; doch will ich meine Antwort nicht bis dahin verschieben. Andere Recensionen meines Buches sind noch nicht erschienen, ich höre nur gelegentlich dass man hie und da ausser sich ist, namentlich in Halle[2]. V. Ryssel[3] habe ich nicht gelesen; ich habe nur die Anzeige Ihrer Profeten von ihm (Literar. Centralbl. 1876[4]) gelesen, das war genug – ich bitte Sie, diese infame Dreistigkeit sich noch einmal anzusehen.

Mein Bd II ist noch nicht angefangen; ich lese zum Zeitvertreib Arabisches, Carlyle, und Goethe durch einander. Wenn das πνεῦμα πνεῖ, setze ich mich hin und schreibe; sonst nicht.

An Ihrer Familie nehme ich den aufrichtigsten Antheil. Mir ist vor 6 Wochen meine Schwester gestorben[5]; ich hatte kaum einen Menschen so lieb auf der Welt. Meiner Frau geht es besser, doch noch immer nicht gut. Zum Glück ist sie sehr vergnügt; da sie eben keine Schmerzen hat und nur liegen muss. Viele dankbare Grüsse an Ihre Frau Gemahlin! – Mit meiner saugroben Anzeige Schraders[6] werden Sie nicht zufrieden sein, mich reut sie nicht. Diese הֲבָלִים verdienen nichts anderes.

69. An William Robertson Smith

Greifswald 6. 6 '79

Lieber Hr Smith
Sie haben mir mit Ihrem Briefe aus Kairo und mit Ihrer Anzeige in der Academy[1] eine sehr grosse Freude gemacht und ich danke Ihnen von Herzen dafür. Ihre Anzeige ist die verständigste von allen, die einzige die mir gefallen hat. Am meisten hat es mich gefreut, dass Sie mich als einen echten Spross unsers Vaters Heinrich Ewald anerkennen; Dillmann schrieb mir, er könne es nur als Hohn verstehen, dass ich das Buch Ewalden gewidmet habe – er ist und bleibt ein Schwabe. Amüsant ist mir die Art wie die Juden über mich reden – sehr von oben herunter als wüssten sie alles viel besser. Nur Joseph Derenbourg macht eine Ausnahme, er wiegt freilich die anderen alle auf. – Mit dem 2. Bande geht es recht schleppend vorwärts; Moses verursacht mir natürlich viel unfruchtbares Kopfzerbrechen, nach der Melodie: „so macht' ich's wenn ich Moses wär."[2] Auf Beweis muss ich vielfach verzichten, ich kann nur meine Anschauung von der Sache geben und die kritischen Zähne dann daran nagen lassen so viel sie mögen. Viele herzl. Grüsse!

Ihr Wellhausen

70. An Abraham Kuenen

Sonnabend 9 Aug. '79

Lieber Herr Professor.
Endlich komme ich dazu Ihnen für Ihren Brief zu danken und zugleich die Nummer der Academy zurückzusenden, die Sie die Güte hatten mir mitzutheilen. Meine Frau ist noch immer nicht gesund, und grade in diesem Sommer hat sie mir sehr viel Unruhe gemacht. Jetzt ist sie aber, seit einigen Tagen, in Kreuznach, und da zugleich die Ferien angegangen sind, so habe ich nun Zeit und Lust zu allerlei guten Werken. Mr. Smith schrieb mir, dass auch jetzt noch nicht das Endurtheil über ihn gesprochen sei und dass er demnächst auf eine Mehrheit zu seinen Gunsten rechne[1]. Er wünsche die Berechtigung der freien Schriftforschung innerhalb der Free Church durchzufechten, obwohl ihm die Sache alle Kräfte absorbire. Die Anzeige meines Buches[2] sei ihm noch besonders gefährlich geworden. Ich kenne ihn von Göttingen her, schon damals war er, obwohl kein Grafianer, doch ein Mensch, mit dem sich sehr gut reden liess.

Um Poppers Erzväter[3] bedaure ich Sie; ich selbst bin enttäuscht, so gering auch meine Erwartungen waren. Aber dies ist das dummste Zeug das mir seit lange in die Hände gekommen ist; nur die Einleitung zu Delitzsch's neuem Iesaias[4] kommt ihm nahe. In Bezug auf die Sprach- und Religionsvergleicherei folge ich dem Rathe des alten Bentley, diese *ingeniorum* pestis zu fliehen (Correspond. I 369[5]). Eine allerliebste Persiflage des Treibens ist das „Hündchen von Bretten" von Wilhelm Wackernagel; der Aufsatz steht in der Sammlung seiner Schriften, die nach seinem Tode gemacht worden ist, ich weiss nicht in welchem Bande[6]. Sowie man vom Allgemeinsten abgeht und in die Deutung des Einzelnen sich einlässt, wird man auf diesem Gebiete einfach toll.

An meinen 2. Band bin ich noch nicht gegangen; wie in allen Stücken nehme ich Sie mir auch hierin zum Vorbilde, obwohl ich, anders wie Sie, keine Entschuldigung habe, es sei denn die Krankheit meiner Frau. Statt zu schreiben lese ich arabische Verse, und zwar mit Passion. Diese alten Kamelreiter mit ihrem صَبْر gefallen mir, sie verstehen sich concret und energisch auszudrücken und verschmachten nicht in Abstractionen und Schematen. Dagegen ist der Versuch den Koran zu lesen höchst kläglich ausgefallen; das ist unausstehliches Zeug und ich begreife Carlyle's Sympathie für Muhammed[7] nicht. Ausserdem finde ich die Suren weit schwerer zu verstehen als die Kassiden. An den letzteren ist mir das Historische und Antiquarische, so unbedeutend es auch sein mag, das Wertheste; ich freue mich darum auch immer wenn ein Regez kommt. Dagegen die für schön ausgegebenen Beschreibungen von Naturerscheinungen und Thieren kommen mir immer ebenso langweilig vor wie sie schwer zu verstehen sind. Wenn man hier nur Commentare hätte, ich meine handschriftliche! Wenn man überhaupt das Glück hätte in Leiden zu wohnen! – Auch den 1. Band des Tabari[8] habe ich gelesen, er enthält wenig Bemerkenswerthes. Mir scheint, es hätte wohl etwas mehr auf eine Seite gedruckt werden können, vielleicht auch das Format grösser sein können. Der Herausgeber Barth ist aber kein Held im Arabischen.

In Tübingen wollen sie Dillmann oder Riehm berufen; Ehren oder Schande halber haben sie mich an unterster Stelle auch mit genannt, berufen mich aber gewiss nicht, selbst wenn die beiden anderen nicht wollen. Trotz aller Ungunst der „massgebenden" Schafsköpfe breitet sich die Grafsche Ketzerei dennoch in erschreckender Weise aus. Nur Graf Baudissin hält sich noch über Wasser, vermuthlich weil er nach Tübingen strebt. Er hält es für die „Achillesferse" der Grafschen Hypothese, dass in der Chronik die Verhältnisse des Klerus schon etwas weiter entwickelt sind als im Priestercodex[9]. Sein Verstand scheint sich dem seines Meisters Delitzsch nachzubilden.

Ich bitte um die herzlichsten Grüsse an Ihr ganzes Haus und insbesondere an Ihre Frau. Meine Photographie soll nicht gut sein, aber ich werde nie gut und mag mich darum gar nicht gern copiren lassen. Hoffentlich hat die Emser Badereise erfreuliche Früchte getragen. Vielleicht darf man auch demnächst dem 1. Halbbande Ihrer Einleitung entgegen sehen[10]; man erlebt so wenig Freude, dass einem diese wohl zu gönnen wäre. Mit den besten Wünschen für Ihr Wohlsein

Ihr Wellhausen

Ich bitte Sie Hrn Prof Oort vielmals zu danken für den Aufsatz über die Psalmen[11] den er mir neulich geschickt hat.

71. An August Dillmann

11. Aug. 79

Hochverehrter Herr Professor

Haben Sie aufrichtigen Dank für Ihren Aufsatz[1] dessen Beweisführung mir vollständig eingeleuchtet hat, obwohl ich den Text des Periplus nicht zur Hand hatte. Wunderlich kommt mir der Gleichklang von Ομανα und عمان[2] vor; an Zusammenhang ist doch wohl nicht zu denken. Die himyarischen Inschriften haben mir bis dahin ganz fern gelegen; durch Ihre Abhandlung bin ich bewogen den Osianderschen Aufsatz[3] zu lesen, da mir Halévy[4] nicht zu Gebote steht. Was ist das كرب für ein sonderbares Wort, als erstes und zweites Glied der Zusammensetzung! Die Sprengersche Geographie Arabiens[5] ist nicht auf der hies. Bibliothek, ich will sie mir aber anschaffen. Ich bin sehr neugierig, wie er in das Chaos der altarabischen Geographie, welches ja mit dem Chaos der altarabischen Geschichte nah zusammenhängt, Ordnung bringt. Ich selbst bin bis jetzt zu gar keiner klaren Anschauung gekommen. Ob nicht die himyarische Wanderung älter ist als wie gewöhnlich angenommen wird? Die von Tai müssen doch seit unvordenklichen Zeiten auf Aga und Salma gesessen haben. Mich interessiren diese alten Araber sehr; ich glaube doch, daß an Renan's These etwas Richtiges ist, wenn sie auch stark zu modificiren sein wird.

Ich sage Ihnen nochmals meinen verbindlichsten Dank und empfehle mich Ihrem Wohlwollen

Ehrerbietig
Ihr Wellhausen

72. An William Robertson Smith

Greifsw. 16 August 79

Lieber Hr. Smith! Besten Dank für Ihre neue Apologie[1]; ich habe sie mit Vergnügen gelesen und mancherlei daraus gelernt. Schade, dass Sie von solchen Anfechtungen noch fort und fort in Anspruch genommen werden! Ich hoffe, dass nächstens eine definitive Entscheidung kommt, und dass sie nach Ihrem Wunsche ausfällt! – An meinem 2. Band arbeite ich noch nicht; meine Frau ist seit 1½ Jahren bettlägerig, und das bringt mich vom Arbeiten ab. Ich nasche allenthalben ein bischen; das Alte Testament aber habe ich fast vergessen. – In Tübingen hat Dillmann einen Ruf abgelehnt, Riehm wird voraussichtlich auch ablehnen. Dann stehen sie vor mir. Es gibt natürlich Leute, die mich dort zu haben wünschen; indessen werden sie wohl auf heftigen Widerstand stossen. Ich würde es nicht verwunderlich finden, wenn sie lieber Schaf Graf Baudissin sich aussuchten, der die Weisheit mit Löffeln gefressen hat und allen seinen Mitschafen so sehr imponirt. – Popper hat ein unendlich thörichtes Buch geschrieben über die Sagen der Genesis²; so im Stile von Goldziher, Steinthal, Kohler u.s.w. Mir thut Kuenen leid, der sich wer weiss was davon versprach. Diese Juden taugen alle nichts.

Herzlichen Gruss von
Ihrem J. Wellhs.

73. An Abraham Kuenen

Greifsw 25 Nov. 79
Lieber Herr Professor
Ich danke Ihnen vielmals für die Übersendung des letzten Heftes der Theologischen Tijdschrift. Wenn ich nur bald den I Halbband Ihrer Einleitung bekäme! Freilich, den II Band meiner Geschichte Israels werden Sie auch nicht so bald erleben. Budde in Bonn, der in Utrecht studirt hat, möchte gerne die deutsche Ausgabe Ihres isagogischen Standard-*work* besorgen; aber Sie sind wohl in dieser Beziehung schon an einen andern gebunden¹. Rudolf Smend lässt einen Commentar zu Ezechiel² drucken; er ist vollständiger Grafianer. Überhaupt macht diese Ketzerei reissende Fortschritte, selbst bei den orthodoxen Lutheranern.

Viele Grüsse von Ihrem W.

74. An Georg Reimer

Greifsw 30. 11. '79
Verehrter Herr Reimer
Ich habe die Unverschämtheit, trotzdem ich Ihnen gegenüber ein böses Gewissen haben müßte, Sie noch um zwei Exemplare der Geschichte Israels zu bitten. Weshalb mein Gewissen schlecht sein müßte, werden Sie verstehen; ich mache den zweiten Band noch immer nicht. Aber ich bin, aus verschiedenen Gründen, in gedrückter Stimmung, und es ist mir dann wohl möglich, zu wurzeln und gelehrtes Zeug zu machen, aber nicht, von der Leber weg zu schreiben. Ich kann auch gar nicht sagen, wann es besser wird. Ich höre, daß meine Freunde, die Herren Riesen Dillmann und Genossen, mit Genugthuung die Mähre verbreiten, der zweite Band würde nie erscheinen, und dadurch würde der Beweis geliefert, daß auf der Grundlage meiner Kritik ein positiver Aufbau der israel. Geschichte nicht möglich sei. Aber wenn ich am Leben bleibe, wird diesen guten Menschen und schlechten Musikanten der zweite Band doch noch mal auf den

Weihnachtstisch gelegt werden, wenn sie s am mindesten glauben[1]. Ich habe die bestimmte Absicht, ihn zu schreiben, und das Material liegt längst fertig bereit. Ich möchte aber nur, daß die Darstellung auch einigen Eindruck machte, und da muß ich den günstigen Moment abwarten. Übrigens ist ja auch der erste Band in sich vollständig fertig und abgeschlossen, so daß es nicht so viel schadet, wenn er eine Zeit lang ohne seinen Bruder existirt.

Bei Wilamowitz' geht es gut, ich verkehre sehr viel bei ihnen und habe mich über die Freundlichkeit zu schämen, mit der ich dort von Mann und Frau verzogen werde. Vielleicht darf ich Sie bitten, Ihren Herrn Neffen Hans Reimer zu grüßen, den ich ein paar mal gesehen habe.

Ihrem Wohlwollen empfiehlt sich

Ihr ergebenster
Wellhausen

PS Ich danke ihnen herzlich für die mannigfachen literar. Zusendungen, deren ich mich von Ihnen von Zeit zu Zeit zu erfreuen habe. Aufregen thue ich mich über Dr. Nestle und die Generalsynode[2] und Ähnliches nicht. Die Menschen sind mir immer viel böser als ich ihnen; vielleicht haben sie und ich Grund dazu.

75. AN EDUARD REUSS

Greifswald 13.12.'79

Hochverehrter Herr Professor

Ich danke Ihnen schon jetzt aufs herzlichste für die werthvolle Gabe[1] deren Sie mich gewürdigt haben, obgleich ich das Buch durchzulesen noch nicht Zeit gehabt habe. Vor allem haben mich Ihre Thesen vom Jahr 1833 interessirt. Längst bin ich davon überzeugt gewesen, was ich jetzt genau weiß, daß Sie der intellektuelle Urheber der „Graf"schen Hypothese gewesen sind. Ich habe vor einigen Jahren Näheres durch Ihren Collegen Zöpfel herauszukriegen versucht; aber der hatte kein Interesse für die Sache und antwortete mir überhaupt nicht. Sie können denken, was es mir für eine Freude gewesen ist, die Note auf S. 23.24 Ihres neuesten Bandes zu lesen[2]. Am liebsten hätte ich freilich die originalen Thesen *in extenso* gehabt.

Nochmals meinen herzlichsten Dank, ich freue mich auf die Lektüre des Buchs in den Weihnachtsferien. Grüßen Sie, bitte ich, Hrn Prof. Nöldeke und sagen Sie ihm, ich sei von der im Tabari steckenden colossalen und doch anspruchslosen Gelehrsamkeit so niedergeschmettert, daß ich noch gar nicht wieder recht zum Bewußtsein kommen konnte[3].

Ihrem Wohlwollen empfiehlt sich

Ihr ergebenster
Wellhausen

76. An Michael Jan de Goeje

Verehrter Herr College

Ich falle Ihnen noch einmal mit Angelegenheiten zur Last die weniger die Sache als meine Person betreffen. Seit mehreren Monaten oder Semestern habe ich mich vorzugsweise mit der alten arabischen Poesie beschäftigt, für die ich trotz ihrer Monotonie in Form und Inhalt eine Schwäche besitze. Was mich daran interessirt, ist allerdings vorzugsweise das, was am wenigsten darin vorkommt, nemlich das Historische. Die alten Geschichten in Tebrizi's Hamasa und im Kitab al Aghani sind mir lieber und kommen mir sogar bedeutender vor als die Lieder. Ebenso hat alles Traditionelle aus altarabischer und omajjidischer Zeit, so weit es nicht specifisch mohammedanisch ist, einen grossen Reiz für mich. Und zwar sind es nicht eben die Ereignisse, die mich anziehen, sondern mehr das Gleichbleibende in Sitte Recht und Anschauungsweise, also die sogenannten Antiquitäten. Denn im Grunde jage ich dem Phantom des Semitismus nach, und das ist das Band, welches diese Studien mit meinen früheren zusammenhält.

Gelesen habe ich nicht viel, die sechs Dichter von Ahlw.[1], die Hamasa[2], nur sehr theilweise das Kitab al Agh.[3], welches erst jetzt mein Eigenthum geworden ist. Mir fehlt ein Lexicon, der Gauhari. Die Bulaker Ausgabe[4] besitze ich, aber sie genügt mir nicht weil die Verse unvocalisirt sind – für ein Nachschlagebuch doch eine sehr üble Sache. Ich habe nun daran gedacht, nächsten Sommer Urlaub zu nehmen um zu meinem Privatgebrauch eine gute vocalisirte Handschrift des Gauhari zu vergleichen. Ich habe geschwankt ob in Paris oder Leiden. Aber da ich in Paris von Keinem etwas lernen kann und umgekehrt in Leiden die beiden Männer sind welche am meisten von der arabischen Geschichte verstehen, so halte ich es für besser nach Leiden zu gehen. Sehr erwünscht wäre es mir, wenn dort ausser dem Gauhari noch etwas anderes zu holen wäre, ich meine besonders von alter arabischer Historie. Wo hat der Abu Raggasch solche Erzählungen her, wie die von Ma'dan dem Chaibariten S. 303 der Freytagschen Hamasa[5]? Wo findet man dergleichen am bequemsten und ursprünglichsten? Ich beabsichtige nicht, dass Sie auf diese Fragen antworten; ich wollte damit nur andeuten, worauf ich mit meinen arabischen Studien hinaus will.

Es liegt mir gar nichts daran, irgend eine arab. Hdschr. zu ediren, sondern lediglich daran, etwas über arabisches Alterthum aus den besten Quellen zu lernen. Hier in Greifswald ist das nicht gut möglich. Erstens sind weder Bücher noch Handschriften da, zweitens ist Ahlwardt ein trockener und unfruchtbarer Pedant, und er sieht es, trotz aller Freundschaft gegen mich, doch immer halb und halb wie einen Diebstahlsversuch an seinem geistigen (sauer erworbenen) Eigenthume an, wenn ich ihn um etwas frage. Wenn Sie glauben, dass ein Aufenthalt in Leiden mir von Nutzen sein könnte, so komme ich anfangs April. Ich setze voraus dass mir Urlaub bewilligt wird; daran zweifle ich aber nicht, da ich einen Stellvertreter in einem hiesigen Privatdozenten[6] habe und da es in Berlin an mâssgebender Stelle gewiss sehr gern gesehen wird, dass sich ein solcher untheologischer Bock wie ich bin aus der Schafhürde fortstiehlt.

Mit bestem Grusse empfiehlt sich Ihrem Wohlwollen

Ihr ergebenster

Greifsw. 20 Dec. 1879 Wellhausen

77. AN ALBERT SOCIN

Lieber Herr College

Ich lese in einer Kirchenzeitung, daß Kautzsch wahrscheinlich nach Tübingen gehe. Daß es so kommen würde, habe ich gehofft. Ich habe vor einigen Monaten Kautzsch gebeten auszusprechen, daß ich gern nach Basel gienge. Da ich vermuthe, daß Sie jetzt in Basel sind[1], so richte ich an Sie die selbe Bitte. Mir ist es in Greifswald, überhaupt in einer preußischen theol. Fakultät unbehaglich, es liegt mir daran in andere Verhältnisse zu kommen, wenn ich dabei vielleicht auch was das Geld betrifft keine guten Geschäfte mache.

Mit bestem Gruße

Ihr ergebenster

Greifsw. 22.12 '79. Wellhausen

78. AN ALBERT SOCIN

Lieber Socin

Sie verpflichten mich durch ihr freundschaftliches Eintreten für meine Wenigkeit[1] zu warmem Danke. Was die Gymnasialstunden betrifft, so liegt mirs sehr ferne mich dafür zu gut zu halten. Ich habe schon hier in Greifswald daran gedacht, mir den hebr. Schulunterricht übertragen zu lassen. Nur der Grund hat mich von der Ausführung dieses Gedankens abgehalten, daß dadurch meine Ferien sehr beschnitten würden; aber das wird in Basel weniger schlimm sein, weil dort ja wohl die Schulferien in die Universitätsferien fallen.

Sie machen mir eine große Freude mit dem was Sie über die Gesch. Isr I[2] sagen. Auf die Aramaismen lege ich natürl. selber kein Gewicht, aber fest steht, daß eine Reihe höchst charakteristischer Worte wie ברא עֲשְׁתֵּי erst in der letzten Phase der hebr. Sprachgeschichte auftauchen[3]. Ich selber habe darüber nur gelegentliche Beobachtungen gemacht, die jedoch wie ich glaube bei anderen Leuten auf fruchtbaren Boden gefallen sind.

Eines möchte ich noch hinzufügen. Meine Frau ist seit 2 Jahren an den Folgen einer Uterusentzündung bettlägerig. Jetzt ist sie auf der Besserung, aber zu Ostern kann ich nicht gut an einen Umzug denken. Vor Michaelis kann ich nicht gut aus Greifswald fort. Doch das sind *curae posteriores*; ich wollte darüber nur nicht gern stillschweigen.

Mit herzlichem Gruß, auch an Kautzsch

Greifswald 31.12.'79
Ihr ergebenster
Wellhausen

79. AN AUGUST MÜLLER

[Greifswald, 14.1.1880]

Sie haben ganz Recht, daß das לראות את דוד 1 S 19,15 meine Auseinandersetzung[1] hinfällig macht. Was dann die Geschichte in v 13 bedeutet, wenn die Boten die Puppe gar nicht zu sehen bekommen, ist freilich unklar. Die Streichung von לראות את דוד wage ich ebenso wenig wie Sie; schwach und unpassend sind die Worte, da sie ja doch *Klimax* zu לקחת sein müssen, jedenfalls. Im Übrigen müssen Sie nicht glauben, daß ich in den histor. Büchern des A. T., die ich seit 2 Jahren nicht angesehen habe (wenigstens nicht auf Einzelnes u Sprachliches), irgend mehr wüßte als Sie

Ihr ergebener
Wellhausen

80. AN ALBERT SOCIN

Liebster Socin

Ich danke Ihnen aus beschämtem Gemüthe für Ihre Zusendung[1], mit der Sie mich sehr erfreut haben. Es ist sehr nett von Ihnen, daß Sie die syrischen Städte in so viel weiterem Umfange hineingezogen haben; grade für diese Gegend entbehrte man am schmerzlichsten ein solches Buch. Sie würden Ihrem Verdienst die Krone aufsetzen, wenn Sie die Euphrat u Tigrisländer, soweit semitisch, nun auch noch beschrieben. Es ist recht schwer sich dort zu orientiren, wenn man nicht umfangreiche Studien machen will. Ich bin immer erstaunt über Nöldekes geogr. Gelehrsamkeit mit der er so bei Wege lang heraus kommt. Von Ihnen erinnere ich mich einen Aufsatz über Bagdad gelesen zu haben[2], der den Wunsch *vivat sequens!* sehr lebendig in mir machte.

Sie haben durch Ihre Güte zugleich die unbeabsichtigte Nebenwirkung gehabt mich zur Buße zu leiten und zu bewegen, daß ich endlich meinen längst gefaßten Vorsatz dem Palästverein beizutreten ausführte[3]. Ich gestehe zwar, daß mir der Zweck Mittel zu Expeditionen zu sammeln auf diese Weise unmöglich zu erreichen scheint; und es kommt mir auch vor, als sei eine Zeitschrift für *Hebr. Philologie überhaupt* ein dringenderes Bedürfnis als speciell für d Geographie Palästinas. Indessen kann man darüber vielleicht verschiedener Ansicht sein, und was gut ist muß man auf jeden Fall zu fördern suchen – sagt Salomo[4].

Kautzsch hat mich neulich durch meinen hiesigen Collegen Cremer grüßen lassen, ich weiß nicht recht was er mit dem zu correspondiren hat. Sollte es mich betreffen, so würde ich mir leid thun. Ich wenigstens könnte Cremer nur mit bösem Gewissen weg loben.

Grüßen sie Gutschmid, wenn ich bitten darf, und Roth und Weizsäcker. Nochmals meinen aufrichtigen und herzlichen Dank

G. 15.1.'80   Ihr Wellhausen.

81. An Rudolf Smend[1]

Leiden 7. 5. 80

L. S. Ich *hoffe*, Deinem Kinde[2] geht es gut; es wäre mir lieb es auch zu *wissen*.

Du würdest *mir* einen Gefallen thun, wenn Du an Kuenen ein Exemplar des Ezechiel[3] schicktest; wenn er auch nicht ganz nach Deiner Mütze ist, so ist er doch persönlich ein gar zu liebenswerter Mensch.

Meine Adresse ist Leiden, Rapenb. 96[4]. Ich bin eifrig beim Copiren der Hudhaliten[5], außerdem vergleiche ich Gauhari[6]. Alle sind sehr freundlich, aber öde ist es natürlich hier doch.

Viele Grüße an Deine Frau von

J Wellhs.

82. An William Robertson Smith

[28.5.1880]

Leiden, Rapenburg 96.

Lieber Herr Smith! Sie würden mir einen Gefallen thun, wenn Sie mir den Tractat zuschickten, der vor Kurzem in Edinburg unter dem Titel: Wellhausen and our Higher Criticism erschienen ist[1]. Es ist sehr wundersam, dass in Deutschland weder Hund [sic] noch Hahn nach mir kräht, und dass man in Schottland Ihretwegen ein solches Geschrei auch über mich macht.

Ich habe gesehen, dass Ihre Sache leider nicht gut steht; Ihren offenen Brief an den Principal[2] habe ich gelesen. Ich wollte, Sie hätten die leidige Affäre vom

Halse; aber ich bewundere Ihre muthige Ausdauer und dass Sie sich so wenig mit Fleisch und Blut berathen[3]. Dass Sie den Kampf siegreich (d. h. äusserlich siegreich) durchführen, bezweifle ich. Aber ich wünsche Ihnen von Herzen Erfolg

Ihr Wellhausen

Ich bleibe noch 3 Wochen in Leiden.

83. AN WILLIAM ROBERTSON SMITH

[31.5.1880]
Leiden, Rapenb. 96

So eben lese ich den Ausgang ihres Processess[1] [sic], ich gratulire Ihnen aufs herzlichste. *Three cheers* für Ihre Studenten und für den Mann, der sagte, die Kirchenversammlung verstünde nichts von gelehrten Dingen

Ihr Wellhausen

84. AN WILLIAM ROBERTSON SMITH

Leiden Rapenb 96. 3. Juni 80

Amice collega
Ich danke Ihnen recht herzlich für Ihren freundlichen Brief und die begleitenden Drucksachen. Ich habe Ihnen aller Wahrscheinlichkeit nach auch für die Zusendung Ihres Reiseberichts im Scotsman[1] zu danken. Zwei mal habe ich mich bei dem Falschen bedankt, zuerst bei dem armen Peter Thomson dessen früher Tod mir auch sehr leid thut, sodann bei Mr. John Muir; beide waren die Absender nicht, so wird es also wohl in Ihrem Auftrage geschehen sein. Ich hoffe, daß auch die weiteren Nummern nach Greifswald gesandt sind; die Sache interessirt mich sehr, da ich grade beim Studium der Hudhalitenlieder bin. Wir scheinen uns auf dem selben Gebiete zu begegnen; ich studire seit einem oder 1½ Jahren das arab. Heidenthum und zwar aus dem selben Grunde wie Sie. Es gehört viel Selbstverleugnung dazu. Ihren Aufsatz habe ich mit großem Interesse gelesen[2]. Daß das Gemeingefühl, welches die Glieder eines Stammes u. s. w verband, ein religiöses war, daß die Stammnamen großentheils Gottesnamen sind bei Arabern und Hebräern, ist evident. Nicht wenige ihrer [sic] Beobachtungen waren auch mir aufgestoßen z. b. يغوث عوש, קיש قيس u. a. Ob das hinreicht, die Thiernamen durch die Bank so zu erklären wie Sie es thun, bezweifle ich vorläufig; in einzelnen Fällen gebe ich Ihnen Recht, aber vielleicht gibt es

mehrere Gründe für solche Benennungen. Wunderlich ist, daß die Araber ein Pferd, ein verhältnismäßig exotisches und spät eingeführtes Geschöpf, sollen angebetet haben. Ich glaube, es ist nicht allzu viel auf die Tradition zu geben. Schon zu Muhammeds Zeit scheint der Götterdienst veraltet und halb vergessen zu sein, man hatte nur Reminiscenzen und aus denen fingirten dann Ibn Abbas und die anderen Lügner ihre Traditionen. Wenn Nasr Jaʿûth und Jaʿuq zu Göttern der Leute Noahs gemacht werden³, so scheint mir daraus weniger zu folgen, daß diese Götter so sehr alt waren, als vielmehr daß sie damals vollkommen abgestorben und vergessen waren. Einigermaßen gewundert hat es mich, daß Sie von der Schlange nichts melden, wenigstens nichts Ausführlicheres. Sie kommt genug in Eigennamen vor, von Personen und Geschlechtern. Es scheint mir gar nicht so unmöglich, daß die rabbin. Ableitung חַוָּה = חִוְיָא, in Genesis Rabba ich glaube zu 2,23⁴, im Rechte ist, und daß sich die alten Hebräer ebenso von der Schlange ableiteten, wie das vornehmste Geschlecht der Äthiopier und der Edessener.

Ich habe in Leiden den unedirten Rest der Hudhaliten abgeschrieben und einiges Andere angesehen. Von hier gehe ich am 21 Juni nach Paris, um den Commentar des Al Aʿlam zu den Sechs Dichtern⁵ zu benutzen. Sehr gern wäre ich nach London gegangen, wegen Wâqidi's Kitâb al Maʿâzi, welches dort 1878 hingekommen ist⁶. Doch fehlen mir Zeit und Geld. Meine Frau ist seit mehreren Jahren krank und gegenwärtig 5 Monate im Bade zu Kreuznach; ich habe mir indessen Urlaub geben lassen. Mein Hauptverkehr ist natürlich Kuenen, einer der liebenswürdigsten und wohlthuendsten Menschen die es auf der Welt gibt.

Mr. Muir schickt immer den Scotsman an Kuenen, und so wissen wir genau über Sie Bescheid. Die Verhandlungen waren nur theilweise ergötzlich, aber sehr erfreulich war die Parteinahme der Studenten und der ganzen Corona für Sie⁷.

Mit dem 2. Theile meiner Geschichte warte ich noch; vieles ist schon geschrieben, so das ganze erste Drittel, Mose, die Richter, die drei ersten Könige; ebenso das 6. Kap: der Untergang Samariens und die Prophetie⁸. Kuenen macht wichtige Entdeckungen in Betreff mancher zu E gerechneter Stücke des Pentateuchs⁹; er ist noch nicht zum Schluß gekommen und verschiebt darum die dringend nöthige zweite Ausg. des Histor. krit. Onderzoek, von der zugleich eine deutsche Ausgabe erscheinen wird¹⁰. Er ist der gewissenhafteste Arbeiter, den es in der Welt gibt.

Vielleicht sehe ich Sie im nächsten Jahre, denn ich halte meinen engl. Besuch nur für aufgeschoben, aber nicht für aufgehoben. Viele Grüße von Kuenen
                       Von Herzen der Ihre
                              Wellhausen

Baudissin ist ein gänzlich unselbständiger Eklektiker, der nie was neues findet, und nie ein Urtheil wagt das ihm nicht eine Autorität vorgesprochen hat – ein elender Geselle.

85. An William Robertson Smith

Leiden 16 Juni 80

Lieber Freund

Ich danke Ihnen herzlich für Ihre neue Gabe[1]; ich hoffe demnächst mit einem ἀντίδωρον herauszukommen. Am Montag 21 Juni gehe ich nach Paris, um El A'lam zu den Sechs Dichtern zu lesen. Es wird mir schwer, nicht nach London zu gehen, wo mich Al Wâkidi reizt[2] – aber Zeit und Geld fehlen.

Ihr Wellhausen

86. An Georg Reimer

Paris 23. Juni 80

Verehrter Herr Reimer

Ich wage die Bitte an Sie, mir ein Exemplar meiner Geschichte Israels unter Kreuzband[1] hieher zu senden: *Paris, Hôtel de Londres, r. Bonaparte* 3[2]. Ein hiesiger Gelehrter, Zotenberg[3], hat sie gelesen und mit mir davon gesprochen, und da der Mann mir auf der Bibliothek von großem Nutzen gewesen ist, so möchte ich ihm das Buch schenken. Ich studire hier Arabische Poeten und nicht Geschichte Israels.

Zu meinem Bedauern habe ich von Prof. Mommsen gehört, daß es mit Ihrem Befinden nicht gut gegangen ist. Ich hoffe, daß sich jetzt Alles zum Besten gewandt hat. Empfehlen Sie mich, bitte ich, Hrn Prof. Mommsen und erhalten Sie mir Ihr Wohlwollen

Ihr ergebener
Wellhausen

87. An Abraham Kuenen

[Paris, Juli 1880]

Waarde Vriend

Sie sehen, welch einen vielversprechenden Anfang ich im Holländisch lernen schon gemacht habe; mit F schreibe ich nicht mehr, aber mit dem kleinen Anfangsbuchstaben habe ichs doch noch nicht heraus. Es ist jammerschade dass ich nicht noch einige Wochen die Freude haben kann, von Ihrer Frau Gemahlin Holländisch zu lernen; zum Französischen bin ich verdorben, ich kann Nase und Maul nicht in die richtige Stellung bringen. Wenn ich französisch spreche, halten's die Franzosen für Böhmisch; und ich verstehe nichts wenn *sie* reden.

Doch hindert es nicht sehr, die Leute helfen mir wie sie können und sind übermässig höflich und liebenswürdig. Am scheusslichsten sind die unzähligen Namen für allerhand Gerichte; das kriege ich im Leben nicht heraus.

Ich habe seit 2 Tagen auf der Bibliothek gearbeitet und mich einigermassen in die allerdings schwer zu lesende Handschrift hineingefunden. Ich studire sie nicht gründlich, sondern vergleiche sie nur zu den Stellen von Ṭarafa Antara und Zuheir, die ich nicht recht verstehe. Der Custos, Hr Zotenberg, ist von grosser Liebenswürdigkeit – etwas zu gross, er schwatzt stundenlang – aber er versteht wie es scheint nicht viel Arabisch und kann mir nicht so gut helfen wie Houtsma. Von meinen Briefen und Karten habe ich noch nichts abgegeben, ich musste mich erst ein wenig einrichten. So „gesellig" wie in Leiden wird's wohl nicht werden; ich wohne *Hotel de Londres, rue Bonap. 3*; es ist ein entsetzlicher Lärm auf der Strasse, aber die Wohnung gefällt mir wohl. Die Herren Professoren der Evang. Facultät habe ich gesehen; besonders gut gefallen haben mir die beiden Berger; namentlich Samuel B.

Ich hoffe sehr, dass Ihnen der Regen nicht das Fest verdorben hat, und dass Ihre Frau den vielen Besuch gut überstanden hat. Die Stunden, die ich in Ihrer Familie während der sieben Wochen meines Leidener Aufenthalts habe verleben dürfen, entbehre ich hier sehr; hier sind auch Leute, aber es sind nicht Kuenens. Haben Sie nochmals vielen Dank für all Ihre Güte, ich meine Sie im Plural, incluse Ihrer Frau Gemahlin und Frl. Schwester. Grüssen Sie die Kinder aufs beste und vergessen Sie den un*deugd*en[1] Musikanten auch nicht. Auch Rauwenhoffs, Tieles (+ Frl Roikhafer), Oorts bitte ich herzlich zu grüssen; an de Goeje und meine beiden arab. Freunde schreibe ich wohl einmal selbst.

In aufrichtiger Freundschaft
Ihr ergebener
Wellhausen

88. An Abraham Kuenen

Donnerstg ? Juli 80.

Verehrter, lieber Freund

Sie müssen das eigenthümliche Briefpapier dessen ich mich bediene nicht übelnehmen; das eigentliche Briefpapier ist mir ausgegangen. Mein Pariser Aufenthalt neigt sich zum Ende, und ich habe um so mehr Grund Ihnen bald auf Ihren freundlichen Brief zu antworten, da auch Sie nicht lange mehr in Leiden zu treffen sein werden. Ich habe meine Briefe und Karten abgegeben – mit Ausnahme der an van Hamel den ich aber vielleicht noch sehe – und die Leute sämmtlich persönlich gesprochen. Bei weitem am besten hat mir Stanislas Guyard gefallen, ein junger Arabist der jetzt vorzugsweise Assyrisch treibt. M. Vernes

Abraham Kuenen

scheint durchaus nicht auf eigenen Füssen zu stehen, er perhorrescirt das Detail – aus dem wird sicher nichts. Carrière habe ich nicht gesehen, wohl aber Phil. Berger, der mit Clermont Ganneau zusammen zum Hofstaat Renans gehört. Er hat mir seine Dissertation über מלך עשתר geschenkt[1], die Deutung מלאך ist ohne Zweifel möglich und nach meiner Meinung richtig. Aber ein firmer Hebräer ist Monsieur Berger nicht, מצבה spricht er *Miçba* aus – das ist doch stark. Ganz liebenswürdig kommt er mir vor, doch mag ich seinen älteren Bruder Samuel, der Pfarrer ist, viel lieber leiden. Von den Theologen der hies. Facultät habe ich einen ganzen Haufen gesehen und gesprochen, aber so flüchtig dass ich Namen und Gesichter vergessen habe.

Meine Arbeiten auf der Bibliothek habe ich fast beendigt, ich habe einen Commentar zu den Divanen des Tharafa, Antara, und Zuheir gelesen und die Hodhaliten verglichen. Der hiesige Hodhalitencodex hat den selben Text und die selben Scholien wie der Leidener, und ist auch ganz ähnlich geschrieben. Er ist vielleicht nicht ganz so correct, enthält aber doch öfter das Richtige, und ist hie und da vollständiger. Ich will nun noch ein syrisches Manuscript vergleichen, welches ein Lied über Alexanders Mauerbau gegen Gog und Magog enthält[2]. Der Custos, Herr Zotenberg, ein getaufter Jude und französirter Deutscher, ist sehr freundlich gegen mich; ich bin sogar Mittags bei ihm gewesen obwohl er unverheirathet ist.

Wie in Leiden werde ich auch hier grade an einem grossen Feste abreisen, am 14 Juli, der als Tag der Erstürmung der Bastille hinfort der *dies sacer* der franz. Republik sein soll. Man sieht nichts als Vorbereitungen zu diesem grossen Schwedenulk; die Zeitungen sind voll davon. Es herrscht grosse Begeisterung für die Republik; das *Liberté Egalité Fraternité* prangt an allen Kirchen und sogar am Gefängnis von La Roquette. Mir kommt die französische Politik immer wie Theaterspielen vor; es sind gar keine sachlichen Fragen welche die Menschen beschäftigen. In der Kammer wird bloss deklamirt: für oder wider die Amnestie – handelt es sich um Sachliches, so verstummt die Debatte. Die Ressortminister scheinen auch bloss Politik zu machen, z. B. der Cultusminister treibt die Jesuiten aus und lässt im Übrigen den Unterricht wie er ist. So sehr mir die einzelnen Franzosen gefallen: Συμπᾶσιν δ' ὑμῖν χαῦνος ἔνεστι νοός[3] – ich habe auch alle Angst vor einem nochmaligen Kriege verloren. Aus dem *Journal des Debats* das ich in Greifswald lese lernt man die Leute nicht richtig kennen.

Im Louvre bin ich nun öfter gewesen und bin erstaunt über die Holländer. A. van Dyk ist hier so gut wie nirgends, er ist herrlich; Rembrandt ist nur mit ganz kleinen Bildern vertreten, mit denen er aber mühelos die geistlosen Fleischsalades von Rubens aus dem Felde schlägt. Rubens ist mir hier noch ekliger geworden als er es früher war. – Ich habe kaum Raum Ihnen noch die herzl. Grüsse an Ihr ganzes Haus aufzutragen.

In aufrichtiger Verehrung
Ihr Wellhausen

89. An Wilhelm Vatke

Kreuznach 23. 7. 80

Hochverehrter Herr Professor

Durch ein Zeitungsblatt erfahre ich soeben, daß Sie Ihr 50jähriges Jubiläum als akademischer Docent[1] gefeiert haben. Ich kann es nicht lassen, Ihnen nachträglich meine warme Theilnahme auszudrücken. Wenn es Ihnen nicht so sehr auf die Extension als auf die Intension Ihres Wirkens ankommt, so können Sie wohl zufrieden sein – freilich auch die Intension könnte noch stärker sein, aber Sie haben die Zukunft. Ich rede nur von dem, was ich verstehe, vom Alten Testament: da ist es gewiß, daß Ihre Wirksamkeit erst angeht.

Mit den besten Wünschen für Ihr Wohlergehen

Ihr ergebenster Wellhausen

90. An Abraham Kuenen

Hameln 30 Juli, 80

Werther Freund

Sie und Ihre liebe Frau dienen mir, wenn ich so sagen darf, zum Experiment, bevor ich zum 14. Aug. meinen Schwiegereltern zur silbernen Hochzeit gratulire. Leider wird durch das Experiment nur meine Unfähigkeit bei dergleichen Gelegenheiten etwas Vernünftiges vorzubringen bis zur Evidenz constatirt werden. Einen sehr herzlichen Wunsch hege ich für Sie, dass Sie nemlich noch lange weitere Jahre bei einander bleiben, und einen etwas überflüssigeren hege ich für mich, nemlich dass ich meiner Frau noch einmal die Schätze Ihres Familiensanctuariums zeigen darf. Sie schliesst sich schon jetzt meiner „Feliciteering" mit aller Wärme an. Es geht ihr gut, die Besserung schreitet langsam vorwärts.

Ich gehe am 8 August oder viell. schon früher nach London, aber es wird nicht möglich sein in Utrecht Halt zu machen – vielleicht auf der Rückreise in Leiden. Eine Wohnung habe ich bereits gemiethet, nemlich Great Russell Street 40, W. C.[1] Ich bin neugierig, ob London eben so viel bietet wie Paris. Wenn es das nicht thut, so sind mir wenigstens die Menschen in England lieber als in Frankreich. Es hat mich empört, dass die Menschen ein glänzendes Fest zu Ehren ihrer Republik feiern, die wirklich noch durchaus nicht in der Lage ist ein Jubilaeum zu begehen, sondern ihre liebe Noth hat sich auf den Beinen zu halten. Jeder glückliche Krieg macht der Republik ein Ende, und jeder unglückliche auch. Ich bin fest überzeugt, dass der Bonapartismus die lebenskräftigste Partei im Lande ist; doch wird vielleicht kein Bonaparte, sondern irgend ein anderer rücksichtsloser Dictator auf den Thron kommen. Mit den Histrionenkönigen von Gottes Gnaden und altersgrauer Legitimität ist es nichts in Frankreich; das scheint nur für germanische Nationen zu passen.

Favete linguis! Ein *carmen non prius auditum*[2] bringe ich jedoch für Sie so wenig fertig wie für meine Schwiegereltern. Darum ist aber meine Theilnahme am 2. August nicht minder aufrichtig und herzlich. Bitte grüssen Sie alle, vornehmlich Ihre liebe Frau, der ich von dem Doorener Wald[3] alles Gute für ihre Gesundheit wünsche und erhoffe.

In aufrichtiger Verehrung
Ihr Wellhausen

PS Ich adressire nach Leiden, weil ich Ihre genaue Adresse in Dooren nicht weiss und annehme, dass die Briefe von Leiden Ihnen nachgesandt werden.

91. An William Robertson Smith

40 Great Russell Str.
W. C. London

Lieber Freund

Ich theile Ihnen in Kürze mit, dass ich hier die Maghâzî des Wâqidî (Brit. Mus.) copire und damit voraussichtlich bis zum 1 Oct. zu thun haben werde[1]. Wenn Sie durch London kommen, so hoffe ich, dass Sie mich zwischen 9 und 6 Uhr im Br. Mus. aufsuchen. Ich habe vor dem 1 Oct. nicht Zeit zu reisen; dann aber thue ich's vielleicht, da vom 1-7. Oct. das Museum geschlossen ist. Das Abschreiben ist entsetzlich, und ich ennyire mich hier grausam.

Viele herzliche Grüsse!

14 Aug 80.   Ihr Wellhausen

P. S. Ich habe es vielleicht Ihnen zu danken, dass mir der Artikel *Jewish History* in der Enc. Brit. übertragen ist[2]. Die Sache ist mir sehr erwünscht; ich habe keine Lust meinen 2. Band bald herauszugeben, da ich weiss dass mehrere Herren darauf lauern ihn abzuschreiben; aber um so lieber mache ich eine kurze Skizze seines Inhalts für eine nicht deutsche Encyclopaedie, die bei uns wenig verbreitet ist. Ich weiss nur noch nicht wie es mit der Übersetzung ins Englische werden soll; ich habe Mr. Baynes darum gefragt.

92. An William Robertson Smith

40 Gr. Russell St. W. C.
18 Aug. 80

Lieber Smith

Es ist gar zu freundlich, dass Sie so aus der Ferne für mich sorgen. Gleich gestern suchte mich Mr. MacLennan auf und nahm mich zum Savile Club[1] mit – aber ich versprach mir nicht viel von der Einführung. Ich bin am Abend nur geneigt Luft zu schöpfen, nicht zu lesen oder zu sprechen. Ich laufe draussen herum, in Hampstead Heath oder so, und am Abend wenns dunkel ist in der Stadt.

Dass die orthodoxen Bullenbeisser Sie gar nicht los lassen, ist recht traurig. Ich glaube, sie wollen es so lange treiben, bis Sie abdanken. Wenigstens scheint Alles auf diese Taktik hinzudeuten.

Sehr erfreut bin ich durch die Aussicht Sie hier noch in London zu sehen. Vielleicht werde ich dann auch Gelegenheit haben, noch einen und den anderen vom Handwerk zu grüssen. Ich denke bis zum 7. Oct etwa hier zu bleiben, vom 1–7 Oct. will ich mir noch allerlei ansehen, ich meine keine Bildersalades und andere Sammlungen, sondern Oxford und Cambridge und Canterbury oder dergleichen.

Im Wakidi steht nicht viel mehr als im Ibn Hishâm, aber doch einiges. Im India Office haben sie auch wieder eine neue und wichtige Handschrift erworben, nemlich eine Sîrat al Rasûl von Ibn Saʿd, dem Kâtib al Wakidi[2], der wahrscheinlich das Meiste von Wakidi selber abgeschrieben hat. Ich muss die Handschrift benutzen, werde sie aber nach Greifswald geschickt bekommen. Ursprünglich interessirte mich bloss das arab. Heidenthum, jetzt ist mir aber der Prophet selber sehr anziehend geworden[3]. Anziehend ist freilich nicht das rechte Wort; denn ich kann ihn nicht ausstehen. Das Interessante ist für mich natürlich nicht das Theologische, sondern das Religiös-Politische, die Stiftung des Staates durch den Islam in Medina. Monotheismus und dergleichen ist mir ganz wurscht; für dergleichen fehlt mir das Verständnis; vom Philosophen habe ich keine Ader.

Ich hoffe dass Ihnen die See Leib und Seele wieder frisch macht, ich beneide Sie um den Aufenthalt an der Küste. Inzwischen habe ich gesehen, dass es doch auch bei London ganz allerliebste Erholungsorte gibt, z. B. Kew und Richmond, wo ich voraussichtlich jeden Sonntag Nachmittag zubringen werde.

Mit herzlichem Dank und ditto Gruss

tuissimus
Wellhausen

93. An William Robertson Smith

Greifswald, Freitag 8 Okt. 80

Lieber Smith

Es ist zwar noch, seit wir uns zuletzt gesehen, zu kurze Zeit vergangen als dass ich inzwischen irgend etwas des Schreibens werthes erfahren oder gethan haben sollte; aber ich kann es doch nicht lassen, Ihnen für Ihre Güte und Freundlichkeit aufs wärmste zu danken. Beinah alles, wodurch mir London in angenehmer Erinnerung steht, habe ich direct oder indirect Ihnen zu verdanken. An Ihnen hat wahrlich auch nicht die Schuld gelegen, dass ich ausser London nichts habe kennen lernen. Ich bedaure es, denn wenn Paris Frankreich ist, so ist doch London gewiss nicht England oder gar Schottland. Vielleicht hole ich ein ander mal nach was ich jetzt versäumt habe; meine Apodemia war etwas lang geworden und ich hatte Sehnsucht nach Hause. Ihre Abneigung gegen London theile ich aber nicht, es ist eine behagliche Stadt. Ganz wunderlich war mir jetzt der Contrast von Berlin; die Häuser und Plätze und das Äussere viel schöner, aber die Strassen öde; es fehlt ganz das vergnügte Treiben, Mensch und Thier sieht verdrossener aus, namentlich die Droschkengäule. Statt des lässigen Sichgehenlassens und Spielens in den Londoner Parks sieht man im Thiergarten nur geputzte Kindermädchen und militärische Spaziergänger – ich mag London tausendmal lieber. Es ist der Gegensatz von Kunst und Natur, oder vielleicht von Künstlichkeit und Natürlichkeit. Wir Preussen sind alle unter den ἐπιτρόποις und παιδαγωγοῖς; dass die παιδαγωγία der Gymnasiallehrer und Unterofficiere εἰς Χριστόν ist, glaube ich aber nicht[1]. Mit der Freiheit wäre uns indessen auch gar nicht gedient; denn dann machten wir in politischen Dingen Alles den Franzosen nach, und würden genau so radikal-despotisch wie sie. Bei Ihnen ist die Freiheit auf Grund der Gottesfurcht erwachsen (siehe Cromwell); auf dem Continent ist es der reine Teufelsspuk, Gott weiss es. Ich wäre noch neidischer auf Sie, wenn Sie nicht glücklicherweise auch Herrn Bradlaugh[2] und *homines ejusdem farinae* besässen. Doch hoffe ich nicht, dass es diesen Rittern von der Consequenz gelingt, Sie zu gallisiren. Nicht die Deutschen, sondern die Briten sind der wahre Gegenpol gegen die Franzosen.

Sehen Sie, wie schön ich gepredigt habe – ich wusste eben nichts Verständiges mitzutheilen. Wenn Sie Gelegenheit haben, so grüssen Sie, bitte, Mr. Samuel Davidson mit dem schönsten Grusse; und auch Ihren Freund Gibson. Demnächst begebe ich mich an die Jewish History[3], ich freue mich ordentlich darauf. An Stade habe ich wegen des Programmes[4] geschrieben.

Nochmals herzlichen Dank!

Ihr Wellhausen

94. An Adolf Jülicher

8 Nov 80

Lieber Herr Doktor

Ihre Dissertation[1] besaß ich, durch die Güte meines Freundes A. Pernice in Halle, schon seit 14 Tagen, als Ihre freundl. Sendung ankam. Ich habe sie mit großem Vergnügen gelesen. Die von mir ausgespr. Ansichten üb die Compos des Hexat.[2] sind mir gar nicht ans Herz gewachsen – bis auf den Grundsatz, daß es außer den Hauptquellen allerlei Wucherungen gegeben hat, daß die Ergänzungshypothese ihre Berechtigung hat, daß die mechanische Mosaikhypothese verrückt ist. Die Aufsätze Kuenens[3] corrigiren mich in einer Weise die mit meinen eigenen Intentionen concurrirt; ich gebe ihm in dieser Hinsicht Alles zu, selbst das was er noch gar nicht gesagt hat. Als Synthetiker läßt er zu wünschen übrig, als Analytiker – und als Mensch – ist er unübertroffen. Auch darin daß er einzelne schwirige und charakterist. Stücke herausgreift, verfährt er sehr weise; man kann so viel besser die literar. Tendenzen nachweisen. Freilich hat er den Vortheil, daß er von einer allgemeineren Grundlage schon ausgehen kann, die ich ihm im Wesentlichen geliefert habe.

Zu einer eingehenden Prüfung Ihrer Arbeit kann ich erst kommen, wenn ich d. Exodus gründlich retraktire. Gegenwärtig ist mir das Arbeiten vom Arzt untersagt, ich muß mich aufs Dürftigste beschränken. So viel habe ich gesehn, daß Sie Principien und Triebe zu erfassen, literarisches Wachstum zu beobachten verstehen und die Sache nicht als Kegelspiel betreiben. Und darüber habe ich mich auch gefreut, daß Sie die Geister zu unterscheiden wissen; Ihre schlecht verhehlte Verachtung Schraders war mir ein Genuß, nicht aus persönl. Gründen, sondern um der Sache willen.

Wenn ich Ihnen geholfen habe den Weg durchs A. T. zu finden, so schulde ich anderen Leuten den selben Dank. Daß meine Darstellung Ihnen gefällt, thut mir fast leid; ich habe recht viel daran auszusetzen, bes. in der zweiten Hälfte des 1. Bandes[4], welche ich sehr rasch während des Druckes geschrieben habe. Ich habe die abscheuliche Angewohnheit nur zu arbeiten wenn es auf die Nägel brennt. Mit dem 2. Band wird es gewiß auch nichts als wenn ich anfange gegen den Druck zu schreiben. Am meisten ärgert mich, daß ich nicht einfach genug im Ausdruck gewesen bin. Aber man findet das Natürliche und Normale immer erst zuletzt, nach 100 Abwegen ins Geistreiche. So lange man noch im Schöpfungsnebel, in den Wehen ist, bleibt man geistreich; es ist eine Kinderkrankheit oder ein Puerperalfieber. Man muß Plato und Goethe als Arznei dagegen einnehmen; die Menschen haben es verstanden.

Nun hätte ich fast vergessen, Ihnen aufs herzlichste zu danken; wenn man in Greifswald eingefroren ist, thut einem ein warmer Brief von Zeit zu Zeit noth. Ich hoffe Ihnen nicht bloß literarisch, sondern auch persönlich noch einmal und mehrmal zu begegnen.

Ihr ergebener
Wellhausen

95. An William Robertson Smith

26. 12. 80

Lieber Smith
Vielen Dank für Ihre Zusendungen – Ihre improvisirte Verantwortung[1] ist eine erstaunliche Leistung, Sie scheinen inspirirt gewesen zu sein. Das deutsche Animismusbuch ist Ihnen wohl zugegangen. Dass ich Ihnen diesen Zettel schicke, geschieht um Ihnen anzukündigen dass Sie demnächst meine Jewish History erhalten werden. Ich lasse sie als Manuscript (in 20 Exempl.) drucken zu meiner und zu Ihrer Bequemlichkeit; doch umfasst der Druck nur die ersten ⅔[2]. Ich werde Ihnen die Bogen zusenden, in zwei Exemplaren, nach und nach, so wie sie aus der Presse kommen. Es ist mir sehr schwer geworden zu arbeiten, der Arzt hatte es ganz verboten, aber ich wollte Sie nicht gern im Stiche lassen. Vieles hätte ich gern besser und deutlicher gesagt; trotzdem hoffe ich, dass im Ganzen klar ist was ich will und was ich meine.
Mit herzl. Grusse
Ihr Wellhausen

96. An William Robertson Smith

12. 1. 81

Liebster Smith
Ich bekomme eben Ihre Karte vom 8. Jan – es geht langsam zwischen Aberdeen und Greifswald. Fatal ist es mir, dass am 8. Jan. Bogen 3. & 4[1] noch nicht in Ihrer Hand gewesen sind; ich hatte sie etwa am 1 Jan. abgeschickt, hoffentlich sind sie nicht verloren gegangen. Auf einer am 8. Jan. aufgegebenen Karte habe ich Ihnen mitgetheilt, dass ich am 15. Jan. Alles Ihnen geschickt haben würde – ich werde die Sendung natürlich jetzt an Ihre Edinb. Adresse dirigiren. Noch heute denke ich Bogen 5-10 abzuschicken, in der Hoffnung dass No 3.4 doch noch nachgekommen sind.
Dass Sie *references* vermissen würde[n], dachte ich mir wohl – aber die Sache wäre dann noch länger geworden und ich wollte doch nicht gern um der *references* willen den Zusammenhang kürzen. Wenn's dem Verleger recht ist, möchte ich wohl später einmal ein Buch: „populäre Anmerkungen zur Jewish History" als Begründung herausgeben. Sie werden sehen, dass der lediglich thetische Character *throughout* beibehalten ist. Ihr dankbarer
W.

97. An Theodor Mommsen

Verehrter Herr Professor

Zwei Gründe habe ich mich vor Ihnen zu schämen 1) daß ich Sie halb und halb veranlaßt habe mir den Benediktiner zu schenken, für den ich leider sehr empfänglich bin, 2) daß ich bis jetzt es versäumt habe Ihnen meinen sehr aufrichtigen (fast mehr als wünschenswerth) Dank zu sagen[1]. Ich kann mich damit entschuldigen, daß ich mit der Vollendung einer bestellten Arbeit solche Eile hatte, daß ich weiter nichts Vernünftiges denken konnte. Es ist ein Artikel über Jewish History in der Encyclopaedia Britannica[2]. Sie geben mir viel Geld dafür und ich bin dessen benöthigt. Freilich bin ich nur sehr theilweise *au fait* über den Gegenstand; namentlich über die Juden seit a. 70 p. Ch., über die ich auch ein kurzes Wörtlein sagen sollte[3], weiß ich eigentlich nichts. Ich möchte gern wenigstens die Bestimmungen der wichtigsten Gesetzbücher über sie kennen – bis jetzt war mir nur C. Th. de Judaeis (16,8)[4] näher bekannt –, aber es wird mir schwer, von meinen jurist. Collegen etwas herauszubekommen, auch nur wo sie zu finden sind. Hätte ich nur Pernice hier!

Bei Wilamowitz geht es gut, eben habe ich Ihre Frau Tochter bei Limprichts gesprochen. Ihren Schwiegersohn habe ich am Sylvesterabend vergebens zu bereden gesucht, seine griechische Literaturgeschichte zu schreiben; er will nicht[5]. Seine kleinen Untersuchungen scheinen ihm manchmal keine rechte Freude zu machen; und wer ihn nur aus denen kennt, merkt nicht was er kann, und höhnt über gelegentliche allgemeine Thesen, die außerhalb des Zusammenhangs sich wie willkürliches Orakeln ausnehmen. Durch die bösartige Kritik wird er doch afficirt.

Nochmals meinen herzlichen Dank!

Ehrerbietig
Ihr ergebener
Wellhausen

Gr. 15. 1. 81

98. An William Robertson Smith

Sonnabend 15 Jan. 81

Lieber Smith

Ich hoffe, Sie haben nun den ersten gedruckten Theil[1] vollständig in doppelter Copie in Händen. Anbei folgt der zweite Theil[2], ein kleiner Rest fehlt noch, den ich bald folgen lasse. Was ich bis jetzt Ihnen geschickt habe, nimmt, gross gedruckt, nicht mehr als 30 Seiten in der Encyclopaedia ein. Ich habe also noch Raum zu einigen Noten mit *references*. Also will ich noch einige machen, aber nur zu den ersten (gedruckten) neun Paragraphen; ich werde sie Ihnen ebenfalls bald schicken – die Übersetzung kann darum aber ruhig fortgehen, denn in den Text werde ich mit den Anmerkungen nicht eingreifen.

Es thut mir leid, dass ich Ihnen zu all ihrer Unruhe noch Mühe machen [muss], indessen weiss ich mir nicht anders zu helfen. Mir selbst ist es auch nicht leicht geworden, mich kurz zu fassen und doch den Zusammenhang, wie er in meinem Kopfe besteht, Anderen zur Anschauung zu bringen. Hoffentlich ist mir's gelungen; der Zusammenhang ist in historischen Dingen die Hälfte des Beweises.

Ihr dankbarer
Wellhausen

99. An William Robertson Smith

16.1.81

Lieber Smith

Vielen Dank für Ihre beruhigende Karte, ich bin spätestens in 8 Tagen mit allem fertig. Sie würden mich zu grossem Dank verpflichten, durch eine kurze Notiz, ob Sie die sämmtlichen Druckbogen (76 Seit) und ferner das Manuscript bis zum Jahre 70 post Christ. (60 Seit)[1] bekommen haben. Über das spätere Judenthum habe ich mich in 12 Seiten ausgesprochen; nun gehe ich an die Einschaltung der *references*. Leider ist meine Phantasie viel regsamer als mein Verstand; die Begründung ist mir immer unangenehm.

100. An William Robertson Smith

L. S. Ich danke Ihnen für Ihre Karte; ich bin nun über Alles beruhigt; den Rest werden Sie auch seit 8 Tagen haben. Wenn es noch Zeit ist, dass ich die *proof sheets* sehe, so würde mir das freilich angenehm sein.

Field's Hexapla[1] habe ich billig erstanden, nach den anderen Büchern, die ich mir eventuell durch den Edinburgher Buchhändler schicken lassen wollte, habe ich einstweilen *kein* Verlangen.

Zu Ihren grossen Erfolgen[2] gratulire ich herzlich. Herr Gott, das deutsche Publicum!

Yours by heart
Wellhausen

29.1.81

101. An Abraham Kuenen

[Greifswald, 24.2.1881]

Liebster Freund

Entschuldigen Sie diese Karte statt des schuldigen Briefs: vergleichen Sie zum Räucheraltar die Notiz 2 Macc 2,5.[1)] Mit herzlichsten Grüssen an Alle

Ihr Wellhausen

[1)] auf die mich Giesebrecht aufmerksam gemacht hat

102. An Abraham Kuenen

[Greifswald, 1.3.1881]

L. F! Ich schreibe doch noch nicht so bald, aber Sie müssen 1) erfahren, dass es meiner Frau besser und besser geht 2) dass meine Skizze[1] nur als Manuscript gedruckt und der Rand zu kritischen Bemerkungen meiner guten Freunde bestimmt ist. Aber die Hauptsache ist, dass mal wieder etwas Herz-erquickendes in der Weltgeschichte passirt, nemlich der Aufstand der Transvaal-boeren[2]. Ich kann nicht sagen, wie ich den Männern zujauchze, wenn mir auch die armen englischen Söldner leid thun. Wenn sich die Boeren wirklich halten, so hat die Sache für die Stellung Englands als Weltmacht ganz unberechenbare Folgen. Die Engländer werden nothwendig zur allgemeinen Wehrpflicht gedrängt; die Hochländer könnens nicht mehr alleine. Es leben die Boeren!

Ihr Wellhausen

Meine englische Skizze[3] ist noch nicht gedruckt

103. An Abraham Kuenen

Dienstag 14.6.81

Lieber und verehrter Freund

Ich vergesse dass ich keine deutschen Buchstaben anwenden darf, die wenigen werden wohl nicht schaden[1]. Längst wollte ich Ihnen danken für die werthvollen Bemerkungen zur Gesch. Isr.[2] die Sie mir zugesandt haben; dass ich bisher noch nicht dazu gekommen bin, wissen Sie auch ohne dass ichs constatire, und zur Entschuldigung habe ich nichts anzuführen. Ich überlege sehr sorgfältig was Sie mir sagen; aber für die englische Übersetzung konnte ich nichts verwerthen, weil ich der Sprache zu wenig mächtig bin um umfangreiche Correcturen zu wagen. Gedruckt ist es jetzt[3], aber ich habe noch keine Abzüge, sonst hätten Sie längst einen. Benutzt bin ich auch schon, sogar recht stark, von Robertson Smith in dem was er über die Propheten sagt[4]. Sie werden wissen dass er jetzt endlich abgesetzt ist; er tritt in die Redaction der Encyclop. Britan. ein[5]. Aber er hängt sehr zäh an seiner Kirche, mir ist seine Aufrichtigkeit gar nicht zweifelhaft, wohl aber seine Logik. Die Free-church hat sich sehr geschadet und ihm sehr genützt durch seine Entfernung.

Bei uns steht noch immer der Pentateuch auf der Tagesordnung. Dillmann soll ganz furibund sein; überall ist die Aufregung noch nicht im Abnehmen. Für mich ist die Polemik abgethan, ich stehe allem ganz gleichgiltig gegenüber. Es hilft nichts sich mit Leuten wie Delitzsch oder Dillmann aus einander zu setzen; ich mache es von nun an wie Ewald: „ich sage immer gleich das richtige." Wenn ich aber die alten Narren zu Tode ärgern könnte, thäte ichs gleich; es ist nichts an ihnen verloren. Ich höre – und zwar von Bickell in Insbruck –, dass im Athenäum vom 21 Mai[6] stehe, mir sei von oben her der freundliche Wink gegeben, ich solle den 2. Band nicht schreiben und überall so viel als möglich das Maul halten. Bickell meint, ich müsse eine entrüstete Erwiderung schreiben; das ist nach meiner Meinung eher die Sache der preuss. Regierung. Mir ist es ganz einerlei, was die deutschen Juden im Athenaeum schreiben; denn die haben dort die Semitica und Hebraica in Erbpacht. Dass sie auf mich böse sind, ist ihnen nicht übel zu nehmen; ich mag sie auch nicht leiden.

Ich habe die Absicht, Michaelis (Herbst) 1882 meine Professur niederzulegen. Es ist etwas Risico dabei; denn ich kann aus eigenen Mitteln nicht leben, so lange meine Mutter noch im Besitz meines väterlichen Vermögens ist; und von der Schriftstellerei über das A.T. kann man wohl in England, aber nicht in Deutschland leben, wo das Interesse an diesen Dingen sich auf die Fachgenossen beschränkt. Aber ich werde mich wohl durchschlagen, bis ich wieder eine feste Stellung erhalte. In Berlin gibt es auch noch andere Leute als Dillmann; die Orthodoxen sind mir bei weitem nicht so böse wie er und Riehm und ähnliche Menschen, die sich für freisinnig und für grosse Kritiker halten, aber weder Fisch noch Fleisch sind.

Meiner Frau geht es anhaltend besser, sie fängt an etwas zu wandeln. Ich wollte, mit der ihrigen ginge es ebenso bergan. Dieser Sommer kann ihr freilich nicht sehr gut thun; hier ist er abscheulich bis jetzt, nicht besser als der vorige.

Giesebrecht wird Ihnen seinen langen Aufsatz[7] geschickt haben; es ist eine sehr fleissige und sehr nützliche Arbeit – die Tabelle ist etwas werth. Dagegen habe ich an dem gespreizten Wiederkäuer, Bernhard Stade, wenig Freude. Er hätte seine Weisheit ganz gut auf 8 Seiten äussern können, statt damit ein ganzes Heft auszustopfen[8]. Du lieber Gott! und das Positive fehlt noch, und doch beginnt da erst die Schwierigkeit. Er kommt mir vor wie ein *Studiosus rerum novarum*. Sogar die כנעני הצאן Klostermanns finden Gnade bei ihm[9], doch gewiss weil sie neu und unerhört, aber nicht weil sie wahr sind. Der Mann scheint mir ganz dazu angethan, die gute Sache zu compromittiren.

Wann kommt *het hist.-krit. onderzoek?* E und die Redaction des Hexateuchs sind mir jetzt das interessanteste an der ganzen Frage. Im B. Josua (und nicht nur dort) ist der Priestercodex sicher bloss Ergänzer. Ich bin überzeugt, dass Sie die Geschichte heraus kriegen; Ihre Aufsätze sind immer das einzige woraus ich was lerne.

Grüssen Sie herzlich Ihr ganzes Ingesind, auch von meiner Frau. Wenn sie wieder besser ist, zeige ich ihr Holland. Von Herzen der Ihre
Wellhausen

104. An Georg Reimer

Verehrter Herr Reimer
Besten Dank für das nachträgliche Honorar[1], das Sie mir geschickt haben. Mit dem Rest der Auflage müssen Sie sparsam sein; denn eine zweite Ausgabe kann ich jetzt nicht machen und in einen bloßen Abdruck der ersten würde ich nicht willigen. Ich bin entschlossen meine theologische Professur binnen Jahresfrist aufzugeben (worüber ich Sie bitte nicht mit jedermann zu reden), und habe in folge dessen mich mit anderen Dingen zu beschäftigen als mit dem Alten Testament, so wenig auch meine Liebe zu diesem Buche erkaltet ist. Anfangs Juli habe ich das Vergnügen, bei Wilamowitz' Gevatter zu stehen[2].

Ihrem Wohlwollen empfiehlt sich

ehrerbietig
G. 16. 6. 81   Ihr Wellhausen

105. An William Robertson Smith

Lieber Smith
Ich kann Sie eigentlich wegen Ihrer Absetzung[1] nicht bedauern; die Händel haben Ihre werthvolle Kraft lange genug gebunden; ich bin froh dass Sie jetzt die Arme frei haben.

Im Übrigen (اما بعد[2]) lese ich eben in der Anzeige Ihres Buchs in dem Athenaeum[3] eine infame Lüge über mich. Weder die preussische Staatsregierung noch das preussische Kirchenregiment haben mir abgerathen den 2. Band zu schreiben; auch nicht in der allermildesten Weise hat man versucht eine Pression auf mich auszuüben, sondern mich einfach ignorirt, d. h. mir vollkommene Freiheit gelassen. Ich weiss nicht, wen der Recensent beleidigen will, ob mich oder die Regierung oder die Kirchenverwaltung. Sie thäten mir einen Gefallen wenn Sie die Unwahrheit auf irgend eine Weise in einem englischen Blatte in meinem Namen richtig stellen wollten; vielleicht in der Academy[4].

Mit herzlichem Gruss
Greifsw. 27 Junij 81　　　　　　　　　　　Ihr Wellhausen

106. An William Robertson Smith

9 Juli 81

Lieber Smith
Sie sind gar zu gütig gegen mich; nachdem mein erster Zorn verraucht ist und ich erfahren habe wer der Recensent ist[1], liegt *mir* eigentlich gar nichts an der Berichtigung. Doch scheint es mir aus sachlichen Gründen geboten, zu constatiren, dass die Insinuation gänzlich aus der Luft gegriffen ist. Es würde mir sehr angenehm sein, wenn Sie in einer Ihnen passend scheinenden Form ein Insertion im Ath. machten, *in meinem Namen.*

Ich habe Ihre Reisebeschreibung im Hejaz[2], die ich Ostern 1880 nur flüchtig und unvollständig gelesen hatte, jetzt so wie sie es verdient durchgenommen und sehr vieles mir grade im Augenblick Wichtige daraus gelernt. Ihre Beschreibung des Wadi Ji'rana hat mir von der Rückkehr Muhammeds nach der Schlacht von Honein überhaupt erst eine Anschauung gegeben. Ich wollte nur, die Umgegend von Mekka wäre noch an anderen Stellen von Reisenden wie Sie durchwandert, besonders aber wünschte ich ein Gleiches von der Umgegend Medina's. Dieser Burton[3] ist einfach albern, unausstehlich. Wo hat er denn etwas über den سلخ los gelassen? Meinen Sie die blosse Erwähnung (aber keine Beschreibung) im 11 Cap. des 2. Vol.[4]? Auch was Sie von Pflanzennamen gesammelt haben, ist mir sehr nützlich gewesen; z. B. über حرمل[5]. Ich werde Sie wahrscheinlich um ein oder das andere noch fragen müssen. Das Datum des 1. Briefes ist wohl ein Irrthum.

Ich denke mir etwa folgende Form des Insertion als passend
In der Nummer des Athen. vom 21 Mai 1881[x] steht so u. so[6]. Dem gegenüber bitte ich erklären zu dürfen, dass eine solche Pression von keiner Seite auf mich ausgeübt worden ist und dass ich hoffe, in nicht allzu langer Frist dem ersten Bande den zweiten folgen zu lassen.
Greifsw.　　　　　　　　　　Prof Wellhausen

[x] die mir erst vor kurzem zu Gesicht gekommen ist
　Ihre freundl. Einladung nach Edinburgh kann ich leider nicht annehmen; Sie sollten lieber nach Berlin kommen (wohin ich aber nur dann ginge wenn ich wüsste Sie dort zu treffen[7]).

Ich bitte um Entschuldigung, dass ich Sie so viel bemühe; und danke Ihnen zugleich recht herzlich für die Aufopferung mit der Sie sich meiner annehmen.
Ihr Wellhausen

107. An William Robertson Smith

Greifsw. 17 Juli 81

Mein lieber Smith

Ich schreibe sehr gern über Mohammed, nicht so gern über den Qoran, so dass Sie also, wenn mein Wunsch mass gebend ist, „Qoran" selber bearbeiteten. Es ist mir nur drückend, dass ich nicht Englisch schreiben kann und dann Sie oder unbekannte gute Freunde mit der Übertragung molestiren muss. Aber ich bin Ihnen schon so sehr zu Dank verpflichtet, dass es auf ein bisschen mehr oder weniger auch nicht mehr ankommt. – Über Mohammedanismus *kann* ich nicht schreiben; meine Kenntnis bricht mit dem Anfang der Abbasidenzeit schnupps ab[1]. Über Mohammed bin ich halbwegs orientirt, und ich werde im nächsten Winter über die Entstehung des Islam ein einstündiges Publicum lesen.

Mich wundert, dass der Schluss von „Israel"[2] doch noch gedruckt ist. Ich habe nichts zu corrigiren gefunden; nur „*super his*" (= obendrein) für *superbis*, und ein Druckfehler im Titel von Jost, den ich jedoch nicht nach dem Original, sondern bloss nach der deutschen Grammatik verbessern kann. Vatke's Buch[3] hat allerdings beim ersten Erscheinen einen verblüffenden Eindruck gemacht; man hat es aber mit Gramberg[4] oder von Bohlen[5] zusammengeworfen und damit allmählich todt gemacht. Ich habe mir da eine kleine materielle Änderung erlaubt. Desgleichen habe ich einmal „more than once" eingeschoben – mehr als einmal, غير مرّة, *non semel*: ich weiss nicht wie es Englisch heisst.

Ich gebe die Hoffnung nicht auf Sie in Berlin zu sehen[6]; Sie müssen mir jedenfalls Bescheid geben.

Mit herzlichem Grusse

Ihr ergebener
Wellhausen

Ich hoffe seiner Zeit auf eine Anzahl Sonderabzüge von „Israel"; z. B. Herrn Bryce möchte ich einen schicken.

108. An William Robertson Smith

[Greifswald, 26.7.1881]

Liebster Freund
Ich gehe doch nicht nach Berlin¹, und zwar deshalb nicht, weil ich keine gute Bekannte zu machen und mir dadurch irgendwie die Hände zu binden wünsche – ich habe gegründeten Verdacht, dass dieser oder jener mit mir Schmollis zu trinken wünscht, den ich lieber abführen möchte. Sie werden diesen Grund meines Fortbleibens für närrisch od. für kannibalisch halten – item *für mich* ist es ein Grund. – Schrecklich ist mir jetzt auch Stade; auch seine Grammatik² leistet nichts, trotz Wright. Sie brauchen aber nicht zu fürchten, dass ich Ewalden od Lagarden nacheiferte; ich verstehe schriftlich ganz gut zu schweigen.

109. An William Robertson Smith

Grfsw. 11.8.81

Liebster Smith
So weit der Qoran Quelle für die Geschichte M's ist, ziehe ich ihn natürlich heran¹ (ebenso wie z. b. Ibn Isḥāq); aber über den Qoran als literarisches Product möchte ich mich nicht äussern. Über die Umajjiden kann ich bis jetzt nur Phrasen machen; die Quellen sind zerstreut und nicht in kurzer Zeit zu bewältigen; grade das Anziehendste ist oft versteckt, z. B. in Tabrizi's historischen Mittheilungen zur Hamasa. Wenn Dozy nicht will, so thut's vielleicht de Goeje. Der ist im hohen Grade competent, aber er versteht nicht darzustellen. Dr. Houtsma in Leiden und St. Guyard in Paris wären vielleicht auch im Stande dazu; sie haben den Theil des Tabari bearbeitet, der über den Sturz der Umajjiden handelt. Houtsma ist sehr gescheut; Guyard kenne ich nicht so genau, er ist einer der angenehmsten Menschen die mir begegnet sind und das mag mich bestochen haben².

Der Gedanke dass das عزل³ mit Gen 38 zusammenhängt, ist mir auch öfters gekommen. Es ist ein Hadith nicht auf die Beduinen beschränkt, sondern wird von Muhāgirūn und Ansār mit Erlaubnis M's geübt, indessen nur bei den kriegsgefangenen Weibern, von denen man keine Kinder zu haben wünscht.

Neu ist mir Ihre Beobachtung über die Lage des Gehinnom⁴, obwohl ich aus Jeremia wusste, dass es nicht weit vom Tempel gewesen sein kann. Dass die hergebrachte Topographie von Jerusalem, besonders was den Tempel und seinen Zusammenhang mit den übrigen Gebäuden betrifft, sehr der Correctur bedarff [sic], davon bin ich auch seit lange überzeugt – Bleek⁴ 232.242 Note. 258 Note. Ich bin gespannt auf den Artikel *Jerusalem*⁵; mir geht leider die Anschauung ab, die zu einer positiven Construction unerlässlich ist.

Mein Zorn auf Stade raucht noch immer. Er hat die Unverschämtheit mir zu schreiben, er habe das Buch[6] in wenigen Wochen schreiben „müssen". Ja müssen! Niemand muss müssen. Das ist keine Entschuldigung, sondern eine Erschwerung der Schuld. Mit dem Menschen bin ich fertig; er hat nicht die Forderung der Sache im Auge, wenigstens ist ihm das Nebenzweck.

Neulich hat mich Mr. Nichol, freikirchl. Pastor bei Edinburg, besucht und mich gehörig ausgefragt[7]. Besonders musste ich ihm mein Urtheil über alle lebenden Hebraisten hersagen; auch wollte er wissen welche Männer unter den Hebrew scholars in Holland and Germany ich für die beträchtlichsten hielte. Ich nannte ihm, glaube ich, Kuenen Dillmann Lagarde Gildemeister Nöldeke; er betete sie sich dann so lange laut vor bis er die Reihe auswendig konnte; Gildemeister machte ihm die meiste Noth. Abgesehen davon hat er mir recht gut gefallen. Hoffentlich habe ich ihn etwas von seinem Glauben an die Autoritäten curirt; ich sagte ihm, dass ich Delitzsch für einen alten Narren hielte – das setzte ihn in Erstaunen. *Sans comparaison* – es war so ein wenig im Stil der Schülerscene im Faust.

Sayce ist zwar kein Held, aber er hat noch immer mehr gemacht als Kautzsch; K. hätte sogar ohne Sayce wahrscheinlich gar nichts gemacht, so ein alter aberweiser Grossvater wie er ist. Diese richtigen Leipziger sind eine vollkommen sterile Sorte, grade so wie ihr Vater, der allverehrte und hülflos beschränkte Fleischer.

Der unglückliche Windisch, den Sie in London gesehen haben, ist mit seinen Irischen Texten[8] in einer Weise hineingefal[l]en, dass er sich nur auf mehrere Decennien begraben lassen kann. Er hat in aller Gutmüthigkeit die horrendesten Nachlässigkeiten und Dummheiten begangen, wie ihm das in einem amüsanten wenn auch überflüssig groben Buche von Zimmer zu Gemüthe geführt ist[9].

Lagarde zeigt für nächsten Winter an
   4 mal privatim *Ägyptische Sprache*
   2 mal publice *Syrische Version der Recognit.*
   2 mal publice die *Griech. Versionen der Genesis*
Damit imponirt er Keinem.

Ich lese jetzt cursorisch Buchari[10] durch; wenn nur nicht so viel Wüste zwischen den Oasen läge. Mich interessirt eigentlich der Islam nur, weil wir ohne ihn das vorislam. Arabien nicht kennen lernen; er hat es erst für die Geschichte erschlossen.

Damit genug für heute!

Mit herzlichem Gruss
Ihr ergebener
Wellhausen

110. An William Robertson Smith

[Greifswald, August/September 1881?]

Liebster Smith

Es ist mir wirklich nicht möglich, jetzt noch einen Artikel für Sie zu übernehmen; ich habe alle Hände voll zu thun und mag nicht gern liederlich arbeiten. Es fällt mir ein, dass Kuenen sich seit längerer Zeit mit dem Koran beschäftigt, allerdings zum Zweck einer *Hibbert lecture*[1], so viel ich weiss. Vielleicht würde der den Artikel übernehmen, es wäre interessant genug ihn von dieser Seite kennen zu lernen. Für Mekka und Medina weiss ich Keinen. Sprenger ist ein so leichtsinniger und dazu so kritikloser Geselle, dass ich auf keinen Fall rathen kann sich mit ihm einzulassen[2]

Ich wollte, die Wissenschaft interessirte mich etwas mehr als sie es thut. Aber mir sitzt der Kopf immer voll von anderen und höchst thörichten Dingen; und es kommt mir manchmal ganz verrückt vor, dass andere Leute auf Meinungen und Ausführungen von mir etwas geben, die mir selbst ganz gleichgültig sind. Es ist ein schauderhafter Zustand, hoffentlich dauert er nicht ewig, obwohl er schon Jahre lang gedauert hat. Ein Vortheil ist freilich dabei – blind gegen meine Hypothesen werde ich nicht.

Eins habe ich glücklich heraus: das Ziel und das Motiv der Frömmigkeit kann nichts anderes als Egoismus sein – andernfalls ist sie selber Illusion. Das Leben, die Erhaltung des Lebens und der Person, ist im Alten und Neuen Testament und in der Natur der Dinge das Ziel der Frömmigkeit. Natürlich in dem Sinne, dass wer sein Leben erhält, es verliert, und wer es hingibt um das Evangelium, es gewinnt[3]. Bei Carlyle tritt das viel zu stark zurück; er hat immer nur das Sociale im Auge. Die Religion ist ja allerdings auch das, was die Menschen *verbindet*; aber das Prius ist wie mir scheint das ganz persönliche und individuelle Verhältnis zu Gott. Lauter selbstverständliche Dinge, die mir schon theoretisch schwer geworden sind. Practisch ist dieser fromme Egoismus, das Leben zu verlieren um es zu gewinnen, natürlich das Allerschwerste was sich denken lässt. Das Leben liesse sich schon opfern, aber die verfluchten *Neigungen*!

Wäre ich doch in der glücklichen Lage, mich so lebhaft für die Sachen zu interessiren wie so viele Leute die nichts davon verstehen! Mich rühren oft die Studenten mit ihren [sic] Eifer für Dinge, die ihnen unzugänglich sind und ewig bleiben werden. Bei den Jüngern unsers Herrn scheint es auch nicht viel anders gewesen zu sein. Es mag wohl ein unmittelbares Verständnis des Herzens geben, dem die schauderhaftesten Misverständnisse des Kopfes nicht viel Eintrag thun.

Sie sehen, ich werde lyrisch; ich denke ich darf mir's Ihnen gegenüber erlauben.

Vale!

Von Herzen
der Ihre
Wellhausen

111. An William Robertson Smith

12.9.81

Mein lieber Smith

Ich habe gar nichts hinzuzufügen oder weg zu wünschen, ich finde die Sache sehr bestechend[1]. Freilich halte ich die Grundlage selber, von der Sie ausgehen, auch nicht für ganz sicher; aber je fruchtbarer sich eine Hypothese erweist, um so mehr wächst sie dadurch selber an innerer Sicherheit. Stade würde die Sache natürlich mit Vergnügen drucken[2]; ich weiss aber nicht, ob Sie sich unter seine Fittiche begeben wollen. Oder ist ihnen die DMZ lieber?

Bis zum 24.9. bin ich verreist.

Ihr Wellhausen

112. An Eduard Reuss

Greifsw 24 Sept '81

Verehrter Herr Professor

von einer Reise zurückgekehrt[1] ward ich durch Ihre freundliche Gabe überrascht, die ich auf meinem Schreibtisch liegen fand[2]. Ich verspreche mir den besten Erfolg von Ihrem Buch; es ist in der That das einzig empfehlenswerthe unter den vorhandenen deutschen Einleitungen – Bleek ist das dummste von allen. Schade ist es, daß Sie Ihre Thesen von 183?[3] nicht noch einmal und vollständig abgedruckt haben; es ist ein wichtiges historisches Dokument. Sehr erfreut bin ich durch viele Ihrer Verdeutschungen von hebräischen Namen, namentlich auch darum weil sie zeigen, daß Sie die Liebe zu deutscher Art und Sprache nicht verloren haben.

Ich würde Ihnen gern den 2. Band meiner Geschichte übersenden – aber er ist noch nicht geschrieben, geschweige gedruckt. Ich habe seit 1878 das Alte Testament bei seit liegen lassen und werde mich im nächsten Decennium schwerlich darum kümmern. Die Theologie behagt mir nicht, und ich möchte mich gern je eher je lieber davon los machen.

Vatke, den ich eben besucht habe, ist zwar jünger als Sie, aber bei weitem nicht so frisch und rege[1)]. Er hat mir gesagt, er wolle nächstens ein Buch über den Pentateuch schreiben, das sich wesentlich mit der Widerlegung meiner Behauptungen beschäftigen solle. Ich fürchte aber sehr, daß er nicht dazu kommt; er ist zu gebrechlich[4]. Daß er eine Fülle der feinsinnigsten Beobachtungen auf Lager hat, daran zweifle ich keineswegs. Er hat sich freilich seit 1835 nicht mehr viel mit dem A. T. beschäftigt[5], und überhaupt viel mehr Musik getrieben als Theologie. Aber bei einem so außergewöhnlich historisch begabten Menschen kommt es auf das viele Arbeiten nicht an. Hegelianer ist er längst nicht mehr; und die Saturngeschichte[6] hat er ebenfalls seit 40 Jahren aufgegeben.

Nochmals meinen herzlichsten Dank! Ich wünsche, daß Sie noch eine 2. Aufl selber besorgen und dann im Vorwort die besagten Thesen *in extenso* mittheilen[7]

Ihr ergebener
Wellhausen

[1)] Olshausen dagegen, der auch seit den 20ger Jahren Grafianer ist, ist trotz seiner 82 Jahre frisch und munter.

113. An Georg Reimer

Verehrter Herr Reimer
Es läßt sich nichts dabei machen. Hätte man voraussehen können, daß das Buch[1] so einschlüge, so hätte man sich die Übersetzung reserviren können. Schade, daß wir auf diese Weise England als Markt für das Original verlieren! Indessen wer deutsch kann, wirds doch wohl deutsch kaufen. – Ein paar Exemplare der Übersetzung müssen wir aber von Williams u. Norgate verlangen; das ist das Mindeste was sie thun können. Die Franzosen haben etwa ein Drittel des Buchs übersetzt, in einer Zeitschrift[2] – davon habe ich nur ganz zufällig mal ein Stück gesehen. Das scheint mir wenig angemessen.

Mit ehrerbietigem Gruß
8/11 [1881]   Ihr Wellhausen

114. An William Robertson Smith

16 Nov. 81

Mein lieber Smith
Ich danke Ihnen für die Photographie, sie ist wunderhübsch und viel prägnanter als die einzelnen grossen Sectionen in Zimmermanns Karten[1], dabei auch im Detail ebenso deutlich, namentlich mit der Lupe. Ihr Artikel über Jerusalem[2] scheint mir vollkommen das Rechte zu treffen. Justus Olshausen soll lächerlicher Weise seine eigene richtige Ansicht hinterher widerrufen haben[3].

Ich erfahre – freilich als Geheimnis – dass man Sie in Königsberg zum Professor der Philosophie für Altes Test. und Semitica machen will; d. h. es ist nur ein Gedanke einiger komischer Leute, der aber doch sein rührendes hat. Die Regierung scheint die Absicht zu haben mich dorthin zu bringen; aber da mich Niemand haben will, denken die Königsberger, sie brauchen mich auch nicht zu nehmen, und machen die erleuchtetsten Gegenvorschläge. Wer hätte es denken sollen, dass wir beiden uns am Ende noch aus Concurrenzneid umbringen! Aber bitte sorgen Sie dafür, dass wenigstens in Deutschland niemand davon erfährt, dass Sie den Spass wissen.

Williams & Norgate[4] drucken eine Übersetzung meines Buchs; natürlich kriegen Verfasser und Verleger nichts dafür. Schreibe ich den zweiten Band, so sehe ich mich vor. Der erste ist, deutsch, vergriffen bis auf wenige Exemplare.

Guyard scheint mir darin Recht zu haben, dass ich die Geschichte des Islam bis zum Tode Ali's führen muss[5]. Tabari ist glücklicherweise für diese Periode schon von Kosegarten edirt[6]. Wie viel Raum würde mir etwa für Mahomet und die 4 Chalifen zustehen? Antwort hat keine Eile; ich habe noch nicht Zeit anzufangen, sondern stecke tief im Hadith.

Über Persien in der alten Zeit wird Roth in Tübingen, über die Sasaniden Nöldeke am besten Bescheid wissen[7]. Ich habe auch zu dem Jesuiten Harlez, ich glaube in Löwen (Louvaine), viel Zutrauen, gar nicht das geringste zu Darmesteter. Hübschmann wird von Nöldeke sehr protegirt, von Lagarde aber, wie Sie wissen, als Plagiator behandelt. Ich kann nicht entscheiden, obwohl ich auf Nöldeke sehr viel mehr gebe als auf Lagarde.

Ich bin begierig auf meinen englischen Artikel[8] und freue mich auf die Aussicht ihn nächstens zu kriegen.

Nochmals herzlichen Dank

Ihr Wellhausen

115. An Georg Reimer

Greifswald 2. 12. 81

Verehrter Herr Reimer

Ich habe Ihnen wohl mitgetheilt, daß ich nicht länger in der theol. Fakultät bleiben will. Ich treibe seit 3 Jahren fast nur Arabisch und wünsche mich demnächst dafür zu habilitiren. Gegenwärtig habe ich ein Buch zur Publication bereit, neml. eine *ausführliche deutsche Reproduktion* der bis dahin noch nicht edirten (erst seit 1878 vollständig vorhandenen) sehr alten und sehr wichtigen Lebensbeschreibung Muhammeds von *alVākidi*[1]. Wollen Sie den Verlag übernehmen? Honorar beanspruche ich nicht, da das Buch Ihnen kaum Nutzen bringen wird. Aber sicher haben Sie auch keinen Schaden davon, wenn Sie den Preis so einrichten, daß die Kosten durch den Verkauf von 150–200 Exemplaren gedeckt werden. Denn so viel *müssen* ganz einfach gekauft werden, da das Buch unentbehrlich sein wird für die nächsten Jahre.

Das Buch wird, gewöhnlich gedruckt, etwa 600 Seiten stark werden. Einige arabisch zu druckende Wörter muß ich in den Noten verwenden. Außerdem müssen für die Transcription folgende Typen beschafft werden: Ċ, Ẋ, und Θ (griech. Theta, aber besser als halbirtes lat. O neu zu gießen). Dem Setzer möchte ich die Durchführung der Puttkamerschen Orthographie[2] anheimgeben; ich lerne sie nicht mehr, möchte aber gern danach drucken

Wenn Sie den Verlag übernehmen wollen, bitte ich Sie um gütige Antwort. Mit ehrerbietigem Gruß

Ihr Wellhausen

116. An Georg Reimer

Verehrter Herr Reimer
Ich bin Ihnen sehr dankbar für Ihre freundliche Antwort. Ich würde es gern sehen, wenn ich bis Ostern mit dem Drucke fertig würde. Aber dazu wird kaum Zeit sein; denn vor Januar wird nicht angefangen werden können. Ich werde etwa Ende Januar mit dem Manuscript ganz fertig sein; jetzt ist etwa ⅔ fertig. In 14 Tagen werde ich Ihnen einen Theil schicken; Sie können dann anfangen wann es Ihnen paßt; an Manuscript wird es sicher nicht fehlen.

Ich hatte vergessen, daß die drei Buchstaben Ċ Ẋ und Θ in kleiner und großer Form gegossen werden müssen, letztere für Anfangsbuchstaben.

Daß das Buch so splendide gedruckt wird wie die Geschichte Israels, ist nicht nöthig und nicht wünschenswerth. Mir würden am liebsten solche Typen sein, wie sie in den Monatsberichten der Berliner Akademie angewandt werden, oder in der Ephemeris epigraphica[1].

Mit bestem Gruße und nochmaligem herzlichem Danke ehrerbietig
G. 7. 12. 81   Ihr Wellhausen

117. An William Robertson Smith

[Greifswald, Oktober 1881[1]]
Lieber Smith
Hol ihn der und jener, ich habe ihn[2] nicht für einen Spion gehalten, aber inquiriren that er in einer Weise die eher unverschämt als unbefangen war. Auf den von Ihnen beregten Punct kam er immer wieder zurück. Ich suchte ihn zuerst damit abzuspeisen, dass ich sagte, es wäre niederträchtig an der vollkommenen Aufrichtigkeit Ihrer Meinung zu zweifeln. Damit war er einverstanden, wollte aber wissen, ob *ich* auch Ihrer Meinung sei. Ich hatte eben officiel erklärt, ich

William Robertson Smith

würde zu einem bestimmten und nahen Termin meine theol. Professur niederlegen, weil ich nicht glaube, Diener der evangel. Kirche, wie sie ist, erziehen zu können. Ich sagte ihm also, dass Ihre Prämissen mir zu weiteren Consequenzen zu führen schienen als wie Sie sie zögen. Er hat mich auch nach der Offenbarung gefragt. Ich erklärte ihm – NB immer Englisch, ohne irgend die Ausdrücke wählen zu können – dass ich daran ehrlich glaube – aber es sei etwas anderes als Inspiration. Die Bücher nicht, sondern die Männer – auch die die nie ein Buch geschrieben haben. Kurz Thomas Carlyle *in compendium redactus*

Darin sehe ich nichts Widerspruchsvolles dass Sie den Zusammenhang mit Ihrer Kirche festhalten wollen. Sie wollen sie dadurch *retten*, dass Sie sie von der todten Bibliolatrie *befreien*. Nur bleibts dabei nach meiner Auffassung: Sie verstehen unter Offenbarung etwas Anderes als die Kirche[3] versteht. Sie wollen *als Reformator*[4] in der Kirche bleiben, wenn auch nur als Ref. in einem meinetwegen nicht fundamentalen (??) Puncte. Mir liegt nichts an meiner Kirche, das ist der Unterschied; deshalb trete ich freiwillig aus einem Staatsamt heraus, welches mit der Kirche in Beziehung steht. Ich glaube nicht an die Möglichkeit der Neubeseelung des stinkenden Leichnams, welcher die orthodoxe oder gar die liberale deutsche protestantische Kirche heisst. In England liegen die Sachen anders und besser – ich glaube, da würde mirs auch sehr sehr schwer auszutreten.

Hätte ich Zeit, so schriebe ich mehr – aber ich muss meine Frau trösten, der ich was zu leide gethan habe

Mit herzlichem Grusse

Ihr *sincerest*
Wellhausen

Ich habe nach einigen Jahren wieder einmal *Latter Day Pamphlets*[5] gelesen – es ist ein Kerl wie Elias und Jeremias! Und die stumpfsinnigen Deutschen kennen ihn noch gar nicht, obwohl ihnen das practische Beispiel des Fürsten Bismarck einen ganz verständlichen Commentar zu Carlyle geben könnte. Ich komme fast dahin zu glauben, dass Carlyle mit Goethe zusammengenannt werden kann – alle anderen überflügelt er bei weitem.

118. An William Robertson Smith

[Greifswald, Anfang 1882]

Lieber Smith

Sie brauchen durchaus kein Geheimnis aus meinem letzten Briefe[1] zu machen, wenn er auch in grosser häuslicher Aufregung und in noch grösserer Eile geschrieben ist.

Was den Ausdruck „ridiculous" betrifft, so mag er wohl irgendwie von mir gebraucht sein. Ich erinnere mich, dass der Mann[2] mich fragte, ob Ihr Standpunct der Bibel gegenüber mit der Inspirationslehre Calvins identisch sei. Es ist wohl möglich, dass mir da ein „ridiculous" entfahren ist. Ich weiss es nicht, glaube es auch nicht einmal. Es war mir fast unmöglich mich den aufdringlichen Fragen meines Inquisitors gegenüber mit der nöthigen Distinction und Reserve auszudrücken, weil ich über Stock und Stein Englisch reden musste. Ich verstehe Englisch leidlich, aber sprechen kann ich es nur ganz schlecht. Das ist in einem solchen Falle natürlich fatal, wenn man es mit einem Menschen zu thun hat, der es darauf anlegt einem Äusserungen zu entlocken die ihm passen.

Ich habe aber wirklich ein vollkommen gutes Gewissen in dieser Sache. Er hat mich dann auch noch gefragt, wie hoch ich Ihre wissenschaftliche Bedeutung taxire. Ich sagte, ich hielte Sie für den bedeutendsten lebenden Hebraisten in England. Er wollte wissen, ob ich Sie auf eine Linie mit Kuenen oder Lagarde stelle. Ich antwortete, Ihre Arbeiten seien, ausgesprochener und nothwendiger maassen, anderer Natur; ebenso gescheit und ebenso nützlich wie die selbständigeren Forschungen jener Männer seien dieselben aber auch. Ich hätte den verfluchten Kerl heraus werfen sollen, statt ihm zu antworten – er wird vielleicht auch hieraus in seiner Weise Kapital geschlagen haben. Aber der Ekel führte sich bei mir als Ihren alten und ergebenen Zuhörer ein, und ich glaubte einen ähnlichen Menschen vor mir zu haben wie den seligen Peter Thomson. Eine Flasche Wein hat er mir auch noch ausgetrunken, hol ihn dieser und jener!

Muhammed[3] braucht gewiss keine 30 Seiten, ich werde mit 25 reichlich auskommen, vielleicht mit weniger. Vor Johannis (*midsummer*) kann ich ihn aber nicht liefern; ich bin überhäuft mit Arbeiten

Ihr Wellhausen

Wenn ich nach Göttingen komme, erwarte ich Sie in den ersten 14 Tagen zum Besuch

Bei Lamech[4] habe ich auch einmal ähnliche Gedanken gehabt – ich finde aber, man kommt nicht recht weiter damit.

119. An William Robertson Smith

[Greifswald, Anfang 1882]

Lieber Smith

Ceriani[1] war schon angekommen, glaube ich, als ich den letzten Brief an Sie schrieb; es ist abscheulich, dass ich vergessen habe, es Ihnen zu sagen. Aber ich vergesse Alles, ich stecke voll von überflüssigen Gedanken.

Ahlwardt hat Ihren Brief bekommen, er scheint noch nicht recht entschlossen zu sein. Er hat zu nichts Muth, weil er von der Katalogisirung der Berliner Handschriften fast erdrückt wird[2]; dazu kommen dann seine unerquicklichen häuslichen Verhältnisse.

Ich war früher über die Religion und ihr Verhältnis zum Individuum und zur Gemeinschaft ähnlicher Ansicht als Sie; aber ich komme täglich mehr davon zurück. Doch will ich nicht davon reden; mir wachsen meine Arbeiten ebenfalls über den Kopf.

Von Königsberg weiss ich noch nichts Sicheres. Ich bin sehr gelassen über diese Geschichte. Komme ich zum Herbst nicht nach Königsberg, so gehe ich nach Halle oder nach Göttingen und lasse das Vöglein sorgen. Jedenfalls muss ich die Theologie aufgeben; der Entschluss steht fest. Es wäre mir angenehm, möglichst wenig Eclat dabei zu machen, und darum würde ich am liebsten nach Königsberg gehen. Aber die Stelle muss erst im preussischen Landtage bewilligt werden, vor Ende März geschieht das schwerlich.

Bickell plagt mich mit der Anzeige eines neuen Buches von ihm über die hebr. Metrik. Er hat alle Lieder des A. T. nach seinem System transcribirt, und sie auf dem Procrustesbette gereckt und gekürzt, bis sie ihm passten. Es ist nicht Viel darüber zu sagen. Ich frage mich immer, ob es vielleicht möglich und der Fall ist, dass ich auch so wenig Selbstkritik besitze, wie dieser sonst gescheite und tüchtige Mann[3].

Ich hoffe, dass Sie für den Koran Nöldeke gewonnen haben[4]; ich habe ihm auch noch einmal zugesetzt. Er wird am Ende Lust haben, einiges zu corrigiren, was er in seiner Geschichte des Koran[5] gesagt hat. Ein gar nicht übler Artikel stand vor einiger Zeit in der Edinburgh Review[6]; unter starker Anlehnung an Nöldeke.

Viele herzliche Grüsse, nehmen Sie meine unverantwortliche Nachlässigkeit nicht übel, und lachen Sie nicht allzu sehr, wenn ich mich jetzt noch für den Ceriani aufs beste bedanke

Tuissimus
Wellhausen

120. AN GEORG REIMER

[Greifswald, April 1882]

Hochgeehrter Herr Reimer
Ich schicke Ihnen hier den Anfang der Einleitung (Bogen 1)[1], den Schluß der Einleitung und die ziemlich starken Register werde ich bald nachschicken, letztere freilich erst wenn der Druck vollendet ist. Die Einleitung wünsche ich ganz

in der selben Weise gedruckt, wie Alles Übrige; für die Register möchte ich die in den Noten gebrauchten kleineren Typen wählen.

Hochachtungsvoll
Ihr ergebener
Wellhausen

121. An den preussischen Kultusminister

Ew. Excellenz

werden sich vielleicht erinnern, daß ich Ihnen zu Ostern 1880 die Bitte vortrug wo möglich in die philosophische Fakultät versetzt zu werden, und zugleich die Gründe zur Motivirung dieser Bitte darzulegen versuchte. Ich bin Theologe geworden, weil mich die wissenschaftliche Behandlung der Bibel interessirte; es ist mir erst allmählich aufgegangen, daß ein Professor der Theologie zugleich die praktische Aufgabe hat, die Studenten für den Dienst in der evangelischen Kirche vorzubereiten, und daß ich dieser praktischen Aufgabe nicht genüge, vielmehr, trotz aller Zurückhaltung meinerseits, meine Zuhörer für ihr Amt eher untüchtig mache. Seitdem liegt mir meine theologische Professur schwer auf dem Gewissen.

Da sich bisher keine Gelegenheit für mich fand, *als Professor* von der einen in die andere Fakultät überzutreten, so faßte ich den Entschluß, zum Herbst 1882 einfach mein jetziges Amt niederzulegen und mich in Göttingen oder in Halle als Privatdocent für semitische Philologie zu habilitiren. Der Entschluß ist gefaßt einfach um einer erkannten Pflicht zu genügen, nicht um Eclat zu machen, oder gar um zu trotzen und irgendwelche Pression auszuüben – die Furcht, daß der Schritt so aufgefaßt werden könne, war mir beinah ebenso schwer zu überwinden als die Sorge wegen ungesicherter Existenz. Im September vorigen Jahres hatte ich Gelegenheit, Herrn Geheimrath Göppert von meinem Entschlusse in Kenntnis zu setzen; er machte mich damals darauf aufmerksam, daß Prof. Simson in Königsberg wahrscheinlich pensionirt würde und ich eventuell an dessen Stelle kommen könnte. Wie ich erfahren habe, bin ich jetzt von der Königsberger Fakultät mit vorgeschlagen. Nun ist allerdings die dortige Stelle, wie es scheint, für Semitische Philologie bestimmt; ich aber habe zwar auf allen Gebieten der Sem. Phil. meine Studien gemacht, jedoch bloß auf dem Gebiete des Hebräischen mich literarisch ausgewiesen, und gelte darum nicht als semitischer Philologe, sondern als Hebräer. Es scheint mir indessen der überragenden Wichtigkeit des Hebräischen gegenüber allen anderen semitischen Disciplinen entsprechend, wenn dasselbe nicht bloß durchweg in der theologischen, sondern auch hie und da in der philosophischen Fakultät vertreten ist. In früherer Zeit war das bekanntlich allgemein der Fall; auch bei dem philosophischen

Lehrstuhl galt das Hebräische als die Hauptsache und die übrigen semitischen Sprachen wurden als Anhang dazu betrachtet. Das war allerdings einseitig; aber die gegenwärtige Weise, das Band zwischen semitischer Philologie und dem Alten Testamente wo möglich ganz zu zerschneiden, ist gewiß nicht weniger einseitig. In dem Königsberger Falle speciell kommt hinzu, daß Prof. Simson, um dessen Nachfolge es sich handelt, selber lediglich Hebräer ist. Was mich betrifft, so habe ich mich seit Jahren fast nur mit dem arabischen Alterthume, einschließlich der Entstehungsgeschichte des Islam, befaßt; und in der nächsten Zeit wird eine darauf bezügliche historisch-philologische Publikation erscheinen[1], von der bereits 23 Bogen[2] gedruckt sind.

Ich lege *meinen* Standpunkt dar, Eure Excellenz haben die concurrirenden Ansprüche zu erwägen. Falls es für thunlich erachtet werden sollte, Prof. Aug. Müller in Halle, der neben mir vorgeschlagen ist, nach Königsberg zu bringen, so würde ich Eure Excellenz bitten, mich an dessen Stelle als Extraordinarius nach Halle zu versetzen; denn ich würde natürlich eine feste Stelle, wie sie auch sei, immer der Ungewißheit des Privatdocententhums vorziehen. Wenn es gewünscht würde, könnte ich öffentlich erklären, daß die Versetzung, respective die scheinbare Degradirung, lediglich auf meinen eigenen Wunsch und mir zu Dank erfolgt sei.

Von der Absicht, bei einem Aufenthalt in Berlin in voriger Woche um eine Unterredung mit Ew. Excellenz nachzusuchen, bin ich abgestanden, da man mir sagte, Sie seien mit Geschäften überhäuft. Da jedoch für mich von der Entscheidung in dieser Angelegenheit sehr viel abhängt, so glaubte ich Eurer Excellenz schriftlich zur Cognition bringen zu dürfen was ich hier vorgetragen habe, mit der Bitte es geneigtest prüfen zu wollen. In der Hoffnung, daß Ew. Excellenz den ungewöhnlichen Schritt mit meiner ungewöhnlichen Lage entschuldigen werden, und in der Überzeugung, daß wie auch die Entscheidung falle, ich thun muß was ich für recht erkannt habe, zeichne ich als

Eurer Excellenz
ehrerbietiger Diener
Prof. J. Wellhausen

Greifswald 5. April 1882

122. An Theodor Vatke

[Greifswald, Ende April 1882[1]]

[...] Ich habe von keinem Menschen mehr, von kaum Einem so viel gelernt, als von Ihrem Herrn Vater[2]. Es sind wunderliche Waisenknaben, die statt seiner in der Theologie und im Alten Testament das große Wort geführt haben und führen; aber da er selbst die Sache gelassen ansah, so wollen wir sie auch gelassen nehmen. Hegelianer oder nicht: das ist mir einerlei – aber Ihr seliger Vater hatte ein bewundernswerth treues und feines Gefühl für die Individualität der Sachen [...]

123. AN GEORG REIMER

Verehrter Herr Reimer
Da mir daran liegt, möglichst bald dem Minister ein Exemplar des Vakidi zu schicken, so darf ich Sie vielleicht bitten, mir wenn Bogen 30[1] abgezogen ist gleich ein ungeheftetes Exemplar zugehen zu lassen. Ferner möchte ich Sie noch einmal bitten den Preis hoch zu machen; ich glaube nicht, daß die niedrige Ansetzung die Verbreitung eines solchen Buches fördert. Ich werde einige competente Fachgenossen zu Recensionen heranzukriegen suchen, im Allgemeinen ist auf Recensionen nicht viel zu geben. Sie sind wohl so freundlich, Herrn Prof. Mommsen und Hr. Geh. R. Olshausen in meinem Namen ein Ex. zu übersenden; außerdem hätte ich gern noch 15 Freiexemplare.
  Bei Wilamowitz geht es besser; die Geburt[2] ist merkwürdig leicht überstanden. Die Lungenentzündung ist wohl auch ziemlich vorbei; aber die Beseitigung des Exsudates wird wohl noch einige Wochen erfordern; das Fieber ist ab und zu noch hoch. Die Frau wird sich in den nächsten Jahren sehr in Acht nehmen müssen, es ist ein gewaltiger Knax gewesen. Der Mann ist von einer rührenden Aufopferung. Meine Schwägerin[3] sorgt für den Haushalt und die Kinder, sie können sich keine bessere „Stütze" wünschen. Frau Mommsen ist heute abgereist.
  Mit ehrerbietigem Gruß
G. 10. 5. 82.
Ihr ergebener
Wellhausen

124. AN WILLIAM ROBERTSON SMITH

Greifsw 11. 5. 82
Lieber Freund
Nehmen Sie es nicht übel, dass ich Ihnen erst jetzt auf Ihren freundlichen Brief und auf Ihre Zusendung, die ich freilich erst vor ein paar Tagen erhalten habe, antworte. Eine Anzeige Ihres Buches[1] mache ich nicht gern; die vorjährige[2], die mich sehr wenig befriedigte, habe ich rasch hingeworfen, um wo möglich noch der Entscheidung Ihres kirchl. Gerichtshofes zuvorzukommen. Die Leute behaupten, ich wäre ein Cliquengründer; ich muss also es vermeiden irgend wen

zu recensiren, mit dem ich in den Principien übereinstimme – wenn's nicht grade Stade³ oder ein ähnlicher Tapir ist.

Ich habe mich über Ihre Vorlesungen wieder sehr gefreut; ich halte auch Ihr practisches Ziel für sehr der Mühe werth, ich für meine Person bin freilich nicht im Stande in dieser Beziehung Ihr Mitarbeiter zu sein. Einzelne Ihrer Bemerkungen sind mir aus der Seele gesprochen, z. B. was Sie S. 256 sq über die Propheten, diese grossen Zerstörer und kleinen Aufbauer, sagen; sie waren wirklich עכרי ישראל⁴. Nur Jesaias war anders; auch darin stimme ich mit Ihnen überein. Einen inneren Grund, warum Sie mit Jesaias schliessen, finde ich nicht recht. Der wirkliche Abschluss liegt in Ps. 73; jedenfalls hätten Sie, wie mir scheint, Jeremias hineinziehen müssen. Er braucht allerdings nicht so hochgeschätzt zu werden wie Duhm es thut, der auf der anderen Seite Jesaias so schlecht verstanden hat wie Amos und Hosea. Ich urtheile über dessen Buch⁵ sehr viel ungünstiger als Sie.

Ich komme nicht nach Königsberg, sondern wahrscheinlich nach Halle. Jedenfalls quittire ich die Theologie, vielleicht ohne Anstellung und Gehalt. Ich muss dann sehen, mich irgendwie durchzuschlagen; Vermögen habe ich nicht. Meine gegenwärtige Stellung ist mir jedoch unerträglich.

Mahomet⁶ macht mir Spass, ich bin Mitte Juni damit fertig so Gott will. Den Artikel Nöldeke's⁷ werden Sie erhalten haben; mir hat er sehr gefallen, wie ich denn überhaupt die anspruchslose Art dieses grundgelehrten und grundgescheuten Mannes den Geistreichigkeiten Lagarde's bei weitem vorziehe. Lagarde ist kein Mann, ich halte ihn wenigstens nicht dafür. Mit all seiner indiscreten Sincerität ist er unehrlich bis auf die Wurzel; dabei lasse ich „mich behaften".

Es gibt in Deutschland wenige Menschen, die begreifen, dass ich eigentlich positivere Absichten habe als die Kritik des Pentateuchs. Ich freue mich, dass es in England anders ist; und Sie haben die Hauptschuld daran, wenn es anders ist.

Mit herzlichem Gruss

Ihr ergebener
Wellhausen

125. An Albert Socin

Lieber Freund

Sie haben sich mir freundlich erboten zur Besorgung arabischer Werke aus dem Orient. Wenn ich Ihre Güte in Anspruch nehmen darf, so bitte ich um folgendes

1. Bochari, in der nicht vokalisirten Ausgabe *drei Bde*¹
2. Sirat 'Antara, Bulak².
3. Ibn Hisham, Nachdruck der Wüstenf. Ausgabe. Bulak³.
4. Tāǧ al 'Arūs, die gedruckten Bände⁴

5. Botros alBistani, Mohit alhohit. Beirut 1870[5]
Prof. A. Müller ist nach Königsberg berufen. Ich gehe wahrscheinlich an M.s Stelle als Extraord. zu Michaelis nach Halle. Ich bin sehr froh, heil fidel wie man plattdeutsch sagt, den Alb der Theologie los zu werden, obwohl ich mich natürlich nach wie vor für Thora und Evangelium interessiren werde. Göppert hatte mir anfangs die Königsb. Stelle quasi angeboten, aber Sachau scheint ihn anderer Meinung gemacht zu haben. Mir ist es ziemlich wurscht; Halle ist doch menschlicher, und am Gelde liegt mir nichts, obwohl ich keins habe. Eventuell schreibe ich den 2. Band der Geschichte Israels und lasse die Leute tüchtig dafür bezahlen, bes. die edlen Briten.

Grüßen Sie Gutschmid und Kautzsch und empfehlen Sie mich Ihrer Frau Gemahlin.

G 12.5.82

Ihr ergebener
Wellhausen

126. An Georg Reimer

Verehrter Herr Reimer
Wenn Sie mir zu den 15 Freiexemplaren hinzu noch die Velinabzüge[1] schicken wollen, so bin ich Ihnen dafür sehr dankbar. Ich mag kaum hinzusetzen, daß Sie mich durch schnelle Zusendung der (oder einiger) Exemplare sehr verpflichten würden

Den Preis von 10 Mark finde ich viel zu niedrig; 20 Mark wäre durchaus nicht zu theuer. Die elende Übersetzung von Ibn Hischâm's Biographie Muhammeds von Weil[2] (erschienen 1864 bei Metzler in Stuttgart) kostet 15 Mark. Sie können auf keinen weiten Absatz rechnen; auf 15 Mark müssen Sie mindestens den Preis erhöhen. Die Hinrichssche Buchhandlung würde 50 Mark nehmen: die steht freilich einzig in ihrer Art da. Mein Buch wird voraussichtlich in England gekauft werden – warum wollen wir den reichen Leuten was schenken?

Bei Wilamowitz' werden die Dinge wohl noch lange so stehen bleiben, wie sie jetzt stehen. Das Exsudat scheint groß zu sein, und so ein Ding ist oft sehr zähe, selbst wenn die Krankheit sonst günstig verläuft[3]. Man hat natürlich immer die Angst, daß etwas Chronisches daraus entsteht, zumal man eine gewisse Prädisposition bei der Frau befürchtet. Der Mann ist der beste Mann, den sie sich irgend wünschen kann, auch praktisch in einem ganz wunderbaren Grade. Er könnte den Haushalt führen wie eine gelernte Haushälterin und pflegen so gut oder besser wie eine Diakonisse. Meine Schwägerin[4] geht zu Pfingsten fort, da sie meine Schwiegereltern für zu jung halten, um unter diesen Verhältnissen Monate lang im Hause zu sein, wenn die Frau zu Bette liegt. Ich glaube, ein Fräulein Karlsburg in Anklam ist statt ihrer engagirt. Morgen ist der Geburtstag des zweiten kleinen Mädchens, der kleinen Adelheid, meines Pathkindes, das sich ganz allerliebst entwickelt hat. Sie ist nur so dick, daß es vieler Künste bedarf, die Zwiebackskrumen aus den Falten ihres Speckhalses zu entfernen; sie ist immer ganz wund in den Falten.

Ihrem Wohlwollen empfiehlt sich

ehrerbietig
Ihr ergebener
G. 15.5.82. Wellhausen

127. An Georg Reimer

[Greifswald, 15.5.1882]

H. H.
Ich bitte Sie, ein Exemplar noch an Hr. Prof. Dillmann zu schicken; und mir dann nur 14 Freiexemplare zugehen zu lassen

Wellhausen

128. An William Robertson Smith

18 Mai 1882

L. S. Wir bleiben den Sommer ruhig hier, Sie sind uns jederzeit willkommen, meine Frau freut sich nicht wenig Sie kennen zu lernen. Ihre Sorge um mich ist rührend; ich weise auch Ihre Hülfe durchaus nicht ab, wenn ich sie nöthig habe. Ich gebe vielleicht meinen 2. Band zuerst englisch aus – und zwar so dass vom ersten Band darin so viel aufgenommen wird, dass es ein in sich abgeschlossenes und nicht rein gelehrtes Buch ist. Zuerst muss ich aber noch beim Arabischen bleiben.

Sie mögen in Bezug auf Lag. Recht haben; ich plädire nicht gern auf Krankheit, es ist gefährlich. In Stade's Hände zu fallen ist nicht schön, lieber in Wolf Baudissin's. Stade ist sehr böse auf mich, weil ich die leichtsinnige Art seines Bücherschreibens nicht gelobt habe[1]. Er stellt einen Federkrieg in Aussicht; ich habe ihm aber gesagt, er würde in mir keinen Gegner finden, wenn er auch sage was er wolle.

Ihr J. W.

129. AN MICHAEL JAN DE GOEJE

[Greifswald, 27.5.1882]

Lieber Herr Professor. Ich danke Ihnen vielmals für Ihren freundl. Brief. Sie haben natürlich Recht mit حَيَّويه, مَنّ, und بلح[1]. Aber ich gestehe, dass mich grade die Vergleichung mit Ibn Hisham auf حَامِيَتِهم gebracht hat. So viel mir bekannt, sind عادية und حامية Collectiva (erstes Treffen, Nachhut); und Ibn Hisham[2] sagt: ʿAzzal allein ist Vordertreffen und Nachhut. Vakidi versteht den Witz nicht und ver(schlimm)bessert, da doch eine einzelne Person kein Collectiv ist: der erste des Vordertreffens und (wie mir alsdann notwendig scheint) der Nachhut. Mit إلا قدمتني und der Consequenz ثم تقدمني haben Sie syntaktisch natürlich Recht, umso mehr da Ibn Hisham sagt: ich bitte dich, bring mich wieder zusammen (إلا الحقتني, also إلا richtig affirmativ) mit meinen Leuten. Aber wie wollen Sie dann den weiteren Zusammenhang bei Vakidi verstehen? Ich bin da rathlos; das Perfect قدمتني liegt mir freilich schwer im Magen.

Mit herzl. Gruss, und nochmal. Dank Ihr

Wellhausen

130. AN ALBERT SOCIN

G. 6.6.82

Lieber Freund

Ich bin förmlich erschreckt über ihre Güte; es ist als ob ich mit einer Wurst nach der Speckseite geworfen hätte. Die Fellihilieder[1] lese ich vorläufig nur deutsch, wie Alles Übrige; bis dahin habe ich mich um Neusyrisch nicht bekümmert, und im Augenblick habe ich keine Zeit mich hineinzuarbeiten. Allerliebst sind die arabischen Geschichten, die Sie veröffentlicht haben[2]; Sie scheinen einen unerschöpflichen Schatz aufgespeichert zu haben, aus dem sie noch Jahre lang die Fachgenossen überraschen und erfreuen können.

Sobald ich für Halle ernannt bin, werde ich in die DMG wieder eintreten[3]. Ausgetreten bin ich nur deshalb, weil ich die Absicht hatte mein theol. Amt niederzulegen und darum alle irgendwie vermeidlichen Ausgaben mir versagen mußte. Wenn ich in Halle Extraord. bin, brauche ich mich nicht so sehr einzuschränken, obgleich ich kein Vermögen besitze. Die Sache geht langsam voran und verzögert sich durch Göpperts Tod[4]. Der Minister hat der philos Facultät in Halle den Wunsch ausgesprochen, mich an Müllers Stelle zu bringen; die Fakultät hat sich vollkommen einverstanden erklärt. Weiter sind die Sachen noch nicht gediehen; ich hoffe binnen Kurzem die definitive Regelung der langwierigen Affäre zu erleben, wenn ich nicht darüber hier sterbe. Daß ich vollkommen bereit bin, auch in Müllers Stellung bei der DMG einzutreten, versteht sich von selbst. Ich tauge freilich wenig zu dergleichen; ich bin unpraktisch und verstehe nichts durchzusehen, bin auch leicht degoutirt durch Bornirtheit oder Egoismus, wenn ich darauf stoße. Hier in Greifswald stehe ich außerhalb alles akademischen Treibens in Fakultät, Senat und Concil; indessen bin ich trotzdem mit aller Welt oberflächlich gut freund. Mein liebster und eifrigster Verkehr ist (außer mit Giesebrecht) mit dem in aller Welt verschrienen Professor Wilamowitz; das wird für Gutschmid und Rohde genügen mich mit zu verdammen, schadt ihm aber nicht. Man muß den Wilamowitz persönlich kennen, seine Bücher sind großentheils Fehlgeburten.

Wir wählen heute Reichstag, da unser Reichsbote gestorben ist[5]. Der Fortschritt bedrängt uns und hat ein Monopol einer schneidigen Waffe. Ich stimme für alles, was das Reich *materiell* kräftigt. An das Individuum und die individuelle Bequemlichkeit können wir noch lange nicht denken; wir müssen einfach Opfer bringen. Was in den nächsten 100 Jahren im Orient vor sich geht, wie sich der Eisenbahnverkehr nach Ostindien und China entwickelt und dem Seehandel concurrirt, das weiß kein Mensch: aber wir müssen das Pulver trocken halten, denn es können sonst Gelegenheiten vorübergehn die nicht wiederkommen. Unser Drang nach Westen ist rein sentimental, der Osten ist praktisch für uns viel wichtiger. Polen wäre mir lieber als Elsaß und Lothringen. Es sind noch mehr Leute, die so denken.

Nun schlagen Sie als Schweizer nur einige Kreuze, oder verzeihen Sie, wenn Sie dergleichen politische Ergüsse Ihnen gegenüber unpassend finden.

Nochmals meinen herzlichen Dank

Ihr Wellhausen

131. An Georg Reimer

Verehrter Herr Reimer
Ich möchte doch gern den 1 Band der Geschichte Israels neu herausgeben, aber nicht unter dem alten Titel. Es ist mit Recht eingewandt, daß er nicht Geschichte Israels sondern *Prolegomena zur Geschichte Israels* enthalte, und ich möchte ihn darum lieber so nennen. Zugleich aber möchte ich eine Anzahl Untersuchungen damit vereinigen, die jetzt übel davon getrennt sind. Das sind die Aufsätze über die Composition des Pentateuchs und Josua und über die Composition der Bücher der Richter Samuelis und Könige. Die ersteren sind enthalten in den Jahrbb für Deutsche Theologie, zum Abdruck derselben müßte Rudolf Besser in Gotha Erlaubnis geben. Die letzteren habe ich in die 4.' Aufl von Bleeks Einleitung gefügt; sie stehen dort am unrechten Ort und es war längst meine Absicht, sie bei der 5.' Auflage herauszunehmen. Ich weiß nicht, wie bald eine 5. Aufl. nöthig sein wird; vielleicht haben Sie indessen nichts dagegen, daß die

betreffd. Paragraphen schon jetzt in dem neuen Zusammenhange wieder abgedruckt werden.

Unter dem Titel *Prolegomena zur Geschichte Israels* würde dann ein Buch von 2 Bänden ausgegeben werden, der 1. Band enthaltend die Untersuchungen zur Composition des Pentateuchs und der histor. Bücher, der 2. Band enth. den jetzigen 1. Band der Geschichte Israels.

Mit der Bitte sich meinen Vorschlag überlegen zu wollen empfehle ich mich Ihrem Wohlwollen

ehrerbietig

Gr. 1 Juli 82   Ihr Wellhausen

Frau v Wilamowitz habe ich ein paar mal (allerdings im Bett) gesehen und zu meiner großen Freude höchst frisch (wenn auch sehr schwach u. mager) gefunden[1].

132. An William Robertson Smith

[Greifswald, Juli 1882 (?)]

Lieber Smith

Ich danke Ihnen für Ihren freundlichen Brief, ich bin jetzt beruhigt, es gibt immer Handhaben für den bösen Willen.

Ihr generöses Anerbieten[1] nehme ich mit vielen Freuden an; das bischen mehr oder weniger Dank drückt mich nicht im Vergleich zu der Last die ich Ihnen schulde.

In Ihrem Artikel über Kings[2] hätte es genügt wenn Sie mich einmal im Allgem. citirten. Es sieht so aus, als sollte mein Name immer wieder den Leuten in die Ohren getutet werden. Das mögen die Leute nicht, und ich kann es ihnen nicht verdenken. Dass Sie mir Alles gönnen, worauf ich Anspruch habe, weiss ich ja doch; und ich hoffe nicht, dass Sie mich citiren um *mir* einen Gefallen zu thun

Ich habe von Nöldeke binnen 8 Tagen 22 enggeschriebene Briefseiten bekommen und beantworten müssen – er hat endlich die Geschichte Israels gelesen[3]. Es ist ein ganz allerliebster Mensch – aber ein Thomas und ein Hartkopf erster Güte.

Mit herzlichem Grusse

Ihr Wellhausen

133. An William Robertson Smith

[Greifswald, Sommer 1882]

Lieber Smith

Eigentlich hatten Sie uns versprochen, uns diesen Sommer zu besuchen; aber Ihre Pläne scheinen sich geändert zu haben. Nun haben Sie freilich künftig den Vortheil, dass Sie mich in der Mitte der Welt, nemlich in Halle, treffen werden. Ich bin zu Michaelis glücklich aus der Theologie entlassen und als philosophischer Extraordinarius in Halle angestellt, wenn auch mit minimalem Gehalt. Es wird mir ganz leicht ums Herz, wenngleich der Übergang mir noch allerhand Unbequemlichkeiten bringen wird. Ich habe für nächsten Winter angekündigt 1) arabische Elemente 2) Divan Hudhail. Es ist mir indessen nicht verboten, über das Alte Testament zu lesen. Jedoch werde ich von dieser Erlaubnis in den nächsten Jahren nur wenig Gebrauch machen.

Ich hoffe, dass die verfluchten Kirchenzeitungen schweigend über meinen Austritt aus der theol. Facultät hingehen; es ist gar zu fatal, in rein persönlichen Fragen *to be discussed*, und natürlich werden einem immer ganz dumme Motive untergelegt. Über mich selber zu schreiben, ohne dazu so wie Sie direct gezwungen zu sein, bringe ich auch nicht fertig; mir widerstrebt es über die weltbewegenden Principien zu reden, und ohne das ginge es nicht ab. Das Schlimmste wäre, wenn man mich zu einer Art gelinden Märtyrers machte; ich fühle mich nicht im geringsten als Märtyrer. Vielleicht sind aber alle meine Befürchtungen grundlos; keine kirchliche Partei kann mich bequem zu ihren Zwecken als Beweismaterial gebrauchen.

Wer hier mein Nachfolger werden wird, soll mich wundern. Die jüngeren Leute sind meist von dem Gifte der Grafschen Hypothese etwas angesteckt. Vielleicht holen sie sich Strack von Berlin; er wäre bei weitem nicht der schlechteste, wenngleich seine geistige Potenz auch nicht hoch über Kautzsch steht. Er hat wenigstens tüchtig gearbeitet. Der gescheiteste unter den jüngeren Leuten ist nach meinem Urtheil Giesebrecht, aber er schreibt schlecht und hat nichts recht Frisches in seinem Wesen.

Renan fragt, wann mein II Band erscheine. Prosit Mahlzeit! *Toujours après vous, Messieurs!* Er ist freilich ein sehr viel anderer Mann als Stade, und wahrscheinlich würde er sich in durchgehenden Widerspruch zu mir setzen.

Ihre Propheten[1] habe ich wieder und wieder gelesen, und sehr viel daraus gelernt. Wann kommt Jeremias u Jesaias 40 ss?

Ihr Wellhausen

134. An William Robertson Smith

24 Aug. 82

Lieber Smith

Vielen Dank für Ihren freundlichen Brief, ich bin Ihrer Theilnahme an meinem Ergehen von vornherein gewiss. Mitte September siedeln wir über; dass Halle etwas mehr in der Welt liegt als Greifswald, ist mir doch ein tröstlicher Gedanke. Weniger erfreulich ist die Nähe von Leipzig und die Nothwendigkeit, in den Vorstand der D. M. G. zu treten[1]. Windisch, Fleischer, Schlottmann, Delitzsch – ach du lieber Gott! Etwas im Recht ist Lagarde, wenn er sich über das Glück dieser Mittelmässigkeiten ärgert. Fleischer gehört freilich nicht ganz hinein; er kann wenigstens was Rechts, wenn er auch nichts rechts damit anzufangen weiss. Wenn er stirbt, wird leider nicht Nöldeke sein Nachfolger, sondern Krehl[2]: der hat schon Brief und Siegel darüber. Dann ists noch viel schlimmer. Überhaupt, wie Leipzig zu seinem Ansehen kommt, das weiß nur Gott allein. Es kommt wohl davon, dass augenblicklich anderswo auch nicht viel zu holen ist – Berlin und Strassburg theilweise ausgenommen.

Es ist wieder einmal ein schottischer *Free church-pastor* bei mir gewesen, er war etwas lahm und hiess Smith[3], er sollte den schottischen Häringsfischern predigen, die ihre Waare nach Stettin bringen. Wir haben aber über Theologie etc kein Wort geredet, sondern sind statt dessen oben auf den Nicolaikirchthurm gestiegen. Das wollte er gern trotz seiner Lahmheit, und mir war es ganz willkommen, da ich nichts mit ihm anzufangen wusste. Er sprach sehr gut Deutsch und machte einen treuherzigen Eindruck.

Arabi hält mir eine Büchersendung von Bulak auf[4], hol ihn der Kuckuk! Es war immer meine Erwartung, dass England Ägypten behalten würde; ich halte das auch für das Beste im Interesse des Landes; die Bankierwirthschaft darf nicht wieder los gehen. Aber ich befürchte, dass wir Deutschen in 100 Jahren mit den Engländern in Kleinasien zusammenstossen werden. Es bleibt uns nichts übrig als uns zu Lande im Osten auszubreiten; der Krieg mit Russland wird schwerlich nach des Kaisers Tode noch lange auf sich warten lassen. Wenn nur die Östreicher ihren Weg allein machen könnten! Diese Östreicher sind das liederlichste und dummste Volk der Welt, so liebenswürdig die Einzelnen oft sind. Die Franzosen sind freilich auch nicht viel klüger.

Jemand der sich mit maurischer Geschichte beschäftigt (ausser Dozy) kenne ich nicht; Schirmacher in Rostock ist ganz stupide. Dass Wright den ديوان هذيل hat, weiss ich; der Lugd. ist so gut, dass es der Emendationen kaum bedarf; ich habe ausserdem den Parisiensis verglichen[5]. Schade, dass diese Gedichte nicht vollständig sind – von historischem Interesse aus ist es die weitaus werthvollste Sammlung, und die nicht vorhandene erste Hälfte hat vermuthlich sogar noch bessere Sachen gehabt als die uns erhaltene zweite. Wenn nur Kairo erst englisch ist[6], wird vielleicht doch noch allerlei zum Vorschein kommen.

Spitta[7] ist krank, wahrscheinlich schwindsüchtig. Er geht nach Spanien im Winter; ist mit 20 000 Mark entschädigt.

Spittas Adr ist
Frau Superint. Spitta
Hildesheim

135. An William Robertson Smith

Greifsw. 3. 9. 82

L. F.
Ich lese sehr gern Ihren Probebogen[1]; ich bin aber vom 14 Sept. an in Halle a. S. (4 Blumenstrasse), und Sie müssten wohl schon dorthin adressiren. Des Ibn Gubair[2] kann ich leider nicht habhaft werden; er ist vergriffen. In Halle sitze ich ja nun dicht bei der grossen Bücherquelle[3], da werde ich meine Lücken ergänzen. Ich bekomme hoffentlich vom Mahomet auch eine Correctur[4]; es ist am Schluss allerlei zu berichtigen
   Mit herzlichem Gruss
                    Ihr Wellhausen

136. An Georg Reimer

Halle, Blumenstr. 4
21. 9. 82

Verehrter Herr Reimer
Ich habe bis jetzt gewartet zu schreiben, da ich erst meinen Umzug nach Halle hinter mir haben wollte und auch keine Lust hatte, Sie in Ihrer Baderuhe zu stören. Mir scheint es jetzt doch am verständigsten, mit der Herausgabe der Prolegomena zur Geschichte Israels so lange zu warten, bis die 4. Auflage von Bleek vergriffen ist; in ein paar Jahren wird das ja wohl der Fall sein. Dann ist hoffentlich auch Kuenen endlich mit seiner neuen Einleitung herausgerückt, so daß ich ihn berücksichtigen kann. Was bis jetzt an Kritiken u. s. w. erschienen ist, ist für mich rein werthlos gewesen, meistens parteiisch pro oder contra; aber auf Kuenens Discussion mit mir[1] freue ich mich. Dillmanns Commentare[2] sind sehr brauchbar und fleißig, aber Urtheil und Auffassungsgabe hat er nicht im geringsten; ich habe auch gar nichts von ihm gelernt, und ich lerne wirklich immer viel lieber von Gegnern als von Freunden.

Wilamowitz befinden sich in Kobelnick bei Inowratslaw³ sehr gut, sie werden wohl demnächst, wenigstens theilweise, zu Mommsens kommen. Die Frau hat sich wunderbar erholt, sie ist sogar hübsch durch die Krankheit geworden.

Mit den besten Wünschen für ihr Wohlsein
ehrerbietig
Ihr ergebener
Wellhausen

137. An Georg Reimer

24. Sept. 82
H., Blumenstr 4

Verehrter Herr Reimer
Wenn es noch so lange dauert, bis der Bleek verkauft ist, so ist mir es auch lieber, mit den Prolegomenen nur gleich anzufangen. Es nimmt sich vielleicht etwas wunderlich aus, wenn ich eine Reihe Paragraphen aus Bleek abdrucke, ehe die 4.te Auflage erschöpft und die 5.te ohne die fraglichen Paragraphen erschienen ist – aber das läßt sich ja in einer Vorrede den Leuten erklärlich machen. Jedenfalls gehören die kritischen Untersuchungen über die Composition des Pentateuchs und der historischen Bücher des A. T. so nothwendig zu der jetzigen Geschichte Israels I dazu, daß der Plan, sie damit zusammen unter *einem* Titel herauszugeben, jedem Sachverständigen sofort einleuchten muß. Umgekehrt hängt die Darstellung der isr. Geschichte nicht formell mit dem zusammen, was ich im I Bande erörtert habe.

Mit herzlichem Dank
ehrerbietig
Ihr ergebener
Wellhausen

138. An William Robertson Smith

[Halle, 7.10.1882]

L. S.
Sie schicken mir Ihre Proofsheets¹ nicht; ich bin schon lange in Halle a. S. und warte mit Ungeduld darauf. Very much disappointed by the comparison of this town with Greifswald; I should rather say, of this university with that of G.

Yours for ever
W.

139. An William Robertson Smith

[Halle, 18.10.1882]

L. S.

Ich weiss nichts an Ihrem Artikel zu ändern; eine vollständige Geschichte von Mekka können Sie nicht geben; ich weiss freilich nicht, was zum Schluss noch folgen wird[1].

Es ist die Pflicht Ihrer Regierung, Ägypten nicht wieder in die Hände einer schwachen Regierung, d. h. der Juden, fallen zu lassen. Rothschild und Co. müssen auf der ganzen Linie bekämpft werden, wenn wieder etwas aus uns werden soll, und die Briten sind grade dafür die richtigen Leute. Ich möchte nur, Sie nähmen gleich auch Syrien dazu. Früher hoffte ich, die Franzosen würden das thun; aber die Franzosen sind wie ein toller Stier und sehen nur immer das rothe Tuch, die Deutschen, vor ihren Augen. Schade um sie; ich habe in diesen Wochen de Sacys Chrestomathie arabe[2] gelesen – welche Qualitäten könnten sie entwickeln, wenn sie etwas männlicher wären. Sie verbluten noch an ihrer verrückten Antagonie gegen uns, und wir vielleicht mit. Wir haben zum reellen Feinde gar nicht Frankreich, sondern Russland-Östreich; die Slaven mit anderen Worten. Jedermann fühlt, dass nach des Kaisers Tode der Tanz im Osten los gehen muss. Spitta war vor kurzem noch in Hildesheim. Viele Grüsse

Ihr W.

140. An William Robertson Smith

Halle, Blumenstr 4
10 Nov 82

Lieber Smith

Ich bin Ihnen zu grossem Danke verpflichtet für die Überweisung des Artikels Moab; das Thema ist mir höchst erwünscht. Ich will die Arbeit in den Weihnachtsferien machen, sie wird kurz genug ausfallen[1].

Dass Sie mit قناة Recht haben, versteht sich von selbst. Die Angabe, dass der Vadi von Taif herkomme, (Baladh 13,7) braucht durchaus nicht mehr zu sagen, als dass man von Medina aus diesen Weg einschlug, um nach Tāif und ins Land der Hudhail und Havāzin zu kommen (Vakidi 156,2 sq).

Ich fange an mich mit Halle mehr auszusöhnen, seit ich eine bequeme Wohnung in Aussicht habe, die ich freilich erst zum Herbst 1883 beziehen kann. Meine Vorlesungen machen mir Vergnügen, ich habe einen Studiosus historiae, der zugleich Arabisch lernt und mir hoffnungsvoll zu sein scheint. Die Alttestamentliche Vorlesung ist sehr schwach besucht; mit Riehm kann ich in den Augen der hiesigen Studenten schwerlich den Vergleich aushalten. Von den theolog. Professoren sehe ich nur Schlottmann; das ist ein grundguter liebenswürdiger Mensch, nur weiss er gar nichts zu sagen, so dass ich perpetuell dummes Zeug schwatze, nur um es nicht zu verlegenem Stillschweigen kommen zu lassen. Ihm ist das Oel auf der Lampe immer im Ausgehen. Von meinen übrigen Collegen halte ich mich vorläufig etwas fern; es ist keiner darunter der mich grade enthusiasmirte. In Greifswald hatte ich einen – vor dem alle Welt sich bekreuzigte und segnete; den schrecklichen Wilamowitz. Ich bin überzeugt, dass seine wüthenden Gegner in seiner Gegenwart äusserst zahm werden würden, selbst Gutschmid. Corrigiren ist immer sehr leicht oder *to find fault with*, aber produciren thun die Correctoren nichts.

Gosche will mich einspannen, ihm 4–5 Bogen Alttestamentliche Literaturgeschichte für ein grosses Sammelwerk zu schreiben[2]. Glücklicherweise wird es diesem grossen Unternehmen gehen wie den übrigen grossen Unternehmungen Gosche's; es hat beim Hiatus sein Bewenden.

Wer mein Nachfolger in G. wird, weiss ich nicht[3]; ich vermuthe Hermann Strack in Berlin. Es thut mir leid, dass Fried. Giesebrecht keine Aussicht hat; es ist aber so. Alles was Beine hat drängt ins Alte Testament, ich meine die theologischen Privatdocenten. Von grösserer Bedeutung scheint keiner zu sein. Duhm übersieht sie alle, aber er wird beständiger Extraordinarius in Göttingen bleiben, will auch nichts anderes werden.

Von Herbst 1883 an können wir Sie sehr bequem zu Gaste haben; versäumen Sie die Gelegenheit der Orientalenversammlung in Leiden nicht[4]! Mit herzlichem Gruss

Ihr dankbarer
Wellhausen

141. An William Robertson Smith

[Halle, 5.1.1883]

L. S. Ich habe mich sehr gefreut, gratulire herzlich. Moab und Mose[1] bekommen Sie in acht Tagen, dabei auch einen langen Brief. Pentateuch mache ich nicht, es wird mir zu viel. Mekka und Medina[2] schicke ich noch heute zurück, ich habe viel daraus gelernt und weiss nichts besser; ich hoffe sehr auf eine Separat-copy für mich. Über *Wellhausen and his position*[3] habe ich mich sehr vergnügt, meine Frau aber ist böse, dass er nicht auch von *his amiable wife* redet, die ihm eine Flasche Markgräfler gebracht hat.

Ihr W.

142. An Charlotte Limpricht

Halle 12.1.'83.

LM

Es hat mir schon auf dem Gewissen gelegen, daß ich vergessen habe, die beiden Apothekerrechnungen, nicht bloß die von Schenk, sondern auch die von Kunstmann, zu bezahlen; Ihr thut mir wohl den Gefallen beide zu berichtigen und dann zu schreiben, wie viel es zus. macht, damit ich das Geld nicht zweimal zu schicken brauche.

Ich weiß nicht, was für eine Psalmenübersetzung Du meinst; ich kenne keine, die mir gefällt, außer der Lutherschen, die allerdings nur stellenweise ganz befriedigt. Ich selber mag wohl mal einen oder den anderen Psalm schriftlich für irgend jemand übersetzt haben, aber das habe ich nicht aufgehoben; es sind auch höchstens drei oder vier gewesen. Ich will aber gelegentlich mal versuchen, einzelne zu übersetzen; es werden aber nur die wenigen sein, die auf mich Eindruck machen; und der schönste unter ihnen, nemlich der 73ste, ist kaum zu übersetzen.

Ich fürchte, daß Marie in ihrem letzten Briefe sich des Unterschiedes nicht erinnert hat, der zwischen mündlicher Rede und schraben[1] Schrift besteht; sie war sehr stolz auf die glückliche Wahl ihrer Ausdrücke. Aber sie hat es auf keinen Fall böse gemeint. Es geht ihr gut, nur frieren wir, trotzdem wir ein kleines Vermögen verheizen. Gestern Abend hatten wir die (nicht bloß conventionele [sic]) Freude Märckers bei uns zu sehen und zwar ganz alleine, denn ein anderes Ehepaar hatte in der elften Stunde noch abgesagt. Er ist ganz mein Freund Lauenstein, nur etwas lustiger; ich finde, daß auch seine Frau aufthaut.

Vor dem Verhungern werden wir wohl auch nächstes Jahr geschützt sein, da mir die 2000 Mark, die ich hier weniger habe als in Greifswald, durch Honorare zufließen werden, die ich der Güte meines Freundes Robertson Smith, jetzt Professor des Arabischen in Cambridge, zu verdanken habe. Diese Engländer sind doch immer praktisch, auch in der Freundschaft, die sie dadurch bewähren, daß sie einem auf anständige Weise Geld in die Tasche fließen lassen. Indessen hat R. Smith allerdings auch Grund mir dankbar zu sein.

Ihr habt vielleicht schon gehört, daß mich der schiefbeinige Hinkefuß von schottischem Reverend, den ich auf den Nicolaithurm hinauflotsen mußte, in einer englischen Kirchenzeitung, weil er weiter nichts von mir wußte, nach meines Leibs Positur säuberlich abconterfeit hat[2], d. h. bloß mit Worten. Ich entspreche seiner Erwartung gar nicht, er hat einen spitzgesichtigen bleichen Kritikaster mit diabolischen Zügen sich vorgestellt und findet den Professor (Morgens 8 Uhr, Papenstr 10 2 Treppen) in Hemdsärmeln und Holzpantoffeln in das Studium des Arabischen vertieft (in einem Zimmer mit einem Schreibtisch und einem Pult, vor dem einen pflegen die deutschen Gelehrten zu sitzen, und vor dem zweiten pflegen sie nicht zu reiten, sondern zu stehen) als *a robust burly farmer of healthy complexion, good humoured, genial and pleasant.* Da er von mir aber auch gar nichts herauskriegt – denn ich war gebrannt und nahm mich in Acht –, so steigt er weiter zu Zöckler und Delitzsch und läßt sich Bescheid sagen. Zöckler sagt, es wären schon 10 Federn im Gange, um mich ein für alle mal zu widerlegen, und so pflege es immer zu gehen: der Irrthum gleiße eine Zeit lang, dann aber strahle ihn das Licht der Wahrheit nieder. Weniger getrost ist Delitzsch; er wimmert im hohen Nasalton: *he troubles the church of God, he troubles the church of God*. Er liebt pathetische Ausdrucksweise, sonst würde er gesagt haben: *he troubles me*[3]. Marie hat sich ob meiner Personalbeschreibung ausgeschüttet und Pernice nicht minder; P. hat sie mir ausgeführt, aber er muß sie zurückschicken

Giesebrecht hat mir neulich endlich einmal einen warmen und allerliebsten Brief geschrieben, der mich mit ihm ausgesöhnt hat; denn offen gestanden hat er mir in der letzten Zeit manchmal schlecht gefallen. Seine Mutter ist ganz gerührt, daß er Professor wird[4]

Ich habe mir wohl gedacht, daß Du nicht kommen konntest, freue mich aber, daß Papa Ella bringen will. Bis dahin wird es ja wohl auch mit dem Frost vorbei und in unserer Wohnung auszuhalten sein. Mit 1000 Grüßen

Euer J.

143. An William Robertson Smith

Halle a S. 12. 1. '83

Mein lieber Smith

Nochmals meinen herzlichen Glückwunsch, dass der Vogel wenigstens einen Zweig gefunden hat, wo er hoffentlich künftig sein Nest bauen kann[1]. Mir ist Cambridge lieber als Oxford; an Oxford mögen sich mehr englische Erinnerungen knüpfen, aber die kosmopolitischen der Wissenschaft knüpfen sich an Cambridge.

Die Moabiter sind zu lang gerathen; ich möchte Sie bitten zu streichen was nach Ihrer Meinung entbehrlich ist. Moses entspricht hoffentlich dem Zwecke; alle Spreu zusammenfegen war doch wohl nicht nöthig. Von Mohammad hoffe ich eine Correctur zu bekommen; ich möchte einiges Wenige nachtragen und ändern. Pentateuch und Josua kann ich nicht machen; die Zeit reicht nicht und die Aufgabe ist mir nicht anziehend.

Den 2. Band der Geschichte Israels schreibe ich in den nächsten Jahren nicht. Ich habe die Absicht, den seit fast 2 Jahren vergriffenen 1. Band neu auszugeben, jedoch als selbständiges Werk mit dem Titel: Prolegomena zur Geschichte Israels[2]. Innerlich ist er ja vollkommen abgeschlossen und keinesswegs ein Torso, wie meine lieben Feinde behaupten. Bei dieser 2. Ausgabe will ich alle Polemik nach Kräften vermeiden und alle guten und schlechten Witze unbarmherzig streichen, auch das Detail noch mehr zurücktreten lassen und die Verweisungen auf andere Arbeiten möglichst beschränken. Soll ich nun diese Prolegomena, d h die 2. Ausgabe des 1. Bandes der G. I, zugleich in engl. Übersetzung erscheinen lassen? Ich würde dann zum Schluß noch einige References geben, um den engl. Leser in der kritischen Analyse der historischen Bücher *au fait* zu setzen. Ich finde, dass 50 Pfund dafür ein sehr hohes Honorar wäre – vorausgesetzt dass die Auflage keine sehr grosse wäre. Williams & Norgate wollen nichts geben, wie sie vor einem Jahre erklärt haben. Vor Ostern wird übrigens der Druck der Prolegomena nicht beginnen.

Sie sind so gewohnt von mir misbraucht werden, dass Sie ein weiterer Angriff dieser Art nicht wundern wird. Meine Frau ist kinderlos und hat keine Aussicht Kinder zu bekommen; sie fühlt sich gar zu wenig beschäftigt. Also möchte sie gerne Pensionare haben, und zwar zwei Stück, Mädchen von 10–15 Jahren, am liebsten englisch redende. Um Geldverdienen handelt es sich dabei nicht grade. Ich brauche mich hier kaum einzuschränken; zur Noth käme ich mit meinem Gehalt aus und mit dem was meine Mutter von ihrem Vermögen nicht gebraucht; die Buchhändlerhonorare sind eine angenehme Zugabe. Meine Frau hat mich bis aufs Blut gequält, bis ich versprochen habe es Ihnen zu schreiben. Bitte geben Sie sich aber ja keine Mühe darum; irgendwie dringlich ist die Sache nicht, vor Michaelis haben wir nicht einmal eine geeignete Wohnung. Mir wärs am liebsten, wenn nichts draus würde[3].

So, das wäre vom Herzen. Im Übrigen kann ich Ihnen noch mittheilen, dass Bredencamp in Erlangen mein Nachfolger in Greifswald wird, eine sehr stilgemässe Ergänzung der Facultät und ein höchst kräftiges Brechmittel und Gegengift gegen mich. Erfreulicher ist, dass Giesebrecht zum Extraordinarius designirt ist. Der unglückliche Budde in Bonn thut mir leid; er hält so viel wie möglich mit seiner Überzeugung zurück und doch schimpft ihn Strack einen Wellhausenianer – er ist zu bedauern und bedauert sich auch selber.

Dergleichen Spy's wie den hinkenden Smith werde ich doch auch künftig mit Vergnügen sehen. Ich sage ihnen nur nichts, so wenig wie ihm: denn dass er nicht das Geringste aus mir selber herausgekriegt hat, ist doch eben das Komische an dem Artikel. Ich habe mich vor Lachen ausgeschüttet; Zöckler und Delitzsch werden sich ärgern. „Er betrübt die Kirche Gottes, er betrübt die K. G.", ich höre ihn wimmern, nur nicht im tiefen Gurgel-, sondern im hohen Nasenton.

Kennen Sie *Wuthering Heights*[4]? Ich hätte solche rohe Kraft und so wenig Kunst kaum einem Weibe zugetraut, am wenigsten einer Engländerin. Verrückt, aber mächtig, nach meiner Meinung ewiger als was George Eliot gemacht hat. Schade dass eine so elementare Kraft in sich selber verkommen ist! Damit *A Dieu*

Ihr Wellhausen

144. An Georg Reimer

Verehrter Herr Reimer
Ich hatte Ihnen den Vorschlag gemacht, bei einer neuen Auflage von Bleek den 1. Band der Geschichte Israels neu herauszugeben unter dem Titel: *Prolegomena zur Geschichte Israels,* und damit dann meine zu Bleek nicht passenden Untersuchungen über die literarische Composition der Historischen Bücher des Alten Testaments, sowie meine in einer Zeitschrift erschienenen Aufsätze über die Composition des Pentateuchs zu verbinden[1]. Jetzt scheint es mir indessen besser, von dieser Verbindung abzustehen, da sie dem Buche einen gedrück[t]en und gelehrten Charakter geben würde, der ihm schlecht zu Gesichte steht. Sind Sie damit einverstanden, die Geschichte Israels Bd 1 sofort alleine herauszugeben, unter dem Titel: *Prolegomena zur Geschichte Israels*[2]? Wie gesagt, ist das Buch auch ohne den zweiten Theil kein Torso, sondern ein geschlossenes Ganzes.

Sie haben mir seiner Zeit für den Bogen 20 Mark Honorar angeboten. Wäre ich in meinen alten Verhältnissen, so würde ich darauf eingegangen sein, denn damals lag mir nichts am Gelde. Aber jetzt ist das anders. Ich würde Sie bitten, mir 1200 Mark für den Band zu geben. Sie sind eines ziemlich raschen Absatzes von 750 Exemplaren sicher; und das Plus, welches sie mir zahlen würden, könnten sie durch eine leichte Erhöhung des Preises von 6 auf 7½[3] Mark bequem einbringen. Ich gestehe, daß mich die ewigen Lobsprüche auf den ungemein billigen Preis des so gut ausgestatteten Buches wenig erbaut haben, und ich bin überzeugt, daß die Preiserhöhung von 1½ Mark auf den Absatz keinen Einfluß übt. Außerdem möchte ich noch bedingen, daß etwaiges Honorar für eine englische Übersetzung mir zufällt.

Ihrem Wohlwollen empfiehlt sich
ehrerbietig
Ihr Wellhausen[4]

Halle a. S. 24 Jan. 1883

145. An Georg Reimer

Verehrter Herr Reimer
Ich danke Ihnen verbindlich für Ihre schnelle und freundliche Antwort. Haben Sie noch ein Exemplar des Buches[1]? Sonst würde ich versuchen, dasjenige zu bekommen, welches Sie dem sel. Olshausen geschenkt haben. Die Exemplare scheinen rar zu sein; mein eigenes ist so voll geschrieben, daß ich es dem Setzer nicht geben kann.

Ich werde materiell wenig zu ändern haben. Aber ich will alle schlechten und guten Witze fortlassen und die Polemik sehr beschränken; auch werde ich einige Umstellungen vornehmen und natürlich hie und da zusetzen und corrigiren. Ferner muß ich ein Vorwort schreiben und darin Stellung nehmen zu den Einwürfen, die gegen das Buch gemacht sind, und überhaupt zu der Gegenwirkung, die es hervorgebracht hat. Irgendwie unsachlich hoffe ich darin nicht zu werden, und kurz werde ich mich fassen.

In Bezug auf den Vorbehalt des Übersetzungsrechtes will ich einmal bei der Edinburger Buchhandlung *Ch. & A. Black* anfragen, mit der ich durch die *Encyclopaedia Britannica* in Verbindung stehe. Eventuell würde ich für das Bedürfnis englischer Leser die Einleitung stark erweitern, indem ich darin einen kurzen Abriß der literarischen Untersuchungen gebe, welche deutsche Leser im Bleek und in den Jahrbüchern für Deutsche Theologie lesen können.

Mit nochmaligem aufrichtigem Dank für Ihr oftbewährtes Wohlwollen

Ihr ergebener

Halle a S. 26. 1. 83. Wellhausen

146. An William Robertson Smith

Lieber Smith

Der Mohammed[1] ist ja entsetzlich lang geworden; ich dachte er wäre kürzer. Die Übersetzung trifft überall meinen Sinn, nur an einigen wenigen Stellen habe ich sie corrigirt. Dann habe ich mehrfach mich selber berichtigt, und ausserdem einige Zusätze gemacht. Dabei bin ich zuweilen in mein geliebtes Deutsch zurückgefallen, weil ich mir auf Englisch keinen Rath wusste. Sie thun mir wohl den Gefallen und sehen meine Correcturen noch einmal durch.

Guyard[2] bleibt unter meiner Erwartung; so gut hätte ich es auch gekonnt. Er scheint doch keinen rechten Sinn für die treibenden Kräfte in der Geschichte zu haben.

Ich schäme mich, dass Sie sich bemühen mir 50 Pfund von dem Verleger zu erwirken für die Übersetzung der G. I. Wenn er mir weniger oder nichts gibt, bin ich auch zufrieden. Könnte dann vielleicht der Herr Menzies die Übersetzung liefern[3]? Die Sache hat freilich keine Eile; noch ist nichts von der 2. Auflage gedruckt, und vor 4 Wochen wird der Druck wohl kaum beginnen. Ich ändere ziemlich viel, aber beinah nur in der Form.

Gleichzeitig mit diesem Briefe schicke ich die Correcturbogen an Messrs Black. Sie haben mich wieder um meine Photographie gebeten, und ich bin ihretwegen richtig heute Morgen hingelaufen und habe mich vervielfältigen lassen. Mir ist nichts fataler als das; indessen möchte ich die Herren nicht vor den Kopf stossen. Mürrisch und finster genug werde ich aber wohl aussehen.

Kuenens Hibbert Lectures sind durch Hr. Dr. Budde in Bonn verdeutscht[4]; der Übersetzer hat sich indessen nicht genannt, um nicht alle Aussicht auf Beförderung zu verlieren. Ich bin froh, dass ich mit diesen Sachen nichts mehr zu thun habe. Kuenen macht wie gewöhnlich einige ungemein treffende Bemerkungen, aber er ist doch vielfach gar zu weitschweifig.

Ich denke zu Michaelis den ersten Band einer Zeitschrift erscheinen zu lassen, die ich alleine schreiben will, wahrscheinlich unter dem Titel: Beiträge zur Erforschung der Geschichte und Literatur der Hebraeer und Araber. Der erste Band wird den Hudhailiten gewidmet sein[5]. Verrathen Sie aber, bitte, nichts davon der Academy; ich mag nicht gern die englische Sitte, die Erwartung auf ein in der Luft befindliches Buch zu spannen.

Driver's Aufsatz gegen Giesebrecht[6] hat mir nicht eben imponirt. Er hat kein feines Gefühl für die Proportionen, hätte überhaupt nur bei der Mathematik bleiben sollen[7]. Das Buch des Prof Green von Princeton[8] habe ich nicht gesehen, bin auch nicht grade neugierig.

Damit Gott befohlen! ich wollte ich wäre in Göttingen, da hätte ich wenigstens eine Bibliothek.

Mit herzlichem Grusse

Halle a S 6. 2. '83   Ihr Wellhausen

147. AN CARL BEZOLD

H. H. Sie nehmen mir's vielleicht nicht übel, wenn ich mich an Sie mit einer Bitte wende, da ich sonst keinem Assyriologen vorgestellt bin. Wo findet man Angaben über die Namen der Wochentage nach Planeten oder anderen Gottheiten bei Babyloniern und Assyrern? Ich denke, dass in neuerer Zeit darüber allerhand verhandelt und geschrieben ist. Zum voraus dankend hochachtgsvoll

Ihr ergebener

Halle 24. 2. 83   Wellhausen

148. AN WILLIAM ROBERTSON SMITH

L. S. Anbei folgt der erste Bogen der Prolegomena[1]. Ich wollte ursprünglich diese Einleitung für die englische Ausgabe erweitern, aber damit würde ich den Artikel Pentateuch in der Encyclopaedia[2] überflüssig machen; ich habe darum lieber auf S. 6 auf diesen ungeborenen Artikel verwiesen. Dass ich dem Übersetzer die Bürstenabzüge schicke, darf er nicht übel nehmen. Es schreibt sich viel besser darauf als auf dem Druckpapier, und Sie bekommen dadurch die einzelnen Bogen 14 Tage früher.

Ich bin ersucht worden, nach dem Preise der Encyclopaedia Brit zu fragen; sie scheint auf den Bibliotheken in Deutschland sehr vermisst zu werden. Vielleicht benachrichtigt mich die Buchhandlung
   Mit herzlichem Grusse
25. Febr. 83   Ihr Wellhausen

149. An die Königliche Bibliothek zu Berlin

Den Empfang folgender Schriften für die Bibliothek der Deutschen Morgenländischen Gesellschaft (durch die K. Bibl. zu Berlin)
1. Bengal Library Catalogue of Books, 1. and 2. Quarter 1882
2. Catal. of Books printed in the Bombay Residency, 1. and 2. Quarter 1882.
3. Statement of Particulars regarding Books Maps etc publ in the North Western Provinces and Oudh, 2. and 3. Quarter 1882
4. Catalogue of Books and Pamphlets printed in British Burma during the 1. 2. and 3. Quarter 1882.
5. Cat. of Books and Pamphlets reg. in the Province of Assam, 2. and 3. Qu. 1882
6. Cat. of Books reg. in the Mysore Province, 2. and 3. Qu. 1882

bescheinigt mit Danke
   der gegenwärtige Bibliothecar
Halle 12 März 1883   Wellhausen

150. An William Robertson Smith

                                    [Halle, 25.3. (oder 4.?) 1883]
L. S.
Geben Sie mir Erlaubnis, Ihren Brief über das Fest in der Vorrede abzudrucken[1]? Antwort hat Zeit.
   Es war mir fatal, dass meine Frau Sie belästigt hat; indessen sie ist eigensinnig und hat einen grossen Thatendrang, da ihr Kinder versagt sind und versagt bleiben werden. Über Ihre gütige Antwort waren wir beide gerührt und danken Ihnen vielmals.
   Sollte nicht Dozy[2] mehr Recht haben, als man zugibt? darin jedenfalls, dass die *termini technici* vielfach ganz unarabisch sind? Ihr
                              W.

151. An Georg Reimer

Verehrter Herr Reimer
Vielen Dank für Ihre gütigen Zeilen. Die Leute im Ministerium meinen es recht gut, wenn nur der Finanzminister nicht wäre. Mir wäre es gar nicht lieb aus Preußen herauszugehen; ich huldige nur ungern dem Schwaben oder Baier – aber ich muß doch jeden Sperling greifen, der sich mir bietet; denn die preußischen Tauben sitzen auf dem Dache. Übrigens rede ich rein hypothetisch; was ich in Wirklichkeit thäte, weiß ich doch nicht; am Ende bliebe ich lieber Extraordinarius in Preußen als daß ich Ordinarius im Reich würde.

Ich schicke so viel Manuscript als ich fertig habe, es wird zu einem Bogen reichen. Ende dieser Woche werde ich mit dem Umschreiben von Kap. 8[1] überhaupt zu Ende sein – dann ist es nicht mehr ängstlich. Aber das langsamere Tempo des Druckes ist mir trotzdem angenehm; ich habe von Montag 23 April bis Himmelfahrt sechs Bogen[2] corrigirt.

Ich wünsche daß es Ihnen gut geht und empfehle mich
                                                          ehrerbietig
Halle 6 Mai 1883   Ihr Wellhausen

152. An Heinrich Leberecht Fleischer

Den Eingang des Abdrucks aus den Berichten der philol.-histor. Classe der k. Sächs. Ges. der Wissenschaften 1882 (öffentl. Gesamtsitzung vom 23 April 1882)[1] für die Bibliothek der D. M. G. bescheinigt mit großem Danke
Halle 19 Mai 1883   Prof Wellhausen

153. An Heinrich und Charlotte Limpricht

                                                          Sonntag 20 Mai 83
Danke vielmals für Eure freundlichen Briefe und für die Weingläser und all das Andere, und Ella und Martha für die Federn, und Lening und Anning[1] für die Eau de Cologne – darf Marie auch mit an den Pfropfen riechen? Wir haben meinen Geburtstag, den ich um Marie zu kretten[2] den 40sten nenne, mit einer Fahrt nach der Rabeninsel gefeiert, einem Werder in der Saale oberhalb Halle, mit Eichen darauf, über denen beständig eine schwarze Wolke schwebt, die das Grün am Boden weiß färbt, so daß man ohne Schirm da nicht gehen kann. Auf manchem Baum sitzen bis acht Nester, und die ekligen Kreturen [sic] machen einen solchen Höllenlärm, daß jeder andere Laut dagegen verstummt.

Meine Vorlesungen werden schwach, aber sehr eifrig besucht und machen mir Freude. Wir haben hier glücklich die unglaubliche Zahl von 500 Theologen erreicht; da wird sich der bisherige Mangel bald in Überfülle verwandeln, zumal ja in Greifswald und anderswo die Zunahme verhältnismäßig ebenso groß ist. Meine Zuhörer sind meistens Nichtsachsen; die Sachsen müssen bei den Examinatoren hören. Es sind fast lauter Leute, von denen ich den Eindruck habe, daß sie sehr fromm sind und nicht aus ganz ordinären Gründen ihren Beruf gewählt haben; ein paar gehören der Brüdergemeinde an und viele dem Tholuckschen Convict. Es ist ganz sonderbar, daß grade solche Leute bei mir Heiden hören. Wahrscheinlich wird es erklärt durch das Interesse an der Sache, das diese Leute haben und das dem normalen Theologiestudenten fehlt. Sie kommen auch zu mir und sprechen mit mir. Fast alle sind es Kählerianer, vielleicht schickt sie Kähler zu mir.

Wilamowitz scheint mit Althoff über mich geredet zu haben; wohl in Folge davon hat letzterer sich bewogen gefühlt, mich durch den Buchhändler Georg Reimer grüßen und mir sagen zu lassen, ich stünde im Ministerium auf der allerbesten Liste (Mir fällt dabei der Göttinger Stud. X ein – es war ein theolog. Corpsstudent und ein Bekannter meines Vetters Wittrock –, der sich als Hauslehrer angeboten und dabei bemerkt hat, auf gute Behandlung würde weniger gesehen als auf hohes Gehalt, und dann bei näherer Explicierung hinzugesetzt, für gute Behandlung wolle er schon selber sorgen.)

Hier ist Boretius zum Rektor gewählt, wir wollen das (und unseren Wohnungswechsel) benutzen um ihnen Besuch zu machen. Marie will noch gern manche andere Besuche machen, namentlich bei den Juristen, die hier wie es scheint in der That die angenehmsten Leute sind. Besonders Frau Zitelmann, die Frau von dem vielleicht auch in Greifswald bekannten Triddelfitz Zitelmann, hat ihr großen Eindruck gemacht. Ich bin aber in allen Dingen „ein retardirendes Moment."

Grüßt Onkel Johannes und Onkel Witt vielmals von mir; Marie grüßt nicht mit, weil sie noch im Bett liegt; es ist noch sehr früh. Auch Ulmanns und Bierlings bitte ich zu grüßen. An Zöckler habe ich einen kleinen Gruß bestellt in der 2. Ausgabe der Geschichte Israels I³, mit deren Ausarbeitung ich jetzt eben fertig geworden bin. Nochmals herzlichen Dank von Eurem
Julius

154. An Charlotte Limpricht

[Halle, Anfang Juni 1883]

L. M.

Wenn Wilamowitz wie Du schreibst noch unsicher ist, so kannst Du ihm viell. sagen, daß mir Althoff mitgetheilt hat: Hartel, Schöll und er seien vorgeschlagen[1]; Hartel schien nicht in Betracht zu kommen, Schöll will er in Straßburg behalten; *ergel*[2]. Sag nur W., so schön wie in Berlin wäre es in Göttingen all lange; mich kriegten keine 10 Rosse nach B., aber nach G. kröche ich auf den Knien auf Erbsen. Althoff hat mir furchtbare Schmeicheleien eingepumpt und damit gut.

Viele Grüße an Alle

Dein J.

155. An Georg Reimer

Verehrter Herr Reimer

Vielleicht darf ich Sie bitten, einige Exemplare meines Buchs, die ich verschenken möchte, auf buchhändlerischem Wege an die Adresse zu besorgen und zwar an

Prof. A. Pernice } Th. Mommsen }	Berlin
Dr. Ad. Jülicher	in Rummelsburg b. Berlin
Prof. Wilamowitz } Giesebrecht }	Greifswald
Reuß } Kayser } Nöldeke }	Straßburg i E.
Duhm } Ritschl } Lagarde }	Göttingen
Budde	in Bonn
Socin	in Tübingen
Smend	in Basel

Wenn es nicht unverschämt ist, möchte ich außerdem noch zehn Exemplare hieher, nach Halle, haben. Einige Exemplare verschenke ich an Recensenten; z. B. ist das der Grund, warum ich an Dr. Jülicher eins gebe[1]. Er hat neulich eine vortreffliche Anzeige von Weizsäckers Übersetzung des Neuen Testaments an die Göttinger Gel. Anzeigen geliefert[2], und ich möchte ihn bitten auch mein Buch dort anzuzeigen. Dagegen würde ich es nicht für rathsam halten, wenn Sie auch von dieser 2. Ausgabe Recensionsexemplare abgäben. Mir bangt wahrhaftig nicht vor den Censoren; aber ich finde es schade, ihnen Gratisexemplare zu verabfolgen. Bekannt wird es auch ohnehin werden, daß eine 2. Ausgabe erschienen ist.

Mit ergebenem Gruße

Halle 26. 6. 83

ehrerbietig
Ihr Wellhausen[3]

156. An Georg Reimer

Verehrter Herr Reimer
Mit aufrichtigem Dank bescheinige ich den Empfang des verabredeten Honorars[1]. An Lagarde bitte ich Sie kein Exemplar zu schicken, er möchte das als eine Art *captatio benevolentiae* ansehen, und ich will seine *benevolentia* nicht captiviren. Er ist nach meiner Meinung ein ebenso großer Narr wie Gelehrter.

Ihrem ferneren Wohlwollen empfiehlt sich

Halle 28. 6. 83

Ehrerbietig
Ihr Wellhausen[2]

157. An William Robertson Smith

Lieber Smith
Ich habe richtig die Karte noch gefunden und mich sehr geschämt. Ich wusste nichts daran zu verbessern.

Mich freut es nicht wenig, dass ich Aussicht habe Sie in Halle zu sehen. Ob ich nach Leiden[1] komme, ist noch nicht gewiss. Der Doctor will mich an die Nordsee schicken, und ich werde wohl von Anfang August bis Mitte Sept. auf einer der friesischen Inseln, Norderney oder Borkum, zubringen. Von da bin ich allerdings so nah bei Leiden, dass es lächerlich wäre wenn ich nicht hinginge. Ich weiss nur nicht genau wie es um meine Casse bestellt sein wird. Ihre freundliche Einladung auf Ihre cottage war mir sehr verlockend; indessen ich soll auf jeden Fall an die See.

Wenn aus der جارية[2] nichts wird, so ist niemand darüber vergnügter als ich. Bitte geben Sie sich ja keine Mühe darum! Zu allem Überfluss hat mir neulich der Universitätsreferent im Cultusministerium[3] gesagt, man würde sich eine Freude daraus machen, mir jede von mir gewünschte ausserordentliche Unterstützung zu gewähren. Wenn es mir besser ginge, würde ich alsbald um 3000 Mark für eine Reise nach Syrien bitten.

Wann kommt denn der Band der Encyclopaedia, der Muhammed[4] enthält, heraus? Ich glaube, der kleine Nöldeke[5] wartet auf das Honorar – doch lassen Sie sich das nicht merken, ich weiss nicht, ob es ihm angenehm ist. Ich glaube, er stellt sich ein wenig an, und freut sich, für recht bedürftig gehalten zu werden.

Es freut mich, dass Sie meine Umarbeitung des 8 Kap.[6] für eine Verbesserung halten. Ganz nach Wunsch ist sie mir nicht gerathen, ich habe zu rasch geschrieben und ausserdem nicht allzuviel Lust und Liebe zum Gegenstande mitgebracht. Mir ist die ganze Kritik herzlich zuwider.

Ich hoffe Ihnen in 14 Tagen zwei Exemplare der Prolegomena schicken zu können; das eine ist für den Übersetzer bestimmt. Die Vorrede darf natürlich nicht übersetzt werden; die sachlichen Verbesserungen, die darin stehen, müssen an ihrem Orte im Buche selber untergebracht werden. Es wäre mir lieb, wenn sich der Übersetzer möglichste Freiheit nähme und alles, was Ihnen oder ihm unbeträchtlich scheint, wegliesse. Darüber kann ein Fremder besser urtheilen als der Verfasser. Ich bin neugierig, wie sich die Sache in englischem Gewande macht.

Halle 29 6 83
Mit herzlichem Gruss
Ihr Wellhausen

158. An William Robertson Smith

Lieber Smith

Da ich sehr grosse Lust hatte, Ihre freundliche Einladung anzunehmen, so fragte ich meinen Doctor darüber. Er hat nichts dagegen, vorausgesetzt dass ich auf den schottischen Hills leben kann wie ein *baby*, früh aufstehen, früh zu Bett gehen und nicht zu spät essen. Ich schreibe Ihnen das ganz ehrlich, weil es sich in der That für mich zunächst darum handelt, wieder etwas ins Schlafen zu kommen. Sie müssen mir aber nun eben so ehrlich schreiben, ob Sie dadurch nicht genirt werden.

Ausserdem soll ich keine gelehrten Gespräche führen. Indessen – der gute Doctor denkt immer, mir machten die hebräischen und arabischen Buchstaben den gleichen Eindruck der unaufknackbaren Nüsse wie ihm. In diesem Puncte bin ich nicht so ängstlich. Ausserdem können wir noch über manches Andere reden, als über Pentateuchkritik und Koran. Die Kritik ist mir so wie so gegenwärtig weniger interessant als den Hypokritikern; ich meine die nicht „hyperkritischen" Herren.

Hoffentlich bekommen Sie demnächst mit meinem Buche meine Vorrede; ich habe mich dort vollständig zu Ihrer Meinung über den Ragab als Passahmonat bekannt und zugleich, wie ich hoffe definitiv, den mekkanischen Kalender und das alte arabische Jahr ins Vernehmen gesetzt[1].

Καὶ ταῦτα μὲν δὴ ταῦτα². Das Semester schliesst ± 6 August; und wenn Sie mich gebrauchen können, werde ich gleich zu Anfang der Ferien bei Ihnen antreten. Ich wollte, es würde etwas daraus

8 Juli 83
Yours by heart
Wellhausen

159. AN GEORG REIMER

Verehrter Herr Reimer
Ich bin natürlich sehr damit einverstanden, daß Sie das Buch erst zum Herbst versenden; es steht ja wohl nichts im Wege, daß auf bestimmte Bestellung schon vorher ein Exemplar verabfolgt wird – doch liegt *mir* auch daran nichts.

Unter den 10 Exemplaren, die hier nach Halle kommen sollten, möchte ich gern 5 (aber nicht mehr) auf stärkerem Papier. Wer von den übrigen ein eleganteres Exemplar bekommen soll, stelle ich ganz Ihrem Ermessen anheim; ich denke z. B. Mommsen. Einige würde ich in Ihrer Stelle zurückbehalten.

Der Hr GR[1] Althoff war neulich hier und sagte mir einige Schmeicheleien. Die guten Absichten scheitern aber am Finanzminister – es müßte denn sein, daß es sich um medicinische Bauten handelte. Die Universitäten werden halb erdrückt von der medicinischen Facultät, die eigentlich kaum noch dazu gehört. Dazu kommt, daß der Cultusminister seit dem Culturkampf vorzugsweise Politiker sein muß und trotz allem guten Willen die Universitäten dem Referenten überlassen muß. Dem Finanzminister gegenüber wäre aber manchmal der Universitäts*minister* besser am Platze als der Universitäts*referent*[2]. Zum Glück ist Althoff offenbar nicht schüchtern.

Verzeihen Sie das Gespräch.

Halle 11.7.83
Mit ehrerbietigem Gruß
Ihr ergebener
Wellhausen

160. AN ADOLF JÜLICHER

Hochgeehrter Hr Doktor
Sie werden nächstens von Reimer die 2. Ausg. meiner Gesch. Israels in meinem Namen zugeschickt bekommen. Ich möchte Ihnen dadurch meine Theilnahme an Ihnen ausdrücken und Sie zugleich durch eine unschuldige Bemerkung über den bornirten Oberbonzen in Berlin, ich meine August Dillmann[1], erfreuen. Erinnert bin ich an Sie durch Ihre neuliche vortreffliche Anzeige von Weizsäk-

kers N. T. in den G. G. A.[2] Ich kann nicht leugnen, daß es mir sehr angenehm sein würde, ebenfalls in den G. G. A. von Ihnen angezeigt zu werden[3]. Geändert ist Einiges in Kap 1 (sowie in der Einleitung), in Kap 3, Kap 9–11; umgeschrieben ist Kap 8. Kleinere Zusätze finden sich natürlich überall, nur nicht in Kap. 6 und 7.

Wenn Ihnen die Erfüllung meiner Bitte aus irgend einem Grunde unangenehm oder schwierig ist, so bitte ich Sie dieselbe als *non avenue* zu betrachten. Doch thäte es mir sehr leid, wenn Sie sich vom Alten Testamente abdrängen ließen. Es arbeiten da so sehr viel Schafsköpfe, Kamphausen Kautzsch Riehm e *tutti quanti*, und so sehr wenig Leute, die außer hebräischer Grammatik auch noch ein paar Gedanken im Kopfe haben und dieselben verständlich auszudrücken verstehen. Natürlich müssen Sie mir in Ihrer Anzeige den Kopf so derb als irgend möglich waschen; gelobt zu werden darauf kommt mirs nicht an. Stechen Sie mir namentlich auch unbeholfene Manieren, sophistische Wendungen, Stilfehler u s. w an – ich schreibe mehrschdendeels entsetzlich eilfertig, da mirs selten gut geht und ich dann die Zeit auskaufen muß.

Rücksichten werden schon viel zu viel genommen, nehmen Sie keine.

Mit ergebenem Gruß
Halle 11. 7. 83   Ihr Wellhausen

161. An Georg Reimer

Verehrter Herr Reimer
Ich höre so eben durch Zufall, daß Williams und Norgate Aushängebogen[1] der Prolegomena zum Übersetzen ins Englische bekommen haben. Sie hatten mir Freiheit gegeben in Bezug auf das Arrangiren einer Englischen Übersetzung, und ich habe mich dann mit der Buchhandlung A & Ch. Black in Edinburg in Verbindung gesetzt, weil ich dort der besten Übersetzung sicher war, da mein Freund Robertson Smith dieselbe überwachen wollte. Es muß nun, wenn W. a. N. die Aushängebogen bekommen haben, irgend ein Misverständnis vorliegen, welches sich hoffentlich noch beseitigen läßt[2].

Ehrerbietig
Ihr ergebener
Halle 15 Juli 83   Wellhausen[3]

162. An Georg Reimer

Verehrter Herr Reimer

Nehmen Sie es nicht übel, daß ich Sie mit einer grundlosen Besorgnis gestört habe[1]. Da das Übersetzungsrecht in England verwirkt war, so ließ sich nur dadurch Ersatz schaffen, daß man durch Übersendung der Aushängebogen einer Buchhandlung, resp. einem Übersetzer, den Vorsprung verschaffte; denn die erste Übersetzung wird natürlich die einzige bleiben. Ich hatte nun verstanden, daß Williams und Norgate die *Aushängebogen* bekommen hätten – das hätten sie allerdings nicht verdient, da sie gar nichts zahlen wollen; und das wäre für mich fatal gewesen. Wie aber die Sachen wirklich liegen, ist mir es ganz einerlei.

Mit der Bitte mich zu entschuldigen, und mit bestem Danke für Ihre gütige Auskunft verbleibe ich

ehrerbietig
Ihr ergebener
Halle 17.7.83　　　　　　　　　　　Wellhausen

163. An Friedrich Althoff

Hochgeehrter Herr Geheimrath

Durch Herrn Dr. Joh Schmidt, meinen lieben Freund, habe ich erfahren, daß Sie erst etwa am 23 Juli wieder in Berlin sein würden. Sonst hätte ich Ihnen schon früher mitgetheilt, daß ich auf die Einladung eines englischen Freundes[1] an die schottische Küste gehe und in Folge dessen das Gesuch, um dessen Thunlichkeit ich mir erlaubte Sie zu fragen, nicht mehr zu stellen brauche.

Ich benutze die Gelegenheit, oder ziehe sie mit den Haaren herbei, Sie darauf aufmerksam zu machen, daß Marburg eigentlich mit dem selben Rechte eine semitische Professur zu haben verdiente, wie Kiel Greifswald Königsberg und Breslau. Mir wäre es sehr lieb, wenn ich noch etwa drei Jahre in Halle bliebe, um in möglichster Verborgenheit die vielen Lücken meines Wissens stopfen zu können. Natürlich als Extraordinarius; *es wäre schierer Unverstand*, hier noch eine zweite ordentliche Professur für so unpraktische Disciplinen einzurichten. Für die paar Theologen, die aus Spielerei Arabisch, mit etwas mehr Ernst Syrisch lernen, genügt Gosche ganz vollständig; meine hebräischen Vorlesungen werden einfach nicht besucht, weil Riehm und Schlottmann examiniren. Aber immer möchte ich doch nicht hier Extraordinarius bleiben, und Marburg ist das Ziel meiner Wünsche. Ich bitte Sie es nicht übel zu nehmen, daß ich Ihnen das aus blauem Himmel zu offenbaren mir erlaube.

Es versteht sich von selbst, daß ich keine Antwort von Ihnen erwarte; es ist im Gegentheil die eigentliche Absicht dieses Briefes, Ihnen unnütze Mühe zu ersparen.

Damit empfehle ich mich Ihrem Wohlwollen

Ehrerbietig
Ihr ergebener
Halle 21 Juli 1883   Wellhausen

164. An Michael Jan de Goeje

Verehrter lieber Herr College
Vielen Dank für Dozy; es hat mir grossen Spass gemacht, dass ich, leider anonym, auch darin vorkomme[1]. Wenn ich gekonnt hätte, hätte ich Ihnen gern ein Exemplar meiner Prolegomena zugeschickt, lieber als manchem Anderen, denen ich es einfach Ehren halber oder aus sonst einer unsachlichen Rücksicht liefern musste. Hoffentlich wird bald die dritte Ausgabe nöthig; ich habe wieder tolle Versehen gemacht, die ich je eher je lieber corrigiren möchte. Mit herzl. Grusse

Ihr dankbarer
Halle 27. 7. 83   Wellhausen

165. An Charlotte Limpricht

Montg 6. 8. 83
L. M.
Marie ist nun ganz wieder besser, nur noch ein bischen schwach. Sie hofft Ende der Woche reisen zu können; ich möchte am liebsten, daß sie vor mir fortkäme. Länger als bis zu Freitag kann ich aber nicht gut warten; das nächste Schiff geht dann erst wieder am Dienstag, und mein bummelschottischer Aufenthalt wird so schon kurz, da am 10. Septemb. die Leidener Judenschule tagt[1]. Wenn es geht, bringe ich Marie am Freitag nach Berlin; sonst könntest Du vielleicht an Frau Witte schreiben, oder aber Marie könnte ihre Abreise nach der meines Schwiegervaters einrichten. Sie könnte sogar auch sehr gut allein reisen; den Koffer schicken wir vorher, und Guste holt eine Droschke.

Ob ich auch noch nach Greifswald komme, hängt davon ab, ob ich vor oder nach dem Umzuge meiner Mutter nach Hameln gehe, ob ich Geld habe, und ob ich nicht sehr reisemüde bin. Am 25 Sept. ist hier in Halle morgenländische Generalversammlung[2], der ich beiwohnen muß, vielleicht als einziger generaler

Theilnehmer. Ich muß schon etwa eine Woche früher hier eintreffen, um allerlei Vorbereitungen zu treffen, Bibliotheksbericht und andere überflüssige Wichtigkeiten.

Pernice ist jetzt hier, mit seinem ältesten Mädchen; die übrige Familie wird nach Hoym[3] geschickt. Wir sehen uns täglich, und ich erfahre die ganze Berliner Universitätschronik und noch einiges mehr. Die Aufregung über Putlitz scheint sich noch nicht gelegt zu haben; es ist richtig, daß ein amerikanisches Duell[4] vorliegt; P. hat schon mehrere Selbstmordsversuche vorher gemacht und schließlich seinem Vater das heilige Versprechen gegeben, davon abzustehen. Um dieses Versprechen windet er sich in seinem letzten Briefe an den Vater herum. Die Actien der Juden stehen schlecht; der ungarische Proceß[5] zeigt auch wenigstens das eine deutlich, daß sie es verstanden haben sich furchtbar verhaßt zu machen: Schade, daß die Unschuldigen unter der Gemeinschaft der Schuldigen zu leiden haben; das läßt sich nicht ändern. Warum sind sie auch alle so solidarisch und machen immer aus jedem jüdischen Schufte eine Principienfrage!

Außer der Wohnung ist meine Hauptfreude in Halle der Dr. Joh. Schmidt; ich freue mich immer ihn zu sehen, wenn ich anderen Menschen meilenweit aus dem Wege laufe. Er ist ein bißchen fahrig und gar zu beweglich; sonst aber ein so allerliebster Mensch, wie mir noch kaum einer vorgekommen ist. Marie mag ihn auch gern; er füttert sie mit Bildern, von denen er ein wahres Magazin besitzt. *Ich hoffe, Wilamowitz bringt ihn nach Kiel.* Denn was in Greifswald noch Geheimnis ist, schwatzen in Berlin und Halle die Spatzen von den Dächern, daß Kaibel nach Gr. und Leo aus Kiel nach Rostock kommt.

Martha ist uns sehr nützlich, und es scheint ihr Spaß zu machen. Wir hätten wohl auch ohne sie fertig werden können; aber es traf sich doch sehr gut, daß sie da war. Gestern ist sie bei Hayms gewesen, vorgestern haben wir gerudert. Neulich hatten sich zwei hiesige Privatdozenten angeboten, sie zu rudern; aber da kam grade Maries Anfall dazwischen.

Der Doktor ist eben, zum letzen male, hier gewesen und hat Marie erlaubt, Mitte der Woche zu reisen. Ich bringe sie also am Freitag nach Berlin; ich hoffe, daß es geht – sonst schreibe ich noch einmal.

Viele Grüße
         Euer J.

166. An den preussischen Kultusminister

Ew. Excellenz
sage ich für die mir gütigst bewilligte außerodentliche Remuneration von siebenhundertundfünfzig Mark meinen ehrerbietigen Dank

Eurer Excellenz
gehorsamer Diener
Wellhausen
Halle 9. Aug 1883   ao. Professor der Philosophie

167. An Friedrich Althoff

Hochgeehrter Herr Geheimrath
Ich kann es nicht lassen, Ihnen auch persönlich für die außerordentliche Remuneration meinen aufrichtigen Dank zu sagen, zumal Sie sie mit einem so gütigen Briefe begleitet haben. Ich weiß, daß ich sie nicht meinem Verdienste um Halle, sondern bloß Ihrem Wohlwollen zu verdanken habe. Ob ich nach Leiden gehe, ist ungewiß; am Ende ist es besser, ich dehne meine Sommerfrische möglichst lange aus und lasse sie mir nicht von der Gelehrsamkeit verstauben.

Es ist sehr freundlich von Ihnen, daß Sie auf meine hingeworfene Marburger Idee eingehen; es versteht sich von selbst, daß ich weder erwarte, daß die Sache sich rasch mache, noch enttäuscht bin, wenn überhaupt nichts daraus wird. Ich bin in jeder Hinsicht mit meiner jetzigen Stellung auf Jahre hinaus zufrieden.

Ihrem Wohlwollen mich fernerhin empfehlend verbleibe ich

Ehrerbietig
Ihr ergebener
Edb.[1] 17. 8. 83   Wellhausen

168. An William Robertson Smith

Halle 17. 10 83

Mein lieber Smith
Vielen Dank für Ihren Brief; ich hatte schon von Müller[1] gehört, dass es Ihnen leider nicht gut gehe. Mir geht es fortdauernd sehr leidlich; freilich bin ich noch nicht recht ins Arbeiten gekommen.

Ich würde länger aber später geschrieben haben, wenn ich nicht in aller Schleunigkeit Sie bitten müsste, mir wo möglich anzugeben, wo die richtige Ansicht über die Wahl der Planetennamen für die Wochentage bereits ausgesprochen ist. Den Grund meiner Anfrage werden Sie aus beiliegendem Druckblatte ersehen[2]; das Heft der D. M. Z soll in kürzester Frist ausgegeben werden, und wenn noch eine Notiz angebracht werden soll, so muss es sehr eilig geschehen. Sie würden mich sehr zu Dank verpflichten, wenn Sie mir helfen könnten. Windisch hat schon Gutschmid gefragt, der aber nichts gewusst hat. Ich bin rein durch Zufall auf den betr Bogen gerathen.

Die Generalversammlung ist am 25 Sept. gehalten[3]; ich habe die Affaire mit dem Postaufschlag[4] zur Sprache gebracht, aber nichts durchgesetzt. Man fand es in der Ordnung und scheute sich dem Rechnungsführer am Zeuge zu flicken. Ich bin in diesen äusseren Angelegenheiten noch zu wenig orientirt um ins Gewicht zu fallen.

Wenn Sie so gut sind mich auf einer Karte zu informiren, so theilen Sie mir doch auch den Namen Ihrer Frau Schwester in Dessau[5] mit; ich habe ihn vergessen und wie es scheint den Zettel verloren, worauf ich ihn notirt hatte.

Mit herzlichen Wünschen für Ihr Wohlbefinden

Ihr Wellhausen

169. AN CHARLOTTE LIMPRICHT

Halle 19 Okt.'83

Liebe M

Marie gibt mir einen Brief an Dich auf, und selbst gezwungen schriebe ich ihn gerne, wenn es nur nicht zum Geburtstag wäre. Ein Geschenk habe ich nicht zu commentiren, ich kann weiter nichts als Wünsche hegen, die Dir trotz ihrer Aufrichtigkeit nichts helfen, und am besten verschwiegen werden. Indessen verspreche ich sehr artig zu sein, wenn Du hier bist; das brauche ich mir nicht einmal vorzunehmen, das bin ich gegen Dich immer von selber. Das soll aber kein Eigenlob, sondern eine Nüdlichkeit für Dich sein; Du zähmst die Waldesel, wie Orpheus.

Wir kommen eben von einem Mittag bei Krohns zu Hause und sind noch ganz entzückt von Erdmann und von Frau Zitelmann, auch vom jungen Ritschl. Es werden Pläne gemacht, sie wo möglich alle einzuladen so lange Du hier bist; Du sollst ihnen natürlich vorgesetzt werden und es ersetzen, wenn sie sonst nicht grade aufs feinste tractirt werden. Wären sie nur erst alle wieder weg – oder würden *wir* wenigstens nicht wieder eingeladen! Mich treibt diese Art des Verkehrs noch wahrhaftig von jeder Universität fort. Der einzige Mensch, über den ich mich hier freue und mit dem ich einen Verkehr unterhalte der mir zusagt, ist noch immer der Dr Schmidt, mein hiesiger Giesebrecht. Er wird aber sehr bald fortkommen, nach Kiel oder Gießen oder sonst wohin[1]. Wenn ich nur arbeiten kann und mich im Hause wohl fühle, werde ich ihn nicht so sehr vermissen, so ungern ich ihn scheiden sehe.

Daß mein lieber alter Giesebrecht ein paar Tage hier gewesen ist, wird Marie wohl erzählt haben. Er glaubte sich erholt zu haben; er soll aber noch den ganzen Winter sich weiter erholen und zu dem Ende zu Verwandten nach Montauban gehen. Er sprach ganz objectiv über seine Zwangsvorstellungen und wußte, daß es dumme Einbildungen seien, und doch merkte man gelegentlich, daß er sich doch gar nicht davon los reißen kann. Ich war einmal ganz erschrocken und verblüfft darüber. Es thut mir sehr leid um ihn; Alles, was unser Verhältnis gekühlt hat, stammt aus dieser unglücklichen Quelle; es ist ein guter und feiner Mensch; schade, schade um ihn. Cremer ist freundlich und theilnehmend gegen ihn gewesen; ich bin ihm dafür ordentlich gut geworden. Cremer hat übrigens glaube ich darin Recht, daß Gi nicht wieder nach Greifswald zurück darf. Er kann das Mistrauen gegen eine ganze Anzahl Personen, mit denen er täglich zusammenkommt, nicht überwinden; er *muß* in andere Umgebung.

Hefter habe ich zwar im Laboratorium, aber noch nicht in seiner Wohnung aufgesucht; es handelt sich dabei auch lediglich um die Formalität des Kartenabwerfens, da er nicht zu Haus sein wird. Ich habe ihm erzählt, daß Du kommst; er erkundigte sich nach dem Befinden der ganzen Familie. Außer ihm haben wir noch Otto Wachsmuth diesen Winter hier, dem ich eine Wohnung besorgt habe bei einem uns bekannten Tapezier. Marie ist sehr stolz auf ihn; ich hoffe er nennt sie Tante.

Schönes Wetter mußt Du mitbringen; hier hat es jetzt aufgehört. Wir brauchen trotzdem noch nicht in den Vorderstuben zu heizen; es ist merkwürdig warm darin, die Sonne scheint von 9 bis 3 Uhr immer hinein. Die Wohnung ist ihr Geld werth; jetzt gefällt mir sogar Halle. Auch Marie fühlt sich nicht einsam, trotz mangelnder Besuche. Freilich stehst Du im Hintergrunde.

Grüß meinen Schwiegervater und meine Schwägerinnen vielmals; ich freue mich nicht wenig auf Dein Kommen. Wenn Du lange genug hier bleibst, machen wir Dich ganz gesund. Gott behüte Dich im neuen Jahr

Dein J.

170. An Charlotte Limpricht

Halle Sonnt 22.11.83

L M

Ich habe vergessen Ella über mein Vorschußkassenbuch Bescheid zu sagen. Ich möchte bitten, daß einer von Euch damit hingienge und sich die 100 Thaler nebst der wahrscheinlich jetzt fälligen Dividende (±7 Thl) ausbezahlen ließe. Eine Quittung habe ich schon im Herbst in blanco unterschrieben und dem

Director Engel hinterlassen. Das Geld möchte ich gern hieher geschickt haben, aber nach Abzug des Betrages der beiden Apothekerrechnungen, die ich mir auf keinen Fall von Dir bezahlen lassen will; denn Ihr habt Euer Geld nöthiger als ich meines. Zwanzig Mark bekomme ich noch von Ella. Eile hat die ganze Angelegenheit natürlich nicht. Daß ich diesmal wahrscheinlich über 500 Thaler von den Pester Mühlenpapieren[1] beziehe, wird Ella erzählt haben. Ich ersaufe in Geld: wärs nur erst da.

Ellas Sachen werden hoffentlich da sein. Ich hätte die Droschke Tags vorher her bestellen müssen; indessen ist vielleicht das Gute bei der Dummheit, daß Ella nun in Jüterbogk hat umsteigen können; *mit* Gepäck läßt sich das nicht machen. Theurer ist die Eilfracht auf keinen Fall, als die Überfracht und die Besorgung auf den Bahnhöfen.

Ich bin gespannt auf einen Bericht von Giesebrecht über seinen neuen Oberchef Bredencamp; er wird aber gewiß von selber nicht auf die gescheute Idee verfallen mir mal einen Brief zu schreiben; er hat leider gar zu wenig gescheute Ideen von selber. Ich wollte, an Wieselers Stelle käme Fritz Spitta nach Greifswald; dümmer als die anderen ist er auch nicht und dabei wirklich ein allerliebster Mensch. Ich habe Cremern ein bißchen auf ihn aufmerksam gemacht, mit einem kleinen Zaunpfahl.

Marie fühlt sich einsam und freut sich, im Herbst lange bei Euch sein zu können, wenn Ihr sie haben wollt. Ich finde das Heimweh nicht verwunderlich, und es ist recht gut, daß sie einmal weg gekommen ist, damit sie inne wurde, was sie an Euch gehabt hat. Gestern Abend sind wir im Tannhäuser gewesen; er wurde nicht besonders gegeben, machte auf uns beide aber doch großen Eindruck – trotzdem daß wir beide eigentlich keine rechte Musik darin entdecken konnten.

Morgen fangen wir an zu lesen, oder vielmehr anzufragen: was zu handeln hier? Denn ich bin nicht ganz sicher, ob dem Angebote die Nachfrage entspricht. Nur wenige Hospitanten haben sich bis jetzt gemeldet, ich nähre mich hauptsächlich von Hospitanten. Die theologische Fluth scheint noch nicht zu sinken; hier sind bei weitem die meisten Neuimmatriculirten Theologen. „Nicht viel Große, nicht viel Weise" – das würde nach Paulus an die Korinthier nichts schaden, wenn sie nur „berufen" wären[2]. Aber das ist eine merkwürdige Geschichte; „Leiblichkeit ist das Ende der Wege Gottes" sagt Oettinger[3].

Der alte Pott (mit seiner Frau Com-Pott) will abgehen; er hat dem Curator angezeigt, daß er keine Vorlesungen mehr halten wolle. Dadurch wird die Berufung eines oder gar zweier Sprachforscher nöthig, eines Sanskritisten und eines Vergleichers. Der Jenaer Delbrück will her, wird auch zweifelsohne vorgeschlagen, aber schwerlich in Berlin gewählt: die Berliner sind ihm im Augenblick ungrün. So haben denn Zimmer und Zachariae ein Recht sich aufzuregen; sie können sogar beide herkommen.

Von Märckers haben wir seit 3 Wochen nichts gesehen und gehört; die Frau redet viel und thut wenig, sie könnte Marie wohl einmal besuchen. Frau Hiller ist faul, und die anderen haben wenig Zeit. Es ist ein wunderlicher Verkehr hier; mir ists gleich, aber es thut mir Maries halber leid.

So, nun habe ich die 4 Seiten gebührendermaßen voll geschwatzt und damit das Recht erlangt Euch Lebewohl zu wünschen

Euer Julius

171. AN ADOLF JÜLICHER

Halle 27. 11. 83

Verehrter Herr Pastor

Herzlichen Dank für Ihre Anzeige[1], von der ich wohl behaupten könnte, sie sei mir aus der Seele geschrieben. Namentlich haben Sie sehr Recht darin daß Sie eine klar durchgeführte Anschauung von der Entwicklung des Festes der Erstgeburten vermissen. Ich habe viel zu oberflächlich corrigirt, sondern richtig einen neuen Lappen auf das alte Kleid darauf geflickt. Meine Meinung ist, daß das Passah ein judäisches Fest ist und zwar ein sehr altes, vielleicht seit uralter Zeit beibehaltenes; daß es aber kein kanaanitisches und kein nordisraelitisches Fest ist oder jedenfalls in Nordisrael sehr früh außer Gebrauch gekommen. Da wir in alter Zeit eigentlich nur über Ephraim etwas erfahren, so erklärt sich die verhältnismäßig schwache Bezeugung des Passah in den älteren Quellen.

Die auf S. 1461 gerügten Unklarheiten sind mir ebenfalls vollkommen bewußt; ich kann sie nur nicht so leicht rectificiren. Theilweise muß ich einfach bekennen, daß ich Sommerlogik[2] begangen habe. Wir wollen sehen, was sich bei der 3. Aufl beseitigen läßt. Niemand hat bisher das Buch so sorgfältig gelesen wie Sie, wenigstens keiner meiner Kritiker. Die berühmte Recension von Kautzsch[3] ist mir immer recht dumm vorgekommen; und die von Stade[4] nicht viel klüger. Denn das macht mir natürlich keinen Unterschied, von welcher Partei die Herren sind; und gegen Lob bin ich auch allmählich so dickfellig geworden wie gegen Tadel.

Sehr amüsant ist Lagardes zwischen den Zeilen zu lesende (und keineswegs jetzt zum ersten male) Versicherung, daß er eigentlich der Urheber der Grafschen Hypothese ist[5]. Daß es Reuß *nicht* ist, ist allerdings wahr; es kann doch nicht das Collegienheft, sondern nur das Datum des Drucks entscheiden. Denn sonst geriethen wir dahin, daß Lagarde im Mutterleibe schon immer Alles gewußt hat.

Ich wünsche Ihrem Befinden gute Besserung; sonst müssen Sie sich mit mir trösten, ich bin seit December körperlich ziemlich leistungsunfähig wegen dauernder Schlaflosigkeit, und ich ärgere die Leute doch und die Leute mich gar nicht. *In multitudine pacis conversor*[6] – wenns nicht gar zu übermüthig klingt.

Schreiben Sie mal wieder, wenn Sie Lust haben; ich will Ihnen auch antworten.

Ihr dankbar ergebener
Wellhausen

172. An Heinrich und Charlotte Limpricht

Halle 16. Dez 83

L L

Zu Weihnachten muß ich doch auch an Euch denken, ich denke im stillen genug an Euch, zu Weihnachten sollt Ihr es aber auch merken. Ich vermisse Euch; schade, daß mein Denken an Euch auf diesen allereinfachsten Inhalt hinausläuft, der zu einem ordentlichen Briefe nicht Stoff genug hergibt. Zu schreiben weiß man nie was, zu sagen weiß man leicht was, wenn sich die Gesichter sehen und die Herzen.

Hier fehlt der Übergang.

Nun komme ich, wie weiland Ewald, sogleich zum Folgenden. Ich möchte Euch bitten, mir zwei Marcipanbröde zu je 3 Mark bei Sparagnapane zu besorgen und selbige mit in die Weihnachtskiste zu legen, die Ihr uns hoffentlich zu rechter Zeit spenden werdet. Von dem Reste der beigelegten Briefmarken muß sich M. bezahlt machen, für eine Auslage die sie für mich gemacht hat.

So wäre der Fuchs glücklich aus dem Loche. Seiner Frau geht es wieder ganz gut, nachdem ihr 14 Tage nicht recht zu trauen war, so daß sie Boretius' Fest[1] und andere bereits angenommene Gesellschaften nicht hat mitmachen können. Sie übt eifrig Chopin, mit dem sie sich morgen bei Haym exhibiren will; sie näht und musterzeichnet ebenso eifrig, und wenn sie das Kochen einmal Gusten überläßt, so geschieht es mit schwerem Herzen und fortdauernder Kritik. Des Morgens wirft sie ihrem Manne, wenn er in mythologischem Gewande aus den Wellen, will sagen Federn, auftaucht, von hinten ein nasses Laken über die Schultern[x]. Gestern Nachmittag ist sie bei Frau Pastorin Giesebrecht[2] gewesen, hat ihr vorgespielt und hat auch Friedrich gesehen. Sie findet ihn viel besser, besonders die Entwicklung seines Bartes hat ihr imponirt. Er will nicht wieder zurück nach Blankenburg[3]. Wollen hoffen, daß er so fortfährt; ich traue dem Frieden aber nicht.

Hier hat Althoff einige Tage gespukt, Zitelmann an Stinzings stelle nach Bonn berufen, sich von Conrad einen Korb (für Göttingen) geholt, und mich grüßen lassen. Er ist ein sonderbarer Geheimrath; von Wissenschaft hat er offenbar auch nicht die blasseste Ahnung; er läßt sich von einzelnen Personen imponiren, dabei kommt er zuweilen an den rechten, aber ich glaube viel häufiger an den falschen. Daß er es aufrichtig und gut meint, glaube ich wohl; man könnte freilich zuweilen auf den Gedanken kommen, daß er als gewiegter Practicus die Professoren wie Kinder behandelt und am Narrenseil führt.

Grüßt Bierlings und Ulmanns und Cremers und bewahrt mir Euer Wohlwollen

Euer allgemeiner
J.

Eben kommt Ms Brief; gute Besserung für Ella! Fuß ist eine häßl Geschichte, ich habe es mal gehabt, da kam es durch 2 Jahre beim leisesten Anlaß immer wieder.

[x] mit schlecht verhohlener Schadenfreude

173. An Charlotte Limpricht

[Halle, Dezember 1883?[1]]

L M

Wilamowitz besitzt den Manfred von Schumann[2] und fängt nichts damit an.

Bitte schenkt Ella den Carlyle nicht; ich fange gar nichts mit den *miscellaneous essays*[3] an und möchte sie [ihr] gern schicken.

Es ist doch nichts Ängstliches mit den Schwären? ich habe gehört, unterm Arm wäre es gar nicht gut.

Wir sind gestern (Sonntag) bei Hayms gewesen[4] und haben uns über den alten Pott und seine Toaste fast tot gelacht.

Ist denn die Klatschgeschichte mit Frau Eulenburg wahr?

Marie geht es gut, sie arbeitet nur zu viel und macht zu viel Besorgungen. Aber wenn man ihr in den Zügel fällt, macht mans schlimmer. Sie schreibt gewiß bald, so daß es besser ist wenn ich ihr nichts weiter vorwegnehme.

Also sei vielmals gegrüßt und Páchen auch

Dein Julius

174. An William Robertson Smith

L. S. Ich habe über Ihre Emendation von Isa 10, 27, wenn sie auch noch nicht abgeschlossen ist, eine grosse Freude gehabt; es ist mir lange nichts so Vernünftiges vorgekommen. יחבל ist wohl auch noch nicht ganz in Ordnung; kommt Zeit, kommt Rath, nachdem Sie uns den Weg gezeigt haben[1].

Mein Pentateuch[2] langweilt mich fürchterlich, vor Neujahr wird er schwerlich fertig sein. Haben Sie gelesen, wie man im Athenaeum mich gehauen und Sie gemeint hat[3]? Ist es ein Jude, oder ist es St. L. P.[4]? So ein infamichter Jesuwiter! Ich habe indessen recht gelacht über den durchsichtigen Bösewicht.

Wenn ich das Manusc. nach Edinburg schicke, schreibe ich Ihnen ausführlich; ich hoffe Ihnen dies und jenes mittheilen zu können. Vergnügte Ferien und ein frohes Fest

Halle 19. 12. 83   Ihr W.

175. An Heinrich Limpricht

[Halle, 22.12.1883]

L. P. Die Kisten, von Meisterhand gepackt versiegelt und adressirt, sind glücklich da; ich schreibe das nur kurz jetzt, das dicke Ende kommt nach. Marie kommt vor lauter Eifer nicht zum Schreiben an Euch, weshalb ich das Bedürfnis fühle so schlecht ichs kann in die Bresche zu treten. Sie ist sehr vergnügt und zufrieden, freut sich auch auf Weihnachten, wenn sie sich vielleicht auch manchmal nicht so äußert. G.[1] ist hier – verzweifelt. Cremer hat die Kommode und einen sehr netten Brief dazu geschickt. Ich hoffe, daß Ellas Geduld mit dem Fuß nicht zu lange auf die Probe gestellt wird, und daß M.[2] sich leidlich befindet. Unser Faber[3], dem der Himmel voll Jungfrauen hängt, ist noch nicht da, wir freuen uns sehr auf ihn. Wachsmuth u Hefter haben gestern Abschied genommen, ersterer traf uns nicht zu Hause.

176. An Heinrich und Charlotte Limpricht

[Halle, 23.12.1883}

Es ist eine Dummheit von mir, daß ich nie ausspreche was ich meine, ohne es gleich übertrieben zu halten und durch einen Schnödeler zu paralysiren – so wie ich es in meinem letzten Briefe gethan habe, wo mir eigentlich recht heimwehmüthig zu Sinne war[1]. Ich hoffe Ihr verzeiht meine Schwäche und das fatale Gemisch meiner Empfindungen. Seid Alle vielmals gegrüßt und denkt an uns unterm Tannenbaum, so wie wir an Euch denken und ich an meine Mutter. Wenn der doch das Licht, das ewige Licht, ein bißchen ins Herz schiene, und dem armen Giesebrecht auch, und mir meinswegens auch

                               Euer J.

177. An William Robertson Smith

30. 12. 83

Lieber Smith

Ich schicke Ihnen hier einen Theil (mindestens die Hälfte) des Pentateuchs[1]; die andere Hälfte folgt binnen acht Tagen. Die Langeweile, die mich bei der Abfassung geplagt hat, werden Sie, fürchte ich, dem Aufsatze anmerken. Ob Sie mit der historischen Art zufrieden sind, weiss ich nicht; es lässt sich eine sachliche Anordnung ziemlich bequem damit verbinden, so dass man erst die Analyse, dann die Construction folgen lassen kann. Sie werden merken, dass ich mich häufig selber abgeschrieben habe; ich fürchtete meine Ausdrücke zu verschlechtern, wenn ich sie variirte. Das Verdienst eines solchen Aufsatzes kann ja auch nur in einer gewissen Plastik der Übersicht liegen; nach dieser habe ich gestrebt, ich denke mit schlechtem Erfolg. Mir ist die Kritik des Pentateuchs um so mehr zuwider, je mehr man sich jetzt sonst allgemein darauf verbeisst. Es ist wirklich Zeit, den Leuten mal ein anderes Thema aufzugeben. Auch das Raffinement der Buddeschen Analyse von Gen 1 sqq[2] hat meine Sympathien nicht. Man sollte sich grade deswegen, weil die Sache wahrscheinlich höchst complicirt ist, bescheiden. Kuenen scheint jedoch entzückt von dem Buche[3].

Ich muss demnächst dem Dr Tuke einen langen Brief schreiben; er bedankt sich noch dafür, dass ich ihm meinen schäbigen Mohammed[4] geschickt habe; ich schäme mich wirklich zu Tode. Snouck und Nöldeke scheinen übrigens mit dem Moh. nicht unzufrieden zu sein; sie haben mir ein paar lange und sehr unterrichtende Briefe darüber geschrieben. Nöldeke machte mich auf das Athenaeum[5] aufmerksam; er rieth auf Stuart L. Poole, während ich sofort ebenso wie Sie an Neubauer dachte – wegen der ganz wunderbaren Anschuldigung, dass die Juden einmal wieder schlecht weg kämen in meiner Darstellung. Sie sind sehr feinfühlig, diese Leute!

Die Holländer wollen sich meines Artikels Israel bemächtigen und denselben aus dem Englischen ins Holländische übertragen; ich soll ihnen noch dazu die Übersetzung durchsehen. So geizig bin ich aber der Ehre nicht, ins Holländische übertragen zu werden. Hoffentlich gelingt es mir, das ganze Unternehmen zu hintertreiben; die Holländer werden es ja bald genug Deutsch lesen können[6].

Ich wünsche Ihnen ein gesegnetes Neues Jahr; grüssen Sie, bitte, Ihre Edinburgher Freunde von Ihrem

dankbaren
Wellhausen

178. An Heinrich Limpricht

8 Jan 84

Lüttje Funke lêvet noch[1] und grüßt vielmals. Heute zuerst außer Bett
XXX

Nächstens kommt eine beschämte Dankantwort für Deinen Neujahrsbrief

179. An Heinrich Limpricht

10.1.84

L. P.
Und ich danke Dir auch vielmals, und recht gerührt, für die Cigarren und den obligaten Apparat mit Greifswalder Erinnerungen, und ich schäme mich recht, daß ich Dir den Vortritt gelassen habe, und ich gratulire auch nachträglich der ganzen Familie zum Neuen Jahre und wünsche jedem darin alles Gute. Was mich betrifft, so sind die Masern vorbei; aber mein Magen ist noch nicht in Ordnung und außerdem habe ich Zahnweh und eine dicke Backe. Nach und nach wird sich s wohl Alles geben, vorläufig ist mir aber noch nicht grade so zu muth, daß ich Thränen darüber weinen könnte, weil es mir nicht vergönnt ist Euren Ball nächste Woche mitzumachen. Es fällt mir ein, für die zwei Schachteln mit Federn habe ich den freundlichen Geberinnen noch nicht gedankt; ich erwarte sie zwar regelmäßig, aber die größten Überraschungen könnten mir nicht mehr Freude machen. Ich verputze alljährlich grade zwei solche Schachteln.

Ich sehe jetzt keinen und weiß von Gott und von der Welt nichts. Ihr kriegt ja wohl an Barons Stelle den Herrn Prof Pescatore[1] aus Gießen, einen Schüler des Marburger Ubbelohde, horribile dictu. Man war hier in gewissen Kreisen ängstlich, daß er der Nachfolger Zitelmanns würde. Er ist nemlich einmal mit der Schwester von Frau Krohn verlobt gewesen, hat dann aber an dem etwas pietistischen Ton des Hauses keinen Gefallen gehabt und versucht durch allerlei Brutalitäten die Braut und den Schwiegervater zu veranlassen, die Verlobung aufzuheben. Er selbst hat „es nicht sagen mögen" (wie wir beim alten Kühner, wenn wir eine schwere Vokabel nicht wußten); ein selten rücksichtsvoller Mensch! Auf seinem indirecten Wege ist er denn auch zum Ziel gelangt und hat sich ins Fäustchen gelacht, als ihm seine Bekannten in Marburg die Kölnische Zeitung gebracht haben mit der Erklärung des Schwiegervaters, er hebe die Verlobung auf. Krohns hier wissen nur die Brutalitäten, wissen aber nicht, daß das Ganze eine Art Plan gewesen ist. Er ist jetzt wieder verheirathet, soll sehr hübsch und sehr aimable sein. Daß er aber ein viel elenderer Kerl ist als Baron, weiß ich aus sicherster Quelle.

Althoff kommt im März längere Zeit hieher, dann will ich versuchen mit ihm anzubinden; er wird mir zwar nicht viel mehr als Versprechungen und Gunstversicherungen geben können. Ich rechne ziemlich sicher darauf, daß ich 1885 noch in Halle bin; ich bin auch kaum sehr unglücklich in der Aussicht.

Kießling strebt von Greifswald fort, er scheint den neuen Collegen nicht zu mögen und sich überhaupt etwas unheimlich zu fühlen. Von Hans Delbrück ist er sehr entzückt, der könnte es besser als sie alle. Daß Kießling selber es absolut nicht kann und Zimmer auch nicht und Graf Behr auch nicht, davon habe ich allerdings sattsam langweilige Proben mit meinen Ohren im cons. Verein vernommen. Im Februar kommt Frau von Wilamowitz auf einige Tage zum Besuch bei uns, die Krönung einer langen und lebhaften Correspondenz der beiden Königinnen. – Nun wollen wir das Buch zumachen, der Augen wegen, die noch etwas zart sind.

Viele Grüße an Euch Alle

Dein Julius

180. AN GEORG REIMER

Halle 4. 2. 84

Verehrter Herr Reimer

Ich möchte gern eine nicht regelmäßig erscheinende Zeitschrift herausgeben, die von mir allein zu schreiben wäre und den Titel führt: Vorarbeiten und Skizzen zur Geschichte der Hebräer und der Araber. Das erste Heft soll enthalten 1. eine Skizze der israel. und jüdischen Geschichte, etwa 100 S. 2. Die Geschichte der Hudhaliten arabisch, ebenfalls etwa 100 S. Das zweite Heft: Übersetzung der Gedichte der Hudhaliten nebst Glossar, etwa 300 S. Das dritte: Beiträge zur Einleitung ins Alte Testament, etwa 400 S. Das vierte: Die Entstehung des Islam. Auf Honorar mache ich nur in der Weise Anspruch, daß wenn Sie nach einer Anzahl von Jahren Gewinn erzielen, ich meinen Theil davon bekomme. Ich möchte indessen ausbedingen, 1. daß Sie auch vom ersten Heft nicht über 300 Exemplare drucken 2. daß Sie den Preis nicht zu niedrig, z. B. beim 1 Heft nicht unter 6 Mark stellen. Mein Interesse dabei ist ad 1, daß ich nicht Maculatur zu werden wünsche, ad 2, daß Sie zu Ihrem Gelde und vielleicht auch ich zu einigem Verdienste komme.

Im 1 Hefte muß von 2 Seiten aus gedruckt werden; der Satz des Arabischen (von hinten) kann sogleich beginnen. Der Berliner arab. Satz im Vakidi[1] war sehr gut; er wird aber vielleicht sehr theuer gewesen sein, wenn er nicht etwa aus Ihrer eigenen Druckerei hervorgegangen ist. Gut und billig druckt man in Göttingen (Kestner²) arabisch; Sie müßten aber das Papier liefern, damit nicht zweierlei Papier kommt; auch ist das Göttinger Papier von ausgesuchter Miserabilität.

Vielen Dank für Ihre Zusendung der Anzeige meiner Prolegomena von Nowack³. Wir haben gegenwärtig Frau von Wilamowitz aus Göttingen zum Besuch bei uns und erfahren von ihr zu unserer Betrübnis, daß es Mommsen gar nicht gut geht. Mir geht es auch schlecht, aber das ist gleichgültig und ich bin daran gewöhnt. Es wäre ein unersetzlicher Schade, wenn M. nicht mehr dazu käme, seine Kaiser⁴ zu machen. Wäre doch Ranke statt seiner elend und ersparte der Welt seine Weltgeschichte⁵!

Ihrem Wohlwollen empfiehlt sich

ehrerbietig
Ihr ergebener
Wellhausen

PS
Frau von Wilamowitz bittet mich um herzliche Grüße an Sie und die Ihrigen.⁶

181. An Georg Reimer

Halle 8. 2. 84.

Verehrter Herr Reimer

Ich danke Ihnen vielmals für Ihren schnellen und freundlichen Bescheid und freue mich auf die Aussicht Sie hier zu sehen. Mit der Ausgabe des 1. Heftes in 500 Exemplaren bin ich einverstanden, glaube auch, daß sie ziemlich rasch abgesetzt sein werden; dadurch dürfen wir uns aber darüber nicht täuschen lassen, daß die folgenden Hefte zum theil wenigstens nur spärlichen Absatz finden werden. Als Probe des Formates und zugleich des Druckes arabischer Poesie lege ich einen Halbbogen bei, den ich mir gelegentlich zurück erbitte. Der arab. Vers hat eine regelmäßige Cäsur in der Mitte, so daß durch den Druck zwei gleichmäßige Columnen auf jeder Seite entstehen, wie Figura zeigt. In meinem Manuscript habe ich, um die Cäsur deutlich hervortreten zu lassen, die zweite Vershälfte immer eine Zeile tiefer gerückt als die erste. Übrigens habe ich die Verse (zum Unterschied von der prosa. Einleitung) numerirt. Im Druck müssen die *richtigen* arabischen Ziffern (١ ٢ ٣ ٤ u. s. w) angewandt werden, auch für die Paginirung, und für die Zählung der Lieder, die mit No 139 beginnt, weil No 1 bis 138 schon 1854 von Kosegarten herausgegeben sind¹. Es ist für die ziemlich schwierige Correctur räthlicher, Halbbogen von 8 Seiten zu drucken; es pflegt regelmäßig so zu geschehen. Es freut mich, daß Sie in Ihrer eigenen Officin drucken lassen wollen. Wenn Sie aber neue Typen gießen lassen, so möchte ich wenigstens um einige Ligaturen bitten, zumal der Vers manchmal zu Compressionen nöthigt, um ihn auf eine Zeile zu kriegen. Besonders wünschenswerth sind

פי = ڣ und

מג = ݣ und ݢ

מח = ݢ und ݣ

מח = ݣ und ݢ

נג = ݢ oder ݣ

נח = ݣ und ݢ

נח = ݢ und ݣ

Es wird gewiß in Berlin solche Ligaturen schon geben; es ist ja wohl auch eine für orient. Druck berühmte Schriftgießerei dort.

182. An William Robertson Smith

[Halle, 11.2.1884]

L. S. Das מֵעַל צַוָּארֶךָ יֶחְדָּל׃ steht bombenfest, ebenso das folgende עלה, und שדד מצפון, wenn es auch nicht so sicher ist, ist doch nicht bloss sehr fein, sondern leuchtet *mir* auch vollkommen ein. Isa 10,27 und 14,31 zeigen nach Ihrer Verbesserung nun auch, woher Jeremia seinen צפוני hat[1]. Ich kann mir Ihre Freude denken, nach der Resonanz bei mir. Sie haben wirklich mehr dadurch geleistet, als Delitzsch durch 3 Auflagen seines Commentars zu Jesaia.

Jakubi[2] habe ich durchflogen, dabei findet man aber nicht fiel [sic], sondern ärgert sich nur über die ewigen Wiederholungen des Bekannten. Ich bin dabei, den Rest der Hudhailitenlieder zu drucken[3]; ich werde auch eine Übersetzung mit Glossar folgen lassen und vielleicht Wright bitten, sie durchzusehen. Es geht mir wieder gut, die Masern sind sehr rasch vorübergegangen. Herzliche Grüsse!

Ihr W.

183. An Heinrich Leberecht Fleischer

Halle, den 13 Febr 1884[1]

Verehrter Herr Geheimrath

Ihrem Auftrage gemäß habe ich dem Kassirer Zahlungsanweisung gegeben und den Herrn Dr. Teufel[2] von der ihm von so competenter Seite und in so praktischer Form gezollten Anerkennung in Kenntnis gesetzt. Mit den besten Wünschen für Ihr Wohlergehen empfiehlt sich Ihrem Wohlwollen

ehrerbietig

Ihr ergebener

Wellhausen[3]

184. An Georg Reimer

Halle, den 15 Feb 1884[1]

Verehrter Herr Reimer
Vielen Dank für Ihren gütigen Brief. Ich bin mit dem Drucke sehr zufrieden. Der Setzer scheint noch nicht viel Praxis zu haben, er hat das untere Hamza (‿) regelmäßig auf den Kopf gestellt. Aber der Satz ist doch sehr correct, und ich bin sehr dankbar dafür. In einem Punkte ist des Guten vielleicht zu viel geschehen. Es ist nicht nöthig, daß die Zeilen immer gleich breit sind und daß, wo das Versmaß kürzer ist, so viel horizontale Striche (Spatia nennt man es ja wohl?) eingesetzt werden, bis die gewöhnliche Breite der Columne erreicht wird, so wie es bei No. 141 geschehen ist. Doch schadet es auch nichts, wenn es nicht überflüssig viel Arbeit kostet.

Das Papier der beiden Bogen ist verschieden. Das rauhere, auf dem ich corrigirt habe, ist vorzuziehen, weil die arabischen Lettern sich viel besser darauf ausprägen.

Ich halte es für rathsam, drei Correcturen zu lesen. Die erste und dritte möchte ich nur in *einem* Exemplar, die zweite aber in *zweien* haben, wovon ich eins an einen Leidener Freund[2], zu nochmaliger Collation mit dem Codex, schicken will.

Es hat keine Eile mit dem Druck; auch können wir bald von zwei Seiten zugleich anfangen; ich hoffe Ihnen etwa Ende Februar den Haupttheil der kurzen Bemerkungen über die israelitische Geschichte zusenden zu können.

Mit den besten Wünschen für Ihr Wohlergehen
Hochachtungsvoll
Ihr ergebener
Wellhausen

185. An Charlotte Limpricht

[Halle, Februar/März 1884]

LM
Wenn Du zuweilen hieher denkst, so denke ich auch nicht selten nach Greifsw; öfter als ich es schreibe. Es gehört doch noch viel mehr zu mir als Halle. Daß ich hier nicht warm werde, liegt freilich in den Umständen; je vorübergehender, desto besser, war von vorn herein die nothwendige Lösung. Freilich habe ich mich sehr erschrocken zu hören, daß Schmidt mir die Freundschaft erzeigt hatte, aller Welt zu erzählen, ich würde zweifelsohne 1885 nach Marburg kommen. Hol ihn dieser und jener! nett ist er aber doch.

Heffter war von vornherein geneigt nach Rostock zu gehen[1]; hier ist ihm die Arbeit unleidlich, er muß den ganzen Tag an der Wage sitzen – ganz fabrikmäßig wird die Arbeit getheilt. Er hatte nur das Bedenken, sich dort vernünftiger Weise nicht habilitiren zu können. Vor einigen Tagen hat er sich jedoch festgemacht, nachdem ihm Nasse noch einen höheren Gehalt als den anfangs gebotenen erwirkt hat; Ende März geht er fort von hier. Er ist nicht sehr entzückt von Märcker; was er an ihm vermißt, liegt freilich in den Verhältnissen. Schauderhaft sei das Verhältnis der Assistenten unter einander, sie verklagen sich gegenseitig wegen Pflichtversäumnis und dgl bei Märcker, der nur wenig Zeit hat im Laboratorium zu erscheinen. Marie knüpft große Hoffnungen daran, daß H. neulich mal von eventueller Habilitirung in Greifswald redete. Sie ist entzückt von ihm und temporär böse auf den guten Giesebrecht, weil er zur Abwechslung auch ihr mal was übel genommen hat. Das hätte er nicht thun dürfen! Übrigens ist er schon wieder gut und hat uns bald nachher freiwillig aufgesucht. Er will sich zu Ostern mit seiner Tante Riekchen in Greifswald etabliren. Wenigstens redete er davon, und allein kann er auch wohl nicht sein.

Marie hat Klavierstunde heute Morgen – es ist nemlich Morgen und ich verplaudere den Morgen nur weil ich zu was anderem unfähig bin – und ist in Aufregung, die sich dadurch Luft schafft, daß sie alle Augenblick die halbe Treppe hinaufläuft. Für ihre Verhältnisse ist das *auch* ein Nutzen der Klavierstunde, der sich gratis verdoppelt, wenn Reubke, wie es oft geschieht, im letzten Augenblick noch absagen läßt und die Stunde auf den übernächsten Tag ansetzt. Sie ist immer so mit Geschäften besetzt, daß sie zu den wichtigsten Dingen kaum Zeit hat. Morgens wird auf der Maschine genäht, vielleicht auch noch etwas gekocht, nachmittags von 2–4 geübt, dann Wege gemacht und schließlich gestrickt. Sie ist dabei aber sehr munter und guter Dinge. Es hat sich allmählich gemacht, daß sie allerlei ihr zusagenden Verkehr hat, der mich ungestört läßt. Ich glaube nicht an die Theorie, daß man immer z[u]s[ammen] ausgehen muß, finde im Gegentheil, daß man sich allein manchmal besser vergnügt, und merke bis jetzt auch an mir noch nichts von der Verrohung, die entstehen soll, wenn man nicht Gelegenheit hat sich Abends mit unbekannten Kleidern zu unterhalten. Gestern war Professorium[2], ich hatte abonnirt, Marie erklärte aber plötzlich, sie habe keine Lust hinzugehen, und da ich meinethalber auch nicht hingehe, so blieben wir zu Hause und hatten die Freude, Heffter bei uns zu sehen.

Grete Kolberg ist sehr krank, Marie hat ihr unser Wasserkissen geschickt. Ich finde sie hätte das bleiben lassen können, aber sie begreift nicht warum. Die Brust soll es nicht sein, sondern Rheumatismus oder wer weiß was.

All all all, und ich weiß noch so viel. Aber einen zweiten Bogen bin ich nicht werth, sondern schließe mit vielen Grüßen an Euch Alle

Euer J

186. An Friedrich Althoff

Halle 5. April 1884

Hochgeehrter Herr Geheimrath

Eine Frage oder Bitte, die ich ursprünglich hoffte mündlich mit Ihnen besprechen zu können, erlaube ich mir jetzt schriftlich Ihnen vorzutragen. Meine Aussichten an preußischen Universitäten sind insofern schlecht, als die betr. Stellen fast überall mit jüngeren Männern sehr ausreichend besetzt sind. Gildemeister in Bonn ist allerdings nicht mehr jung, aber erstens hoffe ich grade von ihm, daß er noch möglichst lange uns erhalten bleibt; zweitens würde ein anderer als ich an seine Stelle kommen. In Göttingen ist Bertheau sehr civilversorgungsberechtigt, aber er ist längst theils durch Lagarde, theils durch die Theologen Schulz [sic] und Duhm ersetzt. Es ist höchst überflüssig, daß dort gegenwärtig zwei oder einschl. Wüstenfelds sogar drei Semitisten in der phil. Facultät sind; das einzig Richtige ist, sie bis auf einen aussterben zu lassen und ihre Stellen nicht wieder zu besetzen. Die einzige Aussicht, die für mich innerhalb Preußens vorhanden sein könnte, wäre Marburg, falls dort eine Professur für semitische Sprachen begründet würde. Es scheint mir nicht unvernünftig, diesen Fall ins Auge zu fassen. Erstens aus dem Grunde, daß Marburg die einzige Universität in Preußen ist, wo eine solche Professur nicht besteht; über kurz oder lang muß sie jedenfalls errichtet werden. Zweitens deshalb, weil es mir in der Ordnung scheint, daß ich in einiger Zeit wieder Ordinarius werde. Vielleicht könnte zugleich auch dem Dr. Keßler in Marburg dadurch geholfen werden.

In der Rechnung auf Ihr Wohlwollen habe ich gewagt Ihnen ganz unbescheiden zu sagen was ich denke. Ich weiß nicht, ob ich auch des Ministers Excellenz mit meinen Wünschen behelligen soll. Vielleicht lasse ich es besser. Ich würde nicht mehr erreichen als Sie, und ich habe die Zuversicht, daß Sie thun was gethan werden kann.

Ehrerbietig
Ihr ergebener
Wellhausen

187. An Ignaz Goldziher

Hochgeehrter Herr Professor

Sie thun mir viel Ehre an; ich bedaure sehr, keinen Separatabzug[1] mehr zu besitzen. Daß Sie aus dem Aufsatz etwas lernen können, glaube ich übrigens nicht; mein lieber Freund Dr. Snouck hat Ihnen etwas weiß gemacht. Nachdem ich alle meine Abzüge verschenkt hatte, mußte ich selber mir den betreffenden part (No. 63) der Encyclopaedia Britannica kaufen; er kostete 7 s. 6 d. Es steht darin

ein gelehrter Art. von Schiller Scinessy über die Mischna, zwei von Nöldeke über die Moallakat und über den Koran, einer von Guyard über Chalifengeschichte[2]. Mit lebhaftem Dank und aufrichtiger Hochachtung

Ihr ergebener

Halle 24. 4. 84.   Wellhausen

188. A<small>N</small> C<small>HARLOTTE</small> L<small>IMPRICHT</small>

Halle 1 Mai 84

L. M.

Ich bin gerührt über Anning oder Lening[1] und danke der betreffenden vielmals für die Arbeit, die für ein Kind gar nicht klein ist. Wie dankbar ich für Deinen Brief bin, suche ich dadurch zu zeigen, daß ich gleich reagire. Marie hat zweierlei Maß oder zweierlei Zählung für die Briefe, die sie kriegt, und für die, die sie schreibt; jene sind ihr immer zu wenig und diese sind ihr immer zu viel. Ich denke, daß sie Euch von Cassel aus schreiben wird. Sie schwimmt dort in lauter Pläsir und Freuden, ißt Forellen und geht ins Theater. Frau von Wilamowitz hat sie so dringend gebeten, daß sie sich entschlossen hat, ihren Besuch bei Thea etwas abzukürzen und nächsten Dienstag nach Göttingen zu gehen; am Donnerstag will sie dann wieder hier sein. Ich vermuthe, sie wird dann von der Freude etwas erschöpft sein und ganz gern wieder grobes Brot essen. Mich pflegt inzwischen Guste so, daß es kein Papst besser haben kann. Sie ist auch gar nicht verstimmt bei der Einsamkeit, was ich einigermaßen besorgte. Ihr wißt doch, daß das unkluge Frauenzimmer am Sonntag vor acht Tagen eine Nacht in Greifswald gewesen ist? von Sonnabend Nachts um 11 Uhr bis Sonntags Morgen 6 Uhr? Sie war zur Hochzeit ihres Bruders in einem Dorfe bei Nechlin[2], und so hat sie doch die schöne Gelegenheit nicht vorbei gehen lassen wollen. Mich wundert, daß sie Euch nicht des Nachts um halber zweie aus den Betten geläutet hat; der Drang, Euch zu sehen, ist gewiß groß genug bei ihr gewesen.

 Es thut mir recht leid, daß Du nichts über Dein Befinden meldest. Von Kaibel durch Wilamowitz habe ich gehört, daß es Dir gar nicht besonders gut ginge. Du wirst wohl auch von den Hochzeiten allerlei Unruhe und Aufregung gehabt haben, wenn Du den Hauptact auch nicht mitzumachen nöthig gehabt hast. Gottlob, daß es vorbei ist.

 Ihr werdet ja aber in Greifswald ganz großartig, 800 Mann und 200 Theologen! Du meine Güte! Welche Verdienste habe ich mir durch meinen Abgang erworben; denn ich war doch so lange ich dort war das Medusenhaupt, das die frommen Seelen abschreckte. Ich kann freilich nicht leugnen, daß ich am jüngsten Tage lieber die Verantwortung für alle unnützen Worte übernehme, die ich vom Katheder geredet habe, als für die nützlichen, die Zoeckler geredet hat und

noch redet. So gern ich an Greifswald, d.h. eigentlich doch nur an Euer Haus, zurückdenke, so habe ich doch noch keinen Augenblick es bereut, die Theologie quittirt zu haben. Neulich schrieb mir der ehrwürdige Althoff, er wolle jetzt die Stelle in Marburg beantragen und hoffe durchzudringen. Wenn es gelingt, so würde ich wahrscheinlich Michaelis 1885 dorthin übersiedeln. Ich wünsche es, und würde dann mein Leben dort beschließen. Wenn ich in Hameln gewesen bin, kriege ich immer eine solche Sehnsucht nach Wald, daß ich denke, auf die Dauer kann ich es ohne Wald gar nicht aushalten. In Marburg ist Wald. Auf Studenten kommt mir wenig an, zwei oder drei finden sich auch dort.

Ihr seht aus dem Datum dieses Briefs, daß ich nicht nach Berlin gereist bin; ich mochte nicht gleich wieder aussetzen und die Sache war mir auch zu theuer und schließlich nicht der Mühe werth – was zwar wahr, aber nicht schön zu sagen ist. Ich habe dafür einen langen Brief an Gertrud geschrieben.

Es ist zwölf, ich muß in die Vorlesung und nolens volens schließen, so gern ich auch noch die Täuschung mit Euch ein Stündchen zu verplaudern hinhielte. Also lebt wohl, Gott behüte Euch

Euer J.

189. An Charlotte Limpricht

8.5.84

Du beschämst mich; ich würde gern einen langen Brief wieder schreiben, habe aber keine Zeit oder mindestens keine Ruhe dazu. Marie kommt heute Abend; ich hoffe, daß sie von Cassel geschrieben hat. Guste hat sich vorzüglich bewährt; indessen war es doch etwas gespenstisch in der Wohnung, das Leben fehlte, mir ging es außerdem schlecht. Eure Frequenz ist ja erstaunlich; wenn sie nur auch den Juristen und Philosophen zu gut käme! Wir haben hier auch die Wassersucht; doch ist die Zunahme in Greifswald viel beträchtlicher. Wo soll es nur hin? Am Ende muß die Bude mal für 50 Jahre geschlossen werden – es wäre nur zweifelhaft, ob man sie dann je wieder aufthäte. Dein Kaher [?][1] und Eidam

J.

190. An Wilhelm Herrmann

Halle, den 15.5.1884

Hochgeehrter Herr College

Die Sache ist noch nicht so eilig. Der Minister kann schwerlich offerirt haben, da die Stelle vom Finanzminister noch nicht bewilligt ist und ebenso wenig – was allerdings Nebensache – die Kammern passirt hat.

Inzwischen, wollen Sie etwas über mich wissen, so werden Nöldeke oder auch Fleischer Auskunft geben können. Daß ich mich im außerhebräischen Semitischen bisher noch nicht exhibirt habe, ist Irrthum; Baudissin scheint nicht orientirt zu sein. Im Übrigen bin ich eben dabei, eine arabische Liedersammlung zu ediren, welche Michaelis erscheint. Die Hauptbesorgnis gegen mich kommt wohl aus einem anderen Motive. Aber der hervorragende Graf kann sicher sein, daß ich ihm nicht ins Gehege komme; ich habe es herzlich satt, die vier landesüblichen Bücher des Alten Testaments zu erklären und ihm in der biblischen Theologie oder der höheren Kritik Concurrenz zu machen. Sie können das aussprechen oder nicht, ganz wie Sie wollen. Ich ginge sehr gern nach Marburg, aber ich werde nicht, um hinzukommen, dem Grafen Baudissin Concessionen machen, sondern lieber etwas, was ich von Herzen gern sonst unterließe, dennoch festhalten, damit es nicht als Concession erschiene. Wie es scheint, strengt sich B. schon in Berlin gegen mich an. Bei Goßler wird es ihm aber kaum helfen; er muß dann erst den Cultusminister stürzen. Indessen der Haupthaken ist der Finanzminister.

Der entscheidende Moment wird wohl erst vor Ostern eintreten; wenigstens wäre mir es erwünscht, wenn die philos. Fakultät mit ihren Vorschlägen bis nach Weihnachten wartete, auch eben deshalb, weil ich im Begriff bin, mit einer neuen Arbeit hervorzutreten. Wenn es Ihnen möglich ist, darauf hinzuwirken, so thun Sie mir einen Gefallen.

Es freut mich sehr, daß Sie in so zuvorkommender Weise Anlaß genommen haben mit mir anzuknüpfen, und ich danke Ihnen vielmals dafür. Wenn ich wirklich zu Michaelis 1885 nach Marburg komme, so ist es aber besonders das Verdienst meines lieben Freundes Johannes Schmidt. Grüßen Sie ihn herzlich von mir, wenn Sie Gelegenheit haben, und empfehlen Sie mich (*s'il Vous plaît*) dem Grafen Baudissin.

Mit ergebenem Gruße
Ihr Wellhausen

PS. Sie werden verstehen, daß ich es für besser halte, auch mit dem Befragen Nöldekes oder Fleischers so lange als möglich zu warten. Ich bin zwar beider Leute gewiß, aber ich möchte ihnen noch mehr Unterlage geben.

191. An Heinrich und Charlotte Limpricht

18.5.84

Lieben Limprichts

Ihr habt mich so verzogen zu meinem Geburtstage, daß ich wohl glauben muß, er sei eine wichtige Epoche. Diesmal kann ich ihn in der That fast dafür ansehen, da ich die Vierzig voll mache. Selbst wenn ich nur ein Schwabe wäre[1], müßte ich ja nun zu einigem Verstande gerathen. Ich merke es auch deutlich, wie er einschießt, *as de zap in de böme*[2].

Ihr wißt aber vielleicht gar nicht, wie schön Ihr mich bedacht habt. Erstens mit einer Sandtorte, die wir jedoch nicht allein kriegen, weil sich Tante Bertha auf heute angemeldet hat, die vielleicht auch Sophia mitbringt. Zweitens mit einem allerliebsten Blumenhalter, den ich mir längst gewünscht habe. Wenn er auch ein bißchen zu üppig gerathen ist, so hat er dafür den Vortheil, daß ich ihn auf meinem Schreibtisch als Papierbeschwerer benutzen kann. In Göttingen hatte ich meinem Alten, ich meine Ewald, die Sitte nachgemacht, immer eine Blume oder im Winter einen Tannenzweig vor mir stehen zu haben; das kann nun dank Eurer Güte und unseres Gartens wieder angehen, und ich denke bei den Blumen an Euch und an Ewald.

Auch sonst ist mein Geburtstag diesmals als eine Haupt und Staatsaction gefeiert worden, als 40jähriges Existenzjubiläum. Marie hat mir Dürersche Stiche in Photographie geschenkt, die ich mir wünschte. Ich hatte sie (im Original) in Schottland gesehen und sie sehr ins Herz geschlossen; die Photographien sind sehr gut und nicht theuer. Ihr kennt sie vielleicht: die Melancholia (= Naturwissenschaft), Ritter mit Tod und Teufel, Evangelist Marcus, der verlorene Sohn, und zwei andere. Sehr gerne hätte ich noch einen Apostel, den man für Luthers Porträt hält, das andächtigste Gesicht, das ich je gesehen habe. Aber ich habe schon Jahre lang, schon in Göttingen, danach gesucht, ohne es bekommen zu können. Frl Hayduck hat, als meine ganz besondere Freundin, mir einen Kuchen geschickt; Marie hat mich mit Maiblumen verzogen, ohne die mein Geburtstag nicht vollständig sein würde. Früher schickte mir Dora Hamelsche; die Greifswalder waren alle cultivirt, die lange nicht so riechen, hier sind sie aber auch wild. Dann hat mir Giesebrecht eine colossale Photographie vom Fürsten Bismarck geschenkt, in einem prächtigen Holzrahmen, und mir auch einen Brief dazu geschrieben. Er schreibt fürchterlich gedrückt; ich hoffe immer, daß er bald stirbt. Ich glaube nicht, daß er besser wird. Er liegt mir immer im Kopfe. Wenn er wenigstens sich so schwach fühlte, daß es ihm nicht als Unnatur vorkäme, in Görlitz zu sein, statt als frisch anfangender Professor in Greifswald, mit 232 Theologen. Es ist ganz jämmerlich.

Die Marburger rühren sich bereits und haben an mich geschrieben; ich habe geantwortet, sie sollten sich nur Zeit lassen. Althoff besuchte mich neulich auf einen Augenblick und sagte mir, das Cultusministerium strenge sich an; die Sache hänge aber vom Finanzministerium ab. Natürlich. Indessen kommst du heute nicht, kommst du doch morgen. Daß Bruns heirathens halber Latinist in Kiel wird[3], wißt Ihr wohl; das ist die umwandelnde Macht der Liebe. Vielleicht sieht man dann auch sein Latein mit Augen der Liebe an; es soll deren bedürftig sein, er ist Grieche. – Kießling ist wohl stolz auf die 232 Theol und die 450 Mediciner? Denn Philosophen gibt es in Göttingen doch drei mal so viel als in

Greifswald. Hat denn Haupt[4] die Verdopplung bewirkt? Die ungünstigen Berichte über ihn, die ich gehört habe, scheinen von seinem Freunde Klostermann zu stammen. Geleistet hat er allerdings nichts von Belang.

Zum Schluß noch herzlichen Dank für den Brief, über den ich mich nicht am wenigstens [sic] gefreut habe. Marie schreibt auch demnächst; sie hat sich die Zähne nachsehen lassen, mit großem Heroismus für ihre Verhältnisse. Viele Grüße an Euch, an Bierlings, Pernices, Ulmanns usw
Euer Julius

192. An Ernst Reimer

Verehrter Herr Reimer
Ich verstehe mich schlecht auf Selbstanzeige, hoffe indessen, daß die beigelegte ungefähr Ihren Zwecken genügt[1]. Vor Michaelis werden Sie kaum das Heft erscheinen lassen wollen, mir liegt nicht daran daß es früher geschieht. Daß Sie den Halbbogen 7 noch nicht haben abziehen lassen, kommt mir sehr gelegen. Denn ich halte es nachträglich für wünschenswerth, dem arab. Original eine Verdeutschung beizufügen, die etwa fünf Bogen[2] umfassen wird. Ich glaube, daß das eher von günstigem Einfluß auf den Absatz sein wird; die Erhöhung des Preises fällt nicht ins Gewicht, ob ein solches Buch 6 Mark oder 7 ½ Mark kostet, ist dem Käufer ganz einerlei. Mit dem Drucke der Übersetzung möchte ich aber erst beginnen, wenn der arabische Druck zu Ende ist oder dem Ende sich nähert.

Ich bitte Sie, mich Ihrem Herrn Vater zu empfehlen und verbleibe
hochachtungsvoll
Ihr ergebener

Halle 19. 5. 84 Wellhausen

193. An Abraham Kuenen

Halle a S. 28. 5. 84
Verehrter Freund! Sie haben mir einmal von einer Dissert. Fruins über Manetho bei Apion gesagt[1]. Ich brauche sie, bin aber nicht im stande sie mir zu verschaffen. Sie würden mich sehr verpflichten, wenn Sie mir Ihr Exemplar leihen oder ein anderes besorgen könnten.

Nehmen Sie die Karte nicht übel; hoffentlich hole ich den versäumten Brief bald nach. Ihr Urtheil über Budde[2] theile ich; es ist nicht ganz so günstig wie Ihres. Auf die Oortschen Gedanken über Aharon[3] bin auch ich früher gekom-

men (ohne so weite Consequenzen zu ziehen), namentl. wegen Exod 32 – indessen scheint mir doch zu viel auf den Sand gebaut. Mit herzlichem Gruss
Ihr dankbar ergebener
W.

194. An William Robertson Smith

31.5.84

L. S. Windisch wird, wenn Sie einverstanden sind, Ihren Brief, so weit er Reyer betrifft, in der Ztschr abdrucken[1]. Ob Japhet = Philister (Japhlet), oder Phönicier oder Keniter, scheint mir schwer zu beantworten und zieml. gleichgültig; genug, dass Sem Kanaan und Japhet in Palaestina wohnen. Mit Japhet = فَتًى bin ich nicht recht einverstanden, ich vergleiche mit فَتى eher פְּתוּאֵל, glaube auch, dass פְּתִי = فَتًى = iuvenis.

Ich drucke an den Hudhailiten[2] und gebe eine Übersetzung bei, an Stelle der Scholien, die für die letzte Partie sehr mager sind und endlich ganz aufhören. Zum Herbst wird es ausgegeben. Ich freue mich, dass Kuenen endlich يَرْمِى عَنْ قَوْسِهِ[3], ich höre nichts von ihm. – Mein Befinden ist ziemlich unverändert, manchmal gar nicht gut: sonst würde ich Ihnen auch schon geschrieben haben. Vielen Dank
Ihr W.

195. An Friedrich Zarncke[1]

[Halle, 18.6.1884]

Mit eigenen Arbeiten überhäuft bin ich leider nicht im Stande gegenwärtig ein solches Buch anzuzeigen
Wellhausen

196. An William Robertson Smith

[Halle, 16.7.1884]

L. S! Vielen Dank für Ihre Notes[1]; ich finde, dass Sie Isa 10, 27 sq sehr glücklich ins Reine gebracht haben[2]. Ihre ägypt. Bemerkungen werden in der DMZ jetzt gedruckt[3]; ich habe aber noch keine Correctur. Das Heft wird ein Doppelheft (2.3) und soll schon Anfg August erscheinen. Meine Hudhailiten sind fertig, werden aber erst im Herbst ausgegeben[4]. Ich lese eifrig die Omajjidenzeit, ich möchte einen Aufsatz über die ältesten Parteien des Islam schreiben[5]. Brünnow hat über die Charigiten geschrieben[6], fleissig, aber unbefriedigend. Nöldeke soll ihm seine Ansicht vorgeschrieben haben. Haben Sie l'Egypte et l Europe von v. Bemmelen (Leiden Brill)[7] gelesen? Die Engländer müssen notwendig Ägypten regieren und es den Franzosen = Juden entreissen. Ich wollte, Gordon wäre Ihr Premier.

Ihr W.

197. An Heinrich Limpricht

[Halle, Juli 1884?]

[...] Dir seinen Brief.[1]

Es wird wohl noch eine Weile dauern, bis Ihr Ella wieder seht. Sie denkt noch nicht an Abreisen, und dann geht sie ja auch noch nach Charlottenburg. Sie scheint mir äußerst vergnügt zu sein und sich sehr wohl in ihrer Haut zu fühlen. Wir rudern oft auf der Saale, d. h. ich sitze behaglich am Steuer und lasse die Damen sich mit Rudern anstrengen, sie haben eine außerordentliche Passion dafür und können es beide sehr gut, namentlich Ella.

Die Marburger Affäre liegt jetzt beim Finanzminister[2]; ich hoffe, er fühlt ein menschliches Rühren und hat einen hohen Begriff von der Wichtigkeit semitischer Professuren à la Ahlwardt für das Gedeihen kleiner Universitäten. Es ist manchmal recht gut, daß die hohen Herrschaften nichts von den Sachen verstehen: sonst komme ich sicher nicht nach Marburg.

Giesebrechts Befinden ändert sich nicht. Er will auch gar nicht weg von dort und sehnt sich nicht nach seiner akad. Thätigkeit, macht sich nicht einmal Gedanken über die unnatürliche Unterbrechung, die einen anderen zur Verzweiflung bringen könnte. Sein Onkel hält das für kein gutes Zeichen, und ich fürchte, er hat Recht. Ihr werdet ihn wohl in Greifswald nicht wieder sehen. Ist denn der junge Meinhold schon am Gange? Welch ein Segen, daß ich nicht dermang bin. Mich gruselts bei dem Gedanken.

Viele Grüße an Machen und die Schwägerinnen. Wo werdet ihr denn hin reisen? Ihr sollt so schrecklich viel Geld haben, also wird es wohl weit. So ein Briefbogen ist grade wie ein Gänsebraten, einer ist zu wenig und zwei zu viel. Leb wohl u wenn Du erst Senior bist, so bring mich an Ahlwardts Stelle

Dein J.

198. An Wilhelm Herrmann

Verehrter Herr College

Da Sie sich einmal grün gemacht haben, so müssen Sie es nicht übel nehmen, daß die Ziegen Sie fressen. Mit anderen Worten: ist von dem Minister irgend etwas transspirirt bei seinem Aufenthalt in Marburg mit Bezug auf die semit. Professur? Und was macht Wolf Baudissin?

Mit bestem Gruß

26 Juli 84
Ihr ergebener
Wellhausen

199. An Abraham Kuenen

[Halle, 23.9.1884]

Amicissime! Vielen Dank, Sie haben recht gegen mich, wie immer. Ich hörte von Rob. Smith, das Erscheinen des 1. Halbbandes Ihres Onderzoek stehe bevor; ich glaube, nach diesem Artikel über Bileam[1], noch nicht recht daran, so sehr ich es hoffe. Sie warten am Ende noch auf Dillmann[2], weniger aus sachlichen, als aus paedagogischen Gründen; ich würde das sehr begreiflich finden. Was denken Sie von Stade's Animismus als Schlüssel der alten israel. Religion[3]? Nun die Wolken in der vergleichd. Mythologie abgethan sind, kommt der Ahnencultus und der Animismus an die Reihe – اعوذ بالله[4]! Als ob es in der documentirten Historie gar nichts mehr zu erforschen gäbe! Es ist eine wahre *pestilentia mentalis*. Ich lese nächstens gar nichts A'T'liches mehr, ausser Ihren Sachen – mit um so mehr Recht, da Sie alles lesen und ich aus Ihnen alles lerne.

Tuissimus
W.

200. An Abraham Kuenen

Amicissime. Ich habe Reimer beauftragt, Ihnen 2 Exemplare meiner Skizze der isr. Geschichte, die neu und deutsch gedruckt ist[1], zugehen zu lassen; das eine davon ist für Ihren Hrn Schwager Matthes in Amsterdam bestimmt. Es wird indess vielleicht noch einige Zeit dauern, ehe die Exemplare bei Ihnen eintreffen. In Eile

Halle 30. 9. 84
Ihr Wellhausen

201. An John Sutherland Black

Lieber Herr Black

Ich muss noch mehr ändern[1] als W R S angenommen hat. Auf p. 93 der 2. deutschen Ausgabe soll der Passus lin 16-29: „Namentlich – Kälber und Lämmer" fortfallen, und dann fortgefahren werden:

In der jehovistischen Gesetzgebung Exod. 23.34 sind die Termine noch nicht ganz fest, so dass man u. s. w.

Auf p. 95 soll die Note [1)] fortfallen und das Alinea soll so anfangen:

Wenn man vom Passah absieht, welches ursprünglich für sich steht und erst nachträglich durch seine Verbindung mit den Massoth in den Turnus der Haggim aufgenommen ist, so kann es nicht zweifelhaft sein, dass u. s. w.

Auf p. 96 soll das Alinea: Altisraelitische Feste u s. w folgendermaassen lauten:

Altisraelitische Feste müssen das Hirtenleben zur Grundlage gehabt haben, es kann also nur das Passah als ein solches gelten.* Darum ist es ganz richtig, dass eben das Passah dem Auszuge aus Ägypten als Veranlassung untergelegt wird, als ein in der Wüste zu feierndes Schlachtefest, welches mit dem Fruchtlande und der Ernte nichts zu thun hat. Merkwürdig aber ist es, dass dieses der Natur der Sache nach älteste Fest hinterher so wenig hervortritt. Dem Bundesbuche kann dasselbe überhaupt nicht bekannt gewesen sein, denn es verordnet (Exod 22,29), das erstgeborene Junge sieben Tage seiner Mutter zu lassen und es am achten dem Jahve zu geben. Wahrscheinlich ist das Passah durch die überwiegende Bedeutung, welche der Ackerbau und die darauf gegründeten Feste erlangten, in vielen Gegenden Israels ausser Brauch gekommen, und hat sich nur da erhalten, wo das Hirtenleben und die Wüste auch später noch von Wichtigkeit war, nemlich vor allem in Juda. Daraus würde sich dann auch erklären, dass es erst in der Zeit, wo nach dem Sturze Samariens Juda allein übrig geblieben war, deutlich hervortritt. Wir hören 2 Reg 23,21 sq, im 18. Jahre des Königs Josia sei das Passah nach der Vorschrift des Gesetzes (Deut 16) begangen und zwar damals zum ersten mal, bisher nie seit den Tagen der Richter. Wenn übrigens hier die Neuheit der Institution so sehr hervorgehoben wird, so bezieht sich das weniger auf die Sache, als auf den Modus der deuteronomischen Vorschrift."

Darnach fällt das Alinea „Der selbe Jesaia" – empfunden wurde" auf p. 98 und 99 fort.

Auf p 99, lin 14 lies: „Ohne Zweifel ist es auch das älteste und wichtigste *unter den Erntefesten* gewesen, wie es immer u. s. w." Ich unterstreiche den Zusatz nur für Sie, nicht für den Druck.

Auf p. 105, lin 21 lies:

„Hier aber scheint das Passah eingewirkt zu haben. Das Passah nemlich ist zwar wohl ein jährliches, aber doch kein von Natur an eine bestimmte Jahreszeit gebundenes Fest; es ist vielmehr von Anfang an an den Mond gebunden gewesen. Darauf deutet sein Charakter als Pannychis (Exod 12,42), sowie auch die Analogie arabischer Feste."

Der entsprechende frühere Satz bis: *zusammengestellt*, und *die Fussnote* [1] fallen dann fort.

Das sind die nothwendigen Änderungen; ich fürchte, sie beziehen sich auf bereits fertig gesetzte Bogen, aber sie müssen trotzdem nothwendigerweise gemacht werden. Denn bisher war die Darstellung in Bezug auf das Passah unklar und voll innerer Widersprüche

Die beiden Druckbogen folgen *by bookpost*. Ich darf nicht schliessen, lieber Herr Black, ohne Ihnen für Ihre mühsame und vielleicht undankbare Arbeit meinen wärmsten Dank zu sagen.

Ihr aufrichtig ergebener
Halle 11. Octob. 1884. Wellhausen

P.S. Auf p. 117 ist es l in 16 wohl deutlicher zu sagen:
„als die Jahres- d. h. Erntefeste".
Item auf p 115 lin 8 besser:
„nach Ch. B. Michaelis' sehr wahrscheinlicher Erklärung"

* Auch die alten Araber feierten die Opferung der Erstgeburt im heiligen Monate Regeb, der ursprünglich in den Frühling fiel; vgl. Ewald, Ztschr. für die Kunde des Morgenlandes 1840 p. 419, Robertson Smith, Prophets p. 383 sq. Ein mit am frühesten und zwar für das schafzüchtende Juda bezeugtes Fest ist die Schur (1 Sam. 25,2 sq Gen 38,12); sie scheint sich aber nicht zu einer regelmässigen und selbständigen Feier entwickelt zu haben. Aparchen von Wolle und Flachs kommen bei Hosea vor (2,7.11), von der Wolle allein im Deuteronomium (18,4).

202. AN FRIEDRICH ZARNCKE

Verehrter Hr Professor!
Ich danke Ihnen für die Benachrichtigung; es liegt mir nichts an der Anzeige[1], Kautzsch hatte mich darum gebeten.

Ihr ergebener
Halle 14. 10. 84 Wellhausen

203. An William Robertson Smith

[Halle, 15.10.1884]

Lieber Smith! Eben von der Generalversammlung der DMG in Dessau[1] zurückgekehrt finde ich Ihre Karte und den Probebogen[2]. Es sind einige Misverständnisse in der Übersetzung, die ich corrigirt habe, aber vielleicht in unmöglichem Englisch. Ich ziehe es vor, einen *running title* auf der rechten Seite zu haben; indessen richten Sie das so ein, wie es in England für das beste gehalten wird.

Ich habe Nöldeke die Aushängebogen der Hudhailiten[3] geschickt, das ganze Buch wird in diesen Tagen ausgegeben; ich schicke es Ihnen nach Cambridge, wohingegen ich den Correcturbogen an Blacks in Edinburgh adressirt habe. Nöldeke schilt so furchtbar, dass ich die Scholien nicht mit gegeben habe, dass ich sie wohl oder übel noch nachträglich abdrucken lassen muss; wahrscheinlich in DMZ[4].

Sehr grosse Freude hat mir in Dessau der Verkehr mit Gildemeister gemacht; es ist vielleicht der innerlich nobelste Gelehrte, den wir überhaupt in Deutschland besitzen. Auch der alte Fleischer hat mir im persönl Verkehr recht gut gefallen. Wenn ich mal was recht hübsches habe, will ich es Gildemeister widmen. Viele Grüsse

204. An Charlotte Limpricht[1]

[Halle, 19.10.1884]

Ich meine es auch so, gratulire vielmals, und wünsche Dir alles Gute für das kommende Jahr!

Dein Julius

205. An Charlotte Limpricht

H. Mont 20 Okt 84

L M

Ich schäme mich, im Hinblick auf die Güte mit der Du Marie verzogen hast, daß ich Dir nicht einmal einen Brief geschrieben habe; ich will es an Deinem Geburtstage nachholen, weiß aber nicht, ob er auch was ein stehen wird. Die Skizze der isr. Geschichte[1] bitte ich Dich nicht zu lesen, wenn sie Dich ärgert. Es ist zur Hälfte Dichtung; das ist indessen auf diesem Gebiete kein Vorwurf, da das Material so beschaffen ist, daß man nothwendig dichten muß, um Zusammenhang und Sinn hineinzubringen. Außer dem 6. und dem 9. Kapitel[2] wird Dich schwerlich etwas interessiren; bei diesen Kapiteln ist nichts gedichtet, sondern alles ganz solide aus vorhandenen Bausteinen aufgeführt. Das 11 Kapitel[3] ist vollkommen mislungen, eine vollgestopfte Wurst, lauter Fleisch, ohne die natürliche Gliederung, da die Knochen fortgelassen sind. Außerdem ist es großentheils unverständlich, ich muß viel ausführlicher reden, um klar zu sein. Für richtig halte ich natürlich, was ich gesagt habe; und wenn ich es klarer und ausführlicher sage, wird es Wilamowitz noch viel weniger gefallen.

An W's Buche[4] habe ich eigentlich weiter nichts auszusetzen, als daß die Form, der Stil, völlig unreif ist. Der Inhalt leuchtet mir ein; er hätte die Sache nur mehr durcharbeiten und viel einfacher und mindestens halb so kurz darstellen müssen. Was ich *ihm* gesagt habe, ist nur, daß er meinen Antheil an dem Opus colossal übertreibt. Die Ideen, von denen er ausgeht, hat er sicher nicht von mir gelernt; sie sind uralt und liegen der historischen Forschung seit bald einem Jahrhundert zu Grunde. Dann habe ich ihm allerdings auch nicht verhehlt, daß mir seine Philosophie nicht imponirt; er ist gar kein philosophischer Geist. „Die Hoffahrt des Individualismus, der für seine Person materielle Ewigkeit verlangt"[5] ist nach meinem Bedünken eine elende Phrase. Ich kenne keine andere Existenz als individuelle, dann also ist jede Existenz Hoffahrt nach W. Dergleichen anspruchsvolle Thorheiten sind leider ziemlich dick über das Buch gestreut und verleiden einem zum Theil die Lectüre. Aber sie sind doch bloße überflüssige Zuthaten und berühren den Kern des Ganzen nicht im mindesten. Ich glaube, daß W. zwar wegen des Tons seiner Rede verspottet werden, aber sachlich Beifall und Anerkennung finden wird. Leider scheint es, als wäre es ihm unmöglich, diese Unreife der Form abzustreifen und zu überwinden.

Giesebrecht hat mir einen beinah vergnügten Brief geschrieben; er will diesen Winter nach Stettin gehen, zu einem dort verheiratheten Vetter. Althoff, der hier neulich sein Wesen trieb, fragte mich nach ihm, ob er Unterstützung brauche, und war ganz verwundert, als ich ihm sagte, er sei recht wohlhabend; er muß sich immer höchst elend angestellt haben. Zachariae habe ich in Dessau, denn da, gesehen, und mich mit ihm zusammen, denn da, über den alten Fleischer, denn da, amüsirt.

Die Marburger Stelle ist dem Finanzminister glücklich abgerungen. Ich weiß aufs bestimmteste, daß der Minister *die Absicht* hat, mich zu Michaelis in ein Ordinariat zu bringen; es ist nur die Frage, wo? Michaelis kann unmöglich etwas gewußt haben. Das einzig Vorliegende ist, daß die Theol. Fakultät zu M. (d.h. 3 Mann) sich an den Minister gewandt hat mit der Bitte, sie doch auch in Bezug auf den zu berufenden Semitisten zu fragen, und daß der Minister sie abgewiesen hat. Indes ist mirs doch zweifelhaft, ob er mich nach M. setzt. Ich *sehne* mich nicht von Halle weg, wie Du schreibst, aber es versteht sich von selbst, daß ich so viel Geld zu haben wünsche, daß ich nicht nöthig habe, es von allen Seiten zusammen zu kratzen. Über diese Dinge, die ich von Althoff weiß, möchte ich nicht gern geredet haben.

Marie hat sich „schrecklich" gefreut und ich mit, lebt alle wohl und Du besonders

Dein J.

206. An Adolf Jülicher

[Halle, 20.11.1884]

Verehrter Herr Doctor
Ich werde Ihnen demnächst die 2 ersten Hefte Stades[1] schicken; ich muß sie nur erst suchen. Sie werden aufgeschnitten sein; das schadet ja wohl nichts. Ich bin sehr froh, daß Sie mir das *onus* und das *odium* abgenommen haben, und danke Ihnen um so mehr dafür, da auch für Sie die Aufgabe schwerlich sehr angenehm sein wird[2]. Im 3. Heft überbietet er sich in Neuem, wie es scheint: aber mir mangelt völlig das Zutrauen.

Ihr ergeb. Wellhausen

207. An William Robertson Smith

Berichtige[1] Hudh 212,3 ذو دغاول 242,50 منتجَع 52 كبوةٌ 58. ونبذُل 248,2 العَشر.
اردافا 256,10 viell. تشهده 15 viell. مزايل. 252,1 حمّى 13 سُفع 251,6
.باغزر 29 الجِمال. 17 viell. ارداف. 262,12 شمطاءٍ 261,4 رابهِ 21 وفدٍّ 17 القاصرات 259,9
الذ vielleicht 62 تطلق .53 وسابغةً 34 لقرمٍ 270,30 بُجنِين 269,3 قتام 263,23
العُدوّ 60 المخايل 48 ومستحلَس 273 45 محونته viell 272,21 .انفذنى 31 زخور 271,9
رجيفا 250,52 انباء 280,13 عجل 277,13 يتصنّف 276,6 وآخرَ 274,5
Wann erscheint der Band der Encycl. mit Arsaciden und Sasaniden[2]?
Viele Grüsse جحاش 279,39
Halle 28.11.84 Ihr W.

208. An Theodor Mommsen

Halle 15. Dez. '84

Hochverehrter Herr Professor
Ich freue mich sehr darauf, die betreffenden Bogen durchzulesen[1], wenn ich auch nicht glaube, Ihnen dadurch zu nützen.

Die Welt interessirt sich vielleicht weniger für die Römischen Kaiser als für Theodor Mommsen, und nicht so sehr für die Geschichte, als für Ihre Auffassung derselben. Was bloße historische Gelehrsamkeit über Judenthum und Christenthum und Heidenthum herauskriegt, ist mir ziemlich gleichgiltig; ich bin aber höchst gespannt zu erfahren, was Sie darüber denken. Es gibt historische Fragen, die in principielle übergehn, über die man nicht bloß in den Quellen forschen, sondern über die man auch aus seinem Busen heraus urtheilen muß; und darüber will man gern Ihre Meinung hören. Ihr *Urtheil*, eben das Ihrige, das niemand anders fällt als Sie, wollen wir hören; und wir sind nicht wenig dankbar, daß Sie dem unverschämten Drängen endlich nachgegeben haben.

In aufrichtigster Hochachtung

Ehrerbietig
der Ihrige
Wellhausen

209. An Friedrich Althoff

Hochgeehrter Herr Geheimrath

Sie waren so freundlich, mir vor einigen Wochen zu sagen, daß auch für Breslau eine semit. Professur beantragt werde und daß ich mich nicht auf Marburg spitzen solle. Ich erwiderte Ihnen, daß ich eine zweite Professur in B. für einen großen Überfluß ansähe und daß ich nicht gern nach B. ginge. Erlauben Sie mir, für diese Abneigung einige Gründe anzuführen.

Erstens persönliche. Halle ist mir schon zu groß, ich bin an Luft und Wald (oder See) gewöhnt, und befinde mich schlecht in einer großen Stadt. Dann habe ich eine alte Mutter, die durch den Tod meiner sämmtlichen Geschwister vereinsamt und dazu ein wenig gemüthskrank ist; sie wohnt in meiner Heimath, in Hameln an der Weser; in Breslau würde ich sehr weit von ihr sein, während von Marburg viel bequemer und öfter hinzukommen ist als von Halle.

Zweitens sachliche Gründe. Ich wäre neben Prätorius überflüssig, das ist nicht angenehm. Ferner stünde ich dem Dr. Fränkel im Wege; als Jude würde er z. b. schwerlich nach Halle kommen können, während es vielleicht möglich sein würde, ihn in Breslau einmal zum Extraordinarius zu machen. Auch ist mir der Gedanke unangenehm, daß man in Breslau meinen könnte, ich hätte deshalb mich über Hirsch Grätz gegen Niese und Prätorius, auf deren Befragen, so ungünstig geäußert[1], um ihn von einem Platz zu verdrängen, den ich gern selber occupiren möchte; ich weiß, daß meine betreffenden, übrigens völlig objectiven, Äußerungen in Breslau nicht geheim geblieben sind. Dagegen würde ich mir in Marburg dem Dr. Keßler gegenüber keine Skrupel machen, weil ich es in seinem eigenen Interesse für gut halte, daß er aus seinen unerquicklichen Marburger Verhältnissen herausgerissen wird.

Die theologischen Fakultäten scheinen es als eine Strafe des Himmels anzusehen, wenn ich in ihre Nähe komme; ich weiß aber nicht, warum die Breslauer Theologen es eher verdienen, mit mir gestraft zu werden als die Marburger. Ich glaube, es steckt hinter der theologischen Besorgnis der Marburger doch auch ein wenig Concurrenzfurcht des Grafen Baudissin. Diese Furcht ist unbegründet; ich lese gar nicht gern theologische Vorlesungen, hier habe ich es immer nur auf dringende Bitten einzelner Studenten, und nur in sehr beschränktem Umfange gethan. Das Alte Testament interessirt mich zwar nach wie vor; jedoch widerstrebt es mir, für meine Ansichten bei Studenten Propaganda zu machen, da ich es für die nächste Aufgabe der Collegia halte, Leuten, denen die Sachen ganz neu sind, zunächst einmal die Tradition fort zu tradiren. Ich will nicht verschweigen, daß, wie ich unlängst gehört habe, der Graf Baudissin einen persönlichen Grund hat mir zu zürnen. Ich habe ihn vor langen Jahren, in einem Briefe an Smend (damals in Halle; jetzt in Basel), einmal Schaf Graf B. genannt statt Wolf Graf B.[2], wegen irgend einer Recension, die sich sehr weise anließ, mir aber sehr thöricht schien. Ich weiß nicht, ob ich diesen billigen Sinn- und Klangreim selber gemacht habe; Gildemeister behauptet, er stamme von Nöldeke. Item, die Sache hat sich unter meinem Namen verbreitet, und neuerdings hat sich jemand veranlaßt gesehen, sie aufzufrischen und dem Grafen B. mitzutheilen. Ich finde das Wort unnütz, aber daß man daraus einen Fall macht, finde ich läppisch.

Entschuldigen Sie, daß ich Ihnen alles dies vortrage. Ich wollte gern, daß Sie es wüßten und in geeigneter Weise in Betracht zögen.

Ihrem erprobten Wohlwollen mich empfehlend verbleibe ich

Ehrerbietig

Ihr ganz ergebener

Halle 18 Dez. 1884   Wellhausen

210. An Theodor Mommsen

Halle 4. 1. 85

Verehrter Herr Professor

Ihre Bogen[1] fanden sich bei meiner Rückkehr aus Greifswald vor, und ich habe sie sogleich durchgelesen. Gelernt habe ich nun zwar sehr viel, aber zu lehren vermag ich auf diesem Gebiete eigentlich nichts. Es sind nur ein paar Kleinigkeiten, die ich bemerke um was zu bemerken. Sie erlauben vielleicht, daß ich die Fahnen noch eine Weile behalte, um vielleicht noch dies und jenes aufzustöbern.

198. 203[2]. Es besteht ein Unterschied zwischen der Religion Zoroasters und zwischen der thatsächl Religion im pers. Reiche, schon der Achämeniden[3]. Die

Theodor Mommsen

Magier sind dem Avesta fremd, vielleicht überh. nicht urspr. iranisch. Mithra ist ein alter Volksgott, der durch Zoroaster nicht verdrängt werden konnte und der je länger je mehr sein Haupt neben Ahuramazda wieder erhob. Indessen werden Sie wahrsch. mit Absicht Zoroastrismus im Sinne der Griechen gebrauchen, wie man ja auch manchmal für Christenthum sagt „die Religion Jesu", obwohl sich beides schwerlich deckt

200. 204[4]. *Alohin* ist nur so geschrieben, nicht aber so ausgesprochen. Die Sprache des Pehlevi ist iranisch, die Schrift aramäisch und zwar so daß nicht bloß aram. Buchstaben, sondern ganze aram. Worte als Ideenzeichen herübergenommen wurden, die aber stets iranisch ausgesprochen sind. Man schrieb *malkan malka*, sprach aber immer *schahan schah*. Ich weiß indessen nicht, welches iran. Wort in diesem Fall für das semitische *alahin* zu setzen ist.

201. 206[5]. Sie transcribiren das gequetschte g in *Sedschistan* und *Aserbaidjan* verschieden.

202[6]. Die *Freien* oder vielmehr *die Söhne der Freien* ist noch später der Name der Perser, welche in Jemen herrschten, nachdem sie die Abessynier vertrieben hatten.

207[7]. Turan und Iran ist kein ethno-, sondern nur ein geographischer Gegensatz. Die schweifenden Nomaden können recht gut auch, in unserem ethnolog. Sinne, Iranier gewesen sein. Türken schwerlich. Ich glaube, daß die ansässigen Iranier Sedimente der nomadischen gewesen sein können. Die turanische Wüste war eine noch viel großartigere *vagina gentium* als die arabische – denke ich. Jedenfalls ist die Kluft zwischen diesen Nomaden und der Cultur nicht so unüberbrückbar – *sit venia verbo* –, wie Sie annehmen.

238[8]. Beduinen dürfen die Araber von Hatra nicht genannt werden. Der Name Hatra in seiner arab. Form bedeutet sogar das directe Gegentheil von *Badu*: *Badu* = das freie Land, *Ḥaḍr* = die feste Ansiedlung. Der Fürstenname *Barsemias* ist übrigens aramäisch, und die prächtigen Bauwerke sind kaum arabischen Ursprungs, obgleich die Araber hier früh die Herrschaft gewonnen haben müssen.

239[9]. Nöldeke stützt sich wohl besonders auf den arabischen Namen der Arsacidendynastie = die Zeit der Theilkönigthümer. Die Araber scheinen doch in diesem Punkte eine *nota characteristica* der Arsacidenherrschaft empfunden zu haben.

241[10] *Mobedh* ist keine bloß verkürzte, sondern eine viel jüngere, lautlich umgewandelte Sprachform.

256[11] Peschito bedeutet *simplex* im Gegensatz gegen *hexaplaris* (= Origenes); wenigstens gilt das jetzt als das weitaus wahrscheinlichste. Das Urtheil über die syrische Sprache ist etwas extravagant. Verdorben ist sie nicht, sondern ganz regelrecht entwickelt. Arm ist sie auch nicht grade, wenigstens nicht ärmer als etwa das Hebräische. Die Verdunkelung des Etymon ist kein Tadel für eine Sprache; übrigens ist auch hier die Thatsache nicht so auffallend. Die Lehnwörter werden erst zahlreich in der gelehrten Phase des Syrischen, viel später als die von Ihnen gemeinte Zeit.

260[12]. Ganz interessant für die wunderliche Vermischung von Religion und Wollust ist noch aus später christlicher Zeit das Leben des heiligen Symeon Salos, in den Bollandisten, 1. Juli. So ähnlich wie die heilige Hure Pelagia bei Usener[13].

267[14]. Es ist wenigstens zweifelhaft, ob *Sela'* (= der Felsen) Judic. 1,36. 2 Reg. 14,7. Isa. 16,1 mit dem spätern Petra gleich gesetzt werden darf.

268 a[15] *Himjarisch*: ich weiß nicht Bescheid, zweifle aber sehr. Die richtigen Himjariten sind nicht ausgewandert, sondern nur die dort lebenden Nomadenstämme, die sprachlich und ethnologisch durchaus den genuinen Arabern im Norden und in der Mitte der Halbinsel gleichstehen und von den himjaritischen Bauern und Städtern sehr wohl geschieden werden müssen, wenn sie auch in deren Lande lebten und gelegentlich sich für ihre Erben ausgaben, um mit der alten Cultur und Macht der Sabäer zu renommiren[16].

Das ist der Vorlauf meiner Bemerkungen; Sie sehen, wie untergeordnet und kleinlich sie sind. Vielleicht fällt mir noch ein oder das andere auf; indessen das steht schon jetzt fest, daß nicht das geringste erhebliche dabei herauskommen wird.

Meine Frau hat die Freude gehabt, einen Brief von Ihrer Frau Tochter mit einliegender Photographie Ihrer beiden lieben Enkelkinder zu Weihnachten zu kriegen. Ich freue mich besonders über die kleine Adelheid, von der der Vater zuerst gar nicht viel wissen mochte.

Ich wünsche Ihnen zum Schluß ein frohes Neues Jahr und Muth und Kraft zur Vollendung eines Buches, durch das mir und vielen anderen eine neue Welt aufzugehen verspricht.

       Ehrerbietig
       Ihr ergebener
       Wellhausen

211. An Heinrich und Charlotte Limpricht

Sonntag 4. 1. 85

Lieben Limprichts

Da Mariechen vielleicht nicht dazu kommt, gleich zu schreiben, so will ich sie vertreten, um Euch unsere glückliche Ankunft[1] zu melden und Euch besonders für all das Verziehen, das Ihr an uns verübt habt, zu danken. Die Wärme schlägt einem förmlich aus Eurem Hause entgegen, man fühlt sich wie in einem mit Liebe geheizten Backofen, ich war nahe am Aufgehen. Und ähnlich haben wir auch bei den anderen Bekannten eine treue Anhänglichkeit gefunden, die uns gerührt und überrascht hat, wenn wir auch nicht grade daran gezweifelt hatten. Bitte grüßt Bierlings und Ulmanns recht vielmals.

Ich habe hier eine Anzahl Drucksachen und auch eine ziemliche Menge Gratulationskarten gefunden, darunter eine von Heffter, die mich besonders gefreut hat. Mommsens Bogen lagen auch da[2]; es ist unglaublich, wie der Mann es wieder verstanden hat das Material in Fluß zu bringen und demnächst zu gestalten. Kühn genug ist er freilich; mit einer großartigen Naivetät urtheilt er zuweilen über Dinge, von denen er gar nichts weiß, weil es von künstlerischem Standpunkte aus nothwendig ist, darüber an der und der Stelle ein Wort zu sagen. Ich kann ihm leider nichts lehren, sondern nur von ihm lernen; wenigstens ist mir bis jetzt nichts vorgekommen, worüber ich ex cathedra mit reden kann. Es scheint ein ganz famoses Buch werden zu wollen; ich wünschte, Wilamowitz hätte es geschrieben.

Wir haben ganz artig bei Konrads und Wilkes die Patschhand gegeben und gratulirt; weiter ist hier noch nichts passirt. Guste freute sich rührend über unsere Rückkunft, und Marie hat in Folge dessen bei sich selbst geschworen sie nie wieder zu hassen. Ich hoffe, sie bleibt auch ferner bei uns.

Bald hinter Berlin begann die Schneelandschaft, hier liegt überall ziemlich hoher Schnee, und zwar kein frischer, sondern ziemlich alter. Außerdem stinkt es hier so, daß Marie gleich das Heimweh kriegen wollte; der Geruchssinn besitzt bekanntlich das meiste Erinnerungsvermögen. Sie hat sich indessen mannhaft gefaßt und schwelgt nur ab und zu in dem Anblick der vier trauernden Schwestern hinterm Fenster, bei der Abfahrt des Wagens in der Hunnenstraße[3].

Das Portemonnaie ist für Ella; sie erklärte es brauchen zu können; ich kanns nicht brauchen.

Ich dachte nicht, daß ich mit meinem Stoffe bis zur vierten Seite reichen würde: Lening wird mich gewiß um diesen gloriosen Brief beneiden. Aber nun ist es auch all all all: Adieu!

Euer Julius

212. An Theodor Mommsen

Hochverehrter Herr Professor

Ich wollte in dem vorigen Briefe Ihnen noch sagen, daß eine Geschichte der Achaemeniden Arsaciden und Sasaniden von Nöldeke und Gutschmid im nächsten Hefte der *Encyclopaedia Britannica* s. v. *Persians* erscheinen wird[1]; das Heft kommt Ende Februar heraus. Dann habe ich noch zu gestehen, daß meine Vorstellungen über die Differenz zwischen Zoroastrismus und Sasanidenreligion veraltet zu sein scheinen und daß man gegenwärtig dazu neigt, beides zu identificiren. Wenigstens thut das, einigermaßen nach dem Vorgange von

J. Darmesteter, E. Meyer in seiner Geschichte des Alterths I[2]. Er steht allerdings dabei stark unter dem Eindruck der Alttestam. Parallele, wonach der Mosaismus 1000 Jahr älter sein soll als das Judenthum und in Wahrheit das selbe ist. Aber er führt doch auch einige triftige Gründe an, nur schätzt er nicht nach Gebühr das Gewicht der Gegeninstanz, daß die Magier im Avesta fehlen.

Es geht einem sonst leicht so, daß man von den Partien eines Buches, die einem fern liegen, leichter eingenommen ist als von denen, von denen man etwas versteht. Mir geht es bei Ihrem Buch grade anders. Ihr Kapitel XI[3] ist herrlich. Ich finde nichts daran zu bemängeln. Nur *ut aliquid fecisse videar*, mache ich ein paar überflüssige Bemerkungen zu untergeordneten Punkten.

p 273[4]. Mit Edom haben nur die Könige, nie die Richter geschlagen.

p. 275 (304[5]) Die späteren Juden in Palästina sprachen aramäisch, nicht hebr. Hebräisch war nur die Gelehrtensprache; aber bei den Vorlesungen in der Synagoge z. b. mußte der hebr. Text (lange vor Christus) nach der Verlesung ins Aramäische übersetzt werden, damit die Leute es verstanden. Der aram. Dialekt der Juden ist der selbe, der in Syrien gesprochen wurde. Dagegen was wir syrisch nennen, ist der aram. Dialekt von Mesopotamien, von Edessa und Nisîbis

280 a. 306[6] Das Taufbekenntnis wurde in Rom bis ins 4. Jahrh (*ni fallor*) griechisch gesprochen. Es wird durch Ihre Darstellung ungemein klar, daß die jüdische Diaspora die Mutter der Kirche ist und daß durch a. 70 die Tochter ins Erbe der Mutter tritt. Ich finde, Sie haben es darnach gar nicht nöthig, auf die anderweitigen *origines* des Christenthums einzugehen; die *wirklichen origines* haben Sie klar gelegt.

281.283[7]. Araber ist der Idumäer nicht. Das alte *Land* Edom war damals allerdings in den Händen der Araber, aber die alten *Bewohner* waren schon im babyl. Exil, vielleicht dem Druck der vordringenden Araber weichend, in das leere Judäa eingerückt; und das alte Judäa hieß seitdem Idumäa mit der Hauptstadt Hebron. Die aus dem Exil heimkehrenden Juden wohnten nur sehr wenig südlich über Jerusalem hinaus, also eigentlich gar nicht in dem alten Judäa. Die Idumäer waren so gute Hebräer wie die Israeliten, und nahmen dann ebenso wie diese die aramäische Sprache an.

291 c[8]: sehr richtig; nur wie das Unthier des Landes zum falschen *Propheten* wird, verstehe ich nicht.

301[9] Der siebenarmige Leuchter war keiner der eigentlich im Heiligthum gebrauchten? Ich kenne die Gründe nicht[10].

Ich schäme mich fast diesen Brief aufzugeben. Aber meinen guten Willen werden Sie vielleicht daraus erkennen.

In aufrichtiger Verehrung

der Ihrige

Halle 19. 1. 85   Wellhausen

213. An Theodor Mommsen

21.1.85

Verehrter Herr Professor

Vielen Dank für Ihren Brief. Ich sehe in Schürers Theol. Literaturz. 10 Jan 85 eine Anzeige von E. Havets Origines du christianisme mit einem langen Citat aus Bd 4 S. 485 sq, dessen Quintessenz der Referent so zusammenfaßt. „1. Die Vorstufe des Christenthums im r. Reich ist das hellenist. Judenthum, die jüdische Diaspora gewesen 2. Die wirkl. Geschichte und Predigt Jesu ist für die Entwicklg der kathol. Kirche von gar keiner Bedeutung gewesen." Der Referent, Harnack in Gießen, billigt das; ich auch.

Was den Satz betrifft, daß Zoroastrismus : Sasanidenreligion = Mosaismus : Judenthum, so scheint mir doch auch die Sprache des Avesta eine sehr bedenkl. Instanz dagegen zu sein, obgleich allerdings viele ganz junge Formen darin vorkommen sollen. Jedenfalls *adhuc sub judice lis est*; ich verstehe zu wenig davon, wohl etwas modernes Persisch, aber weiter nichts.

Doughty[1] kannte ich nicht.

Ehrerbietig
der Ihrige
Wellhausen

214. An William Robertson Smith

21.1.85

Mein lieber Smith

Ich gratulire von Herzen zu dieser erfreulichen Wendung[1], und ich freue mich schon im voraus auf die Producte Ihrer Musse. Vielleicht kann ich Ihnen in drei Monaten melden, dass ich zum Ordinarius in Marburg ernannt bin. Ich würde sehr gern hingehen, der Minister wünscht mich auch hinzubringen, und die philos. Facultät wird mich schon vorschlagen. Aber die Theologen protestiren, voran Wolf Graf Baudissin. Ich hoffe, sie bellen nur und beissen nicht.

Reiske[2] liegt mir schwer auf dem Herzen: ich bin dem Manne nicht gewachsen. In der Hauptsache war er doch Graecist, und als solchen verstehe ich ihn nicht zu beurtheilen. Vielleicht versteht es Sayce oder ein ähnlicher Polytropos. Oder, da S. de Sacy in einem vortreffl. Artikel der Biographie Michaud ihn als Arabisten würdigt[3], so kommt es nur darauf an, einen Graecisten zu finden, der ihn von der anderen Seite fasst.

Was den Titel betrifft, so bin ich der Meinung, dass Prolegomena zur Gesch. Israels nothwendiger weise beibehalten werden muss; mit irgend einer Angabe über den Anhang: *With an appendix*, enthaltend eine Skizze der Gesch. Israels, oder so ähnlich. Im Übrigen bin ich Ihrer Meinung, dass es am besten ist, den alten englischen Text unverändert zu lassen. Ich wüsste wenigstens nicht, wie eine Ineinanderarbeitung des alten engl. Textes inclus. Noten mit der neuen deutschen Ausgabe gemacht werden sollte[4]. Wenn Sie glauben, dass das deutsche Kap 11[5] irgendwie angehängt werden kann, so habe ich nichts dagegen; aber ich weiss nicht wie. Die Geschichte der Maccabaeer und der Pharisaeer-Sadducaeer darf doch jedenfalls nicht verdrängt werden? Aber das machen Sie, wie Sie wollen.

Kuenen[6] habe ich durchgeblättert. Ich bin geneigt zu glauben, bei dergleichen Dingen, das [sic] Alles so ist wie er sagt. Aber die Anlage und Darstellung kann ich nicht für glücklich halten, trotz oder auch grade wegen der systematischen Logik. Mir ist übrigens der ganze Stoff allmählich so langweilig, dass ich mich zu einem eigentlichen Durchstudiren gewiss nie entschliessen werde.

Das Schönste, was ich letzthin gelesen habe, sind einige Kapitel des demnächst erscheinenden ersten Bandes der Kaisergeschichte Mommsens; namentlich das Kapitel Judaea[7]. Er hatte mir die Correcturbogen zur Durchsicht zugeschickt. Ich glaube, der Band soll nach Ostern ausgegeben werden.

Ich beschäftige mich eifrig mit den خوارج, und ärgere mich über Fleischers Bemerkungen in Wrights Ausgabe des Kamil[8]. Der Mann berücksichtigt nie die Sachen und den historischen Zusammenhang; und von der Grammatik aus kann man wirklich keine bedeutenden Emendationen machen. Wright „recenset" aufs scrupuloseste, „recognoscit" gar nichts.

Meine Frau ruft mich ab, viele herzliche Grüsse!

Ihr treu ergebener
Wellhausen

215. An Theodor Mommsen

Verehrter Herr Professor

Der Leuchter des Titus war der im Gesetz vorgeschriebene heilige siebenarmige Leuchter Exod 25,31–37. Bell. VII 5,5. Außer diesem *einen* mit Lade und goldenem Tisch zur nothwend Ausstattung des inneren Heiligthums gehörigen mosaischen Kandelaber gab es aber im Tempel noch manche andern Leuchter, die wenn sie kostbar waren als Weihgeschenke dorthin gekommen waren. Zu denen gehören die *zwei* Leuchter Bell VI 8,3. Der heilige Siebenarm ist so nothwendig einheitlich wie Gott selber, „mit seinen Gaben siebenfalt."[1]

Daß die Idumäer ggü den Juden mit Samaritern verglichen werden, ist ganz treffend.

Ich danke Ihnen vielmals für Ihre freundl Zusendung; ich bin froh, auf dergleichen gestoßen zu werden, denn von selber komme ich nicht darauf.

Ehrerbietig
der Ihrige

Halle 22.1.85   Wellhausen

216. AN ABRAHAM KUENEN

22.1.85.

Amicissime! Ich bin zwar noch nicht so weit, dass ich Ihnen über Ihr neuestes Buch[1] schreiben könnte, aber meinen Dank für das lang ersehnte Geschenk mag ich doch nicht länger aufschieben. Vielleicht ist Ihre Vorrede mit an mich gerichtet[2]: ich glaube jedoch, dass Sie sich im Character des Buches etwas irren. Es ist ein Buch für Ihre Fachgenossen und die finden eine Menge Neues *und Wahres* darin; für andere wird es trotz oder auch wegen der ungemein methodischen Anlage doch vielleicht etwas schwer sein, aus dieser gewaltig condensirten Stoffmittheilung sich eine Anschauung zu bilden. – Es wäre nun sehr zu wünschen, dass eine deutsche Übersetzung erschiene. Sie schrieben mir vor Jahren, dass Harrassowitz sie unternehmen wolle; ich hoffe, dass es bald dazu kommt, und dass die elenden deutschen Einleitungen gründlich dadurch verdrängt werden. – R. Smith ist *fellow* in *Christs college* geworden[3] mit 300£ Pfründe. Ich komme vielleicht zum 1 October nach Marburg, wenn W.G. Baudissin nicht Himmel und Hölle in Bewegung gegen mich setzt. – Nochmals herzl. Dank und viele Grüsse

Ihr W.

217. AN ERNST REIMER

Halle 1.2.85

Hochgeehrter Herr Reimer

Ich danke Ihnen vielmals für Ihre freundliche Zusendung; die Artikel über Ihren seligen Herrn Vater habe ich mit Interesse gelesen[1].

Wenn bis Ostern 200 Exemplare der Vorarbeiten verkauft sind, können wir uns gratuliren; dann folgen bis Ostern 1886 wahrscheinlich noch eben so viel. Dann wird es aber auch alle sein, oder nur sehr tropfenweis abgehen. Ich bin froh, daß der Preis ziemlich hoch ist, so daß Sie vermuthlich durch einen Absatz von 200 Exemplaren ungefähr Ihre Kosten decken.

Bleek[2] mache ich, wann Sie wollen; ich werde nicht viel ändern. Schicken Sie mir nur ein geleimtes, aber nicht durchschossenes Exemplar der 4. Auflage;

auch leimen ist nicht nöthig, wenn das Papier so ist, daß sich darauf schreiben läßt. Sehr wünschenswerth wäre es mir außerdem, ein Exemplar der (2.³ oder meinetwegen auch der 1.) Auflage[1] zu besitzen, d. h. den reinen Bleek ohne alle Zusätze des Herausgebers. Wenn Sie keine Exemplare dieser Ausgaben mehr besitzen, werde ich sie mir jedoch leicht antiquarisch beschaffen können. Den Druck können Sie dann beginnen, wann Sie wollen; mir ist es lieber, wenn er ein Jahr lang dauert als wenn er in der Hast abgemacht wird.

Nochmals vielen Dank!

Ihr hochachtungsvoll ergebener
Wellhausen

[1] Die 2.te ist mir wegen der Paragraphen lieber.

218. An Theodor Mommsen

12. 2. 85

Verehrter Hr Professor

Ich danke vielmals für Ihre Zusendung[1]; Sie haben mir einen großen Spaß damit gemacht. Ich kenne die Gegend einigermaßen, in der Nähe von Melle ist ein Freund von mir Pastor, mit dem ich die Landschaft nach allen Seiten durchstreift habe, freilich nur weil sie hübsch ist, nicht aus antiquarischen Gründen. Und wenn die Cherusker zwischen Hameln und Minden gewohnt haben – was ich bisher nicht wußte – so habe ich ein höchst persönliches Anrecht an sie, da Wellhausens nur in dieser Gegend vorkommen und hier sehr dicht gesät sind. S. 21[2] ist Hedemünden wohl durch ein Versehen eingeschlichen; es liegt 3 Stunden oberhalb von Münden, bei Witzenhausen. Die Lübbeschen Berge S. 27[3] sind wohl die Lübbekeschen Berge; es liegt da eine kleine Stadt Lübbeke im Ravensbergischen

Nochmals herzl Dank

Ihr ergebener
Wellhausen

219. An Charlotte Limpricht

[Halle, 8.3.1885]

Bitte, schreibt (ev. telegraphirt)[1] und sofort und genau, wann Lene[2] Nachts ankommt, resp. wann von Berlin abgereist wird. Ich vermuthe, doch mit dem Schnellzuge Abends 8 Uhr: der ist vor 11 schon hier.

Guste hat immer über 40 Grad, doch ist der Doctor nicht eben besorgt; jedenfalls ist es aber eine schwere Krankheit. Wir haben guten Ersatz.

220. An Friedrich Althoff

Halle 20 März 1885

Verehrter Herr Geheimrath

Es ist vielleicht etwas unverschämt, daß ich mich Ihnen abermals aufdränge. Es wäre mir sehr erwünscht, wenn ich etwa bis Ostern erfahren könnte, ob ich in Halle bleibe oder nach Marburg komme – um eventuell meine Wohnung in Halle aufgeben und in Marburg eine neue miethen zu können. Ich komme in der Osterwoche nach Cassel, von wo ich es nach Marburg nahe hätte. Ich weiß wohl, daß diese Rücksicht auf meine Bequemlichkeit es der Regierung nicht nahe legen kann, eine Sache zu beschleunigen, die noch überlegt werden muß. Indessen meine Affäre scheint doch jetzt hinreichend überlegt zu sein; und außerdem liegt es nicht bloß in meinem Interesse, sondern auch im Interesse des Staates, daß ich nicht im nächsten Winter zwei Wohnungen habe, eine in Halle und eine in Marburg.

Für Ihre gütige und schnelle Antwort auf die Auseinandersetzung, die ich Ihnen zu Weihnachten gemacht habe[1], fühle ich mich Ihnen aufrichtig verpflichtet. Ich habe seitdem aus Breslau gehört, daß Prätorius sich angestrengt hat, das zweite semit. Ordinariat für Breslau zu retten. Ich finde indessen nach wie vor, daß eins reichlich ist. Daß in Göttingen drei bestehen, ist eine Lächerlichkeit, die freilich dadurch gemildert wird, daß Wüstenfeld Bibliothekar ist und daß Bertheau eigentlich den Alttestamentlichen Theologen vertritt – wenngleich jetzt Schultz und Duhm ihn als solchen ganz in den Hintergrund gedrängt haben.

Es liegt mir natürlich nicht daran, officiellen Bescheid zu bekommen. Freilich wird wohl die materielle Erledigung der Sache mit der formellen zusammenfallen, wenn ich für Marburg in Aussicht genommen bin; da doch schwerlich eine abermalige Signatur Sr Majestät erforderlich ist, dessen Patent vom 12 August 1872[2] in meinen Händen ist.

Ich hoffe, daß Sie diesen Brief aus der begreiflichen Spannung, in der ich mich befinde, erklären, und rechne dabei auf Ihr bewährtes Wohlwollen.

Ehrerbietig
Ihr ergebener
Wellhausen

221. An Theodor Mommsen

Halle 20.3.85

Verehrter Herr Professor

Ich sage Ihnen meinen aufrichtigen Dank für Ihr Buch[1]. Ich habe auch auf dem Gebiet, auf dem ich von Rechts wegen besser Bescheid wissen müßte als Sie, sehr viel daraus gelernt; ich bin erstaunt, mit welcher Aufmerksamkeit und mit welchem Interesse Sie Dinge, die Ihnen ganz fern liegen oder zu liegen scheinen, verfolgt haben. Für mich ist keine Entsagung nöthig, um das Buch zu lesen; aber allerdings ist es sehr viel gelehrter, reicher an fremdartigem oder wenigstens dem classisch gebildeten Publicum nicht geläufigem Stoff, und durch die nothwendige Mosaikarbeit schwerfälliger als die ersten drei Bände.

Ich habe manche Druckfehler gesehen, die störend sind. Bei den Fahnen, die Sie mir zugehen ließen, habe ich darauf nicht geachtet, weil dieselben noch gar keine Correctur, jedenfalls nicht die Ihrige, passirt hatten und ich es für überflüssig und vielleicht naseweis hielt, Ihnen da vorzugreifen. Für die 2.' Auflage will ich mir anmerken, was ich finde.

Arsaciden und Sasaniden von Gutschmid und Nöldeke[2] sind jetzt erschienen. Wünschen Sie es, so schicke ich Ihnen mein Exemplar zu. Doch wird die Encyclopaedia Britannica wohl auf der Berliner Bibliothek sein. Man kann die betreffenden Hefte auch einzeln kaufen, à 7 ½ Mark.

Alfred Pernice sagte mir, daß man beabsichtige neben Hirschfeld noch einen griechischen Historiker nach Berlin zu ziehen. Ich finde, daß es kaum einen anderen gibt als Wilamowitz, wenn man nicht einen bloßen trockenen Gelehrten wie Gutschmid haben will. Der Letztere hat allerdings den Vorzug, auch die oriental. Geschichte im weitesten Umfange zu beherrschen.

Ihrem Wohlwollen empfiehlt sich

dankbar und ehrerbietig
der Ihrige
Wellhausen

222. An William Robertson Smith

[Halle, 23.3.1885]

Lieber Smith! Es thut mir leid, dass Sie sich meinetwegen noch mit einer Vorrede[1] plagen müssen; indessen es läuft mit dem Übrigen, was Sie für mich gethan haben. Ich finde Reiske[2] zu lang, aber wenn man es kürzer macht, lässt man das Beste weg, oder wird aenigmatisch. Der Artikel über Persien[3] ist glänzend, aber ein wenig sehr gelehrt für die Encycl, gewiss für die meisten langweilig, namentlich was Gutschmid gemacht hat.

Ich habe Wilken[4] nicht gelesen, da mir dies ganze Gebiet zu ferne liegt. Eine ganz interessante Notiz für die Entstehung der Ehe aus Raub las ich gestern bei Masudi I 301. Ich quäle mich ab mit der Schilderung der Parteien des ältesten Islam; es ist eine wüste Geschichte und ich sehe nicht ab, wann ich durchkomme. Ich werde ausserdem vielleicht einen Aufsatz über Lagarde in einem der nächsten Hefte bringen, über den er sich nicht freuen wird. Vielleicht unterlasse ich es auch – aus Rücksicht auf Sie[5].

Über Marburg weiss ich noch nichts, hoffe aber bestimmt, dass ich zu Michaelis hinkomme. „Pentateuch"[6] gefällt mir jetzt ganz gut, vielleicht grade weil er so sorglos und leicht gemacht ist. Für die Darstellung ist diese Manier besser als Kuenens.

Ihr W.

223. An Ernst Reimer

Hochgeehrter Herr Reimer
Ich gehe schon zu Ostern nach Marburg, wie Althoff mir eben mitgetheilt hat. Das ist sehr erfreulich, aber weniger erfreulich ist es mir, daß er mich um ein Exemplar der Vorarbeiten[1] für seine Person gebeten hat. Dem Minister habe ich eins geschickt. Es bleibt mir nichts übrig, als Sie zu bitten, ob Sie vielleicht die große Güte haben wollen, dem Hrn. Geh. Oberregierungsrath seinen Wunsch zu erfüllen.

Für Ihren Verlagskatalog danke ich sehr; ich habe ihn mit großem Interesse durchgelesen. Es ist allerlei darin, was ich gern haben möchte; vielleicht können Sie mir Ostern 1886 einen [Theil] des Honorars für Bleek[2] in Büchern zahlen

Hochachtungsvoll
Ihr ergebener
Halle 24. 3. 85   Wellhausen

224. An Friedrich Althoff

Verehrter Herr Geheimrath
Vielen Dank für Ihre freundliche Benachrichtigung. Ich kann es nicht verhindern, daß meine Berufung in Halle und in Marburg bekannt wird. Ich hoffe, daß die Zeitungen sich nicht darum kümmern, wenigstens in Halle nicht. In Bezug auf das Marburger Tageblatt bin ich allerdings besorgt; denn das lebt wahrscheinlich vom Universitätsklatsch.

Ich habe Gosche zu sprechen versucht; er schien aber verreist zu sein. Ich werde heute noch einmal hingehen. Am besten ist es, auf sein mildes Herz und seine Eitelkeit zu speculiren. Das hat der besagte Prof Ethé in Wales gethan; hoffentlich überwindet sich auch Keßler dazu. Über letzteren habe ich von Baudissin und Nöldeke ziemlich günstige Zeugnisse extrahirt, und dieselben bereits in seinem Interesse bei den hies. Philologen verwerthet. Keßler hat das Glück, der einzige evangelische Privatdozent des Faches in Preußen zu sein. Man legt hier Werth darauf, daß er auch Hebräisch und Altes Test. versteht; man hat von mir erwartet, daß ich hier diese Disciplinen vorzugsweise tractiren würde, und sich enttäuscht gefunden, dadurch daß ich das nicht gethan habe.

Am wenigsten zufrieden mit meiner Versetzung ist der Vorstand der Deutschen Morgl. Gesellschaft. Es ist Statut, daß zwei Mitglieder derselben in Leipzig, zwei in Halle sein müssen. In Halle sind es jetzt Bartholomae (Bibliothekar) und ich (Sekretär). Wenn ich fortkomme, so wird schwer Ersatz zu finden sein. Schlottmann will nicht, Pott kann nicht, Gosche soll nicht. In dieser Hinsicht wäre es sehr zu wünschen, daß bald ein älterer Ordinarius für Sanskrit etc herkäme, sei es Pischel oder Zimmer oder (der wahrscheinlich in Berlin unabkömmliche) Oldenberg. Natürlich ist aber die Verlegenheit der Deutschen Morgenl. Gesellschaft kein genügender Grund für die Regierung, anders zu handeln als sie ohnehin für gut findet.

Es scheint, daß ich vor 1 Juli eine Wohnung in M. nicht finde; ich werde ein paar Monate im Wirthshause wohnen müssen. Meine Vorlesung werde ich etwas spät beginnen müssen, etwa am 27. April, theilweise wegen des Umzugs, namentlich aber, um noch einige Zeit der Ruhe zu haben, um mich für ein Gebiet zu präpariren, über das ich mehr im Allgemeinen, als in Einzelheiten präparirt bin[1].

Halle 30. 3. 85.
         Ehrerbietig und dankbar
         Ihr ergebener
         Wellhausen

225. An William Robertson Smith

30. 3. 85

Lieber Smith

Vielen Dank, auch der Firma[1]! Es ist so, wie Sie sagen: 30 Pfund sofort, und 20 Pfund nach Ausverkauf der Auflage. Die Quittung liegt bei; ob ich die bei Ihnen übliche Form getroffen habe, bezweifle ich; doch wird sie genügen.

Ich habe geglaubt, *meine* Vorrede fiele fort. Ich halte das für das einzig richtige; sie hat einen ephemeren Charakter und ist bloss für die deutschen Verhältnisse 1883 einigermassen berechtigt und verständlich. Ich würde sie nie wieder abdrucken. Ich bitte Sie, sie ganz auszulassen.

Den Artikel Septuaginta[2] übernehme ich gern, namentlich wenn ich ihn *in the easy manner* schreiben darf, was für mich das bequemste und vielleicht für das Publicum das beste ist. Sie sollen ihn zu Weihnachten haben.

Ich soll auf ausdrücklichen Wunsch des Ministers in Marburg Geschichte des alten Orients lesen, und zwar sofort. Das ist mir im Ganzen nicht unangenehm, nur hätte ich gewünscht etwas mehr Zeit zur Vorbereitung zu haben. Indessen wem Gott ein Amt gibt, dem gibt er auch Verstand. Im Allgemeinen traue ich mir ein Urtheil zu; im Besonderen verstehe ich nichts von Ägypten und wenig von Assur und Babel. Gibt es über Ägypten ein empfehlenswerthes englisches Buch über die Archaeologie? ich meine besonders über die oberägyptischen Fundstätten, denn über die unterägyptischen bin ich durch Baedeker[3] leidlich orientirt. Karnak und Luqsor, Dendera, Abu Simbel, Beni Hassan fehlen mir. Ist der betreffde Artikel in der Enc. Brit. zu empfehlen? NB ich will nichts Geschichtliches und keine Theorien, sondern Bilder und Beschreibung, gewissermaassen Perfectum *Praesens*. Sehr erwünscht würde mir der Artikel *Phoenicia*[4] sein; wenn ich keinen Separatabzug bekommen kann, so möchte ich den Part kaufen (nicht den ganzen Band), worin der Artikel steht. Ich habe Eduard Meyer gelesen[5]; er ist eine unausstehliche Grossschnauze, trotz unleugbarer Befähigung. Nicht gottesfürchtig und dreist, sondern gottverlassen und dreist.

Stumpf, den wir jetzt hier haben, lässt Sie aufs wärmste grüssen und bittet Sie ihn nicht zu vergessen. Es ist ein Mensch wie eine Seele, an dem man nichts anders wünscht; er erobert sich hier alle Herzen ohne es darauf abzulegen. Seine Schwester ist grade so wie er; seine Frau gefällt mir weniger. Es geht ihm nicht gut, er scheint sehr nervös zu sein. Auch Klein soll noch immer sehr angegriffen sein.

Ethé will mein Nachfolger werden, aber er wird es nicht. Hoffentlich gelingt es den unglückl. Kessler her zu bringen; die Facultät will ihn freilich nicht gern.

Ihr Anerbieten, mir 50 Pf. zu leihen, würde ich gern annehmen, wenn ich es nöthig hätte. Ich habe es aber nicht nöthig, ich habe bis zum 1 Mai genug, und dann werde ich meinen Gehalt in Marburg haben können.

Nochmals vielen Dank

Ihr W.

226. An Ernst Reimer

Verehrter Herr Reimer

Ich möchte gern den jährl. Termin inne halten, den ich für die Hefte der Skizzen in Aussicht gestellt habe[1]. Aber die versprochene Charakteristik der ältesten

Parteien des Islams hat mich in verzweifelte Tiefen geführt, aus denen ich vor Ostern 1886 schwerlich wieder auftauchen werde. Wenn Sie einverstanden sind, will ich statt dessen eine Abhandlung über die Composition des Hexateuchs bringen, in der Weise, wie das (auf dem Umschlag innen zu druckende) Vorwort auf S. 3 dieses Briefbogens besagt[2]. Ich möchte gern, daß der Druck bis Oktober 1885 oder bis Nov. fertig wäre, und daß er vor Juli nicht anfinge. Vielleicht könnte dann der Druck von Bleek erst im Oktober beginnen, er würde auch dann wohl bis April zu Ende geführt werden können. Ich schicke Ihnen das Manuscript, um es vor meinem Umzuge los zu sein. Ich gehe Anfang nächster Woche nach Marburg, habe aber erst zum 1 Juli eine Wohnung.

Mit ergebenem Grußbe

                              Hochachtungsvoll
                                 der Ihrige
Halle 12. 4. 85   Wellhausen

227. An Friedrich Althoff

Verehrter Herr Geheimerath
Ich habe die Absicht, am Mittwoch d. 22 April nach Marburg zu gehen und Montag d. 27. April dort die Vorlesungen zu beginnen, *falls Sie es nicht verbieten*.
                                 Ehrerbietig
                                 der Ihrige
Halle 16 April 1885   Wellhausen

228. An Albert Socin

                                 [Frühjahr 1885]
Es hat gar keine Eile mit dem Iqd[1], ich hätte jetzt doch nicht Zeit ihn zu excerpieren; ich muß mich mit *Chammurabi* (חמו רבי = חֲמוּאֵל [sic]?)[2] und seinem Sohne *Samsu-iluna* (*sol deus noster?*) etc etc abplagen. Mich dauern die Studenten, die das Zeug mit offenem Maul anhören und denken, es wäre was rechts.

229. An Charlotte Limpricht

17.5.85

L. M.

So tief der Eindruck des sehr wohl gerathenen Kuchens – Martha hat ihr Meisterstück geliefert – auf mich gewesen ist und noch ist, so irrst Du doch, wenn Du meinst, daß Dein Brief darnach mir keinen Eindruck mehr machte. Ich habe mich sehr darüber gefreut, über den Brief und über die inhaltsreiche Nachschrift, und danke Euch vielmals dafür. Marie erzählt mir auch von einer Lampe, die sie zu meinem Geburtstage von Euch kriegen soll; sie ist eine unverfohrene [sic] Schnurrerin.

Wir haben zur Feier des Tages die Gießener Schmidts[1] auf heute Mittag eingeladen. Eigentlich sollte nach Tisch ausgefahren werden; es ist hier aber eine solche Kälte und Nässe, daß daran kein Gedanke ist. Wir müssen sehen, daß wir die Zeit mit Essen, Kaffeetrinken und Einstippen todt kriegen. Das Zeittodtschlagen lernt sich hier im Wirthshause. Marie hat es längst satt und ich auch. Durch die mangelnde Behaglichkeit kommt man auch zu keiner arbeitsamen Seßhaftigkeit; ich mache genau so viel als ich für mein Colleg nöthig habe und keinen Tüttel mehr. Wenn es ging, verspazierte ich die übrige Zeit; jetzt verfriere ich sie. Wir befinden uns dabei leiblich ganz gut, aber der Geist ödet sich ein wenig.

Die Amtsbrüder sind alle entgegenkommend und freundlich; einige gefallen uns auf den ersten Eindruck besser als andere, aber wir hüten uns, heiß anzufangen, damit es nicht hinterher kalt endet. Mir gefallen die beiden Chemiker ganz gut, Zincke und auch Fittica. Fittica klagte über seine wissenschaftl. Vereinsamung, weil er es gewagt habe, der herrschenden Lehre zu widersprechen. Es ist noch ein dritter Chemiker da, der Extrao. von Halle ist, aber hier lebt; er heißt Rathke. Er soll der netteste von allen sein, wir haben ihn aber noch nicht gesehen. Ubbelohde's sind bedrückend freundlich. Es sind gewiß gute Leute, aber er ist bedrückend wie ein Mehlsack vor Langeweile, durch seine bloße Gegenwart; er braucht gar nicht mal das Maul aufzuthun. Sie scheint mir nicht grade das wünschenswerthe Maß der Gescheitheit zu besitzen, und ich glaube nicht, daß sie Marie lange imponiren wird. Aber beide sind so gut und freundlich gegen uns, daß es mir peinlich ist das Gefühl zu haben, daß schließlich doch nicht viel daraus werden wird. Lenz' haben sich sehr herausgemacht und gefallen uns gut; am meisten vorläufiges Zutrauen habe ich zu Justi, einem indogerman. Orientalisten, und seiner Frau. Sie wohnen aber weit weg; ebenso der mathemat. Physiker Feußner, der uns ebenfalls sehr für sich eingenommen hat und der auch eine allerliebste Frau aus der hamelschen Gegend besitzt.

Ich lese vor einigen 20 Hörern über alte oriental. Geschichte, dazu noch einige Übungen. Die Leute sind fleißig und hören ganz neugierig zu. Ich hoffe Wurzel zu schlagen, wenigstens mit der Zeit. Unsere Miethwohnung entspricht allen vernünftigen Anforderungen; wir werden zwei Fremdenzimmer haben, und hoffen sehr dringend auf Euren Besuch. Schade, daß Ihr nicht hier seid und Zincke Zincke Zincke Zincke Valleralara in Greifswald. Es sind zwar keine 400, sondern nur 200 Mediciner hier, dafür aber keine 150, sondern 400 Philosophen und unter ihnen ziemlich viele Studd. rer. nat. Außerdem gibt es Dienstwohnung für den Chemiker.

Bredenkamp dauert mich[2]; auch wenn er wieder besser wird, mit [we]lchen Empfindungen mag er vor die Studenten treten. Der arme Mann! Was habt Ihr aber für eine berühmte theol. Facultät! Ich bleibe dabei, daß ich das Hauptverdienst an der Frequenz habe, durch mein Fortgehen.

Pfingsten gehe ich nach Hameln und Marie nach Göttingen. Meine Casseler Tante ist immer krank, an schrecklichen Gesichtsschmerzen, auf die sich die Ärzte keinen Vers machen können. Sie thut mir leid, sie sieht ganz verzerrt mitunter aus. Meine Mutter ist so rheumatisch, daß sie kaum mehr gehen kann; sie hat Maries Fahrstuhl[3].

Nochmals 1000 Dank und Grüße für Euch Alle, bis auf den thörichten Hund und die weise Katze!

Euer Julius

230. AN CHARLOTTE LIMPRICHT

Mont. 1 Juni 85

L M

Es ist wirklich recht Unrecht von Marie, daß sie nicht schreibt; aber mir schreibt sie auch nicht und Du mußt Dich mit mir trösten. Sie ist bis heute in Göttingen gewesen, wollte aber heute Nachmittag nach Hannover zu Krauts, und Mitte nächster Woche, gegen 14 Juni, wieder zurück hieher, vielleicht vorher noch ein paar Tage in Göttingen bleiben. Ich bin Sonnabd. und Sonntag auch in G. gewesen und habe mich über das Haus und die Frau und die Kinder sehr gefreut. Er sieht aber nicht gut aus, ganz grau und müde; vielleicht trägt indessen zu dem schlechten Aussehen das lange Haar bei. Tante Reiche habe ich zweimal vergebens aufgesucht, nur auf der Straße habe ich sie einen kurzen Augenblick gesehen. Sie ist mager geworden und klagt über den Magen.

Meiner Mutter geht es schlechter als sonst, ihr Rheumatismus nimmt zu und sie kann fast nicht gehen. Ich hoffe noch immer, daß es sich bessert. Ich habe sie dreimal in Maries Fahrstuhl ausfahren können, den wir ihr geschickt haben. In Hannover, wo ich auch gewesen bin, habe ich niemand von Deinen Verwandten gesehen; ich habe wesentlich nur einen Teppich erstanden, um 132 Mark, den Marie zur 10 jähr. Hochzeit[1] sich erpreßt hat. Es ist ein Knüpfteppich, mit der Hand gemacht, 2 × 3 Meter groß, □ Meter zu 22 Mark.

Göttingen sah allerliebst aus, und Hameln ist nach meinem Geschmack viel hübscher als Marburg. Wilamowitz ist mit der Gegend und mit dem Stiefelfux[2] und mit den Krämern und Handwerkern wohl zufrieden, aber mit der Universität gar nicht. Sie scheint in der That recht altersschwach zu sein und gibt doch nichts von ehemals berechtigten Ansprüchen auf. Eigentlich zufrieden wird W. freilich wohl nie werden, lustig kann er sein, aber nicht gleichmüthig und zufrieden.

Bredenkamp ist wieder durch die Zeitungen gegangen, wenigstens durch die Marburger, die alles für die Universitätsnachrichten zusammen scharren. Es ist eine entsetzliche Geschichte. Wenn er doch nur endlich stürbe!

Giesebrecht hat mir eine Epistel geschrieben, auf die ich ihm längst würde geantwortet haben, hätte er sich nicht besonders nach Wolf Baudissin erkundigt, den ich bis jetzt noch nicht gesehen habe, da er auf Urlaub im Bade war, um seine (durch meine Berufung vermuthlich geschwächten) Nerven zu stärken. Morgen werde ich ihn wohl besuchen; ich bin aber absolut nicht neugierig.

Wir rechnen sicher auf Euren Besuch in den Ferien; meine Mutter schickt uns noch ein Bett. Es lassen sich recht bequem allerhand nahe und weite Touren von hier machen, mit stets wechselnden und immer hübschen Blicken. Wir haben das Wirthshaus satt und bleiben die Ferien sicher zu Haus: eia wären wir da[3]! Ihr könnt uns auch einen Bauplatz aussuchen, werdet aber wohl keinen passenden finden. Die passenden kosten 15000 Thaler, d. h. sie sind unverkäuflich.

Ella hat von Schwerin aus nach Gött. geschrieben, wenn mir recht ist. Ich schicke Deinen Brief nach Hannover.

Wir haben 860 Studenten, können es also mit Euch nicht aufnehmen. Wir haben auch keinen so beredten Advokaten wie Ihr in der Allg. Zeitung, wo die hohe Bedeutung von Schuppe, die unvergleichliche Liebenswürdigkeit von Schirmer, die einzig dastehende *einstimmige* Wahl desselben zum Magnificus mit Menschen- und mit Engelzungen ausposaunt wurden. Fischer könnte wohl endlich stille schweigen, oder wer sonst der alberne Correspondent ist.

Grüß Alle vielmals und Gott gebe, daß sich Dein Befinden bessert; sie sollten Dich nur nicht zu Gesellschaften quälen, das ist überflüssig.

Dein J.

231. An Albert Socin

Marburg 7 Juni 85

Lieber Socin

Sie haben, *sans phrase*, mit Ihrem kleinen Buche[1] einem wirklichen Bedürfnisse abgeholfen. Man war rein in Verzweiflung, wenn man arab Elemente zu tractiren hatte. Es war eine harte Zumuthung an die meisten Studenten, sich Müller[2] und Kosegarten[3] anzuschaffen; außerdem hat Müller des Guten zu viel gethan, grade wie bei seiner hebräischen Grammatik[4]. Ihr Buch ist eine wahre Erlösung, und ich danke Ihnen vielmals 1) dafür daß Sie es mir geschenkt 2) noch viel mehr dafür, daß Sie es abgefaßt haben.

Nun werden andere Wünsche rege. Für das Äthiopische haben wir zwar eine gute Chrestomathie[5], aber die Grammatik[6] ist für Anfänger nicht bloß zu reichhaltig, sondern durch die pedantische Schematisierung Ewaldischer Geistreichigkeit gradezu gefährlich, so anerkennenswerth und brauchbar für kritischere Geister sie auch sonst ist. Wir brauchten als Ergänzung der Chrestomathie und Ersatz der Grammatik eine Paradigmensammlung (mit Alphabet), die der Schüler lernen und an die der Lehrer knüpfen könnte. In der Weise Rödigers[7], nur noch ausführlicher.

Sonst ist freilich durch Rödiger dem Syrischen Bedürfnis keineswegs abgeholfen. Die Texte taugen nichts, die Punctation und Vokalisation auch nichts. Man ist verrathen und verkauft, wenn man im 2. Semester Texte vorlegen will. Aphraates ist unzugänglich, anderes Passende, wie Josua Stylites, ist durch die beigegebene Übersetzung zum Gebrauch für Vorlesungen verdorben. Nestle hatte eine schöne Aufgabe gehabt, aber durch sein schauderhaftes Buch[8] hat er bloß den Markt verdorben.

Wann kommt denn Landauer mit seinem Persisch? Da fehlt es beinah am allermeisten.

Ich habe mich bisher hier noch nicht recht einleben können, weil ich bei meiner plötzl. Versetzung keine Wohnung finden konnte und gezwungen bin bis Juli im Wirthshaus an der Lahn zu leben. Ich bin vom Minister beordert Geschichte des Alten Orients zu lesen, und thue das nun, unvorbereitet wie ich mich habe. Aus dem furchtbaren Wust von Urkunden und Nachrichten läßt sich überall doch nur ein nothdürftiges Mosaik zusammenflicken, denn die innere Lebendigkeit, die Seele, fehlt, weil gar nicht wie im A.T. geistige Stimmungen aus dem Volke heraus zum Ausdruck kommen. Ägypten wird *mir* erst interessant in und nach der Ptolemäerzeit: bis soweit aber erstreckt sich mein Lehrauftrag nicht. Ich mache Schluß vor Alexander. Das einzig Interessante bei dem ganzen Schwamm sind mir die Perser; die Israeliten muß ich nemlich aus dem Spiel lassen und thue das auch ganz gern. Herrn Ed. Meyer[9] bin ich zwar für vieles zu Dank verpflichtet – aber seine Art ist mit eigentlich unerträglich, wenigstens höchst antipathisch. Namentlich wenn er geniale politische und andere Vues hat – ach du lieber Himmel!

Ich habe mich sehr gefreut, R Duval, einen Mann, der der gemeinen deutschen Vorstellung von einem Franzosen so gründlich wie nur möglich widerspricht, einmal wieder zu sehen; er hielt sich freilich nicht lange auf. Vielleicht kommen Sie nach Gießen; es wäre wünschenswerth, daß die Versammlung[10] diesmal etwas zahlreicher besucht würde.

Mit abermaligem Dank und herzlichem Gruß

Ihr aufrichtig ergebener
Wellhausen

Mommsen will Gutschmid nach Berlin haben[11], aber Schrader und Curtius verhindern es: Da Köhler abgelehnt hat, wollen sie Gelzer. Gegen den hat Mommsen protestirt; Nöldeke wills nicht glauben, es ist nun so.

232. AN WILLIAM ROBERTSON SMITH

[Marburg, 12.6.1885]

Lieber Smith! Vielen Dank für Ihre beiden Karten; ich hoffe dass Ihre interessante und gewiss richtige Erklärung der Hasenköpfe noch in dem 2. Hefte der DMZ 1885 Aufnahme findet; ich habe sie sofort an Windisch geschickt[1]. Wir wohnen hier noch im Gasthof, erst im Juli bekommen wir eine Wohnung. Ich habe auch meine Bücher nicht hier, ich muss mir mehr, als gut ist, bei den Vorlesungen aus den Fingern saugen. Es ist alles Mosaik in der alten orient. Geschichte (bis auf die Perser), und die Composition der einzelnen Stücke zum musivischen Bilde ist eine zweifelhafte Sache. Gutschmid's Phoenicia, ebenso wie seine Arsaciden[2], befriedigen mich wenig; er ist ein höchst gelehrter, auch im einzelnen recht kritischer, Kleinigkeitskrämer; sein Freund Nöldeke ist ihm auch als Historiker sehr weit überlegen. Baudissin ist sehr freundlich und umgänglich; wie lange wird er noch gegen den Stachel löken (λακτίζειν)[3]? Stade ist mir noch nicht vorgestellt. Cornill ist ein grosser Musikant[4] und ein guter Mann; aber seinen Beruf scheint er mir verfehlt zu haben.

233. AN ALBERT SOCIN

Marb 17.6.85

Lieber Socin

Snouck Hurgronje schreibt mir

„Sie wissen wohl, daß vor einigen Jahren Dr. Koch sich in Djeddah aufhielt und von dort nach Tâif reiste. Er war in Dj. Gast des holl. Consuls und reiste nach Tâif mit dem holl. Viceconsul van der Chijs, der ihm die Reise in mancher (auch pecuniärer) Beziehung erleichterte. In Tâif selbst wurde ihm durch Vermittlung verschiedener Freunde die Hilfe eines Beduinenschechs zu theil, des Schech al Badewi البدیوی. Der Schech beschäftigte sich einige Tage mit ihm, dictirte ihm Verse, und Koch versprach ihm eine schöne Uhr, die er ihm nachher zusenden würde. Nach Kochs Rückkehr hat weder der Consul noch van der Chijs noch der Schech auch nur eine Zeile von Koch gesehen. Der Schech kam mehrmals nach Dj. zu van der Chijs, um sich zu erkundigen; v. d. Ch. schrieb Koch darüber, erhielt aber keine Antwort. Der Schech ist fast gestorben. Seine drei Söhne Abdelaziz, Ahmed, und Husein haben mich gebeten, die Geschichten durch folgende Verse zu illustriren

الناس بالناس ما دام الحياة بهم
والعسر واليسر اوقات وساعات
لا تقطعنّ يد المعروف عن احد
ما دمت تقدر فللايّام تارات
فاشكرْ فضيلة صنع الرب اذ جُعِلت
اليك للناس آمال وحاجات
قد مات قوم وما مات مكارمهم
وعاش قَوْم وهم فى الناس اموات

Sie wissen nicht wie viel Unheil ein Mann wie Koch dem europ. Namen zubringt; nicht nur europ. Kaufleute sind Betrüger, so denkt der Araber, ihre Gelehrten sogar finden, daß خلاف الوعد keine Schande ist. Im Namen der europ. Civilisation und der germanischen Treue bitte ich Sie mir in der schnellen Veröffentlichung dieser elenden Geschichte behilflich zu sein."[1]

Soweit Snouck. Der Auftrag ist unangenehm, aber ich kann ihn nicht ablehnen. Doch ehe ich irgend einen Schritt thue, muß ich *partem alteram*, neml. Koch, darüber hören. Nur weiß ich nicht, wo Koch sich aufhält, vermuthe aber, daß Sie es wissen, und bitte Sie darum, mir seine Adresse anzugeben. Ich werde ihm dann Snoucks Brief mittheilen, so weit ich ihn Ihnen mitgetheilt habe, und ihn bitten sich darüber zu äußern.

Außerdem aber möchte ich Sie bitten, diesen meinen Brief auch Kautzsch und Gutschmid zu zeigen und ihn wo möglich Nöldeke zu schicken. Die Affäre ist etwas brenzlich, so daß mir daran liegt, die Meinung vernünftiger Leute über die Methodus rei gerendae zu hören.

Wenn ich meinen verschiedenen, vielleicht Ihnen nicht ganz bequemen Bitten noch eine weitere hinzufügen darf, die Sie nach Belieben erfüllen können oder nicht, so wäre es die, mir Ihre Meinung über den Charakter des Herrn Koch mitzutheilen. Ein Schwabe, wie er im Buche steht?

Nehmen Sie es nicht übel, daß ich Sie in die häßliche Geschichte hineinziehe, ich wußte mir nicht anders zu helfen.

Yours sincerely
Wellhausen

234. An Friedrich Althoff

Marburg 14 Juli 85

Verehrter Herr Geheimrath

Heinrici theilt mir eben mit, daß Thorbecke nach Halle kommen soll. Keßler thut mir leid, aber Halle und die Deutsche Morgenl. Gesellschaft können sich gratuliren.

Mein Gehalt in Halle betrug 2800 M., der Wohn[un]gsgeldzuschuß 660 Mark. Ein Lehrauftrag ist mir in dem Berufungsschreiben (2. Aug '82. JN. 7188 U. I) überhaupt nicht ertheilt; es heißt nur, ich solle die erledigte ao Professur der orientalischen Sprachen in Halle übernehmen. Thorbecke ist vor allem Arabist; mit Ausnahme von Fleischer und vielleicht von Nöldeke, der beste Arabist in Deutschland. Er versteht aber auch die übrigen Sprachen der islamischen Literatur gut, besonders Persisch. Mit dem Alten Testamente und der alten orient. Geschichte hat er sich nicht näher beschäftigt; er würde wohl im Stande sein sich bald in dies Gebiet hineinzuarbeiten, aber das ist in Halle kaum nöthig oder erwünscht. Sein Lehrauftrag würde meiner Meinung nach zu bestimmen sein auf das gesamte Gebiet der semitischen Philologie und der muhammedanischen Literatur (und Geschichte): unter muhamm. Literatur würde auch Persisch und Türkisch mit einbegriffen sein.

Meiner Frau gefällt es in Marburg nicht, weil man hier nicht gut kaufen kann und im Haushalt allerlei wunderliche Unbequemlichkeiten hat. Mir dagegen gefällt es sehr gut, und ich bin Ihnen fortdauernd sehr dankbar für die Mühe, die Sie Sich meinetwegen gegeben haben. Ich empfehle mich Ihrem ferneren Wohlwollen

Ehrerbietig
Ihr ergebener
Wellhausen

235. An William Robertson Smith

[Marburg, 26.7.1885]

Vielen Dank für Ihre fürchterlich gelehrten Artikel. Schreiben Sie nicht den Artikel „Religion"[1]? Ich möchte gern etwas über Animismus, Totemismus, Dämonen, Fetische, und Götter erfahren. Ich stehe immer ganz dumm der neuen Weisheit gegenüber, und ich weiss nicht wo ich Rath hernehme.

Thorbecke wird mein Nachfolger in Halle, „einen bessern findst du nit."[2] Er hätte freilich nach München kommen sollen, aber da haben sie ihm Hommel vorgezogen, weil der ein Baiuvare ist. So bornirt ist der preussische Staat schon vor 200 Jahren nie gewesen, als er kaum drittel so gross war wie jetzt Baiern.

Lumby war hier und hat mir viel erzählt, ebenso Phil. Schaff – sind alle Americaner so furchtbar alt? Kommen Sie nicht auch einmal?
Ihr W.

236. An William Robertson Smith

Marb. 26. 8. 85
L. S. Ich würde mich sehr darüber freuen, die Bogen *on kinship in Arabia*[1] durchzulesen; ich zweifle freilich, dass mir etwas dabei einfällt, was zur Sache dienlich sein könnte – denn ich habe nie die arab. Texte mit dem betreffenden Gesichtspunkte gelesen. Das 2. Heft der DMZ ist zwar längst gedruckt (zu Ihrer Bemerkung hat Huber noch ein paar andere bestätigende Citate in Note beigefügt[2]), aber es ist mir auch noch nicht zugegangen. Ich lese arabische Historiker über die Zeit der Omajjiden und ersten Abbasiden, man wird erdrückt durch die Menge und die Specialität des Stoffes. Und dabei ist der Stoff vielfach so amüsant, dass man vergisst, dass man ihn zu einem wissenschaftlichen Zwecke liest – das ist noch das allerschlimmste. Wundervolles Wetter und allerliebste Gegend hier!

237. An William Robertson Smith

2 Sept. 1885
Lieber S.
Ich habe mit gespannter Aufmerksamkeit und mit wahrem Vergnügen Ihr *opus*[1] gelesen. Sie sind ein historischer Jurist wie Mommsen selber. Über den حيّ (beiläufig scheint mir doch, dass das Wort fast immer von dem an seinem Wasser niedergelassenen Stamme vorkomt [sic]) habe ich natürlich Ähnliches gedacht, aber ihre [sic] klare Denifition [sic] hat mir doch wesentliche Dienste geleistet. Und genial ist der Gedanke, dass die Familie den alten حيّ gesprengt hat; das ist so wahr wie irgend etwas. Dann auch der Zusammenhang, in denen [sic] die ältesten Gemeinschaftsformen mit den Formen der Ehe steht, ist sehr glücklich von Ihnen herausgearbeitet. Jetzt erst verstehe ich, was die Metriarchie und Patriarchie, die immer wie ein Raritätenspiel der Ethnologen vorkam, auf sich hat, welch grosses geschichtliches Interesse ihr zukommt. Selten ist ein so zerstreuter Stoff so famos zu einem lichtvollen Zusammenhang umgegossen worden, wie in Ihrem neusten Buch: Sie sind ein juristischer Constructeur wie es wenige gibt.

Mir ist eine ganz neue Aussicht aufgegangen. Aber nun bin ich unverschämt. Sie müssen mir nun auch sagen, welche Bedeutung die Religion und der Ahnencultus bei all dem spielt [sic]; was Totetismus [sic] ist und wie sich die Menschen das Ding mit den Thieren eigentlich vorgestellt haben. Wenn andere Menschen mir das sagen, kommt mir es dumm vor; Sie wissen die Sache ins Licht zu setzen. Bitte schreiben Sie einen Anhang des Inhalts; möglichst frech Ihre geheimsten Gedanken in die Welt! Das ist das Beste, wenn man Gedanken hat. Ihr Buch wird lange hinaus fortwirken; nach meinem Urtheil ist es bei weitem das beste, was Sie gemacht haben. Sie können natürlich noch eine Ewigkeit daran fortarbeiten. Die Ernte ist gross[2].

Einzelheiten habe ich keine Lust anzumerken; Sie dürfen nichts mehr corrigiren. بين اظهر (p 46) hat keinen so speziellen Sinn. Sie schreiben zwei mal Aghazi für Maghazi. Ich glaube jetzt nicht, dass auch die Mekkaner, ebenso wie die Mediner, nach Geschlechtern getrennte Quartiere hatten – ich weiss aber nicht warum ich es nicht mehr glaube. Der Übergang eines Gottes- in einen Stammnamen scheint vielfach durch Fortlassung des Banû entstanden zu sein, z B. ישראל, בני ישראל, بنو قيس, قيس. Zu p 69 ist interessant, dass noch Sukaina bint Husain, die berühmte Coquette, die Bedingung bei der Ehe machte, dass *sie* das Recht haben sollte sich zu scheiden. Ich habe das gelesen, aber wie gewöhnlich weiss ich nicht wo, ich glaube Aghani XIV[3].

Einige Thatsachen, auf die Sie sich stützen, scheinen mir doch auch anderer Deutung fähig. Z. B. Gen 48 sehe ich nicht ein, warum Jakob nicht sagen soll, Ephraim und Manasse sollen nicht als seine Enkel (= Halbstämme), sondern als seine Söhne (= Ganzstämme) gelten, so wie Ruben Simeon Levi Juda. Indessen kommt darauf wenig an. Die Wirkung Ihres Buches wird bleiben, wenn Ihnen auch noch so viel Einzelheiten corrigirt werden sollten.

Ich gratulire Ihnen aus vollem Herzen

Ihr Wellhausen

Die Bogen schicke ich gleichzeitig zurück

238. An Friedrich Althoff

Marburg 13 Sept. 85

Verehrter Herr Geheimrath

Dr. Keßler hat mir, zugleich in Ihrem Namen, den Wunsch kund gegeben, ich möchte für ihn in Greifswald wirken. Ich kann indessen Ahlwardt nicht vorgreifen, welcher der nächste dazu ist. Nur wenn ich gefragt werde, kann ich meine Meinung sagen. Sonst komme ich in Verdacht, einen Concurrenten weg loben zu sollen, oder jedenfalls andere Interessen höher zu stellen als die der Universität Greifswald.

M. E. wäre es das beste, wenn die Regierung den Dr. Keßler einfach nach G. versetzte, ohne die Fakultät zu fragen. Die Fakultät wünscht wahrscheinlich überhaupt keinen Ersatz für Ahlwart [sic], den sie für überflüssig hält, da Ahlwardt, auch wenn er in G. ist, selten liest; wenn sie aber Ersatz wünscht, so wird sie nicht Keßler wünschen. Die Regierung, nicht die Fakultät, hat berechtigte Gründe, sich des unglücklichen Menschen anzunehmen. Ich glaube auch nicht, daß ein anderer Weg zum Ziele führt. Wenn ich gefragt würde, könnte ich nur sagen: Vollers ist viel besser, er erweckt ganz andere Hoffnungen; aber Keßler ist auch ein sehr gelehrter Mensch und sein bisheriges Unglück, obwohl z th verschuldet, ist doch kein Grund ihn auf ewig im Sumpfe stecken und darin umkommen zu lassen – wie in Halle.

Ich hielt es für recht, Ihnen diese meine Meinung mitzutheilen; ich bitte Sie es mir nicht als Unbescheidenheit auszulegen, daß ich Ihnen ungefragt guten Rath zu ertheilen scheine.

Ehrerbietig
Ihr ergebener
Wellhausen

239. AN FRIEDRICH SPITTA

M. 8. 10. 85

Lieber und verehrter Herr Pastor

So peinlich es mir ist, so kann ich doch nicht umhin, Ihr gutes Zutrauen zu mir zu zerstören. Ich bin deshalb aus der Theol. Fakultät ausgetreten, weil ich nicht an die Lebens- und Verbesserungsfähigkeit der evangel. Kirche glaube. Aus Resignation bin ich conservativ auf diesem Gebiet; wenn man einen alten von Rost fast zerfressenen Kessel *flickt*, so geht er entzwei; und so lange kein neuer da ist, muß man den alten behalten. Ich weiß wohl, welche Gnade das Evangelium ist. Ich glaube aber nicht, daß das Zurückgehen auf das Evangelium uns hilft. Die histor Wissenschaft hilft überhaupt nicht; was lebendige Kraft ist, wirkt ohne sie, und man fragt nicht, woher sie stammt, und wohin sie fährt. Sie wirkt, sei es unter richtigem oder falschem Namen; auf den Namen kommt es überhaupt nicht an, auch nicht auf den Namen Jesu. Gegen die *Ethik* des Evangeliums habe ich schwere Bedenken, nicht gegen die Selbstverleugnung, aber wohl gegen die allgemeine Menschenliebe. Es ist ein hyperindividualistischer, unwahrer Zug darin. Das Wahre im Evangelium ist nach meiner Ansicht der *Glaube*. Ist Gott für uns, wer mag wider uns sein.

Was den evangel. Cultus betrifft, so ist er eine Castrirung der Messe. Das Herz ist ihm ausgeschnitten, und allerhand Ornamente werden ihn nicht auf die Beine bringen. Ich bin sonst mit Ihnen sehr einverstanden in der Empfindung, daß es eine wahre Verrücktheit [ist], die Predigt zum Mittelpunkt des Gottesdienstes zu machen. Paßt aber gut zum doktrinären Charakter unserer verflixten protestantischen allgemeinen Bildung

Sie brauchen nur nicht zu besorgen, daß ich dem Papste in die Hände falle. Im Protestantismus finde ich Ehrlichkeit, wenngleich Verkehrtheit; im Papismus finde ich systematische Lüge, wenigstens in der Jesuiterei. Es geht mir wie dem alten Zaid[1], dem Ohm des Chalifen Omar: ich bilde eine Religionsgemeinschaft für mich. Ich kann nicht dem Gemeinschaftsbedürfnisse Opfer machen auf Kosten der Aufrichtigkeit. Es geht nicht.

Sie werden also verstehen, daß ich auf Ihre Zeitschrift[2] nicht abonnire. Wäre ich noch auf der Suche, so würde ich es thun dürfen; aber ich bin meines Glaubens[3] gewiß genug, und keine Zweifel können ihn erreichen.

Nehmen Sie die Zurückweisung nicht übel und seien Sie meines herzlichen Dankes für Ihr freundschaftliches Zutrauen versichert. Meine Frau wagt es Sie zu grüßen.

Ihr ergebener
Wellhausen

240. An William Robertson Smith

[Marburg, 11.10.1885]

L. S. Ich habe Ihre Noten[1] mit Vergnügen durchgelesen und manches daraus gelernt. عِوْض = Αυς[2] war längst meine Meinung. Das عَمْرَكَ اللّٰهُ wird als Abkürzung aus عَمَّرَكَ اللّٰهُ erklärt, und ich glaube nicht, dass Gründe vorhanden sind, diese Erklärung (= erhalte dich Gott lange am Leben, vgl das nicht seltene مُعَمَّر) für unrichtig zu halten[3].

Das Buch für Justi ist schon da, aber keine Rechnung dabei; Black wird wol so vernünftig sein, mir den Preis am Honorar für Reiske[4] abzuziehen. Justi ist sehr erfreut darüber.

Hudh. 189, 4 ist noch ein gutes Beispiel für the warcry[5]. Ich habe Geschichte Muh's und des ältesten Islam angekündigt: weniger um zu lesen als um zu schreiben.

Viele Grüsse

Ihr ergebener
W.

241. An William Robertson Smith

[Marburg, 25.10.1885]

L. S. Die Banu La'j (بنو لأى, vgl لُؤَىّ) verdienen vielleicht einen Platz auf S. 201, لأى = ثور. Freilich heisst das Thier لَأْى, das Gentile لَأْىٌ, vgl p 220 – Die Erklärung des Kainszeichens[1] ist sehr hübsch: aber Kain soll doch das Zeichen nicht mit vielen oder allen anderen Beduinen gemein haben? Zusammenhang zwischen אשמון und سمانى scheint mir so unwahrscheinlich wie nur möglich[2]. Auf S. 247 ist wohl „latter" und „former" umzustellen; ich habe mir erlaubt zu corrigiren[3].

Daß Felix Klein nach Göttingen geht, werden Sie wissen; es soll eine Brücke nach Berlin sein. Kessler von hier ist nach Greifswald gekommen, zur Stellvertretg Ahlwardts, der in Berlin den arab. Katalog druckt[4].

242. An Albert Socin

[Marburg, Herbst 1885]

Vielen Dank für Ihre Bemühungen; ich freue mich, daß sie so guten Erfolg gehabt haben.

Ich hätte gar nicht gewagt, Thorbecke in Halle zu nennen, wenn mir nicht A. Müller, bei dem ich schüchtern anfrage, Muth gemacht hätte. Es ist ein Skandal, daß er nicht nach München kommt. Aber ich glaube, daß die Regierung ihn in Halle bald zum Ordinarius macht und daß er dann dort als ständiger Sekretär der DMG sehr am Platze ist. Gosche's Emeritirung ist unumgänglich; vielleicht stirbt er aber vorher. Er ist herzleidend. Das sind wir jetzt freilich alle; es ist die Modekrankheit.

Wenn nur der unglückl. Keßler erst untergebracht wäre! Es will ihn keiner, obwohl die Gründe gegen ihn nicht ganz stichhaltig sind. Ich hoffe, daß man ihn nach Greifswald steckt. Wäre er doch nur Theologe! Dann wäre er längst Kirchen- oder Consistorialrath. Oder auch Jurist: dann hätte sich sieben Facultäten um ihn gerissen. Zu allem Unglück hatte ihm nun noch der dumme Schwätzer, der Merx, geschrieben, Thorbecke gehe aus Rücksicht für ihn nicht nach Halle. Er erzählte es mir voller Freude; ich sagte ihm freilich gleich, das wäre Blech.

Nochmals vielen Dank

Ihr ergebener
Wellhausen

243. An William Robertson Smith

[Marburg, 30.11.1885]

L. S! Nehmen Sie es nicht übel, dass ich Ihnen noch nicht gedankt habe. Ich wollte das Buch[1] vorher erst durchstudiren; aber das geht jetzt so langsam, dass ich wohl kaum vor Ostern damit fertig sein werde. Sie haben eine ungeheure Menge von Fragen gestellt und dadurch die Orientalisten auf lange Zeit mit Problemen versorgt – was diesen Leuten sehr noth that, die meist im Stoffe versinken und an nichts denken.

Haben Sie Snoucks Artikel in der Augsburger Allg. Zeitung[2] über seinen Aufenthalt in Mekka gelesen? Er ist merkwürdig; auch wegen der Charakteristik der Franzosen, deren Hass allmählich immer impotenter wird. Schade um so edle Anlagen!

244. An Ernst Reimer

Verehrter Herr Reimer

Beschleunigen Sie den Druck von Bleek[5] so, wie es Ihnen gut scheint[1]. Ich werde nach Neujahr den größten Theil des noch in meiner Hand verbliebenen Manuscriptes einschicken.

Den Druck der Prolegomena[2] können Sie beginnen, wann Sie wollen. Ich hatte allerdings die Absicht, größere Umarbeitungen vorzunehmen; es schadet aber nichts, wenn dazu jetzt keine Zeit ist, zumal ich doch nicht gut etwas machen kann, ehe nicht Dillmann mit seinem Commentar zu Pentateuch und Josua fertig ist[3]. Kleinere Correcturen kann ich ja anbringen. Bitte, schicken Sie mir ein Exemplar, aber kein durchschossenes; das stört mich nur. Die 3. Auflage möchte ich dann nicht stärker haben, als die vorhergehenden; in 3–4 Jahren kommt hoffentlich die Gelegenheit zu der großen Umarbeitung bei der 4. Auflage. Honorar, wie das letzte Mal (1200 M).

                            Mit ergebenem Grüße
                              hochachtungsvoll
Marburg 15.12.85   Ihr Wellhausen

245. An Charlotte Limpricht

LM M 16.12.85

Wahr ist es nicht, daß Volhardt herkommt. Indessen, daß Zincke mit Hilfe Althoffs Tauschhandel zu treiben sucht à la Studemund-Reifferscheid, ist vielleicht richtig; denn Volhardt soll einen Ruf hieher erhalten und abgelehnt haben. Zincke hat eine sehr schlechte Position den Medicinern gegenüber, besonders dem Prof. Kültz gegenüber; sie wollen ihn aus der medic. Prüfungscommission heraus und Schmidt statt seiner herein haben. Ich kann nicht beurtheilen, wer im Recht und im Unrecht dabei ist; vielleicht vertheilt sich das auf beide Seiten. Ich mag Zincke nicht ausfragen um genauere Nachrichten; die Geschichte wird ihm wohl sehr fatal sein. Ich glaube, daß mit dem Spiritus Rektor der medic. Fakultät, mit Kültz, schlecht auskommen ist, wenn man sich nicht unbedingt allem was er will fügt. Ihr denkt doch gewiß nicht an Tausch; ich glaube, die Verhältnisse sind nicht angenehm. Kültz ist durchaus kein übler, in mancher Weise sogar ein ungewöhnlicher Charakter; aber er hat was von Bismarck an sich; es ist schlecht mit ihm Kirschen essen. Mir persönlich wäre so etwas ganz gleichgiltig, aber Ihr seid sensibler, glaube ich.

Dies Alles, wenigstens der Zusammenhang, ist Vermuthung; die einzelnen Thatsachen sind allerdings nicht bloß Vermuthung. Wenn ich etwas Verlässiges höre, sollt Ihr es erfahren.

Bei Lenz geht es nicht gut; sie hat Wochenbettfieber, wenngleich nicht schlimmster Art. Man darf nicht schicken, weil jedes Geräusch in dem schändlich leicht gebauten Hause vermieden werden soll; Lenz läßt jeden Mittag im Professorenzimmer eine Art Bulletin ausgeben.

Kaibel macht Carrière[1]. Seht zu, daß Ihr Birt kriegt, Kießlings Schüler. Er gefällt mir tausend mal besser, als jener; mir ist die Unnatur schon bei Wilamowitz manchmal zuwider und nun gar in der zweiten Potenz bei Kaibel! Aber Birt ist leider Lateiner.

Unser Haus besteht vor der Hand in einem Loch, welches die Bewunde[rung] aller Kenner erregt, weil es nemlich unten rein in den Felsen gehauen ist; etwa drei Fuß liegt Erde und verwitterter Fels, dann kommt der harte Fels. Es war aber natürlich mühsam auszuhauen

Giesebrecht schamt sik; man kann ihn nicht als verständigen Menschen beurtheilen. Zu Ostern werdet Ihr wohl einen Nachfolger für Bredencamp kriegen; Giesebrecht wird es nicht, das geht auch nicht.

Die zweite Aufl. meiner Prolegomena ist plötzlich ausverkauft. Das Geld für die 3. Auflage wird ins Haus gesteckt[2]; an 10 000 Thaler wird es wohl kosten; es ist hier theuer. Dafür bleiben wir aber auch hier und gehen nicht nach Straßburg[3]. Es ist hier allerliebst, wenn man keinen gemeinen Ehrgeiz besitzt.

Viele Grüße
Euer Julius

246. AN MICHAEL JAN DE GOEJE

Marburg 17.12.85

Vielen Dank[1]! Was wohl noch alles aus dem Jean de Nikiou[2] zu lernen sein wird! schade dass er uns nur in dieser abessinischen Verballhornung erhalten ist.

Sie haben vielleicht gelesen, daß die ägypt. Regierung wieder einen deutschen Bibliothekar an Spitta's Stelle[3] setzen will. Man hat nur keine rechten Candidaten; Huber ist nicht gesund. Es wird wohl der kleine Vollers in Berlin vorgeschlagen werden; der ist sehr gescheit und wird sich bald hereinfinden.

Mit freundlichem Gruss

Ihr ergebener
Wellhausen

247. AN THEODOR MOMMSEN

22.12.85.

Verehrter Herr Professor

Abgesehen vom prol. gal.[1] kann ich nur auf Joannes Morinus, exercc. *bibl.* II, XVII (p. 476 sqq[2]) verweisen. Wahrsch. stehen bei Hody, de bibliorum textibus originalibus[3] Stichenverzeichnisse; aber die hiesige Bibliothek besitzt erstaunlicher weise das Buch nicht. Für das Neue Testament verweist mich ein Freund auf cod. Claramont. epist. Pauli ed Tischend. p 468.469[4]; er bemerkt, das inschr. Verzeichnis, wenn afrikanisch, müsse älter sein als die Synoden von Hippo (393) u Karthago (397), da es den Hebräerbrief von den Paulinen ausschließe; er faßt das doppelte *una sola* als eine lebhaft protestirende Glosse gegen *epistolae petri duae.* Auch die Ordnung der Bücher sei interessant; die Reihe *actus, apocalipsis, epistolae*[5] *iohannis* scheine auch bei Tertullian angedeutet zu werden.

Ehrerbietig
Ihr W.

248. AN ERNST REIMER

[Marburg, ca. Januar 1886]

Verehrter Herr Reimer

Ich danke Ihnen vielmals für die Zusendung des Honorars für Bleek[1] (1200 M.). Es schadet nichts, daß der Druck sich verzögert, da ich meine Reise nach Italien aufgegeben habe, aus verschiedenen Gründen. Ich bin sehr erfreut, daß der alte

Setzer auch für die Prolegomena[2] bleibt; ich habe nie einen besseren, vielleicht aber schon 1878 den selben gehabt.

Ich habe vergessen für den Separatabzug aus den Preuß. Jahrbüchern zu danken, worin ein Referat der Prolegomena gegeben wird[3]. Delbrück fragte mich neulich, ob ich nicht hie und da etwas Theologie für die Jahrbücher machen wollte[4]. Aber meine Theologie paßt nicht zu der Politik der Jahrbücher; es paßt mir überhaupt nicht, daß Religion und Theologie wesentlich als Mittel der Politik beurtheilt werden. Die Religion, bes. die evangel. Confession, frißt ja jetzt allerdings in Preußen dem Staate aus der Hand; aber das ist kein Zustand, den ich für normal halte. Indessen habe ich durchaus kein Bedürfnis, meine *praktischen* Gedanken drucken zu lassen; ich habe mit dem Druck der theoretischen schon genug zu thun.

Nochmals vielen Dank!

Ehrerbietig
Ihr ergebener
Wellhausen

249. AN ERNST REIMER

Verehrter Herr Reimer

Ich schicke Ihnen hier drei weitere Bogen der Prolegomena. Ich habe die Änderungen, die ich eigentlich auf später verschieben wollte, doch schon jetzt vorgenommen; ich glaube nicht, daß Dillmanns Schlußabhandlung[1] mir Anlaß zu weiteren Änderungen geben wird. Ich möchte aber die langwierige Arbeit nicht schon nach 3 oder 4 Jahren wiederholen und bitte Sie also, die Auflage stärker, (vielleicht doppelt so stark,) zu machen und mir das Honorar entsprechend zu erhöhen[2].

Von Bleek[5] möchte ich gern etwa 15 Separatabzüge des Abschnittes haben, den ich verfaßt habe, d. h. der letzten Bogen von der Geschichte der Entstehung des Kanons an. Dann genügen mir 5 Freiexemplare des ganzen Buches.

Wenn Besser der Verleger der Jahrbb für D. Theologie geblieben wäre, so wäre es mir unangenehm gewesen, die Aufsätze über die Composition des Hexateuchs gegen seinen Willen neu zu drucken[3]. Zu dem Herrn Reuther habe ich durchaus kein anderes als ein bloß juristisches Verhältnis. Ich glaube wohl, daß er diejenigen Hefte, in denen meine Abhandlung steht, am besten verkauft; aber es ist viel verlangt, daß mich das rühren soll. Außerdem hat er ja nur noch 50 Exemplare.

Das 3. Heft der Skizzen[4] kann ich frühestens zu Ostern 1887 erscheinen lassen; ich habe hier bis jetzt gar zu viel um die Ohren gehabt, und diesen Sommer wird mich der Bau eines Hauses, zu dem ich mich entschlossen habe, viele Zeit kosten. Dann kann es aber, hoffentlich, mit der Arbeit losgehen.

Mit ergebenem Gruße

ehrerbietig
der Ihrige
Marburg 28. Januar 86   Wellhausen

250. An Friedrich Althoff

Hochgeehrter Herr Geheimrath
Sie verübeln es mir wohl nicht, wenn ich unaufgefordert ein gutes Wort für Professor Cornill einlege, in Betreff der bevorstehenden Königsberger Berufung[1]. Es steht ihm vielleicht im Wege, daß er in Bezug auf den Pentateuch meine Ansicht theilt. Ich sehe nun nicht ein, was für ein theologisch oder kirchlich relevanter Unterschied zwischen meiner Ansicht und der Dillmanns oder Delitzschs statt finden soll. Jedenfalls war meine Pentateuchkritik nicht der Grund, warum ich aus der theol. Facultät ausgetreten bin, nicht im entferntesten. Mir schien die Universitätstheologie ein unmöglicher Compromiß zwischen Wissenschaft und Kirche; diesen Standpunkt theilt Cornill gar nicht. Er ist kirchlicher Theologe aus voller Überzeugung und so aufrichtig orthodox in seines Herzens Grunde, wie man es in Königsberg oder Berlin nur immer wünschen kann. Wenn gegen ihn geeifert wird, so ist das nicht Eifer für die Kirche, sondern Eifer für kirchlich ganz gleichgiltige Schulmeinungen. Das ist meine Meinung; ich fühle mich gedrungen sie auszusprechen, nicht weil mir daran läge noch einen Vertreter derjenigen Pentateuchhypothese, die ich für die richtige halte, auf dem Katheder zu sehen – ich brauche wahrhaftig nicht auf solche Weise Propaganda zu machen –, sondern weil ich nicht möchte, daß ein Unschuldiger meinetwegen Schaden nähme.

Wenn ich Herrn Oberconsistorialrath Weiß kennte, würde ich an den geschrieben haben; indessen haben Sie doch wohl auch mit der Sache zu thun und Gelegenheit an maßgebender Stelle darüber zu sprechen. Über die wissenschaftliche Leistungsfähigkeit des Prof. Cornill habe ich kein Urtheil; wohl aber hat es Prof. Lagarde, der seine noch nicht ausgegebene große Arbeit über den Propheten Ezechiel kennt[2].

Verzeihen Sie diese unerbetene Meinungsäußerung und erhalten Sie mir Ihr Wohlwollen!

Ehrerbietig
Ihr ergebener
Marburg 12. Febr 1886   Wellhausen

251. An William Robertson Smith

[Marburg, 19.2.1886]

L. S. Ich bemühe mich vergebens zu finden woher Sie wissen, dass die Âmila „*with the other Ribâb*[1], were reckoned to Tamim in later times." (Kinship 31). Ich finde die Amila nirgend unter den Ribâb erwähnt und hätte gern Ihre Quelle dafür.

Dillmann ist endlich mit seiner Schlussabhandlung auf dem Plan erschienen[2]. Ich bin sehr enttäuscht. Nicht einmal schimpfen thut er. Er verrinnt langsam im Sande. Aber mich gähnt nicht bloss Dillmann, sondern der ganze Pentateuch an; und ich bewundere Kuenen, dass er unverdrossen sich durch alles durchfrisst.

252. An Hermann Usener

Marb. 22. 2. 86

Verehrter Herr Professor

Ihre freundliche Gabe[1] ist mir sehr werthvoll; diese Dinge sind auch für mich ungleich ansprechender als die alte langweilige Dogmengeschichte, und sie scheinen mir auch wichtiger zu sein, wenn die Kirche mehr ist als Theologie. Ich selbst bin gegenwärtig an einer ähnlichen Arbeit auf dem Gebiete des Islam[2]; indessen ist der Islam in dem selben Maße dürrer als das Christenthum, wie das arab Heidenthum im Vergleich zu dem griechisch-römischen. Merkwürdig ist mir immer die große Übereinstimmung des Cultus und der Riten bei den westlichen Semiten und den Griechen[x]. Ich habe ohne jegliche Kenntnis der griechischen Sakralalterthümer meine Prolegomena geschrieben, und ich bin nachträglich erstaunt gewesen, das alles bei den Griechen wieder zu finden, was sich mir als Bestand und Art des ursprünglichen Cultus bei den Hebräern ergeben hat. Auch bei den Arabern findet sich die Übereinstimmung, aber nicht so auffallend; außerdem sind die Araber auf diesem Gebiete nur Nachahmer von *opera operata* des syrischen Cultus: viel mehr ist es nach meiner Überzeugung mit dem altarab. Heidenthum nicht gewesen.

Hat Maria Beziehungen zum Morgenstern? Ich vermuthe es wegen der Kollyridianerinnen des Epiphanius; denn dieser Cultus scheint ursprünglich dem arabischen Venusdienste eigenthümlich zu sein. Vgl Hierem. 7.44 und Isaac Antiochenus I 244, 440 sqq (ed. Bickell[3]).

Das Gebiet, das Sie von neuem anbrechen, ist fast unerschöpflich und läßt sich von den verschiedensten Seiten in Angriff nehmen. Wäre ich in Paris, so würde ich wissen was ich zu thun hätte. In Marburg ärgert man sich zu sehr, wenn man alle Augenblick, wegen fehlender Quellen, nicht weiter kann. Schon in Göttingen würde es besser gehen. Es ist wahrhaftig eine edle Wissenschaft, die Theologie. Schade nur, daß man ihr innerhalb der Theologen nicht dienen kann.

Wir haben hier wahrscheinlich einen Antisemiten in den Reichstag gewählt[4]. Da er für das Septennat stimmt, so schadet es nicht viel. Es ist zwar ein Irrthum zu meinen, daß die Laus die Ursache des Schorfes ist; aber die Wahl ist doch überaus charakteristisch als ein gänzlich unbeeinflußter und treuer Ausdruck der Stimmung des hiesigen Landvolks. So etwas kommt glaube ich, auf dem Lande noch seltener vor wie in der Stadt; es wird sonst alles gemacht. Das kann man in diesem Fall nicht sagen. Die Frauen sollen die Hauptanstifter der Judenhetze sein; das ist auch wieder charakteristisch. Übrigens ist die Wahl noch nicht definitiv sicher.

Nochmals meinen aufrichtigen und warmen Dank, Sie haben mir eine große Freude gemacht. Hochachtungsvoll

Ihr ergebener
Wellhausen

Haben Sie den 25 Kislev (December) II Macc 1,18 beachtet?

× ich glaube nicht an Übertrgg, sondern an spontane Übereinstimmg; בָּמָה βωμος ist allerdings auffallend.

253. AN WILLIAM ROBERTSON SMITH

28.2.86.

Mein lieber S! Gratulire vielmals[1]. Sie sind durch die seltene Vielseitigkeit Ihres Wissens und durch Ihre praktischen Anlagen zum Bibliothekar praedestinirt; es wäre aber doch schade, wenn Ihnen die Sorge für fremde Bücher keine Zeit liesse, noch selber welche zu schreiben. Können Sie nicht mindestens die Encyclopaedie jetzt aus der Hand geben? Mich dauert die viele Zeit, die Sie für so etwas zum Opfer bringen müssen.

Ich lese in den arabb. Büchern herum und thue *next to nothing*; nur habe ich die Freude, drei sehr tüchtige Zuhörer zu unterrichten, von denen freilich der beste Ostern wieder nach Halle geht. Im April gehe ich in die Schweiz, wahrscheinlich an die ital. Seeen [sic].

Viele Grüsse!

Ihr Wellhausen

254. An August Fresenius

Marb. 9.4.86

Hochgeehrter Herr Doktor

Ich theile ganz Ihre Stimmung gegen die Hinrichssche Buchhandlung[1]. Ich würde in Ihrer Stelle gar keine Rücksicht auf meinen Posten nehmen und besagter Buchh. antworten, es sei *Ihre* Sache, die Referenten zu bestellen. Vielleicht würden Sie dadurch ein gutes Werk stiften, indem Sie der heillosen Recensionenbettelei einen Schlag versetzten.

Mich hat Cornill gebeten, sein Buch anzuzeigen[2]. Ich habe mich mit allen Kräften dagegen gewehrt, schließlich bin ich seinem unverschämten Geilen[3] erlegen. Sie verletzen *mich* durchaus nicht, wenn Sie mich als Referenten perhorresciren, einfach aus formellen Gründen. Daß die Gründe formell seien, können Sie vielleicht dem Verleger mittheilen. Indessen will ich Ihnen natürlich keinerlei Verhaltungsmaßregeln mittheilen.

Ich darf Sie vielleicht um eine kurze Mittheilung über den Verlauf der Sache bitten. Ich wiederhole noch einmal, daß ich ganz auf Ihrem Standpunkte stehe und mich durch Ihren Brief nun *satisfied*, und in keiner Hinsicht verletzt fühle. Hochachtungsvoll

Ihr ergebener
Wellhausen

255. An William Robertson Smith

[Marburg, Mai 1886]

Lieber S! Vielen Dank, ich kann Ceriani[1] hier bekommen. Nehmen Sie nicht übel, dass ich Ihr *Sacrifice*[2] und Iud. 9[3] vergessen habe; ich bekam es Ende März nachgeschickt, als ich auf der Reise war. Ihre Restitution und Ihr Verständnis ist jedenfalls die verhältnismässig beste Lösung; aber mir scheint doch die Sache nicht sicher. Ich habe vor, in einiger Zeit die Bb. Judicum und I-IV Regum zu übersetzen, mit kurzen Anmerkungen; ich glaube noch allerhand Nützliches drucken zu können aus LXX studien, die ich vor 16 Jahren gemacht habe[4]. Cornill conjicirt zu viel[5]: ich bin allmählich sehr mistrauisch gegen systematische Conjectur, ohne Überlieferung.

Ihr W.

Mit Nöldekes Recension[6] können Sie zufrieden sein; A Müller's[7] ist allerdings sehr unbedeutend, voll anmuthiger Redensarten.

256. An William Robertson Smith

Nehmen Sie es nicht übel, dass ich Ihnen bloss ein Segment von Bleek[5] schicke; es ist Alles, was in der neuen Ausgabe von mir stammt. Alles Übrige, was in der vorigen Ausgabe *de meo* eingeflickt war, habe ich jetzt weggelassen[1].

    Sie würden mir einen Gefallen thun, wenn Sie mir den genaueren Titel von Ceriani's Abhandlung oder Buch schickten[2]; ich möchte die Sache doch gern kennen lernen. Cornills Buch[3] ist enorm fleissig, aber schauderhaft durchzustudiren. Von seinen Conjecturen halte ich bis jetzt sehr wenig; sie sind viel zu systematisch. So etwas muss auf einem glückl. Einfall beruhen. Viele Grüsse!
Marburg 10.5.86   Ihr W.

257. An Adolf Jülicher

Marburg 1 Juni 1886

Verehrter Herr Pastor

Ich danke Ihnen vielmals für Ihr Buch[1] und Ihren Brief; ich bin, wie ich Ihnen schon öfters gesagt habe, stolz darauf, wie Sie mich taxiren; nur müssen Sie die Ehrfurcht aus dem Spiel lassen und für Seine Majestät aufheben. Ich habe Ihr Buch mit großem Vergnügen durchgelesen; es ist sehr bequeme Lektüre trotz der erstaunlichen Gelehrsamkeit, die Sie überall in theolog. und nicht theolog. Dingen entwickeln, bei der man außerdem immer den Eindruck hat, daß sie echt ist, weil dabei überall ein persönliches Verhältnis zu dem besprochenen Gegenstande oder Kirchenvater durchschimmert. Ihr Urtheil leuchtet mir gewöhnlich ein; ich bin aber sehr wenig competent im Neuen Testament und bei principiellen und formellen Dingen. Daß Sie Weiß so herausstreichen, hat mich überrascht; ich kenne ein wenig seine bibl. Theologie und sein Leben Jesu[2]: beide Bücher verabscheue ich beinah. Aber in manchen Dingen, z.b. in der Quellenkritik, soll er ja fein und gesund sein; das kann ja am Ende auch ein ganz unproductiver Geist, wie z.b. Hupfeld war, sehr gut machen. Sehr neu ist mir der Name Koetsfeld[3] gewesen; aber wenn ich Ihnen sagen wollte, was mir Alles neu gewesen ist, so müßte ich lange schreiben.

    Mit am meisten hat mich gefreut, was Sie auf S. 164 sqq[4] schreiben; ich finde Ihr Urtheil höchst billig und treffend. Bei der Anmerkung auf S. 175[5] bin ich fast vor Ihnen auf die Knie gesunken – womit haben Sie sich eigentlich nicht beschäftigt und welche Literatur haben Sie nicht durchstudirt? Mir hat Zotenberg neulich ein Buch über Barlaam u Joasaph geschickt, woraus ich zuerst ersehen habe, daß es so etwas gibt. Der Titel ist: *Notice sur le livre de B. et J. accompagnée d'extraits du texte grec et de versions arabe et éthiopienne, par H. Zotenberg. Paris,*

Imprimerie nationale 1886. Es wird vielleicht in irgend welchen *Notices et Extraits* erschienen sein oder einem anderen Sammelwerk; ich kann aber nicht sehen, in welchem[6].

Ich hoffe, daß Dillmann sich nicht durch sein schlechtes Gewissen so verstockt machen läßt, daß er Ihnen im Examen Schwierigkeiten bereitet; ich höre außerdem, daß sein Einfluß in der Fakultät nicht übermäßig ist. Wofür habilitiren Sie sich? Für alte Kirchengeschichte[7]? Altes Test. und Neues Test. hängt enger damit zusammen als die Kirchengeschichte des Mittelalters u der späteren Zeit. Was für ein Hornthier ist z. b. der Brieger, der trotz seiner Kenntnis der Reformationszeit von Theologie so viel versteht wie ein Lithograph od wie Schürer[8].

Viel Glück zum Beginn der akadem. Laufbahn! Q. D. B. V.[9]

Ihr dankbarer und
ergebener
Wellhausen

258. AN AUGUST FRESENIUS[1]

In dem Vorwort zu der Ausgabe des *Ousâma ibn Mounḳidh* (Paris 1886, Leroux) verweist H. Derenbourg auf *la première partie*, welche den histor Werth des Buchs ins Licht gesetzt haben würde. Es wäre zur Beurtheilung der *deuxième partie* (der Ausgabe) durchaus wünschenswerth u fast unerläßlich, auch die *première* dazu zu haben. Ich bin bereit, eventuell dafür den Buchhändlernettopreis zu bezahlen[2]

Marburg 15.6.86 Professor Wellhausen

259. AN THEODOR BRIEGER

[Marburg, 3.7.1886]

Lieber Herr College
Wir hatten uns verabredet, morgen einen kleinen Ausflug zu machen, um meiner Schwägerin, die nächster tage fort geht, noch etwas von der Landschaft zu zeigen; es thut uns darum sehr leid Ihrer so freundlichen Einladung nicht folgen zu können

Ihr ergebener
Sonnabd 3 Juli Wellhausen

260. An Albert Socin

Marb 8.8.86

Lieber Socin

Da ich nicht weiß, ob Smend in Münster oder in Basel ist, und vermuthe, daß Sie noch in Tübingen sind, wo man ja sehr lange auszuhalten pflegt, so adressire ich an Sie meinen Dank für die freundliche Zusendung[1], und zugleich für die äußerst nützliche und auch erfolgreiche Arbeit, der Sie sich gemeinschaftlich unterzogen haben. Besondere Anerkennung verdient die große Resignation, die Sie sich im Mittheilen von Erklärungen etc auferlegt haben; sie wird dem dauernden Werthe Ihrer Edition zu gute kommen.

Das Ministerium hat mir 1000 Mark gegeben für Vervollständigung des arab. Bestandes der hiesigen Bibliothek. Ich werde diese 1000 Mark vorzugsweise in Bulaker u. anderen einheimischen Drucken anlegen, und mir vielleicht erlauben, mich dann wieder an Ihre Güte zu wenden. Wer sich grün macht, den fressen die Ziegen, sagt man bei uns. Sie haben sich durch Ihre Freundlichkeit gegen mich in diese Lage gebracht; ich hoffe indes, daß Sie es mir aufrichtig sagen werden, wenn Ihnen die Geschichte unbequem wird.

Ich liege im Druck einer dritten Aufl der Prolegomena; es soll ein Stellenverzeichnis hinzukommen, „auf vielseitiges Verlangen". Ein Student hat es mir aus freien Stücken gemacht und zum Druck angeboten[2]. Ich lege eigentlich keinen Werth darauf. Hr Siebeck will mich bewegen, das A.T. zu übersetzen; ich habe ihm gesagt, in 10 Jahren könnte ich daran denken, wenn ich dann noch lebte. Darauf hat er mir sehr vergnügt gedankt; ich hatte die Sache aber nur als verhüllte Ablehnung gemeint. Er scheint ein listiger Mann zu sein; er wird die eigentl. Meinung wohl verstanden haben, faßt mich aber beim Worte.

Grüßen Sie Smend vielmals, wenn Sie nach Basel kommen. Vielleicht sehe ich Basel im Oktober; es ist indes noch sehr unbestimmt.

Nochmals vielen Dank

Ihr Wellhausen

261. An Nicolaus Müller

[Marburg, 11.8.1886]

Vielen Dank für Ihre freundl. Zusendung[1], die freilich an einen Unwürdigen verschwendet ist. Interessant ist mir die Schreibung משכהבו p 56; das ה steht sonst nur für vokalischen Auslaut am Ende der Worte, hier für vokalischen Inlaut: *mischkâbô*[2]. Aus Ihrem Werk über „Die altjüdischen Cömeterien in Italien"[3] hoffe ich viel zu lernen; ich habe hier aber gradezu noch alles zu lernen. Hochachtungsvoll Ihr ergebener

Wellhausen

262. An Ernst Reimer

Marburg 16. Aug 86

Verehrter Herr Reimer

Ich bescheinige Ihnen dankend den Empfang des Honorars. Daß der Druck bis in die Ferien reicht, ist mir ganz einerlei; ich bleibe die Ferien so wie so in Marburg, eines Hausbaues wegen. Ich werde noch ein Stellenregister am Schluß hinzufügen, es kann aber erst nach Vollendung des Druckes fertig gemacht werden[1]. Indessen schadet die dadurch bewirkte kleine Verzögerung wohl nichts, da ja das Buch doch nicht vor Oktober wird ausgegeben werden.

Mit ehrerbietigem Gruß

Ihr ergebener
Wellhausen

263. An Adolf Hilgenfeld

Marburg 29. 8. 86

Hochwürdiger Herr

Sie haben die große Güte gehabt mir ein Exemplar von Vatke's Einleitung in das Alte Testament[1] zugehen zu lassen, und ich danke Ihnen aufrichtig für diesen Beweis Ihres Wohlwollens, obgleich ich gestehe, daß ich in der Werthschätzung dieser Vorlesungen nicht mit Ihnen übereinstimme, vielmehr zu Gunsten Vatkes gewünscht hätte, sie wären ungedruckt geblieben.

Ihrem ferneren Wohlwollen empfiehlt sich

Ehrerbietig
Prof. Wellhausen

264. An August Fresenius

Stade's Geschichte ist das letzte mal von Jülicher angezeigt[1]; der muß nun auch die Fortsetzung machen; ich schicke darum das mir zugesandte Heft zurück. Wenn Sie jetzt meine Recension von Cornills Ezechiel[2] drucken wollen, so ist mir es recht; es wäre gut, wenn ich vor 1 Okt. eine Correctur lesen könnte; hinterher bin ich verreist und muß auf Correctur verzichten. Den 1. Teil des Usâma b Munkidh habe ich bisher nicht bekommen; wenn Weidmann ihn mir nicht besorgen kann, so werde ich versuchen ihn mir anderweitig zu verschaffen[3].

Hochachtungsvoll
Ihr ergebener
Marburg 19. 9. 86   Wellhausen

265. An August Fresenius

Verehrter Herr Doktor,
Ich danke Ihnen für Ihre gefälligen Mittheilungen und versichere zugleich, daß ich weder Sie noch jemand anders in irgend welchen Verdacht der Nachlässigkeit gehabt habe und daß ich Dinge bei andern Leuten nicht anders beurtheile, als ich sie bei mir beurtheilt zu sehen wünsche.

Ich mochte mit der Anzeige des Usama b Munqidh nicht länger warten und schicke Ihnen darum die Recension[1]. Der Herausgeber beginnt sein Vorwort: *La biographie de l'émir Ousâma, qui forme la première partie du présent volume, aura, j'ose l'ospérer, mis en pleine lumière la valeur et la sincérité de son témoignage.* Darnach scheint der erste Theil denn doch schon vor dem zweiten erschienen zu sein. Ich traue dem Hartwig Derenbourg übrigens nicht zu, daß er in seiner Biographie viel Vernünftiges vorgebracht hat. Aus den angeführten Worten erhellt mir namentlich, daß er den histor. Werth seines Fundes überschätzt.

Gleichzeitig schicke ich eine kurze Anzeige der Dissertation von Herzsohn[2]. Der Mann ist geeignet, einen zu interessiren, obwohl er ein Jude ist. Jedenfalls ein höchst außerordentlicher Jude.

Kuenen recensire ich nicht eher, als bis etwas mehr erschienen sind als die ersten abgerissenen 96 Seiten[3]. Diese Manier, zuerst mit etwas auf den Markt zu kommen, ist wirklich unausstehlich.

Ihrem Wohlwollen mich empfehlend hochachtungsvoll

M. 24. 9. 86

Ihr ergebener
Wellhausen

266. An Franz Overbeck

[Basel,] Mittw. 6. 10. 86

Hochgeehrter Herr College
Wir haben uns entschlossen, morgen früh um 10 Uhr weiter zu fahren; zu meinem Leidwesen werde ich also schwerlich das Vergnügen haben können Sie noch einmal zu sehen. Die beabsichtigte Jura tour ist nicht zu stande gekommen; mir waren die Wege zu schlecht, wenn auch der Regen aufgehört hatte. Meine Frau ist ganz wieder besser.

Es hat mir große Freude gemacht Sie gesehen zu haben; ich hoffe, daß es nicht das letzte mal gewesen ist. Ihrem Katarrh wünsche ich gute Besserung und empfehle mich im Übrigen Ihrem Wohlwollen.

Ihr ergebener
Wellhausen

267. An Hermann Usener

Marburg 2 11 86

Verehrter Herr Professor

Ihre Höflichkeit beschämt mich sehr; ich hinke nun mit *meinem* Danke tragikomisch nach. Es ging wie oft; ich wollte Ihre Legenden[1] erst lesen, kam nicht dazu (wegen Hausbaues), verreiste dann, und verbummelte die Sache.

Ihre Studien interessiren mich sehr lebhaft, aus wissenschaftlichen und auch aus anderen Gründen. Die Philologen brechen in das gänzlich vernachlässigte Gebiet der Theologen ein und bemächtigen sich darin alles dessen, was wissenschaftlicher Behandlung fähig ist; ein merkwürdiges Zeichen. Wenigstens *wird* es zukünftig so kommen, und Sie sind dann der Pionier gewesen. Ich wollte, ich könnte mit arbeiten; aber die moralischen Gründe, deren wegen ich Arabisch treibe, halten mich vorläufig noch beim Arabischen fest. Interessanter ist mir noch immer die Theologie.

Meine Frau geb Limpricht hat sich sehr gefreut, daß Sie sich ihrer Existenz erinnern, und erlaubt sich Ihren Gruß dankbar zu erwidern. Wenn ich bitten darf, so bestellen Sie von mir einen höflichen Gruß an Gildemeister.

Ihrem ferneren Wohlwollen empfiehlt sich

ehrerbietig
Ihr ergebener
Wellhausen

268. An Abraham Kuenen

Marburg 5 Nov 86
Schlag 14.

Ich habe Ihr Frl. Schwester in sehr guter Erinnerung; sie hatte 1880 fortwährend heftige Gesichtsschmerzen, vor denen sie fast gar nicht schlief, und sie ertrug sie ohne Worte und ohne Murren. So etwas prägt sich mir ein, weil ich es nicht nachmachen könnte. Auch den Eindruck ungemeiner Selbstlosigkeit und geräuschloser Aufopferung habe ich behalten; sie schien nur an Andere, gar nicht an sich zu denken und mit der eigenen Person immer zurückzutreten. Ich denke mit aufrichtiger Theilnahme an Sie und Ihre Kinder.

Ich bin vor wenigen Tagen in mein neues und noch immer nur halbfertiges Haus gezogen. Die Handwerker arbeiten noch überall, die Öfen brennen nicht, alle Sachen sind durch den Umzug an die verkehrte Stelle gerathen und lassen sich nicht finden. Im nächsten Sommer aber wird die Wohnung wohnlich sein, so Gott will; und dann könnte ich mir nichts schöneres denken, als Sie darin zu beherbergen. Sie werden von der Landschaft befriedigt sein.

Mir ist am 26. Nov. 1878 meine Schwester gestorben[1]; ich habe sie zuletzt gesehen, als ich von meinem ersten Besuche bei Ihnen über Hameln nach Greifswald zurückkehrte. Ich hatte sie sehr lieb und weiss also Ihren Verlust vollkommen zu taxiren. קרבת אלהים לי טוב[2].

Meine Frau erlaubt sich Sie herzlich zu grüssen.

Ihr Wellhausen

269. An den Kurator der Universität Marburg

Hochgeehrter Herr Geheimrath,
In der meinem Marburger Patent beigegebenen Instruktion steht; ich solle meine Lehrtätigkeit innerhalb des orientalistischen Gebietes so eingrenzen, daß dadurch eine Konkurrenz mit den Alttestamentlichen Theologen vermieden bleibe. Hr G R. Althoff hat mir das so erklärt, daß ich mich schlechterdings aller Alttestamentlichen Vorlesungen enthalten und z. B. auch nicht hebräische Grammatik lesen solle. Nun bin ich von einzelnen Mitgliedern der hiesigen theol. Fakultät wiederholt gebeten, Alttestamentliche Collegia zu halten, und es wird mir versichert, daß auch Hr. Prof. Baudissin es wünsche und grade er am meisten. Mir liegt sehr wenig daran, vor fünf bis zehn Zuhörern vorzutragen – denn mehr werden es nicht, so lange ich nicht in der theolog. Prüfungskommission sitze – aber ich stehe mir den hiesigen Herren Theologen auf gutem Fuße und möchte nicht ungefällig scheinen, fürchte auch, daß meine fortgesetzte Weigerung denselben vorkommt wie das Mucken eines gekränkten Kindes. Indessen ehe ich ein Alttestamentliches Kolleg ankündige, muß ich gewiß sein, daß das Ministerium damit einverstanden ist; und ich bitte Sie, mir darüber authentischen Bescheid zu verschaffen.

Marburg. 5 Nov '86

Ehrerbietig
Ihr ergebener
Wellhausen

270. An Michael Jan de Goeje

Marb. 18. 11. 86

Vielen Dank für Ihre Mémoires I[1], ich habe viel daraus gelernt. Sie haben Manchem durch die Reedition einen Gefallen gethan; ich z. b. habe seit lange vergeblich auf die alte Ausgabe gefahndet.

Es ist mir gesagt, die Sira des Ibn Ishaq sei in Konstantinopel[2]. Wenn Sie mir gelegentlich eine Notiz geben könnten, ob das Gerücht wahr ist und ob die

Handschrift in Konstantinopel zugänglich sein würde, so würden Sie mich sehr verpflichten. Ist es, nach Ihren Informationen, allein die Sira, oder sind es auch die Maghazi, über Muhammads Tod hinausgehend?

Mein Bedauern dass Sie nicht über Marb. gekommen sind wird dadurch verringert, dass ich Sie nicht gesehen haben würde: ich war damals nicht hier. Ich bitte um Grüsse an Snouck und Houtsma, an Kuenen etc.

Nochmals vielen Dank von Ihrem ergebenen
Wellhausen

271. An Abraham Kuenen

Vielen Dank[1]! Nun sind Sie ja über den eigentlichen Berg herüber; an Propheten und Poeten[2] werden Sie zwar vielerlei nachzutragen, aber wenig zu ändern haben. Ich werde nicht so bald dazu kommen, diese Studien wieder aufzunehmen; auf alle Fälle will ich warten bis Dillmann mit Numeri – Josua und der Schlusskritik erschienen ist[3]. Wenn der es verdient, so will ich, ان شاء الله[4], ihn gehörig ärgern, ohne mich selbst irgendwie zu ärgern.

Ihr ergebener

Marb. 12. XII 86.
Wellhausen

272. An Albert Socin

L F

Die angekündigten Bücher (Antar, und Muqaddasi[1]) sind glücklich eingetroffen; vielen Dank! Die Bibliothek zahlt sofort, es würde indessen bequemer sein, wenn Alles auf einmal bezahlt werden könnte. Sie müßten dann die Güte haben, mir die Rechnung zu schicken, inclus. Porti und dergl.

Ich bin sehr gespannt auf Ihre literar. Dreistigkeit u sage niemand nichts davon. Vielleicht überrasche ich Sie auch einmal mit einer Dreistigkeit. Gegenwärtig indessen prickt mich der Hafer nicht; ich leide an meinem alten Übel, Schlaflosigkeit.

A. Müllers Humor in der Weltgeschichte[2] habe ich noch nicht gelesen; die Arbeitskraft ist jedenfalls erstaunlich. Der Humor ist aber eine höchst gefährliche Gottesgabe.

Nochmals aufrichtigen Dank
Ihr ergebener

Marb 28.1.87
Wellhausen

273. An Abraham Kuenen

M 23.2.87

Lieber und verehrter Freund

Ich erfahre eben von Snouck, dass Sie schwer krank gewesen sind. Nach dem Verlust Ihrer Lieben fehlte nur eben das noch, Sie scheinen die Tragoedie des armen Hiob an sich erleben zu sollen. Ihr Glaube wird freilich dadurch nicht erschüttert sondern befestigt werden; in solchen Zeiten merkt man, für wen das Evangelium da ist und für was. Ich kann es nicht lassen, Ihnen meine herzliche Theilnahme zu bezeugen.

Wir leben in grosser Aufregung. Die Reichstagswahlen scheinen ungünstig auszufallen; das Centrum verliert nichts, die Fortschrittler haben zwar sehr stark verloren, werden aber die Verluste bei den Stichwahlen wohl wieder einbringen, mit Hilfe der Socialisten, die wiederum einen colossalen Zuwachs aufweisen. Für den Krieg haben allerdings die Wahlen nach meiner Meinung keine Bedeutung; der kommt jedenfalls. Ich habe lange nicht daran glauben wollen, jetzt glaube ich es. Die Regierung hat Wind gehabt von einem im Werden begriffenen russisch-französ. Bündnis; sie hat es vermieden von den Russen zu reden, in der Hoffnung, dieselben noch von den Franzosen abbringen zu können. So denke ich mir. Ich zweifle nicht an der Kriegsunlust der meisten Franzosen, aber noch viel weniger daran, dass sie sich eventuell alle von der Revanchepartei werden hinreissen lassen. Dass allmählich ganz Europa sich gegen uns einnehmen lässt, tröstet mich eher als dass es mich wundert. Sie können sich denken, wie ernst die Stimmung bei uns ist. Auf die Österreicher rechnet kein Mensch; wir werden den Kampf allein bestehen müssen. An düsterer Entschlossenheit werden wir es nicht fehlen lassen; es soll ihnen sauer werden uns unterzukriegen. Durch alle Sophismen der Welt werden die Franzosen nicht wegbeweisen können, dass sie die moralischen Angreifer sind. Die Zukunft sieht mir nach Jammer aus; an rasche Siege, hier wie dort; glauben die Wenigsten, nur an einen Kampf auf Leben und Tod – mit der grinsenden Commune im Hintergrunde.

Die Wissenschaft kommt einem in solchen Zeiten etwas läppisch vor. Ich arbeite wenig, man ist zu erregt. Ich mache auch keine Pläne; sonst würde ich Ihnen vielleicht meinen Besuch ankündigen. Es zieht mich nach dem schönen Holland.

Ich möchte, Snouck bliebe in Berlin; aber es scheint wenig Hoffnung dazu, ich weiss auch nicht ob er will. Er wäre der nöthige Snoek[1], um die dortigen feisten Karpfen mal in Bewegung zu bringen. Ein ganzer Kerl: immer mit dem Kopfe durch die Wand; ich liebe ihn.

Über Dillmann's Schlussabh. werden Sie sich gewundert haben. Im Commentar ist er aber weniger sanft, namentlich nicht gegen mich[2]. Mich wundert, dass er sich nicht zu Tode gelangweilt hat bei seiner Arbeit. Denn man bemerkt bei ihm nie treibende Probleme, neue Fragen, geschichtlichen Spürsinn. Er frisst Hobelspäne – *from the workshop of others.*

Esperance, Percy³, esperance! Wir wissen, dass Gott im Regimente sitzt⁴; möge er gnädig walten!

Herzlichste Grüsse

Ihr Wellhausen

274. An William Robertson Smith

[Marburg, 28.4.1887]

L. S. Ich wollte Ihnen längst sagen, wie sehr ich an dem schweren Verluste teil nehme, den Sie erlitten haben¹; es ist eine Reise dazwischen gekommen und allerlei anderes. Nun erinnert auch Ihre zweite freundl. Gabe² an das Versäumte. Ich habe den Aufsatz mit großem Interesse gelesen; ich bewundere die Fruchtbarkeit Ihrer Lektüre und Ihrer Combination. Das von Ihnen wieder aufgegrabene Grab des Naʿman (des famosen alten Roland) macht die Vermutung, dass Naʿman = Adonis, zur Gewißheit³; die Anemonen* Lagarde's⁴ halte ich für Windblumen und glaube auch nicht, daß Skagige Wunde heißt. Merkw., daß Năʿman von Gira von den Griechen τῆς Σακίκης genannt wird. Übrigens besitzen wir auch die Form Νααμων inschriftlich, Waddington 2413 d⁵. Über E. Meyer scheinen Sie so zu urteilen wie ich; er ist ein dreister *common-sense* Mann und mit seinem Wissen von und seiner Liebe für das Altertum ist es nicht weit her. – Ich druckse u mache nichts. Viele herzliche Grüße!

* soll etwa das A der arab. Artikel Al sein?? bei einem so alten u nicht arab Gott?

275. An Albert Socin

Bitte, schicken Sie¹ unter der Adresse: Königl. Universitätsbibliothek nur *Alles*, auch den Muvatta². Vielen Dank für die Besorgung und für das Spitzbubenlexikon³, das mir vielen Spaß gemacht hat; sonderbar, daß diese Leute es für nöthig gehalten haben, vorzugsweise so harmlose Begriffe wie Arsboß und Sunneboß und dgl mystisch zu benennen. Ob die Juden auch auf diesem Gebiete ihr Dahinterstecken leugnen? sie kommen da in keine gute Gesellschaft.

Ihr ergebener

M. 2.6.87. Wellhausen

276. An Ernst Reimer

Marburg 3 Juni 1887

Verehrter Herr Reimer

Ich möchte ein 3. Heft der Skizzen herausgeben[1]. Den wesentl. Inhalt soll eine Abhandlung über das alte arab. Heidenthum bilden. Wann kann der Druck beginnen? Ich will Ihnen gestehen, daß ich nur 4–5 Bogen druckfertig habe; aber ich gehöre zu den Leuten, die nur unter Druck zu schreiben vermögen. Sobald ich für mich die Sache erforscht und klar habe, ist es mir langweilig, sie für andere darzustellen; und ich bedarf dazu des äußeren Zwanges. Der Druck hat also keine Eile; indes wäre es mir lieb, wenn er in ein paar Wochen anfinge und in langsamem Tempo fortschritte, so daß nur ein Setzer dabei beschäftigt wäre.

Mit ehrerbietigem Gruße

Ihr ergebener
Wellhausen

277. An Hans Haym

Marburg
23.6.87.

Verehrter Herr Doktor Hans Haym

Die maßgebenden Herren hier haben schon einen Musikus in petto, der von Berlin aus sehr kräftig empfohlen ist. Das schicke ich voraus; ich glaube, Sie dürfen sich nicht viel Hoffnung machen.

Die Stellung des verfloss. Direktor Freiberg war sehr angenehm; er war das verhätschelte Kind der Gesellschaft. Musik ist das einzige Vergnügen, das hier zu beschaffen ist – daher die Wichtigkeit des Dirigenten. Gehalt 2400 Mark; möglicherweise soll jetzt der Director Extraordinarius werden. Lehrgabe bezieht sich auf *Stundengabe*. Geige ist nicht unerläßlich, wird aber gewünscht. Ein ordentlicher Klavierspieler ist m.E. viel vernünftiger, als ein so elender Geiger wie Freiberg, der dann immer sich in zusammengelaufenen Quartetten producirte. Concurrenz ist keine; zum Unterricht reichlich Gelegenheit. Orchester gibt es nicht; vielleicht läßt es sich jetzt besser einrichten, wie früher, da jetzt eine gute Militärkapelle vorhanden ist. Ihre Jugend steht Ihnen nicht an sich im Wege, wohl aber in diesem Falle, da sehr zahlreiche Bewerbungen eingelaufen sind.

Ich weiß nicht, ob Sie darauf hin es wagen wollen, Ihre Bewerbung einzureichen. Schaden kann es Ihnen nicht, wenn wir auch her in Marburg erfahren, daß Sie da sind[1].

Mit vielen Grüßen

Ihr W.

278. An Abraham Kuenen

[Marburg, 16.9.1887]

W F. Ich habe leider kein Exemplar der sehr kurzen und bedeutungslosen Anzeige[1]. Ich habe mich beschränkt zu sagen, dass ich Vernes nicht ernst nehmen könnte.

Ihr Wellhausen

279. An Heinrich Leberecht Fleischer

Hochverehrter Herr Geheimrath
Gestatten Sie, daß ich Ihnen in aller Bescheidenheit zwei Verbesserungsvorschläge zu einer Seite ihres Beidhavi[1] offerire, die Ihnen wahrscheinlich allerdings nicht neu sein werden.

II 169, 2 zu Sur 37,11 scheint mir die Vokalisation مواقعةً und die Auffassung des vorhergehenden توسّط als *st. abs.* nicht richtig. Die näher liegende Aussprache بلا توسُّطِ مُواقَعةٍ ergibt auch besseren Sinn: „sie haben selbst erlebt, daß viele lebende Wesen aus dem Schlamm (منه = من الطين) entstehen *ohne Dazwischentreten, ohne Vermittlung von Begattung*" – ein Beweis für die Möglichkeit der Auferweckung aus dem Staube.

II 169, 18 zu Sur 37,18 ist die Vokalisation المخبَر als *part pass* zu beanstanden. Denn daß die Glaubwürdigkeit des Befremdenden beruht auf der Wahrhaftigkeit des *Erzählten* ist doch wohl was man *idem per idem* zu nennen pflegt. Auch hier ist die näher liegende Aussprache المخبِر, als *part. act.*, die richtigere: „Das Befremdende beruht (in seiner Glaubwürdigkeit) auf der Wahrhaftigkeit *des Erzählers.*"

Ich bin zufällig über diese Seite gerathen; Sie werden es hoffentlich nicht aufdringlich finden, daß ich Ihnen meine Beobachtungen mittheile. Ich weiß nicht, ob die Vokalisation aus den Handschriften stammt; selbst in diesem Falle würde ich sie ändern.

Ehrerbietig
Ihr ergebener
Marburg 17. Sept. 87   Wellhausen[2]

280. An Ernst Reimer

Marburg 19.9.87

Verehrter Herr Reimer

Ich bitte Sie mir die nächste Korrektur nach Zürich, *poste restante*, zu schicken – bis auf weitere Nachricht. Der *von mir* zu gebrauchende Streifband darf dann natürlich nicht francirt werden. – Die Aushängebogen bitte ich zurückzubehalten, bis ich wieder zu Haus bin und Ihnen das mittheile.

Es wäre mir erwünscht, über den Stand des Verkaufes des 1 Heftes der Skizzen etwas zu erfahren. Denn ich habe Lust, von dem Abriß der Geschichte Israels, nach dem Ausverkauf, eine selbständige, etwas erweiterte Ausgabe zu machen.

Mit ergebenem Gruße

Ehrerbietig
der Ihrige
Wellhausen

PS.
Das Ms. ist vollständig eingesandt bis auf ein Register, das ich noch machen muß. Bis incl. Donnerstag bin ich noch hier.

281. An William Robertson Smith

19 Sept. 87

Mein lieber Smith

Ich nehme sehr von Herzen Theil an dem vielen und schweren Leid, das Sie betroffen hat und zu betreffen droht[1]. Das ist das Schlimmste am Älter werden. Denn Ersatz gibt es nicht in diesem Leben.

Schröders Sohn[2] hat die Bibliothek seines Vaters der hiesigen Universität vermacht. In dem von ihm selbst aufgesetzten Verzeichnis findet sich der verzwickte Safeirius[3] nicht. Im Golius[4] des alten Schröder ist vorn ein Verzeichnis aller von ihm gelesenen und lexikalisch benutzten arab. Autoren; Safeirius ist wieder nicht dabei. Ich kann Ihnen also nicht helfen. Der Name ist sicher falsch; der gemeinte Dichter scheint ziemlich spät zu sein. Vielleicht erfahren Sie in Leiden etwas. Wenn ich in Zürich jemand fragen kann, will ich es thun. Ich gehe nemlich Ende der Woche nach Zürich zu der Generalversamlung [sic] der D. M. G.[5]

Vielen Dank für Temple und מקצוע[6]. Ich bin noch nicht zum Durchstudiren gekommen, und für das blosse Schnüffeln ist es keine Lecture.

Am 13 Sept. habe ich ein kleines Buch vollendet über das Heidenthum der Araber[7]. Es wird bis Mitte oder Ende October gedruckt und ausgegeben sein. Es sind wesentlich Sammlungen, es wird für Sie nicht grade viel Neues darin stehen. Ich habe es wesentlich geschrieben, um meinen Freunden zu beweisen, dass ich seit 1878 nicht so stinkend faul geworden bin, wie sie immer glauben. Ausserdem wollte ich Herrn von Renan, der mir vor kurzem den Rath gegeben hat ich möchte mir doch mal ein Buch wie das K. alAghani[8] ansehen, zeigen, dass ich den Rath befolgt habe.

Kuenen schrieb mir *the other day*, die einzig rationelle Politik wäre, dass die Deutschen den Franzosen Elsass-Lothringen demüthig auf dem Präsentirteller zurückbrächten; wenn sie das nicht wollten, wären die Deutschen an allem schuld etc. Er sagte mir das selbe vor 9 Jahren; da erwiderte ich, die Holländer sollten zunächst den Atchinesen gegenüber das selbe thun[9]. Er meinte, Atchinesen und Franzosen wäre ein Unterschied. Ich sagte, jedenfalls hätten die Holländer ihr Land von den Atchinesen nicht ehrenvoller und rechtmässiger erworben als wir unseres von den Franzosen; ausserdem hätten wir nicht die Einbildung und die Absicht, die Elsässer zu beglücken, sondern nur, uns zu schützen. Darauf schwieg er damals stille. Nun fängt er wieder an. Es ist alles die rasende Angst vor der preussischen Annexion. Und doch ist es klar, dass die Holländer durch nichts so sicher der preussischen Annexion in den Hals laufen als durch Franzosenfreundschaft; und dass ihnen nichts so nützlich ist, als die Freundschaft und der gute Wille Preussens. Denn an Macht zu annektiren fehlt es nicht.

Verzeihen Sie, dass ich Sie damit behellige. Mir ist der preussische Chauvinismus auch widerwärtig; aber durch nichts wird er mehr begünstigt als durch solche sentimentale Dummheiten der Ausländer.

Vale!

Ihr W.

282. AN ERNST REIMER

Marb 21. 9. 87

Verehrter Herr Reimer
Ich danke Ihnen vielmals für Ihre Generosität und acceptire freudigst Ihren Vorschlag eines künftigen Honorars von 20 Mark für den Bogen bei einer Auflage von 300 Exemplaren[1]. Der Umfang des 3. Heftes wird inklusive des Registers 14 Bogen nicht übersteigen. Der Titel ist S. I.

Skizzen u Vorarbeiten
von
J W.
Drittes Heft
Reste arabischen Heidentumes.

und auf S. III

                Reste arabischen Heidentumes
                  gesammelt und erläutert.

Verwundert und enttäuscht bin ich darüber, daß vom 1 Heft nur 320 Exemplare abgesetzt sind[2]. Abgeschrieben und vulgarisirt ist der Abriß der Geschichte Israels um so eifriger. Ich hatte große Lust, die Sache jetzt etwas umzuarbeiten. Nun aber werde ich mich begnügen, im vierten Heft einige Erläuterungen und Ergänzungen zu bringen[3].

Überraschend im umgekehrten Sinne ist mir der rasche Verkauf des zweiten Heftes[4]. Diese Theologen sind wunderbare Käuze. Ein bißchen verzwickt und gelehrt imponirt ihnen immer viel mehr als einfach und nüdlich.

Der Preis des 3. Heftes darf ja nicht zu niedrig werden. Auf den Absatz haben 3–4 Mark bei solchen Büchern gar keinen Einfluß. Ich vermuthe, daß das 3. Heft sich besser verkaufen wird als das 1., weil es so namenlos gelehrt aussieht und sich in einer sehr modernen Richtung bewegt. Namentlich die Zusammenstellungen über Spuk und Aberglauben werden den Beifall der gelehrten Menge finden – mir liegen in Wahrheit ganz andere Dinge am Herzen

Nochmals vielen Dank!

                                    Hochachtungsvoll
                                        Ihr ergebener
                                            Wellhausen

283. An Ernst Reimer

                                                    Marb. 22. Okt 87

Verehrter Herr Reimer

Ich bestätige den Empfang von 290 Mark und danke Ihnen vielmals für Ihre Generosität in bezug auf die Freiexemplare und deren Versendung.

Keßler ist mir wol bekannt, als ein Mensch, der immer große literarische Pläne hat und sie nie ausführt. Vor acht Tagen haben Brills in Leiden die gleiche Frage an mich gerichtet, die Sie jetzt stellen. Ich wiederhole meine Antwort: Sie müssen mindestens verlangen, daß Herr Keßler Ihnen das fertige Manuskript für alle beide Bände zustellt, ehe Sie sich zu irgend etwas verpflichten. Ich glaube nicht, daß besagtes Manuskript fertig ist und fertig werden wird[1].

Im Übrigen ist Keßler ein gelehrter und fleißiger Mensch, der freilich immer mindestens 10 Gegenstände zugleich unter der Hand hat. Er bohrt gewöhnlich ein bißchen schief; aber er würde doch wol so viel gelehrtes und brauchbares Material zusammenbringen, daß das Buch nicht übersehen werden könnte und der Verlag desselben nicht gerade eine sichere Verlustgefahr bedeutete.

Den Herren Brill hat K. nicht bloß dies 2bändige Werk, sondern zugleich noch ein oder mehrere andere angeboten, die er aber allesamt erst in petto hat. Er stellt sich den Übergang vom Kopf in die Feder und auf das Papier so leicht vor, trotzdem er auf eine lange traurige Erfahrung vom Gegentheil zurückblikken kann.

Persönlich geschieht ihm schwerlich viel zu leid, durch Ablehnung des Verlages seines Buches. Der Mythus von den Keßlerschen Manichäern spielt nämlich schon seit einem Dezennium; bei seiner Anstellung in Greifswald aber ist ihm von Althoff eröffnet worden, daß er nicht auf etatmäßige Anstellung zu rechnen habe, wenn nicht binnen einer bestimmten Frist der Mythus sich realisirte. Wenn K. nun dem Ministerium vorweisen kann, daß er das Buch so und so vielen Verlegern angeboten habe ohne zu reüssiren, so zieht das Ministerium den Schluß daraus, daß das Buch fertig sei; und er ist schön heraus.

Nochmals aufrichtigen Dank!

Hochachtungsvoll
Ihr ergebener
Wellhausen

284. An William Robertson Smith

[Marburg, 9.11.1887]

L.S. Es sollte mir leid thun, wenn ich auf p 40 Ihnen unrecht gethan hätte[1]; ich habe die Seiten des Ephr. im Zusammenhang gelesen, werde es aber noch einmal thun. Bei נאמנא und מאמנא habe ich thörichter weise transcribirt; es kommt natürlich nur auf das נ und auf das מ an; ich hätte schreiben sollen מהימנא. Auf p 8 not. wäre zu sagen gewesen, dass die älteste Form ἀμώνα ist, nicht ἀνεμώνη[2]. – *Dull* ist der ganze Zauber sehr; ich habe darunter gelitten. Licht kann nur von aussen kommen – darin haben Sie Recht. Aber es ist mir noch nicht aufgegangen. Vielen Dank für die Notizen über Nimrod. Zechariah[3] wird mir sehr sauer werden, aber wenn Sie es sagen, muss ich wohl dran. – Mit aufrichtiger Theilnahme

Ihr W.

285. An August Müller

L. M. Ich bin entzückt über das 1 Heft der Orient. Bibliographie[1]: endlich was Vernünftiges. Ich habe sofort abonnirt, aber dabei dem Verleger geschrieben, es müsse künftig die Beschmutzung der noch zum Buch gehörigen Seiten mit Re-

klamen wegfallen, die Reklamen müssen beim Binden ausgerissen werden können. Sie könnten vielleicht auch dafür sorgen, daß diese Unsitte nicht weiter einreißt.
Marburg 11.11 87. Ihr W.

286. An William Robertson Smith

Marb. 23 XII 87.
L.S. Ich nehme aufrichtigen Antheil an Ihrem Leide[1]. Der Tod im Alter von 25 Jahren kommt einem besonders grausam vor. Und der Schlag wird dadurch nicht leichter zu ertragen, dass man ihn seit lange hat drohen sehen.

Wir haben Aussicht, den Grafen Baudissin nach Halle zu verlieren; er würde Schlottmann sehr gut ersetzen. Vielleicht kommt dann Smend her. Mit Duhm lässt sich allerdings viel mehr anfangen; aber der hat es mit Ritschl und Anderen verdorben und würde schwerlich vorgeschlagen werden. Harnack ist für Berlin vorgeschlagen; aber der Berliner Oberkirchenrath, der bei der rationellen Bewirthschaftung der Theologie in den Königl. Preuss. Landen mitbetheiligt ist, schüttelt dazu das Haupt, und der Erfolg ist zweifelhaft[2]. Ich habe Harnack lieb gewonnen, wenngleich ich seine Bücher nicht lesen kann und auch nicht glaube, dass er künftig bessere schreiben wird.

Wir stehen wieder vor dem üblichen Kriege: allmählich stumpft man sich dagegen ab. Ich halte freilich noch immer einen Krieg mit Russland für eine elementare Nothwendigkeit – aus Gründen der Nahrung – und den mit Frankreich für Willkür und Thorheit.

Sursum corda! Ihr von Herzen ergebener

Wellhausen

287. An Heinrich und Charlotte Limpricht

[Marburg, Dezember 1887]
Schönen Gruß zu Weihnachten! Wir haben uns sehr über Möllers Professur[1] gefreut, obgleich uns die Nachricht noch immer nicht formell zugekommen ist. Es stand bloß auf dem Packet und dem Begleitschein: Prof. Möller Absender.

Little Ulmann[2] hat mir eine Postkarte mit zwei räthselhaften Fragen geschickt; er wird noch lange warten müssen, bis ich sie ihm beantworten kann. Bekkers[3] Hochzeit ist Weihnachten; ich habe ihm eben schriftlich gratulirt. Der Graf Baudissin geht nach Halle, wie ich hoffe[4]; dann kommt Rudolf Smend aus Basel her[5] – darüber würden wir uns sehr freuen. Heidelberg wird auf die lange Bank geschoben.

Der Winter hat eingesetzt und uns vom Schmutz befreit. Es ist ein charmanter Blick jetzt auf das Schloß und die Bäume; kaum schöner zu denken. Die Fichten in unserem Garten sind ergänzt, wir haben 30 Tannenbäume, mit Schnee bedeckt, vor der Nase, und 7 Kisten in der Kammer, mit noch geheimem Inhalt. Schade, daß Ihr fehlt.
Fröhliches Fest!
Euer Julius

Frag, bitte, mal bei Bamberg[6] nach meiner Abrechnung.

288. AN ABRAHAM KUENEN

4.3.88

Vielen Dank für Ihr Bild. Sie haben mir eine grosse Freude gemacht; es ist sehr gut gerathen. Aber es hat etwas Wehmüthiges, oder wenigstens bin ich wehmüthig dadurch berührt worden. Ich habe es in einen Stehrahmen gesteckt und auf meinen Schreibtisch gestellt, als Heiligenbild.

An Stelle Schlottmanns geht Kautzsch zum Herbst nach Halle; zu Ostern geht Bäthgen aus Kiel hin, um Riehm zu vertreten, der schwer krank liegt und keine Hoffnung hat zu genesen. Für Kautzsch wird man in Tübingen wohl einen Schwaben nehmen, aber dann ist noch Breslau und demnächst Göttingen zu besetzen. Ich glaube dass Budde nach Breslau soll. In Göttingen will Ritschl meinen Freund B. Duhm nicht hoch kommen lassen; ich hoffe aber, die Regierung ist vernünftiger als Ritschl. Dillmann sieht mit Schmerzen, dass fast alle jüngeren Docenten von der Irrlehre[1] angesteckt sind.

Von uns ist nicht viel zu erzählen; meiner Frau geht es gut, sie schwimmt in Musik. Ich sähe sehr gern einmal wieder in Ihr Haus hinein, meine Frau ist gleichfalls sehr neugierig. Aber diesen Sommer komme ich nicht dazu.

Viele Grüsse! In alter Treue und Verehrung
Ihr Wellhausen

289. AN FRIEDRICH ALTHOFF

Ew Hochwohlgeboren
erlaube ich mir den Professor Rud. Smend in Basel ans Herz zu legen[1]. Er fühlt sich in Basel nicht wohl, weil er es nie verstanden hat sein Preußenthum unter den Scheffel zu stellen. Er ist zwar einer meiner ältesten Zuhörer und einer meiner treuesten Anhänger, indessen ist er keineswegs unselbständiger als die an-

deren Alttest. Theologen und jedenfalls fleißiger als die meisten. Sprachlich ist er weit besser vorgebildet als die anderen, mit alleiniger Ausnahme von Dillmann und vielleicht Delitzsch[2]; Gildemeister, Lagarde, und Nöldeke bringe ich natürlich nicht in Anschlag, da sie der theol. Fakultät nicht angehören. Über seinen kirchl. Standpunkt kann ich nicht viel sagen. Philosophisch-dogmatisch ist er nicht beanlagt; seine unzweifelhafte Frömmigkeit steht unter dem Einfluß seines verstorbenen Vaters, des Consistorialraths Smend in Münster, der ein prächtiger Mann war, und des Pastor Hoffmann in Halle, des einzigen Predigers, den ich zu hören im stande war, des einzigen, der auf mich den Eindruck machte, daß er nicht redete, sondern etwas zu sagen hatte, wenngleich oft in sehr barocker Form. Es wird gesagt, Smend sei aufrichtig bis zur Gefährlichkeit; er scheut sich allerdings nicht, eine Lüge Lüge zu nennen, aber von Natur ist er eher scheu und nichts weniger als indiscret; wenn er einem etwas Unangenehmes sagt, so thut er es nur um des Gewissens willen; von Grobheit ist er weit entfernt.

Sein früherer College Kafftan [sic] hält ihn, wie mir gesagt ist, für unbedeutend, namentlich im Vergleich zu seinem Baseler Vorgänger Kautzsch. Wenn das Urtheil sich auf die wissenschaftliche Leistungskraft bezieht, so ist es grundfalsch: da ist Kautsch [sic] viel unbedeutender als Smend. Allerdings hat Kautzsch Aplomb, und Smend nicht; auch mag K. ein besserer Dozent sein, denn dazu gehört vor allem Aplomb, die Freude und das Behagen an der eigenen Rede.

Ich bitte Sie, mein unerbetenes Urtheil zu entschuldigen, und hoffe, daß meine Empfehlung nicht dazu dient den Empfohlenen zu discreditiren.

Ehrerbietig
Ihr ergebener
Marburg 9. 5. 88. Wellhausen

290. An August Müller

[Marburg, 30. Mai 1888]

Vielen Dank für die nützliche und bequeme Übersicht[1], und ebenso für die präcise Vollendung des 1. Bandes der Bibliographie[2]. Ich hoffe, daß durch Sie die Fortführung gesichert ist; jedenfalls haben Sie die Sache in die vernünftige Bahn geleitet. Die Redereien *circa rem*, mögen sie noch so geistreich sein, erscheinen nach ein paar Jahren gewöhnlich höchst albern.

Ihr W.

291. An Michael Jan de Goeje

Verehrter Herr Professor

Entschuldigen Sie eine Anfrage. Steht in dem gedruckten Tabari etwas über die Schlacht von Buâ'th und die alten Verhältnisse von Medina? Ich suche vergeblich danach. (Ibn Athir I 491 sqq)[1]

Ich habe von Tabari bisher 5 voll von Serie 1, 4 von Serie 2, und 7 von S. 3. Ist weiter nichts erschienen?

Mit ergebenem Grusse

der Ihrige

Marburg 15.7.88   Wellhausen

292. An William Robertson Smith

Marb. 18.7.88

L. S. Ich freue über ein Lebenszeichen von Ihnen, obgleich Sie nichts Erfreuliches zu melden haben. Ihrer Einladung kann ich leider nicht folgen, schon weil ich auch in den Ferien als Dekan zu thun habe; wenn Sie hieher kommen wollten, so würden Sie meine Frau und mich beglücken. Dann fänden wir vielleicht auch mit vereinten Kräften, wo Tamim eine Ginnfrau zur Mutter hat[1]. Es muss an irgend einer ganz offenbaren Stelle stehen; denn sonst hätte ich citirt. Bis jetzt habe ich aber die Stelle nicht gefunden.

Lagarde ist, sehr gegen meine Erwartung, so freundlich gewesen, mich als Nachfolger Bertheaus in Göttingen an erster Stelle vorzuschlagen. Ich werde aber schwerlich hinkommen oder hingehen. Ich wollte, Duhm würde Ordinarius in der Theolog. Fakultät. Was ich dazu thun kann, habe ich gethan. In Tübingen soll Grill für Kautzsch berufen sein. *Nescis, mi fili, quantulâ sapientiâ*[2] die rationelle Bewirthschaftung der Theologie von seiten der deutschen Cultusministerien betrieben wird.

Herzliche Grüße

Ihr W.

293. An Friedrich Althoff

Marburg 19.7.88

Ew. Hochwolgeboren

haben mich heute Morgen etwas überrascht. Wenn mir hier nicht ohne Einschränkung gestattet wird, exeget. Vorlesungen über das Alte Testament zu halten, so würde ich mit beiden Händen nach Göttingen greifen; auch als Arabist könnte ich die Stelle dort vollkommen ausfüllen. Ich halte es für entwürdigend, daß mir in Bezug auf gewisse Bücher des Alten Testaments ein Maulkorb vorgelegt werden soll, daß mir nicht erlaubt sein soll, was überall sonst den Semitisten in der philos. Fakultät erlaubt ist, obwohl ich wahrscheinlich mehr vom Alten Testament verstehe als irgend ein anderer Semitist. Was ist das für ein Widerspruch, daß man sich alle Mühe gibt Harnack in Berlin durchzusetzen, und mir meine die Kirche gar nicht störende Thätigkeit in Marburg durch solche Beschränkungen verleidet. Wenn es bloß aus Rücksicht auf Graf Baudissin geschieht, so wird diese Rücksicht zu weit getrieben. Er selber verlangt sie nicht, im Gegentheil. Er ist ja auch in seiner Stellung als Examinator vor jeder wirklichen Concurrenz mit mir vollkommen geschützt; ich würde vielleicht einige Ausländer zu Zuhörern haben, die es nicht vermissen, daß ich ihnen nicht in die Feder dictire. Natürlich versteht es sich, daß ich jede Collision mit Graf Baudissin vermeide und mich mit ihm stets ins Vernehmen setzen werde. Sie werden hoffentlich glauben, daß man sich auf meinen Anstand verlassen kann.

Entschuldigen Sie, wenn ich erregt schreibe; die Sache ist dazu angethan.

Ehrerbietig
Ew. Hochwolgeboren
ganz ergebener
Wellhausen

294. An Friedrich Althoff

Eurer Hochwohlgeboren
spreche ich meinen aufrichtigen Dank aus, dafür daß Sie mich in wohlwollender Erinnerung behalten haben. Mein Wunsch ist nach wie vor der, exegetische Vorlesungen (keine anderen) über das Alte Testament halten zu dürfen; geht es aber nicht anders, so lasse ich mich auch darin beschränken und nehme was ich kriegen kann. Ich reise am Montag nach Berlin; Sie würden mich verpflichten, wenn Sie mir im Askanischen Hofe[1] Bescheid zukommen ließen, wann und wo ich Sie treffen soll.

Ehrerbietig
der Ihrige
Wellhausen

Marb. 12. 10. 88

295. An Friedrich Althoff

Ew. Hochwohlgeboren
erwidere ich auf Ihre Anfrage ergebenst, daß ich, für den Fall der Aufhebung der Beschränkungen in meinem Lehrauftrage, beabsichtige, lediglich exegetische Vorlesungen über die Bücher des Alten Testamentes zu halten, während ich die sämmtlichen systematischen Vorlesungen (insbesondere Einleitung in das A. T., Alttest. Theologie, Archäologie, Geographie etc) als ausschließliche Domäne des theologischen Vertreters des Alten Testaments betrachte und selbstverständlich auch bei den exegetischen Vorlesungen jede Konkurrenz, durch Ankündigung der selben Vorlesungen in Einem Semester, vermeiden werde. Es bedarf keiner besonderen Versicherung, daß ich auch überall sonst bestrebt sein werde, ein kollegiales Verhältnis zu dem theologischen Vertreter des Alten Testaments einzuhalten.

Berlin 16 Oktob. 1888
Ew. Hochwohlgeboren
Ehrerbietig ergebener
Wellhausen

296. An William Robertson Smith

Marburg 23. 10. 88

Mein lieber S!
Ich hätte längst antworten sollen, nun veranlasst mich Ihre Karte es zu thun. Es freut mich, dass Sie wohl und frisch bei der Arbeit sind; was Sie schreiben, weiss ich aber nicht. Ich habe ein Jahr lang gefaullenzt, theils wegen zerstreuender akademischer Geschäfte (das war der Vorwand), theils wegen Unlust und schlechten Befindens. Jetzt bin ich dabei ein paar Aufsätze zur Vorgeschichte und zur Geschichte des Islams zu schreiben[1]. Ich arbeite aber erst seit 8 Tagen daran.

Die Göttinger Philosophen (inclusive Lagarde) hatten mich primo loco als Nachfolger Bertheaus vorgeschlagen. Aber die Theologen haben remonstrirt, gegen mich, und auch gegen Georg Hoffmann. Ich hatte übrigens auch keine Lust nach G. zu gehen; Ritschl und Lagarde sind mir unheimlich. Ich habe mir Mühe gegeben, zu bewirken dass Duhm aufrückte. Es hat aber nichts geholfen; Smend ist ernannt. Ich gönne es ihm sehr, aber Duhm ist mehr als Smend. Man behandelt mich etwas schlecht in der Welt; Kautzsch, Nowack, Baudissin etc haben etwa drei mal so viel Gehalt und Einnahme als ich. Indessen ich komme aus, und ich möchte doch nicht in der Haut dieser Herren sitzen. Doch würde ich gerne aus Preussen heraus gehen – nicht wegen Bismarck, aber wegen der rationellen Bewirthschaftung der geistlichen und Unterrichtsangelegenheiten.

Es ist mir ein Räthsel, dass das Ausland uns um unser Gymnasial- und Universitätswesen beneidet.

Wir waren im September am Lugano-(etc)see. Meine Frau will Ostern durchaus nach Rom, ich habe gar keine Lust. Meine gegenwärtigen Studien hängen auch gar nicht mit Dingen zusammen, wofür ich in Rom etwas lernen könnte.

Die Professur Fleischers ist noch unbesetzt. Es ist mir im tiefsten Vertrauen mitgetheilt, wer vorgeschlagen ist; es scheint mir aber, als wolle die sächs. Regierung sich an Krehl genügen lassen. Socin soll sich grosse Hoffnung machen; wahrscheinlich ohne Grund.

Über die Sidra weiss ich nichts zu sagen; ich glaube nicht, dass sie bei den Arabern eine Rolle spielt. Für Ihre beiden interessanten Nachweise bin ich sehr dankbar. Der Gegenstand ist leider unerschöpflich.

Mit herzlichem Gruss

Ihr W.

297. An Rudolf Smend

26. 10. 88

Lieber Smend

Du mußt natürlich nach G.[1] gehen, auch bei geringem Gehalt. Du kannst doch nicht dafür, daß man Duhm nicht will.

Es ist nicht leicht, Vorschläge für Basel zu machen. Duhm wäre der beste; ich glaube auch, daß er kommen würde. Guthe, Budde, Nestle, Bäthgen sind sicher nicht besser als Marti; ich würde Marti vorziehen, obgleich er nichts geschrieben hat. Giesebrecht ist zwar viel gesunder wie je; ob er indessen ganz gesund ist, weiß ich nicht. Er ist nach Duhm ohne Zweifel der beste. In Greifswald kommt er nicht an; er ist den orthodoxen Herren zuwider. Dabei habe ich vergessen, *Horst* zu nennen; er muß wohl mit Giesebrecht mindestens auf gleiche Linie gestellt werden. Die literar. Merita der Herren kennst Du ja, und ich brauche darüber nichts zu sagen. Ich würde etwa die Liste: Duhm, Horst, Marti, aufstellen[2].

Unsere Studenten nehmen durch Harnacks Fortgang[3] so ab, daß wir von 900 auf 700 kommen werden. In Berlin soll der Andrang ungeheuer geworden sein; über jede Vorlesung Harnacks wird in den Zeitungen berichtet. Ja ja!

Wir freuen uns sehr, daß Ihr in unsere Nähe kommt; besser freilich wäre es, Baudissin wäre sonstwo und Ihr in Marburg. Vielleicht kann es noch werden. Der Graf muß doch einmal nach Berlin, wohin er gehört[4]. Ich meinerseits strebe freilich heraus aus Marb. und aus Preußen, weil mir die Verwaltung der geistl. und Unterrichtsangelegenheiten immer weniger zusagt und das Professorenthum ebenfalls. Aber es wird wohl nicht helfen; dann schadet es auch nichts.

Viele Grüße an Deine Frau und den Jungen!

Dein W.

Rudolf Smend

298. An Rudolf Smend

[Marburg, 29.10.1888]

Lieber Smend

Mit Bredenkamp in Greifswald ists aus[1], ich vermuthe, daß Giesebrecht an seine Stelle kommt. Ich habe vielleicht Unrecht gethan, Guthe in Leipzig *a limine* abzuweisen, weil ich ihn, wegen einer gewissen Großartigkeit, nicht besonders gern habe. Ich halte ihn doch für besser als Budde und Bäthgen und will nicht widersprechen, wenn Kautzsch und Socin ihn empfehlen. Harnack bezeugt, er sei ein guter Docent und wirke in Leipzig sehr heilsam, er kann auch Arabisch. Öttli ist sehr gescheidt, aber er wäre ein Ersatz für Orelli, nicht für Dich.
[...][2]

299. An William Robertson Smith

[Marburg, 30.10.1888]

Von den *Vorlesungen* über semit. Religion wusste ich; ich hätte allerdings schliessen können, dass ein *Buch* danach kommen würde[1]. Bäthgen kennen Sie wohl; ein höchst unfruchtbarer und unerfreulicher Mensch, mit sehr gelehrten Alluren; nichts dahinter.

Dass man in Lpz. an mich denke, ist total unrichtig. Ich halte mich zwar nicht für schlechter als den alten Fleischer, aber ich bin doch gar kein geeigneter Ersatz für ihn, da ich mich so wenig mit ihm decke. Die Facultät fürchtet sich sehr vor dem kleinen Delitzsch[2] und will darum gern, dass die Stelle bald besetzt wird; die Regierung denkt wohl anders.

300. An August Fischer

[Marburg, 2.11.1888]

Humanissime

Ich muß Sie noch einmal belästigen. Wie heißt auf arabisch der Ausdruck, den ich Vaqidi 170[1] mit Kaudern übersetzt habe? Steht auf der Grenze von fol. 90b und 91a.

Ihr ergebener
Wellhausen

301. An Abraham Kuenen

W. V! Vielen Dank für Ihre gütige Doppelsendung, die mich zu meiner Beschämung an das versäumte *Recepisse* für die Kôkabta erinnert[1]. Ich habe einige Aufregung zu erleben gehabt, wegen der Göttinger *theol.* Fakultät, die mit Erfolg verhindert hat, dass ich in die dortige *philos.* Facultät berufen bin. Smend kommt hin[2]. Ich gräme mich übrigens darüber nicht im mindesten, hätte allerdings lieber Duhm als Nachfolger Bertheaus gesehen.

Sind Sie bald mit den Propheten fertig[3]? Das Verlangen danach ist dringend; besonders weil in Deutschland die 1. Ausgabe des Hist. Krit. Onderzoek sehr rar ist. Ich werde oft um mein Exemplar gebeten, rücke aber nur sehr ungern damit heraus. Mir scheint, Sie brauchten an den Propheten nicht viel zu ändern und dürften nicht zu sehr auf Stade etc eingehen.

Mit herzl. Gruss

M. 9. 11. 88.

der Ihrige
Wellhausen

302. An Hermann Usener

Marb. 13. 12. 88

Hochgeehrter Herr Geheimrath

Sie haben mir mit den beiden Heften, die mir gestern Birt überreichte, eine große Freude gemacht[1]. Ich habe das dicke sofort mit größtem Interesse gelesen. Es imponirt mir, daß Sie immer konkret bleiben, daß Sie unverdrossen den Hergang bei einzelnen Beispielen durch genaueste Untersuchung feststellen, während andere sich mit aprioristischen Allgemeinheiten und Wahrscheinlichkeiten begnügen. Ich glaube, daß Sie mit Ihrer Auffassung der Gnosis recht haben – obgleich ja nicht Alles (Marcion z. b) über einen Leisten geschlagen werden kann. Auch die Art Ihrer Evangelienkritik ist höchst nachahmenswert; aber die Theologen werden gewiß nur nach der Analogie verfahren und nicht andere Punk[t]e selbständig für sich behandeln.

Auf die Entstehung des Christentums werfen Ihre Untersuchungen allerdings kein Licht, sie richten sich ja auch *ex professo* nur auf das *Wachstum* des Kernes. Ich bin der Ansicht, daß das Judentum unter der Herrschaft der Griechen und Römer gewaltig hellenisirt wurde und einmal in Gefahr war, völlig im Hellenismus aufzugehen. Das lehrt die gewaltige Reaktion der makkab. Kriege. Natürlich schafft eine solche Reaktion die Einwirkung geistiger Einflüsse durchaus nicht ab. Mir fällt es aber, da ich die griech u lat. Litteratur nicht kenne, sehr schwer, den griech Einfluß bei Jesus selber faktisch nachzuweisen.

Für die noch ausstehenden Kapitel darf ich Sie vielleicht aufmerksam machen auf das Fest am 25 Chasleu (Dezember[)], welches Josephus Ant. XII 7,7 das Lichterfest nennt und welches in 2 Macc 1,18 mit dem jüdischen Tempelweihfest verselbigt wird. Litteratur bei Winer, Reallex., unter Kirchweih[2]. Dort wird eine Abhandlung von Wähner[3] citirt; sie ist mir unbekannt, aber der Verfasser ist sehr tüchtig. Derenbourg (Essai sur l'histoire de la Palestine, p. 62[4]) weiß nichts neues.

Grüßen Sie Gildemeister, wenn ich bitten darf, und empfangen Sie aufrichtigen Dank von

Ihrem ehrerbietig ergebenen
Wellhausen

303. An Ernst Reimer

Marb. 13. 12. 88

Verehrter Herr Reimer

Den Abriß der Gesch. Israels in Heft I möchte ich nicht gern mit Heft II componiren[1], sondern denke, ihn später einmal, umgearbeitet und mit ausführlichen Beilagen, als eigenes Buch herauszugeben[2]. Gegen einen unveränd. Neudruck von Heft II habe ich nichts einzuwenden, möchte aber den Titel *Skizzen etc* dann fortlassen und als Haupttitel wählen: Compos. des Hexateuchs *und der historischen Bücher* des A. T.[3], indem ich nemlich die in der 5 Aufl von Bleek fortgelassenen § 88–134 der 4. Aufl. als Fortsetzung der Untersuchungen über den Hexateuch gäbe. Auf S. 1 der Bogen brauchte nur zu stehen: Wellhausen, Komposition.

Es wäre mir lieb, wenn die Auflage doppelt so stark, als wie die erste, gemacht würde und wenn ich dann 20 Mark Honorar für den Bogen nach dem Erscheinen und 20 Mark nach dem Ausverkauf bekäme.

Ich hoffe, daß Sie mit diesen Vorschlägen einverstanden sind.

Ehrerbietig
Ihr ergebener
Wellhausen

304. An Ernst Reimer

Marb 15.12.88

Verehrter Herr Reimer.
Vielen Dank für Ihre freundliche Antwort. Die Paragraphen bei Bleek[4] brauchen Sie mir nicht zu schicken; dagegen habe ich kein zur Druckvorlage zu verwendendes Exemplar vom 2. Heft der Skizzen[1] und bitte Sie also mir eins zu übersenden.

       Ehrerbietig
       Ihr ergebener
       Wellhausen

305. An Ignaz Goldziher

Ich sage Ihnen, verehrter Herr College, meinen aufrichtigen Dank für Ihre gütige und belehrende Zusendung[1].

       Ehrerbietig
       Ihr ergebener
Marb. 27.12.88   Wellhausen

306. An Karl Marti

Herzlichen Dank für Ihre gütige Zusendung[1]!

       Hochachtungsvoll
       Ihr ergebener
Marb. 27.12.88   Wellhausen

307. An William Robertson Smith

M. 4.1.89

Lieber Freund
Sie haben am 11 Dec. 88 einen wahren Triumph gefeiert[1], und es freut mich, dass Sie mir durch Übersendung des Menu und der Toaste Gelegenheit gegeben haben, nachträglich im Geist – in diesem Fall ist allerdings der Leib besser als der Geist – daran theil zu nehmen. Keine einzige von den Reden hat mich gelangweilt, und das will wahrhaftig viel sagen. Aber keine hat mir besser gefallen,

als die wahrhaft rührende von dem alten Herrn Richard Garnett. Ich glaube, es ist keine Redensart, dass Sie wirklich sich eine Art Hauptmannschaft über das Corps der englischen Gelehrten gewonnen haben, und ich gratulire Ihnen dazu. Sie sind durch Ihre doppelseitige Begabung und durch Ihr doppelseitiges Interesse dazu prädestinirt, Literature und Science zusammenzuhalten; und ich rechne es Ihnen und der Encyclopädie zum hohen Verdienst an, dass Sie das wirklich gethan haben. Ich weiss nicht, ob so etwas ausserhalb Englands möglich wäre.

Echt englisch ist die aufrichtige und doch so zarte Behandlung der Honorar- und Geldfrage; es hat mich köstlich amüsirt, wie Mr. Black über die vielen Correcturen klagt, um zu zeigen, dass er doch bei seinen 50000 Exemplaren nicht ganz so viel verdient habe, als ein Unerfahrener leicht meinen könnte. Kurz, ich hätte dabei sein mögen.

Wann kommen Sie mit der semitischen Religion heraus[2]? Ich habe viele Nachträge und Correcturen an Heft III[3] zu machen, möchte Ihnen aber jetzt gern erst den Vortritt lassen. Besonders bedaure ich, G. Hoffmanns Auszüge[4] nicht benutzt zu haben. Solch ein Buch kann man nur verwerthen, wenn man es besitzt; und ich habe es erst vor kurzem erworben. Ebenso habe ich auch die DMZ. nicht ordentlich benutzt, aus dem gleichen Grunde. Ich bin erst vor kurzem in den Besitz von Band 1–35 gekommen. Schrecklich viel Schund steht allerdings auch darin; man darf sich nie an den Gegenstand, sondern immer nur an die Namen der Autoren halten.

Ich bin augenblicklich mit einer Ausführung von Encycl. Br. XVI p 553[5] beschäftigt; ich drucke und drucke, und das Resultat sind Trivialitäten. Niemand wird die Arbeit merken, die dahinter steckt.

Haben Sie vielleicht sich nach Carlyle's Life[6] erkundigt? oder können Sie mir einen engl. Antiquar nennen, an den ich mich wenden kann?

Bäthgen ist nach Greifswald gekommen, Bredenkamp ist irrsinnig geworden[7]. Leipzig ist noch unbesetzt. Es scheint, dass Nöldeke den Sachsen zu theuer ist. Er wäre gern nach Göttingen gegangen, wäre nicht Lagarde dort; aber auch dort ist er zu theuer. Nach Nöldeke hat jedenfalls G. Hoffmann überall die ersten Ansprüche. Was mich betrifft, so würde ich am liebsten Gutsbesitzer und Millionär; nach Professuren sehne ich mich nicht. Ich schreibe lieber als dass ich docire.

Wie geht es mit Ihnen und Ihren Angehörigen? Ich wünsche Ihnen ein gesegnetes Neues Jahr!

                                              Ihr Wellhausen

308. An Hans Haym

Lieber Herr Doktor
Ist es Ihnen möglich, uns nächsten Sonntag Abend zu besuchen? Ich würde Sie um halb sechs an der Bahn erwarten.

                                  Hochachtungsvoll
                                  Ihr ergebener
Marburg 28. 1. 89   Wellhausen

309. An Michael Jan de Goeje

                                                             Marburg 5. 2. 89
Eusebius u. Hieronymus unterscheiden die beiden יָרְמוּת Iosue 12,11 u. 15,35. Von dem letzteren Orte heisst es bei Eusebius: Ιερμοῦς φυλῆς Ιουδα. κώμη νῦν ἐστὶν Ιερμοχῶς ἀπὸ σημείων ι' Ἐλευθεροπόλεως ἀνιόντων εἰς Αἰλίαν[1]. Bei Hieronymus: „Iermus in tribu Iuda. Est usque hodie villa *Iermucha* in decimo ab Eleutheropolis lapide pergentibus Hebron"[2]. Der Ort der Schlacht bei Eleutheropolis hiess also wirklich Jarmuk, genau ebenso wie der Ort der anderen Schlacht. Um so leichter die Verwirrung. Mir sind Ihre Mémoires III[3] hier nicht zur Hand; vielleicht haben Sie die Stelle des Onomasticon schon gekannt. Wenn nicht, so stelle ich sie Ihrer Benutzung anheim. Ihr ergebener
                                                             Wellhausen

310. An Ernst Reimer

Verehrter Herr Reimer
Außer den Büchern Richter Samuelis und Könige (das Msc habe ich vor längerer Zeit eingesandt), die etwa 5½ Bogen einnehmen werden, habe ich noch einige neu verfaßte Nachträge hinzuzufügen, 3–4 Bogen stark[1]. Es werden also etwa noch 9 Bogen zu den 13 der Compos. des Hexateuchs hinzukommen. Wenn Sie das Buch noch im Mai ausgeben wollen, so muß der Druck beschleunigt werden. Mir liegt nichts daran; ich theile Ihnen die Sache nur mit, damit Sie orientirt sind.

                                  Hochachtungsvoll
                                  Ihr ergebener
Marburg 21. 3. 89   Wellhausen

311. An Hermann Cremer

[Marburg, Frühjahr 1889?]

Lieber Freund

Ich bin zwar nicht durchaus einverstanden, aber jedenfalls in der Polemik gegen Kautzsch[1].

Es ist richtig, daß im Hebr. צדק und רשע Gegensätze sind, genau wie זכא und חוב im Aramäischen[2].

Im Arabischen ist צדק der Gegensatz zu כזב; es bedeutet nur: aufrichtig, zuverlässig (daher: befreundet) sein, die Wahrheit sagen. Kautzsch kennt den arab Sprachgebrauch nicht, er spekulirt einfach. רמח צדק bedeutet: eine *zuverlässige* Lanze, eine „echte" L., „zu der man Du sagen kann" (Hämelsche Ausdrücke). Umgekehrt רמח כזב eine *trügerische* Lanze, die nichts taugt. So z. B. צדק = aushalten, seinen Mann stehen in der Schlacht; dagegen כזב = auskneifen, sich nicht als Mann betragen, die Erwartung trügen[3].

Was ich an Deiner Auseinandersetzung auszusetzen habe, ist das Theologische; das läßt sich nicht corrigiren.

Im Übrigen hoffe ich zu Pfingsten nach Greifswald zu kommen und Dich zu treffen. Es ist zwar Schade, die sieben Marburger Ferientage[4] außer Marburg zu verbringen. Aber warum ist man dumm? noch dazu mit Bewußtsein dumm!

Mit freundlichem Gruße

Dein Wellhausen

312. An William Robertson Smith

M. 1. Mai 89

Lieber S!

Ich mag Ihnen nicht schreiben, weil ich mich schäme, dass ich mir Carlyle[1] von Ihnen habe schenken lassen. Ich hätte voraus wissen können, dass es so kommen würde. Nehmen Sie es nicht übel, dass ich so tapsig gewesen bin.

Für Ihre Mittheilung über Dea Syr § 60[2] bin ich sehr dankbar. Diese verflixten Philologen geben so häufig nicht recht Acht auf die Sachen. Das kommt heraus bei der Trennung von Philologie und Geschichte, von Philologie und Theologie. Es ist ein gottloses Divortium.

Mit wahrer Freude und zu meiner grössten Belehrung habe ich jetzt die beiden Bände von Doughty[3] gelesen. Es ist vielleicht der wichtigste Beitrag, der auch zur Kenntnis des alten Arabiens in moderner Zeit geliefert worden ist. Vor dem Manne kriegt man Respekt. Komisch ist es, dass englische Recensionen die sachliche Bedeutung seiner Arbeit übersehen können über allerhand formellen Mängeln. Diese Mängel fallen allerdings dem Engländer wohl mehr auf als dem

Deutschen. Doughty scheint eine gewisse Manie für altfränkische oder lokale Ausdrücke zu haben; einige hat er auch wohl einfach aus dem Deutschen entlehnt. Für Rhetorik ist er nicht geschaffen; die Wiederholung von *manly breast* etc ist beinah episch. Ich nehme alles gern in den Kauf, ich verehre den Mann. Er hat, wenigstens moralisch, noch mehr geleistet als der alte Niebuhr[4].

Ich bin aus meinen arab. Studien einmal wieder herausgerissen und praeparire mich fleissig für die kleinen Propheten, über die ich jetzt Colleg halte. Meine Vorbereitung betrifft freilich gewöhnlich Dinge, über die ich den Studenten nichts mittheilen kann. Vielleicht entsteht aber daraus eine Übersetzung, mit Einleitungen und Fussnoten – für den Druck[5]. Wenn ich Amos lese, scheint mir das ganze Arabisch höchst minderwerthig; es liegt eine gewisse Gefahr für mich in der Beschäftigung mit den Propheten, weil mich die Sympathie für sie ungerecht und einseitig macht. Selbst Plato langweilt mich dann.

Wright hat kürzlich an den hiesigen Universitätsbibliothekar Rödiger geschrieben, dass seine Besserung sehr langsame Fortschritte mache. Wenn Blutarmuth dabei im Spiele ist, so ist das wohl kaum anders zu erwarten. Grüssen Sie ihn, bitte, vielmals von mir.

Neulich war Felix Klein hier, ich hatte ihn seit 17 Jahren nicht gesehen. Er ist unverändert, sieht aber elend aus.

Man sagt, dass Baudissin nach Leipzig gehe, um Delitzsch zu ersetzen. Es wird wohl richtig sein. Wir werden kaum einen besseren für ihn kriegen; der beste wäre immerhin noch Stade. Gott sei Dank, dass ich mit dieser Gesellschaft nicht mehr verwechselt werden kann.

Mit herzl. Gruss

in alter Treue
Ihr Wellhausen

Ich sehe zu spät, dass ich einen bereits angeschriebenen Briefbogen benützt habe: entschuldigen Sie![6]

313. AN ERNST REIMER

Verehrter Herr Reimer
Ich danke Ihnen vielmals für Ihr generöses Honorar; ich hoffe, Sie machen keinen Schaden mit dem Buche[1]. Ich hätte gern 10 Freiexemplare von dem Buche, und zwar bitte ich Sie, je eins an Keßler (Greifswald), Wilamowitz, August Müller (Prof. in Königsberg), und Harnack (Berlin) zu schicken, die übrigen 6 aber mir zuzusenden. Ich hatte ferner um 20 Separatabzüge von Bogen 20–23 gebeten, hoffentlich sind dieselben gemacht worden. Noch bitte ich mir die Aushän-

gebogen 21–23 bald möglichst zu schicken; ich wollte sie für W. R. Smith einbinden lassen[2].

Mit ergebenem Gruße

Marburg 8.5.89

Hochachtungsvoll
der Ihrige
Wellhausen

314. An Alfred Pernice

[Marburg, 21.5.1889]

L. P. Ich habe mich über Deut 26,14 geäußert im arab. Heidentum[1] p. 162. Es ist nichts anderes als die *epulae apud sepulchra martyrum* (Augustin confess. VI 2[2]). In Ps. 106,28 Num. 25,2: זבחי אלהיהן, vgl v 3. halte ich מֵתִים, in Parallelismus zu Baal Peor, für die toten Götzen; der Psalm ist gewiß nicht älter als ±150 vor Christus. Im Übrigen bin ich immer für die einfachste und nicht für die absonderlichste Erklärung. Man könnte sonst auch bei uns von Ahnenkultus reden.

والسلام[3]
Dein W.

315. An Charlotte Limpricht

L. M.

Ich schäme mich immer noch bedankt zu werden dafür daß Ihr mich in Greifswald verzogen habt. Umgekehrt wird ein Schuh daraus. Dafür muß ich mich allerdings loben, daß ich einen frischen und fröhlichen Eindruck gemacht habe. Denn ich befand mich nicht gut unterwegs und bin auch noch nicht auf dem Damm.

Das Brot schmeckt gut und bewährt sich vortrefflich als Mittel gegen das Heimweh nach Greifswald. Ich hab es im Chlauben chechessen, da hat sich der Chammer checheben, sagt der Chettinger. Ich danke vielmals auch für das süsse Brot und für die wunderschönen Taschentücher. Mein Geburtstag ist sehr feierlich begangen, mit einer großen Kaffeegesellschaft am Sonntag Nachmittag. Ich habe unendlich viele Maiblumen und auch einen Baumkuchen geschenkt gekriegt, nebst 50 Havannas; Baumkuchen und Havannas vom alten Wagener.

Der Curator[1] und seine Frau gefallen hier sehr. Beide haben etwas angenehm Natürliches; sie brauchen die Aristokratie nicht so herauszubeißen wie Herr von Meyer[2] und Co. Irgend welche Neigung zu Übergriffen in die akadem. (scheinbare) Selbstregierung hat, was *er* ist, noch nicht verrathen; vielleicht hat er sich am kleinen heroischen Ulmann (über den er sich übrigens sehr freundlich ausließ) die Finger verbrannt.

Else Pernice[3] hat uns heute besucht, sie reist abends schon wieder ab nach Göttingen. Sie gefällt mir ganz ausgezeichnet; ich finde sie sogar hübsch. Die Drosseln haben ihr hier den Schlaf gestört. Davon habe ich so viel Erfahrung; daß alle Drosseln gediehen, wie ichs ihnen gönnte!

Unter anderen, die nicht hinkommen, kommt auch Cremer nach Göttingen. Der hiesige Prof. Herrmann hat tagtäglich ein neues Gerücht zu vermelden. Er selbst will nicht hin, interessirt sich aber sehr für den Nachfolger Ritschls[4]. Sicher ist, daß Kähler in Halle gefragt worden ist und abgelehnt hat.

Ella hat mich sehr erfreut durch die Nachricht, daß der alte Bello sich noch einmal wieder erholt hat. Ich hatte schon immer vor mich zu erkundigen, da niemand etwas über ihn schrieb.

So, nun habe ich mich ausgeschüttet; alles einigermaßen Interessante werde ich natürlich vergessen haben. Habt alle noch einmal vielen Dank und behaltet lieb

M. 22. 5. 89   Euren Julius

316. AN WILLIAM ROBERTSON SMITH

M. 28. 5. 89

L. S.

Ich habe mich längst damit getragen, irgendwie öffentlich Ihnen meine Dankbarkeit zu bezeugen. Den Heften der Skizzen mochte ich keine Widmung vorsetzen; Sie müssen sich mit der alten Scharteke[1] begnügen, da ich voraussehe, dass ich zum Schreiben eines Buches schwerlich mehr komme. Es freut mich, dass Sie die Sache so aufgefasst haben, wie sie gemeint ist.

Wrights Tod[2] ist auch mir nahe gegangen, es wird gewiss wenige so noble Gelehrten geben, denn die Gelehrsamkeit verdirbt den Charakter, wenigstens in Deutschland[x]. MacKays und seiner alten Mutter erinnere ich mich wohl; es ist in der That unheimlich, wie Ihr Freundeskreis gelichtet wird. Wir wollen hoffen, dass die Ärzte dumm sind und dass MacKay wieder besser wird.

Ich darf Sie vielleicht bitten, der Frau Wright die einliegende Karte zu schikken. Ich habe sie nie gesehen und weiss ihr nichts zu schreiben. Noch eine andere Bitte habe ich. Was ist das für ein geneal. Buch von Ibn alKalbi, das im Brit. Museum liegt, und was hat es für einen Titel? Ist es wirklich النسب الكبير؟ oder die جمهرة الجمهرة nach Ibn Saʿd[3]? Mir ist der Ibn al Kalbi allmählich so interessant geworden, dass ich mich gern näher mit ihm bekannt machen möchte. Es ist schauderhaft, dass auch von ihm fast nichts im Original erhalten ist. Fälschungen werden eher noch da sein.

Ich fange wieder an mich für die Propheten zu interessiren[4]. Sie sind nur so monoton. In den Arabern steckt viel mehr buntes Leben; sie sind unbezahlbar mit ihrem *nihil humani a se alienum habere.* Sie langweilen mich keinen Augenblick; seit ich sie kenne, kann ich keinen Roman mehr lesen. Es ist jammerschade, dass aus diesen Menschen am Ende doch nichts geworden ist. Woran mag das liegen!

Haben Sie Goldziher gelesen? Ich mag das Buch[5] durchaus nicht leiden. Sie werden aber jetzt anderes zu thun und zu denken haben, verzeihen Sie die Frage!

A dieu!

Ihr W.

˟ und noch viel mehr in Frankreich

317. An Ernst Reimer

Marb. 19 Juni 1889

Verehrter Herr Reimer

Ein 4. Heft der Skizzen u. V. ist so gut wie fertig[1]. Ich möchte darin gern einen arab. Text von etwa 3–4 Bogen abdrucken. Ich fürchte aber, daß Ihr buchhändlerisches Vertrauen zu arabischen Texten durch die Hudhailiten stark erschüttert ist[2]. Bitte schreiben Sie mir aufrichtig Ihre Meinung darüber. Es würde mir nicht schwer fallen, irgend eine wissensch. Gesellschaft mit besagtem Texte zu beglücken. Aber ich liebe es allerdings nicht, meine Arbeiten zu zerstreuen, seit ich in den Skizzen eine Sammelstelle dafür habe. Ich würde gern auf das Honorar für Heft 4 verzichten, wenn der arab. Text darin aufgenommen werden könnte. Dann könnte der Druck gleich losgehen; der arab. Text fängt von hinten an, und da ich ihn citiren muß, muß er mir gedruckt vorliegen, ehe der Druck des Übrigen beginnt.

Wie steht es mit dem Absatze des 3. Heftes? Es ist mir viel neues Material zugeflossen, und ich möchte gern in etwa 2 Jahren eine umgearbeitete Ausgabe machen[3].

Ehrerbietig
Ihr ergebener
Wellhausen

318. An William Robertson Smith

Exspectavi quod evenit, et consentaneum erat[1]. Maxime et tibi et omnibus gratulandum, quod tandem otium „cum dignitate"[2] nactus es. Dolere potes mortem viri amicissimi, sed dubitare, num tu in locum eius succedere dignus sis, non debes.

Marpurgi 29 Iun. 89.
      Tuissimus
      W.

319. An Ignaz Goldziher

Marb 27. 7. 89

Verehrter Herr College
Verzeihen Sie, daß ich den Dank für Ihre freundl. Zusendung so lange verschoben habe[1]. Ich habe Ihren Aufsatz mit großem Interesse gelesen; es scheint mir indessen, daß Snouck den idealist. Charakter des فقه[2] nirgend so stark betonte, wenigstens so weit ich seine betr. Abhh. kenne. Die Juristen à la Kohler sind gefährlich: sie urtheilen auf diesem Gebiet über Sachen die sie nicht kennen.

والسلام
    Ihr hochachtgsvoll ergebener
    Wellhausen

320. An Michael Jan de Goeje

Vielen Dank für die Reisen von Sindbad[1], die ich mit grossem Vergnügen gelesen habe. Es kamen mir allerhand dumpfe Erinnerungen an Ktesias Herodot und Strabo; ich habe Prof. Niese gefragt, der mich auf die ἐνωτοκοιται, σκιαποδες, στεγανοποδες, auf Ctesias Ind. bei Photius[2], und für den „stummen Handel" auf Herod. IV cap. 196[3] verwiesen hat. Einiges reicht hinauf bis Hesiod Alkman Aeschylus usw. Merkwürdig, dass die Fabeln so hoch hinauf reichen und dass so wenig neu erfunden wird.

 Mit bestem Grusse

Marb. 7. 8. 89
      Ihr ergebener
      Wellhausen

321. An Ferdinand Justi

[Marburg, 16.8.1889]

Asp bacht heißt Sî bacht bei Jaqut und Balâdhuri; ist das, nach Analogie von Sî murgh[1], möglicher?

Ich hole mir gelegentlich die Antwort.

322. An Ernst Reimer

Verehrter Herr Reimer

Ich danke Ihnen für Ihre freundl. Zeilen; ich bin mit dem arab. Setzer sehr zufrieden, er liest und setzt so gut, daß fast weniger zu verbessern ist als in deutschem Druck. Es thut mir leid, daß ich den Umfang des arab. Textes falsch taxirt habe; es scheinen nicht 3–4, sondern 4–5 Bogen heraus zu kommen, oder vielmehr, so weit ich sehe, genau 4 ½[1]. Das deutsche Manuskript, das ich Ihnen geschickt habe, ist recht schlecht geschrieben. Ich hoffe aber, daß es doch lesbar sein wird. Ich mochte es nicht kopiren, und ein anderer hätte es kaum kopiren können. Der größere Teil des deutsch. Manuskripts restirt noch; ehe ich den fertig mache, muß der arabische Text in meinen Händen sein, weil ich denselben citiren muß. Aber binnen 14 Tagen ist ja der arab. Satz fertig, und mit dem Druck des eingesandten Theils des deutschen Manuskriptes werden mindestens 4–5 Wochen hingehen: die Differenz von 2–3 Wochen genügt mir vollständig um den noch übrigen Theil des deutschen Manuskriptes zu vollenden, so daß keine Unterbrechung des Druckes wegen Mangels an Msk. zu besorgen ist.

Ich habe erst jetzt das Vergnügen gehabt Ihren Herrn Vetter, den Archivar Reimer, kennen zu lernen[2]; es thut mir sehr leid, daß es nicht früher dazu gekommen ist.

Ich freue mich, daß ich in dem Druck des 4. Heftes der Skizzen einen Vorwand habe um anständiger weise die Ferien in Marburg verbringen zu können. Ich liebe die Reiserei nicht und finde es in Marburg viel schöner als anderswo. Ich trete auch meine Professur nicht an Keßler in Greifswald ab, trotzdem er mir seine Bereitwilligkeit gestern erklärt hat mir zu succediren.

Mit ergebenem Gruße

hochachtungsvoll
der Ihrige
Wellhausen

M. 18. 8. 89

323. An Theodor Mommsen

Verehrter Herr Professor
Ich habe seit lange die LXXstudien nicht mehr verfolgt und weiß z. B. nicht, ob Untersuchungen darüber angestellt sind, mit welcher LXXrecension der Librische Lugdunensis zusammenstimmt. Ich fürchte auch, daß auf unserer Bibliothek die Literatur (z. b. Roberts Ausg. des Lugd.[1]) fehlt; Graf Baudissin, dem ich die Sorge dafür überlasse, kümmert sich nur um die s. g. biblische Theologie. Nach diesem Vorwort erkläre ich mich mit Vergnügen bereit zu Ihrem Dienst, wenn Sie es bei so bewandten Dingen noch für der Mühe werth halten mir das Msc zu schicken[2]. Zeit habe ich immer. Vermuthlich stimmt der Text der Collatio eher mit dem s. g. Lucian als mit der Sixtina und dem Alexandrinus. Tischendorfs Text ist nur ein Abdruck der Sixtina, mit Varianten des Alex.

Lagarde ist ein Hanswurst und ein Lügner. Ich werde vielleicht einmal den Beweis der These führen, ohne Witze und *sans phrase*.

Über Wilamowitz' neues Buch[3] bin ich sehr erfreut. Das Kapitel über die Entstehung der Tragödie[4] scheint mir ganz vollständig gelungen. Desgleichen das über die Geschichte des Textes[5] kommt mir ausgezeichnet, dabei auch für einen Nichtfachmann sehr lesbar vor. Was Herakles war, habe ich dagegen noch nicht ganz verstanden; auch ist es mir auf dem Gebiete nicht recht heimelich.

Ich hoffe, daß Ihre Frau Tochter[6] Ihnen nicht mehr Anlaß gibt sich zu ängstigen. Wenn man ihren eigenen Versicherungen glaubt, befindet sie sich sehr wohl; aber sie ist in der Beziehung etwas zu heroisch und zu sorglos. Sie scheint alle Dinge Gott zu befehlen, das ist freilich auch wieder sehr verständig.

Mit ehrerbietigem Gruß

Marb. 3. 10. 89

Ihr aufrichtig ergebener
Wellhausen

324. An Theodor Mommsen

[Marburg, ca. Oktober 1889]

Verehrter Herr Professor
In der Stelle Deut 18,10 sqq (Msk Druck p 111[1]) ist die Hauptverwirrung hineingekommen durch eine Dublette. Nemlich Deut 18,10 sq ist doppelt übersetzt, d. h. die ältere abscheul. Übersetzung verbessert durch eine nachgesetzte Correctur[2]

Non inveniatur in te qui lustret f. t. aut f t
nec divinus apud quem   μαντευομενος μαντειαν
sortem tollas nec   κ κληδονιζομενος κ
consentias venerariis   οιωνιζομενος φαρμακος

impostoribus qui dicunt   επᾳδων επαοιδην
quid conceptum habeat   εγγαστρι
mulier quoniam fabulae   μυθος
seductoriae sunt.
Nec intendas prodigia   κ. τερατοσκόπος
nec interroges mortuos   επερωτων τους νεκρους

Bei κληδων hat der Übersetzer an κληρος gedacht (oder so gelesen); die Zusammenhänge hat er errathen, z. b. *nec consentias* ουκ (statt μη) ... νιζομενος; *qui dicunt* επᾳδων επαοιδην usw. Rationell und verfolgbar ist nichts: ein classischer Kerl[3]! Dann folgt die Verbesserung

Non inveniatur in te
auguriator nec inspector   μαντευομενος μαντειαν
avium nec maleficus   και κληδονιζομενος και
aut incantator nec   οιωνιζομενος φαρμακος
pythonem habens in   επᾳδων επαοιδην
ventrem nec harusp   εχεγγαστρι μυθος καὶ τερατοσκόπος
nec interrogator mortuorum   επερωτων τους νεκρους
nec portenta
inspiciens.

Beide Übersetzungen gehen auf den gleichen griech. Text zurück, nicht auf differente Vorlagen. Die Differenzen sind lediglich durch die verrückte Übersetzung hineingebracht. Dergleichen doppelte Übersetzungen, von denen gewöhnlich die eine die Correctur der anderen ist, sind sehr häufig[4].

In Eile
Ihr W.

325. An Theodor Mommsen

[Marburg, ca. Oktober 1889]

Durchgängig führen Plus oder Minus, überhaupt die Abweichungen, welche der Bibeltext der Collatio[1] im Vergleich zu dem gewöhnlichen LXXtexte, dem der Sixtina, aufweist, nicht auf eine andere *griechische* Recension, sondern sie beruhen entweder auf Übersetzungsfreiheiten der Vetus Latina, wonach die Collatio citirt, oder auf Citirfreiheit des Verfassers der Collatio. Auch Deut. 18,10.11 (tit XVI[2]) beruht nicht auf einer sonderbaren griechischen Vorlage, sondern es sind zwei lateinische Wiedergaben des gleichen griechischen Textes zusammengeflossen, wovon die erste merkwürdig ist durch ihre Stümperhaftigkeit und Unbeholfenheit:

Non inveniatur in te qui lustret filium tuum aut filiam tuam nec divinus[1] *apud quem sortes tollas*[2]: *nec consentias venenariis*[3] *inpostoribus qui dicunt quid conceptum habeat mulier*[4], *quoniam fabulae*[5] *seductoriae sunt. Nec intendas prodigia*[6] *nec interroges mortuos*[7].	Οὐχ εὑρεθήσεται ἐν σοὶ περικαθαίρων τὸν υἱὸν αὐτοῦ καὶ τὴν θυγατέρα αὐτου ἐν πυρί, μαντευόμενος μαντείαν[1] κληδονιζόμενος[2] καὶ οἱ ωνιζόμενος, φαρμακός[3], επαείδων επαοιδήν, ἐγγαστρί[4]μυθος[5] καὶ τερατοσκόπος[6], ἐπερωτῶν τοὺς νεκρούς[7].

Nur die identischen Punkte lassen sich in übereinstimmender Reihenfolge hüben und drüben nachweisen. Die Verbindungslinie hat der lat. Übersetzer mit unverschämter Ignoranz *de suo* gezogen. Charakteristisch ist insonderheit ἐγγαστρί. = *quid conceptum habeat mulier*, μυθος *quoniam fabulae seductoriae sunt*.

Zwei Stellen finden sich, wo die Lesarten verschiedener griechischer Ausgaben im lat. Texte der Collatio zusammengeflossen sind. Für das hebr. *Rischonim* (Vorfahren) Deut. 19,14 (tit XIII[3]) bietet die Sixtina πατέρες, andere Hss genauer πρότεροι; in der Collatio steht beides zusammen: *patres tui vel principes*. In Deut. 27,23[4] ist das zweideutige hebr. *Chotanto* in der Sixtina mit νύμφη (*nurus*), in einer anderen Rec. mit πενθερά übersetzt; die Collatio verbindet *nurus* und *socrus*. Die übrigen lat. Varianten führen nicht auf Varianten der griechischen Vorlage; es sind hauptsächlich Freiheiten in der Anordnung.

Ich würde es für völlig genügend halten, wenn die Bemerkungen zu Deut. 18,10.11. 19,14. 27,23 an den betreffenden Stellen zu den von Ihnen ausgezogenen LXXcitaten hinzugefügt würden. Das Msc ist an Prof. Krüger abgesandt[5]. Zu jedem weiteren Dienste ist gern bereit

Ihr ehrerbietig ergebener
Wellhausen

326. An Friedrich Zarncke

Hochverehrter Herr Professor
Es ist nicht leicht Namen zu nennen[1]. Vielleicht Licentiat Horst im Elsaß irgendwo (Colmar oder Hagenau – Nöldeke wird es wissen), oder Professor Giesebrecht in Greifswald; oder Rothstein in Halle. Mir selber wird es zu sauer Bücher zu lesen, aus denen zu lernen ich keine Hoffnung habe; und ich befürchte, daß wenn ich solche Bücher recensire, ich allmählich in die Weise Heinrich Ewalds verfallen würde

Hochachtungsvoll
der Ihrige
Marb. 8. 10. 89   Wellhausen

327. An Charlotte Limpricht

[Marburg, 19.10.1889]

L.M.

Ich gratulire vielmals zu Deinem Geburtstage und wünsche Dir Gesundheit und Freude für die weiteren Tage. Ich schenke Dir auch was; vielleicht amüsirt es Dich eine Minute. Den Türken habe ich in Köln entdeckt; die Serai ratlub[1] sind gut; daneben hatte ich gepreßte Aprikosen bestellt, die seit uralten Zeiten sehr beliebt im Morgenlande sind – ich weiß aber nicht, ob er sie hat.

Marie ist im Ganzen besserer Stimmung, ich wollte, sie spräche nicht beständig über das in der Ferne mögliche Zahnweh etc. Es geht ihr eigentlich ganz gut; zu meiner Freude hat sie das Klavierspielen bis auf weiteres aufgegeben. Es ist freilich schade, daß sie, wenn sie nicht wie verrückt spielt, es ganz liegen läßt.

Über unsere Elise wird sie Dir geschrieben haben. Die dumme Person hat nicht den Muth gehabt, offen zu sagen, sie wollte nun doch nicht schon im November fort, sondern lieber bis Weihn. oder Ostern bei uns bleiben, sondern sie hat es vorgezogen, heimlich zu intriguiren, um das neue Mädchen zu bewegen, daß sie erst später käme. Marie hat aber die Sache viel zu leidenschaftlich aufgefaßt; es ist bloße Dummheit und Feigheit. Mir thut es leid, daß wir mit einem Krach aus einander gehen.

Frau Wilamowitz scheint sich zu bessern. Er hat ein sehr lesbares und sogar liebenswürdiges Buch geschrieben[2], und ich hoffe, daß er damit allgemeine Anerkennung findet. Mich hat es sehr angezogen, während mir seine frühere Schriftstellerei nicht so besonders behagte. Der Most ist nicht mehr so ungebärdig, und ein milder Wein beginnt zu reifen. In Bezug auf die Sachen bin ich natürlich nicht kompetent; mir scheinen aber sehr vernünftige Dinge in dem Buche gesagt zu sein.

Lischen will zur Post; ich muß leider schließen. Grüß Limprichts und Möllers und sei selber herzlich gegrüßt von

Deinem J.

328. An William Robertson Smith

L.S. Ich bekomme eben *the fundamental institutions*[1] und danke Ihnen herzlich für die Gabe. Gelesen habe ich noch nichts, ich freue mich auf die Lecture, und wenn ich etwas zu bemerken habe, will ich es Ihnen schreiben. Sie werden in etwa 8 Tagen ein neues Heft der Skizzen bekommen[2], dessen Druck vor Kurzem beendet ist. Was macht denn Wrights *comparative grammar*[3], und was machen die نقائض[4]? Wenn die dummen Dichter nur etwas mehr Inhalt hätten!

Marb. 3.11.89

329. An Ernst Reimer

Marburg 4.11.89

Verehrter Herr Reimer

Ich bescheinige den Empfang des Honorars (250 M.) und danke Ihnen so wohl dafür als auch insbesondere für Ihren freundlichen Brief. So wenig ich geneigt bin gering zu schätzen was ich drucken lasse, so weiß ich doch, daß der materielle Erfolg meist nur sehr gering sein kann; und der Gedanke ist mir fatal, daß Sie Schaden haben könnten. Ich hoffe, daß der Fall nicht eintritt.

Ich war Ostern in Berlin und hatte Zeit Sie aufzusuchen, unterließ es aber um Sie nicht zu stören. Denn bei mir befreundeten Berliner Professoren habe ich stets das Gefühl, daß sie von Besuchen aus der Provinz übersättigt sind; und Sie haben sicherlich weniger Zeit als die Professoren, die immer so thun als ob.

Ich habe eine Menge Stoff für neue Hefte der Skizzen. Zunächst hoffe ich einen Stoff ausgestalten zu können, der mir seit zehn Jahren im Kopfe herum geht, betreffend die politische Geschichte des ältesten arabisch-muslimischen Reiches. Noch warte ich auf Erleuchtung, wie ich es anfangen soll; ich wünschte, daß sie bald käme[1].

Mit freundlichem Gruße

Ehrerbietig
Ihr ergebener
Wellhausen

330. An William Robertson Smith

Marb. 7.11.89

Lieber Smith

Ihr Buch[1] ist brillant; ich habe es in anhaltender Lecture in vier Tagen durchstudirt. Die Einheitlichkeit Ihrer Auffassung ist bewundernswürdig, zumal wenn man damit die unfruchtbare Kleinigkeitssammelei der deutschen Orientalisten vergleicht, die gar nicht wissen was sie mit ihrer Gelehrsamkeit anfangen sollen, die überhaupt nie in ihrem Leben ein wirkliches Problem gehabt haben. Ihnen wird es schwer, die Einzelheiten *hinter* einander zu bringen; Sie sehen Alles auf einmal in einem Bilde *neben* einander und verstehen jedes Fragment aus dem Ganzen, construiren aus jedem Blatt den Baum. Ihre Manier ist einfach hinreissend, auch für Leute wie ich einer bin, die sich lieber an das Historische halten und nach dem Sinne, der nur aus den Ursprüngen klar wird, nicht forschen.

Am besten finde ich das was Sie über Opfer und Feste entwickeln[2] – vielleicht deshalb weil ich da vielfach schon selber auf ähnliche Gedanken gekommen bin. Aber Sie haben dann doch immer meiner Anschauung erst zu vollendeter Klarheit verholfen. Ich bin einen Schritt vor dem Ziel stehen geblieben; Sie thun den Schritt, durch den das Ganze plötzlich begreiflich wird.[1]

Das wird Ihnen jeder Sachverständige zugeben müssen, dass Sie von dem Grundsatz, dass der Cultus nur aus den primitiven Culturanschauungen und -verhältnissen zu verstehen ist, eine Anwendung gemacht haben, durch welche jener Grundsatz auf das glänzendste bestätigt wird.

Zweifel habe ich natürlich nicht wenige; sie sind aber nicht reif um geäussert zu werden. Nöldeke ist mir ein warnendes Beispiel, der einem mit seinen Gegengründen immer sofort in das Gesicht springt, ehe er die Sache (ich meine das Ganze)[3] eigentlich verstanden hat.

Nur das will ich sagen, dass das Problem p. 116. p 129[4] viel allgemeiner ist als Sie es aufstellen. Es wird sogar immer *das* Problem im Gottesbegriff bleiben. Und aus dem Grunde ist es für Ihre *histor.* Untersuchung eben überhaupt kein Problem.

Einiges Wasser für Ihre Mühle werden Sie noch aus dem 4. Heft meiner Skizzen[5] gewinnen können, welches wie ich glaube für Leute, die nicht alles vorgekaut haben wollen sondern lieber selber kauen, allerlei lehrreiche Dinge enthält.

Ich darf Sie vielleicht bitten, mir zu schreiben ob der *Lisân*[6] gedruckt ist, *ob* und *wo* man darauf abonniren kann. Denn es scheint nach Ihren Citaten viel Werthvolles darin zu stehen, und ich kann mich nicht entschliessen, mir Lane[7] zu kaufen, wenn ich statt dessen seine Quellen kaufen kann.

Bei Cornill brauchen Sie sich über nichts zu wundern; er ist ein Mensch ohne alles Urtheil, wie sein Ezechiel[8] nicht minder beweist als seine früheren Sächelchen.

Zum Schluss noch einmal herzlichen Dank
von

Ihrem ergebenen
Wellhausen

Menschenopfer (Agag)[9] scheinen mir manchmal *Beute* aparche[10] zu sein = نقيعة

Wo ist die „evidence" für سعف الحيّ[11]? An die Deutung „palmsticks of the tent" bin ich weit entfernt zu glauben. Auch حواء ist nicht *ein einzelnes Zelt*, sondern Wohnung, die mehrere Zelte enthalten kann, oder auch eines.

[1] z. B. das Aufleben des Heidenthums im Judenthum, parallel mit der Entwicklung, die im Röm. Reich so wichtig ist und bei Burckhardt[12] geschildert wird

331. An Ernst Reimer

Marburg Nov. 89

Verehrter Herr Reimer
Verzeihen Sie, daß ich die Dreistigkeit habe, Sie um 12 Exemplare des 4. Heftes[1] zu bitten. Ich glaube, Sie werden so viel entbehren können; denn auf raschen Absatz dieses Heftes ist kaum zu rechnen. Damit soll nicht gesagt sein, daß nichts der Mühe Werthes darin steht. Aber die Leute mögen lieber sich vorkauen lassen als selber kauen. Mit der Zeit wird sich auch das 4 Heft verkaufen; dem Veralten ist es am wenigsten ausgesetzt.
 Mit Dank und freundl. Gruß

Ehrerbietig
Ihr ergebener
Wellhausen

PS. Ich bitte Sie mir die Exemplare nicht gebunden zu schicken, es erschwert die Versendung, und man muß die Leute nicht verwöhnen

332. An Wilhelm Herrmann

Magnificentissime
Auf Ihre Mittheilung von heute Mittag zu antworten fehlte mir die Zeit. Ich hole es schriftlich nach.
 In folge Ihrer Äußerung gegen mich am Sonnabd Mittag bin ich mit dem Glauben in die Sitzung gekommen, der Antrag Göbel[1] sei *formell* unzulässig und *a limine* abzuweisen. Ich war sehr überrascht, daß die Juristen seine Zulässigkeit nicht bestritten und sogar dem Antrage beistimten [sic], unter der Bedingung, daß ihre angekündigte Mittheilung *ad acta* genommen werde. Auch dadurch war ich überrascht, daß diese Bedingung, die ich für selbstverständlich hielt, expreß *beantragt* wurde. Denn dadurch wurde implicite anerkannt, daß der Senat auch beschließen konnte, die Mittheilung *nicht ad acta* zu nehmen.
 Da mir nur an der Nichtverlesung der jurist. Mittheilung etwas lag, so habe ich in erster Linie für Adacta nehmen, dann aber, auch ohne diese Bedingung, für Nichtverlesen gestimmt. Ich würde jedes mal wieder so stimmen, unter gleichen Umständen, d. h. unter dem Umstande, daß die Juristen, *alle Mann hoch*, durchaus nichts gegen die formelle Zulässigkeit des Göbelschen Antrags vorbrachten.
 Wenn sie nachträglich sagen, sie seien so auf das Maul geschlagen gewesen, daß sie ihre Besinnung verloren hätten, so kann ihnen das unmöglich etwas helfen.

Daß die Mediziner hinter dem Antrage steckten, ist mir erst in der Sitzung klar geworden. An meiner Votirung konnte das natürlich nichts ändern.

Göbel hat den Gedanken an die *Möglichkeit*, die Mittheilung der Juristen zu kupiren, in mir zuerst angeregt; den Wunsch hatte ich indessen schon vorher, hielt ihn aber für unausführbar.

Eine erneuerte Aufnahme der Sache im Senat halte ich für unzulässig. Die Juristen müssen sich bei einer höheren Instanz beschweren.

Ich glaubte Ihnen diese Mittheilung schuldig zu sein und bitte Sie sich die Sache zu überlegen nach allen Richtungen hin.

Mit fr. Gruß
Mont[a]g nach Tisch
18. 11. 89   Ihr Wellhausen

333. AN ALBERT SOCIN

Lieber Herr College

Sie werden wissen, daß Roth mir geschrieben hat und was ich ihm geantwortet habe[1]. Das was mich in Tübingen anzieht, ist die Möglichkeit über das A.T. zu lesen. Ich möchte nur wissen, ob diese Möglichkeit nicht auch bloßer Schein ist, ob nicht die Hh Threleologen [sic] Mittel und Wege haben die Schafe vor dem Wolf zu hüten und mir das Wasser abzuschneiden. Also: wie viel Zuhörer haben Sie etwa, wenn Sie über die Genesis lesen?

Ist das verflixte Souperwesen in Tübingen Mode? Und sind menschenwürdige Wohnungen zu haben? oder muß man sich erst durch Semester langes Warten das Anrecht auf eine erwerben?

Lachen Sie nicht über die Voreiligkeit dieser Anfragen, da nur eine höchst blasse Möglichkeit vorliegt, daß mir ein Antrag gemacht wird. Wenn er gemacht wird, habe ich keine Zeit mehr mich über diese sehr wesentlichen Dinge zu orientiren.

Sie werden vielleicht wissen, daß ich in Halle vorgeschlagen bin. Jedenfalls würde ich Tübingen vorziehen.

والسلام

Marb. 2.12.89   Ihr Wellhausen

334. AN ALBERT SOCIN

Lieber Socin
Vielen Dank für Ihren Brief. Ich hatte erwartet, daß die Sachen etwa so liegen würden wie Sie sie schildern. Ich habe gar keine Lust von hier fort zu gehen. Ich halte es aber halb und halb für meine Pflicht, eine Gelegenheit zu benutzen um über das A.T. lesen zu können. Natürlich hat jedoch mein Pflichtgefühl in diesem Fall etwas elastische Grenzen.

Ihre Mittheilungen genügen mir vollständig; ich wüßte nichts was ich vermißte. Aber ich würde Sie gern in Frkf. treffen, in dem Falle, daß ich mit Ihnen bis Marburg zurückreisen könnte. Sonst ist die Zeit zu kurz; ich kann nemlich erst um 6.34 in Frankfurt eintreffen. Es scheint mir aber, daß Sie den Nachtzug 7.28 (über Kassel) nach *Leipzig* nicht benutzen können.

In einem Punkte glaube ich anderer Meinung über den *Eventus futuribilis* sein zu dürfen. In Kampfstellung zu Grill würde *ich* nicht gerathen, und *er* würde mit der Zeit wohl auch die Auslage gegen einen Windmühlenflügel aufgeben.

Nochmals vielen Dank
4.12.89   Ihr Wellhausen

335. AN ALBERT SOCIN

Lieber Socin
Vielen Dank! Ich hatte Sie in meinem ersten Briefe[1] nicht gefragt um *meine* eventuellen Aussichten; wenigstens war es meine Hauptabsicht zu erfahren, wie *Ihre* ATl. Lehrthätigkeit thatsächlich sich gestaltete. Das haben Sie mir in Ihrem ersten Briefe berichtet, und das ist mir ein besserer Halt als die Vermuthungen und Hoffnungen über meine mögliche oder unmögliche eventuelle Wirksamkeit, denen Sie in Ihrem zweiten Briefe Ausdruck geben. Ich bin Kaviar fürs Volk und äußerst skeptisch gegen das studentische Publikum und seine Gunst.

Damit soll nicht gesagt sein, daß ich voreingenommen bin gegen Tübingen und unempfänglich gegen die gute Meinung, die mir von dort entgegen gebracht wird. Wenn der Ruf an mich gelangt, werde ich sehr ernstlich in Erwägung ziehen müssen, ob es nicht das beste ist ihn anzunehmen. Es wird mir allerdings sehr schwer werden; mit Vergnügen komme ich nicht. Wenn ich meiner Neigung folgen könnte und dürfte, so zöge ich mich in ein hannöversches oder westfälisches Dorf in der Nähe der Weser zurück; denn nur da fühle ich mich daheim bei den Meinen, und nur da liegt für mich die Heimath, sowie für Sie in der Schweiz. Aber man darf ja leider kein Romantiker sein.

Nochmals herzl. Dank
10.12.89   Ihr Wellhausen

336. An Abraham Kuenen

Ich sage Ihnen meinen aufrichtigen Glückwunsch zur Ausgabe des 2 Theils des Onderzoek[1] und meinen ergebenen Dank für die Zusendung desselben. Ich hoffe, es geht Ihnen erträglich, und wünsche Ihnen Kraft zur Vollendung des Ganzen. Mit herzl. Gruss an Ihr Ingesind

Marburg 16 Dez. 89

Ihr ergebener
Wellhausen

337. An Familie Limpricht

Lieber Vater und Mutter
  und Schwestern
Ich wünsche Euch auch Glück und Segen zum Neuen Jahre, ich bedanke mich auch vielmals, und bin wie immer

M. 30. 12. 89

Euer artiger
Julius

338. An August Müller

M. 2. 1. 90.

Lieber Freund

Althoff hat mir Ihre Ernennung[1] schon vor einiger Zeit verrathen, ich habe mich sehr darüber gefreut. Er hat mich nach Ihren drei jüdischen Candidaten für die Chilâfa[2] in Kgsbg gefragt; ich habe ihm zu Fränkel gerathen, von dem verrückten Keßler dringend abgerathen[3]. Zu Goldziher habe ich kein Fiduz; er ist wie Alfred von Cremer und macht Phrasen, die halb richtig und halb schief sind. Von histor. Strenge haben leider die Wenigsten einen Begriff; namentl nicht die „Kulturhistoriker"

Erlauben Sie mir die Frage, woher Sie das Datum des 9 *Cafar* 38 für die Schlacht von Nahrawan haben (Islam I 330[4])? Ich kann es gar nicht konstatiren; bei *B Athir, Masudi*, im *Kamil,* bei *Bäthgen* fragm., bei *Jaqubî* steht es nicht; bei *Jaqut* auch nicht. Daß Sie sich mit solcher Bestimmtheit versehen haben sollten, kommt mir unwahrscheinlich vor.

Haben Sie eine Meinung darüber, ob Hoffmann von Kiel weggehen würde? Und wie urtheilen Sie über Prym in dieser Hinsicht? Der Reichthum steht beiden im Wege. Prym kann sich im Übrigen, so viel mir scheint, keine große Hoffnung machen, den alten Johannes[5] zu beerben.

Rödiger hat mir öfters von Ihren mannigfachen Hauskrankheiten erzählt, zum Glück aber immer erst, wenn die Gefahr vorüber war. Möge das Neue Jahr Ihnen in jeder Weise die Befriedigung Ihrer Wünsche bringen! Und sagen Sie قوج noch, was قوج bedeutet[6]. Was ich von ihm halte, weiß er so wie so; und es schmerzt ihn.

Viele Grüße
Ihr Wellhausen

Smend überläßt wahrsch. sein Haus seinem Baumeister, weil es nicht כָּשֵׁר ist. Seine Frau ist immer leidend; seiner Mutter, die am Krebs operirt ist, geht es gut. Herrmann und Rödiger sind wohlauf. Die Influenza ist verbreitet, u. a. in meinem Hause

339. An den Kanzler der Universität Tübingen

Euer Hochwürden[1]
haben mir mit Ihrem Schreiben eine große Freude gemacht. Es ist der erste Ruf, den ich im Leben erhalten habe, so oft ich auch vorgeschlagen gewesen bin. Ich bin also für die Ehre, welche mir die Universität Tübingen anthut, sehr empfänglich, wenngleich mich die Erwartungen, die man mir entgegen bringt, etwas beklommen machen.

Ich habe hier 5000 Mark Gehalt und 540 M. Wohnungsgeldzuschuß, zusammen 5540 Mark. Aber 5540 Mark in Tübingen würden nicht das selbe sein.

Denn erstens behalte ich in Preußen diesen vollen Gehalt, auch wenn ich invalide werde. In Tübingen würde ich pensionirt, und zwar wahrscheinlich mit einem Procentsatze nur vom Normalgehalt, nicht auch von der Personalzulage.

Zweitens beträgt in Preußen das Wittwengeld 1400 Mark, und es wird kein Beitrag dafür erhoben. Höchst wahrscheinlich werden die Tübinger Verhältnisse in dieser Hinsicht lange nicht so günstig sein.

Dazu kommt noch Folgendes. Um mich an die Scholle zu fesseln, habe ich mir hier in Marburg ein Haus gebaut, das nur für uns, nicht aber für andere Leute paßt, und das sich, wenn überhaupt, nur mit schweren Verlusten verkaufen ließe. Als ich vor 5 Jahren herkam, gab es überhaupt keine Wohnungen, so daß ich fast ein Semester im Wirthshaus bleiben mußte. Jetzt stehen eine Menge Häuser leer und zum Verkauf; die Bauthätigkeit der letzten Jahre ist enorm gewesen.

Ich beschränke mich darauf, Ihnen diese Anhaltspunkte zu geben, und Sie zu bitten mir gütigst mitzutheilen, wie viel der Herr Minister mir bieten kann.

Ehrerbietig
der Ihrige
Wellhausen

Marburg, 6 Januar 1890

340. An Heinrich und Charlotte Limpricht

M. 7. Januar 90

Marie hat noch immer die Influenza, bestehend in allgemeiner Dösigkeit, Schnupfen und Unglück. Ab und zu hat sich leichtes Fieber eingestellt, meist nur sehr vorübergehend. Ich habe es natürlich auch; es scheint aber besser zu werden; ich bin auch immer damit ausgegangen, weil mir der Kopf zum Zerspringen war in der Stube. Im Bette hat sich Marie auch nicht gehalten.

Dazu kommt nun noch der schwürige rechte Daumen unserer Katharina, der noch immer nicht so weit ist, daß sie kochen u abwaschen kann. Wir haben jetzt endlich eine regelmäßige Hilfe bekommen; es war gar nicht leicht, da jetzt in so vielen Familien Aushilfen gesucht werden. Denn wir sind hier jetzt auch ganz verseucht, wenngleich bis dahin, soviel ich weiß, ein Todesfall noch nicht vorgekommen ist.

Ich stehe in Unterhandlungen mit den Tübingern[1]. Die dortigen Einricht[un]gen machen es einem aber nicht leicht, aus Preußen wegzugehen. Für die Witwe ist nicht entfernt so gut gesorgt. Für den invaliden Professor auch nicht. Man wird pensionirt, und zwar mit einem Procentsatz des s. g. Normalgehalts. Dieser Normalgehalt besteht in 4000 Mark. Davon wird man nach 20 jähr. Dienstzeit vielleicht die Hälfte als Pension kriegen. Wenn ich in Preußen invalide werde, behalte ich einfach meinen Gehalt.

Bei dem Hausverkauf würde ich auch großen Schaden machen; es stehen eine Menge Häuser gegenwärtig leer und zum Verkauf. Es sind hier in den letzten drei Jahren mehr Häuser gebaut, als in 300 Jahren vorher.

Althoff war neulich hier und hat mir gesagt, man sähe meine Stelle hier wie eine akademische Sinekure an, verlange von mir gar nicht, daß ich docire, und sei auch erbötig meinen Gehalt zu steigern. Das letzte Angebot anzunehmen, schäme ich mich.

Nach Halle kommt August Müller aus Königsberg, der auch dorthin gehört. Leider ist sein Vorgänger Thorbecke, ein prächtiger Mensch und der beste Araber in Deutschland, plötzlich an Influenza gestorben. Er hatte sich so sehr gefreut wieder nach Heidelberg zurückzukommen. Sein Leiden war, daß er zu viel Wein trank; das soll die Widerstandsfähigkeit gegen Krankheiten sehr schwächen.

Wir haben hier seit Monaten fast immer Nebel, meist mit Frost, zuweilen ohne Frost; ein niederdrückendes Wetter. Ihr scheint es besser zu haben; wenigstens haben wir den ganzen November und December Frost gehabt, wo im Osten mildes Wetter herrschte.

Ulmann hat keine Aussicht hieher zu kommen. Es sollen Mittelaltrige vorgeschlagen werden: G. Kauffmann, Ropp, u Lamprecht. Ich kann natürlich nichts für ihn thun.

Ich wünsche Euch gute Besserung von dem grauen Elend.

Viele Grüße
Euer Julius

Heinrich Limpricht

341. AN DEN KANZLER DER UNIVERSITÄT TÜBINGEN

Euer Hochwürden
fühle ich mich sehr verpflichtet für die rasche Betreibung meiner Angelegenheit. Über einige Punkte wäre es mir lieb noch nähere Aufklärung zu haben.
1. Ist allein der Normalgehalt pensionsfähig?
2. In welcher Progression steigt der Pensionssatz mit den Dienstjahren?
3. Wird bei der mir angebotenen Besoldung der höchste Normalgehalt angenommen, also 4620 M.?
4. Wie steht es mit der Witwenversorgung?

Auf die Gefahr hin, Euer Hochwürden zu ennuyiren erlaube ich mir diese bestimmten Fragen zu stellen, die ich in meinem ersten Schreiben nur leise angedeutet hatte. Im Übrigen muß ich mir eine kleine Bedenkzeit erbitten, erstens weil es mir früher einmal zur Pflicht gemacht worden ist dem hiesigen Kuratorium Kenntnis von etwaigen Berufungen zu geben, zweitens weil ich ein etwas nervöser Sicherheitskommissarius bin – was vielleicht daher rührt. daß mein Vater in jungen Jahren arbeitsunfähig geworden ist und sich einen schweren Abzug seines Gehalts lange Zeit hat gefallen lassen müssen.

Marburg 10. 1. 90
           Euer Hochwürden
           ehrerbietig ergebener
           Wellhausen

342. AN AUGUST MÜLLER

Lieber Freund
Ich bin Ihnen sehr verpflichtet für den Nachweis von de Goejes Excerpten[1], die ich ganz übersehen habe.

Prym geht nach Königsberg? Daß Du die Nase ins Gesicht behältst! Dann geht er am Ende auch nach Tübingen? Sie haben mir die dortige Stelle angetragen, mit 6500 Mark Gehalt und einem Wechsel auf eine Menge Honorar, da die Studenten bei Grill einfach strikten. Ich würde viell. 3000 Mark Rebbes[2] machen, wenn ich hinginge. Aber mein Daimonion will nichts von Tübingen wissen (ich habe indessen noch nicht abgebrochen[3]). Nach mir sind vorgeschlagen – *alles im Vertrauen*, wenn Sie es noch nicht wissen: 1) Hoffmann[4] 2) August Müller 3) Prym. Daß Hoffmann[5] geht, bezweifle ich. August Müller wird wohl auch nicht hingehen

Welcher Jammer, daß diese *anima candida*, dieser beste aller Arabisten, an dem auch kein Stäubchen Gelehrsamkeit haften blieb wenn er ein Mensch unter Menschen war, daß Thorbecke gestorben ist. Ich wollte es nicht glauben, aber ein langer Trauerbrief von Nöldeke und einer an Herrmann von Max Niemeyer bestätigten die Sache. Ich habe ihn nur wenige male gesehen, bin aber gleich ganz zutraulich geworden und warm, und es ist mir, als wäre ein alter Freund gestorben. Er ist in Mannheim am Typhus zugrunde gegangen, am 3. Januar.

Ad vocem Prym habe ich einmal von einem der es wohl wissen konnte gehört, man wolle ihn in Bonn als Ord. nicht haben. Indessen wird die Auswahl so mager, daß die Bonner am letzten Ende zufrieden sein müssen, wenn er mit ihnen vorlieb nehmen will.

Ich erlaube jedem, meine wisssch. Art nicht leiden zu mögen – ich selber kann nicht umhin diejenige Goldzihers nicht zu mögen, ganz abgesehen von dem kompletten Unsinn, den er über den Mythos bei den Hebräern verbrochen hat[6]. Nöldeke hat mir über diese Abneigung auch schon mal den Kopf gewaschen, sie ist trotzdem nicht geringer geworden. Mit Snouck werde ich über diesen Punkt wohl auch noch an einander gerathen

Wilamowitz geht nach Bonn.

Schönen Dank für Ihre freundlichen Wünsche, die meine Frau und ich von Herzen erwidern. Influenza überall, מגור מסביב[7].

10. 1. 90.   Ihr Wellhausen

343. AN DEN KANZLER DER UNIVERSITÄT TÜBINGEN

Euer Hochwohlgeboren
theile ich mit, daß ich nach reiflicher Erwägung mich entschlossen habe nicht nach Tübingen zu gehen, sondern in Marburg zu bleiben. Die finanziellen Momenta halten sich das Gleichgewicht; mein Einkommen in Tübingen würde wohl um 3000 Mark jährlich größer sein können[1], aber mein Einkommen in Preußen ist sicherer. *Für* Tübingen spricht die die größere Lehrwirksamkeit, jedoch glaube ich weniger zum Lehren als zum Forschen geschaffen zu sein. Mich interessiren die Themata der Vorlesungen nicht, mich langweilt der Pentateuch und die kritische Analyse und das Altersverhältnis der Quellen und der Knecht des Herrn und was sonst so Fragen sind. *Für* Marburg fällt in die Wage, daß es in Preußen liegt, daß ich da einmal bin und ein für mich passendes, dazu sehr schön gelegenes Haus habe.

Ich bin froh, daß ich zu einem Entschluß gekommen bin und bitte Sie mich nicht weiter in Versuchung zu führen. Seien Sie nicht böse, daß Ihre freundlichen Bemühungen vergeblich gewesen sind, und überzeugt, daß ich Ihnen und der ganzen Universität Tübingen, besonders dem Herrn von Roth[2], immer aufrichtig dankbar sein werde.

Wenn ich unaufgefordert meine Meinung sagen darf, so scheint es mir unvermeidlich, dem Herrn Prof. Grill innerhalb der theol. Fakultät einen Extraordinarius beizuordnen, für dessen Wahl gewiß schwäbische Candidaten zur Wahl stehen. Darum darf für den Nachfolger Socins kein zu großes Gewicht darauf gelegt werden, daß derselbe theologische Vorlesungen liest. In Georg Hoffmann vor allem und in Prym haben Sie Candidaten, die mir, abgesehen vom Alten Testament und von der Kenntnis des arabischen Alterthums und der arabisch-muslimischen Geschichte, in jeder Weise überlegen sind.

Euer Hochwohlgeboren
Ehrerbietig ergebener

Marburg 1[2]³. Januar 1890.   Wellhausen

P.S. Ich darf vielleicht hinzufügen, daß ich keineswegs mit meinem Entschluß, zu dem mich besonders mein Freund Wilamowitz bewogen hat, auf einen angenehmen Bescheid aus Berlin gewartet, und daß ich überhaupt nur wegen einer früher eingegangenen Verpflichtung den Kurator von der hiesigen Affäre unterrichtet habe.

344. An Heinrich und Charlotte Limpricht

Ich habe den Tübingern abgeschrieben[1], obgleich sie andeuteten, ich könne mehr Geld kriegen und die Vorlesungen würden mir 2–3000 Mark einbringen. Was soll ich mit 4000 Mark mehr? es ist Unsinn. Der Kurator hatte von der Sache gehört und mich verpflichtet ihm Mittheilung zu machen; ich habe aber nicht erst auf Bescheid aus Berlin gewartet. Wahrscheinlich werden sie mir den Kronenorden 4ter Güte umbinden: des Schweißes der Edlen werth. Oder sie verleihen mir Escarpins[2]!

Das Bett von meiner Mutter ist durchaus gut; es fehlen aber die Matratzen u die Decken. Das Gestell haben wir vom Tischler besichtigen lassen; es kann sein, daß eine Schraube sich etwas ausgeschroben hat; jedenfalls ist nur eine unbedeutende Reparatur nöthig. Es ist massiv eschen. Es wäre doch wohl am besten, wir schickten es nach Greifswald, weil Ihr dort besser für die Matratzen etc sorgen könntet, als der Junggeselle Rudi Bewer[3] in Aurich. Eigentlich hieß er Beuer; sein Vater ist von Wien als Bewer zurückgekommen – grade so wie Mejer in Rostock die Aussprache Mejer statt Meier acquirirt hat. Nur hat Mejer einen besseren Tausch gemacht, wie mir scheint.

Marie befindet sich wieder ganz gut, ich weniger. Ich hoffe, daß es bei Euch gut steht.

Viele Grüße!

15.1.90.   Euer J.

Nach Heidelberg[4] zu gehen hat nicht viel Verlockendes; abgesehen von Frau Bekker und Frau Erdmannsdörfer, und namentl Herrn Viktor Meyer, über dessen Aufsatz in der Rundschau[5] ich mich sehr amüsirt habe. Zincke hat einen Ruf nach Rostock ohne weiteres abgelehnt.

Pernice ist höchst komisch. Ich habe den Halensern sofort geschrieben, sie möchten mich nur vorschlagen, aber ich wünschte nicht dorthin zu kommen, sondern hielte A. Müller für den geeigneten Mann[6]. Ich wäre um keinen Preis dorthin zurückgegangen.

345. An Eduard Meyer

[Marburg, 23.1.1890]

HGC. Vielen Dank für Ihre Zusendung[1], die Namenlosigkeit der Dämonen (und der Götter?) Skizzen III[2] 178, und ihre Fixirung durch Orte Bäume Wasser Steine, scheint mir ein sher primitives Faktum zu sein; obwohl dabei zu distinguiren ist.

Die Gleichung ذو = בעל[3] gefällt mir nicht, bis בעל zu ذو herabsank, das dauerte lange. Bilden Sie mal einen theophoren Namen mit ذ, oder determiniren Sie es mal oder setzen es in den Plural! Allerdgs kommt الاذواد für die himjaritischen Adligen vor, aber als späte islam. Bildung; wie wir sagen könnten: „die Vons" für die Adligen

Hochachtungsvoll
Prof Wellhausen

346. An William Robertson Smith

M. 31. Jan. 90

Lieber Smith

Es thut mir leid, daß Sie nicht wohl sind, und ich bin etwas besorgt; denn wenn die Sache nichts auf sich hätte, so würden Sie wohl nicht nach Edinburg gegangen sein. Ich nehme es aber als ein gutes Zeichen, dass Sie sich zu langweilen scheinen und Briefe haben wollen. Die Briefe werden freilich gegen die Langeweile nicht helfen.

Was kann ich Ihnen erzählen? Ich wäre wohl nach Halle gekommen, wenn ich gewollt wäre; aber mir schien A. Müller der richtige Mann und der geht zu Ostern hin. Ich habe ferner einen Ruf nach Tübingen an Socins Stelle erhalten und abgelehnt. Ich hatte keine Lust, zu den Schwaben zu gehen. Gegenwärtig bin ich unter der Hand von Heidelberg aus gefragt worden, ob ich nicht so unverschämt viel Geld verlange, dass meine Gewinnung ganz aussichtslos wäre. Ich soll mich dort wahrscheinlich von 3000 Mark Gehalt und von Enthusiasmus für die schöne Gegend oder für die freisinnigen Bader nähren. Kurz, ich werde wohl in Marburg bleiben. Auch Hoffmann scheint aus Kiel nicht weg gehen zu wollen. Wie es mit Prym steht, weiss ich nicht; er wird auf die Nachfolge Gildemeisters rechnen und in Bonn bleiben wollen. Dann gibt es für Königsberg, Heidelberg und Tübingen, wie mir vorkommt, nur noch jüdische Candidaten. Merkwürdig, wie die christl. Semitisten sterben: Loth, Spitta, Huber, Teuffel, Thorbecke, um von Wright und P. de Jong zu schweigen. Auch der höchst liebenswürdige Stanislas Guyard ist viel zu früh gestorben – wenn er auch in der Metrik dumme Dinge gemacht hat, weil er sehr musikalisch war und wunderhübsch spielte. Und dann Ihr Keith Falconer! Mir wird ganz unheimlich.

Ich leide noch etwas von den Nachwirkungen dieser höchst überflüssigen Influenza, und arbeite noch weniger wie gewöhnlich. Über 5 Stunden bringe ich es nie, jetzt kaum auf drei. Ich stecke bis über den Kopf in den Bürgerkriegen nach Uthman und in der Umajjidenzeit[1] und denke an nichts Anderes. Das einzige Buch, welches ich seit langer Zeit gelesen habe, ist Ihres[2] gewesen, und das hat mir einen grossen Eindruck gemacht. Kuenens Buch[3] habe ich nicht gelesen; es schien mir nichts Lesenswerthes darin zu stehen, obwohl es gewiss zur Zeit das beste Handbuch ist. Ein gutes Buch soll der Jude Barth in Berlin über die Nominalbildungen geschrieben haben[4]. Was scheren mich die Nominalbildungen! Mir wäre es am liebsten, die alten Araber hätten Deutsch geschrieben; dann brauchte ich mich nicht mit der Sprache zu quälen und könnte gleich zu den Sachen kommen.

Meine halbe Guinee[5] für Wright werde ich an Rödiger einzahlen; ich danke Ihnen für die Übersendung der Aufforderung; denn ich habe nichts von der Sache gewusst und Rödiger, den ich sehr oft sehe, hat mir sonderbarer Weise nichts gesagt.

Das Unglück in Stockholm[6] hatte ich vorausgesehen und darum die Einladung des Hrn Graf Landberg, sein Gast zu sein, abgelehnt. Schlottmann las mir einmal einen Brief vor, worin er vor jerus. Fälschereien gewarnt wurde, bei denen ein schwedischer Abenteurer Landberg die Hand im Spiel haben solle. Dass Landbergen [sic] zu Selim lange im engsten Verhältnis gestanden hat, ist gewiss; ebenso dass er öfters damit geprahlt hat, er könne wenn er wolle den Betrug klar aufdecken, dem Schlottmann zum Opfer gefallen sei.

Damit genug vor der Hand. Ich wünsche und hoffe auf Ihre baldige und völlige Genesung.

Mit herzl Gruss

der Ihrige
Wellhausen

Die Clarendon Press Delegirten haben mir einen Aufsatz von Margoliouth über Ecclstcus[7] geschickt – ziemlich anspruchsvoll, aber wenig versprechend[8].

347. An Adolf Harnack

Lieber Herr Kollege

Vielen Dank für Ihre „Legende"[1], deren Lecture mir Freude gemacht hat. Eigentlich ist Legende im alten deutschen Sprachgebrauch z. B. die Geschichte vom h. Christophorus, von der h. Pelagia u. s. w. So bei Goethe, auch noch bei Gottfr. Keller, und wie ich glaube noch gegenwärtig bei den Meisten. Indessen gibt es für das, was Sie darunter verstehen, vielleicht keinen besseren Namen; ich wüßte wenigstens keinen. Was ist eigentlich der etymolog. Sinn? Ist es ein kirchlicher Terminus? Dann müßte es freilich *a non lucendo* (d. h. *legendo*) sein, wenn man nicht bis auf Luthers Definition der Apokryphen, die nützlich zu lesen sind, heruntergehen will.

Ihre Citate von Oden Salomos in der Pistis Sophia habe ich noch nicht nachgesehen[2]. Ich bin erkältet und gehe nicht gern in die Bibliothek. Ich vermuthe indessen, daß mit den Oden Salomos am Ende Psalmen Davids gemeint sind; bei den Variationen der Psalmenüberschriften wäre das wenigstens nicht unmöglich. Ich werde mich darnach umsehen und Ihnen schreiben, was ich finde oder nicht finde. Sehr gerne würde ich Ihnen meine Pss. Salomos schicken[3]; indessen sie sind seit längerer Zeit vergriffen und ich habe kein Exemplar übrig.

Von Herzen gratulire ich Ihnen zur Akademie[4], eigentlich noch mehr zu dem Eindruck, den Sie auf Mommsen gemacht haben müssen. Vielleicht gerathen Sie durch die Akademie mit Alfr. Pernice zusammen, der es werth ist, daß man ihn kennen lernt, obgleich er ein schwieriger Kauz ist.

Wir leben hier *sueto more*; Althoffs Besuche sind die großen Ereignisse. Aller Augen warten auf ihn; Bergmann, Herrmann und einige andere ausgenommen. Der Kaiser und die Arbeiter bilden das allg. Gespräch. Es ist sehr recht, wenngleich sehr schwierig, daß man für sie sorgt; aber das Pferd darf nicht Kutscher werden. Mir persönlich liegt viel mehr an den Bauern als an den Arbeitern. Die Bauern sind der einzige Rest von Kleinbetrieb, der sich noch erhalten hat; und sie sind größtentheils in der jämmerlichsten Lage, auch in meiner Heimath, wo noch vor 25 Jahren die Verhältnisse glänzend waren. Der Kaiser scheint die besten Gesinnungen zu haben und sich auch wirklich anzustrengen. Aber er ist, wie mir mehr und mehr scheint, ein Enthusiast; und ich habe kein Zutrauen zu Enthusiasten. Daß ihm vor den bisherigen Gouvernementalen und Offiziösen ekelt, ist freilich ein wirkliches Verdienst. Ich halte seit längerer Zeit die Vossische Zeitung, weil ich die „anständigen" Blätter nicht mehr in die Hand nehmen mochte. Meine Partei ist „wild conservativ" wie der Abgeordnete von Meyer Arnswalde[5] und vermuthlich noch viele andere Leute.

Eben erfahre ich, daß der alte Gildemeister todt ist[6]. Die Alten reißen eine viel größere Lücke als die Mittleren u die Jungen; denn was die Mittleren u Jungen wissen, wissen wir auch, während die Alten uns mit einer Zeit vertraut machen, die wir nicht mehr erlebt haben. Mit Gildemeister geht der Inhalt einer Bibliothek zu Grabe; und zwar einer höchst ausgewählten Bibliothek. Und dann war er ein Kritikus und ein Praktikus, der seinesgleichen suchte; ein ungemein interessanter Mensch, aber allerdings, mit Verlaub zu sagen, ein Aas.

Meine Frau erwidert herzlich die Grüße der Ihrigen und ich schließe mich an.

M. 12. 2. 90.

Ihr ergebener
Wellhausen

348. An Richard Pietschmann

Marburg 13. 2. 90

Hochgeehrter Herr Kollege

Ich habe die beiden Hefter, welche Sie mir zuzusenden die Güte gehabt haben, zum größten Theile durchgelesen und gratulire Ihnen zur glücklichen Vollendung und Bewältigung einer so mühsamen und undankbaren Aufgabe[1]. Die Quellen sind nicht bloß fragmentarisch, sondern meist fehlen sie einfach; nach allen Seiten muß man umschauen und die indirektesten Beziehungen benutzen, um überhaupt etwas sagen zu können. Sie haben redlich gemuthet, wo nur etwas zu muthen war, und sich nichts entgehen lassen, was Aufklärung in irgend welcher Hinsicht versprach. Interessirt haben mich natürlich auch Ihre theol. Theorien; ich habe kein rechtes Urtheil und keine Meinung darüber und bin dankbar für jede Belehrung. Es scheint mir freilich sehr schwierig, hier zu Principien zu gelangen.

Aufgefallen ist mir, daß Sie p. 48[2] in Alcobila Djebeil entdecken. Halten Sie ein *al* aus 333 A D für den arab. Artikel?[1)] Ferner, daß Sie p. 306 den Apries nicht den Chaldäern entgegen rücken lassen. Schenken Sie der Aussage im B. Jeremia keinen Glauben, daß die Chaldäer eine Zeit lang die Belagerung Jerusalems aufgeben mußten, um das zum Entsatz der Stadt heranziehende ägyptische Heer abzuwehren?[3]

Vermißt habe ich den Hinweis auf Nieses Restitution von Selampsas in Menanders Bericht über die Belagerung von Tyrus zur Zeit des Eluläus[4] (der weil er assyr. Luli heißt, schwerlich bab. Alulai ist). Daß ich einige Ihrer Autoritäten, z. B. E. Meyer, Lagarde, Stade für recht unzuverlässige Kantonisten halte, werden Sie wissen. Mit Ihrer gelegentlichen Polemik gegen Gutschmid stimme ich von Herzen überein.

Zum Schluß sage ich Ihnen meinen aufrichtigen Dank für Ihre werthvollen Gaben.

Hochachtungsvoll
Ihr ergebener
Wellhausen

[1)] Hätten umgekehrt die Araber das *al* als Artikel verstanden, so hätten sie الجُبيل gesagt; sie sagen aber immer جُبيل ohne Artikel

349. An Wilhelm Herrmann

[Marburg, nach dem 11. März 1890]
[„*Halle*, 11. März. Der Professor der Physiologie *Dr. Bergmann* in Marburg hat einen Rufe hierher *abgelehnt*."][1]

Zugleich mit dieser belustigenden Nachricht kann ich Ihnen melden, daß an dem, was Gottschick Ihnen geschrieben hat, auch kein wahres Wort ist. Von J. Schmidt hat er seine Kunde nicht bezogen, wie ich neulich festgestellt habe. In Wahrheit sind vorgeschlagen 1) Erdmann 2) Lipps 3) Volkelt[2]. Von Bergmann ist in den Vorverhandlungen als angebl. ministeriellem Kandidaten die Rede gewesen, weiter nichts. Ich weiß das aus vollkommen authentischer Quelle, und Sie können Bergmanns Zorn gegen den armen Althoff sediren und Gottschick einen Schweinehund machen.

Ihr W.

350. An William Robertson Smith

[Margurg, 2.4.1890]
Danke für Gladstone[1] u bitte um Fortsetzung; aber bitte ja keine Berichtigung: ich habe keine Lust, durch den Namen Gladstone Reclame für mich zu machen.

Oort *is an ass*, wenn er z. b. nicht einsieht, dass die arab. Opfer keine Brandopfer waren[2], oder wenn er Agatharchides nicht gelten lassen will[3]. Es wird Ihrem Besuche nicht schaden, dass er das Beste daran, die geschlossene Betrachtungsweise, nicht zu würdigen versteht. Diese Menschen fürchten sich alle so sehr vor der Dogmatik u Systematik, dass man kaum einsieht, wozu sie eigentlich das trockne Reisig aus den alten Büchern zusammen lesen. Und sie selber sind dann doch schließlich die schlimmsten Dogmatiker, indem sie ihr System nicht auf den Sachen aufbauen, sondern auf einem gewissen höchst subjektiven *bonsens*.

Lagarde hat wieder ein Fliegendes Blatt losgelassen: Die Berliner Theologen (von anno 1840) u was man von ihnen lernen kann[4]. Es scheint nicht käuflich zu sein, sondern wird verschenkt. Viele gute Wünsche für Ihre Gesundheit

Ihr Wellhausen

351. An Franz Rühl

Hochverehrter Herr College

Mir ist von Jahn nichts bekannt, als daß er auf Fleischers Veranlassung einen dicken arab Superkommentar zu Baidhavis Korankommentar herausgegeben hat, dessen Druck die Finanzkraft der Deutschen Morgenl. Gesellsch. lange Zeit lahm gelegt hat – und nach gemeinem Urtheil ziemlich überflüssig gewesen ist[1]. Verantwortlich ist aber Fleischer, nicht Jahn; der letztere hat jedenfalls eine respektable Patienz im Aushalten des *horror vacui* bewiesen, und eine rührende Anhänglichkeit an seinen alten Lehrer.

Wie weit Jahn in der semit. Litteratur überhaupt orientirt ist, kann ich nicht sagen. Goldziher und Fränkel sind ohne Zweifel bei weitem vorzuziehen; aber vielleicht ist man in Berlin gegen sie eingenommen, weil sie Juden sind.

Es thut mir leid, daß ich so wenig Auskunft geben kann. Brünnow ist nach Heidelberg gekommen, Vollers soll in Kairo bleiben. Die Auswahl an Semiten ist gering, wenn man die „Semiten" ausschließt.

Marburg 1. 5. 90.
Hochachtungsvoll
Wellhausen

352. An Heinrich und Charlotte Limpricht

Sonntag 4. 5. 90

Obwohl es wenig zu melden gibt, muß ich doch einmal schreiben. M s Befinden zeigt keine Veränderung, oder vielleicht kann ich keine erkennen, weil es zu allmählich vorwärts geht. Sie geht besser, ist aber doch noch auffallend schwach. Sie hat freilich des ewigen Regens wegen lange in der Stube hocken müssen. Jetzt sonnt sie sich auf dem Balkon, heute ist der erste heitere Tag. Ihre Stimmung ist im Ganzen nicht schlecht, sie fürchtet sich vor Schwalbach, und in diesen Tagen ist sie betrübt, daß sie nicht in Grfsw sein kann. Seit einiger Zeit hat sie regelmäßig nachts einen Hustenanfall, aber er klingt ganz unschuldig. Jedenfalls ängstigt er mich nicht so wie die Schwäche – und wie der Gedanke an das helle Blut in der Osternacht, das ohne Husten plötzlich hervorkam.

Sie hat die Absicht an die bevorstehende Frau Doktorin und Amtsrichterin[1] zu schreiben wenn auch nur wenige Zeilen. Darin wird sie auch alles das sagen, was ich auf der Zunge habe. Darum schweige ich lieber still.

Herzl. Grüße an Euch Alle

Euer Julius

353. An Charlotte Limpricht

Marb 5.6.90

L M
Ich habe solange gewartet, um Dir für Deinen Brief und Deine süßen und fetten Gaben zu danken, weil ich zugleich über Maries Reise und Unterbringung in Schwalbach berichten wollte. Es ist Alles ganz gut gegangen. Sie war allerdings Tage lang vor der Reise in größter Aufregung und am Montag Morgen kam sie nicht aus dem Weinen; sie nahm von Erdmann und dem Hause Abschied auf Nimmerwiedersehen. Indessen schon unterwegs besserte sich die Stimmung, namentlich auf der Fahrt im offenen Wagen von Eltville über Rauenthal und Schlangenbad nach Schwalbach. Ab und zu brachen zwar dann in Schwalbach selber die Thränen wieder los, wenn irgend etwas Schreckliches zu überwinden war; aber ich glaube, sie wird sich schließlich ganz wohl dort befinden. Sie ist ganz vorzüglich aufgehoben bei der Frau Dr. Fritze aus Danzig. Verpflegung und Betten sind sehr gut, und die Dame nebst ihrer Oberin kümmert sich auf das freundlichste um Alles. Sie hat ein stilles und bestimmtes Wesen, und vielleicht wäre sie ein besserer Arzt für Marie als der Dr. Genth, an den sie von Hüter gewiesen ist. Mit dem wird sie wohl einen Strauß bestehen wegen des Badens, wozu er sie veranlassen will. Sie will nicht, und mir leuchtet das Baden auch nicht ein, wie ich denn überzeugt bin, daß die ganze so genannte Kur Nebensache ist. Die Hauptsache wird sein, daß sie in eine fremde Umgebung gestürzt ist, und daß sie den ganzen Tag in schöner Luft sich aufhält. Sie entschließt sich nothgedrungen zu vielen Dingen, die ihr zu Hause unmöglich erschienen wären und wundert sich, daß sie es kann. Sie kommt sich allerdings verzweifelt vor. Aber sie läßt sich leicht trösten. Ich habe ihr gesagt, die Verzweiflung gehörte mit zur Kur, dann käme das Gefühl der allgemeinen Wurstigkeit über einen und das wäre das Thor zur Genesung. Der Schnack hat ihr sehr eingeleuchtet, sie hat ihn sich immer wiederholt.

Sie fürchtet sich vor dem Besuch von Moellers[1], und sie wird sie schwerlich annehmen können. Martha hat vielleicht die Freundlichkeit, nach Wiesbaden zu schreiben, wie die Sache steht. Größte Ruhe und Aufregungslosigkeit ist nothwendig. Ich glaube, ich unterlasse auch alle Zwischenbesuche.

Sie wünscht sich alle Tage drei Briefe und Ihr thut ihr wohl den Gefallen sie mit Briefen zu regaliren, auch wenn Ihr nicht ebenso viele wieder kriegt. Das Schreiben wird ihr nicht ganz leicht.

Adr.
Frau Dr Fritze
Langen Schwalbach
Wiesbaden

Viele Grüße
Dein Julius

354. An Ferdinand Justi

Marburg 5.6.90

Liebster Herr College

Ich wollte, ich hätte Ihnen die süße Gabe und noch vieles Andere geschenkt; aber ich bin es leider nicht gewesen, weil ich nicht gewußt habe, daß am 2 Juni Ihr Geburtstag ist. Ich gratuliere Ihnen nun nachträglich von Herzen und wünsche, daß Ihre Clausur[1] die längste Zeit gewährt haben möge. Gestern Abend bin ich von Schwalbach wieder gekommen, wo ich meine Frau in tiefster Verzweiflung gelassen habe. Es ist ein allerliebster Ort.

Viele Grüße!

Ihr W.

355. An William Robertson Smith

Marb. 5. Juni 90

Lieber Smith

Eben von Schwalbach im Taunus zurückgekehrt, wohin ich meine Frau gebracht habe, finde ich Ihre Karte vor. Ich bin etwas erschrocken; ich habe geglaubt, Ihr Leiden sei acut und längst durch eine Operation beseitigt. Ihre Ferien beginnen wohl bald; dann erholen Sie sich hoffentlich gründlich in Schottland.

Für die Gladstoneschen Artikel[1] danke ich Ihnen vielmals; ich habe jetzt alle drei. Nun ist es genug; wenn er in diesem Stil fortfährt, so verzichte ich auf die Lecture. Ich kann mir die Fortsetzung allein weiterspinnen, wenn ich im Traume meine Gedanken nicht recht bei einander habe.

Mr Cheyne war neulich hier mit seiner Frau, auf der Reise von Jerusalem nach Oberammergau, wenn ich recht verstanden habe. Er gefiel mir gut und dauerte mich wegen seiner Blindheit und seines elenden Aussehens; er ist freilich nicht bloß leiblich ein *homunculus*. Er erzählte mir von Londoner und Oxforder internationalen Orientalistencongressen. Es scheint sich immer mehr herauszustellen, daß diese Congresse Schwindel sind.

Eduard Glaser's Buch[2] wird nun nächstens erscheinen, wie er mir schreibt. Ich fürchte, dass er vieles von seinen Funden durch seine und seines Freundes Hommel Speculationen verderben wird. Er hat keine Spur von Judiz.

Vollers (bisher an der Bibliothek in Kâhïra) ist nach Tübingen berufen, Brünnow nach Heidelberg; in Bonn ist Prym an Gildemeisters Stelle getreten – allerdings ein sehr unzureichender Stellvertreter. Dieser Prym sitzt nun länger als 10 Jahre an seinem Tabari und denkt nicht daran, wie er mir schreibt, bald fertig zu werden. „Wozu brauchen Sie Tabari, Sie finden ja alles im BAthir[3]?" Als ob der gute Mann nie gehört hätte, wozu die Isnâds[4] gut sind! Müllers Stelle in Königsberg ist noch ledig; die Königsberger wollen Fränkel oder Goldziher, aber in Berlin will man keinen Juden, sondern protegirt den Herausgeber des Ibn Jaîsch, Jahn[5], der allerdings als Gymnasiallehrer sehr unbrauchbar sein mag.

Der Verleger Ruprecht in Göttingen plant einen „Meyer" für das A.T.[6] und hat Nowack als Herausgeber gewonnen. Duhm, Giesebrecht, Hollenberg gehören mit zum Stabe. In zwei Jahren soll der Jesaias, von Duhm, als erste Lieferung erscheinen. Ich bin nicht sehr neugierig, selbst wenn Lagarde Cornill und Nestle auch noch mitarbeiten.

Nun habe ich meinen Sack wiederum ausgeschüttet. Ich vermuthe, dass die Naqâid ohne historischen Commentar nicht viel nützen werden; ein solcher Commentar ist mir aber jetzt noch zu schwierig. Sonst interessirt mich das Irâq unter den Umajjiden ganz ungemein[7]. – Gott behüte Sie

Ihr W.

356. An Theodor Mommsen

Marburg 7.6.90

Verehrter Herr Professor

Ich danke Ihnen für die gütige Übersendung Ihrer Abhandlungen über die Script. Hist. Aug. und über die Religionsfrevel nach röm. Recht[1]. Die letztere habe ich gelesen und verstanden; es wäre mir lieb, wenn ich in der Unterscheidung rechtlicher Verhältnisse und in der Terminologie dafür erfahrener wäre. Ich muß mich öfters mit altarab. Rechte plagen; es fehlt mir da sehr die Kenntnis eines bekannten und durchgebildeten Rechtes, woran ich antithetisch anknüpfen könnte. Die Beschreibung müßte nemlich durchweg ziemlich negativ ausfallen; schon der Unterschied zwischen privatem und öffentlichem Recht ist nicht vorhanden.

Zu Note 1 auf p. 400[2] und Röm. Gesch. V 549 könnte ich ein Citat hinzufügen: Cureton Spicileg. Syr. 19,6.7 = Müller Frgm. Hist. Graec. V 2 p. 91[3]. „Ce n'est que d'hier que les Romains ont conquis l'Arabie et y ont abrogé d'anciennes lois et notamment la circoncision, au moyen de laquelle ils se mutilaient." Bei den alten heidnischen Arabern (= Nabatäern)[4] herrschte durchweg die Beschneidung.

Ihrem ferneren Wohlwollen empfiehlt sich

in hochachtungsvoller Ergebenheit
der Ihrige
Wellhausen

357. An August Fresenius

Ew. Hochwohlgeboren
theile ich ergebenst mit, daß der 2. Theil von Glasers Arabien sich ohne den 1. schlechterdings nicht recht beurtheilen läßt (nur daß es ein verrücktes Buch ist, läßt sich sehen), und daß ich darum auf das Erscheinen des 1 Theils warte, der nach der Versicherung des Vf schon gedruckt ist[1]

Marburg 27.6.90

Hochachtungsvoll
Wellhausen

358. An Adolf Harnack

M. 24. 9. 90
Vielen Dank für Ihre freundliche Gabe[1]. Ich habe einige von den Predigten gelesen und manches Ansprechende darin gefunden, in eigenthümlich praktischer und nahebringender englischer Manier. Ich bin aber schwer im stande, aus Rücksicht auf das praktische Leben Fünf grade sein zu lassen; das stört mich im Genuß von Predigten.

Ihrer Frau Besuch hat mich mehr erfreut, als Sie glauben werden; weil ich daraus zu erkennen wagte, daß sie das manchmal etwas irrationelle indomitable Temperament meiner Marie nicht übel ausgelegt hat.

Wir sind in der Schweiz gewesen, haben aber geringen Genuß gehabt, weil ich von einer äußerst heftigen Stomatitis, zu deutsch Mundfäule, befallen wurde, die mich 3 Wochen plagte. Meiner Frau geht es gut. Ich hoffe, daß es bei Ihnen auch gut steht.

Mit herzl Gruß

der Ihrige
Wellhausen

359. An August Müller

Marb. 24. 9. 90.

Lieber Freund!
Vielen Dank für die arab. Dichter[1]! Ich finde die Auswahl vortrefflich; aber die eigentl. Mühe haben Sie gehabt, mit den Correcturen und dem Lexikon. Jetzt fehlt nur noch eine syr. Grammatik und Chrestomathie; denn Nestle's Elaborate[2] sind unbrauchbar. Für eine Notiz über Gabarti[3] wäre ich Ihnen dankbar; indessen hat die Sache keine Eile.

Ihr W.

360. An Konrad Burdach

Marburg 25.10.90

Hochgeehrter Herr College

Vielen Dank für Ihre lehrreiche Recension[1]. Es thut mir oft leid, daß ich auf entlegenen Gebieten arbeite; das Interesse für die Muttersprache liegt so viel näher. Wir hätten Sie gern hieher gebracht; Sie waren an erster Stelle vorgeschlagen und besonders gewünscht. Nun sind wir zwar mit Ihrem Freunde Schröder ganz außerordentlich zufrieden; auch bei den Studenten ist er höchst beliebt. Aber es ist doch wunderlich, daß man Sie noch immer in Halle sitzen läßt, wenn nicht etwa die Absicht ist, Sie dort zum Ordinarius zu machen. Sievers würde eine solche Ergänzung zwar recht gut brauchen können, aber schwerlich wünschen. Ich bitte um Grüße an Hr u. Frau Haym – Frau Haym habe ich am liebsten von allen mir bekannten Halensern – und empfehle mich Ihrem ferneren Wohlwollen.

Hochachtungsvoll
Ihr ergebener
Wellhausen

361. An Heinrich Zimmern

Hochgeehrter Herr College!
Vielen Dank für die freundliche Zusendung Ihrer Abhandlung[1], aus der ich recht viel zu lernen hoffe, wenn ich einmal an die Grammatik komme.

Hochachtungsvoll
Ihr ergebener
Wellhausen

Marburg 5.11.90

362. An Albert Socin

[Marburg, November 1890]

Lieber Socin,
es thut mir leid, daß ich Ihnen so viel Mühe mache; aber wer sich grün macht, den fressen die Ziegen. Ich dachte eigentlich, die Postkarte des Herrn Gaudet an mich würde als Legitimation meiner Ansprüche genügen, und deshalb legte ich sie Ihnen bei. Ich schicke Ihnen nun die Quittung; hoffentlich kann Vollers damit etwas machen.

Klostermann versucht *communia proprie dicere* und unter dem Deckmantel von Trivialitäten einige unerhörte Dummheiten einzuschmuggeln[1]. Ein unglückl. Mensch: wenn er mir seine Weisheit nur nicht zugeschickt hätte! Ich weiß ihm nicht zu antworten.

Ich habe mir meine große Zehe gequetscht und bin verurtheilt, 8 oder 14 Tage zu liegen. Hol es der Kukkuk! Daß ich an Sie schreibe, ist schon eine arge Übertretung; aber das ist auch wieder der Spaß, daß man mit leichtester Mühe 1000 Übertretungen begehen kann, trotz der Wache von Arzt Frau und Schwägerin.

Viele Grüße
Ihr Wellhausen

363. An Adolf Harnack

Lieber Harnack

Schröder[1] könnte ohne weiteres hier nostrificirt werden, seiner Habilitirung würde nichts in den Weg gelegt werden. Aber im Interesse unserer doch sehr provincialen Examensanstalt, die sich Universität nennt, scheint sie mir nicht zu liegen. Eigentliche Sanskritiker verirren sich nicht hieher; für die paar Elementarschützen ist Justi mehr als genug. Ein Luxusextraordinarius, als wissenschaftliche Dekoration, ist uns immer ein Klotz am Fuße; denn er steht uns im Wege und wird uns von der Regierung vorgehalten, wenn wir gern einen angestammten Privatdocenten befördern oder einen *nützlichen* Extrao. anstellen möchten. Dergleichen Honorarien passen vortrefflich nach Berlin oder Leipzig, vielleicht auch nach Bonn – aber schlecht nach Marburg. Mommsen und J Schmidt thäten wahrhaftig viel besser, wenn sie selber *in loco* hülfen als wenn sie Auswärtige anregten zu helfen.

Nun würde die Sympathie für Schröder mich wohl bewegen können, von allen diesen Bedenken abzusehen, da ich nicht das Princip habe, daß persönliche Motive überall ausgeschlossen werden müssen. Aber nun steht bei mir dem neuen Interesse für Schröder das alte Interesse für Justi gegenüber. Ich habe deutlich gemerkt, daß Justi es gar nicht gern sähe, einen älteren Extrao für Sanskrit neben sich zu haben. Es ist auch natürlich, daß er seine anderthalb Elementarschüler nicht gern noch halbirt sehen will. Wenn Justi von Ihnen oder Althof[f] gefragt wird, wird er natürlich das Gegentheil seiner Herzensmeinung sagen; so ist er ja. Aber wie es in Wahrheit bei ihm bestellt ist, habe ich eben gesagt. Und das ist der Grund, warum *ich* nicht wünsche, daß Schröder herkommt.

Bei Geldners Berufung nach Berlin hat ohne allen Zweifel der Umstand mitgewirkt, daß Zachariae placirt werden mußte. Nach Berlin konnten sie den nicht setzen; also mußte Halle geräumt werden. Albrecht Weber ist sehr sehr dumm, aber ich glaube nicht ganz so perfide wie Sie meinen. Im Resultat ist freilich Dummheit und Perfidie sehr häufig nicht zu unterscheiden.

Vielen Dank für Ihre interessanten Mittheilungen. Daß der 25 Dezember als Lichterfest von den *Juden* schon zur Zeit Christi gefeiert wurde wird Ihnen bekannt sein[2].

Ich habe mir vor 14 Tagen die große Zehe des rechten Fußes etwas zerschmettert und muß nun perpetuirlich liegen. Ohne Geduld, ich wettere und fluche.

Mit vielen Grüßen

4 Dez 90.   Ihr W.

364. AN WILLIAM ROBERTSON SMITH

Lieber Smith

Ich habe nicht geahnt, dass solch eine Tücke hinter Ihrem Leiden[1] lauern könnte. Ich hoffe, dass die energischen Maassregeln und die Vorsicht Ihres Arztes aller etwaigen Gefahr vorbeugen. Leider stösst die Kochsche Lymphe, auch als Diagnostikon, bei den hiesigen Ärzten überall auf grosses Mistrauen; der Contrast der Fachmänner zu dem Enthusiasmus, ja Chauvinismus der Zeitungen ist sehr sonderbar[2].

Ich habe gar nichts gegen eine neue Aufl. der engl. Ausgabe meiner Prol.[3] einzuwenden, auch wenn ich gar kein Honorar bekäme. Aber ich habe jetzt keine Zeit etwas daran zu ändern. Meine Arbeitszeit ist sehr beschränkt und ich habe sie nöthig für andere Dinge. Ich würde daher wünschen, dass die neue engl. Ausgabe verschoben würde bis zur 4. Aufl. der Originalausgabe, d. h. etwa zwei Jahr[4]. Ich bin entschlossen, vielfach stark zu kürzen. Ich habe freilich überhaupt gar keine Lust am Wiederkäuen alter Arbeiten; aber es muss nun einmal sein.

Wie ist es mit Doughty[5]? Sie sagten, es würde leicht sein mir ein Recensionexemplar zu verschaffen. Es passt mir grade jetzt ausgezeichnet zum Gange meiner Arbeit, ihn noch einmal durchzulesen und meine Meinung darüber zu formuliren. Aber wenn die Sache irgend weitläufig ist, so bemühen Sie sich nicht noch; Sie werden genug andere Dinge zu thun haben vor Ihrer Abreise.

Wenn ich 1892 noch lebe, habe ich vor nach Oxford[6] zu kommen, vielleicht sogar einen Vortrag zu halten, wenn Sie ein Thema wissen. Ich fürchte nur, die Juden werden auch 1892 mit feiern. Es gibt freilich auch gute Juden.

Meine grosse Zehe, die ich vor 3 Wochen gründlich zerquetscht hatte, ist jetzt so weit wieder gut, dass ich nicht mehr zu liegen brauche und Colleg halten kann. Mr Auden ist ein entsetzlich eifriger Zuhörer, er sieht mich immer so aufmerksam an als spräche der heilige Geist aus mir. Ich habe ihn sehr gern, wenngleich er nicht leicht aus sich herausgeht.

In Deutschland hat jetzt die Schulfrage alles Andere in den Schatten gedrängt[7]. Neulich hat der Kaiser das Wort genommen; er macht von dem Grundsatze: „wem Gott ein Amt gibt, dem gibt er auch Verstand", auf dem ja allerdings der ganze Staat beruht, doch einen etwas gar zu gläubigen Gebrauch. Das Schlimmste ist das *Uniformiren*, und das thun die Reformer genau ebenso wie die Anhänger des Alten. Immer militärisch und immer orthodox und intolerant – anders scheint es nun einmal bei uns nicht zu gehen, und in diesen Puncte stimmen alle Parteien überein bis auf die Socialdemokraten. Darin sind wir ganz französisch und gar nicht „germanisch".

Ihre ägypt Adresse[8] bekomme ich vielleicht gelegentlich. Viele herzliche Grüsse!

12 Dec. 1890   Ihr Wellhausen

365. An William Robertson Smith

[Marburg, 20.12.1890]

Ich habe Sie allzu lange auf Antwort warten lassen; ich habe beinah 3 Wochen gelegen (an Zerquetschung des Fusses) und wenig schreiben können. Ihre Erklärung des Vergleichs der Lanzen und der Brunnenseile scheint mir von der gewöhnlichen nicht sehr zu differiren; und ich gestehe, dass ich darin Nöldeke Recht gebe, dass das *Tertium comparationis*: „Blutschöpfen, Wasserschöpfen" etwas gesucht ist[1]. Was den Vers betrifft, den Sie auf der 2. Karte citiren, so scheint mir da einfach von der Sitte die Rede zu sein, dass diejenigen, die in den Kampf gehen und sich der Gefahr aussetzen zu fallen und unbegraben liegen zu bleiben, vorher allerhand Essenzen einnehmen und sich durchräuchern um nicht zu stinken[2].

Nöldekes Delectus[3] ist ausgezeichnet, aber Sie haben Recht, dass die Noten zu sparsam sind. Sie sind auch sehr ungleichmässig; Einfaches wird erklärt und Schwieriges übergangen. Ich habe während ich liegen musste das Ganze sorgfältig durchgenommen; mit dem grössten Pläsir. – *Merry Christmas!*

366. An Abraham Kuenen

Vielen Dank für Ihre freundl. Zusendung[1]; ich weiss nicht ob es Ihnen gelingt, die Vernunft bei den Absurden zu Gehör zu bringen. עד משיח נגיד Dan 9,25 scheint = bis die Theokratie mit dem Hohenpriester an der Spitze restituirt wird.

Die Unterscheidung von Scheschb. und Zerub. stammt von Nöldeke (in Schenkels Bibell. *ni fallor*) od. Schrader[2].

W R Smith ist in Ägypten[3]. Sein locales Leiden steht im Verdacht tuberculos zu sein; ich glaube aber, dass es bald und gründlich geheilt wird. Er ist zum Präsidenten der semit. Section des Oxforder Orient.congresses 1892 bestimmt[4].

Von der alten Frau Snouck, die ich im Sommer am Rhein gesehen habe, habe ich mir allerlei von Ihnen und Ihren Kindern erzählen lassen. Haben Sie die Copie Ihres Briefes an Graf bekommen, die ich Ihnen vor Jahresfrist geschickt habe? Es wäre sehr wünschenswerth, den Brief zu drucken, als nothwendiges Complement Ihrer wissenschaftl. Autobiographie in Bd IV der Theol. Tijdschrift[5]. Wenn ich nur gedurft hätte, hätte ich ihn selber gedruckt, aus Furcht, dass Sie sich davor scheuen würden.

Mit herzlichem Gruss

25.12.90.

Ihr ergebener
Wellhausen

367. An Theodor Mommsen

Verehrter Herr Professor

Ich danke vielmals für Ihre freundl Zusendung[1]. Die Collatio ist auch für mich wichtig. Die Übersetzung von Dt 18,10ss in XV 1,1[2] wird bei der Bestimmung des immer noch etwas zweifelhaften Wesens der *Vetus Latina* oder *Veteres Latinae* ins Gewicht fallen. Aus VI 7,7[3] (Deut. 27,22) sieht man, worauf das Verbot der Ehe mit der Schwägerin bei Theodosius und Justinian beruht. Man hat angenommen, auf dem Misverständnis von Lev 18,18, wo gesagt ist, man solle nicht zwei Schwestern zugleich zu Frauen haben. Aber der *griechische* Wortlaut von Lev 18,18 konnte gar nicht so misverstanden werden: γυναῖκα ἐπ' ἀδελφῇ αὐτῆς οὐ λή[μ]ψῃ ... ἔτι ζώσης αὐτῆς; der Zusatz ἔτι ζώσης αὐτῆς schließt jedes Misverständnis aus. Dagegen weist nun Coll. VI 7,7 klar auf Deut 27,22: ἐπικατάρατος ὁ κοιμώμενος μετὰ ἀδελφῆς γυναικὸς αὐτοῦ. Diese Worte[4] stehen allerdings nicht in der gewöhnl. Septuaginta, sondern in dem s.g. Lucianus. Aber wir wissen auch sonst, daß dieser Lucianus, besonders im Westen des Reiches, der übliche Text war und daß aus ihm z. B. die Gothische und auch die Lat. Übersetzungen geflossen sind. Die Sache verdient es fast, ausführlicher erörtert zu werden; sie ist für Juristen Theologen und Philologen nicht unwichtig.

Ich wünsche Ihnen ein glückliches Neues Jahr!

M. 25.12.90.

Ehrerbietig
Ihr ergebener
Wellhausen[5]

368. An Albert Socin

Vielen Dank! Ich kann aber den Namen des Banquiers in Jever (*Fooken*) nicht lesen[1] und muß Sie bitten, mir den noch einmal aufzuschreiben.

Ich sitze über die Ohren in arab. Rechts- und Staatsalterthümern; es wird mir sehr schwer den Stoff zu ordnen. Es finden sich die größten Ähnlichkeiten mit altgermanischen Bräuchen u. Einrichtungen; die Spuren von Mutterrecht schwinden mir unter den Händen. Ich entbehre schwer die juristische Schulung; ich verschwende die Zeit mit Kopfzerbrechen über Formalien. Ein glückliches Neues Jahr!

Marb. 30.12.90   Ihr W.

369. An Wilhelm Herrmann

Lieber Herrmann

Ich wollte zu Ihnen kommen, bin aber sehr erkältet u beschränke mich auf den Weg zum Colleg. Ich wüßte Ihnen auch nichts zu sagen als daß ich wohl weiß wie man sich sonderbar abgeschnitten vorkommt nach dem Tode der Mutter. Indessen die räumliche Trennung, an die man sich schon vorher lange Jahre gewöhnt hat, macht es einem nicht schwer weiter mit ihr zu leben auch wenn sie todt ist.

M 20.1.91   Ihr Wellhausen

P. S. Ich trete dem Evang. soc. Verein[1] nicht bei. Die Aufgabe, die socialen *Fragen* an Maßstäben zu *messen* (wie der Jargon lautet, der Ihnen gewiß ebenso widerwärtig ist wie mir), scheint mir wenig zu versprechen; Schrift und Wort sind dabei verloren.

370. An August Müller

[Marburg, 7.2.1891]

L. M. Es ist ein durchaus zuverlässiger Mann[1]; im Arab. allerdings gänzlich Anfänger (doch ist er in den Elementen ziemlich fest)[2]. Die Arbeit hat er auf Instigation Dillmanns unternommen, der dann aber (nicht mit der Methode, sondern) mit dem Ergebnis unzufrieden gewesen ist – genau wie bei Jülicher. Abravanel hat er natürlich nicht gekannt; seine (oder der anderen Rabbinen) Auslegung wird in den Commentaren erwähnt, ich zweifle, daß sie ebenso motivirt ist. Ich habe die Arbeit flüchtig angesehen; so viel kann ich sagen, daß Sie

Sich nicht im entferntesten damit blamiren. Die Unkenntnis von Kuenen[2] schadet sachlich gar nichts[3].

Ich kann Ihnen meine 20 Mark nicht gut vor Mitte März schicken, aus beweglichen Gründen

Ihr W.

371. An August Müller

Marburg 13.2.91

Lieber Müller

Ich begreife nicht, wie Sie durch meine Bemerkung über Thorbecke geärgert oder beleidigt sein können. Meinen Sie wirklich, ich hielte Nöldeke für fähig oder bedürftig, sich mit fremden Federn zu schmücken oder einem Menschen ein Buch zu widmen, dem er zugleich sein Recht entzöge? Ich dachte nur, Thorbecke habe noch um den Plan des Buches gewußt und mit Nöldeke über dies und jenes Gedanken ausgetauscht, und ich suchte darin den nächsten Anlaß der Widmung[1], Wenn man durch Gespräche mit Anderen gefördert ist ohne irgendwie bestimmte Beiträge von ihm empfangen zu haben, so halte ich es für einfache Wichtigthuerei, darüber in einer Vorrede Wesens zu machen. Ich müßte stets Ewald als meinen Mitarbeiter nennen, worüber er selber sich sehr würde gewundert haben.

Ihre Herausstreichung Lanes[2] ärgert *mich*. Denn es liegt darin ein stiller Hieb auf Freytag, der sich um das arab. Lexikon verdienter gemacht hat als Lane und noch immer mindestens ebenso gut zu gebrauchen ist wie jener. Natürlich bezweifle ich gar nicht, daß Sie die arab. Scholia und Lexika auch gebraucht haben.

Amma baʿdu so danke ich vielmals für die gütige Übersendung Ihrer Geschichtsübersicht[3]. Ich begreife nicht, woher Sie Lust und Zeit zu allen diesen für Andere höchst nützlichen und für Sie höchst langweiligen Arbeiten nehmen. – Für Reinhold Rost möchte ich gern auch etwas spenden, nicht weil er mir große Dienste geleistet hätte, sondern weil er ein Mensch *as ’n siel*[4] und kein Streber ist. Was hat man sich aber unter einem *testimonial fund* vorzustellen? Beiträge von 10 Mark an werden hoffentlich auch angenommen.

Herrmann erzählt mir, Sie hätten an Lagarde einen Absagebrief geschrieben. Darüber wird er sich gewiß sehr freuen. Man ärgert ihn nur, wenn man stillschweigt und ihn als Luft behandelt. Richard Wagner freute sich auch immer, wenn man durch Schimpfen auf ihn Reclame machte; und er soll viele Schimpfartikel selber auf sich entrefilirt haben. Mit R W hat Lagarde einige Ähnlichkeit

Ich bin froh, daß das Semester zu Ende geht. Ich habe mich wieder einmal verführen lassen, Geschichte des Islam bis zu Ende der Umayyidenzeit zu lesen. Es ist aber eine verzweifelte Aufgabe, da die Leute gar keine Vorkenntnisse und

Vorstellungen (nicht einmal falsche) mitbringen, rein mit dem Stoffe genudelt werden müssen, d.h. mit toten Namen, die absolut keine Reminiscenzen in ihnen erwecken, und für Gruppirung und Auffassung des Stoffes gar keine Fähigkeit haben. Ich thue es nicht wieder, so interessant mir auch der Gegenstand ist, unendlich interessanter als die s.g. Geschichte des Alten Orients, die die Analphabeten so sehr anzieht, weil es da keine dicken arabischen Wälzer zu lesen gibt und überhaupt kein literarische Überlieferung zu bewältigen ist, sondern nur die Rebusse auf den Inschriften zu rathen und Zusammenhänge *ad libitum* zu ergänzen.

Grüßen Sie meinen alten ewig selbigen Freund Theodor Zachariae.

والسلام

Ihr Wellhausen

372. An Ferdinand Justi

[Marburg, 22.2.1891]

Schorse Sauerwein hat mir schon wieder eine Liste geschickt; darunter ein persisches Wort تارما, das ich nicht identificiren kann. Entschuldigen Sie, daß ich seine Unverschämtheit weitergebe.

Ihr W.

373. An William Robertson Smith

[Marburg, 19.3.1891]

Ich habe mich gesehnt nach Nachrichten; es scheint leider, dass das Wetter in Äg., die Hauptsache, von dem europ. Wetter etwas angesteckt ist. Etwas besser wird es doch wohl gewesen sein; wir haben bis Ende Januar strenge Kälte und bis Anfang März Frost gehabt. Ich hoffe dass jetzt die Wärme bei Ihnen gesiegt hat.

Baethgen hat Ihr Buch angezeigt[1], er hat es aber nicht begriffen. Ich glaube, sehr wenige Leute haben es verstanden; man muss sich gehörig umdenken und im stande sein etwas Ganzes sich anschaulich vorzustellen. Georg Hoffmann ist dazu sicher nicht im stande. Damit will ich nicht sagen, dass Sie Recht behalten. Aber wenn Sie widerlegt werden, wird es nur durch Position einer richtigeren Gesamtanschauung geschehen können – an der Sie dann doch durch die Fragstellung das Hauptverdienst hätten.

374. An Adolf Harnack

Marb. 21.5.91

Lieber Herr College

Vielen Dank für Ihre gütigen Zusendungen. Die These Ihres Aufsatzes über das Abendmahl[1] war mir durch Heinrici bekannt. Ich weiß nicht, ob der Ausdruck ποτήριον wirklich so neutral ist wie Sie meinen; im Hebr und überh. im Semitischen kann Kelch oder Becher nicht auch für Wasser gesagt werden. Die pseudoclem. Briefe *de virginitate* hatte ich auf Ihre Veranlassung früher einmal fleißig durchgelesen, ohne das Interesse das sie haben zu gewahren. Das ist mir erst durch Ihre Abhandlung aufgegangen.

Wir leben hier im alten Stil. Meine Frau ist noch nicht wohl; vor allem fehlt es ihr ganz an Muth, sich wieder auf eigene Füße zu wagen. Ich mag ihr die Krükken nicht wegnehmen, obgleich das gewiß am besten wäre. So humpelt sie denn immer mit weiblichen Stützen herum.

Ich mache Pläne in Bezug auf altarab. und frühislamische Geschichte und lege nicht Hand an. In Büchern muß man so viel Bekanntes sagen, Apercus und Aphorismen mag ich nicht drucken lassen. Also lasse ich beides bleiben. Beim Alten Testament schreckt mich die fürchterliche Betriebsamkeit der Kinderarbeit. Die Anziehungskraft ist freilich begreiflich; eine Religionsgeschichte wie hier hat man nicht zum zweiten male, nur muß man sie sich erst konstruiren. Aber das Konstruiren macht Spaß, man braucht nicht viel zu lesen und zu lernen. Alles ist in ein Buch zusammengedrängt; man hat überall Commentare und Concordanzen. Beim Neuen Testament scheint es mir freilich auch nicht viel anders zuzugehen; und *abusus non tollit usum*.

Ist es wahr, daß der Philosoph Paulsen katholisch ist, nicht bloß nominell, sondern auch praktisch? Er hat mir als Mitglied der Unterrichtsreformkommission gefallen; er war beinah der einzige Mann unter den Herren. Es scheint übrigens nicht alles so heiß gegessen zu werden als es gekocht ist; auch in Preußen, nicht bloß in Rußland. Daß das gesamte Unterrichtswesen unter der Laune eines Herrschers steht, ist herrlich. Wie gut wären doch unabhängige Stiftungen und städtische Anstalten! Der eigentl. Krebsschaden ist, daß der Staat das Ganze in der Hand hat.

Viele Grüße von meiner Frau an die Ihrige!

In Treue
Ihr ergebener
Wellhausen

375. An Adolf Harnack

Veranlasst durch die Anzeige des Schwarzloseschen Buches in d Allg. Zeitg[1] erlaube ich mir Sie aufmerksam zu machen auf eine Stelle bei *Barhebr. Hist. Dynast ed. Bedjan p* 118[2], wo es heisst: „Der Chalif Jazid II befahl und es wurden die Bilder alles Lebendigen getilgt, aus Kirchen und Wänden und Holz und Steinen und Schriften, und auch der griechische Kaiser Leo that ebenso". Die Massregel des Chalifen scheint die syr. Christen betroffen zu haben; es ist auch nicht von Moscheen, sondern von Kirchen die Rede. Wenn Barhebr. nicht auf Theophanes fusst – was ich im Augenblick nicht nachsehen kann aber für unwahrscheinlich halte, so fusst er wohl auf älteren syr. Historikern; jedenfalls ist die Nachricht nicht aus der Luft gegriffen. Ob die Massregel Leos mit der Jazids in Zusammenhang steht, wie Barhebräus annimmt, wird freilich nicht zu erweisen sein. Das Causalverhältnis kann auch umgekehrt sein.

  Mit freundlichem Gruße

17.6.91   Ihr Wellhausen

376. An Edward Schröder

[Marburg, 28.7.1891]

L. H. C. Eine Recension, die ich übernommen habe[1], zwingt mich Sie zu fragen 1) wie alt ist das Wort *Sklave* im Deutschen? es scheint mir sehr jung zu sein und keineswegs schon in der Zeit eingeführt, wo die Deutschen noch Slaven zu Sklaven machten. 2) wie alt ist das englische *slave*? kommt das schon *vor* den Normannen vor? 3) findet sich das Wort in den skandinavischen Sprachen?

  Im Plattdeutschen gibt es das Wort nicht und mir ist es immer höchst exotisch vorgekommen. Im Griech. Syrisch. Arab. ist das eingeschobene *k* ebenso wie in den roman. Sprachen; im Syr. z. b. bei dem Ihnen bekannten Johannes von Ephesus in der Mitte des 6. Jahrhunderts. Verzeihen Sie daß ich Sie belästigen muß!

                                                           Ihr ergebener
                                                           Wellhausen

377. An Edward Schröder

Lieber Herr College

Vielen Dank für Ihre freundlichen Mittheilungen; ich habe übrigens kein Verdienst bei der Sache. Daß der deutsche Name = Wenden[1] ist, war auch für mich ein Hauptgrund, den ich vergessen hatte Ihnen anzugeben. Aber sehr interessant ist Ihre Mittheilung über die geogr. Verbreitung des Namens in der Litteratur des M A.

Ich erlaube mir Ihnen meine Recension[2] als Msc zu schicken. Ich habe dem, was ich gesagt habe, die Form eines Referats gegeben, um den guten Jakob nicht zu ärgern. Er ist nemlich sehr ungenau und confus und hat nirgend die Quellen eingesehen; ich korrigire und ergänze ihn überall, stillschweigend.

Über den jüdischen Sklavenhandel wäre ein Buch zu schreiben; mit geringer Mühe.

Wenn Sie vielleicht Anlaß zu Correcturen finden, bitte ich Sie um Mittheilung, wenn Sie mir das Msk zurückschicken.

Nochmals herzlichen Dank

30.7.91

Ihr ergebener
Wellhausen

378. An William Robertson Smith

Lieber W R S

Ihr Brief vom 28 August hat mich in Engelberg getroffen wo ich mich eine Weile aufgehalten habe. Ich sehe, dass Sie guten Muthes sind, Ihre Gesundheit hat sich hoffentlich inzwischen in Schottland noch weiter gestärkt. Mir geht es auch leidlich, zum Arbeiten bin ich freilich nicht sehr aufgelegt. Ich lese in den arab. Historien herum, Tabari und Ibn al Athîr habe ich beinah durch. Ihr θαμθα oder θαμτε[1] zeigt mir, dass Sie *in Assyriacis* stecken. Mich soll wundern, ob Sie auch in diesem Chaos Licht und Ordnung sehen werden. Ihre Bemerkungen über Ahnendienst haben mich etwas geschockt; dass der Ahnendienst nicht die ihm beigemessene Wichtigkeit hat, ist allerdings auch meine Meinung, aber ich zweifle nicht, dass er vorgekommen ist. Über das Chodâinâme[2] – ich verrathe natürlich nichts – weiss ich nicht sehr gut Bescheid; ist es nicht eine Art Schahname?

Ich bin durch Tabari mehr und mehr in die iranische Geschichte hineingetrieben und treibe ein wenig Persisch, werde wohl auch gar zum Türkischen fortschreiten müssen. Macht in Cambridge niemand eine neue Ausgabe des Damascius[3]? Sie scheint mir hochnöthig zu sein. Was wird eigentlich aus Guidis Dionysius Telmahrensis[4]? und hat sich der Fund der Geschichte Michaels in Zaʿforân bestätigt[5]? Ich erfahre in diesem stillen Winkel der Welt von nichts.

Die vielen Alttestamentlichen Bücher, die in diesem Jahre erschienen sind, haben mich zu Zeiten in eine gelinde Verzweiflung gebracht, da ich sie durchblättern musste, um den gütigen Gebern danken zu können. Stade's Lexicon[6] ist verdienstlich; er hat sich alle Stellen, wo ein Wort vorkommt, genau angesehen.

Die Wirkung ist, dass der Verleger von Gesenius jetzt Kautzsch und Müller mit einer neuen Bearbeitung des Gesenius beauftragt hat[7]. Vielleicht gelingt es Müller, Nöldeke als stillen Socius für den etymolog. Theil zu gewinnen. Da nun Driver auch ein Lexicon macht[8], so werden wir demnächst wohl über die Bedeutung der Hapaxlegomena ins Reine kommen. – Drivers Einleitung[9] scheint mir durchaus zweckentsprechend, tausend mal besser als das puerile Elaborat von Cornill[10]. Cheyne's Psalmen[11] sind mir unangenehm, nicht wegen der Resultate, sondern wegen der überall sich vordrängenden Persönlichkeit des Verfassers, mit seiner langweiligen Lyrik und Aesthetik. Es ist ein lederner Geselle; und das Schlimme ist, dass er durchaus seinem Leder Töne zu entlocken sucht. Auch die sonderbare Mischung von Ängstlichkeit und Selbstgefühl behagt mir nicht.

Der Kaiser hat sich seinen Bart abnehmen lassen[12]. Der Kaiser scheint die Politik und das Fatum zu bedeuten. Man ist gespannt, wie er das Schulwesen einrichten wird, das lediglich von seinem Nutus abhängt, ohne dass irgendwer was drein zu reden hat. Gegen den Gedanken an Krieg werden wir allmählich abgehärtet. Die deutschen Papiere fallen langsam, während die französischen steigen. Die Juden escomptiren[13] schon die Zerquetschung zwischen Frankreich und Russland. Aber sie nahmen auch 1870 Partei *gegen* Deutschland; die 4% preuss. Kriegsanleihe zu 88 war nicht unterzubringen. Den Krieg gegen Russland halte ich für nothwendig, der gegen Frankreich ärgert mich.

Ich komme ins Schwatzen, es ist Zeit aufzuhören. Viele herzliche Grüsse!
Marb 1. Nov. 1891   Ihr Wellhausen

379. An Ignaz Goldziher

Verehrter Herr Kollege! Ihre Anfrage ist mir äußerst schmeichelhaft, wenngleich ich nicht glaube, daß Sie nicht selber wissen, wie sehr meine arab. Belesenheit von der Ihrigen übertroffen wird. Ich kenne keine Parallelstelle, nehme aber keinen Anstoß an Hotaias metaphorischer Ausdrucksweise = sie lassen sich nicht eine Nacht den Zaum (wir würden vielleicht sagen: den Maulkorb) gefallen. Daß Hotaia[1] nicht خطام sagt, sondern خاطمة (*instrumentum capistrans*), weist nach meiner Meinung darauf hin, daß es sich nicht um ein wirkliches *capistrum camelinum* handelt. Wie Sie wissen, wird زمام sehr oft metaphor. gebraucht, wohl auch zuweilen عنان; im Hebr. vielleicht, מתג האמה 2 Sam 8,1.

Mit ergebenem Gruß
13 Nov 91   Ihr Wellhausen

380. An Michael Jan de Goeje

Verehrter Professor
Vermuthlich sind Sie selber der freundliche Geber des Feestbundels[1], so dass ich, indem ich Ihnen meinen aufrichtigen Dank dafür sage, zugleich die Gelegenheit benutzen kann, Ihnen wenn auch nachträglich so doch nicht minder herzlich zum 6 October zu gratuliren[2]. Auch zu Ihren Schülern gratulire ich Ihnen, nur der Beitrag des Herrn Wildeboer[3] hat mich nicht eben sehr befriedigt. Übrigens geht die Zahl Ihrer Schüler weit über die heilige Sieben hinaus, und ich erlaube mir mich auch dazu zu rechnen. Wer der verstorbene Dr. Georgius Alexander ist[4], weiss ich nicht.

Wofür halten Sie die Qarmaten, die schon A.H. 255 zu dem Haufen des صاحب الزنج gehört haben (Tab. III 1757,4 vgl. 1749,12)[5]? In Ihrem Memoire scheinen Sie keine Notiz davon zu nehmen. Ein Anachronismus ist in dem ganz auffallend genauen, gewiss sehr alten Berichte nicht wohl anzunehmen.

Wird Prym[6] bald fertig sein? Er macht seine Sache *con amore*, sehr gut, aber gar zu langsam. Es ist schade, dass grade der interessanteste Theil, die Krisis und die Peripetie (um nicht zu sagen: der Sündenfall) der alten islam. Geschichte von dieser Verzögerung betroffen wird. Dass man durch Tabari sachlich nicht viel Neues erfährt, ist zwar sehr wahr, aber doch zugleich sehr falsch. Ebenso ungeduldig erwarte ich das Erscheinen von Guidis Dionysius[7]; warum werden die literarischen Pläne Jahrzehende lang vorher angekündigt! Kleyn hat ganz Recht mit seinen Klagen. Die endliche Vollendung von HD Müllers Hamdani[8] habe ich mit Freuden begrüsst; es ist Pech, dass nach der Ausgabe des Textes noch so viele Handschriften zum Vorschein gekommen sind.

Es kommt Besuch; ich danke Ihnen noch einmal und verbleibe
Ihr ergebener
Marb. 15. 11 91   Wellhausen

381. An Rudolf Smend

17.11.91

L.S. Wir gratuliren vielmals[1] und hoffen und wünschen, daß Alles in Ordnung bleibt und seinen guten Gang geht.

Viele Grüße, auch an Wilamowitz.

Lies die erste Seite von Sprengers Aufsatz in Heft 3 der DMZ[2]; besonders die Araber = Parasiten des Kamels ist famos. Hat doch der Walfisch seine Laus, muß auch die meine haben[3]! denkt das Kamel.

Dein W.

Theodor Nöldeke

382. An Abraham Kuenen

Lieber Freund
Frau Snouck schreibt mir, dass es Ihnen nicht gut geht. Seit dem Tode Ihrer Frau[1] sind Sie nur ein halber Mensch, und ich weiss nicht ob Sie noch am Leben hängen. Aber Vielen, unter Anderen mir, würde ein Loch in die Welt gerissen sein, wenn Sie fehlten. Schonen Sie Sich, so viel Sie können, und quälen Sie Sich nicht mit dem 3. Theil des Historisch-kritischen Onderzoek.

Ich beschäftige mich gegenwärtig mit den Psalmen[2]. Die Schwierigkeit des Verständnisses liegt in den geistlichen Phrasen; sie verhüllen vielfach die Meinung. Aber es steckt doch häufig eine bestimmte Meinung hinter den pietistischen Redensarten. Aus Cheynes neuem Buche[3] lerne ich wenig; sehr oft ärgere ich mich über ihn. Er ist ein recht mittelmässig begabter, aber sehr eitler Mann; eigentlich gar kein Mann, sondern eine ästhetische und nervöse Dame. Immer geistreich und poetisch, immer preciös und prätensiös – kurz widerwärtig, der ins Englische übersetzte Delitzsch. Ich kenne ihn freilich nur aus seinen Schriften; über den Menschen urtheile ich aber auch nicht, sondern nur über den Schriftsteller.

Daneben beschäftigen mich zwei andere etwas weitläufige Themata, einmal der Zustand der arabischen Gesellschaft vor dem Islam[4], sodann die politisch-religiöse Geschichte der islamischen Theokratie bis zu den ersten Abbasiden[5]. Das Material ist sehr reich, das man hat, und auch sehr kraus; die Schwierigkeit besteht darin, einfach zu bleiben und über den Nebensachen die Hauptsache nicht zu übersehen. Goldziher hat das entschieden nicht verstanden; Snouck würde es verstehen.

Dieser Snouck ist etwas rücksichtslos gegen seine Mutter; aber er kann wohl nicht anders, *sequitur suam stellam et sequi debet*. Die Mutter selbst will es ja auch nicht anders, sie ist stolz auf Ihren Christiaan und hat das Recht dazu. Er ist unzweifelhaft der bedeutendste *Mensch* unter den holländischen Orientalisten und nicht bloss unter den holländischen.

Meine Frau ist die letzten Jahre wieder viel krank gewesen; jetzt geht es ihr ziemlich gut. Hoffentlich kommt es noch einmal dazu, dass ich sie Ihnen zeige, sei es in Marburg, sei es in Leiden.

Ich vermuthe, dass Ihr Ältester schon Professor der Physik ist; und Bram? Ist er nicht Leutenant? Und was machen Ihre Mädchen? Aber Sie sollen keinen Brief schreiben um diese Fragen zu beantworten. Gott behüte Sie![6]

Marb 6. 12. 91   Ihr Wellhausen

383. An Friedrich Althoff

Euer Hochwohlgeboren
wage ich mit einer Empfehlung zur Last zu fallen, sehr ungern zwar, aber im Vertrauen auf das menschliche Wohlwollen, das Sie mir selber und allen Anderen stets erwiesen haben und erweisen. Warum [sic] es sich handelt, werden Sie aus dem beigelegten Briefe erkennen. Dr. Lange[1] ist mir von Greifswald her, wo er eine Zeit lang unterrichtet hat, bekannt. Als Lehrer war er nicht recht zu gebrauchen, er konnte sich bei den Sextanern keinen Respekt verschaffen. Er hat es nie verstanden etwas aus sich zu machen und sich eine gewisse Würde zu geben, ist aber ein unterrichteter, zuverlässiger und höchst gutmüthiger Mensch, der es wohl werth ist, daß man ihm auf eine Planke hilft, auf der er sich retten kann. Eine kleine Bibliotheksstelle auszufüllen ist er gewiß durchaus befähigt.

Ich bitte Sie mir nicht zu antworten und Langes Brief zu behalten oder zu vernichten.

Euer Hochwohlgeboren
ehrerbietig ergebener
Wellhausen

Marburg 7. 1. 92

384. An Theodor Nöldeke

[Marburg, 10.1.1892]

Sie meinen es wohl nicht so ernst mit dem Übelnehmen; denn ich habe die Wahrheit gesagt[1]. Allerlei Punkte, worin ich von Ihnen abweichen würde in der Erklärung, habe ich nicht zur Sprache gebracht, weil dadurch das Gesamturtheil nicht geändert wird. Ich habe das Buch beim Buchbinder und kann augenblicklich nicht nachsehen. Ich glaube mich zu erinnern, daß Sie لوى vom Prolongiren des Schuldners[2] verstehen, während es m. E. das Hinhalten des Gläubigers bedeutet. Ferner kommt irgendwo die Redensart vor لا يُرام ما ورائ = was ich vertheidige, darf nicht angetastet werden[3]; Sie verstehen das anders, ich weiß nicht wie; aber die Phrase kommt in dem von mir angegebenen Sinn häufig genug vor. Und ähnliche Kleinigkeiten sind mir noch öfters, aber nicht oft, aufgestoßen. – Z's Tod[4] ist sehr traurig; er war voll Güte und es thut mir leid, daß ich als *iuvenis* öfters petulant gegen ihn gewesen bin. – WRSmith ist in Kairo[5], sein Hüftleiden oder was es ist scheint nicht unbedenklich zu sein. Mir wird manchmal ganz unheimlich.

385. An Rudolf Smend

Lieber Smend
Natürlich laß ich mir die Sache durch den Kopf gehen. Wenn ich von Tübingen absehe, welches mir wegen des Kleeblattes Kautzsch Socin und Weizsäcker kein angenehmer Ort war, so bin ich noch niemals so ernstlich gewollt worden wie in Göttingen. Und es ist mir natürlich eine große Ehre, neben Nöldeke genannt zu werden, mit dem ich mich als Semitist nicht im entferntesten messen kann, wenngleich ich mich deshalb im Allgemeinen nicht für dummer halte als ihn. Am meisten bin ich gerührt durch Wilamowitz und Dich.

Aber, aber – ich bliebe gar zu gern hier. Die Gründe, aus denen Wilamowitz es für meine Pflicht hält daß ich nach Göttingen gehe, machen mir keinen Eindruck. Wenigstens als sachliche Gründe gleiten sie glatt an mir ab; der Wissenschaft kann ich, so wie ich nun einmal bin, in Marburg vielleicht besser dienen als in Göttingen. Ich lese aus allen seinen Gründen, mit denen er einen moral Zwang zu construiren sucht, nur sein persönliches Interesse für mich. Das macht mich allerdings stolz und verfehlt seinen Eindruck nicht.

Meine Situation hier ist so, daß ich mir keine bessere wünschen kann. Die Frage scheint mir eigentlich nicht die, ob ich die Pflicht, sondern ob ich das Recht habe sie aufzugeben. Für docirende Wirksamkeit, für „wissenschaftl. Betrieb", für Organisirung von Arbeiten, die ich nicht selbst anfange und vollende, bin ich nicht geschaffen. Ich brauche einen stillen Winkel, wo ich *con amore* mir und den Musen singe. Den habe ich.

Außerdem habe ich 5 Jahre an meinem Neste gebaut; es wird mir schwer es zu verlassen. Wie jetzt die Verhältnisse liegen, würde ich mein Haus nur mit großem Verluste los werden, zumal es ganz auf meine Verhältnisse zugeschnitten ist und für Andere nicht paßt.

Ich freue mich, daß es leidlich bei Euch geht. Ich fürchte, daß Wilamowitz sich nicht gut befindet und vielleicht auch durch Sorge um seine Frau und Kinder niedergedrückt ist. Grüß ihn vielmals und sag, ich würde ihm noch nicht so bald antworten. Er dürfte mir aber nicht böse sein, wenn ich hier bliebe.

Marb 17. 1. 92   Dein W

386. An Rudolf Smend

[Göttingen[1], 27.1.1892]
L. S. Ich hatte die Absicht auf Dich zu warten; da erschien Kayser, dem ich nicht gern abschlagen wollte mit ihm zu spaziren, weil bisher alle unsere Begegnungsversuche fehl geschlagen waren. Nimm es, bitte, nicht übel, daß ich Dich vergeblich habe kommen lassen.

Die verflixten Juden kosten mich entsetzlich viel Zeit, nicht wegen des Collegs, wo ich meistens das was ich erstudirt habe garnicht brauchen kann, sondern weil sie mich interessiren. Ich lese in der Geschwindigkeit Alles noch einmal durch, Sirach, Provv, Koheleth, Makkbücher, Josephus etc etc. Natürlich schauderhaft oberflächlich; aber im Drange der Noth gewinnt man oft bessere Eindrücke vom Ganzen, als wenn man mit Gemächlichkeit das Einzelne studirt.
Dein W.

387. An Heinrich Ulmann

Lieber Ulmann
Es ist hier im Werke, eine der Hallischen Erklärung[1] zustimmende Kundgebung loszulassen. Wie stark die Betheiligung sein wird, weiß ich nicht; annähernd allgemein auf keinen Fall. Ich meinerseits finde zwar die 4 oder 5 Punkte, an denen man hauptsächlich Anstoß nimmt, ebenfalls sehr bedenklich. Aber den Sturmlauf mache ich nicht mit, am allerwenigsten möchte ich den Hallensern den Glauben stärken, daß sie ein Heldenstück begangen hätten wie weiland Dr. Luther. Ich kann Beyschlag und Co nicht ausstehen. – Die hiesigen Theologen werden wohl zum theil, aber nicht alle, sich betheiligen, wenn überhaupt aus der Sache etwas wird.

Graf Zedlitz hat sich neulich Literatur über und gegen mich aus der Köngl. Bibliothek holen lassen. Der arme Kerl! Dem raucht der Kopf vom Schulgesetz[2], und wenn er zu Bett geht, legt er sich noch die Opera von Delitzsch und Co. unters Kopfkissen, um die Nacht über davon inspirirt zu werden. Ich schließe daraus, daß sichere Aussicht vorhanden ist, daß ich nicht nach Göttingen berufen werde. Ich käme so auf eine mir höchst angenehme Weise aus der Klemme. Übrigens hätte der Minister einen höchst legitimen Grund, mich abzulehnen; denn neben Smend ist ein zweiter Semitist, dessen Arbeitsfeld auch wesentlich das Alte Testament ist, in der That schlecht am Platze. Sie müssen sich einen holen, der mit Smend nicht konkurrirt, sondern ihn ergänzt.

Dr. Jakob hat sich den nordischen Handel der Araber zu seinem spez. Arbeitsfelde erkoren und da ganz nette Sachen gefunden[3]. Man muß freilich grade auf diesem Gebiet eine so vielseitige Gelehrsamkeit besitzen, wie ein junger Mann sie kaum haben kann; Jakob hat sich denn auch allerhand Blößen gegeben, die ich aber sehr zu entschuldigen finde. Unangenehm ist jedoch sein polemisches Selbstbewußtsein. Er hält alles womit er sich beschäftigt und was er heraus bringt für höchst wichtig. Natürlich ist es Sport.

Du wirst wohl nicht im Ernst meinen, daß Marburg mehr Welt sei als Greifswald. Ich wenigstens merke hier nichts von der Welt und bin damit ganz zufrieden. Meine Frau hat sich auch allmählich gewöhnt, die Ecke wo Fuchs und Hase einander gute Nacht sagen, ganz wohnlich zu finden. Wir verkehren im „großen Verkehr" fast gar nicht; sonst ziemlich viel, am meisten mit Justi's, die freilich eine halbe Stunde entfernt wohnen.

Meine Schwiegermutter bleibt noch acht Tage hier und kommt dann über Göttingen und Hannover sachte wieder nach Greifswald. Die neue Verwandtschaft, die so ungemein nahe geworden ist, ich meine die mit den Schweden[4], macht uns sehr viel Spaß. Es gibt doch noch romantische Seelen in der Welt; es ist wirklich allerliebst.

Viele Grüße an Deine Frau und Kinder, auch von meiner Frau!
M. 14. 2. 92   Dein Wellhausen

388. An Ferdinand Justi

Ich bitte um Entschuldigung, wenn ich Sie heute vergebens warten lasse. Ich bin erkältet und wollte heute Abend nicht gern mehr ausgehen. Eigentlich hatte ich die Absicht, es Ihnen heute Mittag vor dem Colleg selber zu sagen, weil diese Postkarte nicht zur rechten Zeit ankommen wird; aber davon hält mich meine Frau zurück.

والسلام

Marb. 18. 2. 92   Ihr W.

389. An Rudolf Smend

M. 26. 2. 92

Lieber Smend

Herr A. Mez hat mir seine Dissertation über die Stadt Harran geschickt[1]; ich möchte ihm dafür danken, weiß aber nicht wo er wohnt, denn er hat seine Adresse nicht angegeben. Da er Dich seinen verehrten Lehrer nennt, so weißt Du am Ende Bescheid, und wenn das der Fall ist, bitte ich Dich mich zu instruiren. Die Dissertation ist sehr fleißig, geht aber dem Interessantesten aus dem Wege, nemlich der Conservirung und Regeneration des syr. Heidenthums in Harran.

Da ich bis jetzt keine Anfrage aus Berlin habe, so bin ich der guten Hoffnung, daß ich der Qual der Wahl überhoben werde. Durch einen Zufall habe ich erfahren, daß das Ministerium sich vor etwa 4 Wochen Bücher von mir und Bücher über oder gegen mich von der Bibliothek hat holen lassen. Der arme Kerl, der Zedlitz. Dem raucht der Kopf vom Volksschulgesetz und dann muß er sich noch mit theologischer Inquisition die Abende verderben. Das Ergebnis halte ich für unzweifelhaft. Die Trichine ist in Marburg eingekapselt, es wäre vermessen, sie in frisches Fleisch zu versetzen.

Bei der großen Generaldebatte über das Volksschulgesetz, einer blinden Phrasen- und Principienkanonade, die nur Erbitterung und Rauch erzeugte, waren meine Sympathien auf seiten von Zedlitz (Caprivi ist widerwärtig), obwohl ich sachlich ihm nicht Recht geben konnte. Allmählich ist mir aber immer klarer geworden, wie verderblich das Gesetz ist. Man will offenbar die Religion zu politischen Zwecken benutzen, *gegen* Socialdemokratien, für das Centrum etc.[2] Es ist kein anderes Heil, als in der radikalen Trennung von Staat und Religion. Ob die vom Staat verordnete Religion etc. Falkisch oder Zedlitzisch ist, ist ganz egal. Das Widerwärtige ist immer die Einmengung des Staats in Dinge, die er wohl ordnen kann, so daß die Parteien sich nicht in die Haare fallen und dem Einzelnen die Freiheit gewahrt wird, die er aber nicht materiell und positiv gestalten kann. Nicht gegen die Confession, aber gegen die Staatsreligion muß opponirt werden. Das ist freilich eine sehr schwierige Sache.

Grüß Wilamowitz und antworte mir bald auf einer Karte, in betreff des Herrn Mez.

Ich habe die Psalmen *en Broullion* fertig; außerdem von den kleinen Propheten Amos und Hosea[3]. Ich verstehe natürlich jetzt viel weniger als vor 20 Jahren. Daneben treibe ich ziemlich eifrig Persisch, bei Justi.

Der Jude Steindorff schreibt, wie mir berichtet ist, eine Biographie Lagardes[4]. Prosit.

Viele Grüße an Deine Frau!

Dein Wellhausen

Wer ist Prof Dr C. Hilty in d Schweiz? Er hat ein gutes Buch geschrieben: Das *Glück*[5].

390. An Friedrich Althoff

Ehrerbietigst vorgelegt mit Abschrift meines Berufungsschreibens.

Euer Hochwohlgeboren
gestatte ich mir zu antworten, daß es mir schwer fällt mich zu entscheiden. Göttingen zieht mich an, durch gute Freunde und alte heimathliche Erinnerungen. Aber Marburg hält mich zurück; ich fühle mich wohl in den Verhältnissen der halb ländlichen Stadt, ich würde das Haus, in dem ich mich eingenistet habe, ungern an den Meistbietenden verkaufen (obwohl ich wahrscheinlich noch von Glück sagen müßte, wenn es mir gelänge es gegenwärtig ohne gar zu großen Verlust zu verkaufen). Sachliche Gründe, die für Göttingen sprächen, wüßte ich

nicht. Arbeiten kann ich hier ebenso gut wie dort. Die Göttinger Bibliothek ist zwar sehr schön, aber ich habe mich seit zwanzig Jahren gewöhnt ohne großen Apparat zu arbeiten und erspare dadurch viel Zeit. Meine Wirksamkeit als Lehrer würde in Göttingen auch nicht größer werden. Syrer und Araber sind dort nicht mehr als hier; für die islamische Geschichte würden sich ebenfalls nur Wenige interessieren. Vielleicht würde meine Vorlesung über älteste oriental. Geschichte dort besser besucht sein; indessen auf diese Vorlesung lege ich keinen Werth. Was man von der eigentlichen Geschichte z. B. der Ägypter und der Assyrer wirklich weiß, ist äußerst dürftig und äußerlich, und lohnt nicht für eine Vorlesung. Das Werthvolle ist die Archäologie, die Entwicklung der Technik und Kunst im weiteren Sinne. Dafür gibt es sehr reiches und wichtiges Material; aber um es zu verwerten, muß man Archäologe sein und von Technik und Kunst etwas verstehen. Außerdem muß man das Material zur Hand haben; das ist wohl in Berlin der Fall, aber in Göttingen kaum mehr als in Marburg.

Unter so bewandten Umständen, da ich mit mir selber im Streit liege und nicht weiß was ich thun soll, ist es doch das Gerathenste, daß ich nichts thue, d. h. daß ich bleibe wo ich bin.

Ich benutze die Gelegenheit, um Euer Hochwohlgeboren aufrichtig zu danken für die Güte, mit der Sie Sich des Hr. Dr. Lange angenommen haben[1].

       Ehrerbietig
      Euer Hochwohlgeboren
       ganz ergebener
Marburg 8 März 1892   Wellhausen

391. An Rudolf Smend

L. S.

Vielen Dank für Deine beiden Briefe; ich hatte auch von Nöldeke einen Brief.

Gestern kam der Ruf, ich habe ihn mit schwerem Herzen abgelehnt.

Bei neuen Vorschlägen würde Hoffmann nicht zu übergehen sein, Müller wohl auch nicht. M. ist viel klüger als H., hat aber doch weit weniger geleistet. Fränkel in Breslau und Goldziher in Pest sind sehr tüchtig, aber sie sind Juden. Brünnow ist sehr fleißig, aber Sprit hat er nicht, wie seine Charigiten[1] zeigen. Vollers ist recht gescheit, doch wäre es vielleicht rathsamer keinen zu berufen, der vom A. T. ausgegangen ist, sondern einen richtigen und reinen Semitisten, der auch Persisch ordentlich kann. Moritz in Berlin soll sehr begabt sein; er ist aber vielleicht zu jung. Hartmann kann schwerlich mehr als Neuarabisch und Geographie. Nöldeke weiß vielleicht besser Bescheid als ich. Über Gelehrsamkeit ist sein Urtheil maßgebend, über sonstige geistige Befähigung aber nicht.

Ich habe auch an Wilamowitz geschrieben, aber ebenso wie an Dich nur kurz und in Eile, da ich Euch sofort in Kenntnis setzen wollte aber wenig Zeit zur Verfügung hatte.
Viele Grüße
M. 8. 3 92   Dein W

392. An Ferdinand Justi

Lieber Herr College
Ich habe Göttingen abgelehnt.
Morgen Nachmittag gedenke ich zu schwänzen, um die Ferien zu genießen.
Schönen Gruß!
Mittwoch   Ihr
9. 3. 92   Wellhausen

Als ich gestern meine Vorlesung geschlossen hatte, stürzte mir ein pharisäischer Student nach und bat mich, angeblich in Aller Namen, noch diese Woche weiter zu lesen; sie würden alle kommen. Ich war wüthend, muß aber gute Mine machen.

393. An William Robertson Smith

Lieber W R S
Ich bin erschrocken zu hören, dass Sie wieder recht elend gewesen sind; ich hoffte, es wäre nun besser. Sind Ihnen die weiten Reisen gut? für mich wäre diese Modemedicin Gift. Schottland und Ihre Frau Mutter werden gewiss heilsam wirken.
   Von Ihrer Erklärung des פרעות בפרע habe ich nie etwas gehört; sie ist glänzend und vermuthlich auch richtig – wenigstens gibt es keine andere[1]. Mir sind die Worte bis dahin ganz unverständlich gewesen.
   Ihr Urtheil über Drivers Einleitung ist ganz das meinige. Ich wollte, wir in Deutschland hätten nur ein solches Buch; das von Cornill ist enthusiastisches Gewäsch[2]. Cheyne scheint mir ein ganz wunderlicher Geselle zu sein; aber seit ich gesehen habe, was er für ein gebrechliches Geschöpf ist, und wie fleissig er bei alle dem doch ist, darf ich nicht mehr hart über ihn urtheilen. Er sieht nie heller als andere, aber er empfindet wärmer. Er hat viel von einem ältlichen Frauenzimmer an sich.
   Dass das Alte Testament in der Jüd. Kirche neu erscheint[3], freut mich sehr. Das Honorar wird Ihnen doch auch willkommen sein, aus Rücksicht auf Ihre

Lieber Herr Collage

Ich habe Göttingen abgelehnt.
Morgen Nachmittag gedenke ich zu schwänzen, um die Ferien zu genießen.
Schönen Gruß!

Mittwoch
9. 3. 92

Ihr
Hellhaus

Als ich gestern meine Vorlesung geschlossen hatte, stürzte mir ein pharmaceutischer Student nach und bat mich, augenblicks in Allen Namen, noch diese Woche enrolirt zu laßen; sie würden alle kommen. Ich war wüthend, mußte aber gute Miene machen.

Frau Mutter. Es ist mir lieb zu hören, dass Sie jetzt nicht mehr in 1 Sam 17 an Harmonistik der LXX glauben[4]; ich habe nie daran geglaubt, aber meine Gründe dafür recht schwerfällig, weil viel zu kurz, entwickelt.

Ich habe vor etwa 14 Tagen einen Ruf nach Göttingen abgelehnt. Vorher hatte schon Nöldeke abgelehnt. Ich kann in Göttingen schwerlich besser arbeiten als hier; und ich wechsele nicht gern den Ort ohne ganz dringende Gründe. Man wird jetzt wohl G. Hoffmann zu bekommen suchen, und ich hoffe, dass er aus Pietät gegen Lagarde und aus Rücksicht auf die Göttinger Bibliothek den Ruf annimmt.

Ich habe für P. Haupt die Psalmen übersetzt[5], besonders deshalb, um mit meinem alten Hefte aufzuräumen. Ebenso werde ich mein Heft über die Kleinen Propheten umarbeiten und herausgeben[6]. Es stammt aus 1873 und muss also gehörig aufgefrischt werden. Die in Bleek[4] veröffentlichten Stücke über Hos 1–3 und Micha 7[7] stammen daraus. Auch noch ein paar andere alte Hefte will ich veröffentlichen, damit sie nicht nach meinem Tode unberufenen Leuten in die Hände fallen[8]. Meine arab Arbeiten habe ich einstweilen zurückgestellt. Ich warte auf die Vollendung von Tabari Serie I.

Wir stehen hier unter dem Zeichen des Volksschulgesetzes[9]. Es war für unsere sogenannten Liberalen ein gefundenes Fressen, wie weiland der Culturkampf. Sie waren schon halb todt und sind nun wieder lebendig. Ich werde immer radikaler je älter ich werde; es fehlt mir wenig zum Socialdemokraten. Nur möchte ich vom Individualismus retten was irgend zu retten ist. Aber da der Individualismus immer wieder Egoismus wird, so wird wenig zu retten sein. Die allgemeine Zwangsarbeit scheint beinah nothwendig, da eine *Kirche* nicht möglich.

Die Monarchie scheint bei uns etwas kipplig zu werden; es wird entsetzlich viel räsonnirt. Aber unter den Ministern, den Generälen, oder gar den Hofpredigern ist kein muthiger Mann. Der einzige war der Cultusminister Zedlitz, der jetzt abgeht.

An die Kriegsaussichten hat man sich allmählich so gewöhnt, dass niemand dadurch beunruhigt wird. Irgend wo wird es wohl zufällig mal losgehen, z. B. in Bulgarien. Der Zorn gegen Russland ist bei uns sehr viel grösser als gegen Frankreich; ich meine natürlich gegen die regierenden russischen Kreise.

Viele herzliche Grüsse!
Marburg 19. 3. 92   Ihr Wellhausen

394. An Friedrich Althoff

Euer Hochwohlgeboren
zeige ich, in Veranlassung eines Briefes von Prof. Weber, an, daß ich morgen (Mittwoch) um 1 Uhr in der Lage zu sein hoffe, Ihnen meine Aufwartung zu

machen. Wenn das Ministerium Gründe hat zu verlangen, daß ich nach Göttingen gehe, so gehorche ich, wenngleich ungern. Ich wünsche dann aber eine Gehaltszulage von 1000 Mark und eventuell eine Miethsentschädigung. Vor Oktober möchte nicht umziehen. Meine Adresse ist Askanischer Hof, Königsgrätzer [sic] Straße[1]. In Eile

                              Euer Hochwohlgeboren
                              Ehrerbietig ergebener
Marb. 5. April 92   Wellhausen

395. An Ferdinand Justi

Schauderhaft, höchst schauderhaft!
Shakespeare[1]

Lieber Herr College
Ich kann am Donnerstag nicht kommen, ich reise heute nach Berlin. Althoff hat mich citirt, um mir die Gründe darzulegen, weshalb ich nach Göttingen müßte. Ich bin sehr gespannt auf seine Gründe, لعنه الله[2]. Meine Frau ist nach Cassel gereist. Wenn ich ohne obstinat zu scheinen hier bleiben kann, bleibe ich hier. Ein Glück ist es nicht, von hier wegzugehen.

   Mit freundlichsten Grüßen
M 5. 4. 92   Ihr W.

396. An Rudolf von Jhering

Hochverehrter Herr Geheimer Justizrath
Indem ich Ihnen Althoffs Brief zurücksende, danke ich Ihnen zugleich für Ihre rührende Freundlichkeit gegen mich, die ich mit nichts verdient habe. Es ist besser von einem Araber zu hören als ihn zu sehen – sagen die Araber selber[1]. Die persönliche Bekanntschaft mit meiner Wenigkeit wird Sie schwer enttäuschen; Sie müssen sich dann damit trösten, daß Sie noch andere Genossen dieses von mir unfreiwillig angerichteten Unglücks haben werden. Sie kennen den Swingel un sin Fru[2]. Die Moral dieses heimathlichen Märchens steht tief in meinem Herzen geschrieben, und mir ist zu Muthe, als ob ich aus meiner Swingelhaut zu fahren mich unterwände, indem ich nach Göttingen gehe.

                                    Ehrerbietig
                             Ihr aufrichtig ergebener
Marburg 24 April 1892   Wellhausen

397. An Adolf Harnack

Lieber Herr College

Sie beschämen mich durch Ihre gütigen Gaben[1], ich kann sie leider nicht erwidern. Diesmal habe ich Ihre *amoenitates historiae ecclesiasticae* mit großem Vergnügen alsbald durchgelesen. Merkwürdig, daß Muhammed sein berühmtes Argument für die Auferstehung des Fleisches aus den christlichen Apologeten (indirekt) hat; nach p 35 n. 2. Es war freilich wohl anzunehmen, aber der Nachweis ist doch wichtig. Er hängt von der judenchristlichen Gnosis ab. Sonderbar ist auch die anticipirte Polemik gegen die Bezeichnung der Offiziersgelage als Liebesmahl (p 26), die mich immer geärgert hat. Die Anmerkung 3 auf p 36 ist etwas zu gelehrt. Im Frühling ist die natürliche Hauptwurfzeit und Hauptgraszeit – daher die Milchzeit[2]. Ellel p 9 ist Hillel, wie Sie wohl wissen werden.

Die Leute (besonders Wilamowitz und – der Herr von Jhering) haben so lange bombardirt, bis ich mich entschlossen habe nun doch nach Göttingen zu gehen; als ein Swinegel mang die Hasen. Gott gebe, daß es gut ausfällt; ich habe kein Fiduz. Ihren Lagarderausch haben die Göttinger glücklicherweise hinter sich und ein Katzenjammer ist zurückgeblieben. Er hat sein Testament benutzt, um noch aus dem Grabe heraus unschuldigen Leuten, z. Th. Collegen gegen die er immer ganz katzenfreundlich gewesen ist, die größten Sottisen an den Kopf zu werfen. Ein ganzes Volumen voll Unflath hat er hinterlassen, mit dem Auftrag, daß die Testamentserben oder die Wittwe es veröffentlichen sollen. Die Göttinger quälen sich bis jetzt vergeblich der Wittwe klar zu machen, daß es keine Impietät sei diese Niederträchtigkeiten zu verbrennen. Übrigens scheint das Testament für ungültig erklärt werden zu müssen. – Anderweitiger literar. Nachlaß ist kaum vorhanden; insbesondere nicht zur Septuaginta. Ich habe es nie anders geglaubt als daß die ganze LXX ed Lagarde ein großer Schwindel sei. Er konnte ja nichts Großes und Ganzes machen, er konnte auch nicht bei der Stange bleiben und namentlich nichts arbeiten, was er nicht gleich am folgenden Tage drucken lassen konnte.

Viele Grüße, auch an Ihre Frau

M 25. 4. 92   Ihr Wellhausen

398. An Eduard Sachau

Werther Herr College
Haben Sie ein Urtheil über Dr. Winkler[1], Schwarzlose[2], M. Hartmann[3]? und sind Sie geneigt, es abzugeben und zu begründen? Ich selbst bin wenig *au fait* und kann in der Eile mich nicht genügend informieren[4].
 Ihrem Wohlwollen sich empfehlend
hochachtungsvoll
Ihr ergebener

Marburg 2. 5. 92   Wellhausen

399. An Friedrich Althoff

Euer Hochwohlgeboren
haben mich durch die Festsetzung meines Gehaltes auf 7200 Mark überrascht; ich verdiene es nicht, da ich so wenig als Dozent leisten kann. Indessen bin ich doch sehr erfreut darüber.
 Ich hoffe, daß außer Jensen auch Zimmer mit auf den Vorschlag[1] kommt. In Bezug auf Fraenkel meint sein Freund Wissowa, es sei eine Grausamkeit, ihn aus seinem Kreise in Breslau herauszureißen. Er sei überaus scheu und dazu körperlich gebrechlich.
 In aufrichtiger Dankbarkeit
Euer Hochwohlgeboren
gehorsamst ergebener

Marburg 3. Mai 1892   Wellhausen

400. An Albert Socin

Lieber Socin
Ich habe mich ebenso geärgert wie Sie und habe meinen Gefühlen gegen Hr. Haupt Luft gemacht. Ich habe zudem die ganze Geschichte fertig und im Reinen, nun soll ich wieder umkatern.
 Ich werde wahrscheinlich meine Noten zunächst auf eigene Hand drucken. Die Übersetzung werde ich wohl Hrn Haupt geben, und ihm überlassen aus meinen gedruckten Noten sich zurecht zu suchen was ihm paßt. An der Herstellung des hebr. Textes mich zu betheiligen habe ich abgelehnt[1]. Das wird ein schöner Text werden, den die Hh Cornill und Budde zurecht machen.

Wir sind bei der Arbeit Vorschläge für meinen Nachfolger zu machen. Goldziher läßt sich nicht übergehen, aber berufen wird er gewiß nicht. Am meisten Aussichten in Berlin scheint Jensen zu haben.

Ich gehe sehr ungern nach Göttingen, aber ich mochte mich doch nicht mit Hand und Fuß dagegen sträuben. Lieber als Tübingen ist es mir immerhin; es ist ja auch kein Weizsäcker da. Meine Hauptlockspeise ist Wilamowitz, er wird aber vielleicht nicht immer dort bleiben.

Viele Grüße!

Marb. 10.5.92

Ihr ergebener
Wellhausen

401. An William Robertson Smith

Mein lieber W R S

Ich hätte Ihnen längst gedankt, wenn ich, noch dazu bei einer wahnsinnigen Hitze, nicht alle Hände voll mit dringenden Geschäften zu thun gehabt hätte. In Folge dessen bin ich noch immer nicht dazu gekommen, die zweite Ausgabe des Old Test.[1] ordentlich zu lesen. Nur Weniges habe ich durchflogen. Ich bin sehr verwundert, aus Ihrem Buche[2] zu ersehen, dass ich meine alte Meinung über 1 Sam. 17 geändert habe; aber es scheint so zu sein. Verwundert bin ich auch darüber, dass Sie sich sträuben für Buch 1–3 makkab. Psalmen zuzugeben[3]. Die allgemeinen Gründe über Möglichkeit und Unmöglichkeit besagen doch schliesslich nicht sehr viel; die Einzelbetrachtung entscheidet. Ich habe mich von Paul Haupt für die Psalmen einfangen lassen, und mein Manuscript grade jetzt fertig gestellt und ihm zugeschickt[4]. Es wäre besser, ich hätte es *seorsim* herausgegeben; die Gesellschaft, in die ich komme, ist gemischt. Aber ich musste Wort halten. Der Grund, warum ich mein Wort gegeben habe, war, dass ich einen Zwang haben wollte, mein altes Heft über die Psalmen umzuarbeiten und zu ediren. Ebenso bin ich dabei, mein altes Heft über die Kleinen Propheten umzuarbeiten und zu ediren[5]. Das wird aber besonders erscheinen. Ich fand es schade, die Hefte wegzuwerfen, und wollte sie andrerseits auch nicht gern aufbewahren, damit sie nicht nach meinem Tode von Anderen herausgegeben würden.

Ich gehe nun doch nach Göttingen, nicht sehr gerne, aber aus moralischen Gründen, aus einer Art Pietät, natürlich nicht gegen Lagarde, sondern gegen das alte Göttingen. Eigentlich hätte Nöldeke hingehen müssen, und es ist nicht recht, dass er es nicht gethan hat. Als meine Nachfolger sind hier vorgeschlagen 1) G. Hoffmann – der kommt natürlich nicht 2) K. Vollers in Kairo 3) P. Jensen, letzterer auf Nöldekes dringende Empfehlung. Wir werden wohl P. Jensen bekommen, zunächst als Extraordinarius.

Friedrich Althoff

Die Amerikaner sind schreckliche Leute, nicht genug dass sie mir das Haus einlaufen, sondern sie verlangen auch Beiträge für alle möglichen Zeitschriften, wünschen meine Photographie zu haben etc etc. Paul Haupt ist der richtige Yankee, ist auch Quäker geworden und versteht das Geschäft. Er entrepenirt einen internationalen Orientalistencongress für nächstes Jahr[6], wie Sie wohl wissen werden. Fällt denn der Oxforder Congress ins Wasser? ich würde es nicht beklagen. Denn es hat dem [sic] Anschein, als wenn diese Einrichtung unrettbar dem Schwindel verfallen wäre – wie alles Internationale.

Lassen Sie mich bald einmal etwas davon hören wie es Ihnen geht. Ich hoffe und wünsche das Beste

Marburg 31. 5. 92

In alter Treue
Ihr Wellhausen

402. An Friedrich Althoff

Euer Hochwohlgeboren
beehre ich mich zu antworten, daß nach Justi's und meiner ursprünglichen Absicht Zimmern neben Jensen vorgeschlagen werden sollte. Erst auf Wunsch der Fakultät ist Hoffmann auf den Ansatz gebracht und Zimmern weggelassen worden. Jensen ist vorgezogen auf dringende Empfehlung Nöldekes. Nach Anderer Meinung ist freilich Zimmern durchaus nicht schlechter. Er hat nicht so viel publicirt, namentlich nichts, woraus auch Nicht-Assyriologen sich ein Urtheil bilden könnten. Professor A. Müller in Halle kennt von ihm eine größere grammatische Arbeit[1] und lobt sie sehr. Sie liegt aber nur handschriftlich vor und wird erst in Jahresfrist gedruckt sein; bis dahin müßte man sich auf Müllers Lob verlassen. Ich glaube, man darf das dreist thun; denn Müller ist auf diesem Gebiete durchaus competent. – Sowohl Zimmern als auch Jensen haben mit der Theologie angefangen; Zimmern ist aber erst später zur Assyriologie und semitischen Philologie übergegangen als Jensen.

In vorzüglicher Hochachtung

Marburg 14 Juni 1892

Euer Hochwohlgeboren
gehorsamst ergebener
Wellhausen

403. An Eberhard Nestle

Hochgeehrter Herr College
Vielen Dank für die Correctur; ich habe sie *ad notam* genommen.
Hochachtungsvoll
Ihr ergebener

Marb. 25. 6. 92
Wellhausen

404. An Ernst Reimer

Verehrter Herr Reimer
Der Bleek ist, mit Ausnahme der neu bearbeiteten Partie, völlig veraltet; man bekommt daraus keine Vorstellung von dem gegenwärtigen Stande der Forschung. Er müßte ganz neu geschrieben werden. Ich habe dazu aber keine Lust und keine Zeit. Allenfalls könnte ich Ihnen einen für die Aufgabe geeigneten jüngeren Gelehrten empfehlen.

Aber wahrscheinlich sind Sie durch die Bleekschen Erben einigermaßen gebunden oder ziehen es aus anderen Gründen vor, das Buch noch einmal so wie es ist zu ediren. Ich habe natürlich keine moral. Bedenken dagegen, einen abermaligen bloßen Abdruck zu revidiren. Andererseits wäre ich auch durchaus damit einverstanden, wenn die Revision einem Anderen übertragen würde. Ich bitte Sie zu entscheiden[1].

Demnächst möchte ich ein 5. Heft der Skizzen erscheinen lassen: eine Übersetzung und kurze Erklärung der Kleinen Propheten[2], etwa 15 Bogen stark. (NB die Übersetzung separat und die Erklärung separat; nicht die Erklärung in Fußnoten unter der Übersetzung. Beides mit den selben Lettern.) Der Druck könnte, meinetwegen, etwa in 14 Tagen beginnen. Es wäre mir sehr erwünscht, wenn er bereits vor meiner Übersiedlung nach Göttingen beendet wäre. Doch wird das vielleicht nicht gehen; dann schadet es auch nichts.

Mit herzlichem Gruße

Ehrerbietig
der Ihrige

Marburg 3. Juli 1892
Wellhausen

405. An Ferdinand Justi

[Marburg, 27.7.1892]

21° R[1] im Schatten, Hitzeferien[2]!

و019لهوسن[3]

406. An Ferdinand Justi

[Marburg, 2.8.1892]

Um es nicht zu vergessen, schreib ich Ihnen eine Frage auf, nemlich nach אמרכלא = Schatzbeamter, Rechnungsführer (bei den Juden). Man bringt es mit einem armen. Worte *hamarakar* zusammen; von den Armeniern haben aber die Juden sicher solche Amtsnamen nicht entlehnt, sondern von den Babyloniern und den Persern (z. b. גזברא, דתהרא u viele andere). Ist etwa das armen. Wort auch bei den Persern gebräuchlich gewesen? Das *kar* könnte ja schon persisch sein; wie ist es mit *hamara*?

407. An Edward Schröder

Lieber Herr College

Es thut mir leid, daß Sie mein Haus[1] nicht brauchen können; ich hätte Sie sehr gern darin gehabt. Indessen gewundert habe ich mich nicht; es ist nicht Ihnen, sondern uns auf den Leib geschnitten. Vielleicht ist es mir vergönnt, noch einmal selber wieder hinein zu ziehen.

Mit fr. Gruß

M. 11. 8. 92

Ihr ergebener
Wellhausen

408. An Ferdinand Justi

Marburg[1] 21. 9. '92

Zu erzählen ist zwar nicht viel, aber ich empfinde das Bedürfnis Ihnen und Ihrer Frau zu sagen, wie wir uns gefreut haben zu merken daß Sie uns gern haben, und wie dankbar wir Ihnen dafür sind.

Die Hauptzimmer sind in Ordnung[2]. Sie lassen wenig zu wünschen übrig, nur sind sie meistens zu dunkel, durch den Schatten der Bäume im Garten. Man hat hier ebenso viel Überfluß an großen alten Bäumen wie in Marburg Mangel daran. Webers holzen schon ab, wir dürfen nicht. In den Nebenräumen hapert es noch an allen Ecken und Enden; der Heerd brennt nicht u. s. w. Ab und zu herrscht Verzweiflung, verstärkt durch Zahnweh. Doch ist sie im Ganzen wohlgemuth, ich meine die Frau.

Opera supererogata thun wir noch nicht. Bis 15 Okt. existiren wir *incognito*; mit Besuchen lassen wir es sachte angehn. Die schöne Gelegenheit, bei Jherings Begräbnis[3] mich den Collegen und dem Minister Bosse vorstellen zu lassen, habe ich versäumen zu dürfen geglaubt. Bekanntschaften werde ich früh genug machen, ich bin hier auf niemand neugierig. Meine alten Freunde sind sehr gütig und hilfsbereit, und sie genügen uns. Unseren Vorsatz uns von der Welt unbefleckt zu halten hoffen wir durchführen zu können.

In die „Gegend" sind wir noch nicht gekommen. Die Stadt ist freundlich und recht lebhaft, die nächste Umgebung hat sehr gewonnen seit 20 Jahren. Die Wege sind für meine Frau bequemer als in M., wenngleich die Entfernungen nicht mehr alle so gering sind wie ehedem. Die Leute wohnen bis zum Rohns hinauf. Webers wohnen mindestens eine Viertelstunde von uns, in einem höchst opulenten Hause. Unser Quartier ist nicht *fashionable*, aber es gefällt uns. Vom Bahnhof haben Sie und Ihre Frau nur eine Minute zu gehn.

Viel Unruhe und Lärm um nichts – das ist das Ergebnis der Veränderung. Höchstens das ist ein Gewinn, daß ich hier nicht mehr wie in Marburg zu den alten Leuten gehöre. Hier bin ich ein Fant und stehe unten an auf der Liste.

Mich wundert, daß ich so viel zu schwätzen habe. Jetzt ist es aber auch alle. Herzlichsten Gruß an Sie und Ihre Frau!

Ihr treu ergebener
Wellhausen

Ich hoffe für Friedrich das Beste; grüßen Sie auch Karl und Lux.

409. AN WILLIAM ROBERTSON SMITH

Göttg. 6 Okt. 1892

Lieber Smith

Ich habe nachgrade immer Angst, wenn ich einen Brief von Ihnen öffne; zugleich schäme ich mich all meiner kleinen Leiden, wenn ich die Geduld sehe, mit der Sie so Schweres tragen[1]. Ich wollte, Sie liessen sich nicht operiren. Die Ärzte sind jetzt so sehr bei der Hand mit dem Schneiden, ich mistraue ihren Eingriffen. Aber ich kenne ja die *merita causae* nicht und habe so wie so kein Urtheil; Sie werden die Sache reiflich bedacht haben, und die englischen Ärzte sind vielleicht vorsichtiger und humaner als die deutschen.

Ich habe Klein verfehlt und ihn bisher nicht gesehen. Er ist jetzt neben Wilamowitz der Löwe von Göttingen. Wir sind seit 14 Tagen hier, indessen fühlen wir uns noch recht fremd. „Aufrichtig, möchte schon wieder fort."[2] Ich habe es nie glauben wollen, aber es scheint wirklich wahr zu sein: es liegt ein Hauch von Langeweile über der hiesigen akademischen Gesellschaft. Keiner will sich blamiren – das ist Alles. In Marburg kamen uns alle Leute unbefangen entgegen und zeigten sich wie sie waren. Hier wird man Jahre gebrauchen, ehe man ihre Geheimnisse ergründet, oder merkt, dass sie keine haben.

Meine kl. Propheten[3] sind auf ein altes Heft basirt; zur Erinnerung für mich selber wollte ich diesen Ursprung nicht ganz verwischen. Was שרט Zach 12,3 bedeutet, habe ich jetzt durch Wilamowitz von Dörpfeld erfahren: auf vielen grossen Steinblöcken finden sich noch heute Einschnitte, die als Handhaben zum Heben dienten. Man wird also statt des Nifal wohl das Qal zu vocalisiren haben[4]. In der Note zu der Stelle habe ich bei כוה den ATlichen Sprachgebrauch übersehen – was mir schon aufgemutzt werden wird. Blössen werde ich mir überhaupt genug gegeben haben – wie gewöhnlich.

Smend ist mir eine wahre Erquickung, so ein gesunder munterer Bursche ist er. Er ist jetzt aber nicht viel zu haben, er schiesst den ganzen Tag Hasen und Rebhühner. Wilamowitz ist sehr in Anspruch genommen; mit der Zeit wird das schon besser werden. Er interessiert sich für Alles.

Ich wollte, ich bekäme bald eine gute Nachricht von Ihnen.

Sursum corda! הוא יעשה[5]

In Treue
der Ihrige
Wellhausen

410. An Ferdinand Justi

26.10.92

Vielen Dank für Ihre Briefe, wir nehmen aufrichtig Theil an der Freude über die Rückkehr des Kämpfers gegen den Tod. Ich schreibe Ihnen diesen Zettel, weil ich sehe, daß Aghani X 40,17 der Reim die Aussprache *Dochtnûs* (nicht *nûsch*) fordert – was sehr sonderbar ist.

Das einzige Schöne hier ist bis jetzt die Landschaft; sie ist im Herbst entzükkend; der Meißner lag heute im Schnee. Ich habe eine Menge ABCschüler im Arab u Syr, leider meist keine Theologen, so daß sie gar nicht einmal ein bißchen hebr. Vorbildung haben. Bei meinem ersten Debut war die halbe Universität zusammengelaufen; das scheint hier so Sitte. Die Inscriptionen sind sehr schwach, wir nähern uns immer mehr dem Nullpunkt. Wenns so weit ist, verzehre ich meine Pension in Marburg, Südseite.

Viele Grüße von Ihrem

W.

411. An William Robertson Smith

Göttingen 6 Nov 92

Lieber Smith

Vielen Dank für Ihre Karte; ich sehe dass Sie den Kopf oben behalten. Ich hoffe, dass der Erfolg Ihren Erwartungen entspricht, die freilich nicht hoch hinaus gehen werden, wenn, wie Sie schreiben, der eigentlich[e] Sitz des Leidens vom Operateur nicht erreicht ist.

Ich fühle mich noch nicht grade wohl in Göttingen. Es hatten sich ziemlich viel zu Arabisch und Syrisch gemeldet, aber sobald ich einige, wenngleich minimale, Anforderungen stellte, schwand der Haufe zusammen, und es blieben nur zwei. Ausserdem liest der Dr Rahlfs mit mir zusammen Arabisch; er hat guten Verstand und ist peinlich genau – ob er auch Ideen in seinem Kopfe hat, weiss ich nicht; er kommt mir etwas dürr vor. In einem zweistündigen Colleg über Jüdische Geschichte habe ich ziemlich viele Zuhörer. Sie beklagen sich aber, dass ich nicht diktire; das scheinen sie hier gewohnt zu sein. Klein habe ich ein paar mal gesehen; er ist sehr mittheilsam und hat große Projecte im Sinn, er will die Societät der Wissenschaften reformiren. So einen alten rostigen Kessel soll man lieber ungeflickt lassen. Wozu brauchen wir noch solche allgemeinwissenschaftliche Akademien! Am liebsten verkehre ich mit Wilamowitz, jetzt noch viel lieber als früher. Auch Smend sehe ich häufig, er ist rührend anhänglich, aber er widerspricht mir nie – das liebe ich nicht. Bei Frau Lagarde haben wir einen Besuch gemacht, sie aber nicht getroffen. Hernach hat jedoch meine Frau sie gesehen. Sie soll dahinter gekommen sein, dass ihr Mann mit der Wahrheit und Aufrichtigkeit mehr coquettirt hat, als davon durchdrungen gewesen ist.

Hat Wright eine Abschrift des Syrischen Eusebius in Petersburg? ist Aussicht, dass sie in England edirt wird? oder wäre sie etwa für uns zu haben? Es ist hier nemlich eine Ausgabe des griech. Eusebius im Werke[1]; vorher müsste aber der syrische edirt sein. Dr. Rahlfs wäre wohl geeignet, die syrische Ausgabe zu besorgen. Bitte, beeilen Sie sich aber ja nicht, diese Fragen zu beantworten; es hat Zeit, bis Sie wieder besser sind.

Von Klein habe ich Grüsse zu bestellen, die schon etwas abgelagert sind. Mein Marburger Nachfolger[2] scheint höchst rührig zu sein; aber ich wollte lieber, daß Vollers dort säße. Hoffentlich kommt er jetzt nach Tübingen oder nach Halle. Er ist in Berlin etwas *bête noire*, wegen einer Jugendeselei.

Die Abnahme der Studenten in Göttingen macht Fortschritte, in diesem Semester sind es weniger als 700, während in Marburg 900 sind, in Halle 1600. Nur Philologen und Mathematiker halten sich.

Gute Besserung, Gott behüte Sie.

Ihr Wellhausen

412. An Ferdinand Justi

Weiß man etwas über den Anfang des pers. Jahres in alter Zeit? Nehemia (1,1. 2,1) hört im *Kislev* (Dezember) des 20. Jahres des Artaxerxes I betrübende Nachrichten über Jerus. und reist im *Nisan* (April) auch noch des 20. Jahres selber hin; Dezemb. u. April fallen also jedenfalls in das nemliche Jahr (20. des Artax.). Die modernen Historiker rechnen *tout simplement* (*dood eenvoudig*) das 20 Jahr des Artax = 445; das mag ja auch für gewöhnlich ganz praktisch sein, aber richtig ist es nicht; und ich möchte gern wissen, wo der Einschnitt, die Epoche des persischen Jahres ist.

Mit schönem Gruß an Sie Alle

Gott. 13. 11. 92   Ihr W.

413. An die Gesellschaft der Wissenschaften zu Göttingen

Euer Hochwohlgeboren

drücke ich meine Dankbarkeit gegen die Königliche Societät aus, daß sie mich der Aufnahme in ihre Mitte gewürdigt hat[1]. Es ist mir keine geringe Ehre, der Nachfolger des Nachfolgers Ewalds zu sein. An Können und Wissen darf ich mich zwar nicht entfernt ihm vergleichen, aber der Funke von ihm, der einst in mir gezündet hat, ist hoffentlich auch jetzt noch nicht erloschen.

                                            Euer Hochwohlgeboren

                                            ehrerbietig ergebener

Göttingen 29 Nov. 1892   Wellhausen.

414. An Ferdinand Justi

Der berühmte Musicus Ibrahim al Mauçuli[1] hatte eine Frau, die hieß دو شار „das bedeutet *zwei Löwen*" (= دو شير vgl سيبخت) Aghani V 3,28.31.53,31. Frauenname شاهك 3,29.53,31 ist wohl nichts werth.

Ich schäme mich sehr darüber, daß ich Sie durch meine Anfrage zu mühsamem Nachforschen veranlaßt habe; ich hatte geglaubt, die Sache läge einfach. – فهليذ Sänger des Kisra Agh. V 58,7.64,8.

Wir hören allerhand Klagen über unsere Diadochen in Marburg; wir = Weber und ich[2]. Meiner scheint das Maul nicht recht halten zu können, aber ein eifriger und tüchtiger Mensch ist er. Wenn er weg geht, so denken Sie an mich.

Viele Grüße an Ihr Haus, auch von meiner Frau

G. 8. 12. 92   Ihr W.

415. An Wilhelm Herrmann

Ich hatte vor längerer Zeit aus Ph. Schaffs theol. Thierkreise gesehen, daß Ihr Geburtst. im Dez. ist[1], u mir vorgenommen Ihnen dann zu schreiben. Eben werde ich nun gewahr, daß der Termin verstrichen ist. Denn helpt dat nich, gratuliren thu ich doch.

Ich vermisse Ihren Verkehr; die hies. Theologen sind höchst uninteressante Waschlappen. Smend ist das zwar nicht; er ist eine treue Seele. Aber er widerspricht mir nie und dann schwelgt er in moralischer Ekstase über unbedeutende Dinge: beides liebe ich gar nicht. Mit Wilamowitz verkehre ich wenig, wir sind uns doch etwas fremd geworden. Die Collegen gefallen mir im Allg. gar nicht schlecht; der Senat macht einen entschieden günstigeren Eindruck als in Marburg. Aber weder sie noch ich empfinden das Bedürfnis, das Herz gegen einand auszuschütten. Je älter man wird, desto schwerer schließt man sich an.

Mit den Studenten bin ich sehr zufrieden. Wenn ich die gewöhnl ATl. Collegia läse, würde ich, glaube ich, große Erfolge haben. Aber ich *darf* es nicht thun; jedenfalls *will* ich es nicht thun. Meine Vorlesung über Jüd. Geschichte ist sehr gut besucht, belegt haben etwa dreißig, ebenso viel hospitiren regelmäßig.

Smend hat seine Bibl. Theol.[2] glücklich fertig und läßt jetzt drucken; ich glaube, es wird ein recht ordentliches Buch. Ich bekomme die Correcturbogen zu lesen.

Viele Grüße an Ihre Frau und Ihre Schwiegereltern[3]

In aufrichtiger Ergebenh.

8. 12. 92.   Ihr Wellhausen

416. An Ferdinand Justi

In der Jaqutstelle (IV 839) ist mir der Ausdruck مَأخذ, in dieser technischen Bedeutung, nicht geläufig. Ich bin indessen ziemlich fest der Meinung, daß es nur heißen kann: er nimmt seinen *Anfang* vom Nahr Isa, er *nimmt sein Wasser* aus dem Nahr Isa. Stimmt das?

Im Arab heißt نزر = spärlich, nur hie und da, vorkommen; sporadisch, wenig sein. Mit „schwach, zierlich" läßt sich diese Bedeutung kaum vereinigen. Daran daß نزر echt arabisch ist, läßt sich nicht im geringsten zweifeln.

Wenn ich die mir aufstoßenden pers. Namen nicht sofort auf eine Postkarte schreibe und Ihnen schicke[1], so verkommen sie; ich verstehe leider gar nicht recht zu sammeln. Darum nehmen Sie diese Manier nicht übel.

Viele herzl. Grüße, auch an das Ingesind!

Gött. 11. 12. 92   Ihr W.

417. AN WILHELM HERRMANN

Vielen Dank; ich habe mich sehr über Ihren Brief gefreut und gedenke ihn bald zu erwidern. Vorläufig nur die fürwitzige Frage: warum *worum*? Etwa auch: es handelt sich *dorum*? Vielleicht zusammengesetzt aus: wo-rum? Vielmehr: wâr-um, dâr-um. Wâr = wo, im Mittelhochd, Niederl., Englisch (*where*) etc. Consequent also müßten Sie schreiben: *wo-um* handelt es sich?

J Schmidt hat mir auch einen Brief geschrieben. Er macht sich stark, aber er kann nicht. Es ist herzzerreißend. Ich habe ihm geantwortet, so gut ich konnte.

Mit herzl. Gruß

Ihr dankbarer

Gött. 26. 1. 92[1] W.

Die Photographien haben Sie vergessen einzulegen.

418. AN WILHELM MEYER

[Göttingen, 5.2.1893]

Jonitus, Jonicus[1], Jericho steht ferner bei Fabric. C. Ps. V. T. I 276[2] (bloß Hinweisung auf Methodius), dann in der undatirbaren syr. Causa Causarum[3] 32,11.198,18 als das Haupt der alten Weisen des Hauses Nimrod. Bei Bezold, Schatzhöhle[4] p 78 n. 115 ist verwiesen auf Tabari I 220 c: die arab. Lesart führt auf Jonâtan. Aber das ist nicht das bekannte Jonathan, denn das wird mit Tau, Jonâtan aber mit Tet geschrieben. â ist sehr oft ê; Jonâtan = Jonêton. Tabari schreibt gegen 900 A D; seine Quelle ist hier Muhammad alKalbi, etwa 700 A. D – wohl älter als Revelationes Methodii.

419. AN WILLIAM ROBERTSON SMITH

Gött. 10. 2. 93

Lieber W R S!

Ich freue mich, dass Sie trotz Allem guten Muth haben, wenn auch noch nicht Alles in Ordnung ist. Aber es leuchtet mir nicht sehr ein, dass Sie immer wieder von den Ärzten verschickt werden. Die Naturen sind freilich verschieden; ich erhole mich immer nur zu Hause.

Wir haben hier einen theologischen Sturm im Glase Wasser, über Adolf Harnack und Christoph Schrempf, und über das Credo apostolicum[1]. Natürlich sind die Gegensätze durchaus nicht rein und deutlich, beide Parteien verclausuliren sich und praecaviren. Mich dauern dabei die Setzer – und die armen theologischen Studenten, das Volk in der Wüste, das keinen Hirten hat. Es wird ihnen als Aufgabe ihres 3jährigen Studiums hingestellt, sie müssten sich einen Standpunct bilden. Als ob man sich eine practische Lebensüberzeugung erstudiren könnte! als ob sie einem vom Professor der Dogmatik fix und fertig eingepflanzt werden könnte! und dann sagt der Professor des Alten Test. oder der Kirchengeschichte ganz was anders und verrückt den Füchsen den Kopf durch die schwierigsten, complicirtesten kritischen Probleme, deren Lösung sie von ihm auf Treu und Glauben annehmen. Dies ganze theol. Studium ist abscheulich; man kann nicht das Studium richten auf die Bildung einer religiösen Überzeugung. Studiren kann man nur sehr einfache Dinge, Griechisch, Mathematik und dgl. Das andere muss wachsen, kann nicht forcirt werden. Durch diese Ignoranz darüber, was eigentlich Studiren ist, geht den Theologen die ganze Universitätszeit verloren. Es wäre am besten, sie studirten alle Philologie, würden Lehrer oder sonst was, und wenn sie 50 Jahr alt wären und Lust hätten, Pastoren. Statt dessen disputiren die armen Menschen sich die Zungen lahm über die Geltung des Apostolicums, über die Gottheit Christi, über das Wesen der Religion, und Ähnliches. Und den Anfang machen sie mit der ältesten Kirchengeschichte, Gnosis, Athanasius etc. Einer sagt das in der alten Kirche, der andere sagt das – alles ein zuchtloser unfruchtbarer Wirrwarr: und das wird zunächst in die jungen Köpfe hineingetrichtert. Wenn sie damit anfangen, so lernen sie natürlich im Leben nichts.

Gott bessere es! Ihre Mittheilungen über al Râgib und Ihre Correctur zu Reste 191 acceptire ich mit Dank[2]. Ich bin damit beschäftigt, einige Beobachtungen zusammenzustellen, zu denen ich durch Ihr *Kinship*[3] angeregt bin; ich komme aber nur langsam vorwärts – zum theil auch darum, weil mir das Schreiben schlecht von der Hand geht, wie Sie vielleicht auch aus diesen Buchstaben erkennen. Mit Göttingen söhne ich mich mehr und mehr aus; rechtes Leben ist freilich nicht da. Dass für Lagarde viel Geld zusammenkommt, glaubt auch hier niemand. Seine Bibliothek ist nach New York verkauft, für 30,000 Mark. – Die Bücher in der *Rainbow-bible* erscheinen *einzeln*, so auch die Psalmen[4]. Ein Neudruck meiner תרעסר[5] ist im Werke; die 1. Auflage war sehr klein.

Viele herzl. Grüsse und Wünsche!

Ihr Wellhausen

420. An William Robertson Smith

[Göttingen, 23.2.1893]

Vielen Dank! Ich habe mir auch einige Stellen gemerkt, aus denen ich indes nicht klar geworden bin. Doughty II 223. 462[1] braucht es für: *gutes* Land. Es kommt auch ارض سوداء vor, Hudhail. 80.[2]

Panamu³ ist ja nun zum Teil heraus und bereitet manche Überraschungen – namentlich aram שׁ = arab ث. Mir scheint indess Sachau in seiner genetischen Erklärung nicht glücklich zu sein. Er hat auch nicht beachtet, dass ד (= ذ) schon in X-idri für הדדעזר vorkommt. Mit עדריאל ist allerdings nicht viel zu machen, da der Mann kein Aramäer zu sein scheint, und wenn er es wäre, die Hebräer sich wohl nicht genirt hätten, ihn עזריאל zu nennen.

Viele Grüsse!

421. An Wilhelm Herrmann

Lieber Herr College

Ich gratulire Ihnen herzlich zu dem kleinen Zuwachs[1] und wünsche der Mutter und dem Kinde gutes Befinden und fröhliches Gedeihen. Für Ihr ausgezeichnetes Bild bin ich Ihnen sehr dankbar, das Ihrer Frau Gemahlin hole ich mir gelegentlich[2].

Den zweiten Theil Ihrer Broschüre[3] versteh ich, den ersten nicht recht. Die Historie soll religiös nicht gelten und doch wieder gelten, eine höchst persönliche Erfahrung soll bei redlichem Willen verallgemeinert oder sogar ganz allgemein gemacht werden können – meinem beschränkten Verstande geht das nicht ein, und dabei wird es auch wohl bleiben. In dem Punkte entspreche ich freilich Ihrer Erwartung nicht, wenn Sie meinen, Schrempf gefalle mir am Ende besser als Sie. Das thut er nicht. Recht triviale Dinge tischt der Mann als sehr individuelle Überzeugungen auf. Und dabei glaubt er, der Einzelne könne ohne Autorität und ohne Überlieferung zu irgend etwas kommen. Von selber wäre er doch gewiß nicht einmal dahin gekommen zu glauben, daß es einen Gott im Himmel gibt. Aber berechtigt ist sein Protest gegen Weizsäcker und gegen das Consistorium. Mir scheint nur, daß er anfängt auf sein Martyrium zu reisen. Das ist der Anfang vom Ende. Er sollte jetzt das Maul halten.

Über Marburg werde ich von Zeit zu Zeit orientirt. Kühl hat hier gute Freunde, Frau Weiß geb Ritschl hat meiner Frau auseinandergesetzt, was für ein schrecklicher Mensch Sie wären! Das haben Sie doch um ihren Vater nicht verdient. Kühl soll es als einen Ehrenpunkt ansehen, nur grade nach Marburg zu gehn, mang die Tiger und die Leun! Ich strenge mich vergeblich an, mich in diese Art von Ehrgefühl hineinzuversetzen. Die Historikergeschichte habe ich von Bauer vernommen, der ja deshalb nach Berlin gereist ist. Die Scene mit Lehmann und Soller kann ich mir denken; ich wollte, ich wäre dabei gewesen. Hier passirt gar nichts, was erzählenswerth wäre. Man sieht sich wenig, außer in Gesellschaften; die ich nicht mitmache. Ich habe einen Donnerstag-Bierabend ins Leben gerufen, an dem bis jetzt zuletzt jedoch nur Weber und Smend theilnehmen, vielleicht auch Pietschmann. Die Anderen gehn in kein Bierhaus; sie haben nur Zeit für das Arbeiten. Im Vergleich zu Marburg ist Göttingen ein wahres Ergastulum. Hätte ich nicht Smend, so kröche ich auf den Knien und auf Erbsen wieder nach Marburg zurück. Meine Frau mit, obgleich man materiell hier in der That viel besser aufgehoben ist als in Marburg.

Meine gelehrte Diatribe über *Worum*[4] war insofern falsch, als man in der That jetzt *worin, woran, worüber, worunter* sagt. Daß aber *Worum* sprachgebräuchlich sei, leugne ich auf das entschiedenste. Bei uns sagt man *plattdeutsch* allerdings *worum*, aber nicht bloß für Ihr *worum*, sondern auch für Ihr *warum*. Und beides ist ja in der That ganz das selbe; der Unterschied, den Sie machen, ist kein Sprachgebrauch, sondern völlig künstlich und schulmeisterlich. Sie sehen das an Darum.

Über den armen Joh. Schmidt habe ich keine Nachrichten. Wir haben ihm einen Schinken geschickt, und nachdem er den aufgegessen hatte, hat seine Frau noch einmal einen bestellt. Mir ist es peinlich die Correspondenz fortzusetzen, nachdem ich ihm auf seine von ihm selbst verfaßte Todesanzeige meine Condolenz bezeugt habe.

Smend geht durch die Presse; das Buch[5] wird immer dicker. Vierundzwanzig Bogen sind gedruckt, auf zwölf rechnet er noch. Er ist äußerst fidel, daß dies Schmerzenskind, das er so viele Jahre unterm Herzen getragen hat, nun endlich zur Welt kommt. Er will durchaus zu Fuß von hier nach Marburg gehen; ich gehe aber nicht mit, obwohl der Weg so weit ich ihn kenne hübsch genug ist, namentlich von hier bis Cassel.

Von Heinrici hatte ich vor längerer Zeit einen sehr freundlichen Brief; er scheint sich ganz schmunzelig zu fühlen: *veni vidi vici*. Hering mag ich gern, am liebsten aber Bonwetsch. Unausstehlich ist nur Schultz.

Grüßen Sie Niese und Jülicher und Ihren Schwiegervater und Rödiger und Max Lehmann!

Marb.[6] 28. 2. 93
Ihr treu ergebener
Wellhausen

422. An Ferdinand Justi

[Göttingen, 28.2.1893]

Agh VI 33,15: داذ. 125,1. XII 96,12. 106,29. XIII 79,30. 134,18 زندبرذ. X 130 زلبهزه 132,11 زرياب XII 107,14.22 جودانه (persische Sklavin). 146,18 دهمرد.

Eigenthüml Worte قاطرميز (Pokal?) und جوامرجه, جواميرات (von Fleisch), دورق ميبختج XII 167,18.19.21. Ferner VII 23,16 بلبكيذه

Haben Sie Apama Spithamensis, Frau des Seleucus?

Schatzhöhle ed. Bezold[1] deutsch p 57 heißen die heil. drei Könige Hormizd, Jezdegerd, Peroz. Das Buch soll aus dem 4. Jahrhundert sein. – In den Excerpta

Barbari (Euseb. Chr. ed. Schöne I Append. 6 p 228: Belthasar, Melichior, Gathaspar. Darüber hat Gutschmid im Rh. Mus. (*nescio quo anno*) geschrieben[2]; Gathaspar ist ein im 1 christl Jahrh in Afghanistan wirkl. vorkommender Name. Vielen Dank, es geht uns gut, nächstens mehr!

Ihr Wellhausen

423. AN CHRISTIAAN SNOUCK HURGRONJE

[Göttingen, 28.2.1893]

Vielen Dank für Ihren Brief; ich hoffe ihn demnächst zu erwidern, mache Sie aber vorläufig auf diesem abscheulichen Wege aufmerksam auf Agh. XVI 88: Chalid b. Jazid b. Muawija hat die Legende vom Sufjani in die Welt gesetzt, als Protest gegen die Herrschaft der Marwaniden, weil Marwan ihn des Chalifats beraubte und seine Mutter Umm Haschim heirathete. Also haben Sie vollkommen Recht.

Die Inschriften des Hethiterkönigs Panamu sind endlich von Sachau veröffentlicht[1]. Sachau erklärt sie für aramäisch, besonders weil Land ארק heißt und Sohn בר. Aber ذ = ז; ث = שׁ; der Emphaticus kommt nie vor, statt dessen das Imperfektum consecutiv[um] und einmal der hebräische Artikel ה: וישב על משב המלך = er setzte sich auf den Thron des Königs. Sachau versucht seinem Leder die geistreichsten Töne zu entlocken.

Ihr Wellhausen

424. AN WILLIAM ROBERTSON SMITH

[Göttingen, 3.3.1893]

Danke vielmals, jetzt ist mir die Sache klar. Indessen vgl. Thaalibis قصّة بلقيس bei Socin am Anfang[1]: فراى ارضا بيضاء حسنة تزهو بخُضرتها. Also doch wohl doppeldeutig.

Dass die Inschrift Panamus richtiges Aramäisch sei, bezweifle ich trotz Sachau[2]. Noch weit hebräischer ist die Inschrift seines Vaters, die auch mit edirt wenn auch nicht erklärt ist – die Erklärung hat sich Euting vorbehalten[3]. Darin kommt vor וַיֵּשֶׁב עַל מוֹשַׁב הַמֶּלֶךְ!

Sachau hat nicht mehr *in der Erklärung* herausgekriegt, als jeder sofort sieht. Ein Wort, was ihm dunkel ist, scheint mir klar; חורת = weisses Mehl. Die Redensart קם ב (= kostete) hat S. nicht verstanden.

Zu Ehren Lachmanns ist Prof. Robinson zum Doctor gemacht[4].

425. An Ferdinand Justi

Lieber Herr College
Es war hier die letzten Wochen ein ziemliches Getriebe. Die *societas literaria antediluviana* soll galvanisirt werden; wir hatten ewige Sitzungen, oft zwei die Woche, um neue Statuten zu berathen. Es kommt gewiß nichts dabei heraus. Was sollen diese Universalgesellschaften noch, da jetzt alles fachmäßig organisirt ist und jedermann es vorzieht, seine Arbeiten in einer Fachzeitschrift zu veröffentlichen, statt sie in den Akten gelehrter Gesellschaften zu verstecken. Radikal wie gewöhnlich hatte ich den Vorschlag gemacht, all unsere period. Schriften einfach eingehen zu lassen, jedenfalls kein Geld für sie auszugeben – um dann all unser Geld für die Unterstützung größerer wisssch. Werke, z. B. Ihres Lexikons zu verwenden. Ich bin aber gehörig hineingefallen. Wir werden vielmehr nach wie vor unser ganzes Geld und noch etwas darüber für die Abhandlungen, Nachrichten und Anzeigen verputzen. Kein Mensch liest sie zwar; aber das ist desto vornehmer. Von den Abhh. werden 30 Stück verkauft – zu einem horrenden Preise; der letzte Band (1892) zu 80 Mark; von den Anzeigen 100–140; die Nachrichten werden meist im Tauschhandel benutzt. Der Tauschhandel ist allerdings ein Punkt, der Interesse hat und einigermaßen die Herstellung unserer Societätsschriften rechtfertigt. – Ich hoffe noch immer es dahin zu bringen, daß keine Honorare für Abhh etc gezahlt werden. Dann gehen die Anzeigen sicher ein; sie kosten uns jährlich 5000 Mark; und das ist das einzige Band zwischen ihnen und der Societät, daß wir das buchhändl. Deficit bezahlen dürfen.

Ich lese noch bis Mittwoch. Die Vorlesungen haben mir viel zu schaffen gemacht, d. h. namentlich eine über jüdische Geschichte. Dafür habe ich in den letzten Wochen tapfer lesen müssen. Lieblich sind die alten Juden nicht, aber respektabel sind sie doch. Sie gehen doch ganz anders im Kampf gegen die Römer unter, als Athener und Spartaner, obwohl sie von militär Dingen absolut nichts verstehen und gar keine Disciplin kennen. Eigentlich sind sie überhaupt nicht untergegangen, sondern haben trotz Allem über die Römer triumphirt. Man mag es bedauern, aber man muß es anerkennen. Schärfer sind nationale Individualität und kosmopolit. Weltreich nie an einander gerathen.

Meine Frau fühlt sich bedrückt von der Briefschuld gegen Ihre. Sie ist wieder ziemlich elend. Sie hat sich in die Musik gestürzt und auch allerhand mitgemacht, um meine jüngste Schwägerin[1] die zum Besuch bei uns ist zu amüsiren. Nun hat sie Zahnweh und ist deprimirt. Zugleich ist unsere Magd, eine ganz ausgezeichnete Person, leider so krank geworden, daß wir sie nicht behalten können. Sie will zwar nicht weg; aber es geht nicht anders, sie muß fort, so leid es uns thut. Wenn meine Frau gesunder wäre, könnten wir es eher mit einem kranken Mädchen versuchen; aber zwei kranke Weiber ist zu viel.

Meine Citate sind alle aus der frühen Abbasidenzeit, aber keins aus einem Verse – so viel ich weiß. Ich habe sie mir nemlich nicht aufgeschrieben, sondern gleich auf die Postkarte eingetragen – daher die sonderbare Postkarte, die Sie bekommen haben[2]. – قاطر ist arabisch = *stillans*.

Recht heimisch fühle ich mich noch immer nicht. Ich mag die Hannoveraner nicht leiden, d. h. wohl die Bauern u. dgl, aber nicht die „Gebildeten" – einzelne Individuen natürlich ausgenommen und immer mit der Reserve gesprochen, die für solche vagen und ästhet. Urtheile selbstverständlich ist. Die Sprache ist ganz abschreckend, und nachdem ich 20 Jahre weg gewesen bin, fällt sie mir so auf, als hätte ich sie selber nie gesprochen. Die Professoren sind sehr fleißig hier, beinah so wie Sie, und gehen nie ins Wirtshaus. Weber und ich fangen an den Ton etwas zu verliederlichen; wir treffen uns an einem festen Tage im Rathskeller und verführen auch Andere.

Ich wollte, ich könnte mal hinüberhüpfen und mit Ihnen und Ihrer Frau Gemahlin ein Täßchen Kaffee trinken und einen kleinen Schwätz halten. Leider geht es nicht so flink; ich muß mir an sehnsüchtigen Grüßen genügen lassen.

Meine Frau stöhnt auf dem Sopha, wird aber wohl bald wieder vergnügt sein. Sie grüßt natürlich so herzlich wie es ihre schwachen Kräfte zulassen.

Bitte grüßen Sie auch Ihre junge Mannschaft.

Von ganzem Gemüthe
der Ihrige
Wlhs.

Göttingen 5. 3. 93.

426. An Ferdinand Justi

Göttingen 25 März 93

Lieber Freund

Ich habe mit Vergnügen Ihre Einleitung[1] gelesen. Über das Indogermanische habe ich natürlich kein Urtheil; an drei Stellen, wo Sie über Hebräisches reden, dissentire ich; ich habe mir erlaubt, sie anzuzeichnen. Erstens p 4 zu Gen 16,13: es heißt El Roî, nicht El Raî, und es ist kein *Name* Gottes, sondern der Sinn ist: du bist ein Gott der sich schauen läßt, denn (sagte sie) ich habe die Gottheit (אלהים statt הלם) geschaut und bin doch lebendig geblieben nach meinem Schauen. Sie thäten m. E. gut, den Passus zu streichen. Ferner p 5 muß *Juden* gesetzt werden statt *Semiten*: denn bei den Semiten *muß* der Gott, um ihn verehren zu können, einen Namen haben; nur die Dämonen, die man nicht verehren kann, haben keinen Namen. Endlich p 7 ist mir der Name Çoferet unbekannt; jedenfalls bedeutet er nicht: Gelehrsamkeit.

Im Übrigen bin ich sehr erfreut, daß Sie jetzt abschließen wollen, und gratulire Ihnen zu dem Entschluß. Stehn Sie schon in Unterhandlung wegen eines

Verlegers? Wenn ich Ihnen irgend nützlich sein könnte, würde ich es mit Freuden thun. Die *societas antediluviana Gottingensis* verpulvert leider ihr bißchen Geld mit ihren unnützen periodischen Schriften; vielleicht ließe sich aber dennoch etwas erreichen, zumal Sie ja Correspondent sind. Wilamowitz und ich arbeiten darauf hin, daß die Abhandlungen in der alten Form eingehen, und statt dessen in zwanglosen Fristen wirkliche Bücher veröffentlicht werden. Aber bei der conservativen Bornirtheit der Göttinger haben wir wenig Aussicht durchzudringen. Gott habe die Georgia Augusta selig!

Meine Frau ist wieder nervös – damit ist viel gesagt. Natürlich ampelt sie nun auf alle Weise nach Marburg; ich weiß nur nicht, wie wir wieder hinkommen sollen. Ich kann nichts dazu thun, thue wenigstens nichts dazu. Ich habe auch noch kein rechtes Urtheil über die hiesigen Menschen; daß mir die Marburger viel lieber sind, ist natürlich. Daß die Marburger Gegend hübscher ist, finde ich nicht; nur die Stadt selbst liegt unvergleichlich viel hübscher. Die weitere Umgebung gefällt mir hier sogar besser

Vielleicht entwickelt sich der rührige kleine Kerl, der Jensen, bald zu einem solchen Riesen, daß es ihm in Marburg zu enge wird. Aber die Aussicht ist schwach; und wie ich in einigen Jahren gesonnen bin, kann ich nicht wissen.

Meine Frau will Pfingsten nach Marburg, vielleicht komme ich dann auch. Ob sie bis dahin noch Briefe schreibt, الله اعلم[2]!

Viele herzliche Grüße an Ihre liebe Frau und an die Herren Söhne! auch an den alten GR Wagner, wenn Sie ihn sehen. Ich bin ihm einen Brief schuldig, leider nicht ihm allein, sondern noch anderen Leuten schockweise. Dieses Bewußtsein deprimirt so, daß ich gar nicht schreibe.

والسلام
Ihr Wellhausen

Daß der *Name* Gewalt über den Gott oder den Dämon verleiht, so daß man ihn (durch den Cultus) unschädlich machen und traktiren kann, scheint auch dem Spruche Rumpelstilzchens zu Grunde zu liegen:

o wie gut daß niemand weiß,
daß ich Rumpelstilzchen heiß!

Nomina numina und umgekehrt.

427. An Wilhelm Herrmann

Lieber Herr College

Smend hat mir von Ihrer Bedrängnis durch die Generalsuperintendenten[1] erzählt, und gesagt, Sie würden gern darüber mit mir reden. Ich bin darüber ganz gerührt; wie immer, wenn jemand bei mir Rath vermuthet, während ich der rathloseste Mensch von der Welt zu sein überzeugt bin. Doch will ich Ihnen genau sagen, was ich in solchen Fällen immer thue: rein gar nichts. Das ärgert die Hirten am meisten: Sie können Ihren Einfluß auf die Studenten nicht zerstören, und der ist groß, wie ich genau weiß. Es wird ihnen auch nicht gelingen, das erste theol Examen der Fakultät zu nehmen; die Regierung läßt das nicht zu, wenngleich sie freilich die Hand dazu bieten mag, daß die Fakultät selber ruinirt wird. Ich würde übrigens auch gegen die Regierung möglichst wenig protestiren; immer positiv; immer innerhalb des angewiesenen Wirkungskreises – das hilft am besten und da dringt man doch durch, wenn man Recht hat. Das Hundegebell hindert den Mond nicht zu leuchten; darüber ärgern sich dann die Hunde.

Smend scheint die Marburger nicht ganz so lustig gefunden [zu] haben wie sonst. Lassen Sie Sich aber doch um Gottes willen durch Naude Kühl etc[2] nicht den Humor verderben; es wäre jammerschade. Niese ist mir in seiner Stellungnahme zu Menschen und Dingen immer ein Muster gewesen; ein bißchen mehr Affect würde ihm freilich nicht schaden.

Ich betrachte mich noch immer als Marburger, weiß aber natürlich nicht, wie es in drei Jahren sein wird: so lange muß ich jedenfalls hier aushalten. Häring und Bonwetsch gefallen mir gut unter den hiesigen Theologen; die übrigen sind mir gleichgiltig oder unangenehm. Sonst verkehre ich fast nur mit Smend und Wilamowitz; die meisten anderen Collegen kenne ich nur von Ansehen.

Pfingsten hoffe ich nach Marburg zu kommen und weiter an den Rhein.

J. Schmidt hat mir neulich noch einmal geschrieben; es wird mir schwer zu antworten, so gern ich auch ihm spenden möchte was ich habe.

Viele Grüße von meiner Frau, auch an die Ihrige
In Treue
Ihr aufrichtig ergebener
G. 19. 4. 93   Wellhausen

428. An William Robertson Smith

Mein lieber Smith

Ihr Brief aus Madeira[1] hat mich erschreckt, Sie klagen zwar nicht, aber was Sie erzählen, lässt Ihre Schwäche grösser erscheinen als ich mir vorgestellt habe. Von Smend höre ich, dass Sie Sich jetzt besser befinden; Gott gebe, dass Sie Sich endlich einmal auf die Dauer erholen.

Professor Ad. Erman in Berlin schreibt, Sie könnten Abklatsche erhalten. „Nur muss WRSmith nicht wie der berühmte D. H. Müller sich wundern, dass er auf dem Abklatsche nicht sehen kann was die Herausgeber bei jahrelanger Beobachtung der Originale schliesslich doch erkannt haben; die Erhaltung besonders der Panammuinschrift ist unter jeder Beschreibung schlecht." Es wäre wohl am besten, wenn Sie selbst Ihre Adresse an Erman schrieben und ihm genau sagten, welche Abklatsche Sie zu erhalten wünschen.

Nöldeke veröffentlicht demnächst einen Artikel in der DMZ[2], um zu beweisen, dass die Sprache der Inschriften wirkliches Aramäisch sei und also insoweit Sachau Recht habe. Ich bin gespannt darauf; Nöldeke ist sich aber vollkommen sicher und meint den überzeugenden Beweis führen zu können.

Klein ist operirt an einem Bruche (*hernia*). Die Operation ist sehr gut geglückt, er hat etwa 3 Wochen in der Klinik gelegen, ist jetzt aber wieder zu Hause. Bis Pfingsten muss er noch liegen. Im Sommer hofft er nach Chicago zu gehen – ich führe ebenso gern zur Hölle. Aber trotz aller Schwäche und Nervosität muss der Felix überall dabei sein und die deutsche Mathematik repräsentiren.

Ich habe für die hiesige Societät einen Aufsatz über die Ehe bei den Arabern eingereicht[3], in dem ich sehr wenig Neues und noch weniger Wichtiges sage, nur einige Nachträge bringe. Sobald der Aufsatz gedruckt ist, geht er Ihnen natürlich zu.

Göttingen ist hoch darüber, dass die Studentenzahl wieder etwas steigt. Sie war in ziemlich kurzer Zeit von 1200 auf 700 herabgegangen. Man hofft jetzt auf etwa 800. Das Verdienst schreibe ich mir zu. Ich habe vier arabische Füchse, ein stolzes Gespann, lauter Hildesheimer. Es ist merkwürdig wie hier die Schulen zusammenhalten. Übrigens wird Göttingen von den Hannoveranern etwas gemieden, drei Viertel der Hanoveraner studiren anderswo – ganz anders wie die Sachsen und die Schwaben oder Baiern.

Die 2. Ausgabe meiner kleinen Propheten ist erschienen, mit geringen Veränderungen[4]. Ich schicke Ihnen ein Exemplar für Ihren Freund Black, der mir neulich *The Book of Judges*[5] geschickt hat; wenn Sie auch eins haben wollen, so schreiben Sie es mir.

Gott gebe Ih[n]en gute Besserung
Gött 4 Mai 1893   Ihr Wellhausen

429. An Ferdinand Justi

Gött. 18.5.93

Lieber und verehrter Freund
Mir hätte etwas gefehlt, wenn Sie und Ihre Frau mir keinen Brief[1] geschrieben hätten. Und noch dazu einen so herzlichen. Ich verdiene zwar die Güte nicht, denn ich bin ein Flegel. Als ich Ihren letzten Brief beantwortet und die Antwort abgeschickt hatte[2], merkte ich hinterher zu meinem Schrecken, daß ich den Inhalt desselben in der Geschwindigkeit halb vergessen hatte. Sie sind entschlossen, an die Berliner Akademie sich zu wenden, und ich redete von anderen

Möglichkeiten. Sollte übrigens die Berliner Akademie sich irgend schwierig zeigen, so würde die Göttinger Societät sich sehr geschmeichelt fühlen, von dem Minister Geld für die Publication zu erbitten. Über eigenes Geld hat sie nemlich nicht zu verfügen, das ist die Ursache ihrer Ohnmacht und Bedeutungslosigkeit.

Es ist hier neulich in einer alten Kiste die lange gesuchte und bisher nie gedruckte *Praevia de cuneatis inscriptionibus commentatio* Grotefends gefunden worden. Sie wird demnächst in den Nachrichten oder in den Abhandlungen gedruckt werden. Wenigstens werde ich das beantragen; denn der Ausgangspunkt der ganzen Keilschriftforschung muß doch für die Nachwelt conserviert werden, nachdem er nicht bloß 9, sondern 90 Jahre abgelagert ist[3].

Wir hatten die Absicht Pfingsten nach M. zu kommen. Aber Rosa Erlanger[4] kann nicht vor Anfang Juni anprobiren. Also muß meine Frau im Juni kommen und ich muß zu Hause bleiben. Pfingsten gehen wir vielleicht zwei Tage nach Hameln und in den Harz. Meine Frau ist hier mobil geworden, weil man hier nothwendig laufen muß um in die Natur zu kommen. In Marburg selbst fand sie, und mit Recht, daß es am Orte selbst viel hübscher sei als in der weiteren Umgebung. Hier ist es umgekehrt. Man kann übrigens die Bahn besser benutzen als in M., namentlich von unserem Hause aus, das nur eine Minute vom Bahnhofe entfernt ist.

Meine jüngste Schwägerin war ein Vierteljahr hier, dann noch meine Schwiegermutter. Jetzt sind sie Gottlob beide wieder weg, aber es droht uns noch ein Schwede. Vielleicht entgehen wir ihm durch eine Pfingstreise. Hol der Kukkuk die Schweden!

Daß Kühl und Naudet ganz leidliche Leute sind, hätte ich mir wohl gedacht[5]. Was soll eigentlich ein Extraord. wie Naudet, wenn er einen Ruf als Ord. nach Marburg bekommt, anders thun als ihn annehmen? Wenn er ihn ablehnt, stellt ihn der Minister in die Ecke. Bei Kühl liegt allerdings die Sache anders, der hätte auch in Breslau Ordinarius werden können; den treibt der Drang nach dem Westen. Übrigens ist mir Herrmanns Eifern gegen ihn doch nicht recht begreiflich, da so viel ich weiß Herrmann selber seiner Zeit der Marburger Fakultät ebenfalls aufgepfropft ist. Die Pfropfen wachsen manchmal ganz schön mit dem Baum zusammen und veredeln ihn sogar. Das Letztere ist freilich von Kühl nicht zu erwarten.

Seit 3 oder 4 Tagen steht es hier vorm Regen, aber es kommt nur zum Tröpfeln. Merkwürdig, wie grün und frisch doch Alles ist. Es muß doch viel gebundenes Wasser in dem harten Erdreich sein, das die Saugwurzeln zu finden wissen. Indem ich Ihnen diesen Gedanken *à la Ranke* offerire, schließe ich mit herzlichem Dank u herzlichem Gruß an Ihr gesamtes Ingesind!

In treuer Ergebenheit
Ihr Wellhausen

**430. An den Dekan der Philosophischen Fakultät
der Universität Göttingen**

Spectabilis!
Heute vor acht Tagen hat Aron Ackermann promoviert. Ich verlangte von ihm eine starke Beschneidung seiner Arbeit. Dabei hat sich herausgestellt, daß sie bereits fertig gedruckt, vielleicht gar veröffentlicht ist[1]. Er will sie nun aber neu drucken, in der Form und mit dem Titel wie ich es verlange[2].

Es scheint mir nicht, daß dann ein eigentlicher Verstoß gegen § 9 der Promotionsordnung vorliegt. Jedenfalls bin ich für milde Interpretirung, da von einem *dolus malus* nicht die Rede sein kann. Doch bitte ich den Ausschuß zu befragen und mich zu bescheiden.

                                Hochachtungsvoll
                              Ihr aufrichtig ergebener
6 Juli 1893   Wellhausen

431. An Ferdinand Justi

                                [Göttingen, 31.7.1893]
Vielen Dank für Ihren freundl. Brief. Ich habe noch 20 Exemplare der Ehe[1], brauche also nicht sparsam damit zu sein.

Sie werden ohne Zweifel den syr. Julianusroman für Ihr Lexikon[2] benutzt haben. Hoffmann hat einen vollst. Index der Eigennamen in s. Ausgabe[3]. Nöldeke (DMZ 1874 p 263 ss[4]) gibt auch die Eigennamen, vergißt aber wohl mal einen, z. b. den גודפר (ed. Hoffm. 205,21.206,8.9.)

Wir werden nächstens reisen, wissen aber noch nicht wohin. Ich bin magenleidend und werde vielleicht verschickt[5].

Herzl Grüße an Sie Alle
                                  Ihr W.

432. An Adolf Harnack

Lieber Herr College
Herzlichen Dank für Ihre reiche Gabe[1]. Sie ist mir höchst willkommen, ein solches Buch fehlte mir grade. Ich staune über Ihren Fleiß und Ihre Aufopferung, Sie haben es dem Benützer sehr bequem, Sich selber aber gar nicht bequem gemacht. Beim bloßen Herumblättern habe ich schon eine Menge mir höchst nützlich zu wissender Dinge gelernt. Aufgefallen ist mir, daß Sie Osrhoene von

Edessa getrennt haben; Osrhoe oder Orrhoe ist der einheimische Name von Edessa. Aber das ist einerlei; das Kurze und das Lange ist, daß ich mich Ihnen höchst verpflichtet fühle. Mit einem solchen Hilfsmittel in der Hand könnte ich, so es möglich wäre, fast versucht fühlen mich in der syrischen Literatur heimisch zu machen. Aber das geht mir wider den Mann; die orientalischen Christen sind mir, besonders wenn sie schreiben, gänzlich ungenießbar. Das Evangelium hat doch eine weit innerlichere Verwandtschaft mit dem Occident, als mit dem Orient. Sogar auf das Alte Testament trifft das zu.

Meiner Frau geht es gut, mir schlecht. Ich kranke am Magen; Ebstein hat mich in der Kur und läßt mich purgiren bis zur Erschöpfung. Helfen wird es wohl nicht, aber meine Frau hat ihren Willen. In vierzehn Tagen hoffe ich reisen zu können, weiß aber noch nicht recht wohin. Vielleicht nach Oberstdorf.

Ich bin noch immer nicht recht heimisch hier. Die Universität ist zwar, was Institute und Personal angeht, zweifellos gut und z. th. hervorragend ausgestattet; der Ton ist anständig und gut. Aber ich vermisse die Frische und Unbefangenheit von Marburg. Die Gegend vermisse ich nicht; die unmittelbare Umgebung ist zwar hier nicht so schön, die weitere aber entschieden schöner, ganz herrlich. Wer das leugnet, kennt sie nicht und ist ein Stubenhocker.

Die Marburger sehen trüb in die Zukunft. Nachdem sich Külz *laudabiliter subiecit*[2], sind die letzten Maßregeln der Regierung so thöricht wie möglich. Althoff scheint gar nicht zu fühlen, welche fortwährende Entrüstung er dadurch erregen muß, daß er einem so subalternen Gesellen die heimliche Regierung von Marburg anvertraut. Die wahre Bedeutung der Affaire scheint in Berlin überhaupt nicht geahnt zu werden. Nur mit dem Universitätsrichter Daute[3] ist man in Marburg durchaus zufrieden.

Max Lehmann hat sich sofort ein Haus gekauft, das des alten Jhering[4], mit einem 2 Morgen großen Garten voll schöner alter Bäume. Er muß sich in Leipzig todunglücklich gefühlt haben. Jetzt soll Max Lenz dorthin streben, doch wird wohl nichts daraus werden.

Von Herrmann hatte ich vor einiger Zeit einen Brief, über seine Polemik mit den Oberhirten[5]. Er versucht sie zu rechtfertigen, m. E. hätte er ruhig schweigen können.

Viele Grüße an Ihre Frau; ich hoffe, daß es in Ihrem Hause leidlich geht.

1. Aug. 1893.   Ihr Wellhausen

433. An Adolf Harnack

Gött. 3. 8. 93

L H C. Aus unserem Zusammentreffen wird kaum etwas werden, so sehr ich es wünschte. Der Doktor spedirt mich nach Tarasp-Schuls[1]; ich werde etwa am 10

oder 11 Aug. dorthin abreisen und gegen vier Wochen dableiben, wenn es so lange auszuhalten ist. Die Rückreise könnte ich über München machen, aber dann werden Sie sich kaum mehr in jenen Regionen aufhalten. Im Übrigen ist mir Baiern expreß verboten wegen Bairisch Bier und Leberknödl und der übrigen bairischen Kost. Herzl. Grüße an Ihre Frau
Ihr W.

434. AN WILLIAM ROBERTSON SMITH

[Göttingen, Mitte August 1893]

Mein lieber W R S

Ich danke Ihnen für Ihren langen und lehrreichen Brief[1], um so mehr je saurer es Ihnen geworden ist ihn zu schreiben. Sie haben Recht, dass die Freiheit des Weibes ihren Mann zu verlassen einen principiellen Unterschied macht zwischen der Ehe Ammians und der Baalsehe; ich glaube aber freilich, dass *si id elegerit* die Ehe Ammians auch von der متعة[2] principiell unterscheidet. Sie haben auch darin Recht, dass, weil bei den Arabern der Gegensatz von Exogamie und Endogamie von geringerer Wichtigkeit ist als der von Einheirathen des Mannes in einen fremden Stamm und Überführung der Frau in seinen Stamm, man darum doch nicht die einmal geschaffene Terminologie ändern soll. Und auch darin gebe ich Ihnen Recht, dass die Etymologie wie Wachs ist und sichere historische Schlüsse selten zu ziehen erlaubt. In dem Falle mit عم[3] hängt alles davon ab, wie alt die Bedeutung *patruus* oder *patruelis* ist. Uralt ist sie gewiss nicht, aber sehr alt. Und das genügt. Ich meine überhaupt, dass Sie zwar erwiesen haben, dass die Metrarchie das älteste ist, aber zu ignoriren scheinen, dass bereits längere Zeit vor Muhammad die Patrarchie die einzig anständige Ehe in dem grössten Theil Arabiens gewesen ist. Von der Metrarchie hat man immer nur verschwindende Spuren; sie hat sich erhalten wie eine *superstitio* auf dem Gebiet der Sitte.

Ich hatte im Mai angefangen, meine Skizze der Geschichte Israels und Judas umzuarbeiten. Anfang Juli habe ich indessen die Arbeit unterbrechen müssen, weil ich einen heftigen Darm- und Magenkatarrh bekam. Ich leide noch daran; vorläufig werde ich schauderhaft mit Purgirmitteln gequält, so dass ich ziemlich erschöpft mich fühle; hernach soll ich nach Tarasp im Engadin[4]. Helfen wirds wohl nicht, die Dyspepsie ist ziemlich chronisch bei mir. Indessen ist sie für gewöhnlich sehr gut auszuhalten und macht mir nicht viel Unbequemlichkeiten.

Felix Klein, der wahrscheinlich aus Rücksicht auf Sie immer sehr freundlich gegen mich ist, reist heute Abend ab nach Chicago[5]. Er will dort vielleicht ein Vierteljahr bleiben, wenigstens hat er bis Weihnachten Urlaub genommen. Er hat die Absicht die amerik. Mathematiker um sich zu sammeln und regelmässige Conversatorien mit ihnen zu halten. Er hat die Neigung, sich nicht auf den Druck zu beschränken, sondern einen möglichst weiten mündlichen Austausch der Gedanken zu bewerkstelligen. Er kann sogar eigentlich von nichts anderem reden als von seiner Mathematik, er lebt so ganz darin, dass er wohl auch nur Mathematik träumt. Nebenbei beschäftigt ihn auch noch die Reorganisation der Gött. Societät und die Hebung der Universität. Letztere ist freilich von einem gänzlichen [sic] unberechenbaren Factor abhängig, nemlich von den Studenten, die nun einmal Göttingen nicht mögen.

Was Sie über Ihr Befinden schreiben, ist niederschlagend. Es gibt so viele Professoren, die gesund sind und arbeiten können so viel sie wollen, aber nichts zu sagen haben. Und[6]

435. An Rudolf Smend

[Göttingen, 14.9.1893]

Bitte sag Frau Prof. G.[1], daß ich Ihre Karte in Marburg vorgefunden, ihren Besuch als sehr große Ehre empfunden und bedauert habe ihr nicht erwidern zu können. Grüß Windisch Socin Prym etc

Ich bin gestern (Mittwoch) von 2–11 Uhr mit Mommsen gefahren gelaufen etc; wenn ich den vierten Theil seiner Frische und Lebenskraft hätte, wollte ich Berge versetzen. Fährt bei 8°[2] im offenen Wagen stundenweit ohne Unterzeug und Überzieher, nachdem er sich vorher in Schweiß gelaufen hat. Er hat gar kein Fleisch, nur Geist. Dabei 75 od 76 Jahr alt. Es ist beschämend[3].

436. An Eberhard Nestle

Hochgeehrter Herr College

Sie haben ein Motiv, das mich mit bewogen hat Ihnen den neuen Abdruck meiner Paragraphen am Schluß von Bleek[1] zu übersenden, richtig gerathen. Ich habe mich geärgert über die Art, wie man mit Ihnen umgegangen ist[2]. Das ist so das richtige väterlich-pädagogische Kleinstaatregiment. Ich danke meinem Schöpfer, daß ich nicht nach Tübingen gegangen bin. Ich habe freilich auch nie daran gedacht, dorthin zu gehen.

Für Ihre gütige Übersendung der Marginalien u Mat.[3] haben Sie vielen Dank! Mancherlei Belehrung hoffe ich daraus zu schöpfen. Daß אַשְׁרֵי wie سَعْدَى Dualform, war längst auch mein Gedanke[4]. Das arab رجيم رجم für *fluchen* ist wohl abessinisch. Was verstehen Sie unter „Pünktlichkeit"[5]? Es scheint Ihr Ideal zu sein; aber die Bedeutung, in der Sie das Wort verwenden, ist offenbar nur schwäbisch. Im übrigen Deutschland gebraucht man es nur von der Zeit: Punkt elf, pünktlich um elf.

Eine Nachricht über Origenes' Verfahren mit den Eigennamen[6] gibt es nicht, wie Sie selber wissen. Anhaltspunkte für meine Behauptung dagegen gibt es hinreichende, namentlich in den histor. Büchern. Die modern jüd. Aussprache hat O. allerdings schwerlich aus mündl. Tradition geschöpft, sondern aus den neujüdischen Versionen. Sie findet sich auch nicht bloß bei O., sondern alle Hss sind davon infiziert. Nur zufällig erfährt man zuweilen, daß Αυση und nicht Ωσηε das septuagintamäßige ist. Natürlich zeigt sich eine Discrepanz der Aussprache nicht bei allen Eigennamen, sondern nur bei verhältnismäßig wenigen. Grade im Cod Al. ist die Correctur der *nn pp.*[7] am allersichtbarsten. Der Vatic. ist am wenigsten corrigirt, aber doch auch in manchen wichtigen Fällen. Das Material dafür habe ich, in d histor. Bb., besessen; jetzt kann ich es nicht mehr vorlegen. Mir ist die Sache gleichgiltiger geworden; man bedarf dazu eines gar zu großen Apparats. Auch den Josephus muß man hineinziehen, und da wird die Geschichte bunt.

Es thut mir leid, daß ich die 2. Ausgabe Ihres App.[8] nicht gekannt habe. Noch Anderes ist mir entgangen, was mir nicht hätte entgangen sein sollen. Zum Litterator bin ich leider verdorben; auch zum Corrector. Ich werde nachträglich eine Menge Druckfehler gewahr, die meine Ausgabe verzieren.

Nochmals meinen aufrichtigen Dank!

Hochachtungsvoll
Ihr ergebener
Wellhausen

Gött 9.10.93

---

437. AN FERDINAND JUSTI

[Göttingen, 17.10.1893]

Nehmen Sie es nicht übel, daß ich Ihren liebenswürdigen langen Brief, den ich gar nicht verdiene, mit einer lumpigen Postkarte beantworte; ich komme sonst nicht so flink zum Antworten. Die Geschichte des Kanons u Textes etc ist *ganz* von mir, keine Überarbeitung Bleeks[1]. Das frühe Vorkommen des pers. Namens[2] hat mich auch sehr in Verwunderung gesetzt. Auf die Punktation der fremden Eigennamen in uns. Text ist kein Bißchen zu geben; die LXX hat gewöhnlich die ältere u bessere Aussprache. Z.B. Sanherib, LXX Sennaherib; Nebukadrezar, LXX Nabochodorosor u. Vieles Andere. Bigtha wechselt mit Abagatha; die LXX hat Γαβαϑα (= Βαγαϑα) und Abataga, vielleicht noch andere Varianten. Bitte inständig, meinen Namen zu verschweigen bei diesen Kleinigkeiten!

Nachträglich herzl Glückwunsch zu der Hochzeit[3]!

Ihr W.

Haben Sie Pharnak in 4 Mose 34,25[3]?

438. An Michael Jan de Goeje

Vielen Dank für die Babis[1]. Ich wußte beinah nichts von ihnen und habe mit größter Theilnahme Ihre Mittheilungen gelesen. Wenn die Babis nicht bloß ein „Princip" werden wollen wie der sogenannte Postrestantismus[2], sondern eine feste Gemeinde, so werden sie allerdings noch einige sonderbare Gebräuche einführen müssen; denn ohne solche Abzeichen geht es nicht. Die Begeisterung genügt nur für den Anfang, und große Propheten sind auch nicht immer zu haben.

	Mit herzl Gruß
	Ihr ergebener
18.10.93	Wellhausen

439. An Ferdinand Justi

Lieber und Verehrter!
Die Juden feiern am 25 Kislev (Dezember) das Fest der Wiedereinweihung des Tempels durch Judas Makkab (1 Macc 4). Ursprünglich ist das aber das Fest der Wintersonnenwende, das mit Lichtern und grünen Zweigen begangen wurde (2 Macc 1,18. Joseph. Antiq 12,325 Niese) Auf diesen Tag hat man also später, um ihm die nöthige jüdisch-historische Berechtigung zu geben, das Fest der Tempelweihe gelegt, welche ungefähr in der gleichen Jahreszeit statt gefunden hatte. Die verbindende Idee zwischen dem natürl u dem geschichtl Feste war die Wiederkunft des heil. Feuers; daher erklärt es sich, daß in 2 Macc 1,18 die Entzündung des Altarfeuers zur Zeit des Nehemia neben der Entzündung desselben z. Z. der Makkabäer (2 Macc 10,3) als Anlaß der Feier genannt wird.

Ich erinnere mich, daß bei den Persern ein Tag gefeiert wird, an dem frisches heiliges Feuer gemacht wird[1]. Fällt dieser Tag um die Wintersonnenwende, und hängt die Feier mit dem Wiederaufwachen des Sonnenfeuers zusammen?

Dies ist der akademische Vorwand, um Sie und Ihr ganzes Ingesind recht herzlich zu Weihnachten zu grüßen und Ihnen ebenso herzlich zum Neuen Jahr zu gratuliren. *Si Valetis, Bene Est; Nos Valemus*[2] – bis auf ein Ohrengeschwür meiner Frau und einen Hexenschuß meiner Wenigkeit.

	In Treue
	der Ihrige
29.12'9[3]	Wellhausen

440. An Bernhard Stade

[Göttingen, 2.2.1894]

H. H. C! Vielen Dank für Ihre fr. Zusendung[1]! Ich bin hier so außer allem Zusammenhang mit der Theologie, daß ich von Nippolds neuester Leistung[2], von der Prot. KZ und von allem Anderen nicht das Geringste erfahren habe. Daß die Reinigung eines Augiasstalles Staub gibt, ist natürlich nicht zu verwundern; daß sich der Staub erst so spät verdichtet, wäre sonderbarer, wenn nicht der literarische Trieb N's so stark wäre. Sie haben dem Herrn doch vielleicht etwas zu viel Ehre angethan.

Mit bestem Gruß

Ihr ergebener
Wellhausen

441. An Ernst Reimer

Göttingen 13.2.94

Verehrter Herr Reimer

Die Geschichte Israels und Judas (Heft I der Skizzen[1]) hält mich viel länger auf als ich dachte, und ich glaube nicht, daß ich vor August ans Drucken gehen kann. Dagegen bin ich bereit, jetzt an den Druck der Prolegomena zu gehen[2], wenn es Ihnen recht ist. Wenn Sie aber lieber noch warten wollen, so warte ich noch. Auflage 750 Exemplare, Honorar 1200 Mark.

Ich werde vielfach gebeten, das 3. Heft der Skizzen wieder herauszugeben; aber das geht vorläufig auf keine Weise[3].

Mit bestem Gruß

Hochachtungsvoll
Ihr ergebener
Wellhausen

Bitte schreiben Sie, wie viel Exx. der Prolegomena noch da sind.

442. An Ernst Reimer

Verehrter Herr Reimer

Ich schließe mit der Geschichte Israels und Judas nie ab, wenn nicht ein Zwang dahinter steht. Darum möchte ich doch lieber damit anfangen zu drucken[1] und nicht mit den Prolegomena. Ich schicke Ihnen den Anfang, um ihn los zu sein und nicht beständig daran zu corrigiren, wenngleich der Druck erst zu Ostern etwa beginnt. Ich schätze den Umfang etwa auf 16–20 Bogen[2]. Bei einer Auflage von etwa 800 Exemplaren möchte ich Ihnen ein Honorar von 50 Mark für den Bogen vorschlagen und 20 Freiexemplare.

                                            Hochachtungsvoll
                                            Ihr ergebener
Göttingen 1. 3. 94   Wellhausen

443. An Ernst Reimer

Verehrter Herr Reimer
Wie ich Ihnen geschrieben habe[1], erwartete ich, daß der Druck erst Anfang April beginne und daß nur alle Woche ein Bogen komme. Auf dies rasche Tempo^x bin ich nicht präparirt. Ich habe allerdings nichts dagegen, aber Sie riskiren, daß eines Tages kein Manuskript mehr da ist. Denn ich bin mit der Fertigstellung des Endes noch durchaus nicht im Reinen.
    Aber wenn Sie es darauf ankommen lassen wollen, meinetwegen!

                                            Hochachtungsvoll
                                            Ihr ergebener
Göttingen 16. 3. 94   Wellhausen

^x drei Bogen in einer Woche[2]

**444. An den Dekan der Philosophischen Fakultät
der Universität Göttingen**

Ew. Spectabilität
bitte ich folgende Erklärung abgeben zu dürfen. Die hiesige Ordnung des Rigorosum erlaubt, die biblische Wissenschaft und Hebräisch als zwei Fächer zu zählen. Niemand rechnet griechische Alterthumswissenschaft und Griechisch als zwei Fächer, und doch ist das Gebiet der griechischen Alterthumswissenschaft ganz ungleich ausgedehnter und schwieriger zu beherrschen als das der biblischen, die sich auf ein einziges Buch begründet und beschränkt. Jene Scheidung ist sachlich ungerechtfertigt und enthält eine ungerechte Bevorzugung für verdorbene Theologen, die ein Bedürfnis fühlen sich Doktor nennen zu dürfen. Um die Ungerechtigkeit ein wenig abzuschwächen, werde ich von nun an verlangen, daß wer eine Prüfung in der *hebräischen* Grammatik bestehen will, sich auch über eine elementare Kenntnis der *arabischen* und *aramäischen* ausweisen

muß, ohne welche die erstere in der That nicht gründlich verstanden werden kann.

                                          Ehrerbietig
                                Eurer Spectabilität ergebener
Göttingen 1 Juni 1894   Wellhausen

445. An Ferdinand Justi

                                                                             Gt. 2.6.94

Verehrter lieber Freund

Zwar habe ich mir seit Wochen den 2. Juni[1] ins Gedächtnis einzubinden gesucht, ihn aber im nöthigen Moment doch vergessen, bis er mir zur Zeit des Zubettgehens wieder einfällt. Die Schuld trägt eine gelinde Aufregung in der ich mich befinde, weil ich gegen meinen Willen über Nacht beschwatzt bin ein Haus zu kaufen. Der Mann bettelte so fürchterlich; und meine Frau sitzt seit lange auf dem Sprung um aus der jetzigen Wohnung herauszukommen: welcher Zustand mir unerträglich ist. So kam es[2]. Kostet 32000 Mark. Ich nenne mich nun nicht mehr Wellhausen, sondern Wellhäuser. Die Marburger sind hoffentlich alle recht böse auf mich, namentlich Sie und Ihre Frau Gemahlin.

Vielen Dank für Ihren Brief zum 17 Mai[3]; ich sehe dem Erscheinen Ihres Buchs mit großer Begier entgegen. Ich drucke auch wieder: eine jüdische Geschichte. Ich kann von den alten Juden nun einmal nicht los kommen. Sie stoßen mich ab und ziehen mich immer wieder an, weil ich mich im Grunde nicht für die Kunst, sondern nur für die menschl. Gesellschaft und ihre schnurrigen Excrescenzen interessire – vorausgesetzt, daß sie nicht bloße Velleitäten sind.

Kommen Sie zum 24 Juni[4]? Thun Sie es doch, Sie brauchen an nichts theilzunehmen. Wenn Sie aber durchaus nicht wollen, so bitten wir um kurze Nachricht; dann sagen wir es Cohns[5] – nicht als ob das ein Ersatz für Sie wäre, sondern weil wir Cohns rühren wollen.

Nächstens mehr; jetzt noch einen herzl Glückwunsch, auch von meiner Frau! Grüßen Sie die Ihrige

                                                  Ihr Wellhausen

446. An Charlotte Limpricht

                                                                Gött. 10.6.94

L. M.

Es thut mir leid, daß wir Dich gekränkt haben. Du erinnerst Dich vielleicht, daß ich anfangs stutzte, als Du mir sagtest, Du wolltest den Miethpreis erhöhen.

Wenn ich später zugeredet habe, so geschah das, ehe ich die Wohnung kannte, aus dem Gefühl, daß ich den Schein vermeiden wollte im eigenen Interesse zu handeln, da ich ja die Absicht hatte, selber zu miethen[1].

In dieser festen Absicht haben wir uns die Wohnung besehen und wir waren sehr überrascht über ihre Beschaffenheit. Sie ist durch den immer offen stehenden, von Wagners nach beiden Seiten benutzten Flur in zwei Hälften getheilt; ich hätte drüben wohnen müssen in einem Zimmer, das keinen ordentlichen Eingang hat; wenn das Mädchen hüben gewesen wäre oder ausgegangen, wäre alles Volk zu mir gekommen. Die beiden anderen Stuben sind ganz hübsch, aber die eine hat ebenfalls keinen Eingang vom Flur. Die Nebenräume sind für uns unzureichend. Das Closet liegt draußen, dicht hinter der Hausthür, an einem sehr genirlichen Platze; unmittelbar neben dem von Wagners und Dieckmanns.

Dazu ist die Wohnung ganz verbraucht. Die Pflasterung des Flurs mit zertretenen Steinen ist nicht angenehm, die Öfen sind aus Tante Sillners Zeiten, Anstrich der Fußböden und Tapeten auch, wie es scheint. Eine Instandsetzung würde eher 2000 als 1000 Mark kosten; und nach Bargens Äußerung wäre so viel auf keinen Fall angewendet.

Natürlich mußten wir, nachdem wir ausgesprochen hatten wir wollten die Wohnung miethen, sagen, warum wir es nun doch nicht thaten. Wir haben nichts gesagt, was nicht wahr ist; unsere Enttäuschung konnten wir nicht verhehlen. Ehrlich gestanden war es uns, nach der Besichtigung, sehr genant, daß Du 1000 Mark verlangtest; Marie war ganz unglücklich und sie ist sehr dankbar, wenn Du bei 900 Mark bleibst.

So liegen die Dinge, und ich hoffe, daß Du Dich auf unseren Standpunkt versetzen kannst. Ich glaube, es liegt in Deinem Interesse, daß Du die Wohnung nicht idealisirst und höher schätzest als sie zu schätzen ist.

Herr von Bargen hat mir *zuerst* gesagt, er habe sich in der Schätzung geirrt; ich habe ihm das lediglich *bestätigt*. Ich war bei ihm, um den Kaufvertrag abzuschließen; bei der Gelegenheit fragte er mich.

Wagner redet bald so bald so; mir hat er gesagt, es thue ihm leid, daß wir nicht mietheten, aber er hätte es sich wohl gedacht, daß die Wohnung uns nicht passe. Frau Drechsler hätte gemeint, sie koste 700 Mark.

Ich hoffe, daß Ihr nach und nach zur Ruhe kommt. Wir leben in einiger Aufregung; etwa im August wollen wir umsiedeln. Es scheint uns gut vermerkt zu werden, daß wir uns ansässig machen; die Nachbarn sind höchst liebenswürdig. Viele Grüße!

Dein Julius

Entschuldige die Hand; ich kann einmal wieder nicht schreiben.

447. An Eberhard Nestle

Vielen Dank für Ihre literar. Nachweise. Daß ich in meinem Urtheil über L.[1] *toto coelo* von Ihnen abweiche, werden Sie wissen. Ich konnte mein Urtheil verschweigen, aber nicht das Gegentheil von dem sagen, wovon ich überzeugt bin. Ich bin zu der Memorie genothwendigt, und habe mich nur dem Zwange gefügt.
Göttg 13.6.'94 W.

P. Haupt läßt ein Register zu allen Schriften L s machen[2], damit man weiß, wo er was gesagt hat.
    Nachgelassen hat L. *nichts*, außer Antonius Rhetor syr.[3] Der Nachlaß ist katalogisirt und erscheint binnen Jahresfrist[4]

448. An den preussischen Kultusminister

Göttingen 2 Juli 1894
Eurer Hochwohlgeboren
gütige Anfrage erlaube ich mir dahin zu beantworten, daß ich sehr gern den Genfer Orientalistencongreß[1] besuchen würde
                    In vorzüglicher Hochachtung
                          Ew. Hochwohlgeboren
                              ganz ergebener
                                  Wellhausen

449. An Ernst Reimer

Hochgeehrter Herr Reimer
Da die Ausgabe der isr. u. jüd. Geschichte[1] erst im Herbst erfolgen soll, so möchte ich auch die Freiexemplare erst dann haben. Nur zwei bitte ich mir jetzt aus, die ich *sub rosa* hier am Orte verschenken will. Außerdem bitte ich Sie mir das Honorar[2] jetzt zu zahlen, da ich eine größere Zahlung für ein Haus zu leisten habe, das ich mir gekauft habe[3].
    Ich möchte ferner ein Exemplar der Prolegomena[4] haben, um den Neudruck vorzubereiten. Sie schreiben mir vielleicht, wann derselbe beginnen soll.
                            Hochachtungsvoll
                              Ihr ergebener
Göttingen 8 Juli 1894   Wellhausen

450. An Ernst Reimer

Hochgeehrter Herr Reimer
Ich danke Ihnen für Ihre freundlichen Zeilen und für den Empfang von Elfhundert M. Honorar[1]. Die Durchsicht der ersten Bogen der Prolegomena wird einige Zeit in Anspruch nehmen; vor August wird also der Druck nicht beginnen können

                                   Ehrerbietig
                                   Ihr ergebener
Göttingen 10. Juli 1894   Wellhausen

451. An Alfred Pernice

                                                 Göttingen 15 Juli '94
Lieber Pernice
Du hast zwar Recht, daß mir das Alte Testament näher liegt als Muhammed. Man kann auch über das Alte Testament vor Zuhörern lesen, während man über Islam Araberthum u. s. w. vor leeren Bänken liest. Aber wenn ich aus solchen Gründen zurücktreten wollte in die theologische Fakultät[1], so würde ich mich verachten und Du würdest mich verachten. Ein Anderes wäre es, wenn ich in die philosophische Fakultät berufen würde. Aber erstens geschieht das nicht, zweitens käme ich auch dann nicht. Berlin lockt mich nicht. Wirken thue ich als Schriftsteller doch viel stärker wie als Professor. Honorare bekäme ich natürlich mehr als Professor; jetzt habe ich die Mühe und Kautzsch *e tutti quanti* haben die Einnahmen. Aber an Geld fehlt es mir auch so nicht.

    Der vorwitzige Pfleiderer, mit dem ich in gar keinen Beziehungen stehe, ist Deiner Anfrage noch zuvorgekommen; ich habe ihm in dem selben Sinne geschrieben wie Dir.

    An Dillmann habe ich Mancherlei auszusetzen, wie Du weißt; indessen Respekt habe ich doch auch vor ihm. Er hat es Smend und mir sehr hoch angerechnet, daß wir ihm gemeinsam zu seinem 70. Geburtstage[2] gratulirt haben. Ein einigermaßen gleichwerthiger Ersatz für ihn wird schwer zu beschaffen sein. Die Alttestamentliche Sippe ist im Durchschnitt sehr untergeordnet. Nur ein einziges wirkliches und hervorragendes Talent ist darunter, Duhm in Basel. Er ist sehr viel klüger als Dillmann war, aber sehr viel weniger gelehrt und gewissenhaft. Was die Übrigen betrifft, die etwa in Frage kommen für die Berliner theol. Fakultät, so kann man da im Dunkeln irgend einen unter ihnen herausgreifen; es ist ziemlich egal.

    Es amüsirt mich, daß es Dir nicht gefallen hat, daß ich am Schluß der arab. Ehe allerhand Spuren von Mutterrecht zugebe[3]. Sie lassen sich aber nicht wegleugnen. Delbrücks Abhandlung[4], die Du mir zu lesen empfahlst, ist mir nicht sehr lehrreich gewesen. Er kennt als richtiger Sprachforscher nur das Lexikon, aber nicht die Literatur und das Alterthum. Außerdem hätte er höchstens 20 Seiten für das, was er zu sagen hatte, verwenden dürfen. Diese Art von Methodischkeit ist mir fürchterlich. – Es läßt sich natürlich sagen, die Ehe beginne erst mit der Patrarchie. Indessen es handelt sich um die *Verwandtschaftsrechnung*, ob nach Vaters- oder Mutterseite. Metrarchie bedeutet *mir* weiter nichts, als daß die Verwandtschaft nach dem Blute der Mutter gerechnet wird.

Wir haben kein Mädchen und essen seit 14 Tagen im Wirthshaus, zusammen mit Böhmer und Frau geb. Berger, mit denen wir uns äußerst lebhaft unterhalten. Er hält sich hier 6 Wochen auf der Durchreise nach Halle auf; er will das Jubiläum[5] feiern helfen. Es wundert mich, daß Du nicht hingehst; ich habe natürlich keine Veranlassung mich dort sehen zu lassen.

Viele herzliche Grüße!

Dein W.

452. An Adolf Jülicher

Göttingen 19 Juli '94

Lieber Herr College

Ich habe zwar nur erst wenige Paragraphen Ihres Buches[1] gelesen, aber das Wenige genügt zu dem Urtheil, daß Sie etwas ganz Ausgezeichnetes geliefert haben, etwas woran Holtzmann[2] und die übrigen Werke der Schriftgelehrten mit ihren aufgestapelten unverdauten Materialien nicht entfernt hinanreichen. Dabei sind Sie doch, getreu Ihrer von mir vollständig gebilligten Definition der Aufgabe der Einleitung, der blumigen geistreichelnden Reußschen Art[3] ganz fern geblieben. Kurz, Sie müssen nun auch noch eine Einleitung ins Alte Testament schreiben und das dumme Zeug verdrängen, welches Cornill als Einl ins A.T. zu bezeichnen die Unverschämtheit oder Naivetät besessen hat[4].

Schade, daß Ihre Einl. ins Alte Testament nicht schon fertig ist[5]. Denn da Duhm für Berlin nicht zu brauchen ist, so wären Sie der einzige berufene Nachfolger Dillmanns. Es gibt wenige gewissenhafte Arbeiter auf ATl. Gebiete und außer Duhm und Ihnen kein einziges wirkliches Talent. Stade, Kautzsch, Klostermann, Baudissin – es ist einerlei, welchen von ihnen man im Dunkeln greift. Und doch ist es nicht einerlei, wer nach Berlin kommt.

Es wird ja wohl Baudissin hinkommen; da doch nur Rücksichten κατ' ἄνθρωπον entscheiden, so hat er die meisten Aussichten, paßt auch am besten in das *gremium* und ist mit Weiß und Harnack intim befreundet. Für den Fall, daß Baudissin gerufen wird und geht, habe ich Herrmann gebeten, doch für Smend zu werben, ohne ihn zu fragen ob er kommen will oder nicht. Ich verlöre ihn natürlich sehr ungern, und er selbst sagt, er würde nicht gehen. Indessen von seinem Standpunkte aus muß eigentlich die Rücksicht vorgehen, daß er hier, trotz allgemeiner Beliebtheit, neben Schultz eine sehr schlechte Stellung hat und sich sehr bedrückt fühlt. Ich halte es darum nicht für ausgeschlossen, daß er doch annimmt, wenn er wirklich vor die Wahl gestellt wird.

Neben Smend scheint mir Giesebrecht in Frage zu kommen. Er ist jetzt seit vielen Jahren ganz gesund, und ich ziehe ihn den übrigen Jüngeren durchaus vor. Nowack, Budde, Cornill reichen nicht an ihn heran. Er neigt zu theologischen Grübeleien; das qualificirt ihn aber doch für die theologische Facultät.

Mein Urtheil über Stade kennen Sie. Ich mag ihn persönlich ganz gern, als Gelehrter und Schriftsteller ist er mir antipathisch. Es muß freilich zugegeben werden, daß er sich redliche Mühe gibt; er hat zweifelsohne ganz andere Verdienste als der olle ehrliche Kautzsch in Halle – der mir auch noch weit unausstehlicher ist.

Nehmen Sie es nicht übel, daß ich die Gelegenheit – etwas vorzeitig – benütze, um akademische Politik zu treiben. Ich sehe, daß ich darüber bisher vergessen habe, Ihnen meinen persönlichen Dank für die Übersendung Ihres Buches zu sagen. Das hole ich zum Schluß mit aufrichtigem Empressement nach!

Mit herzl Gruß

Ihr ergebener
Wellhausen

Über die Besetzg der Wiesingerschen Stelle verlautet noch nichts. Jede Verlängerung der Wartefrist bedeutet aber ein Wachsen der Aussichten und der Maturität des noch etwas zu grünlichen Weiß. Doch schelte und klage nur niemand: denn warum soll den Regierenden verboten sein, was den Schulhäuptern erlaubt ist – ihre Leute in die Stellen zu bringen!

Hosea[6]

453. An Ernst Reimer

Hochgeehrter Herr Reimer

Ihr gütiges Anerbieten, die 18 Exemplare für mich versenden zu lassen, nehme ich mit Freuden an. Die Adressen sind folgende

Prof. *Herrmann* in *Marburg* (Hessen) *sechs* Exemplare (wie er sie vertheilen soll, schreibe ich ihm)

Ferner je ein Ex. an
Minister *Bosse*
Geh. Rath *Althoff*
Prof. *Th. Mommsen*   } Berlin
Prof. *Alfr. Pernice*
Prof. *Ad. Harnack*
Prof. *Th. Nöldeke*, Strassburg i. E.
Prof. *Alb. Socin*, Leipzig
Prof. *Giesebrecht, Greifswald*[1]
Privatdozent Dr *Brockelmann*, Breslau.
Provinzialschulrath Dr. *Lahmeyer*, Cassel.
Professor *Menegoz, Faculté de Theologie Protestante*, Paris.
Professor *B. Duhm*, Basel
Ein Recensionsexemplar würde ich in Ihrer Stelle *nur* an die Theolog. Literaturzeitung von Schürer schicken[2]. Die sonstigen Versendungen haben nur den Sinn und den Erfolg, daß der Herr Recensent sich das Buch nicht zu kaufen braucht. Nöthig und nützlich ist auch die Zusendung an die Theol. Literaturzeitung keineswegs[x].

         Hochachtungsvoll
         Ihr ergebener
Gött. 26. 9. 94   Wellhausen

[x] weil die Recension gewöhnlich erst erscheint, wenn das Buch längst bekannt und vielleicht sogar vergriffen ist

454. AN ERNST REIMER

Hochgeehrter Herr
Es schadet mir nichts, wenn ich ein wenig packe und leime; man wird sonst gar zu bequem und ungeschickt. Ich möchte Sie nur bitten, die fünf Berliner Exemplare an die angegebenen Adressen zu schicken (Bosse, Althoff, Mommsen, Pernice, Harnack). Aber ich will dann diese fünf Exemplare kaufen und bitte Sie, mir den Nettopreis anzugeben.

         Hochachtungsvoll
         Ihr ergebener
Göttingen 28. 9. 94   Wellhausen[1]

455. An Charlotte Limpricht

LM
Viele und herzliche Glückwünsche zum 20 Okt. Wie die Zeit herumgeht! und doch bleibt man jung, wenn man Liebe im Leibe hat.

Wie ich gedroht habe, habe ich Dir die jüdische Geschichte[1] geschickt; ich erwarte aber nicht, daß Du sie liest. Drei Viertel sind langweilig, und das vierte Viertel wird Dich vielleicht auch nicht ansprechen; wenn Du auch hoffentlich nicht finden wirst, daß ich irreverent bin, wie die Engländer meinen[2]. Marie liest mit großer Anspannung alle Tage 12 Seiten und hat ungemein viel auszusetzen; ich amüsire mich darüber und ziehe manchmal Nutzen daraus. Sie ist munter und guter Dinge, spielt mit Dr Rahlfs zusammen, und hört Colleg bei Wilamowitz.

Wir werden immer mehr Damenuniversität. Es kommen nicht bloß die Lehrerinnen, sondern auch eigentliche Studentinnen, meist für Mathematik, aus England und Amerika. Vierzehn sollen sich angemeldet haben. Sonst ist es nicht arg mit dem Zufluß; bis jetzt sind fast nur Engländer und Amerikaner immatrikulirt, mit denen schließlich nicht viel aufzustellen ist. Die Hannoveraner wären willkommener, aber die bleiben aus.

Seit etwa 1 Okt haben wir geheizt, die Öfen sind ausgezeichnet, nicht bloß die Amerikaner[3], sondern auch die Kachelöfen. Wir brauchen vor dem Winter nicht bange zu sein. Wenn es nur endlich ein wenig trockener würde! Es ist kaum möglich zu graben, es quatscht immer um den Spaten herum, nur mühsam kann man die Erde vom Eisen abkriegen. Wir werden mit der Anpflanzung des Gartens wohl bis zum Frühling warten müssen. Sind Birnquitten oder Apfelquitten besser?

Erdmann wird wahrscheinlich mit Marie Ellroth abziehen, wir kriegen durch Smend einen neuen Dachs, einen feinen gelben, der aber noch nicht ausgewachsen ist. Das ist das wichtigste Familienereignis.

Das Übrige wird Dir Marie erzählen. Ich schließe mit dem Wunsche, daß Gott Dich auch in dem kommenden Jahre behüte und segne.

Gt. 19.10.94   Dein Julius

456. An Konrad Furrer

Göttingen 21.10.94

Hochgeehrter Herr Pfarrer
Vielen Dank für Ihr freundliches Schreiben! Nicht wenige von den Punkten, die Sie korrigiren, waren mir von vornherein recht unsicher; ich habe versucht mir aus alten und neuen Büchern eine Anschauung zu bilden; aber das geht schlecht,

wenn man keine wirkliche Anschauung hat und zudem in dergleichen Sachen nicht bewandert ist. Ihr Anerbieten, selber die geogr. Einl.¹ zu schreiben, kann ich zwar nicht annehmen; aber wenn Sie erlauben, werde ich Ihnen die Umarbeitung zur Correctur vorlegen.

In allen Punkten kann ich Ihnen nicht Recht geben, z. B. nicht bei Amos. Sie übersehen grade das Wichtigste, nemlich „hinter den Schafen weg" Amos 7,15. Was es mit den שקמים auf sich hat, weiß ich nicht; aber נקד 1,1 ist richtig und בקר 7,14 ist falsch: daran läßt sich nichts ändern.

Ich habe die jüd. Geschichte eigentlich ohne rechte Lust geschrieben; um so weniger hatte ich erwartet, daß Andere daran Freude haben würden. Freilich habe ich nicht bloß Regenwürmer gesucht², wie der gute Schürer, der groß in allem Kleinen und klein in allem Großen ist³. Aber ich wußte nicht, und ich dachte nicht, daß meine Darstellung anderen Leuten zu Herzen gehen könnte.

Nochmals aufrichtigen Dank!

Ihr sehr ergebener
Wellhausen

457. An Ernst Reimer

Göttingen 30. 10. 94

Hochgeehrter Herr

Ich kann in einen sofortigen unveränderten Abdruck¹ nicht einwilligen. Ich *muß* Vieles anders machen und habe dazu vor den Osterferien keine Zeit. Ich bitte also, einstweilen ruhig mit dem Druck der Prolegomena fortzufahren.

Hochachtungsvoll
Ihr sehr ergebener
Wellhausen

458. An Ernst Ehlers

8. 11. 94

Verehrter Herr College

Entschuldigen Sie, daß ich Ihrer gütigen Einladung nicht folge. Die Anstrengung, die es mir immer macht, die Unterhaltung halbwegs zu verstehen, wird gegenwärtig sehr erschwert durch anhaltende Schlaflosigkeit; und dies Leiden steigert sich auch immer, wenn ich ausgehe. Es ist mir peinlich genug, aus Rücksicht auf mein Befinden so viel Freundlichkeit, die mir entgegen gebracht wird, zurückzuweisen, aber ich bin durch eine reiche und schmerzliche Erfahrung belehrt, daß ich mich nur auf diese Weise einigermaßen arbeitsfähig erhalten kann.

Ihr aufrichtig ergebener
Wellhausen

459. An Ernst Reimer

[Göttingen, 8./9.11.1894]

Verehrter Herr Reimer

Nehmen Sie es nicht übel, daß ich bockbeinig bin[1]. Ich bin grade mit dem 23. Kapitel[2] gar nicht sehr zufrieden und wünsche nicht, daß es möglichst weit verbreitet wird – wie ich überhaupt an dem ganzen Buch viel auszusetzen habe. Vor Popularität habe ich eine kleine Angst; ich bin selbst nicht klar und fürchte andere Leute zu verwirren.

Hochachtungsvoll
Ihr ergebener
Wellhausen

Hier liegen noch Exemplare des Buchs in den Schaufenstern; können Sie nicht die noch schweifenden Exemplare einheimsen? Mir scheint dies „zur Ansicht schicken" nicht bei allen Werken nöthig zu sein[3].

460. An Ernst Reimer

Ich bitte Sie, einfach abzulehnen. Ich bin entschlossen, nie wieder eine Übersetzung zu authentisiren; sie verderben alle das Original.

Göttingen 27.11.94   Hochachtungsvoll
                       Ihr Wellhausen

Ich werde bei der 2 Ausg. einen Vermerk machen: der Autor authentisirt keine Übersetzung. Es nützt juristisch zwar nichts, aber die Leute kennen dann doch meine Meinung. Sie sollen Deutsch lernen.

461. AN CHARLOTTE LIMPRICHT

L. M.
Die 40 M. habe ich erhalten und werde damit nach Vorschrift verfahren.

Die Anzeige in der Zukunft[1] hat mir Smend zu lesen gegeben; der Vf ist ein Dr. Winkler in Berlin. Wie Ebstein für Alles die Ölkur verordnet[2], so W. für Alles die Assyriologie; das Ignoriren der Assyriol. ist die Sünde wider den heil Geist. Das Amüsanteste ist, daß ich den Zusammenstoß grade *der Assyrer* mit den Israeliten und die Zerstörung Samariens als den geistigen Wendepunkt der isr. Geschichte betrachte und darin den Anlaß des Auftretens der großen Propheten erblicke. Das hat er nicht verstanden; er sagt, ich erkläre die Propheten rein theologisch; sie müßten natürlich aus der *Wirthschafts*geschichte erklärt werden, wobei er einige billige Weisheit zum Besten gibt. Er ist ein kolossaler Ignorant im Allgemeinen, weiß aber 2–3 außerordentl. Kleinigkeiten und hebt damit die Welt aus den Angeln.

Rost[3] hätte ich als Assyriologen gern hier gehabt. Aber es stellte sich heraus, daß er nichts als Keile kannte; grade auf Erkundigung bei einigen tüchtigen Assyriologen habe ich mich gegen seine Zulassung erklärt. Allerdings hatte er auf andere Mitglieder der Fakultät durch seine Vita einen recht schlechten Eindruck gemacht. Er ist ein intimer Freund von Winkler; dieser hat ihm allerdings durch die Anzeige einen abscheulich schlechten Dienst geleistet[1)].

Ich werde künftig Salmanassar II lieber S. VII nennen, um den Fortschritten der assyr. Königsarithmetik von vornherein Raum zu lassen.

Es thut mir leid, daß Hr Winkler Dich aufgeregt hat. Mich hat nur das geärgert, daß er mich einen Märtyrer nennt. Was ist das für eine Dummheit! Mir hat niemand in Greifswald oder außerhalb Greifswald etwas zu leide gethan; und ich selber habe doch auch nicht im geringsten dadurch gelitten, daß ich von Greifswald fortgegangen bin. Ich wäre dem Hr W. sehr dankbar, wenn er mir dieses Lob erspart und dafür meinetwegen 100000× mehr geschimpft hätte. Denn dadurch thut er Zöcklern und Cremern Unrecht, und es sieht aus, als wenn mir diese ungerechte Anschauung angenehm sein könnte. Ich begegne derselben allenthalben und suche ihr nach Kräften entgegenzutreten. So habe ich z. B. neulich Herrn Rektor Pfleiderer geschrieben: wenn die Greifsw theol Fakultät aus lauter Pfleiderern bestanden hätte, so wäre ich erst recht ausgetreten.

Das wäre das! Viele Grüße
Gt. 16.12.94   Dein Julius

[1)] sich selbst natürlich auch: das wird er dann wieder meiner intriguanten Allmacht auf semitistischem Gebiete zuschreiben. Niemand darf ja gegen mich mucken!

462. An Adolf Harnack

Vielen Dank für Ihre gütigen Nachweise[1]! „Schöpfung und Chaos" ist ein bezeichnender Titel für die Schrift Ihres Novissimus[2]; das Chaos aber überwiegt. Die Beweisführung ist die schwache Seite; an Ihre Stelle tritt der Enthusiasmus. Die Accidentien wurden stark überschätzt; noch mehr allerdings, als von dem Vf, von seinem Recensenten Ed. Meyer in der Allg. Zeitung[3]. E. Meyer hält überhaupt die ägyptische, babylon-assyr., und indische Religion für viel wichtiger als die jüdische; er ist ein gelehrter Kaffer und Kulturpauker und trotz seinem gesunden Menschenverstande niemals original; er hat die Parole immer von jemand anders.

Gggagcdc[4]

21.12.94   Ihr Wellhausen

463. An Adolf Jülicher

[Göttingen, 21.12.1894]

Gibt es außer der von Kipling[1] noch eine neuere und bessere Ausgabe des Cambriger [sic] Evangeliencodex D? Bousset ist weg und Weiß mag ich nicht fragen. Die Übereinstimmung des alten Syrers, der Vetus Latina, und des Cod. D wird immer klarer.

Wellhausen

464. An Heinrich und Charlotte Limpricht

L. E.

Da ich mich selber schicke, so ist eigentlich jedes Wort überflüssig. Ich weiß auch nichts Weiteres als daß ich Euch Allen ein fröhliches Fest wünsche.

Giesebrecht hat mir geschrieben, Bäthgen könne sich nicht entschließen nach Marburg zu gehen. Das Klima wird ihn wohl nicht abhalten, sondern finanzielle Rücksichten; er hat in Greifswald viel mehr Zuhörer – und in Marburg wird nicht gestundet, sondern geschenkt. Aber das hätte er sich vorher überlegen und sich nicht so beim Minister an den Laden legen müssen, um nach M. zu kommen.

Heute haben wir den alten Hanssen[1] begraben. Nun sind nur noch zwei Säulen von ehemals übrig, Ferd. Wüstenfeld und vor allem Griepenkerl: dieser Jünger stirbt nicht und betheiligt sich aufs eifrigste an den Fakultätsangelegenheiten. Weihnachtsabend sind wir – helaas – bei Wilamowitz; Neujahr Mittag –

helaas – bei Ehlers. Ich habe die Leute ja sehr gerne, aber noch viel lieber hätte ich sie, wenn sie mich zufriedenließen.

Marie ist guter Dinge, sehr erfreut über eine Änderung in der Stubeneinrichtung, die wir haben treffen müssen, weil das Klavier zu sehr unter dem amerik. Ofen litt. Das Mädchen ist gut; nur Waldmann sehr ungezogen und unbequem. Ich mag ihn nur nicht todt schießen lassen; noch dazu grade zu Weihnachten. Aber er benimmt sich wie ein kleines Kind.

Ich graue mich vor meinen Schulden, auf zwei bis drei tausend Mark werden sich die Neujahrsrechnungen diesmal wohl belaufen. Indessen stört mir das den Gleichmuth doch nicht sehr, da ich einigermaßen vorgesorgt habe.

Viele herzliche Grüße und nochmals ein fröhliches Fest!

Gt 22. 12. 94   Euer Julius

465. AN HEINRICH UND CHARLOTTE LIMPRICHT

L. E.
Vielen Dank für die Fasanen, die diesmal sehr prächtig waren, und für die Briefe. Wir haben Euch um das Familienensemble etwas beneidet, sind aber auch ganz vergnügt gewesen, nur nicht am Weihnachtsabend, für den Marie unbegreiflicher Weise eine Einladung zu Wilamowitz' angenommen hatte. Smends ersetzen uns, wenigstens mir, manches was wir nicht haben; ich bin dort völlig zu Hause und fühle mich, außer in meinen vier Pfählen, nirgends so wohl wie dort; auch die Frau ist mir äußerst sympathisch; so pedantisch sie äußerlich ist, so frei ist sie innerlich. Die Kinder sind allerliebst und belästigen einen niemals. Auch bei Webers waren wir einen Nachmittag. Marie ist froh, daß sie wegkommen; ich urtheile milder über die Frau, und der Mann ist eine Seele von Mensch; nach so einem kann man lange suchen. Sie haben wieder Pech; der älteste Sohn, Rudi, ist in der Kriegsschule zu Glogau so nervös geworden, daß er die militärische Carriere aufgeben muß. Es ist vielleicht kein Unglück, ihm steht als Techniker die Welt offen, er hat den Charakter seines Vaters und ein wunderhübsches Äußeres. Aber im Augenblick trifft ihn die erste Enttäuschung doch hart.

Daß Baudissin in Marburg bleiben will, hatte ich bereits gehört; ich bekomme Respekt vor ihm, ich hatte ihn nicht für so klug gehalten. Nun wird wohl Bäthgen nach Berlin kommen; er war dort, glaube ich, an dritter Stelle vorgeschlagen. Gern werden sie ihn nicht dorthin nehmen, aber sie haben keine Wahl. In Giesebrechts Interesse wünsche ich sehr, daß Bäthgen geht; er wird dann wahrscheinlich sein Nachfolger werden. Wenigstens scheint das Cremers Absicht zu sein, und er hat die Macht, seine Absicht durchzuführen. Ich glaube fast, daß ihm daran liegt, Bäthgen los zu werden; und ich gebe ihm völlig Recht. Es freut mich auch, daß er Giesebrecht Vertrauen schenkt. In der That ist Gsbr. sehr viel mehr als B. Sonderbar, wie sich solche Berufungen entwickeln; es sind häufig die unbedeutendsten Nebenumstände, welche die Entscheidung geben.

Marie und Emmi[1] plätschern im Wasser wie die jungen Enten; ich stehe, obwohl die Henne des Verhältnisses, auf dem Trockenen und amüsire mich. Es ist das Komischste, was ich auf dieser Welt erlebt habe. Aber die zwei beiden scheinen für einander geschaffen zu sein, sie sind beide auf das Gefühl gemästet.

Ich benutze die Gelegenheit, um Euch Allen, Limprichts Möllers Bewers, zum Neuen Jahr zu gratuliren, und verbleibe

Gt 28. 12. 94   Euer Julius

466. AN ADOLF JÜLICHER

[Göttingen, 9.1.1895]

Vielen Dank für Ihren gütigen Bescheid. Ich habe eine Notiz über den syr. Cod. Sin. verfaßt[1], die demnächst in den Nachrichten der Societät gedruckt wird; darin habe ich die wichtigsten Lesarten angemerkt, die mir bei sehr oberflächlicher Vergleichung aufgefallen sind. Ich werde Ihnen das Ding schicken, wenn es gedruckt ist. Der Cod. D hat mich sehr interessirt; die auffallende Ähnlichkeit mit den alten syr. und latein. Übersetzungen gibt sehr zu denken. Es wäre der Mühe werth, den griech. Text der Syr. Latein. und Cod. D für d Evangelien für sich herauszugeben. Vielleicht thue ich es, wenn es kein Andrer thut. R. Harris[2] habe ich nicht zu Rathe gezogen; der Mensch scheint ein bißchen unausstehlich zu sein.

Ist Holtzmanns Commentar zu d Evv.[3] gut? Ich habe von den Pharisäern[4] her ein gewisses Mistrauen gegen den Mann.

Grüße an Niese Hermann [sic] Bergmann Schröder!

467. AN FERDINAND JUSTI

Göttingen 24 Jan. 95

Verehrter Freund

Sie haben mir einen so freundlichen langen und lehrreichen Brief geschrieben, und ich habe noch immer nicht geantwortet. Aber verjähren soll die Schuld nicht. Es hat mich gefreut, daß Ihre l Frau und Sie mit meinem neuesten Buche[1] zufrieden sind. Mir selber gefällt es wenig; vielleicht wird mit der Zeit etwas Vernünftiges daraus. Ich arbeite an einer zweiten Ausgabe, die erste war in vier Wochen verkauft. Leider sagen mir die meisten Leute nicht, woran sie Anstoß nehmen, was sie vermissen, was sie unverständlich finden. Die Recensionen loben auch ziemlich ins Blaue hinein, nur ein Assyriologe schimpft[2], aber das nützt mir auch nichts.

Von Marburg sind dicht hinter einander zwei erschütternde Nachrichten gekommen. Der Tod von Külz[3] hat mich allerdings lange nicht so sehr affizirt als der von Jensens Frau. Das ist wirklich ein harter Schlag für den Mann, wohl der härteste der ihn treffen konnte. Er hat ja freilich Quecksilber in den Adern, und sein lebendiges Interesse für alles Mögliche wird mit der Zeit wieder die Oberhand gewinnen. Aber zunächst muß er sich sehr verödet vorkommen. Steht seine Beförderung zum Ordinarius demnächst bevor[4]?

Wir verbringen den Winter ziemlich ruhig, nur selten tritt eine Gesellschaft störend ein. Unser nächster Nachbar ist der Kunsthistoriker Vischer. Er ist ein sehr freundlicher angenehmer und frischer Mensch; nur ganz sonderbar unwissend, als ob er nie auf einem Gymnasium oder auf einer Universität gewesen wäre. Er hat eine allerliebste Frau und Tochter; letztere mit einem merkwürdigen Talent in Wachs zu formen begabt; sie ist noch jung, erst 14 Jahr. Webers sehen wir sehr selten; meine Frau ist nicht hinzubringen. Zu Ostern gehen sie nach Straßburg; ich hätte gern bis zu diesem kurzen Termin den Schein der Freundschaft aufrecht erhalten. Der älteste Sohn, Portepeefähnrich, war auf der Korpsschule in Glogau; er ist aber dort so nervös geworden, daß er für den Offiziersdienst untauglich gehalten wird. Er studirt jetzt Physik. Der Fall war den Eltern erst ziemlich schmerzlich, jetzt haben sie sich darin gefunden. Webers Bruder, Redacteur eines nationalliberalen Blattes in Berlin, ist an Diabetes gestorben.

Meine Frau hat sich mit einer alten Bekanntschaft von mir angefreundet und verkehrt sehr intim mit ihr; ein höchst schnurriger Fall. Fräulein Emma Briegleb heißt die Dame, sie zählt über 51 Jahre, macht aber noch immer Eindruck – grade wie Ihre Frau.

Ihrem Lexikon[5] wünsche ich gedeihlichen Fortgang. Ich habe ziemlich viel Syrisch gelesen und eine Menge persischer Namen gefunden, sie aber nicht weiter verzeichnet, weil ich Sie nicht damit stören wollte. Schnurrig ist *Spasines* = *Hyspaosines*, bekannt durch *Spasinu Charax*. Es wird auf einer palmyr. Inschrift אספסינא geschrieben und Vogué hält das für ein Compos. aus סין und אסף = *Sin auxit*. Aber das ist dummes Zeug; es muß ein persischer Name sein: *asp* oder *visp*. In Esdr Nehem. kommt neben בגוי auch noch בבי öfters vor; das ist doch wohl Babuja oder so etwas? אסף kommt vor als Name eines persischen Forstmeisters.

Ihrer l. Frau danke ich vielmals für den Brief! Meine Frau schläft noch, grüßt aber doch herzlich

In Treue
Ihr ergebener
Wellhausen

468. AN FRANCIS CRAWFORD BURKITT

Hochverehrtester Herr Professor
Ich danke herzlich für Ihren Brief und für die Correctur in Bezug auf *lema*. Ich hatte mich durch Schwally anführen lassen, der es überhaupt nicht verzeichnet. Ich habe noch einige andere Dummheiten begangen. So p. 3 l. 11: die Form ist nicht *qarrar*, sondern *qaurar*. Ferner p. 7 l. 9: der fragliche Passus ist die Klammer zur Anknüpfung der nächsten (widersprechenden) Perikope; keineswegs der erste Anfang der folgenden Entwicklung (des Glaubens von der jungfräulichen Geburt)[1].
    Mit freundlichem Gruss
G. 6. 2. 95.   Ihr Wellhausen

469. AN FERDINAND JUSTI

Gött. 1. 6. 95
Verehrter lieber Freund
Ich möchte Ihren rührend herzlichen Gratulirbrief mit einem ebenso herzlichen beantworten[1]. Aber es geht nicht, die Natur ist zu kurz dazu. Daß ich fast täglich an Sie und Ihre Frau denke, daß es mir noch immer schwer wird, nicht sooft ich Lust habe zu Ihnen springen zu können, versteht sich von selbst. Merkwürdig, daß wenn man dann nach langer Frist einmal sich sieht, nichts dazwischen zu liegen scheint und alles ist, wie gestern und vorgestern. Sie sorgen freilich auch dafür, daß es beim Alten bleibt. Ich habe mich sehr gefreut, die alte Magd wieder zu treffen, die Ihre Frau mit mütterlicher Treue zurecht geleckt und sehr menschlich gemacht hat.
    Ich freue mich, daß bei Ihnen Alles gut vorangeht. Von uns ist weniger zu melden. Meine Frau übt ein neues System die Finger beim Klavierspiel zu halten, außerdem kultivirt sie nach wie vor die Dame Briegleb. Schade, daß Sie dieselbige nicht einmal bewundern können! sie würde Ihnen beiden gefallen. Ich sehe kräftig aus wie ein Bauer, befinde mich aber wegen andauernden schlechten Schlafens nicht gut und lasse meine Griesgrämlichkeit an meiner Frau aus – denn wozu habe ich sie sonst! Verkehren thun wir hier möglichst wenig; leider sind Verwandte meiner Frau hergezogen und andere wollen noch herziehen[2], die legitime Ansprüche an uns machen. Ich genire mich freilich nicht, aller verwandtschaftlichen Pietät gelassen ins Gesicht zu schlagen, wenn ich Gründe dazu habe.
    Ich mühe mich ab an einer 2. Auflage der Jüdischen Geschichte[3]. Sie wird entschieden verschlechtert gegen die erste. Materielle Änderungen kann ich nur sehr wenige machen; die ziemlich umfangreichen formellen Änderungen sind

Zugeständnisse an fremde Geschmäcke und widersprechen meinem eigenen. Aber am Ende schreibt man um der anderen Leute willen, obgleich ich immer mehr Lust habe, *mihi cantare et Musis*. Am meisten betroffen wird das 2 Kapitel[4]; es wird ganz umgestaltet, verliert aber dadurch den darstellenden und bekommt einen kritischen, trocken erörternden Charakter, der gar nicht zum Stil des Ganzen paßt.

Wir geben die Hoffnung nicht auf, daß Sie uns hier einmal mit Ihrem Besuche erfreuen. Schön ist es auch hier im Sommer; die Waldwege sind entzückend, wenngleich alle etwas weit. Ich komme jetzt fast gar nicht heraus, sondern jäte Unkraut und sprenge in dem neu angelegten Garten, der ruppig genug aussieht, sich aber hoffentlich mit der Zeit befiedern wird.

Meine Frau schließt sich meiner Gratulation an. Viele herzliche Glückwünsche!

Ihr Wellhausen

470. An Ernst Reimer

Verehrter Herr Reimer
Mein Msc. der 2. Ausg. der isr. u. jüd. Geschichte ist so weit fertig, daß der Druck beginnen kann. Ich glaube nicht unverschämt zu sein, wenn ich 100 Mark Honorar für den Bogen verlange; es werden etwa 24 Bogen[1] werden. Ich wünsche, daß die Ausstattung die gleiche bleibt und die Auflage nicht über 1000 Exemplare (abgesehen von 20 Freiexemplaren) stark wird. Wie hoch Sie den Preis stellen wollen, überlasse ich Ihnen.

Hochachtungsvoll
Ihr ergebener
Göttingen 16. Juni 1895   Wellhausen

471. An Theodor Mommsen

Verehrter Herr Professor
Sie überschütten mich mit literarischen Zusendungen, die mir als Zeichen Ihres Wohlwollens ebenso werthvoll sind, wie als Beweise Ihrer moralischen und geistigen Kraft einigermaßen beschämend. Die Gegenstände liegen mir zum großen Theil fern, aber sogar der Abhandlung über das gromatische Corpus[1] entnehme ich lehrreiche Einzelheiten, z. B. die Angabe über das Begräbnis an öffentlichen Wegen: diese Sitte findet sich auch bei den Arabern. Am liebsten habe ich natürlich Ihre Antworten auf die Antrittsreden der neuen Akademi-

ker² gelesen; Ihre gerechte Weitherzigkeit sagt mir zu, die von jeder Orthodoxie, auch von der altklassischen oder der deutschklassischen, weit entfernt ist und für die Keime der Zukunft ein offenes Auge hat, wenngleich sie in dem Erwerb der Vergangenheit den lebendigen Schatz der Gegenwart erblickt. Unter den Antrittsreden hat mir nur die von Stumpf³ gefallen, der überhaupt sowohl als Gelehrter wie als Mensch eine sehr gute Acquisition ist.

Ihrer Frau Tochter geht es besser, so daß Ihr Schwiegersohn nicht mehr in Unruhe ist. Bis zur völligen Genesung wird freilich wohl noch einige Zeit vergehen⁴.

Mit herzlichem Dank und besten Wünschen
ehrerbietig
Ihr aufrichtig ergebener
Göttingen 18. Juli 1895   Wellhausen

472. An Ferdinand Justi

Borkum 16.8.95
L. H. C.
Als Mitgliede der Gött. Societät steht Ihnen ohne Zweifel das Recht der Selbstanzeige in den G. N. zu. Bechtel ist noch da, so viel ich weiss¹. Hoffentlich kommt diese Karte noch vor Ihrer Abreise in Ihre Hände. Herzliche Grüße
Ihr Wellhausen

473. An Ernst Reimer

Göttingen 13 Sept. 1895
Verehrter Herr Reimer
Ich bitte Sie, je ein Exemplar der Isr. u. Jüd. Geschichte an die umstehend verzeichneten Adressen zu senden, und die Übrigen nach Göttingen. Das Porto *wünsche ich zu tragen*; es wäre mir lieb, wenn es gleich vom Honorar abgezogen würde.¹⁾

Hochachtungsvoll
Ihr ergebener
Wellhausen

¹⁾ etwa in der Weise, daß die letzte halbe Seite (p. 377) nicht mitgerechnet und also nur 23 ½ Bogen gerechnet würde¹.

1. Dr. Snouck Hurgronje in Batavia
2. Prof. Pfarrer Dr. Furrer in Zürich
3. Prof. Nöldeke in Strassburg i. E.
4. Geheimrath Prof Dr. Justi in Marburg in Hessen
5. Professor Niese in Marburg i. H.
6. Geheimrath Prof. Dr. Wagener in Marburg i. H.

474. An Ernst Reimer

Verehrter Herr Reimer
Dankend bestätige ich den Empfang von Zweitausenddreihundertfünfzig (2350) Mark Honorar[1]. Ich hoffe, daß der Büchersendung auch die Aushängebogen 20–24 beiliegen, die ich bisher nicht bekommen habe.

                                          Hochachtungsvoll
                                          Ihr ergebener
Göttingen 18 Sept. 1895   Wellhausen

475. An Ferdinand Justi

                                                        Göttingen 25.9.95
Lieber Herr College
Gestern nachmittag ist Ihr Namenbuch[1] in meine Hände gelangt. Ich habe lebhaft die Freude nachempfunden, mit der Sie nach Vollendung des großen Werks Ihre Frau und sich nach München aufbegeben haben. Die Einleitung, die von dem ersten Entwurf nicht viel übrig gelassen hat[2], habe ich mit großem Vergnügen gelesen; zufällig weiß ich, daß die Heirath Lucifers, aus der die sieben Todsünden entspringen (p. xvj), schon im Mittelalter vorkommt, bei Vintler, pluemen der tugend V 3442 ss[3]. Das Lexikon wird mir von größtem Nutzen sein, da ich alle Augenblick etwas nicht weiß, was ich nun dort nachschlagen kann. Vorläufig bin ich nur erstaunt über diese Belesenheit und diesen liebenden Fleiß; mit solcher Liebe arbeitet kein Anderer. Die Anhänge bezeugen, daß Sie sich nicht genug thun können und der Arbeit absolut nicht überdrüssig geworden sind. Die Leute haben es natürlich leicht bei einem solchen Buche zu flicken und zu bessern; darüber dürfen Sie sich nicht grämen. Die Recensenten neigen nun einmal zum Splitterrichten. Aber jeder Vernünftige wird Ihnen im höchsten Maße dankbar sein für die Freigebigkeit, mit der Sie die Schätze Ihrer Gelehrsamkeit säuberlich geordnet zu jedermanns Verfügung stellen.

Ihre Karte traf mich in Borkum, ich weiß nicht ob meine Antwort[4] Ihnen genügt hat. Es ist keine Frage, daß Ihnen die G. G. A. zur Verfügung stehn. Wenn Sie wollen, so senden Sie Ihre Anzeige an mich; der Redaktor hat gewechselt, Bechtel ist nach Halle gekommen, wie Sie wissen, und Ihr Schultz an seine Stelle getreten[5]; ich meine in der Professur, nicht in der Redaktion der Anzeigen.

Unsere Seereise ist übel gerathen, ich befand mich recht schlecht und befinde mich noch immer nicht gut; meine Schlaflosigkeit wird immer hartnäckiger. Um so schöner ist hoffentlich Ihre Münchener Kunstreise ausgefallen. Meine Frau ist sehr munter, sie läßt vielmals grüßen. Sie gräbt Morgens den Garten um und läuft nachmittags zu Fuß nach dem Hanstein. Von zwei Schwägerinnen steht uns Besuch bevor; ich hoffe auf Regen, damit wir nicht allzu viel in der nun schon 2 Monat anhaltenden Hitze spazieren laufen müssen.

Zum Schluß herzlichen Dank, und einen schönen Gruß an Ihre Frau!

Von Herzen
der Ihrige
Wellhausen

476. An Ferdinand Justi

[Göttingen, 26.1.1896]

Bei Schahrastani 188,2 steht: Zaraduscht sagt im Buch Zandusta: in der letzten Zeit wird ein Mann erscheinen namens اشیذربکا (d.h der wissende Mann), der wird die Welt schmücken mit Religion[1] und mit Gerechtigkeit; ferner wird in seiner Zeit Unglück (بتیاره) sich anheben u. s. w. Was bedeutet اشیذربکا? Ein Holländer schreibt ihn *Ochēder bami* oder *Ochêderma*[2].

Vielen herzl. Dank für die Antwort Ihrer l Frau, wir wünschen, daß sie ganz wieder wohl ist, sie darf ja nicht krank sein.

Ihr Wellhausen

477. An Charlotte Limpricht

[Göttingen, 2. 2.1896]

Die Arab. Poesie sollst Du natürlich behalten; der Artikel[1] ist für eine in England verlegte Zeitschrift Cosmopolis geschrieben; die Engländer geben einem immer nur Bürstenabzüge, ungeheftet und nur auf einer Seite bedruckt; dafür zahlen sie freilich sehr hohes Honorar.

Der alte Wagener in Marburg hat Wassersucht und liegt auf den Tod; ich habe ihm eben geschrieben – was mir sauer wurde

Ferdinand Justi

478. An Ernst Reimer

Verehrter Herr Reimer
Ich werde von Männern, denen ich ungern widerstehe, gedrängt, die Reste arab. Heidenthums (Skizzen u V. III[1]) neu herauszugeben. Wenn Sie noch ein Exemplar haben, bitte ich Sie es mir zu schicken. Freilich wird es mindestens ein Jahr dauern, bis der Neudruck beginnen kann. Denn ich muß das kleine Buch ziemlich stark umarbeiten.

Gött. 23.2.96
Ehrerbietig
Ihr ergebener
Wellhausen

479. An Ernst Reimer

Verehrter Herr Reimer
Vielen Dank für die Übersendung des Heftes[1]. Es thut mir leid, daß Bleek nicht mehr gekauft wird; allein ich habe es vorausgesehen und die Veranstaltung einer neuen Auflage widerrathen. Mir selbst ist meine Zeit zu schade, um solch ein Handbuch für Studenten abzufassen, worin die Meinungen aller Welt registrirt werden müssen.

Göttingen 25.2.95[2]
Ehrerbietig
Ihr ergebener
Wellhausen

480. An Ferdinand Justi

[Marburg, 16.3.1896]

Verehrter und lieber Freund
Ich darf Sie vielleicht bitten, dem Hrn Jacobi diese Rechnung[1] zu bezahlen; das Geld schicke ich mit Postanweisung. Bitte, heben Sie die Quittung weiter nicht auf; es liegt mir nur dran, daß Sie die Sache im Gedächtnis behalten. Der einliegende Zeitungsausschnitt, eine rührende Frühlingselegie, tief aus eigenem Erleben geschöpft, ist für Stud Lux[2] bestimmt.

Vielen Dank für Ihre Karte; es war ja Alles wunderschön, wenngleich Ihre Frau fehlte. Hoffentlich ist sie inzwischen wiedergekommen, wir grüßen sie und Sie aufs herzlichste.

Ihr Wellhausen

481. An Anthony Ashley Bevan

Verehrter Herr College
Vielen Dank für Ihre viel zu freundliche Anzeige der Psalmen[1]. Die Sache liegt so. Ich halte eine kritische Edition des ATlichen Textes für einen Unsinn. Ich hatte nur eine Übersetzung der Psalmen übernommen. Haupt erweiterte hernach seinen Plan und verlangte auch eine Textausgabe. Ich sagte ihm, das sei Unsinn. Darauf erwiderte er, dann werde er durch einen Andern *nach meiner Übersetzung* den kritischen Text machen lassen. Das ging natürlich nicht, und so mußte ich mich selber, sehr gegen meinen Willen und meine Überzeugung, mich daran machen. Ich habe aber weiter nichts gewollt, als denjenigen Text geben, den ich in meiner Übersetzung voraussetze. Der Text hat also an sich gar keinen Werth, sondern ist nur eine ganz überflüssige Beigabe zu der Übersetzung. Niemals wieder werde ich unter der Superintendenz eines Anderen, noch dazu eines Haupt, arbeiten. Es ist ein erzwungener Sündenfall[1]. Sie können das ruhig aussprechen, ich werde selbst gelegentlich es drucken lassen.

Ihre Vorschläge sind mir höchst erwünscht, ich würde gern noch mehr dergleichen hören und danke Ihnen von Herzen dafür.

Gött. 20. 4. 96
Ihr ganz ergebener
Wellhausen

[1] Ich halte auch Cornills Buch über Ezechiel[2] für völlig verfehlt; nicht einmal gute Einfälle finde ich darin.

482. An Heinrich Limpricht

Gött. 20. 4. 96

Viele herzliche Glückwünsche; mögest Du Dir Deine Gesundheit, gute Laune und Arbeitskraft erhalten, viele Freude an den Schwiegersöhnen erleben, Ruhe in der jetzigen Wohnung finden, und volle Collegia haben. Marie fühlt sich in der Correspondenz von Euch vernachlässigt; den Genuß dieses Gefühls hat sie selten, denn gewöhnlich ist sie im Rückstande. Sie hat allerdings sehr viel zu leisten, seit langer Zeit schreibt sie unaufhörlich nach Darmstadt und Capri. Sie hat mit Tante Reiche allerlei Ärger gehabt; die alte Dame kann recht eklig sein und läßt sich schwer traktiren. Es ist aber jetzt endlich eine Stütze gefunden; sie hat ihr Amt schon angetreten und bewährt sich. Ich habe von Anfang an, seit ⅘ Jahren dazu gerathen und gedrängt, weil mir schien, daß Luischen gar nicht hieher gehörte und Tochter und Mutter unter einander litten. Aber eine etwas unaufrichtige Sentimentalität und die aufrichtige Furcht vor Onkel Kraut haben die Sache bis jetzt verzögert. Onkel Kraut hat wirklich ein warmes Herz (seinen

Ärger über den verlumpenden Neffen begreife ich vollkommen), aber er hat Grundsätze und nimmt keine Rücksicht auf die besondere Natur der Menschen und der Verhältnisse. Er könnte etwas von Bismarck lernen, ist aber wohl zu verknöchert dazu.

Die Finger sind mir steif, weil der Ofen ausgegangen ist. Es ist ein grün angestrichener Winter, seit drei Wochen kalt und naß. Hoffentlich ändert es sich mit dem Einzug der Studenten. Mir wird das Abhalten meiner Übungen erschwert durch ein Ohrengeschwür und einen obligaten Katarrh. Der Ohrendoktor Bürkner sucht mich zu kuriren; möchte es ihm bald gelingen. Marie ist sehr unglücklich, daß ich so schlecht höre; ich selbst habe mich an eine ziemliche Einsiedelei gewöhnt; sehr viel verliert man nicht grade bei dem Meisten, was die Menschen zu sagen haben.

Frau Spitta ist in ihre Wohnung gezogen, die aber noch greulich aussieht. Der edle Wagner[1] hat in Haus und Garten vandalisch gehaust und demolirt was er hat demoliren können. Er hat sich betragen wie ein boshafter Affe; seine angeborene Natur hat sich ganz herrlich offenbart. Es freut mich ordentlich, darin mich gerechtfertigt zu sehen, daß ich von Anfang an eine unüberwindliche Abneigung gegen ihn gehabt habe.

Da Du dies und ähnliches wahrscheinlich auch von Marie hören wirst, so will ich mich bescheiden und mit tausend Grüßen an Dich und die Anderen schließen

Von Herzen
Dein Julius W.

483. An Ferdinand Justi

Göttingen 16 Mai 1896

Verehrter und lieber Freund

Natürlich müssen Sie mich erst erinnern, daß Ihrer Frau Geburtstag heute ist; ich schäme mich in die Seele hinein, ich bin ein ganz trauriger alter Knopf. Am liebsten möchte ich mich sofort aufmachen, um ihr persönlich meine aufrichtigsten und herzlichsten Glückwünsche zu Füßen zu legen; es geht aber leider nicht, da meine Frau auf morgen Allerlei arrangirt hat, was ich hier am Orte über mich ergehn lassen muß. Es wird also mit dem Besuch vielleicht etwas später werden; dann richte ich es jedenfalls so ein, daß ich sie – ich meine Ihre Helene – zu Hause treffe.

Ich habe neulich einen wunderlichen Gott oder das Heiligthum eines Gottes gefunden, der heißt Zun ذون. Er wird in Versen arabischer Dichter citirt; sie reden von einer Kapelle des Zun, um die die Herbeds die Procession machen, sie reden aber auch von einem menschengestalten Idol Zun. Eine sprichwörtliche Redensart lautet „schöner als der Zun"; sie wird angewandt auf ein schönes Frauenzimmer, ebenso wie gewöhnlich „schöner als ein Tempelbild". Ein Götze in Obolla bei Baßra soll Zun geheißen haben. Bei Vullers im Lexikon[1] fand ich زون *idolum*. Was ist das? Arabisch ist es auf keinen Fall. Ich bitte aber, meine Frage keineswegs als rascher Beantwortung bedürftig anzusehn; ich theile Ihnen die Sache nur mit in der Hoffnung, daß Sie sich vielleicht auch dafür interessiren. In den Handbüchern kann ich nichts darüber finden.

Ich stecke in einer Umarbeitung der Reste arabischen Heidenthums[2]; leider lasse ich sehr wenig intact stehn, fast keinen Stein auf dem andern, obwohl ich inhaltlich nicht eben viel zu ändern habe. Die Arbeit ist mir ziemlich langweilig, da das Interesse an diesen alten Göttern und Göttinnen, Spuk und Aberglauben und was man sonst so Religion nennt ziemlich geschwunden ist. Ich halte es doch für ein rechtes Glück, daß wir keine Heiden mehr sind; in dieser Hinsicht bin ich nicht romantisch. Den Mazdaismus halte ich nicht für Heidenthum.

Jensen hat Mühe gehabt, seinem Reckendorf[3] eine Unterkunft auszumachen; er sollte zuerst in den Gött. Gel. Anz. niederkommen, das ließ sich indessen nicht erreichen, obwohl ich mir dafür ziemliche Mühe gegeben habe. Das Heiligkeitsgesetz des Amerikaners[4] interessirt mich nicht; ich bin froh wenn er es mir nicht zusendet.

Über Ihre Familiennachrichten haben wir uns sehr gefreut; möchten Sie und Ihre Frau immer nur, wie bisher, Fröhliches an den drei Männern erleben.

Nochmals herzliche, wenngleich verspätete Glückwünsche

Ihr Wellhausen

484. An Heinrich und Charlotte Limpricht

[Göttingen, nach dem 17.5.1896]

Vielen herzlichen Dank für Eure Glückwünsche, für die Hähnichen und die wunderschönen Nußpflastersteine. Ich bin wie gewöhnlich recht verzogen worden, Marie hat sich aufs äußerste angestrengt, und auch von anderen Seiten hat es an Geschenken und Gratulationen nicht gefehlt. Abends waren Wilamowitz, einschließlich Dorotheas, bei uns; er und sie beschämen uns durch ihre unentwegte Freundlichkeit, die ich nicht immer so erwidere, wie ich sollte und auch wohl möchte; denn ich liebe sie beide. Frl. Hayduck und Tante Mathilde hatten sich auch nicht lumpen lassen; letztere ist ordentlich aufgelebt, seit Luischen weg ist; ebenso Dorette. Wäre nicht die entsetzliche Furcht vor Kraut gewesen, so hätte der jetzige vernünftige Zustand schon längst eingerichtet sein können.

Ich bin weit mehr Gärtner, als Professor; wenigstens liegt mir der Garten mehr am Herzen als die Universität. Schön ist er noch nicht, aber er wird; ich pflege ihn eifrig. Nach Trinitatis[1] bekommen wir Besuch von Bosse und Althoff;

sie werden das neue Institut von Nernst einweihen. Vogt und Riecke sind eifersüchtig auf Nernst und wollen auch ein neues Institut haben (für 1 Million)[2]; ich fürchte, neue Menschen wären nöthiger in diesem Fall, als ein neues Institut. Nernst hatte auch in dem alten Institut immer ganz allein Praktikanten, Vogt und Riecke pausiren seit Jahren. Es sind jetzt indessen wieder viel mehr Naturwissenschaftler immatriculirt; doch sind es entweder Chemiker oder Mathematiker, kaum Physiker. Es sind diesmal 500 neue Studenten angekommen, und wir werden voraussichtlich auf 1100 steigen. Für mich ist das freilich ganz egal, doch freut es mich immerhin, wenn die philos. Fakultät wieder zunimmt, während das unheimliche Wachsen der Juristen ein recht schlimmes Zeichen ist.

Himmelfahrt[3] waren wir mit Murrays in Münden; gestern bin ich zur Nachfeier mit Marie allein im Göttinger Walde gewesen; der ist auch nicht zu verachten, nur ein bißchen weit, obgleich man jetzt doch im Schatten herkommen kann.

Lotte Bewer hat für ein Kind ein sonderbar seelenvolles Gesicht, die wird früh lieben und geliebt werden. Es ist eine höchst gelungene Composition von Vater und Mutter. Es thut uns leid, daß wir Lenchen nicht sehen; aber der andere Weg war wohl bequemer. Von Göttingen kann man nicht gut in einem Tage nach Schwalbach kommen, da die Schnellzüge erst am Nachmittag um 3 und 5 1/2 gehen.

Ich habe mich drei Tage lang Abends betrunken und dann Nachts geschlafen; das werde ich fortsetzen. Bosse wird auch wohl etwas Abends angefeuchtet werden müssen, wenn er am Tage die Sitzungen der Societät und andere trockene Sachen hat genießen müssen, mit denen er regalirt werden soll.

Viele Grüße und nochmals schönsten Dank!
Euer Julius

485. An Michael Jan de Goeje

[Göttingen, 2.6.1896]
Vielen Dank für Ihre gütigen Mittheilungen. Nöldeke hat mich darauf hingewiesen, dass in dem von mir citirten Artikel Agh 7,148 sqq ein Theil des von mir abgedruckten Textes steht. Sehr erwünscht wäre es mir, wenn Sie etwas Gescheites wüssten für بما فى 146,8. Es muss darin ein stat. constr. stecken, der Subject zu شرقت ist. „in Blut, von dessen Roth die Eingeweide (?) seines Bauches ganz getränkt waren, (roth) wie *rothe rothgefärbte? Korallen*"

486. An Hans Lietzmann

[Göttingen, 3.6.1896]

Sie lösen zwar das Problem nicht, daß Jesus sich d Msch[1] genannt hat, sondern sie leugnen es; aber vielleicht haben Sie Recht[2]. Den Messias kann er sich nicht genannt haben (das ist für mich das Wichtigste); *der Mensch* ist auch nicht einfach = ich; und ich leugne nicht, daß eine emphatische Bedeutung des Ausdrucks gleichfalls höchst schwierig ist. Wäre nicht bloß das messian. Misverständnis, sondern die Schöpfung des Titels selbst einfach auf Rechnung der Gemeinde zu setzen, so wären wir aus aller Noth befreit. Indessen diese *ultima ratio* bleibt immer ein starker Gewaltstreich. Daß Paulus *den Menschensohn* nicht gekannt hat, beweist nicht, daß er auch *den Menschen* Xus[3] Jesus nicht gekannt hat. Vielleicht könnte *barnascha* ein Protest gg *barlaha* sein. Mit vielem Dank hochachtgsvoll

Ihr ergebener
Wellhausen

487. An Wilhelm Herrmann

[Göttingen, 4.6.1896]

Vielen Dank! Bleiben Sie ja in Marburg; da ich noch einigermaßen Fuß dort habe, würde ich Sie sehr ungern dort vermissen. Die persönl Neigung muß entscheiden; die Pflicht sich für den größeren Wirkungskreis aufzuopfern existirt nur im Gerede der Leute; Gott weiß, ob Sie in Wahrheit in M. nicht mehr wirken als in H[1]. Alle Welt wird mehr Respekt haben, wenn Sie bleiben als wenn Sie gehen[2]. Viele Grüße an Ihre Frau Gemahlin und an Bergmann[3]

Ihr W.

488. An Eberhard Nestle

[Göttingen, 17.6.1896]

Vielen Dank[1]. Jammer, daß der einzige Theologe (der Bonner), der die Sache anfaßt, sie nur in Miscredit bringt[2]. Er sitzt noch immer auf hohem Rosse und hält meine Anzeige für höchst perfide, aus purem Edelmuth will er indessen von einer Gegenerklärung absehen. Ihr Verweis auf Dalman 196[3] setzt das Tüttelchen auf das I.

Bei Amos 2[4] halte ich daran fest, daß τα πατουντα κτλ Correctur nach dem MT ist, obgleich Sie Recht haben werden, daß die Verbindung mit υποδηματων zulässig ist. An meinem Verständnis von חבר[5] halte ich ebenfalls fest. חברים λοιποι geht über die Verwechslung ἕτεροι ἑταιροι.

Daß *Bethphage* „Ort unreifer Feigen" bedeuten soll, ist klassisch[6]. Man kann sagen „Ort von Feigen", aber nicht „Ort von *unreifen* oder von *reifen* Feigen."

Hochachtungsvoll
Ihr ergebener
Wellhausen

489. An Konrad Burdach

H. H. C. Vielen herzlichen Dank für die werthe Gabe[1], deren Sie mich würdig gehalten haben. Daß der Gegenstand mir am Herzen liegt, können Sie sich denken. Marianne (und ihr Gesicht) ist seit lange meine Schwärmerei; Sie haben sie mir noch näher gebracht und tiefer erklärt. Die Schrift über die Zwo Tafeln[2] ist im Grunde nüchterne und durchaus zutreffende Kritik, ebenso wie die Worte über die ungeheuerliche Vermengung der Stoffe im Pentateuch[3]. Rückert bedeutet mir weit mehr als Ihnen; auch Reiske halte ich keineswegs für geringer als de Sacy. Mit ergebenem Gruß

3. Juli 1896   Ihr Wellhausen

490. An Ignaz Goldziher

Hochgeehrter Herr College
Gestatten Sie mir, dass ich Ihnen Herrn Hornyanszky als sehr begabt und sehr eifrig empfehle.

Hochachtungsvoll
der Ihrige

Göttingen 15. 8. '96   Wellhausen

491. An Theodor Mommsen

[Göttingen, 15.10.1896]

Hellen nennen die Juden den Heiden wenn sie griechisch sprechen, *Aramai* wenn sie jüdisch sprechen. Schon Isaias 9,12[1] nennt die Septuaginta die Philister Ἕλληνες, die sonst ἀλλόφυλοι heißen. Wie es kommt, daß Hellenismus und Aramaismus als Heidentum gleichgesetzt werden, ist nicht ganz leicht zu sagen.

Die den Juden zunächst bekannten Heiden waren Aramäer; diese hüllten aber ihr Heidentum einigermaßen in die Formen des Hellenismus, während die Juden sich des Hellenismus erwehrten und darin eine Zeit lange die ihnen feindlichste Form des Heidentums erblickten. Aramäisch war die alte Welt, hellenisch die neue; die *Welt* steht dem Volke und Reiche Gottes gegenüber

492. An Theodor Mommsen

[Göttingen, 15.10.1896]

Ich kann Ihnen leider nicht sehr viel sagen, vielleicht weiß Harnack mehr. Der Gegensatz ist zwischen dem *Singular* τὸ ἔθνος (die Juden) und dem *Plural* τὰ ἔθνη (die Heiden). Dieser Gegensatz läßt sich schon im Alt. Test. bemerken. Das *Adjectiv* ist natürlich vom Plural abgeleitet. Es ist *nur* griechisch-lateinisch, im Alt. Test. findet es sich nicht, und die Juden sagen statt dessen *aramâi* = aramäisch, welches gleichbedeutend ist mit ἑλληνικός. Denn Aramäer = Hellenen = Nichtjuden; die Wörter haben den nationalen Sinn verloren und den allgemeinen Sinn *Heiden* angenommen[1]

Die *capitis deminutio*[2] trifft uns schwer, besonders auch hinsichtl der Verwaltung der ganzen Universität.

493. An Ferdinand Justi

Göttingen 16. 10. 96

Verehrter und lieber Freund

Ich komme wieder mit einem Anliegen: nemlich aus dem beiliegenden Katalog etwa ein Dutzend der schönsten (nicht grade der interessantesten) Photographien in R^1 auszuwählen. Sie sind für ein Hochzeitsgeschenk bestimmt. Die Verantwortlichkeit braucht sie [sic] nicht zu drücken; davon spreche ich Sie feierlich los. Verpflichten würden Sie uns, wenn Sie uns bald Nachricht gäben.

Meine Frau ist der Ihrigen sehr dankbar für die gütige Aufnahme der Frl Briegleb. Sie kam übrigens krank von Marburg zurück, wenngleich die Krankheit keineswegs durch die Reise verschuldet oder auch nur veranlaßt ist. Jetzt erholt sie sich langsam; ihre älteste Schwester ist zur Pflege und für den Haushalt hier.

Von hier ist wenig zu erzählen, ich komme auch weit weniger mit den Leuten in Berührung als wie es in Marburg der Fall war. Der Druck der ewigen anständigen Langeweile weicht nicht von Göttingen. Zum Theil ist mein Gehör aber auch daran schuld, daß ich mürrisch werde. Demnächst werden die Verhandlungen über die Wahl des Nachfolgers von Wilamowitz angehen. Es scheint wenig Auswahl zu sein; die klassische Philologie ist im Aussterben begriffen. So ein altes Ding kann ja auch nicht ewig halten.

Herzliche Grüße, auch von meiner Frau, an Sie und die Ihrige
Ihr Wellhausen

494. An Ernst Reimer

Verehrter Herr Reimer
Ich bin mit der Umarbeitung der Reste Arab. Heidenthums[1] nahezu fertig und sende Ihnen anbei die ersten Bogen. Sie können mit dem Druck anfangen wann Sie wollen. Gern hätte ich das Msc noch einmal abgeschrieben; aber ich muß meine Hand sehr schonen und konnte die Sache keinem Copisten anvertrauen. Hoffentlich findet sich der Setzer zurecht.

Honorar will ich nicht haben, dagegen 25 Freiexemplare. Auf einen Absatz von etwa 100 Exemplaren im ersten Jahr ist mit Sicherheit zu rechnen, da das Buch eigentlich ganz neu wird. Ich bitte Sie, den Preis nicht zu erhöhen und nicht zu ermäßigen.

Göttingen 29. Okt. 1896
Ehrerbietig
Ihr ergebener
Wellhausen

495. An Ernst Reimer

Verehrter Herr Reimer
Anbei der Rest des Manuscripts[1]. Ich glaube, daß es nicht gerathen ist, mehr als 500 Exemplare zu drucken.

Die Nachricht, daß Sie die Buchhandlung verkauft haben, war mir etwas schmerzlich. Doch schenke ich Ihrem günstigen Urteil über den Käufer[2] vollkommenes Zutrauen. Er war so liebenswürdig, mich zu besuchen.

Gött. 8.11.96
Ehrerbietig
Ihr ergebener
Wellhausen

Ich bitte um Empfangsbestätigung[3]

496. AN FAMILIE LIMPRICHT

24.12.96

Einen schönen Gruß, und die besten Wünsche für ein fröhliches Fest zu Weihnachten. Wir haben noch nichts ausgepackt und müssen mit dem Dank für Eure Gaben also noch warten. Anning schreibt, daß sie Weihnachten in Leipzig feiert. Ihr werdet sie schmerzlich vermissen; indessen werden die Möllerschen und Bewerschen Kinder dafür sorgen, daß es nicht allzu still bei Euch ist. Marie ist munter und vergnügt, sie hat sich ziemlich viel zugetraut und es ist ihr gut bekommen. Mein Ausschlag schwindet, doch bleibt noch eine Färbung, ich sehe auf dem Rücken aus wie eine Forelle.

Kaibel ist an Wilamowitz' Stelle berufen, nachdem dem unglücklichen Schwartz der Mund dadurch wässerig gemacht worden war, daß der hiesige Curator ihm plötzlich einen Besuch in Gießen machte und seiner Vorlesung beiwohnte. Wilamowitz selber hatte zu Schwartz gerathen, wenngleich mit sehr schwerem Herzen, weil er meinte, Schwartz passe besser hieher, weil er die alte Geschichte mit vertreten könne, für die der hiesige Fachmann, Volquardsen, nicht ausreichend befunden wird. Aus diesem Beispiel, daß W. selbst Kaibeln aus sachlichen Gründen hat zurücksetzen wollen, kann der kleine Ulman[1] ersehen, daß es keine persönliche Kränkung für ihn bedeutet, wenn W. einen Anderen ihm vorgezogen hat.

Anning hat einen niedlichen Leuchter mit einem Fuß aus geschliffenem Achat oder sonst einem Stein geschickt und dazu einen Christstollen, der Marie durch seine Qualität entzückte und eben darum durch seine Quantität betrübte; er ist längst all all all. Eßbare Geschenke gehen doch immer am meisten zu Herzen.

Tante Reiche kriegt ihren Samos. Sie ist gar nicht wohl; ich habe etwas von Venenentzündung oder Venenverstopfung, in Folge von Krampfader am Bein, gehört, kann aber für richtiges Verständnis nicht bürgen, zumal ich grausam erkältet bin und dann noch schlechter höre als sonst.

Im chemischen Laboratorium ist wieder eine Explosion erfolgt, jedoch ohne viel Schaden anzurichten. Wallach hat 115 Praktikanten, Nernst hat auch eine Menge. Die Physik dagegen, namentlich die experimentelle, scheint durch Riekke den Leuten sehr wenig anziehend gemacht zu werden, sie klagen Stein und Bein. Es soll ein neues physik. Laboratorium gebaut werden; viel besser wäre es, wenn ein neuer Professor gebaut würde.

Vor ein paar Tagen hat Vogt[2] Bachs Weihnachtsoratorium zum Vortrag gebracht, sehr gut. Die erste Ouvertüre, die Choräle, und die Altarien sind besonders schön; ich wollte ich könnte die Geschichte heute Abend noch einmal hören. So aber bleiben wir zu Hause, trinken ein wenig, und denken an Euch. Noch einmal herzlichen Gruß

Euer Julius

497. An Adolf Harnack

L. H. C! Vielen Dank für die werthvolle Gabe deren Sie mich gewürdigt haben[1]. Das Buch, in der Form der bibl. Einleitungen, scheint mir höchst nützlich zu sein; es ist bequem, enthält Alles, und ist doch keineswegs ein Repertorium. Gegen die vielen Unberufenen, die mit drein reden, üben Sie große Toleranz; Ihre Polemik wird sogar gegen Zahn nicht bissig. Ich habe natürlich das Ganze nur durchblättert. Vorläufig hat mich die Chronologie (des Paulus) am meisten interessirt[2]. Die Säulen werden sich vielleicht nicht dabei beruhigen. Sie brauchen sich indessen um Constructionen nicht zu kümmern, und die Daten haben Sie für sich wie mir scheint.

Ich habe eine Abh. über den Josippus geschrieben[3] und bin eben dabei, dem Eduard Meyer die Haare etwas gegen den Strich zu kämmen[4]. Er macht sich gar zu wichtig mit seinem gesunden Menschenverstande, mit seiner orientalist. Gelehrsamkeit, und mit seiner Kunst dick zu unterstreichen was andere Leute gesagt haben. Sonst ist er nicht übel, sehr fleißig, und klar. Er erinnert etwas an Stade, dem freilich die siegesgewisse Naivetät fehlt.

Reischle geht nach Halle, vielleicht wird Kattenbusch sein Nachfolger. Für Wilamowitz kommt Kaibel. Eine Weile schien Schwartz in Gießen Aussicht zu haben, der mir persönlich weniger angenehm gewesen wäre. Ich habe eine Abneigung gegen ihn acquirirt, als er Student in Greifswald war und sehr vornehm auf mich elenden Theologen herabsah. Er soll sich inzwischen geändert haben; ich bezweifle indessen, ob dies Kamel durch ein Nadelöhr zu kriechen imstande gewesen ist.

Wilamowitz' Abgang ist mir leid. Ich habe wenig mit ihm verkehrt, aber wir standen immer auf dem alten Fuße. Mir zeigte er niemals die Maske, durch die er denen unausstehlich ist, die ihn nicht intim kennen. Er arbeitet an sich und verleugnet sich selber, wie Wenige. All seine Wissenschaft stellt er zurück, wenn es gilt, einem Anderen zu dienen. Das Christenthum war ihm früher verhaßt; jetzt betrachtet er es als Bundesgenossen im Kampf gegen den Nationalismus und „die Moderne". Es ist in der That sonderbar, daß er je den intimen Zusammenhang von Antike und Christenthum hat verkennen können, der nicht nur historisch ist, sondern noch heute fortdauert. Alexander und Christus sind nicht zu trennen.

Von Marburg höre ich nicht viel; die Leute sagen, die Composition der Universität sei ehemals erfreulicher gewesen. Mir thut es noch immer etwas leid, daß ich weggegangen bin; Hans Achelis kann das freilich nicht begreifen. Er schwimmt hier in Seligkeit, scheint sehr eifrig und in seinem Fache gut bewandert zu sein. Er hat sich mit der Stieftochter eines alten Freundes von mir verlobt[5]; den Schwiegervater habe ich sehr lieb, die Tochter wird wohl auch nicht übel sein.

Meine Frau war im Oktober und November krank, an ihrem alten Leiden. Ich selbst leide fortwährend an Schlaflosigkeit und bin für gewöhnlich schlechter Laune, weil ich nicht recht arbeiten kann. Ich muß die Momente stehlen, und werde dadurch oberflächlich. Ich muß schließlich unter die Philosophen gehen, die sich wie der Bär Alles aus den Tatzen saugen können. Die Titelvignette von Bruckers Gesch der Philosophie[6] ist ein Bär mit der Umschrift: *omnia de suo sugit.*

Leider werde ich durch einen Wagen unterbrochen, der mich abholen soll. Ich schließe also mit herzlichem Dank und wünsche Ihnen allen ein gesegnetes Neues Jahr

Gött. 25. 12. 96   Ihr Wellhausen

498. An Otto Hartwig

[Göttingen, Ende 1896?]

Vielen Dank für Ihre Freundlichkeit. Ich hoffe die Blendwerke des vulg. Rationalismus demnächst in Besitz zu bekommen[1]. Der Gedanke mich an eine Biographie zu wagen ist mir selbst schon zuweilen gekommen, allerdings zunächst an eine Biographie Ewalds[2]. Aber ich muß erst andere Dinge fertig machen. Münter, Reiske, Gesenius, Ewald, Olshausen, Gildemeister und Nöldeke – wahrhaftig eine stolze Reihe, die einem wohl Lust machen könnte zu einer Geschichte der deutschen Semitisten. Ich sammle wenigstens inzwischen an charakteristischen Schriften, namentl Jugendschriften. Zur Charakterisirung Lagardes wird es genug sein, daß kein Wort über ihn gesagt wird. Sein Fehlen bedeutet keine Lücke in der Entwicklung der Wissenschaft.

Das traurige Geschick F. Dümmlers[3] geht mir auch sehr nahe. Ich hätte nur gewünscht, daß er nicht nach Basel gegangen wäre. Man hat den Baselern auf ihre sehr bestimmten Erkundigungen nicht die Wahrheit gesagt.

              Mit herzl Gruße
Bitte um fr Gruß   der Ihrige
an Hiller u Dittenberger[4]   Wellhausen

499. An Eduard Sachau

Göttingen 24. Febr 1897.

Hochverehrter Herr College

Ich kenne die Arbeiten von Winckler über Biblisches kaum, nur vom Hörensagen, und habe mich nirgends darüber geäußert. Ich habe einmal einen Versuch gemacht, seine Lucubrationen zu lesen, bin aber sofort stecken geblieben. Er wird wohl zuweilen einmal einen guten Einfall haben; das Ganze aber halte ich mich für berechtigt zu ignoriren.

Hochachtungsvoll
Ihr ergebener
Wellhausen

500. An Ignaz Goldziher

[Göttingen, 15.4.1897]

Verehrter Herr College! Vielen Dank! Es ist mir nicht im Traum eingefallen, durch Verweisung auf ganz ungefähre Andeutungen in der Cosmopolis[1] (ich habe leider kein Exemplar zur Verfügung, sonst würde ich es schicken) irgend welche Prioritätsansprüche zu machen. Ihrer Meinung bin ich schon lange, ich habe auch irgendwo einmal ein paar Beispiele von Klageversen gesammelt, die weder سجع noch رجز sind und auch keinen rechten Reim haben; aber ich kann sie nicht wieder finden. Wie قفا, so sagt man umgekehrt auch حبّه für fluchen Tab 1 3225,5 ?

Ehrerbietig
Ihr ergebener
Wellhausen

Bei حثا bin ich im Irrthum. Bei سبع zeigt sich sich wieder der intime Zusammenhang zwischen Schwören u Fluchen.

501. An Helene Justi

Göttingen 15 Mai 1897

Liebe Frau Justi

Erlauben Sie, daß ich Sie so anrede; etwas Anderes fließt nicht aus der Feder. Mein Geburtstag erinnert mich GottLob an den Ihrigen, und diesmal thut er es vorher und nicht, wie ehedem, nachher. Wie gern würde ich Ihnen persönlich gratuliren und Ihrem Manne dazu; Sie sind beide so füreinander geboren, wie selten zwei Menschen. Mit Papier und Dinte kann man sich nicht in die Augen sehen, und Worte machen ist nicht eben meine Gabe.

Wir haben seit unserer Rückkehr von Marburg unser Programm nach Vorschrift abgearbeitet, erst bei uns die siebzigjährigen Orgien gefeiert, und dann noch einmal in Münden[1]. Dort waren wir die Gäste des Schulraths Lahmeyer, hatten gutes Wetter und freuten uns am Frühling, der nirgend in der Welt schöner ist als in Münden. Der besagte Onkel wurde auch 70 Jahre alt, er ist im selben Alter wie mein Schwiegervater. Die Nachfeier genießen wir noch immer, meine Schwiegermutter ist noch bei uns zu Besuch.

Meine Frau steht immer auf dem Sprunge nach Marburg, aber der Musikdirector hat ihr noch nicht Bescheid geschrieben, darauf wartet sie. Es kommt mir fast vor, als ob dem Mann dieser unregelmäßige Unterricht nicht grade ganz genehm wäre; er sagt es freilich nicht. Hier in Göttingen ist meine Frau jetzt unter die Bachanten gegangen, im Chor des Professor Vogt, der vorzugsweise Bach und daneben noch mathematische Physik treibt[2]. Sie hat viel Vergnügen daran und persuadirt mich, theil zu nehmen. Ich alter Esel gehe aber nicht mehr auf das Eis.

Ihr lieber Mann hat mir mein Geburtstagsgeschenk schon zum voraus geschickt; in Form der beiden Aufsätze in den Preuss. Jahrbüchern[3]. Ich habe sie nicht bloß mit großem Nutzen, sondern auch mit großem Vergnügen gelesen. Hans Delbrück kann sich freuen und für einige Zeit an diesem *pièce de resistance* zehren. Es steht sonst oft ziemlich windige Wissenschaft darin, z. B. ein Artikel meines Freundes Gunkel über den Propheten Elias[4].

Hr Hühner wollte mein Haus verkaufen, aber der Käufer, Prof. Rathgen, hat sich lieber ein anderes gekauft. Ich bin beinahe froh darüber. Ich liebe die Hessen-Nassauer und fühle mich dazu gehörig.

Viele Grüße an den Herrn Geheimrath[5]! Gott erhalte Sie vergnügt und gesund!

Ihr Wellhausen

502. An Wilhelm Meyer

Sonntag Vormittg
16. Mai 97

Lieber Herr College

Ich war eben bei Ihnen – ich konnte leider nicht eher –, traf Sie aber nicht zu Hause und greife darum zur Feder. Es handelt sich natürlich um den Fall Smend und Schürer. Nach Ehlers' Auseinandersetzungen glaube ich in der That, daß es besser ist, sich die Sache noch einmal zu überlegen. Nach der Tradition wird die philos. Facultät vorgezogen, und mir scheint Schulze, an den ich erst am Montag Nachmittag dachte, in der That nicht übergangen werden zu dürfen. Leo hat mir denn auch erklärt, er würde gegen zwei Theologen auf einmal protestiren; Ehlers hat das selbe für die ganze naturwiss. Section in Aussicht gestellt oder wenigstens für nicht unwahrscheinlich ausgegeben. Es wäre also höchstens möglich, entweder Schürer oder Smend vorzuschlagen – in welchem Falle ich für Smend sein würde[1]. Schürer hat Ehren genug, und wenngleich er vielleicht gelehrter ist als Smend, so hat er jedenfalls nicht mehr Urtheil. Auch halten wir uns mit Smend wenigstens äußerlich an die philos. Fakultät. Ich glaube indessen, daß es besser ist, mit den Vorschlägen für die zwei Stellen noch etwas zu warten und sich mit allen Seiten ins Benehmen zu setzen.

Mit fr. Grüße

Ihr ergebener
Wellhausen

503. An Ignaz Goldziher

Hochgeehrter Herr College
Es ist nicht ganz leicht, Ihre Frage zu beantworten. Von der philos. Facultät ist seit 50 Jahren die von Ihnen genannte Aufgabe nicht gestellt worden. Es gibt aber noch andere Preisaufgabeninstitute, die hier domiciliren. Ich bitte Sie um einige Nachsicht, wenn meine Erkundigungen bei diesen noch einige Zeit in Anspruch nehmen

Hochachtungsvoll
Ihr ergebener
Wellhausen

19. 5. 97

504. An Ferdinand Justi

2 Juni 1897

Verehrter und lieber Freund
Ich gratulire herzlich und wünsche, daß Sie bei dem herrlichen Wetter einen schönen Tag verleben, und daß sich daran noch einige tausend weitere schöne Tage anschließen, an denen Sie sich Ihrer Frau und Kinder freuen dürfen. Meine Frau ist gestern etwas erhitzt, aber ganz munter zurückgekehrt. Jenner[1] ist sehr freundlich gewesen, bei aller lehrhaften Deutlichkeit; Schmeicheleien sagt er meiner Frau nicht, das ist auch ganz in der Ordnung. In etwa 2 Monaten wiederholt sich die Stunde, dann hoffe ich auf einige Tage mitzukommen und freue mich sehr darauf. Eigentlich könnten Sie sich auch einmal entschließen uns zu besuchen und zu probiren, wie es sich in unseren Betten schläft. Von der Wurst, die Sie Abends bei uns essen müßten, erlauben wir uns Ihnen eine kleine Probe zu schicken, die leider etwas verspätet eintreffen wird, weil ich mir eingebildet habe, der wichtige Tag[2] sei der 4 und nicht der 2 Juni.

Unsere Nachbaren Vischers haben das Haus[3] gekauft, in dem sie bis dahin nur zur Miethe wohnten, und uns damit einen großen Gefallen gethan. Denn sie sind jedenfalls sehr gute Nachbaren, lassen uns ganz zufrieden und sind doch freundlich. Sie haben sonderbarerweise ganz *contre coeur* gekauft, denn sie hassen Göttingen und wollen so bald sie können fort von hier. Er ist ein wundersamer Kauz, er verlangt, daß ihm nichts übel genommen wird, er selber aber nimmt Alles übel. Ich kann indes persönlich gar nicht klagen und amüsire mich über seine Art; denn er ist im Grunde ein gutmüthiger Mensch. Er hat etwas vom Künstler; sein Ideal ist, sich ganz nach seinem Naturell „darzuleben". Die Selbstverleugnung gehört nicht zu seiner Moral; auch der Verstand ist nur mäßig entwickelt, obgleich er geistreich und munter genug sein kann. Er ist augenblicklich das Thema von ganz Göttingen durch die närrischen Manieren, die er bei dem Hauskaufe, vorher und nachher, spielen läßt.

Meine Frau schließt sich mit Grüßen und Wünschen aus allen Kräften an.

Ihr Wellhausen

505. An Ignaz Goldziher

[Göttingen, 19.6.1897]

Nach einer dunklen Kunde haben Wüstenfeld u Lagarde vor langen Jahren einmal die von Ihnen angedeutete Aufgabe für die Societät der Wissenschaften dahier gestellt, und für die Bearbeitung damals auf Pertsch gehofft. Natürlich ist jetzt die Sache längst verfallen. In den Akten ist schwer darüber etwas zu finden; es stehn aber Notizen über dergleichen Dinge in den Gött. Gel. Nachrichten und vor allem in den Abhandlungen der Gesellschaft. Vielen Dank für Ihre gütige Zusendung[1]

Hochachtungsvoll
Ihr ergebener
Wellhausen

506. An die Gesellschaft der Wissenschaften zu Göttingen

An den Herrn Classenältesten
der phil. histor. Section der K. G. d. W.
Geheimrath Dr. Wagner

Ich schlage vor, Herrn Prof. Smend in die Societät zu wählen[1]. Ich habe früher das Bedenken ausgesprochen, daß derselbe sich zu sehr mit mir decken würde. Bei näherer Erwägung muß ich gestehn, daß das doch nicht der Fall ist. Früher war allerdings meine gelehrte Arbeit vorzugsweise dem Alten Testamente zugewandt. Aber jetzt zehre ich hier nur von dem Erwerb vergangener Jahre; mein

Studium gilt ausschließlich der arabischen Literatur und Geschichte. Der *Forschung* auf dem biblischen Gebiet bin ich fremd geworden. Nun ist aber immer ein Vertreter der s. g. biblischen Wissenschaft in der Societät gewesen, und grade die Vertreter dieser Disciplin, wie J D Michaelis, Eichhorn, Ewald, Lagarde, haben nicht wenig zur Ehre unserer Universität und Societät beigetragen. Durch Wüstenfelds Abgang wird für Smend eine Stelle frei. Es schadet natürlich nicht, daß dem Fach nach ich der Nachfolger Wüstenfelds und Smend der Nachfolger Lagardes wäre. Jedenfalls bleibt dann der alte Status erhalten: an Stelle von Wüstenfeld als Arabisten und Lagarde als Biblicisten würden Wellhausen als Arabist und Smend als Biblicist treten.

Ich schlage ferner vor, Hrn. Prof. Pietschmann zu wählen. Über seine wissenschaftliche Qualifikation zu urtheilen bin ich nicht competent, weiß aber, daß er von seinen Fachgenossen hochgeschätzt wird. Ein Beweis dafür ist es, daß Prof. Erman in Berlin Gewicht darauf legt, ihn mit in der Redaktion des geplanten großen ägyptischen Thesaurus zu haben. Dies ist nun eben auch der Grund, weshalb ich ihn zum Mitglied unserer Gesellschaft vorschlage. Da dieselbe bei besagtem Thesaurus Pathe stehn soll, so muß sie doch wohl einen Vertreter des Fachs in ihrer Mitte haben[2].

Göttingen 27. Juni 1897
         Ehrerbietig
         Wellhausen

507. An Ferdinand Justi

4 Aug. 97

Lieber Freund

Meine Frau ist schon gestern und vorgestern in Marburg gewesen, weil Jenner später nicht mehr zu treffen war. So früh konnte ich nun nicht mitkommen. Wir haben also unsern Plan verschoben und werden erst Mitte September (frühestens) einige Tage in Marburg verweilen[1], ehe wir von da unsere Romfahrt antreten. Denn, wie Sie vielleicht noch nicht wissen, wir gehen nach Florenz Siena Rom und Venedig. Meine Frau will und ich muß. Wenn Sie (Dual) doch mitgingen!

       Ihr Wellhausen

Kann man die ältere Form von زوزان nachweisen, der Landschaft, aus der der in den Tigris fließende خابور kommt? Ist es sprachlich möglich, زوزان und גוזן 2 Regum 17,6 zusammenzubringen? Die Antwort hole ich mir im September.

       Der Obige.

508. An Friedrich Schwally

Vielen Dank! Ihre Darlegungen[1] scheinen mir probabel. Das Princip ist mir nicht unbekannt; Nöldeke hat es ausgesprochen oder angedeutet für ܡܠܟܘܣ[2]; und ich habe es für diese Form seit lange als Nöldekes Ansicht vorgetragen. Aber die Anwendung auf ܡܠܟܘܣ[3], die sich leicht ergibt, war mir neu und scheint mir durchaus richtig. Ebenso die weiteren Analogien.

Gt 17. 8. 97

Hochachtungsvoll
Ihr ergebener
Wellhausen

509. An Wilhelm Meyer

Herzl. Dank. Wenn Ihnen die *Casa Nardini*[1] gefällt, werde ich auch dort anzukommen suchen. Indessen vor dem 30 Sept. gelangen wir nicht nach Florenz, und vielleicht haben wir dann nicht mehr das Vergnügen Sie dort zu treffen. Für eine kurze Mittheilung darüber nach Marburg in Hessen Hotel Pfeifer, wo wir uns von 15–21 aufhalten, wäre ich sehr dankbar; ich würde dann von Venedig aus eventuell mich anmelden, wo wir am 25. eintreffen. Wo haben Sie in Venedig gewohnt? Ist die *Luna*[2] empfehlenswerth?

Gött. 12.9.97

Ihr ergebener
Wellhausen

510. An Wilhelm Meyer

Schönen Dank für Ihre gütige Mittheilung! Wenn die Betten in der *Casa N.* ordentlich und das Übrige reinlich, so komme ich hin; auf Verpflegung lege ich kein Gewicht. Von Venedig aus werde ich mir erlauben Ihnen Tag und Stunde unserer Ankunft zu melden. Wir können von hier nicht vor dem 22. (Mittwoch) abreisen; in München treffen wir am 23. meine Schwiegereltern. Nochmals herzlichen Dank!

Marburg 18.9.97

Ihr Wellhausen

511. An Wilhelm Meyer

Venedig 27 Septemb. [1897]
Hotel Luna[1]

L. H. C. Wir fahren von hier am Mittwoch nach Bologna und denken am Donnerstag Nachmittag um 6 in Florenz anzukommen. Wir bitten Sie für uns ein Zimmer in der *Casa Nardini* fest zu miethen und sich nicht die Mühe zu machen uns am Bahnhof abzuholen. Einen schönen Gruß von meiner Frau!

Ihr Wellhausen

512. An Rudolf Smend

Florenz. 4. Okt. 97

Vielen Dank für den Briefstapel, der uns hier schon erwartete. Wir fahren am 8 Oktober von hier ab nach Rom, ich werde Dir von dort aus unsere Adresse schreiben; indessen können unsere Briefe alle es vertragen, daß sie gehörig ablagern. Vielleicht adressiren wir ein Steuerpacket an Dich; Du erlegst dann wohl den Betrag, es sind Kinkerlitzchen, kein Gold und Silber dabei.

Viele herzl. Grüße und Dank!

513. An Ferdinand Justi

Um es nicht zu vergessen, melde ich Ihnen von hier aus, daß in Göttingen eine unedirte Handschrift, ein Famil[i]enbuch eines Marburger *comes palatinus*, liegt, mit vielen Bildern von Marburg. Katalogisirt bei W. Meyer, Hdschsch. der Gött. Bibliothek[1], s. dort Marburg

Mit vielen Grüßen

Florenz 5. 10. 97   Ihr W.

514. An Charlotte Limpricht

L. M

Vielen Dank für die 60 Mark.

Marie ist herunter, in Folge einer Nachwirkung ihres alten Leidens, die aber unbedeutend ist. Bei anderen Leuten würde man von Nerven reden. Wir haben Frl. Müller (die früher bei Tante Reiche war) für ein paar Stunden des Tages, und Alles geht ganz gut, da das neue Mädchen bis jetzt ein ausgezeichneter Besen ist – wir warten ab, wie lange er so gut kehrt. Marie wird einige Zeit sich ruhig halten und faullenzen müssen, dann wird es wohl besser sein. Ein Tag gleicht dem anderen, allgemeine Körperschwäche; es lassen sich keine Bulletins ausgeben.

Eberhard Noltenius hat mich gestern besucht; seine Quasitochter ist jetzt hier verheirathet an Prof Theol Achelis[1]. Er hatte sich im Wesen sehr wenig verändert; er wollte Marie gern sehen, was aber nicht gieng. Er schwärmte für Dich und bat mich, vielmals zu grüßen. Er suchte einen Juristen, der ihnen in Bremen das neue Gesetzbuch eintrichtern sollte, in Vorträgen. Fast hätte ich mich angeboten; in Berlin liest Eck wöchentlich 2 Stunden für ältere Juristen über den Civilcodex, hat 600 Mann und kriegt von jedem 50 Mark: *haißt a Geschäft!* Schnurrig, daß die Juristen sich nicht selber in etwas Neues einarbeiten können. Wozu studiren sie dann eigentlich?

Viele Grüße, auch von Marie.

12.11.97 Dein Julius

515. An Charlotte Limpricht

L. M!

Sei nur nicht böse auf Marie, ich habe die ganze Schuld. Wir haben hier auch eine städt. Mädchenschule, die einen schlechten Director haben soll, und die Schwertfegersche, die sich trotzdem daneben kaum halten kann[1]. Gesetzt Du hättest die letztere besucht – würdest Du Dich nicht wundern, wenn Du dazu beitragen solltest, um zum Besten von Frl. Michelsen und einer Anzahl von Eltern ihr Fortbestehn zu sichern?

Du meinst, ich stünde zu fern um ein Urtheil zu haben. Etwas Unbefangenheit ist indessen auch ganz gut. Wenn vornehme und wohlhabende Eltern für ihre Mädchen eine Privatschule haben wollen, obwohl eine öffentliche besteht, so müssen sie sie aus eigenen Mitteln bezahlen und dürfen nicht die Pietät als Vorspann für ihr Interesse brauchen. Und die Inhaberin darf das auch nicht thun.

Wer Pietät fühlt, mag sie äußern; aber wie kann Pietät vorausgesetzt und gefordert werden, nicht für Frl. Fuhrmann, sondern für ein Institut, dem die Weihe der Überlieferung und jede Festigkeit fehlt, das lediglich Privatbesitz ist, durch Kauf von einer Hand in die andere gegangen ist, und von der Inhaberin in erster Linie gehalten wird, um dabei Geld zu verdienen. Über das Werthverhältnis der beiden Greifswalder Anstalten weiß ich nichts; es ist sehr schwer das zu constatiren und ich glaube nicht, daß Du die Mittel dazu hast. Aber für die Gesundheit der Kinder wird jedenfalls von der Stadt besser gesorgt als von einer

Privatbesitzerin, die überall aufs Sparen angewiesen ist; die Luft in den Zimmern der Fuhrmannschen Schule war so, daß ich den Versuch sie zu athmen (bei einer öffentl. Prüfung) bald genug aufgab; Marie klagt darüber gelegentlich noch jetzt auf das bitterste. Der Geist der Fuhrmannschen Schule war zu Maries Zeit, wie es scheint, ganz gut, ist aber zu Zeiten auch ganz schlecht gewesen. Ich weiß aus sicherster Quelle, die ich nicht nennen darf, daß längere Zeit sehr böse Dinge im Schwange gewesen sind. Das wechselt und kann überall vorkommen; die Gesunden sind immun gegen die Ansteckung, auch gegen die geistige. Im Allgemeinen geben aber doch öffentliche Schulen, zu denen ich natürlich auch Stiftungen rechne, größere Garantien. Ich glaube, daß der Vereinigung der privaten mit der öffentl Mädchenschule im Wesentlichen Standesrücksichten im Wege stehn, daß dieselbe aber doch über kurz oder lang erfolgen muß, und daß dadurch auch das gesellschaftliche Niveau der Stadtschule gehoben werden wird.

Ob meine Meinung falsch oder richtig ist, weiß ich nicht; jedenfalls habe ich sie und suche zu verhindern, daß Marie etwas thut, was mir innerlich durchaus falsch zu sein scheint. Und ich hoffe, Du wirst meine Entschuldigung gelten lassen, wenn Du auch nicht von Deiner Meinung abgehst
Mit herzl Gruß
15. 1. 98   Dein Julius

516. An Wilhelm Meyer

[Göttingen, 15.2.1898]
Ich bin gerührt und danke Ihnen vielmals für Ihre Freundlichkeit[1]. Die älteste Ausgabe soll nach Goethe und Schwab a. 1477 in Mainz bei Joh Guldenschaff erschienen sein[2], hinter den Sermones des Jacobus de Voragine über die Zeit[3]. Johannes v. Hildesh. war zuletzt Prior (der dritte) des Klosters Marienau bei Coppenbrügge unweit Hameln und ist auch dort begraben († 5 Mai 1375)

517. An Paul Wendland

Gött. 15. 5. '98
Hochgeehrter Herr
Vielen Dank für Ihre gütige Zusendung[1]. Ich bedarf sehr der Belehrung auf eine Gebiete, das ich nicht ordentlich kenne und doch nothgedrungen berühren muß. So sind mir die Fingerzeige, die Sie oder Elter über Hekatäus und Aristobulus geben, sehr werthvoll, und ich werde nicht unterlassen ihnen nachzuge-

hen. Daß auch Philos Citate mit Lucian stimmen, ist ein weiterer Stein im Brett. Josephus stimmt, die Vetus Latina stimmt, der Syrer im 1. Makkabäerbuch (aber nicht so im Siracides) stimmt. Die nachlucian. gothische Übersetzung kann natürlich damit nicht auf gleiche Linie gesetzt werden, ebenso wenig wie Lucifer Calaritanus. Nun bleibt noch die Frage, wie sich Lucian an den Kanones bewährt, die Lagarde für die echte Septuaginta aufgestellt hat[2]. In den historischen Büchern bewährt er sich einigermaßen, wie ich a. 1871 im Text der Bücher Samuelis (am Schluß) dargelegt habe[3] – wodurch, beiläufig bemerkt, Lagarde überhaupt erst auf die den Lucian enthaltenden Codices gestoßen ist. Aber es ist nicht überall so; sehr vielfach sind echt hebräische werthvolle Lesarten, die nicht mit dem uns überlieferten hebr. Texte stimmen, auf sehr tückische Weise in anderen Codices zerstreut. Lagarde hat seine Ausgabe[4] leider da abgebrochen, wo sie anfängt schwieriger zu werden, d.h. wo der Consensus der *Codd. Holmes* 19. 82. 93. 108 aufhört. – Ich bemerke noch, daß die Concordanz in der Aussprache der Eigennamen (ein sehr wichtiges Kriterium) bei Josephus und Lucian zu wünschen übrig läßt. Grade in den Eigennamen ist übrigens Lucian vielfach sehr originell, während anderortes z. b. der Vatican Ursprüngliches bietet. Ich rede nur aus dem Gedächtnis heraus; seit dem Jahre 1871 habe ich mich nicht mehr eingehend mit der Septuaginta beschäftigt, da ich durch andere Studien abgezogen wurde. Es ist Aussicht, daß der Dr Rahlfs hier, ein sehr gewissenhafter und kundiger Mann die Sache in die Hand nimmt. Leider ist seine Stellung – als aussichtsloser theolog. Privatdozent – sehr prekär; er müßte von einer Akademie gehalten werden – aber die hiesige Societät hat kein Geld
Nochmals herzlichen Dank

          Ehrerbietig
          Ihr ergebener
          Wellhausen

Das Neue Testament scheint nicht mit Lucian zu stimmen. Dafür hagelt der angeblich viel ältere Theodotion hinein, im Hebräerbrief, der Apokalypse und vielleicht Ev. Matthäi.

518. AN ERNST EHLERS

Verehrter Herr College
Wir haben uns in zwölfter Stunde noch entschlossen, zu einem Limprichtschen Familienklüngel nach Greifswald zu reisen[1]. Ich bedaure also Ihrer gütigen Einladung zum Mittwoch Abend nun doch nicht folgen zu können.
          Ehrerbietig
          Ihr ergebener
26. 5. 98   Wellhausen

519. An Friedrich Schwally

[Göttingen, 27.5.1898]

Vielen Dank. منابر = *manubria* ist allerdings frappant[1], aber es paßt nicht; denn die *manubria* müßten *in den* Händen, können aber nicht *die* Hände sein. – زَمَّارة wie مومسة, ميامِيس = ܡܚܡܨܐ (Schauspielerei) = זוֹנָה.

Wellhausen

נדר (Prolegomena[4] p 398) ist auch phönicisch; schwerlich dem Aramäischen entlehnt, um so weniger da damals auch das Aramäische für نذر noch נזר sprach[2]. Zu *minbar*[3] Reste arab. Heidentums[2] p 232 n. 1.

520. An Helene Bewer

Wenn Du nicht schon den Beruf der Landrichterin hättest, so würde ich Dir rathen Hotelière zu werden; denn Du verstehst das Geschäft ausgezeichnet machst gar keine Bewähr und könntest Lotte und Clemens[1] gleich als *piccola* und *piccolo* anstellen. Vielen Dank und viele Grüße an Euch Alle
Göttingen 4. Juni 98   Julius

[Auf dem Briefumschlag:]
d g a b a g
  a fis d[2]
All nicht so schlimm als
wie noch mal so schlimm[3].
  Dein ander Mutter
  Kind und wunderlicher
  Waisenknabe
[f f E˘d g g fis g][4]

521. An Ferdinand Justi

Gött. 7. Juni 1898

Lieber Freund
Wir waren die Pfingstwoche[1] über in Greifswald zu einem vollständigen Familiencongreß; in dem beständigen Trubel habe ich leider Ihren Geburtstag vergessen. Es wird wohl der traurigste gewesen sein, den Sie begangen haben[2]. Ich mag nicht daran denken, wie viel Glück durch den Blitzstrahl Ihnen zerstört ist;

ich kann den Anblick Ihrer Frau kaum ertragen. Aber Sie halten sich aufrecht und stören Ihren zwei übrigen Söhnen nicht die Lebensfreude, wie meine Frau mir berichtet hat.

Meine kleinen Propheten[3] haben mir keine Arbeit gemacht; ich arbeite vielmehr daran, meine Untersuchungen über die älteste islam Geschichte[4] endlich fertig zu machen. Ich habe keine Freude mehr daran, ich zwinge mich dazu, weil ich die Arbeit nicht als formlose *moles* liegen lassen will und weil ich ihre Veröffentlichung für nützlich halte, da die Arabisten mit wenigen Ausnahmen nur ediren, aber nicht lesen und verstehn, sich nur um die Sprache und nicht um die Sachen bekümmern.

Hier in Göttingen ist großer Skandal, zwischen dem Rektor Smend und Max Lehmann, wegen der Mädchen[5]. Es gibt deren zwei Sorten; die einen sind als Hörerinnen bei der Universität inscribirt, die andern sind Gouvernanten, die eine Art Seminar besuchen, bestehend in einem Curs von Vorlesungen, die indessen zum theil von Professoren gehalten werden. Einige Professoren haben es nun bequemer gefunden, die Gouvernanten, statt eine besondere Vorlesung im Curse für sie zu halten, einfach mit hinüberzunehmen in ihr Colleg. Gegen diese Vermischung von Curs und Collegien hat der Rektor und die Universität sich aufgenommen. Max Lehmann aber hat Hilfe beim Minister gesucht und gefunden. Da der Minister selber früher befohlen hat, daß Gouvernantencurs und Universitätscollegia nicht vermischt werden dürften, so ist seine gegenwärtige Haltung sehr widerspruchsvoll. Das Schlimmste ist, daß Lehmann, im Bewußtsein seines weiten Ruhmes und seiner Anmuth, sich sehr ungebührlich gegen den Rektor betragen hat. Seine Stellung ist hier dadurch ziemlich unmöglich geworden; „Du bist verrückt, mein Kind, du mußt nach Berlin."[6] Smends Position ist natürlich auch nicht angenehm, obwohl er die Universität hinter sich hat. Und da Smend mir immer all sein Leid klagt, so werde ich auch in Mitleidenschaft gezogen. Ich habe nach Kräften zu schlichten und zu besänftigen gesucht, bin aber allmählich doch in Entrüstung gegen diesen gefühlvollen und höchst moralischen Hampelmann gerathen, ich meine gegen Max Lehmann.

Meine Frau strömt über von Dankbarkeit für die liebevolle Aufnahme, die sie stets in Ihrem Hause findet. Wenn Sie beiden doch auch einmal bei uns einkehren möchten!

Viele herzliche Grüße!

Ihr Wellhausen

522. An Helene Justi

Gött. 8 Juni 98

Liebe Frau Justi

Meiner Frau geht es vollkommen gut; sie bedauert sehr, es Ihnen nicht gemüthlicher gemacht zu haben. Ich bin Ihnen sehr dankbar, da durch Ihre freundliche Initiative meine Scheu gebrochen ist, Sie wieder zu sehen. Könnten wir nicht im August zusammen nach Brilon Soest Münster Paderborn Hameln Corvey Carlshafen Münden reisen? Man kann da zugleich Natur und Kunst oder Geschichte kneipen, und es liegt Alles nahe.

Mit herzlichstem Gruß

Ihr Wellhausen

523. An Theodor Mommsen

Verehrter Herr Professor

Vielen Dank für Ihre gütige Zusendung[1], die mich außerordentlich interessirt hat und nicht bloß aus persönlichen Gründen. Ich habe von der Schule her eine kleine Schwärmerei für die alten Germanen mir gerettet; Severin und Eugippius waren mir aus Rettbergs Kirchengeschichte bekannt[2], einem Buche, das früher zu meinen Lieblingsbüchern gehörte. Ich habe gedacht, Eugippius wäre einfach *der Geier*; mir schwant, als hätte das spätere Griechisch eine gewisse Neigung für den Anfang mit *Eu* – wie in *Euphrates*, *Evangelium*. So hätte vielleicht aus *Aigypios* entstehen können *Eugippios* – leichter jedenfalls als *Egesippus* aus *Iosippus*.

Nochmals herzlichen Dank!

Ehrerbietig
der Ihrige
Göttingen 2 Juli 1898   Wellhausen

524. An Theodor Mommsen

[Göttingen, 3.7.1898]

Ich meine, daß aus Αιγυπιος geworden ist Εγυπιος und daraus Ευγυπιος = Eugippius. Ich sehe, daß Αιγυπιος wirklich als Eigenname vorkommt.

525. An Ferdinand Wüstenfeld (Briefentwurf für Friedrich Leo als Vorsitzenden Sekretär der Königlichen Gesellschaft der Wissenschaften)

[Göttingen, 29. Juli 1898[1]]

Hochverehrter Herr ...[2]!
Die Königliche Gesellschaft der Wissenschaften, der Sie so lange angehört haben und noch angehören, kann Ihren neunzigsten Geburtstag nicht vorübergehn lassen, ohne Ihnen ein Zeichen des Dankes und der Verehrung darzubringen. Sie haben ein langes Leben dem Dienst Ihrer Wissenschaft geopfert, und Ihre stille, anspruchslose Arbeit hat reiche Früchte getragen. Wie würde die Bibliothek gedruckter arabischer Bücher zusammenschrumpfen ohne Ihre Ausgaben, lauter *editiones principes* von zum Theil sehr umfangreichen Handschriften, deren Entziffern andere Augen stumpf und deren Copiren andere Hände lahm hätte machen können. Sie haben dadurch sehr wichtige Werke aus allen Gebieten des arabischen Literatur dem Dunkel entrissen und allgemein zugänglich gemacht; und Sie haben ihr Studium erleichtert durch große Register und Tabellen, an deren mühselige Ausarbeitung sich wenige Andere gewagt haben würden. Den Dank, den Ihnen die Wissenschaft schuldet, bitten wir Sie von unserer Gesellschaft entgegen zu nehmen, deren Abhandlungen Sie mit zahlreichen Beiträgen geziert haben.

[Die K. G. d. W.]
[F. L.]
[z. Z. vors. Sekr.][3]

526. An Rudolf Smend

L. S. Vielen Dank für die nachgesandte Karte! Seit Donnerstag 11 Aug sind wir in Weißlahnbad. Herrlicher Aufenthalt, Wohnung und Verpflegung durchaus zufriedenstellend, Pension 3½ fl.[1] Wir denken bis zum 19ten zu bleiben und dann nach Schluderbach (Station Toblach) zu gehn, wenn wir dort Unterkommen finden. Es gibt von hier einen schönen Fußweg dorthin, den ich aber mir und meiner Frau nicht zutraue. Der Fuß hindert mich, vieles Schöne zu sehen, was man hier ziemlich dichte bei hat.
   Viele Grüße!
12. 8. 98   Dein W.

527. An Rudolf Smend

L. S. Wir sind bis zum 26. in Schluderbach, und kommen dann wieder: also schick uns vom 23. ab keine Briefe mehr, sie reisen sehr langsam. Es ist hier schön, aber heiß, trotz wiederholter Gewitter. Ich freue mich sehr auf die Heimkehr

Weisslahnbad 17. 8. [1898]   Dein W.

528. An Adolf Hilgenfeld

Vielen Dank[1]. Die Subjectivität meiner Darstellung leugne ich natürlich nicht. Auch nicht eine gewisse Inconsequenz; sie scheint mir aber in einer schwankenden Haltung Jesu selber zu der Frage, ob er der Christus sei oder nicht, begründet zu sein. In Bezug auf einige andere Punkte habe ich meine Meinung näher zu begründen gesucht in zwei Abhandlungen über den Menschensohn und über die Eschatologie. Diese Abhh. werde ich mir erlauben Ihnen zu schicken, wenn sie gedruckt sind. Der Verleger schreibt mir, daß der Druck bald beginnen solle. Ich zweifle aber daran; die Reimersche Druckerei ist wegen Umbaus zur Zeit nicht voll leistungsfähig. Vor Ostern ist auf das Erscheinen vielleicht nicht zu rechnen[2]. Hochachtungsvoll

                                                 Ihr ergebener

Göttingen 18. 10. '98   Wellhausen

529. An Wilhelm Meyer

[Göttingen, 30.11.98]

Das Evangelium Petri ist von Harnack zwei mal edirt (Texte u Unters. IX 2[1]), und er handelt darüber an mehreren Stellen seiner Chronologie der altchr Literatur Bd I (1897)[2], s. das Register. Es sei besonders bei den Syrern in Gebrauch gewesen. Ob der Zug: *per maritimam transire debetis*[3] darin vorkommt, weiß ich nicht

530. An Theodor Nöldeke

Lieber Herr College

Ich wundere mich nicht über Ihren Horror vor den Athetesen. Ich habe ihn auch, und es ist mir fatal genug, daß ich mich trotzdem entschließen muß meine

Bedenken zu äußern, auf die Gefahr hin, daß der Kinderunfug, der von ungewaschenen Händen im A.T. geübt wird, dadurch noch wilder wird. Ich muß trotz Ihnen daran festhalten, daß erst seit einer bestimmten Zeit Boçra vor Sela in den Vordergrund tritt. Mein Hauptgrund aber ist, daß die grimmige Rachgier gegen die Edomiter erst seit der Zerstörung Jerusalems, woran sie theilnahmen, und in Folge davon entstanden ist.[x] Das Buch Jeremia ist sehr gemischt; die Erzählungsstücke, so alt und zuverlässig sie sind, rühren nicht von ihm her und ebenso wenig die Orakel gegen die Heiden; auch Kap 25 ist wenigstens stark überarbeitet. Ich stoße mich bei Amos auch an נטר, das zweifellos für טרף gelesen werden muß; er würde נצר gesagt haben.

Ich habe das erste Stück einer Kritik der Traditionen bei Tabari im Druck[1]; es enthält besonders den Nachweis, daß Saif b. Umar, dem Tabari von a. 16 der Higra bis a. 37 vorzugsweise folgt, gänzlich werthlos ist. Die Untersuchung ist monoton und verwickelt; ich hoffe aber, daß sie Grund legen wird. Ich habe sie auch schon weiter geführt, fast bis zu Ende des Tabari. Es kostet mich aber viele Zeit und viele Geduld, sie in eine lesbare Form zu bringen. Für welche Leser? frage ich mich manchmal. Denn das historische Interesse und der historische Sinn ist bei den Arabisten wenig verbreitet, am meisten noch in Holland. Und ich kann diese Untersuchungen kaum so führen, daß sie auch für andere Leute, als für Arabisten, verständlich sind. Wenn ich leben bleibe, hoffe ich auch einmal zu einer gedrängten Darstellung zu kommen. Aber das steht jetzt noch in weitem Felde. – Vor Ostern wird der Druck nicht fertig sein; ich rechne vor Allem auf Sie als Leser und vielleicht auch als Referenten in irgend einer Zeitschrift. Mir ist der ältere Islam rasend interessant.

Burckhardts griech. Culturgeschichte[2] habe ich mit größtem Genuß gelesen, besonders den ersten Band. Sein politisches Urtheil ist offenbar an den kleinen schweizerischen Stadtstaaten geschult. Es fehlt ihm die Einfachheit und der unbefangene große Zug Niebuhrs. Aber das Mosaik von Charakteristiken, das er liefert, ist auch was werth. Er selber *genießt* immer und macht auch, daß die Leser *genießen*. Ich kenne niemand, der an allem was Cultur heißt solche Freude und dafür solches Verständnis hat; sie ist ihm das Leben, er hat das Bedürfnis darnach wie Wenige; ein wahrer Sybarit im edelsten Sinne des Wortes. Die Einleitung zum ersten Bande ist ganz kostbar.

Ich hoffe, daß Sie wieder wohlauf sind, und wünsche für die Zukunft das Beste.

Gt. 6. 12. 98   Ihr Wellhausen

---

[x] ebenso der Vorwurf ihrer eigenen unablässigen Nachtragerei

531. An Hans Lietzmann

Vielen Dank! Ich habe das Thema in einem größeren Aufsatz behandelt[1], der indessen schwerlich vor Ostern erscheinen wird[1)] als Bestandtheil des 6. Heftes der Skizzen und Vorarbeiten

Hochachtungsvoll
Ihr ergebener
Gött 1898. 7 Dez.   Wellhausen

[1)] wenngleich der Druck schon begonnen hat, so daß ich auf Schmiedel[2] etc keine Rücksicht nehme. Möglich, daß das Heft schon im Januar erscheint; der Druck wird dann vielleicht fertig sein.

532. An den Dekan der Philosophischen Fakultät der Universität Göttingen

Spectatissime
Der Provinzialschulrath Lahmeyer in Cassel, der am 1 Januar sein 50jähr. Amtsjubiläum gefeiert hat, hat vor 50 Jahren hier den philos. Doktor gemacht. Ich hoffe, daß ihm sein Diplom erneuert ist, habe aber nichts davon erfahren. Mein Interesse daran schreibt sich daher, daß er der Bruder meiner Mutter ist.

Ihr ergebener
10.1.99   Wellhausen

533. An Theodor Nöldeke

Lieber Herr College
Ich habe beabsichtigt, Nowack merken zu lassen was ich gemerkt habe. Wenn er dagegen öffentlich protestiren will, kann er sicher sein, daß ich nicht replicire[1]. Etwas Anderes weiß ich nicht zu machen.

Mir geht es mit Burckhardt wie Ihnen. Widerspruch regt sich überall, und doch redet hier einer κατ' ἐξουσίαν καὶ οὐχ ὡς οἱ γραμματεῖς[2]. Daß die γραμματεῖς schimpfen, war zu erwarten. Die klassischen Philologen machen sich mit ihrer klassischen Orthodoxie noch lächerlicher als die Theologen mit ihrer biblischen Orthodoxie. Wenn einer etwas vom alten Humanismus rettet, so ist es Burckhardt und nicht Wilamowitz. Ich habe ihm meine Meinung geschrieben, obwohl ich die von Ihnen gelesene Recension[3] nicht kenne.

In großer Eile
11.1.99   Ihr W.

534. An Adolf Jülicher

Verehrter und lieber Herr College

Ich habe beabsichtigt, Nowack merken zu lassen was ich gemerkt habe[1]. Wenn er dagegen öffentlich protestiren will, kann er sicher sein, daß ich nicht replicire. Er sollte nur wissen, wie er mit mir daran sei. Giesebrechts Reden über ihn habe ich erst Pfingsten 1898 gehört, als mein Commentar schon gedruckt war. Die Ausgabe wurde bis zum Herbst verzögert.

Es ist mir schmerzlich genug, daß ich keinen Fuß mehr in Marburg habe. Den Gedanken dorthin zurückzukehren habe ich aufgegeben, weil solche Romantik verkehrt ist. Ich wollte aber gern einige Tausche vornehmen, z.b. Sie gegen Schürer oder Niese gegen Busolt auswechseln. Vielleicht bringt der große Roßtäuscher in Berlin[2] – *sit venia verbo* – noch einmal so was zu wege.

In großer Eile
11.1.99.   Ihr Wellhausen

535. An Adolf Harnack

[Göttingen, 25.4.1899]

Vielen Dank[1]! Ich kenne D zur Apostelgeschichte nicht. Blaß kann gut griechisch und ist im Übrigen völlig urtheilslos und null. Zu den Evangelien kenne ich D einigermaßen; die Bezeichnung als W ist irreführend; denn W ist auch O, der altlat. Text stimmt mit dem altsyr. Wegen der Übereinstimmung mit W und O ist D also jedenfalls ein sehr alter Text. Ich halte ihn für die entartete Vulgata, die Origenes corrigirte, zum teil mit Recht, zum teil mit Unrecht. D hebraisirt mehr als der spätere authent. Text. Die Sache bedarf einer sehr umfassenden und gründlichen Untersuchung – die ich vielleicht anstellen werde, wenn ich 70 Jahr alt werde. Jülicher will die Reste der Vetus Latina für d ganze Bibel sammeln à la Sabatier[2].

Was macht von Soden mit dem N.T.?

536. An Hubert Grimme

Hochgeehrter Herr College

Ich fühle mich geschmeichelt durch Ihr Zutraun, verdiene es aber nicht, insofern als ich für metr. Dinge wenig Gefühl besitze und im Alten Testament jetzt überhaupt nur von Reminiscenzen lebe. Wenn Sie mir also Ihr Msc schicken wollen[1], so dürfen Sie keine Erwartungen hegen, sondern müssen auf ein recht incompetentes Urtheil von vornherein rechnen, von einem alten und nicht mehr sehr aufnahmefähigen Manne.

  Ich bestelle Ihnen einen Gruß von Savigny, *antecipando*, denn die Erlaubnis dazu werde ich mir erst in einer Stunde erwirken.

Hochachtungsvoll
der Ihrige
Wellhausen

Gt. 15. 5. 99

537. An Paul Häberlin

Humanissime!
Können Sie am Freitag Abend[1] 7 ¾ Uhr mit mir essen?

Ihr Wellhausen
Weberstr. 18a

6 Juni 99

538. An Hubert Grimme

Hochgeehrter Herr College
Ich fürchte, daß Sie schon mit Ungeduld auf die Rücksendung Ihres Msc[1] gewartet haben. Mein Befinden ist schlecht und meine Zeit beschränkt; ich kann nicht mehr als etwa 4 Stunden täglich arbeiten und manche Tage fallen ganz aus. Gegenwärtig habe ich zwei neue Auflagen zu besorgen und auch mit der Präparation meiner Collegia mehr als gewöhnlich zu thun. Ich habe Ihr Msc gleich nach Empfang durchgelesen, aber damit war nichts gethan. Um ein Urtheil zu gewinnen, dazu bedürfte es eines genauen Studiums. Das kann ich jetzt nicht leisten. Ich bitte Sie also um Entschuldigung. Ich hatte mir die Sache anders vorgestellt.

  Den Eindruck habe ich gewonnen, daß *im Allgemeinen* die Berechtigung Ihrer Emendationen abhängt von der Richtigkeit Ihrer metrischen Theorie und daß nicht umgekehrt diese Theorie durch Ihre Emendationen empfohlen und beglaubigt wird. Mein Zutrauen zu Eduard Sievers ist äußerst gering.

Hochachtungsvoll
Ihr sehr ergebener
Wellhausen

Gt. 20. 6. 99

Adolf Jülicher

539. AN FERDINAND JUSTI

[Göttingen, 10.7.1899]

Tab. II 773,11 findet sich ein n. p. طيزجشنس oder طيرج, den ich in Ihrem Namenbuch nicht finde[1].

Vischer findet die Dissertation Ihres Ludwig über Dürer[2] sehr verständig und bedauert, wie er pflegt, sich nicht citirt zu finden.

Wir haben den ganzen Sommer Besuch; zuletzt war meine Schwiegermutter da, jetzt kommt eine Schwägerin mit zwei Kindern.

Kann Jensen nicht nach Leipzig kommen, als Nachfolger Socins und Zimmerns zugleich? Es wäre hochmodern.

Ihr W.

Wir drucken Marquarts histor Geographie von Iran in uns. Abhandlungen[3].

540. AN HERMANN USENER

Verehrter Herr College

– ορις
– ορης

Es könnte sein, daß in Βορχοσηρ weiter nichts zu suchen wäre als der bekannte Bocchoris, der von den Äthiopen besiegt und seiner Herrschaft beraubt wurde. Nach Manetho[1] wurde er von ihnen verbrannt; doch wird es wohl noch andere Nachrichten über seine Behandlung seitens der Sieger geben. Bei Diodor steht nichts[2]. Unzugänglich sind mir innerhalb meiner vier Wände Plut. de Is. 8. Athen. 10,418ᵉ.

Gt. 24.7.99
Ihr aufrichtig ergebener
Wellhausen

541. AN ERNST EHLERS

Verehrter Herr College

Das Msc. Marquart[1], das ich Ihnen gebracht habe, ist so flüchtig geschrieben, daß es schwer lesbar sein wird. Ich weiß nicht, ob wir diese Rücksichtslosigkeit gegen den Setzer und (durch die Vermehrung der Corrigenda) gegen den Verleger hingehn lassen sollen. Ich kann indessen auf eigene Hand natürlich nicht

vorgehn und weiß nicht, ob es opportun ist, ein Votum der Societät zu extrahiren, das vielleicht für Manche ein unangenehmes Praecedens ist.
Ehrerbietig
Ihr aufrichtig ergebener
Gt 29.7.99   Wellhausen

542. AN EBERHARD NESTLE

[Göttingen, 7.8.1899]
Vielen Dank[1]! In dem Punkt sind wir gottlosen Niedersachsen doch besser als die Schwaben, daß sich bei uns beinah niemals Bibeln ohne Apokryphen finden: diese sind als reformirt verpönt. Wir halten noch etwas auf den lutherischen Stil, auch in der Liturgie.
Wellhausen

543. AN RUDOLF SMEND JUN.

Lieber Rudolf! Bitte, heb mir die Correcturen von Georg Reimer[1] auf, die ich an Euch adressiren lasse, und laß sie liegen. Wir gehn morgen nach Cortina, dann nach Bozen und Gardasee, und hoffen am 18. wieder in Göttingen zu sein. Grüß Frl. M. S.[2] und Deine Eltern, wenn sie wieder da sind.
3.9.99   Dein J. Wellhausen

544. AN FERDINAND JUSTI

Verehrter und Lieber!
Vielen Dank für die guten Nachrichten; ich hoffe, daß die Rephühner Ihrer Frau gut geschmeckt haben. Mir hat Rothenburg mehr Eindruck gemacht als ganz Tirol; das Krähwinkel hatte sich noch dazu wegen eines Festes ganz in mittelalterliche Kleider gesteckt, die Landsknechte und Reiter zu Pferd (auf den fürchterlichsten Ackergäulen) sahen zum Todtlachen aus. Es fällt auf, wie viel kleinlicher und gemüthlicher diese süddeutschen Nester aussehen wie die norddeutschen, Lübeck Braunschweig Stralsund Wismar und selbst Goslar – von Köln Münster und Danzig zu schweigen. Auch Nürnberg hat diesen Ludwig Richterschen Charakter, trotz seiner Bedeutung. Die Lage von Rothenburg hat indessen etwas Großartiges.

Wundervoll ist das Ampezzo- und das Cadorethal, überhaupt die Strada d'Allemagna von Toblach nach Belluno und Venedig. Tizian hat sich keinen üblen Geburtsort ausgesucht, Pieve liegt über alle Maßen schön.

Beim Nachhausekommen fand ich einen bereits etwas abgelagerten Ruf nach Leipzig vor, den ich natürlich mich beeilt habe abzulehnen – zum Erstaunen der Dresdener und Leipziger. Ich suche die Sache todt zu schweigen; denn sonst werde ich am Ende doch Geheimrath, wovor mich meine Gottlosigkeit bisher behütet hat. Aber meine Frau breitet sie aus.

Nun muß ich Sie noch mit ein paar iranisch sein sollenden Namen quälen, die bei Tabari II 1239s und etwas abweichend Agh XIII 64 in Versen vorkommen. Der Vater des Muhallab (des bekannten Feldherrn der Umaijiden in Baçra) soll شباس oder شناس (wohl acceptabler) geheißen haben, sein Großvater مرداذان oder مرداذاء, sein Urgroßvater بَسْخراء oder فسخراء. Wahr ist es nicht; aber die Namen sind doch wohl wirkliche und keine bloß gekünstelten Namen. Das Volk, dem sie angehören, sollen die خوز in Umân gewesen sein; das ist aus *Chuzistan* abstrahirt.

Die Überschwemmung in Tirol und Bayern hat uns einige Tage aufgehalten; hinterher habe ich mich beeilt heimzukommen. Wir waren mit Limprichts zusammen.

Viele herzl Grüße, auch von meiner Frau!
25. 9. 99   Ihr Wellhausen

Wo steht im Tabari der mit طير zusammengesetzte Eigenname, den ich Ihnen mitgetheilt habe?

545. An Familie Limpricht

L. L.
Ich fand einen etwas abgelagerten Brief von Dr Waentig vor, worin er mir eröffnete, er wolle im Auftrage des Ministers hieher kommen um mit mir wegen Übernahme der Leipz. Professur zu unterhandeln. Dem Prof. Bücher in Lpz. hat er gesagt, die Excellenz werde eventuell selber kommen um mich zu persuadiren. Ich habe es höflich aber ganz bestimmt abgelehnt, überhaupt in Unterhandlungen einzutreten.

Die Bierwagenfahrt von Fischbach war höchst amüsant, und wir haben dadurch 14 Stunden Eisenbahn gespart. Und das Finale in Rothenburg war kostbar über alle Beschreibung. Das Krähwinkel hatte sich noch dazu in mittelalterliche Kleidung gesteckt, wegen einer „historischen" Festfeier. Der fanatische Lokalpatriotismus kam uns gegenüber durch einen Rothenburger, namens Leybold, in komischster Weise zum Ausdruck; die Komik war natürlich unfreiwillig. Das Nest liegt einige hundert Jahre hinter der Weltgeschichte, und taucht höchst überraschend aus einer langweiligen Hochebene auf. Man fühlt sich verzaubert. Als Wahrzeichen von dort haben wir einen schweren kupfernen stellbaren Tellerleuchter mitgebracht.

Es freut mich, daß Florenz auch Machen gefallen hat; sie wird es nicht bereuen, daß sie nicht mit uns nach Hause gefahren ist. Wir haben uns dort wohler gefühlt, als sonst irgendwo in Italien; man genießt ohne alle Anstrengung die verschiedenartigsten und reichsten Genüsse; man bekommt einen Begriff von dem unbeschreiblichen Reichthum der Kunst des 15 und 16. Jahrhunderts in Italien; nur der Reichthum der Niederländer im 17 Jahrh. kann damit wetteifern. Habt Ihr auch die Porträts im Pitti genügend bewundert, namentlich das des Papst Julius[1]? Es ist eine Erholung von den ewigen Madonnen und Heiligen. Michel Angelo ist fremdartig, nach meinem Empfinden krampfhaft und Poseur. Aber man kann verstehen, daß er gern etwas drastischer und männlicher sein wollte, als die Anderen. Es ist ihm nur nicht so gut gelungen, wie Rubens und den Holländern. Vor Rubens habe ich mit der Zeit immer mehr Respect bekommen.

Hier ist es schauderhaftes Wetter, schon seit Wochen. Vielleicht überschlagt Ihr es durch Eure weitere Reise und kommt in den heiteren Herbst. Wir heizen mit Macht. Die Herbstgenüsse sind verkümmert, Äpfel fehlen auch dies Jahr und die vorhandenen sind wurmstichig. Die warmen Winter sind dem Ungeziefer viel besser bekommen als den Früchten.

Ich bin glücklich, daß ich keinen Tiroler Wein mehr zu trinken brauche; ich wußte am Abend nichts anderes anzufangen, aber er schmeckte mir überall schlecht, außer bei Buschen[2] Mayer; im Greif beinah am schlechtesten. In Cortina war er gut, auch in Weißlahnbad.

Marie befindet sich nicht besonders; sie kann eigentlich das Reisen nicht vertragen. Mir dagegen bekommt es gut, wenngleich ich es nicht besonders gern mag. Viele Grüße!

25.9.99   Euer Julius

546. An Wilhelm Herrmann

[Göttingen, 10.10.1899]

Vielen Dank[1]! Der Gegensatz scheint mir so scharf gefaßt zu sein, daß es zur Abwehr von Misverständnissen wohl einiger Erläuterungen bedurft hätte. Böswillige könnten die Consequenz ziehen, daß es im Protestantismus heiße: thu was du willst – und nicht: thu was du sollst. Aber auch sonst *latet anguis sub herba*[2].

547. An Charlotte Limpricht

L. M.
Vermuthlich sind es bald 50 Jahr, daß Heinrich Limpricht hier promovirt wurde[1]. Der Dekan müßte *ex officio* das Datum aus den Akten ermitteln. Aber man ist hier faul (wie ich aus jüngster Erfahrung in einer ähnl. Sache weiß[2]), und thut überhaupt nichts, wenn man nicht von interessirter Seite dazu angetrieben und über das Datum informirt wird. Ich möchte Dich also bitten, mir das Datum der Promotion zu schreiben. Es wäre doch über allen Spaß, wenn die Sache von der Fakultät verbummelt würde
G. 15. 10. 99   Dein Julius

548. An Theodor Mommsen

Göttingen 22 Okt. '99
Verehrter Herr Professor
Es war meine Absicht, Ihr Strafrecht[1] erst zu studiren, ehe ich Ihnen dafür dankte. Aber das geht nicht so bald, so anziehend mir auch die Lecture ist. Denn der Gegenstand liegt mir nicht fern. Das Strafrecht ist für das semitische Alterthum der wichtigste Gradmesser für die Erstarkung des Gemeinwesens. Der Begriff Strafe, wenn es nicht bloß pädagog. Züchtigung ist, ist eigentlich unbekannt. Er hat in der That etwas Sekundäres an sich; die Strafe ist eine Castration *der Rache*. Die Rache ist ein unmittelbar verständlicher leidenschaftlicher Trieb, sie fragt nicht nach gleichmäßiger Vergeltung, sondern freut sich wenn sie weit über die angethane Kränkung hinausgeht; es ist vielmehr *Hemmung* der Rache, wenn dabei gerechnet und gewogen wird. Die Hemmung geschieht durch eine Macht, die über den Einzelnen hinausgeht. Wenn der Einzelne gegenüber einem Beleidiger *aus fremdem Stamm* sich selber nicht helfen kann, so wird seine Rache zur Angelegenheit seines ganzen Geschlechts oder Stammes; dadurch verliert sie schon in etwas den persönlichen Charakter und bekommt eine Neigung zur Abrechnung, die namentlich bei der Aufstellung der Bilanz im Friedensschluß oft sehr komisch hervortritt. Innerhalb *des eigenen Stammes* aber (wo Blutfehde ausgeschlossen sein soll) tritt die *talio* statt der Rache ein; d. h. der Stamm sistirt den Verbrecher und übergibt ihn dem Beleidigten zur Vollstreckung der Rache, *mit der Maßgabe*, daß er nicht über das was ihm geschehen ist hinausgehn darf: Auge um Auge, Blut um Blut. (Wenn der Verbrecher nicht zu fassen ist, so sagt sich der Stamm von ihm los und er wird *hostis*). Daß der Stamm oder das Gemeinwesen selber *die Execution* übernimmt, ist erst ganz spät; er verhilft nur dem Einzelnen zur Rache und limitirt dieselbe zugleich. Freilich aber gibt es gewisse Beleidigungen der *Gesammtheit* durch eins ihrer Mitglieder, nament-

lich religiöser Natur („gegen Gott und den König freveln"). Da rächt sich die *Gesammtheit*, und alle ihre Angehörigen müssen zusammen die Execution vollziehen: daher die Steinigung. Ich sage Ihnen nichts Neues mit diesen Gemeinplätzen; Interesse würden dieselben erst gewinnen durch reiches Detail. Das steht mir zwar zur Verfügung, allein es fehlt mir an der juristischen Schulung, um es vernünftig darzustellen[2]. Ich hoffe von Ihnen zu lernen. Aber nicht bloß in der Aussicht darauf bin ich Ihnen dankbar; am meisten freut es mich, daß ich dies merkwürdige und vielleicht einzigartige Buch als persönliches Geschenk von Ihrer Hand besitze. Und diese Empfindung Ihnen auszudrücken mochte ich nicht noch längere Zeit warten.

Ihr aufrichtig ergebener
Wellhausen.

549. AN MICHAEL JAN DE GOEJE

Lieber Herr College! Darf ich mir eine Anfrage erlauben? Wissen Sie, wer mit „dem Haupt der Hundert" Tabari III 24,14 Bathir 5,312 gemeint ist? Husain kann es nicht wohl sein, da er *vor* Jazid zu Grunde ging. Ich besinne mich vergeblich; es muss doch auf ein wichtiges und bekanntes Ereignis angespielt werden. Mit fr. Gruss!

Göttingen 7. 11. 99   Ihr Wellhausen

ايا منصور امت! für die Boeren[1].

550. AN MICHAEL JAN DE GOEJE

[Göttingen, 11.11.1899]

Vielen Dank; die Deutung ist sehr klug und leuchtet ein; zumal wirklich a. 100 als *initium praedicationis Abbasidarum* angesehen wird (Tab. II 1358,2). Ich sehe nachträglich, dass ich selber mir zu II 1358 die Stelle III 24 angemerkt habe; ich scheine sie also früher einmal verstanden zu haben, während ich mir jetzt vergeblich den Kopf zerbrochen habe.

    Die Engländer sind mir sonst sehr sympathisch; aber ihr Vorgehen in Südafrica ist abscheulich; und die Boeren sind heldenmüthiger als Spartaner und Athener zusammengenommen. Wenn nur nicht die Russen schliesslich von der ganzen albernen Geschichte den Profit ziehen!

551. An Hugo Willrich

[Göttingen, 22.11.1899]

Hochgeehrter Herr Doktor

Ich habe in der Isr u Jüd. Gesch. (1897) p 238 n. 3[1] in Bez. auf den Beitrag zum Kranz auf Gothofredus zum Cod. Theod. 12,13 (*sic legend.*) verwiesen. Wilcken hat irgendwo bemerkt, er werde darüber handeln in einem Buch od. Aufsatz über Ostraken (*ni fallor*). Ist das Buch erschienen und steht etwas drin über den Kranz[2]? Für gütige Auskunft wäre ich dankbar

Ihr aufrichtig ergebener
Wellhausen

552. An Theodor Mommsen

[Göttingen, 23.11[1].1899]

Vielen Dank! Den § 9[2] kann ich nicht recht konstruiren. Vielleicht soll es heißen: Bei den Römern ist die Hinrichtung wegen öffentlichen Delikts aus dem Menschenopfer *hervor-* und der Entsühnung der Gemeinde *vorher*gegangen.

Im folgenden Satze wäre der Deutlichkeit wegen noch ein *ist* einzusetzen.

Wellhausen

553. An Ferdinand Justi

[Göttingen, 23.11.1899]

Der Astronom نوبخت heißt bei Tab. III 296,10. 317,12 نيبخت. Ist das möglich? oder liegt eine Confusion von Nanbacht und Nikbacht vor?

Die Frage verlangt nur eine ganz gelegentliche Antwort; sie soll nur ein Lebenszeichen sein, da was wir Gelehrte Leben nennen nur ein Wühlen im Staube ist. Wäre man doch ein *boer*!

Ihr W.

554. An Theodor Mommsen

Verehrter Herr

Ihre Fragen[1] setzen allerdings eine Rechtsordnung, eine Hypostasirung der Gesamtheit (im Unterschied von der Summe der Einzelnen) in Organen und

Functionen voraus, wie sie z. B. bei den vorislam. Arabern nicht anzutreffen ist. Ich muß mich da in der Negative halten, kann aber diese Negative nicht entbehren als Folie für die Ansätze zu einem Strafrecht 1) im Islam und 2) bei den Hebräern.

Mir scheint, daß es auch ohne Frazer geht und daß Ihre Begrenzung der Sache guten Grund hat, obgleich die Fragen, wie gesagt, auf meinem Gebiet größtentheils unbeantwortbar sind. Man kann vielleicht doch hie und da motiviren, warum sie nicht beantwortbar sind, und das würde dann von selber zu einer Art Darlegung der primitiven Cultur führen – wahrscheinlich nicht bloß bei Nöldeke und mir, sondern auch bei Oldenberg und selbst bei Brunner.

Schnell bin auch ich nicht im Stande mich zu äußern, sowenig wie Oldenberg – schon deshalb nicht, weil ich kein Jurist bin und mich nur schwer in diesen Dingen zurechtfinde.

Gött. 24. 11². 99   Ihr Wellhausen

555. An Theodor Nöldeke

[Göttingen, 6.12.1899]

Entschuldigen Sie eine Anfrage, deren Beantwortung gar nicht eilt. *Delectus* 39,4[1] glaube ich verstehen zu dürfen nach der Redensart لاٰيُرام ما وَراءَ ظَهری, „was ich schütze, darf nicht angetastet werden". Aber 41,4 على الصباح weiß ich gar nicht zu deuten: „ich lasse durch meine Waffe den schnellen Tod laufen *über den Morgen*"?? Soll *der Morgen* etwa den *Schlachttag* od die *Schlachtzeit* bedeuten? Vgl صبّح überfallen. Sie sagen nichts in den Noten, scheinen also das Verständnis nicht schwierig zu finden. In 41,6 vermuthe ich, daß بالقدر einfach das transit. Object zu جرّت ist, was dann also nicht Passivum ist; das Passivum scheint mir unmöglich, weil mit بالقدر das Subject *genannt* wäre.

556. An Theodor Mommsen

Da ich zu den germanist. Ausführungen[1], die ich mit großem Vergnügen gelesen habe, wegen vollkommner Unkenntnis des Gebietes nicht gut etwas sagen kann, so habe ich dem von Ihnen vorgeschlagenen Herrn[2] die Sache übergeben. Es wird wohl nicht sehr lange dauern, bis er sich äußert. Er scheint genau Bescheid zu wissen und namentlich mit dem Sachsenspiegel intim bekannt zu sein.

Göttingen 21. 12. '99   W.

557. An Ferdinand Justi

Göttingen 23. 12. '99

Amicissime!

Schönen Dank für Ihre beiden Bilder! wenn nur die Frau nicht so traurig aussähe[1], ohne es zu wollen.

Ich schäme mich, daß ich mit lumpigen Karten bombardire und dann schöne lange Briefe von Ihnen bekomme. Ich habe eine Weile allerlei Episodisches zu thun gehabt. Mommsen stirbt nicht nur selbst in den Sielen, sondern veranlaßt auch faulere Pferde, sich für ihn ins Zeug zu legen. Kaum hat er sein 1100 Seiten dickes Buch über Römisches Strafrecht fertig – er ist über 82 Jahr alt –, so veranstaltet er bei verschiedenen Leuten eine Enquête[2], wie es sich mit dem griechischen, indischen und anderem wilden Strafrechte verhalte. Mich hat er auch daran gekriegt, und ich habe die letzten drei Wochen gebraucht, um mein confuses Wissen über die arabischen und jüdischen Verhältnisse in einige Ordnung zu bringen, so daß die Darstellung einem geschulten Juristen einigermaßen verständlich sein konnte. Dazu bin ich mit raffinirter Heimtücke für die Festrede an Königs Geburtstage eingefangen worden[3] und laborire daran, daß ich kein Thema habe oder zu viele – was auf das selbe hinaus läuft. Ich habe mir übrigens ausbedungen, daß die Sache nicht gedruckt wird, und brauche mir also keine Mühe zu geben. Hier wird nämlich jeder Dreck gedruckt; es war meine Nebenansicht, diesen Göttinger Grundsatz zu durchbrechen.

Sehr wohlthund ist mir Ihre ausführliche Mittheilung über Ihr Leben und Empfinden gewesen, über das abendliche Klavierspiel, die Correspondenz mit Ludwig, und über den Woermanndampfer. Der Schmerz über einen Verlust ist immer noch mehr werth, als wenn man nichts zu verlieren hat. Und es kommt mir vor, als wenn Ihr Schmerz, wenngleich so stark empfunden wie immer, doch weichen würde. Es freut mich, daß Karl es möglich macht, Sie Weihnachten nicht allein zu lassen. Wir sind von mehreren Seiten eingeladen; die Leute hier sind in der That freundlich gegen uns, so wenig wir es verdient haben. Meine Frau erkennt das nicht genug an.

Wir befinden uns sehr leidlich, meine Frau litt eine Weile an deprimirter Stimmung, es ist jetzt aber wieder besser. Während Sie zusammen Klavier spielen, wenden wir uns Abends oft geistigeren Genüssen zu, indem wir Bozener Rothwein trinken und dazu Bozener Hutzelbrod essen – um uns bei dieser eisigen Winterzeit in sonnigere Gefilde zu versetzen. Bozen ist sehr anziehend – leider nur für zu viele Leute.

Für Ihre gütige Belehrung über نيبخت danke ich vielmals[4]. Die Astrologie am Hofe der frommen Abbasiden ist sehr kurios; der Islam verpönt so etwas durchaus, und die Abbasiden wollten doch im Gegensatz zu den Umaijiden gute Muslime sein. Sie geberdeten sich freilich nur so, diese abgefeimtesten Schurken, die je auf einem Throne gesessen haben.

In Leipzig hat man, nachdem auch Praetorius in Halle abgelehnt hatte, den weiland Marburger Studiosen August Fischer gewonnen, der bei Ihnen Persisch gelernt hat. Er ist sehr fleißig und sehr ehrgeizig – aber nichts weniger als ein Licht. Die Lichter sind jedoch rar unter den Semitisten.

Grüßen Sie Ihre liebe Frau auf das allerherzlichste! Ich wünsche, daß Ludwig Ihnen einen langen vergnügten Brief schreibt und daß Karl gesund und munter unter Ihrem Tannenbaume steht

Ihr Wellhausen

558. An Theodor Nöldeke

Lieber Herr College

W. Meyer hat nur 2 Folioseiten hektographiren lassen und mir ein Exemplar davon verehrt, welches ich Ihnen schicke. Vielleicht hat er noch eins für mich übrig, dann behalten Sie das zugesandte.

Fischer kenne ich genau; er ist accurat und sehr ehrgeizig, auch ziemlich von sich überzeugt – aber nichts weniger als ein Licht. Wenn man Jakob nicht wollte, hätte man Brockelmann nehmen müssen, der ja zwar auch keine glänzenden Gedanken und keine rechte innerliche Auffassungsgabe hat, aber doch ganz andere Leistungen aufweist als Fischer. Was macht eigentlich Veit? Der ist jedenfalls sprachlich sehr begabt; er schien mir aber etwas *mall*[1] zu sein, wie man in Pommern und in Holland sagt.

Mommsen jammert über *Finis Britanniae*[2]! So weit sind wir aber noch nicht. Es sollte mir sehr leid thun, wenn die Russen den Gewinn von den Niederlagen der Engländer zögen. Aber darum haben sie sie doch, den Bauern gegenüber, reichlich verdient; und ich gönne sie ihnen, unter der Voraussetzung, daß es ihnen nichts schadet. Von allen politischen Erwägungen abgesehen hat die Sache rein menschlich etwas Erhebendes, mehr als irgend ein Ereignis, welches ich mit Bewußtsein erlebt habe.

Gö. 27. 12. 99

Ihr W

Beste Wünsche für das Neue Jahrhundert; ich freue mich, daß es der Arithmetik zum trotz aus populären sprachlichen Gründen mit 1900 anfängt. Die Mathematiker und Naturwissenschaftler werden gar zu übermüthig und verachten Tradition und Grammatik. Dabei wollen sie doch ein *lateinisches* Doktordiplom haben. Zum Dr Ing liefert ein gutes Gegenstück der Cid Campidoctor (= Campeador), wie er in den spanischen lateinischen Chroniken immer genannt wird[3]. Ich habe mich durch eine zufällige Veranlassung[1)] ein bißchen mit spanisch-arab. Geschichte beschäftigt und glaube, daß Julian aus Ulban entstanden und daß Ulban = Urban (bei Isid. Pacensis) ist. Die *einzige zuverlässige* arab. Notiz von Vaqidi bei Baladhori 230 (الْبَان = البان) ist von Dozy gänzlich ignorirt[4]. Das l und r wechselt in den fremden Eigennamen immer, z. B. Roderik Loderik. Weder Julian noch Urban ist ein *gothischer* Name; der *Verrath* ist also jedenfalls legendarisch. Vielleicht schreibe ich darüber einen kurzen Aufsatz.

[1)] in Folge einer Inauguraldissertation, die vor mehreren Jahren hier bei Weiland gemacht ist – ganz verständig, nur mit dem Fehler behaftet, daß der Vf sich auch auf spezifisch arabische Geschichte einläßt, wovon er nichts versteht. Er heißt Schwenkow[5].

559. An Friedrich Leo

Lieber Herr College
Es thut mir leid, Sie schon wieder mit einer persönlichen Dekanatsangelegenheit behelligen zu müssen. Am 20 März 1900 ist es 50 Jahr her, daß mein Schwiegervater, der Chemiker Limpricht in Greifswald, hier promovirt ist[1]. Von seinen wissenschaftlichen Meriten ist mir nichts bekannt; ich weiß nur, daß er ein eifriger und erfolgreicher Lehrer ist; vielleicht kann Wallach mehr sagen. Im Übrigen gelten von ihm die selben Prädikate wie von dem Schulrath Lahmeyer[2]; nur fehlt ihm die *pietas*. Er hängt sehr an Wöhler und an Henneberg und an ganz Göttingen. Ich komme am Sonnabend zur Sitzung, da können Sie vielleicht mit mir über die Sache sprechen.

                                    Ihr ergebener
1 Feb. 1900   Wellhausen

In Bezug auf die Frage nach Endogamie und Exogamie hatte ich in meinem Vortrage[3] eine etwas vage Vermuthung aufgestellt, die ich bei der mündlichen Recitation überschlagen habe; im Druck werden Sie sie finden. Sie ist aber ziemlich unverständlich und bedürfte einer sehr langen Exposition. Es gibt Vielerlei im alten Stamm- und Familienrecht, was schlecht quadrirt.

    Wenn mein Schwiegervater sein Elogium verstehn soll, muß es äußerst einfach sein; er ist wesentlich Practicus.

560. An Charlotte Limpricht

L. M!
Innigen Dank für das sinnige Geschenk! Du faßt mich an dem richtigen Punkte, als Gemüthsmenschen. Ich kann auch die Stärkung gebrauchen; denn ich bin noch schwach vom Impfen – zu Kaisers Geburtstag mußte ich im Fieber reden[1] – und von Marie kriege ich nichts Ordentliches zu essen, da sie jetzt nur für Musik Sinn hat. Ich muß mit machen; ich singe Baß. Es ist aber darnach. Ich habe seit Dezennien meine Kehle nur zum Räuspern und Spucken gebraucht und alle Gewalt über meine Stimme verloren. Nur so ungefähr treffe ich die Intervalle, und da alles Üben nicht hilft, so übe ich auch nicht. Am 15. d. M. geht der große Akt vor sich. Da halt nur den Daumen, damit ich nicht, wie ich pflege, zu früh losbrülle. Es schadet freilich nicht viel; die Leute amüsiren sich dann über mich und mir ist die Blamage einerlei. Wir singen Brahms' Zigeunerlieder, und der Chor besteht in der That aus richtigen Zigeunern, die Meisten sind noch dunkler als Marie. Nur Lorle Vischer und ich sehen einigermaßen deutsch aus, wir sind die geraubten Kinder unter dem Vagabundenpack. Ich bin allerdings schon ein altes Kind, Geheimrath u. s. w.

Gott schütze die Buren[2]!
9. 2. 1900   Euer Julius

561. An Theodor Nöldeke

[Göttingen, 26.2.1900]

Vielen Dank! Ich bin mit Ihren Bemerkungen vollkommen einverstanden; bei einem solchen Vortrage kann man leider nicht alle Limitationen etc machen[1]. Über das Vorkommen von قاض habe ich allerdings Beobachtungen gemacht und zwar die gleichen, wie Sie. Auch im ältesten Islam findet sich noch kein قاض, neben dem Herrscher oder Statthalter; die Chalifen und Statthalter selber يَجلِسون لِلناسِ. Es heißt einmal bei Saif, unter Umar sei ein Qadi für Kufa ernannt[2], aber er habe absolut nichts zu thun gehabt, weil keine Streitigkeiten da waren. Ich schäme mich, Ihnen auf Ihre verschiedenen freundl. Zusendungen nicht geantwortet zu haben; ich weiß aber nichts dazu zu bemerken.

                                                                 Ihr W.

Daß die Religion der Araber *verkümmert* ist, steht p 14 s.
  Bei p. 14 haben mir die griechischen Erinyen vorgeschwebt.
  Zu p 6 (zu dem frechen Satze) vgl Munzinger Ostaf. St. 475 ss[3]

562. An Ferdinand Justi

[Göttingen, 27.2.1900]

Ihren Dank habe ich nicht verdient; Studien habe ich überhaupt zu dem Vortrage[1] nicht gemacht, es ist ein Niederschlag aus langjährigen Eindrücken der Lektüre. Richtig haben Sie in Mommsens Fragen den Anlaß erkannt[2]. Manches müßte limitirt werden, was ich in der für den Vortrag gebotenen Kürze keck hingeworfen habe. Ihre Mittheilungen über Karl und Ludwig[3] haben mich sehr erfreut, und das Schlußgebet für die Bauern[4] ist mir aus der Seele gesprochen. „Lütte Funke levet noch"[5], sagt man bei uns; und daß die Engländer ihn erstikken, ist nicht so ganz wahrscheinlich; so fürchterlich ihre Artillerie sein mag, so wird das gerechte Rachegefühl der kleinen Heldenschaar hoffentlich doch noch den Sieg über diese „Cultur" davontragen. Ich fange auch wieder an zu beten.

563. An Sedley Taylor

Sie haben mich sehr erfreut – nicht als ob mir an Dr. Reich viel gelegen wäre, sondern weil ich auf Ihre freundliche Gesinnung gegen mich hohen Werth lege, und auch darauf, dass Sie meine israelit. Geschichte gelesen haben. Ich denke beim Schreiben fast immer an einzelne Leser, nicht an das grosse Publicum, und künftig werde ich auch an Sie denken. Bei einer 4. Ausgabe[1] sehe ich mich vielleicht genöthigt, die spätere jüdische Geschichte noch stärker als bisher umzuarbeiten. Leider ist dabei die Schwierigkeit, dass ich vom Hellenismus nichts rechtes verstehe.

                                          Mit aufrichtigem Dank
                                          Ihr ergebener
16.3.1900   Wellhausen

564. An Helene Justi

[Göttingen, 21.3.1900]

Vielen Dank für Ihre freundl Gratulation[1]. Was mir Freude macht, ist, daß ich nicht für das Fach der oriental Philologie gewählt bin, das in Berlin durch Weber Schrader Sachau vertreten wird, sondern für das Fach der Geschichte, vermuthlich auf Mommsens Veranlassung, der als Gelehrter für sich allein mehr werth ist, als alle Berliner Historiker und Philologen zusammen, selbst die todten nicht ausgenommen; denn wenigstens ich schätze ihn unvergleichlich höher als Leopold Ranke. Ich wünschte, ich könnte ihm danken, so lange er noch lebt.

565. An Eduard Sievers

Hochgeehrter Herr College
Sie taxiren mich zu hoch. Ich kann nur die altmod. Grammatik und Metrik. In die moderne Methode und Ausdrucksweise will ich mich zwar hineinzuarbeiten versuchen, aber es wird Zeit kosten. Wollte ich also Ihr Buch[1] erst studiren, so könnten Sie lange auf meinen Dank warten.

Mein bisheriger Standpunkt war folgender. Die Form der hebr. Poesie und gehobenen Rede ist ursprünglich identisch mit dem arab. Sagʿ, jedoch ohne Reim. Anlässe, eine Art Metrik zu vermuthen, geben nur die späten Lieder des A. T.; je später, um so regelmäßiger wird der Bau. In der Aussprache wirft die überlieferte Vokalisation Altes und Junges zusammen und scheert Alles über einen Kamm. Wir können praktisch nicht darüber hinaus, müssen aber eingedenk bleiben, daß wir die wahre Aussprache des alten Hebräisch und der verschiedenen Stufen desselben nicht kennen.

Ich hoffe namentlich in phonet. und grammat. Dingen von Ihnen zu lernen. Mit dem Schwa medium haben Sie Recht[2], namentlich das Syrische entscheidet. Aber die Dummheit sitzt fest, Nöldeke hat bisher vergebens dagegen gekämpft. Die Erörterung p 289[3] erweckt mir Bedenken. Collektivargumenten mistraue ich; 1 schlagender Grund ist besser als 100 zweifelhafte. Ad 1: die Orthographie ist gleichgiltig, da die Aussprache feststeht; sie ist auch nicht einmal befremdlich. Ad 2: die Nominalsuffixe lauten allerdings ursprünglich meist auf einen unbetonten Vokal aus, der später abgefallen ist; von hier aus kann aber gegen die hebräische Betonung von Ka und i (1. Ps Sg) nicht angekämpft werden. Ad 3: das a in Ka ist ursprünglich lang, wie das Syrische lehrt. Ad 4: das Masc. der 2 Sg. lautet auf a, das Fem. auf i aus. Das i fällt überall leichter aus als das a; aus aki ist früh ek geworden. Die ungewöhnl. Betonung des a führt auf No 2 zurück. Ad 5: das ist petitio principii. Im Allgemeinen: Wir können mit unseren Mitteln wol die ursprüngliche Aussprache vermuthen, nicht aber die bestimmte Aussprache der mittleren Periode, in welche irgend ein literarisches Product fällt. Das kommt von der verflixten Art der vokallosen Schrift. Sehr bedenklich ist mir, daß Ihre Metrik sich auch auf Prosa anwenden läßt.

Vielleicht bin ich befangen; ich behalte mir jede Revision vor, da der Boden noch so schwankend und so wenig bebaut ist. Ich bin erstaunt über den mühseligen Fleiß, mit dem Sie sich in dies Gestrüpp eingearbeitet haben, und davon überzeugt, daß Sie jedenfalls nicht vergeblich gearbeitet haben. Mich schreckt die hebräische Grammatik ab, ich bin nur in der arabischen und syrischen einigermaßen heimisch; um so mehr bewundere ich Ihre unverzagte Energie.

Zum Schluß meinen herzl. Dank für Ihre Güte, durch die ich mich einigermaßen beschämt fühle. Der Name Sievers heimelt mich an[4]; ich habe viele Verwandte des Namens. Die Hannöverschen Bauern heißen alle Sievers, Evers, Gerdes, Cordes, Harms, Hinrichs, u geffers u. s. w.

Ehrerbietig
Ihr ergebener
Wellhausen

Gött. 27. 3. 1900

[1] Neben *binphol* steht *linpol*[5].

566. AN FERDINAND JUSTI

Verehrter und lieber Freund

Sie überschütten mich mit Ihren Gaben so, daß ich nicht weiß, ob ich mehr mich schäme oder mich freue. Die Bilder[1] können mir Marburg fast ersetzen; ich kenne nicht bloß die Trachten, sondern auch die Gesichter; sie sind echt und können so bleiben, die alten sowohl wie die jungen. Ich bewundere es, daß Sie dergleichen machen, wenn Andere faulenzen oder Bier trinken und Karten spielen, um sich zu erholen von der gelehrten Arbeit, von der Sie mir nun auch noch eine vollhaltige Probe schicken[2]. Die vollständige Umfassung aller Perioden und Provinzen und die ebenso vollständige Angabe der Literatur ist mir sehr willkommen, und die liebevolle Darstellung höchst anziehend, die auch auf Punkte eingeht, die sonst gewöhnlich vernachlässigt werden. Ich habe natürlich bis jetzt nur genascht, werde aber alsbald ans Lesen gehen, noch heute Abend. Am Anfang kommt Abu Muslim schlecht weg[3]. Er ist aber doch der iranische Bismarck, der das Joch der arabischen Herrschaft und diese selber für alle Zeiten zerschlagen hat. Die Ketzer, die er todt schlug, waren hauptsächlich die politischen Ketzer, die sich der abbas. Schîa entgegensetzten, d. h. die Araber. Hinterher hat ihn der Chalif, den er in den Sattel gehoben hat, auf echt abbasid. Weise umgebracht

Meine Frau hat mir viel von Ihnen und den Ihrigen erzählt. Sie kam sehr befriedigt wieder. In Marburg ist Alles reizend, und hier ist Alles scheußlich. Es ist möglich, daß unsere viel kritisirte Eulenstadt demnächst einen verheißungsvollen Zuwachs bekommt. Mein Schwiegervater, 73 Jahr alt, ist um seinen Abschied eingekommen, und er wird ihm gewiß nicht verweigert werden. Er will dann nicht in Greifswald bleiben, weiß aber noch nicht genau, wohin er ziehen will. Er hat von Alters her eine Vorliebe für Göttingen. Ich fürchte mich, ihm zuzureden – denn ich glaube fast, er wird enttäuscht sein. Er findet hier nicht mehr das, was er vor 40 Jahren verlassen hat; er ist inzwischen auch selber ein Anderer geworden, als der er vor 40 Jahren war. *Et nos mutamur in illis*; ich habe es auch an mir erfahren, wie sehr sich hier Alles verändert hat, nicht grade *in melius*.

Ich habe mich ein wenig in Snorre Sturleson und den Sagas umgesehen und bin erstaunt über die vielen Analogien, die die Normannen zu den alten Arabern bieten. Übrigens sind es „die blonden Bestien der Aristokratie", wie sie im Buche stehen, nämlich bei Nietzsche[4]. Natürlich tritt der wild bewegte Vordergrund, wie immer, in der Tradition unverhältnismäßig hervor; es wird auch einen Hintergrund dauernder Zustände und friedlicher Sitte gegeben haben, wie das ja auch von der grauen Gans[5] bezeugt wird.

Noch einmal vielen herzl. Dank, und ditto Grüße!

30. 3. 1900   Ihr Wellhausen

567. An Hugo Willrich

[Göttingen, Frühjahr 1900]

Lieber Herr Doktor!

Ihre Ausführungen haben mich überall gefesselt und vielfach belehrt; über Manches kann ich natürlich erst urtheilen, wenn ich reiflich überlegt und mich orientirt habe. Schlagend ist der Nachweis über die Confusion der Begriffe in den „drei Toparchien"[1]. Ich bin gespannt auf das Ganze. Mit freundl. Gruß

Ihr aufrichtig ergebener
Wellhausen

568. An Hugo Willrich

[Göttingen, Frühjahr 1900]

Vieles, namentlich im *Jason*[1], hat mich aufs äußerste interessirt, wenngleich ich mir mein Urtheil noch nicht fest darüber gebildet habe. *Jason* p 20[2] habe ich eine mich betreffende Angabe corrigirt. Ibid p. 35[3] habe ich im *Citat* das *Deutero* vor *Zacharias* gestrichen, weil man nicht so citirt; überhaupt aber finde ich diese theolog. Namen, nach Analogie von Deuteronomium, recht unpassend. Im *Hekatäus*[4] p 6.23.42 ist die Angabe direct irrig, daß Μωσης ακουσας του θεου ταδε λεγει του Ιουδαιου ein Citat des Schlußverses vom Leviticus ist[5]; es hat nichts damit zu thun. Sonst habe ich mir noch einige unbedeutende Bleistiftbemerkungen erlaubt

Die Widmung[6] wird mir eine Freude und Ehre sein. Sie bringen einen ganz anderen Stil, wirkliche Forschung, in die verfitzte Sache hinein – ob Sie mit Allem durchdringen oder nicht, ist daneben gleichgiltig. Jedenfalls erzwingen Sie eine Revision des Hergebrachten.

569. An Theodor Nöldeke

Göttingen 21. April 1900

Lieber Herr College

Sie beschämen mich durch das freundliche Eingehen auf alte Aufsätze, die jetzt gesammelt zum vierten mal gedruckt sind[1]. Ich halte keineswegs Alles mehr aufrecht, was darin steht; meine Sicherheit ist arg ins Wanken gekommen.

An meiner Scheidung von Gen. 10, die Andere adaptirt und variirt haben, halte ich fest; und Nimrod scheint mir zum echten Bestande der jehovistischen Genealogie zu gehören. Die Chronik zählt ihn nicht mit, und der letzte Redactor von Gen. 10 wird es vielleicht ebenso gemacht haben. Über die Perser in Gen. 10 habe ich p. 311 eine Bemerkung gemacht, um einem Einwande von Ihnen zu begegnen. Die Note p 311 ist ungenau; es muß heißen: die Perser als herrschendes Volk. Vgl Ezech 27,10.38,5.

Über die Zeit von Deut 27 (meine Analyse p. 362 s scheint mir richtig zu sein) gibt nur die Schärfung der Eheverbote einen partiellen Anhalt. Auf 363,9 stehn zwei falsche Citate; es muß heißen Deut. 27,23. Lev 18,18.

Jahvebilder werden von Hosea als Bʿalim bezeichnet, warum nicht von Jesaias als Elilim? Übrigens liegt mir nichts daran. Es bleibt darum doch dabei, daß Jesaias, der treibende Geist bei Hizkias Reform, nur eine Reinigung der h. Stätten von „Menschenwerk" etc fordert, nicht aber eine Abschaffung der Stätten selber – wie ich p. 290 gesagt habe. Außerdem kann sich schwerlich unter Hizkia ein Vorgang stillschweigend vollzogen haben, der unter Josia als eine so einschneidende Neuerung empfunden wurde. Daher mein Zweifel an 2 Reg 18,20: von geschichtl. Wirkung ist das keinesfalls gewesen, das genügt.

Ihre Verbesserung zu Judic 11,40 leuchtet mir sehr ein und befreit uns von einem Monstrum. So viel ich weiß, ist Ihnen niemand darin zuvor gekommen.

Ihre Bemerkung zu עבט würde mir acceptabel sein, wenn ich gewiß wäre, daß غبط in der Grundbedeutung mit ربط zusammen träfe. Ich meinerseits bin ausgegangen von dem sonderbaren حجى in Lagardes Ev. Hieros. p 276[2], das in der That kaum etwas anderes als ضبط sein kann, wie Lagarde annimmt. Es kommt da allerdings gar nicht als aramäisches, sondern als arabisches Wort vor, leitet aber doch auf die Vermuthung, daß ضبط = עבט sein möchte. Der Sinn „festhalten" paßt ausgezeichnet. Die Umschreibung des ض mit ع ist merkwürdig; die Griechen haben T, Δ oder Z.

Die Anmerkung auf p 351 hat insofern mit Recht Ihr Entsetzen erregt, als das Daleth von דרך Num 24,17, weil es Dagesch hat, nicht aspirirt gewesen sein kann; זרח ist freilich darum doch nothwendig (LXX ἀνατέλλει). Im Übrigen wird doch in der Zeit, aus der die schriftl. Festsetzung des massoreth. Textes stammt, die Erweichung der Bgadkphat schon im Gange gewesen sein, und mehr behaupte ich nicht. Wie erklären Sie sonst Βεζεθα an dessen Deutung durch Josephus füglich nicht zu zweifeln ist? Οβεζαθης gebe ich nach Ihren Einwänden Preis; ich habe übrigens nicht an Ubaida gedacht, sondern an eine Composition von Ubaid und Athe. Nach dem Diphtong ai haben ja freilich auch die Aramäer das Dagesch; nur ist der Diphtong in geschlossener Sylbe nicht mehr da – so wenig wie in Βεζεθα. Zu בית חדתא kann man גוב סוֹמְקָא (Rother Graben) Tabari III 384,21 vergleichen.

Auf den aram. Ursprung der p 185 unten aufgezählten Worte habe ich längst Verzicht geleistet. Aber späthebräisch (d. h. natürlich nur in der biblischen Literatursprache spät) sind sie.

Ich stecke jetzt ganz in der Omaijidengeschichte und denke an nichts Anderes. Die Chronologie macht mir viel zu schaffen, besonders bei den Kriegen gegen die Romäer und in der heillosen Zeit des Ibn Zubair (65–73 A. H.). Wenn man nur bessere Byzantiner hätte als Theophanes und Nicephorus! In einigen Punkten glaube ich doch die Tradition erklärt und ihre Widersprüche beseitigt zu haben – darauf beschränkt sich ja die fundamentale Arbeit unserer historischen Forschung.

Der Tausendsassa von Harnack hat in seiner Geschichte der Akademie[3] gezeigt was er kann. Er findet sich erstaunlich leicht überall zu recht, und ist darin mit Renan zu vergleichen. Gründlich und originell ist er selten. Der alte Gieseler ist mir lieber, von Baur gar nicht zu reden. Aber klug und geschickt ist Harnack wie einer. Er versteht sehr wenig von Leibniz' Philosophie, aber wie lesbar und anmuthig schreibt er darüber! Daß er Schleiermacher für den größten Philosophen nach Kant hält, ist freilich ein starkes Stück. Schleiermacher packt kein Problem an, sondern spinnt nur daran herum: die Lösung würde ihm das Vergnügen des ewigen Spinnens rauben. Ich bewundere ihn als Menschen; als Philosoph (wo es sich nicht um Geschichte handelt) ist er mir unausstehlich, er scheint mir nicht viel mehr zu bedeuten als Trendelenburg, obgleich er viel klüger war.

Das Papier setzt glücklicherweise meinen Orakeln ein Ende! Vielen Dank zum Schluß.

Ihr W.

Ihre Meinung über Isa 40–55 und den Knecht ist auch die meine; sie stammt nicht von Budde, er hat sie nur mit Emphase vertreten, namentlich nach Giesebrecht[4].

570. An die Gesellschaft der Wissenschaften zu Göttingen

[Göttingen, 13.5.1900]

Was den Antrag Karabacek[1] betrifft, so kann nicht bestritten werden, daß eine wissenschaftlichen Ansprüchen genügende Realencyklopädie des Islams nicht existirt. Nicht so unzweifelhaft ist es aber, ob es gegenwärtig an der Zeit ist, eine solche in Angriff zu nehmen. Es fehlen die Vorbedingungen, namentlich auf dem eigentlich historischen Gebiete, das doch sehr wesentlich in Frage kommt. Für die ältere Zeit sind zwar die noch vorhandenen Quellen großentheils edirt; doch z. B. die Tabaqât des Ibn Saʻd und die Maghazi des Vaqidi harren noch der Veröffentlichung. Für die spätere Zeit steht es noch ungünstiger, auch für die wichtige Periode der Kreuzzüge. Ibn Athir muß zum zweiten mal edirt werden. Außerdem sind die Quellen keineswegs wissenschaftlich erforscht; die Untersuchung steht in den allerersten Anfängen. Die übliche Darstellung ist eklektisch, man folgt seinem Geschmack oder dem Gerathewohl. Dies war zu entschuldigen, als Weil seine enorm fleißige Übersicht über ein wüstes, ihm meist nur handschriftlich zugängliches Material gab – gegenwärtig ist es nicht mehr angängig. Hinzukommt der merkwürdige Mangel an geschichtlichem Interesse und Verständnis bei der Mehrzahl der gegenwärtigen Arabisten. Die wenigen Historiker unter ihnen, die zugleich an der Quelle der Handschriftensammlungen sitzen, sind doch nicht im Stande, alle Artikel allein zu schreiben. Aus diesen Gründen hält es unsere Gesellschaft für rathsam, von dem Plan einer Realencyklopädie vorläufig abzusehen und dafür die Edition der Quellen (nach dem Vorgang der Berliner Akademie) und die Untersuchung derselben um so eifriger zu betreiben.

Wellhausen

571. An Ferdinand Justi

Vielen Dank! Ich freue mich, daß Ihre Ansicht und die Vernunft doch allmählich durchdringt!
Göttingen 13. 5. 1900   Ihr W.

572. An Adolf Harnack

Lieber Herr College
Ich gratuliere Ihnen zu Ihrer Geschichte der Akademie[1]. Es ist eine glänzende Leistung, an der Viele mäkeln können und die Keiner besser oder auch nur ebenso gut gemacht haben würde. Nach Ihrem Bericht vom 8 Febr 1900[2] steigert sich noch meine Hochachtung.
G. 27. 5. 1900   Ihr Wellhausen

573. An Adolf Harnack

Pfingsten [3./4.6.] 1900

Veni creator spiritus: er ist uns mehr wie je entschwunden. Ich glaube, es kommt nicht viel darauf an, *wann* das Griechische angefangen wird und ob auch die Juristen und Mediciner dazu gezwungen werden. Wenn es nur gründlich getrieben wird! Das geschieht nicht, wenn das Schwergewicht von der Grammatik weg auf den Humanismus gelegt wird. Caviar für die Jugend! Ich habe kein Zutrauen zu diesem Surrogat der verlorenen Religion, so wenig wie zu den anderen: Ideal-, Wagnerian-, National-, Vegetarian-, Kneippian-, Irvingian-ismus etc. Die alten Lateinschulen hatten den Vorzug größerer Freiheit und festerer Traditionen, selbst wenn man Griechisch erst auf der Universität lernte. Paulsen[1] scheint mir *in diesen Dingen* sehr verständig zu sein.

574. An Adolf Harnack

Lieber Herr College
Vielen Dank für das Wesen des Christenthums[1], das Sie mir freundlich übersandt haben. Sie wissen, daß ich in der Hauptsache mit Ihnen übereinstimme. Der Ausdruck ist wohl bedingt durch die Form der populären Vorlesung, er ist mir ein wenig zu enthusiastisch und breit, ich liebe auch die Citate nicht. Die meisten Leser werden aber einen ganz anderen Geschmack haben, und für mich haben Sie ja nicht schreiben wollen.

Der alte Kant drückt sich (an Lavater) so aus: „Das Wesentlichste von der Lehre Christi ist, daß er die Summe aller Religion darin setzt, rechtschaffen (*alio loco*: von der reinsten Aufrichtigkeit in Ansehung der verborgensten Gesinnungen des Herzens) zu sein, im Glauben, daß Gott alsdann das übrige Gute, was nicht in unserer Gewalt ist, ergänzen werde."[2] Das unterschreibe ich.

G. 29. 6. 1900   Ihr Wellhausen

575. An Michael Jan de Goeje

Lieber und verehrter Herr College
Ich habe so lange gewartet mit diesen Zeilen, weil ich aus der Anzeige nicht klar wurde und erst auf Erkundigung von Houtsma erfuhr, daß Ihnen Ihre Frau genommen ist[1]. Ich nehme aufrichtigen Antheil an dem unersetzlichen Verlust, der Sie und Ihre Kinder getroffen hat.

Göttingen 12. 7. 1900   Ihr Wellhausen

576. An Konrad Burdach

Göttg. 14. 7. 1900

Verehrter Herr College

Ich rechne es mir zur großen Ehre, daß Sie mir Ihr Buch[1] geschickt haben. Die Lektüre macht mir Vergnügen; namentlich das Literarische interessirt mich sehr, auch aus method. Gründen. Das Historische ist davon freilich nicht zu trennen. Aber ich gestehe, daß die deutsche Reichsgeschichte mich wenig anzieht.

Altböter[2] (platt) gibt es mehrfach, z. B. wenn ich nicht irre in Stettin. In Hildesheim ist die AltPetri-straße aus der Altpöter-straße gemacht. Man sagt nämlich bei uns pötern, nicht bötern. Man gebraucht es allgemein von dilettantischem Zurechtmachen und Flicken von Gegenständen, die irgendwie verdorben, aus dem Leim gegangen und in Unordnung gerathen sind. Das Wort ist in Niedersachsen noch durchaus lebendig.

Ich erlaube mir Ihnen einen kleinen Aufsatz[3] zu senden, der ohne viel Kunst als Festvortrag frisirt worden ist. Arabien und Nordland gaben manche Analogie. Meine Kenntnis des Nordlandes ist natürlich minimal, ich verdanke sie dem Dr. R. Meißner, den ich in jeder Hinsicht sehr hoch schätze

Vielen aufrichtigen Dank zum Schluß!

Ihr ergebener
Wellhausen

577. An Wilhelm Herrmann

[Göttingen, 12.11.1900]

Vielen Dank[1]! Ich habe § 18 und 19 gelesen und zwar zu meiner Erbauung. Sie können es besser als Harnack.

Ihr W.

„Das Reich Gottes kommt nicht dadurch, daß man darauf wartet; es ist inwendig in euch" scheint mir ein recht authentischer Spruch zu sein[2]. Johannem Weiß[3] habe ich noch immer nicht gelesen.

Wilhelm Herrmann

578. An Michael Jan de Goeje

Lieber Herr College
Vielen Dank für Ihre gütige Zusendung[1]. Es ist eine Freude, dass Sie dazu gekommen sind, Ihr die histor. Kritik der Eroberungen eröffnendes Mémoire noch einmal umzuarbeiten. Die Correcturen, die Sie an meiner Untersuchung anbringen, werde ich mir sorgfältig überlegen; dass ich in Bezug auf Duma[2] Ihnen Recht geben kann, glaube ich nicht. Mit freundl. Gruss
                              Ihr ergebener
3. 12 1900.   Wellhausen

579. An Familie Limpricht

Göttingen 23. 12 1900

L. L.!
Ohne abzuwarten, was sonst noch Alles kommen wird, fühle ich mich schon jetzt gedrängt, mein Herz auszuschütten über die feinen Ale. Sie haben sich schon einigermaßen durch mich und Marie hindurch geschlängelt, mit bekannter Schlüpfrigkeit. Der Puter wartet noch seiner Bestimmung, in Gesellschaft eines Hasen, den Dr Briegleb[1] selber geschossen zu haben behauptet. Unsere EilfrachtKiste ist etwas spät abgegangen, der fällige Honig ist darin, er stammt diesmal von einem anderen Imker.

   Wir sind etwas beklommen durch unsere Nachbaren Vischers, bei denen die unsinnige Kindsköpfigkeit des Mannes die Familie aus den Fugen zu treiben droht. Auch das geht uns sehr nach, daß bei Kaibel ein Rückfall eingetreten zu sein scheint. Er liegt wieder zu Bett. Bis vor ein paar Tagen schlich er herum, sah aber aus wie ein Schatten und war höchst niedergedrückt, da die ihm in sichere Aussicht gestellte Genesung gar und ganz nicht kommen wollte. Es war allgemeine Freude, als die Operation gelungen war; nun läßt wieder Alles die Ohren hängen.

   Rhoussopoulos Petros ist neulich bei uns gewesen. Er hat sich in einer Apotheke, dann in einer Weinhandlung wohl ein bißchen Geld verdient und studirt hier nun Chemie; im Quartier bei Frau Murray, die bei all ihrer Schwierigkeit nie müde wird sich für die Familie ihres Mannes zu opfern. Er ist selig über Wallach und über den Unterricht in Göttingen – bis auf die Physik, die in Athen besser wäre als hier: sie soll hier in der That unter jedem Begriffe schlecht vorgetragen werden. Er hat neulich ein Geschwür gehabt und sich damit an die Klinik gewandt. Da haben sie ihn einige Tage behalten und operiren wollen. Er aber hat erklärt, dazu hätte er keine Zeit, er müßte Chemie studiren. Es ist denn auch ohne Operation bald wieder besser geworden. Er ist allerliebst, bescheiden vornehm und gar nicht mehlsackig und bedrückend; sieht auch hübsch aus.

Im Garten blühen Leberblümchen, Nießwurz und Monatsrosen, die Schneeglöckchen dringen mit den Spitzen durch. Also gar nicht Weihnachten wie es im Buche steht. Ich habe freilich den Eindruck, daß man überhaupt Weihnachten im Schnee viel häufiger auf Bildern sieht als in Wirklichkeit. Erst wenn die Tage wieder langen, kommt der Winter gegangen[2].

Marie putzt den Tannenbaum, sie ist nicht ganz munter, ängstigt sich vor Zahnweh, und friert leicht. Doch ist sie des Winters sehr häufig in diesem Zustand. Mir geht es gut, mein einer Zuhörer ist sehr gescheit, der andere ist nach Weende.

Nun wünsche ich Euch Allen ein fröhliches Fest!

Euer Julius

580. An Ferdinand Justi

29.12.1900

Lieber und Verehrter

Ich fühle mich Ihnen gegenüber immer in der Hinterhand und in der Schuld, veranlasse Sie durch überflüssige Fragen zu umfangreichen Mittheilungen aus Ihren Depots. Dabei wird es wohl auch bleiben.

Nach dieser Generalbeichte komme ich zur Sache, nämlich dazu, Ihnen (immer im Dual) aufs herzlichste für Ihre Liebe zu danken und um Prolongirung des Vorschusses zu bitten. Meine Wünsche kann ich mit den Worten meines persischen Freundes G. K. S. Nariman ausdrücken: *accept my sincere wishes for your health and happiness; may the new century as it advances bring you increasing renown and riches.*

Meine Frau befindet sich leidlich und ich auch. Ich bin nur etwas gelangweilt, weil eine Geschichte der Umaijiden[1], an der ich druxe, mir nicht recht aus der Feder will. Vielleicht liegt es an der Dinte, vielleicht an Altersschwäche. Ich kann das Ding nicht recht in den Stiel stoßen. Davon habe ich bis jetzt noch nicht viel Erfahrung gehabt, nun muß ich auch das noch lernen zu ertragen.

Mein Nachbar Vischer will weg von hier. Er wünschte sich nach Berlin, dann nach Heidelberg. Jetzt will er gern nach Bonn, da er gehört hat, daß Ihr Herr Bruder[2] es müde ist Professor zu spielen – was ich begreife. Er ist unglücklich darüber, ein Decennium mit der Entzifferung und Redaktion nachgelassener Hefte (d. h. es sind Studentennachschriften) seines Vaters[3] verloren und seine eigenen literar. Arbeiten zurückgesetzt zu haben. Das kommt davon, hab ich's dir nit gesagt! Ob er große historische Gelehrsamkeit besitzt, bezweifle ich; noch mehr ob er ein Philosoph ist, wie er denkt. Daß er aber Anschauung und Eindrücke hat und es versteht, sie auch anderen Leuten lebendig und ohne Phrasen mitzutheilen, darauf lasse ich „mich behaften". Mir ist diese Gabe selten

so überzeugend entgegen getreten. Er trägt auch gut vor, wenn er aufgelegt ist. Aber er leidet sehr unter seinen Launen und Apprehensionen. Ich habe ihn trotzdem gern. Seine Frau heißt auch[4] Helene und verdient den Namen[5].
Meine Frau Marie schließt sich meinen Wünschen für die ganze Familie Justi an und grüßt von Herzen.

Ihr Wellhausen

581. Antwort auf ein von Friedrich Leo an die Mitglieder der Königlichen Gesellschaft der Wissenschaften versandtes Formular

[Göttingen, den] 8. Januar [190]1

Um für die Verhandlung mit dem Verleger[1] die nöthige Grundlage zu gewinnen, bitte ich die Herren, die zu einer der Festschriften für die Gedenkfeier[2] der Gesellschaft einen Beitrag liefern werden, mir etwa bis zum 20.ds. Mts. über folgende Punkte eine möglichst bestimmte Mittheilung zugehen lassen zu wollen.
1. Gegenstand des Beitrags: Heinrich Ewald[3]
2. Ungefährer Umfang: höchstens zwei Bogen.
3. Beigaben (Tafeln, Porträts; Art der Reproduction): keine Reprod.
4. Termin für die Vollendung des Manuscripts: muß mir gestellt werden, denn eher fange ich nicht an.

gez: F. Leo.
z. Vorsitzender Sekretär der Königlichen Gesellschaft der Wissenschaften.
Wellhausen

582. An Paul Wendland

Vielen Dank für Ihre gütigen Zusendungen. Schon Usener hat mir meine Irrthümer in Bezug auf mögl. od. wahrsch. Aramaismen nachgewiesen (mündlich). Ich schwanke etwas, ob die Koine nicht wirklich theilweise aramäisch (christlich) inficirt ist. Im Übrigen ist die üble Lage die: die einen (z.b. ich) können kein Griechisch, die anderen kein Semitisch, und die Theologie in der Regel beides nicht. Für Ihren Hinweis auf *Thumb*[1] bin ich sehr dankbar. Hochachtungsvoll

Ihr ergebener
10.1.1901   Wellhausen

583. AN CHARLOTTE LIMPRICHT

L. M.
Dein Brief an Marie hat mich ganz sehnsüchtig gemacht nach der schönen Greifswalder Eisbahn. Auf der elenden hiesigen Bahn, die ganz klein ist und aus brüchigem hohlen Wieseneis besteht, habe ich nie laufen mögen; aber auf dem Ryk und dem Bodden[1] möchte ich es gar zu gern und um so lieber, weil ich schlecht gehen kann. Ich mag nur grade aus und so schnell wie möglich; das Kunstlaufen, wobei man die Drehkrankheit kriegt, ist mir zuwider; es sieht auch so eitel aus, daß ich mich schämen würde, auch wenn ich es noch könnte.

Es ist hier noch immer kalt genug; unsere Stuben sind aber stets schön warm gewesen. Marie friert bei 18° Réaumur[2], es liegt in ihr. Sie braucht auch viel Zeit dazu; auf der Straße muß sie sich alle Augenblick hinstellen und einmal recht ausfrieren, so daß es nicht angenehm ist sie zu begleiten. Es war immer so und ängstigt mich nicht; sie kann überhaupt den Winter nicht recht vertragen. Das Mädchen ist unbeholfen und der Schmutz hakt ihr an, aber sie ist klug, ehrlich und willig. Mit der Zeit wird es schon werden, und Marie hat Geduld mit ihr und mag sie gern

Hier wird ein neues Ordinariat für Chemie und ein neues Laboratorium errichtet; der Betreffende soll aber nicht lehren, sondern nur für sich arbeiten. Es heißt, es solle eine ähnliche akademische Stellung ohne Lehrauftrag auch für die histor. philol. Sektion begründet werden. Wenn sie aber mir angeboten wird, werde ich darauf husten. Ich will abgehn und ziehen wohin ich will, Akademiker in Göttingen werde ein anderer! Übrigens wird die ganze Geschichte wol eine Einbildung sein. Der Althoff hat immer neue Kneepe[3] im Kopf; die Unterrichtsverwaltung kommt gar nicht aus der Unruhe heraus.

Ich hatte verstanden, daß die Juristen sich immer melden müßten, um weiter zu kommen. Ich fürchte, Rudolf[4] wird es für ein Unglück halten, wenn er in Greifswald sitzen bleibt. Wenigstens schien mir das aus Lenings Äußerungen hervorzugehen. Am lohnendsten und lebendigsten ist offenbar die Stellung eines Amtsrichters ohne Collegium; er kommt allein in directe Berührung mit den Dingen und den Menschen und braucht keine Akten zu lesen. Er hat viel größeren Einfluß, wenn er will, als Pastor und Arzt. Allerlei Entbehrungen an Cultur u dgl muß er freilich ertragen und ehrgeizig darf er nicht sein.

Kaibel ist wieder im Spital und es geht ihm nicht gut. Eine Venenentzündung ist dazu getreten. Er selber hat die Hoffnung verloren. Merkwürdig ist, daß sein Verhältnis zu Wilamowitz ziemlich neutral geworden ist. Er kann nicht alle Wendungen des vielgewandten Mannes mitmachen, der jetzt die Griechen berlinisch sprechen lehrt, da die Berliner nicht griechisch lernen wollen. Sein Wirkensdrang ist mir entsetzlich, ebenso wie seine Begeisterung für Cultur und Wissenschaft. Es ist eine große Hatz. *Beatus ille homo, qui sedet in sua domo, et sedet post fornacem, et habet bonam pacem*[5].

13.1.1901   Dein Julius

584. An Ferdinand Justi

Lieber und Verehrter
Sie wollen mich ganz verbrennen durch die feurigen Kohlen, die Sie auf mein Haupt sammeln. Ich habe eine kindische Freude an diesen Gesichtern, Trachten, Stuben, Wiesen und Geräthen, und an dem Sommer, der über Allem liegt – bei diesem Frost erwärmt man sich förmlich daran[1].

Was habe ich Schafskopf angerichtet? Ich hielt es für sicher, daß Ihr Herr Bruder abgehn wolle; nun erfahre ich nicht bloß durch Sie, sondern auch direkt von Bonn (übrigens nicht auf meine Erkundigung), daß er gar nicht daran denke. Ich dachte wohl daran, daß Sie (gesetzten Falles) bei gelegentl. Zusammentreffen mit Ihrem Hr Bruder über die Sache reden könnten, beabsichtigte aber keineswegs, daß Sie direct an ihn schreiben und Vischern empfehlen sollten. Eine Verantwortung für eine solche Empfehlung konnte ich auch nicht übernehmen; ich wollte nur bekannt machen, daß Vischer aus gewissen Gründen sehr gern Göttingen mit einer anderen Universität vertauschen möchte.

Jetzt will ich Sie wieder mistrauisch machen, als wollte ich mit einer Frage, die Sie aber nicht zu beantworten brauchen, nur Conversation machen. Nach Theoph 323,18 ed de Boor[2] heißt Seleucia persisch Guedesir. Das ist doch offenbar Behrasir; gue = weh = beh, und Edesir = Ardeschir. Ich weiß nicht, ob das auch Andere angeführt haben.

Der alte Mann mit der verlegenen Bauernschlauheit auf dem Gesicht, mit der liebevollen Hosenfaltung und Beleuchtung, muß noch besonders hervorgehoben werden. Er hat sich mir so eingeprägt, daß er mir demnächst im Traume erscheinen wird. Den unsichtbaren Maler sehe ich unwillkürlich immer dabei; nicht bloß bei diesem, sondern auch bei den anderen Bildern. Seine Frau lasse ich vielmals grüßen!

13. 1. 1901   Ihr W.

585. An Ferdinand Justi

Lieber und verehrter Freund
Ich wage es kaum zu dem Verlöbnis zu gratuliren[1], weil der Verlust Ihres Schwagers[2] so schmerzlich damit zusammentrifft. Wir haben mit Ihnen das Ereignis τηλόθεν ἐρόμενον gesehen; die Kunstgeschichte muß mit Liebe betrieben werden. Es wird Ihnen vielleicht doch etwas seltsam zu Muth, wenn die Küken aufs Wasser gehn.

Vielen Dank für Ihre Mittheilungen über Bonn. Vischer paßt nicht in die Verhältnisse und macht sich auch keine Illusionen. Er will von hier weg, um dem Bräutigam seiner Tochter[3] zu entgehn; es ist eine tragische Komödie, bei der am Ende herauskommt, daß die Eheleute sich trennen. Es ist nichts dabei zu machen; die Charaktere ändern sich nicht und die Verhältnisse auch nicht.

Ich freue mich, daß Sie gegen meinen Vergleich des iran. und des jüdischen Dualismus[4] nichts einzuwenden haben. Er ist aber ziemlich werthlos, da er auf sehr einseitiger Sachkenntnis beruht. Ich kann mir in meinem Alter eine gründliche Kenntnis von den alten Iraniern nicht mehr erwerben. Ich bin froh, daß ich eine kleine Ahnung habe, grade genug, um Auseinandersetzungen sachverständiger Leute zu verstehn. Augenblicklich plagt mich wieder meine alte Crux, die Ethnographie und Geographie von Tucharistan und Ma varā al nahr. Diesmal bin ich jedoch der Sache etwas ernstlicher zu Leibe gegangen und zu einiger Klarheit gekommen; am nützlichsten hat sich mir Maqdisi (Muqaddasi) erwiesen, obwol der Text recht schlecht ist[5]. Beim Tabari hätten sich die Leute auch etwas mehr Mühe geben können; die Eigennamen weisen zahllose Fehler auf, die durch Vergleichung leicht verbessert werden können. Natürlich ist mir Ethno- und Geographie nur Mittel zum Zweck, nämlich zu dem Zweck die Erzählung zu verstehn, die Geschichte, die auf dem Boden spielt. Sie ist in der Umaijidenzeit von höchstem Interesse, bis die Araber von den Ketzerkeulen Abu Muslims, den für den Islam und das Haus des Propheten fanatisirten Iraniern, todt geschlagen werden. Dann hört wenigstens mein Interesse auf, die Abbasiden hole der Teufel, er wird sie wol schon haben.

Der alte freundliche und einfache Leo Meyer zieht mich ein wenig an sich heran, ich höre ihn gern reden, und wenn es ihn nicht verdrießt immer das selbe zu sagen, so macht es mich um so gewisser und prägt sich um so tiefer ein. Jetzt hat er mir auch den ersten Band seines großen griechischen Lexikons[6] geschenkt; ich bin an solche Beschämungen nachgerade gewöhnt. Es läßt sich ganz nett drin herum lesen; Urtheil über den Werth der Etymologien besitze ich natürlich nicht.

Meine Frau liegt zu Bett, steht aber hoffentlich morgen wieder auf; das Fieber, das sie hatte, ist verschwunden. Ich bin seit 4 Wochen erkältet und schlafe abscheulich, namentlich wenn der Doktor dazu kommt und mir ein Schlafmittel anpreist. Das Arbeiten will in folge davon nicht recht vom Fleck; im Januar und Februar aber habe ich zwei lange Kapitel fertig gekriegt; langweilig werden sie wohl auch sein.

Viele und herzliche Grüße an Ihre Frau und auch an Dr. Ludwig. Meine Frau wollte nach Freiburg schreiben.

Gött. 26. 3. 1901   Ihr Wellhausen

586. AN FERDINAND JUSTI

Amicissime
Nach Tabari II 1550,13s. 1552,7 zog Gunaid im Ramadan A. H. 112 oder 113 (November 730 oder 731) in Buchara ein und zwar grade am Mihrigantage. Fällt der Mihrigantag[1] so spät in den Herbst? und gibt es Mittel ihn zu bestimmen? Ich bitte Sie aber, mir nur dann zu antworten, wenn Sie nicht nöthig haben, dafür expresse Studien zu machen.
3. 4. 1901   Ihr W.

587. AN FERDINAND JUSTI

[Göttingen, 12.4.1901]
Vielen Dank für die mir sehr werthvollen Mittheilungen. Ich habe noch eine Anzahl anderer Daten für Mihrigan und Neuruz[1] im Tabari aufgestöbert, und werde Ihnen bei Gelegenheit schreiben. Es scheint einige Verwirrung geherrscht zu haben.

Ihr W

588. AN THEODOR NÖLDEKE

[Göttingen, 3.5.1901]
Vielen Dank! Die Berichtigung meines Irrthums in Bez. auf die Bedeutung von حال acceptire ich natürlich; von Zapletal habe ich den gleichen Eindruck wie Sie. Es ist doch merkwürdig, wie die Berührung mit der Wissenschaft selbst für die Ultramontanen Gift ist; an der Akademie zu Münster bleibt keiner waschecht, und von diesem Gesichtspunkt aus könnte man auch die kathol. Fakultät in Straßburg *in partibus infidelium* begrüßen. Ich hatte *totaphot* für *taphtaphot* gehalten und mit aram. *tuphta* (zu נטף) verglichen, aber das ist natürlich ganz unsicher; ich werde mir Ihre Ansicht sorgfältig überlegen. Was Totemismus positiv ist, weiß ich noch immer nicht; aber das Negative ist wichtig, daß er nicht Blutsverwandtschaft ist.

Hier sind 600 Mann neu immatriculirt, lauter Juristen, Mathematiker, Chemiker u Neuphilologen.

Wir haben in Kurt Sethe[1] eine persönl. u wissensch. ausgezeichnete Acquisition gemacht, werden ihn aber wohl nicht lange genießen.

Grafs Pentateuchkritik wird jetzt vom hannoversch. Consistorium tolerirt und sogar acceptirt.

589. An Ferdinand Justi

Verehrter lieber Freund
Viele und herzliche Glückwünsche für das neue Jahr, in das Sie eintreten; Sie und Ihre Frau haben Freude nöthig und sind ihrer werth. Hätte ich so schöne illustr. Postkarten wie Sie, so kriegten Sie eine, aber Göttingen ist nicht Marburg, wenngleich im Juni ebenfalls recht festlich und geburtstagsmäßig.

Ich habe in der schwülen Pfingstwoche einen kleinen Aufsatz über Ewald concipirt, der in einer Sammelschrift zum Jubiläum der hiesigen Societät erscheinen soll[1]: wir machen uns wichtig, denn kleine Mäuse haben auch Schwänze. Jetzt bin ich dabei, das Concept mit allerhand literar. Material auszustaffiren. Dabei bin ich auf eine äußerst reiche Briefsammlung Ewalds gestoßen, die seit kurzer Zeit in das Eigenthum der hiesigen Bibliothek übergegangen ist[2]. Die Qualität entspricht der Quantität. S. de Sacy, W. v Humboldt, Jacob und W Grimm, Dahlmann, A W Schlegel, Lassen, R Roth, Olshausen, Fleischer, Gildemeister, Rückert e tutti quanti sind vertreten und z. th sehr kräftig. Ich kann das Material in der Eile nicht durcharbeiten, es ist aber gewiß sehr der Sichtung und Herausgabe werth: unsere Societät müßte sie in die Hand nehmen. Die sachl. Ausgiebigkeit, vielfach die wundervolle Schrift, und durchgängig die vornehme Haltung der Correspondenten (auch dann wenn sie erzürnt Ewald den Rücken kehren) fallen auf. Hupfeld ist freilich ein alter eingebildeter Nörgeler. Der einzige Lump, der sich gar herrlich decouvrirt, ist Paul Lagarde geb. Bötticher. Lebende sind kaum unter den Correspondenten, mit Ausnahme von Th. Nöldeke, dessen Absagebrief famos ist. Was dem Ewald von den bedeutendsten Leuten an Elogen gesagt ist, mußte ihm wohl den Kopf verdrehn.

Ich könnte Ihnen noch Einiges berichten, was Sie vielleicht interessiren würde; von P. Kehr – die Römer lösen das „Pater Kehr" auf und empfehlen sich dem Reverendo Patri als servus in Christo – und von Kurt Sethe und Anderen. Ich habe mich aber leider etwas zu spät an diesen Brief gemacht, und da ich doch gern will, daß er am 4. Juni ankommt, muß ich ihn hier abbrechen und zum Kasten mitnehmen.

Meine Frau grüßt herzlich und schließt sich meinen Wünschen an
Ihr alter
G. 3. 6. 1901   Wellhausen

590. An Theodor Mommsen

Verehrter Herr
Ich bin erschrocken über die Ehrung[1], freue mich aber nicht wenig darüber, und namentlich darüber, daß Sie mir die Nachricht davon geben und vermuthlich die Schuld haben, daß ich ihrer gewürdigt worden bin.
Gött. 17. Juni 1901   Ihr Wellhausen

591. An Adolph von Menzel

Eure Excellenz
als Kanzler des Ordens *pour le mérite* bitte ich meinen ehrerbietigen Dank entgegen zu nehmen und weiter zu geben, dafür daß ich der Aufnahme in den Orden gewürdigt bin. Ich bin vollkommen überrascht, und meine große Freude wird dadurch nicht beeinträchtigt, daß ich die hohe Ehre nicht als Verdienst betrachte, sondern als Auszeichnung unter Gleichwürdigen, unter denen ja nothwendig eine Wahl getroffen werden muß.
                               In aufrichtiger Verehrung
                                     Eurer Excellenz
                                       gehorsamer Diener
Göttingen 28 Juni 1901   J. Wellhausen

592. An die Gesellschaft der Wissenschaften zu Göttingen

Ich schlage vor, das corresp. Mitglied Ferd. Justi in Marburg zum auswärt. Mitgliede zu wählen.
29. 6. 01   Wellhausen.

Nachschrift.
Es ist nicht meine Sache, für die Wahl B. Nieses einzutreten. Wenn er aber vorgeschlagen werden sollte, so scheint es mir, daß er zum ausw. Mitglied zur Wahl zu stellen ist[1].

593. An Theodor Nöldeke

Göttingen 11 Juli 1901

Lieber Herr College

Zunächst herzlichen Dank für Ihre freundliche Gratulation. Es ist mir doch lieber, daß Sie leben bleiben als daß ich Ihr Nachfolger werde – so schmeichelhaft es auch ist, daß Sie mich dazu designirt haben. Übrigens bin ich schwerlich als Orientalist in den erlauchten Orden gekommen, in dem ich mich vorläufig noch wie die Sau im Judenhause fühle oder auch – *salva venia vestra* – umgekehrt.

Auf die Aussicht Sie vielleicht hier zu sehen freue ich mich sehr; ich hoffe Mitte September anwesend zu sein, bin aber nicht ganz Herr meiner Entschlüsse. Meine Frau will im August nicht reisen, sondern vielmehr die Handwerker überwachen, die unser Haus entsetzlich zu modernisiren berufen sind.

Gegen Ihre Argumentation über Exod 22,28 und Exod 34,20 läßt sich leider nichts einwenden. Und auch die Consequenz wird wohl zugegeben werden müssen, daß das Menschenopfer ein religiöser Rest des Kannibalismus ist. Sie könnten sich auch auf Ezech. 20,25 seq berufen. Ezechiel leugnet nicht, daß Jahve den פטר רחם gefordert habe, sagt aber, er habe dies böse Gesetz den Israeliten zur Strafe gegeben.

Wie die Bevorzugung der Erstgeborenen (schon in der Genesis) damit zu vereinen ist, ist eine Sache für sich.

In Ihrem Delectus p 80 l. 6 wird man بعض statt بعد lesen müssen: „Eines von diesem (beiden) muß doch aber sein." Zu ذا im Sinne des Duals vgl Mufaççal 39,10.

Ich habe vor ein paar Tagen entdeckt, daß Abu Futrus, wo die Umaijiden abgeschlachtet wurden, Antipatris (Kepharsaba) ist. Oder ist es schon früher entdeckt worden? Ich finde es nirgend.

Die hiesige Societät feiert im November irgend ein Jubiläum und gibt aus diesem Anlaß eine kleine historische Festschrift heraus, für die ich eine Charakteristik von Ewald schreiben soll oder vielmehr geschrieben habe[1]. Ich weiß nicht, ob es mir gelungen ist zwischen Scylla und Charybdis durchzusegeln und trotz der Objectivität die Sympathie zum Ausdruck zu bringen, die in mir unausrottbar ist. Smend war zufrieden, aber er ist immer mit mir zufrieden. Es liegen jetzt eine Menge Briefe an Ewald auf hiesiger Bibliothek[2], meist aus früherer Zeit, doch einige auch aus späterer. Z. B. bettelt Lagarde ihn an und Ewald unterstützt ihn großmüthig, worauf Lagarde ihm den Arsch leckt. Auch ein paar Briefe von Ihnen sind dabei, und Sie brauchen sich derselben wahrlich nicht zu schämen. Ich habe keinen Gebrauch von den Briefen gemacht; nur einen netten von W. von Humboldt und einen dummen von de Sacy, beide aus 1827, glaubte ich abdrucken zu dürfen, ferner auch Excerpte aus einem Briefe von Wilhelm Roth aus Basel und seinem Vater, der ihm nach kurzer Zeit in den Tod gefolgt ist (1860).

Wir haben es jetzt hier heiß und ich bin faul, weil ich nicht recht schlafe. Das passirt regelmäßig.

Ihr Wellhausen

594. An Otto Hartwig

Verehrter Herr College
Wir haben uns über die Verlobung Ihres Frl. Tochter[1] sehr gefreut und gratuliren dazu von Herzen.

Ich danke Ihnen für Ihren Glückwunsch zum o. p. l. m. Das große Loos hat einmal den kleinen Mann getroffen, ich gehöre nicht zu dem Kreise der berechtigten Anwärter. Das scheint manche Leute gefreut zu haben, wird aber wohl auch andere verschnupft haben. Ich gewöhne mich allmählich an das Unglaubliche.

Wir machen keine Reisepläne, meine Frau will tapeziren, streichen, malen etc lassen. Ich soll auf einige Zeit meine Stube räumen, die mit in den Verschönerungsplan einbegriffen ist. Vielleicht gehe ich einige Tage an die Rhön oder in den Spessart oder in den Solling. Für den Herbst haben wir einen Besuch bei Leuckroth in bestimmte Aussicht genommen.

Viele Grüße an Ihre Frau Gemahlin und an Justis; meine Frau grüßt mit.
Ihr aufrichtig ergebener
Göttingen 16. Juli 1901   Wellhausen

595. An die Gesellschaft der Wissenschaften zu Göttingen

Ich gestatte mir, Professor Gustav Bickell in Wien zum corrsp. Mitgl. unserer Gesellschaft vorzuschlagen. Er ist ein sehr gelehrter, scharfsinniger und fleißiger Mann, einer der besten Kenner der syrischen Literatur und des alten orientalischen Kirchenwesens. Er hat sich auch um die hebräische Poesie nicht geringe Verdienste erworben und die Frage nach der metrischen Form derselben in Fluß gebracht. Ich gönne dem alten Mann sehr ein Zeichen der Sympathie; er ist ihrer werth und bedarf ihrer. Er hat sich in seiner Jugend dem Katholicismus zugewandt, ist aber jämmerlich enttäuscht worden und sitzt nun zwischen zwei Stühlen[1].
20. Juli 1901   Wellhausen

596. An den Kurator der Universität Göttingen

Mir ist eine vom 24 Juni 1901 datirte Mittheilung, unterzeichnet vom Prinzen Salm Horstmar und vom Wirkl Geh. Rat Prof. Dr Ad. von Menzel, zugegangen, lautend:
    Seine Majestät der König haben Eur. Hochwohlgeb. auf grund stattgehabter Wahl mittelst Allerhöchster Ordre vom 29 vorigen Monats zum stimmberechtigten Ritter des Ordens pour le mérite für Wissenschaften und Künste zu ernennen geruht.
    Weitere Angaben wüßte ich nicht zu machen.
Gött. 29 Juli 1901   Professor Wellhausen

597. An Ernst Ehlers

Verehrter Herr College
Darf ich fragen, ob es möglich ist, auch in der außerordentlichen Sitzung der Ges. (für die Wahlen) noch einen Beitrag für die Abhandlungen anzumelden? Er handelt „über die theokratischen Oppositionsparteien im ältesten Islam."[1]
Ihr ergebener
Gött. 29 Juli 1901   Wellhausen

598. An Ernst Ehlers

Mein Aufsatz über *Ewald*[1] ist noch nicht in Seiten gesetzt, ich habe nur Fahnen bekommen. Vermuthlich überschreitet er nicht *zwei* Bogen.
    Vielleicht hat sich meine Frau verhört, und Sie haben nach dem Umfang meiner Abhandlung über die Parteien im Islam gefragt. Ich schätze ihn auf 11–12 Bogen in Quarto[2]. Der Sicherheit wegen füge ich das hinzu.
G. 4. 8. 1901   Wellhausen

599. An Ferdinand Justi

Lieber und Verehrter!
Vielen Dank für die Karte vom Feldberge. Vermuthlich sind Sie nun wieder zu Hause. Wann aber wird das junge Paar[1] nach Berlin heimkehren und in welcher Straße wird es wohnen? Wir wollten ihm nämlich nicht etwa eine künstlerische

Eule nach Athen tragen, sondern eine ganz unästhetische Kaffe[e]maschine ins Haus. Rechtzeitig konnte es nicht geschehen, da wir den Tag der Hochzeit nicht so früh vermutheten und zu spät erfuhren.

Bei der Rückkehr von Marburg kam es uns hier etwas öde vor. Das alte Nest verliert seine Anziehungskraft nicht, die Menschen darin auch nicht, am wenigsten Justis.

Auf baldiges Wiedersehen
18.9.1901   Ihr Wellhausen

600. An Charlotte Limpricht

G. 19.10.1901
L. M.

Ich gratulire herzlich zu Deinem Geburtstage und wünsche, daß das Jahr, das Du antrittst, Dir Freude und Segen bringt. Wir werden morgen mit Thea zusammen auf Dich anstoßen; sie kommt heute Nachmittag nun wirklich an, der Mann hat telegraphirt, daß sie abgereist ist. Es trifft sich gut, daß das Wetter noch so schön ist; vielleicht darf man hoffen, daß es sich noch eine Weile hält.

Zu Kaibels Begräbnis waren mehrere Freunde von auswärts erschienen. Wilamowitz war sehr liebenswürdig und frisch, ich habe mich über ihn gefreut. Seine Rede am Grabe freilich hat nicht allgemein gefallen, er soll in seiner üblichen Weise sein Heidenthum mit christlichen Salbadereien verbrämt haben[1]. Zum Nachfolger von Kaibel wird er uns wahrscheinlich Ed. Schwarz [sic] aus Straßburg besorgen, wenngleich man sich hier mit Hand und Fuß dagegen sträubt.

Der Dekan unserer Fakultät will nach den Daten sehen[2]; bis jetzt hat er sie mir aber noch nicht angegeben. Das Greifswalder Curatorium muß also seine Neugierde noch eine Weile bezähmen; Djiatzko[3] – oder wie der verflixte Name unseres Dekans sonst zu schreiben ist, ich kann es nicht behalten – ist sehr gründlich und weitläufig, er braucht gewöhnlich Stunden zu einem Geschäft, das Andere in Minuten erledigen, und hat darum nie Zeit.

Im November feiert die Societät hier ein Jubiläum, auf das ich mich nicht freue. Sie eifert der Berliner Akademie auch in diesem Punkte nach. Es werden zwei Festschriften herausgegeben; eine davon enthält Biographien von Göttinger Gelehrten[4]. Ich habe den alten Ewald abkonterfeit; ich werde Euch ein Exemplar schicken, da es vielleicht amüsirlich zu lesen ist. Noch aber ist das Buch nicht erschienen.

Marie hatte einen schwürigen Daumen an der rechten Hand, jetzt ist er wieder besser; sie wird wohl nicht vergessen haben, es zu schreiben. Bennecke hat ihn heute für heil erklärt. Im Allgemeinen ist ihr Befinden gut.

Zum Schluß noch einmal herzliche Glückwünsche!
                                                           Dein Julius

601. An Ferdinand Justi

[Göttingen, 22.10.1901]

Gratias, *amicissime*! Die Hinweisung auf πάλος kommt mir wichtig vor. Schade, daß Sie keine Lust haben, das Schweineschlachten am 8. 9 Nov. mitzumachen. Ich werde mich wohl auch darum drücken. Emmi Justi[1] hat meiner Frau einen freundlichen Brief geschrieben. Viele Grüße an die Hausehre.

Ihr W.

Ist es wirklich als persische Lehre nachzuweisen, daß der Schahanschah und seine Erben Incarnationen der Gottheit seien? (p. 90[2]) Ich erwarte keine Antwort.

602. An Ferdinand Justi

[Göttingen, 25.10.1901]

Sie schreiben mir immer lange Briefe mit den werthvollsten Mittheilungen und ich revanchire mich mit Karten; ich schäme mich eben vor Ihnen gar nicht mehr. Es scheint mir aus dem was Sie sagen hervorzugehen, daß *die* Vorstellung bei den Persern *nicht* nachweisbar ist, daß der göttliche Geist bei dem Tode des Königs *identisch* in die Person seines Nachfolgers übergeht; eben dies, die Metempsychose des göttl Geistes, ist mir das Wichtigste. (die جُعة[1])

Mir starrten bei der Eröffnung meiner arab. Übungen vier schwarze stechende Judengesichter entgegen. In der Genesis überwiegen zum Glück die Christen. Es macht mir Spaß, die alten Kindergeschichten einmal wieder vorzunehmen; die armen Theologen finden allerdings bei mir nicht ihre Rechnung. Vielen vielen Dank!

603. An Robert Vischer

Verehrter Herr College

Es drängt mich, Ihnen zu sagen, wie sehr es mich gefreut hat, Gutes über Ihr Befinden zu hören. Die Theilnahme für Ihr Ergehen ist hier allgemein; man wird von allen Seiten darnach gefragt; Sie liegen den Leuten mehr am Herzen als Sie annehmen. Göttingen vermißt Sie, wenn Sie auch nicht Göttingen.

Die wirthschaftliche Depression übt auch auf die Frequenz der Universität Einfluß; mit Genugthuung kann man also auch auf diesem Gebiete das Wirken der berühmten nationalökonomischen Gesetze constatiren. Ich selbst leide nicht darunter, denn die Juden nehmen nicht ab. Als ich in mein arab. Colleg eintrat, starrten mir fünf pechschwarze Perrücken und stechende Augen in einer Reihe entgegen; auf einer anderen Bank saß einsam ein Christ. Dieser unglückliche weiße Rabe hat es noch schlechter als ich selber; denn er muß nun mit zwei Juden rechts und links in ein Buch einsehen. Die Bücher sind theuer und rar, so daß ich nicht genug Exemplare schaffen kann, wenn die Zahl der Theilnehmer an den Übungen über den Dual hinausgeht.

Daß Kaibel gestorben ist, werden Sie wissen[1]. Sie haben doch Recht behalten mit Ihrem Mistrauen gegen den Optimismus, der hier nach der ersten Operation allgemein verbreitet war. Die Frage nach seinem Nachfolger regt die Philologen auf. Es tritt wieder eine 11gliedrige Commission zusammen: bei einer so großen Zahl von Mitgliedern hat ein Ausschuß gar keinen Sinn mehr. Ich habe wieder die Ehre, hineingewählt zu sein, obgleich ich kein Vergnügen daran habe, nichts von der Sache verstehe und nichts dazu sage, auch nicht meine Fühlhörner nach allen Seiten ausstrecke, um Erkundigungen über die Candidaten einzuziehen.

Am Horizont steht, in drohender Nähe, die anderthalb Jahrhundertfeier der hies. Societät. Wir haben 15000 Mark dazu von der Regierung erbettelt, thun aber dafür auch was die Regierung will. Einzelne ausgenommen, die sich von Ehlers und Leo[2] nicht erziehen lassen. Gott behüte mich zu solchen unartigen Leuten zu gehören! Doch wäre es mir lieber, man hätte nicht gebettelt und machte keinen Hocuspocus. Aber wie ließen sich gewisse Leute eine solche Gelegenheit entgehen, mit Göttingen und der Wissenschaft vor der Welt zu paradiren!

Meine Frau grüßt Sie herzlich, wir beide bitten um einen freundl. Gruß an Ihre Frau und Tochter und wünschen Ihnen ein gradliniges Fortschreiten der Genesung

Gött. 29. 10. 1901

Ihr aufrichtig ergebener
Wellhausen

604. An Ernst Ehlers

Verehrter Herr College
Die *Jewish Encyclopedia*[1] enthält zum Theil Artikel über das Alte Testament, den Talmud, die mittelalterl. Juden etc. Das Charakteristische sind aber die Biographien der modernen Wiederbeleber des Judenthums und seiner Prätensionen; alle, die sich irgendwie mausig gemacht haben, werden zusammengekratzt und gebührend glorificirt. Die Wissenschaft ist nicht der Zweck, sondern das Judenthum, und dieser Zweck wird mit den naivsten Mitteln, nicht blöde, verfolgt und erreicht. Daß darum doch gelegentlich wissenschaftlich Werthvolles vor-

kommt und ehrliche Arbeit an die Artikel gesetzt ist, braucht nicht geleugnet zu werden.

Man hat mir den ersten Band zugeschickt und dann fortwährend, durch immer neue Briefe, gar nicht verschämt in mich gedrungen, eine recht ausführliche und detaillirte Besprechung zu schreiben; man hat mir auch die nöthigen Reklamen der Amerikanischen Judenpresse mitgeschickt, damit ich um Muster für meine Besprechung nicht verlegen sei. Da diese Versuche an mir abgeprallt sind, wird der indirecte Weg über die Societät probirt.

Sie brauchen m. E. dem Herrn Singer überhaupt nicht zu antworten. Wenn Sie aber höflich sein wollen, so kann die Antwort lauten, daß das für diese Dinge sachverständige Mitglied der Societät, Herr Wellhausen, es abgelehnt habe, das Werk in einer Sitzung vorzulegen und darüber zu sprechen.

In aufrichtiger Hochschätzung

G. 31. 10. 1901
Ihr ergebener
Wellhausen

605. An Ernst Ehlers

Verehrter Herr College
Der Unterschied im Titel[1] ist nur scheinbar. Man muß natürlich, um einen unliterarischen Dialekt zu schildern, zunächst Texte aufnehmen, und zwar feste Texte. Gefestet ist aber nur die Poesie, wenngleich nicht bloß die metrische. Vokabularien und dergleichen, meist von unkundigen Reisenden gesammelte Sprachproben sind vergleichsweise werthlos.

Ich habe allerdings vor vielleicht einem Jahre sondirt und eine ermuthigende Antwort erhalten. Aber dadurch ist natürlich niemand gebunden. Mein Vorgehen am Freitag war etwas tumultuarisch. Ich hatte eine schöne Rede im Petto, fand aber einige Ungeduld vor und wollte sie nicht steigern. Also werde ich in der nächsten Sitzung die Sache *de integro* noch einmal vorlegen. Ich weiß, daß Vollert durch Marquart kopfscheu geworden ist.

Ehrerbietig
Ihr ergebener

G. 11. 11. 01
Wellhausen

606. An Hermann Usener

Land Anecd. Syr. III 55,8[1] heißt es: als Constantin durch Papst Silvester getauft wurde, wallte das Wasser auf wie in einem (kochenden) τήγανον[2].

Vom Jordan ist da allerdings nicht die Rede, vielleicht interessirt Sie die Stelle aber doch, wenn Sie sie nicht schon kennen. Der Text soll auch griechisch erhalten sein, bei Combefis Illustr. Martyrum lecti triumphi Paris 1659[3]
Göttg. 21. 3. 1902 Ihr W

607. An Theodor Mommsen

Verehrter Herr
Ich bin aufgefordert worden, mich an der Wahl zweier Ritter des Ordens *pour le mérite* zu betheiligen. Ich mag nun nicht aufs Gerathewohl zwei Namen nennen, sondern weiß mir nicht anders zu helfen als daß ich Sie bitte, mich mit wenigen Worten zu instruiren und zu dirigiren. An die durch H. Grimm und A. Weber vertretenen Spezialfächer braucht man sich ja wohl nicht zu halten.
In aufrichtiger Ergebenheit
Göttingen 27 April 1902 Ihr Wellhausen

608. An Theodor Mommsen

Göttingen 1 Mai 1902
Verehrter Herr
Vielen Dank für Ihre gütige Mittheilung. An Karl Justi hatte ich selber sofort gedacht. Dagegen nehme ich an Harnack Anstoß, freilich lediglich aus formalen Gründen. Ich finde nicht, daß die Umgehung der statutarischen Bestimmung in der Weise, wie Sie es versuchen, gerechtfertigt werden kann. Ein Theologe hört doch nicht darum auf, Theologe zu sein, weil er ein hervorragender Gelehrter ist. Das kommt mir vor wie eine Beleidigung des ganzen Ordo, der ich mich meiner Vergangenheit wegen nicht anschließen kann und die Friedrich Wilhelm IV schwerlich beabsichtigt hat. Ich hoffe, daß Sie mich verstehn und entschuldigen werden[1].

Ihr Ihnen aufrichtig ergebener
und zugethaner
Wellhausen

609. An Helene Justi

Göttingen 16 Mai 1902

Liebe Frau Justi

Gestern war ein unruhiger Tag, an dem ich nicht zur Besinnung gekommen bin, und eben noch zu rechter Zeit fällt mir heute Morgen ein, welch ein hoher Feiertag für alle Eingeweihten der 16 Mai ist. Heil dem Tag, der Sie uns bescheert hat.

Von uns ist zu erzählen, daß wir leben wie sonst. Marie ist eifrig bei der Musik; an gewissen Tagen komponirt sie auch, *sibi et Musis*, nicht für die Öffentlichkeit. Dazu setzt sie sich in einen höchst feierlich ausgestatteten Raum mit rothen Tapeten und einer Decke, die nach arabischem Muster angemalt ist: es ist wirklich hübsch und gar nicht prunkend. Die Ostern über war sie vierzehn Tage bei den Eltern in Greifswald, auch hat sie mit einem jugendlichen Genie *in spe* zusammen der Muse gehuldigt. Ich bin derweil in Bozen gewesen, denn in Greifswald so lange zu Besuch auszuhalten geht über meine Kräfte. In Bozen habe ich in der letzten März- und den beiden ersten Aprilwochen den Frühling vorweggenossen, der hier sechs Wochen später noch nicht kommen will. Es war das reine Paradis; aber nicht so als ob man sich in Italien befindet, sondern in Deutschland während eines schönen Mai. Ich war in einem Gasthofe, den Leute die etwas auf sich halten nicht besuchen; vielleicht grade darum fühlte ich mich dort sehr wohl

Edward Schroeder ist in erster Stelle hier vorgeschlagen. Er soll geneigt sein zu kommen, wenn er die nöthigen Groschen bekommt. Ich habe geglaubt, er sei durch die Erbschaft von seinem reichen Schwiegervater von der Sorge um die Groschen befreit. Mir thut es beinah leid, wenn er von Marburg weggeht. Ich habe noch immer ein etwas getheiltes Interesse, zwischen G. und M., und es ist mir eine Freude, daß jetzt in M. mehr Studenten sind als hier. Wir können von den albernen Ansprüchen, durch welche wir uns vor aller Welt lächerlich machen, gar nicht anders kurirt werden, als dadurch, daß wir recht unsere Kleinheit einsehen lernen. Die Berliner sind überhaupt nicht mehr zu verbessern, an denen ist Hopfen und Malz verloren. Es könnte dort eine Siegesallee aus lauter lebendigen Professoren zusammengestellt werden; es gibt dort gewiß funfzig, die alle den Habitus von Triumphatoren an sich haben.

Dem Herrn Mann bitte ich zu erzählen, daß ich anfange an einem sehr öden Buche zu drucken, das mich lange gequält hat und darum misrathen ist. Es führt den Titel: Das arab. Reich und sein Sturz, Untersuchungen über die Periode der Umaijiden[1]. Es wird keinesfalls länger als 20 Bogen[2].

Meine Frau wird gewiß eigenhändig gratuliren, wenn es der Drang der Geschäfte zuläßt. Man sollte denken, sie hätte nichts zu thun und langweilte sich; es ist aber umgekehrt, sie hat niemals Zeit

Mit den herzlichsten Wünschen für das nächste Jahr und für alle noch kommenden „verbleibe ich"
Ihnen von Herzen zugethan.

W.

610. An Adolf Harnack

4 Juni 1902

Lieber Herr College

Vielen Dank für Ihre gütige Zusendung[1] und herzlichen Glückwunsch zum *pour le mérite*[2]. Ich bin erfreut, daß Seine Majestät die Statuten durchbrochen hat; er durfte es. Aber die Wähler durften es m. E. nicht und ich habe es nicht gethan, zumal mir Mommsens Meinung wenig einleuchtete, daß Sie doch eigentlich kein Theologe seien und daß Friedrich Wilhelm IV Sie schwerlich hätte ausschließen wollen. Es leuchtet da der Aberglaube hindurch, daß Theologen eigentlich nothwendigerweise unwissenschaftlich sein müßten; das ärgert mich ein wenig, mindestens konnte ich es mir nicht aneignen.

In der zweiten Hälfte des messianischen Liedes vermuthe ich fast Sylbenzählung; ich überlasse das aber Anderen. Von Ptolemäus hatte ich in den Einll. zum A. T. ein bißchen gelesen, aber nicht viel. Interessanter ist Theodor[3] für mich; er hat die jetzige wissensch. Meinung in auffallendster Weise anticipirt. Ich hoffe, daß Lietzmann bald Alles edirt.

Viele Grüße an Ihre Frau, auch von meiner.

Ihr Wellhausen

611. An Ferdinand Justi

Lieber und Verehrter

Ich fange mit den Arabern an اَمَّا بَعْدُ[1], im Übrigen. Die Entschuldigung[2], die ich auslasse, können Sie sich denken; außerdem habe ich keine. Ich werde mich in diesem Punkte so wenig bessern wie in anderen; das sagten schon Sibyllen und Propheten. Ich schäme mich, Ihnen noch nachträglich zu gratuliren. Dagegen kommt eine Gratulation zu den Meriten Ihres Hrn Bruders in Bonn[3] noch nicht zu spät.

Daß die Familie Justi nicht im Aussterben ist, haben Sie mir auf allerliebste Weise mitgetheilt[4]. *Crescat floreat!* Sie muß aber auch im Marburg weiter grünen; da gehört sie hin und da muß sie ihren Stammsitz behalten. Es ist eine Dummheit, Marburg zu verlassen – hat mir neulich noch Goebel in München gesagt. Nur zum Besuch darf man von dort nach Göttingen kommen. Wir hoffen darauf.

Am 5 Juli soll hier Zusammenkunft der drei Universitäten[5] sein. Man wünscht hier zwar, daß der grausame Spaß aufhört, hat aber nicht den Muth den Mund aufzuthun, wenn man an der Reihe ist. Hoffentlich sind die Marburger und Gießer Brüder zu stolz, um die Einladung von Göttingen anzunehmen. Kein Mensch hier hat Lust. Die Sache hat sich überlebt; ich habe mich niemals mit Vergnügen betheiligt, da ich an Ort und Stelle schon Professoren genug, und weiter nichts, sehe.

Der Mann meiner vorjüngsten Schwägerin, die den Namen Helene führt, ist an das Oberlandesgericht zu Köln versetzt; er ist Rheinländer[6]. Wir freuen uns sehr in Greifswald, sind aber ein bißchen betrübt über den Abschied; wir sind natürlich und mit Recht auch stolz, aber doch ein bißchen beklommen, wie sich in der theuren Großstadt mit dem Gelde wird auskommen lassen. Meine Schwiegermutter wird sich schwer von der großen und kleinen Familie trennen. Sie wird am 21 Oktober siebzig Jahr alt. Dann muß ich hin und meine Reverenz machen. Eine Rede halte ich nicht; das kann der Oberlandesgerichtsrath thun, der mir im Range weit über ist. Ja wenn ich anfangen könnte: tief aschüttat, so wäre mir geholfen. Aber so leicht ist der Anfang in diesem Falle nicht.

Meine Frau sitzt beständig am Klavier und klamüsert. Es geht ein bißchen tropfenweise, das Faß läuft noch nicht recht. Aber es sind schon ganz genießbare Tropfen herausgekommen. Leider immer nur Musik, kein Wein!

Sie sehen, daß ich nichts schreibe, sondern nur fasele. Es geht mir gut und mir fällt nichts Besseres ein. Also nehmen Sie es nicht übel.

8. Juni 1902   Ihr Wellhausen

612. An Eduard Schwartz

[Göttingen, 14.6.1902]

Vielen Dank! Afiun Kara Hissar[1] steht groß u breit auf der Karte, ungefähr an der Stelle von Ipsus oder Synnada.

613. An Edward Schröder

Verehrter und lieber Herr College

Smend jammert, Sie würden von Berlin aus schlecht behandelt und kämen vielleicht doch nicht nach Göttingen; er meint, es könne helfen, wenn ich Ihnen schriebe, und erklärt es für meine Pflicht das zu tun. Mich dünkt, ich habe kaum ein Recht dazu. Wir hatten geglaubt, uns mit aller Zuversicht darauf freuen zu dürfen, daß Sie der Nachfolger Ihres Schwagers[1] würden; wir würden schwer enttäuscht sein, wenn es anders käme. Und die Befriedigung darüber, daß Hilbert à tout prix gehalten wird, würde bei mehr als der Hälfte der Fakultät in Erbitterung übergehen, wenn man sich in Berlin gar keine Mühe gäbe, Sie für uns zu gewinnen.

Für uns wäre es schlimm, wenn Sie nicht kämen, für Sie nicht. Ich zweifle, ob Sie hier Ersatz finden würden für das, was Sie in Marburg aufgeben. Und ehrlich gestanden thäte es mir für Marburg ebenso leid, wenn Sie gingen, als ich mich für Göttingen freuen würde, wenn Sie kämen. Ich bin also in einem gewissen Dilemma, und dieser Brief ist kein Werbebrief. Ich kann mit gutem Gewissen nicht für G. gegen M. werben. Daß Göttingen auch noch halbwegs in Hessen liegt, wissen Sie ja. Und daß wir Sie hier Alle mit Jubel empfangen würden, dessen können Sie gewiß sein. Wenn Sie Justi Niese Jülicher Herrmann u. a. gleich mitbrächten, wäre es noch besser[2].

Göttingen 29. Juni 1902   Ihr Wellhausen

614. An Eduard Schwartz

[Göttingen, 18.7.1902]

Hoffentlich hat Smend nicht vergessen, bei der Abgabe des Buchs auch meinen Dank zu bestellen; er pflegt dergleichen gut zu besorgen. Hat Clemens mehr solche Citate? Ich halte seine Interpunktion Marc 10,29.30 für richtig[1] (wegen μετὰ διωγμῶν und der sonst überflüssigen und bei Lukas deshalb vermiedenen Wiederholung der Objecte), und Ihre Emendation trifft gewiss den Sinn, obwohl sie vielleicht nicht nothwendig ist, wenn εἰς ποῦ *quorsum* bedeuten kann; das *Du* stört mich. Aber auch der Text der vorhergeh. Verse ist merkwürdig. Aus sich hat er es nicht, daß er weder ἐπηρώτα liest noch εἶπεν noch ἔφη, sondern stets das präsentische eintönige λέγει oder noch besser ἀποκριθεὶς λέγει. Es ist schauderhaft, daß ein Laie wie ich nirgend eine genügende Übersicht über die Varianten des N. T. bekommen kann.

615. An Eduard Schwartz

[Göttingen, 18.7.1902]

Auf εἰς ποῦ = *quorsum*[1] bin ich dadurch gekommen, weil das syrische أَيْـنَ im Sinne von wozu? gebraucht wird, angeblich auch لِمَاذا. Ursprünglich hat es nicht *finalen* (zu welchem Zweck), sondern grade so wie *quorsum* lokalen Sinn. Vgl den *causalen* (aus welchem Grunde) Sinn von πόθεν Mc 12,37, der wohl auch klassisch griechisch ist, wie *unde*.

616. An Enno Littmann

Hochgeehrter Herr Doktor
Ich würde mich freuen, wenn Sie in dem Fall, daß Sie in Göttingen Ihre Reise unterbrechen, mir angeben könnten, zu welcher Zeit ich Sie erwarten darf, damit Sie mich nicht verfehlen
        Hochachtungsvoll
        Ihr ergebener
G. 24 Juli 1902   Wellhausen

617. An Ferdinand Justi

4 August 1902

Amicissime
Wir freuen uns wie die Kinder auf Ihren Besuch. Sie sind uns jederzeit willkommen; am besten paßt es meiner Frau von Mittwochen 13 d. M. an: ich glaube, vorher ist Waschen oder Bügeln oder sonst etwas.
Ich bleibe bis mindestens Mitte September hier, wegen des Druckes meiner Ommijaden[1], die ich nicht gut anderswo corrigiren kann. Es sind zwei Kapitel darin, für die ich auf Ihr Interesse hoffe, Zusammenstellungen der Nachrichten Tabaris 1) über die arabischen Stämme in Churâsan, 2) über das Aufkommen der Schia der Abbasiden daselbst[2]. Auf elegante Darstellung dürfen Sie freilich nicht rechnen; ich arbeite aus dem Groben heraus. Das ganze Buch ist ein unförmliches Gemisch von tifteliger Untersuchung und gelegentlicher Darstellung; das lag aber an dem Stande der Dinge. Ich bin mit meinen Vorgängern schlecht zufrieden, mit Ausnahme von Weil, auf den sie schelten und den sie abschreiben. Weil ist zwar kein großer Geist, aber er hat mit ungeheurem Fleiß das Material (in dem er allerdings versinkt) zusammengebracht, und zwar aus Handschriften: denn gedruckt lag ihm seiner Zeit fast nichts vor. Ich bin sehr froh, daß ich die Arbeit hinter mir habe; sie hat mich etwa zwanzig Jahre beschäftigt, obwohl ich natürlich nicht ununterbrochen daran gearbeitet habe. Doch hat mich auch die schriftliche Ausgestaltung, mit der ich nicht sehr zufrieden bin, mehr Zeit gekostet, als gewöhnlich; mindestens drei Semester
 Für Ihre beiden Anzeigen kommt mein Dank etwas verspätet. Mir scheint, daß Scheftelowitz Ihrer Recension nicht werth ist[3]. Den Baumgartner haben Sie

auch höchst liebenswürdig, aber doch mit einer sanften Ironie behandelt[4]. Man kann sich an Ihrem Ton ein Muster nehmen; es gelingt nur nicht jedem, und zuweilen ist auch ein Donnerwetter berechtigt.

Ich habe mich sehr darüber gefreut (und auch an meinem geringen Theil dazu beigetragen), daß Ihr Herr Bruder *in nostro docto corpore*[5] aufgenommen ist, wozu ihn seine Meriten gewiß ganz anders berechtigten als die seines Vorgängers H. Grimm. Unser Vischer weilt dauernd in der Sommerfrische und ist seit einem Jahr *professor in partibus infidelium*, ohne zu lesen und ohne auch nur beim Rigorosum an der Prüfung solcher Doktoranden theilzunehmen, die Kunstgeschichte als Nebenfach gewählt haben. Brandi hat ihn letzthin beim Rigorosum in drei Fällen vertreten, er will aber nicht mehr, und man sehnt sich nach einem Privatdozenten für Kunstgeschichte als Nothhelfer. Es wird indessen schwer ein solcher hierher zu locken sein. Offen gestanden finde ich, daß die Kunstgeschichte in Göttingen keine rechte Stelle hat und entbehrlich ist. Das gehört nach Berlin München Leipzig Bonn Heidelberg und andere größere und elegantere Universitäten. Wir sind hier ledern und wollen es auch bleiben und nicht versuchen, unserem Leder süße Töne zu entlocken. Mathematik, Naturwissenschaft und Geschichte haben hier von jeher dominirt, daneben Orientalia und Bibel und Jus.

Also auf baldiges Wiedersehen; wir bitten Sie sich anzumelden.

Ihr W.

618. An Enno Littmann

[Göttingen, 6.8.1902]

Hochgeehrter Herr Doktor

Es thut mir leid, daß Sie durch Krankheit gezwungen worden sind, Ihren russ. Plan aufzugeben. Ich verreise überhaupt nicht, *deficiente pecu*[1]; der Drucker rechnet auf Ihr Erscheinen.

Ich habe Jahns Auslassungen[2] noch nicht gesehen und werde sie vielleicht nie zu sehen bekommen; Nöldeke hat mich grinsend darauf aufmerksam gemacht. Ich habe nichts gegen ihn und halte im Unterschied von Anderen seine Bemühungen um die arab. Grammatik nicht für unnütz. Aber furchtbar dumm ist er.

619. An Enno Littmann

[Göttingen, 10.8.1902]

Ich muß mich noch einmal entschuldigen, daß ich Sie Abends nicht bei mir behalten habe; es geschah zum Theil auch[1)] aus Rücksicht auf meine Frau, die grade beim Auspressen und Einkochen von Himbeeren etc beschäftigt war und nicht gut für eine räsonable Bewirthung sorgen konnte. Im Übrigen danke ich Ihnen aufrichtig für Ihren Besuch, der mich sehr erfrischt und erfreut hat.

[1)] Was ich Ihnen als Grund angab, ist aber wahr; ich bin augenblicklich nach 9 Uhr ganz unbrauchbar.

620. An Enno Littmann

[Göttingen, 17.8.1902]

Vielen Dank für Ihre freundlichen Briefe und für den Theodoros[1]. Es wird jedenfalls nach Ihrem Wunsche verfahren werden, nöthigenfalls durch meine Eigenmacht. Vielleicht aber wird es wie beim Reichskursbuch gemacht: nur *ein* Umschlag, aber zwei *besonders geheftete* und leicht zu trennende Theile[2].

Ihr Wellhausen

621. An Enno Littmann

Um allen Schwierigkeiten zu entgehn, ist nach Verabredung mit Roethe jetzt angeordnet, daß mit der Übersetzung[1] ein neuer Bogen (12) beginnt, so daß der Bogen 11 ein Halbbogen ist. Sie kann dann leicht abgetrennt werden (worauf ein Hinweis gedruckt werden könnte). Ein besonderes Titelblatt ist in diesem Fall nicht nöthig, da Alles in Einem Umschlag steht. Der Generaltitel soll über dem zweiten Spezialtitel wiederholt werden

والسلام

19.8.1902　　　　　　　　　　　　Ihr W.

622. An Enno Littmann

[Göttingen, 2.9.1902]

Vielen Dank für all Ihre gütigen Gaben! In Hameln spricht man sehr ähnlich wie im Lippischen, namentlich den Diphthong *ui*. Da Hildesheim der Mittelpunkt der Cherusker gewesen zu sein scheint und Nöldekes Familie dort zu Hause ist[1], so wird er wohl *in lumbis patrum suorum* mit gefochten haben; der Gedanke macht ihm Spaß und auch Anderen. Herzlichen Gruß!

Der Ihrige
Wellhausen

623. An Francis Crawford Burkitt

[Göttingen, 3.10.1902]

Vielen Dank[1]! Ich hoffe, dass Ihr Werk בָּעֵת חַיָּה[2] fertig ist, und dass Sie uns dann mit einer *Vetus Latina* zu den Evangelien beschenken, wenn auch ohne die Citate der *Patres latini* aber mit d (cod Bezae). Bianchini[3] ist nicht zu kaufen, und Belsheim[4] ist ziemlich unbrauchbar.

Ihr Wellhausen

624. An Eduard Schwartz

[Göttingen, 22.10.1902]

Clemens hat wol Mc 10,30 den verständlicheren Text[1]. Aber richtig ist er schwerlich, er paßt wenigstens nicht zu v 29 und ist überhaupt ordinär. Denn nicht deshalb soll man nach v 29 Eltern und Geschwister aufgeben, weil sie μετα διωγμων *nichts nützen* (εις τι). Es liegt auch eine gewisse Zaghaftigkeit darin daß Clemens in v 30 nur *die Brüder* nennt.

Ist εις τί gut griechisch? Vgl Mt 15,31[2].

Cod Bezae u. Latin. Vercell[3] haben den Vers anders frisirt.

625. An Eduard Schwartz

[Göttingen, 23.11.1902]

Ich vermuthe, فسحى انا ist verschrieben für اصحوا/ف (= اصحوا) ημισφαιρος. Smend hat mir eben von der Sache erzählt. Die Verschreibung ist ziemlich toll, wird aber doch wohl angenommen werden müssen

626. An den Dekan der Philosophischen Fakultät der Universität Göttingen

Hochgeehrter Herr College
Ich wollte Sie aufsuchen, denke aber an die Kostbarkeit Ihrer Zeit und greife zur Feder.
   Schreyer ist bei mir gewesen. Sie hätten ihm gerathen, Empfehlungen beizubringen. Sie werden das wohl nicht gethan haben, da Empfehlungen gegenüber den neuen Bestimmungen ganz nutzlos sind. Eine eminente Dissertation kann er nicht zu Stande bringen. Er müßte das Abiturientenexamen machen. Hart ist das für ihn, nachdem der Ausschuß ihn, kurz bevor die neuen Bestimmungen eintrafen, auf den halben Weg verwiesen hat, auf dem Lauterbach noch so eben durchgeschlüpft ist. Er jammerte mir was vor und bat mich, es der Fakultät vorzutragen; ich habe ihm gesagt, das könne er besser selber thun, ich dächte aber nicht, daß es nützen würde[1].
   Eine andere Sache betrifft seine verlorenen Papiere. Er hat Recherchen angestellt. Aber die Verantwortung trifft den Absender; wir müssen ihm mindestens dabei helfen und zu ergründen suchen, wie der Verlust hat entstehen können. Ich möchte Sie freundlich bitten, durch den Pedellen die nöthigen Schritte thun zu lassen.
   Mit bestem Gruß
                                                      Ihr ergebener
2.12.1902   Wellhausen

627. An Richard Pietschmann

[Göttingen, 13.12.1902]

Ich kann es nicht lassen, Ihnen für die reiche Belehrung zu danken, die ich aus Ihren Phöniziern[1] geschöpft habe. Es ist etwas spät, ich bin aber erst jetzt dahinter gekommen, was in Ihrem Buch steckt, und zwar bei dem Anlaß, daß ich in einem Colleg (Übersicht über die semit. Sprachen und Völker) mich ernstlich mit den wunderbaren Leuten einlassen mußte, die die Internationalität mit einer so leidenschaftlichen Liebe zu ihren Städten vereinigten.
                                   Ihr Wellhausen

Auf p. 11 haben Sie sehr schöne Dinge gesagt[2].
Der Sklavenaufstand bei Justin, wenn er überhaupt etwas bedeutet, scheint mir mit der Anarchie nach Nabukodrossor zusammenzufallen[3]. Gutschmids Liebhaberei für Justin ist höchst schnurrig, der Gutschmid war doch ein merkwürdiger Zusammenkratzer; anschaulich wird er nie.

628. An Ferdinand Justi

Göttingen 30.12.1902

Lieber Freund

Sie wissen ein Blatt Papier durch einen Zauber werthvoll zu machen; Sie haben meiner Frau und mir dadurch eine große Freude bereitet. Ich muß mich begnügen, Ihnen und Ihrer lieben Helene ganz prosaisch guten Muth zu wünschen, für Alles was das Neue Jahr auch bringen möge. Meine Frau wird hoffentlich ihren Vorsatz, sich für die allerliebste hessische Tasche zu bedanken, demnächst zur Ausführung bringen.

Ich hätte es wunderlich gefunden, wenn Sie mir nicht wegen Ihres Ludwig geschrieben hätten; es hat mir leid gethan, daß ich keine bessere Auskunft geben konnte. Cornelius[1] wollte in diesen Tagen kommen, um sich zu beriechen und vielleicht eine Wohnung zu miethen. Inzwischen scheint aber die badische Regierung auf den Gedanken gekommen zu sein, ihn fest zu halten. Was Althoff dann machen wird, weiß ich nicht. Ich höre nur vage Gerüchte; am Ende weiß Ihr Herr Schwager in Freiburg[2] mehr. Vischer hat zwei Eigenschaften, die gut zu brauchen sind, wenn man etwas durchsetzen will; er ist eigensinnig und versteht niemals was die Anderen sagen; und er ist krank und man muß fürchten, daß er Krämpfe kriegt, wenn nicht sein Wille geschieht. Im Übrigen hat er auch sehr liebenswürdige Seiten.

Schröders fühlen sich jetzt in ihrem Hause wohl, nachdem sie allerhand schwere Nöthe damit überstanden und fast ein Vierteljahr Handwerker darin gehabt haben: Wochen lang hat die ganze Familie nur ein Schlafzimmer zur Verfügung gehabt. Den Werth von Göttingen im Allgemeinen und als Universität erkennen sie noch nicht recht. Er sitzt sehr tief und es ist eben nicht leicht, dahinter zu kommen. Dem Basler Wackernagel ist es allerdings auffallend schnell gelungen; der muß besondere Gründe gehabt haben, die ihm Basel gänzlich verleideten – vielleicht ein Rattenkönig von verwandten Familien.

Ich habe in den Weihnachtsferien meine Nase in die Evangelien gesteckt. Wenn nur nicht die vielen Exegeten wären, und die entsetzlich bunte Textüberlieferung. Der theol. Exegeten kann man sich freilich entschlagen, aber der Handschriften nicht recht. Es steckt zwar viel gleichgiltiges Zeug in den Varianten, aber man kann nie wissen, ob nicht in irgend welcher Ecke sich ein gutes Korn findet. Heute z. B. bin ich zu meiner Überraschung in Lucae 3,7 auf die Variante βαπτισθῆναι ἐνώπιον αὐτοῦ statt ὑπ' αὐτοῦ gestoßen: sie gibt gewiß das Ursprüngliche. Denn einmal ist die Passivconstruction mit aktivem Subject (ὑπό) unsemitisch und findet sich bei Markus selten. Zweitens ist das semit. Wort für βαπτισθῆναι ein aktives Intransitiv: der Täufling taucht selber unter, wird aber nicht von einem Anderen untergetaucht. Wenn also gesagt wird, Johannes taufte sie, so bedeutet das nur, daß sie auf sein Geheiß und in seinem

Sinne, unter seinen Augen, die Untertauchung vollzogen. Das wird nun durch ἐβαπτίσθησαν ἐνώπιον αὐτοῦ viel richtiger ausgedrückt, als durch εβ. ὑπ αὐτοῦ³.

Von dieser Art ist das Wild, das ich bei meinem gelehrten Sport zu erbeuten pflege: ungenießbar außer für den Jäger. Da Sie sich aber auch an Kleinigkeiten freuen, so theile ich Ihnen den frischen Fund mit, ehe ich erfahren habe, daß schon ein Anderer ihn vor mir gemacht hat.

والسلام

Ihr treu ergebener
Wellhausen

629. An Ferdinand Justi

Gött. 3.2.1903

Lieber Freund

Ich weiß nicht recht, ob ich gratuliren oder condoliren soll; ich kann mir Ihre Aufregung und Ihre gemischten Empfindungen vorstellen – Ihre, wie öfters, im Dual gemeint. Ich denke mir aber, daß Ihr Karl dort recht gut durchkommen wird[1]

Wir wollen versuchen, hier ein Extraordinariat zu bekommen für Persisch-Armenisch (und wo möglich für Slavisch). An erster Stelle soll Dr. Andreas vorgeschlagen werden[2]. Aber man fürchtet, daß der nicht kommt. An zweiter Stelle denkt man also an Ihren Dr. Fink (oder wie wird er geschrieben?); er wäre in dem Fall besonders willkommen, wenn er auch Slavisch kann – so weit das für einen vergleichenden Grammatiker nöthig ist. Ich möchte Sie also bitten, mir darüber zu schreiben, und zwar bald zu schreiben; denn am nächsten Montag muß ich den Bericht vorlegen.

Die Hoffnung, daß wir das erstrebte Extraordinariat bekommen, ist vorläufig gering genug; aber wir wollen es versuchen. Glückt es diesmal nicht, so glückt es vielleicht, wenn die ägyptolog. Stelle von Sethe frei wird. Denn aller Wahrscheinlichkeit nach wird der nicht lange hier bleiben, und da vermuthlich Pietschmann als Bibliothekar hieher zurückkehrt, so wird dadurch die Besetzung des ägyptologischen Extraordinariats überflüssig.

Schröder habe ich noch nicht gesehen seit Ihrem Briefe; sie spinnen beide Trübsal, er und seine Frau.

Herzliche Grüße an Ihre Helene

Ihr W.

630. An Friedrich Leo

Verehrter Herr Sekretär

Ich erkläre hiemit meinen Austritt aus der Königlichen Gesellschaft der Wissenschaft [sic] und ersuche Sie, dieselbe davon in Kenntnis zu setzen. Wegen meines von Tage zu Tage abnehmenden Gehörs kann ich an den Verhandlungen keinen aktiven Antheil nehmen und fühle mich in Folge davon in den Sitzungen so überflüssig, daß ich ihnen meist fern bleibe. Man ist zwar sehr nachsichtig gegen meinen nothgedrungenen Absentismus, aber mir selbst kommt diese Mitgliedschaft *in partibus infidelium* unwürdig und unreinlich vor. Es ist besser, daß ein Anderer den Platz einnimmt, den ich nicht ausfülle. Unentbehrlich bin ich ganz und gar nicht; außerdem halte ich mich natürlich der Königlichen Gesellschaft ebenso wohl wie jedem Einzelnen zu Diensten, wenn ich in irgend welchem Fall befragt werden soll.

Göttingen 5 März 1903

Ehrerbietig
Ihr ergebener
Wellhausen

631. An den Kurator der Universität Göttingen

Göttingen 5 März 1903

Ew. Hochwohlgeboren
gestatte ich mir ergebenst, Folgendes vorzutragen. Wegen meines schlechten und von Tage zu Tage mehr abnehmenden Gehörs kann ich von der Diskussion in den Sitzungen des Senats, der Fakultät und selbst der kleineren Ausschüsse nichts verstehn und darum auch nicht irgendwie darin eingreifen. Ich helfe mir in steigendem Maße damit, daß ich den Einladungen nicht folge, wenn es sich nicht bloß um Wahlen handelt. Es wird mir nicht verdacht werden können, daß ich es für überflüssig halte, taub und stumm da zu sitzen. Indessen habe ich doch kein reinliches Gewissen bei dieser wenn auch nothgedrungenen Pflichtversäumnis. Ich wage also, Euer Hochwohlgeboren zu bitten, mir formell die Erlaubnis zu geben, oder, wenn das nöthig sein sollte, mir höheren Ortes die Erlaubnis zu erwirken, daß ich solchen Sitzungen und Verhandlungen, an denen meine Theilnahme doch nur illusorisch wäre, fern bleiben darf.

Eurer Hochwohlgeboren
gehorsamster
Wellhausen

632. An Eduard Schwartz

[Göttingen, 14.3.1903]

Matth 6,27 verstehn die modernen Exegeten ἡλικία nicht als Statur, sondern als Lebenslänge[1], weil der Wunsch, gleich eine ganze Elle länger zu werden, seltsam ist und man eher erwartet: auch nur einen Zoll. Aber heißt ἡλικία je das Leben im Sinn von Lebenslänge? Und wir sagen zwar: *eine kurze Spanne* vielleicht auch *des Lebens*[1)]; aber eine Elle Leben? Antwort gelegentlich mündlich, ich fürchte, die Theologen mauscheln.

Ihr W.

[1)] „Dem Leben eine Spanne zusetzen" können auch wir nicht sagen. Übrigens ist das kein *unmögl* Wunsch

633. An Eduard Schwartz

[Göttingen, 25.3.1903]

Secunda legatio für δευτέρωσις III 27[1] ist doch richtig; denn *repetita alligatio* 28 ist auch δευτέρωσις, während *legationes* 35 = δέσ. Daß Hauler in den Noten zu 22.23 sagt: *aliquando Syr deuterosin*; bis *om. Syr*, zeugt in der That nicht von übermäßiger Schlauheit. Ohne den syr. Text wäre der Lateiner doch schlecht zu verstehn, obwohl er zur Reconstruction des griech. Originals besser sein mag.

Die Didache[2] freut mich auch beim 2. Lesen nicht, abgesehen von den liturg. Stücken und einigen Ausbrüchen der Natur durch die Heiligkeit. Aber ich kann nicht vergleichend urtheilen.

634. An Eduard Schwartz

[Göttingen, 16.4.1903]

Bitte, sagen Sie mir die Stelle für ἐπιδιδόναι = ܟܡܐܝ *porrigere*, und die Stelle der Constit. apostol für οὔλη οὐλή. Nöldeke zweifelt zunächst, wie immer

Ihr W

Ich darf Sie vielleicht erinnern, daß die Didaskalia in der Bibliothek auf meinen Namen eingetragen ist; es wäre gut, wenn Sie sie bei Gelegenheit umschreiben ließen

ασπάζεσθμαι ειρήνη	Matth 10,12.13	
ραββι·διδάσκαλος	——— 23,8	Alles *sine dubio*
πετρος πετρα	(*Kepha*) 16,18	

635. An Eduard Schwartz

[Göttingen, 26.4.1903]

Ist σορός ein richtiger Sarg, in dem man auch begraben wird, oder ist es nur eine Art Bahre zum Hinaustragen der Leiche? Ich frage wegen Luc 7,11 ss[1], wo der σορός jedenfalls offen ist, da der Tote sich darin aufrichtet und sitzt. Ich erwarte keine *schriftliche* Antwort

Ihr W

Die Juden kennen wohl Sarkophage für Vornehme, aber keine Särge für jedermann. Sarkophage können nicht getragen werden

636. An die Gesellschaft der Wissenschaften zu Göttingen

Die Königliche Gesellschaft der Wissenschaften
hat mich durch die Wahl zu ihrem Ehrenmitgliede tief beschämt. Aber wenngleich es mich drückt, daß diese Ehre ganz unverdient ist, so bin ich doch hoch erfreut durch das Wohlwollen der gesamten Körperschaft für meine Person, welches ich darin finden darf, daß dieselbe auf so gütige Weise den Zusammenhang mit mir wahrt. Es versteht sich von selbst, daß ich der Gesellschaft jederzeit zu Gebote stehe und mich glücklich schätze, wenn meine Dienste in Anspruch genommen werden.

In aufrichtiger Dankbarkeit und Hochachtung

J. Wellhausen

Göttingen 26 April 1903   Ehrenmitglied der K. Ges. der Wissensch.

637. An Eduard Schwartz

[Göttingen, 29.4.1903]

Nicht bloß die Vetus Latina hat *Esaias* (nicht *Isaias*), sondern auch Hieronymus selber im Amiatinus[1], erst die spätere Vulgata hat *Isaias*. Auch die Syrer אֲשַׁעְיָא: daher also die griech. Aussprache. Denn das hebräische יְשַׁעְיָה mußte allerdings zu *Ischaia* werden; wie יְדָא zu îda, יְדַע zu îda'. Folglich sind Sie viel klüger gewesen als ich.

638. An Ferdinand Justi

Göttingen 3 Juni 1903

Lieber und Verehrter

Es schmerzt mich noch, daß ich den 16 Mai[1] vergessen habe, den 4 Juni[2] will ich aber nicht vergessen. Was ich Ihnen vor allem dazu wünsche, ist ein Brief aus Hongkong[3] mit guten Nachrichten; der Berliner versteht sich von selber. Die Kinderlosigkeit hat auch ihre Vortheile; es ist doch nicht leicht, sich an ein leeres Haus zu gewöhnen, wenn man es früher voll gehabt hat. Ich freue mich zu hören, daß Sie im Sommer den Besuch von Ludwig und Erben[4] erwarten.

Wir waren die Pfingsttage über an der Weser und in Cassel. Am längsten haben wir uns in Carlshafen aufgehalten; ich gehe gewiß noch öfters in diesem Sommer hin, um Abends 6 Uhr auf dem alten Schifferwege am hannöverschen Ufer hinaufzugehn. Der Buchenwald, und was für einer, reicht fast ins Wasser; man geht über eine schmale Wiese zwischen Wald und Fluß und riecht eine Landschaft, die seit Jahrtausenden bis jetzt unberührt geblieben ist und fast etwas Heiliges an sich hat. Störend ist nur Carlshafen selber, aber das liegt am anderen Ufer und man braucht nicht hinzugehn. Das Bild ist übrigens ziemlich eintönig, mir jedoch lieber als Schweiz Italien und was es sonst noch gibt zusammengenommen. Ich glaube, Ihre Frau und Sie wären auch damit zufrieden.

Es kommt einem dann hinterher in der Cultur und gar in Göttingen ziemlich staubig vor. Die Kämpfe gehn wieder an, die wir über die Theilung der philos. Fakultät führen. Die Naturfrösche und die Fledermäuse führen eine Batrachomyomachie auf[5]. Es wird von seiten der Frösche so sehr mit allem Zopf aufgeräumt, daß die Anderen schließlich befürchten, es gehe ihnen selber an den Kopf, da sie doch die Tradition nicht gut entbehren können. Das ist der Hauptgrund, weshalb auch mir eine Ehescheidung wünschenswerth erscheint, wenn sie auch nur so weit geht, wie es in Marburg schon lange der Fall ist. Man begreift nicht, warum die Anderen uns so schrecklich lieb haben und uns durchaus festhalten wollen. Sie stellen sich höchst empfindlich und beleidigt, daß wir aus der Verbindung heraus wollen. E. Schröder ist natürlich ein Hauptkämpe, nimmt sich aber sehr zusammen und äußert sich sehr maßvoll, wenngleich er so ein rother Kopf hat!

Ich arbeite an den Evangelien, lasse es aber langsam angehn. Ich wundere mich stets über die Fragstellung; die Fragen, die ich stellen würde, werden nie aufgeworfen; und umgekehrt sind die Probleme, die beantwortet werden, ganz gleichgiltig. Ich weiß zuweilen nicht, ob ich der Betrunkene bin und die Anderen nüchtern, oder ob es vice versa ist. Schließlich dispensire ich mich stark vom Lesen der gelehrten Literatur. Über Manches kann ich mit dem Gräzisten E. Schwartz sprechen, dem Sohne eines Mediziners Schwartz, der 1862 von Marburg nach Göttingen kam.

Meine Frau macht alzt[6] fort Musik und ist vergnügt dabei. Der Kamm schwillt ihr, wenn der Capellmeister in Hannover sie lobt und Anforderungen an sie stellt. Sie kann den ganzen Tag dabei sitzen und ist betrübt, wenn sie gestört wird.

Ich hätte fast vergessen, Ihnen zu sagen, wie sehr ich mich über Ihren Brief zu meinem Geburtstage gefreut habe, und über die Nachrichten, die er enthielt.

Viele herzl. Grüße an Ihre Frau

Ihr Wellhausen

639. An Edward Schröder

Lieber Herr College

Meine Frau, der ich ein großes Vergnügen zu machen glaubte, will nichts von dem Weinbergshandel wissen, und darum bitte ich Sie, keine Schritte deswegen zu thun. Sie fürchtet, daß ich die Absicht habe, mich demnächst von der Göttinger Professur auf den Witzenhäuser Garten zurückzuziehen

18. 6. 03   Ihr Wellhausen

640. An Eduard Schwartz

[Göttingen, 19.6.1903]

Ich habe mir einige Citate aufgeschrieben, wo صاقب für *distare* steht. Das ما قارَبَ ist *Acc* dazu, nach dem III Stamm steht immer der *Akkus* statt der Präposition (*von*). Also: „ist entfernt *von* den بطائح bei Vasit etwa eine Tagereise"; die بطائح des Tigris gehören nicht zum سواد. Ob das in den größeren Zushg paßt, kann ich leider nicht sehn, da ich den Istachri[1] nicht besitze.

Ich habe mich gestern misverständlich über הפך geäußert. Es wird im Syrischen allerdings ganz gewöhnlich für zurückkehren gebraucht; aber nicht im Hebr. und im paläst. Aramäisch (auch nicht im Arab.), wo es transitiv ist und leicht einen schlechten Nebensinn (pervertere für vertere) hat, so daß es zum Äquivalent von שׁוּ, von welchem hebr. Wort man in diesem Fall ausgehn muß, sich nicht eignet. Die Propheten sagen stets שׁוּבוּ, kehrt um von eurem bisherigen Wege, dann entrinnt ihr vielleicht noch dem drohenden Zorne. Johannes u Jesus sagen ganz das selbe mit μετανοεῖτε; die Syra übersetzt תובו. Im Syrischen wird תוב fast nur noch in diesem metaphor. Sinn gebraucht.

بلد ist doch wol: *Hauptstadt* der Araber und ihres Gebiets

641. AN HUGO WILLRICH

Hochgeehrter Herr College
Ich habe Ihren Aufsatz[1] mit Vergnügen zwei mal durchgelesen. Ich würde gern hie und da rhetorische Fragen: „ist es nicht höchst wahrscheinlich?", „sollte nicht?" vermissen, und das Unerweisliche nackt als unerweislich belassen sehen; man ist ja kein Advokat und es versteht sich von selbst, daß hie und da Lücken sind
   Vortrefflich finde ich, was Sie über das Verhältnis von 3 Macc zu Ap 2,51 ss[2] sagen, und auch über 3 Macc und Philo[3]. Und auch die Hauptsache finde ich so probabel, wie man es bei dergleichen verlangen kann; Sie haben gezeigt, daß alles Übrige ausgeschlossen ist und nur dies übrig bleibt
   Gar nicht überzeugt bin ich in Bez. auf Purim[4]. So weit dies ein jüdisch historisches Fest ist, genügt Nikanor. Wenn einige Einzelheiten auffallend zu Esther und 3 Macc stimmen, so würde ich an Übertragung aus Esther glauben.
   Mit aufrichtigem Danke
11.7.03   Ihr Wellhausen

642. AN EDUARD SCHWARTZ

[Göttingen, 24.7.1903]
Das Präteritum عَمَرَهٗ (von einem Orte, den er einmal cultivirt *hat* oder zur Wohnung genommen *hat*) ist etwas bedenklich; man dürfte doch eher يعمره (den er bewohnt) erwarten. Faßt man عمره als Substantiv, so müßte es Subject zu يتخلّف sein und dann وهُوَ *Casus pendens*. Denn عُمْرَهٗ (für طُولَ حَيَاتِهٖ) ist mir wildfremd und auch unnöthig stark.

643. AN ANTHONY ASHLEY BEVAN

Göttingen 17 Aug. 1903
Dear Sir
Ich schäme mich, Ihnen so spät zu danken[1]. Ihre Auffassung des tyr. Tempels als Paradisgarten scheint mir mindestens recht möglich. Mir sind die Gärten und der Garten in der Inschrift von Petra (C. I. S. Aram. 350[2]) dabei eingefallen. Mir ist schon früher die vielleicht schon von W R S ausgesprochene Vermutung gekommen, daß *Gann* erst später profan geworden ist und ursprünglich eine Art حِمًى bedeutet hat[3]. *G'nôna* hängt doch gewiß damit zusammen, und die Wurzel bedeutet bedecken, verbergen, schirmen.

In einer Vorlesung des vorigen Winters[4] habe ich, aus Anlaß einer Polemik gegen die absurde Manie der Assyriologen, Ezech. 28 und Gen. 2.3 benutzt, um zu zeigen, daß das Sujet, der Stoff, weiter nichts ist als der Ton, den der Geist nicht erfindet, sondern formt und ihm seinen Athem einbläst. Ich habe das Verhältnis von Ez. 28 zu Gen. 2.3 verglichen mit dem Verhältnis der alten Faustsage zu Goethes Faust. Auf Ihr *tertium comparationis* bin ich dabei nicht gekommen. Sondern ich habe das *tert. comp.* darin gesucht, daß Adam als König und Herrscher von Gold und Edelsteinen strotzenden (Gen 2,12) Paradises gedacht und darum mit dem Beherrscher der Insel (nicht des Tempels) Tyrus verglichen sei. Eins schließt vielleicht das Andere nicht ganz aus; aber Ihr Tempel ist voranzustellen.

Mit bestem Gruß

in aufrichtiger Verehrung

Ihr Wellhausen

644. An Enno Littmann

Herzlichen Dank für Ihre Güte. Viele beiläufige Bemerkungen Bauers sind mir sehr nützlich gewesen, namentlich solche, auf die er selbst wenig Werth zu legen scheint. Er kennt offenbar das Land gründlich und hat Sinn für das Praktische. Die Gelehrsamkeit und die Apologetik muß man ihm deswegen verzeihen. Ich werde das Buch[1] nach Kräften, und mit bestem Gewissen, empfehlen

G. 4. 9. 03 Ihr Wellhausen

645. An Carl Bezold

Hochgeehrter Herr College

Vielen Dank für Ihre gütige Zusendung[1]. Ich habe vor 30 Jahren versucht mich in die Keile zu vertiefen[2], die Sache aber bald aufgegeben, da sie nicht nebenher betrieben werden konnte. Ich bin also nur oberflächlich in Fühlung mit der Assyriologie geblieben. Um so willkommener sind mir namentlich Ihre Noten, besonders wegen der genauen Literatur- und Prioritätsangaben.

Delitzsch ist m. E. ein lernbegabter und äußerst fleißiger Gelehrter: Beweis das Paradis und das Lexikon[3]. Seinen jüngsten Erfolg verdankt er dem, was er über das Alte Testament aus der Schule schwatzt. Gegenüber der Orthodoxie hat er da völlig Recht; wenn die Orthodoxie die histor. Entwicklung ignorirt, darf auch er es thun und sich ihr gegenüber auf den gleichen Boden stellen. Sonst ist er ein höchst unbedeutender Spatz. Man hat leider mit Kanonen auf ihn geschossen und dadurch eine ungeheure Reklame für ihn gemacht. Seine Vorträge sind Schützenreden.

Grotefend[4] (gebürtig aus Münden an der Weser, durch einen Scheffel Erbsen verwandt mit Nöldeke) war 1802 Collaborator in Göttingen und kam erst später nach Hannover. Er lebte noch, als ich dort die Schule besuchte, war aber als Director abgegangen.

An Jastrow bin ich dadurch irre geworden, daß er (in der engl. Ausgabe[5]) hartnäckig den Damascius mit Nikolaus Damascenus identificirt: das darf nicht passiren.

Der babyl. Ursprung der Woche und der Benennung ihrer Tage, die schon vor der christl. Ära in die griech-röm. Welt überging, scheint mir (trotz Jensen) so wenig zweifelhaft, wie der babyl. Ursprung der übrigen Zeitmaße und der Maße überhaupt.

Ich höre, daß Jensen etwas ruhiger geworden sei. Kommt Dr. Becker bald mit den Ansâb des Baladhūri[6] heraus? Sie sind mir natürlich wichtiger als alle Keile.

Nochmals vielen Dank!

         Hochachtungsvoll
         Ihr ergebener
Göttingen 22. 10. 1903   Wellhausen

646. AN ADOLF JÜLICHER

[Göttingen, 1.11.1903]

Vielen Dank für Ihre freundlichen Zeilen. Ich habe die Aufforderung erhalten, meinen Beitrag für die syst. Encycl. von Teubner[1] bis April einzuliefern. Ich dachte eigentlich, in den Weihnachtsferien an die Arbeit zu gehn. Aber ich kann auch schon jetzt daran gehn, damit Sie den Artikel noch rechtzeitig lesen können[2]. Mit dieser Wurst möchte ich indessen nach einer Speckseite werfen und Sie bitten, meinen Marcus anzuzeigen[3] und die Schwächen nicht zu schonen. Mt und Lc sind im Concept fertig; ich bin aber augenblicklich etwas „rübenmüde" und muß eine Weile mit dem Arbeitsgegenstande wechseln.

         Ihr W.

647. AN ADOLF JÜLICHER

G. 3. 11. 03

Vielen herzlichen Dank[1]. Ich denke bis Mitte Dezember fertig zu werden[2], kann freilich täglich nur wenige Zeit darauf wenden. Ich mache die Geschichte mechanisch und ohne jede Lust, da mir der associative Großbetrieb der Wissenschaft ganz gräßlich ist. Ich habe es nur unternommen, um den verflixten *Commis voyageur* der Wissenschaft[3] los zu werden, der 1 1/2 Stunden nicht wich und wankte und unverdrossen auf mich los schwätzte wie ein Weinreisender.

Ihr W.

Ich schreibe alle Tage zwei Quartseiten und höre nach dem Raummaß auf, 4 Seiten sind fertig

648. An Eduard Schwartz

[Göttingen, 10.12.1903]

Für ܟܠܝ *beenden* führt Payne Smith[1] ein paar Stellen aus dem Alten Testament an (z. B. 2 Sam 11,19 wenn du deine Rede vollendet hast) und aus dem Neuen Luc 12,50 und Joa 3,29 in der Curet[2]. Daß die Peschita ändert, weist wohl darauf hin, daß das Wort in dieser Bedeutung anfing zu veralten. So ersetzt sie z. B. ܐܚܝ σῴζειν fast immer durch ܚܝܐ. Auch in der Syra Sin. steht an den beiden evangel. Stellen ܟܠܝ im Pael und Ethpaal.

649. An Berthold Freudenthal

Göttingen 14.1.04

Hochgeehrter Herr Professor

Mommsen hat früher einmal beabsichtigt, die Enquete herauszugeben[1], aber nicht in ihrer ursprglichen Form, sondern umgearbeitet und ohne seine Fragen. Davon habe ich ihm entschieden abgerathen, und er hat es unterlassen. *Dagegen* habe ich meinerseits – ich kann natürlich nicht auch für die Mitarbeiter sprechen – nichts einzuwenden, daß das Ganze unverändert, oder nur mit redactionellen Änderungen, veröffentlicht wird, wenn es der Mühe werth ist. Und Ihre Autorität genügt mir dafür, daß es der Mühe werth ist.

Hochachtungsvoll
Ihr ergebener
Wellhausen

650. An Eduard Schwartz

[Göttingen, 18.1.1904]

Ich habe Hoffmanns Aufsatz[1] schon Mitte Dezember bekommen und damals gleich den ersten Hymnus gelesen, weiter aber nichts. Den zweiten habe ich erst jetzt auf Ihre Veranlassung flüchtig durchgesehen. An ein paar Stellen würde ich anders übersetzen. So 5.6: ihre Kleider gleichen *Blumen*[2], weil *ihr* (der Kleider) Geruch duftet. Ferner 9.10: Wahrheit *liegt* (*sima*, passiv) auf ihrem Haupte, Freude *dient* (*m'dájla* = *ministrat*) zu ihren Füßen[3]. Was für ein Verb in 28 gemeint ist, wo H. *ausgestreut* übersetzt[4], ist mir unklar. In 21 würde ich nach δέ corrigiren: ܐܟܠ ܘ ܚܡܨ[5]. Ich habe aber nicht finden können, daß die metrischen Fehler von *Interpolationen* herstammen, wenngleich auch mir die Correcturen H's manchmal bedenklich scheinen. Mein Eindruck ist auch nicht, daß eigentl. ein richtiges Hochzeitslied zu grunde liegt. Die Anspielung (32–35) auf Matth 25 ist deutlich. Allerdings stoßen sich die weibl. παρανυμφαι mit den vorhergehenden männlichen[6]. Die Anmerkungen H's habe ich noch nicht gelesen.

P 298 βαβφορκανα Eingang[7].

P. 298 ist gewiß ρουα δα κουδσα gemeint[8].

651. An Marie Hartwig

Göttingen 30 Januar 1904

Verehrte Frau

Ich schäme mich, so lange gewartet zu haben, um Ihnen meine herzliche Theilnahme auszudrücken[1]. Wenn man in die Jahre kommt wie ich, so erlebt man, wie der Kreis der Freunde und Bekannten immer lichter wird, und wird die Empfindung nicht los: warte nur, balde[2]! Aber ich denke wie der alte Hiob: wenn Er mich auch tödtet, so will ich doch auf Ihn trauen[3].

Ihr Wellhausen

652. An Walter de Gruyter

Göttingen 20. Febr 1904

Verehrter Herr Doktor

Ich bestätige dankend den Empfang der Freiexemplare und des Honorars (2500 Mark[1]).

Ich füge hinzu, daß ich auch den Commentar zu Matthäus fertig habe; er wird neun Druckbogen nicht überschreiten[2]. Wenn der Absatz des Marcus[3] Sie nicht muthlos gemacht hat, so bitte ich Sie, auch den Verlag des Matthäus zu übernehmen. Das Manuscript ist fertig, und der Druck kann sofort beginnen, wenn es Ihnen recht ist. In der Hoffnung, daß Sie nicht auf den Rücken fallen vor Schreck, zeichne ich in bekannter Gesinnung

Ihr Wellhausen

653. AN EDUARD SCHWARTZ

[Göttingen, 23.2.1904]
Zahn verweist zu Mt. 20,20–28 (Mc. 10,35–44) auf seine Acta Joa. cxvj–cxxjj[1], wo er anführe, daß nach einer alten Tradition Johannes einen Giftbecher habe trinken müssen (= der Becher), und obendrein in siedendes Öl geworfen sei (= die Taufe) – jedoch ohne Schaden zu nehmen. Ich weiß nicht, ob der Jux Ihnen bekannt ist; er verräth wenigstens exegetisches Verständnis

Ihr W.

654. AN CARL BEZOLD

Hochgeehrter Herr College
Ich hasse zwar die Festschriften, mag mich aber in diesem Fall (bei Nöldeke[1]) nicht gern ausschließen. Ich habe die Absicht, einen Aufsatz über die Syra Sinaitica (zu den Evangelien) beizusteuern[x,2]

Hochachtungsvoll
Ihr ergebener
G. 24. 2. 04   Wellhausen

[x] Eine Kritik von Merx[3] soll es natürlich nicht sein, so sehr es derselben auch bedarf; es sind anderweitige Beobachtungen.

655. AN WALTER DE GRUYTER

Hochverehrter Herr Doktor
Ich danke Ihnen und bin einverstanden. Ich habe gleichzeitig mit dem Marcus auch Matthäus und Lukas entworfen[1]. Das Concept zu Lukas denke ich im Sommer ins Reine zu bringen. Dann folgt noch eine Einleitung zu den drei er-

sten Evangelien². Diese Einleitung wollte ich ursprünglich *allein* machen, sah aber, daß eine Exegese der einzelnen Evangelien voraus gehn müßte.
Ich bitte um ein *Accepisse*.
G. 24. 2. 1904   Ihr Wellhausen

656. An Eduard Schwartz

[Göttingen, 24.2.1904]
Was bedeutet ὑπὸ πέτασον ἄγειν in 2 Macc 4,12? Vulgata: *in lupanaribus ponere*. Syra: ܐܫܠ ܡܥܣܘܐ ܐܚܕ[1]. Und das vorhergehende ὑποτάσσων? Von der Vulgata wird es ausgelassen, die Syra versteht: mit Gewalt zwingend
    Antwort gelegentlich, hat Zeit.
                                                 W

[1] Er ließ sie unter dem Maß durchgehn.

657. An Eduard Schwartz

[Göttingen, 9.3.1904]
Vielen Dank. Obgleich Sie mir das selbe, was Sie jetzt gedruckt haben[1], in Kürze schon brieflich angedeutet haben, habe ich mir unwillkürlich – wozu ich leider sehr geneigt bin – eine etwas andere Vorstellung von Ihrer Meinung gemacht. Nämlich so, daß die Verfluchung des Baumes in Widerspruch zu 13,28² stehe, daß Jesus 13,28 annimmt, er werde wieder ausschlagen, dagegen 11,14 dies leugnet. Er hätte dann nicht den *frischen* Baum dürr geflucht, sondern vom *dürren*, den er schon vorfand, gesagt: er wird nie wieder ausschlagen (wie dies Volk meint), d. h. eine Palingenesie des jüdischen Volkes gibt es nicht. – Die Stellung von Partikeln wie *auch*, *nur* u. s. w. an der Spitze des Satzes ist auch im Semit. gewöhnlich

658. An Adolf Harnack

Gött. 18 März [Januar?] 1904
Lieber Herr College
Ich habe meinen Wahlzettel schon vorgestern abgeschickt und Wilamowitz darauf genannt, weil ich ihn für den bedeutendsten deutschen Philologen der Ge-

genwart halte. Ich meinerseits brauche keine anderweitigen Rücksichten zu nehmen. Ich will aber nicht sagen, daß solche Rücksichten überhaupt unberechtigt wären. Nur Diels kann sie kaum beanspruchen. Ich halte ihn trotz seiner größeren „Gediegenheit" im Vergleich zu W. für untergeordnet. Er erscheint mir als der edelste Typus eines Classenlehrers für Obersecunda. Wenn er als Secretär der Akademie geistreich werden muß, stellt er sich so auf die Zehen, daß mir der Mund zuckt. Bücheler verdient nach meiner Meinung den *pour le mérite* mindestens ebenso sehr als Usener. Ich habe auch an meinen alten Freund Dittenberger gedacht. Der „Würdigkeit" nach hätte Kirchhoff den Vorsprung. Über Büchelers od Kirchhoffs Wahl hätte auch Wilamowitz keinen Grund sich zu beklagen.

Ich beginne in den Weihnachtsferien, meine Noten zu Matthäus auf druckfertigen Ausdruck zu bringen[1]. Ich hoffe, daß es nicht unlustig geschieht. Freilich ist mir Marcus viel interessanter, weil er ein unbedeutender Mann ist und darum relata refert und sich selber nicht vordrängt, keine Absurditäten ausmerzt oder mildert, keine Widersprüche tilgt etc. Daß die Sonne durch den Nebel seiner Tradition verfinstert wird, muß man allerdings in den Kauf nehmen. Aber wenn das Gegentheil geschieht, wie namentlich bei Johannes, sind wir erst recht nicht zufrieden

Ihr Wellhausen

659. An Eduard Schwartz

[Göttingen, Frühjahr 1904[1]]

L. H C

Sie werden wol nichts dagegen haben, daß ich stehn lasse, was ich geschrieben habe[2]. Ich kann nicht gut mehr ändern; das Wichtige stammt ja auch von Ihnen, und daß ich in einem Nebenpunkte abweiche, wird man schon merken, ohne daß ich es hervorhebe.

Ihr W.

Den Schlußsatz habe ich abgeschnitten, weil er sonst die Note verdeckte. Er lautet: In Mc. 11,18 weist er also die jüdische Hoffnung zurück, in Mc 13,28 christianisirt er sie[3].

660. An Wilhelm Meyer

[Göttingen, 26.3.1904]

Als „Die Wölfe der Araber" werden von den Arabern selbst die unsteten und räuberischen Beduinen bezeichnet; dieser Sprachgebrauch war aber dem Vf der Legende nicht bekannt. Dagegen findet sich in der Septuaginta Ambakum[1] 1,8. Sophonias[2] 3,3 οἱ λύκοι τῆς Ἀραβίας. Der hebr. Ausdruck kann so verstanden werden, wird aber von den Juden verstanden: Die Wölfe *des Abends* λύκοι νυκτιπόροι. Ich zweifle nicht, daß der Ausdruck der griechischen Bibel bei Eleutherius[3] wiederholt ist.

Ihr W

661. An Walter de Gruyter

Vielen Dank für die gütige Zusendung der Nation vom 2 April 1904
Gött. 1.4.04   Ihr W.

662. An Adolf Harnack

Göttingen 13.4.1904

Lieber Herr College

Laudarier ab laudato passirt nicht oft[1]. Sie haben mir eine hohe Ehre erwiesen und eine große Freude bereitet. Es drängt mich, Ihnen das sofort zu schreiben, obgleich ich natürlich Ihr Buch nur erst angeblättert habe. Es ist ja auch nicht zum Lesen, sondern zum Studiren. Ich habe schon die früheren Bände gelegentlich vielfach benutzt und immer gefunden was ich suchte: Orientirung in den Problemen und in der Literatur darüber. Es gehört eine Geduld und Resignation dazu so etwas fertig zu bringen, die mir versagt ist; ich kann die nöthige beharrliche und gleichmäßig gerechte Aufmerksamkeit nicht aufbringen, um mich durch ein solches Gewirr alter und besonders auch neuerer Literatur durchzuarbeiten. Seien Sie meines herzlichen Dankes versichert!

Ihr Wellhausen

663. An Walter de Gruyter

Göttingen 23. April 04.

Hochgeehrter Herr
Dankend bescheinige ich den Empfang der 18 Exx des Ev. *Mt* und des Honorars im Betrage von *Siebenhundertundzwölf* M. *50 Pf.*

In vorzüglicher Hochachtung
ergebenst
Prof. Wellhausen

664. An Ferdinand Justi

G. 27. 4. 1904

Verehrter und Lieber
Sie beschämen mich durch Ihren Brief, ich bin immer im Rückstande und Sie lassen michs nicht entgelten. Es ist nicht viel von uns zu melden. Meine Frau ist in Leipzig Berlin Stettin und Greifswald gewesen, um ihre Mutter zu sehen und sich hauptstädtische Luft um die Nase wehen zu lassen, nach der sie lechzt. Ich sollte inzwischen das Allerheiligste repariren und an den Kanal anschließen lassen; die Arbeit hat sich aber verzögert und ist noch im Gange. Sie bringt eine schreckliche Carenz mit sich. Wenn wir uns nicht, wie Bruder Straubinger in Hannover, den *salva venia* petschiren[1] lassen wollen, so müssen wir bei Anderen hospitiren oder uns sonstwie helfen. Ich habe mir die Verordnung im Deuteronom. 23,14 zu Herzen genommen und gehe mit einem Spaten außerhalb des Lagers; in unserem Garten ist ein stiller Winkel, zwischen Tannen versteckt. Es gefällt mir so gut, daß ich fast Lust habe, diese alte heilige Weise beizubehalten. Meine Frau ist natürlich entsetzt.

Neumann, der Existenzgehilfe von Vischer, sollte als Ordinarius nach Halle; die Halenser haben sich aber seiner erwehrt. Statt dessen wurde ihm ein Ordinariat in Breslau angeboten, ausdrücklich um Muther in Schach zu halten und wo möglich schachmatt zu machen. Das hat er wohlweislich abgelehnt, und statt dessen Urlaub genommen. Mit Vischer hier zu concurriren, der durch den Erben wieder ganz lebensfähig geworden ist, ist auch nicht schön. Und in Heidelberg hat Neumann neben Thode ebenfalls eine sehr üble Stellung gehabt. Nun auch noch mit Muther: das ist zu viel. Er ist ein bißchen zu geistreich und reflectirt mehr, als daß er eine naive künstlerische Anschauung und Auffassung hat. Aber er ist sehr unterrichtet, auf allen Gebieten, und ich plaudre sehr gern mit ihm, so barbarisch ich ihm vorkommen mag.

Die Unebenheit der Parabel von den Zehn Jgfrauen ist längst empfunden, wenn auch nicht so grob aufgedeckt, wie ich es gethan habe[2]. Das Geschäft war mir nicht angenehm, aber unvermeidlich, wenngleich nur als Vorbereitung für die Deutung der Moral. Dergleichen ganz künstlich und ungeschickt zu recht gemachte Parabeln sind bei Matthäus leider sehr häufig.

Ich freue mich über Ihre Veranda und das Morgenkaffee trinken darauf; der Hexenschuß kommt nun hoffentlich nicht wieder. Uns geht es gut; nur werde ich alle Tage tauber und ziehe mich mehr und mehr an meinen Schreibtisch zurück. In diesem Sommer mache ich Lukas. Kein Mensch hat bisher den Mc und Mt angezeigt. Vielleicht ist Allen der Hexenschuß in die Glieder gefahren. Ich selber wüßte sehr vieles an mir zu kritisiren.

Schade daß Sie nichts über Karl und Ludwig gemeldet haben; ich schließe, daß es bei beiden gut geht. Sie werden den Jüngsten und Allerjüngsten jetzt wohl oft Gelegenheit haben zu sehen.

Viele herzl. Grüße an Ferdinand und Helene von meiner Frau
Ihr alter
Wellhausen

665. AN ADOLF JÜLICHER

G. 2. Mai 1904

Verehrter und Lieber
Sie bedürfen keiner Entschuldigung, sondern ich. Ich habe die Situation nicht gekannt. Die Augen sind mir nun geöffnet. Eigentlich nicht erst durch Sie, sondern schon vor vierzehn Tagen durch Kattenbusch. Der redete zu meinem Erstaunen von meiner Polemik gegen Sie ad Marc. 4[1] und von meiner Übereinstimmung mit Bugge[2], von dem ich nichts wußte. Ich habe natürlich erwidert, ich hätte gar nicht an Sie gedacht, sondern an Weiß, und fände, daß Sie keineswegs dessen Methodismus billigten. Hätte ich damals schon besser Bescheid gewußt, so würde ich mich noch ganz anders geäußert haben.

Es thut mir nachträglich auch leid, daß ich mich im Matth p. 133[3] so über Sie geäußert habe, wie es geschehen ist. Nicht als ob ich fürchtete, daß Sie es übel nehmen könnten; sondern wegen der Gefahr, daß unsere Gegner das Wasser auf ihre Mühle leiten. Ich mußte natürlich meine etwas von Ihnen abweichende Auffassung der Parabeln bei Matthäus konstatiren, konnte das aber so thun, daß Bugge und Consorten nicht ihre Freude daran hatten. Es zeigt sich, daß meine Ignoranz der vulgären Exegese in der Gegenwart doch recht üble Folgen hat, die mich härter treffen als Sie. Denn es gibt keinen Gelehrten, dem ich weniger gern Unrecht thun möchte als Ihnen.

Ihrer Verzeihung bin ich sicher, aber sie macht den Schaden nicht gut, den ich wider Willen angerichtet habe. Mein Commentar zu Mt war schon fertig, als mir der von Zahn in die Hände kam; ich habe mit Rücksicht auf Zahn nur zwei

Nachträge gemacht, zu Mt. 4,3.4 (polemisch), und zu 8,7[4]. Sehr überrascht war ich, in der kirchengeschichtlichen Auffassung der wichtigsten Parabeln bei Mt mit Zahn überein zu treffen – der sie freilich trotzdem für authentisch und für Weissagungen hält. Sie werden darin vielleicht ein böses Zeichen entdecken. Jedenfalls bin ich vollkommen unabhängig darin mit Zahn zusammengetroffen.
Reumüthig
Ihr W.

Von der in bester Absicht geschehenen Travestie der Goetheschen Verse (W Ö Divan, Buch des Unmuths[5]) auf mich habe ich allerlei Spott zu leiden. Man muß das Räucherfaß einem nicht so an die Nase schlagen[6], daß sie blutet. *Quod scripsi, scripsi*[7] – aber bitte, lassen Sie die Äußerung nicht zum geflügelten Wort werden, wenigstens nicht unter meinem Namen.

666. An Eduard Schwartz

[Göttingen, 4.5.1904]

Ich bin Ihrem Faden durch das Gewirr mit größtem Vergnügen gefolgt[1]; die Exegese der Äußerungen des Papias hat mich besonders angesprochen und auch was Sie über Gaius und die Aloger sagen. Ihr Urtheil über den Werth des patristischen Wissens in Bezug auf die vier Evangelisten hatte ich zwar schon früher, aber nur a priori. Die N. T. lichen „Einleitungen" vertiefen sich niemals in die Spezialitäten, sondern lassen alles Lebendige und Interessante aus. In den arab. Akten des Prochorus[2], die mit den griech. angeblich übereinstimmen, las ich kürzlich, daß der Satan *49 Jahre* lang im Tempel der Diana von Ephesus gewohnt habe: der Tempel wird als sein Leib angesehen, er ist darin incarnirt oder petrificirt.

667. An Eduard Schwartz

[Göttingen, 4.5.1904]

Prochorus[1] bei Zahn[2] p 42 hat: 200 + 49 Jahre. Der Passus lautet im Arab: „Und Johannes sagte zu dem Satan, der in dem Tempel wohnte: ich sage dir, du unreiner Satan – Er erwiderte ihm: was denn? und was willst du? Johannes sagte zu ihm: wie viele Jahre wohnst du in diesem Tempel? Der Satan sagte zu ihm: 49 Jahre."

249 wird wohl richtig sein; also 49 von keiner Bedeutg.

668. An Eduard Schwartz

[Göttingen, 6.5.1904]

Der Gegensatz von Ephesus und Rom in Joa. 21 (und trotzdem die beibehaltene Union) hat mir sehr eingeleuchtet[1]. Ebenso liegt es auf der Hand, daß 21,23 nachgetragen ist. Ihre Deutung von μένειν 21,22 setzt allerdings voraus, daß der Vf. Rücksicht nehmen konnte auf eine seinen Lesern schon vertraute Sage. Deren Existenz in so früher Zeit ist schwer nachzuweisen. Zu dem, was Sie beigebracht haben, lassen sich möglicher weise auch die sieben Schläfer von Ephesus hinzufügen, die an stelle des Joa. getreten sein könnten, oder Joa umgekehrt an ihre Stelle.ˈ Ein kitzliches Gebiet.

ˈ letzteres besser: Joh. der christl. Schläfer von Ephesus.

669. An Ferdinand Justi

G. 3. 6. 04

Lieber und Verehrter

Meine Schwester ist als Kind von ihrer Wärterin Betty angesungen worden:
   morgen tritt der kleinen Made-
   moiselle Geburtstag ein,
   und es wär doch jammerschade,
   sollt er nicht besungen sein.

Wenn irgend jemand mich zum Versemachen veranlassen könnte, so wären Sie es; aber mein Stein ist Stein und gibt kein Wasser. Ich muß mich mit einem ganz prosaischen Glückwunsch begnügen.

Ich kann mir Sie gar nicht als Großvater vorstellen, aber Ihre Schwiegertöchter machen Sie dazu. Ich freue mich, daß es ein Junge geworden ist[1]. Wie der Chinese wohl aussieht?

Ihre liebe Frau hat sich rührende Mühe gegeben, Alles aus Marburg zu erzählen, woran wir teilnehmen; ich habe die Chronik mit größtem Interesse gelesen. Öttingens thun mir leid; es scheint mir fraglich, ob er sich auf seiner Burg am Rhein zufriedener fühlen wird. Ich habe eine heimliche Sorge, daß seine Frau ihn lieber hat, als er sie. Die Naturen sind sehr verschieden.

Der Fall Meißner[2] beschäftigt uns noch sehr. Es scheint, daß er sich nicht umgebracht hat, sondern noch lebt; man glaubt, seine Spur in Paris aufgefunden zu haben. Der Sohn des hiesigen Professors W. Meyer glaubt fest, ihn dort gesehen zu haben. Professor Vischer ist wieder hier, die Damen sind noch in Wien. Die verlassene Braut kann einen jammern. Aber Meißner hat den schroffen

Schritt auch nicht ohne Ursache gethan. Das Geschick hat eingegriffen, man kann auf die Menschen keine Steine werfen. Es ist eine richtige Tragödie.

Ich bin Ihnen wirklich dankbar dafür, daß Sie meine Noten zu Matthäus[3] lesen und sich für den Gegenstand erwärmen. Die Theologie ist ja ein krauser und verlogener Kram, aber die älteste Gemeinde, die einem bei Mt so lebendig entgegentritt, ist doch eine wunderbare Erscheinung, und sie ist nicht gut ohne Jesus zu begreifen. Ich bin jetzt beim Lc, es fehlt mir indes etwas an Frische, nachdem ich den Mc und Mt hinter mir habe. Ehe ich die vorhabende Einleitung zu den 3 ersten Evv. schreibe[4], muß ich entschieden eine längere Pause machen.

Jetzt endlich sind alle Spuren des Greuels der Verwüstung in unserem Hause und Garten beseitigt[5], und namentlich der Garten macht mir viel Freude. Man muß sich hier mehr an den Gärten freuen, weil die schöne Natur nicht so vor der Hand ist wie in Marburg. Die Gärten sind hier hübscher; es wächst besser als in den meisten Lagen von Marburg.

Ich wünsche Ihnen und Ihrer Helene ein fröhliches und reiches Jahr, mit viel Freude an den Kindern und an hessischer Natur und Kunst. Wir hoffen sicher, Sie im Sommer oder Herbst in Marburg zu sehen.

Ihr Wellhausen

670. AN WALTER DE GRUYTER

Göttingen 15. 6. 04

Verehrter Herr Doktor

Vielen Dank für Ihre gütige Übersendung von Friedländer[1]; er hat sich vom Rabbinismus befreit, überspannt aber den Bogen nach der anderen Seite.

Mein Lucas[2] ist fertig. Ich wünsche, daß er im Oktober ausgegeben wird. Im August kann ich nicht korrigiren. Wollen Sie ihn jetzt gleich drucken? oder wollen Sie lieber bis Ende August warten? Mir ist beides *ânerlâ*, wie man in Göttingen spricht.

Mit ergebenem Gruß
ehrerbietig
der Ihrige
Wellhausen

671. An Walter de Gruyter

Göttingen 17.6.04

Hochverehrter!
Mir ist es ebenfalls am liebsten, wenn der Druck gleich beginnt; er muß dann aber gegen den 8 August fertig sein. Es sind wieder ± neun Bogen[1].

Ihr W.

672. An Edward Schröder

12. Juli 1904

Lieber Herr College
Meine Frau wagt es zu fragen, ob Sie mit Ihrer Frau Gemahlin am Sonntag (17.) um halb zwei mit uns zu Mittag essen wollen. Sie will noch Andreas und Dilthey fragen.

Ihr Wellhausen

673. An Theodor Nöldeke

[Göttingen, 15.7.1904]

Vielen Dank! Es gibt im Sollinge zwei Negenborne[1] und hier in der Nähe am Fuß der Gleichen auch einen[2]. Der letztere ist ein sehr starker Quell, aber nur einer und nicht neun. Die Neun hat ja ähnlich Heiligkeit wie die Sieben. Daß die *Benennung* der Wochentage nach den Planeten eine systematische Künstelei ist, hat schon Ideler nachgewiesen[3]. Ob die *Zahl* der Wochentage nach der *Zahl* der Planeten sich richtet, ist m. E. höchst dubios.

Ihr W.

An babylon. Ursprung der Woche glaube auch ich.

674. An Theodor Nöldeke

[Göttingen, 16.7.1904]

Niunbrunni schon bei Förstemann I[2].[1] Aber auch Siebenborn, Siebenbrunnen kommt vor. Neuntägige Woche nicht bloß bei den Lateinern, sondern auch bei den Germanen

Ich sehe eben, daß in der Syrischen Gr. § 50 irrthümlich der St abs. gedruckt ist für den St. emph.[2]

Ihr W.

Der Göttinger Negenborn ist nur *ein* starker Quell, aus dem an wechselnden Stellen mehrere moussirende Röhrchen empor simmern.
Wir haben auch 4 Tage 25° R.[3] im Schatten gehabt.

675. An Adolf Harnack

Göttingen 18.7.04

Lieber Herr College

Ich habe Ihnen im Namen des Prof. Andreas eine Bitte vorzutragen.

Wie Sie wissen, sind im Turkestan äußerst wichtige mittelpersische Schriften aus dem 3–9. Jahrh. gefunden und zum Theil nach Berlin gebracht. Sachau und Geldner haben nichts damit anzufangen gewußt; ein unscheinbarer Bibliothekar Müller[1] hat erkannt, was darin steht, obwohl er nicht vom Fach ist. Nun scheint Sachau sich daraufzusetzen und unter irgend welchen Vorwänden zu verhindern, daß sie publicirt, d. h. photographirt werden – bis er mit ihnen fertig ist[2].

Ein Orientalist kann in der Akademie gegen Sachau nicht gut auftreten. Aber ein Kirchenhistoriker kann es unbefangen thun, vom kirchenhist. Interesse aus. Denn diese mittelpers. Bruchstücke sind großentheils Reste originaler manichäischer Literatur. Sie würden sich ein großes Verdienst erwerben, wenn Sie die Akademie bewögen, diese merkwürdigen Funde unverzüglich photographiren zu lassen, damit auch Andere als Sachau daran könnten. Der gegebene Interpret ist Andreas, den Sachau haßt, obwol er sich mit ihm duzt – weil er weiß, wie sehr er ihm überlegen ist.

Man könnte sich hinter die Göttinger Societät stecken, um auf Berlin einen Druck auszuüben. Aber das scheint mir nicht der richtige Weg zu sein.

Ihr Wellhausen

676. An Helene Justi

[Göttingen, 3.8.1904]

Wir würden sehr gern mit Ihnen reisen, haben uns aber schon fest gemacht, mit meinem Schwiegervater nach Bornholm zu gehn[1], und können das nicht mehr aufgeben. Sehr schade!

Ich bin wie ein Eisbär im Zoolog. Garten und rein verzweifelt über die dürre Hitze. Sonderbarer Weise ist hier die Ernte ausgezeichnet, alle Bäche fließen noch, und der Magistrat hat erklären lassen, man brauche sich durchaus im Wasserverbrauch (zu Sprengungen) nicht zu geniren, der Stand der Wasserwerke sei ebenso gut, wie in nassen Jahren. Die Geologen zerbrechen sich den Kopf darüber.

677. An Rudolf Smend

[Allinge/Dänemark[1]] 18.8.04

L. S. Wir sind verspätet hier eingetroffen, weil wegen hoher See die Nußschalen von Dampfern nicht gingen. Die Postverhältnisse sind höchst primitiv, hoffentlich sind überhaupt keine Briefe nachzusenden. Meine jetzige Adresse ist *Blanchs* Hotel, *Hammeren*, *Bornholm*; Briefe werden mich aber kaum noch erreichen; doch will ich auf jeden Fall später nachfragen. Es regnet sachte und beständig, die Gegend ist eigenartig und in heller Beleuchtung vielleicht schön. Viele Grüße!
Dein J. W.

Vielleicht kriegst Du ein unfrankirtes Packet aus Saßnitz, bitte heb es auf, bis ich wieder komme.

678. An Ignaz Goldziher

[Göttingen, 10.9.1904]

2te Ausgabe p 197

679. An Adolf Jülicher

[Göttingen, 3.10.1904]

Vielen Dank! Ich hoffe, Ihre gesammelten Bemerkungen zu Mt werden Sie nicht für sich behalten. Was ich zu Mt 23,25 vergessen habe, ist zu Lc 11,39 nachgetragen[1]. Zu Mt 15,17 (Mc 7,9) hätte ich noch ferner sagen sollen, daß ὀχετός bei Mc die richtige LA ist und αφεδρών aus Mt stammt[2]. Suidas soll freilich sagen, αφεδρων sei der Darm[3]. – Aus Lc sei 7,47. 16,8.9. 18,1–8 Ihrer Entschuldigung empfohlen[4].
Was zu Mt 5,31.32 gesagt ist, habe ich zu Lc 16,18 modificirt[5].

Ganz so schnell wie Sie glauben habe ich nicht gearbeitet. Ich habe Mc Mt und Lc zunächst zusammen entworfen, und dann allerdings die einzelnen Evangelien schnell fertig gebracht.

680. An Ferdinand Justi

Göttingen 7 Okt. 1904

Verehrter und lieber Freund
Sie sind wieder der erste, der meinen Lucas[1] gelesen hat, und wohl der einzige. Noch dazu wird Ihnen meine rasche und kurze Ausdrucksweise viele Mühe gemacht haben, da Sie ja gar nicht in diesen Problemen stecken. Sie beweisen Ihr persönliches Interesse für mich in einer Weise, die mich beschämt.

Wie viel neu ist an meinen Bemerkungen, weiß ich nicht. Hätte ich die Kamelladungen von Commentaren gelesen, so wäre ich nie zum Schreiben gekommen. So viel habe ich gesehen, daß seit 100 Jahren mehrentheils immer die selben Fragen gestellt werden. Ich wollte mir meine Fragen selber stellen, wie sie sich mir aus dem Stoff ergaben und aufdrängten. Sehr viele Dummheiten werde ich begangen haben, namentlich aus Unkenntnis des Griechischen. Das ist mir aber ganz egal. Die Hauptsache ist, daß eine Sau ins Judenhaus gesprungen ist. Die Juden sind schlau und thun, als ob sie es nicht merkten.

Bornholm ist der Reise werth. Es ist ein großer und mannigfaltig gegliederter Granitfels im Meer, gegenüber der schwed. Südküste, die eigentlich auch noch dänisch ist und erst seit 1655 politisch zu Schweden gehört. Die Passage zwischen Schonen und Bornholm ist äußerst belebt, man sieht beständig die Schiffe fahren. Die Insel ist sehr friedlich. Es gibt ein paar kleine Städte an der Küste. Im Inneren gibt es nur isolirte Bauerhöfe [sic], jeder hat sein Theil Acker, Weide und Wald – überall gucken die Granitplatten und Granithügel hervor, nackt oder mit Erika bewachsen. Alles ist mit rohen Granitmauern eingefriedigt, man muß beständig herüberklettern, Pferde und Rinder weiden allenthalben, meist angepflöckt. Ab und zu trifft man eine kleine einsame Kirche; einige davon sind curiose Rundbauten. Ein paar Runensteine sind hie und da aufgestellt, den größten, bei Hasle, habe ich nicht gesehen. Die Ackerwirthschaft soll ganz rationell und modern sein; übrigens scheint Alles vor fünfhundert Jahren ebenso gewesen zu sein wie jetzt. Die See liegt einem immer vor Augen, an der Nordekke, wo wir waren, von drei Seiten. Im Boot zu fahren hatte ich keine Lust, weil man so unbequem an seinen harten Platz gebunden ist. Meiner Frau wegen sind wir einmal gesegelt: mit dem einen mal hatte sie genug. Das Boot lag mit der einen Seite ganz im Wasser; die Wellen schlugen mir beständig über die Beine, die ich gegen die Reiling stemmen mußte. Als die Geschichte ganz ungemüthlich wurde, biß sich der Bootsmann ein Stück Kautabak ab und reichte mir den

Rest, um mich zu trösten. Namentlich schön ist das Umlegen der Segel, wenn das Schiff sich plötzlich von der einen Seite auf die andere legt. Die Erinnerung möchte ich nicht missen, die Erfahrung aber nicht wiederholen. Es kann natürlich auch ganz schön sein; aber bei ruhigem Wetter kommt man auch nicht so schneidig voran wie bei einem gediegenen Westwind. Prächtig ist es nur auf einem großen Dampfer

Ich bin dabei, ein Vorwort nachzuliefern[2], beeile mich aber nicht damit, da ich etwas erschöpft und so zu sagen rübenmüde bin. Übers Jahr hoffe ich fertig zu sein. Wenn ich einen passenden Nachfolger im Amt für mich wüßte, so ließe ich mich pensioniren. Derjenige, den ich im Auge habe[3], muß noch ein paar Jahr älter werden. Ich fürchte freilich, daß Nöldeke ihn für Straßburg fängt, obgleich er kein Jude ist.

Meiner Frau geht es gut. Meine Schwiegermutter bessert sich und ist wieder zu Hause, in Greifswald. Ganz die alte wird sie freilich wohl nicht wieder werden

Vielen Dank und herzl. Gruß an Ihre Helene
Ihr Wellhausen

In Göttingen ist es auch ganz schön, namentlich immer frisch, auch wenn es nie regnet. Nicht einmal die Quellen versiegen. Die Ernte ist so gut, wie seit langem nicht; und es herrscht ein unglaubl. Obstreichthum. Wären nur nicht die Aufkäufer aus Frankfurt und anderen Gegenden!

681. An Eduard Schwartz

G. 24.10.04

LHC

Ich habe die Schrift von Laqueur[1] mit großem Interesse gelesen, ohne darüber ins Reine gekommen zu sein. Er opponirt gegen Niese[2] weit stärker, als er sich „ehrfurchtsvoll" den Anschein gibt. Er gibt sachlich dem 1 Macc im Ganzen Recht; die Verdopplung der Ereignisse im 2 M. (p. 77) ist bereits von Grimm[3] erkannt, wenigstens habe ich das bei ihm heraus gelesen. Er macht es aber durch seine Literarkritik möglich, das 2 Macc doch neben dem 1 M. als unabhängige u werthvolle Quelle zu benutzen, verfolgt allerdings die Scheidung nicht genügend[1)]. Daß Menelaus (ebenso wie die ganze unerbauliche Vorgeschichte) von 1 Macc geflissentlich eliminirt ist, steht ganz fest. Menelaus ist in der That der Grund, weshalb man die Urkunden 2 M. 11 nicht in die Ecke werfen darf. Die zeitliche Verschiebung führt indessen starke Schwierigkeiten mit sich, denen L. sich am Schluß mit einer eleganten Wendung entzieht. Sollen mit den κατελθόντες Judas und die Makkabäer gemeint sein? Die waren ja aber keine

Jerusalemer und nicht aus der Stadt vertrieben. Und wie konnten sie sich mit Menelaus als Hohempriester vertragen? soll Menelaus höchst persönlich die Tempelreinigung vollzogen haben und vom Priester des Zeus Olympius zum Eiferer für Jahve geworden sein, ohne beanstandet zu werden? Und was war der Anlaß zur Fortsetzung des Krieges noch unter Epiphanes, trotz dem Frieden und den Zugeständnissen? Hatte etwa Judas den Menelaus doch alsbald hinaus geworfen? Das 1 Macc buch sündigt dann nicht wie gewöhnlich bloß durch Verschweigen, sondern durch recht positive Fälschung.

Es bedarf längerer Zeit, ehe ich mit den historischen Consequenzen von Laqueurs Annahme fertig werden kann. Hinsichtlich der Chronologie der syr. Könige wage ich kein Urtheil, da mir auf diesem Gebiete sofort der Kopf zu brummen pflegt. Ich bemerke, daß nach Niese das Römerbündnis mit Judas unter dem Consulat des Fannius abgeschlossen ist – was L. nicht erwähnt.

Ihr W.

[1] z. b. nicht in der Vorgeschichte 2 Mcc 3 ss.

682. An Walter de Gruyter

Göttingen 3 Nov 1904

Verehrter Herr Doktor

Ich mag mein Deutsch nicht verhunzen lassen, und was ich bisher von Übersetzungen erlebt habe, habe ich als Verhunzung empfunden. Ich will auch mein Theil dazu beitragen, daß die Ausländer Deutsch lernen; deshalb gebe ich mir Mühe, mein Deutsch lesbar zu machen. Was ich nicht hindern kann, kann ich nicht hindern – aber mit meiner *Autorisirung* erscheint keine Übersetzung. Von Ihrem geschäftlichen Standpunkt aus kommt mir eine solche auch nicht erstrebenswerth vor.

Ihr Wellhausen

683. An Walter de Gruyter

Gött. 19. Nov 1904

Hochverehrter Herr Doktor

Der Druck der Prolegomena[1] kann zu Neujahr beginnen. Bitte, schicken Sie mir ein Exemplar – aber *nicht* durchschossen.

Ihr ergebener
Wellhausen

Bedingungen, wie früher.

684. An Eduard Schwartz

[Göttingen, 26.11.1904]

Ich habe jetzt Laqueur[1] mit größerer Ruhe gelesen und gesehen, daß die chronolog. Untersuchung ganz einfach und durchaus überzeugend ist und daß der Widerspruch der Urkunden in 2 Macc 11 gegen 1 Macc sich darauf beschränkt, daß 1 Macc *ausläßt*, daß die Juden mit *Erlaubnis der seleuc. Regierung* in Jerusalem einziehen. Es bleiben allerdings noch Schwierigkeiten übrig, aber die Sache ist doch durchaus nicht confundirend.

W.

Am bösesten für Laqueur ist die Notwendigk, das Datum 2 M 11,33 zu verändern[2], welches nur für Eupator, nicht für Epiphanes paßt.ꟼ Die Erklärung von αντιληψις v 26 muß sich doch richten nach επιμελεια v. 23. Was heißt τα νομιμα? 11,24. Und wie ist 11,30.31 zu übersetzen?

ꟼ Es wiederholt sich im 4 Stück v 38

685. An Eduard Schwartz

[Göttingen, 19.12.1904]

Vielen Dank für den Athanasius[1]; ich staune Sie an als chronologischen Rechner – mir sinken bei so etwas sofort die Hände in den Schoß, wie es mir überhaupt an Geduld fehlt und sich leicht Verzweiflung einstellt, wenn mir etwas Verworrenes begegnet, das sich nur mühsam entwirren läßt. Desgleichen für Ihre Bemerkungen zu Mt. Das ὅτι .... αὐτῷ (od. αὐτόν, αὐτοῦ us. w) immer auch relativ sein kann, versteht sich. Die christliche Pfingstfreude ist schon jüdisch; die Zeit zwischen Ostern und Pfingsten ist die שִׂמְחַת קָצִיר, *die Freude des Kornschneidens*, das mit Ostern beginnt und Pfingsten endet. *Vivat sequens!*

Impudens.

686. An Ignaz Goldziher

Göttingen 19.12.04.

Hochgeehrter Herr College

Ich habe irgendwo gelesen, daß die Muslimen in Isaiae 21,7 den Reiter zu Esel auf Jesus deuten und den Reiter zu Kamel auf Muhammad[1]. Ich weiß aber die Stelle nicht mehr zu finden. Können Sie mir Auskunft geben?

Ehrerbietig
der Ihrige
Wellhausen

687. An Adolf Harnack

Göttingen 22 Dez. 1904

Lieber Herr College

Ich komme mit einem unangenehmen und nichtsnutzigen Auftrage. Mein Nachbar, der Kunstmensch Vischer, ist abergläubisch, baut auf Connexionen und hält Sie für den Kultusminister von Deutschland, für den Sie doch zu gut sind. Er hat einen Eidam, Meißner, einen Germanisten (Philologen). Den möchte er gern an Ihres Herrn Bruders Stelle nach Darmstadt bugsiren, und Sie sollen ihm dazu helfen[1]. Meißner ist ein sonderbarer, aber ganz ungewöhnlich begabter Mensch. Er hat sich zwar auch mit der neueren deutschen Literatur (als Mitarbeiter an Grimms Wörterbuch) ernstlich abgegeben und Vorlesungen darüber gehalten. Aber eigentlich ist das Altnordische seine Liebhaberei (das Einzige, was auch nach meiner Meinung in der altgerman. Literatur von Werth ist), und zur modernen Ästhetik neigt er wenig. Er will nur gern eine Stelle mit Gehalt haben. Sein Schwäher hausirt mit ihm, wo er kann. Er[1)] ist aber ein kranker Mann und ich mochte seine Bitte nicht abschlagen, wenngleich ich habe merken lassen, daß dabei nichts herauskäme. Sie brauchen mir nicht zu antworten und können thun oder lassen, was Sie lustig sind.

Ich wollte diesen Winter eigentlich eine Einleitung zu meinen drei Evangelien schreiben. Es fand sich aber, daß ich dazu keine Lust hatte; der Stoff muß eine Weile liegen bleiben, bis er mir wieder frisch wird. Es wäre mir auch lieb, auf Recensionen und Misverständnisse reagiren zu können: aber ich warte und warte vergeblich. Ich glaubte, einen Stein ins Wasser geworfen zu haben; aber er zieht keine Kreise. Denn auf das Gewäsch von Adolf dem Einfältigen[2] in Jena kann ich doch nicht eingehen. Inzwischen beschäftige ich mich mit Niese und den Makkabäerbüchern. Ich finde, daß Niese gute Blicke gethan und vielfach Licht und Schatten zwischen den beiden Büchern gerechter vertheilt hat[3]. Ich bin jedoch erstaunt über seinen sophistischen Hang. Er verficht seine These durch Dick und Dünn, nimmt die absurdesten Consequenzen in den Kauf, und bietet mit Scharfsinn und Erudition die vagsten Möglichkeiten oder Unmöglichkeiten auf, um der historischen Wahrscheinlichkeit zu entgehen, über die hinaus wir es ja nicht bringen können. Mein großer Respekt vor ihm ist nicht gemindert, aber ich schüttle oft den Kopf. Der alte Jesuit Frölich[4], auch ein sehr gelehrter und verdienter Mann, lebt wirklich in ihm wieder auf.

Mit herzlichem Gruß und der Bitte um Entschuldigung
Ihr Wellhausen

[1)] d. h. Vischer, nicht Meißner

688. An Carl Bezold

H H. C. Eine Abh. über das 2 Macc., die ich beizusteuern gedachte[1], schwillt mir so an, daß sie den zugestandenen Raum mindestens um das Doppelte überschreiten wird; und ich kann sie nicht abkürzen[2]. Ich muß darum leider verzichten.

Gött. 31 Dez 1904

Hochachtungsvoll
Ihr ergebener
Wellhausen

689. An Leone Caetani

Göttingen 21 Januar 1905

Durchlauchtigster Fürst
Ich hatte Eile mit der Vollendung einer Arbeit über die Bücher der Maccabäer[1], und glaubte, bevor ich auf die Munificenz Eurer Durchlaucht reagirte, erst die Annali dell' Islam[2] lesen zu müssen. Nun sehe ich, dass das doch zu lange dauern würde, zumal da mir die italienische Sprache unbequemer ist als die arabische. Es bleibt mir nur übrig, für die Verspätung meines Dankes um Verzeihung zu bitten

Ehrerbietig
Eurer Durchlaucht
gehorsamster Wellhausen

690. An Francis Crawford Burkitt

Göttingen 28 Januar 1905

Dear Sir
Messrs C. J. Clay and Sons haben mir das Evangelium Separatorum[1] zugeschickt. Ich weiss nicht genau, bei wem ich mich für das kostbare und mir sehr werthvolle Geschenk bedanken soll. Sie sind jedenfalls der eigentliche Wohlthäter, und so bitte ich Sie, meinen aufrichtigen und warmen Dank entgegen zu nehmen.

Die Ausgabe war in der That ein dringendes Bedürfnis und konnte nicht in bessere Hände gelegt werden als die Ihren. Ich bedaure Sie, weil Sie durch *force majeure* gezwungen waren, die Curetoniana zu grunde zu legen. Ihre Bemerkungen im 2. Band[2] habe ich mit Interesse und Nutzen gelesen. Dass die Herren Westcott und Hort den Text der Vetus Syra zum westlichen Text rechnen, kommt mir nach wie vor seltsam vor. Der Text des Diatessaron ist westlich, aber dieser Text ist nicht der der Syra S. Ob das Diatessaron älter ist als das Ev. Separatorum und ob dies letztere *in der Übersetzungsweise* sich nach dem Diatessaron richtet, macht dabei gar nichts aus: der Text ist und bleibt verschieden. Es scheint mir albern, ihn westlich zu nennen; Sie scheinen das auch zu vermeiden

Statt des mir sehr unsympathischen Gesichts von Cureton[3] hätte ich viel lieber das von Bensly gesehen. Ich bin nur einmal mit ihm zusammen gewesen; er hatte mich zum Thee eingeladen in sein Londoner Absteigequartier. Seine Frau geb. von Blomberg, eine Deutsche, führte das Wort. Der lange hagere Engländer sagte fast nichts und doch machte er mir einen tiefen Eindruck, ich habe sein Gesicht bis auf den heutigen Tag nicht vergessen.

Zu יקירו p. 52 wäre hinzuzufügen תמיהו Luc. 1,65. Ich zweifle nicht, dass auch in diesem Fall ein Versehen vorliegt

Nochmals herzlichen Dank

Ehrerbietig
Ihr ergebener
Wellhausen

691. An Julius Rodenberg

10. 2. 05

Lieber Herr Neffe

Ich glaubte Dir schon früher einmal ein Verzeichnis von Stipendien übermittelt zu haben, füge aber der Sicherheit wegen ein neues bei. Von Göttingen aus werden sie nicht vergeben, und ich habe nicht das geringste damit zu thun. Der hiesige Curator der Universität hat einen Dispositionsfonds, der aber nicht für Stipendien bestimmt ist; er gibt aber zuweilen einem sehr bedrängten Studenten eine kleine Summe, jedoch sicher nicht einem im ersten Semester. Darauf ist überhaupt nicht zu rechnen, es sind auch nur minimale Summen. Gesuche muß man an die Behörden, Landschaften, Familien richten, welche die Stipendien verwalten. Aber Stipendien von hannöverschen Landschaften werden an Bremer nicht verliehen; und zu den Familien muß man entweder gehören oder doch Beziehungen zu ihnen haben

Vom Studium der Theologie ist dringend abzurathen, wenn man nicht orthodox oder halborthodox sein kann. Das Christenthum ist keine taube Nuß und keine wächserne Nase. Wenn jemand christlicher Pastor sein will, so darf er nicht predigen, daß es mit dem Evangelium und mit Jesus selbst eigentlich nichts ist. Wenn er es doch thut, so ist er gewissenlos und will nur die Pfründe behalten. Die Laien klatschen ihm wol Beifall, aber verachten ihn im Grunde, wenn sie irgendwie urtheilsfähig sind. Kein junger Mensch darf sich mit sehenden Augen in einen solchen seelenmörderischen Zwiespalt begeben.

Ich weiß freilich nicht, zu welchem anderen Studium ich rathen soll; es ist Alles überfüllt und auf jedes Stipendium lauert ein Dutzend Bewerber. Aber lieber Postknecht oder Weichensteller als ein Theologe, wie Steudel oder Kalthoff.

Dein J. Wellhausen

692. AN EDUARD SCHWARTZ

[Göttingen, 19.2.1905]

Vielen Dank[1]. Constantin ist sehr gut herausgekommen; „die Menschen wollen die Dinge immer beschleunigen[x], Gott aber läßt sie reif werden", sagt Muhammed[2]; mit Gott meint er sich selber; freilich ist auch Gott ein guter Politiker und man kann von ihm lernen. Ich hatte mir, sehr vage, den Constantin auch so gedacht; aber was hilft das, der Historiker muß nicht *en gros*, sondern immer *en detail* handeln d.h. er muß Philologe sein, umgekehrt aber auch der Philologe Historiker.

[x] wie die russ. Revolutionäre mit einem mal „die akademische Freiheit" einführen wollen[3]. Was ihnen fehlt, ist eigentlich ein Selbstherrscher, aber ein wirklicher, wie Friedrich Wilhelm I.

693. AN BERNHARD STADE

Göttingen 27.2.05

Hochgeehrter Herr College
Ich danke Ihnen herzlich für Ihre gütige Zusendung[1]. Was ich bis jetzt darin gelesen habe, läßt erkennen, wie gründlich Sie sich die Dinge überlegt haben. In Bezug auf gewisse im Moment im Vordergrund stehende Fragen bin ich bis auf Kleinigkeiten mit Ihnen einverstanden, z.b. in Bez. auf Kosters[2], den Knecht Jahves[3], die Bedeutung der Assyriologie für das Alte Testament[4]. Ich erinnere mich, daß Marti völlig auf dem Bauch lag vor Kosters und dann auf den Rücken fiel vor Ed. Meyer[5]. Zu diesem „immer auf der jeweiligen Höhe sein" habe ich es nicht gebracht

Besonders gefreut hat es mich, daß Sie Reuß neben Vatke einfach ignoriren. Es ist System darin, daß man ihn als den eigentl. Stifter der Grafschen Hypothese betrachtet, weil er der Lehrer Grafs war. Er mag ein prächtiger Mensch gewesen sein; seine wissensch. Bedeutung ist gering und sein blühender Stil abscheulich. Auch im Neuen Testament fällt er neben Credner ganz weg. Er ist ein Laquirer.

Ihr Wellhausen

Vatke ist durch eine unglückl. Geldheirath früh „Rentier" geworden, hat sich um Musik, aber nicht mehr um Theologie gekümmert. Ich habe ihn persönlich gekannt, er war gar nichts mehr.

694. An Enno Littmann

Göttingen 12.3.05

Lieber Herr Doktor

Sie beschämen mich, dadurch daß Sie sich durch mein Stillschweigen von Ihren interessanten Mittheilungen nicht abhalten lassen. Ich habe keine Entschuldigung für mein pappstoffeliges Verhalten, wohl aber einen Anlaß. Ich befinde mich schlecht und bin mismuthig seit geraumer Zeit. Mein Gehörleiden hat so zugenommen, daß ich mich eigentlich überhaupt nicht mehr unterhalten kann und es vermeide, mit irgendwem zusammen zu kommen. Eigentlich bin ich nicht menschenscheu, und die nothwendige Vereinsamung, die aus der Taubheit entsteht, ist kein Vergnügen für mich. Um so mehr hätte ich nun den schriftlichen Verkehr pflegen sollen, indessen der Mismuth hat auch darauf hemmend eingewirkt.

Vorlesungen kann ich natürlich noch halten. Indessen meine Hauptlehrthätigkeit besteht im Unterrichten; ich lasse Übersetzen und stelle Fragen. Das habe ich einstellen müssen, weil ich nichts mehr verstehe von dem was die Studenten sagen. Sie mögen mir natürlich nicht gern ins Ohr brüllen; denn sie sind meistens etwas unsicher und murmeln lieber in den Bart. Man kann nicht verlangen, daß jemand etwas Falsches mit Stentorstimme von sich gibt. Vor der Hand bin ich durch Schultheß entlastet. Auf die Dauer geht das aber nicht so; ich muß meine Entlassung beantragen. Daß Schultheß mein Nachfolger oder mein Stellvertreter wird, kann ich von der Fakultät nicht erreichen; man will ihn nicht, hat überhaupt Scheu davor, einen Privatdozenten an Ort und Stelle zu befördern, weil er sich eingesessen hat. Es ist möglich, daß er bald weg berufen wird. Jedenfalls will ich mit meinem Pensionirungsgesuch noch eine Weile warten. Meine stille Hoffnung ist, daß Sie hieher kommen; ich fürchte nur, daß Nöldeke Sie mir wegschnappt. Für Sie würde es nicht schaden, wenn Sie noch ein paar Jahre freie Zeit hätten. So lange Schultheß hier ist, an dem *ich* nichts auszusetzen habe und den ich nicht kränken will, ist nicht viel zu machen. Daß er kein Genie ist, steht fest; aber er ist ein sehr fleißiger und zuverlässiger Arbeiter.

So gut wie Fischer in Leipzig, wie Seybold in Tübingen, wie Prym in Bonn ist er auch. Jacob ist den Leuten wegen seiner Impetuosität nicht acceptabel; er läßt sich auch als Extraordinarius nicht berufen, und dazu, daß gleich ein Ordinarius neben mir angestellt wird, ist keine Aussicht. Ich hätte natürlich nichts dagegen. Mir hängt der Professor und die Universität längst zum Halse heraus; und insofern ist mir meine Taubheit willkommen, als sie mir einen genügenden Anlaß gibt, die Universitätsstellung los zu werden.

Ich setze voraus, daß Sie meine Indiscretionen discret behandeln, und schließe mit herzlichem Gruß

Ihr ergebener
Wellhausen

695. AN ADOLF JÜLICHER

G. 18. 3. 05

Lieber Herr College
Es ist mir so, als ob nicht bloß in den alten syr. Übersetzungen, sondern auch im kirchl. Altlateinisch zuweilen *vivificare* für *salvum facere* gesagt wird. Wenn es Ihnen keine Mühe macht, darf ich Sie vielleicht um Auskunft darüber bitten, wo man lexikal. Zusammenstellungen finden kann

Mit herzl Gruß

der Ihrige
Wellhausen

696. AN EDUARD SIEVERS

Göttingen 17. 4. 05

Verehrter Herr College
Sie beschämen mich abermals durch Ihre Güte[1]. Ich bin ein undankbares Object, da ich mich meines Alters wegen darauf beschränke, auszuarbeiten was ich von früher her in meinem Bregen habe. Ich bin indessen frappirt durch die Übereinstimmung Ihrer metrischen Resultate mit denen der literarischen Analyse. Nur geht dann der Unterschied der Form zwischen Poesie und Prosa verloren; denn die Erzählungen des Pentateuchs gleichen in der Form denen der s. g. historischen Bücher; und beiderorts heben sich die eingestreuten Lieder gleichmäßig von dem Tenor ab. Man müßte dann nicht die Metrik, sondern den Gedankenreim zur *nota specifica* der wirklichen Poesie machen. Daß die Poesie die älteste illiterate Literatur ist, steht zwar fest; daß aber im Schriftthum die

Sache ebenso liegt, leuchtet mir nicht ein. Die Rechtssätze und Annalen sind sehr früh aufgeschrieben. Wenn im Deutschen die Prosa spät und ziemlich nichtswürdig ist, so ist sie doch im Isländischen alt und schön und ebenso im Arabischen. Oft ist sie auch ein Niederschlag alter mündlicher Überlieferung, die von Mund zu Mund sich verbessernd allmählich eine feste Form angenommen hat, so daß sie so bleiben konnte und das Ideal erreicht hatte. Ich habe aus Anlaß der altarabischen Literatur mir diese Fragen durch den Kopf gehn lassen, ohne mich eigentlich methodisch damit abzugeben. Auch die arab. Metrik habe ich nur praktisch und nicht methodisch betrieben – mich mit Ewalds *metra carminum arabicorum* (1823) begnügend, einem genialen kleinen Buche des damals 19jährigen Verfassers, der ohne Bart klüger war als mit einem Bart und durch sein Martyrium 1837 ganz verdorben wurde. Ein Martyrium, das man siegreich überlebt, ist immer gefährlich. Auch Jakob Grimm scheint vor 1837 klüger gewesen zu sein als nachher[2].

Mit aufrichtigem Dank

ehrerbietig
Ihr ergebener
Wellhausen

697. An Theodor Nöldeke

[Göttingen, Ende April 1905]

Lieber Herr College

Hr Doktor Hunnius ist ein kurioser Mensch. Er hat mir nämlich sein Msc[1]. nicht hinterlassen, sonst hätte ich [mich] längst um dessen Unterbringung bemüht. Ich wußte auch seine Adresse nicht und konnte ihm nicht schreiben. Eigentlich wollte er bald zurückkommen. Dann wartete ich auf einen Brief. Der ist jetzt endlich angekommen, und daraus erfahre ich, daß er einen Unbekannten, den er nicht nennt, beauftragt hat, mir das Msc zu bringen. Der Auftrag ist indes nicht ausgeführt

Auf Ihre arab. Religion[2] bin ich gespannt und danke Ihnen sehr für Ihr freundl. Eingehn auf meine Vorarbeit und Ihre Anregungen zu neuer Prüfung einiger Dinge, denen nachzugehn ich freilich auf spätere Zeit verschieben muß. Ich weiß augenblicklich kaum mehr, wie ein arab. Buchstabe aussieht, werde aber in absehbarer Zeit mit der Einleitung in die Evangelien[3] fertig sein und mich dann wieder von der Theologie zu den Arabicis wenden.

In den nächsten Tagen geht Ihnen eine Polemik gegen Niese (Baruch) und seine Makkabäer zu[4]. Sie ist eigentlich zu Ihrem 70. Geburtstage verfaßt, überschritt aber den für das *Feestbündel*[5] gestatteten Raum um das Doppelte. Ich verrathe da ein Geheimnis, wollte aber doch gern Ihnen erklären, warum ich nicht unter den huldigenden *Leerlingen* erscheine. Vielleicht interessiren Sie sich doch für meine Arbeit, wenigstens für einige Punkte, unter anderen für den § 16[6]. Es wäre mir lieb, wenn Sie fänden, daß ich gegen meinen lieben Niese nicht zu ausfahrend geworden bin. Er hat nach meinem Bedünken einige Unbegreiflichkeiten begangen, ist überhaupt etwas dünn und gar zu gradlinig, geht mit dem Kopf durch die Wand und vergißt, daß das Hintertheil auch nach muß.

Ihr Wellhausen

698. An Enno Littmann

Göttingen 1 Mai 1905

H. H. Dr!
Ihre *Semitic Inscriptions* sind durch die Redaction der Göttinger Gel. Anz. in meine Hand gelangt[1], und ich freue mich, etwas Vernünftiges zum Studiren zu haben, finde aber leider keine Routenkarte

Ihr Wellhausen

699. An eine Buchhandlung[1]

Ich möchte gern antiquarisch D.F. Strauss, Leben Jesu haben, am liebsten die *erste* Ausgabe, sonst höchstens die *vierte*, aber nicht die 2 oder 3[2].

Prof. Wellhausen
Göttingen

700. An Eduard Schwartz[1]

[Göttingen, 3.5.1905]

Für *Menage* p 124 der Makkabäer[2] lies *Manege*. Die Dummheit stammt aber von mir und nicht von dem Setzer, ich habe mich sehr über mich amüsirt, als ich sie entdeckte. Es will ja der Mäuse Mist mit unter dem Pfeffer sein, sagt Dr. Martinus[3]

701. AN DEN VERLAG WALTER DE GRUYTER

Göttingen 18 Mai 1905

Eurer Hochwohlgeboren
bestätige ich dankend den Empfang von
= 1600 (tausendsechshundert) Mark =
Honorar für die 6. Aufl. der Prolegomena. Es thut mir leid, daß Hr. Dr. d. G. noch nicht wieder besser ist; ich weiß die Schmerzen einer Ohrenentzündung aus eigener Erfahrung zu würdigen.

Hochachtungsvoll
Ihr ergebener
Wellhausen

702. AN HEINRICH LIMPRICHT

Göttingen, Sonntag 21 Mai 05

L P!
Ich danke Dir vielmals für Deine freundl. Glückwünsche und Ella nicht minder für deren süße Unterstützung. Frau Marmé in Rom[1] hat mir ihr regelmäßiges Deputat von weißem Flieder geschickt und auch Adelheid geborene Wilamowitz[2] mich nicht vergessen, so wenig wie ihr Alter, dessen Brief ich erst zur Hälfte buchstabieren kann[1)]. Es war hier damals auch warm, ist aber inzwischen wieder naß und kalt geworden. Ich bin gestern vom Hardenberge über den Berg hinüber ins Rodetal und weiter nach Mariaspring gegangen, auf scheußlichen Lehmwegen bei halbem Regen, und habe dadurch einen abziehenden Schnupfen wieder aufgefrischt. Der Wald sah aus wie grüner Salat, zum Anbeißen, und Hasen und Rehe waren zu beneiden; ein paar sind mir begegnet.

Wir sollen über 1800 Studenten haben, der 2000ste hat sich noch nicht eingestellt, trotz der Lockspeise, die von den Bürgervorstehern (in Form einer goldenen Uhr) für ihn ausgehängt ist[3]. Ich habe wenig von dem Segen; was sollte auch werden, wenn die Welt von Arabisten ebenso überschwemmt würde wie von Juristen? Der Kampf um die akademische Freiheit[4] macht den Studenten natürlich noch immer großen Spaß, mehr als dem Minister. Der möchte jetzt am liebsten nichts gethan und nichts gesagt haben. Er hat den Rektoren in Berlin feierlich den *salva venia* petschirt, damit sie nichts auslassen sollen; es verlautet aber doch, daß er in der Sache zurückgezogen habe. Er hat sich eigentlich einen Besuch des Herrn Lukanus[5] mit einem blauen Briefe verdient. *Vivat sequens*; aber der *sequens* machts nicht besser.

Wir wünschten Euch wegen Machens von Herzen besseres Wetter, als wenigstens wir hier es jetzt haben. Wenn der Aufenthalt im Freien bei gutem Wetter wirklich einen entschieden günstigen Einfluß auf ihr Befinden ausübt, so begreife ich, daß Ihr hofft mit ihr in eine Sommerfrische gehen zu können. Vielleicht würde aber Rügen genügen, weit weg kommt mir ein bißchen ängstlich vor, denn die Sache ist immerhin ein bißchen Risiko. Ihr werdet wohl nach dem Rath des Arztes verfahren.

Es thut mir leid, daß Oettli auf d Rektorat hat verzichten müssen; er hätte gewiß sehr gut regiert, da er mit Menschen und mit praktischen Dingen umzugehn weiß. Wenn Ihr ihn gelegentlich seht, so grüßt ihn von mir.

Ich habe in den diesmal sehr langen Osterferien eine Einleitung zu den drei ersten Evangelien[6] entworfen und bin dabei, den Entwurf auszuführen; zu zwei Dritteln bin ich damit fertig. Wie ich aus bester Quelle erfahre, ist Schlatter in Tübingen mein eifrigster Leser; zustimmen kann und wird er mir freilich nicht. Aber böse scheint er mir auch nicht zu sein; denn ein Freund von ihm, der mir von ihm erzählte, bat mich, ihn von mir grüßen zu dürfen. Wenn ich mit den Evangelien fertig bin, lege ich die Feder beiseit und stecke den Degen ein und pflege meine Haut oder lerne Karten spielen oder werde noch Komponist und Virtuos auf der Maultrommel und der Ziehharmonika: Compagniegeschäft.

Nochmals herzlichen Dank und viele Grüße
Euer Julius

[1)] Von den drei Felixen[7] habe ich auch eine Karte

703. An Carl Justi

Göttingen 1 Juni 1905

Verehrter Herr College

Die Aufforderung, einen Ersatz für Adolf Menzel zu wählen[1], setzt mich in Verlegenheit. Ich würde meine Stimme an sich am liebsten einem Musiker geben, wage aber nicht, den noch sehr jungen Max Reger in München zu nennen, da er noch in der Entwicklung begriffen ist und jedenfalls nicht in die Reihe der *emeriti* gehört. Über bildende Künstler habe ich gar kein Urtheil und erlaube mir deshalb, Sie um einen Vorschlag zu bitten

Ehrerbietig
Ihr ergebener
Wellhausen

704. An Ferdinand Justi

Göttingen 3 Juni 1905

Verehrter und lieber Freund

Der 4 Juni gibt mir erwünschten Anlaß, Ihnen für Ihre Glückwünsche zum 17 Mai zu danken und sie aufs herzlichste zu erwidern: sie sollen auch für Ihre l. Frau mit gelten. Sie wiederzusehen war mir eine sehr große Freude, um so mehr als ich fand, daß Sie beide doch wieder mit dem Leben versöhnt waren und in Ihren Enkeln wieder jung geworden waren. Schade, daß man auseinander ist und sich trotz der nicht großen Entfernung doch nicht auf einen Katzensprung besuchen kann. Ich habe dazwischen aus den Zeitungen ersehen, daß Ludwig das Spiel gewonnen und mit dem Ankauf des Simson einen großen Erfolg gehabt hat[1]. Nun muß er freilich die Frankfurter Reichen, wohl auch die Juden, kajoliren[2] – es scheint ihm aber glatt von der Hand zu gehn und Spaß zu machen.

Wir haben eine Menge Studenten, von denen ich indessen wenig Nutzen habe. Meine Vorlesungen machen mir kein Vergnügen und das Unterrichten wird mir meines Gehörs wegen schwer. Gestern und heute war ein junger Semitist bei mir, den ich gern zu meinem Nachfolger hätte[3]. Er kam aus der ostjordanischen Wüste und brachte 2000 neue (meist ganz kurze) Inschriften mit, von denen er mir die interessanteren zeigte. Ich konnte nur mühsam einige Theilnahme aufbringen. Ich stecke noch zu sehr in den Evangelien, und zwar in der Einleitung dazu. Über zwei Drittel habe ich fertig, und den Rest hoffe ich im Juni noch zu erledigen. Es sind Untersuchungen über den Text und die Sprache, auch über literarische und historische Fragen. Es ist mir diesmal schwerer geworden, als sonst, einige Ordnung in die Darstellung zu bringen. Ob es mir gelungen ist, müssen Andere entscheiden. Die Theologen werden natürlich nicht zufrieden sein, die liberalen vielleicht noch weniger als die orthodoxen.

Niese hüllt sich in Schweigen gegenüber meiner Polemik. Ich hoffe, daß er sich nicht beleidigt fühlt, und ich glaube, dazu keinen Anlaß gegeben zu haben. Ihm das Concept zu verrücken, war allerdings meine Absicht, und wenn das geschehen ist, so hat sie sich erfüllt. Übrigens stehe ich doch auf seinen Schultern, ebenso wie Laqueur[4]. Er hat den ersten Schritt gethan, um zu entdecken, daß Antiochus Epiphanes ganz abscheulich mishandelt worden ist, nicht bloß von der jüdischen Überlieferung, sondern auch von Polybius, der als Achäer, freier Hellene, und Römerfreund die hellenistischen Könige haßte. Diese Entdeckung ist von sehr großem Interesse; merkwürdigerweise war ihr schon Ewald auf der Spur[5], aber ganz von ferne: er beurteilt den Epiphanes auffallend günstig.

Bis Anfang September wollen wir zu Hause bleiben und dann etwa ins Tirol reisen, um am 16. Sept. nach München zu kommen, wo meiner Frau Stunden dort beginnen sollen. Sie ist ein bißchen gespannt und in Aufregung vor dem großen Mann[6], der sie in die Tiefen der musikal. Geheimnisse einzuweihen bestimmt ist. Inzwischen schraubt sie sich hier im Wetteifer mit einem Studenten (Roth) musikalisch in die Höhe. Ich sehe als Huhn zu, wie die Ente auf dem Sumpfe schwimmt.

Meine Frau gratulirt ebenfalls und sehnt sich nach Marburg. Mit der Hoffnung daß Sie im Dualis der ersten, zweiten und dritten Potenz (das sind die Enkel) ein fröhliches Jahr antreten

Ihr Wellhausen

705. An Wilhelm Bousset

[Göttingen, 9.6.1905]

Vielen Dank! Es freut mich, daß Sie mir in der Auffassung von Mk 10,39[1] vorangegangen sind, und es thut mir leid, daß ich das übersehen habe. Ich bin erst nachträglich von Heitmüller darauf aufmerksam gemacht. Von dem Papiascitat[2] habe ich allerdings nichts gewußt; das ist leider auch eine Schande. Indessen werde ich mich auch künftig lieber durch Unkenntnis der Tradition blamiren, als mich in sie versenken; die Sache widersteht mir und außer den Clementinischen Homilien, Recognitionen und Constitutionen und allerlei Syrischem habe ich nichts gelesen.

Ihr W.

706. An Eduard Schwartz

[Göttingen, 9.6.1905]

بنت مخاض وابن لبون sind die jungen Steuerkamele; das Verdoppelungszeichen bei لبون ist falsch. Die Mediner wollten wegen der Steuerkamele mit den Rückfälligen nicht kämpfen, sondern von dem Ertrag ihrer Landgüter (im Vadilqurá, Chaibar, Taimâ, Fadak) leben. Unter den Medinern werden vor allen Dingen die regierenden Quraschiten zu verstehn sein. Die بنت مخاض ist etwas jünger als der ابن ابون; bei der ersten ist die Mutter wieder hochträchtig (مخاض), bei dem zweiten hat sie schon wieder geworfen (لبون = ist wieder milch.). Man sagt durchweg بنت vor مخاض und ابن vor لبون; das hat weiter nichts zu bedeuten

707. AN EDUARD SCHWARTZ

[Göttingen, 9.6.1905]

Ich hatte Ihnen meine Kamelweisheit schon mitgetheilt, ehe Ihre Karte kam, und habe nichts hinzufügen. Nur weiß ich nicht recht, was für ein Geheimnis über das Kamelskalb Sie aus meinen Skizzen geschöpft haben. Es handelt sich hier einfach darum, daß die Quraschiten denken: Die elende Kamelsteuer können wir fahren lassen, da wir ja sicher fundirtes Einkommen haben.

Ein 3/4 jähriges *weibl.* Füllen (بنت مخاض) ist ebenso viel werth wie ein 5/4 jährl [sic] männliches (ابن لبون), da weibliche vorgezogen werden. So denke ich mir, die Traditionsbücher habe ich nicht nachgesehn.

708. AN EDUARD SCHWARTZ

[Göttingen, 14.6.1905]

Ich habe es so aufgefaßt und übersetzt: „Die Geburt des Gottes eröffnete für die Welt die (Reihe der) frohen Botschaften, *die darin ihren Grund hatten, daß er da war.*" Ich glaube mich damit in Übereinstimmung mit Ihnen zu befinden; es ist mit δι' αυτον nicht sein *Thun*, sondern seine *Existenz* gemeint[1].

Gratus.

709. AN EDUARD SCHWARTZ

[Göttingen, 18.6.1905]

Nachdem ich Ihre Vorschläge zu 2 Macc gelesen habe, wird mein Dank dafür noch vehementer. Dionysus Epiphanes hat bisher niemand gesehen, soviel ich weiß[1]. Ich meinerseits schäme mich recht, daß ich zwar μαίνεσθαι ώς[2] mit Bleistift durchgestrichen, aber Μενέσθεως [sic] nicht erkannt habe. Es ist nicht unwichtig, daß Apoll. Menestheos schon 4,4 vorkommt (unter Seleukus IV); daraus erklärt es sich, daß er in 4,21 (unter Ant. IV) fortgeschleppt wird. Auch manche der übrigen Vorschläge leuchten mir sehr ein; in drei Fällen konnte ich ein Wort nicht recht lesen. Sie müssen aber die Sache publiciren[3].

Ihr W.

710. An Walter de Gruyter

Göttingen 18 Juni 1905

Verehrter Herr Doktor

In der Hoffnung, daß sich Ihr vermuthlich sehr schmerzliches Ohrenleiden inzwischen gebessert hat, belästige ich Sie mit meiner Einleitung zu den 3 Evangelien[1]. Sie wird nach meiner Schätzung 8–9 Bogen stark werden[2]. Wenn Sie sie unter den selben Bedingungen drucken wollen, wie die drei vorhergegangenen Hefte, so ist es gut; wenn nicht, so ist es auch gut. Ich möchte gern, daß der Druck bis Ende August fertig wäre und daß das Titelblatt den 1. Bogen begönne.

Vielen Dank für den Haeckel[3]. Ich habe ihn mit Interesse gelesen. Es ist ein großer Theologe an ihm verloren gegangen.

Ehrerbietig
der Ihrige
Wellhausen

711. An Enno Littmann

Göttingen 19.6.05

Hochgeehrter Herr Doktor

Vielen herzlichen Dank. Die Transkription stimmt vielfach mit der der Eigennamen bei Theophanes überan [sic]. So ε für kurz und lang a (φασελετ = فسالت); χ für ش (Εχιμ = هاشم), auch γ für ع in einem Fall (Γαμερ = عامر oder عمرو); ebenso δ für ض (Φαδαλ Δαχακ = ضَحَّاك, فضل). In anderen Punkten weicht sie ab. Einige wenige Wörter sind mir bei einer allerdings ganz flüchtigen Durchsicht unklar geblieben; Λιχειγβύι (78,202[1]) kann kaum etwas anderes sein als لِشَعْبِهِ. Hätte ich die Psalmenübersetzung des Saadia[2] zur Hand, so würde ich sie vergleichen. Vielleicht hat es aber schon Violet[3] oder Kahle[4] gethan. – Ihre Drucksachen sind auch angekommen; den Äthiopen lese ich nächstens[5].

Die Stunde, in der Sie mir Ihre Inschriften zeigten, ist mir sehr lehrreich gewesen[6]. Ich bin durch meine Taubheit fast nur auf Bücher angewiesen, habe hier auch niemand, mit dem ich mich austauschen könnte, vermisse aber solche Anregungen sehr, die allerdings nicht jeder Fachgenosse mir geben kann. Ich danke Ihnen noch einmal recht von Herzen für Ihren Besuch, durch den ich ein bißchen aus dem semitischen Bücherstaub in die semitische Luft gekommen bin. An sich habe ich, glaube ich, Sinn für das Lebendige und die Luft; aber ich habe keine Gelegenheit gehabt oder benutzt, diesen Sinn so wie Sie zu bethätigen und ihm Nahrung zu schaffen.

Ihr Wellhausen

712. AN WILHELM MEYER

Sonnabend 15.7.05

L. H. C. Das äth. Adamsbuch[1] ist mir von München zugeschickt. Ich werde versuchen, Sie heute Abend um halb sechs zu treffen

Ihr Wellhausen

713. AN EDUARD SCHWARTZ

[Göttingen, 19.7.1905]

Der Orontes heißt arabisch الْعَاصِي. Das bedeutet der Widerspenstige (عَصَى) und die arab Geographen erklären das dadurch, daß der Orontes im Gegensatz zu allen anderen Flüssen eigensinnig von Süd nach Nord fließe. Das ist natürlich geistreich *ad nauseam*. Nun habe ich neulich gelesen, die Macedonier hätten den Orontes nach ihrem einheim. Flusse auch Ἄξιος genannt: damit wäre natürlich *âçi* identisch. Bei Strabo finde ich aber nichts davon, und ich weiß nicht, ob die Sache ihre Richtigkeit hat[1]. Wissen Sie es? Den Namen الْأَرَنْد trägt der Fluß nach Jakut nur noch bei Antiochia

714. AN EDUARD SCHWARTZ

[Göttingen, 20.7.1905]

Vielen Dank; Axi = Asi scheint mir dann höchst wahrscheinlich. Daß Susia (so auch bei d Juden) Hippus ist, wird allgemein angenommen; aber Bait Ras = Kapitolias ist neu. Sepphoris, bis zur Gründung von Tiberias die galil. Hauptstadt, heißt in der That „Vögel", liegt jedoch nicht zwischen Tyrus und Sidon wie ορνίθων πόλις und ist kein kleiner Ort. Man hält Ὀρν. π. für das jetzige Adlûn, welches man *ad nonum* (*miliarium*) deutet. Der bekannteste Ort zw. Tyrus u Sidon ist צרפת Σαρεπτα; Strabo erwähnt ihn nicht, kann aber kaum צרפת auf eigene Hand mit צפרת (Vogel) verwechselt haben, oder ist ihm so dumme Gelehrsamkeit zuzutrauen? Tab 1,2513: er nahm ihn allein, bei seit (بناحية), weg von den Anderen; und in dieser Situation (während die Leute auf diesem Zustande waren) kam Abdalrahman

Ihr W

جُرَش ist جَرَش Gerasa.

715. An Eduard Schwartz

[Göttingen, 21.7.1905]

Die Nuçairier[1] im Nuçairiergebirge[2] sind bekannt, eine wie die Drusen durch eine eigenthüml Religion abgeschlossene Gemeinschaft, mit vielen heidnischen Resten. Daß sie aber schon zu Plinius Zeiten existirt haben sollten, wäre sehr auffallend. So viel ich weiß, kennt man den Grund der Benennung nicht – aber ich weiß eigentlich nichts. Sonderbar ist das Gemenge von Völkern in jener Ecke; es scheint älter zu sein als man anzunehmen pflegt. Für *Nazêr* würden die Araber jedenfalls نُصَيْر sprechen.

716. An Eduard Schwartz

[Göttingen, 21.7.1905]

Bei Amm. Marc 28 2,11 kommen die wilden *Marato cupreni* vor, *vici huius nominis incolae in Syria prope Apamiam positi*[1]. Mich erinnert Marato an die Mardaiten (Garâginer[2]). Die Kerls scheinen ebenfalls im römischen Dienst gestanden zu haben. Die *Galiläer* bei Sozomenus[3] können kaum richtig sein; die Entfernung ist zu groß. Cupreni weist wohl auf Gemisch der Marat mit Cyprern? Ich habe das verflixte Latein des Ammian *prima vista* nicht ganz verstanden
Excusez!

Über den Tod des Marcellus von Apamea handelt Tillemont[4] sehr ausführlich

717. An Eduard Schwartz

[Göttingen, 22.7.1905]

Da يُسَيِّد ganz unbekannt ist, so scheint mir بَسَيْد ausgezeichnet. Sisia ist die ungewöhnlichere und wol die ältere Form von Sîs[1]; ich glaube, daß Sie mit تَلِي das Richtige getroffen haben. Denn daß Sis der Tell (Ruinenhügel) von Anazarba[2] sei, ist ja albern.

Ma'arrat (al Nu'man[3]) ist eine sehr bekannte und bes in der Zeit der Kreuzzüge oft genannte Stadt. Ich würde denken, daß sie auf griechisch Megara geheißen habe; gibt es nicht eine Stadt dieses Namens in der Gegend? Ich sehe sie in der That bei Strabo 752 erwähnt; am Meer p 753 Μαραθος als phönic. Stadt. Der Name مغارَة ist nicht arabisch, sondern aramäisch und bedeutet Höhle, *spelunca*.

718. An den Kurator der Universität Göttingen

Göttingen 23 Juli 1905

Euer Hochwohlgeboren
bitte ich gütigst veranlassen zu wollen, daß ich halbwegs pensionirt werde. Meine immer zunehmende Schwerhörigkeit verhindert mich, den sprachlichen Unterricht fortzusetzen, der den wichtigsten Theil meiner Lehrthätigkeit bildet. Ich kann trotz aller Auskünfte nicht mehr verstehn, wie meine Schüler den Text aussprechen und übersetzen, was sie auf meine Fragen antworten. Es bleibt also nur übrig, diesen sprachlichen Unterricht einem Anderen zu übertragen. Die eigentlichen Vorlesungen, deren Repertoire freilich beschränkt ist, bin ich im Stande und Willens noch weiter zu halten.

Zu gunsten eines mir beizuordnenden Extraordinarius möchte ich gern auf ein Drittel meines Gehalts verzichten. Denn es wird in Göttingen reichlich viel Geld für Orientalisches ausgegeben, und meinerseits will ich nicht dazu beitragen, daß die Summe noch größer wird. Formelle Schwierigkeiten, die der Sache entgegen stehn könnten, werden wohl nicht unüberwindlich sein.

Große Eile habe ich nicht. Für nächsten Winter werde ich nur eine vierstündige Vorlesung zu halten haben; die Übungen werden dem Hr. Dr. Schultheß anheimfallen[1] – denn äthiopische Elemente, die ich angekündigt habe, werden wohl keinen Liebhaber finden. Ich halte es aber für angemessen, die Königliche Regierung rechtzeitig darauf aufmerksam zu machen, daß der gegenwärtige Zustand nicht normal und einer Änderung bedürftig ist. Es wäre mir lieb, wenn Ew. Hochwohlgeboren mir zu einer mündlichen Unterredung eine Stunde bestimmten, wo ich auf dem Curatorium erscheinen könnte.

Eurer Hochwohlgeboren
gehorsamster
Wellhausen

719. An Eduard Schwartz

[Göttingen, 23.7.1905]

Die Ebene Marsyas war mir bekannt; sie liegt aber, wie ich denke, nicht am Orontes, oder wenigstens sehr am südlichen Orontes; die Ituräer und das Reich des Ptolemäus Mennäi werden dahin versetzt, mit der Hauptstadt Chalcis, *südlich* von Heliopolis. Ptol. Mennäi spielt in djüd. Geschichte eine Rolle. Es ist möglich, daß der Orontes in der Marsyas entspringt.

Der Name Maarrat Hims für M. al Nu'man ist sonderbar, da der Ort von Hims (Emesa) weit ab liegt, in der Mitte zwischen Apamea und Chalcis (Kinnasrin[1]), am Rande der Wüste. Erklärt sich daraus, daß Hims Name der *Provinz* war; einer der ersten und bekanntesten arab. Statthalter dort war Numan b Baschîr. Wenn man doch ein besseres Buch über alte Geographie hätte als Kiepert[2]! Ganz ordentlich ist in diesem Punkte Schürer[3].

720. An Marianne Ehlers

Göttingen 23 Juli 1905

Gnädige Frau

Sie häufen feurige Kohlen auf mein Haupt. Mein dicker Schädel würde sich schon erweichen lassen, aber meine Ohren erweichen sich nicht. Während ich mich mit einer einzelnen Person zur Noth verständigen kann, fühle ich mich in Gesellschaft Mehrerer immer unglücklich, und um so mehr, je freundlicher die Leute sind und je lauter sie auf mich einschreien. Also bitte ich es mir nicht übel zu nehmen, wenn ich absage. Ich bin gerührt von so viel Güte, und weiß nicht, wie ich Ihnen und Ihrem Herrn Gemahl dafür danken soll.

        In herzlicher Verehrung
           der Ihrige
           Wellhausen

721. An Eduard Schwartz

[Göttingen, 25.7.1905]

Im Palästinabädeker 1880 p 456[1] wird Busait (besser Busaid) als Name eines Vorgebirges bei Laodicea angegeben und mit Posidium identificirt. Ich würde Ihnen diese unbedeutenden Mittheilungen mündlich machen, kann aber gegenwärtig gar nichts hören.

722. An Eduard Schwartz

[Göttingen, 29.7.1905]

Mîmas könnte *sprachlich* ganz bequem als Mai Mâs = das Wasser von *Mâs* aufgefaßt und Mâs (vielleicht mit der arabischen = ituräischen Endung auf *u* מישו) mit *Massyas* gleichgesetzt werden. Ob es aber *geographisch* geht, läßt sich bezweifeln. Daß die Flüsse nach Orten und Gegenden, bei denen sie fließen, genannt werden, gewöhnlich nur streckenweis, ist nichts ungewöhnliches. Der Name מיש (gentil und lokal) kommt auch sonst bei den Aramäern vor

Die LXX übersetzt das hebr מד (Gewand) immer mit *mandyas*.
Die Araber im Libanon schon unter Alexander erwähnt[1]

723. An den Kurator der Universität Göttingen

Göttingen 30 Juli 1905

Euer Hochwohlgeboren
haben es mir nahe gelegt, mich über Schultheß auszusprechen. Er ist nicht der beste, den wir haben könnten. Er gilt für „ungefreut", für mistrauisch, säuerlich und *hautain*. In seinem Arbeitsgebiet beschränkt er sich sehr und hat wenig sachliches und geschichtliches Interesse. Aber er ist sehr fleißig und nimmt es sehr genau; und der Aufgabe, die Studenten in den semitischen Sprachen zu unterrichten, ist er ohne Zweifel vollauf gewachsen, vielleicht besser als ich. Es wäre grausam, ihn zu übergehn; er würde dadurch noch bitterer werden als er schon ist. Seine Wohlhabenheit treibt ihm natürlich den Wunsch nach Beförderung nicht aus.

Man befürchtet, glaube ich, daß das Extraordinariat ihm der Eingang zum Ordinariat werden würde. Wenn es grausam ist, ihn jetzt zu übergehn, würde es allerdings auch grausam sein, ihn später zu übergehn. Indessen ist das doch eine *cura posterior*, zu weit ausschauend.

Mein Wunsch ist, daß die Fakultät über den *in partem curae meae advocandum* befragt würde, wenn meine Bitte, mich von dem sprachlichen Unterricht zu entbinden, bewilligt sein wird. Ich mag nicht auf eigene Hand für jemand eintreten, dem vielleicht an den wünschenswerten kollegialen Eigenschaften etwas abgeht und der diesen Mangel nicht grade durch hervorragendes Talent wett macht. Ich würde Gewicht legen auf das Urtheil des Professor Sethe und des Geheimrat Leo, auch des Prof. Rahlfs.

Lieber hätte ich mich mündlich ausgesprochen; indessen kann ich augenblicklich noch kein Gespräch führen, ohne daß der Andere schreit – was bei dieser diskreten Angelegenheit wenig angebracht ist.

Mit aufrichtigem und herzlichem Dank für das mir erwiesene Wohlwollen

Eurer Hochwohlgeboren
gehorsamster
Wellhausen

724. An Rudolf Smend

[Lermoos,] 4. September 1905

Lieber Smend
Ich habe vergessen, Dich zu bitten, daß Du für mich das Abonnement für die Voßische Zeitung auslegst, wenn der Briefträger die Quittung bringt.

Im Übrigen schlägt hier das Wetter beständig vom Trocknen ins Nasse um und vom Kalten ins Warme. Die Herberge ist sehr gut, auch die Gesellschaft freundlich; die Lage wunderhübsch. Dr. Beyer mit Frau, aus Göttingen, reist morgen ab nach München. Bürkners in ihrem Diogenesfaß sind sehens-, bewunderns- und liebenswerth; die Frau kann einem imponiren. Sie kommen öfters herüber von Ehrwald[1]

Wir bleiben noch eine ganze Weile hier, da wir vor dem 17. in München nichts machen können. Mich wundert, daß ich mit dem Dolch, mit dem ich schreibe, so viel fertig gebracht habe.

Mit herzl Gruß
Dein W.

725. An Theodor Nöldeke

2 Okt. 1905

Lieber Herr College
Vielen Dank. Über ماذىً *medisch* soll ein gewisser Nöldeke gehandelt haben in den Berliner Monatsberichten 1879 p 811[1]. Ferner über ماذيانة (medische Stute) Olshausen in Kuhns Ztschr für vgl. Sprachw. VI 6[2]. Weiter Fränkel, Fremdwörter p 241[3], und Glossar zu Tabari CDLXXIX[4]. Ich glaube trotzdem nicht, daß Littmann[5] Recht hat; namentlich auch die späte Zeit (A. 614) ist mir verdächtig.

Ich meine nicht, daß Caussin[6] neu bearbeitet werden sollte. Ich denke nur an eine einfache, aber geordnete Stoffsammlung, die keineswegs pragmatisiren und historisiren soll. Vielleicht würden ausführliche Regesten genügen für die Arabisten, die die Texte arabisch nachlesen können. Der Reiz liegt freilich grade in der wundervollen, individuellen Form der Erzählung; für Nichtarabisten müßte ganz wörtlich übersetzt werden. Das wäre eine umfangreiche Arbeit, und dazu müßte man nicht bloß Arabisch verstehn, sondern auch Deutsch. Für den Stil könnte die Vergleichung der ältesten und weitaus schönsten germanischen Prosa nützlich sein, nämlich der isländischen Sagas. Wenn es möglich wäre, würde auch Plattdeutsch besser sein als Hochdeutsch. Das jetzige Hochdeutsch ist verflucht literarisch und schulfuxerisch; Goethe hat nicht viel geholfen. Es unterscheidet sich dadurch sehr zu seinen Ungunsten vom älteren Englisch: da merkt man, daß die Engländer in der freien Luft aufgewachsene Aristokraten sind. Das jetzige Englisch ist durch den Jargon der Zeitungen und der Volksredner ganz verwässert. – Bismarck konnte Deutsch aus dem ff., als Landjunker und als Genie; von Schiller hat er es nicht gelernt. – Sie sehen, ich kokettire mit dem Plan einer Übersetzung; ich habe auch schon vor langer Zeit damit angefangen. Aber die Sache sieht zu weit aus, und ich fürchte mich davor, so sehr ich davon angezogen werde – durch eine angeborene Sympathie nicht mit Poesie, sondern mit epischer Prosa. Ich könnte beinah wünschen, daß auch das griechische Epos uns nicht homerisch stilisirt und hexametrisch vorläge, sondern in Prosa. Erzählen ist diejenige literar. Kunst, die wir am wenigsten können. Der psychologische, reflektirende, analysirende Roman ist das genaue Gegentheil von echter Erzählung. Auch die Historiker können gar nicht mehr erzählen und wollen es auch nicht. Wie schrecklich ist der Stil Treitschkes! Und wie schön der alte Froissard! Aber das kommt von der Kritik und den Quellenstudien und von anderen für uns unvermeidlichen Ursachen. Jeder Bauer versteht es besser als wir gebildeten Leute.

Wenn ich mehr von einem Philosophen an mir hätte, würde ich mich vielleicht doch an den Prediger machen. Aber mir erscheint alle Philosophie rein unfruchtbar. Was für eine Anschauung von Gott und Welt würden die Philosophen wohl producirt haben, wenn ihnen nicht die Tradition vorläge? Was wüßten die von *Recht*, von *Kunst*, von *Moral*, von *Religion* aus sich heraus? Sie können wohl kritisiren; aber die eigentliche Kritik besorgt doch die Geschichte von selber, theils durch die Arbeit unzähliger Anonymi, theils durch die zusammenfassende und das Resultat ziehende Energie einiger Genies, die aber immer auf dem Boden der anonymen Leistungen der Zwerge stehn und gewöhnlich nur den Augiasstall reinigen. Ich bin froh, daß die alten Juden nicht philosophirten, und habe darum keine Neigung zu Qohelet. Die wahre Philosophie ist, nicht zu philosophiren. Es gilt sehr allgemein: *si tacuisses, philosophus mansisses*[7]. Jetzt fängt man ja freilich an, in der Philosophie ebenso zu *untersuchen*, und zwar zunächst Minutien, wie in der Naturwissenschaft. So in der Psychologie: es scheint bis jetzt aber auch nicht, daß man auf diesem Wege weiterkommt und durch Häufung von sicheren kleinen Ergebnissen allmählich zu etwas Großem kommt. Methodisch ist es jedoch nach meiner Meinung das einzig Richtige; das Andere halte ich für Poesie oder für Faselei. Z. B. *die Ideen*! Real sind doch nur die *Geister*, in denen die Ideen entstehn. Schon Plato weiß nicht, in welches Verhältnis er die Seelen zu den Ideen setzen soll. Philosophie und Theologie unterscheiden sich nur durch das *Maß* und den *Grad*, worin sie die Überlieferung reproduciren. Die Semiten sind als Realisten klüger als die Griechen und die Inder, und der Vorwurf, daß sie keine Philosophen seien, ist meines Erachtens ein Lob. Abstrahiren können sie natürlich sehr gut, aber sie hypostasiren die Abstrakta nicht von sich aus, sondern nur unter fremdem Einfluß. Wie merkwürdig, daß die Araber sagen أَمْسَيْتُ, so daß sie die Zeit nicht von der sie empfindenden Person trennen; und daß die Abessini sagen: *das Land* ist dunkel, ist abends, morgens, sommernd, winternd (𝔸ብሕ ፡ ብሕር ፡ u. s. auch መስየ ፡ ብሕር ፡).

Genug des Geschwätzes; entschuldigen Sie, daß ich Sie als Gefäß benütze, worin ich den Kohl schütte

Ihr W.

726. An Walter de Gruyter

Göttingen 4.10.05

Hochgeehrter Herr Doktor

Vielen Dank für Merx[1]! Er schüttelt den Baum der Gelehrsamkeit mächtig, es fallen aber meist Blüthen und Blätter herunter, und er ist damit ganz zufrieden. Er besitzt umfangreichere und entlegenere Kenntnisse als z. B. ich; aber ich kann ihn nicht recht ernst nehmen.

Mich soll wundern, wie meine Einl. in die 3 Evv.[2] einschlägt. Ich springe wieder wie die Sau in das Judenhaus, und sie werden das nicht mögen. Wer läßt sich gern sein Concept verrücken!

Ehrerbietig
der Ihrige
Wellhausen

727. An Eduard Schwartz

[Göttingen, 4.10.1905]

Gratias[1]! Vivant sequentia! Commercium per os et auriculas non patet surdo, solum per literas. Nöldeke quam celerrime libellum meum perlegit, sed veritus, ne putetur evangelium suâ interesse, scripsit, se pituitâ prohiberi, quominus graviora tractaret. Εἰρωνεύει, semper idem; non vult verum sibi confiteri – non enim est indifferens circa evangelium.

728. AN FRIEDRICH CARL ANDREAS

8. 10. 05

Ich habe mein bißchen Persisch so vergessen, daß ich nicht recht verstehe, was mit folgenden Worten gemeint ist. Der Anführer redet beim Angriff auf Feinde seine Leute an: جوان مردان جبود كنشويذ. Sie sagen: تما مِلَند تا كارزار كنيم Er sagt: دِهادِ شان بنجكان. Ich verstehe nur teilweise: *damit wir Kampf* und *gebt auf sie fünf (Pfeile) ab*. Aber namentlich nicht جبود كنشويذ Darf ich Sie um Auskunft bitten[1]?

Ihr Wellhausen

729. AN FRIEDRICH RIETBROCK

Göttingen 14. Okt. 1905

Verehrter Herr
Da ich bei Smends, mit denen ich ungefähr ebenso verwandt bin wie Sie[1], wenngleich nicht so lange, viel von Ihnen gehört habe und von der Begeisterung für Sie etwas angesteckt bin, so habe ich mir herausgenommen, mich durch einen Gruß Ihnen zu empfehlen. Über den Gegengruß bin ich beschämt; er hat sich gewaschen. Schade, daß ich den Namen des *großen* Vogels nicht kenne; er wird mir wohl auch anonym munden.

Ich will nichts weiter erzählen; denn wenn diese Wirkung bekannt würde, würden Sie viele Grüße von Smends Freunden bekommen[2].

Mit herzlichem Danke
aufrichtig und ehrerbietig
der Ihrige
Wellhausen

730. AN THEODOR NÖLDEKE

Göttingen 18 Okt. 1905

Lieber Herr College
Mein Urtheil über P. Haupt wird wohl mit Ihrem übereinstimmen, aber ich kann nicht gut gegen ihn den Wauwau spielen, wegen persönlicher Beziehungen, die allerdings sehr einseitig sind, sofern er sich seit lange in seiner Manier als *commis voyageur* der Wissenschaft an mich herandrängt[1]. In Bezug auf die Sache (d. h. auf den Prediger) bin ich mit Olshausens Urtheil[2] einverstanden; es herrscht eine ziemliche Confusion. Man ist seit lange bemüht, sie durch große

Streichungen zu beseitigen, und diesen Weg geht auch Haupt[3]. Indessen scheint mir das bis jetzt noch sehr wenig Erfolg gehabt zu haben. Ich habe meinen Eindruck von dem merkwürdigen Buche im 16. Kapitel meiner isr. Geschichte niedergeschrieben, in einer Fußnote[4]; zu irgend welcher Sicherheit und Klarheit bin ich nicht gekommen. Daß der Mann in sich selber geteilt und zerrissen war, scheint mir aber fest zu stehn.

Ein ziemlich dummdreistes Buch hat auch Hugo Greßmann geschrieben, über den Ursprung der bibl. Eschatologie[5]. Da liegt die Sache für mich ebenso; ich mag es nicht öffentlich beurtheilen wegen persönlicher Beziehungen. Die Ehre, auf Alttest. Gebiete für ganz rückständig erklärt zu werden, ist mir ebenso wie Ihnen schon öfters widerfahren, von den Assyriologen und von den allgemeinen Religionsmantschern, auch von den Metrikern und von den Duhmschwärmern. Dagegen bin ich natürlich ebenso pachyderm, wie Sie. Es fällt mir nicht ein, dagegen ausführlich zu protestiren; nur einen kleinen parenthetischen Schlenker gestatte ich mir bei Gelegenheit. Die Jungen haben natürlich immer Recht gegen die Alten; ich bin nicht viel jünger als Sie.

Ich bin Ihnen für Ihre Briefe und Karten umso dankbarer, weil ich meiner Taubheit wegen mündlich kaum mehr verkehren kann und in Göttingen oft Wochen lang keinen Menschen sehe. Es thut mir leid; namentlich würde ich mich gern mehr mit E. Schwartz unterhalten können, der zwar sehr rasch, aber nichts weniger als rechthaberisch ist und für einen klass. Philologen einen ungewöhnlich weiten Horizont hat, auch von jeder philologischen alleinseligmachenden Orthodoxie weit entfernt ist. Ich mochte ihn zuerst nicht leiden, der Eindruck ist aber völlig vergangen. Freilich macht er sich durch seine vorlaute Schnauze nicht grade bei Allen beliebt; er gibt sich leicht Blößen, weil er sich gar nicht vorsichtig scheut, anzustoßen oder sich zu blamiren; er bellt alles heraus. Die Studenten haben ihn aber sehr gern.

Ich habe das 1 Heft der Naqâid durchgelesen; dieser Bevan ist einmal eine erfreuliche Erscheinung[6], so reinlich, einfach, praktisch und gentlemanlike. Das Gezänke in den Liedern ist wenig erbaulich; aber die Geschichten im Commentar sind es um so mehr, selbst die Parallelen zu schon bekannten alten Erzählungen. Es muß doch einmal ein neuer Caussin de Perceval[7] gemacht werden, der jedoch nicht mit Muhammad schließt, sondern die Umaijidenzeit einbegreift. Es sind nicht bloß die Fehden zwischen Kalb und Qais, Qais und Taghlib lehrreich, sondern auch die zwischen Tamim und Bakr, die sich in Baçra erweitern zu dem großen Riß zwischen Tamim und Azd-Bakr, und in Chorasan weiter gehn. Man muß das einmal sammeln und ordnen; ich habe in Marburg angefangen, ohne weit zu kommen. Ich hoffe noch immer auf die Entdeckung der Aijâm und Achbâr des Abu Ubaida[8]: das wäre ein Schatz für die älteste arab. Prosa, die doch weit schöner ist als die Poesie.

Viele Grüße an Heinrich Weber!

Ihr Wellhausen

731. An Adolf Jülicher

L. H. C. Sie haben mir einen großen Gefallen gethan und eine große Freude bereitet[1]; Widerspruch in Hauptsachen hatte ich erwartet. Herzlichen Dank!
G. 12. 11. 05   Ihr Wlh.

732. An Walter de Gruyter

Göttingen 14 Nov 05

Verehrter Herr Doktor

Für eine engl. Übersetzung würde ich veranlaßt werden können, das Ganze zu revidiren. Dazu habe ich jetzt keine Neigung, ich muß noch etwas mehr Gras über mich wachsen lassen. Außerdem entstünde dann die Gefahr, daß das *Original* einigermaßen antiquiert würde.

Sonst – wenn Sie nichts dagegen haben, habe ich auch nichts dagegen. Auf Honorar verzichte ich, zu Ihren gunsten, nicht zu gunsten von Hodder & Stoughton. Aber ich revidire nicht im Großen, sondern merze nur etwaige Versehen aus. Zu diesem Zweck müßten mir die Engländer das Exemplar zurückschicken, welches Sie ihnen haben zugehn lassen. Denn 2 Exx. brauchen ihnen nicht in den Rachen geworfen zu werden. Die 4 Hefte könnten zu 1 Bande vereinigt werden[1].

Was die semit. Encyklopädie[2] betrifft, so bin ich zur Redaktion auch darum ungeeignet, weil ich zu prononcirt bin und zu wenig Beziehungen zu dem Gros der Fachgenossen habe. Brünnow – Sie haben richtig nicht vergessen mir seine Addresse mitzutheilen – scheint mir der meist empfehlenswerthe; ich glaube, daß er mehr Ruhe und mehr persönl. Autorität, auch größere Unabhängigkeit, besitzt als Bezold, der sonst ebenfalls in Frage käme. Beide sind farblos und ziemlich allgemein orientirt, beide sind auch Assyriologen – was sehr ins Gewicht fällt und beinah indispensabel ist, bei der gegenwärtigen Bedeutung der Assyriologie und bei der Nothwendigkeit strenger Kontrole für ihre Vertreter.

Ihr Besuch hat mich sehr erfreut und erfrischt, ich danke Ihnen herzlich dafür

Ehrerbietig
Ihr ergebener
Wellhausen

733. An Walter de Gruyter

[Göttingen, 14.11.1905]

Wenn den Engländern die Exx. nicht schon geschickt wären, würde ich auf jeden Fall den Wunsch der Übersetzung *quoad me* abgelehnt haben. (Nachtrag zu meinem Brief[1])

Wellhausen[2]

734. An Adolf Harnack

Vielen Dank[1]. *Mit* Markus (D) stimmt, daß der Täufer Felle getragen hat, und daß Jesus nicht als Messias, sondern wegen Tempellästerung hingerichtet ist. *Gegen* Markus soll Jesus Alles nur durch sein Wort bewirkt haben.

Für Josephus paßt die Unklarheit über das Verhältnis von Philippus Agrippa und Antipas (Herodes) nicht, ebenso wenig *Archelaus*, und die Angabe, Herodias sei das Weib des *Philippus* gewesen. Also echt keinesfalls. Jüdisch gewiß auch nicht. Vielleicht stammen einige Züge aus einem verschollenen Evangelium. Johannes der Täufer wird auch auf den alten Bildern nicht mit härenem Gewand, sondern mit Fellen gemalt.

Mit herzl. Gruß

26. Nov 1905   Ihr Wellhausen

735. An Ferdinand Justi

Göttingen 30.12.05

Liebster und Bester!

Was für Streiche machen Sie! Ich habe nichts von Ihrer Krankheit gehört, habe aber in Folge eines vor kurzem eingelaufenen Briefes Ihrer Helene noch nachträglich einen Schrecken gekriegt. *Si parva licet*[1] etc, kann ich Ihnen die Schmerzen etwas nachfühlen. Gleich nach dem Tode Ihres Friedrich[2] war ich ebenfalls ein Vierteljahr lang im Leibe geplagt, allerdings nur von etwa 1 Uhr Nachts bis zum Morgen, in welcher Zeit ich das Vergnügen hatte, mich im Bette zu winden. Was es war, weiß ich noch heute nicht; die Medizinmänner fanden des Räthsels Lösung in dem räthselhaften Worte: nervös. Es wurde besser, als ich eine Zeit lang fastete; diese Methode würde Ihnen aber schwerlich rathsam gewesen sein, da Sie weniger zuzusetzen haben als ich Dickwanst. Es freut mich, daß Sie neben Ihrem Bruder[3] keinen anderen Arzt zugezogen haben; ich traue den berühmten Spezialisten nicht recht, deren Ruf oft sonderbar genug begründet ist, sondern halte mich an einen Hausarzt, der nicht bloß Erfahrung, sondern auch Liebe und Treue besitzt. Und da können Sie keinen besseren finden als Ihren Bruder und – Ihre Frau

Ich lasse mich wegen Taubheit halb pensioniren[4]. Die Vorlesungen kann ich halten, aber nicht mehr eigentlich unterrichten, weil ich das Übersetzen und das Antworten der Katechumenen nicht mehr verstehe. Ich würde gern einen hiesigen Privatdozenten *in partem curarum mearum* advociren und ihm dafür einen Theil meines Gehaltes abgeben. Aber so einfach läßt sich die Sache in einem modernen Musterstaat nicht machen. Selbsthilfe ist verboten. So läßt denn die Regelung der Sache auf sich warten, was mir peinlich genug ist, da der besagte Privatdozent[5] thatsächlich die Arbeit für mich thut.

Es freut mich, daß Budde die Leute elektrisirt. In seinen *gelehrten* Büchern geht er immer auf den Zehen und möchte gern seiner Länge eine Elle zusetzen. Er ist das grade Gegentheil von Benedictus Niese: der hat weniger Geist und sehr viel mehr Verstand.

Meine Frau ist in voller Aufregung, weil ihr Lehrer Max Reger „in unseren Mauern weilt", heute Abend ein Conzert gibt[6] und hernach mit seinen männlichen und weiblichen Bewunderern das Abendmahl nimmt. Jeder Musikant ist mit jedem anderen, den er gar nicht kennt, so verbunden wie ein Freimaurer mit dem anderen. Es ist spaßig anzusehen. Meine Frau hält das für ganz selbstverständlich. Freilich glaube ich, daß die Meister sich wohl zanken; was ich gesagt habe, gilt mehr von den Dilettanten. Ich stehe mit meiner Taubheit und Mangel an musik. Enthusiasmus wie das Huhn vor dem Gänseteiche und mache unglückliche Figur.

Ich wünsche herzlich, daß Ihre Besserung gute Fortschritte macht. Das wäre das schönste Neujahrsgeschenk für Ihre Frau und uns alle.

Ihr Wellhausen

736. An Heinrich und Charlotte Limpricht

Göttingen 30. 12. 05

Einen Neujahrsbrief müßt Ihr doch von mir haben. Zu Weihnachten habe ich nicht geschrieben, weil ein ekelhaftes Ohrengeschwür mich kreuz elend machte. Die Folgen, bestehend in Verstopfung des Gehörgangs durch Schuppen, die von den trocknenden Schwären abschilbern, sind noch nicht beseitigt; aber ich bin wieder bei Verstande, auch nicht mehr stocktaub, sondern im Stande, langsam Geschrieenes zu hören. Wenn die Schwellung vorüber ist, kann mich der Ohrenpüster mit seiner Feuerspritze ausmisten.

Wir hatten die Absicht, einer Einladung Smends zum heiligen Abend zu folgen, aber mein Ohr verhinderte es. Marie allein mochte nicht hingehen; es thut mir leid, daß sie ihren Verkehr meinetwegen beschränkt – nöthig wäre es nicht grade, und ich habe nicht viel davon. Sie ist aber im Allgemeinen zufrieden, bei ihrer Musik bleiben zu können. Sie fesselt sich nicht mehr durch Aufgaben, die sie kaum in einem halben Jahr bewältigen kann, sondern beschränkt sich auf Kürzeres und Leichteres. Sie vermißt meine Theilnahme daran; ich kann ihr aber nicht helfen. Am Mittwochen ist sie in Cassel gewesen bei den alten und jungen Hallwächsen und sehr lustig wieder nach Hause gekommen; die geborene Zimmer ist ein Eulenspiegel erster Güte[1]. Jetzt eben ist sie (d. h. Marie) in der Probe eines Conzertes, das Max Reger heute Abend hier gibt[2]. Ich wollte sie begleiten, nur um den Riesen mit rothen Haaren einmal zu sehen; aber um 11 Uhr, wo die Probe angehn sollte, war noch keiner da und um halb 12 Uhr auch nicht. Sie wollte ihm einen Lorberkranz widmen, indessen auf meinen Rath hat sie ihm statt dessen schon zu Weihnachten ein paar Würste geschickt. Lorber ist ihm wurst, und Wurst ist ihm Lorber. Heute Abend oder Nacht soupirt sie mit ihm; großes Ereignis.

Ich habe den Berlinern erklärt, ich könnte meinen Unterricht nicht mehr fortsetzen, sondern nur noch Vorlesungen halten. Ich habe zugleich auf den 3. Theil meines Gehaltes verzichtet, damit daraus „die Stütze der Hausfrau" bezahlt werden könne. Es ist peinlich für mich, daß ein hiesiger Privatdozent[3] stillschweigend und thatsächlich in die Lücke gesprungen ist, ohne Auftrag und ohne Bezahlung. Die Berliner schieben indessen immer Alles auf die lange Bank, in diesem Fall um so lieber, da es wirklich für die Welt und für den preuß Staat gleichgiltig ist, ob in Göttingen Unterricht im Arabischen gegeben wird oder nicht.

Hast Du in Göttingen noch den damal. Dr. Leo Meyer erlebt, der mit Wachsmuth befreundet war? Er ist dann nach Dorpat gekommen und von da wieder hierher zurückgekehrt[4]; mit zwei Töchtern. Er hat sich sehr an mich herangemacht und ich habe ihn auch gern, obwohl er mir immer wieder die selben Geschichten erzählt. Der alte Mann dauert mich jetzt sehr, weil er von seiner russischen Pension abhängig ist und immer fürchtet, sie könnte eines schönen Tages ausbleiben. Ich tröste ihn nach Kräften, glaube auch wirklich, daß die anarchische Revolution nicht siegen wird, nicht einmal zeitweilig. Aber kritisch ist die Lage doch immer. Merkwürdig ist die feste Haltung der Finanzen. Ob die internationalen Banquiers sie stützen, damit die Schuldpapiere nicht werthlos werden und die Zinsen unbezahlt bleiben? Dann würden grade die Staatsschulden, wenn sie im Ausland untergebracht sind, den Staat konserviren, ebenso wie ein verschuldetes Corps sich nicht auflösen kann und von den Gläubigern selber hingehalten wird. Aber dieser Grund reicht doch wohl allein nicht aus. Die Russen müssen doch große natürliche Hilfsquellen haben; außerdem können sie deshalb einen Puff leichter aushalten, weil sie so wenig concentrirt, so locker und weitschichtig gefügt sind.

Was soll ich Euch zum Neuen Jahre sagen? Mir fällt nur ein: und ob ich schon wandere im finstern Thal, bist Du doch bei mir[5].

Euer Julius

737. An Wilhelm Bousset

G. 17. 1. 06

Verehrter Herr College

Ich danke Ihnen vielmals für Ihren freundlichen Artikel[1]. Ich hoffe auf mehr dergleichen Polemik, da ich nur dadurch in den Stand gesetzt werde, mich mit entgegenstehenden Ansichten bekannt zu machen und mich ihnen gegenüber deutlicher zu explicieren. Zu dem Zweck habe ich eigentlich die Einleitung geschrieben, um eine Reaktion hervorzurufen, die auf meinen Commentar ausgeblieben ist. Zwischen den Zeilen ist das, was in der Einleitung steht, auch schon im Commentar zu lesen – mit Ausnahme des Paragraphen über die Sprache.

Hochachtungsvoll
Ihr ergebener
Wellhausen

738. An Eduard Schwartz

31 Januar 1906

Lieber Herr College

Ich wage Sie kaum so anzureden, da Sie mich immer als Ölgötzen behandeln und mich verehren.

Ich bin noch bei dem Verdauen Ihrer Noten (ersten und zweiten Theiles[1]) und finde, daß sie ungefähr alle Hand und Fuß haben. Am meisten bin ich frappirt von dem, was Sie über Lazarus sagen; und es kommt mir vor, als hätten Sie mit dieser Extravaganz Recht. Man darf und muß in der Textkritik des 4 Ev. extravagant sein.

An nicht ganz wenigen Stellen bin ich auf ähnliche Gedanken gekommen wie Sie. Ich wollte indessen meinen theol. Brüdern nicht zu arg ins Gesicht fahren und nur mittheilen, was ich klar zu sehen glaubte und klar darstellen konnte.

Literarkritik und Textkritik gehn Hand in Hand. Wünschenswerth wäre es aber doch, die Änderungen die auf den zweiten Herausgeber zurückgehn, zu unterscheiden von späteren Änderungen. Ob das Princip durchführbar ist, läßt sich freilich sehr bezweifeln.

Ich habe meine Noten zur Apostelgeschichte[2] heute druckfertig gemacht und werde sie in der nächsten Sitzung der Societät vorlegen. Ich habe dabei gar nicht an Harnack gedacht und erst nachträglich gesehen, daß Einiges faktisch schnurstracks gegen ihn gerichtet ist. Ich bin ihm also gegen meinen Willen in der Eröffnung des Kampfes zuvorgekommen. Nämlich Wilamowitz hat mir geschrieben, Harnack habe eine Abhandlung gegen meine Evangelienkritik geschrieben[3]. Ich bin ihm aufrichtig dankbar dafür, daß er seine große Kanone löst und Reklame für mich macht. Ob ich viel von ihm lernen werde, weiß ich nicht. Freundlich ist seine Polemik jedenfalls; ich glaube aber beinah, daß ich nicht nöthig habe darauf zu reagiren. Ich hasse das Repliciren und vermeide es nach Kräften.

Jülicher hat nach langem Warten sich geräuspert, sehr herzlich[4]. Er kann sich aber noch nicht fassen und bittet um Bedenkzeit. Es scheint mir, daß er wohl an minder wichtigen Stellen, aber nicht bei Kap 15-17 nachgeben wird. So das geschieht am grünen Holz, was wird an Schürer werden!

Ich hoffe, Sie kommen auf die Söhne Zebedäi zurück[5]; ich hätte Sie beinah durch eine Note zu Act. 11,30 dazu gereizt. Bei der Gelegenheit müssen Sie auch Ihre Athetesen zum 4 Ev. veröffentlichen und begründen; ich hebe sie Ihnen sorgfältig auf

Ein fröhliches Neues Jahr wünscht Ihnen allen
Ihr W.

739. AN ADOLF HARNACK

Göttingen 4 Febr 1906

Lieber Herr College

Ich gratulire zu dem raschen Erfolge der 2. Auflage und danke herzlich für deren gütige Zusendung[1]. Sie kommt mir recht zu paß, wegen der reichen Übersicht über Palästina Syrien und Mesopotamien im II Bande[2]; denn ich habe grade jetzt in einem Kolleg[3] über die syrische Kirche zu reden. Ich könnte hie und da Bemerkungen adspergiren, aber sie würden sehr unbedeutend sein.

Ich habe die Apokalypse und das Ev. Joa. (auch die Actus Apostol.) durchgelesen[4], wegen der Sprache; das Evangelium auch, um den Markus darin zu verfolgen. Erfreulich ist mir die Lektüre nicht gewesen, mit Ausnahme der Apostelgeschichte. Daneben habe ich angefangen, die mandäischen Schriften zu studiren. Ich bin überzeugt, daß Petermann[5] und Nöldeke[6] Recht haben, und Brandt[7] nebst Nestle Unrecht. Nicht das Christenthum ist Zuthat, sondern das Heidenthum. Und Babylonien ist das Asyl der Sekte, nicht die Urheimath

Mit besten Grüßen
Ihr Wellhausen

Adolf Harnack

740. An Adolf Harnack

[Göttingen, Februar/März 1906]

Ich habe eben den kurzen Abschnitt über Edessa (II 117 ss[1]) genau gelesen und lese Ihnen nun doch ein paar Läuse ab, zum besten der 3 Auflage.

Zu p 117 unten: Edessa wurde zwar von Trajan erobert, nach dessen Tode aber mit ganz Mesopotamien wieder den Parthern ausgeliefert, bis auf Sept. Severus.

P. 118,7: lies *Araber* für Perser.

P. 119: Lies Aqai für Aquai; praktischer wohl für Ihre Leser ʽAkai mit K.

P. 120 Die edess. Literatursprache ist nicht durch das Christenthum erst geschaffen.

P. 124. Der Mann heißt Simeon bar Sabbaʽê[1]) = υἱὸς βαφέων. Er eröffnet Assemanis Bibl. Or., die Sie hätten citiren müssen.

P. 125,11 Für *Konformen* lies *Koseformen*. Sie sind (wie z. B. Kunz oder Kurd für Konrad) stark abgekürzt und darum manchmal schlecht zu erkennen. Vgl Mattai, Zakkai, Lebbai, Thaddai u a; Qôna.

[1]) בר צָבָּעָא Färbersohn

Assemani hat *Iombampheum* als υἱὸν βαφέων nicht verstanden.

741. An Eduard Schwartz

[Göttingen, 5.2.1906]

Ich sehe zufällig, daß Aphraates[1] die 3 Tage u Nächte Mt 12,40 genau so rechnet wie die Didaskalie (Ostertafeln p 112[2]). Hat Aphraates die Didaskalie schon gekannt, und zwar syrisch? Der ganze Traktat über das Pascha bei Aphraates ist mir höchst verwunderlich, und zwar erst jetzt – denn früher habe ich auf das Sachliche nie geachtet. So z. b. die sonderbare Wiedergabe von Mt 26,26–28 p. 221. Vom Abendmahl weiß Aphraates überhaupt nichts, er kennt nur das Mysterium der Taufe. Ebenso ist es ja auch in den Pseudoklementinen und im Ev. Joa.

742. An Ferdinand Justi

[Göttingen, 11.2.1906]

L. F.

Die Engländer können noch mehr als der liebe Gott, sie können durch ihren Spruch aus mir einen *Doctor of Laws* creiren, obgleich ich nichts vom Recht verstehe[1]. Wir machen ja freilich aus Pharmazeuten und Landwirthen auch *doctores philosophiae*. Über die guten Nachrichten in betreff Ihres Befindens habe ich mich sehr gefreut, ebenso auch über Ihren Aufsatz[2]. Ich lese ihn natürlich, aber erst nach drei Wochen. Denn augenblicklich bin ich in großer Hatz, da ich den Studenten einmal wieder sagen muß, was ich nicht weiß, und dabei Blut schwitze. Damit bitte ich es auch zu entschuldigen, daß ich vorläufig nur eine Karte schreibe. Zu alle dem soll ich auch noch die Druckbogen von Musils Werk über die Ruinen von Quçair Amra lesen[3].

Ihr W.

Den Titel *Doctor campi* (so heißt der Çid)[4] müßten wir für die Militärs eigentlich auch noch haben.

743. An Ferdinand Justi

[Göttingen, 12.2.1906]

Ich konnte es nicht lassen, Ihren Aufsatz[1] doch gleich zu lesen, und die kurze und klare Darstellung der Religion der Gathas hat mir sehr wichtige Dienste geleistet für ein Thema, das ich grade jetzt in meinem Colleg behandle, für die Religion der Mandäer.

Was sagen Sie zu dem *opus postumum* unseres dicken Freundes und Bibliothekars, der Ihnen gegenüber wohnte[2]? Es ist nicht erbaulich, daß er das Bedürfnis gefühlt hat, seinen übervollen *alvus* zum Schluß noch einmal auf die Gräber seiner hessischen Parteigegner zu exoneriren. Und doch war er daneben gutmüthig und wohlwollend. *Proh superi, quantum mortalia pectora caecae noctis habent*[3]! Ich bedaure, daß er sich zuletzt in dieser Toilette, *podice denudato*[4], gezeigt hat.

والسلام
Ihr W.

744. An Eduard Schwartz

[Göttingen, 28.2.1906]

Βρωσις Mt 6,19.20 wird von der Vetus Latina mit *aerugo* übersetzt (*Kost* Luther). Die Syropalaestina und die Pešita wörtlich: *Fraß*. Die Syra Cur. als Prädikat: wo die Motte einfällt und *ver*dirbt. Die Mandäer: Motte und *Verderben* fallen ein (ܨܨܠܐ ܥܨܐ[1]).

Ist die Bedeutung *Rost* von der alten Latina (und Hieronymus) aus der Luft gegriffen? oder läßt sich nichts darüber sagen? Bescheid morgen mittag mündlich!

Προσαίτης ἀναιδής

סָס (Motte) ist schon hebräisch Isa 51,8; wie alt ist das griechische σης?

745. An Eduard Schwartz

Lieber Herr College
Vielen Dank und ein paar Noten[1].
Zu p 1. Darum ist das „Solches thut zu meinem Gedächtnis" bei Paulus so befremdend. Als ob es künstlicher Mittel bedurft hätte!
Zu p 2. Das Deuteronomium nennt nur den *Abib*, zählt aber die Monate noch nicht.
Zu p 5 n. 1. Diese bestimmte Deutung ist mir doch ganz neu. Ich wußte nur das Allgemeine, daß der Hirt überall in der Bibel der König ist, und ich bezog die falschen Hirten auf *frühere* (nicht auch auf zu Zeit Jesu noch zukünftige) Hierokraten und Gewaltherrscher. Der Gegensatz der falschen u wahren Hirten (d. h. Könige) ist prophetisch: Hierem. 23,1–8. Ezech. 34. Zachar. 11 u a. In Isa. 44,28 heißt Cyrus רֹעִי = der richtige Hirt Jahves.
Zu p 8. Wenn Ostern damals so spät (18 April – 18 Mai) fiel, so ist allerdings die Beziehung zum Ernteanfang ziemlich durchschnitten. Mir macht die chronol. Einordnung von Ioa 4,35 zwischen 2,13 und 5,1 Schwierigkeiten.
Zu p 17. Die Deutung von ליל שמורים als Vigiliennacht stammt von mir; die traditionelle Deutung ist es nicht.
Zu p. 23 n 2. Sie haben mich zwar auf Spittas Buch[2] hingewiesen, aber ich habe es nicht gelesen, weil ich mich vor theolog. Büchern fürchte. Nun frappirt mich die Beobachtung, daß das Abendmahl mit den Riten des Pascha nicht stimme. Es ist in der That nur von ἄρτος die Rede und nicht von ἄζυμα. Das wird vermuthlich von Spitta hervorgehoben sein
Ich füge noch hinzu: ἰὸς kommt Jacob. 5,3 allerdings auch an Gold und Silber vor. Und Jakobus stellt merkwürdiger weise zusammen: τὰ ἱμάτια ὑμῶν

σητόβρωτα γέγονεν, ὁ χρυσὸς ὑμῶν καὶ ὁ ἄργυρος κατίωται. Das wird wohl der Anlaß sein, weshalb die Vetus Lat in Mt 6,19 *tinea* und *aerugo* übersetzt; es ist aber kein Beweis für die Richtigkeit dieser Deutung. Vielmehr spricht grade der Ausdruck σητόβρωτος (auch Hiob 13,28) umgekehrt dafür, daß die βρῶσις auf Mottenfraß geht. Die βρῶσις ist von Matthäus zugesetzt, bei Lc 12,33 fehlt sie. Gemeint ist wohl, daß die Kleider dem Mottenfraß verfallen, Gold und Silber aber dem Einbruch der Diebe

G. 4. März 1906   Ihr W.

746. An Theodor Nöldeke

Göttingen 11. 3. 06

Lieber Herr College

Daß Sie mir brieflich geantwortet haben, hab ich nicht verdient. Es kommt mir so vor, als ob Sie meinten, daß ich auf Ihre literarischen und historischen Arbeiten weniger Gewicht legte. So dumm bin ich aber nicht. Mir scheint nur *für Ihre Art* die Syrische Grammatik[1] besonders bezeichnend. Daß sie ohne Mühe reif vom Baume gefallen ist, erhöht nur ihren Werth. Übrigens steckt doch wohl namentlich in der Syntax keine geringe Arbeit; noch mehr freilich bewundere ich es, daß Sie das Gewöhnliche und Regelmäßige beschreiben und es nicht hinter dem Extraordinären zu kurz kommen lassen. Und auch die Formenlehre, z. B. der Zahlwörter, war doch wohl nicht einfach aus dem Ärmel zu schütteln. Die Mand. Grammatik[2] verräth mehr von Ihren Studien und imponirt Anderen am meisten. Mir ist die Syrische lieber; sie ist auch, durch Anwendung äußerer Mittel, viel übersichtlicher. Zur Mandäischen müßte eigentlich ein Wortregister gemacht werden; es würde nahezu ein Lexikon ersetzen. מאהרה (Krankheit) würde ich aber nicht unter √ֿיִּוֹ setzen, sondern einfach unter √ܐܗܪ.

Der Hauptgrund, warum ich Ihnen sofort schreibe, ist Schultheß[3]. Ich habe im vorigen Jahr einmal an die Maßgebenden berichtet, daß ich taub wäre und einen Coadiutor nöthig hätte, und sodann bestimmter gesagt, es gehe nicht, daß Schultheß so stillschweigend in den Riß trete, er müsse dafür „erkannt" werden. Ich habe gebeten, mich auf Halbsold zu setzen, und den Rest für Schultheß zu verwenden. Einer Antwort bin ich nicht gewürdigt worden; ich habe nur den Kronenorden 3[4] bekommen, was vielleicht als *consilium abeundi* gelten soll. Nun kann nur noch die Fakultät eintreten. Aber Schultheß ist hier nicht beliebt, am wenigsten bei den jüngeren Collegen, wie Sethe und Rahlfs. Er soll ein etwas kratzbürstiges und hautaines Wesen haben. Mir gegenüber ist das nicht hervorgetreten.

Ich glaube doch, daß wenn meine Bitte um einen theilweisen Stellvertreter erhört wird, kein anderer als Schultheß in Frage kommt. Nur das Wann liegt im

Schoß der Götter. Ich habe Schultheß von der Sachlage vertrauliche Mittheilung gemacht, schon vor längerer Zeit.

Ihr Wellhausen

747. AN EINEN UNBEKANNTEN EMPFÄNGER

Göttingen 21.3.06

Verehrter Herr
Vielen Dank für Ihre gütige Zusendung. Ich konnte die Frage nicht beantworten. Eins ist klar: die klass. Bildung ist aristokratisch und keine Religion; die naturwissenschaftliche, wenn popularisirt, wirkt bestenfalls neutral. Was uns verloren ist, ein Heiliges das Alle gleichmäßig verbindet, läßt sich nicht *machen*. Aus der Wissenschaft, und gar aus der Philosophie, entsteht es gewiß nicht. Eher im Schoß der Socialdemokratie, wenn da einmal ein positiver Geist auftaucht und die bisherigen Idole dieser Gesellschaft zertrümmert. *Dar lûr up*[1]!

Ihre Bitte kann ich nicht erfüllen. Ich habe nichts liegen. Ich tauge auch nur für die Forschung, nicht für die Predigt. Ich habe nichts zu sagen, was der Mühe werth ist und was nicht schon Andere viel besser gesagt haben, z.b der alte Jacobi von Pempelfort. Das gegenwärtige Popularisirungsbestreben der theol. Professoren ist mir unsympathisch, und ich mag nicht daran theilnehmen.

Nochmals vielen Dank.

Ehrerbietig
der Ihrige
Wellhausen

748. AN EDUARD SCHWARTZ

[Göttingen, 5.5.1906]

L H C Ich habe heute morgen vergessen, Sie darauf aufmerksam zu machen, daß der arab. Beruni[1] bei F. A. Brockhaus im Preise herabgesetzt ist *auf 8 Mark*, für jedermann bis Ende dieses Jahres, oder bis 1 Oktober. Die Kapitalsanlage ist sicher; denn bald nachher pflegt so ein ausverkauftes arab Buch unerschwinglich zu werden, wenn es gut ist.

Ihr W

749. An Eduard Schwartz

[Göttingen, 1.6.1906]

Ich bin zwar nicht ganz munter, Smend ist aber auch nicht ganz munter. Ich freue mich sehr, wenn Sie morgen kommen, habe auch bereits gestern nachmittag das Pensum durchgelesen und mich über das استثناء geärgert. Den Accus hat إلَّا, wenn es *adversativ* ist, nicht excipirend. Ist es *excipirend*, so steht der Nominativ oder der *Casus congruens*, wenn es nur bedeutet; der Akkusativ wenn es außer oder nur nicht bedeutet. Was darüber ist, das ist vom Übel. Adversativ ist es im Syrischen häufig, im Arabischen selten (statt لكن)

750. An Ignaz Goldziher

Verehrter Herr College
Ich freue mich sehr, Ihre Arbeit[1] der Societät vorlegen zu dürfen
Ihr ergebener
Gött. 3.6.06   Wellhausen

751. An Ferdinand Justi

Göttingen 3 Juni 1906

Verehrter und lieber Freund
Ich erwidere dankend Ihre freundlichen Glückwünsche und hoffe vor allem, daß Sie Ihre fortschreitende Genesung empfinden und sich darüber freuen; so wie wir uns freuen. Auf den Rimberg[1] werden Sie vielleicht noch nicht wieder klettern, jetzt ladet aber auch das Wetter nicht dazu ein. So grün und so naß und so kalt; man muß schon ein ziemlicher Frosch sein, um sich dabei wohl zu befinden

Von uns ist nicht viel zu melden; wir führen den Ihnen bekannten fortgesetzten Lebenswandel. Ich lese mit dem Philologen E. Schwartz zusammen eine nationalarab. Grammatik[2] und lerne mehr von ihm als er von mir. Denn mir sind diese grammatischen Tifteleien mit der sonderbaren Terminologie ebenso fremd wie ihm; und er hat viel mehr Bohrgenie als ich. Wenn ich eine Sache nicht gleich verstehe, lasse ich sie gerne auf sich beruhen; er aber duldet keine Unreinlichkeit, will alles bis aufs Tüttelchen ins Reine bringen.

Meine Frau war sehr besorgt um ihren Max Reger, der neulich in Berlin ein Conzert hatte abbrechen müssen wegen plötzlicher Indisposition[3]. Man redete von einem Nervenschlage. Es hat sich aber herausgestellt, daß er ganz gesund ist und sich bloß fürchterlich betrunken hatte. Er arbeitet unsinnig, dann geht er auf Reisen, gibt Conzerte, kneipt vorher und kneipt nachher, kommt Nachts nie in ein Bett, und schläft nur im Eisenbahnwagen auf der Reise. Entweder liegt er unter dem Tisch oder er steht auf dem Tisch; eine vernünftige Mitte gibt es nicht. Ein Anderer wäre längst todt davon; er wird es wohl auch nicht lange mehr aushalten. Meine Frau möchte gern im Herbst ihn wieder in München besuchen und befragen; im Winter hat er fest versprochen nach Göttingen zu kommen[4].

Was haben Sie in den großen Ferien vor? Vielleicht könnten wir irgendwo zusammentreffen; wir werden wieder ins bayerische Gebirge gehn, in die Nähe von Reutte oder Füssen. Vorig Jahr hat es uns da gut gefallen; bloß die vielen Automobile störten mich, weil ich sie nur sehen, aber nicht hören kann.

Mein Nachbar Vischer schreibt eine Abhandlung über Michelangelos Moses[5] und behandelt besonders die Frage, woher der Moses seine beiden Hörner habe, und, ob sein Zorn acut oder chronisch sei. Gott sei Dank, daß ich kein Kunsthistoriker bin, wenigstens kein solcher wie Vischer.

Wir suchen nach einem Ersatz für Moritz Heyne und können keinen rechten finden. Ich würde lieber sehen, daß man eine Zeit lang wartete, als daß man die offene Stelle partout sofort wieder besetzte. Es sind neben Schröder noch zwei Privatdozenten da[6], die ihm recht gut helfen könnten. Meißner allerdings ist nicht mehr hier, sondern seit Ostern in Königsberg; seine Frau reist ihm morgen nach „und Klytämnestra auch dabei".

Viele herzl. Grüße an Ihre Frau

Ihr Wellhausen

752. AN EDUARD SCHWARTZ

[Göttingen, 3.6.1906]

Vielen Dank; es ist eine schöne Pfingstlektüre[1]. U.[2] war des Geistes voll, und Sie würdigen ihn als von seinem Geist angesteckter Jünger (wenngleich durchaus nicht so wie Dieterich)[3]. Mir ist der *Mensch* U. auch aufgegangen, weniger der *Gelehrte*. Er fängt oft mit der minutiösesten Philologie an (leider manchmal auch mit etymolog. Wurzelgraben) – und mit einem mal ist er in den Wolken. Er balancirt oft die Pyramide auf ihrer Spitze; der eherne Gang, Schritt vor Schritt, bis zum Ziele fehlt. Mein Mann ist Lachmann, obgleich ich von dem auch nur wenig kenne. Dem fehlt freilich die liebevolle Anschmiegung an den Stoff, (das Riechen an die Blumen) überhaupt der ἔρως.

Erstaunt bin ich über Harnack Lucas p 96 unten[4]

753. AN ADOLF HARNACK

Göttingen 4 Juni 1906

Lieber Herr College

Ich bin Ihnen sehr dankbar für Ihr freundliches Eingehen auf meine Meinungen[1]; ich glaube, Sie haben meine Einleitung[2] aufmerksamer gelesen als die meisten.

Es läßt sich schwer begreifen, warum das 2. und das 3. Evangelium nach Markus und Lukas benannt sein sollen, wenn sie nicht von ihnen herrühren. Darin gebe ich Ihnen ganz Recht; nur gegen den sprachlichen Beweis, daß das Ev. Lc u. die AG von einem Arzt herrühren, bin ich mistrauisch.

Über die Wirstücke habe ich eigene Untersuchungen nicht angestellt. Den Eindruck, daß die Kritik mit der AG sonderbar umgehe, habe ich aus Overbecks Commentar genommen, den ich theilweise las, als ich über die Pharisäer schrieb, vor einigen dreißig Jahren[3]. Ihr sprachlicher Beweis für die Einheit der AG leuchtet mir aber wiederum nicht ein. Im Gegensatz namentlich zu Markus (doch auch zu Joa.) schreibt Lukas, trotz Biblicismen und semit. Imitationen, *Literatengriechisch*, und das ist nichts Individuelles, sondern allgemeine Bildung, bis auf den Gebrauch homerischer Wörter hinab. Man kann sich nicht wundern, auch wenn der *Wir*mann nicht der Vf der AG ist, daß derselbe sich eben so wie dieser von dem Griechisch des Markus unterscheidet, weil er auch literarisch gebildet ist. Die amerikan. und englische Wortstatistik übersieht leicht, daß nicht gezählt, sondern gewogen werden muß. Ich bin dem Lexikon als Mittel der Kritik überhaupt weniger geneigt als dem Stil und der Syntax – aber auf diesem Gebiete zu beobachten ist etwas schwierig.

Die Symphonie[4] als musik. Instrument kommt (neben dem Psalterion) zuerst im 3 Kapitel des Daniel vor. Da am *babylon*. Hofe griech. Musikinstrumente schwerlich verwandt wurden, so wird der Vf wohl ein Anlehen von einem ihm näher liegenden griechischen Königshofe gemacht haben. Das ist dann wahrscheinlich Antiochia gewesen. Polybius erzählt in einem Fragment, daß Antiochus Epiphanes die Symphonie gern gehabt hätte[5]. Natürlich lege ich gar kein Gewicht auf den Zusatz „antiochen. Mode"[6], der schon Aufmerksamkeit erregt hat. Ich bin übrigens dabei ebenfalls von dem Gedanken ausgegangen, daß Lukas ein Antiochener sei, obwohl ich nicht wußte, daß die Tradition ihn dazu macht.

Wir haben hier sehr kaltes Wetter; ich sitze zwar bei offenem Fenster, aber meine Finger werden fast steif beim Schreiben.

Viele herzl. Grüße an Ihre Frau, auch von der meinigen.

Ihr dankbarer
Wellhausen

754. An Eduard Schwartz

[Göttingen, 5.6.1906]

Harnack Lukas p 82 n 1[1]. Johannes geleitet Petrum beständig bis 12,2; seit 12,3 ist Petrus plötzlich allein. *Deshalb* soll Ihr Einfall unwahrscheinlich sein, daß ursprünglich in 12,2 nicht bloß Jakobus ein Ende genommen habe, sondern auch Johannes. Eher wäre doch umgekehrt zu schließen, daß der Redaktor über 12,2 hinaus nicht mehr wagte, Johannes mit Paulus zusammenzustellen, *weil er seit 12,2 todt war*.

Ich sehe, daß ich das Ev. Lucae nicht getrennt von der AG. hätte behandeln dürfen. Aber dann kommt das 4 Ev. auch hinzu, und die Apokalypse hinterdrein. Da vergeht mir die Lust, zumal auch Paulus kaum auszuschließen ist. Wenn man nicht die modernen Theologen lesen müßte, ginge es schon. Auch hier gilt: بالت فيها الا بل ; die Kamele verekeln einem die Quellen.

755. An Theodor Nöldeke

[Göttingen, 6.6.1906]

Vielen Dank. Der ägypt. Name des Orontes[1] bei Brugsch Geogr. Inschriften II 16 ss[2]; vgl meinen Text der Bb. Samuelis zu 2 Sam 24,6[3]. Das Wort wird von Mas'udi (Geogr. Arab VIII 128,10[4]) nicht als Eigenname gebraucht, sondern ohne Artikel als appellat. Erklärung. ارنط Geogr Arab. VII[5] 91,7.324,3 VIII 58,21.154,1.178,12. Mit de Goejes Registern[6], die über alles Lob erhaben sind, kann man sich billige Gelehrsamkeit acquiriren. Vgl noch DMZ 31[7], 237. – Daß es mit Asia im Talmud nichts ist, ist mir werthvoll; ich habe nicht nachgeschlagen. – Die verflixten Setzer korrigiren jedes c in z. عاصى scheint bei den älteren Arabern noch nicht vorzukommen; vgl G. A. I 65 n i

Ihr W.

756. An Eduard Schwartz

[Göttingen, 10.6.1906]

Vielen Dank. Ich habe mir § 113 angesehen und glaube, daß der Sinn ist: Zwischen den Formen, die keinen Artikel haben und das Suffix als richtigen Genitiv behandeln, und denen, die den Artikel haben und das Suffix also als Akkus. behandeln müßten, wird kein Unterschied gemacht. Wie ضاربى sagt man auch الضاربى und nicht الضاربَنى; wie ضاربوك sagt man auch الضاربوك und nicht

الضاربونك. Eine Ausnahme ist الفاعلونه 38,5. Das Particip wird also nicht als *Verb* behandelt, so wenig wie der Infinitiv

Dagegen 38,9.10 zu verstehn habe ich aufgegeben; ich weiß nicht, was in dem angeführten Beispiele مضاف und مضاف اليه sein soll.

Ihr W.

Wie heißt das entsprechende griechische Wort für mandäisch אתפרש (sich aussondern) = *emanare*?

757. AN ADOLF HARNACK

[Göttingen, 11.6.1906]

Es heißt Ps 109,3: πρὸ ἑωσφόρου ἐγέννησά σε, und Ps. 71,17: πρὸ τοῦ ἡλίου διαμενεῖ τὸ ὄνομα αὐτοῦ. Mit *başan benuam* weiß ich auch nichts anzufangen; zu Gen 1,1 gehört es nicht; das Zitat ist vollständig mit *barešit bara elowim šamen t ares*, wenngleich vielleicht vor šamen etwa *ta* und nachher etwa *v* ausgefallen ist.

Warum hat der Schmuggler[1] den Johannes in der AG. nicht über 12,2 hinaus eingeschmuggelt? Es fällt einigermaßen auf, daß nur von der Wirkung des Martyriums Jakobi *auf Petrus* die Rede ist, nicht auf den Bruder des Jakobus, Johannes, der sonst mit Petrus zusammen genannt wird. Übrigens glaube ich deshalb nicht, daß Johannes schon bei der Gelegenheit von AG 12,2 gemärtert sein kann.

Ihre lexikal. Statistik durchzuprüfen habe ich jetzt nicht Zeit genug.

Der Ihrige
Wellhausen

Daß Johannes in Kap 9–11 die Reise des Petrus nicht mitmacht, fällt nicht auf.

758. AN ARTHUR SAMUEL PEAKE

Göttingen 17.6.06

Für die gütige Übersendung von *Peake, problem of suffering*, sage ich Ihnen meinen aufrichtigen Dank

Hochachtungsvoll
Prof. Wellhausen

759. An Ignaz Goldziher

H. H. C! Ich habe Ihr Msc.[1] (und ihren zweiten Brief) erhalten und werde es in der nächsten Sitzung der Societät (30 Juni) vorlegen, um es dann Ihrem Herrn Sohn wieder mit zu geben.

Göttingen 17.6.06

Ehrerbietig
Ihr ergebener
Wellhausen

760. An Eduard Schwartz

In 59,19 heißt es doch: „einige gehen in der Pausa nicht hinaus über die *drei* Buchstaben", nämlich manû manâ manî, „und gebrauchen das gleichmäßig für Singular, Plural und Dual u Feminin" (wenden also die Z. 15.16 angeführten Formen des Pl Dual u. Fem. *nicht* an).

Mein Kopf brummte mir schon etwas; darum konnte ich mich an ثلاثة irre machen lassen. Der innere Plural wird zwar als fem sg construirt, aber das Geschlecht des *Zahl*worts richtet sich immer nach dem *Singular* des Substantivs, und im Singular ist حَرْف maskul.

Dies ist die letzte blaue Karte[1]   30.6.1906

761. An Ignaz Goldziher

H. H. C. Ich habe den Text[1] in die Druckerei (Kästner) gebracht; der Setzer meint mit dem Satz der arab. Beizeichen zu den hebr. Typen fertig werden zu können.

2 Juli 1906   Ihr W.

762. An Theodor Nöldeke

[Göttingen, 2.7.1906]

Danke vielmals! Ich schäme mich, daß ich zu faul war, جـ im Lexikon nachzuschlagen; mir war nur die Bedeutung *cogere* in Erinnerung; das Particip, das Sie nachweisen, steht freilich nicht bei Brockelmann. Leider habe ich auch *Zur Gramm des class. Arabisch* p 13 übersehn[1], obwohl ich die Abh. mehrmals durchgelesen habe; ich bewundere sie, weil Sie darin nicht wie *tutti quanti* bloß

die Beispiele der Nationalgrammatiker abschreiben, sondern stets solche aus eigener Lektüre geben und dabei die Häufigkeit des Vorkommens constatiren. Es fehlt nur noch eine triviale Syntaxe *in usum delphini, die sich an die alte prosaische Erzählungsliteratur hält,* welche ja von den Nationalgrammatikern geflissentlich ignorirt wird. De Goeje hat im Glossar zu Tabari[2] mehr gegeben als in der 3. Ausgabe von Wrights Grammatik[3]; so z. B. unter ثلث p. CLIV.
Ihr W.

763. AN IGNAZ GOLDZIHER

Göttingen 13 Juli 1906
Verehrter Herr College
Ich schicke Ihnen die erste gedruckte Seite, ohne das Msc, welches Sie mit dem ersten Bogen bekommen. Der Druck wäre bei arab. Schrift besser und kompresser gerathen. Die hebr. Typen mußten groß genommen werden. Mit den Beizeichen, daß sie an die rechte Stelle kommen, werden Sie Ihre Noth haben.

Die *Punkte* sprängen so leicht ab, sagt der Setzer. Ob Sie nicht kleine *Striche* wählen könnten? Er legt eine Probe bei; die darin zusammengestellten, von Lagarde herrührenden Typen scheinen mir freilich nicht einwandfrei, und sie haben ja zum Theil auch Punkte. Adresse: Dieterichsche Universitätsbuchdruckerei (W. Fr. Kästner)

Bis 3 August bin ich in Göttingen und zu Ihren Diensten
hochachtungsvoll
der Ihrige
Wellhausen

764. AN FRIEDRICH CARL ANDREAS

16. Juli 1906
Verehrter Herr College
Im mandäischen Thesaurus[1] kommt eine Sekte oder Religion der *Jazuqâitî* (Jazuqäer) vor, von der u. a. Folgendes gesagt wird: „Sie binden ihren *Bursam* (*bareçma*) wie Kreuze auf die Schulter; ähnlich wie die *Massikta* (das mandäische Gebet und Ceremonie betreffend die Himmelfahrt der abgeschiedenen Seele) machen sie *Enderun;* dem Wasser und dem Feuer erweisen sie große Ehre. Das Fleisch des Krepirten essen sie und sagen: Gott hat es getödtet. Bei ihren Müttern und Töchtern liegen sie; sie ziehen Kleider von menstruirenden Weibern an und sagen, sie seien nicht unrein. Wenn die Weiber ihre Kinder aus dem Leibe

lassen, ziehen sie sie (eas) aus und stellen sie über sieben Brunnen und bestreichen sie mit Koth von Thieren, und waschen sie mit *Gapha* גאפא (? Harn)".

Die Beschreibung wird wohl etwas abenteuerlich sein. Aber wer sind diese *Jazuqâjê*[2]? Entschuldigen Sie, daß ich Sie wieder belästige.

Ihr Wellhausen

765. An Ferdinand Justi

Göttingen 19 Juli 1906

Lieber, verehrter Freund

Aus Ihrem Brief geht leider hervor, daß Sie noch immer nicht wieder wohl auf und oben auf sind. Unter diesen Umständen fällt die frohe Aussicht auf ein Zusammentreffen mit Ihnen. Sie müßten erschrecklich schreien, um sich mir verständlich zu machen; und das dürfen Sie jetzt nicht. Wir haben die Absicht, am 3. August zu reisen, nach Lermoos und nach der Mendel[1] über Bozen. Wenn wir uns mit Rathkes begegneten, so wäre das zwar schön, aber kein Ersatz für Sie und Ihre Frau. Ich komme mir diesen lieben zarten idealistischen Seelen gegenüber zu swinegelmäßig vor und verspüre die Neigung, mich als Barbar zu geberden und dem Schmetterling den Duft oder den Blüthenstaub abzustreifen. Mein Naturell ist anders als Cohens, und ich pfeife auf die humanistische Philosophie, die gewöhnlich doch nur nachdenkt, was von Anderen intuitiv vorgedacht oder von ganzen Völkern u Gemeinschaften erlebt ist.

Ich habe großes Mitleiden mit Ihnen und kann mir Sie schlecht als krank vorstellen. Es ist schwer, bei solchem Zustande nicht in Pusillanimität zu versinken, sondern so wenig wie möglich an sich zu denken und zu dem gelassenen Gefühl der allgemeinen Wurstigkeit vorzudringen. Sie werden den Muth nicht verlieren, und ich hege die feste Hoffnung, daß Sie über den Hund hinübergekommen sind und nun auch über den Schwanz kommen werden, wenngleich er sich längt.

Herzlichen Gruß an Ihre Frau! Bei dieser Hitze gleitet mir die Feder aus der Hand, und meine Gedanken zerfließen.

Ihr alter
Wellhausen

766. An Ignaz Goldziher

Gött. 20. 7. 06

Verehrtester! Sie machen mich roth vor Scham, daß Sie so viel Wesens machen darum, daß ich ein paar mal in die Druckerei gegangen bin und veranlaßt habe, daß Ihnen ein Probefolium zugesandt ist. Wozu bin ich denn da in der Welt und in der Göttinger Societät? Viel kann ich wegen meiner Taubheit den Menschen doch nicht sein.

Bis in den September bin ich in Tirol, vielleicht zuerst in Leermoos und dann auf der Mendel. Aber Sie werden auch ohne mich in der Druckerei fertig werden, die nicht schlecht ist, wenngleich in arab hebr. Satz unerfahren.

Ihr W.

767. An Eduard Schwartz

[Göttingen, 22.7.1906]

Da Galiläer und Nazarener *für Christen* gleichbedeutend sind, kann Sozomenus die Galiläer für die Nazar. des Plinius gesetzt haben.

768. An Friedrich Carl Andreas

חאמבבאגותא *hambaguta*, oft = Streit?[1]

פאדיברא *padibra* 74,1. 360,14 = Helfer?[2]

מארדמאניא *mard'mâne* werden nicht zusammengestellt mit den Manichäern, sondern mit den Zandiqe 228,11. Variante 228,17 Mar mani (Herr Mani?); da aber als Stifter der Zandiqe, im Singular: „die Auswahl (= die ἐκλεκτοί), die Marmani ausgewählt hat."[3]

Weder von den Zandiqe noch von den Manichäern wird etwas Positives ausgesagt, nur Schimpferei und Unflätherei. Unverständlich ist mir, daß es von den Manichäern (225,11) heißt, sie kleiden sich in Rosen (ואַרדיא oder עואַרדיא; ע = א *prosthet.*)[4]

G. 26. 7. 06 Ihr W.

Der Traktat 16[5], der von den falschen Religionen handelt, setzt als zur Zeit herrschende Religion, die alle anderen verschlingen will, den Islam voraus und entwirft eine herzzerreißende Schilderung von dem قَتَلَ وسَبَى der Araber. Er stammt also wohl aus dem 7. Jahrhundert.

769. An Eduard Schwartz

[Göttingen, 29.7.1906]

على حياله soll nach Lane und dem Glossar. Tabar. bedeuten: *separatim*; تناول hat öfters den Namen zum Subject und den Begriff zum Object. Ich weiß nicht, ob man verstehn darf: status constr. zu einem Eigennamen, der für sich, *separatim*, zur Benennung eines Mannes genügt. Im Gegensatz zu dem Genitiv, der nur in *Verbindung* mit dem Constructus einen Eigennamen ergibt

Ich möchte Sie bitten, mir die latein. inschriftl Form von *cohors* aufzuschreiben, von der Sie sprachen; *chortes*[1]? Damit hängt nach Fränkel[2] auch شرطة zusammen, weil das ch *in Ägypten* sch gesprochen wurde

770. An Theodor Nöldeke

Göttingen 31.7.06

Lieber Herr College

Vielen Dank für Ihren Brief und für die Anzeige von Geyer[1]. Geyers wissensch. Art imponirt mir nicht; sein stupender Registrirfleiß ist zwar sehr nützlich, aber Urtheil, Form und Geschmack gehn ihm ab. Er arbeitet für Andere; *sic vos non vobis vellera fertis oves*[2]. Freilich vom moral. Standpunkt verdient das alle Anerkennung; und die Freigebigkeit, mit der er seine Sammlungen Jedem, auch unfreundlichen Kritikern, zur Verfügung stellt, läßt ihn höchst liebenswürdig erscheinen. Er schüttet seine Säcke nur so aus, über Gerechte und Ungerechte.

Das Lob, das Sie meiner Inhaltsangabe spenden[3], verdient sie nicht ganz. Viel Arbeit hat sie mich nicht gekostet, da ich die verhängnisvolle Eigenschaft des Zeitungsreferenten besitze, rasch etwas zu lesen und rasch einen Niederschlag davon zu gewinnen, dann rasch Alles wieder zu vergessen. Die Alttestamentlichen Sachen habe ich nur überflogen.

Ferdinand Meyer ist mir unbekannt; meinen Sie vielleicht den großen Eduard in Berlin? Den schenke ich mir, wenn er die israel. Vorgeschichte unter sein Wasser setzt. Ich kümmere mich überhaupt nicht mehr um die moderne gelehrte Literatur über das Alte Testament, lese aber den Jesus Sirach.

Ihr Einwand gegen תן bei נחשתן ist mir selber auch gekommen. Doch kann ich mir nicht vorstellen, daß eine Schlange nicht nach ihrer Gestalt, sondern nach dem Material genannt sein soll. Dazu kommt, daß לויתן und עקלתון (mit *tôn*) auch grade Eigennamen für Schlange sind, und daß die LXX offenbar von נחש ableitet. Man konnte nicht gut נָחָשׁוֹן sagen, da das schon anderweitig verausgabt war. – Bei A. A. Bevan ist mir die sachliche und einfache Art äußerst sympathisch; ein *gentleman* wie weiland Bensly. Daß er meine Verbesserung

ܡܩܠܣ (κλησεις) bezweifelt, war unnöthig; in der Sache kann er darum doch Recht haben mit קְלָם[4].

Ich habe ein Colleg über die alten Araber, Muhammed, und die Herrschaft der Umaijiden gehalten, vor Zuhörern, denen Alles böhmische Wälder waren und die darum an der Sache gar kein Interesse haben konnten, freilich doch nicht schwänzten. Ich bin froh, daß ich mit der äußerst mühsamen (wegen der Darstellung, denn der Stoff war mir geläufig) Arbeit übermorgen fertig bin.

Ich würde gern mit Ihnen in Herrenalb, wo ich 1869 einmal vier Wochen mich aufgehalten habe[5], eine Weile zusammen sein, könnte aber doch nicht mit Ihnen verkehren, da ich fast taub bin und keinem zur Last fallen darf. Umso mehr erfreuen Sie mich durch Ihre Briefe; denn meine Augen sind gesund, ich kann sehen wie ein Raubvogel, möchte aber gern etwas davon missen, wenn ich hören könnte. Ich bin schon ganz bange vor dem Besuch Snoucks, den er mir angekündigt hat, obgleich ich kaum einen Mann auf der Welt lieber habe als ihn. Ob er wohl einwilligt, der Nachfolger de Goejes zu werden? Ich wage kaum es zu hoffen; er kann die enge Stube in Leiden und Holland nicht ertragen; denn es ist alles eine große Vetterschaft dort und er paßt in keine Partei.

Ihr Wellhausen

771. An die Juristische Fakultät der Universität Greifswald

Göttingen 9. August 1906

Hochverehrte Herren

Sie haben mir durch die Verleihung Ihrer höchsten Ehre eine außerordentliche Freude bereitet. Ich gedenke der Zeit, wo ich zu Ihrer Fakultät in nahen persönlichen Beziehungen stand und besonders mit Ernst Bierling, Alfred Pernice und E. J. Bekker in herzlicher Freundschaft verbunden war. Der Titel, weil er von Greifswald kommt, hat einen Gemüthswerth für mich; und das tröstet mich darüber, daß ich ihn führe wie der *lucus* seinen Namen *a non lucendo*[1]. An Interesse für das Recht fehlt es mir freilich nicht, und das wäre auch schlimm; denn es steht bei den alten Völkern, mit denen ich mich vorzugsweise beschäftigt habe, nahezu an der Stelle von Religion und Moral.

Mit aufrichtigem, wärmsten Danke

ehrerbietig
der Ihrige
J. Wellhausen
Dr. jur. & philos Gryphisvald

772. An Theodor Nöldeke

L H C! Vielen Dank[1]! Es hätte vielleicht auch in einer Literaturskizze bemerkt werden können, daß die Edessener sich durch Antiochia eng an die griech-röm. Kirche anschlossen und die ursprünglichen oriental. Jünger Jesu, deren Hauptname نصارى noch bei den Arabern erhalten ist, in den Winkel drängten. Der Name *Christiani* ist ein Zeichen davon (mehr noch als *Syri* für Aram.); ebenso *Episcopus* (aram *gizb'ra*?) neben ܡܣܡܫ und ܡܫܡܫܢ. Daraus erklärt sich vielleicht der Gegensatz der verketzerten *Naçôrâje* (d i Mandäer) gegen die *Christiani*. Sehr mit Recht loben Sie zum Schluß die Note von Conti Rossini[2]; schade, daß sie nicht selbständig erschienen sind – vielleicht entschließt sich der Vf zu einer Neuherausgabe. Ich habe daraus all meine Weisheit geholt für ein encyklopäd. Colleg über semit. Völker und Literaturen, das ich schlecht und recht alle vier Semester vor ein paar aufmerksamen Zuhörern aus allem Volk zu lesen pflege.

Gött. 24. 9. 06   Ihr W.

773. An Wilhelm Herrmann

Göttingen 30 Sept. 1906

Lieber Herrmann

Sie haben mir großen Spaß gemacht durch die Besorgnis wegen des Korbes Champagner und durch den paralysirenden Schwanz, den Sie Ihrer Geschichte angehängt haben. Ich weiß übrigens gar nicht, was Korb Champagner zu besagen hat[1], und glaube nicht, daß ich den Ausdruck schon in meinen Mund genommen habe.

Ich entbehre Sie auch, nebst Niese. Hier habe ich zwar Smend sehr lieb, aber er ist geneigt, mich über *pari* zu behandeln. Indessen denke ich doch nicht daran, nach meiner Pensionirung zurückzukommen nach Marburg; das Personal wechselt doch zu stark dort, und was die Gegend betrifft, so ist sie zwar viel schöner als die hiesige, aber ich fühle mich hier heimischer.

Vielen Dank für Ihren allerliebsten Brief. Die höchst rationelle Enveloppe modernsten Stils zu öffenen machte Schwierigkeiten.

Ihr Wellhausen

774. An Theodor Nöldeke

[Göttingen, 3.10.1906]

Vielen Dank[1]! In der Syra Sin. ist *k'nuschta* und nicht *êdta* für εκκλησία gesetzt Matth 18,17 (16,18 ist nicht erhalten). Die syr. Didaskalia setzt *k'nuschta* und *êdta* neben einander und für einander, beides im *christl* (nicht jüdischen) Sinn. Auch die latein. Didaskalia (ed. Hauler[2]) hat hie und da *syngoga* [sic] für *ecclesia*; ebenso συναγωγὴ Μαρκιωνιστῶν bei Waddington III no 2555[3]. Christlich-palästinisch immer *k'nischta*, nicht *êdta*. Es scheint, daß die ältesten Christen συναγωγή und εκκλησία promiscue gebrauchten, und daß der Gegensatz (jüdisch συναγ., christl. εκκλησ.) erst später ausgeprägt ist. Es liegt hier überall noch Stoff zum Untersuchen vor; aber es fehlt an Leuten wie Ed. Schwartz, die nicht einhändig, sondern zweihändig oder sogar vierhändig sind

Ihr W.

Vgl meine Note zu Matth 16,18[4]

775. An Eduard Schwartz

[Göttingen, 15.10.1906]

Analoga zu πέραν τοῦ Ιορδανου[1] habe ich in D[2] mehrere gefunden: τὸ κάρφος ἐν τῷ ὀφθαλμῷ[3]; ἡ ἀνάστασις εκ νεκρῶν[4]; οἱ ἀδελφοὶ ἀπὸ Ιόππης[5]; τοῖς λόγοις ὑπὸ Παύλου λαλουμένοις[6].

Ferner Joa 6,32 einstimmig τὸν ἄρτον εκ τοῦ οὐρανοῦ. Wie ist es nun mit der umgekehrten Auslassung des Artikels vor dem Substantiv? Ist die auch klassisch? Bei Krüger[7] steht nichts davon. Aber nicht bloß bei Prokop findet sie sich ganz regelmäßig: ἐν γῇ τῇ οἰκείᾳ[8]; δύναμιν τὴν βασίλειον[9]; δέει τῷ εκ Περόζου[10]. Sondern wenigstens manchmal auch bei Polybius zb. 7,9 ἐνάντιον θεῶν τῶν συστρατευομένων[11]. Im modernen Arabisch ist sie stehend, im alten sehr selten. Antwort mündlich nächste Woche im Sprechzimmer, *s'il vous plaît*.

776. An Eduard Schwartz

[Göttingen, 17.10.1906]

Vielen Dank! Ich sehe, daß Blaß (Gr des NTl. Gr) darüber redet § 47,6[1]; er will es aber nicht zugeben, verweist auf Kühner Gerth II[3] 1,613 s[2]. Die Beispiele sind im N. T. allerdings etwas zweifelhaft; bei εἰρήνην τὴν ἐμήν Joa 14,27 ist zu beachten, daß *vorher* ειρηνην *ohne Artikel* in Wahrheit doch determinirt ist.

Sie sehen, daß ich das Ev. Ioa lese, und zwar auf die *Sprache* hin. Ich vergleiche dabei die Ausgabe von Blass[3] und wundere mich, wie er den Stil korrigirt und den weitschweifigen lakonisch macht.

777. An Eduard Schwartz

[Göttingen, 26.10.1906]

Ist das temporelle ὡς = *als* (häufig bei Lukas im Ev. u. Actus, aber auch bei Joa.) auch griechisch? Bei Mt und Mc ist es sehr selten. Und wie steht es mit ὡς vor Zahlen = ungefähr? Mc 5,13. Lc 2,37.8,42? Das temporelle ὡς bei Lukas (Evang.) findet sich 1,23.41.44. 2,15. 4,25. 5,4. 7,12. 11,1. 12,58. 15,25. 19,5.29.41. 20,37. 22,66. 24,32. Es entspricht allerdings genau dem hebr כאשר und dem aram כַּד (= כ und די), aber warum kommt es eigentlich nur bei Lukas und Johannes vor?

Ihr W.

778. An Eduard Schwartz

[Göttingen, 13.11.1906]

Es steht im syr. Martyrologium, 27 Kanun[1]: „Johannes und Jacobus, die Apostel, *in Jerusalem.*"

In einem Calender von Carthago (*drawn up shortly after 505 A. D*): *Dec. 27 commemoration of St. John Baptist and of James the Apostle, whom (quem) Herod slew* – nach Burkitt, the Gospel History (1906) p. 253[2]

W.

779. An Adolf Harnack

Göttingen 18 Nov 1906

Lieber Herr College

Dr Duensing wird Ihnen sein Buch geschickt haben[1]. Er ist hier als theol. Privatdozent abgeblitzt, mit Recht. Denn er hatte dies vollkommen untheol. Buch als Diss. eingereicht, und außerdem, da er Jahre lang alle Zeit hierauf verwandt hatte, sich für das Examen gar nicht vorbereitet. Das Bemerkenswerthe an ihm ist sein Spürsinn. So im Entziffern; besonders aber im Entdecken der griech. Originale zu den syropal. Stücken, nicht bloß in Drucken, sondern auch in verlegenen und unbekannten Hss. Dadurch hat er herausgekriegt, was seine Vorgänger verfehlt hatten. Er ist ein Spürhund wie unser W. Meyer. Solche sehr raren Leute sind als Dozenten nicht zu gebrauchen, sie gehören an eine große Bibliothek mit Hss. Was er selber vor hat, weiß ich nicht. Zum Pastor ist er wenig geeignet; er würde vermuthlich nicht abgeneigt sein, als Bibliotheksamanuensis einzutreten.

Da Sie die ἐξουσία καθολική haben, so gestatte ich mir, Sie auf diese brachliegende und vermuthlich an ihrer Stelle sehr werthvolle Kraft aufmerksam zu machen. Er ist ein bißchen tölpisch, indem er sein hitziges Interesse für die Spürerei einem Jeden aufdrängt; übrigens aber gutherzig und sehr korrigibel. Nehmen Sie mir meine ἀναίδεια nicht übel!

Mit herzl Gruß
Ihr Wellhausen

780. An Adolf Jülicher

Göttingen 18.11.06

Amicissime
Vielen Dank für Ihre mir äußerst lehrreiche Abhandlung[1]. Der Herr Schweitzer ist ja gräßlich, ich habe ihn bisher nicht gekannt und nur prophetisch über ihn gesagt: solche Leute muß man austoben lassen! Am meisten interessirt mich natürlich, was Sie über mich gesagt haben[2]; ich bin Ihnen fast böse, daß Sie zu glauben scheinen, Sie müßten sich darüber bei mir entschuldigen. Meine Exegese und Textkritik (obwohl letztere recht desultorisch) ist mir allerdings wichtiger als meine Einleitung (abgesehen von § 1–4); aber darüber konnten Sie doch keinen Vortrag halten. Ich werde mir meine Meinung über Q noch einmal überlegen. Automatisch sind natürlich die herrlichen Sprüche nicht entstanden, nur für uns anonym. Daß nicht bloß Paulus schöpferisch war, sondern daß es Geister in Jerusalem gab, die Jesus allmählich verstanden und aus ihm heraus redeten, glaube ich festhalten zu müssen – Markus gehört nicht dazu. Mt 11. Lc 7 ist eins der sicher zu Q gehörigen Stücke, auch sehr geistvoll, aber doch offenbar eine Meditation über das Verhältnis von Johannes und Jesus, die sich als Nachgedanken u spätere Reflexion wenig von Ioa. 3 am Schluß unterscheidet; der Vorzug Jesu besteht darin, daß er die Kirche gestiftet hat. Ohne die gewaltige Schöpferkraft, die in Mitgliedern der jerus. Gemeinde steckte, ist das Evangelium überhaupt nicht zu begreifen; das Problem, daß der am Galgen dennoch der Christus sei, haben diese Leute gelöst – das ist schon etwas.

Das über Harnack[3] habe ich noch nicht gelesen. Ich gebe auf den *color Lucanus* nicht mehr als auf den *color Johanneus*: letzterer läßt sich freilich noch viel leichter nachahmen. Wenn ich Abends das 4 Ev. gelesen habe und mich zu Bette lege, fahre ich im Halbschlaf leicht in diesem Stile fort; das nachhallende Glok-

kengeläut in drei Tönen hat dann für mich etwas Peinliches. Freilich daß in diesem monotonen priesterlichen Pathos doch ein großartiger Geist steckt, leugnet Wrede mit Unrecht. Ich bin mit Wredes Charakteristik[4] nicht zufrieden.
Mit herzl. Dank
Ihr Wellhausen

781. An Adolf Harnack

[Göttingen, 21.11.1906]
L. H. C. Vielen Dank für Ihre oft erprobte Güte; den Zudrang der Orientalisten in die Bibliotheken kann ich mir vorstellen – Duensing ist aber kein Orientalist und denselben an allgemeiner Gelehrsamkeit überlegen; vorzugsweise interessirt für die Bibel und ältere Kirchengeschichte, am meisten für die äthiopische. Über den äußerst wichtigen nubischen Fund habe ich mich sehr gefreut[1]. Ich bin eben dabei, Joa Kap. 15–17 aus dem Evangelium auszumerzen und halte das für kein verwegenes Unterfangen[2].
Ihr W.

782. An Eduard Schwartz

[Göttingen, 11.12.1906]
Wenn Sie die Stelle Act. 19,40 verstehn, so bitte ich mich aufzuklären[1]. Lukas gebraucht nur das Neutrum τὸ αἴτιον (Ev. Lc 23,4.14.22). ℵ und B lesen das οὐ doppelt: περὶ οὗ οὐ δυησόμεθα.
Kommt der Personenname Σκευᾶς (Act 19,14) auch sonst vor? Es müßte eine Abkürzung sein wie Theudas aus Theodotus
Ihr W.

Die ναούς Act 19,24 gibt Chrysostomus mit κιβώρια wieder; kommt daher das kirchenlateinische *ciborum* als Sakramentstempel oder -schrein?
Der ausgezeichnet geschilderte Volksauflauf in Ephesus scheint in der Vorlage gegen die Juden gerichtet und erst von Lukas auf Paulus übertragen zu sein. Oder ist es Schadenfreude, daß die Juden die Prügel kriegten, die den Christen zugedacht waren?

783. AN THEODOR NÖLDEKE

Göttingen 27 Januar 1907

Lieber Herr College

אַתָּ צדיק ממני[1] Ich wußte, daß der Gegenstand Sie nicht interessirte, mochte aber nicht unterlassen Ihnen den Wisch[2] zu übersenden. Nun haben Sie ihn mit größerer Gründlichkeit und viel besserem Verständnis gelesen als die Fachgelehrten, mit Ausnahme von Jülicher und Holtzmann.

Ich habe das vierte Ev., die Apostelgeschichte und die Offenb. Joh. nach sachlichen und sprachlichen Beziehungen zu den Synoptikern durchsucht. Was ich suchte, fand ich nicht nach Wunsch; aber ich fand allerlei was ich nicht suchte. Außer den Noten zum 4. Ev.[3] werden demnächst noch Noten zu der Apostelgeschichte[4] erscheinen, und eine Analyse der Offenb. Joh[5]. Letztere beiden Aufsätze sind bereits bei der hiesigen Societät eingereicht; der Druck pflegt jetzt nicht grade geschwinde vor sich zu gehen, da Überfluß an Material vorliegt. Ich weiß nicht, woher plötzlich das Leben in die morschen Gebeine gefahren ist. Es ist freilich nur in die Publikationen gefahren, nicht in die Versammlung der Nadowessen selber. Schade daß man nicht mehr den alten Sauppe auf dem Präsidentenstuhl schlafen sieht, mit dem Anstand den er hatte als ers Licht noch sah[6].

Ed. Schwartz hat vier Wochen lang vor Bürgern und Bauern gegen Papst und Türken geschmettert, und Smend hat ihm geholfen. Ich bin nicht recht bei der Sache. Die Regierung ist sonderbar beflissen zu versichern, sie wolle weder gegen den Papst noch mit den Liberalen gehn. Sie hat es verstanden, den Colonialrummel, der ihr gefährlich zu werden drohte, zu ihrer Befestigung zu benutzen. Etwas Weiteres, als einen geschickten *Coup* oder *Entrechat* kann ich darin nicht erblicken; sie verdient kein Vertrauensvotum und man kann es ihr doch nicht verweigern. Denn den Haß gegen Papst und Centrum theile auch ich jetzt; es ist eine greuliche Bande. Hier kommt ein welfischer Adliger gegen einen Nationalliberalen in Stichwahl. Der Welfe hat merkwürdigerweise bei weitem die meisten Stimmen aus dem katholischen Eichsfelde, aus dem alten Fürstenthum Göttingen (Münden) auffallend wenige. Auch die Bauern sind nicht mehr sehr welfisch. Dabei ist der Welfe eine angesehene und respektable Persönlichkeit, der Nationalliberale ein reicher und nichtsbedeutender Fabrikant[7]. Übrigens ist der Humor von der Sache der, daß die Zusammensetzung des Reichstages im Großen und Ganzen bleiben wird wie sie war. Ich bin gespannt, wie Bülow nun tanzen wird.[1)]

Für Ihre einzelnen Bemerkungen bin ich Ihnen überhaupt dankbar, besonders aber dafür, daß Sie mich auf Useners Versuch einer Zerlegung von Kap. 1[8] aufmerksam gemacht haben. Ich werde mit Hilfe von Dietrich oder Schwartz schon herauskriegen, wo der betreffende Aufsatz erschienen ist. Es ist klar, daß der Absatz 1,19–28 in dieser Weise nicht von Einem vernünftigen Menschen geschrieben sein kann, z. b. 1,24 καὶ ἀπεσταλμένοι ἦσαν ἐκ τῶν Φαρισαίων. Da schwankt übrigens auch die hs. Überlieferung. Merkwürdig sind in der Syra S. neben ausgezeichneten Lesarten die offenbaren Harmonisirungen. Die Erscheinung findet sich freilich grade so in der Vetus Latina und im Codex Bezae.

In Apoc 13 habe ich den *Nero redivivus* herausgethan. Es ist nur vom Imperium im Ganzen die Rede, und von seinem Abbild. Das ist aber kein plastisches Bild, sondern es ist das Alterego des Imperiums in Rom, nämlich die Staatsverwaltung in den Provinzen. In Apoc 17 ist *Nero redivivus* in der 2. Hälfte freilich echt, aber er ist nicht der *Feind* des Lammes und der Christen, sondern das Werkzeug der Rache Gottes gegen Rom. Seine Helfer, die 10 Könige, die als Prätendenten und nicht als richtige Könige gekennzeichnet werden, können nur die Parther unter Kaiser Titus sein. Zu τὸ θηρίον καὶ ἡ εἰκὼν αὐτοῦ fällt einem das ewige mandäische *Mana va d 'mûtah* ein; da ist ja die Syzygie des Urwesens mit seiner Demutha ganz üblich. In den Sprüngen, die ich in der Apokalypse mache, stimme ich wesentlich mit Mommsen[9] überein, der das Richtige freilich mehr geahnt als gesehen hat.

Ich bitte um Entschuldigung, daß ich auf Ihre Anzeige der Bondschen Papyri[10] nicht reagirt habe. Ich habe nämlich diese Papyri noch nicht gelesen, werde mich aber nunmehr daran machen. Lidzbarskis כרש scheint mir wichtig.

Mit herzl. Dank
Ihr Wellhausen

---

[1]) Aus der heutigen Morgenzeitung sehe ich jedoch so eben mit größtem Vergnügen, daß die Sozialisten starke Verluste zu erleiden scheinen.

784. An Ferdinand Justi

Göttingen 28. Januar 1907

Lieber armer Freund

Daß ich Ihnen so selten schreibe, werden Sie nicht so auslegen, als ob ich nicht an Sie dächte. Sie liegen mir immer im Sinn. Ich kann Sie aber nur bemitleiden, und das ist etwas dürftig. Was wir erfahren, läuft immer darauf hinaus, daß Ihr Befinden sich nicht ändern will und daß niemand recht weiß, was die Wurzel des Übels ist. An Ihrem Bruder und vor allem an Ihrer Helene haben Sie die besten Helfer, aber es ist trotzdem schwer in solcher Lage den Muth nicht sinken zu lassen. Wie gern möchte ich einmal bei Ihnen vorsprechen, nicht Ihretwegen sondern meinetwegen, wenn es mir mein Gehör nicht gänzlich unmöglich machte, Kranke zu besuchen. Dabei zu stehn wie ein hilfloser Ölgötze, ist eine gar zu peinliche Situation.

Wenn ich Ihnen etwas Gedrucktes zusende[1], so geschieht das nur, weil ich Ihnen nicht gern etwas vorenthalte, aber nicht, damit Sie es lesen oder gar darauf antworten. Ich amüsire mich damit, den Theologen das Concept zu verrükken; ihnen selber mache ich damit keinen Spaß, etwa Jülicher ausgenommen. Der Brei ist zu heiß für sie, im besten Falle versuchen sie zu pusten, bis wenigstens der Rand sich abkühlt; gewöhnlich schieben sie das Ganze als ungenießbar zur Seite. Ich lasse mich dadurch aber nicht stören, sondern fahre fort zu sagen was ich gefunden habe. Jetzt habe ich einen Artikel über die Apostelgeschichte[2] und einen über die Offenbarung Johannis[3] geschrieben, sie erscheinen in den Nachrichten und in den Abhandlungen der hiesigen Societät, ein bißchen mit Ausschluß der Öffentlichkeit. Das ist mir aber grade recht. Wer darnach sucht, wird die Sachen auch in jenen Katakomben finden, wo sie für die Ewigkeit beigesetzt sind.

Meine Frau war vom 10 bis 18 Januar in Greifswald; das Befinden ihrer Mutter bleibt unverändert; sie hat schreckliche Scenen mit erlebt. Ich hatte mir derweilen einen Schnupfen und einen Husten zugelegt, der mir alle fünf Sinne lahm legte; es ist auch jetzt noch arg genug, so daß ich mich kaum unter Menschen sehen lassen kann; doch will ich versuchen, heute wieder vorzutragen – wenn es die Studenten aushalten. Feuerspeiender Berg ist nichts dagegen. Aber „krank" bin ich dabei nie; wenigstens habe ich kein Fieber, und es sitzt auch Alles ganz lose, nur zu lose. Es muß mir jeder auf zehn Schritt fern bleiben.

Daß ich so unästhetisch vor Sie trete, ist eigentlich recht unpassend. Indessen da dies Unästhetische seit zwei Wochen bei Tage und bei Nacht den Inhalt meines Lebens bildet, so muß ich Sie doch auch daran participiren lassen. Wollte Gott nur, daß Ihr Leiden auch so unschuldig dreckiger Natur wäre und eine ähnlich sichere Aussicht auf baldiges Vorübergehn böte! Ich bleibe doch der Hoffnung, daß es sich noch wendet, wenn mans am mindsten gläubt[4].

Mit den herzlichsten Grüßen und Wünschen

Ihr alter
Wellhausen

785. An Adolf Harnack

[Göttingen, 5.2.1907]

Das Unzeitgemäße zu sagen, freilich nicht à la Nietzsche, ist Noblesse. Das Resultat muß uns natürlich durch den Glauben fest stehn, denn wir müssen ein Fundament für unsere gegenwärtige Praxis haben. Es ist immer eher da als der Weg dahin, sogar in der Mathematik. Aber darum ist es nicht überflüssig, daß die Wissenschaft den Weg sucht. Unter Wissenschaft versteh ich natürlich nicht, was die Vossische Zeitung darunter versteht. Ihr unbewußtes Ziel ist die Religion, freilich nicht die Apologetik. Sonst wäre sie Utilitarismus oder Sport. Weder dies noch jenes würde mich bei der Wissenschaft festhalten. Aber Geduld ist noth[1], vor Gott sind 1000 Jahre wie Ein Tag[2].

786. An Eduard Schwartz

15.2.07

Lieber Herr College
Ich brauche Ihnen nicht zu sagen, daß ich dies und das in Gedanken an Sie gesagt habe, z.B. den letzten Satz der Note 2 auf S.9[1]. Hinter S.9.Z.5 stand im Msc: ὀπίσω μου ἔρχεται ἀνὴρ ὃς ἔμπροσθέν μου γέγονεν[2]; ich habe den Scherz zwar im Druck gestrichen, hoffe aber daß die Erwartung in Erfüllung geht. Sie müssen auf das Jahr 44 (2. Jerusalemreise des Paulus und hernach Martyrium des Johannes) zurückkommen und auch das Jahr 54/55 behandeln. Sie brauchen ja nur die Zeugnisse noch einmal vollständig zusammenzustellen und die Chronologie durchzuführen.
Ich habe erst nachträglich gemerkt, wie sehr meine Noten gegen Harnack protestiren, und erst nachträglich die Polemik gegen ihn am Schluß hinzugefügt. Mit dem Schnödler vom Segeler[3] wollte ich Smend einen Spaß machen; der hingeschlenkerte Sauhieb richtet sich natürlich mehr gegen Harnack als gegen Lukas

والسلام
Ihr W.

787. An Eduard Schwartz

15 Febr 1907

Lieber Herr College
Mein Dank verspätet sich, weil ich Eile hatte, die ersten Bogen meiner Israelitischen Geschichte für einen Neudruck[1] zu korrigiren, der schnell beginnen soll.
Bei den Problemen der antiken Ethik[2] ist mir wieder manche semitische Parallele aufgefallen. Schuld und Strafe, Recht haben und Recht kriegen d.h. Obsiegen, Taugen und Réussir, werden auch z.b. im Hebr. durch das gleiche Wort ausgedrückt; Avers und Revers einer Münze. Die Rache für den Mord wird auch bei den Semiten verhindert, wenn kein Blut fließt; z.B. wollen Josephs Brüder ihn in einer Cisterne verhungern lassen, um nicht sein Blut zu vergießen. Die Moral und das Recht ist allerdings bei den Semiten nicht auf dem Boden des

Staates erwachsen, aber das ist doch nur ein gradueller Unterschied. Denn sie ist auch bei den Griechen vor der Polis dagewesen (und nur nachträglich darauf basirt), sie ist im Schoß primitiverer Gemeinschaften (Familie Sippe Volk) entstanden. Sie hat sich inhaltlich auch nach der Sprengung der Polis erhalten; die Philosophen etc haben sie nur kritisirt und anderes substruirt, aber nicht erfunden.[1)] Das werden Sie sich auch nicht anders vorstellen; es ist wahrscheinlich nur ein Streit um Worte. Sie drücken sich nur in Worten manchmal für meinen Geschmack etwas zu begeistert aus. Ich finde, daß die Griechen (Athener und Spartaner) zwar das Verdienst haben den Staat zu erfinden, aber dann an den Staat zu große Ansprüche gemacht und ihn dadurch ruinirt haben; und diese meine Empfindung rührt nicht etwa von Jakob Burckhardt her[3]. Merkwürdig ist aber, daß die Blutrache, eine ganz antipolitische Einrichtung, so lange sich gehalten hat, und daß neben der Polis der Einfluß von Delphi so groß gewesen ist, beinahe wie der einer internationalen Macht neben dem Staat, wie der des Papstes im Mittelalter – nur viel freier und anständiger. Bei den Hellenen ist eben Alles, Ältestes und Modernes, mit einander zu finden; sie haben das Paradigma für die ganze Weltgeschichte geliefert; es sind merkwürdige Leute und ich bedauere immer, daß ich an ihnen nur nippe und sie nicht gründlich kenne. Man kann kein Historiker sein ohne das griechische Fundament zu kennen. Freilich wäre es gut, wenn die Gräcisten nach Ihrem Beispiel sich auch etwas um die anderen Völker, z.b. die Semiten und namentlich die Hebräer, bekümmerten. Die Tradition Scaligers müßte fortgesetzt werden. An den Germanen und Indogermanen berauscht man sich zu sehr. Mir liegen da eigentlich nur die isländischen Sagen am Herzen, nicht so sehr wegen des Inhalts, als wegen der herrlichen Prosa. Die Poesie ist gekünstelt, nicht bloß in der Edda.

Daß Sie sich die Mühe gegeben haben, mir die Textproben zu Joa 1 auszuschreiben, lege ich zu Ihren übrigen Freundschaftsbeweisen; ich kann mich mit Ihnen besser austauschen als mit Anderen. Es ist klar, daß ein vernünftiger Zusammenhang gewesen sein muß, jetzt aber nicht ist, und durch Ihre Streichungen und Vermutungen von Lücken entsteht. Daß aus dem Prolog der Täufer hinaus muß, davon bin ich überzeugt. Im Einzelnen bezweifle ich, daß mit dem Logos an das Pneuma gedacht ist; in Gen. 1,2 ist dieses nicht bei *Gott*, sondern über dem *Chaos*. Die älteste Verbindung von ὃ γέγονεν mit dem Folgenden scheint verknüpft mit der Lesung ἐστιν für ἦν. Mit dem καὶ vor χάριν in v. 16 weiß ich nichts anzufangen; auch wenn es *auch* bedeutet, befremdet die Stellung. Der v. 17 ist mir bedenklich; χάρις v. 16 darf nicht hernach zu χάρις καὶ ἀλήθεια werden. Diese χάρις καὶ ἀλήθεια, die inhaltlich dem ואמת חסד (etwa Treue und Redlichkeit) gar nicht entspricht, fällt überhaupt sehr auf. Eher als v 17 kann v. 18 bleiben, als schließliche Zusammenfassung des Sinnes vom Ganzen, wo der Logos deutlicher als in v. 14 erklärt wird, doch nicht so derb wie in v 17 und vor Allem nicht so gegensätzlich. Denn der Logos ist Mittler der Gottesoffenbarung von je, hat auch im Gesetz gewirkt und steht dazu nicht im Gegensatz; nur im Fleisch und im πλήρωμα (durchaus nicht gnostisch zu verstehn) ist er erst jetzt erschienen.

Auch in 1,19 ss haben Sie den Finger auf viele geheime Wunden und Wucherungen gelegt. Das τῇ επαύριον 1,35 wird schon durch πάλιν verdächtig; dazu kommt die Vetus Latina 1,37: et audierunt *ex discipulis eius duo* statt duo discipuli eius – als ob sie vorher noch nicht dagewesen wären. Nach τῇ τρίτῃ ἡμέρᾳ (2,1) scheint aber nur Ein Tag zwischen 1,27 und 2,1 zu liegen; wie ist es dann mit dem επαυριον in 1,44? Sehr frappirt hat mich die Weise, wie Sie durch eine Lücke das Bethanien in 1,28 zu rechtfertigen suchen. Die Theologen, die den vierten Evangelisten als Ignoranten in Iudaicis zu erweisen suchen, werden Sie als Apologeten verschreien; Sie können darum doch Recht haben, obgleich mir die Entstehung der Lücke nicht klar ist. Die Scene ist jedenfalls in 1,29 ss weit von Jerusalem und nicht weit von Galiläa, πέραν τοῦ Ιορδάνου. Jedoch brauchten die Jerusalemer kaum eine Gesandtschaft zu schicken, wenn Johannes vorher so nahe bei Jerusalem war. Auch scheint das επαυριον (1,29) der nächste Tag nach der Scene mit den Priestern und Leviten zu sein, und eine Reise von Bethanien in die Nähe von Galiläa würde Zeit erfordern

Damit möge es für jetzt genug sein; ich wälze Ihre Vorschläge weiter im Kopf herum. Ist der Aufsatz über die Chronologie des Paulus[4] schon im Druck?

Ihr W.

[1)] Die Philosophen wären überhaupt ohne die Tradition von Religion, Sitte, Recht, Sprache völlig verratzt – abgesehn von Demokrit, Cartesius, Leibniz, Kant und Elias Müller.

788. AN ADOLF HARNACK

Göttingen 18 Febr 1907

Lieber Herr College

Ich schicke Ihnen das 2. Heft der LXXstudien von Rahlfs[1], mit der Bitte es zu behalten. Ich möchte Sie für das Buch und den Vf. interessiren. Seinen Fleiß, Zuverlässigkeit, Sachlichkeit, fehlende Eitelkeit brauche ich nicht hervorzuheben. Aber bewundernswerth ist es, wie er es verstanden hat, das sperrige, spröde, unendlich zersplitterte Material zu ordnen. Ich habe das kaum je in solchem Maße empfunden; am wenigsten bei Lagarde, dessen LXXstudien sich überhaupt nicht von ferne mit denen seines Schülers messen können. Der Gang der Untersuchung ist leicht zu verfolgen; zu besonderer Beachtung empfehle ich den § 18 über die *Codices latinissantes*[2]. Mir scheint, daß der Mann in die Lage gesetzt werden muß, eine Ausgabe der LXX zu machen, trotz der Concurrenz der Engländer. Zum Dozenten ist er nicht geboren (wenngleich wohl zum Unterricht). Aber für einen solchen wissenschaftlichen Arbeiter sollte doch in Preußen auch Platz und Geld vorhanden sein, zumal wenn der Gegenstand der Arbeit so wichtig ist. Fr. Wilhelm Schultze[3] kann nähere Auskunft geben.

Nun noch ein Wort über Ihre Sprüche und Reden Jesu[4]. Ich habe bisher in Israel keinen gefunden, der so auf mich eingegangen wäre. Meinen Dank dafür möchte ich gerne auch praktisch beweisen, dadurch daß ich mich von Ihnen überzeugen ließe. Aber das kann ich leider nur in sehr untergeordneten Punkten. Im Allgemeinen glaube ich, daß wir an einander vorbei schießen. Strenger Beweis ist in den wenigsten Fällen möglich, und unsere Sentiments sind auf dem Gebiet der Interpretation und Textkritik so verschieden, daß eine Verständigung sehr schwer sein wird. Wollte ich mich gegen Sie vertheidigen, so würde das erstens ein Buch erfordern, zweitens nichts Neues bringen und drittens nichts nützen. Polemik nützt überhaupt vielfach nichts, man muß dann die Entscheidung künftigen Geschlechtern überlassen. Ein und das andere mal haben sie mich misverstanden, z. B. S. 26. Ich leugne natürlich nicht, daß ἀφίεται futurisch ist. Aber es ist ein Unterschied zwischen *wird verwüstet werden* und *wird wüste* (d. h. nachdem es verwüstet ist) *liegen gelassen werden*.

Ich habe ein paar Noten zur Apostelgeschichte und eine Analyse der Offenbarung Johannis geschrieben[5], die Ihnen demnächst zugehn werden

Ihr Wellhausen

789. An Helene Justi[1]

Göttingen 18 Febr 07

Liebe Frau Justi

Ich habe Ihren Mann sehr lieb gehabt und bin sehr traurig, denke auch, wenn es um mich weg stirbt: heute dir, morgen mir. Er war ein Stück von meinem Leben, und Marburg verödet mir. Wie erst Ihnen!

Ich möchte gern zum Begräbnis kommen, bin aber erkältet und mag die Vorlesung nicht aussetzen, da ich wegen meiner Erkältung vor kurzem erst 1 ½ Wochen habe aussetzen müssen.

Ihr Wellhausen

790. An Adolf Harnack

[Göttingen, 24.2.1907]

Zu Act 18,22.23 habe ich ἐξέπλει εἰς τὴν Συρίαν v. 18 übersehen[1]. Vielleicht hat Paulus nur den Aquila abgesetzt in Ephesus, selber aber die Fahrt nach *Antio-*

chia fortgesetzt (nicht nach Cäsarea, denn das ist nicht Syria). Die Unterbrechung seines Aufenthalts in Ephesus und die Reise nach Jerusalem halte ich nach wie vor für verkehrt. Den *Kern* von 19,1–7 halte ich für unanstößig. An den Nachrichten über Aquila und Apollos zweifle ich auch an sich nicht; aber sie stören z. th. formell und scheinen einem anderen Faden anzugehören. Formell besonders auffallend ist das an sich sicher richtige κειραμενος – ευχην in v. 18

791. An Adolf Jülicher

[Göttingen, 24.2.1907]
V. H. C! Ich bekomme die GGA nicht geliefert und bitte Sie mir einen Abzug Ihrer Rec. von Harnacks Lukas seiner Zeit zu schicken[1]. Zu Act 18,22.23 habe ich ἐξέπλει εἰς τὴν Συρίαν v 18 nicht beachtet[2]. Vielleicht ist Paulus *direkt* nach Antiochia gefahren wozu er einen Anlaß hatte, da er von dort ausging. Cäsarea ist aber nicht Syrien, und nach Jerusalem ist P. nicht gegangen, ebenso wenig unterwegs in Ephesus geblieben. Ich schwanke auch, ob 18,24–28 eingesetzt ist oder 19,1–7; vielleicht eher 19,1–7 von καὶ εὐρων[3] v 1 an.
Ihr W.

792. An Theodor Nöldeke

Göttingen 26. 2. 07
Lieber Herr College
Herzlichen Dank für Ihr Interesse an Dingen, die Ihnen fern liegen und nicht sympathisch sind.[1] Zu Act 18,22.23 habe ich mich vielleicht verhauen, weil ich ἐξέπλει εἰς τὴν Συρίαν v. 18 nicht beachtet habe[2]. Paulus hat wahrscheinlich sich damals überhaupt nicht in Ephesus aufgehalten, sondern nur den Aquila dort abgesetzt und selber die Reise nach Syrien, d. h. nach Antiochia, seiner Absenderin, fortgesetzt, ohne freilich nach Cäsarea und Jerusalem zu gehn. Dann stünde von den beiden nicht zu vereinigenden Stücken 18,24–28 und 19,1–7 (von καὶ εὑρεῖν 19,1 an) das erste im Zusammenhang der Quelle und nicht, wie ich angenommen habe, das zweite.
An Petrus in Rom zu glauben fällt mir auch sehr schwer. In den Clementinen setzt er die Rolle des hinterdrein Gekommenen fort; nur geht er nicht dem Philippus nach und endet in Cäsarea wie in der Ap.gesch., sondern er folgt dem Simon M., *beginnt* in Cäsarea und endet in Antiochia. Am Schluß wird er in den Recognitionen als Begründer der Kirche in *Antiochia* gefeiert. Freilich in Re-

cogn. 1,13 (Hom. 1,16) ist *Rom* sein Endziel, und nach dem Vorwort der Homilien macht er dort Clemens zu seinem Nachfolger. Das ist aber eine andere und jüngere Legende (der Clemensroman); die ältere (πράξεις Πέτρου) stimmt damit nicht, da die Tendenz des Schlusses ohne Zweifel auf Antiochia geht. Simon M. kann allerdings trotz dem, daß er eine geschichtliche Person ist, dem Paulus substituirt sein; ich halte es aber für etwas zweifelhaft und jedenfalls erscheint Petrus nicht als Judaist, sondern durchaus als Universalist und Heidenbekehrer. Dagegen kann unter dem *homo inimicus* (Recogn 1,70. Homil. Ed Lag. p. 3,24) kaum ein anderer als Paulus verstanden werden. Die Clementinen werden viel besprochen und wenig gelesen; man begnügt sich mit dem Referat Uhlhorns[3]. Sie sind nicht überall leicht zu verstehn; auch Lagarde interpungirt nicht selten falsch und liest nicht selten falsch[4] – er hat die von ihm selbst edirte Syra und die Latina nur höchst oberflächlich verglichen, überhaupt hier wie sonst zu rasch edirt. Ich gebe mich mit dem Zeuge ab wegen der Mandäer, ohne großen Gewinn. Mir fehlt die Kenntnis der jüdischen und christlichen Gnosis, und der griech. Philosophie, namentlich der orphischen Lehre. Ich kriege den Aglaophamus[5] nicht durch, so amüsant er im Einzelnen ist und so gut sich das Latein liest, sondern begnüge mich mit Rhode[6], und das ist zu wenig. Übrigens sind mir die Mandäer selber eigentlich nur als Naçoräer interessant, von deren ursprünglichem Typus sie sich freilich höllisch weit entfernt haben. Ich habe durchaus nicht vor, Brandt[7] Concurrenz zu machen, überhaupt nicht, etwas über die mand. Religion zu schreiben. Dazu müßte ich jünger sein.

Harnack müßte Cultusminister oder dgl. werden. Er ist liebenswürdig und gutmüthig; seine Eitelkeit ist nie fressend, sondern allezeit befriedigt, er läßt alle Anderen gelten. Er hat eine fabelhafte Fähigkeit sich schnell zu orientiren und Interesse für Alles, daneben eine große praktische Begabung zu Verhandlungen und zum Verkehr mit Groß und Niedrig. Als Forscher gefällt er mir nicht. Er bricht Allem die Spitze ab und läßt mit Vorliebe Fünfe grade sein. Allzuscharf macht ja freilich schartig, aber es ist immer noch besser als stumpf. Er hat auch wenig sprachliches und kritisches Gefühl in den Fingerspitzen. So freundschaftlich ich mit ihm stehe, ist es mir doch gar nicht möglich, mich mit ihm zu verständigen. Er weiß das auch und ist mir darüber gar nicht böse.

Ihr W.

793. An Eduard Schwartz

17.3.07

LHC

Sie haben doch wohl Recht, die Verse 1,35.36[1] stehn zu lassen. Die Scene vorher ist öffentlich, jetzt nicht mehr; und nur den beiden Jüngern sagt der Täufer gra-

Eduard Schwartz

de heraus: ιδε ο Χριστος. Freilich sagt er schon v. 31: damit Jesus *als Christus* bei der Taufe offenbart werde, bin ich gekommen; Ihn zu taufen und dadurch die Epiphanie hervorzurufen, ist der eigentliche Zweck meiner Taufsendung. Aber darum braucht er ihn doch nicht schon vorher ὁ Χριστος genannt zu haben. Der Dativ τω Ισραηλ würde sich besser verstehn, wenn alles Volk den himmlischen Vorgang bei der Taufe Jesu gesehen und der Täufer nur die Deutung hinzugefügt hätte, durch sein Zeugnis. Doch es geht auch anders.

Die τριτη ημερα bleibt dubios. Das επαυριον in v 43 ist notwendig, und man kann es nicht einfach mit der τριτη ἡ. gleich setzen, weil die Reise bis Kana doch einen Tag erfordert. Allerdings, wenn 1,35.36 wegfiele, so könnte das επαυριον in v 29 als erster, das in v 43 als zweiter Tag (wo die Reise angetreten wird) gerechnet werden, und am dritt[en] Tage könnte Jesus in Kana sein. Doch sähe man dann nicht ein, warum nicht auch in 2,1 τη επαυριον gesagt wäre, oder in v 43 τη επιουση ημερα. Es wird doch wohl das επαυριον in 1,43 als erster Tag gerechnet sein und der zweite noch als Reisetag (ohne weiteren Inhalt)

Ihr W.

794. AN EDUARD SCHWARTZ

[Göttingen, 18.3.1907]

Ich neige nachgerade beinah zu der Annahme, daß 1,35.36[1] mit ιδε ο Χριστος echt, dagegen 1,29–34 daraus fabricirt und an die Stelle der ausgelassenen Taufe getreten ist, für die Sie eine Lücke in v. 28 annehmen. Sie muß jedenfalls gleich nach v 28 erzählt sein[1)] (da sie in 19–28 noch nicht geschehen, im Folgenden aber vorausgesetzt wird) und einen eigenen Tag beansprucht haben. Dann fiele wenigstens *das* Bedenken gegen Bethanien *bei Jerusalem* weg, daß diejenigen, zu denen v 30 gesagt wird, bei der Scene in v 26.27 anwesend gedacht sein müssen. Von 2,1 fehlen gleichfalls die Voraussetzungen. Es ist furchtbar geschustert, von verschiedenen Händen. Ein Tohu vabohu!

Mein eingeschobener Papierschnitzel, daß in v 14 die χαρις κ αληθεια wie חסד ואמת eine innere Eigenschaft Jesu, dagegen in v 17 ein durch Jesus vermitteltes Heilsgut für die Anderen ist, hat sich hoffentlich nicht verkrümelt. v. 16 scheint auch nicht unbedenklich.

ο γεγονεν εν αὐτω ζωη *non intelligo*.

Gute Besserung für Ihre Füße!

Ihr W.

Zu αἴρων 1,29 vgl 1 Joa 3,5. Sündenvergebung bei Joa. sonst nur in dem unechten Stück 20,23.

[1)] Jesus wird ja jetzt gar nicht eingeführt! Johannes auch nicht.

795. An Eduard Schwartz

[Göttingen, 19.3.1907]

Πληρης χαρ. in v 14[1] ist natürlich echt, schon wegen des Nominativs. Von da aus wird mir aber nicht bloß v 18, sondern auch v 17 verdächtig, weil dort die χαρις (κ. αληθεια) keine Eigenschaft Jesu, sondern eine von ihm ausgehende, etwas hypostasirte Gabe oder Wirkung ist (paulinisch)

Vor v 19 muß Johannes schon eingeführt sein. Man müßte also die im Prolog störende Erwähnung des Täufers doch vor v 19 wieder herstellen.

Nathanael aus Kana macht sicherlich den Übergang zu der Hochzeit in Kana. Aber das darf nicht bloß aus 21,2 errathen werden, sondern muß vor 2,1 explicirt sein. Damit werden Sie vermuthlich auch einverstanden sein; es ist eine Lücke vor 2,1, auf die auch der 3. Tag weist. Die Lücken sind das Unangenehmste bei der Restitution.

796. An Eduard Schwartz

G. 20. 3. 07

LHC

Corssen wird s. Exemplar kriegen, ich will ihm auch meine Apokalypse schikken mit der Bitte, sie anzuzeigen. Der Druck wird von Kestner[1] immer wieder unterbrochen.

Ich konnte es nicht lassen, Ihren neuen Text[2] sofort zu lesen. Mit der Streichung in v. 39 haben Sie gewiß Recht u damit, daß hinter ἦλθαν das Wohin ausgelassen ist. Es ist ein großer Vortheil, daß mit Ausnahme der beiden Johannesjünger Petrus etc in Galiläa berufen werden. Dann ist natürlich εις την Γαλ. v. 43 nicht mehr zu halten. In v 44 stört es allerdings, daß Philippus nicht in seiner Heimath, am selben Ort wie Petrus, gefunden wird, sondern da, wo Nathanael wohnt, in Kana. Man weiß nicht, wo der Übergang nach Kana gemacht werden soll. Man wünscht schon in v 39 Bethsaida am See Gennesar genannt zu sehen und in v 43 zu hören: ηθελησεν εξελθειν (απο Βηθσαιδα) εις Κανα της Γαλιλαιας. Dann wäre v. 45 (so wie so ein Nachtrag) zu ersetzen durch: und Philippus folgte ihm nach Kana – zugleich mit Petrus und den Anderen (wegen 2,1; ευρηκαμεν Pl. 1,45). Es geht natürlich auch anders; ich lasse mich nicht auf meine Einfälle behaften; wie Sie schon gemerkt haben: Alles *salvâ veniâ*.

Daß Sie jetzt das πρωτος oder πρωτον streichen, leuchtet mir nicht ein. Ihr Motiv dazu ist mir freilich klar; Sie scheuen sich vor nochmaliger Constatirung einer Lücke.

Rabbi[3] ist ein fester Titel wie Monsieur, möge die Anrede von Einem oder Mehreren ausgehn. *Rabban* wird nicht als *rabb* + *ăn* aufgefaßt, sondern als durch die Endung *ân* vermehrte Bildung (im Syrischen findet sich diese Endung nur im Plural) = *ribbôn*. Aber das Hebräerevangelium faßt allerdings das Βαραββαν = Βαρραββαν = filius magistri *nostri*. (Beiläufig das sicherste Zeichen, daß das Hebräerevangelium aus dem Griechischen übersetzt, denn Βαραββαν ist griech. Accusativ; es gibt kein n p. בר רבן, wohl aber בר אבא, wie auch אבא allein). Und es ist zweifelhaft, ob wirklich das aram. Rabban, das auch im Nominativ so heißt, Äquivalent für das hebr *Ribbôn* (oder *Rabbôn, Rabbûn*) sein kann; man würde erwarten *Rabbânâ* mit Emphaticus. Die jüdischen Gelehrten und Schürer stoßen sich nicht an sprachlichen Hindernissen, die für sie nicht existiren.

Anders *mari* und *maran* im Syrischen. So auch in *marána tha* (Herr, komm) und in Marna von Gaza. Letzteres freilich sehr sonderbar; denn die Verkürzung ist *Marán*, nicht *Marna*; das betonte kurze á des Suffixes der 1 Pl. darf nicht ausfallen. Aber auch *mâri* für Monseigneur bleibt fest als Königsanrede, z. B. für den König Agrippa in Alexandria. *ána* ist die alte aram. Form, *an* daraus verkürzt nach dem späteren Lautgesetz, daß hinter dem Ton alle wortauslautenden Vokale ausfallen. Die alte Form z. B. im Daniel, bei Paulus, und promiscue noch im Targum. Aber nicht im Christlich-palästinischen. Im chr pal. Evangeliar gewöhnlich ܪܒܝ, aber für επιστάτα Lc 17,13 ܪܒܢ.

Ihr W.

797. An Eduard Schwartz

21.3.07

L. H. C.

Über Nacht bin ich, immer Ihren Spuren folgend, auf andere Sprünge gekommen[1]. Das Itinerar vom Jordan nach Bethsaida, von dort nach Kana bei Nazareth, und dann wieder nach Kapernaum ist zu verrückt. Jesus μένει in Nazareth, dorthin geht er vom Jordan, und von da macht er den Abstecher nach Kana.

Wenn Andreas seinen Bruder εὑρίσκει, so geschieht das nicht an dem Orte, wo beide zusammen wohnen, wo möglich in Einem Hause. Und an diesem Orte würde Jesus in das Haus des Petrus geführt werden, nicht Petrus in das Haus Jesu.

In v. 43 fällt das Explicitum ο Ιησους im Schlußsatz auf, wenn Jesus schon vorher Subject ist. Und Philippus ist ja auch nicht Ihm bekannt, sondern dem Andreas oder dem Petrus. Sollte am Ende Blass (ich erinnere mich freilich seiner Ansicht nicht genau) Recht haben, daß das Subject zu εὑρίσκει in v 43 so wenig wie in v 41.45 Jesus ist, sondern ein Anderer und zwar in v 43 wie in v 41 Andreas[2]? Dann wäre in v 41 πρῶτον und nicht πρῶτος die richtige Lesung.

Allerdings müßte man dann (nach v 41) in v 43 stillschweigend ergänzen ευρισκειν³ Φιλιππον και ἤγαγεν αυτον προς Ιησουν.
Entschuldigen Sie meine Capriolen!

Ihr W.

In Kana ist Jesus bloß zur Hochzeit; in 2,12 ist die Übersiedlung von *Nazareth* nach Kapernaum gemeint; ου πολλας ημερας kommt mir komisch vor

798. An Eduard Schwartz

[Göttingen, 22.3.1907]

Ich weiß nicht, ob Sie Duchesne, Hist de l Eglise I[1] kennen. Er findet es höchst bedenklich, daß Papias Ignatius und Polykarp (ad Philipp.) nichts von Johannes in Ephesus wissen, entkräftet das aber dadurch, daß der Biograph des Polykarp im 4 Jahrh auch nichts davon sagt, dessen Silentium doch nichts dagegen beweise, daß die betreffende Tradition im 4 Jahrh allgemein angenommen war. Auf Mc 10,39 und den 26 Dec. als Martertag des Joh und Jakobus läßt er sich nicht ein.

Ich habe das Buch mit Vergnügen und Belehrung gelesen; aber der Vf scheint doch sehr zurückhaltend und vorsichtig zu sein – nur nicht im Protestiren gegen die angeblichen Radikalen. Einen hübschen Ausspruch des alten Göttinger Lücke habe ich bei Strauß gelesen: „Wir müssen geduldig warten, bis es Gott gefällt, durch weitere Entwicklung des besonnenen christl. Denkens die Räthsel des 4. Ev. zu allgemeiner Befriedigung lösen zu lassen."[2] Das können Sie sich als Motto wählen oder hinters Ohr schreiben! Denn Sie wollen Gotte helfen.

799. An Eduard Schwartz

L H C

Wieder ein Vorläufiges Etwas, wie Lessing sagt[1] – morgen vielleicht ein Etwas Nachläufiges.

Daß das Lokal am Schluß von Joa 1 wegen der Synoptiker verwischt ist, scheint klar. Von der Meinung aus: die Begegnung mit den Jüngern in Peräa (bei dem Täufer) ist bloß vorläufig und schließt die *Berufung* zu Menschenfischern nicht aus, die erst nach den 40 Tagen der Versuchung und der Rückkunft in Galiläam geschah.

Ihre Auffassung der τριτη ημερα als dritter Tag des Besuches Jesu bei seiner Mutter in Kana[2] hat mich sehr überrascht.

Für die Sitte der Steinkrüge gibt es keine Beläge; sie müßten doch auch an sich immer voll Wasser sein und brauchten nicht erst gefüllt zu werden (2,7). Zwölf bis achtzehn Metretai³ Wein sind zudem reichlich viel. Zum Verständnis der υδριαι in 2,7 ist der Vers 2,6 nicht nöthig. Waschwasser in Wein?

Wenn die Jünger in 2,11 falsch sind, so scheint das dortige επιστευσαν durch πολλοι επιστευσαν in 2,23 wieder aufgenommen zu werden. Dann fiele nicht bloß 2,12 und der Anfang von 2,23, sondern auch der ganze Abstecher nach Jerusalem 2,13–22. Dadurch würde allerdings das ἦλθεν εις την Ιουδαιαν 3,22 verständlich werden. Aber es würde doch eine furchtbare Bresche entstehn. Die ganze chronolog Differenz zwischen Joa u den Synoptikern würde fallen. Und die Scene mit Nikodemus dazu, die doch auch in Jerusalem spielt. Davor graut mir – es hat mich aber schon ein Student vor Ihnen auf diese Sprünge gebracht, Roland Schütz hieß er⁴.

Joa. weiß nichts von δαιμόνια und δαιμονιζόμενοι. Kennt er den Teufel? In 8,44 ist er falsch; sonst kommt er nur bei Judas Ischarioth vor – und die Stellen scheinen nicht recht im Zusammenhang zu stehn. Ein neues großes Skandalon – ich rühre nicht daran, um mich nicht für Israel noch stinkender zu machen. Vielleicht sind Sie schon auf ähnl. Gedanken gekommen.

23. 3. 07   Ihr W.

Daß Jesus den Namen und Vatersnamen des Petrus, der ihm unbekannt ist, sofort weiß und sagt, ist nach der richtigen Bemerkung des alten Bengel (Gnomon⁵) ein Wunder – vgl 3,25⁶. Strauß⁷ verweist darauf, daß der Messias nach den Rabbinen es den Menschen *anriecht*, wer sie sind – nach Isa 11,3: *odorando iudicat*, nicht nach Erfahrung auf gewöhnlichem Wege durch Sehen und Hören.

Ich habe es Ihnen in erster Linie zu danken, daß ich γηράσκω ἀεί πολλά διδασκόμενος⁸. Ohne Sie hätte ich überhaupt kein Interesse an Johannes gewonnen.

800. An Walter de Gruyter

Danke vielmals! Ich habe ein paar Noten über die Apostelgeschichte in den Göttinger Gel. Nachrichten 1907 drucken lassen und eine kurze Analyse der Offenb. Johannis in den Abhandlungen der Gött. Gesellsch der Wissenschaften¹; letztere ist noch nicht erschienen, erstere vielleicht auch noch nicht ausgegeben. *Voilà tout.*

Göttingen 26 März 1907   Wellhausen

801. An Eberhard Nestle

HH.C. Vielen Dank[1]! Sie haben mir den einen Abzug doppelt geschickt; ich schicke Ihnen das Duplum zurück

        Hochachtungsvoll
        Ihr ergebener
Göttingen 26. 3. 07   Wellhausen

802. An Eduard Schwartz

[Göttingen, 27.3.1907]

3,2[1] Der Anstoß von τα σημεια liegt eigentlich nicht hier, sondern in 2,23.
3,3 habe ich mit 3,2 so verbunden: Daß du mich als Lehrer anerkennst, genügt nicht; du mußt dich taufen lassen. Ανωθεν = denuo auch in den alten Versionen, nach denen ich mich in solchen Fällen richte.
3,8 οὕτως κτλ hab ich nach semit. Weise (Mc 4,26) so gefaßt: So ist der *Vorgang* auch mit dem Pneuma bei der Wiedergeburt[1]. Dann
3,9: wie ist dieser Vorgang möglich?
3,13 Kein Mensch ist zum Himmel aufgefahren *u hat Kunde von dort zurück gebracht* (Deuteron. 30,12); nur ich, vom Himmel herabgekommen, weiß mit den ἐπουρανια Bescheid.
3,14–21 Vieles sehr bedenklich; aber die *innere* Krisis muthet sehr echt an
Ich bin begierig, was Sie zu εἰς τὴν Ιουδαίαν 3,22 sagen werden
        Ihr W.

[1] so ist es allemal wenn jemand etc.

803. An Eduard Schwartz

               2. 4. 07
LHC
Ich sehe immer deutlicher, daß an eine Restitution des orig. Textes nicht zu denken ist und daß schon die Aufgabe, den ursprünglichen Faden, den äußeren und inneren Gang des 4 Ev. herzustellen, unsere Kräfte fast übersteigt.
 Eine Angabe über feindliches Vorgehen der Juden gegen Jesus wäre vor Allem wegen 2,13–22 zu wünschen und hinter 2,13–22 zu erwarten: sollen sie so etwas ruhig in die Tasche stecken? Aber selbst wenn man eine solche Angabe in 2,23–25 restituirte, so würde dadurch doch die allgemeine Wirkungslosigkeit von

2,13-22 nicht beseitigt. Denn der gewaltige Affront von 2,13-22 müßte überhaupt genügen, und die späteren viel schwächeren Anlässe zur Feindschaft nehmen sich daneben ganz sonderbar aus.

„Die gewalts. Entfernung des Täufers bei Mc wird bei Joa ersetzt durch dessen directes Zeugnis, daß nicht seine, sondern nur die χρ. Taufe wirksam sei."[1] Das veranlaßt mich zu der Frage: wird die Taufe Jesu als Geistestaufe von der des Johannes als Wassertaufe unterschieden? Ich nehme Anstoß an εν υδατι 1,31 und dann auch 1,26. Den Geist werfen Sie selber aus 3,1-21 hinaus; am Schluß von 3,8 scheint mir εκ του πνευματος Correctur für ἄνωθεν. In 3,34 ist πνευμα schlecht bezeugt; in 7,39 findet es sich in einer Glosse, in 20,22 in einer unechten Perikope. Mir scheint die Frage, ob Jesu Taufe als Geistestaufe von der Wassertaufe unterschieden werde, zu verneinen.

Ob Sie mit der Ausscheidung der μαθηται in den ersten Kapiteln Recht haben, vermag ich noch nicht recht zu beurtheilen. Der Vers 2,12 fällt mir überhaupt auf (wegen Kapernaum, vgl 4,46 Κανᾶ), und besonders die Zusammenstellung der αδελφοι und μαθηται. In 2,1 stehn nur die μαθηται, wahrscheinlich auch schon allein falsch. In 7,3 und besonders in 20,17.18 scheinen die αδελφοι von den μαθηται nicht unterschieden zu werden. Sie fassen ja auch den αδελφος Lazarus als μαθητης auf.

Ich sehe aus einer Note, die ich mir früher einmal gemacht habe, daß auch Blass in 1,33 die Worte ὁ βαπτίζων ἐν πνεύματι ἁγίῳ streicht[2]. Er ist freilich ein blindes Huhn und verfährt ganz desultorisch, ohne Nachdenken und Consequenz

Desperatum est. Sed non desperandum.

Ihr W.

Ob man vielleicht auf dem gefährlichen theologischen Wege weiter kommt, durch Erörterung der theolog. Begriffe (Geist, Sündenvergebung, Teufel, Reich Gottes, Parusie, Welt etc), die Joa hat und nicht hat? Mit Vergleichung des 1 Joabrief und der Apokalypse? Ich will es einmal probiren und sammle dafür.

Schon ältere Ausleger haben in 3,1-21. 3,22-36 und sonst Erläuterungen des Evangelisten zu der authentischen Rede Jesu angenommen. Das fällt weg, wenn die Rede Jesu nicht authentisch ist und selber vom Evangelisten stammt. Dann ist der Erläuterer nicht der Evangelist, sondern ein Späterer.

Kennen Sie die evangel Geschichte des alten Leipziger Philosophen Weiße? Er soll nach Jülicher[3] einen erheblich kürzeren Urjohannes construirt haben[4]. Wie es nach Jülichers Angaben scheint, nicht sehr glücklich. Ich will ihn mir aber doch einmal ansehen. Denn es geht mir wie Ihnen: ich werde an Jülicher irre. Er kritisirt nur, und hat keinen selbständigen und frischen Eindruck von dem Schriftsteller, macht auch keine wirklichen Beobachtungen, ist durch und durch ein gescheiter Eklektiker. Er fällt auf nichts Thörichtes herein – aber das ist auch Alles.

804. AN EDUARD SCHWARTZ

7 April 1907

In 4,1 ergänzt Burkitt die Syra Curet. so:

ܡܢ ܡܪܝܐ ܗܘ ܡܥܕܐ ܘܡܩܒܠ ܩܢܝܐ ܘܡܚܘܐ ܗܘ ܐܠܟܬܒܐ ܘܗܘܝܢ ܗܘܐ ܥܡ ܝܫܘܥ

In 4,35 halte auch ich, wie Sie wissen, die Aussage für unmöglich, daß die *Ernte* vier Monat *vor* der Ernte beginnen soll. Das ist blühender Unsinn. Die vier Monate sind die Zeit des ganzen Wachsthums in Palästina. Also ist Ihre Änderung sachlich durchaus begründet. Was heißt aber: die Felder sind *weiß* für die Besäung? Man sollte denken: sie *warten* schon auf d Samen. Die Annahme einer Verwechslung von ܡܣܟܝ (*exspectant*) und ܚܘܪܝܢ (*albi sunt*) ist aber unmöglich, weil dem 4 Ev. kein aram. Original zu grunde liegt und weil ܚܘܪ specifisch syrisch ist (nicht palästinisch).

Ihre Beseitigung der μαθηται in Kap. 4 scheint mir ein glücklicher Coup zu sein.

In 7,3 wird vorausgesetzt, daß Jesus selber in Jerusalem Großes gewirkt hat, *daß aber seine Jünger nicht dabei gewesen sind.*

Andererseits widerspricht dem 7,4. Darnach hat Jesus bisher nur εν κρυπτῷ (in Kana) gewirkt, nicht εν φανερῷ (in Jerusalem). Und dazu stimmt 7,6.8. Diese Worte sind unverständlich, wenn 2,13-22 schon voraufgegangen ist; sein Bedenken rechtfertigt sich nur, wenn er sich jetzt zum ersten mal in Jerusalem produciren soll, bei Gelegenheit eines Festes.

Ich bin neugierig auf Ihre Behandlung von Joa 5. An der Umstellung Kap 6. Kap 5. Kap 7 bin ich etwas irre geworden, weil 7,19-24 eingesetzt scheint (7,20 steht im Widerspruch zu 7,25[1]) und damit die nahe Beziehung von Kap 7 (v 21) zu Kap 5 fällt. Dann wird aber Kap 5 nur noch ungeschickter. Die Berührungen mit 1. Joa fallen auf[1]). Jülicher möchte wohl, mag aber nicht 5,43 auf Barkochba deuten. Außer Barkochba hat in der That kein Messias allgemeine Anerkennung bei den Juden gefunden

Ihr W.

Ich wollte Ch. H. Weiße's evangelische Geschichte nachsehen, sie fehlt aber auf der Bibliothek. Allen Schund schafft man an, und ein so wichtiges Buch fehlt. Ich will es gelegentlich kaufen. Weiße ist derjenige welcher die 500 Jünger in 1 Cor 15 mit Act 2 combinirt hat. Er ist zwar ein Langweiler, aber doch ein sehr nachdenklicher und selbständiger Mensch, neben Beneke und Herbart der früheste und bedeutendste Gegner Hegels, wenngleich nicht so schneidig und klar wie die beiden andern. Schopenhauer dagegen zieht doch, obgleich er das Ich als *voluntas* faßt, nicht als *intellectus*, mit Hegel und besonders mit Schelling an dem selben Strange; alle drei wurzeln in dem kolossalen Monismus von Fichte, haben aber nicht dessen gewaltige Persönlichkeit und sind keine Propheten wie jener, keine Ethiker und Pathetiker. (Sie leugnen alle die Welt, nicht Gott = das

Ich.²) Ein merkwürdiger Zwitter ist F. H. Jacobi. Neben Fichte hat offenbar auch Goethe und dessen vermeintlicher Spinozismus stark auf Schelling Hegel und Schopenhauer abgefärbt. Aber Goethe hat nie das Abstractum angebetet, wenngleich er erst im Alter zu der unzerstörbaren Entelechie gekommen ist. Der äußerste Gegner des Abstractum ist Leibniz, vielleicht auf den Spuren der Atomistik, jedenfalls im Gegensatz zu Spinoza.

Eben kommt Ihre Karte. Sie irren sich, wenn Sie glauben, ich würde durch Kühnheit abgestoßen; *citius ex errore quam ex confusione emergit veritas*³. Ich stoße mich nicht an der Identifizirung von Lazarus und dem Jünger, den Jesus lieb hatte, bin freilich nicht sofort davon überzeugt; ich halte es für etwas schnurrig, daß ein vom Tode Auferweckter hernach noch eine bedeutende Rolle spielt und im Wettlauf mit Petrus nach dem Grabe die Priorität hat. Oder streichen Sie diesen allerdings ganz abgeschmackten Wettlauf, der in den mittelalterlichen Osterspielen mit Recht als Farce erscheint? Es bleibt dann aber noch das andere Bedenken, daß Lazarus in Kap 11.12 einfach so genannt wird und hinterher anonym erscheint.

Wollen Sie πρῶτος im Nominativ 1,41 beibehalten, dann 1,43 ganz streichen und in 1,44 etwa lesen: ἦν δὲ ὁ ἄλλος Φ. ἀπὸ Βηθσαιδα? Dann entstünde allerdings volle Klarheit.

Ist Μαριαμ in 20,1 wirklich die Magdalena? Oder nicht vielmehr die Schwester des Lazarus? Auch die salbende Marie, die sonst für die Lene (das ist eigentlich Abkürzung für Magdalene und erst spät zu Helene ergänzt) gehalten wird, ist in Joa 12 die Schwester des Lazarus. Lukas macht daraus eine Hure, ganz in seinem Geschmack; ich mag ihn nicht leiden.

¹⁾ Strauß I 647 (erste Ausgabe, die allein brauchbare)

5,24 = 1 Joa 3,14
5,34.36.37 = – 5,9
5,38 = – 1,10
5,40 = – 5,12
5,42 = – 2,15

Ferner innerhalb des Ev. selber

5,20 = – 3,35
5,32 = – 19,35.21,24 (1 Joa 3,12)
5,44 = – 12,43

805. AN EDUARD SCHWARTZ

9. April 1907

Es freut mich, daß Sie jetzt auch zu der mir von Roland *Schütz* (ohne rechte Gründe) vorgetragenen Ansicht neigen, daß 2,13–22[1] ein Krach um nichts und wieder nichts ist[2].

Der Anfang von Kap 7 ist trotz aller Verschmierung ein ausgezeichnetes ὁρμητήριον. Und mit der richtigen Würdigung von μετάβηθι[3] (vgl die wichtige Parallele Lc 13,31 ss) schlagen Sie dem Faß den Boden aus. Dann hat Jesus überhaupt keine *Festreisen* nach Jerusalem gemacht, sondern nach einigem Widerstreben dauernd seinen Aufenthalt in Judäa genommen u während dieses Aufenthalts zuletzt das Pascha in Jerusalem mitgemacht, wobei er seinen Tod fand: alles von Kap 7 an Vorhergehende bereitet auf seine Tötung durch die Juden vor. Die Stellen 5,1. 6,4. 7,1.2 sind nichts werth. Und 10,22 stört den Zusammenhang; denn zwischen 10,1 ss und 10,27 darf kein großer zeitlicher Zwischenraum liegen. Die sämtlichen Feste (bis auf das letzte Pascha) müssen heraus: das ist vorläufig meine Meinung. Cap 4 (Samarien) bereitet allerdings große Schwierigkeit; Ihr Hinweis auf Lukas verdient ernstliche Beachtung.

Ihre übrigen Bemerkungen lasse ich mir vorläufig im Kopf herumgehn; ich muß noch längere Zeit darüber schlafen. Doch leuchtet mir die Streichung von 12,1–19 ein. Der Interpolator von 11,2 scheint 12,1 ss noch nicht gekannt zu haben; die Übertragung der Hure des Lukas auf Maria die Schwester der Martha ist sehr anstößig. Daß Sie meine Frage in Bezug auf die Echtheit des Wettlaufes in Cap 20 mit Nein beantworten, entspricht meiner Erwartung. Der Vorschlag von Smend zu 20,17 ist gewiß richtig[4]. Merkwürdig, daß Jesus hernach den Thomas selber zu einer sehr handgreiflichen Berührung auffordert. Der Widerspruch des μή μου ἅπτου zu 20,27 ist gewiß früh aufgefallen, und vielleicht erklärt sich daraus der Einsatz οὔπω γὰρ ἀναβέβηκα. Dann hat man angenommen, daß 20,24–29 erst *nach* der Himmelfahrt vorgefallen sei. Freilich ist die Annahme sonderbar genug, daß nach der Bekleidung Jesu mit einem himmlischen Leibe die Berührung statthaft geworden sei. *Perge bonis avibus! Ego sequar.*

Ihr W.

Daß Johannes *die Zwölfe* als Institution Jesu nicht anerkennt, habe ich auch schon vermuthet. Es wäre sehr wichtig; der echte Johannes würde dadurch zeitlich hinaufrücken. Man müßte die Berührungen mit der Apostelgeschichte untersuchen; Kaiphas ist auch dort durch Annas ersetzt, ebenso wohl auch im Luc. 2.

Meine Apokalypse[5] ist noch immer nicht fertig; seit dem 26 Januar ist das Msc in den Händen des Druckers. Er kennt mich als geduldigen Mann, und es liegt mir in der That nichts an Eile.

806. An Eduard Schwartz

11.4.07

Man saust herum wie ein Brummer in einer grünen Flasche, zerbricht sich den Kopf und findet den Ausgang nicht. Man steht vor einer Gleichung mit lauter Unbekannten; die festen Punkte werden immer wieder schwankend. Quand-même!

Wenn 1,26[1] bedeuten soll *ist aufgetreten*, so müßte nicht das *Präsens* στηκει stehn, sondern ἕστηκεν oder ἕστη (=ἀνέστη). Ein Hebraismus (קם) darf kaum angenommen werden und würde auch nichts helfen, um das Präsens zu erklären

Wenn wir εγω βαπτιζω εν υδατι v 26 streichen, so fehlt jede Beziehung zu 1,25. Die *Juden* sind mit υμεις angeredet, nicht die Boten. „*Ihr* kennt ihn nicht" implicirt: „*Ich* kenne ihn."

Der Gedanke liegt nahe, daß Johannes Jesum nicht tauft, sondern nur erkennt u präconisirt. Ihre Einschiebung der Taufe in 1,28 gefiel mir nie, und ich hatte unklar den Eindruck, als würde in 1,29–34 von hinten nach etwas eingetragen, woran der Autor nicht denkt. Also theile ich Ihren Zweifel an 1,29–33, möchte aber den Übergang der 2 Johannesjünger zu Jesus nicht missen und etwa Folgendes von 1,29–37 festhalten: „Tags darauf sah Johannes Jesum gehn und sagte im Hinblick auf ihn: *voilà le Christ!* Zwei seiner Jünger (Latina) hatten zugehört, wie er redete u. s. w." Τῇ τρίτῃ ἡμέρα (2,1) schließt doch wohl an eins der vorhergehenden επαυριον an, kann aber bedeuten: nicht am nächsten, sondern am dritten Tage nach diesem επαυριον kam Jesus nach Kana.

Daß Jesus zu Johannes d. h. zur Taufe kommt (1,29), ist ausgeschlossen. Wo soll nun der Täufer mit Jesus bekannt geworden sein (1,26)? In Galiläa? Spielt die Scene schon von 1,19 an in Galiläa? Wo ist Jesus gedacht, wenn es heißt: er steht mitten unter euch? Wird Galiläa auch in Mc 6,17 ss als Wirkungsfeld des Täufers angesehen? Von Josephus u Machärus weiß Mc nichts.

Nazareth als Scene von 1,40 ss steht natürlich auf schwachen Füßen. Vielleicht ist eher an Bethsaida zu denken als an Kapernaum, weil Bethsaida die Heimath des Andreas und Petrus ist, wenn man dem V. 44 trauen darf. Bethsaida lag außerhalb der Herrschaft des Antipas; das mag in Betracht kommen. Vor 1,19 scheint eine Orientirung ausgefallen zu sein, von der in 1,28 ein Rest nachgetragen ist. Ich bin auf den verzweifelten Einfall gekommen, ob nicht in 1,28 Βηθσαιδα statt Βηθανια zu lesen ist. Dann hätte man bis 2,1 überhaupt keinen Ortswechsel. Bethsaida lag jenseit des Jordan.

Ich habe in Noten, die ich mir vor längerer Zeit machte, Cαμφαριν ebenfalls für Sepphoris (die alte und eigentl. Hauptstadt, vor Tiberias) angesehn und angenommen, es sei entstanden aus εἰϹΕΦΡΑΙΜ. Rasch ist ein Narr auf eigene Faust[2]. Sprachlich sind die Lokalendungen *ôn* und *aim* äquivalent; man darf sie freilich bei Ortseigennamen nicht ohne weiteres vertauschen, aber doch heißt

z. B. Schomr*on* aramäisch Schomr*ain* in der Syra und in Esdr. 4,10. Ebenso scheint das Ephron 1 Macc 6,46. 2 Macc 12,27 mit dem אֶפְרַיִם 2 Sam 18,6 identisch zu sein. Auf der Mosaikkarte von Madeba scheinen allerhand johanneische Orte zu stehn, darunter ein Bethanien am Jordan, aber am *rechten* Ufer, ni fallor

Zu Ihren übrigen Observationen und Vermuthungen habe ich zur Zeit nichts zu sagen

Ihr W.

Ist die Meinung in Kap 3, daß Jesus getauft habe, wirklich die des Autors?

807. An Adolf Jülicher

[Göttingen, 28.4.1907]

Was habe ich Ihnen zu leide gethan, daß Sie mich *Hochverehrter Herr* tituliren? Ich werde *Lieber College* sagen und bitte dringend, daß Sie das selbe thun. Wozu machen wir Deutsche uns immer so lächerlich?

Ihr W.

808. An Adolf Harnack

Göttingen 26 Mai 1907

Lieber Herr College

Entschuldigen Sie, daß ich so lange gewartet habe, Ihnen zu der Verlobung Ihrer Anna zu gratuliren[1]. Wir haben uns herzlich darüber gefreut; *vivat sequens!*

Wir waren die Pfingstwoche über in Marburg. Ich habe viel philosophiren müssen, da ich Cohen in die Hände fiel. Ich brach zwar durch die Lappen, schied aber in guter Freundschaft. Er ist zwar ein fanatischer Märtyrer, aber doch nobel und nicht so bissig wie Natorp. Herrmann war der alte fröhliche Sanguiniker, trotz der dreimonatlichen Hundesperre, die seinen Dackel und ihn selber schwer trifft und ganz Marburg rebellisch macht. Mit Jülicher habe ich eifrig discutirt, nicht über Philosophie und Dogmatiken, sondern über Themata, die mir näher liegen. Er müßte eigentlich von seiner Arbeitslast erleichtert werden, damit er zum Arbeiten Zeit hat. Aber von Marburg darf er nicht weg.

Der Aufforderung zur Mitarbeit an der Internationalen Wochenschrift[2] entziehe ich mich. Ich kann nicht popularisiren. Auch ist mir die Gesellschaft von Kühnemann und Diels[3] nicht angenehm. Über des Letzteren Aufsatz in der ersten Nummer habe ich mich geärgert. Er sagt da:

„In einer berühmten Rede sagt du Bois: Naturwissenschaft ist das absolute Organ der Kultur u. s. w. Dagegen Wellhausen ebenso kategorisch: Die Geschichte u. s. w."[4]

Ich rede da ja gar nicht kategorisch, sondern konstatire eine mir nicht genehme Thatsache. Ich will ja grade das individuelle Geistesleben den „Gesetzen" der Geschichte und der Statistik entrücken. Diels ist ein guter Schuster, aber er sollte bei seinen Leisten bleiben. Ein solches Misverständnis ist doch eine unerlaubte Dummheit.

Freilich wenn die klass. Philologen philosophiren, so machen sie es gewöhnlich alle nicht besser als Diels, wenn sie auch geistreicher sind.

Mit herzl. Gruß auch an Ihre Frau

Ihr aufrichtig ergebener
Wellhausen

809. An Heinrich und Charlotte Limpricht

Göttingen 26 Mai 1907

Nehmt es nicht übel, daß ich so lange gewartet habe, für Eure freundlichen Glückwünsche zu danken. Wir waren die Pfingstwoche[1] über in Marburg bei Pfeiffer[2], theils um einem Ofenumbau aus dem Wege zu gehn (der natürlich noch immer nicht fertig ist), theils um alte Erinnerungen aufzufrischen. Die Bekannten sind stark zusammengeschmolzen; mit den übrig gebliebenen haben wir uns aber um so stärker den Mund fusselig geredet. Emma Wigand[3] war bei ihrer Schwester in Zürich; Marie hat die Zeit meist bei Frau Justi zugebracht, die ihr viel zu sagen hatte. Ich habe mit Cohen und Herrmann philosophiren müssen; es kam mir so hart an wie dem Bock das Lammen, ich sprang immer wieder durch die Lappen. Aber ich bin auch viel gewandert bei dem herrlichen, nur etwas schwülen Wetter. Es war Alles viel lustiger und grüner als hier; die Wintersaaten waren nicht ausgegangen wie hier, der Roggen stand in Ähren. Etwas hat aber Göttingen voraus; man guckt sich nicht so in die Töpfe und kümmert sich nicht so viel um einander, weder in Freundschaft noch in Feindschaft.

Es ist Euch zu gönnen, daß wieder bessere Pausen eintreten, so daß Ihr einmal aufathmen könnt. Ich bin gerührt, daß Ella trotz Allem noch Zeit gefunden hat, mir einen Kuchen zu backen; er war auch sehr gut gerathen. Frau Marmé hat mir den üblichen Fliederstrauß gestiftet und Frau Droysen geb. Schwartz die übliche photograph. Aufnahme einer Göttinger Gegend. Marie hat mir alte Sachen von meiner Mutter oder meinem Vater renoviren lassen; sie nehmen sich nun sehr stattlich aus. Ein alter Messingtisch von meiner Großmutter, den wir für nichts achteten, hat neulich die Bewunderung eines Fachmannes erregt. Aller alte Trödel kommt wieder zu Ehren

Viele herzliche Grüße an Machen!

Euer Julius.

810. An einen Göttinger Kollegen

Göttingen 20 Juni 1907

Hochgeehrter Herr College
Der Magen scheint sich zu bessern, er verträgt das Wasser gut. Dr. Bennecke besuchte mich nach seiner Rückkunft, fand das und das und verordnete Homburger Elisabethbrunnen[1]. Als er erfuhr, daß Sie ihm zuvorgekommen, war er über die Übereinstimmung vergnügt. Er sieht sich ab und zu nach mir um und äußert sich zufrieden.

In aufrichtiger Ergebenheit
dankbar
der Ihrige
Wellhausen

811. An Adolf Harnack

[Göttingen, 1907]

Lieber Herr College
Vielen Dank für Ihre aus dem Herzen geschöpfte Predigt[1]. Daß sich in der Wissenschaft eine bedeutende Annäherung vollzieht, ist sicher; und die Hoffnung, daß das zu praktischen Folgen führen wird, darf man nicht aufgeben, wenngleich der Wechsel langsichtig ist. Ich traue auch dem langsamen Wirken der geduldigen Forschung mehr als dem plötzlichen Aufflackern einer neuen Religion etwa durch einen socialistischen Propheten. Die Zeit des Enthusiasmus scheint mir vorüber, so Gewaltiges daraus auch früher entsprossen ist. Vielleicht waren schon Sokrates und Jesus keine Enthusiasten mehr.

Das Problem des Staates ist schwierig. Man gibt ihm nicht mehr das Christenthum zur Aufgabe, sondern die Cultur. Einerlei: das führt dazu, ihm unmögliche Aufgaben zu stellen, ihn zu überspannen und zu überschätzen. Man sieht das in allen gesinnungstüchtigen Leitartikeln und in allen patriotischen Schützenreden. In dem Protest dagegen scheint mir die Stärke des Katholicismus zu bestehn. Die Schwäche darin, daß er die Hoheit des Staats über alle anderen Verbände *als Verbände mit irdischer Macht* nicht anerkennen will. Ich glaube, die Amerikaner sind auf besserem Wege als wir deutschen Staatsidealisten. Der Staat ist kein Ideal, sondern die oberste Macht, die da sein muß, um Friede und Recht zu gewährleisten, so daß sich alles Lebendige rühren kann.

Der Cultur von heute gegenüber scheint mir der Staat die Aufgabe zu haben, zu bremsen und nicht zu beschleunigen. Die Concurrenz der Nationen in Handel Industrie und Colonien muß einmal zusammenbrechen; dieses Hasten, das auf jedem Stadium nur weitere Unbefriedigung erzeugt, richtet sich selber. Natürlich sehe ich wohl, daß der Staat durch sein ungeheures Geldbedürfnis gezwungen ist sich mit dem Teufel zu aliiren. Indessen halte ich das für einen Nothstand. Ich sehe mit Betrübnis, daß Westfalen schon halb ruinirt ist, und daß Hannover nachfolgt. Der Staat ist nichts Momentanes, wie die Cultur.

Verzeihen Sie die Expektorationen. Einen Punkt möchte ich noch berühren, betreffend das was Sie auf S. 7 sagen. Wir sind nicht bloß in die Confession hinein *geboren*, sondern auch in die *Religion*, sei es Christenthum oder Judenthum oder Islam. Ihre Bemerkung hat also eine viel größere Tragweite, als Sie ihr zu geben wünschen.

Noch einmal herzlichen Dank!

Ihr ergebener
Wellhausen

812. An Albert Schweitzer

Göttingen 8. Aug. 1907

Hochgeehrter Herr Doktor

Auf Nöldekes Drängen habe ich Ihr Buch von 1906 durchgelesen[1]. Zwar halte ich Ihre Position für ganz verkehrt, aber sie hat viel dazu beigetragen, Ihr Referat über die Geschichte der Forschung klar zu orientiren. Es ist außerordentlich lebendig, mit größter Liebe gearbeitet und außerdem zuverlässig, so weit ich kontroliren konnte. Ich habe nur Reimarus, Bretschneider, Gieseler, Strauß (1835), und Wrede gelesen; erst durch Sie habe ich Weiße, Ghillany, Bruno Bauer, Volkmar kennen gelernt. Ihr Buch hat meiner Ignoranz in bequemster Weise abgeholfen. Einzelne Kleinigkeiten, die mir aufgefallen sind, beeinträchtigen den Werth des Ganzen gar nicht. Strauß hat doch schließlich gezweifelt, ob die Posteriorität des Marcus so ausgemacht sei (Briefe ed. Zeller No. 405[2]). Die geschichtliche Schlußformel Boussets (S. 243.244) ist wörtlich von mir entlehnt; das ganze Buch[3] beruht wesentlich auf meinen Skizzen und Vorarbeiten I (1883)[4]. Das Kapitel über das Aramäische[5] hätte dreist fehlen können, es dient nicht zur Zier.

Ich bin Ihnen also für Ihre Belehrung zu größtem Dank verpflichtet und fühlte mich gedrängt, Ihnen das auszusprechen.

Mit aufrichtiger Hochachtung
der Ihrige
Wellhausen

P. S Daß ich auf Ihre positive Ansicht nicht näher eingehe, müssen Sie entschuldigen; das könnte nur in einer Abhandlung geschehen, die zu schreiben ich keine Lust habe, zumal ich mir von Polemik nichts verspreche.

813. An das preussische Kultusministerium[1]

Seine Exzellenz, der Herr Ministerialdirektor Althoff, hat gewünscht, daß ich mich äußern solle zu dem Plan der Septuagintaausgabe, den Professor Rahlfs aufstellt. Ich habe mich in den Jahren 1867–1872 mit der Septuaginta beschäftigt und etwa die Hälfte der großen Oxforder Ausgabe durchgearbeitet, aber immer nur in der Absicht, Lesarten darin zu suchen, die auf einen anderen hebräischen Text zurückgehen als den uns von den Juden überlieferten – einerlei, in welcher Handschrift diese Lesarten standen und ob sie zur echten Septuaginta gehörten oder nicht. Ich bin also nach einem bestimmten Leitfaden rein eklektisch verfahren und habe es nicht darauf abgelegt, die Handschriften in Gruppen zu ordnen und darüber hinaus zu dem Ausgangspunkte der divergierenden Recensionen zu gelangen. Darum bin ich zu einem Gutachten über ein solches Unternehmen nicht grade kompetent. Doch darf ich sagen, daß ich zu dem Plan des Prof. Rahlfs Zutrauen habe und vor allem zu seiner Person – wenn er es nicht macht, macht es niemand.

Über die praktischen Fragen, die in Betracht kommen, kann ich erst recht nichts sagen. Man ist zunächst betroffen über die langwierigen Vorarbeiten und denkt daran, daß Lagarde auf diesem Wege liegen geblieben ist. Doch sind diese Vorarbeiten, z. B. die Herstellung der Texte der orientalischen Afterversionen, auch an sich werthvoll, ohne Rücksicht auf das letzte Ziel; sie verdienen auf jeden Fall gemacht und selbständig veröffentlicht zu werden. Über die erforderlichen Geldmittel werden erfahrene Praktiker der Berliner Akademie zu befragen sein; einen halbwegs genauen Anschlag wird niemand zum voraus machen können. Die Forderung von 3000 Mark für die Arbeit des Herausgebers ist bescheiden.

Göttingen, 19. August 1907   Professor Wellhausen

814. An Walter de Gruyter

Göttingen 1. Sept. 1907

Verehrter Herr Doctor

Noch ehe meine Postkarte bei Ihnen eingetroffen ist, habe ich die letzten Aushängebogen[1] bekommen, und zwar gleich doppelt. Wenn ich die Dubletten zurückschicken soll, so bitte ich um Anweisung.

Ich möchte *zwölf* Freiexemplare haben und bitte, *zwei* davon an Professor Wilamowitz und Professor Harnack in Berlin zu übermitteln, die übrigen nach Göttingen zu schicken.

Es wäre mir erwünscht, das Honorar bald zu bekommen, da ich einen Theil davon zu einer Reise verwenden möchte, die ich in einiger Zeit zu unternehmen gedenke

Mit freundlichem Gruß
Ihr aufrichtig ergebener
Wellhausen

815. An Walter de Gruyter

Göttingen 5 Sept. 1907

Verehrter Herr Doktor

Vielen Dank für das Honorar[1]; ich habe den Herren Delbrück Leo u Co[2] quittirt.

Ich weiß nicht bestimmt, ob ich Mitte Oktober wieder hier sein werde. Es würde mir leid thun, Sie nicht zu sehen. Ich habe lange gefaullenzt, hoffe aber im Winter, meiner kleinen Broschüre über das 4 Evangelium[3] ein ausführlicheres Buch[4] folgen lassen zu können, das den Theologen etwas inkommensurabel erscheinen wird. Es macht mir immer Spaß, ihnen das Concept zu verrücken.

Mit herzlichem Gruß

Ihr aufrichtig ergebener
Wellhausen

816. An Anthony Ashley Bevan

Göttingen 6. Sept 1907

Hochverehrtester!

Der Verleger hat mir die Corrigenda geschickt; ich finde nichts daran zu ändern. Ich begrüsse das Anzeichen des demnächstigen Erscheinens von II 1[1].

Ich sitze hier, langweile mich und verbringe die Zeit damit, dass ich allerlei Griechisches und Arabisches lese. Im Hintergrunde steht eine ausführliche Analyse des 4. Evangeliums. Ich warte aber noch auf einen Aufsatz von R. Schütz, der im November in der ZNT erscheinen soll[2], und auf einen Vortrag, den E. Schwartz auf der Philologenversammlung zu Basel halten will[3]. Vielleicht kommen Sie auch nach Basel; dann lernen Sie vielleicht Herrn Schwartz kennen. Ich käme auch gern hin – wenn ich hören könnte. Aber meine Taubheit schliesst mich vom Verkehr mit Menschen aus.

Ibn Qutaibas Tabaqât[4] ist ein ganz guter Repetitionskurs für die arabische Poesie. Ich lese das Buch durch, um mich wieder etwas poetisch einzuölen. Ich denke daran, die älteren Hudhailitenlieder ins Deutsche zu übersetzen und glaube damit nichts Unnützes zu thun[5]. Diese Lieder sind mir von der ganzen arabischen Poesie das interessanteste; es ist am wenigsten Gemachtes dabei. Dazu sind sie recht schwierig.

Ihr aufrichtig ergebener
Wellhausen

817. An Eduard Schwartz

13.9.07

L. C. Vielen Dank! Ich hätte gewünscht, daß Sie sich in Basel weniger allgemein hielten[1]. Denn ich habe meine Analyse des 4 Evangeliums seit Ende Juni im Concept liegen[2], in der Absicht sie nicht eher herauszugeben als bis Sie vorangegangen wären[3]. Ich habe *von hinten* angefangen (mit Cap 20.21) und bin dann *as en Kréwet*[4] bis an den Anfang zurückgekrochen. Gute Reise!

Ihr W.

818. An Rudolf Smend

Greifswald 1. Okt. 1907

L. S.

Als wir Sonntag[1] Nachmittag in Bregenz ankamen, lag dort für uns ein Telegramm des Inhalts, daß meine l. Schwiegermutter am Morgen des selben Tages verschieden sei. Wir fuhren dann mit dem nächsten Zuge von B. ab nach München und durch die Nacht weiter nach Berlin, so daß wir gestern nachmittag hier eintreffen konnten. Vielleicht verbringen wir nach dem Begräbnisse noch einige Tage in Thüringen; bis Donnerstag Morgen bleiben wir hier.

Dein W.

819. An Eduard Schwartz

[Göttingen, 4.11.1907]

Ich fürchte, ich habe Ihre Mittheilung über die Verleugnung Petri misverstanden[1]. Ich bin der Meinung, daß sie (und auch die betreffende Weissagung in Cap 13 am Schluß) überhaupt nicht zur Grundschrift gehört, ebenso wenig wie der Verrath des Judas. Auch die Interpellanten Thomas Philippus und Judas der Andere scheinen mir nicht der Grundschrift anzugehören.

Ihr W.

Ich betrachte, wie Sie wissen, die Grundschrift nur als einen kleinen Bestandtheil des Evangeliums, freilich als die älteste Vorlage des eigentl Verfassers. Dadurch verliert die Geschichte den umstürzenden Charakter!

820. An Eduard Schwartz

28. 12. 07

L. H C! Heißt ἐγείρεται ἐκ τοῦ δείπνου Joa 13,4: er *unterbrach* das Essen mit Aufstehn? oder: er stand auf *nach* dem Essen? oder kann es beides bedeuten? Mit einer verschiedenen Auffassung dieser Worte hängt vielleicht die Variante γινομένου und γενομένου in Vers 2 zusammen

Ihr W.

821. An Enno Littmann

G. 1. 1. 08

Lieber Herr College
Ich stehe zu Ihrer Verfügung, wann Sie wollen. Meine Frau muß aber am Abend des Freitags[1] ins Concert, um eine Freundin singen zu hören, die Tochter unseres Nachbaren Vischer u Frau des Prof. Meißner. Ich freue mich sehr über die Aussicht Sie zu sehen und bin Ihnen dankbar

Ihr Wellhausen

822. An Enno Littmann

Göttingen 26. 4. 08

Lieber Herr College! Sie haben mich leider in G. verfehlt, weil ich Ende März nach Bozen abgedampft war und dort drei Wochen lang Äpfelblüthe und Maikäfer gekneipt habe. Donnerstag Abend bin ich, nach einem kurzen Aufenthalt in der Bierstadt, wieder zurückgekommen. Das Essen schmeckt mir wieder, aber die Arbeit nicht mehr. Immer vertreibt man einen Teufel durch den anderen!

Ihr W.

823. AN WALTER BAUER

Göttingen 26. 4. 08

Lieber Herr Doktor
Mein Dank für Ihre gütige Zusendung[1] kommt etwas verspätet, weil ich vier Wochen verreist war und mir die Drucksachen nicht nachschicken ließ. Ich lerne den Commentar von Holtzmann erst jetzt kennen und finde, daß es eine sehr sorgsame Registratur der ganzen am Johannes gethanen Arbeit ist. Er liest und bucht offenbar Alles, und Sie selber haben natürlich in seinem Stil fortfahren müssen, was Ihnen sehr gut gelungen zu sein scheint. Ich habe auch eine Art Commentar zum 4 Ev. im Druck[2]. Wenn er den nöthigen Skandal macht, so bin ich zufrieden; und diesen Erfolg wird er vielleicht haben. Vor Herbst wird er nicht erscheinen.
    Zu dem Nachfolger von J. Weiß kann sich Marburg gratuliren[3], er ist kein Schafskopf und kein Spielverderber, ich habe ihn sehr gern und werde ihn vermissen. Es wird Ihnen leicht werden, mit ihm in ein angenehmes Verhältnis zu kommen. Vorläufig kommt er noch ohne Frau; im August will er sich verheirathen. Ich glaube, er ist schon ein halb Dutzend Jahre heimlich und öffentlich verlobt[4], als ein echter *Candidatus Theologiae*.
    Viele Grüße von meiner Frau an Ihre Familie!

Ihr ergebener
Wellhausen

824. AN WALTER DE GRUYTER

Göttingen 10 Mai 1908

Hochverehrter Herr Doktor
Wäre ich jünger, so würden mich Ihre Meldungen mehr gefreut haben[1]. Jetzt ängstige ich mich etwas vor der Reihe, die nicht so bald abreißen wird. Aber ich will die Hand nicht von meinen Kindern zurück ziehen. Den Markus kann ich *in den Herbstferien* revidiren[2], so daß der Druck etwa *Ende Oktober* beginnt, die Zwölf Propheten *im Wintersemester*, so daß der Druck *erst 1909* beginnt[3]. Ich bitte um Zusendung der beiden Bücher, undurchschossen.
    Das Msc zum Johannes[4] ist fertig, ich werde aber noch 8–14 Tage warten, ehe ich es schicke. Im Druck wird das Ganze *zehn* Bogen[5] schwerlich übersteigen, so daß das Heft den selben Umfang hat, wie die früheren

Ihr aufrichtig ergebener
Wellhausen.

825. An die Gesellschaft der Wissenschaften zu Göttingen

Göttingen 14 Juni 1908

Der Königlichen Gesellschaft der Wissenschaften
erlaube ich mir, den Dr. Carlo Conti Rossini zum correspondirenden Mitgliede vorzuschlagen.

Er ist von Haus aus Jurist, hat sich aber daneben, unter der Leitung von J. Guidi, den Orientalia zugewendet, namentlich dem Abessinischen. Er war von 1899–1903 *Commissario* in der *Colonia Eritrea* und benutzte die Gelegenheit, Land Leute und Sprachen gründlich kennen zu lernen. Im Jahr 1900 ging er über die Grenze nach Adua und Aksum. Man hielt ihn wegen seines Namens Conti für einen Grafen und kam ihm in Procession entgegen, war dann aber über sein Aussehen und seine *Cavalcade* von ganzen drei Maultieren enttäuscht, hielt ihn gefangen und schob ihn bald möglichst wieder über die Grenze

Er ist der beste Kenner der mündlichen Literatur (in Liedern und Erzählungen) der heutigen abessinischen Dialekte, und einer der besten Kenner des alten äthiopischen Schrifttums, das zum größten Teil noch nicht edirt ist. Seine großen Verdienste in dieser Hinsicht blieben ohne Lohn und Dank. Die italienische Regierung kümmerte sich nicht um ihn in Aksum; sie hatte ein taubes Ohr für seine Bitten, ihn bei Ausgrabungen zu unterstützen; sie ließ ihn bei seiner Rückkehr nach Rom in eine untergeordnete, schlecht bezahlte Büreaustellung zurückschlüpfen. Seit 1907 ist er Vertreter des italienischen Schatzamtes in Paris. Verbittert und enttäuscht hat er sich der Wissenschaft abgewandt und eine von ihm angefangene große abessinische Geschichte liegen lassen[1]

Mir scheint, eine Anerkennung von unserer Seite würde dem Manne wohl tun und vielleicht die segensreiche Folge haben, daß er seine ausgezeichneten Studien wieder aufnimmt.

Wellhausen[2]

826. An Eduard Schwartz

Juli 1908

Amicissime

Meine Analyse des Joa[1], deren Druck sich sehr verzögert hat, wird erst im Herbst ausgegeben; ich schicke Ihnen meine Aushängebogen nur leihweise. Smend wollte sie haben, aber Sie gehen vor. Wenn Sie das Heft durchflogen haben, kann Smend es bekommen; vor den Ferien möchte ich es wieder haben. Sehr befriedigt bin ich von dem divinatorischen Versuch nicht; das liegt in der Natur der Sache. Ich habe auch nicht viel gesagt, was Sie nicht schon gesagt haben. Doch schien es mir nicht unnütz, in die selbe Kerbe zu hauen. Wir hauen freilich bei den Theologen ins Wasser; sie sind unverwundbar und nicht todt zu kriegen, wie ein Gespenst.

Ihr W.

827. An Walter de Gruyter

Göttingen 29 Juli 1908

Verehrter Herr Doktor

Ich habe den Markus für die 2. Auflage[1] durchkorrigirt und schicke Ihnen das Msc, mit der Bitte um ein *Accepisse*. Ich möchte es bei Ihnen in Sicherheit bringen, weil ich verreise. Der Druck darf nicht vor Ende August beginnen, kann aber auch auf spätere Zeit verschoben werden, wenn das besser paßt.

Außerdem erlaube ich mir die Bitte, mir das Honorar für das Ev. Joa[2] (9 Bogen à 75 *M*) schon vor meiner Abreise zu schicken, d. h. vor dem 8. August. Die Freiexemplare möchte ich aber nicht vor der allgemeinen Ausgabe haben. Das Buch gefällt mir im Druck, und ich hoffe, daß es zündet und die theolog. Löschmannschaft auf die Beine bringt, unter der Leitung meines verehrten Freundes Harnack.

In bekannter Gesinnung
der Ihrige
Wellhausen

828. An Eduard Schwartz

31 Juli 1908

Lieber Herr College

Am dankbarsten bin ich Ihnen für die Auseinandersetzungen am Schluß, etwa von p. 348 an[1].

Sonst brummt mir der Bregen von der Fülle des mir fremden Materials; ich könnte nicht leicht darüber klar referiren. Aber Recht haben Sie durch und durch. Einen so ehrlichen Zorn wird Harnack nicht aufbringen können, und sich darum christlich geberden oder akademisch.

Zwei oder drei Kleinigkeiten sind mir aufgestoßen.

330. *Rabbula* ist ein bei den Syrern sehr berühmter Name, wegen des bekannten monophys. Bischofs von Edessa (± 400).

339 ܪܡܙ verdruckt für ܪܡܙ

342 Nach ܟܕ muß *immer* das Imperfect mit ; stehn. Aber wenn es heißt „nachdem *zuerst* beschlossen gewesen war (ܗܘܐ = plsqpf), die Synode solle in

Ancyra stattfinden, ist es uns *jetzt* aus vielen Gründen gut geschienen, daß sie in Nicäa zusammenkommen", so ist das doch eine aus Gründen vorgenommene Veränderung eines früheren *Beschlusses*, und ich begreife nicht, wie man es anders verstehn will; die Dummheit H's ist so verblüffend, daß man sie gar nicht widerlegen kann. Das ܓܡܪ ist technisch im Sinn des phönic םת: es ist perfekt = beschlossen

Ich schreibe, weil ich wieder einmal nichts hören kann und darum vermieden habe, in die Sprechstunde zu kommen.

Ihr W.

829. An Enno Littmann

Göttingen 1 Aug 1908

Lieber Herr College

Beim Semesterschluß fallen mir meine Sünden ein. Ich habe Ihnen noch nicht für ʿArâq al-Emir (was heißt eigentlich عراق؟)[1] gedankt, da beschämen Sie mich durch neue Zusendungen. Zu der Geschichte von den Eseln gibt es ein deutsches Pendant von den Hunden, weshalb die sich beriechen – Professor Max Bauer in Marburg hat sie mir erzählt, ich habe sie aber nicht mehr genau in Erinnerung; vielleicht weiß Heinrich Weber Bescheid, den Sie in der Germania[2] fragen können.

Schultheß sollte Extraordinarius werden; indessen von Berlin aus rührt sich nichts und er befindet sich in peinlicher Ungewißheit. Es ist eine Rücksichtslosigkeit, leider nicht sonder gleichen. Es scheint sich inzwischen eine andere Aussicht für ihn eröffnet zu haben[3]. Wenn sie sich realisirt, sitze ich auf dem Trockenen und muß um meinen Abschied bitten. Ich wüßte keinen Privatdozenten als Ersatz für Schultheß. Ich habe einmal vor langen Jahren einen Dr Veith, Schüler Nöldekes, kennen gelernt als einen ungewöhnlich begabten Linguisten. Er scheint aber spurlos verschwunden zu sein. Nöldeke soll mit ihm gebrochen haben.

Ich hatte meinen Antrag betreffend Conti Rossini[4] eingereicht; aber es ist mir mitgetheilt, daß die Sommersitzung, worin die Wahlen statt finden, diesmal verschoben wird auf den Anfang des Winters.

Moab und kein Ende. Nun kommt auch der Pater A. Jaussen und beschreibt die *Coutumes des Arabes au pays de Moab*[5]. Ich muß das Buch lesen; es ist sehr fleißig, aber wegen der systematischen Anordnung nichts weniger als kurzweilig. Ich lerne auch eigentlich nichts Neues daraus; daß Curtiß[6] oberflächlich ist und in seiner Tendenz zu weit geht, habe ich auch schon gewußt. Nachdem mein Johannesevangelium[7] fertig war (es wird aber erst im Herbst ausgegeben), habe ich mich wieder den alten Arabern zugewandt – bloß zum Sport, denn literar. Ziele setze ich mir nicht mehr vor. Wenn doch etwas dabei abfallen sollte, so wäre es ein Versuch über das alte Araberthum und über Muhammad und den Koran = das Thema von Caussin de Perceval[8]. Am besten wäre es eigentlich, die epischen Erzählungen möglichst wörtlich zu referiren und den Koran zu übersetzen[9]. Aber mir graut vor der mechanischen Arbeit des vielen Schreibens. Meine Hand ist unsicher, und daraus erklärt sich die Knappheit des Ausdrucks, die mir oft vorgeworfen wird: das Malen der Buchstaben wird mir zu sauer und diktiren kann ich nicht.

Es ist aber auch möglich, daß ich auf der schiefen Bahn des Neuen Testaments weiter hinab gleite. Die Apostelgeschichte bedarf auf das dringendste einer anderen Behandlung, als sie ihr bisher zu theil geworden ist[10].

Es thut mir leid, daß C.H. Becker bei seinen Parallelen zw. Islam u. Christenth.[11] unter die Geistreichen gegangen ist. Da kann er es ebenso weit bringen, wie A Mez, um den es sehr schade ist. Sie werden mich nicht misverstehn; ich betrachte Seybold und A. Fischer nicht als Ideale, wohl aber Snouck, abgesehen von seiner zuweilen kleinlichen u fanatischen Rechthaberei.

Empfehlen Sie mich Ihrem abessinischen Knecht und Lehrmeister[12]!

Ihr Wellhausen

830. An Hans Lietzmann

Göttingen 1 Aug 1908

Verehrter Herr College

Herzlichen Dank für den Säulenheiligen[1]! Fahren Sie fort und bearbeiten Sie den Simeon Salos (Act Sanct. Boll. 1 Juli) in dem selben Stil; der ist noch viel amüsanter[2]. Diese syrischen Mönche müssen viel mehr beachtet werden.

Ich habe natürlich Ihr Buch nur durchblättert und kann es im Moment nicht studiren, da ich in die Ferien gehe. Den *Memra*[3] des Jacobus Serugensis über Simeon Stylites (der in Brockelmanns Syr. Gramm. u Chrestomathie abgedruckt ist[4]) werden Sie absichtlich ignorirt haben, da nichts darin steht.

Mein Evangelium Johannis[5], das schon seit Mitte Juni im Druck vollendet ist, werde ich Ihnen zuschicken, wenn es ausgegeben wird, nämlich im Oktober. Hoffentlich kriegen Sie keinen Schlaganfall bei der Lektüre, es ist fürchterlich wild. H. Holtzmann wird sich bekreuzigen – er hat aber lange genug für eine Autorität gegolten.

Von Eduard Schwartz ist so eben eine Antwort[6] auf Harnacks Angriff (betreffend die Synode von Antiochien AD 324/5)[7] erschienen, Nachrichten der Gött. Ges. der Wissenschaften 1908 p 307 ss: zur Geschichte des Athanasius VII. Ich bin überzeugt, daß er in allen wichtigen Punkten Recht hat und daß Harnack besser thäte, sich auf sein Talent, im Großen zu orientiren, zu beschränken. Wenn er philologisch wird, wie auch in seinen Abhandlungen über die Evangelien und die Apostelgeschichte, bringt er nichts Erfreuliches zu Wege. Ich hüte mich aber gegen ihn zu polemisiren, 1) weil ich darüber einschlafe, 2) weil ich ihn gern leiden mag. Er nimmt nichts übel, hat sich z. B. gegen Overbeck, einen merkwürdig unfruchtbaren Gelehrten, sehr vornehm benommen, viel vornehmer als man ahnt.

والسلام
Ihr Wellhausen

831. An Rudolf Smend

[August 1908]

L S. Wir sitzen hier u warten auf gut Wetter u auf Reger[1]. Wegen des Regens ist uns das Paradies noch verschlossen, doch schadet es nicht, weil ich mir den Fuß verletzt habe und ihn noch etwas schonen muß. Eine Tour im Auto haben wir schon gemacht, auch zum Königssee bin ich gehumpelt. Viele Grüße an Deine Frau

Dein J. W

832. An Carl Albrecht Bernoulli

Göttingen, 18. 9. 08

Verehrter Herr Doktor

Ich konnte es nicht lassen, Ihren 2. Band[1] sogleich zu durchfliegen. Er fesselt mich weit mehr als der erste. Wenn auch das Ephemere darin, vielleicht unumgänglich, einen breiten Raum einnimmt, und wenn auch die *Dramatis Personae* meine Sympathie nicht besitzen, so ist Ihre Leistung doch ungewöhnlich. Sie sind auf mir wildfremden Gebieten orientirt; das kommt Ihrer durchaus nach Unparteilichkeit strebenden und teilweise überraschend unbefangenen Kritik zu gute. Ihre Anhänglichkeit an Overbeck ist rührend und ehrt Sie wie ihn. Sie sind freilich recht von ihm verschieden; die alltägl. Berufsarbeit in der er aufging würde Ihnen kaum zusagen, und ich begreife, daß Sie der akademischen Enge entflohen sind. In dem Urteil über das Wesen des Christentums nach der modernen Theologie gebe ich Overbeck immer mehr Recht. Die Wirkung Jesu (nicht des lebendigen, sondern des gekreuzigten und auferstandenen) war gar nicht das s. g. Christentum, sondern die Kirche.

Herrn von Stein habe ich oberflächlich in Halle kennen gelernt. Ein preußischer Junker war er nicht im entferntesten; und ohne seinen frühen Tod würde er sich bald überlebt haben. Er und Nietzsche sind wie die Billardkugeln; daraus läßt sich nichts Gemeinsames machen und kein haltbarer Damm aufrichten. Kein Wunder, daß sie karambulirten.

Ich werde noch längere Zeit an Ihrem Buche zu lesen haben. Vielleicht gilt: *et hic di sunt*[2], wenngleich das Pantheon nicht nach meinem Geschmack ist. Herzlichen Dank!

Ihr ergebener
Wellhausen

833. An Eduard Schwartz

27. Sept 1908

Lieber College
Gratias! Ich glaube, Sie sind der einzige, der meinen Johannes wirklich versteht, und ich bin der einzige, der Ihre Aporien[1] wirklich versteht – wenigstens vorläufig. Wenn ich hören könnte, so würde mir Ihr Fortgehen ein schwererer Verlust sein; es wird mir deshalb weniger schmerzlich, weil die schriftl. Correspondenz, deren wir uns schon jetzt bedienen, auch von Wien aus[2] sich fortsetzen kann.

Harnack lenkt ein. Wilamowitz gibt das Negative zu und beanstandet das Positive: richtig, aber billig. Burkitt will Alles psychologisch verstehen, der alte Johannes hat später corrigirt und nachgetragen und dabei Widersprüche begangen und Confusion gemacht: er ist ein Esel. Holtzmann will die Analyse ignoriren und hält sich an das „Biblisch-Theologische" (p. 107 ss)[3]: ich wollte fast, ich hätte den 2. Theil (p 100 ss) gar nicht gemacht; ich habe es bloß gethan, um mir die Zeit zu vertreiben, bis Ihre Aporien erschienen, bin dann doch zu früh damit fertig geworden. Ich werde leicht zu früh fertig; ich bin zu rund, obwohl hoffentlich in anderer Weise als Harnack. Der Hauptjammer ist, daß ich kein Griechisch kann. Er wird vielleicht dadurch gelindert, daß ich doch im Allgemeinen sprachlichen Sinn habe, der durch nicht-griechische Lektüre grade so geschärft wird als durch griechische, nur daß mir das sachliche Verständnis nicht schwer wird. Namentlich die Syntaxe und der Stil ist mir zugänglich und überall interessant, abgesehen vom künstlich Rhetorischen und Technischen: dazu bin ich zu ungeduldig oder zu dumm. Rebus rathe ich nie; entziffern kann ich auch nicht. Ein Philologe bin ich eigentlich gar nicht, nur Hermeneut mir congenialer Sachen. Vom alten Gildemeister oder von Nöldeke steckt nichts in mir, geschweige von Grotefend oder Littmann. Ich habe in diesem Frühling Epiktet durchgelesen, der Sprache wegen; die Sachen haben mich aber so sehr gefangen genommen, daß die sprachliche Beobachtung ganz zu kurz gekommen ist. Das Systematische (Stoische) war mir langweilig, aber das Persönliche, das immer wieder durchbricht, hat mich erbaut. So aufrichtig spricht sich das religiöse Bedürfnis sehr selten aus, namentlich nicht in den Confessionen Augustins. In moderner Zeit ist nur Goethe ein aufrichtiger Confessor, im Faust und in Wahrheit und Dichtung, auch in Wilh. Meister I; abgesehen von negativen Confessionen à la Feuerbach und Strauß, die billig sind und nichts Persönliches an sich haben. In alter Zeit sind Jeremias, Hiob und die Psalmen (zum Theil) aufrichtig.

Entschuldigen Sie, daß ich brieflich schwätze, da ich es mündlich nicht kann.
Ihr W.

834. An Edward Schröder

G. 20. 10. 08

Lieber Herr College

In E. Schmidts Vorrede zum Urfaust[1] steht, Ch. H. Weiße habe zuerst (1837) den Trüben Tag als zum Urfaust gehörig erkannt[2]. Da der selbe Weiße nach Lachmann auch für die Analyse der Evangelien das Wichtigste geleistet hat, so möchte ich gern wissen, *wo* Weiße sich über den Trüben Tag ausgelassen hat[x], und bitte Sie es mir mitzutheilen wenn Sie können. Ch. H. Weiße war ein sehr langweiliger Schriftsteller und ein sehr feiner Beobachter, ganz das Gegentheil von D. F. Strauß, der ihn nicht ausstehen konnte. Er war befreundet mit Fechner und Lotze, auch einer von den hellen Sachsen, welche die hellen Schwaben weit überragen.

Ihr Wellhausen.

[x] was E. Schmidt nicht angibt

835. An Theodor Nöldeke

Göttingen 27. Okt. 1908

Lieber College

Was Sie über meine Reste gesagt haben, ist mir sehr sanft eingegangen[1]. Um so schlimmer, daß ich Ihnen nicht gedankt habe. Ich empfing den Artikel ganz kurz vor meiner Abreise in die Sommerfrische, und nach meiner Rückkunft habe ich das *Accepisse* verschwitzt. Übrigens wissen Sie selber sehr wohl, daß mehr darin steht als ein Extrakt; ich habe mir Manches hinter die Ohren geschrieben.

Daß Sie sich gefaßt machen müssen, de Goeje zu verlieren[2], thut mir sehr leid. Ich bin zwar etwas jünger als Sie, aber auch um mich herum stirbt es unheimlich. Von dem zahlreichen Kreise meiner Greifswalder Freunde der ersten Zeit lebt nur noch einer, der Jurist Bekker in Heidelberg.

Durch Littmann, der die Freundlichkeit hat alle halbe Jahr bei mir vorzusprechen, bleibe ich in einiger ideeller Verbindung mit den Fachgenossen, namentlich den jüngeren. Dem Vorgehn gegen A Fischer habe ich mich nicht angeschlossen, weil ich ihn einer μετάνοια nicht für fähig halte[1] und in seiner Beseitigung eine Gefahr für den Bestand der Gesellschaft und der Ztschr. sehe[3]. Eine Gefahr liegt auch darin, daß er, freilich verdienter maßen, von seiten der Semitisten ausgehungert wird. Es wäre doch schade, wenn das Erbe unserer Vorgänger zu grunde ginge. Mit der Societé und dem Journal Asiatique steht es freilich noch schlimmer. Sie sind der κατέχων, der uns noch zusammen hält.

Mit der Beförderung von Schultheß, die ich für sicher hielt, geht es doch nicht nach Wunsch. Man will zwar die Lücke stopfen, die durch meine Unfähigkeit zu unterrichten entsteht, aber kein etatmäßiges Extraordinariat schaffen. Man nimmt in Berlin *mit Recht* an, daß Schultheß unter allen Umständen hier bleiben wird. Ich weiß nichts zu machen. Wenn ich mich pensioniren ließe, würde ich ihm nichts nützen, denn er würde gewiß nicht mein Nachfolger, obgleich ich nicht das geringste dagegen hätte. Ich muß übrigens damit zufrieden sein, *daß* man die Lücke stopft, und kann keine Vorschriften darüber machen, *wie* es geschehen soll. Allgemeine Körper- und Geistesschwäche als Grund des Abganges kann ich noch nicht gut geltend machen. Wenn ich auf mein Gehalt verzichten könnte, wäre es eine andere Sache; aber von meinem eigenen Vermögen könnte ich nur recht knapp leben, bei jetziger Theurung.

Was den Abu Schaduf betrifft, so bin ich der Societät gegenüber scheu. Ich bin nicht mehr ordentliches Mitglied und habe eigentlich nicht das Recht zu solchen Anträgen. Mein Nachfolger Andreas wird es kaum durchdrücken. Den Druck der Abhh. bezahlt der Verleger, und dem darf man nicht zu viel zumuthen. Er spinnt mit Littmann und Goldziher keine Seide, und Marquart hat ihn dadurch geärgert, daß er das Msc im Druck überall veränderte und dadurch die Kosten verdoppelte; gewissenloser Weise. Sie wünschen ja aber nur einen fixen Beitrag. Nun würde dieser sich höchstens auf 500 Mark belaufen. So viel kann ich bequem aus eigener Tasche bezahlen, und ich würde es dem Idealisten Jacob zu lieb *gern thun*. Ich mache nur zur Bedingung, daß er mich darüber nicht in der Vorrede belobigt, und daß er mir das Msc früher[4] nicht zur Prüfung vorlegt: denn ich stecke zu sehr in eigener Arbeit und bin nicht im Stande, länger als etwa 5–6 Stunden des Tags am Schreibtisch zu sitzen

Viele Grüße an Weber und Littmann!

Ihr Wellhausen

---

[1] Ich kenne ihn von Kindesbeinen.

836. AN ADOLF HARNACK

Göttingen 27 Okt 1908

Lieber Herr College

Meine Ansicht über das Ev. vom Reich habe ich in der Einleitung (1905) § 11,3 ausgesprochen[1], und ich bleibe dabei. Die baldige Erwartung des Reiches im jüd. Sinn wird Jesu selber angehören, aber nicht das *Evangelium* vom Reich als seiner Stiftung. Das Evangelium von seinem Tode Auferstehung Parusie und von seiner Fortsetzung auf Erden durch den heil Geist ist zwar älter, aber auch erst apostolisch. Natürlich wäre das Evangelium nicht entstanden, wenn Jesus κατὰ σάρκα nicht einen unauslöschlichen Eindruck gemacht hätte. Aber dieser Eindruck *lebte* praktisch in seinen Jüngern, und erst später versuchte man ihn durch Aufzeichnung von Memorabilien zu historisiren.

Althoffs Tod[2] ist ein Ereignis. Er blieb ein Mensch und unterschied sich dadurch von den Beamten. Bei den ewigen Reibungen, die er zu bestehen hatte, kann man es ihm nicht zum Vorwurf machen, daß er dem Idealismus der Professoren nicht schärfer zu Leibe ging. Ich machte ihn einmal darauf aufmerksam, daß der Staat dem Chemiker sein Institut baue, einrichte und mit Assistenten versehe, daß die Studenten ihm in die Hände arbeiten u er ohne das nichts machen könne, und daß dann das Geld für die Benutzung des Instituts (hier jährlich 20–30 000 M.) nicht dem Staat, sondern dem Institutsherrn zufließe. Er lachte dazu und sagte, ich wäre unverbesserlich radikal. Die Professoren sind ein *noli me tangere*, mit ihrem verflixten Idealismus.

Ich bin für die nächste Zeit gezwungen, mein Gespei wieder zu kauen, da ich zunächst den Markus und dann die *sequentes* neu herausgeben muß[3]. Es kostet mich viele Arbeit; die Veränderungen sind freilich meistens nur Streichungen. Ich lese die ältere Literatur durch und sehe zu meinem Schrecken, daß namentlich Weiße mir Vieles und Wichtiges vorweg genommen hat. Auch von Strauß lerne ich, weil er eine sehr fleißige Übersicht über die ältere Exegese gegeben hat. Von den Tübingern und von Holtzmann etc ist nichts zu holen.

In alter Freundschaft
Ihr Wellhausen

837. AN THEODOR NÖLDEKE

Göttingen 18.11.08

Verehrter College

Ich habe mich in meiner isr. u jüd Geschichte (Kap 16, am Anfang § 3) so ausgesprochen: „Der Prediger zeigt keine nähere Bekanntschaft mit dem epikuräischen oder einem anderen System; doch ist damit nicht ausgeschlossen, daß er Anregungen unbestimmter und allgemeiner Natur von der griech. Philosophie bekommen hat. Dieselben haben dann eine ganz interessante Verwirrung in seinem Geiste angerichtet, die für uns durch die Verwirrung des Textes noch gesteigert wird. Des vergeblichen Kopfzerbrechens müde beschließt er endlich sich beim Hergebrachten und Gewöhnlichen zu beruhigen. Alles ist eitel, sowohl die praktischen als die theoret. Versuche, die auf das Lebensglück gerichtet sind; am meisten doch die Theorie, das Nachdenken und Forschen, und das viele Bücherschreiben."[1]

Sie haben mir früher einmal vorgeworfen, dieses Urtheil sei zu despektirlich, und ich gebe Ihnen darin jetzt Recht. Es spiegelt sich darin mein Ärger darüber, daß mir die Lektüre des Buchs so schwierig war. Ich hätte aber die große Aufrichtigkeit des Vf. sehr hoch einschätzen und damit die Antinomien seines Buchs erklären müssen. Desgleichen hätte ich mit der Neuheit des literar. Unterfangens dessen Unvollkommenheiten entschuldigen müssen. In den allgemeinen Bemerkungen, die Sie machen, bin ich ganz mit Ihnen einverstanden, oder ich eigne sie mir an. Sie haben schon in der „Alttest. Literatur" den *Ecclesiastes* mit besonderer Liebe behandelt[2]. Die Systemlosigkeit ist formell ein Nachtheil, materiell ein Vorzug.

Daß קהלת nicht nach راوية beurtheilt werden darf, habe ich von Ihnen gelernt. Mir war weniger die Form, als die Bedeutung ἐκκλησιαστής anstößig. Denn das Buch hat ja eher den monologischen, esoterischen Charakter von Confessionen, als den einer Predigt für das große Publicum. Die LXX übersetzt einmal (Amos 7,16) הַטֵּף mit ὀχλαγωγεῖν, aber was nützt uns das? Eine Ratio für diesen Schriftstellernamen (*nom de guerre*) ist nicht zu finden; jedenfalls wird er maskulinisch gebraucht und ist also nicht ein Attribut zu חָכְמָה.

Ihre Verbesserungsvorschläge müssen Sie doch einmal vollständig zusammenstellen und drucken lassen[3]; es kann Ihnen keine Mühe machen und würde von allen Seiten mit Dank begrüßt werden. Ich freue mich immer, daß Ihr Interesse für das Alte Testament so lebendig geblieben ist. Es ist in der That ein kostbares Buch, und ohne das A. T. wäre das Neue T. nichts.

Sie unterscheiden sich doch von Olshausen auch in anderen Punkten als in der Beurtheilung des Koheleth (worin ich mit ihm ehedem unbewußt zusammengetroffen bin[4]). Sie sind überall weitherziger als er. Natürlich schätze ich ihn nicht weniger hoch als Sie es thun, namentlich seinen Commentar zu den Psalmen[5], der von den Theologen niemals recht gewürdigt ist und es zu keiner zweiten Ausgabe gebracht hat. Schon seine einfache und saubere Sprache ist ein wahrer Genuß. Der Name klingt nicht holsteinisch; sein Vater ist aus Nordheim und dann nach Hohenfeld in Holstein gekommen, wo Justus geboren ist. Es interessirt mich, daß aus dem literarisch unfruchtbaren Niedersachsen doch einige nennenswerthe Gelehrte hervorgegangen sind, wie Carsten Niebuhr, Grotefend, Lachmann (aus Braunschweig), Gauß, Ewald, Benfey, Friedrich Rosen. Gesenius war aus Nordhausen und hat in Göttingen angefangen, wurde hier aber als zu gefährlicher Concurrent von Eichhorn weggegrault, worauf dann der junge Ewald an seine Stelle trat, der sich gegen den Nebenbuhler niemals anständig benommen hat.

Ich habe 500 M. an Jacob geschickt und ihm zur Verfügung gestellt[6]. Ich thue jetzt so wenig für mein Fach, daß es mir eine Art Erleichterung ist, wenn ich dazu beitragen kann, daß Andere etwas dafür thun. Wenn der Abu Schaduf nicht vollständig gedruckt werden kann, so kann doch vielleicht ein Excerpt des wichtigsten Inhalts gegeben werden. De Sacys *Notices et Extraits*[7] waren gar nicht dumm. Es ist freilich nicht leicht, ein ordentliches Referat über den Inhalt eines Buchs zu geben; und ich weiß nicht, ob Jacob und Prüfer diese Kunst verstehn. Sie sind, glaube ich, beide im Darstellen und Schreiben etwas fahrig, wie das jetzt so Stil ist.

Meinen Johannes[8] sollen Sie aber ja nicht lesen; es ist ein höchst unsicherer Versuch, wenngleich m. E. ein nothwendiger. Höchstens das was ich über 7,1–13 (S. 34) gesagt habe, könnte Sie interessiren.

Ihr Wellhausen

838. An Adolf Harnack

L H C Ich habe Ihren Artikel über Kirche und Staat schon in der 1. Auflage für das Beste in dem ganzen Bande gehalten. So wie er jetzt neu erscheint[1], imponiert er mir noch mehr; vielleicht ist er von Ihnen noch vervollkommnet, wahrscheinlich bin ich inzwischen urtheilsfähiger geworden. Nur eins vermisse ich, nämlich einen Blick auf die Urgemeinde von Jerusalem als Vorgängerin von Rom, vielleicht auch auf die von Antiochia. Wohin das Römische Reich nicht reicht, reicht auch die katholische Kirche nicht; Edessa ist erst katholisch geworden, als es ins Reich einverleibt wurde – von da hat dann freilich der Katholicismus noch etwas weiter nach Osten gegriffen, wo aber daneben doch die Nazaräer, in Sekten getheilt, sich lange erhielten.

12. 12. 08 Ihr W.

839. An Walter de Gruyter

Göttingen 12 Dez. 1908
Verehrter Herr Doktor
Wann soll der Druck der Kleinen Propheten beginnen? oder ist etwas anderes eiliger[1]? Ich möchte gern darüber Bescheid wissen, um meine Arbeit disponiren zu können. Ich habe Ihre mündlichen Mittheilungen über die noch vorhande-

nen Exemplare des Matthäus und Lukas und der Einleitung vergessen. Vielleicht haben Sie die Güte, mich gelegentlich zu informiren, wenn Sie grade Zeit haben

Der Markus hat eine kleine Entfettungskur durchgemacht[2], die ihm hoffentlich gut bekommt. Er war mir fremd geworden, und es hat mir viel Spaß gemacht, die alte Bekanntschaft zu erneuern. Ich bitte um 12 Exemplare, wünsche sie aber nicht vor Neujahr, erst nachdem der Weihnachtstrubel vorbei ist.

In alter Treue
Ihr Wellhausen

840. An Walter de Gruyter

Göttingen 17. 12. 1908

Verehrter Herr Doktor

Vielen Dank für die freundlichen Mittheilungen. Das unverdient hohe Honorar (*M.* 684,40[1]) habe ich bekommen.

Da ich die Einleitung umarbeiten will[2] und dazu Zeit haben muß, so möchte ich bald daran gehn und bitte um ein Exemplar (zugleich mit den Freiexemplaren des Markus am 2.1.09). Die Kleinen Propheten habe ich durchkorrigirt, möchte aber das Msc behalten, bis es Zeit zum Druck ist, um vielleicht noch nachtragen zu können[3].

Über meinen Johannes schweigt die Welt. Nur in den Münchener N. N., die Sie mir geschickt haben, wird davon Notiz genommen[4]. Man scheint die Hände über mich zusammen zu schlagen: *noli turbare circulos nostros!* Es muß ja Ärgernis kommen, doch wehe demjenigen, durch den es kommt[5]. Derjenige welcher – ist aber ganz guter Dinge, als Wolf in der Heerde[6].

Ihr W.

841. An Eduard Schwartz

[Göttingen, 14.2.1909]

Euseb. H. E. 6,17: ὑπομνήματα des Symmachus, in denen er die Häresis der Ebioniter zu bekräftigen glaubt πρὸς τὸ κατὰ Ματθαῖον ἀποτεινόμενος εὐαγγέλιον. Ich weiß namentlich nicht, was ἀποτείεθαινος πρός .. bedeutet, bin aber auch über ὑπομνήματα im Unklaren. Kann πρὸς .. ἀποτεινόμενος heißen: er richtet sich *gegen*, er polemisirt *gegen* Matthäus?

Ihr W.

842. An Enno Littmann

L. H. C.
Ich spüre einen Gewissensdruck, daß ich Ihnen einen Brief schuldig bin. Hartgesotten wie ich bin, schreibe ich aber nur eine Karte, daß Conti Rossini endlich von der Societät gewählt ist. Der unverwöhnte Mann scheint sich über die Maßen gefreut zu haben, er schreibt einen rührenden Brief. Sie haben sich durch die Notizen, die Sie mir mitgetheilt haben, ein Verdienst erworben; und ich danke Ihnen noch einmal dafür. Am 9 März gehe ich auf einige Wochen nach Bozen, d. h. ich werde von meiner Frau mitgenommen. Schönen Gruß an Ihren Onesimus[1]!
G. 18. 2. 09   Ihr W

843. An Rudolf Smend

Bozen 12. 3. 09
L. S. Wir sind ohne alle Fährlichkeit u Verspätung hier angekommen u gut untergebracht. Der hier niedergegangene Schnee muß enorm gewesen sein; die Wege sind bei dem Thauwetter schlecht. Das Wetter ist ganz leidlich; wenn die Sonne scheint sogar sehr schön, wenigstens draußen – in den Stuben muß geheizt werden. Der Münchener Arzt hat uns gleich zu Tisch eingeladen und zum Nachtisch meine Frau untersucht; sie ist entzückt von ihm. – Von Vegetation ist noch nichts spürbar; nur einen schüchternen Trieb an einer Rose habe ich entdeckt. Die Schattenseite ist noch voll Schnee, nur die Sonnenseite frei. Wir fühlen uns trotz Allem ganz behaglich im Stiegl[1].
    Viele Grüße
                                                        Dein W.

844. An Rudolf Smend

Bozen 25. 3. 09
L. S. Hoffentlich ist es wahr, was ich eben in einer Münchener Zeitung lese, daß Rudi an stelle von Perels berufen ist[1]. Vorläufig freue ich mich herzlich mit Euch. Nun kann ja Leopold gleich mit gehn und die Weisheit aus dem Munde des Senior auffangen. Wir wollen noch etwa 8 Tage hier bleiben und dann über Marburg zurück, so daß wir Anfang der Karwoche[2] wieder in G. eintreffen. Meine Frau ist sehr erkältet; das Wetter ist warm, und war längere Zeit sehr sonnig.
    Viele Grüße
                                                        Dein W.

845. An Rudolf Smend

[Bozen,] 6.4.09

L. S. Wir warten mit unserer Rückkunft bis nach Ostern[1]. Die Influenza meiner Frau ist zwar besser, aber sie möchte gern noch einige gute Tage hier genießen, und der Wunsch ist begreiflich. Habe ich mich hier 4 Wochen gemopst, so kann ich es auch noch eine fünfte; die Herberge ist so gut wie möglich, und die Leute alle sehr dienstfertig und freundlich. Ich sehne mich aber nach den Arabern und nach dem General Schwartz: lieber wäre es mir freilich, wenn er nach Freiburg gekommen und Eduard bei uns geblieben wäre[2].

846. An Eduard Schwartz

Göttingen 17 April 1909

Lieber College

Wir sind seit vorgestern wieder in Göttingen, leider ohne Sie vorzufinden. Von einer Grippe, die meine Frau in Bozen befiel, hat sie sich leidlich erholt; im Ganzen hat ihr der Aufenthalt dort nicht wohl gethan. Sie kann nicht gehn und nicht steigen, saß dann zu Hause und hing ihren Gedanken nach. Das war ihr schädlich; sie muß etwas zu thun haben, wodurch sie vom Befühlen ihres Pulses abgezogen wird. Diese meine alte Erfahrung war auch die Meinung von Dr. Friedrich Müller in München. Er verlangt, daß sie sich neben der Musik auch eine regelmäßige Zeit der Wirtschaft widme – ohne sich anzustrengen und mit reichlichem Ruhen und Liegen. Ein Medicinmann hat größere Autorität als ein Ehemann.

Gegenwärtig haben wir Sorge um meinen Schwiegervater. Er hat Gelbsucht und daneben ein Jucken am ganzen Leibe, das ihm den Schlaf raubt, vermuthlich den s. g. *pruritus senilis*[1]. Er soll sehr niedergeschlagen sein, da er chronisches Unbehagen und schlechten Schlaf gar nicht kennt. Acute Gefahr besteht wohl nicht; aber schwerlich wird er sich völlig erholen. Ich glaube, daß der *pruritus senilis* unheilbar ist. Er zählt 82 Jahre. Ella ist natürlich in größter Unruhe.

Vielen Dank für die Bilder. Ihr eigenes Conterfei sieht mir zu elend aus, vielleicht wegen der etwas harten Lichter und Schatten. Man muß Sie sprechen sehen, um Sie zu erkennen. Um einen kleinen Ersatz für Sie in Göttingen zu haben, haben wir Ihren Schwager[2] gebeten, unser Arzt zu sein – natürlich auch deshalb, weil wir glauben, daß er ein guter Mann ist. Ich für meine Person lege alles Gewicht darauf, daß der Arzt das ist; gegen die medicin. Kunst und Wissenschaft bin ich mistrauisch. – Smend ist wieder hier; ich habe ihn heute früh vorbeigehn sehen. Frau Smend wünscht auch ihre beiden Jungen los zu sein, um sich ausruhen zu können. Ich halte sehr viel von ihr und bewundere ihren Verstand, aber sie reibt sich auf durch ihr ewiges Sorgen und Mühen. Sie ist immer abgehetzt, und das liegt nicht an äußeren Umständen. Sie könnte von Ihrer Frau geistige Ruhe lernen.

Harnacks Entgegnung[3] habe ich flüchtig gelesen. Auf die bestimmten Punkte, die ihm das Concept verrücken, scheint er nicht recht einzugehn. Er scheint zu meinen, es genüge zu Ihrer Widerlegung, daß ihm sein allgemeines Concept über die Kirchengeschichte in die Brüche ginge, wenn Sie Recht hätten.

Entschuldigen Sie meine Schrift; meine Hand ist seit 6 Wochen nur mit einem derben Knittel in Berührung gekommen und nicht mit der Feder. Sie wird sich wohl wieder erholen – sonst gebe ich die Schriftstellerei auf.

Als frommer Christ wünsche ich, daß Sie sich in Freiburg recht wohl fühlen mögen; mein alter Adam sagt aber nicht recht Ja und Amen dazu. Ihren Nachfolger[4] habe ich noch nicht gesehen und auch nichts über ihn gehört. Meine Frau grüßt die Ihrige von Herzen.

والسلام
Ihr Wellhausen

847. AN RUDOLF SMEND JUN.

17.5.09

Im Nothfall, wenn Du keine passende Wohnung zum 1 Juli bekommst[1], kann Dir meine Schwägerin[2] für den Juli zwei möblirte Zimmer vermiethen, die freilich nicht so hübsch und bequem sind als Deine jetzigen.

XXX

848. AN ADOLF JÜLICHER

Göttingen 5.6.09

Lieber Freund

Laudarier a laudato[1] geht immer glatt ein, aber Ihre Zeilen haben mich doch viel mehr durch die Herzlichkeit erfreut, die daraus spricht. Ich habe die selben Gefühle für Sie, kann sie aber nicht so gut zum Ausdruck bringen. Sie sind einer von den ganz wenigen Theologen, die nicht sich vortragen, sondern die Sache, und die zugleich gründlich etwas von der Sache verstehn. Sie sind neben Schwartz der Einzige, mit dem ich als *Pair* verhandeln kann, um mich hochmüthig und aufrichtig auszudrücken. Harnack kann ich nicht mehr ernst nehmen. Er fühlt sich als Großmeister über alle Kleinmeisterei, wie er meine Erörterungen in § 9 der Einl. zu den 3 ersten Evv. nennt[2], erhaben. Er schlägt alle auf

Interpretation und Analyse beruhenden Gründe damit nieder, daß sie seine historische Conception stören oder überhaupt eine runde historische Conception schwierig machen. Ich kann in der Neubearbeitung der Einleitung, die ich vorbereite[3], nicht gegen ihn polemisiren, ich muß ihn ignoriren. Ich schätze ihn darum nicht gering; er ist als Mann der Praxis sehr am Orte, und auch als anhänglicher treuer Mensch hat er meine Sympathien; seine Eitelkeit ist naiv und verhindert ihn nicht, alle Leistungen anderer Leute anzuerkennen, auch solche die es nicht verdienen.

Smend ist zum Begräbnis seines Schwagers gereist[4], dessen Tod er aber lange erwartet hat. Er ist sehr vergnügt über seine Kinder, die jetzt alle abwesend sind; die Tochter[5] am Genfer See, Leopold als Stud. juris in Kiel, und Rudolf als Professor in Greifswald. Rudolf scheint alle Aussicht auf eine große Carriere zu haben, wenn er sich nur nicht überarbeitet.

Meine Photographien sind vergriffen und ich habe es verbummelt, eine neue Auflage zu bestellen. Ich werde es aber demnächst tun und Ihnen dann ein Exemplar zu schicken mir erlauben, auf dem man mir den *marasmus senilis*, dem ich jetzt zu verfallen drohe, noch nicht ansieht

In aufrichtiger herzlicher Dankbarkeit
der Ihrige
Wellhausen

849. AN ADOLF HARNACK

[Göttingen, 5.6.1909]

L H C Vielen Dank für Ihre gütige Gabe[1]; ich genieße sie stückweise. Es ist erstaunlich, daß Sie die ganze moderne Literatur *up to date* verfolgt u gewürdigt haben. Hinsichtlich des Evangeliums bin ich natürlich nicht überall einverstanden. Wohl aber z. B. in dem Urtheil über Wrede, er wird maßlos überschätzt und *per consequentiam* auch B. Bauer und Volkmar. Albert Schweitzer braucht ihn allerdings nur als negativen Decknamen für sich selber; er hätte eigentlich s. Buch betiteln müssen: Von Reimarus zu A. Schweitzer; denn er selbst ist der rothe Faden, der sich durch Alles hindurchzieht. Trotzdem habe ich viel von ihm gelernt, obgleich er im Referat höchst unzuverlässig ist und bisweilen böse Verwechslungen begeht. Er hat Talent und Schwung in ungewöhnlichem Grade, und man muß berücksichtigen, daß er ganz jung ist, Medizin studirt, um als Missionar nach Afrika zu gehn, und daneben ein großer Musikant ist.

850. An Enno Littmann

L H. C.
Wir freuen uns auf Ihren Besuch am Sonntag; am Montag fährt meine Frau nach Leipzig. Da Sie wohl erst am Nachmittag kommen können, so warten wir dann auf Sie. Wenn Sie zum Mittag eintreffen können, so bittet meine Frau um Meldung; denn es ist ihr erschröcklich, wenn jemand ihr *inpraeparatae* in die Suppe fällt
30 Juli 1909   Ihr W

851. An Enno Littmann

[Göttingen, 5.8.1909]
Der arme Hausrath und der arme Merx sind an der unordentlichen Mitgliedschaft der Heidelberger Akademie gestorben. Man muß sich vor dieser Ehre in Acht nehmen[1].

852. An Walter de Gruyter

Göttingen Sedanstag[1]) 1909[1]
Verehrter Herr Doktor
Ist es Ihnen schon möglich zu bestimmen, wann der Druck einer neuen Auflage der Einleitung in die drei ersten Evangelien[2] beginnen soll? Ich vermuthe, daß die alte nicht vor Ostern 1910 vergriffen sein wird. Vielleicht können Sie auch nur erst vermuthen und nichts Gewisses sagen. Aber zu größerer Sicherheit bitte ich doch um Beantwortung meiner Frage
                                Mit aufrichtiger Ergebenheit
                                Ihr Wellhausen

[1]) Der heilige Sedan wird bald durch den heiligen Zeppelin[3] ersetzt werden. Ich zappele aber nicht mit, so sehr ich auch den Glauben und die Ausdauer des Grafen bewundere

853. AN WALTER DE GRUYTER

Göttingen 4.9.09

Verehrter Herr Doktor
Das Concept zu einer vermehrten Auflage der Einleitung wird durch Ablagerung nicht schlechter. Ich habe es vollendet, weil ich dachte, der Absatz würde im alten Tempo weiter gehn, und weil ich in meinem Alter gern Alles zeitig fertig mache. Die Kleinen Propheten will ich nicht noch einmal drucken lassen und die Composition des Hexateuchs auch nicht[1]. Beide Bücher sind vollständig in die theologischen Compilationen übergegangen, oft sehr unverschämt abgeschrieben – haben also ihren Zweck erreicht.

Vielen Dank für Ihre gütige Antwort. Ihr Besuch würde mich sehr erfreuen, aber vom 9–28 September bin ich verreist.

In bekannter Gesinnung
der Ihrige
Wellhausen

854. AN RUDOLF SMEND

Berchtesgaden, Pension Geiger
14. Sept. 1909

L. S. Wir sind gestern hier angekommen, nachdem wir vorher in Nürnberg und München uns aufgehalten und an letzterem Orte auch ein bißchen an das Brahmsfest gerochen hatten[1]; Ebstein war unter den Thyrsusschwingern[2]. Das Wetter war bis Sonntag sehr warm, seitdem gewittert es; indessen das schadet nichts. Wir haben einen wundervoll nach Süd gelegenen Saal, und das ganze Paradis liegt uns zu Füßen
   Viele Grüße an Deine Frau
Dein W.

855. AN ADOLF HARNACK

Göttingen 5.10.09

Lieber Herr College
Ich schäme mich, daß ich für meine Wurst regelmäßig einen oder mehrere Schinken von Ihnen bekomme. In der neuen Ausgabe des 2. Bandes Ihrer Dogmengeschichte[1] hat besonders der Vortrag von 1877 über den Islam meine Aufmerksamkeit erregt[2]. Ich bin auf ganz anderen Wegen zu einem ähnlichen Er-

gebnis gekommen (Reste arab. Heidentums 1897[3] p. 234 ss). Auch die Manichäer[4] habe ich gelesen. Es ist schade, daß Aphraates nicht mehr über sie sagt. Bei seiner Bekämpfung der Häresien hat er zwar auch die Marcioniten und Valentinianer im Auge, aber doch vorzugsweise die Manichäer; der Name *manai d'bîscha* (*vasa diaboli*), den er für die Häresien gebraucht, scheint auf Mani anzuspielen. Zu der Note p 440 möchte ich fragen, ob der Mysticismus nicht schon bei Paulus eingewirkt hat, in der Verselbigung des Gläubigen mit Christus, des Mystes mit dem Gott? vielleicht auch in dem Essen und Trinken des Gottes beim Abendmahl? Über das Jüdische geht doch das ἐν Χριστῷ εἶναι hinaus[5]. Ich bin sonst nicht sehr für den Synkretismus beim Urchristenthum; aber gewisse Äußerungen Ihres Austauschprofessors G. Moore[6], eines höchst soliden Gelehrten, haben mich etwas aus der Bahn gebracht.

Augenblicklich erhole ich mich vom Neuen Testament an den alten Arabern[7]; die Wüstenluft hat immer eine erfrischende Wirkung auf mich. Es herrscht da ein geistiger Realismus, wie man ihn sonst vielleicht nur in den isländischen Sagen wieder findet. Eine Cultur ohne jede andere materielle Grundlage, als die elementaren Formen der menschlichen Gesellschaft. Dabei die wundervolle und fast raffinirte Ausbildung der Sprache. Nur das Griechische kann sich mit dem Arabischen messen. Unangenehm ist freilich die Luxurianz des Lexikons; für jede Nüance gleich ein besonderes Wort; keine Composita, keine Adverbia und wenig Adjectiva. Abstracta aber genug, wenngleich nicht philosophischer Art.

Mit herzlichem Dank
Ihr Wellhausen

856. An Ella Limpricht

Göttingen 12.10.09

Liebe Ella

Marie liegt zu Bett mit böser Neuralgie an der Stelle im Rücken, wo der Rest des alten Exsudats sitzt. Die Schmerzen lassen jetzt nach, Fieber hat sie nicht; doch wird sie sich voraussichtlich nur langsam erholen. Wenn sie etwas besser ist, etwa in acht Tagen, soll sie sich nach dem Wunsche Droysens[1] von dem Ohrenarzt ihre Nase untersuchen lassen, ob von daher eine Geschmacksverstimmung rührt, die ihr den Appetit verdirbt. Diese Nasenbehandlung könnte unangenehm werden, meint Droysen; er hält es für wünschenswerth, daß zu der Zeit eine Pflegerin da wäre. Ist es Dir möglich, dann von Berlin aus auf 14 Tage zu kommen? Von einem „Fräulein" will Marie nichts mehr wissen. Schreib uns aufrichtig, ob es geht oder nicht.

Dein Julius

857. An Walter Bauer

Göttingen 15. Okt. 1909

Lieber Herr Unterkollege

Ich bin starr über Ihre Gelehrsamkeit und verwundert über die geschickte Darstellung und Disponirung des zerstreuten und spröden Stoffs[1]. Mir ist fast Alles unbekannt, mit Ausnahme dessen, was in syrischen Büchern steht oder in den Recogn. des Clemens. Für die Interpretation der Evangelien und namentlich für die Kritik ihres Textes kann aber die Sache wichtig sein, und ich begrüße Ihre Arbeit mit Freuden und hoffe nicht geringen Nutzen daraus zu ziehen.

Einen kleinen Aufsatz über das Hebräerevangelium hatte ich im vorigen Winter geschrieben, um ihn einer 2. Ausg. der Einl. in die 3 Evv einzuverleiben[2]. Der Verleger hatte mir die Vorstellung erweckt, daß die erste fast vergriffen sei; und ich machte also eine Neubearbeitung fix und fertig. Die kann nun aber einige Jahre liegen bleiben; denn es zeigt sich, daß noch eine Menge Exemplare des angeblich vergriffenen Heftes vorhanden sind.

Haben Sie von Hausrath das neueste Buch[3] gelesen? Gelernt habe ich daraus nichts, aber angezogen[4] hat es mich doch. Ein vollkommener Windbeutel, aber gescheit und begabt mit Sinn für das Interessante. Unangenehm ist mir die Manier, beständig mit den Worten anderer Leute zu sprechen. Der bedauernswerte Verfasser hat mit Merx zusammen die Ehre genossen, zum *unordentlichen*[5] Mitglied der frischgebackenen Heidelberger Societät ernannt zu werden: beide über 70 Jahr alt. Da haben sie beide zugleich das Zeitliche gesegnet[6].

Meine Frau hat einen Anfall von sehr schmerzhafter Neuralgie im Rücken gehabt; sie konnte sich nicht rühren und doch auch nicht auf Einer Stelle liegen bleiben. Jetzt ist es schon wieder ganz erträglich. Mir macht bei Kranken meine Taubheit fatale Schwierigkeiten; die Noth bringt einen freilich auf Einfälle, wodurch die Taubheit überlistet wird

Ich hoffe, daß es bei Ihnen gut geht, und bitte um herzlichen Gruß an Ihre Eltern, auch von meiner Frau.

In aufrichtiger Dankbarkeit
Ihr ergebener
Wellhausen

858. An Anthony Ashley Bevan

Göttingen 18. 10. 09

Verehrter Herr College

Ihren eigenen Beitrag habe ich gelesen[1]; ich unterschreibe ihn Wort für Wort. Die anderen[2] habe ich nur flüchtig angesehen, sie reizen meinen Appetit nicht.

Viel Gerede und wenig Wolle, überall theologische Harmonistik. Kein Urtheil über die Autoren; Nestle wird für voll genommen wie natürlich auch Johannes Weiss. Moulton meint, ich wisse nicht, dass das Reflexiv nur im Casus obliq. vorkommen kann[3]. Er selber scheint zu glauben, dass dies nur vom Griechischen gelte. Kurz, mich dünkt, dass Sie sich gewaltig von der übrigen Gesellschaft abheben.

Es ist vielleicht zu stark ausgedrückt, wenn Sie sagen, die Araber hätten kaum eine Information aus christlicher Literatur geschöpft[4]. Ibn Kalbi hat die Liste der Könige von Hira daher, und auch andere chronolog. Data für die Frühzeit der islam. Reichsgeschichte mögen vielleicht aus syrischen Aufzeichnungen stammen. Natürlich, was den Inhalt der Erzählungen betrifft, so haben Sie Recht.

Ich schliesse mit dem herzlichsten Dank für Ihre Güte
Ihr aufrichtig ergebener
Wellhausen

859. An Eduard Schwartz

23. 10. 09

Vorläufig bin ich verdutzt über Sohms Unterscheidung zwischen Altertumswisssch u Geschichte und noch mehr über seine These, das Kirchenrecht sei ein Widerspruch gegen die Kirche[1]. Richtiger wäre: die Kirche ist ein Widerspruch zu Jesus. Jede Organisation hat ihr Recht, jeder Club besitzt wenigstens in der Möglichkeit seine Mitglieder auszuschließen eine Art Zwang. Was sagt denn Sohm zu der Excommunication Mt 18? Er sieht durch die Brille des luther. Begriffs vom Reiche Gottes u. scheint ein großer Theologe zu sein.

Vielleicht sieht er späterhin mehr mit eigenen Augen. Seine richtige Deutung von Mt 16,19 auf das Lehramt[2] läßt es hoffen, und ich will mich nicht vom Weiterlesen abschrecken lassen, wenngleich ich fürchte, daß die Geistreichigkeit auch weiterhin manchmal mit ihm durchgeht.

Meiner Frau geht es langsam besser. Viele Grüße!
Ihr W

860. AN THEODOR NÖLDEKE

Göttingen 24. Nov. 1909

Lieber College

Torrey hat mir seine Abh.[1] geschickt und ich habe sie auch gelesen, leider dann aber so versteckt, daß ich sie jetzt nicht finden kann, um sie noch einmal durchzunehmen. Er sieht immer mit eigenen Augen und verrückt das hergebrachte Concept. Obgleich er mir deswegen sympathisch ist, erinnere ich mich doch, durch manche seiner Einzelbemerkungen verdutzt gewesen zu sein. Daß ein kleiner Unterschied zwischen Dan 7–12 und dem Vorhergehenden besteht, ist möglich[2]; im Allgemeinen scheint mir aber doch die Sphäre die selbe. Völlig ablehnend verhalte ich mich gegen die These, daß Ezechiel eine Fälschung sei[3]. Nur ein Zeitgenosse kann die Aufregung der babylonischen Juden bei der letzten Belagerung Jerusalems und ihre Verzweiflung bei dem Fall der Stadt und des Tempels in der unmittelbaren Weise reflektirt haben, wie es im Ezechiel geschieht. Und sollte ein späterer Jude gesagt haben, die Opferung der menschl. Erstgeburten sei den Juden als Strafgebot auferlegt, das nicht gut sei und nicht zum Leben diene? Sollte so ein Fälscher den Ursprung der Leviten in der Weise, als Degradirung vom Priesteramt, berichtet haben, wie Ezechiel Cap 44 es thut? Er fußt offenbar auf dem Deuteronomium und leitet zum Priestercodex über.

Ich wurde neulich von Berlin aus gefragt, wen ich als Nachfolger de Goejes für den Meritenorden vorschlage, und besann mich keinen Augenblick, Snouck Hurgronje zu nennen[4]. Ich denke, daß Sie damit einverstanden sind und es für das natürliche halten.

Die Wahrscheinlichkeit, daß Brockelmann nach Halle komme, habe ich auch vernommen; und er verdient es auch. Allerdings wenn er in der Fixigkeit Allen über ist und in der rasenden Arbeitskraft, so ist in der Richtigkeit Schultheß ihm über. Ich habe Gelegenheit gehabt, ihn dem Ministerium noch einmal dringend ans Herz zu legen, und hoffe, daß es hilft. Ich komme freilich durch seinen Abgang in arge Verlegenheit, da ich absolut nicht mehr unterrichten, sondern nur noch vortragen kann.

Ich wußte schon von E. Schwartz, daß er Ihre Societät auf dieses weit aussehende Unternehmen fest gelegt hat[5]. Wenn aber einer es durchführen kann, so ist er es. Er hat sich mit merkwürdigem Interesse in den Stoff hinein gearbeitet, der den Philologen von heute so fern liegt, freilich vieles sehr Wichtige birgt. Mir hat Schwartz das Kirchenrecht von Sohm[6] zur Lectüre empfohlen, aber der Mann fällt mir etwas auf die Nerven, ich komme nicht vorwärts.

Moritz will von seinem Posten in Kairo zurücktreten, und man scheint in Berlin wegen des Nachfolgers verlegen zu sein. Er muß einigermaßen gewandt sein und französisch u englisch können, darf nicht über 35 Jahr sein.

Viele Grüße an Littmann!

Ihr Wellhausen

861. AN EDUARD SCHWARTZ

Göttingen 1.12.09

Lieber College

Vielen Dank für Ihren inhaltsschweren und sehr übersichtlichen Vortrag[1]. Einigermaßen wußte ich durch Sie Bescheid, auch durch Gibbon[2], von dessen negativer und spöttischer Haltung Sie jedoch entfernt sind, wie Sie auch die Quellen viel besser kennen als er. Besonders interessirt hat mich neben Ihrer Würdigung Constantins (im Gegensatz zu Jakob Burckhardt) das was Sie über Origenes und die gelehrten Presbyter sagen. Daß das ὁμοούσιος von den Lateinern herrührt, wußte ich gar nicht[3].

Von Nöldeke, der nach seiner Staaroperation wieder eifrig liest und schreibt, höre ich, daß Ihr Plan von der Straßb. Ges. der Wiss. acceptirt ist[4]. Nöldeke gibt sich Mühe um Schultheß; er hofft ihn in Königsberg anzubringen, wenn Brokkelmann nach Halle geht. Wenn nur nicht die Assyriologen Mittel und Wege finden, ihren Peiser, der schon in Königsberg sitzt, dort zu befördern[5].

Das viele Geld, das in dem Plan der Septuagintaausgabe[6] gefordert wird, will nicht fließen. Man muß sich also bescheiden – *quod erat exspectandum*. Auf Smends Vorschlag will man mit den Apokryphen beginnen, wo das Handschriftenmaterial nicht so groß und viel zu thun ist – wie Sie aus dem 2 B. der Makkabäer wissen.

Ich fand neulich, daß Aphraates (417,10 ed Wright[7]) neben Stephanus Petrus und Paulus als einzige apostolische Märtyrer die zwei Söhne Zebedäi nennt. Ich weiß nicht, ob Sie oder Andere die immerhin wichtige Angabe beachtet haben[8].

Mit meiner Frau geht es langsam bergan. Sie hat noch immer einen Widerwillen gegen alle Speisen; ihre Schwester Ella, die hier ist, probirt alles mögliche und immer ohne Erfolg. Sie lebt von roher Milch und rohen Eiern, genießt aber auch davon sehr wenig. Sie ist natürlich deprimirt davon, daß ihr vor allem graut, worauf sie sich sonst freute. Doch scheint die Sensibilität ihrer Geruchsnerven etwas abzunehmen und die Stimmung sich ein wenig zu bessern. Sie geht täglich etwas im Garten herum. Droysen macht verständiger weise nichts mit ihr, Ella dagegen lechzt etwas nach Mitteln.

Viele Grüße an Ihre Frau

Ihr Wellhausen

862. An Eduard Schwartz

Göttingen 2.12.09

Lieber College

Sie haben mir eine große Freude bereitet und mich sehr stolz gemacht[1]. Es drängt mich das auszusprechen, obwohl ich nur No 1.2 und 5 ordentlich gelesen habe[2]. Ich kann nur von Ihnen lernen, auch in bez. auf Paulus. Die Sympathie, mit der Sie Epikur behandeln, steckt mich an; seine Selbstwidersprüche sind in der That das schönste Zeugnis für den Menschen – was liegt mir an einheitlicher Weltanschauung und an Zusammenzwingung des Divergirenden! Sehr richtig ist die Äußerung am Schluß des Absatzes auf p. 37; es ließe sich zu Dekalog u Bergpredigt noch Genesis 1 hinzufügen. Reizend ist die Übersetzung „Conventionsthaler"[3], obgleich mir nur ein Conventionsgulden bekannt ist; Nietzsche hat an Diogenes einen sehr andersartigen Vorgänger. Die hohe Verehrung des Epictet für Diogenes hätte vielleicht in die Wage geworfen werden können. Knotenstock, Ranzen und Beutel mit Kupfergeld erinnern an Mc 6; auch an die Didascalia: χηραι πηραι. Die Geschichte von Krates und Hipparchia hat eine Art christlichen Gegenstücks in Theophilus und Maria bei dem syr Johannes von Ephesus (Land Anecd 2,393 ss[4]). Der Verlust der griechischen Wissenschaft (p. 75) ist zwar nicht so groß wie der der Kunstwerke – diese sind unersetzlich, die wiss. Ergebnisse sind wieder gefunden –, aber ich merke doch aus Ihrer Darlegung, wie viel wir an Demokrit verloren haben.

Frappirt hat mich der einheitliche Geist, der durch das Ganze geht. Man merkt, daß Sie Ihre Grenze nicht überschreiten, wenn Sie als Philologe gewissermaßen philosophiren oder theologisiren. Ich werde noch lange an Ihnen zu saugen haben und freue mich darauf

Mit dem herzlichsten Dank

Ihr Wellhausen

863. An Ignaz Goldziher

26.12.09

Verehrter Herr College

Ich danke Ihnen vielmals für Ihre mir sehr lehrreichen Mittheilungen[1]. Zu p 26 ist mir etwas Conträres eingefallen, näml B Hišam (Sira ed Wüstenfeld) 362,1: هبّت الريح لموتِ عظيمٍ من عظماء الكافرين[2]. Zu p. 36 oben: hängt damit der Ausdruck طُعِنَ zusammen? = er starb an der Pest (طاعون)[3]. Ich wollte, ich könnte Ihnen was Ähnliches schicken, aber ich bin aus dem Arabischen heraus und producire überhaupt nicht mehr recht.

Aufrichtig der Ihrige

Wellhausen

864. AN EDUARD SCHWARTZ

Ich bin da, aber Smend ist in Freudenstadt[1]. Ich reise erst am 24. nach München[2]. Die Stimmung meiner Frau ist viel besser, aber essen mag sie noch immer nicht. Die Ärzte haben alles Mögliche angestellt und sind schließlich doch auf die Nerven zurückgekommen; d. h. *non liquet*. Viele Grüße an Ihre Frau; ich freue mich sehr, Sie wiederzusehen.
G. 7. 3. 10   Ihr W.

Ἐπίτροπος ist nach Strabo 779 der Majordomus oder Vezir des nabat. Königs; wie Antipater der επιτροπος des Hyrkan[3]; kann aber φρουρεῖν 2 Cor. 11 von einem gesagt werden, der von draußen die Stadt cernirt[4]? Wie kommt der Nabatäer dazu, den Juden gegen Paulus beizustehn?

865. AN LEONE CAETANI

Göttingen 8 März 1910

Euer Durchlaucht
haben mich durch die gütige Übersendung von Vol II und III 1.2 der *Annali del Islam*[1] tief beschämt. Das Werk lässt sich nur etwa mit denen von Tillemont oder Baronius vergleichen, es ist eine adamantische Leistung. Wo gibt es einen *Principe*, der so etwas auf sich nähme! Auch ein Fachgelehrter würde es nicht für sich allein thun, sondern sich mit Anderen verbünden. Aber associative Arbeit schwächt die Verantwortlichkeit und Gewissenhaftigkeit des Einzelnen.

Meine arabischen Studien kommen mir vergleichsweise wie Spielerei vor. Zu meiner grossen Freude finde ich, dass Euer Durchlaucht mir in Hauptpunkten meiner Kritik Recht geben. Einen berufeneren Richter kann ich mir nicht wünschen. Ich glaubte bisher, einen Schlag ins Wasser gethan zu haben; es ist z. B. keine einzige Recension über mein Arab. Reich erschienen.

Leider bin ich nicht mehr im stande, meine arabischen Studien fortzusetzen. Ich kann nicht mehr längere Zeit mit Aufmerksamkeit lesen; wenn ich es etwa eine Stunde gethan habe, so werde ich schwindlig. Ich suche mich auf einem Gebiete zu beschäftigen, wo man ohne eigentlich gelehrte Arbeit auskommen kann und nur etwas offne Augen haben muss, nämlich auf dem Gebiete des Neuen Testaments.

Mit dem aufrichtigsten Dank
Eurer Durchlaucht
ergebener
Wellhausen

866. AN ENNO LITTMANN

Göttingen 9.3.10

L. H. C! Mitte März treffen Sie mich noch; hernach bin ich in München, wo meine Frau im Hospital liegt, schon seit Januar. Ihre beiden Bände[1] habe ich erhalten, fühle mich unwürdig. So lebt nun der arme Naffâ'[2] wenigstens im Buche fort! Die Auswahl der Texte ist sehr geschickt, die Verzeichnisse äußerst lehrreich. Ich bin zu einer Anzeige in den GGA[3] bereit; nur muß ich mich dabei auf die Sachen beschränken – in die Sprache kann ich mich nicht einarbeiten. Sie sind mit Recht äußerst enthaltsam gewesen in der Verweisung auf Parallelen etc, obgleich Ihnen das sehr leicht gewesen wäre. Ich freue mich darauf, Sie zu sehen; ich bin etwas einsam und trist wegen meiner Frau.

Mit beschämtem Dank
Ihr Wellhausen

867. AN ENNO LITTMANN

G. 12.3.10

Lieber Herr College

Wenn ich mit Ihnen in den Rathskeller ziehen und mich früh wegbegeben darf, so würde ich mich freuen. Ich würde Sie gern am Bahnhof abholen, wenn Sie mir den Termin Ihrer Ankunft melden.

Unser Haus ist verödet, da auch meine Schwägerin[1], die meiner Frau Stelle vertritt, am 15. verreist. So kann ich es Ihnen im Hause nicht gemüthlich machen. Außerdem schlafe ich sehr schlecht und werde dann früh todmüde, so daß mein Gehör gänzlich versagt. Daher mein Vorschlag zu Anfang dieser Zeilen

Auf Wiedersehen
Ihr Wellhausen

868. AN THEODOR NÖLDEKE

Göttingen 15 März 1910

Lieber College

Sie erfreuen mich durch Ihr Lebenszeichen[1]. Ich gebe Ihnen Recht, daß die Ansichten von Peiser und Clermont Ganneau unmöglich sind, und finde Ihren Mittelweg probabel. Sollte vielleicht auch der Tanuchit Gadhîma eine Art Amphibium gewesen sein? Littmann hat mir einmal gesagt, er käme als König der

Tanuch in einer nabatäischen Inschrift vor, die im CIS veröffentlicht sei. Ich habe sie aber nicht finden können und weiß auch den Ort nicht, wo sie gefunden ist. Freilich wäre die amphibische Stellung eines Araberfürsten im dritten Jahrhundert viel leichter zu erklären als im vierten.[2]

Es ist schade, daß Sie nicht Ihren deutschen Tabari[3] noch einmal herausgeben. Es könnte Ihnen nicht viel Mühe machen; Sie brauchten nur Ihre im Lauf der Zeit entstandenen Nachträge zu den Noten drucken zu lassen. Kein Mensch auf der Welt kennt die arab. syr. pers. Quellen so gut wie Sie, keiner kennt die ältere gelehrte Literatur darüber so gut und keiner hat die neuere so stetig und mit solchem Interesse verfolgt. Es wäre schade, wenn das der Welt verloren ginge. Zu corrigiren fänden Sie gewiß nur wenig, z. B. die Note 1 auf p. 341 nach den Naqâid ed Bevan 644,2.647,5ss, und vielleicht die Note 1 auf p. 185: ich gebe Mordtmann und Prätorius und dem alten George Recht. Bitte überlegen Sie sich die Sache! Neben der Mandäischen[4] und der Syrischen Grammatik[5] ist doch der Tabari Ihr Glanzstück; das macht Ihnen niemand nach. Wenn eine zweite Ausgabe von anderer Hand als der Ihrigen erscheint, wird sie verfumfeit[6]. Frisch genug für die Aufgabe sind Sie gewiß. Ihr Tabari muß Ihnen doch auch etwas ans Herz gewachsen sein. Entschuldigen Sie meine Bettelei und geben Sie ihr nach. Die mechanischen Arbeiten (Index, Angaben der arab. Seiten am Rand der deutschen Übersetzung, und dergleichen) könnten Ihnen ja abgenommen werden. Die Vorrede kann vermuthlich ganz unverändert bleiben, oder Sie haben nur weniges nachzutragen, was Sie schon im Schahnameh[7] gesagt haben. Ihre Abhandlung über die Ghassaniden[8] könnte zu den Excursen hinzugefügt werden.

Über Schultheß' Berufung ist noch nichts entschieden; den Sommer über wird das Gehalt in Königsberg gespart werden. Man hat in Königsberg noch immer Angst vor Bezzenberger und Peiser, wie mir gestern der dortige Dekan der philosoph. Fakultät sagte[9]

Mit herzlichem Dank und vielen Grüßen
Ihr Wellhausen

869. An Ella Limpricht

[Göttingen, 18.3.1910]
L E. Marie schreibt: „heute habe ich endlich trotz dem Fieber etwas zugenommen; ich hatte bisher so bös abgenommen, daß ich es nicht sagen wollte. Zunge brillant; ich esse viel Eier, Fleisch ist mir noch unmöglich." Sie ist wieder einige Stunden außer Bett und schreibt mit Dinte. Viele Grüße an Bewers. Ich reise schon am 23., da das Geld an diesem Tage ausgezahlt werden kann.
Dein J.

870. An Rudolf Smend

[München,] Osterabend 26. 3. 10

L S. Ich habe nun 2 Tage mit meiner Frau verbracht, bin auch regelmäßig bei ihrem Futtern zugegen gewesen. Sie ist der reine Strich, ihr Appetit ist noch nicht besser. Aber sie behauptet, daß sie wieder zunähme. Jedenfalls ist sie munterer und unternehmungslustiger als in Göttingen, auch leistungsfähiger. Sie drängte sich gestern durch einen gräßlichen Menschenknäuel in eine Kirche, um die Ausschmückung des h. Grabes zu sehen, und ging dann noch ganz flott mit mir spaziren. Die Klinik ist so gemüthlich wie eine Klinik nur sein kann.

Viele Grüße

Christl. Hospiz, Mathildenstr 4 u. 5[1]. Dein Wellhausen

871. An Ella Limpricht

[München,] 30 März 1910

Liebe Ella

Da ich denke, daß mein Brief Dich in Greifswald treffen wird, berichte ich dorthin. Mein Besuch hier hat jedenfalls keine ungünstige Wirkung. An gemeinsamen Besuch eines Cafés oder Restaurants ist freilich nicht zu denken. Aber wir haben im offenen Auto eine weite Reise die Isar hinauf gemacht und auch zusammen im Hofgarten (draußen) gesessen, wir gehn wo möglich täglich am Nachmittag spaziren, einmal sogar im Englischen Garten. Statt der rapiden Gewichtsabnahme vor und bei der Angina erfolgt eine regelmäßige Zunahme, obwohl der Appetit nach wie vor schlecht ist. Doch scheint es Marie leichter zu werden, sich zum Essen (von Fleisch etc) zu überwinden. Ob sie die furchtbaren Grimassen dazu nur schneidet, wenn ich dabei bin, oder auch wenn sie allein ist, weiß ich nicht. Die Massage hat noch nicht wieder begonnen; seit einiger Zeit wird der Schlund mit Höllenstein bearbeitet. Müller hält es für möglich, daß der schlechte Geschmack in irgend welcher katarrhalischer Affektion im Schlund oder im Darm einen lokalen Grund hat. Aber wir tappen darin noch im Dunkeln. Das Allgemeinbefinden ist entschieden besser als in Göttingen; es meldet sich auch schon das Bedürfnis nach Beschäftigung. Vor der Angina hat Müller sie mit mir nach Lugano schicken wollen; jetzt ist er jedoch von solchen Wagnissen zurückgekommen und empfiehlt Vorsicht und Ruhe. Er ist sehr freundlich und macht gelegentliche Grobheiten gleich wieder gut. Es liegt wieder ein Kind von ihm am Scharlach in der Klinik, kreuzfidel. Überhaupt herrscht durchaus kein Trübsinn in dieser Klinik. Maries jetziges Zimmer ist sehr groß und schön, freilich auch sehr theuer. Denn 7 Mark täglich ist der bloße Zimmerpreis; Essen und Trinken nicht dabei. Die Zimmer 2. Classe sind kleiner, aber auch nur für Eine Person und sehr hübsch eingerichtet. So lange ich hier bin, will M. das jetzige Zimmer behalten, weil sie da ungestörter durch mich ist und ich ungestörter durch sie. Denn wir sitzen oder liegen oft lange da, ohne zu sprechen; wir lesen, schlafen etc. Übrigens wird sich nicht jederzeit Gelegenheit finden, umzuziehen; es muß erst ein passendes Zimmer frei werden

Verdauung vielleicht etwas besser; eine Stelle, wo es sich staut, soll durch die Massage zur Vernunft gebracht werden. Schlaf wohl auch besser; doch ist Veronal[1] noch nicht entbehrlich. In Summe läßt sich wohl von einem unverkennbaren Fortschritt reden; er hat sich sogar in den paar Tagen, wo ich hier bin, spüren lassen.

Ich danke Martha[2] für ihre Karte. Morgen Mittag esse ich bei Müllers. Frau Müller erweist uns alle erdenkbare Freundlichkeit. Marie Sibyll wird wieder hier sein, hat sich aber noch nicht gezeigt.

Viele Grüße von Marie

Dein Julius

Das Hospiz (Mathildenstr 4) ist ganz ordentlich, nur reichlich düster. An den beiden Ostertagen schien die Sonne; heute herrscht echt Münchener Frühlingswetter, man mag keinen Hund auf die Straße jagen. Vielleicht ist es aber jetzt im Norden auch nicht besser. Die Vegetation ist nicht viel anders als in Göttingen; nur waren dort die Saatfelder sehr viel grüner und höher. Der Geruch in der Klinik ist nicht viel anders als der in München überhaupt; ich mag das Nest nicht leiden, nur die Menschen habe ich sehr gerne

872. An Ella Limpricht

Göttingen 13. April 1910

Liebe Ella

Compliment von Anna und Du möchtest uns doch schnell die Adresse geben, unter der wir den Lehnstuhl[1] an Bewers zurückschicken können.

Vielen Dank für Deine Karte. Ich bin seit gestern Abend zurück und werde von den beiden Mädchen mütterlich gewartet, geatzt und gebörnt[2]. Du brauchst Dich also in keiner Weise zu beeilen mit Deiner Rückkehr zu mir

Göttingen entzückt mich förmlich nach dem mir unsympathischen München, obgleich mir der Abschied von da Maries wegen nicht leicht geworden ist. Es war aber Zeit, daß ich abreiste, wie sie selber fand. Mit völlig günstigen Eindrücken bin ich nicht nach Hause gekommen. Sie nimmt noch immer ziemlich stark ab; und wenngleich der Doktor das für durchaus nicht beängstigend ansieht, so ist es doch ein Zeichen, daß die Ernährung noch nicht angefangen hat besser zu werden. Das Stopfen und Nudeln hilft nicht; denn dann staut sich die

Geschichte im Darm. Auf die Mauer (vom Exsudat her), die den Darm verengt und den Durchgang schwer belästigt, soll demnächst durch erweichende Mittel eingewirkt werden. Der Geschmack ist noch immer schlecht, und der Appetit auch; sie zwingt sich aber öfters kleine Quantitäten zu essen, namentlich gelingt es ihr mit Schlagsahne und Kuchen, außer den Eiern. Ein bißchen Fleisch kriegt sie auch herunter, mit etwas Suppe und Gemüse. Ihr Muth ist gehoben; sie kann auch viel besser gehn als früher und wagt sich ohne Scheu auf die Straßen und in Läden in der Nähe. Die regelmäßigen täglichen Besuche von Mariesibyll wurden ihr zu viel; sie hat sie bitten müssen, nicht so oft zu kommen. Die wahrhaft rührende, völlig selbstlose Mariesybill [sic] bringt ihr immer etwas mit, Honig (den sie mag), Schinken etc.

Davon bin ich überzeugt, daß sie nicht besser aufgehoben sein kann als in dieser Klinik; das ist das Beste, was es in München gibt. Müller ist die Gradheit und Einfachheit in Person; Böhm ist etwas nervöser konstituirt und ihr darum vielleicht sympathischer und gleichartiger. Jetzt hütet sich aber auch Müller sehr vor raschem und energischem Verfahren. Auch der Gynäkologe Amann ist durchaus gegen das Essen à tout prix; sie thut was sie kann und darüber hinaus wird sie nicht getrieben; man traut einigermaßen dem, was sie selber empfindet. Sie benimmt sich durchaus vernünftig. Der Verkehr mit Frl Jahn und anderen, auch männlichen Patienten, ist ihr eigentlich angenehmer als der mit Besuchen von außen. Auch die Schwestern verkehren mit ihr höchst menschlich und unbefangen; ebenso wie die thörichten Jungfrauen, die noch nicht das nöthige Öl haben, um zu Schwestern gesalbt zu werden.

In München war es noch Winter; in Gräben lag noch Schnee und morgens war das Wasser gefroren. Erst am Main, von Würzburg, war es anders; Mandeln und Kirschen blühten. Hier in Göttingen herrscht voller Frühling; draußen ist es ganz warm, nur in den Häusern ist die Kälte nicht ganz gewichen, so daß noch ein bißchen geheizt werden muß. Keine Stadt hat mir je einen so frostigen Eindruck gemacht wie München mit seiner protzigen Architektur. Nur wenige Straßen ergeben ein behagliches Gesamtbild, z.b. die Sendlinger St. und die Kauffinger mit ihrer Fortsetzung bis zur Isar. Die Isar selbst ist freilich höchst anmuthig, von oben an bis unten hin; ich habe täglich an ihren Ufern weite Spaziergänge gemacht. Und die einheimische Bevölkerung ist nett, wenn nur nicht die scheußliche Oberfläche darüber läge, die den Ton anzugeben sich anmaßt

Auf Wiedersehn
Dein Julius

Es ist mit den Baiern wie mit den Russen; das Volk ist von natürlicher Liebenswürdigkeit, aber die sogenannte Cultur ist gräßlich. – Das himlische [sic] Hospital ist grauenhaft düster, übrigens sehr ordentlich und gut; gesungen habe ich nicht mit. Bezahlt habe ich für fast drei Wochen 80 Mark.

873. An Ella Limpricht

18.4.10

L E.

Vielen Dank für Deinen Brief und die Adresse; morgen wird der Lehnstuhl eingepackt. Marie schreibt einen vergnügten Brief, ohne vom Gewicht zu reden; sie gibt sich Mühe zu essen. Sie hat sich einen schönen Sommerhut gekauft, dafür aber ein billigeres Quartier bezogen; die Zimmernummer gibt sie nicht an (ist auch für die Adresse nicht nöthig). Hier zu Hause geht Alles sehr gut; Ida heitert Anna auf, mit Anna allein wäre die Geschichte etwas trübselig. Ich habe eine Menge Damenbesuche gemacht, und zwar mit Vergnügen. Bleib ja so lange aus, wie Du willst.

Dein Julius

874. An Enno Littmann

Göttingen 21.4.10

Lieber Herr College

Sie überschütten mich mit Ihrer Freundlichkeit und mit ihren [sic] Gaben[1]; ich fühle mich tief in Ihrer Schuld. Einige Kapitel der Genesis habe ich gelesen und bin erstaunt über die Beschaffenheit dieser ältesten Handschrift. Als Textzeuge für die LXX läßt sie sich jedenfalls nur mit Vorsicht gebrauchen; einzelnes Charakteristische wird aber doch verwendbar sein

Ich war drei Wochen in München, fand meine Frau nicht eben viel besser, aber doch etwas. Die Ärzte versuchen und Gott gibt den Segen oder nicht; das Geheimnis ist die exspektative Methode, Abwarten! Georg Jacob hat mich in M. besuchen wollen; ich war leider kurz vorher abgereist. Ich bin traurig darüber; vielleicht ergibt sich später einmal für mich die Gelegenheit, ihn zu sehen.

Nach längerem thörichten Sträuben geht Schultheß doch nach Königsberg, schon gleich. Wer soll nun statt meiner den Unterricht in den Elementen besorgen? Einen Extraord. bekomme ich nicht bewilligt; ich suche nach einem Privatdozenten, der natürlich remunerirt wird. Wissen Sie einen geeigneten Mann? Er braucht nur Doktor zu sein und kann zunächst als Lector figuriren, um sich dann später zu habilitiren, wenn er reif ist. Ein richtiger Privatdozent würde mir freilich angenehm sein. Ich betreibe die Sache zunächst privatim; Eile hat sie nicht, nur bis zum nächsten Semester muß sie erledigt sein.

Viele Grüße an Nöldeke!

Ihr aufrichtig ergebener
Wellhausen

875. An Ella Limpricht

G. 23. 4. 10

L E. Es thut mir leid, daß ich vergessen habe, Dir zum 21. zu schreiben[1]. Marie hat erst 1200 Gr. in 5 Tagen zugenommen, dann wieder 300 G. verloren; sie klagt über das Wetter, das ziemlich starken Einfluß auf ihr Befinden hat; ihr Appetit hat sich noch kaum verändert. Ihre Desiderate haben Zeit; sie will eine große Liste aufstellen, wenn Du wieder hier bist. Ich freue mich, daß am Montag die Vorlesungen wieder angehen, weil sie mich ein bißchen mit Menschen zusammenbringen, wenngleich die Unterhaltung mit den Studenten einseitig ist. Leo Meyer liegt zu Bett, die Töchter sind besorgt. Ich habe Murrays, Frau Marmer, Frau Niese, Clärchen Österley u a besucht und fühle mich geschwollen vor Tugend. Schultheß geht nach Königsberg[2]; ich suche nach einer anderen Stütze der Hausfrau.

876. An Ella Limpricht

28. 4. 10

All right! Bleib so lange Du willst; wir freuen uns dann um so mehr, wenn Du wieder als Henne oder als Taube oder als Engel Deine Flügel über uns arme Waisenkinder ausbreitest. Maries letzter Brief ist leidlich vergnügt, vorher war die Stimmung schlecht: *tis all so as das Wedder is*[1]. Leo Meyer liegt zu Bett und die Töchter sind besorgt; Anna macht sich Gedanken über ihre Schwester in Nordheim, die ein angeblich nervöses Magenleiden hat. Hol der Kukkuk die Mägen! Vischer liegt krank in Nauheim.

877. An Adolf Harnack

München 29 April 1910

Lieber Herr College

Ich bin noch nicht dazu gekommen, den 3. Band Ihrer Dogmengeschichte[1] zu lesen, staune aber das Volumen an, das Sie so nebenbei *up to date* gebracht und korrigirt haben, neben den vielen anderen Berufsgeschäften, die auf Ihnen liegen, und den Ansprüchen, die sonst an Sie gemacht werden. Ich danke Ihnen herzlich.

Ihrer Aufforderung entsprechend habe ich mir die Oden Salomos[2] bestellt und nach langer Zeit endlich gekriegt. Ich habe bis jetzt keinen bestimmten Eindruck davon, sie haben keinen ausgeprägten Charakter, namentlich keinen historischen. Es wird Alles ins Pneumatische verallgemeinert. Weder Jüdisches noch Christliches tritt auffällig hervor, eher ein sanfter Gnosticismus, wenngleich ohne den motholog. Apparat; denn die Mythen sind hier doch nur Bilder. Alles Gemeindliche tritt zurück hinter das Verhältnis der Seele zu dem Heil. Dies und das erinnert an die Gebete im Mand. Thesaurus, auch an den Hymnus von der Seele in den Thomasakten. Doch kann ich mich hier nicht genauer orientiren – das Buch ist mir erst in München zugegangen. Rendel Harris hat sich anerkennenswerthe Mühe gegeben. Die Übersetzung ist nirgend irreführend; man merkt nur, daß er in den Elementen der Grammatik nicht ganz sicher ist.

Meine Frau ist munterer als in Göttingen, aber an dem eigentlichen Leiden hat sich nichts geändert, d. h. an dem perversen Geschmack und Geruch, und an der Appetitlosigkeit. Es wird das Mögliche mit ihr aufgestellt, ohne Erfolg. Doch scheinen die Ärzte ganz sicher zu sein, daß sich die Sache bessern wird. Sie legen, wie Jesus, großes Gewicht darauf, daß die Kranke *glaubt*, ihr werde geholfen werden. Darin werden sie wohl Recht haben. Der Glaube fällt aber nicht leicht

Viele Grüße an Ihre Frau!

Aufrichtig
der Ihrige
Wellhausen

878. AN ADOLF HARNACK

[Göttingen, 2.5.1910]

Vielen Dank! Ich habe auf Ihre Veranlassung die Oden gelesen und ein Referat darüber für die Gött. Gel. Anzeigen geliefert, das aber nicht früher als im Juli od August gedruckt wird[1]. Ich will dies Referat unverändert lassen, aber vielleicht eine Anzeige Ihrer Abhandlung[2] hinzufügen. Ich habe in der Anzeige von Harris eine ausführl. Inhaltsangabe, z. th. wörtliche Übersetzung gegeben, da ich mit dem Verständnis von H. oft nicht einverstanden war. Er hat nicht grade viel Urtheil u. Überlegung, begeht auch manche elementare *qui pro quo*

Ihr W.

879. An Enno Littmann

Göttingen 12.5.10

Lieber Herr College

Die Anzeige von Bd 1.2 Ihres Tigrewerkes ist fertig und abgeliefert, wird aber erst im Juli erscheinen können[1]. Es ist ein bloßes Referat, aber wie ich hoffe kein uninteressantes; es hat wenigstens mir selber Spaß gemacht. Meine Anfrage in betreff eines jungen Semitisten, der sich hier als Privatdozent oder vielleicht zunächst nur als Doktor *legens* (Lector) niederlassen könnte, werden Sie hoffentlich erhalten haben. Jacob empfiehlt mir einen Dr. Griesheim, fügt aber hinzu, man habe in Straßburg an seinem jüdischen Äußeren Anstoß genommen. Wie verhält sich die Sache? und ist nur *das Äußere* jüdisch? Prym empfiehlt mir einen Dr. Horten, der seit 4 Jahren in Bonn habilitirt ist. Der würde jedoch Extrao. werden wollen, und ein solcher wird uns nicht bewilligt; sonst wäre Schultheß hier geblieben. Der Finanzminister will einen Extrao. nur dann bewilligen, wenn er die *spes (mihi) succedendi* bekommt; und darauf läßt sich die hiesige Facultät nicht ein. Wenn ich keinen Adlatus bekomme, so gehe ich ab; ich habe nur unter dieser Bedingung versprochen, im Amte zu bleiben, so lange ich vortragen kann.

Jacob schimpft auf Prätorius als Menschen und als Gelehrten. Er wird wohl Grund haben, den schnoddrigen Berliner Kleinigkeitskrämer zu hassen. Aber hauptsächlich ist er über ihn entrüstet, weil er mit gemeinen Verdächtigungen seine Berufung nach Königsberg hintertrieben habe. Brockelmann hatte indessen ebenfalls starke Bedenken gegen ihn, die von mir und sogar von Nöldeke nicht zerstreut werden konnten. Der arme Jacob thut mir leid; er steht im schwarzen Buch zu Berlin und hat in Preußen keine Aussicht. Er hat die Hochmögenden, darunter auch manche einflußreiche Professoren, zu stark vor den Bauch gestoßen, und ist keine von den ordnungs- und mittelmäßigen Naturen, die den Regierungen brauchbar erscheinen.

Meiner Frau geht es besser, sie bleibt aber noch auf unabsehbare Zeit in Behandlung des Münchener Arztes.

Schönen Gruß an Nöldeke, Weber und auch an Sickel[2], wenn er Ihnen zugänglich ist.

Ihr ergebener
Wellhausen

880. An Eduard Schwartz

Göttingen 2.6.10

Die Evidenz macht auf Advokaten keinen Eindruck; Sie mühen sich vergeblich[1]. Daß Sie Mommsens Deutung von Gal 1,18 aufgeben, freut mich. Kaiaphas scheint mir sowohl bei Lukas wie bei Johannes eingetragen; vgl Ev. Joh. p 81 n. 1[2]. Über Joa 21 komme ich nicht ins Reine; meine Deutung von εκτενεῖς τας χεῖρας verwerfen Sie mit Recht[3].

Meiner Frau geht es besser, aber noch nicht gut; sie will noch lange in München bleiben und Ella vertritt ihre Stelle. Es heißt, Herr von D. in Straßburg[4] solle der Nachfolger Schürers werden; ich konkurrire, indem ich für den Winter Apostelgeschichte angekündigt habe.

Vielen Dank und herzl Gruß

Ihr W.

Blass (AG)[5] wirkt wie die griech. Tragödie, durch Furcht und durch Mitleid[6].

Ich habe Baurs Paulus[7] mit Vergnügen und seine Evangelien[8] mit Bedauern gelesen. Tief unter Strauß!

881. An Enno Littmann

[Göttingen]

9.6.10. Entschuldigen Sie die Postkarte, meine Hand ist lahm. Meine Frau hat sich über Ihren Besuch außerordentlich gefreut; man kann aber nie wissen wie es aushaut [sic] bei ihr. Ich habe mit einiger Mühe den Dr Eck und Ingolstadt herausgekriegt, da ich versäumt hatte nach dem Poststempel zu sehen. An den Finder des Divans der Hudhail[1] wage ich mich nicht heran; Syrisch wäre sehr desiderabel. Vorerst füllt Rahlfs die Lücke.

Ich schicke Ihnen 3 Exemplare der Anzeige[2], eins für Ihre Frau Mutter, eins für Nöldeke, wenn er es haben will. Ich konnte es nicht gut anders machen; vielleicht reicht es aus, um das Interesse zu erregen. Mir war der Inhalt sehr interessant.

Ihr W.

882. An Edward Schröder

G. 10/6.10.
Lieber Herr College
Ich weiß von meiner Landesgeschichte so wenig wie die meisten Hannoveraner. Diese denken zwar gar nicht schlechter von sich als die Hessen, haben aber keinen so lebendigen Sinn für ihre Vergangenheit. Das Welfentum hat daran wenig geändert, existirt auch erst seit 1866[1]. In meiner Jugend habe ich nur vom alten Fritz und von Napoleon reden hören; die Erinnerungen an Spanien und Waterloo, deren Träger die alten Offiziere waren, waren allerdings höchst lebendig. Das Objekt des Interesses war nur das durch England in die Weltgeschichte gezogene neue Hannover; alle Jungen hießen Schorse. Sie beschämen mich durch Ihr Interesse für das alte Braunschweig-Lüneburg; Sie scheinen einen Teil Ihres hessischen Lokalpatriotismus auf Ihre neue Heimat übertragen zu haben. Ich will mich aber zu bessern versuchen und bitte Sie mich in den Gött. Geschichtsverein oder wenigstens unter die Abonnenten des Jahrbuchs aufzunehmen[2]

Sind die hiesigen Familiennamen gesammelt? Vielfach sind es genitivische Patronyme, wie Gêrdes, Côrdes, Brandes, Sievers, Geffers, Dirks, Ehlers, Hinrichs, Harms, Meiners, Tönies, Zeddies (*nescio quid sit*); ähnlich Schmedes (Smedes = Schmitz). Nicht genietivisch [sic] namentlich Wedekind (so charakteristisch wie im Hessischen Wigand), und die Hypokoristika Nöldeke oder Arneke (Arnold), Beneke, Mencke (Meineke), Reineke, Eicke (?).

Dankbar
Ihr Wellhausen

883. An den Kurator der Universität Göttingen

Göttingen 16 Juni 1910
Eurer Hochwohlgeboren
gestatte ich mir Folgendes vorzutragen. Durch den Abgang von Professor Schultheß ist eine Lücke entstanden; denn ich kann wegen starker Schwerhörigkeit den katechetischen Unterricht in den semitischen Sprachen nicht mehr erteilen. Da es nun ausgeschlossen scheint, daß für diesen Zweck ein vorübergehendes Extraordinariat errichtet wird, so müßte entweder ein Ordinarius als mein Nachfolger berufen oder neben mir ein Privatdozent als Lector angestellt werden. Ich habe mich nach passenden Persönlichkeiten umgesehen und erkundigt, aber bisher nichts rechtes gefunden.

Aus der augenblicklichen Verlegenheit sind wir durch das Zuvorkommen von Professor Rahlfs befreit. Er treibt in diesem Semester Syrisch mit Anfängern und hat für das kommende Wintersemester arabische Elemente angekündigt. Er ist für den Unterricht (nicht grade für Vorlesungen) wie geschaffen, er betreibt ihn mit Liebe und sehr gründlich. Jedoch kann man ihm nicht zumuthen, daß er ihn dauernd übernimmt. Wenn er überhaupt dazu geneigt ist, so müßte die Sache formell geregelt werden. Er ist schon als eine Art Lector für Hebräisch angestellt; dieser sein Auftrag könnte (widerruflich, bis zur Ernennung eines nicht tauben Ordinarius an meiner statt) auf Syrisch und Arabisch erweitert werden. Die philosophische Fakultät würde vermuthlich nichts dagegen einzuwenden haben.

Ich fühle mich veranlaßt, Eurer Hochwohlgeboren dies zu unterbreiten, da ich einerseits in dieser Angelegenheit nicht allein vorgehn, andererseits sie auch nicht laufen lassen kann, wie sie will. Bis zu Ostern 1911 müßte sie geregelt werden.

Eurer Hochwohlgeboren
gehorsamster
Wellhausen

884. An Walter de Gruyter

Göttingen 18 Juni 1910

Verehrter und lieber Herr Doktor

Das Honorar für die 2. Ausg. der Einl. in die drei ersten Evv (M. 843,75) habe ich richtig empfangen[1]; mit der Verschiebung der Ausgabe und der Bestimmung des Preises bin ich natürlich vollkommen einverstanden. Viele gute Wünsche für Ihre Gesundheit.

Mit herzl. Dank

Ihr ergebener
Wellhausen

885. An Julius Rodenberg

Göttingen 20. 6. 10

L. J.

Melde Dich nur an, Du bist mir willkommen. Meine Frau triffst Du nicht an; sie ist seit Januar im Hospital zu München. Viele Grüße an Deine Mutter

Dein J. W.

886. An Adolf Harnack

14 Juli 1910

Sie haben, glaub ich, die beiden Brocken 2,2 und 3,17[1] zu leicht verdaut. 2,2 scheint doch den 1 Thess für unecht zu erklären, gegen den auch der Inhalt der Polemik sich richtet; ein falscher Brief kann zwischen 1 u 2 Thess nicht abgegangen sein, wenn sie beinah gleichzeitig sind[2]. 3,17[3] setzt schon manchen Brief des Paulus voraus.[1)] Er hat selber gar nicht überall und grundsätzlich eigenhändig unterschrieben. Auch hier scheint 1 Thess für unecht erklärt zu werden, weil er keine eigenhändige Unterschrift hat. – Die interessante Kritik von Wrede[4] ist mir erst durch Sie bekannt geworden; vielen Dank!

Ihr Wellhausen

Die Echtheit des 1 Thess würde durch die Polemik des 2. dagegen glänzend bestätigt.

[1)] Ist 1 Cor und Gal, wo die eigenh. Unterschrift steht, schon vor 1 u 2 Thess geschrieben?

887. An Adolf Harnack

[[Göttingen, 17.7.1910]]

Ja, wenn der Mann[1] ein gutes Gewissen gehabt hätte, so würde er sich allerdings scharf und entrüstet ausgedrückt haben – aber das hat er eben nicht, nach der Meinung derer, die Sie bekämpfen; dies Argument dürfen Sie also nicht anwenden.

Ihr W.

888. An Rudolf Smend

G. 23. 8. 10

L. S! Vielen Dank! Meiner Frau geht es seit 3 Wochen viel besser und ich sehe der Reise ohne Angst entgegen. Wir wissen nur noch nicht wohin, die Quartiere sind überall sehr knapp. Ich fahre übermorgen und bleibe vielleicht noch 8 Tage in München. Hanna und Leopold[1] sind munter. Ich wollte, meine Frau wäre erst wieder zu Hause; es ist ohne sie öde, sie bringt das Leben in die Bude. Ich hoffe, daß der Aufenthalt im Harz[2] Deiner Frau gut thut, viele Grüße

Dein W.

Eben erhalte ich die Todesanzeige von Giesebrecht[3]

889. AN LEOPOLD SMEND

München 30. 8. 10

L. L! Wundre Dich nicht, wenn ein Postpacket und hernach ein Frach[t]koffer von uns bei Euch ankommt. Ich bitte, beides für uns aufzuheben und die Fracht auszulegen. Wir reisen am 1 Sept. von hier ab; unsere Adresse ist: Hotel Salegg, Seis, Südtirol[1].
Viele Grüße!

Dein Julius Wellhausen

890. AN RUDOLF SMEND

Seis 5. 9. 10
Hotel Salegg

L. S.
Ich habe schon an Leopold geschrieben[1], aber etwas ungenau, daß wir zwei Frachtstücke von München an Euch haben abgehn lassen, mit der Bitte sie uns aufheben zu wollen. Hoffentlich kommen sie an; die Adresse scheint recht unordentlich gemacht zu sein. Meine Frau befindet sich gut; das Logis ist angenehm, die Gegend schön, das Wetter heiter, wenn gleich etwas kalt.
Viele Grüße an Deine Frau

Dein W.

891. AN JULIUS RODENBERG

G. 29. 10. 10

L. J. Ich bin gestern Abend nach längerer Abwesenh. mit meiner Frau zurückgekommen und finde Deinen Brief vor. Die langsame Eile an höchster Stelle hat nichts auffallendes; ich will mich aber zu erkundigen versuchen. Viele Grüße an Deine Mutter

Dein J. W.

892. An Theodor Nöldeke

Göttingen 2 Nov 1910

Lieber College

Vielen Dank für Ihre neueste Gabe[1]. Ich habe bis jetzt nur den Artikel über Lehnwörter im und aus dem Äth.[2] gelesen und reiche Belehrung daraus geschöpft. Es freut mich, daß Sie oft die *jüdische* Provenienz der aram. Wörter im Äth. hervorheben; dabei ist freilich der Unterschied zwischen A. T. und N. T. zu beachten. Im Gegensatz zu Anderen habe ich immer den Eindruck gehabt, daß das äth. A. T. eine jüdische Übersetzung ist, wenigstens eine solche zur Grundlage hat. Auch darüber bin ich erfreut, daß Sie im Gegensatz zu Praetorius (der geneigt ist, Mücken zu seigen) die äth. Herkunft mancher koran. Ausdrücke festhalten. Daß معراج nicht dazu gehört, muß ich zugeben; es heißt ʿergata Isajeja. Seltsam ist freilich معراج; ich weiß nicht, ob es auch für die *assumptio* Jesu gebraucht wird. Daß זכות (Almosen) auch palästinisch gewesen sein muß, ergibt sich aus dem Denominativ זִכִּי = Almosengeben. Daß es aus dem Rabbinischen verschwunden ist, schadet nichts; auch מִצְוָה ist beinah verschwunden und eigentlich nur im Äth. erhalten.

Es thut mir leid, daß Joseph Hell die Herausgabe seines Hudhalitendivân auf die lange Bank schiebt[3]. An Abu Dhuaib (der ja auch schon edirt ist[4]) liegt mir nichts; desto mehr an Abu Chirâsch[5]. Die Proben, die bei BHischâm und Jaqut von ihm erhalten sind, haben mich neugierig auf ihn gemacht; denn er erscheint darin als lebhaft interessirter Zeuge des Übergangs vom Heidenthum zum Islam und begleitet denselben mit sehr gemischten Gefühlen. Wenn doch Hell sich bewegen ließe, den Abschnitt über ihn vorweg zu nehmen und etwa in der DMZ zu publiciren! Aber dann risse er allerdings eine Perle aus.

Schultheß ist leider in Königsberg noch unzufriedener als in Göttingen. Er leidet unter seiner Person, nicht unter den Umständen; es ist ihm nicht zu helfen. Wenn er nur nicht seine reizende Frau auch mürrisch macht! Zum Theil ist auch sein Reichthum sein Unglück; er braucht sich nicht nach der Decke zu strecken. Freilich Wackernagel ist noch viel reicher, und der macht es ganz anders – er ist vielleicht der beliebteste Professor in Göttingen und äußerst anspruchslos.

Viele Grüße an Weber und Littmann.

Ihr Wellhausen

893. AN IGNAZ GOLDZIHER

Göttingen 2 Nov 1910

Verehrter Herr College

Daß Ihre amerikanische Reise nicht zu stand gekommen ist, ist für uns zum Glück ausgeschlagen. Ihre Vorlesungen[1] sind sehr geeignet, die falschen Vorstellungen über den Islam zu zerstreuen und die richtigen an die Stelle zu setzen. Mir ist besonders der 4. Abschnitt äußerst lehrreich. Damit lege ich den anderen nicht geringeren Werth bei; sie waren mir nur nicht so neu, z. t. deshalb nicht, weil ich durch Ihre früheren Arbeiten Bescheid wußte. Um die Mystik aber hatte ich mich überhaupt nicht gekümmert; Sie geben mir in bequemster Weise einen Begriff davon. Besser konnte die religionsgesch. Bibliothek nicht eröffnet werden. Hoffen wir, daß auch weiterhin nicht Dilletanten [sic] sich an das Popularisiren wagen.

Ich schicke Ihnen zugleich eine Anzeige über die Oden Salomos[2]. Ich weiß diese Mystik nicht unterzubringen. Jüdisch oder griechisch ist sie ursprünglich nicht. Wo liegen die Wurzeln für Philo, für die christliche Gnosis und für den Neoplatonismus, auch für die Denkweise mancher alexandrinischer Kirchenväter? Ich wage mich nicht in diese Wildnis.

       Mit herzlichem Dank
       Ihr aufrichtig ergebener
       Wellhausen

894. AN ENNO LITTMANN

[Göttingen, 3.11.1910]

Vielen Dank für Ihre hübsche Karte und für die Ausschnitte aus der äg. Ztschr[1]. Ich ärgere mich, daß Hell mit den Hudhailiten[2] nicht bald herausrücken will. Über Nöldekes Beiträge bin ich erstaunt[3]; der Aufsatz über den Koran ist unglaublich reichhaltig[4]. Schwally hätte sehr Vieles daraus gut gebrauchen können[5].

       Viele Grüße von meiner Frau
       Ihr W.

895. An Theodor Nöldeke

25.11[.1910]

Vielen Dank für die Speckseite statt der Wurst[1]. Den Vers des Sulaib habe ich durch Sie einigermaßen verstanden; der Stier als Prügelknabe ist auch an sich interessant[2]. Stilistik und Psychologie sind schwerer zu greifen als Syntax und Logik. Sie selber aber taxiren den Werth Ihrer Bemerkungen unrichtig. Er ist darum nicht geringer, weil sich noch mehr Beispiele von Anakoluthen u dgl. auftreiben lassen, z. b. 57,10.

Littmann hat mich gerührt durch seine Theilnahme an dem Befinden meiner Frau; ebenso auch Jacob, den ich mir ganz anders vorgestellt habe als er ist. Sie ist jetzt wieder zu Haus und bessert sich zusehends. Ich denke viel an Mila Weber und bewundere sie.

Viele Grüße
Ihr Wellhausen

896. An Adolf Harnack

Göttingen 13.12.10

Excellentissime[1]!

Vielen Dank für Ihre Mittheilung; ich habe demgemäß schleunigst votirt[2].

Das 4. Heft der ZNT werden Sie gesehen haben. Schultheß hat einen werthvollen Beitrag geliefert[3]; ich gebe ihm Recht in dem was er über Flemming sagt. Spitta räuspert sich wie gewöhnlich und Gunkel auch[4]. Eitelkeit entstellet immer auch das schönste Frauenzimmer[5]. Ich stimme zwar Gunkel in der Sache vielfach bei, habe aber nichts von ihm gelernt.

Ist demnächst auf die Entscheidung des Gesuchs von Dr. Julius Rodenberg (einem entfernten Verwandten von mir, der mit Julius Levy genannt Rodenberg nichts zu thun hat) um Zulassung als Volontär an irgend einer Bibliothek zu rechnen[6]? Ich stelle die Frage, wünsche aber keine Antwort. Ich begreife schon nicht, woher Sie die Zeit zu *den* Geschäften nehmen, zu denen Sie verpflichtet sind.

Mit herzlichem Gruß
Ihr Wellhausen

897. An Friedrich Leo[1]

[Göttingen, 1911?]

Lieber Herr College
Darf ich Sie bitten, mir den Absatz über die Oden Salomos[2] weiter zu entziffern? Ich komme nicht durch.

Ihr Wellhausen

898. An Enno Littmann

Göttingen 3. Januar 1911

Lieber, verehrter u. s. w.
Es thut mir leid, daß ich Ihnen nicht so früh geschrieben habe, daß dieser Brief zum Neuen Jahre angekommen wäre. Ich hatte es vor, aber die Rotzkrankheit machte einen Strich durch die Rechnung. Sie ist jetzt ein wenig besser, so daß ich lesen und schreiben kann. Ob ich aber zum 9 Januar wieder Stimme habe, ist fraglich. Thut auch nichts; ich mache mich dann durch Aussetzen der Vorlesungen populär. *Proh superi, quantum mortalia pectora caecae noctis habent*[1] – ich meine unter der *nox* den Rotz.

Sobald ich kann, muß ich dem Nazi von Pest[2] was ins Album schreiben. Ich hasse zwar die Sitte der Feestbundel, mochte mich aber in diesem Falle nicht ausschließen, zumal Nazi Werth darauf legt. Vielleicht schreibe ich über die Zeit der Dichter im Diwan Hudhail[3]. Abgesehen von den langen Qaçiden, die später und langweilig sind, stammen sie alle aus der Periode Muhammads, aus der Zeit kurz vor dem Islam und kurz nachher; die meisten lassen sich durch nachweisbare Beziehungen mit einander in Verbindung setzen. Ich müßte dabei eigentlich auch Hells Sammlung benutzen, die er mir in der zuvorkommendsten Weise zur Verfügung gestellt hat; aber ich fürchte, dann würde ich bis zum 1 März (dem Ablieferungstermin) mit der Sache nicht fertig, da ich daneben auch noch Anderes zu thun habe. Natürlich wird das Thema und die Ausführung den Meisten sehr langweilig sein; es ist darum doch nicht ohne alles Interesse.

Meine Frau hat sich über Ihre Karte sehr gefreut und dankt Ihnen herzlich. Es geht ihr hier besser als man erwarten dürfte. Heute hat sie auch ihre Schwester wieder nach Hause geschickt, weil sie das Amt der Schlüssel allein führen will. Sie nimmt stetig an Gewicht zu, wohin sie es in München trotz allem Stopfen der Ärzte nicht gebracht hatte. Sie ärgert sich sogar über die Sache so, daß sie unsere Wage für falsch erklärt und sich nicht mehr wägen läßt. Sie findet, das Magere kleidet sie besser. – Musik macht sie noch nicht recht wieder, doch fällt ihr ab und zu etwas ein.

Ich bin wie ein Eber in den Weinberg der Theologen eingebrochen und lese diesen Winter über die Apostelgeschichte. Großen Spaß macht es mir nicht, Lukas ist ein zu elender Literat. Das bißchen Stoff, das er hat – es ist blutern, – macht er durch die ewigen Reden nicht fetter. Ich habe zu dem, was ich früher gefunden habe und was dann E. Schwartz sehr vertieft und erweitert hat, nur wenig hinzu gelernt. Immerhin kann man das Buch neben den Evangelien nicht übergehn, obgleich seine Art grundverschieden ist.

Nun wünsche ich Ihnen zum Schluß ein glückliches Neues Jahr, und meine Frau schließt sich an. Ich konnte Ihre Kahirenser Adresse nicht recht lesen, darum lasse ich den Brief über Straßburg gehn

Ihr Wellhausen

899. An Paul Wendland

G 6. Januar 1911

Lieber Herr College

Herzlichen Dank für Ihre mir sehr willkommenen Gaben[1]. Ich habe daraus klarer wie sonst den Umfang und die Penetranz des philol. Betriebes erkannt, und bin erstaunt darüber. Nicht einmal das Verlorene läßt man mit Vorgängern verloren sein, sondern müht sich darum fast noch mehr ab als um das Erhalten. Grenzen und Schranken gelten nicht mehr, dem Nachklassischen wendet man sich mit Vorliebe zu und ist betrübt, daß es unter der atticistischen Reaction hat leiden müssen. Was würde mein alter Freund Raphael Kühner dazu gesagt haben! Der andere Freund, H. L. Ahrens, war allerdings schon moderner und kein Sachse.

Zu S. 381 ii[2] habe ich nichts zu bemerken gefunden. Ich halte die Urkunden in 1 Macc meist für unecht, dagegen die in 2 Mcc 11 für echt[3]. Sie sind zuerst von Baruch Niese gehörig verstanden[4] und von Laqueur richtig datirt[5], gleichzeitig auch von E. H. [sic] Bevan[6]. Ich würde Ihnen ein Exemplar meines Aufsatzes in den G N. 1905, 141 ss[7] zugehen lassen, wenn ich noch eins hätte.

Mit dem Spaziergang am Sonntag kann es leider nichts werden. Ich bin seit 14 Tagen erkältet und ganz heiser, werde auch meine Vorlesungen schwerlich am 9 Januar wieder aufnehmen können. Wenn nur einmal heitere Kälte einträte!

Mit guten Wünschen für ein gesegnetes Neues Jahr

der Ihrige

Wellhausen

900. AN EDUARD SCHWARTZ

Göttingen 8.1.1911

Lieber College

Vielen Dank für Ihren Brief. Er macht meine Frau neidisch; sie möchte auch gern im Breisgau wohnen[1] und südfranzös. Spritzen machen, mit einem nicht tauben und gegen außergöttingische Genüsse abgestumpften Mann. Ich muß zu Tode gefüttert werden. Mir selbst bin ich noch nicht zur Plage – *nisi cum pituita molesta est*[2], wie eben jetzt seit 14 Tagen, wo ich Tags ein Nest voll Sperlinge im Kopf habe und Nachts ein Bettlaken in der Hand als Schnupftuch.

Ich habe wirklichen Respekt vor Leo. Aber der Ausdruck, daß die feinen und ausdrucksvollen Züge seines Antlitzes festgehalten werden sollen, ehe denn es zu spät sei, hat den Niederdeutschen in mir gekitzelt. Pater[3] Kehr fand, er sähe aus wie ein weißer Neger.

Hier haben sie glücklich drei Philosophen vorgeschlagen, Meyer aus Tübingen, Kassirer aus Berlin, Misch aus Berlin. Da Baumann und Elias Müller, vollends Husserl, sich gänzlich passiv verhalten haben, so scheinen Smend und Wendland die eigentlichen Macher gewesen [zu] sein. Oldenberg ist ohne Zweifel ganz anders philosophisch begabt, als jene beiden; man scheint aber auf ihn nicht gehört zu haben, weil er halbwegs für Husserl plädirte. Ich bin froh, daß ich von der ganzen Geschichte nichts verstehe und nichts zu verstehn brauche. Daß Husserl nicht für Geschichte der Philosophie in Frage kommt, finde ich nicht grausam[4].

Es freut mich, daß eine neue Ausgabe Ihrer Charakterköpfe II[5] in Sicht ist. Jetzt ist endlich auch die 2. Ausgabe meiner Einl. in die Evv. erschienen[6]; ich habe einige Zuthaten zu dem alten Bestande hinzugefügt, um mich den Unverständigen noch etwas klarer zu machen – es wird aber nicht helfen. In diesem Winter erkläre ich unter Approbation der theol. Facultät die Apostelgeschichte. Ich finde nicht viel über das hinaus, was Sie und was ich in den GN 1907[7] gesagt haben. Ich erörtere den Studenten gegenüber meist allgemeinere Fragen aus dem s. g. apostol. Zeitalter. Es ist nur schlimm, wenn man ihnen Probleme zu lösen sucht, auf die sie selber im Leben nicht gekommen wären und die sie darum auch in keiner Weise drückend finden. Das geht freilich anderswo auch so. Wer würde auf die philos. Probleme von selber kommen? Mir wenigstens kamen sie, als ich Student war, zunächst ungeheuer überflüssig vor, namentlich als ich beim alten Ritter Geschichte der Philosophie zu hören versuchte.

Meine Frau befindet sich weit besser, als ich zu hoffen wagte. Ihre Schwester ist wieder weg; sie hat das Amt der Schlüssel allein und verträgt das Wirthschaften sehr gut. Sie muß sich natürlich noch schonen und thut es auch. Aber Appetit und Schlaf sind befriedigend; Kaffee und Rothwein widerstehn ihr noch.

Mit guten Wünschen für das Neue Jahr

Ihr Wellhausen

901. An Theodor Nöldeke

Göttingen 21.1.11

Lieber College

Es drängt mich, Ihnen sofort zu sagen, daß mir eine größere Freude als Ihr Brief seit langer Zeit nicht zu theil geworden ist.

Mit dem herzlichsten Dank
der Ihrige
Wellhausen[1]

902. An Albert Schweitzer

24.1.11

Vielen Dank für Ihre freundl. Zeilen. Sie finden die ausführl. Erörterung Ihres Versehens in der 2. Auflage meiner Einleitung[1] (S. 34), die Sie z. B. von Nöldeke oder von Reitzenstein sich beschaffen können. Sie haben übrigens selbst, wie ich nachträglich sehe, auf S. 412 den Pfarrer von Rothenburg richtig citirt[2], nur falsch *Wilke* statt *Wilcke* geschrieben

In aufrichtiger Hochachtung
Ihr Wellhausen

903. An Carl Bezold

Göttingen 12 Febr 1911

Verehrter Herr College

Erstens danke ich Ihnen vielmals für Ihre lehrreichen Bemerkungen über die Verbalsuffixe im Assyrischen[1] und über die Möglichkeit, die Differenz ihres Gebrauchs zur Altersbestimmung der Literatur und zur Quellenscheidung zu benutzen. Zweitens sende ich Ihnen den versprochenen Beitrag für Goldziher[2]; ich darf Sie wohl bitten, die Transscription der arabischen Eigennamen der von Ihnen angenommenen Methode zu conformiren.

Friedrich Müller, in dessen Klinik meine Frau behandelt und kurirt worden ist, hat mir von Ihnen erzählt, namentlich von dem Beistand, den Ihre Frau Ihren Arbeiten angedeihen läßt. Meine Frau, die auch kinderlos ist, hat davon Gewissensbisse bekommen und möchte mir auch gern helfen: ich kann sie aber nicht brauchen; es ist viel besser, daß sie bei Ihrer Musik bleibt, die ihr Interesse ausfüllt.

Aufrichtig ergeben
der Ihrige
Wellhausen

904. An Adolf Harnack

G. 22. 2. 11

L. H. C. Mit den Wir-stücken[1] weiß ich nicht aus noch ein. Für verkehrt halte ich es, sie zu einer fortlaufenden Quelle zu machen, durch Ergänzungen, in denen das Wir gar nicht vorkommt. Mit dem Capitel über die Stellung des Paulus zum Judentum[2] bin ich in nicht geringem Grade einverstanden. Aus welchem Motiv sollten die Beschneidung des Timotheus und das Naziräat erfunden sein? Und mit dem Naziräat würde der ganze Anlaß des Tumults gegen Paulus im Tempel zusammenfallen. Sie werden vielleicht sich über mich wundern, aber ich bin unberechenbar.

Mit herzl. Dank
Ihr Wellhausen

Ich werde immer wieder in die Semitica hinein gezogen, meist durch Bitten der Autoren um Anzeige ihrer Werke. Sonst würde ich mich gern einmal gründlich mit der Apostelgeschichte abgeben, obgleich mich ihre von der Einfachheit der Evv sehr abweichende Art abstößt.

905. An Ignaz Goldziher

Götting 24. 2. 11

H. H. C.

Vielen Dank! Ich habe in dem selben Sinn an Schmidt geschrieben. Er scheint auch zuweilen das alte römische Recht statt des byzantinischen zum Vergleich gezogen zu haben[1]. Das Gedicht Hamasa 457 n steht außer im Iqd[2] auch bei Bevan Naqâid 191 s[3]. Die LA تقسم الربع scheint verdächtig, weil, wie Sie selber sagen, das مرباع nicht vertheilt wird

Ihr ergebener
Wellhausen

Der „Islam" gedeiht unter Beckers Redaktion sehr erfreulich[4]; wer hätte das gedacht!

906. An Ella Limpricht

Göttingen 25. 2. 11

Liebe Ella

Marie hat schon abgeschickt, so daß ich nun ein eigenes Couvert nehmen muß, in dem weiter nichts steckt als ein herzlicher Glückwunsch.

Vor einem Jahre war es anders. Wir sind zwar auch noch nicht auf dem obersten Ast und kommen vielleicht so hoch überhaupt nicht, aber wir klettern doch langsam und verschnaufen mitunter ein wenig. Bei Frau Leo geht es langsamer, sie ist in Wengen, bis jetzt ohne merklichen Erfolg. Vielleicht fehlt dort ein gestrenger Herr wie Fr. Müller[1].

An Ulmann (wie an Bierling) habe ich geschrieben, danke Dir für die Erinnerung.

Viele Grüße an Moellers

Dein Julius

907. AN ARTHUR SAMUEL PEAKE

Göttingen 6 März 1911

Dear Sir

Sie haben mir mit Ihrem Briefe und Ihren Büchern[1] eine grosse Freude gemacht; ich schäme mich, den Dank so lange verschoben zu haben. Ich wollte die Bücher erst lesen, bin aber nicht dazu gekommen. Sie müssen sich mit Anderen trösten. Ich bin allmählich alt geworden und kann täglich nur wenige Stunden arbeiten.

Aufrichtig
der Ihrige
Wellhausen

908. AN WALTER DE GRUYTER

Göttingen 16 März 1911

Verehrter Herr Doktor

Herzlichen Dank für Ihre gütige Zusendung von Merx' Johannes[1]. Zum Durchlesen des Buches werde ich ebenso lange Zeit brauchen müssen, wie Merx zum Abfassen gebraucht hat.

Ich hoffe, daß Sie mit der 2. Ausgabe meiner Einl. in die drei ersten Evangelien[2] nicht sitzen bleiben. Äußerungen von theolog. Seite sind mir darüber noch nicht bekannt geworden; nur die Philologen haben sich mehrfach und mit Sympathie darüber geäußert.

Mit freundlichem Gruß
ehrerbietig
der Ihrige
Wellhausen

909. An Theodor Nöldeke

Göttingen 10.4.11

Lieber College

Der Mann, dem die Societät den Aufsatz von M.[1] zur Begutachtung übergeben würde, ist Rahlfs. Ich glaube, daß dieser in dem Urtheil über den Werth der Aethiops (nicht für den Text der LXX im Einzelnen, wohl aber für die Feststellung der Recensionen in den Hss) mit M übereinstimmt. Ob er auch das *Material* von M (zu Josua) für wichtig halten wird, läßt sich im voraus nicht sagen. Jedenfalls ist er nicht voreingenommen und eifersüchtig.

Schreiben Sie nur an M, er möge seinen Aufsatz an Prof Leo, vorsitz. Sekretär der GGW., schicken, der das Weitere veranlassen wird. Auf größere Publicität kann M. allerdings in den G. Abhh. oder Nachrichten nicht rechnen; es sind Katakomben

Mit freundl. Gruß
Ihr Wellhausen

910. An Ella Limpricht

G. 17.5.11

L E Ich habe mich sehr über Deine Karte gefreut. Wenn Du Andere pflegen kannst, bist Du in Deinem Esse; wohnt denn die Tochter auch bei Dir? Marie hat mir zu Ehren die beiden Südstuben sehr geschmackvoll umgearbeitet oder umarbeiten lassen; wenn die Rosa selbst sich schmückt, schmückt sie auch den Gatten[1]. Sie ist immer oder fast immer guter Laune und hat auch Appetit; aber sie bleibt beim Thee und mag noch immer keinen Kahwe; auch nicht gern süße Backwaaren, so daß wir Deine Sandtorte nicht vermissen und über Deinen guten Willen uns freuen. Über Filchner und Seelheim[2] werden wir durch die Voss. Zeitung auf dem Laufenden gehalten und denken dabei an Irmgard u Dich. Auch den 13 Mai haben wir nicht vergessen. Regelmäßige Correspondenz mit Marie ist nicht; sie ist mehr für das außerordentliche. Grüß Möllers!

Dein Julius

Unser neues Mädchen ist ein Fräulein, aber sehr liebenswürdig, Anna betantet sie stark.

Vischer geht zum Herbst ab[3]; die Nachbarschaft wird uns fehlen

911. AN ADOLF JÜLICHER

Göttingen 24 Mai 1911

Lieber Freund

Sie haben mir durch Ihren Geburtstagsbrief eine große Freude gemacht, die nur getrübt wird durch die Nachrichten über Ihr Befinden. Augen sind wichtiger als Ohren; sie leiden aber mehr unter dem Lesen als unter dem Schreiben. Also lassen Sie das viele Lesen; Sie dürfen darauf los schreiben, ohne Gefahr zu laufen, wie Harnack zu werden.

Harnack ist ein Tausendsasa, orientirt sich auf den verschiedensten Gebieten im Nu, ist sehr klug und sehr schlagfertig. Seine Eitelkeit ist naiv, nicht giftig und verzehrend; sie macht ihn nicht unglücklich wie andere Leute, sondern glücklich. Er hört auch aus dem Widerspruch immer noch das Lob heraus. Er ist gar nicht neidisch, sondern wohlwollend und bereit, Andere anzuerkennen. Als Debater, als Leiter von Versamlungen [sic] bewährt er sich überall; er ist ein ausgezeichneter Praktiker, könnte an die Spitze jedes Ministeriums treten und auch Papst werden. Für einen Forscher ist er allerdings zu begabt; er kennt die Schrift ohne sie gelernt zu haben, er tänzelt über die Schwierigkeiten hin, immer des Beifalls der Menge sicher. Dazu hat er einen beneidenswerthen Stuhlgang; es schießt gleich heraus und wird mit der Zeit immer dünner; er wird nicht älter. Es ist aber kein Falsch in ihm, und er hat auch Muth. Ich mag ihn trotz Allem leiden. Meine humoristische Auffassung mag ein Naturfehler sein – ich bin nun einmal kein Smend und kein Cohen, sondern amüsire mich eher als daß ich mich ärgere. Ich kann nicht anders als scherzhaft und freundlich ihm die Meinung sagen; er nimmt es nicht krumm, obgleich es für ihn nicht schmeichelhaft ist.

Holtzmann ist in seiner Arbeitsweise ungefähr das Gegentheil von ihm. Er überlegt Alles und läßt nichts außer Betracht. In gründlicher Belesenheit, in der Gewissenhaftigkeit und auch in der Kunst des Referats – keine leichte Sache – ist er unerreicht. In dem Vorwort hat er sich selbst bescheiden und treffend charakterisirt, und die Vorwürfe, die man ihm gemacht hat, schlagend zurückgewiesen. Ich habe mehr Sympathie mit ihm als mit Wrede, der geneigt ist die Pyramide auf die Spitze zu basiren. Natürlich ist sein Buch[1] kein Lesebuch, sondern ein Nachschlagebuch – aber ein besseres als das von Schürer[2]. Denn Holtzmann ist nicht hölzern, sondern hat Geist und Urtheil und weiß sich auszudrücken. Ich schulde Ihnen großen Dank für die gütige Übersendung des dauernd werthvollen Werkes; ich werde es gebührend ausnutzen. Zugleich bitte ich Sie auch Ihrem Helfer Walter Bauer herzlich zu danken.

Von meiner Frau soll ich einen freundlichen Gruß an die Ihrige bestellen.

Ihr Wellhausen

912. An Adolf Jülicher

[Göttingen, nach dem 24.5.1911]

Nachdem ich schon im vorigen Jahre Weißes Evangel. Geschichte und Evangelienfrage gelesen habe[1], habe ich mich jetzt mit schauderhafter Anstrengung auch durch Wilkes Urevangelisten[2] durchgewürgt und gewaltigen Respekt vor diesem total selbständigen und unsäglich geduldigen Forscher bekommen, der freilich auch die Geduld seiner Leser auf eine harte Probe stellt. Ich wollte bei der Neuausgabe der Einleitung[3] mein Gewissen davon reinigen, daß ich diese beiden Alten nicht kannte. Gelernt habe ich daraus nicht viel, aber doch das, daß manches, was ich zuerst beobachtet zu haben glaubte, sich schon bei ihnen findet, namentlich bei Weiße. Der hat zwar für die literarische Frage nicht die Bedeutung von Wilke, aber er läßt sich auch auf die theolog. historischen Dinge ein und macht da in seiner etwas breiten und wenig concisen Weise manche sehr feine Beobachtungen, weniger im Text, als beiläufig in den Anmerkungen.

913. An Theodor Nöldeke

19.7.11

Vielen Dank[1]; ich schäme mich, daß Sie auf jede Kleinigkeit reagiren. Ich habe selber daran gedacht, die Orthographie der Syra S. (auf die Sie in der syr. Gr.[2] zuweilen Rücksicht nehmen) zu behandeln; es fehlt mir aber die Belesenheit in den Hss. Frau Lewis[3] erleichtert die Arbeit durch ihre Variantenverzeichnisse nur wenig, man muß selber die ganze Sin. mit der Curet. und der Pesch. vergleichen.

Smend hat mir einige Berührungen von Kalila (syr. Text) mit Sirach nachgewiesen:

Kal.	65,2.3	Sir	40,28.29
	66,6.7		30,15.16
	72,2.3.		28,18–20
	72,8		40,24
	103,4–7		27,21 (22,21.28,17)
	103,7.8		3,30

Caetani hat mir auch seinen neuesten Band geschenkt[4]; seine Arbeitskraft ist erstaunlich. Mir wäre schon das bloße Schreiben solcher Volumina unmöglich; meine Hand ist sehr schwach, und auch das Lesen strengt mich so an, daß ich immer Zwischenpausen machen muß: *marasmus senilis*.

Ihr W.

914. An Leone Caetani

Göttingen 20 Juli 1911

Euer Durchlaucht
haben mich wieder beschämt durch die Übersendung des Volume IV der Annali dell' Islam[1]. Es geht mir sanft ein, meine eigene Arbeit von einer solchen Autorität anerkannt zu sehen[2]; aber wenn ich in der Chronologie der ägypt. Eroberung Recht habe, so kommt das Verdienst nicht mir zu, sondern Brooks[3]. Ich wünsche Ihrem Riesenwerk guten Fortgang; es ist erstaunlich, dass ein Einzelner solche Last auf die Schultern nimmt. Meist tritt jetzt in solchem Falle der associative Betrieb ein – nicht immer zum Vortheil der Sache.

Ehrerbietig
Eurer Durchlaucht
ergebener Wellhausen

915. An Enno Littmann

Göttingen 31. 7. 11

Lieber Freund
Zu Hause bin ich, aber nicht auf dem Damm. Die Hitze ist nicht die Ursache. Ich leide seit längerer Zeit an Congestionen, die mir das Arbeiten fast unmöglich machen. Der Doktor hat mir allerlei verordnet (Digitalis, Milch, Kampher) und jede Anstrengung untersagt. Er sagt, die Sache würde vorübergehn, sie käme von Überanstrengung. Letzteres ist aber nicht wahr; ich habe schon seit Jahren nie mehr als etwa 4–5 Stunden arbeiten können.

Amüsabel oder gar amüsant bin ich also nicht; ich kann auch nur kurze Zeit hören und sprechen. Die Freude Ihres Besuchs möchte ich freilich mir und meiner Frau nicht versagen, aber vielleicht können Sie ihn auf die Zeit Ihrer Rückkehr von Oldenburg verschieben. Es wäre möglich, daß mein Befinden dann besser wäre.

Vielen Dank für Ihre Erklärung „ein Jahr nach der Zerstörung Chaibars durch Harith b. Gabala"[1]. Was Sie sehen ist immer selbstverständlich, und doch sieht es kein Anderer. So dumm bin ich noch nicht und auch nicht so mismuthig, daß ich mich nicht mehr über so etwas freue

Ihr Wellhausen

916. An Rudolf Smend

16.8.11

L. S. Vielen Dank für das Lebenszeichen. Mir hat die Lage auch sehr gefallen, zumal man auch den Seeburger See und den Göttinger Wald sehen konnte. Leopold ist mir gestern auf der Straße begegnet, ich erkannte ihn aber zu spät. Die Gluth hat aufgehört, die Dürre aber noch nicht, obgleich der Barometer sinkt. Jülicher ist in Braunlage und will Dich vielleicht besuchen[1]; er hat in Hannover ein unblutig abgelaufenes Duell mit Harnack bestanden, auf der Arena des Predigervereines.

والسلام.

917. An Rudolf Smend

Bozen 23.9.11

L S

Jetzt sitzen wir glücklich auf der Endstation. Vorher 8 Tage in München und 15 in Steinach am Brenner. Liegt schön und hat herrliche Luft. Besserung spüre ich aber nicht; das Schülpen[1] im Blute dauert fort. Von Bergsteigen kriege ich aber kein besonderes Herzklopfen, viel mehr nach jeder Mahlzeit.

In Bozen ist es herrlich, nach 2 Tagen Regenwetter, und unser Zimmer (mit Balkon) liegt so schön, daß wir kaum herauszugehen brauchen.

Der Regen, obwohl er toll genug war, war mir ein wahres Labsal; ich wünschte, wir in Norddeutschland hätten auch etwas davon abgekriegt. Es war mir eine Lust, mich tüchtig durchregnen zu lassen.

Wir bleiben bis etwa 2 oder 3. Oktober aus. Meine Frau grüßt vielmals, sie wird durch Bozen elektrisirt. Ihr müßtet auch mal her kommen, im Herbst. Denn die Pfirschen[2] und Feigen und Trauben etc sind nicht zu verachten; für 20 Heller ersteht man 8 Feigen oder 5 herrliche große Pfirschen. Aber Brot, Gemüse, Fleisch ist viel theurer als bei uns; auch Kaffee etc

Auf Wiedersehen
Dein J. W.

918. An Enno Littmann

Göttingen 28 Okt. 1911

Lieber Freund

Sie sorgen dafür, daß ich immer Ihr Schuldner (in Briefen und in anderen Dingen) bleibe, aber die Schuld drückt mich nicht. Das Schreiben strengt mich an;

ich bin das nichtsnutzige Brägenschülpen[1] und Herzklopfen durch den Aufenthalt in Tiril [sic] nicht los geworden. Doch kann ich Vorlesungen halten, wenngleich es mir schwer fällt; und ich freue mich darüber, weil ich damit eine Art Beschäftigung habe. Ich kann die Erklärung eines biblischen Buches improvisiren; ein richtiges Studium, ein intensives Lesen gelehrter Bücher oder Aufsätze ist mir noch nicht möglich – es geht dann Alles mit mir rundum. Die Ärzte halten das Leiden[2] für wesentlich nervös; ich fürchte freilich, daß es mit Arterienverkalkung zusammenhängt und nicht vorübergehend ist. Mürrisch und verzagt will ich nicht werden;? אֶת־הַטּוֹב נְקַבֵּל וְאֶת־הָרָע לֹא נְקַבֵּל[3] Erschwerend ist für diesen guten Vorsatz, daß meine Taubheit mich von fröhlicher Gesellschaft isolirt und mir Gelegenheit gibt, mit mir selber allein zu sein und in meine Gedanken zu vertiefen. Wenn ich das Zeug dazu hätte, könnte ich philosophiren. Ich bin aber nur so weit Philosoph, daß ich eingesehen habe: die beste Philosophie ist, daß man nicht philosophirt, sondern einfach glaubt: גַּם כִּי־אֵלֵךְ בְּגֵיא צַלְמָוֶת לֹא אִירָא רָע[4]. Die Theologie liegt mir natürlich noch ferner als die Philosophie. Vergleichsweise bin ich gewiß nicht übler daran, als Andere; ich schäme mich oft z. B. vor Mila Weber.

Verzeihen Sie diese Expectoration; nehmen Sie sie für einen Beweis, daß ich Zutrauen zu Ihnen habe. Es thut mir leid, daß ich Sie bei Ihrem letzten Besuch so melancholisch empfangen habe; *c'est plus fort que moi*; ich kann mich manchmal nicht bezwingen.

Die Verwechslung von Zoologie und Theologie durch amerikanische Jungen ist geistreich; doch geht die Zoologie noch weit über die Theologie hinaus; die Theologen sind nicht einmal die Dümmsten, sie haben nur die dümmste Aufgabe. Moore ist ein ganz ausgezeichneter Gelehrter, besser als Torrey, der sehr gute Einfälle hat, sich aber leicht überhastet. Ich habe in der 2. Ausgabe der Einl. in die Evv (p. 118 sqq)[5] gegen Moore polemisirt und hoffe, daß er es mir nicht übel genommen hat, wenn auch nicht, daß er mir Recht gibt, obgleich ich sehr fest überzeugt bin, daß ich Recht habe.

Viele Grüße an den „Altmeister"[6]; er wird sich wahrscheinlich über diesen albernen Titel, der ihm stereotyp beigelegt wird, nicht grade freuen.

Meine Frau grüßt herzlich\
Ihr dankbarer\
Wellhausen

إنّ الانسان خُلِقَ هَلُوعًا
إذا مَسَّهُ الشرُّ جَزُوعًا
واذا مسّه الخيرُ مَنُوعًا

Sura 70, 19[7]

919. An Adolf Harnack

Göttingen 7.11.11

Lieber Herr College

Seit geraumer Zeit wird mir das Lesen und Schreiben schwer; das Blut schießt mir zu Kopf und ich muß bald aufhören, um mich durch Bewegung in der Luft wieder einigermaßen in Stand zu setzen. Darum habe ich Ihre neue Sammlung[1] nur naschend genießen können. Die Stücke, die ich ausgesucht habe, haben mir gemundet. Z. B. mehrere praktische. Sie sind wirklich ein ausgezeichneter Practicus und verstehn sich auf die Behandlung von Menschen und Dingen, ohne sich selber etwas dabei zu vergeben. Eine gewisse Weitherzigkeit, ein natürliches Wohlwollen, berührt sehr angenehm. Auch der Aufsatz über die Kirchenväter[2] hat mich sehr angesprochen, obgleich ich selbst zu den Leuten gehöre, denen die Kirchenväter, besonders die griechischen, sehr fremdartig sind. Daß ich gegen Maurenbrecher und gegen die Mythologen ganz auf Ihrer Seite stehe, brauche ich nicht zu sagen. Über Naumann urtheile ich härter als Sie[3]; er misbraucht seine glänzende Begabung im Dienst einer Partei; ihm gegenüber komme ich in Versuchung, Agrarier zu werden oder auch Eschatologe.

Mit der Gelehrsamkeit kann ich mich kaum noch abgeben. Sie wird mir durch Zusendungen ins Haus getragen; ich beschränke mich darauf, dankend den Empfang zu bescheinigen. In Overbecks *opus postumum* über das 4. Ev.[4] habe ich nur die Pietät von Bernoulli bewundert, die freilich mit starker Eitelkeit versetzt ist. Overbeck selbst zeigt sich entsetzlich impotent. Hubert Grimmes Schlüssel zu den Oden Salomos[5] kommt mir ganz verfehlt vor

Mit herzlichem Dank
Ihr Wellhausen

920. An Hubert Grimme

Göttingen 7.11.11

Verehrter Herr College

Mein Befinden bessert sich nicht; ich kann nur mit großer Anstrengung und nur ganz kurze Zeit lesen oder schreiben. Damit bitte ich Sie zu entschuldigen, daß ich auf Ihre gütige Zusendung[1] noch nicht geantwortet habe. Ich konnte nur Blicke in Ihr Buch werfen, nicht es studiren. Bis jetzt haben Sie mich nicht bekehrt, obwohl ich nicht im Stande bin Sie zu widerlegen. Ich fühle mich als Ruine.

Ich war über Ihren Besuch sehr erfreut und danke Ihnen herzlich für den neuen Beweis Ihrer unverdienten Güte

Aufrichtig
der Ihrige
Wellhausen

921. An Theodor Nöldeke

[Göttingen, 23.11.1911]
Vielen Dank! Ich hätte den Grund angeben müssen, weshalb mir Steuernagel nicht recht einleuchtet; ich hole ihn nach. Wie kann der Protest gegen den Soldatenschacher als bloßer Anhang an das Verbot der Rosseeinfuhr ausgedrückt werden? Der Menschenverkauf mußte doch weit größere Entrüstung erregen als die Füllung der Marställe; er müßte als das primäre erscheinen und nicht als das Secundäre. Darum traue ich Steuernagels Deutung von לא ישיב את העם מצרימה und לשוב בדרך הזה nicht[1].

Ich werde den Gedanken an MW[2] kaum los, obwohl ich sie nur als Kind gekannt habe.

922. An Albert Schweitzer

[Göttingen, 13.12.1911]
Ich möchte Ihnen meine Einleitung in die 3 Evv[1] schicken, wenn Sie sie nicht schon besitzen (worüber ich Auskunft erbitte). Ich weiß zwar, daß ich Sie nicht bekehre, möchte aber, daß Ihnen der Unterschied von Cap. 24 der isr. jüd. Geschichte[2] klar würde. Ich bin schon seit einem Jahrzehend nicht mehr mit Cap. 24 einverstanden, habe es aber stehn lassen (mit leiser Correctur) und werde es ferner stehn lassen – weil es mir als historische Phase interessant ist.
Wellhausen

923. An Walter Bauer

Göttingen 17.12.1911
Lieber Herr College
Für den 1. Band von Holtzmann habe ich mich bei Jülicher bedankt[1], für den 2. kommen Sie an die Reihe[2]. Sie haben viel Zeit und Mühe an die Edition gewandt; die Arbeit wird Ihnen durch die Anhänglichkeit an den Autor erleichtert sein und sie ist nicht verschwendet. Das Werk ist eine unerschöpfliche Schürfgrube. Es lassen sich unzählige Themata zu Dissertationen daraus entnehmen, und die ganze Literatur wird gleich dazu angegeben. Ein wahres Glück, daß das Doktoriren in der theol. Fakultät nicht Mode ist.

Ich habe noch zwei andere Neutestamentlica zugesandt bekommen. Einmal den chaotischen Nachlaß von Overbeck zum 4. Ev, den Bernoulli versucht hat zu ordnen³. Der Eindruck ist trist, Overbeck scheint steril geworden und nur im Schimpfen noch potent geblieben zu sein. Ein ganz anderer Geist ist Alb. Schweitzer⁴. Er verschmäht die Induction und faßt die Sache gleich bei der Wurzel; die Wurzel ist natürlich bei Paulus wie bei Jesus die Parusie. Die Methode ist wie bei Baur, wenngleich das Resultat anders: immer von der Idee, oder von dem springenden Punkt des Systems aus. Seine Begabung, seine Productivität, seine Arbeits- und Fassungskraft sind imposant. Er ist Musiker, Mediciner, Pastor und Privatdozent; durch Concerte verdient er sich seinen Unterhalt und die Mittel zur Missionirung der Kongoneger – er will im Herbst 1912 nach dem Kongo. Ich bin ganz starr, und fürchte nur, daß er sein Pulver vorzeitig verschießen wird, so immens auch der Vorrath bei ihm sein mag. Für einen Professor in einer theol Facultät paßt er natürlich nicht, noch viel weniger als weiland D. F. Strauß, der im Vergleich mit ihm der reine Philister war.

Der Tod von Mila Weber⁵ wird auch Ihnen nahe gehn; ich mag nicht daran denken und nicht darüber sprechen. Vielleicht ist Ihre Frau Mutter dabei gewesen.

Herzlichen Gruß an Ihren Vater
Ihr Wellhausen

924. An Ella Limpricht

G. 25. 12. 11

Liebe Ella
Vielen Dank für Dein gütiges Geschenk¹; ich lebe an der Hand des Kladderadatsch die große Zeit noch einmal durch.

Marie hat gewirthschaftet wie nicht gescheit, und ist bei bester Laune. Ihre jungen Freundinnen und Schülerinnen haben ihr allerlei Huldigungen dargebracht; Dr. Joachim hat ihr die Briefe seines Vaters verehrt². Nur ein dunkler Punkt steht am Horizont; der heißt Anna Siegfried: soll sie weg oder soll sie bleiben? Wir würden viel mit ihr verlieren, aber sie hat ihren Klug nicht recht.

Ostern steht wieder München in Aussicht, die Vorfreude ist groß. Ich habe aber genug an dem bayrischen Athen, gehe wo anders hin oder bleibe zu Hause. Mein Brägenschülpen ist etwas besser; ich kann 2–3 Stunden lesen.

Tycho Wilamowitz hat seinen Doktor gemacht³ und zwar sehr gut; es ist große Freude in Westend. Ich nehme aufrichtig daran theil; denn wenn mir auch Wilamowitz als Verkünder des griechischen Evangeliums auf den Berliner Gassen etwas donquixotisch vorkommt, so ist er doch ein rührender Freund. – Frau Marmé ist seit lange in Hannover bei ihrer krebskranken Schwester, die nicht sterben kann. Wie entsetzlich das ist, hat Marie bei der Frau Inspektorin im Münchener Krankenhaus erlebt. – Für Fränzchen Meyer⁴ haben wir mit Andern zusammen eine sehr schöne Schreibmaschine gestiftet, mit der sie sich Geld verdient. Sie hat es mit ihrer Schwester sehr schwer und ist bewundernswerth. – Rudolf Smend ist statt in Tübingen in Arosa und kurirt eine Lungenaffection, mit gutem Erfolge, so daß seine Niedergeschlagenheit gewichen ist.

Mit den besten Wünschen für Dich im Neuen Jahr
Dein dankbarer
Julius

925. An Enno Littmann

Göttingen 29.12.11

Lieber Freund

Herzlichen Dank für Ihre Gaben und besonders für Ihren Brief. Ich schäme mich etwas meiner Expectoration[1] gegen Sie, freue mich aber, daß sie von Ihnen so gütig aufgenommen ist. Es überrascht mich freilich nicht; denn ich wußte, daß der Forscher in Ihnen den Menschen nicht erstickt hat – ein ähnliches Gefühl habe ich auch bei Jacob. Im Übrigen hoffe ich mit der Zeit zum Gefühl der allgemeinen Wurstigkeit in Bezug auf mein Befinden durchzudringen – damit ist Alles gewonnen. Man kann es auch weniger profan ausdrücken; ich begnüge mich aber lieber mit dem profanen Ausdruck.

Ich bin ganz traurig über den Tod von Mila Weber[2]. Ich habe sie schon als Kind lieb gewonnen, und dann hat sie mir als 24jähriges Mädchen großen Eindruck gemacht, obgleich oder grade weil sie durchaus keinen Eindruck machen wollte. Sie war weit vom Stamme gefallen. Ihr Vater ist ein grundguter, aber ganz trockener Peter; Ihre Mutter war sehr gescheit und witzig, auch aufopfernd für ihre Freunde, aber durch ihre Médisance und Indiscretion äußerst gefährlich. Und nun dieses harmlose und dabei grundgescheite, unbefangene und lustige Mädchen! Es ist schade! Mich dauert am meisten ihre höchst respektable und auch sehr kluge Schwester Anna, die nun mit der armen Ida allein sitzt[3].

Im Übrigen wünsche ich Ihnen und Nöldeke ein gutes neues Jahr
Ihr Wellhausen

So weit ich kann, beschäftige ich mich etwas mit der ersten Abbasidenzeit, namentlich mit den iranischen Qâids (قُوَّاد) an ihrem Hofe und deren Anhang, so wie mit den nationaliranischen Tendenzen theils politischer theils religiöser Natur. Es ist sehr viel Material vorhanden; namentlich über Tabaristen weiß Tabari (aus Amul) ausgezeichnet Bescheid. Aber es ist schwierig, sich über die bunten Schichten in dem allgemeinen Centrum Bagdad eine Vorstellung zu machen. Auch die alte Topographie von Bagdad ist schwer vorstellbar; das Beste findet man bei Jaqubi in der Bibl. Geogr. VII[4]. Fatalerweise habe ich das bißchen

Persisch, das ich bei Justi gelernt habe, fast verlernt, Türkisch braucht man nicht grade zu können.

Mein Interesse für diese Dinge ist nicht erstorben, aber so wie ich im Zuge bin, muß ich aufhören.

926. An Adolf Harnack

Göttingen 7. 1. 12

LHC.

Eine gelungenere Anzeige habe ich nie gelesen als Ihre über Overbecks Johannes[1]. Ich bewundere die moral. Selbstüberwindung, die dazu gehört das Buch so zu lesen, daß man eine Anschauung über den Inhalt geben kann. Nur damit bin ich nicht recht einverstanden, daß O. ungemeine Anlagen zum Historiker besessen habe; Sie limitieren freilich selber das Urtheil; und ich kenne eigentlich nur den Commentar zur AG[2]. Der zeigt nichts von einer Löwenklaue. Er ist ungemein sorgfältig und fleißig, weiter nichts. Was ihm von Wendt u. a. als Verdienst zugeschrieben wird, stammt von Ritschl (Tüb. Theol. Jahrbb. 1847, 293 s[3]): die Ausgleichung der beiden Parteien sei nicht der *Zweck*, sondern die *Voraussetzung* der AG.

Wenn Sie mir auf diese eruptiven Zeilen antworteten, würde mir das sehr peinlich sein

Gesegnetes Neues Jahr!

Ihr W.

927. An Adolf Harnack

Göttingen 8. 1. 12.

Ich stoße zufällig auf Euseb. H. E. II 17,13.20[1] und wundere mich, daß *quod scio* noch niemand auf den Einfall gekommen ist, in den Oden Salomos *christianisirte* Hymnen der Therapeuten zu finden. Ich will aber nicht sagen, daß der Einfall besser ist als andere – nur ebenso gut.

W.

928. AN CARL HEINRICH BECKER

Göttingen 14.1.12

Vielen Dank für die Ihre sehr bedeutungsvolle Studie[1]. Vgl. Tab III 1118: Mamun behauptet, die Lehre von der Ungeschaffenheit des Korans sei nur eine Imitation der christl. Lehre von dem ewigen Logos[2]

Ihr W.

929. AN THEODOR NÖLDEKE

Gött. 17.1.12

L C! Entschuldigen Sie die Kürze meines Dankes[1] und meiner Antwort. Über Ibn Saʿd s. DMZ 1875 p. 88 n 2[2] – lang, lang ists her! Daß اِكرَامَه 75,5 اِكرَامًا له ist, schäme ich mich nicht gesehen zu haben. Für لاحب 56,5 habe ich in der That لاحب gelesen[3].

Mein Beitrag für Goldziher[4] ist ein alter Ladenhüter (ich habe vor vielen Jahren die meisten Lieder ed. Kosegarten übersetzt und etwas commentirt[5]); eine Correctur konnte ich nicht lesen, daher allerlei Druckfehler und Unsauberkeiten. Daß Ihr Beitrag[6] keine neuen allgemeinen Gesichtspunkte enthält, schadet nichts; die Beispiele sind nie in solcher Fülle zusammengestellt. Natürlich könnte man sie noch vermehren, z. B. בְּעָפָר Isa 41,2; aber das wäre unerschöpflich. Gewöhnlich begnügt man sich, auf die doppelte Punktation des Dekalogs hinzuweisen.

Beckers Beitrag[7] hat auch mir sehr gefallen, viel besser als das geistreiche Räsonnement in seinem früheren Buch über ein ähnliches Thema. Erstaunlich inhaltreich und belehrend ist Snoucks Aufsatz[8], aber das versteht sich bei ihm von selbst: er ist der Baas[9].

Ihr W.

930. AN CARL HEINRICH BECKER

[Göttingen, Januar 1912]

Τῆς Σαίσσα[1] ist natürlich aus falscher Verdopplung des σ entstanden; lies τῆς Ἄϊσσα.

Zu p 181 n. 1 vgl. Epiph. Haer 51: ἡ παρθένος ἀραβιστί = Χααβον = κόρη[2]

Auf dem Wege, den Sie jetzt einschlagen, bekommt die Sache Hand und Fuß. Die Gadarija treten schon in der Omajidenzeit *politisch* stark hervor; auch die Murgiiten scheinen mit ihnen zus zu hangen [sic].

Hol der Henker die ganze Dogmengeschichte, wenn sie nicht politisch so wichtig wäre, sowohl bei den Byzantinern als bei den Muslimen.

931. An Enno Littmann

Göttingen 31 Januar 1912

Lieber Freund

Ich bin voll Freude und Stolz über die Ehre, die Sie mir zugedacht haben[1], und über die Gesellschaft, in die ich zu stehen komme. Wenn ich könnte, würde ich gern einen Abschnitt in der Encyclopädie übernehmen, etwa den über die hebräische Literatur (, oder auch den über die arabische Erzählungsliteratur, d. h. nur über die geschichtliche, die wie es scheint nach Ihrem Plan nicht darunter begriffen ist). Aber es ist wenig Aussicht, daß ich noch einmal wieder arbeiten und schreiben kann.

Für Ihre vielen freundlichen Zusendungen bin ich, wie gewöhnlich, den Dank schuldig geblieben. Ich kann sie nur flüchtig ansehen, nicht studieren. Zu der Kalumiinschrift[2] scheint mir der Beitrag Hoffmanns[3], so erstaunlich ihm auch alle Möglichkeiten vor Augen stehen, doch im Ganzen etwas abwegig; der von Lidzbarski[4] viel gesunder. Meisterhaft ist Lidzbarskis Kritik von Sachaus großem Werk in der DLZ[5].

Ich habe Ihren Brief erst gestern Abend (30. 1) bekommen und adressire nach Tübingen. Viel Glück auf die Fahrt!

Von Herzen der Ihrige
Wellhausen.

932. An Robert Vischer

Göttingen 2. Febr 1912

Verehrter und lieber Herr College

Vielen Dank, daß Sie meiner freundlich gedenken. Die Hopser[1] kommen außerhalb Östreichs auch vor. Das Schlimme ist, daß so breit geredet und so wenig gesagt wird. Kennt man die Parteistellung des Abgeordneten, so weiß man in der Regel, was er vorbringen wird. Abstimmung ohne Reden würde genügen. Nur in Frankreich scheint es wirklich bedeutende Parlamentarier zu geben, wie Bourgois, Briend, Poincaré, Clémenceau, Delcassé; sie haben zwischen Revolution und Reaction einen schweren Stand.

Es ist uns schmerzlich, Ihr Haus verödet zu sehen[2]. Ich würde auch gern abgehen; egoistische Gründe halten mich davon ab. Ich kann nicht mehr angestrengt arbeiten, und da mir auch die Unterhaltung mit andern Menschen unmöglich ist, so bleibt das Colleg das einzige Mittel, mich mit dem Leben in einiger Verbindung zu halten. Ich misbrauche die Zuhörer; da aber ihre Zahl gering ist, ist der Schade nicht so groß.

Enno Littmann

Von Göttingen weiß ich wenig. Die jüngeren Collegen lerne ich nicht recht kennen, oder nur ausnahmsweise, wie den Mediciner Hirsch, der mich beräth und mir sehr lieb ist – er ist nichts weniger als ein selbstgewisser Heilpapst, aber doch auch nicht unentschieden. Meine Frau ist zwar nicht gesund, aber doch meist guter Laune; sie sucht sich ihren Verkehr bei der musikalischen Jugend.

Nach langen Jahren haben wir hier endlich einmal zwar keinen Frost, aber doch gehörigen Schnee. Mehr kann man für den deutschen Nordwest nicht verlangen; es gibt ja dort in der Regel keinen Winter und keinen Sommer.

Viele Grüße an Sie und Ihre Frau, auch von der meinigen.

Ihr aufrichtig ergebener
Wellhausen

933. An Friedrich Carl Andreas

[Göttingen, 26.3.1912]

H. H. C! In der Prophetenbiographie des Ibn Hischam 235,14 heißt Rustam* الشَديد[1]. Daneben gibt es eine Variante السِنْديد, was persisch sein und bedeuten soll: der Sonnenaufgang. Wissen Sie etwas damit anzufangen? Vielleicht ist es corrupt, es findet sich daneben auch الشيذ.

Ihr Wellhausen

* der epische Rustam, neben Isfandiar genannt

934. An Friedrich Carl Andreas

6. 4. 12

H H C Ich schäme mich, daß ich Ihnen Mühe gemacht habe. الشَديد[1] ist gewiß das richtige, das andere nur ein Versuch, den arab. Ausdruck zu iranisiren. Sie werden es mit شديد wohl getroffen haben. Die Punktirung سِنْديد ist entstanden unter Einfluß des arabischen صِنْديد; das ist ein häufiger poetischer Ausdruck für *Held*

Mit herzl Dank

Ihr W.

935. An Rudolf Smend[1]

Sonnenfinsternis 1912[2]

L S. Ich wollte gestern Deine Frau besuchen, traf sie aber nicht und hinterließ nur einen blühenden Kirschenzweig aus dem Busch am Kreuzberge. Das Wetter wird inzwischen wohl auch in Freudenstadt schön geworden sein; ich wünsche es Dir, denn die Unterhaltung mit den Pfarrern ist doch nicht der eigentliche Zweck. Das Bild aus dem Christophthal ist hübsch; es erinnert an den Blick hier von dem Park, den sich Rathkamp angelegt hat[3].

Tuissimus.

936. An Theodor Nöldeke

Göttingen 1.5.12

Vielen Dank, lieber College! Den امية بن ابى الصلت ed. Schultheß[1] besitze ich. Es ist mir aber bisher zu anstrengend gewesen, die schwierigen theologischen Gedichte zu belagern und in sie einzudringen. Ich habe also auch kein Urtheil darüber; nur halte ich es für wahrscheinlich, daß für etwaige spätere Imitationen doch alte Muster vorgelegen haben müssen. Ich weiß nicht, ob Berührungen mit dem Koran in jedem Fall für Unechtheit sprechen. Die ganze Sache ist mir unheimlich. Die Belesenheit des Herausgebers ist erstaunlich; aber Sie haben ganz Recht, vor Häufung von Citaten zu warnen. Übrigens haben Sie den alten Igel[2] zu großem Dank verpflichtet, und ich hoffe, daß er in sich geht.

Den Divan des Samaual besitze ich nicht[3], ich kenne nur das Gedicht in der Hamasa und das in den اصمعيّات Ahlwardts. Ihre Verbesserungen von Açm. 20,12[4] leuchten ein, und aus Ihren historischen Bemerkungen habe ich manches gelernt, was mir nicht ganz klar war. Lehrreich ist mir auch der Unterschied von سَوْء und سُوء. Bisher glaubte ich, der Unterschied sei wesentlich der, daß سُوء meist im Stat. cstr vorkomme, سَوْء dagegen im St. abs.

Es hat mich zwar über vier Wochen gekostet, den Commentar des ابو ذرّ durchzulesen und mit dem Texte des ابن هشام zu vergleichen, aber ich habe es in meiner kurzen Anzeige[5] nicht für der Mühe werth gehalten, näher darauf einzugehn, wegen der empörenden Nachlässigkeit und zugleich wegen der ekelhaften Ruhmredigkeit des Herausgebers. Es fehlt natürlich nicht an einzelnen werthvollen Erklärungen und Varianten.

Es ist mir immer eine Freude, Sie trotz aller Schwachheit des Leibes geistig noch so unverändert und voller Rüstigkeit zu sehen. Grüßen Sie, bitte, Weber und Littmann.

Ihr Wellhausen

937. An Enno Littmann

Göttingen 16.5.12

Amicissime

Sie drehen den Spieß um. Sie haben mich zweimal durch Lebenszeichen aus Kairo erfreut, und ich habe nicht reagirt. Mir wird das Schreiben sauer, und ich fürchte es dabei zu machen wie Ulrich von Würtemberg: ich schäll mein Horn in Jammerton[1]. Außer Ihnen hält Jacob und besonders Nöldeke mich noch einigermaßen an den Orientalia fest. Letzthin hat Nöldeke mir seine Bemerkungen zu Umaija b. Abi l Çalt und zu Samaual geschickt[2]. Er hat Schultheß höchst urban behandelt, glaubt aber doch ihm auf die Krähenaugen getreten zu haben. Diese Proben eines Islams vor dem Islam sind wichtig, und ich glaube, man darf nicht zu mistrauisch dagegen sein. Die Berührungen mit dem Koran sprechen nicht absolut gegen ihre Echtheit; Muhammed hat manche Vorstellungen und Ausdrucksweisen vorgefunden und übernommen. In dem Liede des Samaual bei Ahlw. Muf. 20,9.10 heißt es: „ich möchte wissen (wenn mir gesagt wird: lies die Aufschrift, und ich sie dann lese), ob das Plus zu meinen gunsten ist oder zu meinen ungunsten, wenn ich zur Rechenschaft gezogen werde; ich bin auf die Rechenschaft gefaßt (مقيت?)"[3]. Das ist völlig wie in Sura 69,19, aber nicht daraus entlehnt. Es wäre auch etwas raffinirt, wenn ein Fälscher قَرِيتُ gesagt hätte statt قَرَأتُ (20,8) oder مبعوث und خبيت (20,11.14) statt مبعوث und خبيت. Ich würde mich gern mit Umaija eingehend beschäftigen, aber ich darf nicht in Eifer gerathen, sondern nur Blumen oder Disteln am Wege pflücken.

Meine Frau war 3 Wochen in München bei den dortigen Medizinmännern; sie macht jetzt eine Pferdekur durch und ist davon sehr angegriffen. Ich hoffe, daß Ihnen Straßburg nicht durch Ägypten verleidet wird[4], und freue mich darauf, Sie wieder zu sehen

Mit herzl. Gruß

Ihr Wellhausen

Wissen Sie, ob die die مفضّليّات (deren Anfang von Thorbecke edirt ist[5]) jetzt vollständig gedruckt sind? Ich erfahre so etwas nur durch Zufall.

938. An Enno Littmann

[Göttingen, 18.5.1912]

Vielen herzl. Dank[1]! Ich habe das erste Lied gelesen und sowohl den Text gut gedruckt als auch die Scholien geschickt ausgewählt gefunden.

Sehr ärgerlich ist es, daß Brönnle den Plan Nöldekes, das كتاب الاصنام[2] herauszugeben, vereitelt hat. Hol ihn der Kukkuk!

Ich genieße die مفضّليات[3] natürlich langsam und verstehe nicht Alles. Aber die Sache macht mir doch Spaß, trotz der ewigen Variationen von feststehenden *loci communes*. Man müßte eine Topik dieser Wüstenpoesie anlegen; mir ist das aber nicht mehr möglich.

Ihr W.

939. An Theodor Nöldeke

Göttingen 31.5.12

Lieber College
Ihre freundlichen Mittheilungen über Ihre Arbeiten erfreuen mich um so mehr, da ich durch meine Taubheit ziemlich isolirt bin. Smend unterhält mich und ebenso Wendland; aber was Sie [sic] zu sagen haben, interessirt mich nicht eben sehr. Sie sind trotz Ihres Alters viel jugendlicher und lebendiger. Es freut mich, daß Schultheß Ihnen dankbar ist. Er ist mistrauisch und praetensiös, aber doch ein sehr respektabler Arbeiter, wenngleich nicht übermäßig begabt. Ich fürchte, er hofft mein Nachfolger in Göttingen zu werden. Ich für meine Person hätte nichts dagegen; indessen hat er hier alle Leute vor den Kopf gestoßen und ist *persona minime grata*.[1]

940. An Theodor Nöldeke

[Göttingen, 2.6.1912]

Mufadd 35,15 gehört doch nicht [mit] v 16 zusammen; vor v. 16 scheint etwas zu fehlen, worin schon andere persische Quälereien aufgeführt waren. Der Vers 15 ist eher eine Schilderung des inneren اختلاف der Taghleb (v 11), dem in v 12.13 die schöne Zeit vor dem اختلاف entgegengesetzt wird; v 11 und 15 hängen zusammen

941. An Adolf Harnack

Göttingen 10.6.12

Lieber Herr College
Vielen Dank für Ihre gütige Gabe[1]! Ich bin seit vorigem Sommer an eigentlichem Arbeiten verhindert, durch Congestionen infolge von Arterienverkalkung. Aber Ihre flott geschriebene Studie habe ich mit Vergnügen lesen können.

Ich bewundere Ihr zähes und gut ordnendes Gedächtnis; denn diese Gelehrsamkeit wurde gewiß nicht *ad hoc* gesammelt, sondern fand sich ziemlich von selbst zusammen. Vielleicht hätten Sie stärker verwerthen können, was im Anfang der latein. oder syrischen Didaskalie über die christl. Privatlektüre gesagt wird. Zu meiner Schande muß ich gestehen, daß ich nicht wußte, daß Franz Walch[2] in Göttingen gelehrt hat; ich versetzte alle Walchs nach Jena. Mosheim, Walch, Gieseler – *o quae mutatio rerum!*

Mit herzlichem Gruß
Ihr Wellhausen

942. An Theodor Nöldeke

Göttingen 13. 6. 12

Vielen Dank! Ich schäme mich Ihnen die Zeit zu stehlen, kann es aber doch nicht lassen, Sie auf Labid 41,49.50 aufmerksam zu machen. Die völlige Demüthigung der Ghassan bei Gilliq kann sich wohl nur auf die Verwüstung durch die Perser AD. 613 oder 614 beziehen; aber wie verbindet sich damit die folgende Aussage, daß der erlauchte Harith b Gabala 40 Jahre lang regierte? Denn die 40 Jahre können sich doch nur auf Harith b. Gabala beziehen. Ich bitte Sie aber, nicht zu antworten, oder nur gelegentlich.

Ihr W.

943. An Walter Bauer

Göttingen 26. 7. 12

Lieber Herr College

Vielen Dank für Ihre gütige Zusendung[1]. Ihre Gelehrsamkeit setzt mich in Erstaunen; es ist beinah zu viel des Guten. Ihre Zurückhaltung in der Analyse ist begreiflich aus dem Zweck des Buchs. Die Analyse hat es nicht zum Ziel gebracht und nur das negative Ergebnis ist sicher, wenngleich nicht in allen Einzelheiten. Daß ich hervorgehoben habe, das 4 Ev. sei doch ein historisches Ganzes, ist misdeutet worden. Die Analyse ist deshalb doch kein Sport, sondern das einzige Mittel zum Verständnis des ursprünglichen Sinnes. Gewundert hat mich, daß Sie der Auffassung von 14,2 als Frage beigetreten sind; mir erscheint sie als gequält und als unmöglich, denn mit 12,26 hat die Aussage ὅτι πορεύομαι nichts gemein[2]

Herzlichen Gruß an Sie und Ihre Eltern!

Aufrichtig
der Ihrige
Wellhausen

944. An Enno Littmann

[Göttingen, 4.8.1912]

Amicissime! Das alte Wrack ist gerührt und freut sich auf Ihren Besuch. Es wird bis 15. 8. noch im Hafen sein, dann auf etwa 3–4 Wochen ausfahren.

> Dankbar
> der Ihrige
> Wellhausen

945. An Leone Caetani

Ergebensten Dank für Vol. V der Annali[1]

Göttingen 5 August 1912   J. Wellhausen

946. An Enno Littmann

G. 2. 10. 12

Vielen Dank für Ihren Gruß; mich wundert, daß Th. N.[1] noch so gut zu Fuße ist: יַעֲלֶה אֵבֶר כַּנֶּשֶׁר יָרוּץ וְלֹא יִיגַע יֵלֵךְ וְלֹא יִיעָף[2] Wir sind vier Wochen in Tirol gewesen, besonders in Bozen, und haben schönes Wetter gehabt. Jetzt vertreibe ich mir die Zeit mit arabischen Versen, genieße sie aber in ganz homöopathischen Dosen, mit langen Unterbrechungen. Zuweilen erquickt mich eine Oase in der Wüste, wie

لَيْسَ مَنْ ماتَ فَاَستراحَ بِمَيِّتٍ   إِنَّما المَيْتُ مَيِّتُ ٱلْأَحْيَاءِ
إِنَّما المَيتُ مَنْ يَعِيشُ ذَلِيلاً   سَيِّئًا بالُهُ قَلِيلَ الرَجاءِ

Ihr W.[3]

947. An Adolf Jülicher

Göttingen 27. 10. 12

Lieber Herr College

Dieser alberne „Philologe" ist einmal an den Falschen oder auch an den Richtigen gekommen; ich habe mich sehr gefreut, wie Sie ihm heim geleuchtet haben, noch dazu in so vornehmer und auch für Andere (wie mich) so lehrreicher Weise[1]. Ich habe daraus den Eindruck, daß es Ihnen gut geht; und das wird mir von Schröder bestätigt. In Bozen habe ich Herrmann gesehen, er kam mir sehr gealtert vor, ich ihm wahrscheinlich nicht minder. Schönen Gruß an Heitmüller, den ich leider nicht gesehen habe, und herzlichen Dank!

Ihr Wellhausen

948. An Rudolf Smend jun.

G. 11. 11. 12

Lieber Rudolf

Bierling erkundigt sich besorgt nach Deinem Befinden; Du hättest ihm einen Brief versprochen, aber nicht geschrieben. Ich habe ihn über Dein Befinden getröstet, und hinzugefügt, Du hättest viel zu thun. Wenn Du gelegentlich Zeit für einige Zeilen an ihn hast – er ist es werth daß man ihm das erzeige[1].

Dein J. Wellhausen

949. An Theodor Nöldeke

Göttingen 15. 12. 12

Lieber College

Sie haben mich sehr erfreut durch die Anzeige von Schultheß[1] und durch Ihren Brief. Die Stelle im Jaqut war mir nicht in Erinnerung; als ich sie aber nachschlug, fand ich, daß ich sie unterstrichen hatte. Auch Agh 16,33 (nicht 31) ult. hatte ich notirt aber vergessen; in einer Münchener Hs. steht dort / صَرَفَ الق für / زوء الق. Der pluralische Genitiv زوّ الحوادث bei Antara und Hasir paßt nicht recht zu *Scheere*, und das absolute زَوْءٌ bei Labid kann auch nicht *Scheere* bedeuten. Aber ein Verbalsubstantiv von زاء oder زوى scheint mir doch unannehmbar; es muß sich um ein starres oder concretes Substantiv handeln[2].

Mein Befinden ist unverändert und erlaubt mir kein zusammenhangendes Arbeiten. So stöbere ich denn viertelstundenweis in arabischen Liedern herum; was ich nicht verstehe, lasse ich unverstanden, bis mir etwa von selbst ein Licht aufgeht. Soweit die Schwierigkeiten auf Unkenntnis des Thatsächlichen oder Historischen beruhen, lassen sie sich ja auch nicht forciren, wenn man keine Tradition hat. Trotz der ewigen *loci communes* üben die Lieder einen seltsamen Reiz auf mich aus, noch mehr allerdings die alten epischen Erzählungen.

Viele Grüße an Weber und Littmann

Ihr dankbarer
Wellhausen

950. An Ella Limpricht

G. 23.12.1912

Liebe Ella

Du wirst vermuthlich mit einem Briefe von mir statt von Marie fürlieb nehmen müssen, und Erfreuliches wird nicht grade darin stehn. Sie war seit Mitte November gänzlich erschöpft und ging deshalb in die Klinik zu Professor Hirsch. Durch die Einsamkeit und absolute Ruhe haben sich die Nerven zwar erholt, aber die eigentliche Wurzel alles Bösen ist natürlich von Hirsch so wenig beseitigt wie von Müller Boehm Amman etc. Ich meine die große verhärtete Geschwulst am Darm, die der Verdauung im Wege steht. Sie leidet jetzt einmal wieder sehr stark darunter. Sie muß die Abführmittel immer steigern, und der Darm wird dadurch einerseits gereizt, anderseits gänzlich erschlafft. Hirsch hat ihr jetzt alle Medizin verboten und nur Schleimiges zu essen erlaubt. Dann aber staut sich Alles und sie muß doch wieder Sprengmittel anwenden. Und so schwankt sie zwischen Scylla und Charybdis. Hirsch versichert ihr immer, es sei nicht schlimm. Er meint, es bestehe keine Lebensgefahr. Aber sie führt doch eine schauderhafte Existenz, und es ist offenbar, daß die Ärzte nichts dagegen machen können, da eine Operation ausgeschlossen ist. Indessen hoffe ich, daß doch wieder leidlichere Zeiten kommen, wenn auch auf eine wirkliche Heilung nicht zu rechnen ist. – Anna ist unermüdlich und vorsorglich; in der Hinsicht sind wir gut daran.

Die arme Bertha Kolbe[1] dauert uns sehr, auch Deinetwegen. Dein Packet ist angekommen, aber noch nicht geöffnet. Marie hat Eva gebeten, Dir einen kleinen Tannenbaum zu machen. Vergnügt wirst Du in Deiner einsamen Stube wohl nicht sein; die Erinnerungen an frühere Zeiten drängen sich vor. Aber *Though He slay me, yet I will trust on* [sic] *Him* sagt Hiob in der englischen Übersetzung[2].

Dein Julius

P.S. Es scheint jetzt, daß die von Hirsch vorgeschriebene Kost und die Vermeidung von Medicin doch durchführbar und heilsam ist. Ich war schon seit Jahren unglücklich über die rasenden Portionen von Bauchdynamit; aber die Münchener Ärzte machten nichts daraus

951. AN CHARLES CUTLER TORREY

Göttingen, 23 Dec., 1912.
Verehrter Herr.
Sie haben mich sehr erfreut und zu Dank verpflichtet[1], als sachverständiger Bundesgenosse. Es ist schwer, sich mit Leuten auseinander zu setzen, die nicht hören können und nicht hören wollen. Radermacher ist das neueste anmuthige Beispiel[2].

Die klassischen Philologen – mit Ausnahme z. B. von Eduard Schwartz – reklamieren Alles als echtgriechisch; nicht bloß die Sprache, sondern auch den Inhalt. Die Wurzel des Christenthums soll womöglich Plato sein; das Judenthum wird nach Kräften ausgeschaltet.

Auf Einzelheiten kann ich nicht gut eingehen, weil mein Befinden mir unangenehme Schranken auferlegt. Ich gebe im Allgemeinen gern die Möglichkeit zu, daß Manches bei Lukas, was ich auf Conto der Nachahmung der LXX gesetzt habe, in Wahrheit auf aramäisches Original zurück geht. Dagegen halte ich daran fest, daß durch زكاة ein jüdisches זְכוֹת erwiesen wird, wovon זַכִּי abgeleitet ist[3].

Mit aufrichtigem Dank
Ihr ergebener
Wellhausen.

952. AN THEODOR NÖLDEKE

[Göttingen, 26.12.1912]
Ist in Mufadd. 35,16[1] الجسّار die richtige Lesart und vom Brückenzoll die Rede? Wer dem Brückenzöllner nicht seine Gebühr zahlt, dem wird das Kleid ausgezogen und er wird geohrfeigt. Das ثوب ist oft Gegenstand der Pfändung. Die ملوك v. 19 sind die persischen Beamten, die sich schämen sollten, die Taghlibiten so zu behandeln; das لا تبوء scheint Frage zu sein, Fortsetzung von الا تستحى. Der Absatz fängt mit v 15 an (ich bin unwillig über die Taghlib wegen) aber diesen Vers versteh ich [nicht], nicht bloß weil ich die historischen Beziehungen nicht kenne

953. AN WILHELM HERRMANN

Göttingen 1. Januar 1913

Lieber Herr College

Vielen Dank für Ihre freundliche Sendung[1]. Ich bin nicht blind gegen den Werth der Überlieferung. Aber mir scheint, daß Sie in Jesus mehr als Überlieferung finden. Er ist Ihnen lebendige Gegenwart. Das kann er m. E. nicht sein als Jesus κατὰ σάρκα, sondern nur als der durch die Auferstehung zum κύριος d. h. zum Gott erhöhte Christus, der eigentlich identisch ist mit dem lebendigen und lebenschaffenden Geist – nach Paulus.

Hanna Smend hat sich verlobt gegen Dr Fischer aus Tübingen, der hier Privatdozent für pathol. Anatomie ist. Er soll ein prächtiger Mensch sein; aber er geht nach Schanghai und will dort seinen Ehestand begründen. Hanna hat nichts dagegen einzuwenden, und die Eltern finden sich darein[2].

Ich erfahre fast nur von Smend, was in der Welt vorgeht; er hält mich getreulich auf dem Laufenden. Mit einigen anderen Theologen treffe ich Mittags im Sprechzimmer des Auditorienhauses zusammen; sie sind sehr freundlich gegen mich, aber es kommt nicht zu einer richtigen Unterhaltung. Titius ist mir sehr sympathisch, obgleich er Religionen vergleicht. Stange sieht so ernsthaft aus wie ein schwarzer Pintscher; er gefällt aber den Leuten nicht schlecht. Mirbt ist sehr liebenswürdig; es hat mir leid gethan, daß ich ihn gar nicht wieder erkannte und mich ihm vorstellen ließ – er hat es aber nicht übel genommen. Auch der Philosoph Maier gefällt mir gut. Mit dem Theologen Meyer und mit Kühl bin ich noch nicht zusammengetroffen; mindestens ein Drittel der Collegen von der Universität ist mir unbekannt

Grüßen Sie Jülicher und Heitmüller. Ich wünsche Ihnen und den Ihrigen ein gesegnetes Neues Jahr.

Ihr Wellhausen

954. AN CHRISTIAAN SNOUCK HURGRONJE

[Göttingen, 3.1.1913]

L F! Danke vielmals. Früher hat Montet[1] im A. T. dilettirt; er ist aus Genf *ni fallor*. امّا بعد, so wünsche ich Ihnen ein gutes neues Jahr und mir die Fortsetzung Ihrer gütigen Art, mich noch als lebend zu betrachten

Der Umstehende.

955. An Eduard Schwartz

Göttingen 12 Januar 1913

Lieber Herr College

Sie sammeln feurige Kohlen auf meinem Schädel; ich kann nicht recht mehr auf Ihre Güte reagiren, da mich das Alter gefaßt hat. Eine Vorlesung halte ich noch jeden Tag, auf ärztlichen Befehl, zu meinem Besten, nicht zum Besten der Hörer.

Sehr lehrreich ist mir Alles, was Sie über die verschiedenen Phasen der römischen Regierung und Verwaltung bis zu Constantin sagen und im Zusammenhang damit über die Organisation der Kirche, vor allem auch in Ägypten (97ss)[1]. Vielleicht haben Sie den Geist zu ernst genommen. Der Geist ist das Princip der *historia sacra* im A. und N. T.; aber mehr ein dogmatisches als ein reales Princip, wie es denn auch mit der *Heiligkeit* der Kirchengeschichte nicht weit her ist. Die AG ist ganz *historia sacra*. Freilich weist sie doch darauf hin, wie wichtig das Geld für die Organisation der Kirche war. Nach 4,35 gelangen die Almosen nicht direct aus der Hand der Geber an die Empfänger, sondern werden zu Füßen der Apostel niedergelegt, die auf diese Weise sehr real fundirt werden. Ob das schon für die älteste Zeit richtig ist, ist egal.

Was Sie 110 über Subjects und Prädikatsbegriff sagen, läßt sich verstehn. Dagegen wendet Wilamowitz (Reden und Vorträge[3] 171[2]) diesen Unterschied verkehrt an. Das Subject ist das Unbekannte, es wird explicirt durch seine Prädikate. Und *Gott* ist grade das Unbekannte, das hinter den wahrnehmbaren Wirkungen steht. Ζεὺς ὕει heißt auf deutsch: *es* regnet. Gott ist das *es* und nicht der Regen. Im Übrigen ist es gefährlich, grammatische Begriffe philosophisch zu verwenden. Die Sprache kann aus allem Substantive machen, was eigentlich Eigenschaft oder Wirkung oder Abstractum ist.

Ziemlich gleichzeitig mit Ihrem Buch bekam ich von Georg Löschcke in Berlin[3] die nachgelassenen Aufsätze seines verstorbenen Sohnes zugeschickt[4]: zwei kirchengeschichtliche Entwürfe. Der zweite scheint enorm gelehrt zu sein, aber über den habe ich kein Urtheil. Über den ersten habe ich ein Urtheil, aber das mag ich nicht mittheilen[5]. Es ist mir peinlich, dem Vater zu antworten.

Hanna Smend geht übers Jahr nach Schanghai, der Bräutigam macht einen sehr guten Eindruck, klug und zuverlässig[6]. Meine Frau war eine Weile recht elend, erholt sich aber jetzt zusehens. Professor Hirsch hat sie, wie es scheint, richtig berathen. Von Göttingen (Stadt und Akademie) merke ich wenig; es kommt mir vor, als ob man sehr geschwollen würde. Mir war das alte Göttingen lieber.

Viele Grüße an Ihre Frau und vielen Dank

Ihr Wellhausen

956. An Max Pohlenz

[Göttingen, 13.1.1913]

Ich freue mich über Ihre Freude[1]

957. An Eduard Schwartz

Göttingen 2.2.13

Lieber College

Ich finde keineswegs, daß was Sie über den Herausgeber des Joa und seine Tendenz aufspüren, Thorheit ist; im Gegentheil. Aber ich kann nicht mehr mit spüren mich nicht mehr vertiefen, nur kurze Zeit lesen und nur mit Mühe schreiben. Ich halte noch ein paar Stunden Colleg, nicht um der Studenten willen, sondern *ut aliquid facere videar*; ich lese *con amore* dies und jenes leicht zu verstehende Buch. Wilamowitz' Vortrag über Pindar[1] behagt mir sehr.

Mit Ihrem letzten Buch[2] beschäftige ich mich fortgesetzt; es ist die erste Kirchengeschichte, in der ich Leben und Wirklichkeit verspüre, und zugleich *positive* Würdigung des Christenthums – denn mit Spott kann man die Sache leicht würzig machen. Ich habe auch Baurs Abh. über das 4 Ev.[3] vorgenommen und bin erstaunt. Er sieht die Unbegreiflichkeit der Composition sowohl in den Erzählungen als auch in den Reden klar genug ein, findet aber darin den Beweis, daß dem Schriftsteller nur die Idee am Herzen gelegen habe, gar nicht ihre Darstellung. Die *Idee* soll die *Formlosigkeit* und die daraus sich ergebenden Widersprüche erklären. Der Mann ist mall und dazu langweilig!

Es ist kein Spaß, sich mit mir zu unterhalten, aber ich freue mich doch sehr auf Ihren Besuch. Ende März nimmt mich meine Frau mit nach Bozen; ihr Befinden bessert sich langsam, sie möchte gern, daß es schneller ginge. Smend ist nicht wohl; der Durchfall Leopolds[4] und die Verlobung der Tochter mögen mit daran schuld sein.

Viele Grüße von meiner Frau an Ihre!

Ihr Wellhausen

958. An Enno Littmann

Göttingen 3 Febr 1913

L F.

Vielen Dank[1]. Ich bin sehr stolz, auf diese Weise mit Christian Snouck vereinigt zu werden; ich bin seit 1880 nicht wieder mit ihm zusammengetroffen. Wenn die arab. Scholien die Anläße und Umstände für die Lieder ebenso gut angäben, wie es in Ihren Noten geschieht, so wäre man klüger. Freilich bemühen sich die abessin. Dichter auch nicht, alles möglichst räthselhaft auszudrücken; sie sind eigentlich geschmackvoller, jedenfalls sachlicher und ohne so viele hypertrophische Vergleiche.

Das Deutsch Ihrer Übersetzung ist tadellos
Abdlât[2] ist sehr merkwürdig.

959. An die Librairie Paul Geuthner

Göttingen 6. Febr 1913
Sehr geehrter Herr
Mein Befinden erlaubt mir nicht, das Buch zu lesen und zu besprechen; also bitte ich, es mir nicht zu schicken
           Hochachtungsvoll
           Prof. Wellhausen

960. An Enno Littmann

[Göttingen, 9.2.1913]
Ein Hauptvorzug der abess. Lieder vor den altarab. scheint darin zu bestehen, daß sie nicht erst nach langer Zeit aus Fragmenten reconstruirt sind, nach äußeren Merkmalen des Metrums und des Reims, von verschiedenen Sammlern in ganz verschiedener Anordnung, kaleidoskopisch, ohne daß eine innere *necessitudo* sich ergibt. Freilich werden die altarab. Dichter selbst andere Begriffe von Composition gehabt haben als wir, aber wenigstens eine Ideenassociation ist bei ihnen doch anzunehmen. – Der Unterschied der vaganten Kamelpoesie der Araber u der mehr seßhaften Rinderpoesie der Abessinier mag mit im Spiel sein. Mehr Geist und mehr Welt- und Menschenkenntnis haben die Araber; sie stehen auf einer höheren Stufe, sind vornehmer.

961. An Theodor Nöldeke

Göttingen 28. Febr. 1913

Lieber College

Meine Ansicht über den isr. Sabbat ist ausgesprochen in der Gesch. Israels I (1878)[1] p. 115 s. Sie hat Beifall gefunden, verdient ihn aber vielleicht nicht und bringt jedenfalls nicht die Lösung der von Ihnen aufgeworfenen Fragen. Bei einem Hirtenvolk ist an einen in kurzer Frist wiederkehrenden Ruhetag nicht zu denken. Aber bei den ackerbauenden Israeliten steht ein ziemlich hohes Alter des Sabbats und der Woche wohl fest. Die Zeit des Getreideschnitts zwischen Ostern und Pfingsten scheint schon früh auf sieben Wochen bestimmt zu sein (Exod 34,22. Jerem. 5,24). Mit abessinisch *sanbat* (Woche und Sabbat) und arabisch *sabt, sanbat, sanbata* (Frist, nicht einzelner Tag) ist nicht viel anzufangen.

Es geht mir nach wie vor schlecht. Ich versuche es mit Anstand zu tragen und nehme mir an Ihnen ein Beispiel.

Ihr aufrichtig ergebener
Wellhausen

962. An Theodor Nöldeke

2.3.13

Ihre Vermuthung nach 1 Sam 20. Ezech. 20, daß die Araber die Lospfeile einst wirklich abschossen[1], hat mich frappirt. Auch die ῥάβδοι könnten *geworfen* sein. Im Abessinischen ist ዐፅ und ዐዐ = Los, ዐፅፀ = *sortitio*. Wie steht es mit عِضُونَ? Ich glaube mich einer von Maria handelnden Stelle im Koran zu erinnern, wo die jüdischen Priester Stäbe werfen, kann sie aber nicht auffinden[2]. – Barths Buch[3] kenne ich nicht und wäre auch nicht im Stande es zu lesen; ich kann jetzt nur Einzelnes aufschnappen. – Vielen Dank!

Ihr W.

Ich habe Lammens' Fâtima[4] durchblättert. Man könnte denken, er hätte die Absicht, die Tendenzkritik durch Übertreibung *ad absurdum* zu führen. Selten ist mir ein fataleres Buch in die Hand gekommen.

963. AN THEODOR NÖLDEKE

7. 3. 13

L C! Ich beschränke mich auf eine Karte, da mir das Schreiben sehr sauer wird. Der Jesuit mit seiner giftigen Feindschaft gegen den Islam[1] fällt mir auf die Nerven; daß die Tendenzkritik im Grundsatz berechtigt ist, gebe ich natürlich zu. Von unrichtigen Einzelheiten ist mir ebenfalls Manches aufgefallen, z. B wenn das Aufwecken eines auf dem Fußboden Schlafenden (λὰξ ποδὶ κινήσας) als Roheit aufgefaßt wird[2]. Ihre Vermuthung, daß das Losen der Priester in einem christl Apokryphon steht, ist richtig. In den späteren Auflagen meiner Prolegomena habe ich zugesetzt: erst nachdem man die 7 Tage (der Woche) hatte, kam man darauf sie nach den 7 Planeten zu nennen, vgl Ideler I,178 ss[3]. Ich reise morgen nach Bozen

Herzliche Grüße
Ihr W.

964. AN RUDOLF SMEND

Bozen 4. April 1913[1]

Lieber Smend

Es thut mir leid, daß Locarno versagt hat; ich hoffe aber, daß sich Freudenstadt wieder bewährt[2]. Bozen liegt vielleicht etwas höher als Locarno, die Luft ist indessen auch etwas weich. Mir bekommt sie ganz gut, wenngleich mein Schlaf unsicher ist. Meine Frau erholt sich hoffentlich in Göttingen, hier ist es noch nicht viel geworden. Sie sitzt meist auf dem Balkon unseres Zimmers und freut sich über die blühenden Mandeln, Pfirschen, Kirschen, jetzt auch Birnen und Äpfel. Gehen thut sie sehr ungern, sie rutscht lieber auf den Bergbahnen in die Höhe.

Ich langweile mich wie gewöhnlich zu Tode, da ich mich auch niemals mit einem Menschen unterhalten kann. Die Mahlzeiten sind die einzigen Unterbrechungen der Öde. Die Natur ist freilich sehr schön, aber man wird des passiven Naturkneipens bald satt. Einmal haben wir Rathkes besucht[3], die Dir vielleicht aus Halle bekannt sind. Sie wohnen jetzt in Meran in einem wunderhübschen und wunderhübsch gelegenen Hause.

Am Montag werden wir in München sein und am Donnerstag (10. 4), so Gott will, wieder in Göttingen. Der Hauptgrund unserer Reise war, daß unsere Anna sich kuriren lassen mußte; es scheint ihr jetzt ganz gut zu gehn.

Meine Frau grüßt vielmals, ich wünsche Dir von Herzen gute Besserung.

Dein alter
Wellhausen

965. An Wilhelm Herrmann

Göttingen 5. 5. 13

LHC!
Vielen Dank[1]! Der Gegner scheint nicht bös zu sein, sondern nur etwas kindlich. Das eigentl. Motiv ist immer das praktische, daß die Wissenschaft keine Pfarrer ausbildet.

Ich habe auch den Welfen gelesen[2]. Wenn die Niedersachsen alle solche eingebildeten Leute wären, so würde ich mich schämen. Leider ist die Einbildung nicht bloß bei den Welfen, sondern auch bei den Liberalen vertreten, z. b in dem von Karlchen Mießnick redigirten Hannöverschen Kurir[3]. Westfalen, Ostfalen (Prov Sachsen), Hansestädte gehören auch zu Niedersachsen und sind viel wichtiger gewesen als Braunschw-Lüneburg.

966. An Adolf Jülicher

Göttingen 24 Mai 1913

Lieber Freund
Sie streicheln mich kräftig[1], aber *laudarier a laudato*[2] ist süß, und was daran zu viel ist, ist noch süßer, da ich es auf Conto Ihrer Freundschaft schreiben darf. Leider kann ich Ihnen nur mit ein paar Worten danken, da mir das Schreiben schwer wird und die Gedanken stocken. Durch ein paar kleine Vorlesungen muß ich mich dies Semester noch durchlügen; dann bin ich wirklich *rude donatus*. Der Minister hat mein Emeritirungsgesuch zum Herbst bewilligt. Für die Arabisten bin ich noch einigermaßen lebendig (nur zum theil deshalb, weil sie auf meine Nachfolge rechnen), für die Alttestamentler aber todt, mit Ausnahme von Baudissin, der in der Jugend alt war und im Alter jung wird[3].

Herzlichen Dank noch einmal, auch von meiner Frau
Ihr Wellhausen

967. An Enno Littmann

11. 6. 13

Lieber Freund! Sie verlieren in Nöldeke viel und gewinnen in mir nichts[1]. Umgekehrt ist es auch peinlich, Sie dem Alten zu entreißen. Aber es ging doch nicht an, aus diesen Rücksichten Sie zu übergehn und uns zu schädigen, zumal Sie mich hatten merken lassen, daß Sie sich in Straßburg nicht allzu wohl fühlen.

Elster[2] ist geneigt, Sie zu berufen, will dagegen Jacob nicht gern schon wieder von Kiel weg nehmen[3]. Ob Sie aber schon zum 1. Juli die Berufung in Händen haben werden, ist mir sehr zweifelhaft. Die Vorschläge sind noch nicht abgegangen. Ich betheilige mich nicht an den Verhandlungen, weil ich keine Pression ausüben will; ich informire die Facultät nur über die Merita meiner etwa in Frage kommenden Nachfolger, und zwar schriftlich.

In guter Hoffnung

Ihr dankbarer
Wellhausen

968. An Enno Littmann

12. 6 [.1913]

Lieber! Es ist Grund zu hoffen, daß Sie zum Herbst nach hier berufen werden; unsere Vorschläge gehn wohl noch diese Woche ab – aber ob die Anfrage an Sie noch vor 1 Juli ergeht, ist ungewiß. Ich mag nicht an Elster schreiben, daß Sie andernfalls nach Amerika übersiedeln wollen – denn das wäre eine Pression, die sich die Hochmögenden ungern gefallen lassen. Elster drängt auf rasche Erledigung.

In der hiesigen philos. Fakultät hat immer Anstand und Langeweile geherrscht; jetzt vollends seit sich die Sektionen getrennt haben. Eine Reihe sehr angenehmer Collegen gibt es, z. B. Wackernagel, Andreas, Pohlenz, Sethe, und der klügste von allen, Oldenberg, der aber sehr zurückhaltend ist. Von mir werden Sie nichts haben, weil ich taub bin und nur ganz kurze Zeit es vertragen kann zu sprechen. Indessen freut sich meine Frau auf Kaffeebesuche um 4 Uhr nachmittags.

Nil desperandum[1]

Ihr W.

969. An Walter de Gruyter

Göttingen 27. 6. 13

Hochverehrter und Lieber!
Der Druck der israel und jüd. Geschichte[1] muß verschoben werden bis etwa Mitte September, wenn ich von der Ferienreise wieder zurück bin. Mit Ihrem Vorschlage in bez. auf das Ev. Matthäi bin ich völlig einverstanden; ich möchte aber den Druck verschieben, bis nach Vollendung des anderen Druckes[2].

Daß Sie sich abgesetzt haben um mich noch zu sehen, hat mich gerührt und bei meiner Frau haben Sie derowegen einen Stein im Brett. Smend ist verzweifelt wegen seiner Schlaflosigkeit, die Ärzte „garantiren ihm" (ein thörichter Ausdruck) baldige völlige Genesung und hernach bleibt es beim Alten. Mein Befinden bleibt wie es ist; ich kann nur sehr wenig arbeiten. Ich suche mich auf allgemeine Wurstigkeit zu stimmen; es gelingt nicht immer
In aufrichtiger Dankbarkeit
Ihr alter
Wellhausen

970. AN THEODOR NÖLDEKE

Göttg. 3 Juli 1913
Lieber College
Vielen Dank für den Achiqar[1]; ich muß mir Zeit lassen um ihn zu studiren, da ich jetzt alle Kraft für die lumpigen paar Stunden aufsparen muß, die ich noch halte

Der Vorschlag Littmann war mir Ihretwegen sehr peinlich; er ließ sich aber nicht übergehn. Ich habe übrigens nicht mit votirt, sondern der Commission nur Information gegeben über Becker, Brockelmann, Jacob, Lidzbarski, Littmann und Schultheß. Letzterer ist hier *persona minus grata*, und ich durfte ihn der Fakultät nicht aufdrängen. Becker paßt zu wenig in die Göttinger Tradition; für Brockelmann als Grammatiker war auch keine Stimmung. Jacob wollte der Nachfolger Althoffs nicht schon wieder von Kiel wegnehmen; ich mag ihn persönlich sehr gerne, aber er verzettelt sich in Kleinigkeiten und stoßt dadurch an, wie auch durch seinen Haß gegen die klassische Philologie. Dies im Vertrauen.
Ihr Wellhausen

971. AN ENNO LITTMANN

5. 7. 13
Frohe Botschaft[1]! Ich habe sie dem Dekan (Brandi) und den Rector (Wackernagel) sofort verkündet. Nur Nöldeke thut mir leid; er muß mit nach Göttingen[2].
Ihr W

972. An Enno Littmann

Göttingen 8 Juli 1913

Lieber Freund

Mir wird himmelangst. Ich habe das Gefühl, als ob ein Bock lammen sollte. Ich bin ein Swinegel und muß mich nun, um Sie nicht zu enttäuschen, in einen Kanarienvogel zu verwandeln trachten. Ich kann Ihnen Nöldeke durchaus nicht ersetzen, namentlich nicht bei Ihren sprachlichen Arbeiten. Als Philologe bin ich der reine Dilettant und besitze höchstens die Fähigkeit, mich rasch in einem Texte zu orientiren; die Kunst und die Geduld, eine Schwierigkeit zu belagern und zu forciren, geht mir ab. Ich kann nicht allenthalben nachschlagen; jetzt werde ich auch sofort schwindlig, wenn ich den Kopf nach verschiedenen Seiten drehen muß.

Jedoch – das wissen Sie alleine. Es bleibt also übrig, daß Sie Zuneigung zu mir haben, und darüber freue ich mich um so mehr, als die Sympathie auf Gegenseitigkeit beruht. Sie haben mir manche Gelegenheit gegeben (zuletzt nach Amos 6,10 als דּוֹד und מְשָׁרֶךְ von Veit[1]) zu merken, daß der Mensch bei Ihnen im Orientalisten nicht untergegangen ist. Das gleiche Gefühl habe ich übrigens auch bei Jacob.

Smend, der Ihre Berufung am meisten betrieben hat, leidet schon lange an hartnäckiger Schlaflosigkeit, so daß ich befürchte, daß er abgehn muß. Er ist jetzt in Badenweiler bei einem Dr. Fränkel. Hoffentlich gelingt es dem, ihn aus seiner Desperation zu befreien und mit dem Gefühl der allgemeinen Wurstigkeit („sorget nicht!"[2]) zu inspiriren. Denn der Kleinmuth und die Trostlosigkeit und die Sorge um das Befinden ist das Schlimmste bei den nervösen Leuten. Das kenne ich. Es gibt aber keine rechten Mittel dagegen; ich fühle mich ganz hilflos und ohnmächtig, wenn Smend jammert. Die Ärzte sind auch keine Zauberer; wenn sie verständig sind, spielen sie sich auch nicht so auf.

Nochmals vielen, herzlichen Dank – auch von meiner Frau.

Ihr Wellhausen

973. An Enno Littmann

Göttingen 19. 7. 13

Lieber Freund

Ich bin kein Prophet und keines Propheten Sohn[1], sondern ein blindes Huhn. Das Genie gebe ich Ihnen zur Rache zurück. Sie sind in der That ein merkwürdig glücklicher Finder, aber das Glück ist bei Ihnen eng mit Verdienst verkettet. Sie sollten die allgemeine Freude der Göttinger über Ihren Einfang mit ansehen. Sie erklärt sich nicht daraus, daß ich die Leute zu Ihren Gunsten eingeseift habe;

denn das habe ich gar nicht gethan. Ich bin nur bange, daß es Ihnen hier nicht gefällt.

Daß Sie bis Ostern warten wollen[2], finde ich sehr begreiflich. Hoffentlich finden Sie dann noch einen Oldenburger Bauernsohn hier vor, in den ich ganz verliebt bin, Johann Gruber mit Namen. Er ist ein wahrer Hüne, dabei sehr begabt und sehr fein und angenehm. Ich habe ihm nicht viel sein können; ich würde ihm sehr wünschen, daß er in Ihre Hände käme, und will dazu thun, was sich thun läßt. Inzwischen gibt sich Rahlfs mit ihm Mühe; das ist ein sehr guter Schulmeister, versteht aber vom Orient nicht viel und interessirt sich auch nicht sehr dafür.

Die deutsche Aksumexpedition[3] ist mir gestern zugegangen. Da habe ich einmal wieder etwas übernommen, dem ich nicht gewachsen bin. *Cosa molto difficile – ma vedremmo!*

Wir verreisen von Mitte August bis Mitte September; ich soll in hohe Luft, so lange es noch warm ist, und auch aus anderen Gründen läßt sich die Reise nicht gut verlegen. Vielleicht können wir uns trotzdem treffen; wie und wo, ist mir allerdings noch unklar.

Mein Befinden ist unverändert, immer das verflixte Brägenschülpen und schlechter Schlaf. Mit dem Arbeiten ist es nichts. Ich pussele ein bißchen in alten arab. Gedichten und im Koran herum, und habe ein paar unnütze Bemerkungen zum Koran an die DMG eingesandt[4], da ich das Bedürfnis fühle, mich ab und an zu räuspern oder einen gelehrten Furz fahren zu lassen, freilich aus ziemlich verzagtem Ars[5].

Ihr W.

974. An Enno Littmann

Göttingen 21.7.13

LL

Ich bin zu der Einsicht gekommen, daß ich mit aller Frechheit doch nicht im Stande bin, über die deutsche Aksumexpedition zu referiren. Selbst Ihren Texten und historischen Aufklärungen gegenüber fühle ich mich incompetent, so sehr sie mich auch interessiren. Namentlich aber fehlen mir ganz die archäolog. und technischen Kenntnisse, um die Beiträge Ihrer Mitarbeiter zu verstehn und mir eine Anschauung davon zu machen. Also wem soll die Anzeige für die GGA anvertraut werden? Etwa Lidzbarski, der wohl der Mann dafür wäre? Oder wollen Sie nicht eine Selbstanzeige für die GGA machen, wozu Sie das Recht haben? Das wäre insofern erwünscht, als Sie da aus der Objectivität des amtl. Berichts heraustreten und allerlei Interessantes über sich und Ihre Mitarbeiter erzählen könnten, frei von der Leber weg über Ihre Erlebnisse. Eile hat die Sache ja nicht, und es würde Sie wenig Zeit kosten. An Bezold ist wohl nicht zu denken; er ist auch zu wenig lebendig[1].

Überlegen Sie sich die Sache und geben Sie mir gelegentlich Ordre, wenn Sie zu diesem oder jenem Entschluß gekommen sind.

Ihr W.

975. An Enno Littmann

Göttingen 6. 9. 13

Lieber Littmann

Ich bin gestern Abend aus Mieders im Stubaithal zurück gekommen, ἄσμενος ἐκ θανατοῖο[1]. Der Aufenthalt in der Höhe war nichts für mich, ich schlief dort noch schlechter als zu Hause.

Das Vischersche Haus neben uns ist nichts für Sie. Ich würde an Ihrer Stelle einfach im April 1914 angereist kommen, mich für das erste Semester mit einer möblirten Wohnung (die Ihnen der Wohnungspedell Mankel zur Auswahl stellen kann) begnügen und dann während des Sommers in Ruhe etwas Definitives aussuchen; Andere können das schlecht[2].

Ich werde durch den Redaktor der GGA dem von mir hochgeschätzten Mittwoch die fragliche Recension anbieten und eventuell das Werk zusenden lassen.

An mir werden Sie keine Freude haben; vielleicht gelingt es aber Ihnen meine sinkenden Lebensgeister zu galvanisiren. Freilich habe ich nachgrade wenig Hoffnung. Ich kann es nicht lange aushalten, zu sprechen; meine Taubheit thut ein Übriges, um mir die Sache zu erschweren. Aber eine sehr große Freude bleibt es für mich, daß Sie kommen; meine Frau muß eventuell meine Stelle vertreten, und sie wird das mit dem größten Vergnügen thun, wenn ich versage[3]. Eine ganze Anzahl liebenswürdiger Collegen sind da: Oldenberg, Wackernagel, *Andreas* (höchst amüsant und mittheilsam), Sethe (nett, aber weit weniger anregend als die vorher genannten), die Philologen Leo, Wendland und namentlich Pohlenz. Rahlfs ist vortrefflich, aber ähnlich wie Sethe, und ganz auf die LXX beschränkt. Leo ist höchst gelehrt und höchst achtungswerth; aber nicht eben leicht zugänglich – er hat eine kranke und nicht ganz normale Frau. Smend ist vor der Hand ganz zerrüttet; er hat sich seit dem Frühling in allerhand Sanatorien umhergetrieben; seit Anfang Juli ist er in Badenweiler. Es thut uns ein gesunder frischer Oldenburger bitter nöthig. Bei Smend ist das schlimmste seine Verzagtheit und Verzweiflung.

Mit herzlichem Gruß

Ihr Wellhausen

Lidzbarski hat mich durch sein Aussehen erschreckt und zur Ungerechtigkeit verführt. Jetzt hat er mich namentlich durch seine gehaltreichen Recensionen in der DLZ (besonders über Sachau[4]) völlig gewonnen. Er ist übrigens kein בָּכָר, sondern ein בָּחוּר[5]. Ich habe ihn auch unter den Candidaten für meine Nachfolge neben Ihnen genannt.

976. An Walter de Gruyter

Göttingen 8 Sept. 1913

Verehrter und lieber Herr Doctor
Anbei die ersten 7 Bogen[1], nachdem ich sie revidirt habe. Der Druck kann anfangen, wann Sie wollen. Mehr als etwa 3 Bogen in vierzehn Tagen möchte ich nicht corrigiren. Es schadet wohl nichts, wenn die Ausgabe erst 1914 erfolgt.

Aufrichtig der Ihrige
Wellhausen

977. An Enno Littmann

18.9.13

Herzlichen Dank für Ihre rührende Güte. Mittwoch will die Anzeige übernehmen[1].

Ihr W.

978. An Rudolf Smend

G. 5.10.13

Lieber Smend
Ich schäme mich wegen meines langen Schweigens, zumal da Du mich immer grüßen läßt. Ich denke natürlich viel an Dich; es ist sehr schmerzlich, daß Deine שְׁבוּת[1] noch verlängert wird. Allein ich bin ein leidiger Tröster. Erzählen kann ich Dir nichts, da ich abgesehen von meiner Frau mit niemand verkehre, es auch nicht vertragen kann. Ein willkommener Zeitvertreib ist mir die Correctur der 7. Ausgabe meiner isr. Geschichte; das kann ich noch grade leisten, wenn ich einen guten Tag habe[2].

Deine Frau verliert den Muth nicht, sondern behält den Kopf oben; es thut mir leid, daß ich sie nicht recht mehr verstehen kann. Meine Frau dient als Mittlerin.

In Mieders (Tirol) war es wunderschön; allein ich schlief dort gar nicht. Für mich ist es überhaupt besser, zu Hause zu bleiben und keine Kuren zu unternehmen.

Mit herzlichem Gruß
Dein W.

979. An Rudolf Smend

Göttingen 4 Nov 1913

Lieber Smend
Wenn ich Dir auch nichts sagen kann, so sollst Du doch wissen, daß ich an Dich denke u Deinen Geburtstag nicht vergesse[1]. Ein kleines Licht ist Dir doch aufgegangen, das erfolgreiche Examen von Leopold[2]; ganz Göttingen athmete auf. Deine Frau ist tapfer wie immer, man sieht ihr aber den Effort an. Die Ärzte hier sind voll Zuversicht trotz der Langwierigkeit des Leidens. Ich hoffe, daß das שוב שבות[3] bald eintritt. Meine Frau grüßt herzlich

Dein W.

980. An Enno Littmann

G. 24. 11. 13

Lieber Freund
Ich kenne Pohlenz nur persönlich, und da gefällt er mir ungewöhnlich gut, obgleich er aussieht wie ein Schulmeister, was er auch längere Zeit gewesen ist. Aber Leo, dem ich ein sachverständiges und unparteiisches Urtheil zutraue, schlägt auch seine wisenschaftliche Leistungskraft hoch an. Man verlöre ihn hier ungern[1].

Ich bedaure, daß Ihnen Straßburg zu guter letzt durch das Dekanat verleidet wird. Über Schultheß' Benehmen bin entrüstet; die meisten seiner hiesigen Bekannten würden sich freilich darüber nicht wundern, aber ich suchte immer noch Alles zu entschuldigen. Ich schließe aus Ihren Äußerungen, daß er für Straßburg ernannt ist[2]; sonst würde er auch schwerlich unartig zu sein sich erlauben.

Mit herzl. Gruß
Ihr Wellhausen

981. An Theodor Nöldeke

Göttingen 4. 12. 13

Lieber College

Ich danke vielmals für den Ali Baba[1] und für die Beduinennamen[2]. Es freut mich, daß Sie sich Ihr Interesse an der Wissensch. so frisch bewahrt haben. Wir in Göttingen werden plötzlich dutzendweise invalide; nur Frensdorff noch nicht. Smend sucht in allen möglichen Sanatorien seine Agrypnie zu kuriren, ohne Erfolg. Zu Hause kann er es aber nicht aushalten, und auch seine Frau kann es mit ihm nicht aushalten, wegen seiner entsetzlichen Aufregung. Die Ärzte finden seine Organe und Funktionen in Ordnung; er soll auch sehr gut aussehen.

Ich genieße meine Emeritirung; ich war wirklich sehr civilversorgungsberechtigt. Ich langweile mich auch nicht, obgleich ich nur sehr wenig arbeiten und gar nichts hören kann.

Mit herzlichem Gruß
Ihr Wellhausen

982. An Montague Rhodes James

Göttingen 11 December 1913

Verehrter Herr

Mein Befinden verbietet mir nach Cambridge zu kommen; ich leide an Arteriosklerose und bin ausserdem nahezu taub. Aber obgleich ich mir den Doctorhut nicht holen kann, konnte mir doch keine grössere und liebere Ehre widerfahren, als dass die Universität Cambridge ihn mir zugedacht hat[1]. Ich bin stolz darauf und bitte, dem Senat meinen ehrerbietigen und herzlichen Dank zu vermitteln.

Gehorsamst
Ihr ergebener
Wellhausen

983. An Theodor Nöldeke

G. 28. 12. 13

Lieber College

Smend ist gestern in Ballenstedt gestorben, vermuthlich an Herzschlag. Er hatte sich schon seit dem März in allerhand Sanatorien herumgetrieben, von Schlaflosigkeit und entsetzlicher Aufregung gepeinigt. Ich habe mit ihm meinen treuesten Freund verloren.

Ihr Wellhausen

984. AN ADOLF JÜLICHER

[Göttingen, Ende Dezember 1913][1]

Er hat sich im Sanatorium zu Ballenstedt das Leben genommen. Er hatte zuletzt Wahnvorstellungen, war also nicht mehr zurechnungsfähig. Für seine Frau ist das eine Beruhigung; sie ist eine seltene Frau; ich habe nie ein gefaßteres und rührenderes Wesen gesehen.

Ihr Wellhausen

985. AN WALTER DE GRUYTER

Göttingen 1. Januar 1914

Verehrter und lieber Herr Doktor

Von der isr. Geschichte bitte ich, mir *acht* Exx. nach Göttingen zu schicken und je eins an folgende Adressen:

Wilamowitz	Berlin
Harnack	–
Nöldeke	Straßburg
Littmann	–
Prof. Georg Jacob	Kiel
Prof. Holzinger, Gymnasium	Stuttgart
Geh. rath E. Schwartz, Univ.	Freiburg i. B.
Prof. Jülicher	Marburg
Prof Lidzbarski	Greifswald
Prof. Snouck Hurgronje	*Leiden, Holland*
Prof. A. A. Bevan	*Cambridge, England*

Ich darf wohl auf 10 Freiexemplare rechnen[1]; die übrigen neun und die Porti bitte ich mir vom Honorar abzuziehen.

Den Matthäus habe ich zwar durchkorrigirt, möchte ihn aber nicht noch einmal herausgeben, es sei denn daß Sie einen besonderen Werth darauf legen[2]. In diesem[3] Fall möchte aber eine Auflage von 300 Exx. genügen; Honorar verbitte ich mir dann unter allen Umständen.

Mit guten Wünschen für das Neue Jahr

von Herzen
der Ihrige
Wellhausen

Sie werden wissen, daß Smend am 27 Dec. in einem Sanatorium in Ballenstedt verschieden ist. In der Verzweiflung über andauernde Schlaflosigkeit hat er sich das Leben genommen. Er war mein treuster Freund. Zuletzt hatte er Wahnvorstellungen, also war das Gehirn angegriffen und er selber nicht mehr zurechnungsfähig. Für seine höchst verehrungswürdige Frau ist das eine Beruhigung, wenngleich die Katastrophe jämmerlich bleibt. Der arme Mensch! Es passirt[4]

986. An Theodor Nöldeke

Göttingen 5.1.14

Lieber College

Sie verwöhnen und beschämen mich. Ihren Artikel über Samaual hatte ich früher von Ihnen nicht bekommen und habe ihn erst jetzt gelesen; verzeihen Sie, daß ich ihn nicht berücksichtigt habe[1]. An der Meinung, daß Açm. 20 kein Kunstprodukt nach dem Koran sei[2], haben Sie mich bis jetzt nicht irre gemacht. Nicht bloß scheinen mir die Abweichungen von den Parallelen des Koran zu groß, sondern ich begreife auch nicht, woher bei einem Kunstprodukt diese Unordnung, diese zusammengestoppelten und falschgeordneten Verse, kommen sollen. In Bezug auf بهتان weiche ich natürlich Ihrer ungeheuren grammatischen und lexikalischen Überlegenheit; doch zweifle ich noch an dem echt arab. Ursprunge der substantivischen Bildung فِعَالان[3]; freilich kommt die Bildung auch im Äthiopischen vor. Den Samaual von Cheikho[4] werde ich lesen, wenn die Tage heller werden und mein Befinden es erlaubt. Ich kann leider nicht studiren, sondern nur etwas naschen; ich überschreite meine Befugnis, wenn ich in grammatische und lexikalische Dinge drein rede, werde aber dadurch getröstet, daß Sie mich dann korrigiren und Ihre Schätze aufthun.

Littmann war hier; meine Freude, mit ihm verkehren zu können wird dadurch verkümmert, daß ich es nur kurze Zeit vertragen kann, zu hören und zu sprechen. Sonst geht es mir ganz gut, wie die Ärzte sagen; ich bin auch gar nicht etwa deprimirt oder desperat, wie der unglückliche Smend, der offenbar nicht bloß an den Nerven, sondern auch am Gehirn gelitten hat.

Die Theologen nehmen Smends Stelle für sich in Anspruch, die Philosophen wehren sich dagegen πὺξ καὶ λάξ. Mich soll wundern, was dabei herauskommt. Ich kann mich nur wenig darum bekümmern. Gegenwärtig scheint der Babylonismus bei orthodoxen und heterodoxen Theologen oben auf zu sein.

In herzlicher Dankbarkeit
Ihr Wellhausen

987. An Theodor Nöldeke

16. 1. 14

Sie sollen die 7. Auflage[1] nicht lesen; es steht nichts Neues darin. Es sind nur überflüssige Noten getilgt, außerdem auf p. 176 die Juden von Syene nachgetragen. – Mit Burckhardt[2] geht es mir wie Ihnen. Mich interessirt aber der originelle Eindruck, den er aus der alten griech. Literatur gewinnt, an und für sich, gleichviel ob er richtig ist oder falsch. Und ich bewundere diese Hingebung an seine Baseler Studenten, und diesen Mangel an literar. Ehrgeiz; außerdem diesen Plauderton, ohne allen wissenschaftl. Jargon.

Ihr W.

988. An Walter de Gruyter

Göttingen 17. Januar 1914

Verehrter und lieber Herr Doctor

Anbei das Msc zu Matthäus[1] in zwei Theilen. Der Druck kann beginnen, wann Sie wollen; ich möchte nicht, daß er allzu rasch vor sich ginge.

Aufrichtig
der Ihrige
Wellhausen

989. An Leone Caetani

Göttingen 19 Januar 1914

Eurer Durchlaucht
sage ich für die gütige Übersendung des Vol. VI der Annali dell' Islam[1] meinen ergebensten Dank.

Gehorsamst
Professor Julius Wellhausen

990. An Theodor Nöldeke

Göttingen 24.1.1914

Lieber College

Ich bin erfreut und stolz, daß Sie mein Buch[1] noch einmal gelesen haben, und danke Ihnen herzlich dafür. Die alten wilden Israeliten haben mir früher auch vorzugsweise am Herzen gelegen, wobei der Reiz der allerdings vereinzelten schönen alten Erzählungen aus der Richter- und älteren Königszeit mit wirkte. Aber die weltgeschichtl. Bedeutung des Judentums als Grundlage des Christentums hat schließlich mein Hauptinteresse auf sich gezogen.

Ich habe zwar p. 247 und p. 263 angedeutet, daß wir über die Judaisirung Galiläas nichts Rechtes wissen; allein ich hätte in der That deutlicher sagen müssen, daß die Sache ein Räthsel ist. In Ps. 68,27 erscheinen die Galiläer neben den Judäern bei einer jerusalemischen Procession; vager sind die Angaben in 2 Chr. 30,10 ss. Weshalb sowohl die heidnischen als auch die sichemitischen Samarier von den Judaisirungsversuchen der Hasmonäer verschont geblieben sind, ist ebenfalls dunkel; in Idumäa ging es anders.

Die Stelle Smends ist uns entzogen und den Theologen übertragen. Wir wollen Versuche machen, sie uns in anderer Form zu erhalten, unter gänzlicher Abstreifung ihres theol. Charakters. Wir wissen aber nicht recht, in welcher Form und haben auch keinen Candidaten. Es gibt keine griechischen Philologen, die zugleich die Bibel beherrschen und von den semitischen Sprachen etwas verstehn – Leute wie etwa die großen Franzosen im 16. und 17. Jahrhundert

Für Leo sollen Heinze (Leipzig), Reitzenstein und Wissowa vorgeschlagen werden, wie ich höre. Wissowa wird aber schwerlich kommen und Heinze auch nicht[2].

Ich bitte um einen Gruß an Littmann.

Ihr Wellhausen

991. An Eduard Schwartz

11.2.14

L S.

Act 28,14 ist zwar unmöglich. Aber mit der Streichung dieses Verses ist es nicht gethan; Vers 15, wo sich ἐκεῖθεν auf Rom bezieht, ist auch nicht besser. Es muß etwas Anderes zwischen 13 und 16 gestanden haben – aber was[1]? Ich habe leider Overbeck[2] hier nicht berücksichtigt, der freilich auch nichts Erlösendes vorbringt

Statt Jos Ant 15,26 muß es heißen 3,49.308[3]; im Bellum 4,459 steht das gewöhnliche Ναυη, ohne schließendes χ[4].

Ihr W.

992. An Adolf Harnack

Göttingen 13. 2. 14

L H C! Ich weiß von Naturwissenschaft wenig, trotzdem stimme ich Ihnen zu. Das Abstractum *Kraft* ist mir ganz unverständlich; es gibt nur Wechselwirkung zwischen Concretis, zwischen *Einsen* (*singulis*); ich kann mir kein Prädikat ohne Subject, keine Wirkung ohne substantivischen Ausgangspunkt denken, oder vielmehr ohne Ausgangspunkte (im Plural), denn alle Wirkung ist Wechselwirkung. Was ich von Leibniz habe läuten hören, gefällt mir; nur nicht die von Gott prästabilirte Harmonie alles Geschehens[1].

Mit herzl. Dank

Ihr Wellhausen

[1] Aber allerdings ist *Gott* zur Erklärung der durch die ganze Welt gehenden Wechselwirkung der Einsen nothwendig.

993. An Enno Littmann

19. 2. 14

Amice!

Der *gener Tabernensis* hat mir Angst gemacht um seinen *socer*[1]; Sie haben mich beruhigt durch die Mittheilung daß es sich um eine Erkältung handele. Sie selber sollten sich übrigens doch auch lieber nicht zu Tode hetzen; ich sehe mit Besorgnis, welche Ruthen Sie sich für das Sommersemester aufgebunden haben. Da ich durch Smends Tod außer Contact mit der Universität bin, freue ich mich um so mehr auf Ihre Ankunft, fürchte nur, daß Sie doch Heimweh nach dem großen Alten[2] bekommen werden.

Ihr W.

994. An Enno Littmann

Göttingen 27. 2. 14

Amice!

Sie heben aus Ihrem unerschöpflichen Schatz immer wieder neue Gaben[1]; ich brauche nur das Maul aufzuthun, um die gebratenen Tauben hineinfliegen zu lassen. Ein Knöchelchen ist mir aber im Halse stecken geblieben, nämlich die *zwölf* Gebote[2] in der Bundeslade; haben die Äthiopen wirklich das Dutzend voll gemacht?

Zu p. 33 läßt sich vergleichen, daß der Rhetor Gorgias parallele Membra hat, mit Homöoteleuton; von den Hebräern hat er das nicht übernommen, es scheint also in der Natur der feierlichen Rede zu liegen. Auch die Araber haben ihr سَجْع gewiß nicht von den Hebräern. Ebenso wenig ihr رَجَز von dem griech. oder von dem indischen Dijambus. Die Griechen hatten dann als[o] gar keine quantitirende Poesie mehr, ausgenommen in künstlich gelehrter Poesie, an die die Araber gewiß nicht gerochen haben. Erstaunlicher noch als die Metrik ist eigentliche die arab. Sprache selber, die allerdings in den Formen zu arg luxurirt.

Mit den Tigreliedern[3] komme ich nur langsam voran, man kann sie nicht haufenweise genießen. Merkwürdig, daß sie alle ganz jung sind. Und dann, daß Liebesverse nur an Dirnen gerichtet werden, anders als bei den alten Arabern, die freilich mit ihrem تَشْبِيب auf freie Mädchen oft böse Erfahrungen machten.

Die guten Nachrichten über den Scheich[4] haben mich erfreut. Reitzenstein soll einen Ruf hieher bekommen, aber noch nicht angenommen haben[5]. Die Professur Smends, die vom Minister der theol. Fakultät zugewiesen, ist noch nicht wieder besetzt. Es geht die Rede, Sellin werde kommen. Ich glaube, der paßt ganz gut zu den übrigen Möbeln; er soll von Stange poussiert sein. Mir ist das egal, und noch einiges Andere dazu

Ihr W.

995. AN ADOLF HARNACK

Göttingen 27. 3. 14

Lieber Herr College

Als junger Student habe ich mich mit einigen Schriften Tertullians abgequält und wenigstens den Eindruck behalten, daß er einer der gewaltigsten Geister war. Daß er ein so großes Kapitel griechisch-christlicher Überlieferung übernommen hat, das dann erst bei Augustin wieder lebendig wurde, habe ich natürlich nicht gemerkt, da ich die Griechen nicht kannte[1].

Mit Ihrem Bruder und mit Ihnen habe ich herzliches Mitleid; man wird im Alter durch so etwas viel mehr erschüttert[2]. Ich suche mir die Contenance zu bewahren durch den Apostel Paulus, nicht durch seine Räsonnements, aber durch seine Expectorationen, auch wenn sie κατὰ ἄνθρωπον sind[3].

Aufrichtig
der Ihrige
Wellhausen

996. AN ENNO LITTMANN

11.5.1914

Amice!
Ich bitte Sie am Dienstag nachmittag nicht zu kommen. Denn so sehr ich mich an dem Geplauder mit Ihnen erfreue, so gerathe ich doch durch das (immer angespannte) Zuhören in einen Zustand der Erschlaffung, und ich möchte beim Empfang meiner Frau frisch sein. Legen Sie mir das nicht falsch aus, sondern erblicken Sie darin ein Zeichen des herzlichen Vertrauens, das ich zu Ihnen habe. Also auf Wiedersehen am Freitag nachmittag!
Ihr W.

Hamasa p. 340 v 2 heißt es أَقِيمُوا صُدُورَ الخيل. Das ist wohl misbräuchlich; denn die Rosse liegen doch nicht auf dem صدور, wie die Kamele. Man sieht nur, daß der Ausdruck in der Poesie sehr häufig und formelhaft geworden war.

997. AN CHARLOTTE-MARIE BEWER

G. 16.5.14

Liebe Lotte
Herzlichen Dank für Deinen langen Brief und die Photographien, auch für die Karte der Frau Reichsgerichtsrath[1]. Clemens[2] hat uns, namentlich mit der Charakterstudie des Onkels und seiner Helene, sehr belustigt; neben dem Schelm zeigt sich aber immer noch der gewissenhafte und ordnungsliebende Jurist. – Bald geht es ab nach Cassel, um den Gratulanten zu entgehen[3], oder auch der Enttäuschung, daß keine kommen. Nimm mit diesem Wisch vorlieb, das Schreiben wird mir sauer
   Viele Grüße von Tante Marie
und dem Umstehenden!

998. AN RUDOLF SMEND JUN.

G. 20 5.14

Lieber Rudolf
Hab Dank für Deinen Brief, der mich tief bewegt hat[1]. Und vergiß nicht, daß wo Liebe im Spiel ist, kein Part dem anderen Dank schuldet, da Alles sich von selbst versteht.
Dein
J. Wellhausen

999. An Robert Vischer

Der Gelehrtenbriefe bin ich übersatt. *Sie* haben mir zu Herzen geredet, Sie wissen wie mir zu Muthe ist. Ich danke Ihnen.
G. 20. 5. 14.   Ihr Wellhausen

1000. An Alfred Körte

Göttingen, 20 Mai 1914
Spectatissime
Nehmen Sie mit diesem unbeholfenen und kurzen Dank fürlieb, für die unverdiente Güte, mit der Sie mich beschämt haben
                                                       Ihr Wellhausen

1001. An Enno Littmann

G. 21. 5. 14

Amice!
Ich bin so erschöpft, daß ich Sie blutenden Herzens bitten muß, Ihre Besuche eine Zeit lang einzustellen
       Ihr Wellhausen

1002. An Theodor Nöldeke

G. 21. 5. 14

Verehrter und lieber College
Zum Dank für Ihren gütigen Brief stammle und kritzle ich nur ein paar Worte, weil ich von Kräften bin, ohne eigentlich krank zu sein. Littmann besucht mich treulich, und erfrischt mich durch seine unerschöpflichen Schnurren, mehr aber noch durch sein zutrauliches kindliches Wesen, in welchem kein Falsch ist. Er besucht Sie ja nächstens und kann Ihnen von mir erzählen.
 Noch einmal herzlichen Dank!
       Ihr Wellhausen

1003. An Walter de Gruyter

Göttingen 21. 5. 14

Ich kann nur ein paar Worte kritzeln zum Dank für die herrlichen Blumen, wodurch Sie mich erfreut haben. Sie sind immer die reine Güte gegen mich gewesen; bewahren Sie mir eine freundliche Erinnerung.
      Von Herzen
       Ihr Wellhausen

1004. An Adolf Jülicher

Göttingen 24. 5. 14

Amice!
Es drängt mich Ihnen zu danken, bevor ich Ihren Itala-aufsatz[1] gelesen habe. Denn dazu komme ich noch lange nicht. Meine Nerven versagen gänzlich.

Ihr Urtheil über mich ist durch Liebe und Freundschaft beeinflußt. Darüber bin ich hoch erfreut. Das Eine wird hoffentlich auch ein strenger Richter anerkennen, daß ich nicht nach eitler Ehre gestrebt und keinen Lärm auf den Gassen gemacht habe[2]

Budde, Heitmüller und Herrmann müssen sich gedulden, bis ich etwas besser kritzeln und stammeln kann; vielleicht haben Sie Gelegenheit, Ihnen [sic] das zu sagen.

Noch einmal herzlichen Gruß und Dank! Kein Brief ist mir lieber als der Ihrige.

Ihr Wellhausen

1005. An Karl Marti

Göttingen, 25.5.14

Lieber Herr College

Für Ihren Brief und den Aufsatz in der mir gewidmeten Festschrift[1] sage ich Ihnen bestens Dank. Wann ich im stande sein werde, die Festschrift zu lesen, weiß ich nicht; vorerst bin ich völlig abgeschlagen.

Ihr sehr ergebener
Wellhausen

1006. An Wilhelm Bousset

G. 30 Mai 1914

Verehrter Herr College

Sie haben mir durch Ihren Beitrag zu dem „Feestbündel"[1] eine große Freude gemacht. Wenn man die AG so auf verschiedenen Wegen angreift, wird ihre Composition allmählich klar werden. Beim 4. Ev liegt die Sache weniger günstig. Das Negative, daß es nicht einheitlich ist, steht zwar fest; aber die Schichten aufzudecken will noch nicht gelingen. Den Clemen haben Sie in der ThLZ sehr glücklich abgeführt[2]

Der Ausdruck „Konfirmation" stammt von Overbeck[3], und Schwartz hat ihn von mir. Mommsens Ausbeutung von Gal 1 halte ich für irrig, und seinen ganzen Aufsatz für recht oberflächlich[4]

Zum Schluß herzlichen Dank von

Ihrem ergebenen
Wellhausen

1007. An Anthony Ashley Bevan

Göttingen 31.5.14

Dear Sir

Ich habe Ihren Artikel über M's. Himmelfahrt[1] nur erst oberflächlich gelesen. Bis mir mein schlechtes Befinden gestattet, ihn zu studiren, darüber dürfte aber noch lange Zeit hingehen. Ich mag also nicht länger warten, um Ihnen zu sagen, wie stolz ich darauf bin, dass Sie sich an meiner Ehrung beteiligt haben. Sie gehören in die Classe von Wright und Bensly, wie ich mich erdreistet habe schon einmal zu sagen; es ist eine vornehme und sonst fast ausgestorbene Art.

Mit diesem unbeholfenen Dankesgestammel bitte ich Sie fürlieb zu nehmen
In wirklicher Verehrung
Ihr Wellhausen

1008. An Rudolf Bewer

Göttingen 4.6.14

Lieber Rudolf

Dein langer Brief verdient eine ausführlichere Antwort als die, welche Du erhältst. Es geht mir nicht gut, und es wird mir schwer, ein paar Worte zu schreiben. Vielleicht geht es wieder über, vielleicht auch nicht; man muß im Alter Geduld lernen, wenn man es in der Jugend nicht gethan hat. Von einem vergnügten Ausruhen auf welken Lorbeeren (wenn es welche sind) ist keine Rede.

Von Clemens[1] habe ich eine rührende Epistel, worin der gute Junge ausführlich seine Reise beschreibt, mit all den vielen Bauwerken aus alter und neuerer Zeit, von denen das gesegnete Land an der Rhone voll ist. Wir hatten schon von Lotte, wenn ich nicht irre erfahren, daß er sein Dienstjahr in Göttingen abmachen wird[2].

Marie geht es leidlich, wenn ich sie nicht unabsichtlich quäle. Sie hat mir zum 70 st. Geburtstag den Garten gründlich renovirt; er präsentirt sich jetzt ganz prunkend, und ich habe allenthalben schöne Sitzgelegenheit – wenn es erst wärmer ist.

Zum Schluß herzlichen Dank, und Gruß an Lotte
Dein Schwager
Julius W.

1009. An Adolf Harnack

Göttingen 4 Juni 1914

Lieber Herr College

Ihr gütiger Brief hat mir wohlgethan. Ich sehe mit Freuden, daß unser Verhältnis durch wissenschaftliche Differenzen nicht gestört wird; es gibt eine höhere Gemeinschaft, in der wir uns eins wissen. Ich bewundere auch trotz Allem Ihre Kunst, zu disponiren und zu construiren. Ganz abgesehen von Ihrem praktischen Genie und von der Gabe, mit den Hochmögenden auszukommen, ohne sich etwas zu vergeben. Es gehört nicht bloß Geschick dazu, sondern Muth, und den haben Sie, ohne daß es die Menschen merken.

Ich muß mich, meines Befindens wegen, auf wenige Worte beschränken und füge nur noch den aufrichtigen Dank hinzu, zu dem Sie mich von jeher verpflichtet haben.

Immer der Ihrige
Wellhausen

1010. An Eduard Schwartz

Göttingen 5.6.14

Lieber College

Ich habe Ihnen gegenüber noch nicht reagirt, weil ich Ihre συμβολή[1] erst gründlich verdauen wollte. Aber ich bin zu nichts Vernünftigem im Stande. Nur das habe ich begriffen, daß Cerinth zwei Gesichter hat. Und weiter hat es mich gefreut, daß Sie Ihre Meinung über Joa 21,22.23 geändert haben[2]

Das Motiv Ihres Rückzuges nach Straßburg habe ich begriffen, weil es ein Triumph ist. Schon Littmann hatte mir das klar gemacht. Er ist der einzige, mit dem ich ein paar Minuten sprechen kann. Seine unermüdliche Güte gegen mich ist beschämend

Curios hat Corssen (ZNT 1914 p 130[3]) das Datum „während der Verwaltung des Felix" nicht auf die Deportation der Priester, sondern auf die Reise des Josephus nach Rom bezogen

Ich muß aufhören und schließe mit herzlichem Dank, und mit einem ditto Gruß an Ihre Frau.

Ihr Wellhausen

1011. AN ENNO LITTMANN

17.6.14

L L!

Vielen Dank. Die Stelle in den Naqâid ed. Bevan steht auf p ٥٨۴ l. 12[1] und lautet لم يزل ذلك دَيْدَنَه وديْدَنَ القَوْمِ: „und das blieb sein Verfahren und ihr Verfahren." Für den Ort Dedan kann man natürlich nichts damit anfangen.

1012. AN ENNO LITTMANN

[Göttingen, 21.6.1914]

Ich habe mich geirrt. دَيْدَن kommt nicht bloß Naqâid 584,12 vor[1], sondern auch Tabari II 248,16. Es scheint eigentlich nicht *consuetudo* zu bedeuten, sondern *ludus*, wie das bekanntere دَيْدان BQut. Tabaq.[2] 315,17. 366,2 Tabari II 1338,15. Auch دَدْ, دَدًا, دادَةٌ ist *ludus*; ich habe dafür aber keine Belege. Eine Verbalwurzel dazu scheint es nicht zu geben. Vielleicht hängt es mit وَدّ zusammen.

1013. AN ENNO LITTMANN

[Göttingen, 24.6.1914]

Ich hätte nicht an entlegenen Stellen zu suchen brauchen; denn die Sache[1] steht schon in Winers Realwörterbuch[2] und halbwegs in Gesenius' Thesaurus[3]. Burnouf[4] scheint das meiste Verdienst zu haben, dann de Sacy und zuletzt Lassen, der sich öfters vor Burnouf vorgedrängt hat und von Lagarde als Plagiator bezeichnet wird. Indessen scheint doch Lassen (Ztschr für die Kunde des Morgenl V p 50 s[5]) der Erste gewesen zu sein, der ספרד bestimmt mit Sardes identificirt hat; ihm ist Hitzig gefolgt. In Hitzigs Kl. Propheten[6] erinnerte ich mich die Sache vor langen Jahren gelesen zu haben.

Niebuhr hat das berühmte Provinzenverzeichnis gefunden[7].

1014. AN ENNO LITTMANN

13.7.14

Liebster Littmann

Bitte, kommen Sie morgen *nicht*; ich bin inkapabel zu hören oder zu sprechen

Ihr W.

1015. An Theodor Nöldeke

Göttingen 22.7.14

L C! Sie haben den Hüsing gründlich abgefertigt[1] und wieder einmal gezeigt, daß Sie auch griechische histor. Grammatik und Prosodie lesen könnten. Lammens beurtheile ich weniger günstig als Sie[2]; er zieht Consequenzen aus dem was Andere vor ihm bemerkt haben, und übertreibt dabei.

Littmann hat sich wohl etwas über Snoucks Strenge gegen Euting[3] geärgert. Etwas mehr Sympathie mit der Eigentümlichkeit Eutings hätte Snouck in der That wohl haben können.

L. besucht mich treulich und läßt sich durch mein sehr wechselndes, immer aber deprimirtes Befinden nicht abschrecken. Er hat vor, im August nach Amerika zu reisen. Für ihn ist Alles Katzensprung und er kennt keine Ermüdung.

Mit herzl. Gruß
Ihr Wellhausen

1016. An Adolf Harnack

Göttingen 22.7.14

Lieber Herr College

Entschuldigen Sie, daß ich Ihnen für Ihre neueste Schrift[1] noch nicht gedankt habe. Das Lesen wird mir sehr schwer und ist mir bei diesem Wetter überhaupt unmöglich. Das hat den Nachtheil, daß ich ungestört meinen Gedanken nachhängen kann, die nicht besonders heiterer Natur sind

Ihr Wellhausen

1017. An Enno Littmann

27.7.14

Lieber Littmann

Leider muß ich Sie für morgen abbestellen, da ich durch eine medicinische Untersuchung in Anspruch genommen sein werde

Ihr Wellhausen

1018. AN ENNO LITTMANN

Göttingen 26.9.14

Lieber
Danke für Ihre Nachricht. Der Krieg in Frankreich zieht sich hin; unsere Leute leiden schwer. Meine Frau und Schwägerin freuen sich über jeden todten Engländer; ich kann nicht mit, wenn ich sehe, daß die Jugend stirbt und ich hinter dem Ofen sitze und die Salbadereien der Zeitungen über unsere Cultur und über unser Recht lese. Im Anfang war die That; es kommt Alles auf das Thun an und auf das Ausharren, und auf die Treue im Geringsten bei der Vorbereitung. Mirakel geschehen nicht; sonst wäre das Handeln unmöglich, das immer die nothwendige und zu berechnende Gesetzmäßigkeit des Geschehens voraussetzt. Aber ein inneres Wunder Gottes ist der Enthusiasmus der Menge und die Erweckung einzelner Helden, wie Hindenburg und Weddigen[1].

Da bin ich nun selber ins Salbadern gekommen, aber wenigstens nicht in die Cultursalbaderei, daß wir es dank Schiller und Goethe so herrlich weit gebracht haben und in der Wissenschaft und der allgemeinen Bildung alle andern Nationen übertreffen. Es genügt, daß wir uns nicht fürchten, den Kampf mit der ganzen Welt aufzunehmen; das ist unsere Legitimation.

Ich bitte Sie Ihre Frau Mutter herzlich von mir und meiner Frau zu grüßen. Ich habe jetzt den 4. Band des Quickborn[2] gelesen und mich namen[t]lich über die Galgengeschichte amüsi[ert].

Ihr W.

1019. AN ENNO LITTMANN

28.9.14

Ich hoffe, daß Sie in Berlin erreichen was Sie wünschen. Das Bild Hindenburgs sieht aus, wie man sich den Mann vorstellt; Sie haben mir damit eine große Freude gemacht. Seine Armee soll 500 000 Mann betragen; es werden wohl nur 250 000 sein, dann aber ist er selber mit Recht zu 250 000 eingeschätzt, so daß die Rechnung doch stimmt.

Vale, carissime!

1020. An Enno Littmann

[Göttingen, Herbst 1914]

Lassen (Keilinschriften p 50 s) findet *Sparad* in Sardes (*Svarad*) wieder. Vgl Hitzigs Kleine Propheten zu Obadia 20. Ich wußte die Sache genau, hatte aber seit mehr als 40 Jahren nicht wieder daran gedacht[1].

1021. An Enno Littmann

[Göttingen, 11.11.1914]

Ich weiß nicht, was es mit فيروز für eine Bewandtnis hat. Sicher ist das n. p. روزبه = εὐήμερος[+]. Ein jüdischer Eigenname ist *Guttentag*; es gab eine Firma dieses Namens in Berlin[1], die jetzt von de Gruyter aufgesogen ist.

[+] Name des bekannten Rationalisten[2]

1022. An Enno Littmann

12.11. [wohl 1914; nach März 1914]

Bar ḥad b'šabba ist *Dominicus, Domingo*; von da *dies dominica*, also *christlichen* Ursprungs[1].

Wo ist das Centrum solcher eigenthümlichen (nicht ganz gleichartigen) Namensbildungen? Die Culturhistoriker werden schwerlich darauf geachtet haben.

Zu *Paschalis*, Osterkind, und *Natalis*, Weihnachtskind, weiß ich kein weiteres Beispiel.

Euemeros[2] war, glaub ich, Phönizier; *Numenios*[3] auch. Es ist mir so, als ob Schröder solche Namen zusammengestellt habe.

1023. An Enno Littmann

21.11.14

Psalm 45,2 LXX ἐξηρεύξατο, Vulgata *eructavit*. Aber hebräisch[1] *nicht* נבע, wie ich dachte, sondern רחש. Das ist nicht = رخش[2], sondern vielmehr = فاز; *effevescere, bullire*, überschäumen, überkochen.

Entschuldigen Sie, daß ich mich mit solchen Kleinigkeiten abgebe, um mich ein bißchen zu unterhalten.

Ihr W.

1024. An Enno Littmann

[Göttingen, vor 26.11.1914]

Ich habe mich geirrt; ich besitze den Philostorgius[1] nicht, sondern nur die Kirchengeschichten des Eusebius, des Sokrates, des Sozomenus, des Theodoret und des Evagrius; in der Oxforder Ausgabe (Nachdruck des Valesius)[2]. Den Eusebius in der kleinen Ausgabe von Ed. Schwartz[3].

Es ist möglich, daß von Philostorgius nur Fragmente erhalten sind; ich kann es im Augenblick nicht feststellen, glaube es aber nicht.

1025. An Enno Littmann

[Göttingen, 26.11.1914]

Philostorgius war Arianer und seine Kirchengeschichte wurde verketzert; sie ist nur in Auszügen des Photius erhalten (ed. Gothofredus[1]).

Die Oxforder Ausgabe der Nachfolger des Eusebius ist doch kein bloßer Abdruck des Valesius[2]. Nur die lateinische Übersetzung und die Noten des Valesius sind wörtlich übernommen.

Die historische Gelehrsamkeit der Franzosen (seit dem 16. Jahrhundert) stellt Alles in Schatten; sie ist durch die Revolution zu grunde gerichtet.

Der älteste Fortsetzer des Eusebius ist der Lateiner Rufinus; er erzählt zuerst von Frumentius.

1026. An Enno Littmann

G. 25.12.1914

Mein lieber Littmann

Wenn Sie bei mir entdeckt haben, daß mein Busen nicht rein mit Wissenschaft ausgefüllt ist, so habe ich die gleiche überraschende Entdeckung bei Ihnen gemacht; am meisten seit ich in Ihnen meinen Nachfolger gefunden habe, aber auch schon früher, z. B. in Ihrem Benehmen gegen Veit[1]. Daß so etwas bei Ihnen ganz selbstverständlich erscheint, ist das Schönste.

Ihrer Frau Mutter wegen freut es mich zu hören, daß Ihr Bruder als dienstuntauglich erkannt ist. Während die Ärzte im Felde an manchen Stellen über Mangel an Arbeit klagen, gibt es im Inland zu wenig Ärzte. Unser einer Einquart[iert] er war steif und geschwollen von Rheuma; es dauerte vier Tage, bis er überhaupt dem Arzte vorgestellt wurde, dann weitere 10 Tage, bis er definitiven Bescheid erhielt. Für nichts und wieder nichts mußte er jeden Tag zweimal den Weg zur Kaserne machen und doch manchmal stundenlang stehen und warten. Dabei fehlt es gar nicht an Ersatzmannschaft. Unser anderer Militärgast war frisch und kräftig, wurde aber bald als überzählig entlassen. Lustig war es, daß die beiden Krieger glaubten, es würde uns betrübt machen, wenn sie nicht mehr da wären. Eine optische Täuschung; für meine Frau eine sehr aufrichtige Schmeichelei

Ich wünsche eigentlich, daß Sie im Lande blieben und etwa die Berliner über die Lage der Dinge und die Taxierung der Kräfte im Orient aufklärten.

Die Zeitungen haben gar keine Begriffe; sie geben zumeist Gerüchte und Stimmungen oder sensationelle Privatnachrichten wieder und verdichten Wünsche zu Thatsachen

Im Allgemeinen traue ich dem Urtheil, daß die Sachen für uns nicht schlecht stehn. Hindenburg hat freilich noch der Hydra den Kopf abzuhauen, und das fällt schwer. Aber übers Jahr werden wir hoffentlich wirklich Weihnachten feiern dürfen; *gloria in excelsis deo et in terra pax hominibus bonae voluntatis*[2].

Meine Frau grüßt von Herzen.

Ihr dankbarer alter
Wellhausen

1027. An Hedwig Smend

28. 12. 1914

Liebe Frau Smend

Ich denke an den 29 Dezember[1], aber ich komme nicht. Ich bitte um einen Gruß an Hanna, und an Rudolf, dem ich baldige gute Besserung wünsche.

Ihr Wellhausen

1028. An Enno Littmann

[Göttingen, 13.1.1915]

Repräsentanten einer *un*politischen Frömmigkeit waren außer Hasan von Baçra noch Saîd b. al Musaigal in Medina und der ältere etwas sagenhafte und ganz isolirte ابو ذَرّ. Sie hielten die politische Parteinahme nicht für die oberste religiöse Pflicht, hielten sich von der Politik als einer فِتْنة fern und trauten den angeblich religiösen Motiven derselben nicht. Mein Befinden gestattet mir leider nicht, die sehr interessante Sache weiter zu verfolgen

1029. An Enno Littmann

G. 21.1.1915

L L! Vielen Dank. Der Ahnherr[1] ist Duhm; Eichhorn, Bousset, Gunkel, Heitmüller gehören zu dem selben Göttinger Klüngel. Duhm hat sich aber zurückgezogen, und Eichhorn ist zum mythischen Heros der Gesellschaft geworden, der Alte vom Berge, von dem ich nicht weiß, wo er sich aufhält. Der derbe Greßmann nimmt sich possirlich unter den Rittern vom Geist aus, macht aber die Bocksprünge unter lautem Gemecker mit. Heitmüller geht verständigere Wege. Der mir gleichfalls sympathischere Otto verblüfft dadurch, daß er auf einer verhältnismäß[ig] kurzen Reise, ohne Kenntnis der Literaturen und Sprachen, zum umfassenden Religionsforscher geworden ist. Die Herren gehn mit Vorliebe aufs Ganze. Man muß sie austoben lassen, die Blase wird wohl mal platzen.

Ihr W.

1030. An Enno Littmann

[Göttingen, 28.1.1915]

Das Wort بَطَّة ist mir nicht vorgekommen, wohl aber بُطَيّه oder بُطَيّه. Auch دُنّ *Tonne* erinnere ich mich gelesen zu haben. Ist *bouteille, botticella* [darüber:] ? [am Rand:] Butike?, *bodega* zu vergleichen? Mir schwirren diese Wörter durch den Kopf, ohne daß ich ihre Form und ihren Sinn genau kenne. Mit solchen Wanderwörtern (Waaren und Gefäße) ist es eine eigene Sache; schon im Hebräischen stößt man darauf. Es gibt ein altes Waarenlexikon von *Nemnich*[1], wenn ich nicht irre. Allotria, doch nicht ohne Reiz und Bedeutung.

1031. An Enno Littmann

21.2.15

In der „Voß" vom 20. 2 No 93 stehn zwei Auszüge von Reden über das جهاد[1]. Die eine Rede ist von dem großen *Kohler*[2], der seinen Namen mit Recht trägt. Die andere ist von *M. Hartmann*[3], natürlich auch windschief, aber dadurch überraschend, daß darin Snoucks *Made in Germany* als eine „ebenso lügnerische wie vernunftwidrige Beschuldigung" bezeichnet wird. Die *Times* scheint Snoucks Elaborat sich angeeignet zu haben.

1032. An Enno Littmann

25.2.15

L L! Es war mir entfallen, daß ich an der von Ihnen entdeckten Stelle[1] eine ganze Scala der verschiedenen „Couleurs" zusammengestellt habe – ein artiges Thema für eine Dissertation. Für Ihren Zweck wäre es vielleicht doch nützlich, das Wort μαυρος im Ducange oder im Lexikon des Sophokles nachzuschlagen, vielleicht auch *pullatus* im lateinischen Ducange. Die Lexika stehen im warmen Lesezimmer, so daß Sie sich nicht die Finger zu verklammen brauchen
Tuissimus.

1033. An Enno Littmann

G. 3. 3. 15

L L! Das Lied steht im Delectus[1] p. 50s (nach der Hamasa und dem Aghani, auch B Qutaiba ed. Goeje p 444[2]). Es scheint mir sehr viel aktueller und darum poetischer als die allgemeinen Thierbeschreibungen bei Schanfara.
Ihr W.

1034. An Enno Littmann

G. 9. 3. 15

Gratias! Zu melden habe ich nichts; besonders weil der Draht abwesend ist, der mich mit der Welt verbindet. Ich krame langsam meine Bücher auf, die zum behuf der Entstäubung durch einander geworfen sind, und mache dabei überraschende Entdeckungen. Gestern fiel mir ein Band des Lisân[1] in die Hände, nach dem ich lange vergeblich gesucht hatte. Εὐχαριστῶ τῷ θεῷ πάντων ἕνεκεν[2].

Das Wetter befleißt sich auch hier eines fortgesetzten Lebenswandels. Spaß machen mir die klassischen Mächte von Athen und bes. von Rom. Sie wollen es durchaus mit dem Siegen halten, wissen aber noch nicht genau, wer der Sieger sein wird. Hoffentlich verhungern sie zwischen den zwei Heubünden, wie Buridans Esel[3].

Bei uns geht es wie gewöhnlich. Ich hoffe, daß Sie in Oldenburg keine Einquartirung[4] haben.

Viele Grüße von meiner Frau

Ihr W.

1035. AN ENNO LITTMANN

13.3.15

LL! Eben kommt Ihre Karte; ich gratulire zum Besuche von Straßb. und von E. S. Ich habe die 1. Reihe der Charakterköpfe von E. S.[1] wieder einmal gelesen, mit großem Genuß. Er versteht es, aus vergilbten Blättern den grünen Baum zu reconstruiren; es schadet nichts, wenn er dabei subjectiv wird. Manchmal fühlt man sich an Wilamowitz erinnert, in der *sachl.* Betrachtungsweise; im Stile ist E. S. ihm überlegen. „Die Juten sterwen, und der Schund *(als wie ich)*, der bleiwet läwen", hat Rob. Frantz in bez. auf mich gesagt[2]

1036. AN ENNO LITTMANN

Göttingen 28.3.15

L. L. Ich hätte schon geschrieben, wenn das nicht wie Treten aussähe. Es versteht sich, daß zwischen uns kein Zwang besteht und daß man unterwegs nicht Herr seiner Zeit ist. Ihr Bericht über Th. N. hat mich erfreut, er bleibt wie er ist.

Hier hat sich nichts zugetragen. Es scheint, daß John Bull misgestimmt ist und nicht mehr so freudig lügt und prahlt; aus verzagtem A. fährt kein fröhlicher F.

Sie scheinen nicht bei E. S. zu wohnen, ich kann Ihre Adresse nicht ganz sicher entziffern, glaube aber das Richtige getroffen zu haben[1]. Auf baldiges Wiedersehen

Ihr Wellhausen

1037. An Wilhelm Herrmann

Göttingen 14.4.15

Herzlichen Dank[1]! Ich mistraue aller Völkerpsychologie, und denke nicht nach über die Quadrirung der individuellen und der nationalen Religion, d.h. des Patriotismus. Die alte israelitische Religion war der Patriotismus; Elias und Amos haben sie zerstört, vergeblich.

Ihr Wellhausen

1038. An Wilhelm Herrmann

G. 21.4.15

Lieber Herrmann

Suum cuique wird übersetzt: *holt wis* (= fest) *wat du hest un nümm wat du kriegen kannst*. Staat ist Macht und Macht beruht ursprünglich auf Gewalt und Unrecht; aber nur auf der Macht baut sich der Friede und die Kultur auf, indem die großen Räuber den kleinen das Handwerk legen. Der preuß. Staat ist auch nicht ohne Gewalt und Unrecht entstanden, und er hat ebenso wie der englische das Streben nach Expansion, unter dem Vorwand des Königsrechtes der Cultur gegenüber Barbaren und auch unter dem Deckmantel der Mission. Jetzt ist er den Feinden gegenüber freilich im vollen Recht, Gott sei Dank! Aber auch wenn er im Unrecht wäre, so würde ich mich nicht von ihm los sagen mögen und können. Ich zerbreche mir darüber nicht meinen christlichen Kopf.

Eins ist unter allen Umständen herrlich, nämlich die Aufopferung des Individuums, ganz einerlei *für was* sie geschieht.

Mein Befinden ist miserabel; ich kann nicht auf Ihre Darlegung eingehen, sondern nur mein Gefühl äußern. Ich bin aber ganz gerührt für die Mühe, die Sie sich mit mir geben und bitte sie [sic] zu entschuldigen, daß ich ein Durchgänger bin und meine Gedanken nicht ordnen kann.

In herzlicher Dankbarkeit
Ihr alter Wellhausen

1039. An Ella Limpricht

G. 18.5.15

Liebe Ella

Herzlichen Dank für Deinen Brief! Wir waren gestern in großer Aufregung. Die Niedertracht ist Trumpf, aber Gott kann sie übertrumpfen und unsere Herzen festigen. Wenn aber auch die Italiener nichts ausrichten, so wird der Krieg durch ihre Intervention[1] jedenfalls verlängert. Du lachtest mich aus, als ich sagte, die Geschichte könnte sich über 1915 hinaus ziehen; ich behalte leider wohl Recht.

Viele Grüße von Marie. Frau Marmé ist ernstlich krank.

Dein Julius

1040. An Enno Littmann

G. 14. 6. 15

L L Ich muß Sie leider bitten, Ihren Besuch am Dienstag ausfallen zu lassen. Die Geschichte vom Swâleken hat mich tief gerührt, der arme Junge hat ganz Recht, sich zu beklagen

Tuissimus
J. W.

1041. An Ella Limpricht

G. 25. 6. 15

L E! Die Nachrichten über Lord Northcliffe waren mir nur theilweise bekannt, vielfach aber neu. Die Frau Nowikoff[1] hat mich auch einmal mit einem Briefe beehrt; ich weiß nicht mehr was sie wollte. – Gestern haben wir endlich einen herrlichen und sehr ergiebigen Regen gehabt; ebenso viel werth wie ein Sieg. Marie war 14 Tage oder länger elend (an den gewohnten Stockungen); jetzt geht es wieder gut.

Vielen Dank
Dein Julius.

1042. An Enno Littmann

[Göttingen, Sommer 1915]

Das Distichon war mir wohl bekannt; früher hieß Werenfels aber *Samuel*, vielleicht ist er in Oldenburg zu Peter geworden[1]. *Elk Ketter findt zijn letter* ist das selbe auf Deutsch = jeder Ketzer findet in der heil. Schrift seine Beweisstellen. Werenfels war Professor in Basel, ich glaube in der Zeit des 30j. Krieges oder so.

1043. An Enno Littmann

Gött. 18. 8. 1915

L L! Ihre Karte war uns eine Freude. Den Stern aus dem Morgenland habe ich gesehen; ich weiß nur nicht, ob er über dem Hause Nöldekes steht oder über dem Ochsen. Herrenalb hat sich ziemlich stark ausgedehnt; ich erkannte es nicht wieder.

Der Hydra wachsen immer wieder neue Köpfe; der Streit zwischen Michael und dem Drachen kann noch lange dauern. Geduld ist uns noth. Meine Frau grüßt und dankt herzlich.

Ihr Wellhausen

1044. An Enno Littmann

G. 25. 8. 15

Amicissime

Die Übertragung des Secretariats[1] wird Ihnen Zeit und Arbeit kosten, die Sie nützlicher verwenden könnten; allein es liegt doch darin eine außerordentliche Anerkennung und Sie verstehen es ja, jede Minute auszunützen. Sie passen zu solchen Ämtern, weil Sie gesunden Menschenverstand haben und wissen was Sie wollen, dabei aber durchaus human und conciliant sind. Als Decan in Straßburg haben Sie sich geärgert; davor sind Sie hier sicher. Sie sind der würdige Nachfolger von Wackernagel, der Sie liebt. Er wird Heimweh nach Ihnen haben, sogar auch seine Frau. Geschieht ihm recht, warum ist er so ein Baselär[2]!

Ihre Anzeige in den GGA[3] ist wunderbar inhaltreich und tausendfach belehrend; dabei die Form so anspruchslos und das Urtheil über Menschen und Dinge so gerecht und maßvoll. Ich werde längere Zeit daran zu zehren haben; mit der Fixigkeit ist es bei mir vorbei, obgleich nicht mit dem Interesse.

Ich bin noch immer bange, ob es gelingen wird, die Russen abzuschneiden. Ich beneide die Soldaten, die immer nur den nächsten praktischen Schritt thun und das Unabsehbare den Zeitungsschreibern überlassen. Hindenburg freilich muß voraus denken, alle Möglichkeiten im Kopf haben und auf jede Eventualität gefaßt sein. Er ist aber auch der Mann darnach, sein Lebenselement ist der Sturm; ähnlich und doch ganz anders wie bei den alten Propheten. Mich tröstet schon sein Gesicht. „Der König Karl [*darüber:* Paul] am Ruder saß, der hat kein Wort gesprochen; er lenkt das Steuer mit fester Hand, bis sich der Sturm gebrochen"[4].

Meine Frau grüßt von Herzen.

Tuissimus
Wellhausen

Verzeihn Sie die Kritzelei; meine rechte Hand versagt den Dienst.

1045. AN ENNO LITTMANN

[Göttingen, 26.8.1915]
Ich lese eben, daß der Vicefeldwebel Gustaf Besser, stud. phil or. am 15 August gefallen oder vielmehr an einer Wunde im Lazareth gestorben ist. Die Mutter, Frau Marie Besser geb. Landmann, zeigt es an.

1046. AN ENNO LITTMANN

G. 28. 8. 15
Schönen Dank Ihrem Gebrüder für die neue Auflage der Reime[1], Ihrer Frau Mutter für den Gruß und Ihnen für die Ermuthigung. „Ihr sprecht: wir haben mit Tod und Teufel einen Bund gemacht, das Unwetter wird uns nichts anhaben; denn wir haben Lug zu unserm Hort gemacht und im Trug sind wir geborgen. Aber ein Hagelsturm reißt die Burg der Lüge um, und Fluth schwemmt den Hort des Truges weg." Isa. 28[2].   *Vivat* die 28! besonders 28. 8.

Ihre Anzeige konnte kein Kunstwerk sein; aber niemand außer Ihnen wäre im stande gewesen, sie zu machen.

Sind Sie mit General Litzmann verwandt?

1047. AN ENNO LITTMANN

[Göttingen, 4.9.1915]
Gegen Ende des 18 Jahrhunderts hat F. A. Stroth allerlei Affinitäten zwischen nordischen und arab. Antiquitäten zusammengestellt; ich kenne aber das Buch nicht.

Leugnen Sie, daß *persona* = πρόσωπον? Das griechische Wort wird allerdings nicht so entschieden für Maske und Person gebraucht. Stehn das lateinische und das phönicische *have* außer Zusammenhang? Die dicke Abhandlung von W. Schultze über die Etrusker[1] werden Sie kennen. – Schönes Wetter für Wilsede! Wie denkt Jacobus über *persona* und *Porsena* von Clusium?

Die Etrusker gelten als Volk von Seeräubern.

1048. AN ENNO LITTMANN

12.9.15

Liebster

Sie glauben doch nicht, ich hätte mit meinem Spott über Jacob auch auf Sie gezielt? Ich wüßte nicht, wie Sie das türkische Material anders hätten behandeln sollen. Ein Kunstwerk war doch nicht daraus zu formen

Ich habe jetzt den Text des Meleager gefunden und zwar bei Schröder, Phön. Gr., S. 18[1]. Ἀλλ' εἰ μὲν Σύρος ἐσσί, σελομ · εἰ δ' οὖν σύγε Φοίνιξ, αὐδονίς · εἰ δ' Ἕλλην χαῖρε. Τὸ δ' αὐτὸ φράσον. Schröder führt aus Plautus die Grußformel *avo donni* an = *vivite* oder *salvete mi domine*. Merkwürdig, daß schon die Phönicier in der Anrede den *Pluralis majestaticus* gebrauchen.

Ihr W.

1049. AN ENNO LITTMANN

G. 15.9.15

Vielleicht kann Reitzenstein sagen, ob nicht *have* (*ave*) im Latein starr ist und dort keine Wurzel hat. Es müßte freilich früh aus Karthago entlehnt sein, weil man dort zur Zeit Plautus nicht mehr den Singular חֲוֵה (der natürlich das Ursprüngliche ist), sondern den Plural חֲוֹו für χαῖρε geschrieben, ebenso wie in Phönizien (nach Meleager von Gadara)

1050. AN ENNO LITTMANN

19.9.15

L. L.

Zu meiner Betrübnis muß ich Sie bitten, Ihren Besuch auf Freitag zu verschieben; bis dahin hoffe ich mich etwas verkobert[1] zu haben. Die Excerpte aus der Hamasa waren mir alle bekannt; ich schäme mich, so dumme Äußerungen gethan zu haben.

Die Erklärung, die ich beilege[2], ist ein theologisches Hin und her, Hüh und Hott. Ich glaubte sie doch unterzeichnen zu dürfen. Der Sinn ist: die Festsetzung der Grenze muß nach militärischen Rücksichten geschehen. Kriegsentschädigung werden wir doch aber auch verlangen müssen; und da geht die Schwierigkeit an.

Die Berliner haben mir bei der Unterschrift den Geheimen Regierungsrath nicht erlassen; καὶ κύντερον ἄλλο ποτ' ἔτλαν[3].

Ihr W.

1051. An Ella Limpricht

G. 21. 10. 15

L. E.

Die Windfahnen, Bulgarien Rumänien Griechenland und auch Italien, sind jetzt überzeugt, daß wir siegen; das ist sehr ermuthigend. Wir werden freilich noch weiter Geduld haben müssen. Herzlichen Gruß!
                                                                    Dein J.

1052. An Theodor Nöldeke

Göttingen 24. 10. 1915

Lieber College

Es schmeichelt mir nicht wenig, daß Sie auf meine Unterschrift[1] Werth legen, und ich gebe sie mit Freuden. Sie überschätzen freilich meine Kenntnisse abenteuerlich, ich kenne die außerbiblische jüdische Literatur nur, soweit sie griechisch ist, und auch da nur lückenhaft. Josephus ist mir natürlich vertraut, aber Philo keineswegs. Das ist indessen gleichgiltig; ich kann darum doch dafür eintreten, daß eine Professur für „jüdische Wissenschaft" ein berechtigtes Desiderium ist, und daß Frankfurt a. M. dafür der passende Ort ist
                                    In treuer Ergebenheit
                                        Ihr Wellhausen

1053. An Theodor Nöldeke

Göttingen 24. 10. 15

L. C! Da Littmann, im Drange anderweitiger Geschäfte, säumig ist, theile ich Ihnen vorläufig mit, daß ich völlig einverstanden bin.
                                                            Ihr Wellhausen

1054. An Enno Littmann

G. 1. 11. 15

L. L! Ich muß Sie leider bitten, morgen (Dienstag Nachmittag) zu überschlagen
                                                            Ihr Wellhausen.

1055. An Julius Rodenberg

Göttingen 2 Nov. 1915
Vielen Dank! Deine erste Karte habe ich zurückbekommen als unbestellbar; verloren war daran aber nichts. Von Amalie sind ein- oder zweimal Briefe gekommen, die ganz vergnügt lauteten. Vorgestern haben wir auch erfahren, daß Deine l. Mutter in Hameln gewesen ist. Nun radle weiter durch alle Fährlichkeiten hindurch; am passendsten wärst Du eigentlich als Luftsegler. Herzliche Grüße
Dein J. Wellhausen.

1056. An Enno Littmann

Dezember 1915
L L
Ich kann mich an der Sitzung vom 9 Dez. nicht betheiligen, möchte aber meine Meinung über die bibl. Wissenschaft nicht verschweigen. Diese Disciplin ist ein hybrides Wesen, das seine Existenz fristete, weil das Alte Testament bei den Philosophen eingepfarrt war. Nachdem das, seit Smends Tode, aufgehört hat[1], ist der sogenannten bibl. Wissenschaft in der philos. Fakultät der Boden entzogen. Ich würde wünschen, daß auch bei Hebräisch, als philos. Prüfungsfach, der Nachdruck auf das Sprachliche gelegt würde, wobei die grammatische Kenntnis des Arab. und Aram. unerläßlich wäre.
Ihr W

1057. An Enno Littmann

G. 16. 12. 15
L L
Vielen Dank für die frohe Kunde. Wir haben uns riesig gefreut; meine Frau ist gerührt über Ihre Güte, die bei Ihnen so selbstverständlich aus dem Herzen fließt. Ich wäre schon Mittwoch Morgen zu Ihnen gekommen um noch mehr zu hören, aber mein Bauch floß. Leider muß ich Sie bitten, auch morgen nicht zu kommen, weil meine Frau sehr elend ist. Ich werde versuchen, Sie morgen um 10 Uhr zu treffen, um mir erzählen zu lassen.
Ihr W.

1058. An Ella Limpricht

Göttingen 28 Dez. 1915

Liebe Ella

Du beschämst mich durch Deine Güte. Der Ullstein Atlas[1] kommt mir sehr gelegen, weil er so umfassend ist und dabei so praktisch, daß er die Namen nicht durch die verflixten Raupen verdeckt, welche Gebirge vorstellen sollen. Chamberlains Aufsätze[2] sind deshalb für uns von großem Werth, weil er Engländer und Franzose ist, also ein Kronzeuge, wie die Engländer sagen. Er kennt die Stimmung in England und Frankreich aus der Quelle. Die verblüffenden Einzelheiten, die er *en passant* mittheilt, glaube ich ihm freilich nicht immer, z. B. daß die Times und die meisten engl. u. französ. Zeitungen Judenblätter sind, und daß die französische Regierung den Socialisten Jaurès hat ermorden lassen[3]. Er ist ein fanatischer Judenhasser, und weil er Jesus nicht hassen will, so behauptet er, der sei gar kein Jude gewesen (in seinem früheren berühmten Buch[4]). Zur Vergeltung behaupten seine Gegner, Wagner sei ein Sohn des Juden Geyer gewesen.

Marie hat sehr viel Spaß an Moellers Kindern. Eberhard ist ein stolzer Bursche, d. h. objectiv gesprochen, denn er macht selber nichts aus sich und ist von großer natürlicher Bescheidenheit. Maries Liebling ist noch immer Eva. Sie ist theoretisch etwas verstiegen, hat aber große Energien und ein merkwürdiges praktisches Talent. Daneben ist sie eine Schönheit.

Hirth hat uns besucht[x]. Er glaubt nicht an ein baldiges Ende des Krieges. Ich auch nicht. Die Engländer sind zu verbissen, und wir können nicht recht an sie heran kommen. In Ägypten wird die Sache schwerlich entschieden werden. Der beständige Wechsel der Minister und der Heerführer ist allerdings ein gutes Zeichen, für uns.

Nochmals vielen Dank und gute Wünsche für 1916.

Dein Julius W.

[x] Er steht in Kowno und sieht Hindenburg alle Tage

1059. An Enno Littmann

Gt 1. 1. 1916
Anno salutis

Mille gratias! etiam Herbarti[1] causâ.

tuissimus
J. W.

1060. An Ella Limpricht

G. 29.1.1916

L E! Vielen Dank für die holländische Reisebeschreibung[1]. Sie ist sehr hübsch zu lesen, und man lernt auch mancherlei. Die Holländer mögen uns nicht leiden und nennen uns Moffen (Muffrika = Deutschland), schon seit alters. Jetzt fürchten sie ein Übergreifen der islamischen Bewegung auf Java Sumatra etc. Allenthalben ist Kriegsschauplatz, auch wo man es am mindsten gläubt. Wenn demnächst Mackensen bei den Pyramiden auftaucht, soll michs nicht wundern. C c c g h c a g[2]. *Räuber im Frack* ist treffend.

Ich bin in Holland sehr freundlich aufgenommen und habe nie einen mehr sympathischen und verehrungswürdigen Mann kennen gelernt, als den Professor Abraham Kuenen. Ich fühle mich gedrungen, dies nachzutragen.

1061. An Max Pohlenz

G. 12.2.1916

Lieber Herr College

Herzlichen Dank für den Nekrolog[1], aus dem ich Vieles gelernt habe. Wendland war ein grundguter Mensch und ein großer Gelehrter; nur etwas zu sehr belesen.

Ihr aufrichtig ergebener
Wellhausen

1062. An Enno Littmann

21.2.16.

L L!
Vielen Dank. Andreas hat Recht. Es gibt bei Theophanes eine Landschaft Αρζανηνη, die an das persische Armenien grenzt. In der Apokalypse Esdrae 13,45[1] heißt die Gegend, in die die 10 Stämme verbannt sind Arzareth – aber das stammt aus Hieremiae 22,26 und ist ארץ אחרת = ein anderes Land.

Ihr W.

1063. AN THEODOR NÖLDEKE

Göttingen 22. 2. 16

L C! Ich habe mich noch nicht für den משיחא זכא[1] bedankt, dessen Aufnahme in die DMZ verweigert ist, und schon erscheint ein neuer Spahn aus Ihrer Werkstatt[2]. Ihre Frische ist beneidenswerth, verglichen mit meiner Stumpfheit, aus der mich wach zu kitzeln Littmann vergeblich sich bemüht. Ultra[3] als *superfluctio* (!) ist gewiß unrichtig, so ein großer Rabbiner und Mandäer Lidzbarski auch ist.

Herzlichen Gruß

Ihr Wellhausen

1064. AN ELLA LIMPRICHT

Göttingen 24.2 1916

Um den 26. Febr. nicht zu vergessen, schreibe oder kritzle ich schon heute. Möge das Jahr, das Du antrittst, den Frieden bringen. Und möchten Eberhard und Clemens mit heilen Knochen zurückkommen. Ich muß mich vor den Kindern schämen; nur das rechne ich mir als Verdienst an, daß ich das Maul und Dinte halte

Ich danke für Doornkaat und Chamberlain.

Marie will mich im Mai mit nach Leipzig nehmen. Es ist ein Versuch, aber Versuch ist ja das Meiste, was man unternimmt; besonders auch in der Medicin

Bleib gesund und munter

Dein Julius W.

1065. AN CARL HEINRICH BECKER

Göttingen 2. 3. 1916

Vielen Dank für die gütige Zusendung des türkischen Bildungsproblems[1] und des *Ubi sunt qui ante nos*[2].

Ehrerbietig

Ihr ergebener

Wellhausen

1066. An Theodor Nöldeke

Göttingen 28. 3. 16

Lieber College

Ihr urbanes, umsichtiges und vorsichtiges Urtheil ist vorbildlich; leider kann man es nicht nachmachen. Mit dem Spruch *verba valent usu* haben Sie mir eine wahre Freude gemacht[1].

Mein wissenschaftliches Interesse ist nothgedrungen abgestumpft; ich kann mich nicht mehr concentriren. Littmann quält sich redlich mich aufzumüntern [sic]; es gelingt ihm aber vorbei. Jetzt ist er im Kriegsministerium thätig. Was er da eigentlich macht, hat er mir nicht gesagt. Er scheint für die kartographische Abtheilung zu arbeiten. Vielleicht hat er für die richtige Schreibung der orientalischen Ortsnamen zu sorgen; vielleicht auch für was anderes. Ein Bruder des mir befreundeten Bibliothekars Joachim (Sohn des Geigers) hat ihn an sich gezogen; der ist der Chef der kartographischen Abtheilung des Kriegsministeriums.

Einen besonderen Spaß haben Sie mir durch den Spruch *verba valent usu* bereitet; Sie könnten ihn selber geprägt haben, so gesund ist er.
Mit herzlichem Gruß
Ihr Wellhausen

1067. An Ignaz Goldziher

Göttingen 3. 4. 1916

Verehrter, lieber Herr College

Sie haben mir durch Ihre Gabe eine große Freude gemacht[1]. Die Abhandlung ist außerordentlich klar und einfach geschrieben; man braucht kaum arabisch zu können, um sie zu verstehen. *Mutatis mutandis* würde man von der europäischen Wissenschaft bis auf die neueste Zeit den gleichen Antagonismus constatiren können

Herzl. Dank

Ihr aufrichtig ergebener
Wellhausen

1068. An Enno Littmann

Göttingen 4.4.16

Wir sind Ihnen sehr dankbar für Ihr Lebenszeichen, bedauern aber, daß man nicht besser für Ihre Unterkunft[1] gesorgt hat, und daß Sie Mühe haben dem Kopf über Wasser zu halten, mit Hilfe von Cognac etc. Es ist ja grade als wären Sie in Feindesland. Und dabei feiert das „mondäne" Berlin seine musikalischen und unmusikalischen Orgien, wenn auch etwas abgekürzt. „Die Huren gehn auf Leicestersquare" dichtet J Burckhardt[2].

Hier kommen immer neue Verwundete aus dem Westen und immer neue Nachschübe aus dem Osten an, und dabei wimmelt es noch von Rekruten. Meine neun[3] Neffen im Felde sind noch alle heil, aber wie lange noch! Namentlich meine Schwägerin Martha Möller ist in großer Angst und magert gänzlich ab. Man sieht kein Ende ab. Die Franzosen mögen vielleicht klein beigeben; aber wir wollen ja auch die Engländer nieder zwingen, und dazu ist wenig Aussicht. Die Zeppeline machen es nicht.

Guter Laune sind die Reconvalescenten und die zahllosen Rekruten, die alle Vormittage mit klingendem Spiel durch die Straßen ziehen und ganz prächtig aussehen.

Die herzlichsten Grüße von meiner Frau und mir! Bleiben Sie nur gesund und bessern Sie Ihr Befinden

Tuissimus
Wellhausen

1069. An Enno Littmann

G. 6.4.16

Meine Frau hat mich schon ausgelacht, daß ich Ihren Brief tragisch genommen habe. Aber daß Ihre Lage ungemüthlich gewesen ist, konnte man herausfühlen, ohne daß Sie es sagten. Ihr zweiter Brief geht aus einem anderen Ton. Es freut mich zu hören, daß der amerikanische Gesandte dem amerikanischen Botschafter den Staar zu stechen[1] beginnt.

Hier hören die Truppenzüge nach Westen nicht auf. Heute ist überhaupt keine Post aus Berlin gekommen; dafür 30 Truppenzüge hinter einander; also mehrere Regimenter. Und dabei ist Berlin – *Kreiensen* – Frankfurt gar keine Hauptlinie. Ich kann es ohne Zeitung gut aushalten

Seit 4 Wochen haben wir Handwerker im Hause; jetzt ist es allerdings nur ein Anstreicher. Das Personal ist knapp, man kann sich noch freuen, daß es überhaupt noch Ölfarbe gibt

Wie Sie sich erinnern, hat Eugen Mittwoch schon vor 2 Jahren Ihre abessinischen Denkmäler zur Anzeige in den GGA übernommen[2] und dabei versprochen, gleich an die Arbeit zu gehn. Es ist mir wegen G. Reimer unangenehm, daß er die Sache schlüren läßt. Hol ihn der Kukkuk! Die Professoren müßten unter militärisches Commando. Der Wunsch, daß ein General der Kavallerie an die Spitze des Cultusministeriums träte, ist schon vor Jahren im Abgeordnetenhause ausgesprochen worden. Ihr Chef Joachim würde auch dazu passen. Sie sehen, wie verpreußt ich bin

Tuissimus
Wellhausen

1070. An Adolf von Harnack

9.4.1916

Lieber Herr College
Sie haben Recht gegen Reitzenstein[1]. Paulus schöpft aus seinem eigenen Busen. Die beiden Expectorationen Rom 8,18–39 und 1 Cor 13 sind das Genialste, was je ein Mensch gefühlt und gesagt hat, wenn man den profanen Ausdruck gebrauchen darf für das was aus dem heiligen Geist geboren ist. Verzeihen Sie die Kritzelei, ich bin altersschwach

Sie haben mir eine wahre Freude gemacht in dieser schweren Zeit und ich danke Ihnen dafür

Mit herzl. Gruß
Ihr Wellhausen

1071. An Enno Littmann

G. 17.4.16.

Danke vielmals! Meine Frau hat Andreas auf der Straße gesehen, strahlend vor Glück: so was Schönes hätte er kaum je erlebt[1]! Ich beneide ihn um seine Kindesnatur und schlage dagegen gering an, was ein exacter Geschäftsmann etwa an ihm aussetzen könnte. Schwarz [sic] hat mir am Sonntag einen langen Besuch gemacht, herzlich wie je; daß man ihm die Spuren des Erlebten ansieht, steht ihm gut. – Die Berliner Post ist wieder ausgeblieben. Es geht Alles mit äußerster Vorsicht voran. – Eine Lambertikirche gibt es außer in Bremen auch in Hildesheim; der Familienname Lambricht oder abgekürzt Lampe ist hier zu Lande häufig; Limpricht ist der Vatersname meiner Frau.

Herzlichen Gruß an Ihre Frau Mutter

1072. An Enno Littmann

G. 3. 5. 16

Der Componist Lyra[1] ist mir bekannt; er war Pastor bei Hannover – Den Vater lerne ich erst durch Sie kennen; den alten Halkett[2] habe ich in Hameln gesehen, beim Begräbnis des Generals Busche[3], des Großvaters oder Urgroßvaters des Bukarester Gesandten. Das osnabrücksche Platt ist wegen der Orthographie sehr schwer zu verstehn, eine scheußliche Jaulerei wird photographirt. Andreas besucht Gefangenenlager in der Mark. Meine Frau reist auf mehrere Wochen nach Leipzig und nimmt mich mit. Ich schreibe von da aus, nicht vor Mitte Mai
Tuissimus
Wellhausen

Die Familie Halkett ist ganz hannöversch geworden und anti-englisch!

1073. An Enno Littmann

G. 4. 5. 16

L L! Die Die Philologia sacra war dazu da, um Theologen, die eine gute Partie machen wollten zum Doktortitel zu verhelfen. Ich glaubte, durch die Zuweisung der Alttest. Theologie an die theol Fakultät wäre die Sache erledigt. Ich würde mich sehr dagegen sträuben, den Misbrauch fort bestehn zu lassen[1]

Ich bin entzückt über die holstein. Geschichte von dem kleinen Jungen, der sich abends immer versteckt, um nicht zu Bett zu müssen, und über das große Reinemachen. Aber mit der osnabr. Mundart kann ich mich nicht befreunden, obgleich sie nach dem Vorwort schon gemildert sein soll. Die Sprache Ihrer Oldenburger Bauern scheint ebenso zu jaulen

Viele Grüße von meiner Frau und mir
Ihr Wellhausen

1074. An Enno Littmann

12. 5. 1916

Mille gratias für die umfassende und gründliche Untersuchung
Meine Adresse in Leipzig, wo ich am 14. eintreffe, ist

Hotel Henschel[1], *am Rossplatz.*
Leipz.

1075. AN ENNO LITTMANN

[Leipzig, 19.5.1916]
Herzl Dank! Meine Frau ist munter, ich nicht grade.
Die Tiroler muntern mich auf
                    Ihr alter W.

1076. AN ENNO LITTMANN

[Leipzig,] 30.5.
Herzlichen Dank! Ich kann die Buchstaben schlecht malen und bin auch sonst im Verrosten; abgesehen von den Gefühlen für meine Freunde. Meiner Frau scheint die Kur hier gut zu bekommen. Pfingsten hoffen wir zu Haus zu sein
          Tuissimus
          W.

1077. AN ENNO LITTMANN

[Göttingen,] 11.6.16
L L! Auf einer Postkarte, die ich ergattert habe, melde ich, daß wir glücklich heimgekommen sind und Ihren freundlichen Brief vorgefunden haben. Wir freuen uns Sie wiederzusehen und bitten um einen freundlichen Gruß an Ihre Frau Mutter
                    Ihr W.

1078. AN HUGO DUENSING

Göttingen 1 Juli 1916
Lieber Herr Doktor! Sie erfreuen und beschämen mich durch Ihre Treue und Anhänglichkeit. Über Ihre gelehrten Bemerkungen kann ich Ihnen leider nichts sagen, da ich davon nichts verstehe und außerdem sehr schwach bin.
          In alter Freundschaft
               Ihr Wellhausen

Marie Wellhausen

1079. An Enno Littmann

11.7.16

Herzl Glückwunsch zu Straßburg! Andreas ist Ordinarius für semit. Sprachen in Göttingen geworden

1080. An Marie Wellhausen

Göttingen 17.7.1916

Liebe Marie
Du hast freie Verfügung über Alles laut Testament auf dem Göttinger Amtsgericht und auch ohne Testament. Doch bitte ich Dich über den von Dir nicht verbrauchten Rest meines Vermögens zu gunsten der Invaliden zu verfügen
Ave carissima
Dein Julius Wellhausen.

1081. An Enno Littmann

G. 18.7.1916

LL! Danke vie[l]mals für das Lebenszeichen. Ich hätte selber anfangen müssen, wenn ich bei Trost wäre; aber ich bin decrepide[1], nicht nur geistig. Nöldeke hat mir eine große Ehre erwiesen, und sein Eidam hat mir Spaß gemacht durch eine Jubiläumsschrift[2], worin er über seine wissensch. Laufbahn spricht[3], da kein andrer sich dazu bewogen gefühlt hat. Auch sein Bild hat er beigefügt, in Medaillonformat.
  Meine Frau grüßt.
Ihr W.

1082. An Hugo Duensing

Göttingen 25.7.1916

Wir sind gerührt über Ihre zu Herzen und in den Magen gehende Güte und danken Ihnen vielmals dafür.
Ihr aufrichtig ergebener
Wellhausen

1083. AN RUDOLF SMEND JUN.

[Göttingen, 25.10.1916]
Vielen Dank für Deinen Abschiedsgruß! Nimm Dich nur ja recht in Acht!

1084. AN WALTER DE GRUYTER

Göttingen, 24 Nov. 1916
Verehrter Herr Doktor
Ich bin ein für alle mal nicht im stande mehr, neue Auflagen oder Correcturen zu machen. Es trifft sich daher sehr gut, daß dies Ihnen auch bequemer ist.
    Mit herzlichem Dank für alle Ihre Freundlichkeit gegen mich
                              Ihr aufrichtig ergebener
                                           Wellhausen

1085. AN ENNO LITTMANN

Göttingen 29.11.1916
Lieber Freund
Wenn Ihr Herz sie [sic] nach Bonn zieht, wohin Sie allerdings schon früher hätten kommen können, so bitte ich Sie durch Becker dafür zu sorgen, daß Andreas als Ordinarius hier an Ihre Stelle tritt[1]. Er ist zwar Iranist, reicht[2] aber völlig aus – für den Unterricht im Arabischen *etcetera*.
                                               Ihr ergebener
                                               Wellhausen

1086. AN ENNO LITTMANN

Göttingen 3.12.1916
Mein lieber Freund
An die Echtheit Ihres zur Schau getragenen Humors habe ich nicht geglaubt; ich weiß nur nicht, wie ich damit Ihren Abgang nach Bonn in Ver[b]indung bringen soll. Ich bedaure schmerzlich Sie verwundet zu haben. Ich merkte wohl, daß[1] Ihr humoristisches Wesen eine Maske war, hinter dem [sic] Schmerz steckte.
                                           Herzlich der Ihrige
                                           Wellhausen

Verzeihen Sie die elende Kritzelei, *non possum*.[2]

1087. An Enno Littmann

G. 10. 12. 1916

Lieber Freund
Vielen Dank für Zarajacob[1], der mich in Erstaunen gesetzt hat, als ich ihn im Original las. Über Andreas müssen wir mündlich verhandeln. Reizenstein [sic] muss den Mund halten und artig sein. Duensing hat in Halle ordentlich äthiopisch getrieben und darauf hin in Göttingen promovirt. Später ist er in Ägypten gewesen und hat fleissig vulgärarabisch gelernt. Jetzt ist er in Einbeck oder in der Nähe davon Pastor[2]. Ich wünsche ihm Alles Gute Gute [sic], aber er darf kein Hindernis für die Berufung von Andreas sein[3]. Schon Smend war böse auf Rahlfs wegen seiner Quertreiberei; er bewährt sich a[l]s Jünger Lagardes.
    Das Weitere mündlich; ich bin sehr wenig auf dem Damme.
                                                           Ihr Wellhausen

1088. An Enno Littmann

Dienstag 19 Dez 1916

Lieber Littmann
Ich würde mich freuen, Sie morgen (Mittwoch) nachmittag in *meiner* Wohnung zu sehen. An der Commissionssitzung[1] kann ich leider nicht theilnehmen.
                                                Ihr alter
                                                Wellhausen

1089. An Adolf Jülicher

Mein lieber Jülicher,
ich erfahre aus der Voßischen Zeitung daß Sie Ihren 60 sten Geburtstag feiern und gratulire von Herzen.
                                        Ihr alter
Göttingen 26. 1. 17.   Wellhausen.

1090. An Enno Littmann

Göttingen 7. 2. 1917

Bei dem Wetter friere ich ein, hoffentlich bleiben wenigstens Sie am Leben und grüssen meine Frau, obgleich Ihr Kar[t]enhäuschen[1] keine Garantie dafür bietet

Ihr bis zum Tode ergebener Freund
Wellhausen

1091. An Enno Littmann

Göttingen 18. 3. 1917

Herzlichen Dank für Ihren Brief! Ich zehre noch von der Erinnerung an Ihren letzten Besuch, meine Frau mit. Mit diesem Gestammel müssen Sie vorlieb nehmen. Die Russen regen mich nicht auf[1]. Vivant die Tauchbo[o]te[2]!
Addio!

289a. An Cornelis Petrus Tiele

Marburg 14. Mai 1887

Vielen verschämten weil verspäteten Dank für Ihre freundlichen Sendungen[1]. Es ist ein sehr erfreuliches Zeichen, dass solche Detailuntersuchungen in der Assyriologie gemacht werden. Es scheint da jetzt mehr Leben zu herrschen wie in den meisten anderen semit. Disciplinen.

Justi's sind gut zu weg; der mittlere Sohn war den Winter recht elend, erholt sich aber jetzt wieder und ist augenblicklich bei einer Tante in Freiburg. Leider sehe ich die so anziehenden Leute wenig, wegen der Entfernung. Meine Frau ist krank an Diphterie, es ist aber bis jetzt nicht schlimm.

Q D B V[2].

Ihr Wellhausen

Anmerkungen

1. An das Ephorat der Theologischen Fakultät der Universität Göttingen, 28. Juli 1863 (Brief)
1 Sammeltestat über die von Wellhausen besuchten Veranstaltungen des Sommersemesters 1863: Plato's Gastmahl (Sauppe: „Mit vorzüglichem Fleiße"), Geschichte der neueren Theologie (Ehrenfeuchter: „Mit d. rühmlichsten Fleiß"), Deutsche Geschichte seit dem 18ten Jahrhundert (Waitz: „rühmlichst fleißig"), Jeremia (Rep. Hansen: „ausgezeichnet fleißig").
2 Nicht erhalten.

2. An Gustav Teichmüller, 11. März 1866 (Brief)
1 S.u. 3.
2 Rudolf Eucken.

3. An die Theologische Fakultät der Universität Göttingen, Mitte Januar 1868 (Brief, lat.)
1 Salutem plurimam dicit.
2 Anlagen: Lebenslauf sowie die Abhandlung „De justitia Dei..." (s.u. Beilage II). Von Dekan Geß am 23.1.1868 in Umlauf gesetzt.

4. An das Kuratorium der Universität Göttingen, 26. Juli 1869 (Brief)

5. An die Theologische Fakultät der Universität Göttingen, 4. März 1870 (Brief)

6. An die Theologische Fakultät der Universität Göttingen, 31. Mai 1870 (Brief, lat.)
1 De gentibus et familiis Judaeis, Bibl. 1.
2 Horaz, Ars poetica 21f.
3 13. Mai.

7. An Justus Olshausen, 29. Oktober 1871 (Brief)
1 Der Text der Bücher Samuelis, Bibl. 3.
2 Ludwig Hirzel, Hiob, KEH 2, ²1852, durchgesehen von Dr. Justus Olshausen.

8. An Georg Sauerwein, 3. November 1871 (Brief)
1 ḥaniq „zornig, grollend", al-ḥaniqūn „die, die zornig sind" (entspr. hebr. $m^eh\hat{o}l^el\hat{i}m$ = „die, die verspotten"). Cf. Ps 102,8.
2 Bibl. 3.

9. An Paul de Lagarde, 25. November 1871 (auf einem Zettel wohl in Kuenens Godsdienst, Bd. 2, 1870, eingelegt; in der Göttinger Universitätsbibliothek erst 1871 angeschafft, vgl. u. 27).
1 Anmerkung Lagardes: „Wellhausen an mich 25/11 bezieht sich darauf daß ich ihm mitgeteilt es sei Isa 1, 31 החמן und בעלו zu lesen".
2 A.a.O. 372–76 (zu P. de Lagarde, Die persischen glossen der alten, in: ders., Gesammelte Abhandlungen, Leipzig 1866, 147–242, hier 161ff.).
3 Vgl. P. de Lagarde, Kritische anmerkungen zum buche Isaias, Semitica 1, AGWG 23,3, Göttingen 1878, 5 (mit Verweis auf Wellhausen).
4 Edward Robinson, Palästina und die südlich angrenzenden Länder. Tagebuch einer Reise im Jahre 1838 in Bezug auf die biblische Geographie unternommen von E. Robinson und E. Smith; mit neuen Karten und Plänen in 5 Blättern. Nach den Originalpapieren und mit historischen Erläuterungen, Bd. 2, Halle 1841, 143 Anm. 1.
5 P. de Lagarde, Notizen über die handschriften der rekognitionen, in: ders., Clementina, Leipzig 1865, 23–31, 27.

10. An Justus Olshausen, 25. März 1872 (Brief)
1 Archiv für wissenschaftliche Erforschung des Alten Testaments (AWEAT), erschienen 1867–72.
2 S.u. Beilage VI.

11. An August Dillmann, 8. April 1872 (Brief)
1 Zu diesem und den folgenden sechs Briefen an Dillmann vgl. auch Ernst Barnikol, Wellhausens Briefe aus seiner Greifswalder Zeit (1872–1879) an den anderen Heinrich Ewald-Schüler Dillmann. Ein Beitrag zum Wellhausen-Problem, in: Arno Lehmann u.a. (Hgg.), Gottes ist der Orient. Festschrift für Prof.D.Dr. Otto Eißfeldt DD zu seinem 70. Geburtstag am 1. September 1957, Berlin 1959, 28–39.
2 Biblia Veteris Testamenti Aethiopica. In quinque tomos distributa. Ad librorum manuscriptorum fidem ed. et apparatu critico instruxit Augustus Dillmann. 2. Libri Regnum, Paralipomenon, Esdrae, Esther, Fasc. 1 u. 2, Leipzig 1861/71.
3 Bibl. 3.
4 Karl Georg Wieseler, Beiträge zur richtigen Würdigung der Evangelien und der evangelischen Geschichte, Gotha 1869.
5 Wohl zurückgehend auf August Neander (1789–1850).
6 Wahrscheinlich LZD 20 (1869) 1441–43.

12. An August Dillmann, 17. April 1872 (Brief)
1 Cremer wurde 1872 in Berlin Ehrendoktor (vgl. auch Barnikol [s.o. 11[1]], 30 Anm. 14).

13. An Justus Olshausen, 24. Mai 1872 (Brief)
1 S.o. 10.

14. An Justus Olshausen, 19. Juli 1872 (Brief)

15. An den preussischen Kultusminister, 4. September 1872 (Brief)

16. An den preussischen Kultusminister, 15. Oktober 1872 (Brief)
1 Der Mathematiker Felix Klein.

17. An August Dillmann, 16. Oktober 1872 (Brief)
1 Eine der für das Jahr 1872 von der Berliner Friedrich-Wilhelms-Universität gestellten Preisaufgaben lautete: „Quatenus de institutis ad res sacras Israelitarum pertinentibus cum legibus Pentateuchi testimonia ceterorum Veteris Testamenti librorum vel consentiant vel dissentiant et quid inde de compositione legum concludendum sit." Die einzige Bearbeitung der Aufgabe sandte stud. theol. Wilhelm Nowack aus Berlin ein, der spätere Anhänger Wellhausens und Ordinarius für Altes Testament in Straßburg. Die umfangreiche Arbeit (unter dem Titel „Quid de legibus ad res sacras Israelitarum pertinentibus iudicandum sit") erschien nicht im Druck.
2 Großbeerenstraße 68.

18. An die Theologische Fakultät der Universität Göttingen, 7. November 1872 (Brief)
1 Die Göttinger Fakultät hatte Wellhausen, wie es damals gegenüber Privatdozenten üblich war, mit der Verleihung des Ehrendoktortitels nach Greifswald verabschiedet. Vgl. auch die Widmungsadresse der Schrift über die Pharisäer und Sadducäer (Bibl. 7).
2 Professor publicus ordinarius.

19. An Paul de Lagarde, 17. Dezember 1872 (Brief)

20. An Paul de Lagarde, 13. Januar 1873 (Brief)
1 Ps 120,5.
2 Blasio Ugolino, Thesaurus Antiquitatum Sacrarum. Complectens selectissima clarissimorum virorum opuscula, in quibus veterum Hebræorum mores, leges, instituta, ritus sacri, et civiles illustrantur. Opus ad illustrationem utriusque testamenti, [et] ad philologiam sacram, [et] profanam utilissimum, maximeque necessarium, Venedig 1744–69.

21. An Paul de Lagarde, 19. Februar 1873 (Brief)
1 P. de Lagarde, Ueber das verhältnis des deutschen staates zu theologie, kirche und religion. ein versuch nicht-theologen zu orientieren, Göttingen 1873 (63 S.), später in Lagardes „Deutschen Schriften" (zuerst 1878).
2 Etwa: „Denn sie ist vergangen."

22. An Paul de Lagarde, 31. Mai 1873 (Brief)
1 Es handelt sich um die Nachfolge des am 24. Mai 1873 verstorbenen Greifswalder Philosophen Johann Friedrich Leopold George; sie fiel Schuppe zu.
2 Am 13. Mai 1873 verstorben.
3 S.o. 20².
4 August Wünsche, Der Prophet Hosea. Übersetzt und erklärt mit Benutzung der Targumim, der jüdischen Ausleger Raschi, Aben Ezra und David Kimchi, Leipzig 1868.
5 Wilhelm van den Codde, Hoseas propheta, Ebraice [et] Chaldaice. Cum duplici versione Latina et commentariis Ebraicis trium doctissimorum Judeorum scil Sch. Jarki, A. Ezra, D. Kimchi. Masora item parva, ejusque, [et] commentariorum Latina quoque interpretatione, Leiden 1621 (jetzige Sign. 8 BIBL I, 589). Darin enthalten: die lat. Übersetzung des franz. Hebraisten Johannes Mercerus (Jean Mercier, ca. 1500–1570).
6 Auf der Insel Rügen.
7 Leider nicht ermittelbar.

23. An Justus Olshausen, 28. Dezember 1873 (Brief)

24. An Ernst Bertheau, 11. Januar 1874 (Brief)
1 E. Bertheau, Die Bücher der Chronik, KEH 15, Leipzig ²1873.
2 Bibl. 7.
3 Emil Schürer, Lehrbuch der neutestamentlichen Zeitgeschichte, Leipzig 1874 (Erstauflage der „Geschichte des Jüdischen Volkes im Zeitalter Jesu Christi").
4 Lazarus Fuchs, Ueber den Zusammenhang zwischen Cometen und Sternschnuppen. Rede gehalten am Königsgeburtstag in der Aula der Universität Greifswald, Greifswald 1873.

25. An Paul de Lagarde, 27. März 1874 (Brief)
1 P. de Lagarde, Psalterium Juxta Hebraeos Hieronymi. Accedit corollarium criticum, Leipzig 1874.

26. An Abraham Kuenen, 24. August 1874 (Brief, lat.)
1 A. Kuenen, Historisch-kritisch onderzoek naar het onstaan en de verzameling van de boeken des Ouden Verbonds, Bd. I. Het ontstaan van de Historische boeken des Ouden Verbonds, Bd. II. Het ontstaan van de Profetische boeken des Ouden Verbonds, Bd. III. Het ontstaan van de Poëtische boeken des Ouden Verbonds. De versameling van de boeken des Ouden Verbonds, Leiden 1861/63/65.

27. An Abraham Kuenen, 28. August 1874 (Brief, lat.)
1 A. Kuenen, De godsdienst van Israël tot den ondergang van den Joodschen staat. I. en II., Haarlem 1869/70.
2 Vgl. Willem Hendrik Kosters, De historiebeschouwing van den Deuteronomist met de berichten in Genesis–Numeri vergeleken, Leiden 1868.
3 Karl Heinrich Graf, Der Prophet Jeremia erklärt, Leipzig 1862.
4 Wilhelm Vatke, Die Religion des Alten Testaments aus den kanonischen Büchern entwickelt, Berlin 1835 (Die biblische Theologie wissenschaftlich dargestellt, Berlin 1835, Bd. 1, Theil 1).
5 Johann Friedrich Leopold George, Die älteren jüdischen Feste mit einer Kritik der Gesetzgebung des Pentateuch, Berlin 1835.

28. An August Dillmann, 15. Februar 1875 (Brief)
1 A. Dillmann, Die Genesis. Für die 3. Auflage nach August Knobel neubearbeitet, KEH 11, Leipzig ³1875.
2 A. Dillmann, Hiob, KEH 2, Leipzig ³1869 (¹1839 von Ludwig Hirzel, ²1852 bearb. von Justus Olshausen).
3 August Knobel, Der Prophetismus der Hebräer vollständig dargestellt, 2 Bde., Breslau 1837.
4 August Knobel, Die Genesis, KEH 11, Leipzig 1852, ²1860.
5 Ferdinand Hitzig war am 22. Januar 1875 gestorben.

29. An Paul de Lagarde, 26. Februar 1875 (Brief)
1 Thomas Chenery (Hg.), Yehudah Ben Shelomoh Alcharizi: Machberoth Ithiel, London/Edinburgh 1872.
2 Vgl. Die Pharisäer und die Sadducäer, Bibl. 7, 26f.70f.106.112.120–29.
3 S.o. 28⁵.
4 Vgl. Hi 15,10; dazu nicht zuletzt Ferdinand Hitzig, Hiob erklärt und ausgelegt, Leipzig/Heidelberg 1874, 112.
5 Vgl. o. 28¹ (¹1852 und ²1860 von August Knobel).
6 Die Hochzeit mit Marie Limpricht aus Greifswald fand am 25. Juni 1875 statt.

30. An Hermann Usener, 8. März 1875 (Brief)
1 H. Usener, De Iliadis carmine quodam Phocaico. Inclutae Litterarum Universitati Lugduno-Batavae sacra saecularia tertia die VIII mensis Februarii a. MDCCCLXXV celebranti congratulantur Universitatis Fridericiae Guilelmiae Rhenanae Bonnensis rector et senatus inest. Commentatio cum tabula chalcographa, Bonn 1875 (= ders., Kleine Schriften, Bd. 3. Arbeiten zur griechischen Literaturgeschichte, Geschichte der Wissenschaften, Epigraphik, Chronologie, Leipzig 1914, 411–59).
2 Ebd. 449 (u. Anm. 148): Ps 7,2f.; 21,21f.; außerdem Ps 21,14.
3 Wilhelm Felix Bähr, Symbolik des Mosaischen Cultus, Bd. I, Heidelberg 1837.
4 Eberhard Schrader, Die Keilinschriften und das Alte Testament, Gießen 1872 und ders., Die Assyrisch-Babylonischen Keilinschriften. Kritische Untersuchung der Grundlagen ihrer Entzifferung, Leipzig 1872.
5 Wilhelm Gesenius, Der Prophet Jesaia. Neu übersetzt und mit einem vollständigen philologisch-kritischen und historischen Commentar begleitet, 3 Bde., Leipzig 1820/21, Bd. 3, 544f.
6 Gustav Bickell (Hg.), Ephraem Syrus: Carmina Nisibena additis prolegomenis et supplemento lexicorum syriacorum, Leipzig 1866.
7 Es handelt sich um die heute einhellig Ps.-Philo zugerechnete Predigt De Sampsone (Folker Siegert, Drei hellenistisch-jüdische Predigten. Ps.-Philon, „Über Jona", „Über Jona" (Fragment) und „Über Simson", Bd. 1. Übersetzung aus dem Armenischen und sprachliche Erläuterungen, Bd. 2. Kommentar nebst Beobachtungen zur hellenistischen Vorgeschichte der Bibelhermeneutik, WUNT 20/61, Tübingen 1980/92).
8 Der Koran (Sure 71,23) nennt *Wadd, Suwāʿ, Yaġūṯ, Yaʿūq* und *Nasr*; davon wird *Yaġūṯ* mit dem Löwen in Zusammenhang gebracht (etwa William Robertson Smith, Lectures on the Religion of the Semites. First Series. The Fundamental Institutions, Edinburgh 1889, 226).
9 Ludolf Krehl, Über die Religion der vorislamischen Araber, Leipzig 1863.
10 Karl Müller (Hg.), Fragmenta historicorum Graecorum. Collegit, disposuit, notis et prolegomenis illustravit indicibus instruxit, Vol. 2, Paris 1848; die Fragmente des Herodorus (Heracleensis) ebd. 27–41.
11 Usener (s. Anm. 1), 27 Anm.

31. An Abraham Kuenen, 10. Juli 1875 (Brief, lat.)
1 A. Kuenen, De profeten en de profetie onder Israël, Historisch-dogmatische Studie, 2 deelen, Leiden 1875 (separat erschienen, vgl. u. 33⁽²⁾).
2 Vgl. Ez 3,1.

3 August Wilhelm Küper, Das Prophetenthum des Alten Bundes, Leipzig 1870 u.a.
4 Bernhard Duhm, Die Theologie der Propheten als Grundlage für die innere Entwicklungsgeschichte der israelitischen Religion, Bonn 1875, vgl. Wellhausens Rezension Bibl. 10.
5 1 Sam 10,12.
6 Entgegen dieser Ankündigung getrennt und an verschiedenen Orten ausgeführt (Bibl. 10 u. 12).

32. An August Dillmann, 18. Dezember 1875 (Brief)
1 A. Dillmann, Über die Theologie als Universitätswissenschaft. Rede beim Antritt des Rectorats der Königl. Friedrich-Wilhelms-Universität zu Berlin am 15. October 1875, Berlin 1875.
2 Namentlich Otto Pfleiderer, Die Religion, ihr Wesen und ihre Geschichte, auf Grund des gegenwärtigen Standes der philosophischen und der historischen Wissenschaft dargestellt, Bd. 1. Das Wesen der Religion (Religionsphilosophie), Leipzig 1869.
3 Heinrich Ewald, De metris carminum Arabicorum libri duo. Cum appendice emendationum in varios poetas, Braunschweig 1825.
4 S.o. 31[4].
5 Bibl. 7.
6 D.h. mit den später üblichen Siglen P und JE (der „Jehovist").

33. An Abraham Kuenen, 18. Dezember 1875 (Brief, lat.)
1 ThT 9 (1875) 632-50.
2 S.o. 31[1].
3 Bibl. 8.

34. An August Dillmann, 20. April 1876 (Brief)
1 Vgl. Eberhard Schraders Aufsatzreihe „Assyrisch-Biblisches" in ThStKr 47 (1874) 324-53; JPTh 1 (1875) 321-42, Nachtrag 560; 2 (1876) 373-84, Berichtigung 560; vgl. auch Bibl. 21a.
2 Die Composition des Hexateuchs, Teil 1 in JDTh 21 (1876), s. Bibl. 9. Der Umfang betrug 59 Seiten, 4 komplette Bögen wären 64 Seiten.
3 Composition Teil 2, JDTh 21 (1876, 72 S.), s. Bibl. 9.
4 Zu Dillmann s.o. 28[1]; August Kayser, Das vorexilische Buch der Urgeschichte Israels und seine Erweiterungen. Ein Beitrag zur Pentateuch-Kritik, Straßburg 1874.
5 Bibl. 10.

35. An einen unbekannten Pastor, 24. September [1876?] (Brief)
1 Bei der „längeren Ferienreise" könnte es sich um den in 36 genannten siebenwöchigen Aufenthalt in der Schweiz gehandelt haben.

36. An Paul de Lagarde, Anfang Oktober 1876 (Postkarte)
1 Vgl. P. de Lagarde, Rez. von Alfred von Gutschmid, Neue Beiträge zur Geschichte des alten Orients. Die Assyriologie in Deutschland, Leipzig 1876, in: Philologischer Anzeiger. Als Ergänzung des Phiolologus herausgegeben von Ernst von Leutsch, Nr. 7 (1875-76; Göttingen 1876) 532-40.
2 Bei Lagarde vgl. ebd. S. 540; Johann David Michaelis, Supplementa ad Lexica Hebraica. Partes sex, Göttingen 1784-92, hier Bd. 1 (1784), 60-62.
3 25.-28.9.1876.
4 „Dornen und Disteln" (Gen 3,18, Hos 10,8). Gemeint ist wohl Ludwig Diestel.

37. An Abraham Kuenen, 28. Dezember 1876 (Brief, lat.)
1 Bibl. 9 und s.o. 34[2].
2 Ebd.
3 Vermutlich einer von Henricus Oorts Aufsätzen in ThT 10 (1876): De groote verzoendag (142-65); De leeftijd van Joël (362-77); Jesaja XL (528-36); De oorsprong van den naam „Sadduceën" (605-17).

4 A. Kuenen, Rez. von Wolf Wilhelm Graf Baudissin, Studien zur Semitischen Religionsgeschichte, ThT 10 (1876) 631–48.
5 Geflügeltes Wort aus dem Lustspiel „Ponce de Leon" von Clemens Brentano (V, 2). (Vgl. Plutarch, Perikles Kap. 1.)

38. An Abraham Kuenen, 5. Januar 1877 (Brief, lat.)
1 Composition (Teile 1 u. 2), Bibl. 9.
2 Vor „gescheut" ist ein „sehr" gestrichen.
3 A. Kuenen, Over de mannen der groote Synagoge, VMAW.L 2.R. 7 (1877) 207–48 (= Ges. Abh. [1894] 125–60).

39. An Adolf Hilgenfeld, 21. Januar 1877 (Brief)
1 Möglicherweise eine Vorform der Composition der historischen Bücher, vgl. Bleek[4] (Bibl. 18) §18–134 (S. 181–267).
2 Vgl. besonders Bibl. 8 u. 9.

40. An Paul de Lagarde, 18. Februar 1877 (Brief)
1 Wahrscheinlich Joseph Halévy, Études sabéennes, Paris 1875.
2 Ein Steckenpferd von Lagarde, s. später Anna de Lagarde (Hg.), Paul de Lagarde: Gedichte. Gesamtausgabe, Göttingen 1897; vgl. auch Heike Behlmer, Adolf Ehrmann und Paul de Lagarde, in: Bernd Ulrich Schipper (Hg.), Ägyptologie als Wissenschaft. Adolf Erman (1854–1937) in seiner Zeit, Berlin 2006, 276–92, hier 286.
3 Sie ist vermutlich nicht zustandegekommen.
4 Alfred Gutschmid.

41. An Abraham Kuenen, 1. Juni 1877 (Brief, lat.)
1 Composition Teil 3 (1877), Bibl. 9.

42. An Georg Reimer, 6. Juli 1877 (Brief)
1 Die Neubearbeitung der Bleekschen Einleitung in das Alte Testament, Bibl. 18.
2 400 Thaler (Anm. Reimers).
3 Anm. Reimers unten: „2 Expl. 3te Aufl 10/7 übersandt".

43. An Abraham Kuenen, 16. Juli 1877 (Postkarte, lat.)
1 Bibl. 18, vgl. 42.
2 A. Kuenen, Critische bijdragen tot de geschiedenis van den Israëlietischen godsdienst V. De Priesterlijke bestanddeelen van Pentateuch en Josua, ThT 4 (1870) 391–426 (.487–526).
3 Kuenen hat die Erlaubnis gegeben, vgl. Bibl. 18, §82–84 (S. 153–69), der Hauptteil der „Übersicht über die Pentateuchkritik seit Bleeks Tode" in den §§ 81–87 (S. 152–78).

44. An Georg Reimer, 16. Juli 1877 (Brief)
1 Zum Folgenden vgl. Bleek[4] V und Wellhausens Selbstanzeige Bibl. 22.
2 Bleek[3] § 1–3 (S. 1–163).
3 „Kurze Übersicht über die Geschichte der ATlichen Wissenschaft" (Bleek[4] § 299–308 [S. 644–56]).
4 48–64 Seiten.
5 Darunter Anmerkung Reimers: „17/7 zustimmend geantwortet und um Nachricht gebeten, wann ungefähr der Druck würde beginnen können".

45. An Georg Reimer, 7. August 1877 (Brief)
1 4. Aufl. (Bibl. 18) §4–80 (S. 9–152).
2 Ebd. §81–87 (S. 152–78).
3 Ebd. §88–134 (S. 181–267).

46. An Abraham Kuenen, 3. Oktober 1877 (Postkarte, lat.)
1 Über die Composition des Hexateuchs, Bibl. 9.
2 Nicht erschienen, vgl. den folgenden Brief an Kuenen.
3 S. 43³.
4 Moritz Marcus Kalisch, Historical and critical commentary on the Old Testament. With a new translation, London 1855-72. Es erschienen Exodus (1855), Genesis (1858) und Leviticus (1867/72).
5 „Dr Kalisch shows himself a *Wellhausianer* before Wellhausen. He regarded Leviticus as the last stage in the formation of the Pentateuch", jedoch „dealing with the subject sociologically instead of from the standpoint of literary criticism" (*Anon.* in Ath. 3019, 5.9.1885, 303).

47. An Georg Reimer, 5. Januar 1878 (Brief))
1 Vgl. ThLZ 3 (1878) 389-91.
2 Kamphausen hatte die 3. Auflage besorgt.
3 Ca. 700 Seiten.
4 Über dem Brief Notiz Reimers: „Notiz genommen und zst. geantw.".

48. An Abraham Kuenen, 13. Februar 1878 (Brief, lat.)
1 Die zweite Auflage des ersten Bandes des „Onderzoek" erschien 1885 (A. Kuenen, Historisch-critisch onderzoek naar het ontstaan en de verzameling van de boeken des Ouden Verbonds I,1, tweede, geheel omgewerkte uitgave, Leiden 1885).
2 Zu den ersten beiden Teilen vgl. A. Kuenen, Bijdragen tot de Critiek van Pentateuch en Jozua, ThT 11 (1877) 465-96 (darin 467-78: I. De aanwijzing der frijsteden in *Joz.* XX, 478-96: II. De stam Manasse).545-66 (s.u. Anm. 8); 12 (1878) 139-62 (IV. De opstand van Korach, Dathan en Abiram, *Num.* XVI).
3 Der gleich erwähnte John William Colenso.
4 Vgl. Bleek⁴, Bibl. 18, 154f.
5 Henricus Oort, De groote verzoendag, ThT 10 (1876) 142-65. Vgl. 37³.
6 Vgl. die Grabinschrift des Trimalchio bei Petronius, Sat. 71,12.
7 Die 1876 von Schürer und Harnack ins Leben gerufene Theologische Literaturzeitung (ThLZ).
8 A. Kuenen, Bijdragen tot de critiek van Pentateuch en Josua. III. De uitzending der verspieders, ThT 11 (1877) 545-66.

49. An Georg Reimer, 9. März 1878 (Postkarte)
1 ThLZ 3 (1878) 389-91.
2 Bibl. 22.
3 In den ThStKr erschien keine Rezension, für die DMG übernahm Theodor Nöldeke die Aufgabe (ZDMG 32, 1878, 586-95). Auch das Leipziger Centralblatt (1879, 1145-49) brachte eine Rezension, von E[berhard] N[estle].
4 Bleek³: XVI+850, ⁴: VIII+662 Seiten.
5 Anm. Reimer: „28/3 expedirt".
6 Fortsetzung fehlt. Kuenens Anzeige: ThT 12 (1878) 370-75.

50. An Abraham Kuenen, 29. März 1878 (Brief)
1 Vgl. Kuenens Rezension ThT 12 (1878) 870-75.
2 Richter, Samuel, Könige: Bleek⁴, Bibl. 18, 181-267.
3 Kanon und Text: ebd. 547-643.

51. An Justus Olshausen, 30. März 1878 (Brief)
1 J. Olshausen, Über das Zeitalter einiger Inschriften auf arsacidischen und sâsânidischen Monumenten, Berlin 1878 (Abdruck aus den MPAW vom 7.3.1878, 173-88).
2 Ebd. 561-643 (§ 275-98).
3 J. Olshausen, Die Psalmen erklärt, KEH 14, Leipzig 1853.

4 Richtig: § 88–134 (S. 181–267: Richter, Samuel und Könige).
5 Vgl. ebd. V (Einleitung); zu § 121, S. 234 (1. Könige 8). Auf S. 234 sei in Z. 15 zu streichen „und auch zu der des Ezechiel"; eine Bemerkung, die aufgrund einer Behauptung Bleeks entstanden sei, „der ich leider getraut habe ohne mich zu besinnen" (V, verfaßt am 15.2.1878).

52. An Georg Reimer, 15. April 1878 (Brief)
1 Anm. Reimers: „Geschichte Israels und Juda's", d.h. die hier noch auf zwei Bände geplante „Geschichte Israels", deren erster Band (Bibl. 19) sich 1883 unter dem Titel „Prolegomena zur Geschichte Israels" (Bibl. 44 u.ö.) verselbständigte. Anstelle des 1878 geplanten zweiten Bandes folgte 1894 die „Israelitische und jüdische Geschichte" (Bibl. 118).
2 Entsprechend 400 S., der Band hatte schließlich VIII+442 Seiten.
3 Vermerk Reimers unter dem Brief: „18/4 Im allgem. zur Uebernahme des Verlages bereit erklärt und um Mittheilung der Bedingungen gebeten".

53. An Georg Reimer, 20. April 1878 (Brief)
1 S.o. 52.

54. An Abraham Kuenen, 5. August 1878 (Brief, lat.)
1 Friedrich Nippold, zum Jubiläum Abraham Kuenens, PKZ 25 (1878) Nr. 31.
2 1885 erschienen, vgl. 41².
3 Eberhard Schrader, Keilinschriften und Geschichtsforschung. Ein Beitrag zur monumentalen Geographie, Geschichte und Chronologie der Assyrer, Gießen 1878; gegen Alfred von Gutschmid, Neue Beiträge zur Geschichte des alten Orients. Die Assyriologie in Deutschland, Leipzig 1876.

55. An Georg Reimer, 26. September 1878 (Brief)
1 Ulrich von Wilamowitz-Moellendorff.
2 Die Rezension übernahm Emil Kautzsch (s.u. Anm. 9).
3 Eduard Riehm.
4 Abraham Kuenen in ThT 13 (1879) 140–46.
5 S.u. 58¹.
6 Zu den Rezensionen vgl. u. Beilage VII.
7 Julius Websky (1850–1922) war der Herausgeber der „Protestantischen Monatshefte".
8 Carl Hermann Manchot (1839–1909) war der Herausgeber des „Deutschen Protestantenblatts".
9 Vgl. die Rezension von Emil Kautzsch, ThLZ 4 (1879) 25–30.
10 Moritz Steinschneider (1816–1907) war der Herausgeber der „Hebräischen Bibliographie", vgl. seine Rezension in HBg 18 (1878), 82–84.
11 Moritz Rahmer (1837–1904) war der Herausgeber des „Jüdischen Literaturblatts".

56. An Abraham Kuenen, 11. Oktober 1878 (Brief, lat.)
1 Vgl. 55⁴.
2 Sach 3,2.

57. An Georg Reimer, 11. Oktober 1878 Brief)
1 Otto Pfleiderer, Religionsphilosophie auf geschichtlicher Grundlage, Berlin 1878.

58. An William Robertson Smith, 12. Oktober 1878 (Brief, lat.)
1 Vgl. Ac. 367 (17. Mai 1879) 429–31 (= John Sutherland Black / George William Chrystal [Hgg.], Lectures & Essays of William Robertson Smith, London 1912, 601–07).
2 W.R. Smith, Additional Answer to the Libel, with some Account of the Evidence that Parts of the Pentateuchal Law are later than the Time of Moses, Edinburgh (16. April) 1878; vgl. ders., Answer to the Form of Libel now before the Free Church Presbytery of Aberdeen, Edinburgh (12. Februar) 1878.

59. An Abraham Kuenen, 19. Oktober 1878 (Postkarte, lat.)
1 Mit der Rezension (s.o. 55⁴, 56¹).
2 Offenbar in einer brieflichen Reaktion auf die Geschichte Israels I.

60. An Abraham Kuenen, 23. Oktober 1878 (Brief, lat.)
1 A. Kuenen, De profeten en de profetie onder Israël, Historisch-dogmatische Studie, 2 deelen, Leiden 1875; vgl. Wellhausens Rezension Bibl. 12. Eine deutsche Übersetzung ist nicht erschienen.
2 Wilhelm Martin Leberecht de Wette, Lehrbuch der historisch-kritischen Einleitung in die kanonischen und apokryphen Bücher des Alten Testaments, Berlin 1817, ⁸1869 (neu bearbeitet von Eberhard Schrader).
3 Bleek¹ (1860, hg.v. Adolf Kamphausen u. J.F. Bleek), ²1865, ³1870 (besorgt von A. Kamphausen), ⁴1878 = Bibl. 18.
4 Die deutsche Übersetzung des Onderzoek (durch Theodor Weber) erschien 1886–92, aber auch nicht bei Harrassowitz (A. Kuenen, Historisch-kritische Einleitung in die Bücher des Alten Testaments hinsichtlich ihrer Entstehung und Sammlung. Autorisierte deutsche Ausgabe von Th. Weber, C.Th. Müller, J.C. Matthes, Leipzig: O. Schulze u. Reisland).
5 Alfred Wiedemann, Der Zug Nebucadnezar's gegen Aegypten bestätigt durch eine gleichzeitige hieroglyphische Inschrift, ZÄS 16 (1878) 2–6.

61. An Abraham Kuenen, 9. November 1878 (Postkarte, lat.)
1 Vgl. etwa Alfred Wiedemann, Nebucadnezar und Aegypten, ZÄS 16 (1878) 87–89.
2 Hermann Schultz, Alttestamentliche Theologie. Die Offenbarungsreligion auf ihrer vorchristlichen Entwickelungsstufe, Frankfurt a. M. (1869) ²1878.
3 Jozua Jan Philippus Valeton, in: Studiën. Theologisch Tijdschrift, onder redactie van P.D. Chantepie de la Saussaye Dz., J.J.P. Valeton en Is. van Dijk, Vierde Deel, Groningen 1878, 339–343.

62. An Friedrich Zarncke, 23. November 1878 (Postkarte)
1 Nicht sicher lesbar. Es könnte sich auch um den 26.11.1878 handeln.
2 Eberhard Schrader, Keilinschriften und Geschichtsforschung (s.o. 54³), die Rez. LZD 29 (Bibl. 21a).

63. An Friedrich Zarncke, 26. November 1878 (Postkarte)
1 Am 26.11.1878 starb Wellhausens Schwester.
2 S.o. 54⁴.

64. An Friedrich Zarncke, 3. Dezember 1878 (Postkarte)
1 S.o. 63².

65. An Justus Olshausen, 9. Februar 1879 (Brief)
1 Wellhausen denkt an Heinrich Leberecht Fleischer und seine Schule.

66. An Georg Reimer, 14. Februar 1879 (Brief)
1 Friedrich Köstlin, Jesaia und Jeremia. Ihr Leben und Wirken aus ihren Schriften dargestellt, Berlin 1879.
2 Rez. der Geschichte Israels I, Bibl. 19, in NEKZ 21 (1879) 84f.
3 Oscar Wächter, Beiträge zu J. A. Bengel's Schrifterklärungen und Bemerkungen desselben zu dem *Gnomon Novi Testamenti* aus handschriftlichen Aufzeichnungen mitgetheilt, Leipzig 1865, 17 (vgl. Prolegomena², Bibl. 44, VII Anm. 1).
4 Über seine Reaktionen war Wellhausen durch Rudolf Smend, damals in Halle, unterrichtet.

67. An Justus Olshausen, 18. Februar 1879 (Brief)
1 Vgl. **54.63** und Bibl. 21a.

2 Rudolf Ernst Brünnow (Hg.), 'Alī Ibn al-Ḥusain Abu-l-Farağ al-Iṣfahānī: Kitāb al-Aġānī, Būlāq 1285 (= Kairo 1868/69). Vgl. später etwa Bibl. 127, vgl. 46.86.149.164. In Būlāq, einem Stadtviertel Kairos, befand sich die erste Druckerei Ägyptens.
3 ṣabr, etwa: Geduld, Durchhaltevermögen.

68. An Abraham Kuenen, 5. März 1879 (Postkarte, lat.)
1 Vgl. 55[4].
2 Eduard Riehm, s.o. 66.
3 Victor Ryssel, De elohistae pentateuchici sermone. Commentatio historico-critica, Leipzig 1878.
4 LZD 27 (1876) 970f.
5 Vgl. 63[1]; Todesdatum war allerdings bereits der 26.11.1878.
6 Bibl. 21a.

69. An William Robertson Smith, 6. Juni 1879 (Postkarte, lat.)
1 Vgl. 58[1].
2 Variation von Bahrdts Worten zu Beginn von Johann Wolfgang Goethe, Prolog zu den neuesten Offenbarungen Gottes. Verdeutscht durch Dr. Carl Friedrich Bahrdt, 1774: „Da kam mir ein Einfall von ohngefähr,/ so redt' ich wann ich Christus wär'." (Frankfurter Ausgabe IV, 439).

70. An Abraham Kuenen, 9. August 1879 (Brief, lat.)
1 Die verschiedenen Prozesse um William Robertson Smith und die Ergebnisse der Bibelkritik dauerten noch bis Mai 1881 und endeten mit der Suspendierung Smiths aus seinem Professorenamt im Free Church College Aberdeen (vgl. John Sutherland Black/ George William Chrystal, The Life of William Robertson Smith, London 1912, 235–451; Bernhard Maier, William Robertson Smith. His Life, his Work, and his Times, FAT 67, Tübingen 2009, 180–87).
2 S.o. 58[1].69[1].
3 Julius Popper, Der Ursprung des Monotheismus. Eine historische Kritik des hebräischen Alterthums insbesondere der Offenbarungsgeschichte. Kritik der Patriarchengeschichte, Berlin 1879. Kuenen widmete dem Buch in ThT 14 (1880) 461–86 eine eingehende Rezension.
4 Franz Delitzsch, Biblischer Commentar über den Propheten Jesaia. Mit neuen Beiträgen von Heinrich Leberecht Fleischer und J. G. Wetzstein, BC 3,1, Leipzig [3]1879.
5 John Wordsworth (Hg.), The Correspondence of Richard Bentley, Bd. 1, London 1842, 369: „Hanc tu ut ingeniorum pestem fugias, auctor tibi ero, vir spectatissime: nullus enim solidæ doctrinæ fructus, nulla apud cordatos homines gloria provenire hinc poterit."
6 Wilhelm Wackernagel, Die Hündchen von Bretzwil und von Bretten. Ein Versuch in der Mythenforschung [1865], Anhang zu ders., Kleinere Schriften. Erster Band. Abhandlungen zur deutschen Alterthumskunde und Kunstgeschichte, Leipzig 1872, 423–34.
7 Lecture 2 in Thomas Carlyle's Vorlesungen On Heroes, Hero-Worship, & the Heroic in History. Six Lectures, London 1841 u.ö.
8 Michael Jan de Goeje/Jakob Barth (Hgg.), Abu Djafar Mohammed Ibn Djarir At-Tabari: Annales, Prima Series, 1, erschienen: Leiden 1880 (Einzellieferungen ab 1879).
9 Wolf Wilhelm Graf Baudissin, Rez. von Samuel Ives Curtiss, Jr., The Levitical Priests. A Contribution to the Criticism of the Pentateuch. With a preface by Professor Franz Delitzsch, D.D., Edinburgh 1877 und von dems., De Aaronitici sacerdotii atque Thorae elohisticae origine. Diss. Leipzig 1878, ThLZ 4 (1879) 345–48, hier 345 („[...] die vom Priestercodex abweichende Schilderung der Stellung und Befugnisse der Leviten, wie sie in der Chronik gegeben wird. Das ist ohne Zweifel die Achillesferse jener modernen Hypothese [...]").
10 Der erste Teil der zweiten Auflage des „Onderzoek" erschien 1885, vgl. 48[2].
11 Henricus Oort, Het Joodsche Psalmboek, De Gids 43 (1879) 70–100.

71. An August Dillmann, 11. August 1879 (Brief)
1 A. Dillmann, Zu der Frage über die Abfassungszeit des Periplus maris erythraei, MPAW 1879 (19.5.1878), 413–29.

2 D.h. das ἐμπόριον Ὄμανα, vgl. ebd. 419.
3 Ernst Osiander, Zur himjarischen Alterthumskunde, aus seinem Nachlass herausgegeben von Moritz Abraham Levy, ZDMG 19 (1865) 159–293.
4 Vgl. o. **40**; vermutlich Joseph Halévy, Études sabéennes. Examen critique et philologique des inscriptions sabéennes, Paris 1875. Eine Rezension Wellhausens ist also nicht erschienen.
5 Aloys Sprenger, Die alte Geographie Arabiens als Grundlage der Entwicklungsgeschichte des Semitismus, Bern 1875.

72. An William Robertson Smith, 16. August 1879 (Postkarte, lat.)
  1 W.R. Smith, Answer to the Amended Libel, with Appendix Containing a Plea in Law, Edinburgh 1879.
  2 S.o. **70**³.

73. An Abraham Kuenen, 25. November 1879 (Postkarte, lat.)
  1 Die deutsche Ausgabe wurde besorgt von Theodor Weber (s.o. **57**⁴).
  2 Rudolf Smend, Der Prophet Ezechiel, KEH 8, Leipzig 1880 (¹1847 von Ferdinand Hitzig).

74. An Georg Reimer, 30. November 1879 (Brief)
  1 Vgl. Str. 10 des Kirchenlieds „Befiehl du deine Wege" (Paul Gerhardt): „Wirds aber sich befinden, daß du ihm treu verbleibst, so wird er dich entbinden, da du's am mindsten gläubst".
  2 Vgl. Eberhard Nestle in LZB 1879, 1145–49, außerdem Verhandlungen der ersten ordentlichen General-Synode der Evangelischen Landeskirche Preußens, eröffnet am 9. October 1879, geschlossen am 3. November 1879, Berlin 1880, 999 (ohne Nennung des Namens Wellhausen).1107. Zur Sache vgl. später noch die Verhandlungen der zweiten Generalsynode (eröffnet am 10. October 1885, geschlossen am 29. October 1885, Berlin 1886) 228f. sowie die der vierten (fünften) ordentlichen Brandenburgischen Provinzialsynode im Jahre 1884 (1887), Diesdorf 1885 (1888) 128f. (171f.).

75. An Eduard Reuss, 13. Dezember 1879 (Brief)
  1 Ed. Reuß, La bible. Traduction nouvelle avec introductions et commentaires par Edouard Reuss, Ancien Testament – troisième partie. L'Histoire sainte et la loi (Pentateuque et Josué), 2 Bde., Paris 1879.
  2 Die fraglichen Thesen sind dort nur kurz wiedergegeben („A l'égard des livres mosaïques, j'ai formulé dès 1833 un certain nombre de thèses fondamentales qui peuvent être mentionnées ici en passant […] Voici les principales de mes thèses: […] 6° Les prophètes du 8ᵉ et du 7ᵉ siècle ne savent rien du code mosaïque. 7° Jérémie est le premier prophète qui connaisse une loi écrite et ses citations se rapportent au Deutéronome.") Vgl. Jean Marcel Vincent, Leben und Werk des frühen Eduard Reuss. Ein Beitrag zu den geistesgeschichtlichen Voraussetzungen der Bibelkritik im zweiten Viertel des 19. Jahrhunderts, BEvTh 106, München 1990, 256.
  3 Vgl. Theodor Nöldeke, Geschichte der Perser und Araber zur Zeit der Sasaniden. Aus der arabischen Chronik des Tabari übersetzt und mit ausführlichen Noten versehen, Leiden 1879, auch Michael Jan de Goeje, Theodor Nöldeke (Hgg.), Abu Djafar Mohammed Ibn Djarir At-Tabari: Annales, Prima Series, 2, Leiden 1881–82.

76. An Michael Jan de Goeje, 20. Dezember 1879 (Brief, lat.)
  1 Wilhelm Ahlwardt, Bemerkungen über die Aechtheit der alten Arabischen Gedichte mit besonderer Beziehung auf die sechs Dichter nebst Beiträgen zum richtigen Verständnisse Ennābiga's und 'Alqama's, Greifswald 1872. Vgl. **84**⁵.
  2 Georg Wilhelm Freytag (Hg.), *Abū Zakarīyā at-Tabrīzī: al-Ḥamāsa*, arab. und lat., Bonn 1828–52.
  3 Abu-l-Faraǧ al-Iṣfahānī ʿAlī b. al-Ḥusain al-Quraši al-Iṣfahānī, *Kitāb al-Aġānī li-l-Imām Abī-l-Faraǧ al-Iṣfahānī*, Būlāq 1285 (= Kairo 1868).

4 Ismāʿīl Ibn Ḥammād al-Ǧauharī, *Kitāb Tāǧ al-luġa wa-ṣiḥāḥ al-ʿArabīya*, Būlāq 1292ff. (= Kairo 1875ff.).
5 S. Anm. 2, Bd. 1 (1828) 306.
6 Friedrich Giesebrecht.

77. AN ALBERT SOCIN, 22. Dezember 1879 (Brief)
1 Socin war Basler; es lag für ihn nahe, die Weihnachtstage in der Heimat zu verbringen.

78. AN ALBERT SOCIN, 31. Dezember 1879 (Brief)
1 In Basel bei der Neubesetzung der alttestamentlichen Professur (Nachfolge Kautzsch), s.o. 77.
2 Bibl. 19.
3 Vgl. Geschichte Israels I, 349f.397ff.

79. AN AUGUST MÜLLER, 14. Januar 1880 (Postkarte)
1 Vgl. Text der Bücher Samuelis (Bibl. 3) 113 und vor allem Bleek[4] (Bibl. 18) 219.

80. AN ALBERT SOCIN, 15. Januar 1880 (Brief)
1 A. Socin, Palästina und Syrien. Handbuch für Reisende, hg.v. Karl Baedeker, Leipzig (1877) ²1880.
2 A. Socin, Bagdad, Das Ausland. Überschau der neuesten Forschungen auf dem Gebiete der Natur-, Erd- und Völkerkunde 46 (Stuttgart 1873) 701–05.
3 Die Zeitschrift konstatiert Wellhausens Beitritt ZDPV 2 (1879) XXIV. Socin war 1878 eines der Gründungsmitglieder des Deutschen Palästinavereins gewesen.
4 Vgl. Koh 2,3.

81. AN RUDOLF SMEND, 7. Mai 1880 (Postkarte)
1 Dies ist das einzige Stück der Korrespondenz mit Wellhausen vor Ende 1891, das sich im Hause Smend erhalten hat – wegen der eingedruckten niederländischen Briefmarke als „Ganzsache" in der Briefmarkensammlung des älteren Sohnes.
2 Adelheid Smend (*11.12.1879 Halle, † 4.5.1880 Basel).
3 S.o. 73².
4 Rapenburg 96, nahe bei Universität und Pieterskerk.
5 Bibl. 54.61.62.70.
6 Zu Gauhari s.o. **76**[4].

82. AN WILLIAM ROBERTSON SMITH, 28. Mai 1880 (Briefkarte, lat.)
1 John Thomson, Wellhausen and Our Higher Criticism, Edinburgh 1880.
2 W.R. Smith, An Open Letter to Principal Rainy, Edinburgh (21. Mai) 1880.
3 Vgl. Gal 1,16.

83. AN WILLIAM ROBERTSON SMITH, 31. Mai 1880 (Briefkarte, lat.)
1 Die Entscheidung, Smith lediglich eine Rüge zu erteilen, war am späten Abend des 27. Mai gefallen. Ein Jahr später, am 24. Mai 1881, erfolgte dann doch der Entzug des Lehrstuhls.

84. AN WILLIAM ROBERTSON SMITH, 3. Juni 1880 (Brief, lat.)
1 W.R. Smith, A Journey in the Hejaz, eine Serie von zehn „Letters" im Scotsman (März bis Juni 1779); vgl. auch Black/Chrystal (s.o. **70**¹) 484–579.
2 W.R. Smith, Animal Worship and Animal Tribes among the Arabs and in the Old Testament, JP 9 (1880) 75–100 (= Black/Chrystal [s.o. **70**¹] 455–83).
3 Sure 71,23, vgl. auch **30**[(8)].
4 BerR 20,11 (zu Gen 3,20).
5 Die vorislamischen „Sechs Dichter" *an-Nābiġa aḏ-Ḏubyānī, ʿAntara, Ṭarafa, Zuhair b. Abī Sulmā, Alqama* und *Imruʾalqais* wurden zusammen überliefert (vgl. Wilhelm Ahlwardt, Hg., The divans of the six ancient Arabic poets Ennābiga, 'Antara, Tharafa, Zuhair, 'Alqama and Imruul-

qais. Chiefly According to the MSS. of Paris, Gotha, and Leyden and the Collection of their Fragments with a List of the Various Readings of the Text, London 1870) und von al-A'lam Yūsuf b. Sulaimān aš-Šantamarī erstmals kommentiert (Ms Paris 3273, daneben 3274.5322.5620).
6 Die Handschrift des *Kitāb al-Maġāzī* des *Muḥammad b.'Umar b. Wāqid al-Wāqidī* (Oriental. 1617) wurde 1878 in London erworben (vgl. Wellhausen, Muhammed in Medina, Bibl. 37, 6) und 1882 von Wellhausen herausgegeben, Bibl. 37.
7 Der „Scotsman" berichtete regelmäßig vom Prozess gegen Smith.
8 Etwas weiter ausgeführt in der ältesten uns greifbaren Fassung, dem Privatdruck zu Weihnachten 1880 (Bibl. 26, danach Bibl. 27).
9 Vgl. seine Aufsätze in ThT.
10 Vgl. 60⁴.

85. An William Robertson Smith, 16. Juni 1880 (Briefkarte, lat.)
1 Vermutlich W.R. Smith, Artt. Haggai; Hebrew Language and Literature; Hebrews (Epistle to), EBrit⁹ 11 (1880) 370–71.594–602.602–07.
2 S.o. 84⁶.

86. An Georg Reimer, 23. Juni 1880 (Brief)
1 D.h. als Drucksache.
2 Das Hotel befand sich in der Nachbarschaft des Louvre.
3 Hermann Zotenberg hatte 1867–71 die Chroniken des Tabari ins Französische übersetzt.

87. An Abraham Kuenen, Juli 1880 (Brief, lat.)
1 Niederl. *deugd* „tugendhaft".

88. An Abraham Kuenen, Juli 1880 (Brief, lat.)
1 Philippe Berger, L'Ange d'Astarté. Étude sur la seconde inscription d'Oumel-Awamid, Paris 1879.
2 Das sog. Syrische Alexanderlied, in zwei Manuskripten in Paris erhalten (Nrn. 13,30 und 243,4 in Hermann Zotenbergs Catalogues des manuscrits syriaques et sabéens [mandaïtes] de la Bibliothèque Nationale, Paris 1874). Die zweite der Handschriften wurde erst 1906 von Carl Hunnius ediert (Das syrische Alexanderlied. Herausgegeben und übersetzt, ZDMG 60 [1906] 169–209).
3 Vgl. Solon, Fr. 11,6.

89. An Wilhelm Vatke, 23. Juli 1880 (Brief)
1 Am 17. Juli 1880. Vgl. auch Heinrich Benecke, Wilhelm Vatke in seinem Leben und seinen Schriften dargestellt, Bonn 1883, 614–22; der Brief, nur dort erhalten, ebd. 619.

90. Abraham Kuenen, 30. Juli 1880 (Brief, lat.)
1 Im Stadtteil Bloomsbury, direkt am Eingang des British Museum.
2 Horaz, Carm. III,1.
3 Die Gemeinde Doorn, etwa 15 km östlich von Utrecht gelegen, ist heute ein Teil der niederländischen Gemeinde Utrechtse Heuvelrug („Utrechter Hügelrücken"), das gleichnamige Waldgebiet ist heute niederländischer Nationalpark.

91. An William Robertson Smith, 14. August 1880 (Brief, lat.)
1 Vgl. Muhammed in Medina (1882), Bibl. 37.
2 Vgl. Art. Israel (1881), Bibl. 27.

92. An William Robertson Smith, 18. August 1880 (Brief, lat.)
1 Gegr. 1868 in London. Ihm gehörten so unterschiedliche prominente Mitglieder wie R.L. Stevenson, E. Elgar, T.E. Lawrence, Lord Kelvin oder A. Balfour an.
2 Muḥammad b. Saʿd b. Manīʿ al-Baġdādī Kātib Wāqidī (784–845), ein Schüler al-Wāqidīs. Br. Mus. Suppl. 616, Or. 3010 sowie Or. 5658; vgl. Eduard Sachau (Hg.), *Abū Abdallāh Muḥammad*

Ibn Saʿd Kātib al-Wāqidī: Kitāb aṭ-Ṭabaqāt al-kabīr. Biographien Muhammads, seiner Gefährten und der späteren Träger des Islams bis zum Jahre 230 der Flucht, Leiden 1904–1940.
3 Vgl. Muhammed in Medina (1882), Bibl. 37, später 46.86; die „Reste arabischen Heidentumes" erschienen hingegen erst 1887, Bibl. 74.

93. AN WILLIAM ROBERTSON SMITH, 8. Oktober 1880 (Brief, lat.)
1 Vgl. Gal 3,24; 4,2.
2 Charles Bradlaugh (1833–1891) einer der bekanntesten Atheisten und Freidenker im England des 19. Jahrhunderts; 1880 weigerte er sich nach seiner Wahl ins Unterhaus, den christlich fundierten Eid abzulegen.
3 S.o. 91[2].
4 Bernhard Stade, De populo Javan parergon patrio sermone conscriptum. Programm, Gießen 1880.

94. AN ADOLF JÜLICHER, 8. November 1880 (Brief)
1 Ad. Jülicher, Die Quellen von Exodus I–VII,7. Ein Beitrag zur Hexateuchfrage, Leipzig 1880.
2 Bibl. 9.
3 Abraham Kuenens Aufsätze in der ThT ab 1877. Vgl. dazu Simon John de Vries, The Hexateuchal Criticism of Abraham Kuenen, JBL 82 (1963) 31–57.
4 Geschichte Israels I, Bibl. 19.

95. AN WILLIAM ROBERTSON SMITH, 26. Dezember 1880 (Postkarte, lat.)
1 Wohl bezogen auf den „Speech by Professor Smith. Delivered at a Special Meeting of the Commission of Assembly of the Free Church on 27th October, 1880, Edinburgh 1880; vgl. auch Black/Chrystal (s.o. 70[1]) 405 Anm. 1.
2 Der deutsche Privatdruck Bibl. 26, der Artikel in voller Länge englisch Bibl. 27.

96. AN WILLIAM ROBERTSON SMITH, 12. Januar 1881 (Postkarte, lat.)
1 S.o. 95[3].

97. AN THEODOR MOMMSEN, 15. Januar 1881 (Brief)
1 Vgl. Friedrich u. Dorothea Hiller von Gaertringen (Hgg.), Mommsen und Wilamowitz. Briefwechsel 1872–1903. Mit zwei Bildnissen und zwei Schriftproben. Einführung von Eduard Schwartz, Berlin 1935, 92f.95 und „*Aus dem Freund ein Sohn*". Theodor Mommsen und Ulrich von Wilamowitz-Moellendorff. Briefwechsel 1872–1903, hg. und kommentiert von William Musgrave Calder III u. Robert Kirstein, 2 Bde., Hildesheim 2003, 134.137; zu den Briefen an Mommsen insgesamt Ernst Bammel, Judentum, Christentum und Heidentum: Julius Wellhausens Briefe an Theodor Mommsen 1881–1902, ZKG 80 (1969) 221–54.
2 Bibl. 27.
3 Vgl. ebd. 430.
4 Codex Theodosianus 16,8,1–29 „De Judaeis, Coelicolis et Samaritanis"; vgl. auch Geschichte, Bibl. 118, 340.
5 Ulrich von Wilamowitz-Moellendorffs Frau Marie war eine Tochter Mommsens. – Die Literaturgeschichte ließ bis 1907 auf sich warten (Ulrich von Wilamowitz-Moellendorff, Die griechische Literatur des Altertums, in: Paul Hinneberg [Hg.], Die Kultur der Gegenwart, I,8, Berlin 1907, [2.3]1912).

98. AN WILLIAM ROBERTSON SMITH, 15. Januar 1881 (Brief, lat.)
1 Bibl. 26, entsprechend Art. Israel, Bibl. 27, 396–417 (Abschnitt 1–9).
2 Art. Israel, 417–28 (Abschnitt 10ff.).

99. AN WILLIAM ROBERTSON SMITH, 16. Januar 1881 (Postkarte, lat.)
1 Entsprechend Art. Israel, Bibl. 27, 428–31.

100. An William Robertson Smith, 29. Januar 1881 (Postkarte, lat.)
1 Frederick Field, Origenis Hexaplorum quae supersunt: sive veterum interpretum Graecorum in totum Vetus Testamentum fragmenta. Post Flaminium Nobilium, Drusium, et Montefalconium, adhibita etiam versione Syro-Hexaplari, concinnavit, emendavit, et multis partibus auxit, 2 Bde., Oxford 1875.
2 Smith hatte bei den ersten seiner später veröffentlichten *Lectures* hohe Besucherzahlen, z.B. in Glasgow am gleichen Tag nachmittags ca. 500, abends mehr als 700 Zuhörer.

101. An Abraham Kuenen, 24. Februar 1881 (Postkarte, lat.)

102. An Abraham Kuenen, 1. März 1881 (Postkarte, lat.)
1 Geschichte Israels, Bibl. 26.
2 Sieg der Buren über die Briten am Majuba Hill am 27. Februar, Anerkennung der Selbstregierung Transvaals am 3. August 1881.
3 Art. Israel, Bibl. 27.

103. An Abraham Kuenen, 14. Juni 1881 (Brief, lat.)
1 Datum und Anrede hatte Wellhausen versehentlich in deutscher Schrift geschrieben.
2 Bibl. 26.
3 In EBrit[9], Bibl. 27.
4 William Robertson Smith, The Old Testament in the Jewish Church. Twelve Lectures on Biblical Criticism, Edinburgh 1881.
5 Zur Suspendierung Smiths kam es am 31. Mai 1881, bereits Anfang Juni wurde er zum „jointeditor" der Encyclopædia Britannica ernannt.
6 In der Rezension des Smith'schen Buches Ath. 2795 (21. Mai 1881, 683f.). S.u. **105**[3–4].
7 Friedrich Giesebrecht, Zur Hexateuchkritik. Der Sprachgebrauch des hexateuchischen Elohisten, ZAW 1 (1881) 177–276.
8 Bernhard Stade, Deuterozacharja. Eine Studie, ZAW 1 (1881) 1–96; Fortsetzungen in ZAW 2 (1882) 151–72.275–309.
9 Ebd. 26 Anm. 2 (Emendation in Sach 11,7.11), allerdings ohne Nennung Klostermanns, vgl. August Klostermann, Rez. von Conrad Justus Bredenkamp, Der Prophet Sacharja erklärt, Erlangen 1879, ThLZ 4 (1879) 561–67.

104. An Georg Reimer, 16. Juni 1881 (Brief)
1 Für die Geschichte Israels I, Bibl. 19.
2 Bei der Taufe von dessen Tochter Adelheid.

105. An William Robertson Smith, 27. Juni 1881 (Brief, lat.)
1 Am 24. Mai 1881 war Smith von seinem Lehrstuhl suspendiert worden.
2 *ammā baʿdu*, etwa „und nun (zu unserem Thema)".
3 S.o. **103**[6].
4 Vgl.u. **107**[6].

106. An William Robertson Smith, 9. Juli 1881 (Brief, lat.)
1 Der Review ist nicht unterzeichnet, möglicherweise stammt er von dem irischen Apologeten Samuel Davidson (1807–1898), so Black/Chrystal (s.o. **70**[1]) 420 Anm.1.
2 S.o. **80**[1].
3 Richard Francis Burton, Personal Narrative of a Pilgrimage to el Medinah and Meccah, 3 Bde., London 1855/56 u.ö.
4 D.h. über *salḫ*, die Beschneidung der Beduinen.
5 Arab. *ḥarmal*, die Steppen- oder Bergraute (*peganum harmala*), zum Räuchern, für Duftzwecke und zum Färben.
6 S.o. **103**[6] u. **105**[3.4].

7 In Berlin fand vom 12. bis 17. September 1881 der fünfte internationale Orientalistenkongress (Präsident: August Dillmann) statt.

107. An William Robertson Smith, 17. Juli 1881 (Brief, lat.)
1 Bibl. 46; nur der erste Teil des Artikels „Mohammedanism" („Part I. Mohammed and the first four Caliphs") ist von Wellhausen verfasst.
2 Bibl. 27.
3 S.o. 27[4].
4 Carl Peter Wilhelm Gramberg, Kritische Geschichte der Religionsideen des alten Testaments, 2 Bde., Berlin 1829/30.
5 Peter von Bohlen, Die Genesis historisch-kritisch erläutert, Königsberg 1835.
Die Richtigstellung erfolgte in At. 2803 (16. Juli 1881, 82): „Prof. Wellhausen of Greifswald, writes: – ‚In the *Athenaeum* of May 21st last, which came into my hands but a few days ago, I observe the statement (p. 683) that ‚Wellhausen's „Geschichte"……is likely to remain unfinished, since he has received a significant intimation to the effect that it will be better for him to publish nothing more of that sort.' Permit me to say that no such pressure has been put upon me from any quarter, and that I hope to be able to issue my second volume without an exorbitant delay." S.o. **105.**

108. An William Robertson Smith, 26. Juli 1881 (Brief, lat.)
1 S.o. **107**[7].
2 Bernhard Stade, Lehrbuch der hebräischen Grammatik, Bd.1. Schriftlehre, Lautlehre, Formenlehre, Leipzig 1879.

109. An William Robertson Smith, 11. August 1881 (Brief, lat.)
1 Im Art. „Mohammed", Bibl. 46.
2 Den Artikel „Koran" schrieb Theodor Nöldeke (vgl. auch u. **119**[4]).
3 ʿazl „coitus interruptus" (vgl. al-Buḫārī, Ṣaḥīḥ 5207–10 u. Gen 38,8f.).
4 Wohl in einer Vorabversion des Artikels (s. Anm. 5) für EBrit[9].
5 W.R. Smith, Art. Jerusalem. II. Ancient Jerusalem, EBrit[9] XIII (1881) 638–42.
6 Gemeint ist der Beginn von Stades „Geschichte des Volkes Israel", vgl. Bibl. 43.
7 William Robertson Nicoll war am 2. August bei Wellhausen, vgl. Thomas Herbert Darlow, William Robertson Nicoll. Life and Letters, London 1925, 40–43 und Henry Colin Gray Matthew, Art. Nicoll, Sir William Robertson (1851–1923), in: Oxford Dictionary of National Biography 40, 874f. – Vgl. dazu u. **117** (m. Anm. 1) u. **118**.
8 Ernst Windisch, Irische Texte. Mit Wörterbuch, Leipzig 1880.
9 Heinrich Zimmer, Keltische Studien. Erstes Heft. Irische Texte mit Wörterbuch von E. Windisch, Berlin 1881 (vgl. GGA 22.23 [1882] 673–736).
10 Aḥmad Ibn Muḥammad al-Qasṭallānī, *Iršād as-sārī ilā šarḥ ṣaḥīḥ al-Buḫārī*, 10 Bde., Būlāq 1285 (= Kairo 1868).

110. An William Robertson Smith, August/September 1881 (Brief, lat.)
1 Abraham Kuenen, National Religions and Universal Religions. Lectures delivered in Oxford and in London, in April and May, 1882, London 1882, darin: Lecture 1. Introduction. Islam, 1–54, vgl. ders., Volksreligion und Weltreligion. Fünf Hibbert-Vorlesungen. Vom Verfasser autorisirte und durchgesehene deutsche Ausgabe, Berlin 1882, 1–54.
2 Artt. Koran, Mekka und Medina in der EBrit[9]. „Koran" als Teil des Art. „Mohammedanism" wurde von Theodor Nöldeke übernommen (s.o. **104**[2] u. **119**[4]), „Mecca" und „Medina" von Smith selbst (EBrit[9] 15, 1883, 669–75.817–19).
3 Mk 8,35.

111. An William Robertson Smith, 12. September 1881 (Brief, lat.)
1 Vermutlich geht es um W.R. Smith, The Chronology of the Books of Kings, JP 10 (1882), 209-13. Die „Grundlage" wäre dann die Historizität der Daten der Tempelplünderung Schischaks im 5. Jahr des Rehabeam (1 Kön 14,25ff.) und der Änderung des priesterlichen Einkommenssystems anlässlich der Tempelrenovierung im 23. Jahr des Joasch (2 Kön 12, vgl. ebd. 209f.). Vgl. Prolegomena², Bibl. 44, 285-94, insb. 287 Anm. 1.
2 Als Herausgeber der ZAW.

112. An Eduard Reuss, 24. September 1881 (Brief)
1 Vgl. **111**.
2 Ed. Reuß, Die Geschichte der heiligen Schriften Alten Testaments, Braunschweig 1881.
3 Vgl.o. 75²; Graf war damals Reuß' Hörer (ebd. VII).
4 Lediglich posthum erschien Hermann G. S. Preiss (Hg.), Wilhelm Vatke: Historisch-kritische Einleitung in das Alte Testament. Nach Vorlesungen. Mit einem Vorwort von Adolf Hilgenfeld, Bonn 1886.
5 1835 war Vatke, Religion (s.o. 27⁴) erschienen.
6 Zum „Saturn" vgl. ebd. 190-201.
7 Auch in der 2. Auflage (Braunschweig 1890) werden die Thesen nicht mitgeteilt, aber Reuß schildert die Geschehnisse ausführlicher (S. 81).

113. An Georg Reimer, 8. November 1881 (Brief)
1 Geschichte Israels. Erster Band, Bibl. 19. Nachdem zunächst Williams & Norgate in London eine Übersetzung herausgeben wollten, erschien die englische Ausgabe 1885 bei A. & C. Black in Edinburgh (s. zu Bibl. 19).
2 Histoire du culte chez les Hébreux d'après J. Wellhausen. Première partie. L'unité du sanctuaire et les lieux consacrés au culte, RHR 1 (1880) 57-82; Deuxième partie. Les sacrifices et les fêtes, RHR 2 (1880) 27-51; Troisième et dernière partie. Les prêtres et les Lévites, ebd. 170-96. Es handelt sich bei diesen Artikeln um Résumés der betreffenden Abschnitte der Geschichte Israels I, übertragen wohl von Maurice Vernes, dem Herausgeber der Revue de l'histoire des religions selbst (Vgl. RHR 1, 57f. Anm. 1).

114. An William Robertson Smith, 16. November 1881 (Brief, lat.)
1 Carl Zimmermann, Karten und Pläne zur Topographie des alten Jerusalem, 1 Bd. mit Begleitschreiben, Basel 1876.
2 S.o. 109⁵.
3 Es geht wohl um die Lage des Königspalastes (nicht in der Davidsstadt), vgl. Justus Olshausen, Zur Topographie des alten Jerusalem, Kiel 1833, 49.
4 S.o. **114**¹.
5 Vgl. entsprechend Bibl. 46.
6 Johann Gottfried Ludwig Kosegarten, Taberistanensis. Id est Abu Dschaferi Mohammed Ben Dscherir Ettaberi Annales Regum atque Legatorum Dei. Ex Codice Manuscripto Berolinensi Arabice edidit et in Latinum transtulit (= *Muḥammad Ibn Ǧarīr aṭ-Ṭabarī, Taʾrīḫ al-mulūk wa-aʿmārihim wa-mawālīd ar-rusul wa-anbāʾihim wa-l-kaʾin alladī kāna fī zamān kull wāḥid minhum*), Greifswald 1831-53.
7 Theodor Nöldeke / Alfred von Gutschmid, Art. Persia. Part I. Ancient Iran, EBrit⁹ 18, 561-616. Von Gutschmid stammt Abschn. 2: Greek and Parthian empires, 582-607.
8 Art. Israel, Bibl. 27.

115. An Georg Reimer, 2. Dezember 1881 (Brief)
1 Muhammed in Medina, Bibl. 37.
2 Der preußische Kultusminister Robert Viktor von Puttkamer hatte mit Erlass vom 21.1.1880 eine vereinfachte deutsche Rechtschreibung eingeführt.

116. An Georg Reimer, 7. Dezember 1881 (Brief)
1 Beide bei Reimer.

117. An William Robertson Smith, Oktober 1881? (Brief, lat.)
1 Die undatierten Briefe an W.R. Smith aus dem Herbst u. Winter 1881/82 gehören zu den wenigen Fällen, in denen die Reihenfolge – mangels innerer und äußerer Hinweise – nur versuchsweise hergestellt werden konnte. So gehören dieser und der folgende Brief offenbar zusammen, sachlich schließen sie sich an **109** an.
2 William Robertson Nicoll (s.o. **98**[7].**109**[7]).
3 Nach „Kirche" ist ein „jetzt" gestrichen.
4 Die Worte „als Reformator" doppelt unterstrichen.
5 Thomas Carlyle (Hg.), Latter-Day Pamphlets, London 1850.

118. An William Robertson Smith, Anfang 1882 (Brief, lat.)
1 S.o. **113**.
2 William Robertson Nicoll. Vgl. auch Darlow (s.o. **109**[7]) 40–43.
3 Art. Mohammedism I in EBrit[9], Bibl. 46 (21 S.).
4 Vgl. W.R. Smith, Art. Lamech, EBrit[9] 14 (1882), 238.

119. An William Robertson Smith, Frühjahr 1882 (Brief, lat.)
1 Antonio Maria Ceriani, Codex Syro-Hexaplaris Ambrosianus. Photolithographice editus curante et adnotante, MSP VII, Mailand 1874. Wellhausen schrieb in sein Exemplar: „*William Robertson Smith mihi dono dedit*. Gr. 1.1.'82. Wellhausen". Am 5.11.1909 schenkte er es Rudolf Smend.
2 Vgl. Friedrich Theodor Ahlwardt, Verzeichnis der arabischen Handschriften der Königlichen Bibliothek zu Berlin, 10 Bde., Berlin 1887–99 (Georg Heinrich Pertz [Hg.], Die Handschriften-Verzeichnisse der Königlichen Bibliotheken, Bd. 19).
3 Gustav Bickell, Dichtungen der Hebräer. Zum erstenmale nach dem Versmaße des Urtextes übersetzt, 2 Bde., Teil 1. Geschichtliche und prophetische Lieder, Teil 2. Job, Dialog über das Leiden des Gerechten, Innsbruck 1882. Eine Rezension Wellhausens ist nicht erschienen.
4 Theodor Nöldeke, Art. Mohammedanism. Part III.—The Koran, EBrit[9] 16 (1890) 597–606.
5 Th. Nöldeke, Geschichte des Qorâns. Eine von der Pariser Académie des Inscriptions gekrönte Preisschrift, Göttingen 1860.
6 Wohl die Sammelrezension im Edinburgh Review 154 (1881) 356–97.

120. An Georg Reimer, April 1882 (Brief)
1 Muhammed in Medina, Bibl. 37, 1–16.

121. An den preussischen Kultusminister, 5. April 1882 (Brief)
1 Muhammed in Medina, Bibl. 37.
2 368 S., d.h. bereits etwa ¾ des Buches (472 S.).

122. An Theodor Vatke, Ende April 1882 (Brief)
1 Der Brief ist nur in der Zitierung bei Benecke (s.o. **89**[1], S. 627) erhalten.
2 Wilhelm Vatke war am 19.04.1882 gestorben.

123. An Georg Reimer, 10. Mai 1882 (Brief)
1 D.h. der letzte Bogen.
2 Gottfried Hermann von Wilamowitz-Moellendorff war kurz nach seiner zu frühen Geburt am 2. Mai 1882 gestorben.
3 Elisabeth („Ella") Limpricht.

Briefe 116-131   673

124. An William Robertson Smith, 11. Mai 1882 (Brief, lat.)
1 W.R. Smith, The Prophets of Israel and Their Place in History to the Close of the Eighth Century B.C., Edinburgh 1882.
2 Zu Smiths The Old Testament in the Jewish Church, s. Bibl. 33 (1881).
3 Stades Geschichte Israels wurde von Wellhausen 1882 in DLZ 3 rezensiert, Bibl. 43.
4 Vgl. 1Kön 18,17.
5 Bernhard Duhm, Die Theologie der Propheten als Grundlage für die innere Entwicklungsgeschichte der israelitischen Religion, Bonn 1875, vgl. Bibl. 10.
6 Art. Mohammedanism. Part I in der Encyclopaedia Britannica (s. Bibl. 46).
7 Theodor Nöldeke, Art. Koran (s.o. 119[4]).

125. An Albert Socin, 12. Mai 1882 (Brief)
1 Muḥammad Ibn Ismāʿīl al-Buḫārī, Ṣaḥīḥ al-Buḫārī, 3 Bde., Būlāq 1878.
2 Sīrat ʿAntara Ibn Šaddād, 32 Bde., Būlāq 1283–85 H. (=1866–68).
3 Ferdinand Wüstenfeld (Hg.), Das Leben Muhammed's nach Muhammed Ibn Ishâk bearbeitet von Abd el-Malik Ibn Hischâm. Aus den Handschriften zu Berlin, Leipzig, Gotha und Leyden, 2 Bde., Göttingen 1858–60.
4 Muḥammad Ibn Muḥammad al-Murtaḍā az-Zabīdī, Tāǧ al-ʿarūs min ǧawāhir al-qāmūs, 5 Bde., Kairo 1869–70.
5 Buṭrus al-Bustānī, Kitāb Muḥīṭ al-muḥīṭ. Ai qāmūs muṭauwal li-l-luġa al-ʿArabīya, 2 Bde., Beirut 1870.

126. An Georg Reimer, 15. Mai 1882 (Brief)
1 Velin ist glattes, pergamentartiges Papier.
2 Gustav Weil, Das Leben Mohammed's nach Mohammed Ibn Ishak. Bearbeitet von Abd el-Malik Ibn Hischam, 2 Bde, Stuttgart 1864.
3 Vgl. 123.
4 Ella Limpricht (s.o. 123[3]).

127. An Georg Reimer, 15. Mai 1881 (Postkarte)

128. An William Robertson Smith, 18. Mai 1881 (Postkarte, lat.)
1 S.o. 124[3].

129. An Michael Jan de Goeje, 27. Mai 1882 (Postkarte, lat.)
1 Vgl. Bibl. 37, 219.
2 Ibn Hisham (ʿAbd al-Malik b. Hišām b. Ayyūb al-Ḥimyarī, Abū Muḥammad, gest. ca. 830), arabischer Historiker, Grammatiker und Genealoge. Von ihm stammt eine Überarbeitung von Ibn Isḥāqs Biographie des Propheten Mohammed (Sīrat Muḥammad Rasūl Allāh).

130. An Albert Socin, 6. Juni 1882 (Brief)
1 A. Socin, Die neuaramäischen Dialekte von Urmia bis Mosul. Texte und Übersetzungen, Tübingen 1882, 207–13. Bei Fellîḥî handelt es sich um das aramäische Idiom der Mossul-Ebene.
2 Wohl A. Socin, Arabische Sprichwörter und Redensarten gesammelt u. erklärt, Tübingen (Univ.-Programm) 1878.
3 Vgl. ZDMG 36 (1882) XLII.LXV.
4 Göppert war am 18. Mai 1882 verstorben.
5 Am 12.5.1882 war der bisherige Abgeordnete Prof. Dr. med. Karl Hüther (* 1838) gestorben. Die Nachwahlen am 10.6. gewann der Baumeister und Senator Georg Stoll (1856–1883).

131. An Georg Reimer, 1. Juli 1881 (Brief)
1 Vgl. **123. 126.**

132. AN WILLIAM ROBERTSON SMITH, Juli 1882 (Brief, lat.)
1 Wahrscheinlich weiterer Artikel in der Encyclopædia Britannica (vgl. **140**[1].**142**).
2 EBrit⁹ 14 (1882) 83–86.
3 Vgl. das Vorwort der Prolegomena² (1883, Bibl. 44) IV.

133. AN WILLIAM ROBERTSON SMITH, Sommer 1882 (Brief, lat.)
1 S.o. **124**[1].

134. AN WILLIAM ROBERTSON SMITH, 24. August 1882 (Brief, lat.)
1 Das war mit der Professur in Halle verbunden.
2 Ludolf Krehl war seit 1874 Ordinarius in Leipzig. Fleischers Nachfolger in der DMG wurde Andreas Heinrich Thorbecke.
3 Vgl. Smith's Artikel „Wellhausen and His Position", The Christian Church 2 (1882) 1366–69 sowie u. **142**.
4 Arabi Pascha (eig. Aḥmad ʿUrābī al-Ḥusainī al-Miṣrī; 1839–1911) führte den Aufstand der ägyptischen Urabi-Bewegung (1881–82) an, an dessen Ende die britische Besetzung Ägyptens stand.
5 Es geht um Handschriften des *Dīwān Huḏail*, vgl. Skizzen und Vorarbeiten I (1884), Bibl. 54, 106f.169.
6 Kairo stand stand bereits unter britischer Vorherrschaft, ganz Ägypten wurde jedoch erst 1914 brit. Protektorat.
7 Der Orientalist Wilhelm Spitta (1853–1883). Er stand mit Smith in brieflichem Kontakt, vgl. Maier (s.o. **70**[1]) 3.184.219.

135. AN WILLIAM ROBERTSON SMITH, 3. September 1882 (Brief, lat.)
1 Art. Mecca, s.o. **110**[2].
2 William Wright, The Travels of Ibn Jubair [d.i. Muḥammad Ibn Aḥmad Ibn Ǧubair], Leiden 1852.
3 Leipzig.
4 Art. in EBrit⁹ 16, Bibl. 46.

136. AN GEORG REIMER, 21. September 1882 (Brief)
1 In der ThT.
2 Hier dürften insbesondere die Kommentare zu Genesis bis Josua im KEH (1875–1886) gemeint sein.
3 In Wilamowitz' heute polnischer Heimat.

137. AN GEORG REIMER, 24. September 1882 (Brief)

138. AN WILLIAM ROBERTSON SMITH, 7. Oktober 1882 (Postkarte, lat.)
1 S.o. **131**[1].

139. AN WILLIAM ROBERTSON SMITH, 18. Oktober 1882 (Postkarte, lat.)
1 S.o. **131**[1].
2 Antoine Isaac Silvestre de Sacy, Chrestomathie arabe, 3 Bde., Paris ²1826–27.

140. AN WILLIAM ROBERTSON SMITH, 10. November 1882 (Brief, lat.)
1 Bibl. 45.
2 Gosche war seit 1863 Prof. der Orientalistik in Halle. Das Werk kam nicht zustande.
3 S.u. **141**.
4 Internationaler Orientalistenkongress in Leiden, 10.–15. September 1883.

141. An William Robertson Smith, 5. Januar 1883 (Postkarte, lat.)
1 Die Artt. für die EBrit⁹, Bibl.45.47.
2 S.o. **131**¹.
3 S.o. **134**³ u. **142**.

142. An Charlotte Limpricht, 12. Januar 1883 (Brief)
1 Niederdt. „geschrieben".
2 „Abconterfeien" ist ein gern von Dürer gebrauchter Ausdruck, vgl. aber auch das Studentenlied „Wenn ich dich bei mir betrachten thu'" („Wenn ich dich bei mir be- |: trachten thu :| / in deines Leibs Positur / kommst du mir allemal |: bucklig vor, :| / hast ein Gesicht wie'n Pandur").
3 Das Wort im Original unterstrichen.
4 Giesebrecht wurde in Greifswald zum ao. Prof. ernannt

143. An William Robertson Smith, 12. Januar 1883 (Brief, lat.)
1 Smith wurde am 1.1.1883 Lord Almoner's Professor of Arabic, dann „chief librarian" in Cambridge.
2 S.o. **131.137**.
3 Der letzte Satz ist von Wellhausen nachträglich eingefügt.
4 Emily Brontë, Wuthering Heights, London 1847 (unter dem Pseudonym Ellis Bell), dt. Übersetzung zuerst Grimma 1851.

144. An Georg Reimer, 24. Januar 1883 (Brief)
1 S.o. **131.137**.
2 Bibl. 44.
3 Randbemerkung Reimers: „8 M[ark]".
4 Unter dem Brief Anmerkung Reimers: „25/1 einverstanden mit M. 1200 Honorar unter angemessener Preiserhöhung. Übersetz.schutz nur nachzusuchen, wenn die 2te Aufl. sich in ihrem Inhalt wesentlich von der ersten unterscheidet."

145. An Georg Reimer, 26. Januar 1883 (Brief)
1 Geschichte Israels, Bibl. 19.

146. An William Robertson Smith, 6. Februar 1883 (Brief, lat.)
1 EBrit⁹, Bibl. 46.
2 Stanislas Guyard war Mitverfasser des Art. Mohammedanism: Part II.–The Eastern Caliphate, EBrit⁹ 16 (1883) 565-97.
3 Die Übersetzung erschien „under the author's supervision" 1885 bei Black & Menzies in Edinburgh (s. Bibl. 44).
4 A. Kuenen, Volksreligion und Weltreligion. Fünf Hibbert-Vorlesungen, vom Verfasser autorisierte und durchgesehene deutsche Ausgabe, Berlin 1883, ohne Nennung Buddes.
5 Skizzen und Vorarbeiten. Erstes Heft, Bibl. 54, darin 2. Lieder der Hudhailiten.
6 Samuel Rolles Driver, On some Alleged Linguistic Affinities of the Elohist, JP 11 (1882) 201-36; zu Friedrich Giesebrecht, Zur Hexateuchkritik. Der Sprachgebrauch des hexateuchischen Elohisten, ZAW 1 (1881) 177-276. Vgl. auch Giesebrechts Replik: „Berichtigung zu Holzinger's Schrift Einleitung in den Hexateuch. Freiburg 1893", ZAW 13 (1893) 309-14, zu Driver dort 309-12.
7 Driver hatte sich in seiner Jugend sehr für Mathematik interessiert (Senior Duncan Mathematical Prize in Winchester 1864; Second class in Mathematical Moderations in Oxford 1867). Vgl. John Adney Emerton, Samuel Rolles Driver. 1846-1914, in: Clifford Edmund Bosworth (Hg.), A Century of British Orientalists 1902-2001, Oxford 2008, 122-38, hier 123.
8 William Henry Green, Moses and the Prophets, New York 1893, der sich gegen Smith und Kuenen wendet.

147. An Carl Bezold, 24. Februar 1883 (Postkarte)

148. An William Robertson Smith, 25. Februar 1883 (Brief, lat.)
1 Es handelt sich um die englische Ausgabe (vgl. zu Bibl. 27).
2 EBrit^9 16 (1885) 505–14 (Bibl. 63).

149. An die Königliche Bibliothek zu Berlin, 12. März 1883 (Brief)

150. An William Robertson Smith, 25. März(?) 1883 (Postkarte, lat.)
1 Vgl. Prolegomena^2, Bibl. 44, VIIIf.
2 Vgl. ebd. IXf.; Reinhart Pieter Anne Dozy, Supplément aux dictionnaires Arabes, 2 Bde., Leiden 1881.

151. An Georg Reimer, 6. Mai 1883 (Brief)
1 „Die Erzählung des Hexateuchs", Prolegomena^2 (Bibl. 44) 310–84; vgl. Vorwort VII.
2 D.h. 96 Seiten bis zum 3. Mai. Das Vorwort der Prolegomena ist auf den 17. Mai (Wellhausens Geburtstag) datiert.

152. An Heinrich Leberecht Fleischer, 19. Mai 1883 (Postkarte)
1 Vgl. H. L. Fleischer, Studien über Dozy's Supplément aux dictionnaires arabes. II, NSAW.PH 34 (1882), 1–56 (s. auch Teil I in NSAW.PH 33 [1881] 1–42), sowie den zweiten Beitrag in der genannten Sitzung: Bericht über eine jüdisch-arabische Streitschrift gegen das Christenthum, a.a.O. 57–75.

153. An Heinrich und Charlotte Limpricht, 20. Mai 1883 (Brief)
1 Elisabeth, Martha, Helene und Anna Limpricht.
2 D.h. necken (sich kretten = streiten).
3 Gemeint ist die Erwähnung im Vorwort zusammen mit Delitzsch (Bibl. 44, IV).

154. An Charlotte Limpricht, Anfang Juni 1883 (Brief)
1 Es handelt sich um die Liste für die Berufung auf den Lehrstuhl Ernst L. von Leutschs in Göttingen: Wilamowitz stand an dritter Stelle, bekam aber den Lehrstuhl (vgl. William Musgrave Calder III, Die Rolle Friedrich Althoffs bei den Berufungen von Ulrich von Wilamowitz-Moellendorff, in: Bernhard vom Brocke [Hg.], Wissenschaftsgeschichte und Wissenschaftspolitik im Industriezeitalter. Das „System Althoff" in historischer Perspektive, Hildesheim 1991, 251–66, bes. 258–60).
2 = lat. *ergo*, vgl. Shakespeare, Hamlet V,1,19.

155. An Georg Reimer, 26. Juni 1883 (Brief)
1 Vgl. GGA 146 (1884) 1448–63.
2 GGA 145 (1883) 737–48.
3 Es folgt von der Hand Reimers die Liste der Freiexemplare und der Vermerk über ein Honorar von „M 1200".

156. An Georg Reimer, 28. Juni 1883 (Brief)
1 S.o. **144.155**^{3}.
2 Über dem Brief Vermerk Reimers: „10/7 angefragt wie die 20 freien Exemplare vertheilt werden." (vgl. u. **159**).

157. An William Robertson Smith, 29. Juni 1883 (Brief, lat.)
1 Dort fand vom 10.–15. September der Internationale Orientalistenkongress 1883 statt. Wellhausen ist im Teilnehmerverzeichnis nicht, Smith unter der Nr. 335 aufgeführt.
2 *ǧāriya* „Mädchen, Sklavin".

3 Althoff.
4 Bibl. 46.
5 Von Nöldeke stammt der 3. Teil des Artikels (s.o. 119⁴).
6 S.o. 151.

158. An William Robertson Smith, 8. Juli 1883 (Brief, lat.)
1 Vgl. Prolegomena² (Bibl. 44) VIII–X.
2 „Doch genug davon." (Aristophanes, Plutos 8 u.ö.)

159. An Georg Reimer, 11. Juli 1883 (Brief)
1 Geheimrat.
2 Althoff.

160. An Adolf Jülicher, 11. Juli 1883 (Brief)
1 Prolegomena² (Bibl. 44) V.
2 S.o. 155².
3 S.o. 155¹.

161. An Georg Reimer, 15. Juli 1883 (Brief)
1 Die Aushängebögen wurden dem ersten Druck vor der Veröffentlichung entnommen und dienten zur letzten Kontrolle und zu Werbezwecken.
2 S.o. 143.145.148.
3 Über dem Brief Notiz Reimers: „16/7 geantw.: die Briefe von Williams & Norgate vom 4. Nov. 81. & 4 Juli 83 und seinen Brief vom 8. Novb 81 s[ur?].p[oste].r[estante]. [= postlagernd] übersandt. Die Versendung der Prolegomena sollte nun doch noch Ende dieser Woche von Statten gehen".

162. An Georg Reimer, 17. Juli 1883 (Brief)
1 S.o. **161**.

163. An Friedrich Althoff, 21. Juli 1883 (Brief)
1 W.R. Smith.

164. An Michael Jan de Goeje, 27. Juli 1883 (Brief, lat.)
1 Vermutlich waren Wellhausens Korrekturen zu Dozys al-Marrākušī-Ausgabe (Bibl. 39) in dessen Corrections sur les textes du Bayáno 'l-Mogrib d'Ibn-Adhárí (de Maroc), des fragments de la chronique d'Aríb (de Cordoue) et du Hollato 's-siyará d'Ibno-'l-Abbár, Leiden 1883, eingearbeitet.

165. An Charlotte Limpricht, 6. August 1883 (Brief)
1 Sechster Orientalistenkongress (Leiden, 10.–15. September 1883).
2 25. Generalversammlung der Deutschen Morgenländischen Gesellschaft. Lt. ZDMG 37 (1883) XIX waren insgesamt sieben Teilnehmer anwesend (Kuhn, Windisch, Pott, Riehm, Schlottmann, Wellhausen). Der Bibliotheksbericht ebd. XXf.
3 Ca. 12 km südl. von Aschersleben.
4 Der Staatswissenschaftler Stephan Freiherr Gans zu Putlitz hatte sich erschossen (ein „amerikanisches Duell" verläuft ähnlich wie das „russischen Roulette"), als seine Frau Elisabeth Freifrau von Heyking sich von ihm scheiden lassen wollte.
5 Es dürfte sich um die Affäre von Tiszaeszlár (1882–83) handeln, einen antisemitischen Ritualmordprozess in Ungarn, der mit dem Freispruch der jüdischen Angeklagten endete.

166. An den preussischen Kultusminister, 9. August 1883 (Brief)

167. An Friedrich Althoff, 17. August 1883 (Brief)
1 Edinburgh, vgl. **163**.

168. An William Robertson Smith, 17. Oktober 1883 (Brief, lat.)
1 Wohl August Müller.
2 Emil (Walter) Mayer, Ursprung der sieben Wochentage, ZDMG 37 (1883) 453–55. Der Brief Smiths mit der Richtigstellung (die Beobachtung erstmals bei Francis Bacon, De augmentis scientiarum 3,3, d.h. im Jahre 1623) ist von Wellhausen ebd. 476 abgedruckt.
3 Vgl. den Bericht ZDMG 37 (1883) XIX–XXVI und o. **165**.
4 Ebd. XXf.
5 Alice Smith (1858–1943) hatte 1883 den Deutschen Johann Carl Friedrich Thiele (1855–1939) geheiratet, vgl. ihre detaillierten Aufzeichnungen: Alice Thiele Smith, Children of the manse. Growing up in Victorian Aberdeenshire, hg.v. Astrid Hess / Gordon K. Booth, Edinburgh 2004, und Maier (s.o. **70**[1]) 8.302.

169. An Charlotte Limpricht, 19. Oktober 1883 (Brief)
1 Schmidt wurde noch 1883 ord. Professor in Gießen (Nachfolge des verstorbenen Wilhelm Clemm).

170. An Charlotte Limpricht, 22. November 1883 (Brief)
1 Aktien der Pester Walzmühlen Aktiengesellschaft.
2 Vgl. 1 Kor 1,26f.
3 Vgl. Friedrich Christoph Oetinger, Biblisches und Emblematisches Wörterbuch, Heilbronn 1776, 407.

171. An Adolf Jülicher, 27. November 1883 (Brief)
1 S.o. **155**[1].
2 D.h. Unsinn, zurückgehend auf Studenten aus Leipzig, weil dort im Sommersemester keine Logikvorlesung stattfand.
3 S.o. **55**[9] (Zur ersten Auflage Bibl. 19).
4 LZD 30 (1879) 825–28 (s. Bibl. 19).
5 Paul de Lagarde, Symmicta, Göttingen 1877, 55.117f.
6 Vgl. Ps 36 (37),11; Thomas von Kempen, De Imitatione Christi I,6,1.

172. An Heinrich und Charlotte Limpricht, 16. Dezember 1883 (Brief)
1 Boretius vollendete 1883 in Halle den ersten Band der Edition der Capitularia regum Francorum (MGH.Cap 1).
2 Die Mutter Giesebrechts, Anna Giesebrecht, geb. Wilke (Gr. Steinstraße 16). Der Vater, Carl Giesebrecht, war bereits 1854 verstorben.
3 Wahrscheinlich ins dortige Sanatorium; in Blankenburg gab es seit 1867 die Heilanstalt für Nervenkranke des Dr. Julius Schwabe.

173. An Charlotte Limpricht, Dezember 1883? (Brief)
1 Vgl. **172**; der 16.12. war ein Sonntag.
2 Robert Schumanns Vertonung von: Manfred. Dramatisches Gedicht in drei Abtheilungen von Lord Byron, op. 115 (1848).
3 Thomas Carlyle, Critical and miscellaneous essays. 7 Bde., London 1872.
4 S.o. **172**.

174. An William Robertson Smith, 19. Dezember 1883 (Postkarte, lat.)
1 W.R. Smith, Old Testament Notes, JP 13.25 (1884) 61–66, hier 62–65.
2 Art. „Pentateuch and Joshua", Bibl. 63.

3 Anonymus, Rev. of Encyclopædia Britannica. — Vol. XVI. Men–Mos., Ath. 2926 (24. November 1883) 662f.
4 Die Initialen Reginald Stuart Lane Pooles (s.u. 177).

175. An Heinrich Limpricht, 22. Dezember 1883 (Postkarte)
1 Giesebrecht.
2 Die Schwiegermutter Charlotte Limpricht.
3 Johannes Schmidt.

176. An Heinrich und Charlotte Limpricht, 23. Dezember 1883 (Notiz am Rand eines Briefs von Marie Wellhausen an ihre Eltern (23. Dezember 1883)
1 Wohl o. 172.

177. An William Robertson Smith, 30. Dezember 1883 (Brief)
1 Bibl. 63.
2 Karl Budde, Die biblische Urgeschichte. Gen. 1–12,5, Gießen 1883.
3 Vgl. die ausführliche Besprechung des Buddeschen Buchs: A. Kuenen, Bijdragen tot de critiek can Pentateuch en Jozua. IX. De geboortegeschiedenis van Genesis Hoofdstuk I–IX, ThT 18 (1884) 121–71.
4 Bibl. 46.
5 S.o. **174**³.
6 Eine niederländische Fassung von Bibl. 27 ist offenbar nicht erschienen.

178. An Heinrich Limpricht, 8. Januar 1884 (Brief)
1 Name eines beliebten Gesellschaftsspiels, bei dem ein glimmendes Hölzchen mit diesen Worten weitergereicht wird, bis es erlischt. Gemeint ist natürlich die Gesundung von Marie und Julius Wellhausen (s.u. 179.182 [Masern]).

179. An Heinrich Limpricht, 10. Januar 1884 (Brief)
1 Gustav Pescatore hatte 1881 Franziska Helene, geb. Eschner (1855–1923), aus Landsberg geheiratet.

180. An Georg Reimer, 4. Februar 1884 (Brief)
1 Bibl. 37.
2 Die Dieterichsche Universitäts-Buchdruckerei F.W. Kaestner.
3 DLZ 5 (1884) 155f. (s. Bibl. 44).
4 Die „Römische Kaisergeschichte" Theodor Mommsens erschien erst 1992 nach den Vorlesungs-Mitschriften von Sebastian und Paul Hensel 1882/86 (hg. B. u. A. Demandt, München).
5 Leopold von Ranke, Weltgeschichte, 9 Bde., Leipzig 1881–88.
6 Im Anschluss Notiz Reimers: „6/II zustimmend geantw: nur für das 1. Heft eine Auflage von 500 erbeten. Manuscript einer Ankündigung für den Umschlag der ersten Heftes erbeten."

181. An Georg Reimer, 8. Februar 1884 (Brief)
1 Johann Gottfried Ludwig Kosegarten, Carmina Hudsailitarum (Kitāb Šarḥ ašʿār al-Huḏaliyīn). Quotquot in codice Lugdunensi insunt arabice edita adiectaque translatione adnotationibusque illustra, London 1854.

182. An William Robertson Smith, 11. Februar 1884 (Postkarte, lat.)
1 Vgl. 174.
2 Aḥmad Ibn Abī Yaʿqūb al-Yaʿqūbī, Historiae. Ibn Wāḍih qui dicitur al-Jaʿqubī, hg.v. Martijn Theodor Houtsma, 2 Bde., Leiden 1883.
3 S.o. **146**⁵.

183. An Heinrich Leberecht Fleischer, 13. Februar 1884 (Postkarte)
1 Auf Briefpapier der Deutschen Morgenländischen Gesellschaft.
2 Dr. Franz Teufel, Bibliothekar in Karlsruhe, zur Sache vgl. das von Fleischer veröffentlichte „Sendschreiben von Dr. Franz Teufel an Prof. Fleischer" (ZDMG 36 [1882] 89–95), in dem Teufel um Unterstützung bittet. Er bekam das „Fleischerstipendium" 1884 (vgl. ZDMG 38 [1884] XX).
3 Anm. Fleischers: „Beantw[ortet] d[ur]ch Brief vom 17 März 1884".

184. An Georg Reimer, 15. Februar 1884 (Brief)
1 Auf Briefpapier der Deutschen Morgenländischen Gesellschaft.
2 Am ehesten Michael Jan de Goeje oder Christiaan Snouck Hurgronje.

185. An Charlotte Limpricht, Februar/März 1884 (Brief)
1 Heffter wurde 1884 Assistent beim (Agro-) Chemiker Max Märcker in Rostock, wechselte aber kurz darauf zum dortigen (Physio-) Chemiker Otto Nasse. Er promovierte 1891 in Leipzig, habilitierte sich dort 1892 und wurde 1896 zum ao. Prof. der Pharmakologie ernannt.
2 1883 eingeführt, dreimal jährlich stattfindend (vgl. Wilhelm Schrader, Geschichte der Friedrichs-Universität zu Halle, Bd. 2, Berlin 1894, 333).

186. An Friedrich Althoff, 5. April 1884 (Brief)

187. An Ignaz Goldziher, 24. April 1884 (Brief)
1 Art. Mohammedanism. Part I.–Mohammed and the first four Caliphs, EBrit[9] 16 (1883) 545–65 (Bibl. 46).
2 Solomon Marcus Schiller-Szinessy, Art. Mishnah, a.a.O. (s. Anm. 1) 502–08; Theodor Nöldeke, Art. Mo'allakát, ebd. 536–39 ders., Art. Mohammedanism. Part III.–The Koran, ebd. 597–606; Stanislas Guyard, Art. Mohammedanism. Part II.–The Eastern Caliphate, ebd. 565–97 (s.o. 146²).

188. An Charlotte Limpricht, 1. Mai 1884 (Brief)
1 Maries jüngere Schwestern Anna und Helene.
2 Nechlin liegt in der Uckermark, ca. 100 km südöstlich von Greifswald.

189. An Charlotte Limpricht, 8. Mai 1884 (Postkarte)
1 Lesung unklar.

190. An Wilhelm Herrmann, 15. Mai 1884 (Brief)

191. An Heinrich und Charlotte Limpricht, 18. Mai 1884 (Brief)
1 Die Jahre nach dem 40. Geburtstag eines Schwaben werden „Schwabenalter" genannt, denn: „A Schwob wird erschd mit vierzich g'scheid."
2 Anspielung auf das Sprichwort „Fabian und Sebastian *(20. Jan.)* lett de Sap in de Böme gaan." (vgl. Rudolf Eckart, Niederdeutsche Sprichwörter und volkstümliche Redensarten, Braunschweig 1893; HWDA 2,1110. Am Tag des Heiligen Sebastian beginnt nach volkstümlicher Auffassung der Saft in den Bäumen zu steigen.
3 Der Klass. Philologe heiratete am 20.5.1884 in Bonn Henny Rühle, die Tochter eines Medizinprofessors, und wurde am 10.7. ao. Prof. in Kiel.
4 Paul Haupt war 1883 ao. Prof. in Göttingen geworden, ging aber noch im gleichen Jahr nach Baltimore.

192. An Ernst Reimer, 19. Mai 1884 (Brief)
1 Vermutlich der in den meisten Exemplaren durch die Bindung fortgefallene Umschlagtext des ersten Hefts, Bibl. 54: „Die ‚Skizzen und Vorarbeiten' sollen die Ausführung einiger literarischen Pläne vorbereiten, mit denen ich mich trage. Diese Pläne betreffen die israelitische Geschichte, die altarabischen Antiquitäten, und die Geschichte der Araber bis zum Sturze der Umajjiden.

Dadurch ist das Gebiet bestimmt, auf dem sich die in den Skizzen und Vorarbeiten niederzulegenden Studien wenigstens zunächst und hauptsächlich bewegen werden. Im ersten Hefte reproducire ich zuerst, in umgearbeiteter und erweiterter Form, einen Abriss der israelitischen Geschichte, welcher englisch in der Encyclopaedia Britannica veröffentlicht, deutsch aber nur in etwa zwanzig Exemplaren als Manuscript (Weihnachten 1880) gedruckt, darum in Deutschland wenig bekannt geworden und sogar offen oder stillschweigend als non avenu behandelt ist. Weiter gebe ich den von Kosegarten nicht mitgedruckten letzten Teil des Divans der Hudhailiten nach der Leidener Handschrift mit einer deutschen Uebersetzung der älteren Lieder. Im zweiten Hefte werde ich einen Versuch zur Charakteristik der Parteien im ältesten Islam hinzufügen, um so gewissermassen in den ersten drei Arbeiten drei Programme für den Inhalt und Zweck des Diariums voranzustellen. Dass Mitarbeiter ausgeschlossen sind, versteht sich nach allem Gesagten von selber. Die Absicht ist, durchschnittlich alle Jahr ein Heft von etwa 15 Bogen, d. h. eventuell auch für zwei Jahr ein Heft von etwa 30 Bogen erscheinen zu lassen. Wellhausen."
2 80 S.

193. An Abraham Kuenen, 28. Mai 1884 (Brief, lat.)
1 Robert Jacobus Fruin, Dissertatio philologica de Manethone Sebennyta librorumque ab eo scriptorum reliquiis, Leiden 1847.
2 Vgl. o. **177**.
3 Henricus Oort, Die Aaronieden, ThT 18 (1884) 289–335.

194. An William Robertson Smith, 31. Mai 1884 (Postkarte, lat.)
1 Aus einem Briefe von Professor W. Robertson Smith, ZDMG 38 (1884) 487.
2 S.o. **134**[5].
3 Etwa: „mit Pfeilen schießt", vgl. Muhammed in Medina, Bibl. 37, 115 (Ms Preston fol. 56v).

195. An Friedrich Zarncke, 18. Juni 1884 (Postkarte)
1 Auf einer vorgedruckten Antwortkarte der DLZ mit der Bitte um Rezension von Ludolf Krehl, Das Leben und die Lehre des Muhammed, Theil 1. Das Leben des Mohammed, Leipzig 1884.

196. An William Robertson Smith, 16. Juli 1884 (Postkarte, lat.)
1 W.R. Smith, Old Testament Notes, JP 13.25 (1884) 61–66.
2 Ebd. 62–65.
3 S.o. **174**[1].
4 S.o. **134**[5].
5 Vgl. Bibl. 164.
6 Rudolf Ernst Brünnow, Die Charidschiten unter den ersten Omayyaden. Ein Beitrag zur Geschichte des ersten islamischen Jahrhunderts, Leiden 1884.
7 Pieter van Bemmelen, L'Égypte et l'Europe par un ancien juge mixte, 2 Bde., Leiden u.a. 1882/84.

197. An Heinrich Limpricht, Juli 1884 (Brief)
1 Der Briefanfang ist verloren.
2 S.o. **163**, **167** und **186**.

198. An Wilhelm Herrmann, 26. Juli 1884 (Brief)

199. An Abraham Kuenen, 23. September 1884 (Postkarte, lat.)
1 A. Kuenen, Bijdragen tot de critiek van Pentateuch en Jozua. X. Bileam, ThT 18 (1884) 497–540.
2 Nämlich dessen Kommentar über Die Bücher Numeri, Deuteronomium und Josua (KEH 13,2, Leipzig ²1886).
3 Bernhard Stade, Geschichte des Volkes Israel, Bd. 1, Allgemeine Geschichte in Einzeldarstellungen I,6, Berlin 1887, vgl. 402ff.407ff.
4 Hier etwa „Gott bewahre!" (*aʿūḏu bi-llāhi*).

200. An Abraham Kuenen, 30. September 1884 (Postkarte, lat.)
1 In Skizzen und Vorarbeiten 1, Bibl. 54, 3–102.

201. An John Sutherland Black, 11. Oktober 1884 (Brief, lat.)
1 Vgl. zu Bibl. 44.

202. An Friedrich Zarncke, 14. Oktober 1884 (Postkarte)
1 Vermutlich Emil Kautzsch, Grammatik des Biblisch-Aramäischen mit einer kritischen Erörterung der aramäischen Wörter im neuen Testament, Leipzig 1884, vgl. LZD (1884) 1507f.

203. An William Robertson Smith, 15. Oktober 1884 (Brief, lat.)
1 Vom 1.–4.10.1884; vgl. den Bericht in ZDMG 38 (1884) XVII–XXXVI.
2 Wohl von Bibl. 55 oder 63 (Artikel in der EBrit[9]).
3 S.o. **134**[5].
4 1885, Bibl. 62.

204. An Charlotte Limpricht, 19. Oktober 1884 (Brief)
1 Unter einem Brief Marie Wellhausens an ihre Mutter.

205. An Charlotte Limpricht, 20. Oktober 1884 (Brief)
1 S.o. **200**[1].
2 „Der Untergang Samariens", ebd. 46–57 und „Jeremia und die Zerstörung Jerusalems", ebd. 72–78.
3 „Das Judentum und das Christentum", ebd. 86–102.
4 Ulrich von Wilamowitz-Moellendorff, Homerische Untersuchungen, Berlin 1884. Das Buch ist Wellhausen gewidmet.
5 Ebd. 219 (dort: „verlangt hatte").

206. An Adolf Jülicher, 20. November 1884 (Postkarte)
1 Die Geschichte des Volkes Israel (s.o. **199**[3]) erschien zunächst sukzessive in Heften von 320 bzw. 160 Seiten: 1881 Heft 1 (Bogen 1–19), 1884 Heft 2 (Bogen 20–29), 1885 Heft 3 (Bogen 30–39); vgl. das Vorwort).
2 Vgl. Jülichers Rez. der Bogen 20–29: DLZ 6 (1885) 270f.

207. An William Robertson Smith, 28. November 1884 (Postkarte, lat.)
1 Vgl. auch die gedruckten Verbesserungen in der ZDMG, Bibl. 51.
2 Alfred von Gutschmid, Art. Persia. Section II.–Greek and Parthian Empire, EBrit[9] 18 (1885) 582–607; Theodor Nöldeke, Art. Persia. Section III.–Sásánian Empire, ebd. 607–16.

208. An Theodor Mommsen, 15. Dezember 1884 (Brief)
1 Druckfahnen zur zweiten Hälfte von Th. Mommsen, Römische Geschichte. 5. Band. Die Provinzen von Caesar bis Diocletian, Berlin 1885.

209. An Friedrich Althoff, 18. Dezember 1884 (Brief)
1 Zu dieser Sache ist offenbar kein Brief erhalten.
2 Nicht erhalten, s. aber o. 72 (an W.R. Smith).

210. An Theodor Mommsen, 4. Januar 1885 (Brief)
1 S.o. **208**.
2 Im fertigen Buch (s.o. **208**[1]) vgl. 339.347f.
3 S.u. **212**.
4 Vgl. ebd. 342 Anm. 1; 348f., außerdem 414 Anm.
5 Vgl. ebd. 344.352.356.364.
6 Vgl. ebd. 344f. und 345 Anm. 2.

7 Vgl. ebd. 355.
8 Vgl. ebd. (401.) 409.411.
9 Vgl. ebd. 413 (gekürzt).
10 Vgl. ebd. 415.
11 Vgl. ebd. 453f. (von Mommsen umgeschrieben).
12 Vgl. ebd. 462.
13 Hermann Usener, Legenden der Pelagia. Festschrift für die XXXIV. Versammlung deutscher Philologen und Schulmänner zu Trier im Auftrag der Rheinischen Friedrich-Wilhelms-Universität zu Bonn, Bonn 1879, vgl. Bibl. 124.
14 Vgl. Mommsen (s.o. **208**[1]) 476.
15 Vgl. ebd. 604.
16 Vgl. ebd. 485. Bammel (s.o. **97**[1]) äußert die Vermutung, Mommsen habe den Text der Fahne umgestellt und zusammengestrichen.

211. AN HEINRICH UND CHARLOTTE LIMPRICHT, 4. Januar 1885 (Brief)
1 Offenbar nach einem Besuch bei den Schwiegereltern in Greifswald.
2 S.u. **206.210**, auch o. **212**.
3 Limprichts wohnten damals in der Hunnenstr. 3 (später Karlsplatz [heute Karl-Marx-Platz] 15) im Norden Greifswalds.

212. AN THEODOR MOMMSEN, 19. Januar 1885 (Brief)
1 Theodor Nöldeke / Alfred von Gutschmid, Art. Persia (s.o. **207**[2]).
2 Eduard Meyer, Geschichte des Alterthums. Erster Band. Geschichte des Orients bis zur Begründung des Perserreichs, Stuttgart 1884, 503 (§ 415; vgl. auch 539–43) mit Verweis auf James Darmesteter, The Zend-Avesta. I. Vendîdâd, The Sacred Books of the East IV, Oxford 1880, XXXIff., vgl. ders., Observations sur le Vendîdâd, JA VII,17 (1881) 435–514, hier 478ff. Bammel (s.o. **97**[1]) verweist außerdem auf ders., Ormazd et Ahriman (BEHE 29), Paris 1877.
3 „Judaea und die Juden", Mommsen (s.o. **208**[1]) 487–552.
4 Vgl. ebd. 487.
5 Vgl. ebd. 490f.542f.
6 Vgl. ebd. 547.549f.
7 Vgl. ebd. 500f.502.506? (von Mommsen geändert).
8 Vgl. ebd. 522.
9 Vgl. ebd. 538.
10 Vgl. auch Analyse der Offenbarung Johannis, Bibl. 207, 22f.

213. AN THEODOR MOMMSEN, 21. Januar 1885 (Brief)
1 Vgl. Mommsen (s.o. **208**[1]) 476 Anm. 2. (Charles Montagu Doughty, Documents épigraphiques recueillis dans le nord de l'Arabie, Paris 1884).

214. AN WILLIAM ROBERTSON SMITH, 21. Januar 1885 (Brief, lat.)
1 Am 10. Januar war Smith zum Fellow am Christ's College in Cambridge gewählt worden.
2 Art. Reiske, Bibl. 68.
3 Antoine Isaac Silvestre de Sacy, Art. Reiske (Jean-Jacques), in Joseph François Michaud / Luis Gabriel Michaud / Eugène Ernest Desplaces (Hgg.), Biographie universelle ancienne et moderne. Nouvelle édition, Bd. XXXV, Paris o.J. (1854–65) 381–87.
4 S.o. **201**.
5 „Das Judentum und das Christentum" (im „Abriss", Bibl. 54, S. 86–102), in der englischen Ausgabe (s.o. **146**[3]) entsprechend „Judaism and Christianity" (S. 499–513), „translated from the German edition of the article *Israel*" (S. X). „The Hellenistic Period" und die weiteren Kapitel folgen darauf. Vgl. auch zu Bibl. 44.
6 Abraham Kuenen, Historisch-critisch onderzoek naar het ontstaan en de verzameling van de boeken des Ouden Verbonds. Tweede, geheel omgewerkte uitgave. Eerste deel. De thora en de historische boeken des Ouden Verbonds, Leiden ²1885.

7 Römische Geschichte V (s.o. 208[1]; 212[3]).
8 Es geht um die Charidschiten (al-Ḥawāriǧ); William Wright, The Kāmil of el-Mubarrad. Edited for the German Oriental Society from the Mss. of Leyden, St. Petersburg, Cambridge and Berlin, 2 Bde., Leipzig 1864–92.

215. An Theodor Mommsen, 22. Januar 1885 (Postkarte)
1 Vgl. das Lutherlied (1524/29)„Komm Gott Schöpfer, Heiliger Geist" (Str. 4, „Du bist mit Gaben siebenfalt / der Finger an Gott's rechter Hand"), nach Jes 11,2.

216. An Abraham Kuenen, 22. Januar 1885 (Postkarte, lat.)
1 S.o. 214[6].
2 Kuenen erklärt dort (S. V), das Buch sei „van den aanvang af een leerboek" gewesen, „bestemd niet in de eerste plaats voor de volwassen en zelfstandige beoefenaren van de Oud-Testamentische studiën, maar voor hen, die daarin wenschen te worden ingeleid". „Had ik [...] uitsluitend op mijne vakgenooten het oog gericht gehouden, dan zou ik wellicht nog een tijd lang gewacht en middelerwijl de reeks mijner ‚Bijdragen tot de critiek van Pentateuch en Josua' (verschenen in Deel XI, XII, XIV, XV en XVIII van het *Theol. Tijdschrift*) vervolgd en van hetgeen door anderen geleverd werd met belangstelling kennis genomen hebben."
3 S.o. 214.

217. An Ernst Reimer, 1. Februar 1885 (Brief)
1 Georg Reimer war am 5.1.1885 verstorben, bereits seit April 1884 führte sein Sohn Ernst Reimer die Verlagsgeschäfte.
2 Die 5. Auflage der Bleekschen Einleitung (erschienen 1886, Bibl. 67).
3 Friedrich Bleek, Einleitung in das Alte Testament, Einleitung in die Heilige Schrift. Theil 1, hg.v. Johannes Bleek und Adolf Kamphausen, Berlin ²1865.

218. An Theodor Mommsen, 12. Februar 1885 (Postkarte)
1 Th. Mommsen, Die Örtlichkeit der Varusschlacht, SPAW (1885) 63–92 (29.1.1885), später auch separat: Berlin 1885 (²1885). Wellhausens Seitenzahlen beziehen sich auf einen Sonderdruck.
2 Ebd. 83 (In der später erschienenen Separatausgabe gestrichen bzw. durch Riemsloh [Kreis Melle] ersetzt, dort S. 44).
3 Ebd. 89 (56).

219. An Charlotte Limpricht, 8. März 1885 (Postkarte)
1 Die Worte in Klammern nachträglich eingefügt.
2 Helene, die Schwester Maries.

220. An Friedrich Althoff, 20. März 1885 (Brief)
1 S.o. 209.
2 Wellhausens Ernennung zum Ordinarius in Greifswald.

221. An Theodor Mommsen, 20. März 1885 (Brief)
1 S.o. 208[1].
2 S.o. 212[1].

222. An William Robertson Smith, 23. März 1885 (Postkarte, lat.)
1 Zur englischen Ausgabe der Prolegomena.
2 S.o. 214[2].
3 S.o. 207[2]. Vgl. später Theodor Nöldeke, Aufsätze zur persischen Geschichte, Leipzig 1887, sowie Alfred von Gutschmid, Geschichte Irans und seiner Nachbarländer von Alexander dem Großen bis zum Untergang der Arsaciden. Mit einem Vorwort von Theodor Nöldeke, Tübingen 1888.
4 George Alexander Wilken, Het matriarchaat bij de oude Arabieren, Amsterdam 1884.

5 Es kam auf die Unterlassung hinaus.
6 Bibl. 63.

223. AN ERNST REIMER, 24. März 1885 (Brief)
1 Bibl. 54.
2 S.o. 217.

224. AN FRIEDRICH ALTHOFF, 30. März 1885 (Brief)
1 Vorlesung „Geschichte des alten Orients".

225. AN WILLIAM ROBERTSON SMITH, 30. März 1885 (Brief, lat.)
1 Black in Edinburgh. Es geht um die Übersetzung der Prolegomena, s.o. 146.
2 Art. Septuagint, Bibl. 69.
3 Karl Baedeker, Ägypten. Handbuch für Reisende. Theil 1. Unter-Aegypten bis zu Fayûm und die Sinai-Halbinsel, Leipzig 1877 (^{2}1885; Bd. 2 erschien 1891).
4 Albert Socin / Alfred von Gutschmid, Art. Phoenicia, EBrit^9 18 (1885) 803–09.
5 S.o. 212^2.

226. AN ERNST REIMER, 12. April 1885 (Brief)
1 S.o. 180.
2 Bibl. 60. Die genannte S. 3 des Briefbogens ist leider nicht erhalten, wohl aber der Umschlagtext: „Meine Abhandlung über die Composition des Hexateuchs ist nur aus Not zerstückt in einer Zeitschrift veröffentlicht. Ich habe längst die Absicht gehabt, das Ganze als Ganzes neu herauszugeben. Diese Absicht jetzt auszuführen bin ich dadurch veranlasst, dass meine für das zweite Heft der Skizzen versprochene Untersuchung über die ältesten Parteien des Islam mich weiter geführt hat als ich voraussehen konnte. Ich habe mit Fleiss bei dieser neuen Ausgabe nichts geändert. Denn der Lohn, den ich mir für meine ‚langwierige und undankbare Aufgabe' gewünscht habe, Discussion und Widerspruch, ist mir in unerwartetem Masse zu teil geworden, und ich will die Discussion, die sich an meine Abhandlung geknüpft hat, nicht dadurch unverständlich machen, dass ich ihre Grundlage verändere. Marburg an der Lahn. Wellhausen."

227. AN FRIEDRICH ALTHOFF, 16. April 1885 (Brief)

228. AN ALBERT SOCIN, Frühjahr 1885 (Postkarte)
1 D.h. mit dem *Kitāb al-ʿiqd al-farīd* des Abī ʿUmar Aḥmad Ibn Muḥammad Ibn ʿAbd Rabbihī, Kairo 1293 H. = 1876.
2 Vgl. 1 Chr 4,26.

229. AN CHARLOTTE LIMPRICHT, 17. Mai 1885 (Brief)
1 Johannes Schmidt und Frau.
2 Wellhausens Nachfolger in Greifswald 1883–1889, dann wegen einer seelischen Krankheit pensioniert (anschl. Hon.-Prof. in Kiel, dort ab 1892 wiederum wegen Krankheit beurlaubt).
3 Rollstuhl.

230. AN CHARLOTTE LIMPRICHT, 1. Juni 1885 (Brief)
1 25. Juni 1885.
2 Ein „Stiefelfuchs" bot Studenten und Dozenten kleinere Dienstleistungen (wie etwa das Reinigen der Kleider, Besorgungen etc.) an.
3 Vgl. das Kirchenlied „In dulci jubilo" (dt. Fassung Hannover 1646), Str. 3 u. 4.

231. AN ALBERT SOCIN, 7. Juni 1885 (Brief)
1 A. Socin, Arabische Grammatik. Paradigmen, Litteratur, Chrestomathie und Glossar, PLO 4, Karlsruhe 1885.

2 Dr. C. P. Caspari's Arabische Grammatik, 4. Aufl. bearb. von August Müller, Halle 1876.
3 Johann Gottfried Ludwig Kosegarten, Chrestomathia Arabica. Ex codicibus manuscriptis Parisiensibus, Gothanis et Berolinensibus collecta atque tum adscriptis vocalibus, tum additis lexico et adnotationibus explanata, Leipzig 1828.
4 Friedrich August Müller, Hebräische Schulgrammatik. Mit 1 Schrifttafel, Halle 1878, Paradigmentafeln zur Hebräischen Schulgrammatik, ebd. 1879.
5 August Dillmann, Chrestomathia Aethiopica. Edita et glossario explanata, Leipzig 1866.
6 Ders., Grammatik der äthiopischen Sprache, Leipzig 1857.
7 Emil Rödiger, Chrestomathia Syriaca. Quam glossario et tabulis grammaticis explanavit, Halle ²1868.
8 Eberhard Nestle, Syrische Grammatik mit Litteratur, Chrestomathie und Glossar. 2., verm. und verb. Aufl. der Brevis linguae Syriacae grammatica, PLO 5, Berlin 1888 (¹1881).
9 Eduard Meyer, Geschichte des Orients bis zur Begründung des Perserreichs, Geschichte des Alterthums 1, Stuttgart 1884.
10 Die 38. Versammlung deutscher Philologen und Schulmänner, Gießen 30. Sept.–3. Okt. 1885.
11 S.o. 221.

232. AN WILLIAM ROBERTSON SMITH, 12. Juni 1885 (Postkarte, lat.)
1 Vgl. ZDMG 39 (1885) 329 (zu Hudh. 180,9). Wellhausen verstand die dort genannten „Hasenköpfe an den Händen der Jungfrauen" metaphorisch (Früchte oder Muscheln; vgl. Lieder der Hudhailiten, Bibl. 54, 136), Smith meinte, wirkliche Schmuck-Hasenköpfe darin zu erkennen.
2 Vgl. Franz Rühl (Hg.), Alfred von Gutschmid, Gesammelte Schriften, 5 Bde., Leipzig 1889–94 sowie Theodor Nöldeke (Hg.), Alfred von Gutschmid, Geschichte Irans und seiner Nachbarländer von Alexander dem Grossen bis zum Untergang der Arsaciden, Tübingen 1888.
3 Apg 9,5; 26,14.
4 Das ist durchaus wörtlich zu verstehen, vgl. nur etwa Carl Heinrich Cornill, Nicht „rhythmisch"! Antwort auf die hymnologische Streitschrift des Herrn Prof. Dr. Ph. Wolfrum in Heidelberg, Leipzig 1895.

233. AN ALBERT SOCIN, 17. Juni 1885 (Brief)
1 Adolf Koch war 1875 in Tâif gewesen, vgl. Michael Jan de Goeje, De Gids 46 (1882) 521.

234. AN FRIEDRICH ALTHOFF, 14. Juli 1885 (Brief)

235. AN WILLIAM ROBERTSON SMITH, 26. Juli 1885 (Postkarte, lat)
1 Den Artikel „Religions" schrieb nicht Robertson Smith, sondern Cornelis Petrus Tiele (EBrit⁹ 20, 1886, 358–71).
2 So die zweite Zeile des berühmten Lieds „Der gute Kamerad" (T: Ludwig Uhland 1809; M: Friedrich Silcher 1825): „Ich hatt' einen Kameraden / Einen bessern findst du nit.".

236. AN W.R. SMITH, 26. August 1885 (Postkarte, lat.)
1 William Robertson Smith, Kinship and Marriage in Early Arabia, Edinburgh 1885.
2 S.o. 232¹.

237. AN WILLIAM ROBERTSON SMITH, 2. September 1885 (Brief, lat.)
1 S.o. 236¹.
2 Mt 9,38/Lk 10,2.
3 Kitāb al-Aġānī XIV, 170.171.

238. AN FRIEDRICH ALTHOFF, 13. September 1885 (Brief)

239. An Friedrich Spitta, 8. Oktober 1885 (Brief)
1 Zaid b. ʿAmr b. Nufail war der Onkel des zweiten der vier „rechtgeleiteten" Kalifen, Omar (ʿUmar b. al-Ḫaṭṭāb), vgl. zu ihm Aloys Sprenger, Das Leben und die Lehre des Moḥammed. Nach bisher grösstenteils unbenutzten Quellen bearbeitet, 2 Bde., Berlin ²1869, Bd. 1, 82–89.119–24 sowie Tilman Nagel, Mohammed. Leben und Legende, München 2008, 158ff. u.ö.
2 Welche Zeitschrift gemeint ist, ist unklar. Seit Oktober 1884 hatte Spitta im rheinischen Gemeindeblatt „Briefe über den evangelischen Gottesdienst" veröffentlicht, deren „Erste Folge" (37 Seiten) zwar 1885 erschien, die jedoch den ersten Teil von ders., Zur Reform des evangelischen Kultus. Briefe und Abhandlungen, Göttingen 1891, darstellten. Möglicherweise hat Spitta vorgehabt, sie in Form einer Zeitschrift fortzuführen. Jedenfalls handelt es sich noch nicht um die bekannte, ab 1896 gemeinsam mit Julius Smend herausgegebene „Monatsschrift für Gottesdienst und kirchliche Kunst" (MGkK).
3 Korrigiert aus „meiner Sache".

240. An William Robertson Smith, 11. Oktober 1885 (Postkarte, lat.)
1 „Notes and Illustration", in: Smith, Kinship (s.o. **236**[1]) 246–316.
2 Ebd. Note 5, 50.260–62
3 Ebd. Note 9, 56.265f.
4 Bibl. 68.
5 Vgl. Smith, Kinship (s.o.) 39.257f. sowie Wellhausen, Skizzen und Vorarbeiten I, Bibl. 54, 139.

241. An William Robertson Smith, 25. Oktober 1885 (Postkarte, lat.)
1 Smith, Kinship (s.o. **236**[1]) 215f., vgl. Note 8, 304.
2 Vgl. ebd. 221f.
3 Doch vgl. ebd., 2. Aufl. 1907, 284.
4 Wilhelm Ahlwardt, Verzeichnis der arabischen Handschriften der Königlichen Bibliothek zu Berlin, 10 Bde., Berlin 1887–99.

242. An Albert Socin, Herbst 1885 (Brief)

243. An William Robertson Smith, 30. November 1885 (Postkarte, lat.)
1 Smith, Kinship (s.o. **236**[1]), nun erschienen.
2 Christiaan Snouck Hurgronje, „Aus Arabien", Allgemeine Zeitung 318 (16.11.1885), Wiederabdruck in: ders., Verspreide Geschriften, Deel 3. Geschriften betreffende Arabie en Turkije, Bonn 1923, 3–13. Snouck hielt sich von August 1884 bis Februar 1885 in Mekka auf, wo er sich als konvertierter Muslim ʿAbd al-Ġaffār ausgab. Vgl. später ders., Mekka, 2 Bde. u. 1 Atlas, Den Haag 1888–89. Aug. 84–Feb. 85.

244. An Ernst Reimer, 15. Dezember 1885 (Brief)
1 Bibl. 67.
2 3. Aufl., Bibl. 66.
3 S.o. 199².

245. An Charlotte Limpricht, 16. Dezember 1885 (Brief)
1 Er wurde ord. Prof. in Straßburg.
2 Roserstr. 14.
3 Im Gegensatz zu Kaibel (s. Anm. 1).

246. An Michael Jan de Goeje, 17. Dezember 1885 (Postkarte, lat.)
1 Für M.J. de Goeje, De Mokaukis van Egypte, in: Études archéologiques, linguistiques et historiques. Dédieés à Mr le Dr. C. Leemansemans à l'occasion du cinquantième anniversaire de sa nomination aux fonctions de directeur du Musée Archéologique des Pays-Bas, Leiden 1885, 7–9. Al-Muqauqis, (المقوقس) war der ägyptische Herrscher zur Zeit der Eroberung durch die muslimischen Araber (640 n.Chr.), vgl. auch Bibl. 86 (1889) 90.99f., Bibl. 149 (1899) 89–94.

2 Der koptische Bischof und Historiker Johannes von Nikiu verfaßte um 643 eine Chronik, die eine der wichtigsten Quellen für die Eroberung Ägyptens (s. Anm. 1) darstellt.
3 Wilhelm Spitta war Direktor der „viceköniglichen Bibliothek" von Kairo, sein Nachfolger wurde 1886 der genannte Karl Vollers.

247. AN THEODOR MOMMSEN, 22. Dezember 1885 (Postkarte)
1 Das Kanonverzeichnis bei Hieronymus im Prologus galeatus in libro Regum, in: Robert Weber (Hg.), Biblia sacra. Iuxta Vulgatam versionem, 2 Bde., Stuttgart 2007, 364–66. Vgl. Bleek[4], Bibl. 18, 548–50
2 Johannes Morinus, Exercitationes Biblicae. De Hebraei Graecique Textus sinceritate, germana LXXII. Interpretum translatione dignoscenda, illius cum Vulgata conciliatione, et iuxta Iudaeos divina integritate; totiusque Rabbinicae antiquitatis, et operis Masorethici aera, explicatione, et censura, Paris 1633, 476–508.
3 Humphrey Hody, De Bibliorum textibus originalibus, versionibus Graecis et Latina Vulgata, 4 Bde., Oxford 1705.
4 Konstantin von Tischendorf, Codex Claromontanus sive epistulae Pauli omnes Graece et Latine ex codice Parisiensi celeberrimo nomine Claromontani plerumque dicto sexti ut videtur post Christum saeculi, Leipzig 1852.
5 Möglicherweise Theodor Zahn, vgl. dessen Geschichte des neutestamentlichen Kanons, Bd. 1. Das Neue Testament vor Origenes, 1. Hälfte (Erlangen u. Leipzig 1888) 315.

248. AN ERNST REIMER, Januar 1886 (Brief)
1 Bibl. 67.
2 Bibl. 66.
3 Anon., Die geschichtliche Stellung des mosaischen Gesetzes nach den neueren alttestamentlichen Forschungen, PrJ 57 (1876) 339–54.
4 Hans Delbrück gab die Preußischen Jahrbücher heraus.

249. AN ERNST REIMER, 28. Januar 1886 (Brief)
1 S.o. **199**[2], 591–690.
2 S.o. **244**.
3 Diese Aufsätze wurden noch 1886 als Skizzen und Vorarbeiten II, Bibl. 60, neu gedruckt.
4 Reste arabischen Heidentumes, Bibl. 74.

250. AN FRIEDRICH ALTHOFF, 12. Februar 1886 (Brief)
1 Carl Heinrich Cornill, 1878 in Marburg habilitiert, wurde 1886 ao. Prof. ebenda und im selben Jahr in Königsberg, wo er 1888 zum o. Prof. aufrückte.
2 C. H. Cornill, Das Buch des Propheten Ezechiel, Leipzig 1886; vgl. Bibl. 71.

251. AN WILLIAM ROBERTSON SMITH, 19. Februar 1886 (Postkarte, lat.)
1 Unterstrichen, im Buch ohne Hervorhebung.
2 S.o **249**[1].

252. AN HERMANN USENER, 22. Februar 1886 (Brief)
1 H. Usener, Religionsgeschichtliche Untersuchungen. 2. Theil. Christlicher Festbrauch. Schriften des ausgehenden Mittelalters, Bonn 1889, war schon 1886 gedruckt worden (s. das Vorwort zu Teil 1–2).
2 Reste arabischen Heidentumes, Bibl. 74.
3 Jer 7,18; 44,17.19; Gustav Bickell, S. Isaaci Antiocheni doctoris Syrorum, opera omnia. Ex omnibus, quotquot extant, codicibus manuscriptis cum varia lectione Syriace Arabiceque primus edidit, Latine vertit, prolegomenis et glossario auxit, 2 Bde., Gießen 1873–77.
4 Vermutlich der Marburger Bibliothekar Otto Böckel (1859–1923), der 1890 die antisemitische „Deutsche Reformpartei" gründete. Bei den Reichstagswahlen 1887 erlangte er als erster bekennender Antisemit ein Reichstagsmandat.

253. An William Robertson Smith, 28. Februar 1886 (Postkarte, lat.)
1 Smith war als Nachfolger von Henry Bradshaw zum Leiter der Universitätsbibliothek Cambridge ernannt worden.

254. An August Fresenius, 9. April 1886 (Brief)
1 Verlag der ThLZ in Leipzig.
2 Rez. von Cornill, Ezechiel (s.o. **250**²), Bibl. 71.
3 Vgl. Lk 11,8.

255. An William Robertson Smith, Mai 1886 (Postkarte, lat.)
1 Möglicherweise Antonio Maria Ceriani, Le recensioni dei LXX e la versione latina detta Itala, RIL 19 (1886) 206-13.
2 W.R. Smith, Art. Sacrifice, EBrit⁹ 21 (1886) 132-38.
3 Ders., Richteren 9.28, ThT 20 (1886) 195-98.
4 Eine Übersetzung ist nicht erschienen, mit den Septuagintastudien ist Der Text der Bücher Samuelis von 1871, Bibl. 3, gemeint.
5 Cornill, Ezechiel, s.o. **199**².
6 Über Kinship and Marriage (s.o. **236**¹): ZDMG 40 (1888) 148-87.
7 GGA (1886) 329-41.

256. An William Robertson Smith, 10. Mai 1886 (Postkarte, lat.)
1 Besonders den Abschnitt über die Bücher Richter-Könige, vgl. aber Composition (1889), Bibl. 87.
2 S.o. **255**¹.
3 S.o. **199**².

257. An Adolf Jülicher, 1. Juni 1886 (Brief)
1 Aufgrund der Arbeit Die Gleichnisreden Jesu. Erste Hälfte. Allgemeiner Theil (Freiburg 1886, neu aufgelegt 1888) und der Disputation (18.7.1886) wurde Adolf Jülicher der akademische Grad des Lizentiaten verliehen. Die zweite Hälfte erschien zusammen mit dieser ersten erst 1899. Vgl. A. Jülichers Autobiographie in: Erich Stange (Hg.), Die Religionswissenschaft der Gegenwart in Selbstdarstellungen, Bd. 4, Leipzig 1928, 159-200 (und separat paginiert) und dazu Ulrich Mell (Hg.), Die Gleichnisreden Jesu 1899-1999. Beiträge zum Dialog mit Adolf Jülicher, BZNW 103, Berlin/New York 1999, darin ders., Vorwort, I-XV und ders., Die Publikationsgeschichte von Adolf Jülicher, Die Gleichnisreden Jesu, 1-4.
2 Bernhard Weiß, Lehrbuch der biblischen Theologie des Neuen Testament, Berlin 1868, ⁴1884 u.ö.; ders., Das Leben Jesu, 2 Bde., Berlin 1882, ²1884 u.ö.
3 Cornelis Elisa van Koetsveld war Hofprediger in Den Haag, von ihm stammt das oft aufgelegte und von Jülicher häufig zitierte Werk De Gelijkenissen van den Zaligmaker, 2 Bde., Schoonhoven 1854-58, neue Ausgabe 1869 u.ö.; sowie De Gelijkenissen van het Evangelie, Schoonhoven 1886 u.ö., auch deutsch (Leipzig 1892 u.ö.).
4 Jülicher, Gleichnisreden (s. Anm. 1) 164ff. zur Ursprünglichkeit der Gleichnisreden, an der Jülicher festhält.
5 Dort kündigt Jülicher an, „über das Verhältnis des Romans [Johannes Damascenus, Βίος Βαρλαὰμ καὶ Ἰωάσαφ] zu seinem angeblichen Verfasser" an anderem Orte zu handeln.
6 NEMBM 28,1.
7 1888 wurde Jülicher Extraordinarius, 1889 Ordinarius für Kirchengeschichte und Neues Testament in Marburg.
8 Die letzten drei Worte von Wellhausen nachträglich eingefügt.
9 Quod Deus bene vertat.

258. An August Fresenius, 15. Juni 1886 (Postkarte)
1 Die Karte ist an die Redaktion der DLZ adressiert, der folgende Briefwechsel findet mit A. Fresenius statt, der 1886-91 deren Herausgeber war (s. auch o. **254**).

2 Vgl. u. **264, 265** und Wellhausens Besprechung des zweiten Teils (1886) Bibl. 72, des ersten (1893) Bibl. 120.

259. An Theodor Brieger, 3. Juli 1886 (Postkarte)

260. Brief An Albert Socin, 8. August 1886 (Brief)
1 Rudolf Smend / A. Socin, Die Inschrift des Königs Mesa von Moab, Freiburg i.B. 1886.
2 Bibl. 66 (Stellenregister ebd. 446–68, „der Güte des Herrn Kandidaten *Friedrich Mahling* in Frankfurt a. M. zu verdanken", in den weiteren Auflagen nicht wiederholt).

261. An Nicolaus Müller, 11. August 1886 (Postkarte)
1 N. Müller, Le catacombe degli Ebrei presso la via Appia Pignatelli, MDAI.R 1 (1886) 49–56.
2 Das â doppelt unterstrichen.
3 Vgl. ebd. 49. Das Werk ist nie erschienen.

262. An Ernst Reimer, 16. August 1886 (Brief)
1 S.o. **260**².

263. An Adolf Hilgenfeld, 29. August 1886 (Brief)
1 Postum mit einem empfehlenden Vorwort Adolf Hilgenfelds von Hermann Gustav Siegfried Preiss herausgegeben, s.o. **112**⁴.

264. An August Fresenius, 19. September 1886 (Postkarte)
1 S.o. **206**. Jülichers Rezension der Hefte 4–5: DLZ 8 (1887) 1243–46.
2 Bibl. 71.
3 Vgl. **265**¹.

265. An August Fresenius, 24. September 1886 (Brief)
1 Bibl. 72.
2 Bibl. 73.
3 Vgl. Bibl. 78 (1887).

266. An Franz Overbeck, 6. Oktober 1886 (Briefkarte)

267. An Hermann Usener, 2. November 1886 (Brief)
1 H. Usener, Acta S. Marinae et S. Christophori, Festschrift zur fünften Säcularfeier der Carl-Ruprechts-Universität zu Heidelberg, Bonn 1886.

268. An Abraham Kuenen, 5. November 1886 (Brief, lat.)
1 S.o. **63**¹.
2 Ps 78,23.

269. An den Kurator der Universität Marburg, 5. November 1886 (Brief)

270. An Michael Jan de Goeje, 18. November 1886 (Brief, lat.)
1 M.J. de Goeje, Mémoires d'histoire et de géographie orientales, Bd. 2. Mémoire sur les Carmathes du Bahrain et les Fatimides, Leiden ²1886.
2 Vgl. Reste, Bibl. 74, 11 Anm. 1.

271. An Abraham Kuenen, 12. Dezember 1886 (Postkarte, lat.)
1 Für A. Kuenen, Historisch-critisch onderzoek naar het ontstaan en de verzameling van de boeken des Ouden Verbonds, Tweede, geheel omgewerkte uitgave, Bd. I,2, Amsterdam 1887.

2 Bd. II, Amsterdam ²1889 (Profetische boeken); Bd. III,1 (De poëzie en de gnomische geschriften), hg. v. Jan Carel Matthes, Amsterdam ²1892.
3 S.o. 199².
4 „So Gott will" ('*in šā'a-llāh*)

272. An Albert Socin, 28. Januar 1887 (Briefkarte)
Michael Jan de Goeje, Descriptio Imperii Moslemici. Shams ad-dīn Abū Abdallah Mohammed ibn Ahmed ibn abī Bekr al-Bannā al-Basshārī Al-Moqaddasi, BGAr 3, Leiden 1877, und *Sīrat Abi-l-fawāris al-ǧawād ḥaiyat baṭn al-wād al-asad aḍ-ḍirǧām al-amīr ʿAntar Ibn Šaddād fāris Bannī ʿAbs al-aǧwād* (Būlāq 1283 =) Kairo 1866.
1 Vgl. August Müller, Der Islam im Morgen- und Abendland, 2. Band, Allgemeine Geschichte in Einzeldarstellungen 2,4, Berlin 1887, 7, wo es über das persische Volk heißt: „Es nahm den Islam äußerlich an, um ihn nach seinen Bedürfnissen zu verfälschen. Und das Mittel dazu haben ihnen die Araber selbst geboten; es ist doch Humor in der Weltgeschichte".

273. An Abraham Kuenen, 23. Februar 1887 (Briefkarte, lat.)
1 Niederl. „Hecht".
2 S.o. 271³.
3 Die Worte des Hotspur (Henry Percy) in Shakespeares King Henry the Fourth, Part I, V 2, 96.
4 Vgl. Paul Gerhardt, „Befiehl du deine Wege" (1653), Str. 7.

274. An William Robertson Smith, 28. April 1887 (Postkarte, lat.)
1 Am 9.3.1887 war Smiths Freund Alexander Gibson gestorben.
2 W.R. Smith, Ctesias and the Semiramis Legend, EHR 2 (1887) 303–17.
3 Ebd. 307f., vgl. Reste arabischen Heidentumes, Bibl. 74, 7f.
4 Paul de Lagarde, Kritische anmerkungen zum buche Isaia, in ders., Semitica I, Göttingen 1878, 1–32, Zitat 32 (zu Jes 17,10). Vgl. Bibl. 74, 8.
5 William Henry Waddington, Inscriptions grecques et latines de la Syrie. Recueillies et expliquées, Paris 1870.

275. An Albert Socin, 2. Juni 1887 (Postkarte)
1 Danach ein „mir" von Wellhausen gestrichen.
2 *Abū ʿAbd Allāh Mālik b. Anas b. Mālik b. Abī ʿĀmir al-Aṣbaḥī, al-Muwaṭṭaʾ*, Tunis (1280 h. =) 1863.
3 Wohl Friedrich Ludwig Adolf von Grolman, Wörterbuch der in Teutschland üblichen Spitzbuben-Sprachen, Bd. 1, die Teutsche Gauner- Jenische- oder Kochemer-Sprache enthaltend, mit besonderer Rücksicht auf die Ebräisch-Teutsche Judensprache, Gießen 1822 (nur Bd. 1 erschienen).

276. An Ernst Reimer, 3. Juni 1887 (Brief)
1 Bibl. 74.

277. An Hans Haym, 23. Juni 1887 (Brief)
1 Nachfolger Freibergs wurde Richard Barth.

278. An Abraham Kuenen, 16. September 1887 (Postkarte, lat.)
1 Rez. von d'Eichthal, Mélanges, und Vernes, Hypothèse, Bibl. 77.

279. An Heinrich Leberecht Fleischer, 17. September 1887 (Brief)
1 Der Korankommentar des ʿAbdallāh b. ʿUmar al-Baiḍāwī: H. L. Fleischer (Hg.), Beidhawii Commentarius in Coranum. Ex codd. Parisiensibus Dresdensibus et Lipsiensibus, 2 Bde., Leipzig 1846–48.
2 Anmerkung Fleischers: „beantw[ortet] d[ur]ch Brief von dems[elben] Tage".

280. An Ernst Reimer, 19. September 1887 (Brief)

281. An William Robertson Smith, 19. September 1887 (Brief, lat.)
1 Im Jahr 1887 hatte Smith schon manches Unglück getroffen, darunter der Tod mehrerer Freunde (vgl. Maier [s.o. 70¹] 245–51), hier sind vermutlich gemeint der „shock of paralysis" (ebd. 248, doch wohl ein Schlaganfall) des Vaters Pirie Smith im August und die sich immer weiter verschlechternde Tuberkulose des Bruders Herbert („Bertie"), die am 17.12. zu seinem Tod im Alter von nur 25 Jahren führen sollte.
2 Gemeint ist wohl der Orientalist Johann Wilhelm Schröder, Sohn des Marburger Orientalisten u. Bibliothekars Johann Joachim Schröder (1680–1756). Er vermachte 1786 seine orientalischen Handschriften, Drucke und einschlägige Literatur (darunter Abschriften seines Bruders Nikolaus Wilhelm aus Leiden) zu seinem Tode (1793) an die Bibliothek in Marburg („J. W. Schroederi Legatam Librorum Orientalium").
3 Aber im Commentarius philologico-criticus de vestitu mulierum Hebraeorum, ad Jes. 3,16–24 des Nikolaus Wilhelm Schroeder (Leiden 1745) mehrfach erwähnt, 107.135.198.218.333.
4 Jacob Golius, Lexicon Arabico-Latinum. Contextum Ex Probatioribus Orientis Lexicographis. Accedit Index Latinus Copiosissimus, Qui Lexici Latino-Arabici Vicem Explere Possit, Leiden 1653.
5 Zürich, 28.9.–1.10.1887.
6 Gemeint sind der Art. Temple, EBrit⁹ 23 (1888) 165–71 und der Aufsatz On the Hebrew root קצע and the word מקצוע, JP 16/31 (1887) 71–81.
7 Skizzen und Vorarbeiten 3, Bibl. 74.
8 Das *Kitāb al-Aġānī* („Buch der Lieder") ist ein Sammelwerk des islam. Historikers und Schriftstellers *Abu-l-Faraǧ al-Iṣfahānī* (gest. 967). Ausgabe in 20 Bdn., Bulak 1868, Bd. 21 von Rudolf Brünnow, Leiden 1888, außerdem Bd. I–XXIX, Kairo 1926–61/I–XXV, Beirut 1955–64, vgl. Wellhausen 1896, Bibl. 127.
9 Atchin war ein malayisches Sultanat im nördlichen Sumatra (heute die indonesische Provinz Aceh), 1874 von den Niederländern eingenommen, seit 1880 niederländisches Gouvernement.

282. An Ernst Reimer, 21. September 1887 (Brief)
1 Vgl. Reimer an Wellhausen 20.9.1887 (Konzept hinter dem Brief im Archiv des Verlags Walter de Gruyter). Das gleiche Honorar sollte auch für die kommenden Hefte gelten. Für Heft 1 u. 2 war hingegen ein Honorar in Höhe von ½–⅔ des Reingewinns erst bei Verkauf der ganzen Auflage ausgemacht worden.
2 Vgl. ebd.: 500 Exemplare waren gedruckt, vom zweiten Heft 300 Exemplare (280 verkauft). Reimer war also, auch aufgrund des höheren Verkaufspreises, dennoch „vollauf auf [s]eine Kosten gekommen" (ebd.).
3 Diesen Plan hat Wellhausen nicht verwirklicht; s. auch u. **280** (stattdessen dann die Israelitische und jüdische Geschichte).
4 Bibl. 60.

283. An Ernst Reimer, 22. Oktober 1887 (Brief)
1 Konrad Keßler, Mani. Forschungen über die Manichäische Religion. Ein Beitrag zur vergleichenden Religionsgeschichte des Orients, Bd. 1. Voruntersuchungen. Quellen, Berlin: Reimer 1889. Ein weiterer Band ist nicht erschienen. Keßler hat ab 15.11.1887 mit dem Verlag korrespondiert.

284. An William Robertson Smith, 9. November 1887 (Brief, lat.)
1 Skizzen und Vorarbeiten 3 (Bibl. 74), 40f. Anm. 2 vermutet Wellhausen bei Smith eine Verwechslung von כוכבא und כוכבתא.
2 Ebd. 7f. mit Anm. 2.
3 Artikel für die EBrit⁹, Bibl. 80.

285. An August Müller, 11. November 1887 (Postkarte)
1 A. Müller (Hg.), Orientalische Bibliographie 1 (1887, Band 1, ersch. Berlin 1888). S. auch u. **290**[(2)]

286. An William Robertson Smith, 23. Dezember 1887 (Briefkarte, lat.)
1 Am 17.12.1887 war Smiths Bruder Herbert gestorben.
2 Vgl. Stefan Rebenich, Theodor Mommsen und Adolf Harnack. Wissenschaft und Politik im Berlin des ausgehenden 19. Jahrhunderts. Mit einem Anhang: Edition und Kommentierung des Briefwechsels, Berlin/New York 1997, 116–22.

287. An Heinrich und Charlotte Limpricht , Dezember 1887 (Briefkarte)
1 Der Germanist Hermann Möller, der Mann Martha Limprichts, wurde 1888 ordentlicher Professor in Kopenhagen, wo er bereits seit 1883 lehrte.
2 Der Greifswalder Historiker Heinrich Ulmann.
3 Es handelt sich um den ehemaligen Greifswalder, nun Heidelberger Juristen Ernst Immanuel Bekker, der 1887 Ottilie, geb. Barnewitz, verw. Quistorp heiratete.
4 Diese Hoffnung erfüllte sich nicht, Baudissin blieb bis 1900 in Marburg.
5 Smend wechselte 1889 nicht nach Marburg, sondern nach Göttingen.
6 Die Ratsbuchhandlung Ludwig Bamberg in Greifswald.

288. An Abraham Kuenen, 4. März 1888 (Briefkarte, lat.)
1 Der Grafschen Hypothese.

289. An Friedrich Althoff, 9. Mai 1888 (Brief)
1 Wohl schon im Blick auf die Nachfolge Ernst Bertheaus in Göttingen, der am 17. Mai 1889 verstarb.
2 Die letzten drei Worte sind von Wellhausen nachträglich eingefügt.

290. An August Müller, 30. Mai 1888 (Postkarte)
1 Wohl Georg Jacob (u. A. Müller), Erweiterte Übersicht über die arabischen & anderen morgenländischen Quellen zur Geschichte der Germanen im Mittelalter, Berlin 1889.
2 S.o. **265**[1].

291. An Michael Jan de Goeje, 15. Juli 1888 (Postkarte, lat.)
1 Vgl. Skizzen und Vorarbeiten 4, Bibl. 86, 12.

292. An William Robertson Smith, 18. Juli 1888 (Postkarte, lat.)
1 Vgl. Skizzen und Vorarbeiten 3 (Bibl. 74) 138 sowie in der 2. Aufl. (Bibl. 134) 154. Die Notiz bei Ibn Qutaiba ('Abdallāh Ibn Muslim Ibn Qutaiba, Kitāb al-Maʿārif, Kairo 1883 [1300 h.]) 26,1.
2 Nach „Nescis, mi fili, quantula sapientia mundus regatur?" (meist Axel Oxenstierna, dem Berater Gustaf Adolfs, mitunter auch Richelieu zugeschrieben).

293. An Friedrich Althoff, 19. Juli 1888 (Brief)

294. An Friedrich Althoff, 12. Oktober 1888 (Brief)
1 Königgrätzer Straße 23.

295. An Friedrich Althoff, 16. Oktober 1888 (Brief)

296. An William Robertson Smith, 23. Oktober 1888 (Brief, lat.)
1 Vgl. Skizzen und Vorarbeiten 4 (1889), Bibl. 86.

297. An Rudolf Smend, 26. Oktober 1888 (Brief)
1 Göttingen; s.o. **289**[1].

2 Duhm wurde berufen.
3 Zum Herbst 1888.
4 Graf Baudissin ging 1900 nach Berlin.

298. An Rudolf Smend, 29. Oktober 1888 (Brief)
1 Bredenkamp war 1888 endgültig arbeitsunfähig geworden, die Stelle wurde zunächst von den Extraordinarien Johannes Meinhold und Friedrich Giesebrecht vertreten. Nachfolger wurde 1889 Friedrich Baethgen.
2 Der Rest des Briefes ist nicht erhalten.

299. An William Robertson Smith, 30. Oktober 1888 (Postkarte, lat.)
1 W.R. Smith, Lectures on the Religion of the Semites. First Series. The Fundamental Institutions, Edinburgh 1889.
2 Friedrich Delitzsch (seit 1885 ao. Prof. in Leizig), Sohn von Franz Delitzsch.

300. An August Fischer, 2. November 1888 (Postkarte)
1 Bibl. 37.

301. An Abraham Kuenen, 9. November 1888 (Postkarte, lat.)
1 Vermutlich A. Kuenen, Drie wegen, één doel (Renan, Kittel, Baethgen), ThT 22 (1888) 473–95.571–88; mit „Kôkabta" dürfte ders., De Melecheth des hemels in H. vii. en xliv. van Jeremia, VMAW 3,5 (1888) 157–89 (vgl. ders., Gesammelte Abhandlungen zur biblischen Wissenschaft, Freiburg i.B. 1894, 186–211) gemeint sein.
2 S.o. 296.297.
3 Bd. II des „Onderzoek" erschien in zweiter Auflage 1889, vgl. o. 271².

302. An Hermann Usener, 13. Dezember 1888 (Brief)
1 Offenbar die ersten beiden Teile von Useners „Religionsgeschichtlichen Untersuchungen": H. Usener, Das Weihnachtsfest. Kapitel I bis III, Religionsgeschichtliche Untersuchungen. Theil 1, Bonn 1889 sowie ders., Christlicher Festbrauch. Schriften des ausgehenden Mittelalters, Religionsgeschichtliche Untersuchungen. Theil 1, Bonn 1889.
2 Georg Benedikt Winer, Biblisches Realwörterbuch zum Handgebrauch für Studirende, Candidaten, Gymnasiallehrer und Prediger, 2 Bde., Leipzig ³1847/8; Art. Kirchweihfest: Bd. 1, 659.
3 Andreas Georg Wähner, Dissertatio de חֲנֻכָּה seu de festo encaeniorum, Helmstedt 1715.
4 Joseph Derenbourg, Essai sur l'histoire et la géographie de la Palestine, d'après les Thalmuds et les autres sources rabbiniques. Première partie: Histoire de la Palestine depuis Cyrus jusqu'à Adrien, Paris 1867, 62 u. 62f. Anm 2.

303. An Ernst Reimer, 13. Dezember 1888 (Brief)
1 Vgl. auch o. 282. – Offenbar steht ein Vorschlag (Reimers?) im Hintergrund, den „Abriss", Bibl. 54, 3–102, und die „Composition", Bibl. 60, gemeinsam neu zu drucken.
2 1894: Israelitische und jüdische Geschichte, Bibl. 118.
3 Bibl. 87 (1889).

304. An Ernst Reimer, 15. Dezember 1888 (Brief)
1 Composition, Bibl. 60.

305. An Ignaz Goldziher, 27. Dezember 1888 (Postkarte)
1 Wahrscheinlich I. Goldziher, Muhammedanische Studien.Theil 1, Halle 1888.

306. An Karl Marti, 27. Dezember 1888 (Postkarte)
1 Wohl K. Marti, Zur Charakteristik der Schriftgelehrten im Neuen Testament aus den „Sprüchen der Väter", ThZS 5 (1888) 209–31.

307. An William Robertson Smith, 4. Januar 1889 (Brief, lat.)
1 An diesem Tag fand ein von Smith organisiertes Bankett im Christ's College statt, mit dem der Abschluss der 9. Auflage der Encyclopædia Britannica gefeiert wurde. (Der Registerband erschien 1889.) Seit dem Tod von Thomas Spencer Baynes (31. Mai 1887) war Smith der alleinige Herausgeber.
2 W.R. Smith, Lectures on the Religion of the Semites. First Series. The Fundamental Institutions, Edinburgh 1889 (November).
3 Die „Reste arabischen Heidentums" (Skizzen und Vorarbeiten 3, Bibl. 74), erschienen 1897 in 2. Ausgabe als selbständiges Buch (Bibl. 134).
4 Georg Hoffmann, Auszüge aus syrischen Akten persischer Märtyrer übersetzt und durch Untersuchungen zur historischen Topographie erläutert, AKM 7,3, Leipzig 1880.
5 Diese Seite des Artikels „Mohammedanism" (Bibl. 46) enthält Angaben zu „Law", „Religion" und „Relations to the Jews". Eine nähere „Ausführung" ist nicht nachweisbar.
6 Wohl James Anthony Froude, Thomas Carlyle. A history of his life in London 1834–1881, 2 Bde., London 1884.
7 S.o. 298[1].

308. An Hans Haym, 28. Januar 1889 (Postkarte)

309. An Michael Jan de Goeje, 5. Februar 1889 (Postkarte, lat.)
1 Erich Klostermann, Das Onomastikon der biblischen Ortsnamen, GCS 11,1, Leipzig 1904, 106, Z. 9f. (Ἱεριμούθ).24 (s.o.).
2 Ebd. 107,10f. (Iarimuth).24 (s.o.).
3 M.J. de Goeje, Mémoires d'histoire et de géographie orientales, Teil 3. Mémoire sur la conquête de la Syrie, Leiden 1864.

310. An Ernst Reimer, 21. März 1889 (Brief)
1 Composition, Bibl. 87, 303–61.

311. An Hermann Cremer, Frühjahr 1889 (Brief)
1 Vgl. H. Cremer, Die paulinische Rechtfertigungslehre im Zusammenhange ihrer geschichtlichen Voraussetzungen, Gütersloh 1899, 11–42, hier 34ff. (Im Vorwort spricht Cremer von der „schon längst begonnenen Arbeit").
2 Ebd. 29ff.
3 Vgl. ebd. 35 Anm. 1 mit Verweis auf Muhammed in Medina, Bibl. 37, 122, wo (Anm. 2) ebendieser Sachverhalt ausgeführt ist.
4 Die Woche nach Pfingsten, 5.–12. Mai 1889. Wellhausen war in Greifswald, vgl. 315.

312. An William Robertson Smith, 1. Mai 1889 (Brief, lat.)
1 S.o. 307[6].
2 Gemeint ist das Lukian zugeschriebene Werk De Dea Syria. In § 60 geht es dort um ein Haaropfer der jungen Männer bei den Troizeniern, bzw. in Hierapolis an die syrische Göttin.
3 Charles Montagu Doughty, Travels in Arabia Deserta, 2 Bde., Cambridge 1888; vgl. Wellhausens Rezension Bibl. 101.
4 Carsten Niebuhr, Beschreibung von Arabien, Kopenhagen 1772; ders., Reisebeschreibung nach Arabien und den umliegenden Ländern, 3 Bde., Bd. 1 u. 2 Kopenhagen 1774–78, Bd. 3 Hamburg 1837.
5 Vgl. Die kleinen Propheten übersetzt, Bibl. 110.
6 Auf dem bereits benutzten Bogen findet sich die Bleistiftanmerkung: „Ich werde weiter unten Gelegenheit nehmen, auf den geschichtl Hintergrund von Gen 34 zurückzukommen und die Beziehungen der Erzählg zu Jud 1 und Jud 9 zu prüfen"; fast identisch Composition (2. Druck, Bibl. 87) 319.

313. An Ernst Reimer, 8. Mai 1889 (Brief)
1 Composition, Bibl. 87.
2 Wellhausen hatte Smith seine „Composition" (Bibl. 87), 1889 in zweiter Ausgabe als selbständiges Buch erschienen, gewidmet. – Die Bögen 20–23 (etwa S. 305–61) enthalten die neu verfassten Nachträge, die Bögen 21–23 (etwa S. 321–61) deren zweiten Teil.

314. An Alfred Pernice, 21. Mai 1889 (Postkarte)
1 Bibl. 74.
2 Der Abschnitt Conf. VI,2 ist überschrieben: Epulae et synaxis apud sepulcra martyrum.
3 Arab. *wa-s-salām* „Und [mit Euch sei auch] Friede", als Antwort auf den Gruß السَلامُ عَلَيْكُم *as-salāmu ʿalaikum* „Friede sei mit Euch".

315. An Charlotte Limpricht, 22. Mai 1889 (Brief)
1 Heinrich Steinmetz.
2 Ernst von Meier, bis 1886 Kurator der Universität Marburg, ab 1888 der Universität Göttingen.
3 Gemeint ist wohl Ilse P. (1879–1946), die Tochter Alfred Pernices.
4 Nachfolger des am 20.3.1889 verstorbenen Ritschl wurde Theodor Häring.

316. An William Robertson Smith, 28. Mai 1889 (Brief, lat.)
1 S.o. 313².
2 Am 22.5. war William Wright, Smiths Freund und Vorgänger auf dem Sir Thomas Chair of Arabic, gestorben.
3 Möglicherweise ist gemeint Br. Mus. 915, Add. 22376, eine Handschrift des *Kitāb al-Nasab al-Kabīr* (*Kitāb Nasab Maʿadd wa-l-Yaman al-Kabīr*) des Hišām b. Muḥammad b. as-Sāʾib al-Kalbī (um 737–819/21), oder die zuletzt genannte *Ǧamharat an-nasab* „Zusammenfassung der Genealogie" desselben Autors, dazu vgl. Skizzen u. Vorarbeiten 4 (Bibl. 86) 89 Anm. 1.
4 Vgl. 212⁽⁵⁾.
5 Muhammedanische Studien (s.o. 305).

317. An Ernst Reimer, 19. Juni 1889 (Brief)
1 Medina vor dem Islam u.a., Bibl. 86, das Arabische ebd. ١-٧٨ (78 S. nach S. 194).
2 S.o. 282⁽²⁾.
3 Diese kam erst viel später zustande: Reste arabischen Heidentums, 2. Ausgabe 1897, Bibl. 134.

318. An William Robertson Smith, 29. Juni 1889 (Postkarte, lat.)
1 Smiths Ernennung als Wrights Nachfolger (s.o. 316).
2 Vgl. Cicero, De Oratore I 1,1, s. auch Ad familiares I 9,21 u. Pro Sestio 98.

319. An Ignaz Goldziher, 27. Juli 1889 (Brief)
1 I. Goldziher, Muhammedanisches Recht in Theorie und Wirklichkeit, ZVRW 8 (1889) 406–23.
2 *Fiqh* („Einsicht") ist der Begriff für die islamische Rechtswissenschaft, Goldziher geht im genannten Aufsatz auf Snoucks Thesen dazu ein, die sich wiederum kritisch mit Kohlers Ansichten auseinandersetzen (vgl. Christiaan Snouck Hurgronje, Mohammedaansch recht en rechtswetenschap. Opmerkingen naar aanleiding van twee onlangs verschenen brochures, De Indische Gids 8 (1886) 98–111 u. ders., De *fiqh* en de vergelijkende rechtswissenschap, Rechtsgeleerd Magazijn 5 (1886) 551–67, beides auch in ders., Verspreide Geschriften II, Bonn u. Leipzig 1923, 231–48.249–64.

320. An Michael Jan de Goeje, 7. August 1889 (Postkarte, lat.)
1 M.J. de Goeje, De reizen van Sindebad, De Gids 53 (1889) 278–312.
2 Die Indica des Ktesias von Knidos (um 400 v.Chr.) sind nur bei Photios (9. Jh. n.Chr.) als Exzerpte erhalten. – *Enotokoiten* („In-den-Ohren-Schläfer") besitzen Ohren, die über die Ellbogen und den Rücken reichen und mit denen sie sich zudecken können, die *Skiapoden* („Schattenfüßer")

haben nur einen Fuß, der aber groß genug ist, ihnen Schatten zu spenden, die *Steganopoden* (ähnlich den Skiapoden) sind „Bedecktfüßer".
3 Herodot IV,196 beschreibt den Handel der Karthager in Libyen.

321. An Ferdinand Justi, 16. August 1889 (Brief)
1 Der Simurgh (pers. سیمرغ „dreißig Vögel") ist ein Fabelwesen aus der persischen Mythologie.

322. An Ernst Reimer, 18. August 1889 (Brief)
1 78 S. entspr. 4 ⅞ Bögen; s.o. 317[1].
2 Heinrich Reimer.

323. An Theodor Mommsen, 3. Oktober 1889 (Brief)
1 Ulysse Robert, Pentateuchi versio Latina antiquissima e codice Lugdunensi. Version Latine du Pentateuque antérieure a Saint Jérome, publiée d'après le manuscrit de Lyon avec des facsimilés, des observations paléographiques, philologiques et littéraires sur l'origine et la valeur de ce texte, Paris 1881.
2 Vermutlich Th. Mommsen, Fragmenta Vaticana. Mosaicarum et Romanorum legum collatio; Paul Krüger, Consultatio veteris cuiusdam iurisconsulti. Codices Gregorianus et Hermogenianus. Alia minora. Collectio librorum iuris Anteiustiniani in usum scholarum, Bd. 3, Berlin 1890. Die [Mosaicarum et Romanorum legum] Collatio darin 107–98.
3 Ulrich von Wilamowitz-Moellendorff, Euripides Herakles, 2 Bde. (Bd. 1: Einleitung in die attische Tragödie, Bd. 2: Text und Commentar), Berlin 1889.
4 Ebd. Kap. 2, S. 40–119.
5 Ebd. Kap. 3, S. 120–219.
6 Marie von Wilamowitz-Moellendorff, geb. Mommsen.

324. An Theodor Mommsen, ca. Oktober 1889 (Brief)
1 Mommsen, Fragmenta, s.o. 323[1], 184f.
2 Vgl. Mommsen ebd. 184 und auch im Apparat: „ut me monuit Wellhausen, eiusdem loci est altera versio ab interpolatore adiecta" (ebd. 185).
3 Bammel (s.o. 97[1]) weist darauf hin, dass es keinen weiteren Beleg für diese Übersetzung gibt.
4 Mommsen erwähnt a.a.O. 161.181 auch Wellhausen, jedoch sind keine weiteren Briefe erhalten (vgl. Bammel, ebd. 248).

325. An Theodor Mommsen, Herbst 1889 (Brief). Anfang verloren
1 Th. Mommsen, Fragmenta (s.o. 323[2]).
2 Ebd. 184f. (Titulus XV,1,1).
3 Ebd. 181 (Titulus XIII,1,1, mit Verweis auf Wellhausen).
4 Ebd. 161 (Titulus VII,1,1, mit Verweis auf Wellhausen).
5 S.o. Anm. 1.

326. An Friedrich Zarncke, 8. Oktober 1889 (Brief)
1 Es geht um eine Rezension in der DLZ.

327. An Charlotte Limpricht, 19. Oktober 1889 (Brief)
1 Eine türkische Süßspeise mit Nüssen.
2 S.o. 223[3].

328. An William Robertson Smith, 3. November 1889 (Postkarte, lat.)
1 W.R. Smith, Lectures on the Religion of the Semites. First Series. The Fundamental Institutions, Edinburgh 1889.
2 Skizzen und Vorarbeiten 4, Bibl. 86.
3 W.R. Smith (Hg.), Lectures on the Comparative Grammar of Semitic Languages. From the Papers of the Late William Wright LL.D, Cambridge 1890.

4 Die *Naqāʾiḍ* sind eine Art „Streit"- oder „Gegengedichte" der alten arabischen Poesie. (Vgl. später Anthony Ashley Bevan [Hg.], *Kitāb an-Naqāʾiḍ. Naqāʾid Ǧarīr wa-l-Farazdaq*, 3 Bde., Leiden 1905–12, mit Gedichten aus der Umayyadenzeit).

329. An Ernst Reimer, 4. November 1889 (Brief)
1 1902: Das arabische Reich und sein Sturz, Bibl. 170.

330. An William Robertson Smith, 7. November 1889 (Brief, lat.)
1 Lectures on the Religion of the Semites, s.o. 328[1].
2 Vgl. ebd., Lectures VI–XI (196–420).
3 Die Worte in Klammern sind von Wellhausen nachträglich über der Zeile ergänzt.
4 Ebd., Lecture III (S. 82–131): „The Relations of the Gods to Natural Things – Holy Places – The Jinn", darin 112–16: „The Gods and the Jinn", 128f.: „Origin of Holy Places", 130f.: „Semitic Totemism".
5 Bibl. 86.
6 *Lisān al-ʿarab li-Abi-l-Faḍl Ǧamāl ad-Dīn Muḥammad Ibn Mukram Ibn Manẓūr al-Ifrīqī al-Miṣrī al-Anṣārī al-Ḫazraǧī*, 20 Bde., Būlāq 1882–89.
7 Edward William Lane, An Arabic-English Lexicon, 8 Bde., London 1863–93.
8 S.o. 250[2].
9 The Religion of the Semites, 349f. Anm. 2, 472; zu Agag s. 1 Sam 15.
10 ἀπαρχή = die der Gottheit zu opfernden Erstlingsfrüchte.
11 Ebd. 256 Anm 2.
12 Vgl. Jacob Burckhardt, Die Zeit Constantin's des Großen, Leipzig ²1880.

331. An Ernst Reimer, November 1889 (Brief)
1 Bibl. 86.

332. An Wilhelm Herrmann, 18. November 1889 (Brief)
1 Der Botaniker Karl Ritter von Goebel (Marb. Archiv. Senatsakten 1889/90).

333. An Albert Socin, 2. Dezember 1889 (Brief)
1 Im Blick auf die Möglichkeit, Wellhausen als Nachfolger des nach Leipzig berufenen Socin für Tübingen zu gewinnen.

334. An Albert Socin, 4. Dezember 1889 (Brief)

335. An Albert Socin, 10. Dezember 1889 (Brief)
1 S.o. 333.

336. An Abraham Kuenen, 16. Dezember 1889 (Postkarte, lat.)
1 S.o. 271[2].

337. An Familie Limpricht, 30. Dezember 1889 (Briefkarte)

338. An August Müller, 2. Januar 1890 (Brief)
1 Zum Ordinarius in Halle.
2 Das Kalifat (خلافة, *ḫilāfa*).
3 Auf der Liste standen zuletzt Ignaz Goldziher / Hermann Ethé, Siegmund Frankel und Carl Bezold (vgl. Christian Tilitzki, Die Albertus-Universität Königsberg. Ihre Geschichte von der Reichsgründung bis zum Untergang der Provinz Ostpreußen [1871–1945], Bd. 1. 1871–1918, Berlin 2012, 185f. Anm. 1).
4 A. Müller, Der Islam im Morgen- und Abendland, Allgemeine Geschichte in Einzeldarstellungen, Abt. 2. Geschichte des Mittelalters, Theil 4, Bd. 1, Berlin 1885. Der 9. Ṣafar 38 (Schlacht von

Nahrawān bei Bagdad zwischen dem ersten schiitischen Imam ʿAlī b. Abī Ṭālib und den Charidschiten [al-Ḫawāriǧ]) entspricht dem 17. Juli 658.
5 Johann (eig. Johannes Gustav) Gildemeister.
6 Das pers. Wort *qūč* kann „qutsch" oder „qautsch" ausgesprochen werden, es bedeutet etwa „Widder" o. „Bock". Gemeint ist offenbar Emil Kautzsch (in Halle).

339. An den Kanzler der Universität Tübingen, 6. Januar 1890 (Brief)
1 Kanzler der Universität Tübingen war damals Carl Heinrich Weizsäcker (1822–1899).

340. An Heinrich und Charlotte Limpricht , 7. Januar 1890 (Brief)
1 S.o. 339.

341. An den Kanzler der Universität Tübingen, 10. Januar 1890 (Brief)

342. An August Müller, 10. Januar 1890 (Brief)
1 Wohl Michael Jan de Goeje, *Kitâb al-masâlik wa-l-mamâlik* (Liber viarum et regnorum) auctore Abu'l-Kâsim Obaidallah ibn Abdallah ibn Khordâdhbeh et Excerpta e *Kitâb al-Kharâdj* auctore Kodâma ibn Djaʿfar, BGAr 7, Leiden 1889.
2 Etwa: Reibach (niederdt. „He wêt sin Rebbes wol to mak'n").
3 Die Worte in Klammern nachträglich hinzugefügt.
4 Gestrichen: „Socin".
5 Gestrichen: „Socin".
6 Ignaz Goldziher, Der Mythos bei den Hebräern und seine geschichtliche Entwickelung. Untersuchungen zur Religionswissenschaft, Leipzig 1876.
7 Klgl 2,22 u.ö.

343. An den Kanzler der Universität Tübingen, 12. Januar 1890 (Brief)
1 Randbemerkung der Kanzlei: „Das kann nur heißen, daß keine Pensionierung eintritt".
2 S.o. 333[1].
3 Der Brief trägt einen Eingangsvermerk vom 14.1.1890 (weitergeleitet an das Ministerium 15. Januar 1890). Wellhausen hat die zweite Ziffer versehentlich fortgelassen, so dass der Brief am 12.1. verfaßt worden sein dürfte.

344. An Heinrich und Charlotte Limpricht , 15. Januar 1890 (Brief)
1 S.o. 343.
2 *En e.*: Frz. „im Ballanzug", besonders in Schuhen, seidenen Strümpfen und kurzen Beinkleidern, seit Wilhelm II. die vorschriftsmäßige Tracht für Festlichkeiten am Hof in Berlin.
3 Der Jurist und spätere Mann Helene Limprichts. Zur Familie Bewer vgl. vor allem Rudolf Bewer, Familie Bewer vom Niederrhein (Nideggen, Düsseldorf), Beiträge zur Deutschen Familiengeschichte 10, Leipzig 1930.
4 Der Lehrstuhl für orientalische Sprachen war aufgrund des Todes von Gustav Weil vakant, Rudolf-Ernst Brünnow wurde dessen Nachfolger.
5 Victor Meyer, Chemische Probleme der Gegenwart. Vortrag, gehalten in der ersten allgemeinen Sitzung der 62. Versammlung deutscher Naturforscher und Aerzte zu Heidelberg am 18. September 1889, Deutsche Rundschau 61 (1889) 234–47.
6 August Müller wechselte 1890 nach Halle, s. auch o. 338.

345. An Eduard Meyer, 23. Januar 1890 (Postkarte)
1 Ed. Meyer, Art. Baʿal, in: Wilhelm Heinrich Roscher (Hg.), Ausführliches Lexikon der griechischen und römischen Mythologie, Bd. 1, Leipzig 1886–90, 2867–80 (Anhang).
2 Bibl. 74.
3 Art. Baʿal (s. Anm. 1) 2867.

346. An William Robertson Smith, 31. Januar 1890 (Brief, lat.)
1 S.o. 329.
2 Die Lectures on the Religion of the Semites (s.o. 299[1]).
3 S.o. 271[2].
4 Jacob Barth, Die Nominalbildung in den semitischen Sprachen, Leipzig 1891.
5 Eine britische Goldmünze (bis 1816 im Umlauf), ½ Guinee entspricht etwa £ ½.
6 Beim Orientalistenkongress in Stockholm und Kristiania/Oslo (2.–13.9.1889). Der arabische Fälscher Selîm el-Qâri hatte semitische Inschriften gefälscht und im moabitischen Gebiet (am südöstl. Toten Meer) vergraben, die dann gefunden und von Schlottmann für echt gehalten wurden. Obwohl Kautzsch und Socin den Nachweis für eine Fälschung lieferten, ließ das preußische Kultusministerium die Tongefäße ankaufen. (Vgl. Charlotte Trümpler, Die moabitischen Fälschungen, in: dies. [Hg.], Das große Spiel. Archäologie und Politik zur Zeit des Kolonialismus [1860–1940]. Begleitbuch zur Ausstellung in Essen, 11.2.–13.6.2008, Köln 2008, 105–13, hier 112.) Dr. Carlo Graf Landberg war schwedischer Konsul in Beirut.
7 David Samuel Margoliouth, An Essay on the Place of Ecclesiasticus in Semitic Literature, Oxford 1890.
8 Der Absatz ist in deutscher Schrift geschrieben.

347. An Adolf Harnack, 12. Februar 1890 (Brief)
1 Ad. Harnack, Legenden als Geschichtsquellen. Ein populärer Vortrag, PrJ 65 (1890) 249–65, auch in ders., Reden und Aufsätze. Aus Wissenschaft und Leben, Berlin 1911, Bd. 1, 1–26.
2 Ders., Über das gnostische Buch Pistis-Sophia. Zwei Untersuchungen, TU 7,2, Leipzig 1891.
3 In: Die Pharisäer und die Sadducäer, Bibl. 7, 131–64.
4 Aufnahme in die Königl. Preußische Akademie der Wissenschaften.
5 Leut(h)old Wilhelm von Meyer (-Arnswalde), Reichstagsmitglied für die Deutschkonservative Partei 1890–92 im Regierungsbezirk Frankfurt (Arnswalde-Friedeberg). Vermerk im Mitgliederverzeichnis des Reichstags-Handbuchs (Reichstags-Bureau [Hg.], Amtliches Reichstags-Handbuch. Achte Legislaturperiode. 1890/95, Berlin 1890): „Konservativ, aber möglicherweise wild" (220).
6 † 11.2.1890 in Bonn.

348. An Richard Pietschmann, 13. Februar 1890 (Brief)
1 R. Pietschmann, Geschichte der Phönizier, Allgemeine Geschichte in Einzeldarstellungen I 4,2, Berlin 1889.
2 Ebd. 48 Anm. 2.
3 Jer 44,30.
4 Josephus, Ant. IX 14,2 (§283f.): ἐπὶ τούτου Σελάμψα, s. Benedikt Niese, Flavii Iosephi opera edidit et apparatu critico instruxit, Vol. 1. Antiquitatum Iudaicarum libri I–V, Berlin 1887, xxxiiif.

349. An Wilhelm Herrmann, nach dem 11. März 1890 (Brief)
1 Aufgeklebter Zeitungsausschnitt. – Grund für die Übersendung dürfte die falsche Angabe des Faches (Physiologie statt Philosophie) sein. Julius Bergmann lehnte 1890 Rufe nach Halle und Breslau ab (vgl. DLZ 11 [1890] 404).
2 Es geht um die Berufungsliste für die Nachfolge des Philosophen Carl Stumpf in Halle, der 1889 nach München gegangen war. In Aussicht genommen war Bergmann, den Ruf erhielt jedoch nach Intervention u.a. Rudolf Hayms am 14. Januar 1890 Benno Erdmann, der ihn auch annahm. Vgl. Günter Schenk / Regina Meÿer (Hgg.), Logik und Wissenschaftslehre. Logiklehrbücher von Kant-Anhängern und Konzinnisten in Halle zwischen 1822–1892. Gottlob Wilhelm Gerlach. Hermann Ulrici. Benno Erdmann, Buchreihe Philosophisches Denken in Halle, Abt. 2. Philosophen des 19. Jahrhunderts, Bd. 2, Halle 2006, 165–220, hier 169–71 u. ebd. Anm. 10.

350. An William Robertson Smith, 2. April 1890 (Postkarte, lat.)
1 Der Premierminister William Ewart Gladstone war auch auf philologischem Gebiet tätig; vgl. hier die Serie Gladstones in der Zeitschrift „Good Words": The Impregnable Rock of Holy Scripture, Good Words 31 (April 1890) 233–39; The Creation Story, ebd. (Mai) 300–311; The Office and Work of the Old Testament in Outline, ebd. (Juni) 383–92; The Psalms, ebd. (Juli) 457–66; The Mosaic Legislation, ebd. (September) 597–606; On the Recent Corroborations of Scripture from the Regions of History and Natural Science, ebd. (October) 676–85; The Impregnable Rock of Holy Scripture: Conclusion, ebd. (November) 746–50; zusammengefasst in: ders., The Impregnable Rock of Holy Scripture, London 1890, außerdem Rudolf Smend, Julius Wellhausen. Ein Bahnbrecher in drei Disziplinen, Carl Friedrich von Siemens Stiftung Themen 84, München 2006, 7 Anm. 3
2 Henricus Oort, Rez. von W. Robertson Smith, Lectures on the Religion of the Semites I, ThT 24 (1890) 152ff.; vgl. bei Smith ebd. 320ff.
3 Griechischer Historiker und Geograph (um 208 v.Chr.–ca. 132/131 v.Chr.), vgl. Smith, Lectures (Anm. 2) 153.205f.278f.386.
4 Paul de Lagarde, Über einige Berliner Theologen und was von ihnen zu lernen ist, Göttingen 1890.

351. An Franz Rühl, 1. Mai 1890 (Brief)
1 Gemeint ist Gustav Jahn, Ibn Ja'īš Commentar zu Zamachśarî's Mufaṣṣal. Nach den Handschriften zu Leipzig, Oxford, Constantinopel und Cairo auf Kosten der Deutschen Morgenländischen Gesellschaft herausgegeben und mit Registern und Erläuterungen versehen, 2 Bde., Leipzig 1882–86. Vgl. ebd. 5–13 das Vorwort. Fleischer hatte 1844–46 den Bhaidawii commentarius in Coranum ex codd. Pariensibus, Dresdensibus, et Lipsiensibus edidit indicibusque, 2 Bde., Leipzig 1846, ediert.

352. An Heinrich und Charlotte Limpricht, 4. Mai 1890 (Brief)
1 Helene Limpricht, die den Juristen Dr. Rudolf Bewer (seit 1889 Amtsrichter) heiratete.

353. An Charlotte Limpricht, 5. Juni 1890 (Brief)
1 Der Familie der Schwester Martha.

354. An Ferdinand Justi, 5. Juni 1890 (Brief)
1 Offenbar war Justi krank gewesen.

355. An William Robertson Smith, 5. Juni 1890 (Brief, lat.)
1 S.o. 350[1].
2 Vgl. Bibl. 95; s.u. 357.
3 Der islamische Historiker Ibn al-Aṯīr (839–923) liefert in seinem *al-Kāmil fī-t-ta'rīḫ* eine (mit anderen Quellen harmonisierte) Zusammenfassung des Ṭabarī.
4 Die Kette der Überlieferer eines Ḥadīṯ, als Zeugnis der Authentizität einer Aussage Mohammeds, bei Ibn al-Aṯīr weglassen.
5 S.o. 351[1].
6 D.h. eine Kommentarserie im Stil von „Meyers Kritisch-exegetischem Kommentar" (KEK; begründet von Heinrich August Wilhelm Meyer): der Handkommentar zum Alten Testament (HK). Bernhard Duhm, Der Prophet Jesaja, HK 3,1, Göttingen 1892; Friedrich Giesebrecht, Das Buch Jesaia (HK 3,2,1) Göttingen 1894.
7 Vgl. Bibl. 149.165.170.

356. An Theodor Mommsen, 7. Juni 1890 (Brief)
1 Th. Mommsen, Die Scriptores historiae Augustae, Hermes 25 (1890) 228–92; ders., Der Religionsfrevel nach römischem Recht, in: Historische Zeitschrift 64, NF 28 (1890) 389–429. Vgl. Wellhausen, Geschichte 4. Aufl., Bibl. 163, 377; 7. Aufl., Bibl. 234, 355.

2 Zur „criminelle[n] Behandlung der Beschneidung als Castration" seit Hadrian.
3 William Cureton, Spicilegium Syriacum containing remains of Bardesan, Meliton, Ambrose, and Mara Bar Serapion. Now first edited, with an English translation and notes, London 1855, die Erwähnung nicht S. 19, sondern S. 30 Z. 6f.; Victor Langlois (Hg.), Historicorum Graecorum et Syriorum reliquiae in Armeniorum scriptis servatae, FHG (hg. v. Carl u. Theodor Müller) 5,2, Paris 1867 (dort das Zitat).
4 Das in Klammern Stehende nachträglich eingefügt.

357. An August Fresenius, 27. Juni 1890 (Brief)
1 Vgl. Bibl. 95; s.o. 355.

358. An Adolf Harnack, 24. September 1890 (Brief)
1 Frederick William Robertson, Religiöse Reden. In deutscher Übersetzung mit einem Vorwort von D. Adolf Harnack, Leipzig 1890.

359. An August Müller, 24. September 1890 (Postkarte)
1 Theodor Nöldeke, Delectus veterum carminum Arabicorum, Glossarium confecit A. Müller, PLO 13, Berlin 1890.
2 Eberhard Nestle, Syrische Grammatik mit Litteratur, Chrestomathie und Glossar, 2., verm. und verb. Aufl. der Brevis linguae Syriacae grammatica, PLO 5, Berlin ²1888.
3 Chefik Mansour Bey, Abdulaziz Kalil Bey, Gabriel Nicolas Kalil Bey u. Iskender Ammoun Effendi (Überss.), 'Abd ar-Raḥmān Ibn Ḥasan al-Ǧabartī: Merveilles biographiques et historiques ou chroniques du Cheikh Abd-El-Rahman El-Djabarti (*Tārīḫ 'aǧā'ib al-āṯār fī tarāǧim wa-l-aḫbār*), 7 Bde., Kairo 1888–92.

360. An Konrad Burdach, 25. Oktober 1890 (Brief)
1 Vermutlich K. Burdach, Rez. Alexander Reifferscheid, Marcus Evangelion Mart. Luthers. Nach der Septemberbibel. Mit den Lesarten aller Originalausgaben und Proben aus den hochdeutschen Nachdrucken des 16. Jahrhunderts, Heilbronn 1889, in: DLZ 11 (1890), 1459–61.

361. An Heinrich Zimmern, 5. November 1890 (Postkarte)
1 H. Zimmern hatte sich 1889 in Königsberg mit einer Arbeit zur Nominalbildung im Assyrischen habilitiert (veröffentlicht wurde nur das Einleitungskapitel „Zur assyrischen und vergleichenden semitischen Lautlehre", ZA 5 [1890] 367–98) und war 1890 als Privatdozent nach Halle gegangen (die Postkarte, von Wellhausen an „Dr. H. Zimmer" [sic] in Königsberg adressiert, wurde von dort umgeleitet und erreichte am 9.11.1890 Halle [Saale], wie aus den Stempeln und Aufschriften ersichtlich ist). Vermutlich handelt es sich um den genannten Artikel.

362. An Albert Socin, November 1890 (Brief)
1 Bezieht sich wohl auf August Klostermann, Beiträge zur Entstehungsgeschichte des Pentateuchs, 1. Der Grundfehler aller heutigen Pentateuchkritik, NKZ 1 (1890) 618–32.693–732.

363. An Adolf Harnack, 4. Dezember 1890 (Brief)
1 Der Indologe Leopold von Schroeder (1851–1920) lehrte als Privatdozent an der Universität Dorpat, musste aber infolge der dortigen Russifikation (1889/90) die Universität wechseln. 1890/91 betrieb er Studien in Berlin (Ernennung zum Staatsrat) und Wien, 1894 folgte er einem Ruf nach Innsbruck, 1899 ging er nach Wien.
2 Vgl. Jos. Ant. XII 7,7, s.o. 302.

364. An William Robertson Smith, 12. Dezember 1890 (Brief, lat)
1 Smith litt an Tuberkulose, daraus folgend auch tuberkulöser Osteomyelitis (Knochentuberkulose).
2 Nach der Entdeckung des Tuberkulose-Erregers (1882) präsentierte Robert Koch 1890 ein angeb-

liches Heil- und Diagnosemittel für Tuberkulose, die „Koch'sche Lymphe" später Tuberkulin genannt. Es löste zunächst eine große Euphorie aus, die Tuberkulose heilen zu können, erwies sich mit der Zeit jedoch als unwirksam.
3 Eine zweite englische Auflage ist damals nicht erschienen.
4 Die vierte Ausgabe (Bibl. 121) erschien 1895.
5 Vgl. die Rezension von Doughtys „Travels in Arabia Deserta", Bibl. 101.
6 1892 fand in London der neunte internationale Orientalistenkongress statt, vgl. Transactions of the ninth International Congress of Orientalists, held in London, 5th to 12th September, London 1893.
7 Zeichen dafür etwa die Reichsschulkonferenz vom 4.–17. Dezember 1890. Hier hatte Wilhelm II. in seiner Eröffnungsrede gefordert: „wir sollen nationale junge Deutsche erziehen und nicht junge Griechen und Römer". Vgl. auch John Charles Gerald Röhl, Wilhelm II., Bd. 2. Der Aufbau der Persönlichen Monarchie 1888–1900, München 2001, 430–34.
8 Smiths Ägyptenreise dauerte von Dezember 1890 bis April 1891.

365. AN WILLIAM ROBERTSON SMITH, 20. Dezember 1890 (Postkarte)
1 Lanzen und Brunnenseile werden in der arab. Literatur öfter miteinander verglichen, die übliche Erklärung ist, daß das ausströmende Blut an verschüttetes, aus dem Brunnen gehobenes Wasser erinnere.
2 Vgl. Reste arabischen Heidenthumes, Bibl. 74, 159 (Bibl 134, 178).
3 Th. Nöldeke, Delectus (s.o. 359[1]); vgl. Wellhausens Rezension Bibl. 106.

366. AN ABRAHAM KUENEN, 25. Dezember 1890 (Brief, lat.)
1 A. Kuenen, De chronologie van het Perzische tijdvak der Joodsche geschiedenis, VMKAW.AL 31 (1890) 273–322; die Aussage, dass Serubbabel (vgl. etwa Esr 5,1f.) und Scheschbazzar (Esr 5,14) zwei verschiedene Personen sind, ebd. S. 283.
2 Kuenen hatte sich an Bernhard Stade (/Oskar Holtzmann, Geschichte des vorchristlichen Judenthums bis zur griechischen Zeit. Das Ende des jüdischen Staatswesens und die Entstehung des Christenthums, Allgemeine Geschichte in Einzeldarstellungen I/6,2, Berlin 1888, 100f.) angeschlossen. – Die entsprechenden Artikel im Bibel-Lexikon stammen von Schenkel selbst; vgl. aber Eberhard Schrader, Die Dauer des Zweiten Tempelbaues. Zugleich ein Beitrag zur Kritik des Buches Esra, ThStKr (1867) 460–504.
3 S.o. 364[8].
4 S.o. 364[6].
5 Es geht um einen Brief Kuenens an Graf aus dem Jahr 1866, erwähnt ThT 4 (1870) 410–12 (s.o. 43[2]). Dort zitiert Kuenen auch einen Teil der Antwort Grafs.

367. AN THEODOR MOMMSEN, 25. Dezember 1890 (Briefkarte)
1 Th. Mommsen, Fragmenta Vaticana (s.o. 323[1]).
2 Ebd. 184.
3 Ebd. 161: „maledictus, qui concubuerit cum sorore uxoris suae: et dicit omnis populus: fiat, fiat."
4 Dort (statt γυναικὸς αὐτοῦ) ἐκ πατρὸς ἢ ἐκ μητρὸς αὐτοῦ.
5 Dieser Brief fehlt bei Bammel (s.o. 97[1]).

368. AN ALBERT SOCIN, 30. Dezember 1890 (Postkarte)
1 Es handelt sich vermutlich um Gralf Friedrich Fooken, Bankier und Reeder aus Hooksiel.

369. AN WILHELM HERRMANN, 20. Januar 1891 (Postkarte)
1 Der 1890 von Adolf Stöcker und Ludwig Weber gegründete Verein von Angehörigen des evangelischen Bekenntnisses zur Bekämpfung der Sozialdemokratie und Förderung der Sozialreform auf dem Boden des Christentums (vgl. dazu Volker Drehsen, „Evangelischer Glaube, brüderliche Wohlfahrt und wahre Bildung". Der Evangelisch-soziale Kongreß als sozialethisches und praktisch-theologisches Forum des Kulturprotestantismus im Wilhelminischen Kaiserreich [1890–

1914], in: Hans Martin Müller [Hg.], Kulturprotestantismus. Beiträge zu einer Gestalt des modernen Christentums, Gütersloh 1992, 190–229).

370. An August Müller, 7. Februar 1891 (Postkarte)
1 Nicht ermittelt.
2 Die Worte in Klammern nachträglich zwischen den Zeilen hinzugefügt.
3 Abraham Kuenen, Hist.-krit. Onderzoek, 2. Auflage (s.o. 214[6], 271[1,2])

371. An August Müller, 13. Februar 1891 (Brief)
1 Die Widmung des „Delectus" (s.o. 359[1]) an Thorbecke („Piae memoriae Henrici Thorbecke sacrum.").
2 Im Müllerschen Teil des Vorworts (ebd. XII–XIV).
3 S.o. 105[2].
4 Niederdt. etwa „eine Seele von Mensch", auch für „fromm, still" („een kind as 'en Seel").

372. An Ferdinand Justi, 22. Februar 1891 (Postkarte)

373. An William Robertson Smith, 19. März 1891 (Postkarte, lat.)
1 Friedrich Baethgen, Rez. W.R. Smith, Religion of the Semites, DLZ 12 (1891) 369–72.

374. An Adolf Harnack, 21. Mai 1891 (Brief)
1 Ad. Harnack, Brot und Wasser. Die unchristlichen Elemente bei Justin, TU 7,2 (1891) 115–44.

375. An Adolf Harnack, 17. Juni 1891 (Postkarte)
1 Bespr. Karl Schwarzlose, Der Bilderstreit, ein Kampf der griechischen Kirche um ihre Eigenart und um ihre Freiheit, Gotha 1890 (Beilage zur Münchener Allg. Zeitung 1891, Nr. 164f.).
2 Paul Bedjan (Hg.), [Historia dynastiarum =] Gregorii Barhebræi Chronicon Syriacum. E codd. mss. emendatum ac punctis vocalibus adnotationibusque locupletatum, Paris 1890.

376. An Edward Schröder, 28. Juli 1891 (Postkarte)
1 Georg Jacob, Welche Handelsartikel bezogen die Araber des Mittelalters aus den nordisch-baltischen Ländern?, Berlin ²1891, Bibl. 113. Zu „Sklaven" s. im zu rezensierenden Werk S. 6–17.

377. An Edward Schröder, 30. Juli 1891 (Brief)
1 Gemeint sind die Slawen, vgl. auch 376 und Jacob, Handelsartikel (s.o. 376[1]) 6–17.
2 S.o. 376[1].

378. An William Robertson Smith, 1. November 1891 (Brief, lat.)
1 W.R. Smith, Θαλατθ in Berosos, ZA 6 (1891) 339.
Für das persische „Nationalepos" (Königsbuch, pers. Šāhnāma o. Šāhnāmeh) hat sein Verfasser Abu-l-Qāsim Firdausī (ca. 940–1020) laut seinem Biographen Nezāmī ʿArūžī das angeblich auf Berichten zoroastrischer Priester beruhende Ḫodāināme („Buch der Könige") verwendet.
2 Keine Ausgabe ermittelt.
3 Die Ausgabe der Chronica minora des Pseudo-Dionysius von Tel-Mahre wurde 1903 von Ignazio Guidi begonnen, von Ernest Walter Brooks und Jean-Baptiste Chabot 1904–7 fertiggestellt (CSCO 84 [SS 3,4]).
4 Az-Zaʿfarān, ein syrisch-orthodoxes Kloster in der Nähe von Mardin in der südöstl. Türkei, von 1160–1932 Sitz der Patriarchen der syr.-orth. Kirche. Es geht um die Weltchronik des Patriarchs Michael Syrus (1126–1199).
5 Bernhard Stade / Carl Siegfried, Hebräisches Wörterbuch zum Alten Testamente. Mit zwei Anhängen: I. Lexidion zu den aramäischen Stücken des Alten Testamentes, II. Deutsch-Hebräisches Wörterverzeichnis, Leipzig 1893 (Der Satz hat lt. Vorwort bereits im Oktober 1886 begonnen).
6 Die 11. Auflage von 1890 (bearbeitet von Heinrich Ferdinand Mühlau, Wilhelm Volck und David

Heinrich von Müller) wurde jedoch erst 1895 von der 12. (bearbeitet von Frants Buhl, Albert Socin und Heinrich Zimmern) abgelöst. Vgl. das Vorwort zur 18. Auflage.
7 Francis Brown/Samuel Rolles Driver/Charles Augustus Briggs, A Hebrew and English Lexicon of the Old Testament. With an Appendix Containing the Biblical Aramaic, based on the lexicon of William Gesenius as translated by Edward Robinson, Oxford 1892ff.
8 Samuel Rolles Driver, An Introduction to the Literature of the Old Testament, Edinburgh 1891.
9 Carl Heinrich Cornill, Einleitung in das Alte Testament, Grundriss der theologischen Wissenschaften 2,1, Freiburg 1891.
10 Thomas Kelly Cheyne, The Book of Psalms. A New Translation with Commentary, London 1888. Vgl. auch ders., The origin and religious contents of the Psalter in the light of Old Testament criticism and the history of religions, London 1891.
11 Wilhelm II. hatte sich zuvor einen Vollbart stehen lassen, vgl. auch Gordon A. Craig, Deutsche Geschichte 1866–1945. Vom Norddeutschen Bund bis zum Ende des Dritten Reiches, München 1985, 254.
12 Diskontieren.

379. An Ignaz Goldziher, 13. November 1891 (Brief)
1 I. Goldziher, Der Dîwân des Ġarwal b. Aus al-Ḥuṭej'a, ZDMG 46 (1892) 1–53.173–225.471–527; 47 (1893) 43–85.163–201, auch separat: Leipzig 1893, vgl. I. Goldziher, Gesammelte Schriften, Bd. 3, hg.v. Joseph DeSomogyi, Collectanea 2, Hildesheim 1969, 50–294.

380. An Michael Jan de Goeje, 15. November 1891 (Brief, lat.)
1 Feestbundel aan Prof. M.J. de Goeje op den 6[den] october 1891 aangeboden door eenige oud-leerlingen, Leiden 1891, mit Beiträgen von sieben Schülern de Goejes.
2 Am 6. Oktober feierte de Goeje sein 25jähriges Jubiläum als Hochschullehrer.
3 Gerrit Wildeboer, De eerste vier verzen van den zestienden Psalm, s.o. Anm. 1, 45–56.
4 Vermutlich der Ethnologe George Alexander Wilken, vgl. M.J. de Goeje, Levensbericht van George Alexander Wilken, Handelingen en mededeelingen van de Maatschappij der Nederlandsche Letterkunde te Leiden over het jaar 1891–1892, Leiden 1892, 186–213.
5 A.H. 255 = A.D. 868/69. Die Qarmaten (arab. *Qarāmiṭa*) waren eine auf den ismailitischen Missionar Ḥamdān Qarmaṭ b. al-ʾAšʿaṯ (890–906) zurückgehende messianische schiitische Gruppierung des 9.–11. Jh.s.
6 Als Herausgeber der Bde. I,5 und 6 der Annalen Tabaris (Leiden 1893 u. 1898).
7 S.o. 341[5].
8 *Kitāb Ṣifat Ġazīrat al-ʿArab*. Al-Hamdânî's Geographie der arabischen Halbinsel. Nach den Handschriften von Berlin, Constantinopel, London, Paris und Straßburg zum 1. Male hrsg. v. David Heinrich Müller, Wien 1884–91.

381. An Rudolf Smend, 17. November 1891 (Postkarte)
1 Zur Geburt der Tochter Hanna am 15.11.1891.
2 Aloys Sprenger, Versuch einer Kritik von Hamdânis Beschreibung der arabischen Halbinsel und einige Bemerkungen über Professor David Heinrich Müllers Ausgabe derselben, ZDMG 3 (1891) 361–94.
3 Goethe 1828: „Was will von Quedlinburg heraus / Ein zweiter Wandrer traben!' – / Hat doch der Wallfisch seine Laus, / Muß ich auch meine haben." (Frankfurter Ausgabe I,2, 768). Die Verse sind gegen Friedrich W. Pustkuchens „Wilhelm Meisters Wanderjahre" (3 Bde., 1821–23) gerichtet.

382. An Abraham Kuenen, 6. Dezember 1891 (Brief, lat.)
1 Kuenens Frau war am 26. März 1883 gestorben.
2 Vgl. Bibl. 123 u. Bibl. 145.
3 Thomas Kelly Cheyne, The Book of Psalms, s.o. 378[11].

4 Vgl. Bibl. 156.
5 Vgl. Bibl. 170.
6 Dies ist der letzte Brief Wellhausens an Kuenen, der am 10.12.1891 starb.

383. An Friedrich Althoff, 7. Januar 1892 (Brief)
1 Adolf Carl Lange war 1878 von der Universität Marburg promoviert worden (De Aeneae commentario poliorcetico particula prima, Marburg 1878, vollständig mit einem Vorwort von Leopold Schmidt 1879 in Berlin herausgegeben).

384. An Theodor Nöldeke, 10. Januar 1892 (Postkarte)
1 In der Rezension von Nöldeke, Delectus (s.o. 359[1]), Bibl. 106.
2 Delectus (s. Anm. 1) 194.
3 Ebd.
4 Am 15. Oktober 1891.
5 S.o. 364[8], zum „Hüftleiden" 364[1].

385. An Rudolf Smend, 17. Januar 1892 (Brief)

386. An Rudolf Smend, 27. Januar 1892 (Brief)
1 Poststempel.

387. An Heinrich Ulmann, 14. Februar 1892 (Brief)
1 Die Universität Halle sandte eine Petition an das Abgeordnetenhaus; Eingaben machten auch Berlin, Bonn, Breslau, Göttingen und Königsberg (vgl. Ernst Rudolf Huber / Wolfgang Huber, Staat und Kirche im 19. und 20. Jahrhundert. Dokumente zur Geschichte des deutschen Staatskirchenrechts, Bd. III. Staat und Kirche von der Beilegung des Kulturkampfs bis zum Ende des Ersten Weltkriegs, Berlin ²1995, 135–37 u. 145–48 [Nr. 60]). Die Eingabe zielte darauf, dass der Staat „alleiniger Herr und Regent […] in der Volksschule bleiben" muss. – Von Willibald Beyschlag erschien eine Broschüre „Gegen die neue Volksschulgesetz-Vorlage", Berlin 1892 (ursprünglich im „Deutschen Wochenblatt"; die Broschüre erlebte noch 1892 fünf Auflagen).
2 Der Entwurf für das preußische Schulgesetz, der in erster Lesung am 21. Januar 1892 vorgelegt wurde, führte zu starkem Widerspruch bei den Nationalliberalen und den gemäßigt Konservativen. Der Kaiser distanzierte sich daraufhin von dem Gesetz, noch 1892 kam es daraufhin zum Rücktritt des Kultusministers Robert Graf von Zedlitz-Trützschler. Ministerpräsident und Reichskanzler Leo von Caprivi bot ebenfalls seinen Rücktritt an. Er verlor zwar das Amt des Ministerpräsidenten (an Botho zu Eulenburg), blieb aber Reichskanzler. Der Gegensatz zwischen Caprivi und Eulenburg bestimmte die weitere Debatte. Vgl. auch John Charles Gerald Röhl, Wilhelm II. (s.o. 364[7]) 430–34.492–508.
3 Vgl. die Rezension Bibl. 113.
4 Verwandtschaft der Familie Limpricht.

388. An Ferdinand Justi, 18. Februar 1892 (Postkarte)

389. An Rudolf Smend, 26. Februar 1892 (Brief)
1 Adam Mez, Geschichte der Stadt Harrân in Mesopotamien bis zum Einfall der Araber, Straßburg 1892.
2 Vgl. schon Wilhelm II. (s.o. 364[7]): „Die Aufgabe der höheren Schulen sei es, ‚das Gefecht gegen die Socialdemokratie' und gegen die ‚centrifugalen Tendenzen' im Reich zu übernehmen". (John Charles Gerald Röhl, Wilhelm II., s.o. 364[7], 431).
3 Vgl. Bibl. 110 sowie zu den Psalmen Bibl. 123 u. 145.
4 Diese Biographie des Ägyptologen und Lagarde-Schülers Georg Steindorff ist offenbar nicht erschienen.
5 Carl Hilty, Glück, Frauenfeld/Leipzig ²1891, ³1892; in drei Bänden 1899.

390. An Friedrich Althoff, 8. März 1892 (Brief)
1 S.o. **383**.

391. An Rudolf Smend, 8. März 1892 (Brief)
1 Rudolf Ernst Brünnow, Die Charidschiten unter den ersten Omayyaden. Ein Beitrag zur Geschichte des ersten islamischen Jahrhunderts, Leiden 1884.

392. An Ferdinand Justi, 9. März 1892 (Brief)

393. An William Robertson Smith, 19. März 1892 (Brief, lat.)
1 Ri 5,2. Die dortige Wendung *bipro$^{a'}$ p^{e}rā^{c}ôt* wird zumeist etwa mit „weil Führende führten" übersetzt. Die Alternative Robertson Smiths: „als die Haare lang wuchsen", d.h. „als das Volk zu kämpfen gelobte" (s. Reste arabischen Heidentums, 2. Aufl., Bibl. 134, 123 Anm. 2 mit Anführung von Robertson Smith; vgl. 1. Aufl., Bibl. 74, 119). In der autorisierten deutschen Übersetzung der 2. Auflage des Smithschen Buches von 1894, „Die Religion der Semiten" (Freiburg 1899) 253 Anm. 561 (im englischen Original nicht enthalten).
2 S.o. **378**$^{9.10(.11)}$.
3 W.R. Smith, The Old Testament in the Jewish Church. A Course of Lectures on Biblical Criticism, Second Edition, revised and much enlarged, London 1892.
4 Ebd., „Additional Note A. (p. 122). – The Text of 1 Sam. xvii.", 431–33.
5 Vgl. Bibl. 145 (1898) sowie Rudolf Smend, Wellhausen on the Psalms, in: Genesis, Isaiah, and Psalms. A Festschrift to Honour Professor John Emerton for His Eightieth Birthday, hg.v. Katherine Julia Dell, Graham Ivor Davies und Yee-Von Koh, VT.S 135, Leiden 2010, 231–46, hier 236–38.
6 Vgl. Bibl. 110 (1892).115 (^{2}1893).144 (^{3}1898).
7 Bibl. 18, 404–09 (§ 207f.).425f. (§ 217) Anm. 1.
8 S.u. **401**.
9 S.o. **387**^{2} u.ö.

394. An Friedrich Althoff, 5. April 1892 (Brief)
1 Königgrätzer Str. 21, zwischen Potsdamer Platz und Anhalter Bahnhof.

395. An Ferdinand Justi, 5. April 1892 (Brief)
1 Hamlet V,1,5, in der Rede des Geists an Hamlet: „O, horrible! O, horrible! most horrible!"
2 Arab. „Fluch Gottes", in der Wendung „Möge der Fluch Gottes auf ihm sein". Vgl. im Koran etwa Sure 24,7.

396. An Rudolf von Jhering, 24. April 1892 (Brief)
1 Ṭab IIa 185,11.
2 Entspricht der Geschichte von „Hase und Igel".

397. An Adolf Harnack, 25. April 1892 (Brief)
1 Die folgenden Stellenangaben beziehen sich auf Ad. Harnack, Medicinisches aus der ältesten Kirchengeschichte (TU 8,4, Lepizig 1892, 37–152 [auch separat]; vgl. auch ders., Die griechische Übersetzung des Apologeticus Tertullian's, ebd. 1–36).
2 Harnack führt dort ein Clemenszitat (Paed. I, 50) dafür an, dass Schafe und Kühe im Frühling besonders milchreich seien.

398. An Eduard Sachau, 2. Mai 1892 (Brief)
1 Der Altorientalist Hugo Winckler (1863–1913).
2 Der Arabist und Waffenforscher Friedrich Wilhelm Schwarzlose (1830–1900).
3 Der Berliner Arabist Martin Hartmann (1851–1918).
4 Es geht um Wellhausens Nachfolge in Marburg, für die Peter Jensen gewonnen wurde.

399. An Friedrich Althoff, 3. Mai 1892 (Brief)
1 Für Wellhausens Nachfolge in Marburg.

400. An Albert Socin, 10. Mai 1892 (Brief)
1 Vgl. dazu Rudolf Smend, Wellhausen on the Psalms (s.o. **393**[5]).

401. An William Robertson Smith, 31. Mai 1892 (Brief, lat.)
1 S.o. **393**[3].
2 S.o. **393**[4].
3 S.o. **393**[3], „Additional Note D. (p. 208).— Maccabee Psalms in Books I.-III. of the Psalter", 437–440.
4 S.o. **400**.
5 Vgl. Bibl. 110.115.
6 Der nächste Internationale Orientalistenkongress fand 1894 in Genf statt.

402. An Friedrich Althoff, 14. Juni 1892 (Brief)
1 Möglicherweise eine Vorform von ders., Vergleichende Grammatik der semitischen Sprachen. Elemente der Laut- und Formenlehre. Mit einer Schrifttafel von Julius Euting, PLO 17, Berlin 1898.

403. An Eberhard Nestle, 25. Juni 1892 (Postkarte)

404. An Ernst Reimer, 3. Juli 1892 (Brief)
1 6. Auflage, von Wellhausen bearbeitet, Bibl. 114.
2 Bibl. 110.

405. An Ferdinand Justi, 27. Juli 1892 (Postkarte)?
1 26 °C.
2 Vgl. dazu die preußische Ministerial-Verfügung vom 16. Juni 1892 („Ausfall des Unterrichts bei großer Hitze", UII 11 723).
3 „Wellhausen".

406. An Ferdinand Justi, 2. August 1892 (Postkarte)

407. An Edward Schröder, 11. August 1892 (Brief)
1 S.o. **245**[2].

408. An Ferdinand Justi, 21. September 1892 (Brief)
1 Verschrieben für: Göttingen.
2 Wellhausen wohnte zunächst Geiststraße 2, erst seit 1894 Wilhelm-Weber-Straße 18a.
3 Jhering war am 17.9. gestorben.

409. An William Robertson Smith, 6. Oktober 1892 (Brief, lat.)
1 Smiths Krankheit, s.o. **364**[1].
2 Goethe, Faust I, „Schülerszene" im Studierzimmer (Schüler zu Mephistopheles), Z. 1881.
3 Bibl. 110.
4 Ebd. 48, die Note ebd. 138.
5 Ps 37,5.

410. An Ferdinand Justi, 26. Oktober 1892 (Postkarte)

411. An William Robertson Smith, 6. November 1892 (Brief, lat.)
1 Bezieht sich auf die Werkausgabe des Euseb in den GCS (erschienen 1902ff.).
2 Peter Jensen.

412. An Ferdinand Justi, 13. November 1892 (Brief)

413. An die Gesellschaft der Wissenschaften zu Göttingen, 29. November 1892 (Brief)
1 Die Aufnahme erfolgte am 26. November 1892.

414. An Ferdinand Justi, 8. Dezember 1892 (Postkarte)
1 Ibrāhīm al-Mauṣilī (an-Nadīm al-Mauṣilī, 742–804) ist einer der bekanntesten Musiker der arabischen Geschichte.
2 Wellhausens Nachfolger in Marburg war Peter Jensen (s.o. 398⁴.411²), Friedrich Schottky der des Mathematikers Heinrich Weber.

415. An Wilhelm Herrmann, 8. Dezember 1892 (Briefkarte)
1 Philip Schaff / Samuel Macauley Jackson (Hgg.), Encyclopedia of Living Divines and Christian Workers of all Denominations in Europe and America. Being a Supplement to Schaff-Herzog Encyclopedia of Religious knowledge, New York 1887. Herrmanns Geburtstag war der 6. Dezember.
2 Rudolf Smend, Lehrbuch der alttestamentlichen Religionsgeschichte, Sammlung theologischer Lehrbücher, Freiburg i.B. 1893.
3 Der Philosoph Julius Bergmann u. seine Frau Elisabeth Julia Theodore geb. Spannagel, deren Tochter Emilie Herrmann 1885 geheiratet hatte.

416. An Ferdinand Justi, 11. Dezember 1892 (Postkarte)
1 Wohl schon für F. Justi, Iranisches Namenbuch. Gedruckt mit Unterstützung der Königlichen Akademie der Wissenschaften, Marburg 1895; vgl. außerdem ders., Miscellen zur iranischen Namenkunde, ZDMG 49 (1895) 681–91.

417. An Wilhelm Herrmann, 26. Januar 1893 (Postkarte)
1 Versehentlich 1892; ausweislich des Poststempels 1893.

418. An Wilhelm Meyer, 5. Februar 1893 (Postkarte)
1 Vgl. schon W. Meyer, Die Geschichte des Kreuzholzes vor Christus, ABAW.PP 16,2, München 1881, 114f.
2 Johann Albert Fabricius, Codex pseudepigraphus Veteris Testamenti. Collectus Castigatus, Testimoniisque, Censuris [et] Animadversionis illustratus, Hamburg 1713, 276 („Methodius item narrat *Jonithum* […]". Vgl. die Revelationes des Pseudo-Methodius III,2).
3 Carl Kayser, Das Buch von der Erkenntniss der Wahrheit oder der Ursache aller Ursachen. Nach den syrischen Handschriften zu Berlin, Rom, Paris und Oxford, Leipzig 1889.
4 Carl Bezold, Die Schatzhöhle. Syrisch und deutsch herausgegeben, 2 Bde., Leipzig 1883/88, hier Bd. 1 (Die Schatzhöhle. Aus dem syrischen Texte dreier unedirten Handschriften ins Deutsche übersetzt und mit Anmerkungen versehen).

419. An William Robertson Smith, 10. Februar 1893 (Brief, lat.)
1 Der durch die Entlassung des Pfarrers Christoph Schrempf ausgelöste Apostolikumsstreit von 1891/92. Vgl. Adolf Harnack, In Sachen des Apostolikums, ChW 32 (1892) 768–70; ders., Das apostolische Glaubensbekenntnis. Ein geschichtlicher Bericht nebst einer Einleitung und einem Nachwort, Berlin 1892.
2 Bibl. 74, anders in Bibl. 134.
3 Vgl. Bibl. 123.
4 S.o. **400**, Bibl. 145.
5 Aram. „Zwölf", d.h. Die kleinen Propheten übersetzt, Bibl. (110.) 115.

420. An William Robertson Smith, 23. Februar 1893 (Postkarte, lat.)
1 S.o. **312**³.

2 Anm. von Smith: „This won't do Bakrī 176.4".
3 Eduard Sachau, Die Inschriften des Königs Panammû von Šam'al, in: Königliche Museen zu Berlin, Mittheilungen aus den orientalischen Sammlungen, Heft 11. Ausgrabungen in Sendschirli I. Einleitung und Inschriften. Ausgeführt und herausgegeben im Auftrage des Orient-Comités zu Berlin, Berlin 1893, 55–84.

421. An Wilhelm Herrmann, 28. Februar 1893 (Brief)
1 S.o. **417**.
2 W. Herrmann, Worum handelt es sich in dem Streit um das Apostolikum? Mit besonderer Rücksicht auf D. Cremers Streitschrift beantwortet, HCW 4, Leipzig 1893.
3 Gemeint ist der Rektor der Universität, der Mineraloge Max Hermann Bauer, Vater des Neutestamentlers Walter Bauer, seit 1892 Correspondent der Gesellschaft der Wissenschaften zu Göttingen. Der Historiker Albert Naudé wurde Ostern 1893 gegen den Wunsch der Fakultät als Nachfolger Max Lehmanns o. Prof. für Geschichte in Marburg.
4 S.o. **417**.
5 S.o. **415**[2].
6 Versehentlich für: Göttingen.

422. An Ferdinand Justi, 28. Februar 1898 (Postkarte)
1 S.o. **418**[4].
2 Alfred v. Gutschmid, Die Königsnamen in den apokryphen Apostelgeschichten, RMP 19 (1864) 161–83.380–401.

423. An Christiaan Snouck Hurgronje, 28. Februar 1893 (Postkarte)
1 S.o. **420**[3].

424. An William Robertson Smith, 3. März 1893 (Postkarte, lat.)
1 Albert Socin, Arabische Grammatik. Paradigmen, Litteratur, Chrestomathie und Glossar, PLO 4, Karlsruhe 1885, 49*–71*, hier 50*.
2 S.o. **420**[3].
3 Gemeint ist wohl die (phönizische) Hadad-Inschrift (ca. 770–760 v.Chr.), deren Umschrift und Faksimile Julius Euting hergestellt hatte (Felix von Luschan, Fünf Bildwerke aus Gerdschin, in: Ausgrabungen aus Sendschirli 1, s.o. **420**[3], 44–54, 51). Bei der Panamu(wa)-Inschrift (ca. 733–31 v.Chr.) des Barrākib spricht man heute von Sam'alisch. Euting hat keine Erklärung veröffentlicht.
4 Joseph Armitage Robinson (1858–1933) aus Cambridge wurde 1893 Ehrendoktor in Göttingen, im darauffolgenden Jahr auch in Halle.

425. An Ferdinand Justi, 5. März 1893 (Brief)
1 Elisabeth („Ella") Limpricht.
2 S.o. **422**.

426. An Ferdinand Justi, 25. März 1893 (Brief)
1 Manuskript von F. Justi, Iranisches Namenbuch (s.o. **416**[1]), III–XVIII.
2 Arab. *Allāhu a'lam* „[Nur] Gott weiß es."

427. An Wilhelm Herrmann, 19. April 1893 (Brief)
1 Es ging um die Äußerungen Herrmanns im „Fall Schrempf" (s. ders., Die Pfarrersfrage eine Gemeindefrage, ChW 7, 1893, 145–58). Sie führten zu einem gegen die Herrmannsche Theologie gerichteten „Hirtenschreiben der drei Generalsuperintendenten von Hessen-Kassel" (CCW 3, 1893, 149–51), das Herrmann wiederum zu einer Antwort herausforderte: Ein notgedrungenes Wort zum Kasseler Hirtenbriefe, ChW 7 (1893) 635–41.
2 Der Neutestamentler Ernst Kühl und der Historiker Albert Naudé wurden gegen den Wunsch

der Fakultäten berufen, der Breslauer Extraordinarius Kühl zum Nachfolger Georg Heinricis (s. auch o. **421**).

428. AN WILLIAM ROBERTSON SMITH, 4. Mai 1893 (Brief, lat.)
1 Dort befand sich Smith vom 11.3.-24.4.1893, vgl. Maier (s.o. **70**[1]) 270.
2 Theodor Nöldeke, Bemerkungen zu den aramäischen Inschriften von Sendschirli, ZDMG 47 (1893) 96-105.
3 Bibl. 116.
4 Bibl. 115.
5 John Sutherland Black, The Book of Judges. With Map, Introduction and Notes, Cambridge 1892.

429. AN FERDINAND JUSTI, 18. Mai 1893 (Brief)
1 Zum Geburtstag am 17. Mai.
2 S.o. **426**.
3 Georg Friedrich Grotefend, Praevia de cuneatis, quas vocant, inscriptionibus persepolitanis legendis et explicandis relatio, war der Akademie am 4.9.1802 vorgelegt worden. Sie erschienen 1893 in den NAWG 1893/14, 571-616: G.Fr. Grotefend's erste Nachricht von seiner Entzifferung der Keilschrift. Zum Abdr. gebracht von W.[ilhelm] Meyer.
4 Rosa Erlanger, geb. Wertheim, war Inhaberin des gleichnamigen Kaufhauses in Marburg,
5 Vgl. o. **421**, **427**[2].

430. AN DEN DEKAN DER PHILOSOPHISCHEN FAKULTÄT DER UNIVERSITÄT GÖTTINGEN, 6. Juli 1893 (Brief)
1 Aron Ackermann, Das hermeneutische Element der biblischen Accentuation. Ein Beitrag zur Geschichte der hebräischen Sprache, Berlin 1893 (88 S.).
2 Ders., Beiträge zur Geschichte des Verständnisses der hebräischen Accentuation, Berlin 1893 (44 S.).

431. AN FERDINAND JUSTI, 31. Juli 1893 (Postkarte)
1 Bibl. 116.
2 S.o. **416**[1].
3 Georg Hoffmann, Julianos der Abtrünnige. Syrische Erzählungen, Leiden 1880.
4 Theodor Nöldeke, Ueber den syrischen Roman von Kaiser Julian, ZDMG 28 (1874) 263-92.
5 S.u. **433.434**.

432. AN ADOLF HARNACK, 1. August 1893 (Brief)
1 Ad. Harnack, Geschichte der altchristlichen Litteratur bis Eusebius. Theil 1. Die Überlieferung und der Bestand der altchristlichen Litteratur bis Eusebius, Leipzig 1893. Zu Osr(h)oene vgl. z.B. ebd. 503ff.
2 Der Physiologe Rudolf Eduard Külz (1845-1895) war Hauptperson in der „Affaire Külz", die mit einem *strike* seiner Studenten (4. Juli) begann, anschließend weitere Kreise bis ins Ministerium zog und am 2. August mit einem Verweis an 15 und einem consilium abeundi für 8 angeklagte Studenten endete, vgl. Dorothea Ruprecht/Karl Stackmann, Regesten zum Briefwechsel zwischen Gustav Roethe und Edward Schröder, 2 Bde., AAWG.PH III/237, Göttingen 2000, Bd. 1, 541.557-63 (Nrn. 1377.1417-1432). Külz hatte regelmäßigen Kollegbesuch gefordert und ließ schwänzende Schüler durch seinen Institutsdiener quasi aus den Betten holen (vgl. Bernhard vom Brocke, Marburg im Kaiserreich 1866-1918, in: Erhart Dettmering [Hg.], Marburger Geschichte. Rückblick auf die Stadtgeschichte in Einzelbeiträgen, Marburg 1980, 528).
3 Paul Daude.
4 Bürgerstraße 12/14.
5 S.o. **427**.

433. An Adolf Harnack, 3. August 1893 (Brief)
1 Im Unterengadin in Graubünden gelegen.

434. An William Robertson Smith, Mitte August 1893 (Brief, lat.)
1 Offenbar als Reaktion auf Wellhausens „Ehe bei den Arabern", Bibl. 116.
2 Arab. (*nikāḥ al-*)*mutʿa* „Zeitehe" (zeitl. begrenzte Ehe im schiitischen Recht, nach Sure 4,28), vgl. Bibl. 116, 464f.
3 *ʿamm* „Onkel (väterlicherseits)", vgl. ebd. 480f.
4 S.o. 433.
5 In Chicago fand 1893 ein Mathematikerkongress statt, anschließend hielt Klein dort eine Serie von Lectures, s. Felix Klein, The Evanston Colloquium. Lectures on Mathematics Delivered from Aug. 28 to Sept. 9, 1893 before Members of the Congress of Mathematics Held in Connection with the World's Fair in Chicago at Northwestern University Evanston, New York 1894.
6 Der Rest des Briefes ist nicht erhalten.

435. An Rudolf Smend, 14. September 1893 (Postkarte)
1 Smend befand sich gerade in Bonn bei der Witwe Johann Gildemeisters.
2 10 °C.
3 Mommsen war demnach im September zu Besuch (bei seinem Schwiegersohn U. v. Wilamowitz-Moellendorff) in Göttingen.

436. An Eberhard Nestle, 9. Oktober 1893 (Brief)
1 Bibl. 114.
2 Vgl. das Vorwort zu E. Nestle, Marginalien und Materialien, Tübingen 1893.
3 S.o. Anm. 1.
4 Vgl. ebd. 94 zu Ps 1,1.
5 Vgl. ebd. 5.34 u. passim.
6 Vgl. ebd. 80–92 „Zum hebräischen Wörterbuch von Siegfried-Stade".
7 Nomina propria.
8 E. Nestle, Veteris Testamenti Graeci Codices Vaticanus et Sinaiticus cum textu recepto collati, Leipzig ²1887.

437. An Ferdinand Justi, 17. Oktober 1893 (Postkarte)
1 In der 6. Auflage des „Bleek", Bibl. 114.
2 Es geht um Justis Iranisches Namenbuch (s.o. **416**¹).
3 Wiederum für das Namenbuch, vgl. Prolegomena³, Bibl. 390, 408.

438. An Michael Jan de Goeje, 18. Oktober 1893 (Postkarte)
1 M.J. de Goeje, De Bâbî's, De Gids 57 (1893) 100–119.
2 Entstellung von „Protestantismus" in Richtung auf „poste restante" = postlagernd?

439. An Ferdinand Justi, 29. Oktober 1893 (Brief)
1 Wahrscheinlich die Yalda-Nacht (*Šab-e Yaldā*). Der Name geht auf syr.-aram. ܝܠܕܐ *yaldaʾ* „Geburt" (hier: des Sonnenlichtes) zurück.
2 Die lat. Briefabschlußformel steht gewöhnlich im Singular: *si vales, bene est, ego (quidem) valeo* (oft abgekürzt zu SVBEEQV, daher die Großbuchstaben).

440. An Bernhard Stade, 2. Februar 1894 (Postkarte)
1 B. Stade, Die Reorganisation der Theologischen Fakultät zu Gießen in den Jahren 1878 bis 1882. Thatsachen, nicht Legende. Eine Streitschrift wider F. Nippold und Genossen, Gießen 1894. Es handelt sich um eine Antwort auf das in Anm. 2 genannte Werk Nippolds.
2 Friedrich Nippold, Die theologische Einzelschule im Verhältnis zur evangelischen Kirche, 7 Bde., Braunschweig 1893–1907, insb. Abt. (1–2 u.) 3–4 („Ausschnitte aus der Geschichte der neuesten

Theologie", 1893). Zur Sache vgl. Rudolf Smend, Eine neue Fakultät für eine neue Theologie. Gießen 1878–1882, in: ders., Zwischen Mose und Karl Barth. Akademische Vorträge, Tübingen 2009, 159–69.

441. An Ernst Reimer, 13. Februar 1894 (Brief)
1 Bibl. 54 (1884), vgl. 118.
2 4. Ausgabe 1895, Bibl. 121
3 Reste arabischen Heidentumes, Bibl. 74. Doch vgl. Bibl. 134 (1897).

442. An Ernst Reimer, 1. März 1894 (Brief)
1 Vgl.o. 441 und Bibl. 118.
2 Etwa 256–320 Seiten. Die endgültige Fassung hat VI+342 Seiten (entspr. 22 Bögen).

443. An Ernst Reimer, 16. März 1894 (Brief)
1 S.o. 442.
2 D.h. 48 Seiten.

444. An den Dekan der Philosophischen Fakultät der Universität Göttingen, 1. Juni 1894 (Brief)

445. An Ferdinand Justi, 2. Juni 1894 (Briefkarte)
1 Justis Geburtstag.
2 Wilhelm-Weber-Straße 18a.
3 Wellhausens Geburtstag.
4 Ein Treffen zwischen Göttinger und Marburger Professoren.
5 Cohens.

446. An Charlotte Limpricht, 10. Juni 1894 (Brief)
1 Es geht um das Haus Weender-Chaussee 11 (heute Weender Landstr.). Dort wohnten die Malerin Caroline Dieckmann und die Witwe des Mediziners Rudolf Wagner, Rosalie, geb. Henke; im 1. Stock ihr Sohn, der Geograph Hermann Wagner, und im 2. Stock die Oberamtsratswitwe Friederike Dieckmann.

447. An Eberhard Nestle, 13. Juni 1894 (Postkarte)
1 Lagarde, vgl. Bibl. 119.
2 Offenbar nicht erschienen. Eine Bibliographie war 1892 erschienen: Richard James Horatio Gottheil, Bibliography of the Works of Paul Anton de Lagarde, Proc. of the American Oriental Society, April 1892, Washington 1892.
3 Staats- und Universitätsbibliothek Göttingen, Nachlass Lagarde 91 u. 92.
4 Wilhelm Meyer, Universitäts-Bibliothek. Nachlässe von Gelehrten, Orientalische Handschriften. Handschriften im Besitz von Instituten und Behörden. Register zu Band 1–3, Berlin 1894, 133–53. Inzwischen digital in der Handschriftenabteilung der Staats- und Universitätsbibliothek Göttingen erfasst.

448. An den Preussischen Kultusminister, 2. Juli 1894 (Brief)
1 Der zehnte internationale Orientalistenkongress fand vom 3. bis zum 12. September 1894 in Genf statt. Wellhausen ist im Teilnehmerverzeichnis unter Nr. 225 aufgeführt (vgl. Actes du dixième Congrès International des Orientalistes. Session de Genève. 1894. Première partie. Comptes rendus des séances, Leiden 1897, 17).

449. An Ernst Reimer, 8. Juli 1894 (Brief)
1 Bibl. 118.
2 S.o. 442 und u. 450.

3 S.o. **445**.
4 Bibl. 66 (³1886) vgl. 121 (⁴1895) und s.u. **450**. Eine Notiz Reimers über dem Brief vermerkt die Übersendung der Bücher und des Honorars.

450. AN ERNST REIMER, 10. Juli 1894 (Brief)
1 22 Bögen à 50 Mark Honorar, s.o. **445.449**.

451. AN ALFRED PERNICE, 15. Juli 1894 (Brief)
1 Als Nachfolger A. Dillmanns († 4.7.1894) in Berlin.
2 25. April 1893.
3 Vgl. Bibl. 116, 474–81 („9. Die Metrarchie").
4 Berthold Delbrück, Die indogermanischen Verwandtschaftsnamen. Ein Beitrag zur vergleichenden Alterthumskunde, Leipzig 1889 (ASGW.PH 382–606).
5 Das zweihundertjährige Jubiläum der vereinigten Friedrichs-Universität Halle-Wittenberg am 3. August 1894.

452. AN ADOLF JÜLICHER, 19. Juli 1894 (Brief)
1 A. Jülicher, Einleitung in das Neue Testament, GThW I 3,1, Freiburg i.Br. 1894.
2 Heinrich Julius Holtzmann, Lehrbuch der historisch-kritischen Einleitung in das Neue Testament, Freiburg i.Br. ³1892.
3 Eduard Reuß, Die Geschichte der heiligen Schriften Neuen Testaments, Braunschweig ⁶1887.
4 Carl Heinrich Cornill, Einleitung in das Alte Testament, GThW I 2,1, Freiburg i.Br. ²1892.
5 Sie ist nie erschienen.
6 Bedeutung unklar.

453. AN ERNST REIMER, 26. September 1894 (Brief)
1 Es folgt, von Wellhausen aber wieder gestrichen, der Kunsthistoriker und Germanist Prof. Wolfgang von Oettingen, Düsseldorf.
2 Die Rezension besorgte Emil Kautzsch, ThLZ 20 (1895) 276–79.

454. AN ERNST REIMER, 28. September 1894 (Brief)
1 In einer Anmerkung auf dem Brief notiert Reimer die Versendung der genannten Exemplare am 29.9.1894.

455. AN CHARLOTTE LIMPRICHT, 19. Oktober 1894 (Brief)
1 Bibl. 118.
2 Vgl. etwa QR(L) 178 (1894) 402.
3 Amerikanische „Leuchtöfen" sind Daueröfen nach dem sog. Durchbrandprinzip.

456. AN KONRAD FURRER, 21. Oktober 1894 (Brief)
1 Vgl. Bibl. 118, 1–9 (Kap. 1: „Geographie und Ethnologie"). Furrer hatte „Wanderungen durch Palästina" veröffentlicht (Zürich 1865).
2 Vgl. bei Goethe Fausts ersten Monolog: „Wie nur dem Kopf nicht alle Hoffnung schwindet, / Der immerfort an schalem Zeuge klebt, / Mit gier'ger Hand nach Schätzen gräbt, / Und froh ist, wenn er Regenwürmer findet!" (Z. 602–05).
3 Vgl. Goethe, Tasso I,4,616: „Er sieht das Kleine klein, das Große groß."

457. AN ERNST REIMER, 30. Oktober 1894 (Brief)
1 Der israelit. und jüd.Geschichte, Bibl. 118; vgl. Bibl. 122 (1895).

458. AN ERNST EHLERS, 8. November 1894 (Briefkarte)

459. An Ernst Reimer, 8./9. November1894 (Briefkarte)
1 Reimer hatte einem Brief an Wellhausen (vom 6.11.1894) den Brief des Marburger Lizentiaten und Privatdozenten der Kirchengeschichte Bernhard Bess „An den verehrten Verlag von Georg Reimer in Berlin", ebenfalls vom 6.11.1894, beigelegt, mit folgendem Wortlaut: „Sehr geehrter Herr! Können Sie nicht Herrn Professor Wellhausen bewegen, das 23. Kapitel seiner Israelitischen und Jüdischen Geschichte separat als Flugschrift drucken zu lassen? – Sie würden – das ist meine feste Überzeugung – dem gebildeten Deutschland, der gebildeten Welt überhaupt einen unsagbaren Dienst thun. Seit den Evangelien ist so etwas über Jesus von Nazareth noch nicht geschrieben worden. Hochachtungsvoll B. Bess, Lic. u. Privatdocent."
2 Bibl. 118, 308–21 („Das Evangelium"). Auf dem Brief Vermerk von Reimer: „10/November geantw: Wellhausen will nicht".
3 Der Absatz steht auf der Kartenrückseite.

460. An Ernst Reimer, 27. November 1894 (Brief)

461. An Charlotte Limpricht, 16. Dezember 1894 (Brief)
1 Hugo Winckler, Eine neue Geschichte Israels, Die Zukunft 9 (Heft 10 vom 8.12.1894) 462–70, dort 470 auch die Bemerkung, dass Wellhausen Rost als Habilitanden abgewiesen habe. Dass P. Jensen der Verfasser war (s. ZAW 9 [1894] 424), ist demnach unwahrscheinlich.
2 S.o. **432**.
3 Paul Rost hatte seine Dissertation zu den Inschriften Tiglatpilesers III. in Berlin verfasst, wurde dann jedoch Slawist.

462. An Adolf Harnack, 21. Dezember 1894 (Postkarte)
1 Vgl. Harnacks Literaturgeschichte (s.o. **432**) 795ff. und die Nachweise im Schreiben Harnacks vom 11.12.1894 (SUB Göttingen, s. Vorwort).
2 Hermann Gunkel, Schöpfung und Chaos in Urzeit und Endzeit. Eine religionsgeschichtliche Untersuchung über Gen. 1 und Ap. Joh. 12. Mit Beitr. von Heinrich Zimmern, Göttingen 1895. Gunkel kam 1895 als ao. Prof. nach Berlin.
3 Eduard Meyer, Der babylonische Einfluß auf Judentum und Christentum. Rezension von Hermann Gunkel, Schöpfung und Chaos in Urzeit und Endzeit, in Augsburger Allgemeine Zeitung (13.12.1894) Beilage 287.
4 Anfang des Weihnachtslieds „Gelobet seist du, Jesu Christ".

463. An Adolf Jülicher, 21. Dezember 1894 (Postkarte)
1 Thomas Kipling (Hg.), Codex Theodori Bezae Cantabrigiensis, Evangelia et Apostolorum acta complectens, quadratis literis, Graeco-Latinus. Academia auspicante venerandae has vetustatis reliquias summa qua potuit fide adumbravit, expressit, edidit codicis historiam praefixit notasque adjecit, Cambridge 1793. 1864 hatte Frederick Henry Ambrose Scrivener ebenfalls eine auf Theodor von Beza basierende Ausgabe besorgt (Bezae Codex Cantabrigiensis. Being an exact copy, in ordinary type, of the celebrated uncial Graeco-Latin manuscript of the four Gospels and Acts of the Apostles, written early in the 6th century, and presented to the University of Cambridge by Theodore Beza, A.D. 1581, Cambridge). Vgl. auch Bibl. 124 und s.u. **468**.

464. An Heinrich und Charlotte Limpricht, 22. Dezember 1894 (Brief)
1 Der Nationalökonom Georg Hanssen war am 19. Dezember gestorben.

465. An Heinrich und Charlotte Limpricht, 28. Dezember 1894 (Brief)
1 Emma Briegleb.

466. An Adolf Jülicher, 9. Januar 1895 (Postkarte)
1 Bibl. 124.

2 James Rendel Harris, A study of Codex Bezae. A study of the so-called western text of the New Testament, Texts and Studies 2,1, Cambridge 1891.
3 Heinrich Julius Holtzmann, Die Synoptiker. Die Apostelgeschichte, HK.NT 1, Freiburg i.Br. ²1892.
4 Bibl. 7.

467. An Ferdinand Justi, 24. Januar 1895 (Brief)
1 Bibl. 118.
2 S.o. **461**[(1)].
3 13. Januar 1895.
4 Sie erfolgte im Sommersemester 1895.
5 Das iran. Namenbuch, s.o. **416**[1].

468. An Francis Crawford Burkitt, 6. Februar 1895 (Brief, lat.)
1 Vgl. Der syrische Evangelienpalimpsest, Bibl. 124, 12 (vorgelegt am 12.1.1895). Die Änderungen Burkitts sind bereits eingearbeitet, vgl. auch ebd. 2.7.

469. An Ferdinand Justi, 1. Juni 1895 (Brief)
1 Wellhausen hatte am 17. Mai, Justi am 2. Juni Geburtstag.
2 S.o. **387.429**.
3 Bibl. 122.
4 Bibl. 118, 9–18 („Die Anfänge des Volkes"), vgl. Bibl. 122, 10–35.

470. An Ernst Reimer, 16. Juni 1895 (Brief)
1 384 S., vgl. Bibl. 122: IV + 378 S.

471. An Theodor Mommsen, 18. Juli 1895 (Brief)
1 Th. Mommsen, Die Interpolationen des gromatischen Corpus, JVAFR 96/97 (1895) 272–92.
2 Ders., Antwort auf die Antrittsrede von Karl Stumpf (Adolf Erman / Erich Schmidt), SPAW 1895/II, Berlin 1895, 738f. (745/741f.).
3 Ebd. 735–38; vgl. Carl Stumpf über sich selbst: Raymund Schmidt (Hg.), Die Philosophie in Selbstdarstellungen, Bd. 5, Leipzig 1924, 206–65.
4 Vgl. Calder III/Kirstein (s. o. **97**[1]), Bd. 2, 655–64.

472. An Ferdinand Justi, 16. August 1895 (Postkarte), wohl eine Antwortkarte von Justi
1 Vgl. die Anzeige von Willem Caland in GGA 1896, 370–75. Friedrich Bechtel arbeitete zu gr. Dialekten und Eigennamen, er war für die Redaktion der Göttinger Gelehrten Anzeigen verantwortlich.

473. An Ernst Reimer, 13. September 1895 (Brief)
1 Notiz Reimers: „2350 M. gesandt" (s.u. **474**).

474. An Ernst Reimer, 18. September 1895 (Brief)
1 S.o. **473** und **470**.

475. An Ferdinand Justi, 25. September 1895 (Postkarte)
1 S.o. **416**[1].
2 S.o. **426**.
3 Ignaz von Zingerle (Hg.), Die pluemen der tugent des Hans Vintler, Innsbruck 1874, (Z. 3442ff.) S. 119ff.
4 S.o. **469**.
5 Zum Wintersemester 1895/96 wurde der bisherige Marburger Extraordinarius Wilhelm Schulze in der Nachfolge Friedrich Bechtels o. Prof. der indogermanischen Sprachwissenschaft in Göttingen.

476. An Ferdinand Justi, 26. Januar 1896 (Postkarte)
1 Ursprünglich: „mit Recht (oder mit Religion)", die ersten drei Worte und die Klammern gestrichen.
2 Vgl. Theodor Haarbrücker, Abu-l-Fatḥ Muḥammad aš-Šahrastānī's Religionsparteien und Philosophen-Schulen. Zum ersten Male vollst. aus d. Arab. übers. u. mit erkl. Anm. vers., 2 Bde., Halle 1850/51, Bd. 2, 284.

477. An Charlotte Limpricht, 2. Februar 1896 (Postkarte)
1 Bibl. 128.

478. An Ernst Reimer, 23. Februar 1896 (Brief)
1 1. Aufl. 1887, Bibl. 74 (2. Aufl. 1897, Bibl. 134).

479. An Ernst Reimer, 25. Februar 1896 (Brief)
1 S.o. 478[1].
2 Gemeint: 1896 (so auch die Eingangsnotiz Reimers).

480. An Ferdinand Justi, 16. März 1896 (Briefseite)
1 Der Brief ist auf die Rückseite einer Rechnung der Marburger Gärtnerei Jacobi über „1 Palme [durchgestrichen: Kranz] für Herrn Wagner" geschrieben (8 M.), die an Wellhausen in Göttingen gerichtet ist. Wagener war am 10.2.1896 gestorben. –Wellhausens waren zuvor in Marburg gewesen, vgl. auch Justis Gegenbrief (SUB Göttingen, s. Vorwort).
2 Ferdinand Justis Sohn Ludwig.

481. An Anthony Ashley Bevan, 20. April 1896 (Brief, lat.)
1 Im Critical Review of Theological and Philosophic Literature (Edinburgh) 6 (1896) 126–29.
2 Carl Heinrich Cornill, Das Buch des Propheten Ezechiel, Leipzig 1886.

482. An Heinrich Limpricht, 20. April 1896 (Brief)
1 S.o. 446[1]. Wagner zog Ostern 1896 in den Grünen Weg 8, die Witwe des Musikwissenschaftlers Philipp Spitta, Mathilde, geb. Grupen, in dessen ehemalige Wohnung Weender-Chaussee 11 (1. Stock).

483. An Ferdinand Justi, 16. Mai 1896 (Brief)
1 Joannis Augusti Vullers Lexicon Persico-Latinum etymologicum. Cum linguis maxime cognatis Sanscrita et Zendica et Pehlevica comparatum, e lexicis persice scriptis Borhâni Qâtiu, Haft Qulzum et Bahâri aǵam et persico-turcico Farhangi-Shuûrî confectum ..., 2 Bde. u. Suppl., Bonn 1855–1868.
2 Bibl. 134 (1897).
3 Peter Jensen, Rez. von Hermann Reckendorf, Die syntaktischen Verhältnisse des Arabischen. Erste Hälfte, Leiden 1895, ZA 11 (1896) 345–58.
4 Lewis Bayles Paton, The Original Form of the Holiness-Code. Part I. The Original Form of Leviticus XVII–XIX, Diss. Marburg 1897.

484. An Heinrich und Charlotte Limpricht, nach dem 17.05.1896 (Brief)
1 31. Mai 1896.
2 Das Nernstsche Institut für Physikalische Chemie wurde am 2. Juni 1896 eingeweiht.
3 14. Mai 1896.

485. An Michael Jan de Goeje, 2. Juni 1896 (Postkarte, lat.)

486. An Hans Lietzmann, 3. Juni 1896 (Postkarte)
1 Hier ist gemeint „der Mensch".

Anmerkungen

2 Bezieht sich auf H. Lietzmann, Der Menschensohn. Ein Beitrag zur neutestamentlichen Theologie, Freiburg i.Br. 1896, insb. 30–50. Vgl. Geschichte, Bibl. 118, 312 Anm. 1. Prononcierter die Kritik in Bibl. 149, 187ff. Dazu auch Kurt Aland (Hg.), Glanz und Niedergang der deutschen Universität. 50 Jahre deutsche Wissenschaftsgeschichte in Briefen an und von Hans Lietzmann (1892–1942), Berlin 1979, 159 (dieser Brief).177 (N. Bonwetsch, Th. Nöldeke).
3 Kurz für: Christus.

487. An Wilhelm Herrmann, 4. Juni 1896 (Postkarte)
1 Heidelberg, wohin Herrmann einen Ruf erhalten hatte.
2 Er blieb.
3 Herrmanns Schwiegervater.

488. An Eberhard Nestle, 17. Juni 1896 (Postkarte)
1 E. Nestle, Philologica Sacra. Bemerkungen über die Urgestalt der Evangelien und Apostelgeschichte, Berlin 1896.
2 Es handelt sich bei Nestles Schrift um eine Reaktion auf die Polemiken des damaligen Bonner Privatdozenten Arnold Meyer, Jesu Muttersprache, Freiburg/Leipzig 1896. Vgl. auch Wellhausens Rezension des Werkes Bibl. 131.
3 E. Nestle (s. Anm. 1) 12 (vgl. 11f.).
4 Ebd. 7, bei Wellhausen vgl. Die kleinen Propheten (Bibl. 115) 72.
5 Vgl. E. Nestle (s. Anm. 1) 27–36.
6 Ebd. 16f.

489. An Konrad Burdach, 3. Juli 1896 (Postkarte)
1 K. Burdach, Goethes West-östlicher Divan. Festvortrag gehalten in der 11. Generalversammlung der Goethe-Gesellschaft in Weimar am 30. Juni 1896, Goethe-Jahrbuch 17 (1896) 1*–40*, auch separat Göttingen 1896.
2 Goethe, Zwo wichtige bisher unerörterte Biblische Fragen, zum erstenmal gründlich beantwortet, von einem Landgeistlichen in Schwaben, 1773 (Erste Frage: Was stund auf den Tafeln des Bunds? – Frankfurter Ausgabe I/18, 131–37). Vgl. Bibl. 87, 328 Anm. 1; Bibl. 148, 330.
3 Goethe, Noten und Abhandlungen zu besserem Verständniß des West-östlichen Divans („Israel in der Wüste", Frankfurter Ausgabe I/3,1, 229–48).

490. An Ignaz Goldziher, 15. August 1896 (Brief)

491. An Theodor Mommsen, 15. Oktober 1896 (Postkarte)
1 LXX 9,11.

492. An Theodor Mommsen, 15. Oktober 1896 (Postkarte)
1 Vgl. später Ev. Lucae, Bibl. 185, 10f.
2 Der Weggang Ulrich von Wilamowitz-Moellendorffs nach Berlin als Nachfolger Ernst Curtius'.

493. An Ferdinand Justi, 16. Oktober 1896 (Brief)
1 Unklar.

494. An Ernst Reimer, 29. Oktober 1896 (Brief)
1 Bibl. 134.

495. An Ernst Reimer, 8. November 1896 (Brief)
1 Bibl. 134.
2 Walter de Gruyter.
3 Anmerkung Reimers: „9/11 Empfang angezeigt".

496. An Familie Limpricht, 24. Dezember 1896 (Brief)
1 Heinrich Ulmann.
2 Woldemar Voigt.

497. An Adolf Harnack, 25. Dezember 1896 (Postkarte)
1 Ad. Harnack, Geschichte der altchristlichen Litteratur bis Eusebius. Theil 2. Die Chronologie. Erster Band. Die Chronologie der Litteratur bis Irenäus nebst einleitenden Untersuchungen, Leipzig 1897.
2 Ebd. 233–39.
3 Bibl. 136.
4 Bibl. 143.
5 Hans Achelis heiratete 1897 Hanna, eigentlich die Tochter des Syndikus Johann Daniel Noltenius; der Schwiegervater war Eberhard Noltenius (s.u. **514**).
6 Johann Jakob Brucker, Kurtze Fragen aus der philosophischen Historie. Mit ausführlichen Anmerckungen erläutert, 7 Bde., Ulm 1731–37.

498. An Otto Hartwig, Ende 1896 (Briefkarte)
1 Johann Gildemeister, Blendwerke des vulgaren Rationalismus zur Beseitigung des Paulinischen Anathema, Bremen 1841. Wellhausen bestellte das in Göttingen nicht vorhandene Buch aus Halle, wo Hartwig Bibliotheksdirektor war.
2 Vgl. Bibl. 166 (1901).
3 Der Klassische Philologe und Archäologe Ferdinand Dümmler war 1890 nach Basel berufen worden, hatte jedoch seitdem gesundheitliche Probleme und verstarb dort 1896 im Alter von 37 Jahren.
4 Friedrich Hiller von Gaertringen und Wilhelm Dittenberger (seit 1893) arbeiteten in Halle an den Inscriptiones Graecae.

499. An Eduard Sachau, 24. Februar 1897 (Postkarte)

500. An Ignaz Goldziher, 15. April 1897 (Postkarte)
1 Bibl. 128.

501. An Helene Justi, 15. Mai 1897 (Brief)
1 Der 70. Geburtstag des Schwiegervaters Heinrich Limpricht.
2 S.o. **496**[2].
3 Ferdinand Justi, Die älteste iranische Religion und ihr Stifter Zarathustra, PrJ 88 (1897) 55–86.231–62.
4 Hermann Gunkel, Der Prophet Elias, PrJ 87 (1897) 18–51.
5 Die Ernennung war im Jahr 1896 erfolgt.

502. An Wilhelm Meyer, 16. Mai 1897 (Brief)
1 S.u. **506**.

503. An Ignaz Goldziher, 19. Mai 1897 (Postkarte)

504. An Ferdinand Justi, 2. Juni 1897 (Brief)
1 Gustav Jenner (1865–1920), Schüler von Johannes Brahms, seit 1895 Universitätsmusikdirektor und Dirigent des Akademischen Konzertvereins in Marburg.
2 Justis Geburtstag.
3 Wilhelm-Weber-Straße 18.

505. An Ignaz Goldziher, 15. Juni 1897 (Postkarte)
1 Möglicherweise I. Goldziher, Some Notes on the Diwâns of the Arabic Tribes, JRAS 29 (1897) 325–34.

506. An die Gesellschaft der Wissenschaften zu Göttingen, 27. Juni 1897 (Brief)
1 S.o. **502**.
2 Pietschmann war seit 1889 ao. Prof. in Göttingen und wurde, wie von Wellhausen vorgeschlagen, 1897 zum Mitglied der Gesellschaft der Wissenschaften gewählt. Im selben Jahr beantragte Erman in Berlin (beteiligt: die Akademien in Berlin [Erman], Sachsen [Steindorff], Göttingen [Pietschmann] und München [Ebers]) das Projekt eines neuen ägyptischen Wörterbuchs. Es erschien zwischen 1921 und 1963. Neuerdings ist eine erweiterte Ausgabe, der *Thesaurus Linguae Aegyptiae*, online zugänglich.

507. An Ferdinand Justi, 4. August 1897 (Postkarte)
1 15.–21.9.1897, s.u. **509**.

508. An Friedrich Schwally, 17. August 1897 (Postkarte)
1 F. Schwally, Zur Theorie einiger Possessiv- und Objekt-Suffixe im Syrischen, ZDMG 51 (1897) 252–55.
2 Ebd. 254f., vgl. Theodor Nöldeke, Untersuchungen zur semitischen Grammatik. II. Die Endungen des Perfects, ZDMG 38 (1884) 407–22.
3 Schwally (s. Anm. 1), 253 Anm. 1.

509. An Wilhelm Meyer, 12. September 1897 (Postkarte)
1 S.u. **511**, an der Piazza del Duomo.
2 S.u. **511**, direkt am Dogenpalast gelegen.

510. An Wilhelm Meyer, 18. September 1897 (Postkarte)

511. An Wilhelm Meyer, 27. September 1897 (Postkarte)
1 S.o. **509**.

512. An Rudolf Smend, 4. Oktober 1897 (Postkarte)

513. An Ferdinand Justi, 5. Oktober 1897 (Postkarte)
1 Wilhelm Meyer, Verzeichnis der Handschriften im Preussischen Staate. I. Hannover. 1. Die Handschriften in Göttingen. Teil 1. Universitäts-Bibliothek, Berlin 1893, 79 (Sign.: Hist lit. 46).

514. An Charlotte Limpricht, 12. November 1897 (Brief)
1 S.o. **497**[5].

515. An Charlotte Limpricht, 15. Januar 1898 (Brief)
1 Die städt. Mädchenschule war 1866 aus der Morgensternschen Privatschule hervorgegangen; die Schwerdtfegersche Privatschule, 1843 gegründet, bestand noch bis 1900.

516. An Wilhelm Meyer, 15. Februar 1898 (Postkarte)
1 Gustav Schwab, Die Legende von den heiligen drei Königen. Von Johann von Hildesheim. Aus einer von Goethe mitgetheilten lateinischen Handschrift und einer deutschen der Heidelberger Bibliothek bearbeitet und mit zwölf Romanzen begleitet, Stuttgart/Tübingen 1822, 206. Der Buchdrucker Guldenschaff ging noch im selben Jahr nach Köln.
2 Johannes von Hildesheim, Liber de gestis ac trina beatissimorum trium regum translatione, Mainz 1477.

Briefe 505–526 721

517. An Paul Wendland, 15. Mai 1898 (Brief)
1 Möglicherweise P. Wendland, Zu Philons Schrift de posteritate Caini (Nebst Bem. z. Rekonstruktion der Septuaginta), Ph. 57 (1898) 248–88.
2 Paul de Lagarde, Anmerkungen zur griechischen Übersetzung der Proverbien, Leipzig 1863, 3; vgl. Bibl. 114, 551.
3 Bibl. 3, 221–24.
4 P. de Lagarde, Librorum Veteris Testamenti canonicorum pars prior Graece, Göttingen 1883.

518. An Ernst Ehlers, 26. Mai 1898 (Brief)
1 S.u. 521.

519. An Friedrich Schwally, 27. Mai 1898 (Postkarte)
1 F. Schwally, Lexikalische Studien, ZDMG 52 (1898) 132–48, 147 (zu منير ebd. 146–48).
2 Vgl. ebd. 137f.
3 S.o. Anm. 1.

520. An Helene Bewer, 4. Juni 1898 (Postkarte)
1 Die Kinder von Helene geb. Limpricht und Rudolf Bewer, Charlotte Marie (geb. 1885) und Clemens (geb. 1894).
2 Melodie „Wer nur den lieben Gott lässt walten".
3 Das Sprichwort ist bekannter in der Form „Es ist alles halb so schlimm wie nochmal so schlimm."
4 Weiterführung der Melodie (Anm. 2), mit Bleistift zugesetzt.

521. An Ferdinand Justi, 7. Juni 1898 (Brief)
1 29. Mai bis 3. oder 4. Juni 1898.
2 2. Juni; wegen des unerwarteten Todes des Sohnes Friedrich.
3 Bibl. 144, vgl. 110.115.
4 Das Arabische Reich und sein Sturz (Bibl. 170).
5 Vgl. dazu Cordula Tollmien, Die Anfänge des Frauenstudiums, in: Rudolf von Thadden u.a. (Hgg.), Göttingen. Geschichte einer Universitätsstadt, Bd. 3. Von der preußischen Mittelstadt zur südniedersächsischen Großstadt 1866–1899, Göttingen 1999, 377–85; Ilse Costas, Zu den Anfängen des Frauenstudiums an der Universität Göttingen, Göttinger Jahrbuch 45 (1997) 145–55.
6 Fortsetzung: „Wo die Verruckten sind, da jehörste hin." Der Volksmund versah ein Duett aus der Operette „Fatinitza" (1876) von Franz von Suppé mit diesem Text.

522. An Helene Justi, 8. Juni 1898 (Brief)

523. An Theodor Mommsen, 2. Juli 1898 (Brief)
1 Theodor Mommsen, Eugippii vita Severini. Denuo recognovit, MGH.SRG, Berlin 1898.
2 Friedrich Wilhelm Rettberg, Kirchengeschichte Deutschlands, 2 Bde., Göttingen 1846/48. Darin zu Severin und Eugippius I, 226ff.

524. An Theodor Mommsen, 3. Juli 1898 (Brief)

525. An Ferdinand Wüstenfeld, 29. Juli 1898 (Brief) Entwurf für Friedrich Leo, mit Anmerkung: „Für GR Wüstenfeld in Hannover im Auftrag der Ges. verfaßt von J. Wellhausen 4 Juli 1898 – der neunzigste Geburtstag ist am 31 Juli".
1 Von anderer Hand. Vermerk auf dem Brief: „abges. 30/7.98."
2 Über die drei Punkte ist „Kollege" geschrieben, wohl von Friedrich Leo.
3 Von anderer Hand, vermutlich Leos.

526. An Rudolf Smend, 12. August 1898 (Postkarte)
1 Österreichische Gulden.

722 Anmerkungen

527. An Rudolf Smend, 17. August 1898 (Bildpostkarte) mit Photo der Kirche „St. Jacob. Langkofel. Gröden."

528. An Adolf Hilgenfeld, 18. Oktober 1898 (Postkarte)
1 Für Ad. Hilgenfeld, Johannes und Jesus nach J. Wellhausen's Darstellung, ZWTh 41 (1898) 481–501.
2 Bibl. 149, darin 187–215 „Des Menschen Sohn" und 215–49 „Zur apokalyptischen Literatur".

529. An Wilhelm Meyer, 30. November 1898 (Postkarte)
1 Ad. Harnack, Bruchstücke des Evangeliums und der Apokalypse des Petrus, TU 9,2, Leipzig ^{1}1893, ^{2}1893.
2 S.o. **497**^{1}.
3 Statt (durchgestrichen) „die Geschichte mit der Lanze". – So in der Historia Francorum qui ceperunt Iherusalem des Raimund von Aguilers.

530. An Theodor Nöldeke, 6. Dezember 1898 (Brief)
1 In Bibl. 149.
2 Jakob Burckhardt, Griechische Kulturgeschichte, 4 Bde., hg. v. Jakob Oeri, Berlin 1898.

531. An Hans Lietzmann, 7. Dezember 1898 (Postkarte)
1 Des Menschen Sohn, Bibl. 149, 187–215.
2 Z.B. Paul Wilhelm Schmiedel, Der Name Menschensohn und das Messiasbewußtsein Jesu, PrM 2 (1898) 252–67; ders., Bezeichnet Jesus den Menschen als solchen durch „Menschensohn"?, ebd. 291–308.

532. An den Dekan der Philosophischen Fakultät der Universität Göttingen, 10. Januar 1899 (Brief)

533. An Theodor Nöldeke, 11. Januar 1899 (Brief)
1 Wellhausen hatte Kritik am Kommentar von Wilhelm Nowack über Die kleinen Propheten (HK. AT 3,4, Göttingen 1897) geäußert: 1. Zu Joel 1,4: „Nowack geht hier einmal seinen eigenen Weg und sagt *Säbler* und *Schroter*. *Seber* ist nemlich der Maikäfer und *Schröter* der Hirschkäfer" (Bibl. 144, 215 Anm. 1, die Entgegnung Nowacks in der zweiten Auflage 1903, 97); 2. zu Am 7,1: „In der ersten und zweiten Auflage dieses Buchs habe ich Hofmann gröblich misverstanden und dieses mein Misverständnis dann schlagend widerlegt. Nowack bewahrt mir auch im Unglück seine hingebende Treue und patscht hinterdrein." (Bibl. 144, 89 Anm. 1; dazu Nowack ^{2}1903, 160f.).
2 Vgl. Mk 1,22 par. Mt 7,29.
3 Vgl. Wilamowitz an Georg Kaibel (15. Dezember 1898): „Heute entschließe ich mich, das unerträgliche Buch von Burckhardt nicht anzuzeigen." (Ulrich von Wilamowitz-Moellendorff, Selected Correspondence 1869–1931, hg.v. William Musgrave Calder III, Antiqua 23, Neapel 1983, 131 u. Anm. 34). Eine Rezension von Wilamowitz ist nicht erschienen; vgl. aber ders., Griechische Tragödien. Übersetzt , Bd. 2. Aischylos, Orestie, Berlin 1900, 6f. (Vorwort vom 28. August 1899).

534. An Adolf Jülicher, 11. Januar 1899 (Brief)
1 S.o. **533**^{1}.
2 Friedrich Althoff.

535. An Adolf Harnack, 25. April 1899 (Brief)
1 Evtl. Ad. Harnack, Über den ursprünglichen Text Act. Apost. 11, 27.29, SPAW 26 (1899) 316–27.
2 Itala. Das Neue Testament in altlateinischer Überlieferung. Nach den Handschriften hg.v. Adolf Jülicher. Im Auftrag der Kirchenväterkommission der Preußischen Akademie der Wissenschaften zum Druck besorgt von Walter Matzkow und Kurt Aland, Berlin 1938ff.

536. An Hubert Grimme, 15. Mai 1899 (Brief)
 1 Vermutlich H. Grimme, Nochmals zur syrischen Betonungs- und Verslehre, ZDMG 53 (1899) 102–12, s. auch u. **537**.

537. An Paul Häberlin, 6. Juni 1899 (Postkarte)
 1 D.h. am 9. Juni.

538. An Hubert Grimme, 20. Juni 1899 (Brief)
 1 S.o. **536**.

539. An Ferdinand Justi, 10. Juli 1899 (Postkarte)
 1 S.o. **416**[1].
 2 Ludwig Justi, Jacopo de'Barbari und Albrecht Dürer, Berlin 1898 (Diss. Bonn 1898).
 3 Josef Marquart, Ērānšahr nach der Geographie des Ps. Moses Xorenacʻi. Mit historisch-kritischem Kommentar und topographischen Excursen, AGWG.PH NF 3,2, Berlin 1901; von Wellhausen in der Sitzung am 8.7.1899 vorgelegt.

540. An Hermann Usener, 24. Juli 1899 (Brief)
 1 Vgl. Manetho (Africanus) Fr. 66.
 2 Vgl. Diod. I 45,2; 65,1; 79,4; 94,5.

541. An Ernst Ehlers, 29. Juli 1899 (Brief)
 1 S.o. **539**[3].

542. An Eberhard Nestle, 7. August 1899 (Postkarte)
 1 E. Nestle, Septuagintastudien. Teil 5. Wissenschaftliche Beilage zum Programm des Königlich Württembergischen evangelisch-theologischen Seminars Maulbronn, Stuttgart 1907.

543. An Rudolf Smend jun., 3. September 1899 (Postkarte)
 1 Von Bibl. 118.
 2 Maggy Stähelin.

544. An Ferdinand Justi, 25. September 1899 (Brief)

545. An Familie Limpricht, 25. September 1899 (Brief)
 1 Das Porträt des Papstes Julius II. im Palazzo Pitti ist eine Kopie (von Tizian) des Werkes von Raffael (ca. 1512, London, National Gallery).
 2 Tirol. „Weinstube".

546. An Wilhelm Herrmann, 10. Oktober 1899 (Postkarte)
 1 W. Herrmann, Römisch-Katholische und Evangelische Sittlichkeit. Nach einem Vortrag gehalten auf der Sächsischen kirchlichen Konferenz am 26. April 1899, Marburg 1900.
 2 Vergil, Ecl. 3,93.

547. An Charlotte Limpricht, 15. Oktober 1899 (Brief)
 1 Am 20. März 1850. Vgl. auch Philosophische Fakultät der Universität Greifswald (Hg.), Zu der fünfzigjährigen Doctor-Jubelfeier des Herrn Heinrich Limpricht, ordentlichen öffentlichen Professors der Chemie, am 20. März 1900 bringt ihre herzlichen Glückwünsche dar die philosophische Facultät zu Greifswald, Greifswald 1900.
 2 S.o. **532**.

548. An Theodor Mommsen, 22. Oktober 1899 (Brief)
1 Th. Mommsen, Römisches Strafrecht, Systematisches Handbuch der deutschen Rechtswissenschaft I/4, Leipzig 1899. Das Vorwort datiert vom 29. August 1898.
2 Zum Vorangehenden vgl. Bibl. 156, 12f.; Bibl. 162 sowie Bibl. 194 (s.u. 554¹), 91–95.

549. An Michael Jan de Goeje, 7. November 1899 (Postkarte, lat.)
1 *yā manṣūr amit*, etwa „Oh Siegreicher, bringe den Tod!", der Ruf wurde lt. Tradition auch von Mohammed verwendet. Der zweite Burenkrieg hatte im Oktober 1899 begonnen.

550. An Michael Jan de Goeje, 11. November 1899 (Postkarte, lat.)

551. An Hugo Willrich, 22. November 1899 (Postkarte)
1 Bibl. 135. Vgl. ¹1894 (Bibl. 118) 199¹, anders ⁴1901 (Bibl. 163) 242⁴ (mit Verweis auf Wilcken, Ostraka, s. nächste Anm.) und ⁷1914 (Bibl. 234) 228⁴.
2 Ulrich Wilcken, Griechische Ostraka aus Aegypten und Nubien. Ein Beitrag zur antiken Wirtschaftsgeschichte, Leipzig und Berlin 1899, 295–302 (§ 118. Στέφανος, „Die Kranzspende"), insb. 300.

552. An Theodor Mommsen, 23. November 1899 (Postkarte)
1 Von Bammel (s.o. 97¹) auf 23.2. datiert.
2 „Grundformen der Strafe", Zum ältesten Strafrecht der Kulturvölker, s.u. 554¹, 6f. Dort lautet der Satz: „Bei den Römern ist die Hinrichtung wegen öffentlichen Delikts aus dem Menschenopfer, der Entsühnung der Gemeinde hervorgegangen. Die Hinrichtung wegen Privatdelikts ist der von Gemeinde wegen zulässig befundene Racheakt."

553. An Ferdinand Justi, 23. November 1899 (Postkarte)

554. An Theodor Mommsen, 24. November 1899 (Brief)
1 Vgl. Th. Mommsen, Zum ältesten Strafrecht der Kulturvölker. Fragen zur Rechtsvergleichung, gestellt von Theodor Mommsen, beantwortet von H. Brunner, B. Freudenthal, J. Goldziher, H.F. Hitzig, Th. Noeldeke, H. Oldenberg, G. Roethe, J. Wellhausen, U. von Wilamowitz-Moellendorff. Mit einem Vorwort von K. Binding, Leipzig 1905, Wellhausens Beitrag (S. 91–99, Bibl. 194) war schon 1903 als Manuskript gedruckt (ebd. VII). Vgl. auch Bammel (s.o. 97¹) 251 Anm. 1.
2 Von Bammel (s.o. 97¹) auf 24.2. datiert.

555. An Theodor Nöldeke, 6. Dezember 1899 (Postkarte)
1 Th. Nöldeke, Delectus (s.o. 359¹) 39.41.

556. An Theodor Mommsen, 21. Dezember 1899 (Brief)
1 Wohl Th. Mommsen, Interpolationen im Theodosischen Brevier, NA 25 (1899) 587ff. (so auch Bammel, s.o. 97¹, 253 Anm. 1).
2 Ferdinand Frensdorff (so Bammel, s.o. 97¹) 253 Anm. 2.

557. An Ferdinand Justi, 23. Dezember 1899 (Brief)
1 S.o. 473².
2 S.o. 554¹.
3 Bibl. 156.
4 S.o. 553.

558. An Theodor Nöldeke, 27. Dezember 1899 (Brief)
1 Etwa „wunderlich, übergeschnappt".
2 Am 11. Oktober 1899 hatte der zweite Burenkrieg begonnen.
3 El Cid (eig. Rodrigo Díaz de Vivar), der spanische Nationalheld (ca. 1043–1099), ein Ritter aus der

Zeit der Conquista, wurde mit diesem Titel bezeichnet (von lat. campio „Kämpfer, Duellkämpfer", im Dt. meist mit „der Kämpfer" wiedergegeben).
4 Ludolf Schwenkow, Kritische Betrachtung der lateinisch geschriebenen Quellen zur Geschichte der Eroberung Spaniens durch die Araber, Celle (zugl. Diss. Göttingen) 1894.

559. An Friedrich Leo, 1. Februar 1900 (Brief)
1 S.o. **547**[1].
2 S.o. **532**.
3 Vgl. Bibl. 156, 6f.

560. An Charlotte Limpricht, 9. Februar 1900 (Brief)
1 Am 27. Januar 1900, s.o. **557**.
2 S.o. **558**[2].

561. An Theodor Nöldeke, 26. Februar 1900 (Postkarte)
1 S.o. **559** und Bibl. 156.
2 Vgl. Das arab. Reich und sein Sturz, Bibl. 170, 17[1].
3 Bibl. 156, 5f. Werner Munzinger, Ostafrikanische Studien, Schaffhausen 1864, dort 475ff. zur Hochachtung des Alters und zur prinzipiellen Gleichheit der einzelnen Mitglieder des Gemeinwesens.

562. An Ferdinand Justi, 27. Februar 1900 (Postkarte)
1 Bibl. 156.
2 S.o. **554**.
3 Die Söhne Justis.
4 Buren (niederl. *boer* „Bauer").
5 S.o. **178**.

563. An Sedley Taylor, 16. März 1900 (Postkarte, lat.)
1 Bibl. 163.

564. An Helene Justi, 21. März 1900 (Postkarte)
1 Zur Aufnahme in den Orden *Pour le Mérite* (s.u. **590.591**).

565. An Eduard Sievers, 27. März 1900 (Brief)
1 Eduard Sievers, Metrische Studien. I. Studien zur Hebräischen Metrik. Erster Teil: Untersuchungen, ASGW.PH 21/1, Leipzig 1901.
2 Vgl. ebd. 22.146.224 Anm. 2.
3 Ebd. §207, S. 288f.zu Versbau und Sprachform. Dort (289) auch die fünf Punkte, auf die Wellhausen im folgenden eingeht.
4 Wellhausens Mutter war in erster Ehe mit einem Sievers verheiratet.
5 Ebd. 22.

566. An Ferdinand Justi, 30. März 1900 (Brief)
1 Justi hatte Wellhausen offenbar den Tafelband (1900) seines Trachtenbuchs geschickt (F. Justi, Hessisches Trachtenbuch, Marburg 1899–1905).
2 Ferdinand Justi, Geschichte Irans von den ältesten Zeiten bis zum Ausgang der Sāsāniden, sowie ders., Nachweisung einer Auswahl von Karten Iran's für die geographischen und geschichtlichen Teile des Grundrisses der iranischen Philologie, in Wilhelm Geiger / Ernst Kuhn (Hgg.), Grundriß der iranischen Philologie, Bd. 2. Literatur. Geschichte und Kultur. Register zum II. Band, Straßburg 1896–1904, 395–550.605–11, vgl. auch Das arabische Reich und sein Sturz (Bibl. 170), 323–34.
3 Vgl. ebd. 397.

4 Vgl. Friedrich Nietzsche, Zur Genealogie der Moral (1887), Erste Abhandlung: „Gut und Böse", „Böse und Schlecht", Nr. 11, KGW 5, 274–77, oder ders., Götzen-Dämmerung (1888), Die „Verbesserer" der Menschheit, Nr. 2, KGW 6, 99.
5 *Grágás* (= graue Gans), ein 1118 entstandenes altisländisches Rechtsbuch.

567. An Hugo Willrich, Frühjahr 1900 (Brief)
1 Offenbar das Manuskript zu H. Willrich, Judaica. Forschungen zur hellenistisch-jüdischen Geschichte und Litteratur, Göttingen 1900, Kap. II: „Die Herkunft der hellenistischen und römischen Actenstücke bei den jüdischen Schriftstellern", 40–85, hier insb. 58–61 (Das Vorwort des Buchs datiert auf Mai 1900).

568. An Hugo Willrich, Frühjahr 1900 (Brief)
1 Offenbar hatte Willrich Wellhausen inzwischen ein weiteres Manuskript zu „Judaica" (s.o. 567[1]) geschickt. Zu Jason ebd. 131–76.
2 Ebd. 144.
3 Ebd. 158.
4 Zu Hekataios ebd. 86–130.
5 Ebd. 88 [„Etwas ähnliches"].99 [„Anklang an Levit 27, 34"].110 [„Anklang[] an Leviticus 27, 34"].
6 Dem Buch vorangestellt: „Herrn Professor Wellhausen in Verehrung gewidmet."

569. An Theodor Nöldeke, 21. April 1900 (Brief)
1 Composition, 3. Aufl. 1900, Bibl. 148. Erstmals waren die Aufsätze 1876/77 in den JDTh erschienen (Bibl. 9).
2 Paul de Lagarde, Bibliothecae Syriacae. A Paulo de Lagarde collectae quae ad philologiam sacram pertinent, hg.v. Alfred Rahlfs, Göttingen 1892, 257–404.
3 Adolf Harnack, Geschichte der Königlich Preußischen Akademie der Wissenschaften zu Berlin, 2 Bde., Berlin 1900.
4 Vgl. Friedrich Giesebrecht, Der Knecht Jahres des Deuterojesaia, Königsberg 1902.

570. An die Gesellschaft der Wissenschaften zu Göttingen, 13. Mai 1900 (Brief)
1 Entwurf für eine Stellungnahme der Gesellschaft der Wissenschaften. Es ging um eine auf drei Bände geplante „Realencyclopädie des Islâm", die dem Pauly-Wissowa der klassischen Philologie und Altertumswissenschaften entsprechen sollte; zurückgehend auf einen Vorschlag William Robertson Smiths beim 9. Internationalen Orientalistenkongress 1892. 1897 war dazu eine Kommission unter dem Vorsitz de Goejes eingesetzt worden, als Verleger hatte E.J. Brill in Leiden zugesagt. Der Wortlaut des Antrags vom April 1900 im Almanach der kaiserlichen Akademie der Wissenschaften 50, Wien 1900, 233–39, ebd. 259f. das Protokoll der Cartellsitzung, in der sich der Göttinger Vertreter Wagner aufgrund der geäußerten Bedenken der Stimme enthielt.

571. An Ferdinand Justi, 13. Mai 1900 (Postkarte)

572. An Adolf Harnack, 27. Mai 1900 (Brief)
1 S.o. 569[3].
2 SPAW.PH 1900, I, 90–99.

573. An Adolf Harnack, 3./4. Juni 1900 (Postkarte)
1 Die Ansichten des Pädagogen und Philosophen Friedrich Paulsen (vgl. ders., Geschichte des gelehrten Unterrichts auf den deutschen Schulen und Universitäten vom Ausgang des Mittelalters bis zur Gegenwart. Mit besonderer Rücksicht auf den klassischen Unterricht, 2 Bde., Leipzig [[1]1885] [2]1896/97) gingen zu einem nicht geringen Teil in die Schulreform ein, vgl. Reinhard Kränsel, Art. Paulsen, Friedrich, NDB 20 (2001) 128f. Am 4. Juni begann die Schulkonferenz („Juni-Konferenz") unter der Leitung von Friedrich Althoff u.a. zu Fragen der Gymnasialbildung und des Hochschulzugangs.

574. AN ADOLF HARNACK, 29. Juni 1900 (Brief)
1 Ad. Harnack, Das Wesen des Christentums. 16 Vorlesungen vor Studierenden aller Fakultäten im Wintersemester 1899/1900 an der Universität Berlin gehalten, Leipzig 1900.
2 „Das wesentliche und vortreflichste von der Lehre Christi ist eben dieses: daß er die Summe aller Religion darinn setzte Rechtschaffen zu seyn aus allen Kräften im Glauben d. i. einem unbedingten Zutrauen daß Gott alsdenn das übrige Gute was nicht in unserer Gewalt ist ergänzen werde" (an Johann Caspar Lavater, nach dem 28.4.1775, in Königlich Preußische Akademie der Wissenschaften [Hg.], Kant's gesammelte Schriften X. Abt. 2. Kant's Briefwechsel, Bd. 1. 1747–1788, Berlin ²1922, 180,3–7), vgl. ebd., an Lavater, 28.4.1775, 176,10–17: „Sie verlangen mein Urtheil über Ihre Abhandlung vom Glauben und dem Gebethe. Wissen Sie auch an wen Sie sich deshalb wenden? An einen, der kein Mittel kennt, was in dem letzten Augenblicke des Lebens Stich hält, als die reineste Aufrichtigkeit in Ansehung der verborgensten Gesinnungen des Herzens und der es mit Hiob vor ein Verbrechen hält Gott zu schmeicheln und innere Bekentnisse zu thun, welche vielleicht die Furcht erzwungen hat und womit das Gemüth nicht in freyem Glauben zusammenstimmt."

575. AN MICHAEL JAN DE GOEJE, 12. Juli 1900 (Brief, lat.)
1 De Goejes Frau, Wilhelmina Henriëtte, geb. Leembruggen, war am 25. Juni 1900 verstorben.

576. AN KONRAD BURDACH, 14. Juli 1900 (Brief)
1 K. Burdach, Walther von der Vogelweide. Philologische und historische Forschungen, Leipzig 1900
2 Die „Altböter" waren im Gegensatz zu den Schuhmachern Flickschuster; sie stellten selbst keine neuen Schuhe her. In Stettin gab es, wie etwa auch in Wismar, eine Altböterstraße.
3 Bibl. 156.

577. AN WILHELM HERRMANN, 12. Oktober 1900 (Postkarte)?
1 W. Herrmann, Ethik, GThW 1, 5/2, Freiburg i.Br. 1901. Darin §18 „Die Erlösung durch Jesus Christus" (72–74), §19 „Der christliche Glaube" (76–99).
2 Lk 17,21, vgl. ebd. 77.
3 Wahrscheinlich Johannes Weiß, Die Predigt Jesu vom Reiche Gottes, Göttingen ²1900.

578. AN MICHAEL JAN DE GOEJE, 3. Dezember 1900 (Postkarte, lat.)
1 M.J. de Goeje, Mémoire sur la conquête de la Syrie, Mémoires d'histoire et de géographie orientales 2, Leiden ²1900.
2 Vgl. ebd. 10–17.

579. AN CHARLOTTE LIMPRICHT, 23. Dezember 1900 (Brief)
1 Der Mediziner Hermann Briegleb.
2 Bauernregel.

580. AN FERDINAND JUSTI, 29. Dezember 1900 (Brief)
1 Das arabische Reich und sein Sturz, Bibl. 170.
2 Der Bonner Kunsthistoriker Carl Justi.
3 Des Tübinger Philosophen Friedrich Theodor Vischer. Vgl. Robert Vischer (Hg.), Vorträge von Friedrich Theodor Vischer, 7 Bde., Stuttgart 1898–1905.
4 Wie Frau Justi.
5 Ἑλένη „die Sonnenhafte/Strahlende/Schöne".

581. AN FRIEDRICH LEO, 8. Januar 1901 (Handschriftliches Formular auf Papier der Königl. Gesellsch. d. Wissensch. zu Göttingen)
1 Von Wellhausen stammen nur die recte gesetzten Teile, die *kursiven* von F. Leo.

2 Die Weidmannsche Buchhandlung in Berlin.
3 S.u. **589**[1].

582. AN PAUL WENDLAND, 10. Januar 1901 (Postkarte)
1 Albert Thumb, Die griechische Sprache im Zeitalter des Hellenismus. Beiträge zur Geschichte und Beurteilung der Κοινή, Straßburg 1901.

583. AN FERDINAND JUSTI, 13. Januar 1901 (Brief)
1 Der Ryck mündet bei Greifswald in den Greifswalder Bodden.
2 Entspr. 22–23°C.
3 Kniffe, schlaue Handgriffe, auch: Streiche.
4 Bewer.
5 „Wanderlied der Prager Studenten" (Joseph von Eichendorff, Aus dem Leben eines Taugenichts, Kap. 9).

584. AN CHARLOTTE LIMPRICHT, 13. Januar 1901 (Brief)
1 Es geht um ein Weihnachtsgeschenk Justis, wahrscheinlich Reproduktionen eigener Bilder, vgl. auch **556**.
2 Vgl. Die rel.-polit. Oppositionsparteien, Bibl. 164, 21[1] und Carl de Boor, Theophanis Chronographia, 2 Bde., Leipzig 1883/85.

585. AN FERDINAND JUSTI, 26. März 1901 (Brief)
1 Ludwig Justi heiratete am 7.9.1901 in Freiburg Emilie („Emy") Katharina Mathilde Lüroth, Tochter des Mathematikers Johann Jakob Lüroth und der Schwester Helene Justis, Karoline Antonie Schepp.
2 Ernst Rudolf Schepp, gestorben am 13. März.
3 Rudolf Meißner (s.u. **669**).
4 Israelit. u. jüd. Geschichte ³1897 (Bibl. 135) 299f. (vgl. ⁴1901, Bibl. 164, 305).
5 Vgl. Skizzen und Vorarbeiten 6, Bibl. 149, 123 sowie Das arab. Reich und sein Sturz, Bibl. 170, 268ff.
6 Leo Meyer, Handbuch der griechischen Etymologie, Bd. 1. Wörter mit dem Anlaut a, e, o, ē, ō, Leipzig 1901.

586. AN FERDINAND JUSTI, 3. April 1901 (Postkarte)
1 Vgl. Das arabische Reich und sein Sturz, Bibl. 170, 286–88, insb. 287 Anm. 1.

587. AN FERDINAND JUSTI, 12. April 1901 (Postkarte)
1 S.o. **586**.

588. AN THEODOR NÖLDEKE, 3. Mai 1901 (Postkarte)
1 Kurt Sethe war 1900 in Göttingen ao. Prof. geworden.

589. AN FERDINAND JUSTI, 3. Juni 1901 (Brief)
1 Bibl. 166.
2 Als Geschenk von Minna Ewald (1899). SUB Göttingen, Cod. Ms. Ewald. Vgl. Richard Fick/Götz von Selle, Briefe an Ewald. Aus seinem Nachlaß, Vorarbeiten zur Geschichte der Göttinger Universität und Bibliothek 13, Göttingen 1932.

590. AN THEODOR MOMMSEN, 17. Juni 1901 (Brief)
1 Die Aufnahme in den Orden *Pour le Mérite* in seiner Sitzung am 29.5.1901.

591. AN ADOLPH VON MENZEL, 28. Juni 1901 (Brief)

592. An die Gesellschaft der Wissenschaften zu Göttingen, 29. Juni 1901 (Brief)
1 Benedikt Niese wurde zum korrespondierenden Mitglied gewählt, Justi verblieb in diesem Status.

593. An Theodor Nöldeke, 11. Juli 1901 (Brief)
1 S.o. **589**[1].
2 S.o. **589**[2].

594. An Otto Hartwig, 16. Juli 1901 (Brief)
1 Helene Hartwig heiratete am 9.11.1901 den Bibliothekar Erich Liesegang.

595. An die Gesellschaft der Wissenschaften zu Göttingen, 20. Juli 1901 (Brief)
1 Bickell war 1865 zur katholischen Kirche übergetreten und seit 1867 Priester; er wurde 1901 zum korrespondierenden Mitglied gewählt.

596. An den Kurator der Universität Göttingen, 29. Juli 1901 (Brief)

597. An Ernst Ehlers, 4. August 1901 (Postkarte)
1 Bibl. 164, vorgelegt am 3. August.

598. An Ernst Ehlers, 29. Juli 1901 (Brief)
1 Bibl. 166 (28 S.), zwei Bogen (8°) entsprechen 32 Seiten.
2 Bibl. 164 (99 S.), 11–12 Bogen 4° entsprechen 88–96 Seiten.

599. An Ferdinand Justi, 18. September 1901 (Brief)
1 Ludwig Justi und Emy geb. Lüroth, s.o. **585**[1].

600. An Charlotte Limpricht, 19. Oktober 1901 (Brief)
1 Georg Kaibel war am 12.10.1901 gestorben. Wilamowitz' Grabrede: Ulrich von Wilamowitz-Moellendorff, Abschiedsworte am Sarge des Professors Dr. Georg Kaibel. Dienstag den 15. October 1901 gesprochen und aus der Erinnerung aufgezeichnet, Göttingen 1901, vgl. auch ders., Erinnerungen. 1848–1914, Leipzig ²1928, 240f.
2 Wegen des Doktorjubiläums Heinrich Limprichts, s.o. **547.559**.
3 Karl Dziatzko.
4 Festschrift zur Feier des hundertfünfzigjährigen Bestehens der Königlichen Gesellschaft der Wissenschaften zu Göttingen, 3 Bde., Berlin 1901 (Bd. 2: „Beiträge zur Gelehrtengeschichte Göttingens").

601. An Ferdinand Justi, 22. Oktober 1901 (Postkarte)
1 Emy, s.o. **585**[1].
2 Die Seitenzahl bezieht sich auf Bibl. 164, wo Wellhausen für das Genannte August Müller, Der Islam im Morgen- und Abendland, 2 Bde., Allgemeine Geschichte in Einzeldarstellungen II,4 Berlin 1885/87, Bd. 1, 327, anführt.

602. An Ferdinand Justi, 25. Oktober 1901 (Postkarte)
1 Vgl. Bibl. 164, 93. Wellhausen nennt ebd. die „Palingenesie (ragʻa)", s.o., und die „Metempsychose [so zu lesen] (tanâsuch alarvâh)".

603. An Robert Vischer, 29. Oktober 1901 (Brief)
1 S.o. **600**[1].
2 Die Sekretäre der beiden Klassen der Sozietät.

730 Anmerkungen

604. An Ernst Ehlers, 31. Oktober 1901 (Brief)
1 Cyrus Adler / Isidor Singer (Hgg.), The Jewish Encyclopedia. A Descriptive Record of the History, Religion, Literature, and Customs of the Jewish People from the Earliest Times to the Present Day, 12 Bde., New York/London, 1901–06.

605. An Ernst Ehlers, 11. November 1901 (Brief)
1 In der Sitzung am 8.11. hatte Wellhausen Littmanns „Neuarabische Volkspoesie" (für die Abhandlungen) vorgelegt (s.u. **620**^{2}).

606. An Hermann Usener, 21. März 1902 (Postkarte)
1 Jan Pieter Nicolaas Land, Anecdota Syriaca. Collegit, edidit expliciut, 3 Bde., Leiden 1862–75, hier: Bd. 3. Zachariae episcopi Mitylenes aliorumque scripta historica graece plerumque deperdita. Inest tabula lithographica, Leiden 1870.
2 Bratpfanne, Kasserolle.
3 François Combefis, Illustrium Christi Martyrum lecti triumphi, vetustis Graecorum monumentis consignati. Ex tribus antiquissimis regiae Lutetiae bibliothecis, Paris 1659/60.

607. An Theodor Mommsen, 27. April 1902 (Brief)

608. An Theodor Mommsen, 1. Mai 1902 (Brief)
1 Harnack wurde dennoch zusammen mit Karl Justi am 31.5.1902 in den Orden aufgenommen.

609. An Helene Justi, 16. Mai 1902 (Brief)
1 Bibl. 170.
2 D.h. 320 Seiten.

610. An Adolf Harnack, 4. Juni 1902 (Brief)
1 Adolf Harnack, Der Brief des Ptolemäus an Flora. Eine religiöse Kritik am Pentateuch im 2. Jh., SBAW 1902, 507–47.
2 S.o. **608**^{1}.
3 Hans Lietzmann, Der Psalmencommentar Theodor's von Mopsuestia (vorgelegt von Adolf Harnack), SBAW 1902, 334–46.

611. An Ferdinand Justi, 8. Juni 1902 (Brief)
1 S.o. **105**^{2}.
2 Am 2. Juni war Justis Geburtstag.
3 S.o. **608**^{1}.
4 Die Geburt des ersten Kindes von Ludwig und Emy Justi, Wolfgang.
5 Gießen, Göttingen und Marburg.
6 Rudolf Bewer.

612. An Eduard Schwartz, 14. Juni 1902 (Postkarte)
1 Eine Stadt in der westl. Türkei (Phrygien), ca. 250 km südwestlich von Ankara, das antike Akroinon oder Nikopolis, nahe Ipsus und Synnada.

613. An Edward Schröder, 29. Juni 1902 (Brief)
1 Gustav Roethe.
2 Schröder kam zum Wintersemester 1902/03 nach Göttingen.

614. An Eduard Schwartz, 18. Juli 1902 (Postkarte)
1 Vgl. Das Evangelium Marci (Bibl. 178) 87f. und Ed. Schwartz, Zu Clemens ΤΙΣ Ο ΣΩΙΖΟΜΕΝΟΣ ΠΛΟΥΣΙΟΣ, Hermes 38 (1903) 75–90. Die Lesart εἰς ποῦ bei Clem. Alex., Quis div. salv. 4,10; 25,1 (Mk 10,30).

615. An Eduard Schwartz, 18. Juli 1902 (Postkarte)
1 S.o. **614**.

616. An Enno Littmann, 24. Juli 1902 (Postkarte), nach Oldenburg

617. An Ferdinand Justi, 4. August 1902 (Brief)
1 Das arabische Reich und sein Sturz, Bibl. 170.
2 Kap. 8 („Die arabischen Stämme in Churâsan"), 247–306 und Kap. 9 („Der Sturz des arabischen Reiches"), 306–52.
3 Isidor Scheftelowitz, Arisches im Alten Testament, 2 Bde., Diss. Phil. Königsberg 1901/03, Justis Rezension in BPhWS 22 (1902) 948–50.
4 F. Justi, Rez. Alexander Baumgartner, Geschichte der Weltliteratur, I. Die Literaturen Westasiens und der Nilländer. II. Die Literaturen Indiens und Ostasiens, Freiburg i.B. $^{3/4}$1901/2, in: ZfB 19 (1902) 289–91.
5 *Pour le Mérite*.

618. An Enno Littmann, 6. August 1902 (Postkarte)
1 Lat. Scherzvers: Deficiente pecu, deficit omne nia (Wortspiel mit pecunia), etwa: „Wo es an Geld fehlt, fehlt es an allem."
2 Gustav Jahn, Das Buch Esther. Nach der Septuaginta hergestellt und kritisch erklärt, Leiden 1901, dazu Wellhausens Rezension Bibl. 176, und Jahns Antwort: Beiträge zur Beurtheilung der Septuaginta. Eine Würdigung Wellhausenscher Textkritik, Kirchhain 1902.

619. An Enno Littmann, 10. August 1902 (Postkarte)

620. An Enno Littmann, 17. August 1902 (Postkarte)
1 E. Littmann, The Chronicle of King Theodore of Abyssinia. Edited from the Berlin Manuscript with Translation and Notes, Princeton/New York/Leipzig 1902.
2 E. Littmann, Neuarabische Volkspoesie, AGWG.PH 5,3, Berlin 1902. Die Übersetzung beginnt auf S. 85, d.h. mit dem 12. Bogen (s.u. **621**).

621. An Enno Littmann, 19. August 1902 (Postkarte)
1 10½ Bogen 4° entsprechen 84 Seiten (s.o. **620**^{2}).

622. An Enno Littmann, 2. September 1902 (Postkarte)
1 Nöldekes Mutter stammte aus Eldagsen bei Hildesheim; der väterliche Zweig kommt aus dem Hamburgischen.

623. An Francis Crawford Burkitt, 3. Oktober 1902 (Postkarte, lat.)
1 F.C. Burkitt, Evangeliôn da-Mĕparreshê. The Curetonian version of the Four Gospels, with the readings of the Sinai Palimpsest and the early Syriac patristic evidence, 2 Bde., Cambridge 1902. Burkitt hatte Wellhausen die Bände am 1.10.02 angekündigt (Brief: SUB Göttingen, s. Vorwort).
2 Im nächsten Jahr („um diese wiederbelebte Zeit").
3 Giuseppe Bianchini (Hg.), Evangeliarium quadruplex Latinae versionis antiquae seu veteris Italicae, Rom 1749.
4 Johannes Engebretsen Belsheim (Hg.), Codex Veronensis. Quattuor euangelia ante Hieronymum Latine translata eruta ..., Prag 1904.

624. An Eduard Schwartz, 12. Oktober 1902 (Postkarte)
1 S.o. **614**.
2 Gemeint ist wohl Mt 14,31.
3 Der Codex Vercellinus des Clemens Romanus.

625. An Eduard Schwartz, 23. November 1902 (Postkarte)

626. An den Dekan der Philosophischen Fakultät der Universität Göttingen, 2. Dezember 1902 (Brief)

627. An Richard Pietschmann, 13. Dezember 1902 (Postkarte)
1 R. Pietschmann, Geschichte der Phönizier, Allgemeine Geschichte in Einzeldarstellungen I,4/2, Berlin 1889.
2 Dort allgemeine Überlegungen zu „Volksgeist" und Kultur: „Als Ganzes aber paßt sie [d.i. „eine Kultur solcher Gattung" – wie Chinesen, Babylonier, Ägypter – im Gegensatz etwa zu den Phöniziern] nur in den Raum, in dem sie groß geworden ist. Der Ausbreitung der Nation, deren Eigenthum sie ist, legt sie daher erhebliche Schranken auf."
3 Vgl. R. Pietschmann, s. Anm. 1, 304 und ebd. Anm. 2 zu Gutschmid.

628. An Ferdinand Justi, 30. Dezember 1902 (Brief)
1 Der Schriftsteller und Kunsthistoriker Carl Maria Cornelius.
2 Jacob Lüroth, Mathematiker in Freiburg.
3 Vgl. Evangelium Marci, Bibl. 178, 4 und Ev. Lucae, Bibl. 185, 5.

629. An Ferdinand Justi, 3. Februar 1903 (Brief)
1 F. Justis Sohn Karl ging 1903 als Arzt nach Hongkong (bis 1913); s.u. **638**.
2 1903 wurde Friedrich Carl Andreas ao. Prof. für Westasiatische Sprachen in Göttingen.

630. An die Gesellschaft der Wissenschaften zu Göttingen, 5. März 1903 (Brief)

631. An den Kurator der Universität Göttingen, 5. März 1903 (Brief)

632. An Eduard Schwartz, 14. März 1903 (Postkarte)
1 Vgl. Bibl. 184, 29.

633. An Eduard Schwartz, 25. März 1903 (Postkarte)
1 Zur genannten Stelle der Didascalia und zum folgenden vgl. Edmund Hauler, Didascaliae Apostolorum Fragmenta veronensia Latina. Accedunt Canonum qui dicuntur apostolorum et Aegyptiorum Reliquiae, Teil 1: Praefatio, Fragmenta, Imagines, Leipzig 1900, 5, ferner M.D. Gibson, The Didascalia Apostolorum in Syriac, London 1903 und Wellhausens Rezension Bibl. 180.
2 1883 veröffentlicht; welche Ausgabe W. benutzt hat, geht aus den Briefen nicht hervor.

634. An Eduard Schwartz, 16. April 1903 (Postkarte)

635. An Eduard Schwartz, 26. April 1903 (Postkarte)
1 Vgl. Ev. Lucae, Bibl. 185, 27f.

636. An die Gesellschaft der Wissenschaften zu Göttingen, 26. April 1903 (Brief)

637. An Eduard Schwartz, 29. April 1903 (Postkarte)
1 Vgl. Konstantin Tischendorf, Codex Amiatinus. Novum Testamentum Latine interprete Hieronymo ex celeberrimo Codice Amiatino omnium et antiquissimo et praestantissimo nunc primum edidit, Leipzig 1854, XVI und passim.

638. An Ferdinand Justi, 3. Juni 1903 (Brief)
1 Helene Justis Geburtstag.
2 F. Justis Geburtstag.
3 S.o. **629**.
4 Ludwig Justis Kinder Wolfgang (geb. 1902) und Hedwig (geb. 1903).

5 In der Nachfolge des „Froschmäusekriegs" der antiken Homerparodien.
6 Hess. „immer".

639. An Edward Schröder, 18. Juni 1903 (Brief)

640. An Eduard Schwartz, 19. Juni 1903 (Postkarte)
1 *Al-Iṣṭaḫrī* (الإصطخري), ein arab. Geograph des 10. Jh.s, von ihm stammt u.a. das „Buch der Wege und Reiche" (*Kitāb al-masālik wa-l-mamālik*, كتاب المسالك والممالك).

641. An Hugo Willrich, 11. Juli 1903 (Brief)
1 H. Willrich, Der historische Kern des III. Makkabäerbuches, Hermes 39 (1904) 244–58.
2 Josephus, C. Ap. 2,51–56; s. a.a.O. 246.
3 Ebd. 256f.
4 Ebd. 254f. Vgl. auch Bibl. 176, 145.

642. An Eduard Schwartz, 24. Juli 1903 (Postkarte)

643. An Anthony Ashley Bevan, 17. August 1903 (Brief, lat.)
1 A.A. Bevan, The King of Tyre in Ezekiel XXVIII, JThSt 4 (1903) 500–05.
2 Corpus inscriptionum semiticarum ab Academia Inscriptionum et Litterarum Humaniorum conditum atque digestum. Pars 2. Inscriptiones Aramaicas continens, Bd. 1, Paris 1889–1902, 350.
3 *ḥiman* „Temenos", vgl. dazu William Robertson Smith, Lectures on the Religion of the Semites. First Series. The fundamental Institutions, 2nd revised ed., London 1894, 156 sowie Wellhausen, Reste arab. Heidentums, Bibl. 134, 107–09.
4 Übersicht über die semitischen Völker und Sprachen.

644. An Enno Littmann, 4. September 1903 (Postkarte)
1 Wohl Leonhard Bauer, Volksleben im Lande der Bibel, Leipzig 1903.

645. An Carl Bezold, 22. Oktober 1903 (Brief)
1 C. Bezold, Die babylonisch-assyrischen Keilinschriften und ihre Bedeutung für das Alte Testament. Ein assyriologischer Beitrag zur Babel-Bibel-Frage. Mit 100 Anm. u. 12 Abb. (Vortrag, gehalten zu Karlsruhe in der 39. Hauptversammlung des Wissenschaftlichen Predigervereins der evangelischen Geistlichkeit des Großherzogtums Baden am 1. Juli 1903), Tübingen 1904.
2 Vgl. Bibl. 21a.
3 Friedrich Delitzsch, Wo lag das Paradies? Eine biblisch-assyriologische Studie. Mit assyriologischen Beiträgen zur biblischen Länder- und Völkerkunde und einer Karte Babyloniens, Leipzig 1881, ders., Assyrisches Wörterbuch zur gesamten bisher veröffentlichten Keilschriftliteratur unter Berücksichtigung zahlreicher unveröffentlichter Texte, Leipzig 1890 bzw. ders., Assyrisches Handwörterbuch, Leipzig 1896.
4 Grotefends Onkel Friedrich August war verheiratet mit Nöldekes Tante Henriette Luise geb. Nöldeke.
5 Marcus Jastrow, A Dictionary of the Targumim, Talmud Babli, Talmud Yerushalmi and Midrashic Literature, 2 Bde., London u.a. 1886–1903.
6 Die *Ansāb* al-Balāḏurīs hat Carl Heinrich Becker nie herausgegeben, erst seit den 30er Jahren erscheint eine Ausgabe an der Hebräischen Universität Jerusalem.

646. An Adolf Jülicher, 1. November 1903 (Postkarte)
1 Bibl. 191.
2 Für Jülichers eigenen Beitrag im selben Band.
3 Bibl. 178, Jülichers Rez.: ThLZ 29 (1904) 256–61.

647. An Adolf Jülicher, 3. November 1903 (Brief)
1 Für die Zusage der Rezension des Evangeliums Marci (Bibl. 178).
2 Mit dem Beitrag zu Paul Hinneberg, Die Kultur der Gegenwart (vgl. Bibl. 191).
3 Wohl P. Hinneberg.

648. An Eduard Schwartz, 10. Dezember 1903 (Postkarte)
1 Robert Payne Smith, Thesaurus Syriacus, 2 Bde., Oxford 1879–1901. Zu ܙܠܓ s. ebd. 1, 1480.
2 Codex Curetonianus, eine altsyrische Evangelienhandschrift des 5. Jh.s, 1858 von William Cureton herausgegeben.

649. An Berthold Freudenthal, 14. Januar 1904 (Brief)
1 S.o. 554[1].

650. An Eduard Schwartz, 18. Januar 1904 (Postkarte)
1 Georg Hoffmann, Zwei Hymnen der Thomasakten herausgegeben, übersetzt und erklärt. Ein Versuch in gegebener Veranlassung, ZNW 4 (1903) 273–309.
2 Ebd. 296: „Knospen".
3 Ebd. 297: „Sie setzt Wahrhaftigkeit auf ihr Haupt u. wirbelt die Freude auf in ihren Füßen."
4 Ebd. 303.
5 Ebd 301: „ܘܨܒܥܬܗ ܘܪܓܠܝܗ̇" / οἱ δὲ δάκτυλοι αὐτῆς („Ihre Finger").
6 Vgl. ebd. 32 (f.) nach 30 (m.).
7 Ebd. 298: „βοφορκαλαχ" für בפרקנך.
8 Ebd.: „ρουα δα κουϲτα".

651. An Marie Hartwig, 30. Januar 1904 (Brief)
1 Otto Hartwig war am 22.12.1903 gestorben.
2 Goethe, Wandrers Nachtlied (1780/1815).
3 Hi 13,15 (q^{e}rê).

652. An Walter de Gruyter, 20. Februar 1904 (Brief)
1 Für Bibl. 183; 100 M. pro Bogen.
2 Bibl. 184 (156 S. = 9½ Bogen).
3 Bibl. 178.

653. An Eduard Schwartz, 23. Februar 1904 (Postkarte)
1 Theodor Zahn, Acta Ioannis. Unter Benutzung von C. von Tischendorf's Nachlass bearbeitet, Erlangen 1880; der Hinweis ders., Das Evangelium des Matthäus, KNT 1, Leipzig 1903, 602 Anm. 86.

654. An Carl Bezold, 24. Februar 1904 (Brief)
1 C. Bezold (Hg.), Orientalische Studien. Theodor Nöldeke zum 70. Geburtstag (2. März 1906). Gewidmet von Freunden und Schülern, 2 Bde., Gießen 1906. Vgl. Wellhausens Rezension Bibl. 203.
2 Nicht erschienen, s. auch u. **688.697**.
3 Adalbert Merx, Die vier kanonischen Evangelien nach ihrem ältesten bekannten Texte. Übersetzung und Erläuterung der syrischen im Sinaikloster gefundenen Palimpsesthandschrift, 2 Teile in 4 Bdn., Berlin 1897–1911.

655. An Walter de Gruyter, 24. Februar 1904 (Brief)
1 Ev. Marci: Bibl. 178 (1903, ²1909), Ev. Matthaei: Bibl. 184 (1904, ²1914), Ev. Lucae: Bibl. 185 (1904).
2 Bibl. 190 (1905, ²1911).

656. An Eduard Schwartz, 24. Februar 1904 (Postkarte)

657. An Eduard Schwartz, 9. März 1904 (Postkarte)
1 Ed. Schwartz, Der verfluchte Feigenbaum, ZNW 5 (1904) 80–84, auch in ders., Zum Neuen Testament und zum frühen Christentum, Gesammelte Schriften Bd. 5, Berlin 1963, 42–47.
2 Mk 13,28.

658. An Adolf Harnack, 18. März 1904 (Brief)
1 Bibl. 184.

659. An Eduard Schwartz, Frühjahr 1904 (ausgerissenes Blatt)
1 Das Evangelium Matthaei (Bibl. 184) ist offenbar noch nicht (s. dazu u. **663**, d.h. vor dem 23. April), die Miszelle von Schwartz soeben erschienen (s.o. **657**, d.h. nach dem 3. März 1904). Es handelt sich um ein von Schwartz herausgerissenes Blatt, möglicherweise aus den im Schreiben wohl gemeinten Druckfahnen.
2 Bibl. 184, 126 erwähnt Wellhausen die Anm. 1 genannte Miszelle „Der verfluchte Feigenbaum" (ZNW 5 [1904] 80–84; Anm. 1). Nach Schwartz beziehen sich die beiden Erwähnungen des Feigenbaumes Mk 11,13f.20f. und 13,28 (par. Mt 24,32) auf ein und denselben Feigenbaum. S. auch o. **657**.
3 Bibl. 184, 127 oben.

660. An Wilhelm Meyer, 26. März 1904 (Brief)
1 Habakuk.
2 Zefanja.
3 Möglicherweise im Nachgang zu W. Meyer, Die Legende des h. Albanus des Promartyr Angliae in Texten vor Beda, AGWG.PH 8 (1905) 1–81 (vorgelegt am 24. Januar).

661. An Walter de Gruyter, 1. April 1904 (Postkarte)

662. An Adolf Harnack, 13. April 1904 (Brief)
1 Harnack hatte den zweiten Band des zweiten Teils seiner Geschichte der altchristlichen Litteratur bis Eusebius (Die Chronologie der Litteratur von Irenäus bis Eusebius, Leipzig 1904) Wellhausen („zum sechzigsten Geburtstag freundschaftlich und dankbar") gewidmet (s. dazu auch u. **665** mit Anm. 5). Vgl. u. **848**².

663. An Walter de Gruyter, 23. April 1904 (Brief)

664. An Ferdinand Justi, 27. April 1904 (Brief)
1 Vgl. die 15. Strophe des „Gesellenlieds" (Seid nur lustig und fröhlich): „Zu Hannover in dem türkischen Reichen, / da ließ ich einen streichen, / kamen ihrer drei / von der Polizei / und pitschierten mir den salva venia-ha!", darin auch „Bruder Straubinger", die literarische Figur eines lustigen Gesellen, erstmals 1834 erwähnt (Friedrich Silcher / Friedrich Erk [Hgg.], Schauenburgs Allgemeines Deutsches Kommersbuch, 55.–58. Auflage, Lahr o.D. [um 1900] 672f.). 1903 wurde eine Operette gleichen Namens erstmals aufgeführt (Komp.: Edmund Eysler).
2 Vgl. Ev. Matthaei, Bibl. 184, 120–23.

665. An Adolf Jülicher, 2. Mai 1904 (Brief)
1 Vgl. Ev. Marci, Bibl. 178, 30–39.
2 Christian August Bugge, Die Haupt-Parabeln Jesu. Mit einer Einleitung über die Methode der Parabel-Auslegung, Gießen 1903 (zuerst norwegisch: Jesu Hoved-Parabler. Udlagte, Kopenhagen 1901).
3 Zu Mt 25,14–30.
4 Ev. Matthaei, Bibl. 184, 9.35.
5 Der Widmung Harnacks (s.o. **662**¹) folgte auf S. VI eine Travestie auf die Z. von Goethes Buch des Unmuts (dort in 1. Person, vgl. Frankfurter Ausgabe Bd. I/3,1, 1994, 57f. [357f.]): „Hat er euch

denn je geraten, / Wie ihr Kriege führen solltet? / Schalt er euch nach euren Taten, / Wenn ihr Frieden schließen wolltet? // Und so hat er auch den Fischer / Ruhig sehen Netze werfen, / Brauchte dem gewandten Tischer / Winkelmaß nicht einzuschärfen. // Aber ihr wollt besser wissen, / Was er weiß, der er bedachte. / Was Natur, für ihn beflissen, / Schon zu seinem Eigen machte. // Fühlt ihr euch der gleichen Stärke, / Nun so fördert eure Sachen! / Seht ihr aber seine Werke, / Lernet erst: so wollt er's machen."
6 Jmdn. übertrieben loben (frz. *donner de l'encensoir par le nez à quelqu'un*).
7 Joh 19,22.

666. AN EDUARD SCHWARTZ, 4. Mai 1904 (Postkarte)
1 Ed. Schwartz, Über den Tod der Söhne Zebedaei. Ein Beitrag zur Geschichte des Johannesevangeliums, AGWG.PH 7,5, Berlin 1904; vgl. dort 75ff. zu Papias, 88ff. über die Aloger und 94ff. zu Gaius.
2 S.u. **667**².

667. AN EDUARD SCHWARTZ, 4. Mai 1904 (Postkarte)
1 Vgl. Apg 6,5: Einer der sieben Diakone der Urgemeinde.
2 Theodor Zahn, Acta Ioannis (s.o. **653**¹).

668. AN EDUARD SCHWARTZ, 6. Mai 1904 (Postkarte)
1 Vgl. hierzu und zum folgenden Ed. Schwartz, Über den Tod der Söhne Zebedaei 117f. (zu Joh. 21,23; Postkarte und Brief vom 4.5.1904).

669. AN FERDINAND JUSTI, 3. Juni 1904 (Brief)
1 Eduard Justi (1904–1986), der Sohn von Karl Justi, der sich in Hongkong aufhielt.
2 Die Hochzeit des Germanisten Rudolf Meißner mit Eleonore („Lorle") Vischer war für den 24. Mai in Wien geplant. Doch Meißner erschien nicht, wie das „Neue Wiener Abendblatt" vom 25.5. berichtet: „Großes Aufsehen dürfte in Gelehrtenkreisen das mysteriöse Verschwinden des Göttinger Universitätsprofessors Dr. Rudolf Meißner erregen. Professor Meißner [...] sollte sich gestern hier vermählen, ist aber wenige Stunden vor der Trauung aus Wien verschwunden." Braut und Brautmutter fanden ihn nach vagen Hinweisen in Paris und brachten ihn nach Wien zurück, wo die Hochzeit schließlich am 18. Juni stattfand. (Vgl. Karl Liko, Die österreichischen Nachkommen von J.F. Gottlob Tafel und seiner Frau Natalie geb. Schmid, Privatdruck Wien/Stuttgart 2002, 15f.).
3 Das Evangelium Matthaei (1904), Bibl. 184.
4 1905, Bibl. 190.
5 S.o. **664**.

670. AN WALTER DE GRUYTER, 15. Juni 1904 (Brief)
1 Moritz Friedländer, Griechische Philosophie im Alten Testament. Eine Einleitung in die Psalmen- und Weisheitsliteratur, Berlin: Reimer, 1904.
2 Bibl. 185.

671. AN WALTER DE GRUYTER, 17. Juni 1904 (Brief)
1 Ev. Lucae, Bibl. 185 (142 S. = 8 7/8 Bogen).

672. AN EDWARD SCHRÖDER, 12. Juli 1904 (Brief)

673. AN THEODOR NÖLDEKE, 15. Juli 1904 (Postkarte)
1 Heute Gemeinde Negenborn/Solling (*negen* = neun, *Born* = Quelle), wahrscheinlich außerdem gemeint: Negenborn bei Einbeck. Zur Sache vgl. Th. Nöldeke, Sieben Brunnen, ARW 7 (1904) 340–44, dazu Wellhausen Bibl. 193.
2 Bei Benniehausen im Gartetal gelegen, 2008 wieder freigelegt.

3 Vgl. Ludwig Ideler, Handbuch der mathematischen und technischen Chronologie. Aus den Quellen bearbeitet, Bd. 1, Berlin 1825, 178–82.

674. An Theodor Nöldeke, 16. Juli 1904 (Postkarte)
1 Ernst Förstemann, Altdeutsches Namenbuch. Zweiter Band. Ortsnamen, Nordhausen u.a. ²1872, 1154. S.o. 673.
2 Th. Nöldeke, Kurzgefaßte syrische Grammatik, ²1898, 94f.
3 Ca. 31°C.

675. An Adolf Harnack, 18. Juli 1904 (Brief)
1 Friedrich Wilhelm Karl Müller, Handschriftenreste in Estrangelo-Schrift aus Turfan, Chinesisch-Turkestan I, SPAW 1904, 348–52; II. Teil, APAW 1904, Anhang, Abhandlungen nicht zur Akademie gehöriger Gelehrter. Philosophische und historische Abhandlungen 2, Berlin 1904.
2 Vgl. Eduard Sachau, Litteratur-Bruchstücke aus Chinesisch-Turkistan. SPAW 47 (1905) 964–78.

676. An Ferdinand Justi, 3. August 1904 (Postkarte)
1 S.u. 677.

677. An Rudolf Smend, 18. August 1904 (Postkarte)
1 An der Nordwestspitze Bornholms gelegen.

678. An Ignaz Goldziher, 10. September 1904 (Postkarte)

679. An Adolf Jülicher, 3. Oktober 1904 (Postkarte)
1 Bibl. 185, 61, vgl. Bibl. 184, 118.
2 Bibl. 184, 78f.
3 Der Name eines Lexikographen Suidas, dem die Suda zugeschrieben wird, ist wohl aus einer Verlesung des Titels zu erklären, bei der Suda handelt es sich eher um ein Sammelwerk aus verschiedenen Quellen, das älteste byzantinische Lexikon (um 970). Immanuel Bekker, Suidae lexicon, Berlin 1854, 201f. („τὸ μέρος τοῦ σώματος τὸ περὶ τὴν ἔξοδον").
4 Bibl. 185,32.86f.97–99.
5 Ebd. 89, vgl. Bibl. 184, 21f.

680. An Ferdinand Justi, 7. Oktober 1904 (Brief))
1 Ev. Lucae, Bibl. 185.
2 Wellhausen bezeichnet seine Einleitung in die drei ersten Evangelien, Bibl. 190, als „Vorwort" zu den Einzelauslegungen (S. 3).
3 Enno Littmann.

681. An Eduard Schwartz, 24. Oktober 1904 (Brief)
1 Laqueur, Untersuchungen, vgl. Bibl. 195.
2 Benedictus Niese, Kritik der beiden Makkabäerbücher nebst Beiträgen zur Geschichte der makkabäischen Erhebung, Hermes 35 (1900) 268–307.453–527.
3 Carl Ludwig Willibald Grimm, Das zweite, dritte und vierte Buch der Maccabäer, KEHA 4, Leipzig 1857.

682. An Walter de Gruyter, 3. November 1904 (Brief)

683. An Walter de Gruyter, 19. November 1904 (Brief)
1 6. Ausgabe, Bibl. 189.

738 Anmerkungen

684. An Eduard Schwartz, 26. November 1904 (Postkarte)
1 Laqueur, Untersuchungen, vgl. Bibl. 195, zur Sache auch Bibl. 192.
2 Ebd. 244².

685. An Eduard Schwartz, 19. Dezember 1904 (Postkarte)
1 Ed. Schwartz, Zur Geschichte des Athanasius I. II. III. IV., NGWG 1904, 333–401.518–47, auch in ders., Zur Geschichte des Athanasius. Kleine Schriften Bd. 3, Berlin 1959, 1–86.

686. An Ignaz Goldziher, 19. Dezember 1904 (Brief)
Der Sachverhalt soll erstmals bei Ibn Isḥāq erwähnt sein (vgl. Suliman Bashear, Riding Beasts on Divine Missions. An Examination of the Ass and Camel Traditions, JSS 46 [1991] 37–75), taucht aber nur in jüngeren Fassungen auf (nicht bei Ibn Hišām und Yūnus b. Bukair), doch vgl. Fārisī in: Raif Georges Khoury, Les légendes prophétiques dans l'Islam. Depuis le Ier jusqu'au IIIe siècle 'Umāra de l'Hégire (*Kitāb Badʾ al-ḥalq wa-qiṣaṣ al-anbiyāʾ*). Avec édition critique du texte d'après le manuscrit d'Abū Rifāʿa Ibn-Waṭīma Ibn-Mūsā Ibn-al-Furāt al-Fārisī al-Fasawī, Wiesbaden 1978, 301. Goldziher hatte anhand einer späteren Polemik auf den Sachverhalt in ZDMG 32 (1878) hingewiesen: Über muhammedanische Polemik gegen Ahl al-kitâb, 341–87, hier 377.

687. An Adolf Harnack, 22. Dezember 1904 (Brief)
1 Otto Harnack ging 1905 von Darmstadt nach Stuttgart; Rudolf Meißner, bis dahin Privatdozent in Göttingen, wurde 1906 nach Königsberg berufen.
2 Adolf Hilgenfeld, Der Evangelist Marcus und Julius Wellhausen, ZWTh 47 (1904), 180–228.289–332.462–524.
3 S.o. 681² sowie Bibl. 192(.195).
4 Erasmus Fröhlich (1700–1756) hatte über die Seleukidenzeit die Annales compendiarii regum, & rerum Syriæ. Numis veteribus illustrati. Deducti ab obitu Alexandri Magni. Ad Cn. Pompeii in Syriam adventum. Cum amplis prolegomenis, Wien 1744, ²1754, verfasst.

688. An Carl Bezold, 31. Dezember 1904 (Postkarte)
1 Zur Festschrift für Th. Nöldeke (s.o. **654**¹).
2 Separat erschienen: Bibl. 192.

689. An Leone Caetani, 21. Januar 1905 (Brief, lat.)
1 Bibl. 192.
2 L. Caetani, Annali dell'Islam. Bd. 1. Introduzione dall'anno 1. al 6. H., Mailand 1905. Es folgten neun weitere Bände (AIs 1–9).

690. An Francis Crawford Burkitt, 28. Januar 1905 (Brief, lat.)
1 S.o. **623**¹ (heute sy^c, Codex Syro-Curetonianus).
2 Ebd. Bd. 2. Introduction and Notes.
3 Ebd. Bd. 2, Abb. 2 (zwischen S. 16 und 17). Bensly und Burkitt hatten eine wichtige Rolle bei der Entzifferung des Codex Syro-Sinaiticus (sy^s) gespielt.

691. An Julius Rodenberg, 10. Februar 1905 (Brief)

692. An Eduard Schwartz, 19. Februar 1905 (Postkarte)
1 Konstantins Aufstieg zur Alleinherrschaft, NGWG.PH 1904, 518–47.
2 Bei Vakidi, s. Muhammed in Medina (Bibl. 37) 256.
3 Vgl. dazu Friederike Furchtbar, Studien zur Universitätskrise in Russland in den Jahren 1899 bis 1905, Diss. Göttingen 1975, 63 u. Manfred Hagen, Hochschulunruhen und Regierungspolitik im Russischen Reich vor 1914, in: ders., Die russische Freiheit. Wege in ein paradoxes Thema, Stuttgart 2002, 51–69.

693. An Bernhard Stade, 27. Februar 1905 (Brief)
1 B. Stade, Biblische Theologie des Alten Testaments. Bd. 1. Die Religion Israels und die Entstehung des Judentums, GThW II/1,2, Tübingen 1905.
2 Es geht um die von Kosters bestrittene Historizität der Heimkehr aus dem Exil unter Kyros und den Tempelbau unter Dareios, vgl. ebd. 312.
3 Ebd. 306–08.
4 Ebd. 4.
5 S.o. Anm. 2 und vgl. Eduard Meyer, Die Entstehung des Judentums. Eine historische Untersuchung, Halle 1896, 167–220.

694. An Enno Littmann, 12. März 1905 (Brief)

695. An Adolf Jülicher, 18. März 1905 (Postkarte)

696. An Eduard Sievers, 17. April 1905 (Brief)
1 Ed. Sievers, Metrische Studien. II. Die hebräische Genesis, Zweiter Theil: Zur Quellenscheidung und Textkritik, ASGW.PH 23,2, Leipzig 1905 (= S. 164–393).
2 Ewald und Grimm gehörten zu den 1837 entlassenen „Göttinger Sieben".

697. An Theodor Nöldeke, Ende April 1905 (Brief)
1 Carl Hunnius, Das syrische Alexanderlied, Diss. Göttingen 1904, ders., Das syrische Alexanderlied, ZDMG 60 (1906) 169–209.558–89.802–21, = ders., Das syrische Alexanderlied, Leipzig 1906.
2 Offenbar nicht erschienen. – Die später erschienene 2. Auflage der Geschichte des Qorāns (Teil 1. Über den Ursprung des Qorāns, Leipzig 1909) wurde von Friedrich Schwally überarbeitet.
3 Bibl. 190.
4 Bibl. 192.
5 Orientalische Studien. Theodor Nöldeke zum 70. Geburtstag (2. März 1906) gewidmet von Freunden und Schülern und in ihrem Auftr. hrsg. von Carl Bezold, 2 Bde., Gießen 1906.
6 Bibl. 192, 160–63 („Sprachliche Beobachtungen zu 1 M.").

698. An Enno Littmann, 1. Mai 1905 (Brief)
1 E. Littmann, Semitic Inscriptions. Publications of an American Archaeological Expedition to Syria in 1899–1900, New York/London 1905 (Rez.: Bibl. 197).

699. An eine Buchhandlung, vor dem 3. Mai 1905 (Postkarte)
1 Nicht abgeschickt. Text nachträglich durchgestrichen; s.u. **700**.
2 David Friedrich Strauß, Das Leben Jesu, kritisch bearbeitet, 2 Bde., Tübingen 1. Aufl. 1835/6; 2., „verbesserte" Aufl. 1837; 3., „mit Rücksicht auf die Gegenschriften verbesserte" Aufl. 1838/39; 4. Aufl. 1840. Erst die vierte Auflage kehrt wieder fast zum Text der ersten, radikaleren, zurück.

700. An Eduard Schwartz, 3. Mai 1905 (Postkarte)
1 Die Karte war von Wellhausen zunächst an eine Buchhandlung geschrieben, jedoch nicht abgeschickt worden, s.o. **699**.
2 Über den geschichtlichen Wert des zweiten Makkabäerbuchs, Bibl. 192.
3 „Summa, Es will yhe der meuse mist unter dem pfeffer sein." (Martin Luthers Gesangbuchvorrede von 1528, WA 35, 475).

701. An den Verlag Walter de Gruyter, 18. Mai 1905 (Brief)

702. An Heinrich Limpricht, 21. Mai 1905 (Brief)
1 Wahrscheinlich gemeint: Rom bei Gerolstein (Eifel).
2 Adelheid von Wilamowitz-Moellendorff (1881–1951) heiratete 1904 den Archäologen und Historiker Carl Fredrich (1871–1930).

3 1907 erhielt ein Student aus Zellerfeld den immerhin auf 400 M. dotierten Preis.
4 1905 kam es, ausgehend von der Frage, ob es katholische und jüdische Studentenverbindungen geben dürfe, zu einem Konflikt um die „akademische Freiheit". Dazu fand vom 16.-20. Mai eine Konferenz der Hochschulrektoren statt; vgl. Bernhard vom Brocke (Hg.), Hochschulpolitik im Föderalismus. Die Protokolle der Hochschulkonferenzen der deutschen Bundesstaaten und Österreichs 1898 bis 1918, Berlin 1994, 89-106.
5 Hermann von Lucanus, der Chef des Geheimen Zivilkabinetts Wilhelms II.
6 Bibl. 190.
7 Hier dürfte die Familie von Anna („Anning", * 1871), der Schwester Marie Wellhausens, gemeint sein, die den Paläontologen und Geologen Johannes Paul Felix (1859-1941) geheiratet hatte.

703. An Carl Justi, 1. Juni 1905 (Brief)
1 Adolph von Menzel, der Kanzler des Ordens *Pour le Mérite*, war am 9.2.1905 verstorben.

704. An Ferdinand Justi, 3. Juni 1905 (Brief)
1 Rembrandt van Rijn, „Die Blendung Simsons" (1636), am 15. Mai 1905 auf Betreiben Ludwig Justis zum Preis von 360000 Mark vom Städel-Museum in Frankfurt erworben (Inv.-Nr. 1383). Vgl. dazu L. Justi, Werden - Wirken - Wissen. Lebenserinnerungen aus fünf Jahrzehnten. Aus dem Nachlaß herausgegeben von Thomas W. Gaehtgens und Kurt Winkler, Quellen zur deutschen Kunstgeschichte vom Klassizismus bis zur Gegenwart 5, 2 Bde., Berlin o.J. [2000], I. Textband, 184-90.
2 D.i. schmeicheln.
3 Der 29jährige Enno Littmann.
4 Es geht um das 2. Makkabäerbuch; vgl. Benedictus Niese, Kritik der beiden Makkabäerbücher (s.o. **681²**) und Richard Laqueur, Kritische Untersuchungen zum zweiten Makkabäerbuch, Straßburg 1904.
5 Vgl. Heinrich Ewald, Geschichte des Volkes Israel, Bd. 4, Göttingen ³1884, 381-90.
6 Max Reger.

705. An Wilhelm Bousset, 9. Juni 1905 (Briefkarte)
1 Lt. Wellhausen (Bibl. 178, 90) und Bousset (Die Offenbarung Johannis, KEK 16, Göttingen 1896, 35) blickt Mk 10,39 bereits auf das Martyrium der Zebedaiden zurück..
2 Aufgrund des von Bousset für echt gehaltenen Papiasfragments aus der Χριστιανικὴ ἱστορία des Philippus von Sides (430): „Παπίας ἐν τῷ δευτέρῳ λόγῳ λέγει, ὅτι Ἰωάννης ὁ θεολόγος καὶ Ἰάκωβος ὁ ἀδελφὸς αὐτοῦ ὑπὸ Ἰουδαίων ἀνῃρέθησαν." (s. Bousset [Anm. 1] 35), das Bousset auch anderwärts bestätigt sieht, schließt er: „Wir haben also anzunehmen, daß die Notiz: ‚Johannes und Jakobus wurden von den Juden getötet' tatsächlich in Papias Werk gestanden habe" (ebd.).

706. An Eduard Schwartz, 9. Juni 1905 (Postkarte)

707. An Eduard Schwartz, 9. Juni 1905 (Postkarte)

708. An Eduard Schwartz, 14. Juni 1905 (Postkarte)
1 Gemeint ist die Inschrift Priene 6 aus dem Jahre 9 v.Chr. (vgl. Donald F. McCabe u.a., Priene Inscriptions. Texts and List, Princeton 1987 [*olim* OGIS 458 II o. I Priene 105], 40f.: ἦρξεν δὲ τῶι κόσμωι τῶν δι' αὐτὸν εὐαγγελί[ων ἡ γενέθλιος ἡμέ]ρα τοῦ θεοῦ), in der der Jahresanfang für die Provinz Asia auf den Geburtstag des göttlichen Kaiser Augustus gelegt wird.

709. An Eduard Schwartz, 18. Juni 1905 (Postkarte)
1 Vgl. 2 Makk 14,33.
2 So Cod. Venetus, Cod. Alexandrinus liest μαίνεσθαι ἕως. Die Konjektur Μενεσθέως erstmals bei Hort in der engl. Revised Standard Version.

3 Wohl nicht geschehen.

710. An Walter de Gruyter, 18. Juni 1905 (Brief)
1 Bibl. 190. Zum Ohrenleiden s.o. **701**.
2 128–144 S. Es wurden 7 ¼ Bogen (116 S.).
3 Ernst Haeckel, Der Kampf um den Entwickelungs-Gedanken. Drei Vorträge, gehalten am 14., 16. und 19. April 1905 im Saale der Sing-Akademie zu Berlin, Berlin 1905.

711. An Enno Littmann, 19. Juni 1905 (Brief)
1 Ps 78,20.
2 Vgl. etwa Heinrich Ewald / Leopold Dukes, Beiträge zur Geschichte der ältesten Auslegung und Spracherklärung des Alten Testamentes. Erstes Bändchen, Stuttgart 1844, 1–74.
3 Bruno Violet, Ein zweisprachiges Psalmfragment aus Damaskus. Mit einer Abbildung des Fragments, Berichtigter Sonderabzug aus der Orientalischen Litteratur-Zeitung, 1901, Berlin 1902. (Durchgesehene und erweiterte Fassung des gleichnamigen Aufsatzes in OLZ 4 [1901] 384–403.425–41.475–88).
4 Paul Kahle, Die arabischen Bibelübersetzungen. Texte mit Glossar und Literaturübersicht, Leipzig 1904.
5 Wohl James Oscar Boyd, The text of the Ethiopic version of the Octateuch, with special reference to the age and value of the Haverford Manuscript, Bibliotheca Abessinica 2, Leiden 1905 (von Littmann herausgegeben).
6 S.o. **704**, am 2./3.6.1905.

712. An Wilhelm Meyer, 15. Juli 1905 (Postkarte)?
1 Ernst Trumpp, Der Kampf Adams (gegen die Versuchung des Satans) oder: das christliche Adambuch des Morgenlandes. Aethiopischer Text, verglichen mit dem arabischen Originaltext, ABAW 15,3, München 1881.

713. An Eduard Schwartz, 19. Juli 1905 (Postkarte)
1 Vgl. Die Namen des Orontes, Bibl. 199.

714. An Eduard Schwartz, 20. Juli 1905 (Postkarte)

715. An Eduard Schwartz, 21. Juli 1905 (Postkarte)
1 Die Nusairier (arab. *Nuṣairiyūn*, heute meist ʿAlawiten, arab. *ʿAlawīya*) sind dem schiitischen Islam nahestehende Araber in Syrien, etwa zwischen Mittelmeerküste und Orontes angesiedelt.
2 Dschebel Ansariye, arab. *Ǧabal al-Anṣarīya*, Gebirge im westlichen Syrien.

716. An Eduard Schwartz, 21. Juli 1905 (Postkarte)
1 Zit. aus den Res Gestae des Ammianus Marcellinus, XXVIII 2,11 (At procul, tamquam horum similia agitantibus furiis per omne latus, Maratocupreni grassatores acerrimi vagabantur, vici huius nominis incolae in Syria prope Apamiam positi, nimium quantum numero et exquisitis fallaciis abundantes, ideoque formidati quod mercatorum militumque honoratorum specie sine strepitu ullo diffusi, opimas domos et villas et oppida pervadebant).
2 Der arab. Name der Mardaiten, *Ǧarāǧima*. Die Mardaiten waren eine christliche Volksgruppe im Libanon und im Hochland, die nach der Errichtung des Kalifats wechselweise Byzanz oder die Araber unterstützten.
3 Sozomenos, Hist. eccl. V 16 u.ö.
4 Louis-Sébastien Le Nain de Tillemont, Mémoires pour servir à l'histoire ecclésiastique des six premiers siècles, tome 5, Paris ²1702, 880–99.

717. An Eduard Schwartz, 22. Juli 1905 (Postkarte)
1 Das heutige Kozan, im nordöstlichen Kilikien gelegen.

2 Das heutige Ağaçlı, ca. 25 km südlich von *Sis*.
3 Arab. *Maʿarrat an-Nuʿmān*, im heutigen Syrien, ca. 80 km südlich von Aleppo.

718. An den Kurator der Universität Göttingen, 23. Juli 1905 (Brief)
1 S.o. **694**.

719. An Eduard Schwartz, 23. Juli 1905 (Postkarte)
1 Arab. *Qinnasrīm*.
2 Heinrich Kiepert, Lehrbuch der alten Geographie, Berlin 1878
3 Emil Schürer, Geschichte des jüdischen Volkes im Zeitalter Jesu Christi, Bd. 1, Leipzig ⁴1902, Bd. 2 u. 3, ibd. ³1898, vgl. dort Bd. 3, § 31 (S. 1–134) „Das Judentum in der Zerstreuung. Die Proselyten".

720. An Marianne Ehlers, 23. Juli 1905 (Brief)

721. An Eduard Schwartz, 25. Juli 1905 (Postkarte)
1 Karl Baedeker (Hg.), Palästina und Syrien. Handbuch für Reisende, Leipzig ²1880, 455f. (*Râs el-Buseit*).

722. An Eduard Schwartz, 29. Juli 1905 (Postkarte)
1 Erstmals erwähnt von Eupolemos, Frag. 2,30,3 = Die Fragmente der Griechischen Historiker III C Nr. 723 (bei Euseb, Praep. Evang. IX 30,3).

723. An den Kurator der Universität Göttingen, 30. Juli 1905 (Brief)

724. An Rudolf Smend, 4. September 1905 (Brief). Auf Briefpapier des Hotels Drei Mohren, Lermoos (Tirol)
1 Etwa drei km östlich von Lermoos gelegen.

725. An Theodor Nöldeke, 2. Oktober 1905 (Brief)
1 Vgl. den Bericht über die Gesamtsitzung vom 23.10.1879 in MAWB 1879, 810–14, hier Nöldekes später (13.11.) verfasste Antwort 811 Anm. 1.
2 Justus Olshausen, Zur würdigung der Pahlavî-glossare und ihrer erklärung durch die Parsen. Einleitende bemerkungen über érânische sprache und den gebrauch der schrift in Érân, ZVSF 26 (1883, N.F. 6) 521–69, hier 533.
3 Siegmund Fraenkel, Die aramäischen Fremdwörter im Arabischen, Leiden 1886. Dort auch der Verweis auf Nöldeke (Anm. 1).
4 Dort mit lat. equa „Stute" wiedergegeben (vgl. Ṭabarī [*Taʾrīḫ*] I, 480,2; 481,7; II, 974,16, bei letzterem ist eine medische Stute gemeint, vgl. aram. רמך „Maultier").
5 Enno Littmann, Semitic Inscriptions. Publications of an American Archaeological Expedition to Syria in 1899–1900, Bd. 4, New York 1904, 113.
6 Armand Pierre Caussin de Perceval, Essai sur l'histoire des Arabes avant l'Islamisme, pendant l'époque de Mahomet, et jusqu'à la réduction de toutes les tribus sous la loi musulmane, 3 Bde., Paris 1847–48.
7 Vgl. Boëthius, De Consol. Philos. II 7.

726. An Walter de Gruyter, 4. Oktober 1905 (Brief)
1 Adalbert Merx, Die Evangelien des Markus und Lukas. Nach der syrischen im Sinaikloster gefundenen Palimpsesthandschrift. Mit vier Originalaufnahmen Jerusalemischer Grabstätten, Berlin 1905.
2 Bibl. 190.

727. An Eduard Schwartz, 4. Oktober 1905 (Postkarte, lat.)
1 Wohl für Ed. Schwartz, Christliche und jüdische Ostertafeln, AGWG.PH 8,6, Berlin 1905.

728. An Friedrich Carl Andreas, 8. Oktober 1905 (Postkarte)
1 Vgl. Ṭabarī (Taʾrīḫ) II, 454.

729. An Friedrich Rietbrock, 14. Oktober 1905 (Brief). In einer Abschrift Rudolf Smends
1 Nämlich überhaupt nicht. Rietbrock war ein alter Freund der Familie aus Lengerich im Tecklenburgischen, wo Familie Smend seit Generationen ansässig war.
2 Anm. auf der Abschrift: „Vorstehenden Brief schrieb Wellhausen an Vetter Friedrich Rietbrock in Lengerich, der einen durch mich an ihn ausgerichteten Gruß mit Übersendung eines jungen Fasanen und zweier Feldhühner beantwortet hatte. R. Smend."

730. An Theodor Nöldeke, 18. Oktober 1905 (Brief)
1 Vgl. o. **393** u. ö.
2 Vgl. dazu Anm. 4. Olshausen hat offenbar seine Auffassung in ausführlicher Form nirgends niedergelegt.
3 Paul Haupt, Koheleth oder Weltschmerz in der Bibel. Ein Lieblingsbuch Friedrichs des Großen. Verdeutscht und erklärt, Leipzig 1905.
4 In der 5. Aufl. (Bibl. 183) 243 Anm 1; vgl. in der letzten Auflage (Bibl. 234) 227 Anm. 4.
5 Hugo Greßmann, Der Ursprung der israelitisch-jüdischen Eschatologie, FRLANT 6, Göttingen 1905.
6 Vgl. Bibl. 201.
7 S. dazu o. **725**.
8 Verlorene Werke des arab. Philologen Abū ʿUbaida (aḫbār sind Texteinheiten arab. Prosa, die *aiyām al-ʿArab* ‚Tage der Araber' sind Legenden über die Kämpfe der vorislamischen Stämme).

731. An Adolf Jülicher, 12. November 1905 (Postkarte)
1 Ad. Jülicher, Sammelrezension von Bibl. 184, 185 u. 190, ThLZ 30 (1905) 615–21.

732. An Walter de Gruyter, 14. November 1905 (Brief)
1 Es ging also um eine engl. Übersetzung der Evangelienkommentare, die aber nicht zustande kam.
2 Auch der Plan einer semitischen Enzyklopädie wurde aufgegeben.

733. An Walter de Gruyter, 14. November 1905 (Briefkarte)
1 S. o. **732**.
2 Vermerk des Verlags: „H u St. 15/11. geantw. Autor wünscht Ueberstzung *nicht*. Das Ex. ist broschiert bezogen. Zl."

734. An Adolf Harnack, 26. November 1905 (Brief)
1 Aus dem Folgenden ergibt sich: Alexander Berendts, Die Zeugnisse vom Christentum im slavischen „De bello Judaico" des Josephus, TU 29 (NF 14,4), Leipzig 1906.

735. An Ferdinand Justi, 30. Dezember 1905 (Brief)
1 Si parva licet componere magnis (Vergil, Georgica IV 176).
2 1897.
3 Ludwig Justi (1840–1920), Arzt in Marburg.
4 S. o. **718**.
5 Schultheß.
6 Regers erstes Konzert in Göttingen, ein Kammermusikabend im Saal des Englischen Hofes (vgl. Ottmar Schreiber, Max Reger in seinen Konzerten, Bd. 1. Reger konzertiert, Bd. 2. Programme der Konzerte Regers, zusammengestellt von Ingeborg Schreiber, Veröffentlichungen des Max-Reger-Institutes, Elsa-Reger-Stiftung Bonn, Bd. 7/1 und 2, Bonn 1981, Bd. 2, 292f.). Reger hatte geplant, bereits vom 18. bis zum 20. November 1906 in Göttingen bei Wellhausens abzusteigen

(vgl. Beilage zum Brief an seine Verleger Ende August 1906; Herta Müller (Hg.), Max Reger. Briefe an die Verleger Lauterbach & Kuhn. Teil 2, Veröffentlichungen des Max-Reger-Institutes der Elsa-Reger-Stiftung Karlsruhe 14, Bonn 1998, 181).

736. An Heinrich und Charlotte Limpricht, 30. Dezember 1905 (Brief)
1 Frida geb. Zimmer, die Frau von Karl Hallwachs, dem Sohn von Alexander und Luise Hallwachs, geb. Reiche.
2 S.o. 735[6].
3 F. Schultheß.
4 Leo Meyer (russ. Karlovič) war bis 1898 in Dorpat und erhielt (nach der Russifizierung der dortigen Universität) 1899 eine Honorarprofessur für vergleichende Grammatik der indogermanischen Sprachen in Göttingen.
5 Ps 23,4.

737. An Wilhelm Bousset, 17. Januar 1906 (Brief)
1 W. Bousset, Wellhausens Evangelienkritik, ThR 9 (1906) 1–14.43–50.

738. An Eduard Schwartz, 31. Januar 1906 (Brief)
1 Offenbar Vorentwürfe zu den „Aporien": Ed. Schwartz, Aporien im vierten Evangelium I, NGWG.PH 1907, 342–72; II–VI, NGWG.PH 1908, 115–48.149–88.497–560.
2 Bibl. 206.
3 Adolf Harnack, Lukas der Arzt. Der Verfasser des dritten Evangeliums und der Apostelgeschichte, Beiträge zur Einleitung in das neue Testament, Leipzig 1906 (Vorwort vom 17.5.1906).
4 Vgl. auch Jülichers Rez. (s.o. 731[1]).
5 Vgl. Ed. Schwartz, Über den Tod der Söhne Zebedaei. Ein Beitrag zur Geschichte des Johannesevangeliums, AGWG.PH 7,5, Berlin 1904 sowie später ders., Nochmals die Söhne Zebedaei, ZNW 11 (1910) 89–104.

739. An Adolf Harnack, 4. Februar 1906 (Brief)
1 Ad. Harnack, Die Mission und Ausbreitung des Christentums in den ersten drei Jahrhunderten, Bd. 1. Die Mission in Wort und Tat, Bd. 2. Die Verbreitung, Leipzig ²1906.
2 Ebd. Bd. 2, 77–97.102–15.117–27.
3 S.u. Beilage V.
4 Vgl. Bibl. 206.207.
5 Vgl. etwa Heinrich Petermann, Thesaurus. Sive liber magnus vulgo „Liber Adami" appellatus; opus Mandaeorum summi ponderis, 3 Bde., Berlin 1867.
6 Von Theodor Nöldeke stammte die Mandäische Grammatik, Halle 1875, vgl. auch ders., Über die Mundart der Mandäer, AGWG.PH 10, Göttingen 1862, 81–160.
7 Vgl. etwa Wilhelm Brandt, Die mandäische Religion. Ihre Entwicklung und geschichtliche Bedeutung erforscht, dargestellt und beleuchtet, Leipzig 1889.

740. An Eduard Schwartz, 5. Februar 1906 (Postkarte)
1 S.o. 739[1].

741. Postkarte (5. Februar 1906)
1 Aphraates Hom. XII, 5.
2 Ed. Schwartz, Christliche und jüdische Ostertafeln, AGWG.PH 8,6, Berlin 1905, daraus auch die folgende Seitenzahl.

742. An Ferdinand Justi, 11. Februar 1906 (Postkarte)
1 Dr.jur. h.c. Greifswald (s.u. 771).
2 F. Justi, The Life and Legend of Zarathushtra, in: Avesta, Pahlavi, and Ancient Persian Studies in Honour of the late Peshotanji Behramji Sanjana. First Series, Strassburg/Leipzig 1904, 117–58.

3 Vgl. Bibl. 212.
4 El Cid (eig. Rodrigo Díaz de Vivar), der spanische Nationalheld (ca. 1043–1099), ein Ritter aus der Zeit der Conquista, wurde mit diesem Titel bezeichnet (von lat. campio „Kämpfer, Duellkämpfer", im Dt. meist mit „der Kämpfer" wiedergegeben).

743. An Ferdinand Justi, 12. Februar 1906 (Postkarte)
1 S.o. 742².
2 Otto Hartwig (1830–1903), Aus dem Leben eines deutschen Bibliothekars. Erinnerungen und biographische Aufsätze, Marburg 1906.
3 Ovid, Metamorph. VI, 472.
4 Vgl. Martin Luther, Defensio verborum coenae: Accipite, comedite: Hoc est corpus meum: Contra phanaticos sacramentariorum spiritus, edita Germanice a Luthero, nunc vero in gratiam eorum, qui Germanice non sciunt, translata. Per Matthaeum Iudicem, Wittenberg 1557, 395 verso.

744. An Eduard Schwartz, 28. Februar 1906 (Postkarte)
1 So Ginzā I,5: vgl. etwa Wilhelm Brandt, Mandäische Schriften, Göttingen 1893, 11; Lidzbarski, Ginzā (s.u. 764²) 9 übersetzt „Motte und Fraß".

745. An Eduard Schwartz, 4. März 1906 (Brief)
1 Ed. Schwartz, Osterbetrachtungen, ZNW 7 (1906) 1–33, darauf beziehen sich auch die folgenden Seitenzahlen.
2 Friedrich Spitta, Zur Geschichte und Literatur des Urchristentums, Bd. 1. Die zweimalige römische Gefangenschaft des Paulus; der zweite Brief an die Thessalonicher; Unordnungen im Texte; Traditionen über Ursprung und Sinn des Abendmahls, Göttingen 1893.

746. An Theodor Nöldeke, 11. März 1906 (Brief)
1 S.o. 674².
2 Th. Nöldeke, Mandäische Grammatik. Mit einer lithographirten Tafel der Mandäischen Schriftzeichen, Halle 1875.
3 S.o. 735 u.ö.
4 Der Preußische Kronenorden III. Klasse.

747. An einen unbekannten Empfänger, 21. März 1906 (Brief)
1 Niederdt. etwa „da kannst du lange drauf warten".

748. An Eduard Schwartz, 5. Mai 1906 (Postkarte)
1 Eduard Sachau (Hg.), Chronologie arabischer Völker von *Abu-r-Raiḥān Muḥammad Ibn Aḥmad al-Bīrūnī al-Ḫwārizmī: Kitāb al-Āṯār al-bāqiya ʿan al-qurūn al-ḫāliya*, 2 Bde., Leipzig 1876/1878.

749. An Eduard Schwartz, 1. Juni 1906 (Postkarte)

750. An Ignaz Goldziher, 3. Juni 1906 (Brief)
1 I. Goldziher, *Kitâb maʿânî al-nafs*. Buch vom Wesen der Seele. Von einem Ungenannten. Auf Grund der einzigen Handschrift der Bibliothèque Nationale herausgegeben, mit Anmerkungen und Exkursen versehen, AGWG.PH 9,1, Berlin 1907 (vorgelegt von Wellhausen in der Sitzung vom 30. Juni 1906).

751. An Ferdinand Justi, 3. Juni 1906 (Brief)
1 Im Gladenbacher Bergland (497 m), ca. 11 km nordwestlich von Marburg.
2 S.o. 749.
3 Am 7. April hatte Reger im Bechsteinsaal einen Sonatenabend gegeben. Während des Konzerts

bekam er „eine Lähmung in der rechten Hand" und musste das Konzert abbrechen (vgl. O. u. I. Schreiber, Max Reger [s.o. 735⁶] Bd. 2, 299).
4 Reger konzertierte am 19. u. 20. November 1906 in Göttingen, einmal im Konzertsaal des Wiener Café Hapke, einmal im Stadttheater (vgl. O. u. I. Schreiber [s.o. 735⁶] 303).
5 Robert Vischer, Michelangelos Moses, Das Museum 10 (1905) 69–74.
6 Wohl Conrad Borchling und Walther Brecht.

752. An Eduard Schwartz, 3. Juni 1906 (Postkarte)
1 Ed. Schwartz, Rede auf Hermann Usener, NGWG Gesch. Mitt. 1906, 1–14 (Ges. Schriften I, 301–15).
2 Usener.
3 Die Passagen in Klammern sind von Wellhausens zwischen den Zeilen nachgetragen.
4 Ad. Harnack, Lukas der Arzt (s.o. 738³). Gemeint ist wohl 96 Anm. 2 über die Frage, warum Lukas in der Apostelgeschichte nicht das Martyrium des Apostels Paulus erzählt hat.

753. An Adolf Harnack, 4. Juni 1906 (Brief)
1 Ad. Harnack, Lukas der Arzt (s.o. 738³)
2 Bibl. 190.
3 Franz Overbeck, Kurze Erklärung der Apostelgeschichte, KEH 1,4, Leipzig 1870 (4. Aufl. des Kommentars), vgl. etwa ebd. XIV.
4 Vgl. Dan 3,5 LXX (bei Theod. 3,5.7.10.15); Lk 15,25 und dazu Harnack, Lukas (s. Anm. 1) 17 Anm. 1.
5 Polybios Hist. XXVI 1,4 = 1a,2.
6 Vgl. Wellhausen, Ev. Lucae (Bibl. 185) 85.

754. An Eduard Schwartz, 5. Juni 1906 (Postkarte)
1 S.o. 738³. Gemeint ist S. 83 Anm. 1.

755. An Theodor Nöldeke, 6. Juni 1906 (Postkarte)
1 Vgl. Die Namen des Orontes, Bibl. 199.
2 Heinrich Brugsch, Thesaurus inscriptionum Aegyptiacarum/Altaegyptische Inschriften. gesammelt, verglichen, übertragen, erklärt und autographiert, 6 Bde., Leipzig 1883–91.
3 Bibl. 3, 217f.
4 Michael Jan de Goeje (Hg.), Bibliotheca geographorum Arabicorum, 8 Bde., Leiden 1870–94. Pars VIII. *Kitâb at-Tanbîh wa'l-Ischrâf,* auct. *al-Masûdî.* Acc. Indices et glossarium ad Tomos VII et VIII, Leiden 1894.
5 Ebd. Pars VII. *Kitâb al-a'lâk an-nafisa,* auct. *Ibn Rosteh et Kitâb al-Boldân,* auct. *al-Jakûbî,* Leiden 1892.
6 Ebd. Pars IV, 1879; V u. VI, 1885/9 und VIII.
7 Maier Grünbaum, Beiträge zur vergleichenden Mythologie aus der Hagada, ZDMG 31 (1877) 183–359.

756. An Eduard Schwartz, 10. Juni 1906 (Postkarte)

757. An Adolf Harnack, 11. Juni 1906 (Postkarte)
1 Vgl. Ad. Harnack, Lukas der Arzt (s.o. 738³) 83f.107f.

758. An Arthur Samuel Peake, 17. Juni 1906 (Postkarte, lat.)

759. An Ignaz Goldziher, 17. Juni 1906 (Postkarte)
1 S.o. 750¹.

760. An Eduard Schwartz, 30. Juni 1906 (Postkarte)
1 Mit der Änderung der Postordnung zum 1. Juli 1906 galt eine besondere Gebühr im Orts- und Nachbarortsverkehr nicht mehr für Postkarten („blaue Karte", 2/4 Pfennig), sondern nur noch für Briefe (5/10 Pfennig).

761. An Ignaz Goldziher, 2. Juli 1906 (Postkarte)
1 S.o. **750.758**.

762. An Theodor Nöldeke, 2. Juli 1906 (Postkarte)
1 Th. Nöldeke, Zur Grammatik des classischen Arabisch, DAWW 45, Wien 1897.
2 Michael Jan de Goeje, Introductio, Glossarium, Addenda et Emendanda, Annales quos scripsit Abu Djafar Mohammed Ibn Djarir At-Tabari. Cum aliis ed., Leiden 1901.
3 A grammar of the Arabic language, translated from the German of Caspari and edited with numerous additions and corrections by William Wright, 3rd ed. revised by William Robertson Smith and Michael Jan de Goeje, 2 Bde., Cambridge 1896–98.

763. An Ignaz Goldziher, 13. Juli 1906 (Brief)

764. An Friedrich Carl Andreas, 16. Juli 1906 (Brief)
1 Julius Heinrich Petermann, Thesaurus sive liber magnus vulgo „Liber Adami" appellatus. Opus Mandaeorum summi ponderis, 2 Bde., Berlin 1867.
2 Die Jazuqäer waren offenbar eine persische Sekte mit christlichem Einschlag, vgl. Mark Lidzbarski, Ginzā. Der Schatz oder das große Buch der Mandäer, Quellen der Religionsgeschichte 13, Göttingen u. Leipzig 1925, 225 und hier 135 Anm. 4. „Nach Andreas ist das Wort [יאזוקאיא] persisch und zurückzuführen auf den Nominativ *yazvā* eines altiranischen Stammes *yazvan* ‚Verehrer' nebst mitteiranischem k-Suffix." (Ebd.)

765. An Ferdinand Justi, 19. Juli 1906 (Brief)
1 Die Mendel ist ist eine Gebirgsgruppe in Südtirol und im Trentino.

766. An Ignaz Goldziher, 20. Juli 1906 (Postkarte)

767. An Eduard Schwartz, 22. Juli 1906 (Postkarte)

768. An Friedrich Carl Andreas, 26. Juli 1906 (Postkarte)
1 Vgl. dazu Lidzbarski (s.o. **764**², „Gegnerschaft").
2 Ebd. 381 (mit Anm. 1, „Bote").
3 Ebd. 229.
4 Ebd. 226, doch vgl. ebd. Anm. 4.
5 Ebd. 360–70.

769. An Eduard Schwartz, 29. Juli 1906 (Postkarte)
1 Lat. chors = cohors.
2 Arab. Fremdwörter (s.o. **725**¹) 239.

770. An Theodor Nöldeke, 31. Juli 1906 (Brief)
1 Rudolf Geyer, Zwei Gedichte von Al-Aʿšā, Wien 1905; die Rezension ZA 19 (1906) 397–415.
2 Aelius Donatus, Vitae Verg. XVII 69.
3 Bibl. 203.
4 Anthony Ashley Bevan, The Aramaic root קלס, in der Festschrift für Nöldeke, s.o. **697**⁵, I, 581–83; die Verbesserung Wellhausens in Bibl. 170, 65 Anm 1.
5 S.o. **4**.

771. An die Juristische Fakultät der Universität Greifswald, 9. August 1906 (Brief)
1 Quintilian, Inst. or. I 6,34.

772. An Theodor Nöldeke, 24. September 1906 (Postkarte)
1 Th. Nöldeke, Die Literatur der Aramäer sowie ders. Die Literatur der Äthiopier, in: Paul Hinneberg (Hg.), Die orientalischen Literaturen. Mit Einleitung: Die Anfänge der Literatur und die Literatur der primitiven Völker, Die Kultur der Gegenwart. Ihre Entwicklung und ihre Ziele, Theil I, Abteilung VII, Berlin/Leipzig 1906, 103–23.124–31.
2 Carlo Conti Rossini, Note per la storia letteraria abissina, Rom 1900 (Sonderdruck aus AAI.R 8 [1899]), vgl. Nöldeke (Anm. 1) 131.

773. An Wilhelm Herrmann, 30. September 1906 (Brief)
1 Ein „Korb Champagner" enthält 50 Flaschen.

774. An Theodor Nöldeke, 3. Oktober 1906 (Postkarte)
1 S.o. 772[1].
2 Edmund Hauler, Didascaliae apostolorum fragmenta veronensia latina. Accedunt canonum qui dicuntur apostolorum et aegyptiorum reliquiae. 1. Praefatio, Fragmenta, Imagines, Leipzig 1900.
3 William Henry Waddington, Inscriptions grecques et latines recueillies en Grece et en Asie Mineure, I–III, Paris 1870.
4 Evangelium Matthaei (Bibl. 184) 84.

775. An Eduard Schwartz, 15. Oktober 1906 (Postkarte)
1 Joh 1,28.
2 D = Codex Bezae Cantabrigiensis.
3 Luk 6,41 (D, 6,42 mit εκ).
4 Lk 20,35 (D, mit της).
5 Apg 10,23 (D).
6 Apg 13,45 (D).
7 Karl Wilhelm Krüger, Griechische Sprachlehre für Schulen, Leipzig 1871–79.
8 Prok., De bellis I 2,15.
9 Ebd. I 2,2.
10 Ebd. I 3,12.
11 Polyb., Hist. VII 9,2.

776. An Eduard Schwartz, 17. Oktober 1906 (Postkarte)
1 Friedrich Blaß, Grammatik des Neutestamentlichen Griechisch, Göttingen [2]1902.
2 Raphael Kühner, Ausführliche Grammatik der griechischen Sprache. In neuer Bearbeitung besorgt von Bernhardt Gerth. Teil 2, Band 1. Satzlehre, Hannover [3]1904.
3 Friedrich Blaß, Euangelium secundum Iohannem. Cum variae lectionis delectu, Leipzig 1902.

777. An Eduard Schwartz, 26. Oktober 1906 (Postkarte)

778. An Eduard Schwartz, 13. November 1906 (Postkarte)
1 27. Dezember.
2 Francis Crawford Burkitt, The Gospel History and Its Transmission, Edinburgh 1906, 253.

779. An Adolf Harnack, 18. November 1906 (Brief)
1 Hugo Duensing, Christlich-palästinisch-aramäische Texte und Fragmente nebst einer Abhandlung über den Wert der palästinischen Septuaginta, Göttingen: Vandenhoeck & Ruprecht, 1906 (X, 160 S.). Die kürzere Dissertation: Göttingen: Dieterich, 1906 (62 S.).

780. An Adolf Jülicher, 18. November 1906 (Brief)
1 Ad. Jülicher, Neue Linien in der Kritik der evangelischen Überlieferung. Fünf Vorträge, gehalten auf dem 2. Hessischen und Nassauischen Theologischen Ferienkurs zu Marburg vom 8. bis 10. Oktober 1906, Gießen 1906; über Schweitzer vgl. 1-13.
2 Über Wellhausen ebd. 37-56.
3 Über Harnack ebd. 57-66.
4 Über Wrede ebd. 14-36.

781. An Adolf Harnack, 21. November 1906 (Postkarte)
1 Carl Schmidt hatte im Sommer 1906 bei einem Antiquitätenhändler in Kairo einige Handschriften aus dem 10./11. Jh. im bis dahin noch unbekannten Altnubischen (in griechischen und einigen Zusatzbuchstaben) für die Berliner Bibliothek erworben. Vgl. C. Schmidt / Heinrich Schäfer, Die ersten Bruchstücke christlicher Literatur in altnubischer Sprache (08.11.1906), SPAW 43 (1906) 774-85, und dies., Die altnubischen christlichen Handschriften der Königlichen Bibliothek zu Berlin (20.7.1907), SPAW 44 (1907) 602-13 (beide auch separat Berlin 1906/07).
2 Vgl. Bibl. 205.

782. An Eduard Schwartz, 11. Dezember 1906 (Brief)
1 Vgl. Bibl. 206, zu Apg 19 ebd. 15-17.

783. An Theodor Nöldeke, 27. Januar 1907 (Brief)
1 1 Sam 24,18.
2 Erweiterungen und Änderungen im vierten Evangelium (Bibl. 213).
3 Das Ev. Johannis, Bibl. 213.
4 Bibl. 206.
5 Bibl. 207.
6 „mit dem Anstand [...] noch sah": F. Schiller, Nadowessiers Totenlied (1797).
7 Der Kandidat der Nationalliberalen Partei war der Salinenbesitzer Hermann Bartold Levin.
8 Hermann Usener, Religionsgeschichtliche Untersuchungen. Erster Theil: Das Weihnachtsfest. Kap. I bis III, Bonn 1889, 54-58. Usener sieht in 1,19-28 und 1,32-36 zwei Berichte von der Taufe, die vom Verfasser des Evangeliums „mit dankenswerthem ungeschick nur äusserlich aneinandergereiht worden sind" (54).
9 Theodor Mommsen, Römische Geschichte. Bd. 5, Berlin ²1885, 519-23.
10 Offenbar gemeint: die „Mondschen" Papyri: Th. Nöldeke, Die aramäischen Papyri von Assuan, ZA 20 (1907) 130-50. Diese Papyri waren von Robert Ludwig Mond erworben worden.

784. An Ferdinand Justi, 28. Januar 1907 (Brief)
1 Wohl Erweiterungen und Änderungen im vierten Evangelium, Bibl. 205.
2 Noten zur Apostelgeschichte (Bibl. 206).
3 Analyse der Offenbarung Johannis (Bibl. 207).
4 „Befiehl du deine Wege" von Paul Gerhardt, Str. 10: „so wird er dich entbinden, / da du's am mindsten gläubst."

785. An Adolf Harnack, 5. Februar 1907 (Postkarte)
1 Anfang des Kirchenliedes von Johann Anastasius Freylinghaus; vgl. Hebr 10,36; Ps 94,13.
2 Ps 90,4.

786. An Eduard Schwartz, 15. Februar 1907 (Brief)
1 Hier und im folgenden: Bibl. 206. Die letzten beiden Sätze lauten: „Man kann sich kaum des Verdachtes erwehren, daß Lukas hier gewisse Namen unterdrückt hat. Vielleicht auch nur einen einzigen."
2 Der Absatz endet: „Zu untersuchen, ob Felix wirklich schon Ende 54 oder Anfang 55 abgesetzt wurde, ist nicht meine Sache." – Joh 1,30. Vgl.u. 787⁴.

3 Ebd. 21: „Wäre übrigens hinter dem Wir in Kap. 27 wirklich Lukas zu suchen, so erschiene er nicht grade als Arzt von Profession, sondern eher als Segeler." – „Segeler" (für „Segler") bedeutet in Göttingen einen etwas unsoliden Menschen.

787. An Eduard Schwartz, 15. Februar 1907 (Brief)
1 Bibl. 204.
2 Vgl. Ed. Schwartz, Probleme der antiken Ethik, Jahrbuch des Freien Deutschen Hochstiftes zu Frankfurt am Main 1906, 53–87 (Ges. Schriften I, 9–46).
3 Die einschlägigen Bände I und IV von Burckhardts Griechischer Kulturgeschichte, über die Wellhausen außer mit Schwartz auch mit Nöldeke im Gespräch war (s.o. **530**), waren, postum von J. Oeri herausgegeben, 1898 und 1902 erschienen (Krit. Gesamtausgabe 19 und 22, 2002 und 2012).
4 Ed. Schwartz, Zur Chronologie des Paulus, NGWG. PH 1907, 262–99.

788. An Adolf Harnack, 18. Februar 1907 (Brief)
1 Alfred Rahlfs, Der Text des Septuaginta-Psalters, Septuaginta-Studien 2, Göttingen 1907.
2 Ebd. 94–101.
3 Wohl der Sprachwissenschaftler Wilhelm Schulze.
4 Ad. Harnack, Sprüche und Reden Jesu. Die zweite Quelle des Matthäus und Lukas, Beiträge zur Einleitung in das Neue Testament 2, Leipzig 1907.
5 Bibl. 206.207.

789. An Helene Justi, 18. Februar 1907 (Brief)
1 Ferdinand Justi war tags zuvor verstorben.

790. An Adolf Harnack, 24. Februar 1907 (Postkarte)
1 Noten zur Apostelgeschichte (Bibl. 206) 14f.

791. An Adolf Jülicher, 24. Februar 1907 (Postkarte)
1 Eine Rez. in den GGA ist nicht erschienen, es ist wohl der Abschnitt über Harnack in Jülichers „Neuen Linien" gemeint (s.o. **780**[1]).
2 S.o. **790**.
3 So D.

792. An Theodor Nöldeke, 26. Februar 1907 (Brief)
1 Bezieht sich auf Nöldekes (nicht erhaltene) Reaktion auf Wellhausens „Noten zur Apostelgeschichte" (Bibl. Nr. 206).
2 S.o. **790**.
3 Gerhard Uhlhorn, Die Homilien und Recognitionen des Clemens Romanus, nach ihrem Ursprung und Inhalt dargestellt, Göttingen 1854.
4 Paul Anton de Lagarde, Clementina, Leipzig 1865, 3 (ὁ ἐχθρὸς ἄνθρωπος).
5 Christian August Lobeck, Aglaophamus. Drei Bücher über die Grundlagen der Mysterienreligion der Griechen. Mit einer Sammlung der Fragmente der orphischen Dichter, Königsberg 1829.
6 Erwin Rohde, Psyche. Seelencult und Unsterblichkeitsglaube der Griechen, 2 Bde., Leipzig 1890–1894, ²1898.
7 Wilhelm Brandt, Die mandäische Religion. Ihre Entwicklung und geschichtliche Bedeutung, Leipzig 1889.

793. An Eduard Schwartz, 17. März 1907 (Brief)
1 Es geht um Joh 1.

794. An Eduard Schwartz, 18. März 1907 (Postkarte)
1 S.o. **793**[1].

795. An Eduard Schwartz, 19. März 1907 (Postkarte)
1 S.o. 793¹.

796. An Eduard Schwartz, 20. März 1907 (Brief)
1 Die Dieterichsche Universitäts-Buchdruckerei W.Fr. Kaestner in Göttingen, bei der auch Weidmann/de Gruyter drucken ließen.
2 Ed. Schwartz, Aporien im vierten Evangelium IV, NGWG.PH 1908, 497–560, hier 511.527 u.ö.
3 Joh 1,38.49.

797. An Eduard Schwartz, 21. März 1907 (Brief)
1 S.o. 793¹.
2 Fr. Blass, s.o. 776³, XIVf.
3 Wohl Verschreibung für ευρισκει.

798. An Eduard Schwartz, 22. März 1907 (Postkarte)
1 Louis Duchesne, Histoire ancienne de l'église, I, Paris ³1907; vgl. ebd. 134–49.
2 David Friedrich Strauß, Das Leben Jesu, Bd. II, Tübingen 1836, 233; vgl. Lückes Johanneskommentar 1833, 407.

799. An Eduard Schwartz, 23. März 1907 (Brief)
1 Im zweiten Absatz des Zweiten Anti-Goeze von 1778 (in Umkehrung von Johann Melchior Goezes „Etwas Vorläufigem").
2 Joh 2,1.
3 Ein μετρητής entspricht etwa 33 Liter, bei 12–18 M. handelt es sich also um ca. 400–600 l.
4 Vgl. Roland Schütz, Zum ersten Teil des Johannes-Evangeliums, ZNW 8 (1907) 243–55, hier 247f.
5 Bengel z.St.: Haec nomina Salvatori nemo dixerat. Itaque hac nomenclatura Petrum totum cepit.
6 Gemeint ist Joh 2,25.
7 David Friedrich Strauß, Das Leben Jesu, Tübingen 1835, I, 524f., mit Verweis auf Christian Schöttgen, Horae Hebraicae et Talmudicae, In theologiam Judaeorum dogmaticam antiquam et orthodoxam de Messia impensae. Accedunt Rabbinicarum lectionum libri duo et indices necessarii, Bd. 2, Dresden/Leipzig 1742, 372, vgl bSan 93b: רבא אמר דמורח ודאין „Rabba sagte: ‚Er [der Messias] riecht [jemanden] und richtet.'"
8 Angeblich auf Solon zurückgehend.

800. An Walter de Gruyter, 26. März 1907 (Antwortkarte des Verlags)
1 Bibl. 206.207.

801. An Eberhard Nestle, 26. März 1907 (Brief)
1 E. Nestle, Septuagintastudien. Teil 5. Wissenschaftliche Beilage zum Programm des Königlich Württembergischen evangelisch-theologischen Seminars Maulbronn, Stuttgart 1907.

802. An Eduard Schwartz, 27. März 1907 (Postkarte)
1 Es geht wieder um das Johannesevangelium.

803. An Eduard Schwartz, 2. April 1907 (Brief)
1 Offenbar Zitat aus einem vorangegangenen Brief von Schwartz.
2 Fr. Blass, s.o. 776³, XIVf 4.
3 Adolf Jülicher, Einleitung in das Neue Testament, Freiburg i.Br. u.a. ³/⁴1901, 313.
4 Christian Hermann Weiße, Die evangelische Geschichte. Kritisch und philosophisch bearbeitet, 2 Bde., Leipzig 1838, insb. Bd. 1, 96–136.

804. An Eduard Schwartz, 7. April 1907 (Brief)
1 Randbemerkung.

2 Randbemerkung.
3 Vgl. Francis Bacon, Novum Organon II,20.

805. An Eduard Schwartz, 9. April 1907 (Brief)
1 S.o. **799**[1].
2 Roland Schütz, Zum ersten Teil des Johannes-Evangeliums, ZNW 8 (1907) 243-55, hier 247f.
3 Joh 7,3.
4 Vgl. Ed. Schwartz, Aporien im vierten Evangelium I, NGWG.PH 1907, 342-72, hier 348.
5 Analyse der Offenbarung Johannis (Bibl. 207).

806. An Eduard Schwartz, 11. April 1907 (Brief)
1 S.o. **799**[1].
2 Volksmund, vgl. Goethe, „Den Originalen" (1812): „Ein Quidam sagt: ‚Ich bin von keiner Schule! / Kein Meister lebt, mit dem ich buhle; / Auch bin ich weit davon entfernt, / Daß ich von Toten was gelernt.' / Das heißt, wenn ich ihn recht verstand: / Ich bin ein Narr auf eigne Hand." (Frankfurter Ausgabe I/2, 419).

807. An Adolf Jülicher, 28. April 1907 (Postkarte)

808. An Adolf Harnack, 26. Mai 1907 (Brief)
1 Anna Harnack (1881-1965) hatte sich am 6. Mai 1907 mit Ernst Emil Frucht (1874-1914) verlobt, vgl. CW 21 (1907) 481, die Hochzeit fand im selben Jahr statt.
2 Die Internationale Wochenschrift für Wissenschaft, Kunst und Technik mit ihrem Gründungsherausgeber Paul Hinneberg.
3 Eugen Kühnemann und Hermann Diels. Letzterer war der Verfasser dreier Beiträge der ersten Ausgabe.
4 Hermann Diels, „Die Einheitsbestrebungen der Wissenschaft", Internationale Wochenschrift für Wissenschaft, Kunst und Technik 1 (1907), 3-10, hier 5. Vgl. Emil du Bois-Reymond, Kulturgeschichte und Kulturwissenschaft (1877), in: ders., Reden. Bd. 1: Litteratur, Philosophie, Zeitgeschichte, hg.v. Estelle du Bois-Reymond, Leipzig 1886, 240-306, hier 271.

809. An Familie Limpricht, 26. Mai 1907 (Brief)
1 20.-25.5.1907.
2 Hotel Pfeiffer in der Elisabethstraße.
3 Die Töchter des 1886 verstorbenen Marburger Botanikers Albert Wigand.

810. An einen Göttinger Kollegen, 20. Juni 1907 (Brief)
1 Das Wasser des Homburger Elisabethbrunnens galt u.a. bei Schleimhautreizungen als wirksam.

811. An Adolf Harnack, 1907 (Brief)
1 Ad. Harnack, Protestanismus und Katholizismus. Festrede, gehalten am Geburtstage Sr. Majestät des Kaisers und Königs den 27. Januar in der Aula der Berliner Universität, Berlin 1907.

812. An Albert Schweitzer, 8. August 1907 (Brief)
1 A. Schweitzer, Von Reimarus zu Wrede. Eine Geschichte der Leben-Jesu-Forschung, Tübingen 1906.
2 Eduard Zeller (Hg.), Ausgewählte Briefe von David Friedrich Strauß, Bonn 1895, 517 (an Zeller): „So ist mir z.B. rücksichtlich des Markusevangeliums doch der Zweifel aufgestiegen, ob denn seine Posteriorität auch nach Lucas so ausgemacht sei?".
3 Wilhelm Bousset, Jesu Predigt in ihrem Gegensatz zum Judentum. Ein religionsgeschichtlicher Vergleich, Göttingen 1892.
4 Der Abschnitt über Wilhelm Bousset bei Schweitzer, Anm. 1, 239-44. „Dies die geschichtliche Formel des Schlußsatzes Bousset's: ‚Das Evangelium entwickelt verborgene Triebe des Alten Te-

stamentes, aber es protestiert gegen die herrschende Richtung des Judentums.'" (ebd. 243f.) Der zitierte Satz bei Bousset (s.o. Anm. 3) 41.130, im Original bei Wellhausen, Bibl. 54 (1884) 98.
5 Ebd. 267-90.

813. An das preussische Kultusministerium, 19. August 1907 (Brief). Abschrift von Alfred Rahlfs
1 Das Schreiben war dem Plan von Rahlfs beigefügt. Vgl. auch Bernhard Neuschäfer / Christian Schäfer, Dokumente und Bilder zur Vor- und Frühgeschichte des Septuaginta-Unternehmens, in: Reinhard Gregor Kratz, Bernhard Neuschäfer (Hgg.), Die Göttinger Septuaginta. Ein editorisches Jahrhundertprojekt, MSU 30/AAWG 22, Göttingen 2013, 363-405, hier 369.

814. An Walter de Gruyter, 1. September 1907 (Brief)
1 Für die 6. Ausgabe der Israelitischen und jüdischen Geschichte, Bibl. 204. S.u. **815**.

815. An Walter de Gruyter, 5. September 1907 (Brief)
1 S.o. **814**.
2 Privatbankhaus in Berlin.
3 Erweiterungen und Änderungen im vierten Evangelium, Bibl. 205.
4 Ev. Johannis, Bibl. 213.

816. An Anthony Ashley Bevan, 6. September 1907 (Brief, lat.)
1 A.A. Bevan, The Naḳā'iḍ of Jarir and al-Farazdaḳ, Bd. 1., Teile 2 u. 3, Leiden 1907; Bd. 2, Teile 1 u. 2, Leiden 1908/09.
2 Roland Schütz (s.o. 805²) 243-55, vgl. Ev. Johannis, Bibl. 213, 14.
3 S.u. **817**[1].
4 Michael Jan de Goeje (Hg.), Ibn Qotaiba: Liber poësis et poëtarum (Kitāb aš-Šiʿr wa-š-šuʿarā' wa-qīla Ṭabaqāt aš-šuʿarā' ta'līf Abū Muḥammad ʿAbdallāh Ibn Muslim Ibn Qutaiba), Leiden 1904.
5 Zu den Liedern der Hudhailiten veröffentlichte Wellhausen nur noch 1912 einen Aufsatz, Bibl. 228.

817. An Eduard Schwartz, 13. September 1907 (Postkarte)
1 Ed. Schwartz, Das philologische Problem des Johannesevangeliums, in: Verhandlungen der 49. Versammlung Deutscher Philologen und Schulmänner in Basel, 1907, 16-20 (Ges. Schriften I, 131-36).
2 Erweiterungen und Änderungen im vierten Evangelium, Bibl. 205.
3 Ed. Schwartz, Aporien im vierten Evangelium I, NGWG 1907, 342-72. Es folgten Teile II-IV in NGWG 1908, 115-48.149-88.497-560.
4 Niederdt. „wie ein Krebs".

818. An Rudolf Smend, 1. Oktober 1907 (Postkarte)
1 29. September.

819. An Eduard Schwartz, 4. November 1907 (Postkarte)
1 Es geht nach wie vor um das Johannesevangelium.

820. An Eduard Schwartz, 28. Dezember 1907 (Postkarte)

821. An Enno Littmann, 1. Januar 1908 (Postkarte)
1 3. Januar 1908.

822. An Enno Littmann, 26. April 1908 (Brief)

823. An Walter Bauer, 26. April 1908 (Brief)
1 Evangelium, Briefe und Offenbarung des Johannes. Bearbeitet von Heinrich Julius Holtzmann. Dritte, neubearbeitete Auflage, besorgt von W. Bauer, HK.NT 4, Tübingen ³1908.
2 Bibl. 213.
3 Wilhelm Heitmüller war seit 1902 Privatdozent in Göttingen.
4 Am 3. August 1908 heiratete er Elisabeth („Else"), geb. Knoke, Tochter des Göttinger Theologieprofessors und Abtes zu Bursfelde Karl Knoke.

824. An Walter de Gruyter, 10. Mai 1908 (Brief)
1 Offenbar die Meldung, dass Markuskommentar, Bibl. 178, und Kleine Propheten, Bibl. 144, ausverkauft waren.
2 Bibl. 216 (1909).
3 Eine Neuauflage der „kleinen Propheten" ist nicht erschienen, s.u. **853**.
4 Bibl. 213.
5 Entspr. 160 Seiten, das Buch hatte schließlich 146 Seiten, entspr. 9 1/8 Bogen.

825. An die Gesellschaft der Wissenschaften zu Göttingen, 14. Juni 1908 (Brief)
1 Vgl. später Carlo Conti Rossini, Storia d'Etiopia, Africa italiana 3, Rom 1928.
2 Darunter: „Da der Antrag von einem ordentlichen Mitgliede gestellt sein muß, nehme ich ihn hierdurch als den meinigen auf. G. 28.6.1908 F. Leo".

826. An Eduard Schwartz, Juli 1908 (Postkarte)
1 Bibl. 213.

827. An Walter de Gruyter, 29. Juli 1908 (Brief)
1 Bibl. 216 (1. Aufl. Bibl. 137).
2 Bibl. 213.

828. An Eduard Schwartz, 31. Juli 1908 (Brief)
1 Ed. Schwartz, Zur Geschichte des Athanasius. VII., NGWG.PH 1908, 305–74; eine Auseinandersetzung mit Adolf Harnack.

829. An Enno Littmann, 1. August 1908 (Brief)
1 E. Littmann, Ammonitis, in: ders./David Magie Jr./Duane Reed Stuart, Greek and Latin Inscriptions. Section A. Southern Syria, Syria. Publications of the Princeton University Archaeological Expedition to Syria in 1904–1905 and 1909, Division 3, Leiden 1921, 1–20 (erschienen Leiden 1907); vgl. auch ders. Zu den Inschriften von ʿArāq il-Emīr, ZDMG 75 (1921) 60.
2 Die Straßburger Burschenschaft Germania.
3 Königsberg., s.u. **861**.
4 S.o. **825**.
5 Antonin Jaussen, Coutumes des Arabes au pays de Moab, Études bibliques, Paris 1908; vgl. die Rezension Bibl. 215.
6 Samuel Ives Curtiss, Ursemitische Religion im Volksleben des heutigen Orients. Forschungen und Funde aus Syrien und Palästina, Leipzig 1903, vgl. Wellhausens Rezension Bibl. 188.
7 Bibl. 213.
8 Vgl. Armand Pierre Caussin de Perceval, Essai sur l'histoire des Arabes avant l'Islamisme, pendant l'époque de Mahomet, et jusqu'à la réduction de toutes les tribus sous la loi musulmane, 3 Bde. + 1 Tafelbd., Paris 1847/48.
9 Vgl. o. **725**.
10 Vgl. Bib. 235.
11 Vgl. Carl Heinrich Becker, Christentum und Islam, Religionsgeschichtliche Volksbücher III/8, Tübingen 1907 (auch in ders., Islamstudien. Bd. 1 [1924] 386–431). Becker hatte die Schrift am 20.4.1907 an Wellhausen geschickt (SUB Göttingen, s. Vorwort).

12 Der Tigreaner Naffāʿ Wad ʿEtmān (نقاع ود عتمان, 1882–1909), der Littmann über zwei Jahre in die Tigre-Sprache einführte und die Expedition nach Abessinien vorbereitete (vgl. zu ihm E. Littmann, Erinnerungen an Naffaʿ wad ʿEtmân, in: Der Neue Orient 2 [1918] 587–91 = ders. Naffaʿ wad ʿEtmân, in: Rudi Paret / Anton Schall (Hgg.), Ein Jahrhundert Orientalistik. Lebensbilder aus der Feder von Enno Littmann und Verzeichnis seiner Schriften. Zum achtzigsten Geburtstage am 16. September 1955 zusammengestellt, Wiesbaden 1955, 14–25).

830. An Hans Lietzmann, 1. August 1908 (Brief)
1 H. Lietzmann, Das Leben des heiligen Symeon Stylites. In Gemeinschaft mit den Mitgliedern des kirchenhistorischen Seminars der Universität Jena. Mit einer deutschen Übersetzung der syrischen Lebensbeschreibung und der Briefe von Heinrich Hilgenfeld, TU 3,2,4, Leipzig 1908.
2 Über ihn vgl. Lietzmann, Byzantinische Legenden, Jena 1911, 63–81.
3 Eine poetische, aber nicht strophische Form im Syrischen.
4 Carl Brockelmann, Syrische Grammatik. Mit Paradigmen, Literatur, Chrestomathie und Glossar, PLO 5, Berlin ²1905, 102*–29*.
5 Bibl. 213.
6 S.o. 828¹.
7 Adolf Harnack, Die angebliche Synode von Antiochia 324/5, 1. Artikel, SPAW 45 (1908) 477–91. Zu Kontroverse Schwartz/Harnack s. jetzt Hanns Christof Brennecke u. Uta Heil, Nach hundert Jahren: Zur Diskussion um die Synode von Antochien 325. Eine Antwort auf Holger Strutwolf, ZKG 123 (2012) 95–113; zum Verlauf ebd. 95 Anm. 1.

831. An Rudolf Smend, August 1908 (Ansichtskarte). Bleistift, mit Abbildung von „Gasthaus Unterstein – Berchtesgaden"
1 1908 (7. August–20. September) und 1912 (30. Juli–14 September) machen Regers in Schneewinkl bei Berchtesgarden / Königssee Urlaub (vgl. O. u. I. Schreiber, Max Reger [s.o. 735⁶] 326.399); Wellhausens sind 1912 in Südtirol.

832. An Carl Albrecht Bernoulli, 18. September 1908 (Brief)
1 Carl Albrecht Bernoulli, Franz Overbeck und Friedrich Nietzsche. Eine Freundschaft. Nach ungedruckten Dokumenten dargestellt, 2 Bde. Jena 1908. Bd. 2 enthält Teil 3/2 („Immoralist und Antichrist (Der Fanatiker)") mit den Abschnitten „Die biographischen Voraussetzungen zu Nietzsches System" (15–200) und „Der Zusammenbruch" (202–57) sowie Teil 4 „Nietzsches Ruhm" (258–468).
2 Von Lessing seinem „Nathan der Weise" vorangestellt.

833. An Eduard Schwartz, 27. September 1908 (Brief)
1 Vgl.o. 817³ und Bibl. 213.
2 Schwartz ging am 1909 nach Freiburg.
3 Vgl. später in Holtzmanns Lehrbuch der Neutestamentlichen Theologie, hg.v. Walter Bauer, Tübingen 1911, 393 Anm. 1 („Sonach darf eine biblisch-theologische Behandlung von der Voraussetzung der Einheitlichkeit ausgehen, vorbehaltlich der Namhaftmachung von Ausnahmefällen.").

834. An Edward Schröder, 20. Oktober 1908 (Brief)
1 Erich Schmidt, Goethes Faust in ursprünglicher Gestalt nach der Göchhausenschen Abschrift herausgegeben, Weimar 1887, VII, vgl. aber ³1894, XXXIII.
2 Christian Hermann Weiße, Kritik und Erläuterung des Goethe'schen Faust. Nebst einem Anhange zur sittlichen Beurtheilung Goethe's, Leipzig 1837, 86ff.

835. An Theodor Nöldeke, 27. Oktober 1908 (Brief)
1 Vgl. Bibl. 134 u. Bibl. 74.
2 Er starb am 17. Mai 1909.

3 August Fischer gehörte von 1900 bis 1934 dem Vorstand der Deutschen Morgenländischen Gesellschaft an und gab von 1903 bis 1909 ihre Zeitschrift mit heraus, ebenso die Abhandlungen für die Kunde des Morgenlandes. „Er nahm an allen ihren Geschicken lebhaften Anteil, äußerte in seiner offenen Art freimütig seine Ansicht über Dinge, die ihm mißfielen, verübelte es aber auch nicht, wenn die Mehrheit des Vorstandes andere Wege ging" (Johann Wilhelm Fück in seinem Nachruf ZDMG 100 [1950] 1–18, Zitat 9).
4 Lesung unsicher. Auch möglich: „Prüfer".

836. An Adolf Harnack, 27. Oktober 1908 (Brief)
1 Bibl. 190, 105–08.
2 20. Oktober 1908.
3 Bibl. 216 (Ev. Marci).222 (Einleitung).236 (Ev. Matthaei).

837. An Theodor Nöldeke, 18. November 1908 (Brief)
1 Bibl. 204, S. 238f. Anm. 1. Das Wort „endlich" ist in der Abschrift umgestellt.
2 Th. Nöldeke, Die Alttestamentliche Literatur in einer Reihe von Aufsätzen dargestellt, Leipzig 1868, 169–76.
3 Das ist offenbar nicht geschehen.
4 S.o. **730**².
5 S.o. **51**³.
6 Vgl.o. **835**.
7 Antoine Isaac Silvestre de Sacy, Notices et extraits de divers manuscripts arabes et autres, Notices et extraits des manuscrits de la Bibliothèque Royale et autres bibliothèques 8/9/10/12, Paris 1809/13/14/29.
8 Bibl. 213.

838. An Adolf Harnack, 12. Dezember 1908 (Brief)
1 Ad. Harnack, Kirche und Staat bis zur Gründung der Staatskirche, in: Paul Hinneberg (Hg.), Die Christliche Religion mit Einschluß der israelitisch-jüdischen Religion, Die Kultur der Gegenwart. Ihre Entwicklung und ihre Ziele Theil I, Abteilung IV, Berlin/Leipzig 1906, 129–60, in vier Teilen neu erschienen in Internationale Wochenschrift für Wissenschaft, Kunst und Technik 2 (1908) 1537–50.1569–84.1621–28.1653–62.

839. An Walter de Gruyter, 12. Dezember 1908 (Brief)
1 S.o. **824**³.
2 Bibl. 216.

840. An Walter de Gruyter, 17. Dezember 1908 (Brief)
1 Bibl. 216, d.h. 80 Mark pro Bogen.
2 Bibl. 222 (1911).
3 S.o. **839**¹.
4 Vgl. Mt 18,7.
5 Vgl. Joh 10,12.

841. An Eduard Schwartz, 14. Februar 1909 (Postkarte)

842. An Enno Littmann, 18. Februar 1909 (Brief)
1 Vgl. Kol 4,9; Phlm 10. Gemeint ist Naffā' Wad 'Etmān (s.o. **829**¹²).

843. An Rudolf Smend jun., 12. März 1909 (Postkarte)
1 S. auch u. **964**.

844. An Rudolf Smend, 25. März 1909 (Postkarte)
1 Kurt Perels ging nach Hamburg, R. Smend (jun.) nach Greifswald.
2 5./6. April 1909.

845. An Rudolf Smend, 6. April 1909 (Postkarte)
1 11./12. April 1909.
2 Eduard Schwartz ging 1909 nach Freiburg. Mit „General Schwartz" ist wohl Generalmajor Karl Georg August Schwarz (1839–1913) gemeint.

846. An Eduard Schwartz, 17. April 1909 (Brief)
1 Wellhausens Vermutung (Altersjuckreiz) ist eher unwahrscheinlich, der pruritus dürfte mit der Lebererkrankung zusammenhängen. Heinrich Limpricht starb weniger als vier Wochen später am 13. Mai 1909.
2 Felix Droysen.
3 Adolf Harnack, Die angebliche Synode von Antiochia 324/5, 2. Artikel, SPAW 46 (1909) 401–25.
4 Paul Wendland.

847. An Rudolf Smend jun., 17. Mai 1909 (Postkarte)
1 Der Adressat trat zum Sommersemester eine ao. Professur in Greifswald an.
2 Ella Limpricht.

848. An Adolf Jülicher, 5. Juni 1909 (Brief)
1 Vgl. Naevius (frag 17) bei Cicero, Tusc. 4,67 u.ö.
2 „Der jüdische und der Christliche Messias", Bibl. 190, 89–94.
3 Bibl. 222.
4 Arnold Torhorst, Pfarrer in Ledde (Tecklenburg), der Mann von Luise, geb. Smend, war am 1. Juni verstorben.
5 Johanna Smend.

849. An Adolf Harnack, 5. Juni 1909 (Brief)
1 Ad. Harnack, Lehrbuch der Dogmengeschichte, 3 Bde., Bd. 1. Die Entstehung des kirchlichen Dogmas, Tübingen ⁴1909.

850. An Enno Littmann, 30. Juli 1909 (Postkarte)

851. An Enno Littmann, 5. August 1909 (Postkarte)
1 Die kurz nacheinander verstorbenen Theologen Adolf Hausrath († 2.8.1909) und Adalbert Merx († 4.8.1909) waren ao. Mitglieder der 1909 gegründeten Heidelberger Akademie der Wissenschaften gewesen.

852. An Walter de Gruyter, 2. September 1909 (Brief)
1 Sedanstag war der 2. September. Er erinnerte an die französische Niederlage in der Schlacht bei Sedan 1870.
2 Bibl. 222.
3 Der General und Luftschiffkonstrukteur Ferdinand Graf von Zeppelin. Trotz einiger Misserfolge in den vorangegangenen Jahren hielt Zeppelin an seinen Plänen zum Bau von Luftschiffen fest, unterstützt nicht zuletzt durch die „Zeppelinspende des deutschen Volkes" von 1908. Die Ähnlichkeit des Namens mit „zappeln" bewegte damals nicht nur bei Kindern zu verschiedenen Reimen, etwa: „Das ist der Zeppelmann, / Der zappeln und auch fliegen kann. / Wo kommt er her? / Vom Bodenmeer." (Weimarische Zeitung vom 13. September 1909).

853. An Walter de Gruyter, 4. September 1909 (Brief)
1 Beides erschien auch nicht mehr, die „Einleitung" erst 1911 (Bibl. 222).

854. An Rudolf Smend, 14. September 1909 (Postkarte)
1 In München fand vom 10. bis zum 14. September 1909 im Königlichen Odeon das erste deutsche Brahms-Fest statt.
2 Vgl. Schiller, Die Götter Griechenlands, Str. 8.

855. An Adolf Harnack, 5. Oktober 1909 (Brief)
1 Ad. Harnack, Lehrbuch der Dogmengeschichte. Bd. 2. Die Entwickelung des kirchlichen Dogmas 1, Tübingen ⁴1909.
2 „Der Islam", ebd. 529–38.
3 Bibl. 134.
4 Ad. Harnack, „Zum Manichäismus", in: ders., Lehrbuch (s.o. Anm. 1) 513–27.
5 Ebd. 440 Anm. 1, wo Harnack fragend erwägt, ob die Anfänge der mystischen Vorstellung einer „Sophia, die [...] direct von Gott kommt *und* durch heilige Weihen mitgetheilt wird", bereits bei Justin oder gar bei dem Missionar Apollo im apostolischen Zeitalter zu finden seien.
6 George Foot Moore (Cambridge, Mass.) war 1909 Austauschprofessor für Religionsphilosophie an der Friedrich-Wilhelms-Universität Berlin.
7 Vgl. später Bibl. 228.229.232.

856. An Ella Limpricht, 12. Oktober 1909 (Brief)
1 S.o. **846²**.

857. An Walter Bauer, 15. Oktober 1909 (Brief)
1 W. Bauer, Das Leben Jesu im Zeitalter der neutestamentlichen Apokryphen, Tübingen 1909.
2 Bibl. 222, 107–18 (§ 11).
3 Adolf Hausrath, Jesus und die neutestamentlichen Schriftsteller, Bd. 2, Berlin 1909.
4 Zuerst: interessiert (gestrichen).
5 Zuerst: *außer[ordentlichen]* (gestrichen).
6 S.o. **851**.

858. An Anthony Ashley Bevan, 18. Oktober 1909 (Brief, lat.)
1 A.A. Bevan, Historical Methods in the Old Testament, in: Henry Barcley Swete (Hg.), Essays on some biblical questions of the day by members of the University of Cambridge, Cambridge Biblical Essays, London 1909, 1–19.
2 Der Band enthält außerdem Beiträge von Claude Hermann Walter Johns, Stanley Arthur Cook, Robert Hatch Kennett, William Emery Barnes, Israel Abrahams, Francis Crawford Burkitt, Alan Hugh McNeile, William Ralph Inge, Alan England Brooke, Charles Archibald Anderson, Percy Gardner, Henry Latimer Jackson, Alfred Valentine Valentine-Richards, James Hope Moulton und Henry Barclay Swete.
3 J.H. Moulton, New Testament Greek in the Light of Modern Discovery, ebd. 461–505, hier 486 (mit Verweis auf Einleitung, Bibl. 190, 30 und seine eigene Grammatik: ders., A Grammar of New Testament Greek, Bd. 1. Prolegomena, Edinburgh ²1906, 242).
4 Vgl. Anm. 1, S. 9.

859. An Eduard Schwartz, 23. Oktober 1909 (Postkarte)
1 Rudolph Sohm, Wesen und Ursprung des Katholizismus, ASGW.PH 27,10, Leipzig 1909, vgl. die Rezension von Ed. Schwartz in HZ 104 (1910) 609–14.
2 Vgl. etwa Sohm, Kirchenrecht (s.o. **860⁶**) 18f.

860. An Theodor Nöldeke, 24. November 1909 (Brief)
1 Charles Cutler Torrey, Ezra Studies, Chicago 1910 (Das Vorwort datiert vom 1.9.1909.)
2 Vgl. ders., Notes on the Aramaic Parts of Daniel, Transactions of the Connecticut Academy of Arts and Sciences 15 (1909) 239–82, hier etwa S. 248.
3 Ebd. 248 Anm. 1.

4 Snouck Hurgronje wurde nicht Mitglied des Ordens.
5 Die unter der Ägide der Straßburger Wissenschaftlichen Gesellschaft von Eduard Schwartz herausgegebenen Acta conciliorum oecumenicorum (erschienen ab 1914).
6 Rudolph Sohm, Kirchenrecht, Bd. 1. Die geschichtlichen Grundlagen, Systematisches Handbuch der deutschen Rechtswissenschaft 8,1, Leipzig 1892.

861. AN EDUARD SCHWARTZ, 1. Dezember 1909 (Brief)
1 Ed. Schwartz, Die Konzilien des 4. und 5. Jahrhunderts, HZ 104 (1910) 1–37 (Vortrag vom 16.9.1909). Zu Konstantin vgl. ebd. 10–12.
2 Edward Gibbon, The History of the Decline and Fall of the Roman Empire, 6 Bde., London 1776–89, dt. Übersetzung von Johann Sporschil: Geschichte des römischen Weltreiches, 12 Bde., Leipzig ³1854.
3 Zum ὁμοούσιος vgl. Konzilien (Anm. 1), 14 u.ö., außerdem Ed. Schwartz, Kaiser Constantin und die christliche Kirche. Fünf Vorträge, Leipzig/Berlin 1913, VIf.
4 S.o. 860.
5 Carl Brockelmann ging 1910 nach Breslau, Friedrich Schultheß wurde sein Nachfolger. Felix Ernst Peiser blieb in Königsberg (seit 1905 Prof. an der Albertina).
6 Das Göttinger Septuaginta-Unternehmen hatte am 1.4.1908 seine Arbeit (als Einrichtung der Königlichen Gesellschaft der Wissenschaften zu Göttingen) aufgenommen.
7 William Wright, The Homilies of Aphraates, the Persian Sage. Edited from Syriac Manuscripts of the fifth and sixth centuries, in the British Museum, with an English translation, Vol. 1. The Syriac Text, London/Edinburgh 1869.
8 Vgl. auch Ed. Schwartz, Nochmals die Söhne Zebedaei, ZNW 11 (1910) 89–111.

862. AN EDUARD SCHWARTZ, 2. Dezember 1909 (Brief)
1 Schwartz hatte seine Charakterköpfe aus der antiken Literatur. Zweite Reihe. Fünf Vorträge, Berlin 1909 (Erscheinungsjahr 1910) Wellhausen gewidmet.
2 D.h. die Kapitel „Diogenes der Hund und Krates der Kyniker" (ebd. 1–26), „Epikur" (ebd. 27–48) und „Paulus" (ebd. 107–36).
3 Ebd. 13.
4 Jan Pieter Nicolaas Land, Anecdota Syriaca. Collegit, edidit, explicuit, Bd. 2. Joannis Episcopi Ephesi monophysitae scripta historica quotquot adhuc inedita supererant. Insunt tabulae II lithographicae, Leiden 1868.

863. AN IGNAZ GOLDZIHER, 26. Dezember 1909 (Brief)
1 I. Goldziher, Wasser als Dämonen abwehrendes Mittel, ARW 13 (1910) 20–46.
2 Mohammed macht seinen Anhängern, die Angst vor einem Sturm haben, Mut für eine Schlacht, etwa „Der Wind weht wegen des Todes eines der angesehensten Ungläubigen" (nämlich *Rifāʿa b. Zaid b. al-Tābūt*).
3 *ṭuʿina* „einen Lanzenstich erhalten"; Goldziher gibt ebd. das Beispiel „ein Stich (*waḫz*) von den Ǵinnen" als Bezeichnung für die Pest.

864. AN EDUARD SCHWARTZ, 7. März 1910 (Postkarte)
1 Im Sanatorium.
2 Dort war Marie Wellhausen in ärztlicher Behandlung.
3 Vgl. Strabo, Geogr. XVI 4,23f.; Josephus, Bell. Jud. I 199.
4 Militär. „einschließen (ohne förmliche Belagerung)". Lt. 2 Kor 11,32 bewachte (ἐφρούρει) der Statthalter des Aretas die Stadt der Damaszener.

865. AN LEONE CAETANI, 8. März 1910 (Brief, lat.)
1 L. Caetani, Annali dell'Islām. Bd. 2. Dall'anno 7. al 12. H./Bd. 3. Dall'anno 13. al 17. H., Mailand 1907/10.

866. An Enno Littmann, 9. März 1910 (Postkarte)
1 E. Littmann, Publications of the Princeton Expedition to Abyssinia, Bd. 1. Tales, Customs, Names and Dirges of the Tigre Tribes. Tigre Text; Bd. 2. English Translation, Leiden 1910.
2 Naffaʿ Wad ʿEtmān (s.o. **829**[12]) war im April 1909 auf der Heimreise ums Leben gekommen.
3 Vgl. Bibl. 221.

867. An Enno Littmann, 12. März 1910 (Briefkarte)
1 Ella Limpricht.

868. An Theodor Nöldeke, 15. März 1910 (Brief)
Th. Nöldeke, Der Araberkönig von Namāra, in: Gaston Maspero u.a. (Hgg.), Florilegium. Ou, Recueil de travaux d'Érudition. Dédiés à Monsieur le Marquis Melchior de Vogüé à l'occasion du quarte-vingtième anniversaire de sa naissance 18 Octobre 1909, Paris 1909, 463–66 (über Imruʾ al-Qays b. ʿAmr).
1 Vgl. CIS II 192, außerdem Enno Littmann zur griechischen Fassung der Inschrift im selben Band (Nabatäisch-griechische Bilinguen, 375–90) 386–90. Es handelt sich um Ǧaḏīma al-Abraš b. Malik (Mitte des 3.Jh. n.Chr.), den König des arabischen Stämmeverbunds der Tanūḫ.
2 Th. Nöldeke, Geschichte der Perser und Araber zur Zeit der Sasaniden. Aus der arabischen Chronik des Ṭabarī. Übersetzt und mit ausführlichen Erläuterungen und Ergänzungen versehen, Leiden 1879.
3 Th. Nöldeke, Mandäische Grammatik. Mit einer lithographirten Tafel der Mandäischen Schriftzeichen, Halle 1875.
4 Ders., Kurzgefasste syrische Grammatik. Mit einer Schrifttafel von Julius Euting, Leipzig ²1898.
5 Niederdt. „eine Sache liederlich machen, verpfuschen".
6 Th. Nöldeke, Das iranische Nationalepos, Straßburg 1896.
7 Ders., Die Ghassânischen Fürsten aus dem Hause Gafna's, Berlin 1887 (APAW 1887).
8 S.o. **861**.

869. An Ella Limpricht, 18. März 1910 (Postkarte)

870. An Rudolf Smend, 26. März 1910 (Postkarte)
1 Das Mathildenstift, heute ein Altersheim, nahe dem Sendlinger Tor.

871. An Ella Limpricht, 30. März 1910 (Brief)
1 Ein Barbiturat.
2 Martha Limpricht, Maries Schwester.

872. An Ella Limpricht, 13. April 1910 (Brief)
1 In Marie Wellhausens Testament ist von einem „umstrittenen Lehnstuhl" die Rede, der an Ella vererbt wird.
2 Niederdt. „gefüttert und getränkt". Die „beiden Mädchen" sind Anna und Ida, s.u. **873**.

873. An Ella Limpricht, 18. April 1910 (Postkarte)

874. An Enno Littmann, 21. April 1910 (Brief)
1 Darunter: James Oscar Boyd, The Octateuch in Ethiopic, according to the Text of the Paris Codex, with the Variants of Five Other Manuscripts. Part I. Genesis, Bibliotheca Abessinica [hg. v. E. Littmann] 3, Leiden 1909.

875. An Ella Limpricht, 23. April 1910 (Postkarte)
1 Der 21.4.1910 wäre der 83. Geburtstag Heinrich Limprichts gewesen.
2 S.o. **861.868**.

876. An Ella Limpricht, 28. April 1910 (Postkarte)
1 Niederdt. „Es ist nun einmal so, wie es ist".

877. An Adolf Harnack, 29. April 1910 (Brief)
1 Ad. Harnack, Lehrbuch der Dogmengeschichte. Bd. 3. Die Entwickelung des kirchlichen Dogmas. II, III. Register zu den drei Bänden, Sammlung theologischer Lehrbücher, Tübingen ⁴1910.
2 James Rendel Harris, The Odes and Psalms of Salomon. Now first published from the Syriac version, Cambridge 1909.

878. An Adolf Harnack, 2. Mai 1910 (Postkarte)
1 S.u. Anm. 2, 877² und Bibl. 220.
2 Ein jüdisch-christliches Psalmbuch aus dem ersten Jahrhundert. Aus dem Syrischen übers. von Johannes Flemming [s.o. 877²]. Bearb. und hrsg. von Adolf Harnack, TU 3,5,4, Leipzig 1910.

879. An Enno Littmann, 12. Mai 1910 (Brief)
1 S.o. 866$^{1.3}$.
2 Wilhelm Sickel, Jurist in Straßburg, vorher in Marburg.

880. An Eduard Schwartz, 2. Juni 1910 (Postkarte)
1 Ed. Schwartz, Noch einmal der Tod der Söhne Zebedaei, ZNW 11 (1910) 89–104.
2 Zu Gal 1,18 vgl. ebd. 103f., zu Kaiaphas 102.
3 Joh 21,18; vgl. ebd. 96(f.).
4 Ernst von Dobschütz, seit 1904 in Straßburg.
5 Friedrich Blaß, Acta apostolorum sive Lucae ad Theophilum liber alter. Secundum formam quae videtur Romanam, Leipzig 1896 (bzw. ders., Acta apostolorum sive Lucae ad Theophilum liber alter. Editio philologica apparatu critico, commentario perpetuo, indice verborum illustrata, Göttingen 1895).
6 Vgl. Plato, Phaedr. 268c–d; dann Aristoteles, Poet. 1449b, 24ff.
7 Ferdinand Christian Baur, Paulus, der Apostel Jesu Christi. Sein Leben und Wirken, seine Briefe und seine Lehre. Ein Beitrag zu einer kritischen Geschichte des Urchristenthums. Nach dem Tode des Verfassers besorgt von Eduard Zeller, Leipzig ²1866/67.
8 Ders., Kritische Untersuchungen über die kanonischen Evangelien, ihr Verhältniß zu einander, ihren Charakter und Ursprung, Tübingen 1847.

881. An Enno Littmann, 9. Juni 1910 (Postkarte)
1 Joseph Hell hatte 1910 in Kairo Handschriften von Muhammad Ibn Sallām al-Ǧumaḥī (Die Klassen der Dichter, Leiden 1916), den Diwan des Abū Ḏuʾaib (Neue Hudhailiten-Diwane, Bd. 1, Hannover 1926) sowie weitere Hudhailiten-Diwane (s.u. 892³) gefunden.
2 Bibl. 216, s.o. 866.

882. An Edward Schröder, 10. Juni 1910 (Brief)
1 D.h. seit der Annexion des Königreichs Hannover durch Preußen.
2 Wellhausen wurde nicht Mitglied des Göttinger Geschichtsvereins.

883. An den Kurator der Universität Göttingen, 16. Juni 1910 (Brief)

884. An Walter de Gruyter, 18. Juni 1910 (Brief)
1 Bibl. 222; IV+176 S. entspr. 11 ¼ Bogen, d.h. 75 M. pro Bogen.

885. An Julius Rodenberg, 20. Juni 1910 (Postkarte)

886. An Adolf Harnack, 14. Juli 1910 (Postkarte)
1 Ad. Harnack, Das Problem des Zweiten Thessalonicherbriefs, SPAW 31 (1910) 560–78, hier 560f.563.

2 Ebd. 567–69.
3 Ebd. 572.
4 William Wrede, Die Echtheit des zweiten Thessalonicherbriefs untersucht, TU II 4,2, Leipzig 1903.

887. An Adolf Harnack, 17. Juli 1910 (Postkarte)
1 Wohl der Verfasser des 2. Thessalonicherbriefs.

888. An Rudolf Smend, 23. August 1910 (Postkarte)
1 Die jüngeren Kinder Smends.
2 Die Karte ist nach Oderbrück im Harz adressiert.
3 † 21.8.1910 in Stettin.

889. An Leopold Smend, 30. August 1910 (Briefkarte)
1 Am Schlern, unterhalb der Burg Salegg.

890. An Rudolf Smend, 5. September 1910 (Postkarte)
1 S.o. **889**.

891. An Julius Rodenberg, 29. Oktober 1910 (Postkarte)

892. An Theodor Nöldeke, 2. November 1910 (Brief)
1 Th. Nöldeke, Neue Beiträge zur semitischen Sprachwissenschaft, Straßburg 1910.
2 Lehnwörter in und aus dem Äthiopischen, ebd. 31–66.
3 Zu den Funden vgl. Joseph Hell, Neue Huḏailitenlieder, ZDMG (1910) 559f.; außerdem ders., Neue Huḏailiten-Diwane (*Maǧmūʿ dawāwīn min ašʿār al-Huḏalīyīn*), 2 Bde., 1926/33.
4 Die Ausgabe Hells erschien 1926 (s. auch o. **881**[1]).
5 Die Ausgabe erschien erst 1933: ders., Die Diwane der Huḏailīten-Dichter Saʿida Ibn Ǧuʾajja, Abu Ḫirāš, Al-Mutanaḫḫil und ʾUsāma Ibn al-Ḥariṯ (*Ašʿār Sāʿida Ibn Ǧuʾaija wa-Abi-Ḫirāš*), Neue Huḏailiten-Diwane 2, Leipzig 1933.

893. An Ignaz Goldziher, 2. November 1910 (Brief)
1 I. Goldziher, Vorlesungen über den Islam, Religionswissenschaftliche Bibliothek 1, Heidelberg 1910.
2 Bibl. 220.

894. An Enno Littmann, 3. November 1910 (Postkarte)
1 Möglicherweise die Beiträge Littmanns in der ZÄS: Semitische Parallelen zur assimilatorischen Wirkung des ʿAjin, ZÄS 47 (1910) 62–64 u. Zur Verbaladjektivendung *-nj*, ZÄS 47 (1910) 167 (zu Adolf Erman, Die Assimilation des Ajin an andere schwache Konsonanten, ZÄS 46 [1909] 96–104 bzw. ders., Ein altes Verbaladjektiv, ebd. 104–06).
2 S.o. **892**[(3–5)].
3 Theodor Nöldeke, Neue Beiträge zur semitischen Sprachwissenschaft, Straßburg 1910.
4 Zur Sprache des Korāns, ebd. 1–30.
5 Friedrich Schwally war der Bearbeiter der ersten beiden Bände von Nöldekes Geschichte des Qorāns (Göttingen 1860) für die zweite Auflage (Teil 1. Über den Ursprung des Qorāns, Leipzig ²1909; Teil 2. Die Sammlung des Qorāns. Mit einem literarischen Anhang über die muhammedanischen Quellen und die neuere christliche Forschung, ebd. ²1919, Teil 3 [Die Geschichte des Korantexts] vollendet von Gotthelf Bergsträßer und Otto Pretzl, ebd. ²1938).

895. An Theodor Nöldeke, 25. November 1910 (Postkarte)
1 Th. Nöldeke, Neue Beiträge zur semitischen Sprachwissenschaft, Straßburg 1910.
2 Die Sprache des Korāns, ebd. 1–30, hier 15.

896. An Adolf Harnack, 13. Dezember 1910 (Brief)
1 Wohl Anspielung auf Harnacks Präsidentschaft in der neu gegründeten Kaiser-Wilhelm-Gesellschaft zur Förderung der Wissenschaften (Festakt zur Gründung am 11. Oktober 1910, konstituierende Sitzung am 11. Januar 1911).
2 Es geht vermutlich um eine Zuwahl zum Orden *Pour le Mérite*, vielleicht die des Orientalisten Peter Thomsen (24.01.1911).
3 Friedrich Schulthess, Textkritische Bemerkungen zu den syrischen Oden Salomos. (The Odes and Psalms of Solomon, by James Hendel Harris. Cambridge 1909.), ZNW 11 (1910) 249–58.
4 Friedrich Spitta, Zum Verständnis der Oden Salomos. Erstes/Zweites Stück, ebd. 193–203/259–90; Hermann Gunkel, Die Oden Salomos, ebd. 291–328.
5 Im Sprichwort eig. „Hässlichkeit".
6 S.o. **891**.

897. An Friedrich Leo, Anfang 1911 (Briefkarte)
1 Der Brief ist in der Sammlung Darmstaedter F. Leo zugeordnet.
2 Möglicherweise gemeint: Ulrich von Wilamowitz-Moellendorff, Die griechische Literatur, in: Paul Hinneberg (Hg.), Die Kultur der Gegenwart. Teil 1. Abt. 8, Berlin ³1912, 3–318, darin 263f. erstmals eine Passage über die Oden Salomos. Leo verfasste im selben Band den Abschnitt über die Römische Literatur des Altertums (ebd. 401–82). Es könnte sich jedoch auch um einen Brief Wilamowitz' handeln, dessen Handschrift nicht leicht zu entziffern ist.

898. An Enno Littmann, 3. Januar 1911 (Brief)
1 Ovid, Met. VI 472.
2 Ig*naz* Goldziher in Buda*pest*.
3 Bibl. 228.

899. An Paul Wendland, 6. Januar 1911 (Brief)
1 Möglicherweise schon der Abschnitt über die Literaturformen in P. Wendland, Die hellenistisch-römische Kultur in ihren Beziehungen zu Judentum und Christentum. Die urchristlichen Literaturformen, HNT 1,2–3, Tübingen ²/³1912, 259–448.
2 Der Abschnitt „XIV. Apokalypsen" (ebd. 381–90).
3 Vgl. Bibl. 192.
4 Vgl. etwa Niese, Kritik (s.o. **681**[2]) 63–78.93–96.
5 Laqueur, Kritische Untersuchungen (s.o. **704**[4] und die Rez. Bibl. 195).
6 Edwyn Robert Bevan, The House of Seleucus, 2 Bde., London 1902, Bd. 2, 299(.305). Vgl. mit dieser Karte außerdem Bibl. 234 (1914), 244 Anm. 1 (dort ebenfalls „E.H. Bevan").
7 Bibl. 192.

900. An Eduard Schwartz, 8. Januar 1911 (Brief)
1 Schwartz war 1909 von Göttingen nach Freiburg übergesiedelt (s.o. **845.846**).
2 Horaz, Ep. I 1,108.
3 Der Anfangsbuchstabe seines Vornamens wurde von Kollegen des extrem antiklerikalen Papsttumshistorikers Paul Kehr gern scherzweise als „Pater" aufgelöst.
4 Den Lehrstuhl erhielt Maier, ihm folgte 1919 Misch.
5 Ed. Schwartz, Charakterköpfe (s.o. **862**[1]), Reihe 2, Leipzig ²1911.
6 Bibl. 222.
7 Schwartz, Zur Chronologie des Paulus (s.o. **787**[4]), Wellhausen Bibl. 206.

901. An Theodor Nöldeke, 21. Januar 1911 (Brief)
1 Darunter Anmerkung Nöldekes: „Ich hatte ihm meine ungeheure Anerkennung d. 2. Ausg. s/r Synoptiker ausgedrückt und dazu einige Bemerkungen gemacht / ThN." (Vgl. Bibl. 222.)

902. An Albert Schweitzer, 24. Januar 1911 (Briefkarte)
1 Bibl. 222; es geht auch hier um die Verwechslung eines der ersten Vertreter der Markuspriorität, Christian Gottlob Wilke (vgl. Der Urevangelist. Oder exegetisch kritische Untersuchung über das Verwandtschaftsverhältniß der drei ersten Evangelien, Dresden/Leipzig 1838 und bereits ders., Über die Parabel von den Arbeitern im Weinberg. Matth. 20, 1–16, ZWTh 1 [1826] 71–109, 74), mit dem Rothenburger Pfarrer Wilhelm Ferdinand Wilcke (s. Bibl. 222, 34 Anm. 1 und dazu W. F. Wilcke, Tradition und Mythe. Ein Beitrag zur historischen Kritik der kanonischen Evangelien überhaupt, wie insbesondere zur Würdigung des mythischen Idealismus im Leben Jesu von Strauß, Leipzig 1837, 68).
2 A. Schweitzer, Von Reimarus zu Wrede (s.o. 812[1]), 412; in der zweiten Auflage (Geschichte der Leben-Jesu-Forschung, Tübingen [2]1913, 645) unverändert.

903. An Carl Bezold, 12. Februar 1911 (Brief)
1 C. Bezold, Verbalsuffixformen als Alterskriterien babylonisch-assyrischer Inschriften, SHAW. PH Nr. 9 (1910) Heidelberg 1910.
2 Bibl. 228 (C. Bezold [Hg.], Festschrift für Ignaz Goldziher. Mit einem Bildnis Goldziher's. Erster und zweiter Teil, Straßburg 1911 = ZA 26 [1911]; Dritter [Schluss-] Teil, Straßburg 1912 = ZA 27 [1912], 1–146).

904. An Adolf Harnack, 22. Februar 1911 (Brief)
1 Vgl. Ad. Harnack, Neue Untersuchungen zur Apostelgeschichte und zur Abfassungszeit der synoptischen Evangelien, Beiträge zur Einleitung in das neue Testament 4, Leipzig 1911. Darin: ders., Die Identität des Verfassers der Wirstücke der Apostelgeschichte mit dem Verfasser des ganzen Werks, S. 1–21.
2 Ders., Das Hauptargument gegen die Abfassung der Apostelgeschichte durch Lukas: das Judenchristentum (Judentum), Paulus und Lukas (ebd. 21–62), darin: Die Stellung des Apostels Paulus zum Judentum und Judenchristentum (ebd. 28–62).

905. An Ignaz Goldziher, 24. Februar 1911 (Brief)
1 Vgl. Franz Frederik Schmidt, Die occupatio im islamischen Recht (Diss. Heidelberg 1910), Islam 1 (1910) 300–53. Vgl. neben der Rez. Goldzihers in DLZ 30 (1910) ders., Mirbāʿ, Islam 2 (1911) 102–04.
2 D.h. im *Kitāb al-ʿiqd al-farīd* des Abī ʿUmar Aḥmad Ibn Muḥammad Ibn ʿAbd Rabbihī, Kairo 1293 H.=1876.
3 Anthony Ashley Bevan (Hg.), *Kitāb an-Naqāʾiḍ. Naqāʾid Ǧarīr wa-l-Farazdaq*, Bd. 1, Leiden 1905.
4 „Der Islam. Zeitschrift für Geschichte und Kultur des islamischen Orients", hg. v. Carl Heinrich Becker, seit 1910.

906. An Ella Limpricht, 25. Februar 1911 (Brief)
1 S.o. **871**.

907. An Arthur Samuel Peake, 9. März 1911 (Brief, lat.)
1 A.S. Peake, The Religion of Israel, London 1910, außerdem ders., The problem of suffering in the Old Testament, London 1910 und/oder ders., A Critical Introduction to the New Testament, Studies in Theology, London 1909.

908. An Walter de Gruyter, 16. März 1911 (Brief)
1 Adalbert Merx, Das Evangelium des Johannes. Nach der syrischen im Sinaikloster gefundenen Palimpsesthandschrift. Mit Registern für das ganze Werk. Nach dem Tode des Verfassers hg.v. Julius Ruska, Die vier kanonischen Evangelien nach ihrem ältesten bekannten Texte. Übersetzung und Erläuterung der syrischen im Sinaikloster gefundenen Palimpsesthandschriften 2,2 (Schlußband), Berlin 1911.
2 Bibl. 222.

909. An Theodor Nöldeke, 10. April 1911 (Brief)
1 Max Leopold Margolis, The K Text of Joshua, AJSL 28 (1911) 1-55 (auch sep. erschienen).

910. An Ella Limpricht, 17. Mai 1911 (Brief)
1 Vgl. Friedrich Rückerts Gedicht „Welt und ich": „Wenn die Rose selbst sich schmückt, schmückt sie auch den Garten" (Adelbert von Chamisso/Gustav Schwab [Hgg.], Deutscher Musenalmanach 5, Leipzig 1834, 41f.).
2 Wilhelm Filchner leitete die zweite deutsche Antarktisexpedition (Mai 1911 bis Anfang 1913), der spätere Konsul Heinrich Seelheim (1884-1964) war deren Geograph. Vgl. dies., Quer durch Spitzbergen. Eine deutsche Übungsexpedition im Zentralgebiet östlich des Eisfjords, Berlin 1911; außerdem W. Filchner, Zum sechsten Erdteil. Die zweite deutsche Südpolar-Expedition, Berlin 1922.
3 Durch Emeritierung und Wegzug nach Wien.

911. An Adolf Jülicher, 24. Mai 1911 (Brief)
1 Ad. Jülicher/Walter Bauer (Hgg.), Heinrich Julius Holtzmann: Lehrbuch der neutestamentlichen Theologie, 2 Bde., Sammlung Theologischer Lehrbücher, Tübingen ²1911, hier Bd. 1.
2 Emil Schürer, Geschichte des jüdischen Volkes im Zeitalter Jesu Christi, 3 Bde. u. Registerband, Leipzig ⁴1911.

912. An Adolf Jülicher, nach dem 24.05.1911 (Postkarte)
1 Christian Hermann Weiße, Geschichte, s.o. **803**⁴; ders., Die Evangelienfrage in ihrem gegenwärtigen Stadium, Leipzig 1856.
2 Christian Gottlob Wilke, Der Urevangelist oder exegetisch kritische Untersuchung über das Verwandtschaftsverhältniß der drei ersten Evangelien, Dresden/Leipzig 1838.
3 Bibl. 211.

913. An Theodor Nöldeke, 19. Juli 1911 (Postkarte)
1 Th. Nöldeke, Rez. von Friedrich Schulthess, Kalila und Dimna. I. Syrischer Text, Berlin 1911, ZDMG 65 (1911) 578-88.
2 S.o. **674**².
3 Agnes Smith Lewis, The Old Syriac Gospels or Evangelion Da-Mepharreshê. Being the Text of the Sinai or Syro-Antiochene Palimpsest, including the Latest Additions and Emendations, with the Variants of the Curetonian Text, Corroborations from many other MSS and a List of Quotations from Ancient Authors, London 1910.
4 Leone Caetani, Dall'anno 18. al 22. H, Annali dell'Islām 4, Mailand 1911.

914. An Leone Caetani, 20. Juli 1911 (Brief, lat.)
1 S.o. **913**⁴.
2 Ebd. §173 (S. 100f.) mit Verweis auf Bibl. 149.
3 Ernest Walter Brooks, On the Chronology of the Conquest of Egypt by the Saracens, ByZ 4 (1895) 435-44.

915. An Enno Littmann, 31. Juli 1911 (Brief)
1 Vgl. E. Littmann, Osservazioni sulle iscrizioni di Harrân e di Zebed, RSO 4 (1911) 193-98, bes. 194f.

916. An Rudolf Smend, 16. August 1911 (Postkarte)
1 Smend hielt sich im Ferienquartier in Stöberhai (Harz) auf.

917. An Rudolf Smend, 23. September 1911 (Brief)
1 Niederdt. „schwappen".
2 Pfirsiche.

918. An Enno Littmann, 28. Oktober 1911 (Brief)
1 Niederdt. „Kopfschmerzen" (wörtlich „Hirn-Schwappen").
2 Durchgestrichen: „die Sache".
3 Hi 2,10.
4 Ps 23,4.
5 Bibl. 222.
6 Theodor Nöldeke.
7 Mit Bleistift hinzugefügt. Koran, Sure 70,19–21.

919. An Adolf Harnack, 7. November 1911 (Brief)
1 Ad. Harnack, Aus Wissenschaft und Leben. Reden und Aufsätze, Neue Folge 2, Gießen 1911.
2 Ders., Was verdankt unsere Kultur den Kirchenvätern? [1910], ebd. 1–22.
3 Ders., Naumanns Briefe über Religion [1903], ebd. 73–86.
4 Franz Overbeck, Das Johannes-Evangelium. Studien zur Kritik seiner Erforschung. Aus dem Nachlaß hg. von Carl Albrecht Bernoulli, Tübingen 1911.
5 Hubert Grimme, Die Oden Salomos syrisch-hebräisch-deutsch. Ein kritischer Versuch, Heidelberg 1911 (s.u. **920**).

920. An Hubert Grimme, 7. November 1911 (Brief)
1 S.o. **919**[5].

921. An Theodor Nöldeke, 23. November 1911 (Postkarte)
1 Es geht um Dtn 17,16; vgl. Carl Steuernagel, Übersetzung und Erklärung der Bücher Deuteronomium und Josua und Allgemeine Einleitung in den Pentateuch, HK.AT 1,3, Göttingen 1900, 65–67, insb. 66: „Aus unserer Stelle [Dtn 17,16: „Nur darf er sich nicht viel Rosse verschaffen und, um sich viel Rosse zu verschaffen, das Volk nach Ägypten zurückführen [= לא ישיב את העם מצרימה]; hat doch Jahve zu euch gesagt: Ihr dürft diesen Weg nicht wieder zurückkehren [= לשוב בדרך הזה].", ebd.] ist zu schliessen, dass zur Gewinnung von Pferden thatsächlich ‚das Volk' nach Ägypten zurückgeführt wurde, das bedeutet wohl, dass Israeliten (denn an das Volk als ganzes ist nicht zu denken) als Sklaven nach Ägypten gegen Rosse verhandelt wurden."
2 Emilie („Mila") Weber; die Tochter des Mathematikers Heinrich Weber war am 15.11.1911 in Straßburg jung gestorben.

922. An Albert Schweitzer, 13. Dezember 1911 (Postkarte)
1 Bibl. 222.
2 „Das Evangelium", Bibl. 204, 373–86.

923. An Walter Bauer, 17. Dezember 1911 (Brief)
1 S.o. **911**.
2 Adolf Jülicher / W. Bauer (Hgg.), Heinrich Julius Holtzmann: Lehrbuch der neutestamentlichen Theologie, 2 Bde., Sammlung Theologischer Lehrbücher, Tübingen ²1911.
3 S.o. **919**[4]. Wellhausen hatte den Nachlass bereits im Frühjahr 1909 von Ida Overbeck erhalten und in Augenschein genommen.
4 Albert Schweitzer, Geschichte der Paulinischen Forschung von der Reformation bis auf die Gegenwart, Tübingen 1911.
5 S.o. **921**[2].

924. An Ella Limpricht, 25. Dezember 1911 (Brief)
1 Wahrscheinlich das „Zentrums-Album des Kladderadatsch, 1870–1910". Texte von Ernst Dohm u.a. Mit Zeichnungen von Wilhelm Scholz u.a., Berlin 1912.
2 Johannes Joachim (Hg.), Joseph Joachims Briefe an Gisela von Arnim 1852–1859, Göttingen 1911.
3 Tycho von Wilamowitz-Moellendorff, Beobachtungen zur dramatischen Technik des Sophokles, Diss. Freiburg 1912, erschienen in den Philologischen Untersuchungen 22, Berlin 1912.

4 Franziska, die Tochter des 1910 verstorbenen Leo Meyer, hatte 1911 der Universitätsbibliothek Briefe ihres Vaters übergeben.

925. An Enno Littmann, 29. Dezember 1911 (Brief)
1 S.o. 918.
2 S.o. 921².
3 Über Heinrich Weber (einen Schwager Holtzmanns) s. Aurel Voss, Heinrich Weber, Jahresbericht der Deutschen Mathematiker-Vereinigung 23 (1914) 431–44.
4 Michael Jan de Goeje (Hg.), Kitâb al-alâk an-nafîsa VII. Auctore Abû Alî Ahmed Ibn Omar Ibn Rosteh. Et Kitâb al-boldân. Auctore Ahmed Ibn Abî Jakûb Ibn Wâdhih al-Kâtib al-Jakûbî, BGAr 7, Leiden ²1892.

926. An Adolf Harnack, 7. Januar 1912 (Brief)
1 Ad. Harnack, Rez. von Overbeck (s.o. 919⁴), ThLZ 37 (1912) 8–14.
2 Franz Overbeck, Kurze Erklärung der Apostelgeschichte, KEH 1/4, Leipzig ⁴1870.
3 Albrecht Ritschl, Das Verhältnis der Schriften des Lukas zu der Zeit ihrer Entstehung, TThJ 6 (1847) 293–304.

927. An Adolf Harnack, 8. Januar 1912 (Brief)
1 In Hist. Eccl. II 17,13ff. berichtet Euseb von Philo, die Therapeuten hätten neue Psalmen verfaßt: εἶτα πάλιν ἑξῆς περὶ τοῦ νέους αὐτοὺς ποιεῖσθαι ψαλμοὺς οὕτως γράφει: 'ὥστ' οὐ θεωροῦσι μόνον, ἀλλὰ καὶ ποιοῦσιν ᾄσματα καὶ ὕμνους εἰς τὸν θεὸν διὰ παντοίων μέτρων καὶ μελῶν ἀριθμοῖς σεμνοτέροις ἀναγκαίως χαράσσοντες.' (vgl. dazu Philo, Contempl. 476,2–5 u. 484,10–21).

928. An Carl Heinrich Becker, 14. Januar 1912 (Postkarte)
1 C.H. Becker, Christliche Polemik und islamische Dogmenbildung, ZA 26 (1912) 175–95 (auch in: ders., Islamstudien, Bd. 1, Leipzig 1924, 432–49), hier bes. 196–98.
2 Es handelt sich um den zweiten Brief des abbasidischen Kalifen al-Ma'mūn (ca. 786–833) im Ta'rīḫ des Ṭabarī, vgl. insb. Z. 10. Im Hintergrund steht die Auseinandersetzung zwischen der rationalistischen Lehre der Muʿtaziliten, die den Koran für geschaffen halten, und der Schule Aḥmad b. Ḥanbals, die sich mit ihrer These der Ungeschaffenheit des Korans schließlich durchsetzte (vgl. etwa Tilman Nagel, Geschichte der islamischen Theologie. Von Mohammed bis zur Gegenwart, München 1994, 123ff.).

929. An Theodor Nöldeke, 17. Januar 1912 (Brief)
1 Wohl für die Korrektur einiger Stellen in Bibl. 228.
2 Th. Nöldeke, Zur Geschichte der Araber im 1. Jahrh. d, H. aus syrischen Quellen, ZDMG 29 (1875) 76–98.
3 Vgl. Bibl. 228, S. 287.291.
4 Bibl. 228.
5 Bibl. 54.
6 Th. Nöldeke, Inkonsequenzen in der hebräischen Punktation, ZA 26 (1912) 1–15.
7 C.H. Becker, Polemik (s.o. 928¹) 175–85.
8 Christiaan Snouck Hurgronje, Saʿd ès-Suwênî, ein seltsamer Walî in Ḥadramôt, ebd. 221–39.
9 Niederdt./niederl. „Meister".

930. An Carl Heinrich Becker, Januar 1912 (Postkarte)
1 Vgl. C.H. Becker, Polemik (s.o. 928¹) 182. Zitiert ist Theodor (Abū Qurra), ein Schüler des Johannes Damascenus, Bischof von Karrha in Mesopotamien (um 770), der gegen den Islam und verschiedene Häresien schrieb (Migne PG 97, 1545).
2 Epiphanius, Panarion (Haereses) LI, 22.

931. An Enno Littmann, 31. Januar 1912 (Brief)
1 Littmann hatte Wellhausen offenbar die Mitherausgeberschaft oder wenigstens die Mitarbeit an der geplanten Enzyklopädie des Islam angeboten (Martijn Theodoor Houtsma u.a. [Hgg.], Encyklopaedie des Islām. Geographisches, ethnographisches und biographisches Wörterbuch der muhammedanischen Völker. Mit Unterstützung der Internationalen Vereinigung der Akademien der Wissenschaften und im Verein mit hervorragenden Orientalisten, 4 Bde., Leiden/Leipzig 1913–36).
2 Vgl. E. Littmann, Die Inschriften des Königs Kalumu, SPAW (1911) 976–85.
3 Georg Hoffmann, Rez. Littmann (s. Anm. 2), ThLZ 37 (1912), 5–8.
4 Mark Lidzbarski, Rez. Littmann (s. Anm. 2), DLZ 1912 92–96; vgl. später ders., Eine phönizische Inschrift aus Zendschirli, in ders., Ephemeris für semitische Epigraphik, Bd. 3. 1909–1915, Gießen 1915, 218–38.
5 M. Lidzbarski, Rez. Eduard Sachau, Aramäische Papyrus und Ostraka aus einer jüdischen Militär-Kolonie zu Elephantine, 2 Bde., Leipzig 1911, DLZ 32 (1911) 2966–81.

932. An Robert Vischer, 2. Februar 1912 (Brief)
1 D.h. wohl Abgeordnete, die im Parlament unversehens die Seiten wechseln. Vgl. das Zitat von Rudolf Schleiden (1871, bei Helmut Steinsdorfer, Die liberale Reichspartei [LRP] von 1871, Stuttgart 2000, 304): „Hoffentlich [...] hopsen [die Nationalliberalen] diesmal nicht zurück, wie der technische parlamentarische Ausdruck jetzt lautet".
2 Wilhelm-Weber-Str. 18.

933. An Friedrich Carl Andreas, 26. März 1912 (Postkarte)
1 Ros-/Rustam, arab. *aš-šadīd* „der Starke", eine mythische Sagengestalt aus dem Schāhnāme, ebenso wie der legendäre iranische Held Is-/Esfandiyār. Die Antwort Andreas' vom 5.4. ist erhalten (SUB Götingen s. Vorwort).

934. An Friedrich Carl Andreas, 6. April 1912 (Brief)
1 S.o. 933.

935. An Rudolf Smend, 17. April 1912 (Postkarte)
1 Ins Sanatorium in Freudenstadt geschickt.
2 D.h. am 17. April.
3 Gemeint ist wohl der Kaiser-Wilhelm-Park, in dem 1896 Conrad Rathkamp und Heinrich Gerber den Bismarckturm errichtet hatten; vgl. Jan Volker Wilhelm, Das Baugeschäft und die Stadt. Stadtplanung, Grundstücksgeschäfte und Bautätigkeit in Göttingen (1861–1924), Studien zur Geschichte der Stadt Göttingen 24, Göttingen 2006, 73.

936. An Theodor Nöldeke, 1. Mai 1912 (Brief)
1 Friedrich Schultheß (Hg.), Umajja ibn Abi ṣ Ṣalt. Die unter seinem Namen überlieferten Gedichtfragmente, Beiträge zur Assyriologie und semitischen Sprachwissenschaft 8,3, Leipzig/Baltimore 1911. Vgl. die Rez. Nöldekes: Umaija b. AbiṣṢalt, ZA 27 (1913) 159–72.
2 Gemeint ist wohl Friedrich Schultheß, vgl. den Brief Nöldekes vom 28.5.1912, in dem dieser die Hoffnung ausspricht, der „Igel" habe die Rezension gut angenommen (SUB Göttingen, s. Vorwort).
3 Louis Cheikho, Diwan d'as-Samaou'al d'après la récension de Niftawaihi, édité pour la première fois d'après u n ancien Manuscrit avec des Variantes et des Notes, Beirut 1909 (Rez.: Th. Nöldeke, Samaual, ZA 27 [1912] 173–83).
4 Die *Aṣmaʿiyāt* des ʿAbd al-Malik Ibn Quraib al-Aṣmaʿī.
5 Bibl. 230.

937. An Enno Littmann, 16. Mai 1912 (Brief)
1 So in „Herzog Ulrich [von Württemberg]s Jagdlied" (1510): „Ich schell mein Horn im Jammerton, / mein Freud ist mir verschwunden, / und hab gejagt ohn Abelon, / es lauft noch vor den Hunden".
2 S.o. **936**.
3 Wilhelm Ahlwardt (Hg.), *'Abd al-Malik Ibn Quraib, al Aṣmaʿī: Al-Aṣmaʿiyāt wa-baʿd qaṣāʾid luġawīja / Elaçmaʿi*, Sammlungen alter arabischer Dichter 1, Berlin u.a. 1902. Vgl. Bibl. 232, S. 630f.
4 Littmann war Mitglied der Arabischen Akademie in Kairo und mehrfach als Gastprofessor in Kairo tätig.
5 Heinrich Thorbecke, Die Mufaḍḍalījât (*Abu-l-ʿAbbās al-Mufaḍḍal Ibn Muḥammad Ibn Yaʿlā aḍ-Ḍabbī: Kitāb al-Iḫtiyārāt. Al-maʿrūf aiḍan bi-kitāb al-mufaḍḍaliyāt*). Nach den Handschriften zu Berlin, London und Wien auf Kosten der deutschen morgenländischen Gesellschaft herausgegeben und mit Anmerkungen versehen, 1. Heft, Leipzig 1885.

938. An Enno Littmann, 18. Mai 1912 (Brief)
1 Es dürfte um eines der Tigrē-Lieder gehen: Publications of the Princeton Expedition to Abyssinia, 4 Bde., Bd. 3. Lieder der Tigrē-Stämme. Tigrē-Text, u. Bd. 4. Lieder der Tigrē-Stämme. Deutsche Übersetzung und Commentar, A. Lieder der Mänsaʿ, Bēt-Gūk und Māryā, beide Leiden 1913. Vielleicht ist das auch einzeln veröffentlichte „Heldenlied" gemeint (E. Littmann, Ein nordabessinisches Heldenlied, ZA 27 [1912] 112–20 = Publications Bd. 3, 53–56).
2 Der *Kitāb al-Aṣnām* des Ibn al-Kalbī.
3 Die *Mufaḍḍaliyāt* (s.o. **937**).

939. An Theodor Nöldeke, 31. Mai 1912 (Briefhälfte)
1 Der Briefschluss ist nicht erhalten.

940. An Theodor Nöldeke, 2. Juni 1912 (Postkarte)

941. An Adolf Harnack, 10. Juni 1912 (Brief)
1 Ad. Harnack, Über den privaten Gebrauch der heiligen Schriften in der alten Kirche, Beiträge zur Einleitung in das neue Testament 5, Leipzig 1912.
2 Christian Wilhelm Franz Walch war seit 1754 o. Prof. der Philosophie, ab 1757 der Theologie in Göttingen.

942. An Theodor Nöldeke, 13. Juni 1912 (Postkarte)

943. An Walter Bauer, 26. Juli 1912 (Brief)
1 W. Bauer, Johannes, HNT 2,2, Tübingen 1912.
2 Ebd. 134f. zu 14,2.

944. An Enno Littmann, 4. August 1912 (Postkarte)

945. An Leone Caetani, 5. August 1912 (Briefkarte)
1 L. Caetani, Annali dell'Islām. Bd. 5. Dall'anno 23. H., Mailand 1912.

946. An Enno Littmann, 2. Oktober 1912 (Brief)?
1 Theodor Nöldeke.
2 Jes 40,31 (in den Sg. gesetzt).
3 Die Verse stammen von ʿAdī b. ar-Raʿlāʾ al-Ġassānī.

947. An Adolf Jülicher, 27. Oktober 1912 (Postkarte)
1 Vgl. Ad. Jülicher, Rez. Wilhelm Larfeld, Griechisch-deutsche Synopse der vier neutestamentlichen Evangelien nach literarhistorischen Gesichtspunkten und mit textkritischem Apparat, Tübingen 1911, ChW 26 (1912) 845.

948. An Rudolf Smend jun., 11. November 1912 (Postkarte)
1 Vgl. Lk 7,4.

949. An Theodor Nöldeke, 15. Dezember 1912 (Brief)
1 Th. Nöldeke, Rez. Friedrich Schultheß, Zurufe an Tiere im Arabischen. Aus dem Anhang zu den Abhandlungen der Kgl. Preuß. Akad. d. Wiss. vom Jahre 1912, ZDMG 66 (1912) 735–41.
2 Vgl. Bibl. 229.

950. An Ella Limpricht, 23. Dezember 1912 (Brief)
1 Schwester des Greifswalder Chemikers Hermann Kolbe.
2 Hi 13,15 (King James Version).

951. An Charles Cutler Torrey , 23. Dezember 1912 (Brief, lat.)
1 Vgl. C.C. Torrey, The Translations Made from the Original Aramaic Gospels, in: David Gordon Lyon / George Foot Moore (Hgg.), Studies in the History of Religions presented to Crawford Howell Toy by Pupils, Colleagues and Friends, New York 1912, 269–317.
2 Gemeint ist wohl Ludwig Radermacher, Neutestamentliche Grammatik. Das Griechisch des Neuen Testaments im Zusammenhang mit der Volkssprache, HNT 1,1, Tübingen 1911, der gegen Wellhausen die Annahme von Semitismen oft als unbegründet zurückweist.
3 Vgl. Ev. Lucae, Bibl. 185, 61 zu Lk 11,41 und Torrey, Translations (Anm. 1) 312f.

952. An Theodor Nöldeke, 26. Dezember 1912 (Postkarte)
1 Vgl.o. **940**.

953. An Wilhelm Herrmann, 1. Januar 1913 (Brief)
1 W. Herrmann, Die mit der Theologie verknüpfte Not der evangelischen Kirche und ihre Überwindung, RV 4,21, Tübingen 1913, vgl. bes. 25ff.
2 Walther Fischer ging 1913 für sechs Jahre an die „Deutsche Medizinschule für Chinesen" in Schanghai, Johanna („Hanna") Smend folgte ihm 1914; sie heirateten dort.

954. An Christiaan Snouck Hurgronje, 3. Januar 1913 (Brief, lat.)
1 S.o. **594**[1].

955. An Eduard Schwartz, 12. Januar 1913 (Brief)
1 Ed. Schwartz, Kaiser Constantin und die christliche Kirche. Fünf Vorträge, Leipzig u.a. 1913.
2 Ulrich von Wilamowitz-Moellendorff, Reden und Vorträge, Berlin [3]1913, darin 169–98 Die Geschichte der griechischen Religion (Vortr. von 1904; in der 4. Aufl. nicht mehr enthalten).
3 Dort Archäologe.
4 Gerhard Loeschcke, Zwei kirchengeschichtliche Entwürfe (hg.v. Hans Lietzmann), Tübingen 1913. Gerhard Loeschcke war Prof. für Kirchengeschichte in Bonn gewesen.
5 Quellenkunde der alten Kirchengeschichte, ebd. 13–78; Die alte Kirche und das Evangelium, ebd. 1–11.
6 S.o. **953**.

956. An Max Pohlenz, 13. Januar 1913 (Porträtpostkarte)
1 Am Vortag war Hildegard Pohlenz geboren († 31.3.2007).

957. An Eduard Schwartz, 2. Februar 1913 (Brief)
1 Reden und Vorträge (s.o. 955²) 222–42.
2 S.o. 955¹.
3 Ferdinand Christian Baur, Über die Composition und den Charakter des johanneischen Evangeliums, Tübingen 1844, vgl. auch ders., Kritische Untersuchungen über die kanonischen Evangelien, ihr Verhältniß zu einander, ihren Charakter und Ursprung, Tübingen 1847, 77–389, dort etwa 238f.
4 Durch das jurist. Referendarexamen.

958. An Enno Littmann, 3. Februar 1913 (Postkarte)
1 E. Littmann, Publications ot the Princeton Expedition to Abyssinia, Vol. 4: Lieder der Tigrē-Stämme, Teil A. Lieder der Mänsaʿ, Bēt-Ǧūk und Māryā, Leiden 1913 war von Littmann „Julius Wellhausen und Christiaan Snouck-Hurgronje als Zeichen der Verehrung und Dankbarkeit gewidmet."
2 Lesung unsicher.

959. An die Librairie Paul Geuthner, 6. Februar 1913 (Postkarte, lat.)

960. An Enno Littmann, 9. Februar 1913 (Postkarte)

961. An Theodor Nöldeke, 28. Februar 1913 (Postkarte)
1 Bibl. 19.

962. An Theodor Nöldeke, 2. März 1913 (Postkarte)
1 Th. Nöldeke, Parallelen zu arabischen Bräuchen, ARW 16 (1913) 307–09.
2 Sure 3,44.
3 Jakob Barth, Sprachwissenschaftliche Untersuchungen zum Semitischen, 2 Tle., Leipzig 1907/11.
4 Vgl. die Rez. Bibl. 233.

963. An Theodor Nöldeke, 7. März 1913 (Postkarte)
1 Henri Lammens, Fāṭima et les filles de Mahomet. Notes critiques pour l'étude de la Sīra, SPIB 2, Rom 1912; vgl. auch o. 962⁴.
2 Lammens (Anm. 1) 60.
3 Etwa Bibl. 189, S. 108, mit Verweis auf Ludwig Ideler, Handbuch der mathematischen und tehnischen Chronologie. Aus den Quellen bearbeitet, Bd. 1, Berlin 1825, 175ff.

964. An Rudolf Smend, 4. April 1913 (Brief)
1 Auf Briefpapier von „Alois Trafojers Hotel Stiegl mit Dependance Bozen."
2 Für die Besserung seines Gesundheitszustandes.
3 Der Hallenser Chemiker Bernhard Rathke hatte sich nach seiner Emeritierung 1912 in Meran niedergelassen.

965. An Wilhelm Herrmann, 5. Mai 1913 (Brief)
1 W. Herrmann, Die mit der Theologie verknüpfte Not ... (s.o. 953¹).
2 Georg Friedrich Konrich, Weshalb bin ich Welfe? Ein Zwiegespräch, Vaterländische Schriften für das hannoversche Volk 4, Hannover 1913.
3 Der Hannoversche Courier, 1854–1941, um die Jahrhundertwende Sprachrohr der Nationalliberalen Partei (vgl. Klaus Mlynek, Art. Hannoverscher Kurier, in: ders. [Hg.], Stadtlexikon Hannover. Von den Anfängen bis in die Gegenwart, Hannover 2009, 264f.). „Karlchen Mießnick" gehört zu den ständigen Gestalten im Satiremagazin „Kladderadatsch".

966. An Adolf Jülicher, 24. Mai 1913 (Briefkarte)
1 Aus Anlaß von Wellhausens Geburtstag am 17. Mai.

2 S.o. 848¹.
3 Vgl. das Sprichwort: „Wer im Alter jung sein will, muß in der Jugend alt sein."

967. An Enno Littmann, 11. Juni 1913 (Briefkarte)
1 Beim Wechsel von Straßburg nach Göttingen.
2 Ludwig Elster, 1897–1916 preußischer Hochschulreferent (Nachfolger Althoffs).
3 Georg Jacob war dort 1911 Nachfolger Georg Hoffmanns geworden.

968. An Enno Littmann, 12. Juni 1913 (Postkarte)
1 Horaz, Od. I 7,27.

969. An Walter de Gruyter, 27. Juni 1913 (Brief)
1 ⁷1914, Bibl. 234.
2 ²1914, Bibl. 236.

970. An Theodor Nöldeke, 3. Juli 1913 (Briefkarte)
1 Th. Nöldeke, Untersuchungen zum Achiqar-Roman, AGWG.PH 14,4, Berlin 1913; vgl. ders., Zum Achiqar, ZDMG 67 (1913) 766.

971. An Enno Littmann, 5. Juli 1913 (Briefkarte)
1 Die Berufung Littmanns als Wellhausens Nachfolger in Göttingen.
2 Nöldeke war seit 1906 Emeritus.

972. An Enno Littmann, 8. Juli 1913 (Brief)
1 Vgl. E. Littmann, Friedrich Veit †, Der Islam 4 (1913) 300f. sowie Worte am Sarge des Dr. phil. Friedrich Veit. Geb. am 3. März 1871 zu Sternenfels, gest. am 13. Mai 1913 zu Tübingen. Gesprochen von Stadtpfarrer O. Meyer und Professor Dr. Littmann am 15. Mai 1913, Tübinger Chronik, Tübingen 1913, 6f. – Verwandter (dôd) und Bestatter (mᵉs/ṡärep).
2 Vgl. Mt 6,25–34.

973. An Enno Littmann, 19. Juli 1913 (Brief)
1 Am 7,14.
2 Littmann trat seine Stelle im April 1914 an.
3 Generalverwaltung der Königlichen Museen zu Berlin (Hg.), Deutsche Aksum-Expedition, 4 Bde., Berlin 1913. Darunter vor allem Bde. 1 (Reisebericht der Expedition. Topographie und Geschichte Aksums) und 4 (Sabaische, griechische und altabessinische Inschriften) von E. Littmann.
4 Bibl. 232.
5 „Aus verzagtem Arsch fährt kein fröhlicher Furz." (Martin Luther zugeschrieben).

974. An Enno Littmann, 21. Juli 1913 (Brief)
1 S.u. 975.

975. An Enno Littmann, 6. September 1913 (Brief)
1 Homer, Od. 9,63.566; 10,134.
2 Littmann wohnte schließlich im Hainholzweg 44. Oberpedell Johann Mankel war der „Logiskommissar" der Universität.
3 Zunächst hatte Wellhausen „versagen sollte" geschrieben.
4 S.o. 931⁵.
5 Hebr.-Jidd. ugs. bokær „Bocher, Jüngling, Schüler"; Heb. bāḥûr „junger Mann".

976. An Walter de Gruyter, 8. September 1913 (Brief)
1 Bibl. 234. Sieben Bogen entsprechen 102 Seiten.

977. An Enno Littmann, 18. September 1913 (Postkarte)
1 S.o. 975³.

978. An Rudolf Smend, 5. Oktober 1913 (Briefkarte)
1 š^{e}bût „Gefangenschaft, Geschick".
2 S.o. 976.

979. An Rudolf Smend, 4. November 1913 (Briefkarte)
1 Am 5. November.
2 S.o. 957$^{(4)}$.
3 Hebr. šûb š^{e}bût „das Wenden des Geschicks / der Gefangenschaft".

980. An Enno Littmann, 24. November 1913 (Brief)
1 Max Pohlenz hatte bereits 1912 einen Ruf nach Basel abgelehnt.
2 Zu Littmanns Nachfolger.

981. An Theodor Nöldeke, 4. Dezember 1913 (Briefkarte)
1 Th. Nöldeke, Ali Baba und die vierzig Räuber, ZA 28 (1914) 242-52 (zu Duncan Black MacDonald, „Ali Baba and the Forty Thieves" in Arabic from a Bodleian Ms., JRAS 42 [1910] 327-86).
2 Rez. von Johann Jakob Hess, Beduinennamen aus Zentralasien, SHAW.PH 19 (1912), Heidelberg 1912, DLZ 34 (1913) 1647f.

982. An Montague Rhodes James, 11. Dezember 1913 (Brief, lat.)
1 Die Verleihung der Ehrendoktorwürde hätte anscheinend von Wellhausen verlangt, zur Annahme nach Cambridge zu reisen.

983. An Theodor Nöldeke, 28. Dezember 1913 (Briefkarte)

984. An Adolf Jülicher, 29. Dezember 1913 (Anmerkung auf der Todesanzeige Rudolf Smends [28. Dezember])
1 Vor dem Handschriftlichen der gedruckte Text: „Göttingen, den 29. Dezember 1913. Ich habe die traurige Pflicht Ew. Hochwohlgeboren ergebenst anzuzeigen, dass der ordentliche Professor in der philosophischen Fakultät Geheimer Regierungsrat Professor Dr. theol. et phil. Smend am 27. d. Mts. in Ballenstedt a. H. entschlafen ist. Die Beerdigung wird am Mittwoch den 31. d. Mts. vormittags 11 Uhr von der Kapelle des Zentralfriedhofs aus stattfinden. Die Herren Kollegen bitte ich recht dringend sich an der Trauerfeier zu beteiligen. Der Prorektor. gez. Kaufmann."

985. An Walter de Gruyter, 1. Januar 1914 (Brief)
1 Vermerk de Gruyters am Rand: 12 [Freiexemplare].
2 Zuerst geschrieben: „wenn Sie keinen […]".
3 Zuerst geschrieben „letzterem".
4 Rest nicht mehr lesbar.

986. An Theodor Nöldeke, 5. Januar 1914 (Brief)
1 Vgl.o. 936³ sowie Wellhausens Bemerkungen „Zum Ḳoran", Bibl. 232.
2 Ebd. 630-32 unter Verweis auf Wilhelm Ahlwardt, Sammlungen alter arabischer Dichter 1. Elaçma'ijjāt nebst einigen Sprachqaçīden, Berlin u.a. 1902 (Al-Aṣma'iyāt wa-ba'd qaṣā'id luġawīya).
3 Bibl. 232, 633f.
4 S.o. 936³.

987. An Theodor Nöldeke, 16. Januar 1914 (Postkarte)
1 Der Israelitischen und jüdischen Geschichte, Bibl. 234.

774   Anmerkungen

   2 Jakob Burckhardt, Griechische Kulturgeschichte I – IV, Berlin/Stuttgart 1898–1902.

988. AN WALTER DE GRUYTER, 17. Januar 1914 (Brief)
   1 Bibl. 236.

989. AN LEONE CAETANI, 19. Januar 1914 (Brief, lat.)
   1 L. Caetani, Annali dell' Islam. 6. Indice dei vol. 3, 4 e 5. Anni 13–23 H., Mailand 1913.

990. AN THEODOR NÖLDEKE, 24. Januar 1914 (Brief)
   1 Bibl. 234, s.o. **985**.
   2 Nachfolger Leos wurde in der Tat Reitzenstein.

991. AN EDUARD SCHWARTZ, 11. Februar 1914 (Postkarte)
   1 Vgl. Bibl. 235, 55.
   2 Franz Overbeck, Kurze Erklärung der Apostelgeschichte, KEH 1,4, Leipzig ⁴1870 (1. Aufl. von W.M.L. de Wette).
   3 Jos. Ant. III 49, 308 hat bei der Nennung Josuas die ungewöhnliche Bezeichnung ὁ Ναυήχου.
   4 Ἰησοῦς ὁ Ναυῆ (LXX sonst υἱὸς Ναυη, vgl. hebr. *bin-nûn*).

992. AN ADOLF HARNACK, 13. Februar 1914 (Brief)

993. AN ENNO LITTMANN, 19. Februar 1914 (Brief)
   1 Das lat. gener bezeichnet hier den (späteren) Mann der Enkelin: 1921 heiratete Littmann die Enkelin des „socer", Elsa Nöldeke (1894–1983). Sie war zu dieser Zeit als Krankenschwester in Zabern tätig (Saverne, vgl. Tabernensis) (s. Postkarte Theodor Nöldekes an Eduard Meyer, 19.9.1914, Staatsbibl. Berlin – Preuß. Kulturbes. Nachl. 213 [Eduard Meyer]).
   2 Nöldeke.

994. AN ENNO LITTMANN, 27. Februar 1914 (Brief)
   1 E. Littmann, Die altamharischen Kaiserlieder. Rede, gehalten am 27. Januar 1914 zur Feier des Geburtstages Sr. Majestät des Kaisers in der Aula der Kaiser-Wilhelms-Universität Straßburg, Straßburg 1914.
   2 Ebd. 6: „Nach der Sage [...] soll Menilek I. [...] die Bundeslade mit den zwölf Geboten, die Moses am Sinai von Gott empfing, nach Aksum gebracht haben".
   3 E. Littmann, Lieder der Tigre-Stämme. Tigre-Text, Leiden 1913; ders., Lieder der Tigre-Stämme. Deutsche Übersetzung und Commentar. A. Lieder der Mänsa, Bet-Guk und Marya, Leiden 1913 (Publications of the Princeton Expedition to Abyssinia, 4 Bde., Leiden 1910–15, Bde. 3 und 4 A.).
   4 Nöldeke?
   5 S.o. **990**.

995. AN ADOLF HARNACK, 27. März 1914 (Brief)
   1 Ad. Harnack, Tertullians Bibliothek christlicher Schriften, SPAW 10 (1914) 303–34.
   2 Am 22. März hatte sich Harnacks jüngerer Bruder, der Literaturwissenschaftler Otto Harnack, mit 56 Jahren das Leben genommen.
   3 Vgl. Röm 3,5 u.ö.

996. AN ENNO LITTMANN, 11. Mai 1914 (Postkarte)

997. AN CHARLOTTE MARIE BEWER, 16. Mai 1914 (Porträtpostkarte)
   1 Nicht erhalten.
   2 Charlotte Maries Bruder (1894–1972).
   3 Vgl. das Datum (einen Tag vor Wellhausens 70. Geburtstag).

998. An Rudolf Smend jun., 20. Mai 1914 (Briefkarte)
1 Wahrscheinlich hatte der Adressat anlässlich von Wellhausens 70. Geburtstag noch einmal den Dank der Familie für die mehr als 40jährige Freundschaft mit seinem kürzlich verstorbenen Vater zum Ausdruck gebracht. Vgl. den Schluss des Nachrufs Bibl. 237.

999. An Robert Vischer, 20. Mai 1914 (Postkarte)

1000. An Alfred Körte, 20. Mai 1914 (Brief)

1001. An Enno Littmann, 21. Mai 1914 (Briefkarte)

1002. An Theodor Nöldeke, 21. Mai 1914 (Briefkarte)

1003. An Walter de Gruyter, 21. Mai 1914 (Brief)

1004. An Adolf Jülicher, 24. Mai 1914 (Brief, Marie Wellhausen diktiert)
1 Ad. Jülicher, Kritische Analyse der lateinischen Übersetzungen der Apostelgeschichte, ZNW 15 (1914) 163–88; auf S. 88 eine Würdigung Wellhausens anlässlich des 70. Geburtstags. Heft 2 des 15. Jahrganges trägt den Titel „Wellhausen-Heft" und enthält Beiträge von James Rendel Harris, Peter Corssen, Wilhelm Bousset, Ad. Jülicher, Wilhelm Heitmüller und Eduard Schwartz.
2 Mt 12,19 (Jes 42,2); Gal 5,26, vgl. Phl 2,3.

1005. An Karl Marti, 25. Mai 1914 (Briefkarte)
1 Karl Marti (Hg.), Studien zur semitischen Philologie und Religionsgeschichte. Julius Wellhausen zum 70. Geburtstag am 17. Mai 1914 gewidmet von Freunden und Schülern, BZAW 27, Gießen 1914. Darin 279–97 K. Marti, Die Zweifel an der prophetischen Sendung Sacharjas.

1006. An Wilhelm Bousset, 30. Mai 1914 (Brief)
1 W. Bousset, Der Gebrauch des Kyrios-Titels als Kriterium für die Quellenscheidung in der ersten Hälfte der Apostelgeschichte, ZNW 15 (s.o. **1004**¹) 141–62.
2 W. Bousset, Rez. von Carl Clemen, Die Entstehung des Johannesevangeliums, Halle 1912, ThLZ 35 (1910) 810–14.
3 Von Bousset (Anm. 1, 146f.) auf Eduard Schwartz zurückgeführt (vgl. Franz Overbeck [Bearb.], Wilhelm Martin Leberecht de Wette: Kurze Erklärung der Apostelgeschichte, KEH 1,4, Leipzig ⁴1870, 123).
4 Theodor Mommsen, Die Rechtsverhältnisse des Apostels Paulus, ZNW 2 (1901) 81–96 (u.ö.). Bousset (Anm. 1, 145) bezieht sich auf die Bedenken Mommsens gegen die Echtheit von Apg 8,3 (Mommsen, S. 85).

1007. An anthony Ashley Bevan, 31. Mai 1914 (Brief, lat.)
1 A.A. Bevan, Mohammed's Ascension to Heaven, in: FS Wellhausen (s.o. **1005**¹) 49–62.

1008. An Rudolf Bewer, 4. Juni 1914 (Brief)
1 Der Sohn Rudolf Bewers und spätere Jurist.
2 Bewers Tochter Charlotte Marie.

1009. An Adolf Harnack, 4. Juni 1914 (Brief)

1010. An Eduard Schwartz, 5. Juni 1914 (Brief)
1 Ed. Schwartz, Johannes und Kerinthos, ZNW 15 (1914) 210–19.
2 Ebd. 215f.
3 Peter Corssen, Die Zeugnisse des Tacitus und Pseudo-Josephus über Christus, ZNW 15 (1914) 114–40.

1011. An Enno Littmann, 17. Juni 1914 (Postkarte)
1 Anthony Ashley Bevan, The Naḳā'iḍ of Jarīr and Al-Farazdaḳ *(Kitāb an-Naqā'iḍ Ǧarīr wa-l-Farazdaq)*, Bd. 2,1, Leiden 1908, 584.

1012. An Enno Littmann, 21. Juni 1914 (Brief)
1 S.o. **1011**.
2 Michael Jan de Goeje (Hg.), Ibn Qotaiba: Liber Poësis et Poëtarum *(Kitāb aš-Šiʿr wa-š-šuʿarā' wa-qīla Ṭabaqāt aš-šuʿarā'. Taʾlīf Abū Muḥammad ʿAbdallāh Ibn Muslim Ibn Qutaiba)*, Leiden 1904.

1013. An Enno Littmann, 24. Juni 1914 (Postkarte)
1 Es geht um Çparda/Sᵉpārad/Σάρδ[ε]ις (Obad 20; vgl. auch u. **1020**).
2 Georg Benedikt Winer, Biblisches Realwörterbuch zum Handgebrauch für Studirende, Candidaten, Gymnasiallehrer und Prediger, 2 Bde., Leipzig ³1847/48.
3 Wilhelm Gesenius, Thesaurus philologicus criticus linguae Hebraeae et Chaldaeae Veteris Testamenti. Editio altera secundum radices digesta priore Germanica longe auctior et emendatior, Leipzig 1829ff.
4 Vgl. Eugène Burnouf, Mémoire sur deux inscriptions cunéiformes trouvées près d'Hamadan et qui font maintenant partie des papiers du Dr. Schulz, Bd. 1. Text, Paris 1836, 147.
5 Christian Lassen, Die Altpersischen Keilinschriften nach Herrn N. L. Westergaard's Mittheilungen, ZKM 6 (1845) 1–188, hier 50f. (zu „*Niebuhr's Inschrift I. tab. XXXI*").
6 Ferdinand Hitzig, Die zwölf kleinen Propheten, KEH 1, Leipzig ⁽⁴⁾1881, 153.
7 Carsten Niebuhr, Reisebeschreibung nach Arabien und andern umliegenden Ländern. Zweyter Band, Kopenhagen 1778, Tab. 31 (nach S. 152), Inschr. I (Hitzig: J), Z. 12.

1014. An Enno Littmann, 13. Juli 1914 (Postkarte)

1015. An Theodor Nöldeke, 22. Juli 1914 (Briefkarte)
1 Th. Nöldeke, Ἀγβάτανα, Hermes 49 (1914) 476–78 (zu Georg Hüsing, Hagbatana, OLZ 12 [1913] 537–39).
2 Th. Nöldeke, Rez. von Henri Lammens, Le berceau de l'Islam. L'Arabie occidentale à la veille de l'Hégire. Bd. 1. Le climat – les Bédouins, Rom 1914, Der Islam 5 (1914) 205–12.
3 Enno Littmann (Hg.), Julius Euting, Tag[e]buch einer Reise in Inner-Arabien, Theil 2, Leiden 1914. (Theil 1 war 1896 erschienen, Euting jedoch 1913 gestorben).

1016. An Adolf Harnack, 22. Juli 1914 (Brief)
1 Wahrscheinlich Ad. Harnack, Die Entstehung des Neuen Testaments und die wichtigsten Folgen der neuen Schöpfung, Beiträge zur Einleitung in das neue Testament 6, Leipzig 1914.

1017. An Enno Littmann, 27. Juli 1914 (Postkarte)

1018. An Enno Littmann, 26. September 1914 (Brief)
1 Am 22. September hatte das deutsche U-Boot „U 9" unter dem Kommandanten Otto Eduard Weddigen bei Hoek van Holland drei britische Schiffe zerstört; Weddigen galt seitdem als Kriegsheld.
2 Quickborn. Zeitschrift für plattdeutsche Sprache und Dichtung, hg.v. Quickborn, Vereinigung für Niederdeutsche Sprache und Niederdeutsches Schrifttum, Hamburg 1907ff.

1019. An Enno Littmann, 28. September 1914 (Postkarte)

1020. An Enno Littmann, Herbst 1914 (Postkarte)
1 Ferdinand Hitzig, Die kleinen Propheten erklärt, KEH 1, Leipzig ³1863, 153f. Vgl. auch o. **1013**.

1021. An Enno Littmann, 11. November 1914 (Postkarte)
1 Die (rechtswissenschaftliche) Verlagsbuchhandlung Immanuel Guttentag, Berlin. Seit 1898 war Walter de Gruyter dort in der Geschäftsleitung, 1919 ging die Buchhandlung gänzlich in seinem Verlag auf.
2 Euhemeros, ca. 340–260 v.Chr., Philosoph am Hof Kassanders.

1022. An Enno Littmann, 12. November 1914 (Postkarte)
1 Vgl. zur Sache Littmann in William Kelly Prentice, Publications of the Princeton University Archaeological Expeditions to Syria in 1904–1905 und 1909. Division 3. Greek and Latin Inscriptions in Syria, Section B. Northern Syria, Part 5. The Djebel Ḥalaḳah, Leiden 1914, 160 (Nr. 1136).
2 S.o. **1021**[2]. Der Geburtsort ist umstritten, vermutlich Messana auf Sizilien oder Messene auf der Peloponnes.
3 Numenios von Apameia (in der Provinz Syria), gr. Philosoph aus der Mitte des 2. Jh.s.

1023. An Enno Littmann, 21. November 1914 (Postkarte)
1 Ps 44,2.
2 Darüber: „Gesenius".

1024. An Enno Littmann, vor dem 26. November 1914 (Postkarte)
1 Jacobus Gothofredus [Jacques Godefroy] (Hg.), Philostorgii Cappadocis, veteris sub Theodosio Juniore scriptoris: Ecclesiasticae Historiae a Constantino Magno Ariique initiis ad sua usque tempora Libri XII a Photio, P. C. peculiari extra Bibliothecam eius hactenus editam opere in epitomen contracti, Genf 1643.
2 Vgl. Henri de Valois (Hg.), Euagrii Scholastici Epiphaniensis et ex praefectis Ecclesiasticae Historiae Libri sex. Ex recensione H. Valesii, Oxford 1844, sowie Thomas Gaisford / Henri de Valois (Hgg.), Theodoreti Episcopi Cyri Ecclesiasticae Historiae libri quinque. Cum interpretatione Latina et annotationibus H. Valesii, Oxford 1854.
3 Eusebius, Kirchengeschichte. Kleine Ausgabe, hg.v. Eduard Schwartz, Leipzig 1908.

1025. An Enno Littmann, 26. November 1914 (Postkarte)
1 S.o. **1024**[1].
2 S.o. **1024**[2].

1026. An Enno Littmann, 25. Dezember 1914 (Brief)
1 S.o. **972**.
2 Lk 2,14.

1027. An Hedwig Smend, 28. Dezember 1914 (Postkarte)
1 Am 27. (nicht am 29.) Dezember jährte sich der Tod Smends.

1028. An Enno Littmann, 13. Januar 1915 (Postkarte)

1029. An Enno Littmann, 21. Januar 1915 (Briefkarte)
1 Der sog. religionsgeschichtlichen Schule.

1030. An Enno Littmann, 28. Januar 1915 (Postkarte)
1 Philipp Andreas Nemnich, Waaren-Lexicon in zwölf Sprachen. Der Hamburgischen Commerz-Deputation zugeeignet, 3 Bde., Hamburg 1797–1802.

1031. An Enno Littmann, 21. Februar 1915 (Briefkarte)
1 ǧihād, hier mit „Heiliger Krieg" zu übersetzen.
2 Josef Kohler, Der heilige Krieg. Rede am 19. Februar 1915, Deutsche Reden in schwerer Zeit 18, Berlin 1915.

3 Vgl. Martin Hartmann, Deutschland und der Heilige Krieg, Das neue Deutschland 3 (1915) 268–73. Er bezieht sich auf die Veröffentlichung von Christiaan Snouck Hurgronje: The Holy War „Made in Germany", New York 1915 (zuerst als Heilige Oorlog Made in Germany, De Gids 79 [1915] 1–33; auch in ders., Verspreide Geschriften, Bd. 3, Bonn u.a. 1923, 259–84), das Zitat Hartmanns und der Verweis auf die Times auch DLZ 36 (1915) 570. Vgl. zur Sache Josef van Ess, Dschihad gestern und heute, Julius-Wellhausen-Vorlesung 3 (27.11.2009), Berlin 2012, 4ff.26ff.; daneben etwa Wolfgang G. Schwanitz, Djihad „Made in Germany". Der Streit um den Heiligen Krieg 1914–1915, Sozial.Geschichte 18 (2003) 2, 7–34.

1032. An Enno Littmann, 25. Februar 1915 (Postkarte)
1 Das arab. Reich, Bibl. 170, 332 mit Anm. 1.

1033. An Enno Littmann, 3. März 1915 (Postkarte)
1 Theodor Nöldeke, Delectus veterum carminum arabicorum. Carmina selegit et edidit Th. Noeldeke, glossarium confecit A. Mueller, PLO 13, Berlin 1890.
2 S.o. 1012².

1034. An Enno Littmann, 9. März 1915 (Postkarte)
1 S.o. 330⁶.
2 Vgl. die angeblichen letzten Worte des Johannes Chrysostomos: δόξα τῷ θεῷ πάντων ἕνεκεν.
3 Das nach dem französischen Philosophen Jean Buridan benannte, der Sache nach aber deutlich ältere (vgl. Aristoteles, De Caelo II 13,295b) philosophische Gleichnis eines Esels zwischen zwei Heuhaufen. Im konkreten Fall geht es um den nahenden Kriegseintritt Italiens (23. Mai 1915) und Griechenlands (24. November 1916), der schließlich auf seiten der Entente (und nicht der Mittelmächte) stattfand.
4 Von Soldaten.

1035. An Enno Littmann, 13. März 1915 (Postkarte)
1 S.o. 862¹. Schwartz war seit 1914 wieder in Straßburg.
2 Diese Worte soll der fast taube Komponist und Dirigent Robert Franz (eig. R.F. Julius Knauth, 1815–1892) bei einem hallischen Universitätsbegräbnis ziemlich laut gesprochen haben (vgl. Hans Joachim Moser, Musikgeschichte in hundert Lebensbildern, Stuttgart 1958, 674).

1036. An Enno Littmann, 28. März 1915 (Postkarte)
1 Die Karte ist adressiert an Hr Prof. E. Littmann aus Göttingen, *Strassburg i.E, Dan. Hirtzstr. 17.*

1037. An Wilhelm Herrmann, 14. April 1915 (Briefkarte)
1 Evtl. W. Herrmann, Die Auffassung der Religion in Cohens und Natorps Ethik, ZThK 25 (1915), 57–69.162–75.

1038. An Wilhelm Herrmann, 21. April 1915 (Brief)

1039. An Ella Limpricht, 18. Mai 1915 (Postkarte)
1 Sie traten am 23. Mai 1915 in den Krieg ein.

1040. An Enno Littmann, 14. Juni 1915 (Postkarte)

1041. An Ella Limpricht, 25. Juni 1915 (Postkarte)
1 Olga Aleksejevna Novikova geb. Kirejeva (1848–1925), literarisches Pseudonym „O. K." Zu ihr vgl. William Thomas Stead, The M.P. for Russia. Reminiscences & Correspondence of Olga Novikoff, 2 Bde., London 1909; Anne Isba, Gladstone and Women, London/New York 2006, 171–76.

1042. An Enno Littmann, Sommer 1915 (Postkarte)
1 Ursprünglich: „umgenannt". – Peter Werenfels (1627–1703) war der Vater des berühmteren Samuel Werenfels (1657–1740). Von letzterem stammt das wohl gemeinte Epigramm (Nr. 60 im Fasciculus Epigrammatum, „S. *Scriptura abusus*."): „Hic liber est, in quo sua quærit dogmata quisque, / Invenit & pariter dogmata quisque sua." (S. Werenfels, Opuscula theologica, philosophica et philologica, Basel 1718, 859).

1043. An Enno Littmann, 18. August 1915 (Postkarte)

1044. An Enno Littmann, 25. August 1915 (Brief)
1 Der Gesellschaft der Wissenschaften (vgl. NGWG Geschäftliche Mitteilungen 1915, 26).
2 Wackernagel kehrte von Göttingen nach Basel zurück.
3 Wahrscheinlich von Camillo Beccari S.J. (Hg.), Rerum Aethiopicarum Scriptores Occidentales Inediti a saeculo XVI ad XIX, Bde. 6 u.7, Rom 1907/08 (P. Emmanuelis d'Almeida S.J. Historia Aethiopiae Liber V–X), GGA 177 (1915) 440–71.
4 Ludwig Uhland, König Karls Meerfahrt (1813): „Der König Karl am Steuer saß, / Der hat kein Wort gesprochen, / Er lenkt das Schiff mit festem Maß, / Bis sich der Sturm gebrochen."

1045. An Enno Littmann, 26. August 1915 (Postkarte)

1046. An Enno Littmann, 28. August 1915 (Postkarte)
1 Möglicherweise: Sammlung von Sprüchen der Heiligen Schrift zur biblischen Geschichte und zum Katechismus Dr. Martin Luthers nebst Anhang, Spruchbuch für Evangelische Schulen, Oldenburg i.Gr.: Littmann (1908) 1915.
2 Jes 28,15.17b

1047. An Enno Littmann, 4. September 1915 (Postkarte)
1 Wohl Wilhelm Schulze, Zur Geschichte lateinischer Eigennamen, AGWG.PH 5,5, Berlin 1904.

1048. An Enno Littmann, 12. September 1915 (Brief)
1 Paul Schröder, Die phönizische Sprache. Entwurf einer Grammatik nebst Sprach- und Schriftproben. Mit einem Anhang, enthaltend eine Erklärung der punischen Stellen im Pönulus des Plautus, Halle 1869, 18 Anm. 5.

1049. An Enno Littmann, 15. September 1915 (Postkarte)

1050. An Enno Littmann, 19. September 1915 (Brief)
1 Berlinerisch für „erholt".
2 Die sog. „Delbrück-Adresse" oder „Gegeneingabe" vom 9.7.1915, eine Petition an den Reichskanzler, verfasst von dem Historiker Hans Delbrück (Text: PrJ 169 [1917] 306f.; Unterzeichner: PrJ 162 [1915] 169–72), richtete sich gegen die unverhüllt annexionistische „Seeberg-Adresse" oder „Intellektuelleneingabe" vom 20.6.1915/8.7.1915, verfasst von dem Berliner Theologen Reinhold Seeberg (Text: Klaus Böhme, Aufrufe und Reden deutscher Professoren im Ersten Weltkrieg, Stuttgart 1975, 125–35). Zu den Umständen der Abfassung der Delbrück-Adresse vgl. außerdem Max Weber, Zur Politik im Weltkrieg. Schriften und Reden 1914–1918, Gesamtausgabe Bd. 15, Tübingen 1984, 759–61, dort auch 762–66 eine kritische Ausgabe des Textes der Delbrück-Adresse.
3 Homer, Od. 20,18 (dort ἔτλης).

1051. An Ella Limpricht, 21. Oktober 1915 (Postkarte)

1052. An Theodor Nöldeke, 24. Oktober 1915 (Brief)
1 Es geht um eine Eingabe des Königsberger Alttestamentlers Max Löhr und weiterer 28 Hochschullehrer (darunter auch Nöldeke, Wellhausen und Littmann) an das preußische Kultusministerium, in der die Einrichtung von Lehrstühlen für die Erforschung des nachbiblischen Judentums gefordert wird, die im Unterschied zu den mehr auf Mission zielenden Instituta Judaica der Erforschung von Geschichte, Literatur, Lehren und Sprache des Judentums dienen sollten. Die Anfrage blieb zwar unbeantwortet, doch wurden in den kommenden Jahren mehrere Honorarprofessuren errichtet. Vgl. Christian Wiese, Wissenschaft des Judentums und protestantische Theologie im wilhelminischen Deutschland. Ein Schrei ins Leere?, SWALBI 61, Tübingen 1999, 335–37.

1053. An Theodor Nöldeke, 24. Oktober 1915 (Postkarte)

1054. An Enno Littmann, 1. November 1915 (Postkarte)

1055. An Julius Rodenberg, 2. November 1915 (Postkarte)

1056. An Enno Littmann, Dezember 1915 (Brief)
1 Seit 1914 gehörte der Lehrstuhl für Altes Testament in Göttingen zur Theologischen Fakultät.

1057. An Enno Littmann, 16. Dezember 1915 (Briefkarte)

1058. An Ella Limpricht, 28. Dezember 1915 (Brief)
1 Wohl der Kriegs-Atlas. 36 Karten von den Schauplätzen des Weltkrieges 1914/15, Berlin u.a. 1915.
2 Houston Stewart Chamberlain, Neue Kriegsaufsätze, München 1915.
3 Ebd. 8f., zu Jaurès s. ebd. 98.
4 Ders., Die Grundlagen des neunzehnten Jahrhunderts, 2 Bde., München 1899 (u.ö.), Bd. 1, Kap. 3.

1059. An Enno Littmann, 1. Januar 1916 (Postkarte, lat.)
1 Möglicherweise als Geschenk vorausgegangen: Paul Richter (Hg.), Herbart. Auswahl aus seinen pädagogischen Werken, Pädagogische Schriftsteller 2, Bielefeld 1916.

1060. An Ella Limpricht, 29. Januar 1916 (Postkarte)
1 Möglicherweise Norbert Jacques, Die Flüchtlinge. Von einer Reise durch Holland hinter die belgische Front, Sammlung von Schriften zur Zeitgeschichte 10, Berlin 1915.
2 „Ein feste Burg ist unser Gott".

1061. An Max Pohlenz, 12. Februar 1916 (Postkarte)
1 Max Pohlenz, Paul Wendland, in: NJKA 19 (1916) 57–75.

1062. An Enno Littmann, 21. Februar 1916 (Postkarte)
1 Darüber: „IV Esdrae".

1063. An Theodor Nöldeke, 22. Februar 1916 (Postkarte)
1 Th. Nöldeke, Rez. Alphonse Mingana, Sources Syriaques, Bd. 1. Mšiḥa-zkha, texte et traduction. Bar Penkayè, texte, Leipzig 1908 u. Eduard Sachau, Die Chronik von Arbela. Ein Beitrag zur Kenntnis des alten Christentums im Orient, APAW.PH 6 (1915), ZA 30 (1916) 111–22.
2 Th. Nöldeke, Mandäisches, ZA 30 (1916) 139–62 (zu Mark Lidzbarski, Das Johannesbuch der Mandäer, Bd. 2. Übersetzung, Gießen 1915).
3 Name eines guten Genius bei den Mandäern.

1064. An Ella Limpricht, 24. Februar 1916 (Briefkarte)

1065. An Carl Heinrich Becker, 2. März 1916 (Postkarte)
1 C.H. Becker, Das türkische Bildungsproblem. Akademische Rede, gehalten am Geburtstag Sr. Majestät des Kaisers, Bonn 1916.
2 Ders., Ubi sunt qui ante nos in mundo fuere, in: Aufsätze zur Kultur- und Sprachgeschichte vornehmlich des Orients. Ernst Kuhn zum 70. Geburtstag am 7. Februar 1916 gewidmet von Freunden und Schülern, München/Breslau 1916, 87–105.

1066. An Theodor Nöldeke, 28. März 1916 (Brief)
1 So Th. Nöldeke, Glossen zu H. Bauer's Semitischen Sprachproblemen, ZA 30 (1916) 163–70, 163 Anm. 2 („Das «verba valent usu» gilt auch hier überall."). Vgl. B. Spinoza, Tractatus theologico-politicus, „Hamburg" 1670, 146: „Verba ex solo usu certam habent significationem..." (Theologisch-Politischer Traktat. Auf der Grundlage der Übersetzung von Carl Gebhardt neu bearbeitet, eingeleitet und hg.v. Günter Gawlick, PhB 93, Hamburg 1984, 197).

1067. An Ignaz Goldziher, 3. April 1916 (Brief)
1 I. Goldziher, Die Stellung der alten islamischen Orthodoxie zu den antiken Wissenschaften, APAW.PH 8 (1915), Berlin 1916.

1068. An Enno Littmann, 4. April 1916 (Brief)
1 In Berlin. Littmann war in der Joachimsthaler Str. 15 untergebracht und wurde bis 1918 als Mitarbeiter in der kartographischen Abteilung des stellvertretenden Generalstabs der Armee herangezogen.
2 Jakob Burckhardt, Briefe an einen Architekten. 1870–1889, München 1913, 122 („Doch ahnt mir: einst wird meine Nadel / An einem Orte sonder Tadel / Noch aufgestellt zu guter Letzt; / Die Huren gehen am Lester [sic] Square, / Du aber hast, o England, Hehre! / Mich am Embankment abgesetzt.").
3 Darunter gestrichen: „sieben".

1069. An Enno Littmann, 6. April 1916 (Brief)
1 D.h. die Augen zu öffnen. James W. Gerard, amerikanischer Gesandter in Berlin 1913–1917.
2 S.o. 975.

1070. An Adolf Harnack, 9. April 1916 (Brief)
1 Ad. von Harnack, Über den Ursprung der Formel „Glaube, Liebe, Hoffnung", PrJ 164 (1916) 1–14, hier insb. 4ff. (gegen Richard Reitzenstein, Historia Monachorum und Historia Lausiaca. Eine Studie zur Geschichte des Mönchtums und der frühchristlichen Begriffe Gnostiker und Pneumatiker, Göttingen 1916, hier insb. 100f.239.242–52), leicht verändert auch in ders., Aus der Friedens- und Kriegsarbeit. Aus der Geschichte des Christentums und der Kirchen, Reden und Aufsätze N.F. 3, Gießen 1916, 1–18; dagegen wiederum Reitzenstein, Die Formel „Glaube, Liebe, Hoffnung" bei Paulus, NGWG.PH 1916, 367–416, sowie ders., Die Entstehung der Formel „Glaube, Liebe, Hoffnung", HZ 116 (1916) 189–208.

1071. An Enno Littmann, 17. April 1916 (Brief)
1 Offenbar der Erhalt der Festschrift (Festschrift Friedrich Carl Andreas zur Vollendung des siebzigsten Lebensjahres am 14. April 1916 dargebracht von Freunden und Schülern, Leipzig 1916).

1072. An Enno Littmann, 3. Mai 1916 (Postkarte)
1 Justus Wilhelm Lyra (* 23. März 1822 in Osnabrück; † 30. Dezember 1882 in Gehrden) war ein deutscher Komponist und späterer lutherischer Pastor, der 1842 die Melodie zu Emanuel Geibels Gedicht „Der Mai ist gekommen" komponierte. Vater: Friedrich Wilhelm Lyra, Kanzleiregistrator und Sprachforscher.
2 Wohl der General Hugh von Halkett (1783–1863).

3 Vermutlich General Hans von dem Bussche, gest. 1851 (oder Major Gustav von dem Bussche, gest. 1890?); Hilmar Freiherr von dem Bussche-Haddenhausen war von 1914–16 dt. Gesandter in Bukarest.

1073. AN ENNO LITTMANN, 4. Mai 1916 (Briefkarte)
1 Im Hintergrund steht, dass man an der theologischen Fakultät *rite* nur den Grad eines Lizentiaten erhalten konnte, für eine Promotion zum Doktor jedoch an die philosophische Fakultät gehen musste.

1074. AN ENNO LITTMANN, 12. Mai 1916 (Postkarte)
1 Hentschel, dort war am Tag zuvor Max Reger verstorben.

1075. AN ENNO LITTMANN, 19. Mai 1916 (Postkarte)

1076. AN ENNO LITTMANN, 30. Mai 1916 (Postkarte)

1077. AN ENNO LITTMANN, 11. Juni 1916 (Postkarte)

1078. AN HUGO DUENSING, 1. Juli 1916 (Brief)

1079. AN ENNO LITTMANN, 11. Juli 1916 (Postkarte)

1080. AN MARIE WELLHAUSEN, 17. Juli 1916 (Brief)

1081. AN ENNO LITTMANN, 18. Juli 1916 (Postkarte)
1 Schwach, heruntergekommen (vgl. lat. decrepitus).
2 Festgabe für Theodor Nöldeke zum achtzigsten Geburtstage, Göttingen 1916 (= NKGW.PH 1916, 1–113).
3 Lesung unsicher.

1082. AN HUGO DUENSING, 25. Juli 1916 (Brief)

1083. AN RUDOLF SMEND JUN., 25. Oktober 1916 (Postkarte)

1084. AN WALTER DE GRUYTER, 24. November 1916 (Brief)

1085. AN ENNO LITTMANN, 29. November 1916 (Brief)
1 Andreas wurde in der Tat 1916 (s.o. **1087**) vom Extraordinarius zum Ordinarius befördert; Littmanns Nachfolger wurde jedoch 1917 Mark Lidzbarski.
2 Davor gestrichen: „seine Kenntnis".

1086. AN ENNO LITTMANN, 3. Dezember 1916 (Brief)
1 Das Wort ist nachträglich zwischen den Zeilen eingefügt.
2 Dieser Satz mit Bleistift hinzugefügt.

1087. AN ENNO LITTMANN, 10. Dezember 1916 (Brief, lat. bis auf Anrede und Unterschrift)
1 E. Littmann, Zar'a Jacob. Ein einsamer Denker in Abessinien. Mit einer Einleitung von Benno Erdmann, Berlin 1916.
2 Duensing war Pfarrer in Dassensen bei Markoldendorf (Hannover).
3 S.o. **1085**.

1088. AN ENNO LITTMANN, 19. Dezember 1916 (Brief)
1 Wahrscheinlich zum Septuaginta-Unternehmen.

1089. An Adolf Jülicher, 26. Januar 1917 (Diktierter Brief)

1090. An Enno Littmann, 7. Februar 1917 (Postkarte, lat.)
1 S.o. **1068**[1].

1091. An Enno Littmann, 18. März 1917 (Postkarte, lat.)
1 Russland war am 3. März aus dem Krieg ausgeschieden (Friedensvertrag von Brest-Litowsk).
2 Seit Anfang 1917 wurde der sog. „uneingeschränkte U-Boot-Krieg" geführt, der sein Ziel, die Nachschubwege aus den USA zu unterbrechen, jedoch nicht erreichte.

289a. An Cornelis Petrus Tiele, 14. Mai 1887 (Postkarte, lat.)
1 1887 veröffentlichte Tiele: De beteekenis van Êa en zijn verhouding tot Maruduk en Nabû (Naar aanleiding van een nieuw ontdekt heiligdom van Êa in den hoofdtempel te Babel), JAW 1887, 67–81 (auch separat Amsterdam 1887), vgl. im selben Jahr Bemerkungen über *Ê-sagila* in Babel und *Ê-zida* in Borsippa zur Zeit Nebukadrezars II., ZA 2 (1887) 179–90. Zu denken ist auch an De Hoofdtempel van Babel en die van Borsippa, JAW 1886, 103–32 (bzw. Amsterdam 1886). 1886–88 veröffentlichte Tiele darüber hinaus seine Babylonisch-assyrische Geschichte (Handbücher der alten Geschichte 1,4, Bd. 1: Von den ältesten Zeiten bis zum Tode Sargons II, Bd. 2: Von der Thronbesteigung Sinacheribs bis zur Eroberung Babels durch Cyrus, Gotha 1886/88).
2 Quod Deus bene vertat.

Beilagen

I. Lebenslauf (1868)

Eingereicht bei der Bewerbung um eine Repetentenstelle bei der Theologischen Fakultät Göttingen, Mitte Januar 1868*

Julius Wellhausen natus sum Hamelae oppido quodam Calembergico 17. Maj. 1844. Pater meus († 1861) tum temporis antistitis munere fungebatur ad aedem Sancti Nicolai, quae est Hamelae. Institutionem scholasticam primam accepi in progymnasio Hamelensi, postea (1859) Hanoverae erudiri perrexi. Vere 1862, quum maturus probatus essem, Gottingam abii ibique ad studium theologicum me applicavi. Initio ea potissimum ad illud capessendum studium motus sum causa, ut sequerer vestigia patris. Quamquam accedebat, quod et ipse inde a parvulo vetera pietatis majorum nostrorum documenta in deliciis habebam eoque magis gaudebam eis, quo antiquiora mihi videbantur esse quoque difficiliora mihi erant intellectu. Ac primum quidem intra poesim sacram Germanicam hoc meum se continebat studium nescioque, num fuerit tum ullum ex carminibus ecclesiasticis aetatis Reformatoriae et antereformatoriae quod novissem neque memoria comprehendissem. Parique melodias sacras amplectebar amore facileque omnes quas audiveram tenebam. Postea quum Hanoverae dialectum medii aevi discere coepissem, praecipue allectus sum concionibus Davidis, monachi illius Augustani ordinis praedicatorum, et Berchtholdi a Regino, Minoritae. Hac via speraveram me perrecturum esse Gottingae. Sed aliter res evenit ac cogitaveram. Primo semestri frustra tempus amisi et quia nihil profecisse mihi conscius eram, tantum mihi movi stomachum, ut deficere a theologia in animo haberem, quasi penes illam esset culpa peccatorum meorum. Ab illa me desperatione retraxit Maximilianus Wolff, aequalis, qui tum temporis Tubinga huc reverterat imbutusque erat veneratione Baurii, cujus collegia ipse audierat. Ille me vocavit ad historiae aetatis apostolicae studium – sit venia verbo – atque haud ita paulum temporis omnis in hoc eram. Socium habebam studiorum Carolum Knoke, qui una mecum lyceum Hanoveranum frequentaverat unaque inde in hanc literarum universitatem abierat.

Vacantiis autem Paschalibus 1863 fortuito Ewaldii liber, qui est de historia populi Israelitici, in manus meas incidit moxque hoc legendo sic demulsus sum, ut consilium caperem Hebraicae linguae discendae, cujus tum vix prima elementa tenebam, quum pessima usus essem institutione scholastica (quod attinet ad hanc linguam), qua eo eram imbutus odio, ut firmiter constitutum haberem, evitare quam maxime possem, quicquid Hebraicis scriptum esset literis. Quamquam ab omni tempore mirum quantum delectabar, quum psalmis, quos magnam partem memoria tenebam, tum historicis Veteris Testamenti libris –

---

* Erste Anlage zu Brief **3** (Promotionsakte Wellhausen im Universitätsarchiv Göttingen). Bereits von Ed. Schwartz den ersten beiden Drucken seiner Gedenkrede „beigelegt" (oben VII[5] 71f. bzw. 31f.).

prophetas enim nullo modo intelligebam. Maxime me delectabat a tenera pueritia, quod de Elia propheta narrat Scriptura I regg. 17sqq; iterum iterumque perlegi capita illa neque fuit quod aequipararem cum illa narratione. Sed prorsus etiam postea acquiescebam in versione vernacula recepta neque opus esse rebar legendo textu originali, donec Ewaldius me excitaret ex somno. Inde ex eo tempore Grammaticam Hebraeam tractando operam navabam sensimque totus in Veteris Testamenti studium translatus sum

Quarto semestri meo (Mich. 1863), favente facultate theologica summe veneranda, in coenobium theologiae studiosorum receptus sum gratissimaque amplector memoria ea tempora, quibus una cum Gualterio Hübbe, Carolo Kayser, Carolo Knoke cett. ibi studiis incubui, ducibus Repetentibus urbanissimis Hupfeldio, Croppio, Hansenio, Klostermannio. Philosophiae tractandae tum imprimis dedi operam, verum sine ordine et consilio, multa tangens, pauca tenens. Ad veterem Graecorum potissimum me convertebam doctrinam, allectus magis forma et lingua, quam argumentis.

Absolutis studiis, per aliquod tempus, quum interim functus essem examine theologico praevio (April. 1865), pueros Ernesti Cammann, qui habitat Hanoverae, institui. Non multum ibi temporis conferre mihi licebat in studia theologica; quod suppetebat mihi in Vetere Testamento consumpsi legendo. Michael. 1867 quum docendo non discere mihi viderer, discere autem quam docere mallem, Gottingam reverti, ubi nunc duce Henrico Ewald Semiticas linguas potissimum tracto, ut videam, num re vera tantus inde fructus in exegesim Veteris Testamenti redundet. Accedit quod Syriacam literaturam accuratius cognoscendi consilium est. Verum consilio rerum gerendarum tacebo, ne ridendus fiam.

Cetera nescio quae de me referri possint. Itaque jam finem ponam vitae huic oportet.

II. Wissenschaftliche Arbeit (1868)

Eingereicht bei der Bewerbung um eine Repetentenstelle bei der Theologischen Fakultät Göttingen*

De justitia dei erga singulos quid sentiat Vetus Testamentum.

Omnium Veteris Testamenti librorum quum duae potissimum discerni possint series, major eorum, qui theocratiam respiciunt propheticorum, minor alterorum, qui religiositatis singulorum exhibent documenta, equidem hac commentatione intra hujus fines me continebo.

Ratione igitur psalterii maxime et Jobi habita צִדְקַת הָאֱלֹהִים virtus est forensis, praedicatum scilicet dei judicis. Quodammodo quidem recte Diestelius (Jahrbb. für Deutsche Th. 1860 p 173 sqq): *Das Richten Jehovahs* inquit *fließt nicht aus der Eigenschaft der Gerechtigkeit, sondern aus seinem Verhältniß zur Welt als König* [198]: sicut enim omnino justitia non facit judicem – utinam faceret! – sed auctoritas, ita etiam deus judicat mundum, quia mundi tenet imperium, non quia justus est. Justitia procul dubio modus demum est judicandi, praedicatum judicis regisve (judicare enim principaliter est regis apud Orientales Prov 16,12. 25,5) non cujusvis sed alterutrius. Verum quum non solius judicis proprium sit praedicatum צַדִּיק, sed latius pateat vocis potestas, id volo, justitiam quae quidem deo attribuatur, regiam illam esse virtutem judicatoriam. Justus est quia nonnisi juste *judicat*. Unde fit, ut tamen judicium divinum quodammodo derivare liceat e justitia – a potiori nimirum, ubi non id agitur, ut summa judicandi utut velit competat deo potestas neminique recusanda mortalium, verum id, ut potestate illa ita utatur, ut justificet justificandum, damnet condemnandum[1]. Veluti ψ 7,18 gratias agit domino ob justitiam (כְּצִדְקוֹ) qui precatus est jus dicendum (v 7–17). Iterum ψ 35,24 legitur: Judica me secundum justitiam tuam (cf v 28)" deinde ψ 50,6: Annunciabunt caeli justitiam ejus, quia deus judicat." Porro ψ 72 judici humano *justitia* divina proponitur exemplum *judicandi*. Ut denique taceam alios locos, quibus מִשְׁפָּט & צְדָקָה eadem fere sententia usurpantur, id addam, justitiam appellari ψ 89,15. 97,2 fundamentum solii divini, solium autem symbolum esse constat potestatis judicialis (v. ψ 9,5).[2] Cf Prov. 16,12. 25,5, ubi dubitari non potest, quin justitia judicatoria sub צדק sit intelligenda.

Offenditur in eo, quod in permultis psalmis provocat ad justitiam divinam, qui redimi vult ex aerumnis etiam quas merito se pati confiteatur: atqui forensi cuidam justitiae eique divinae nemo nisi purus videtur probari. Tamen alias

---

* Zweite Anlage zu Brief 3 (in der Akte Repetenten im Universitätsarchiv Göttingen).
1 Sic definitur justitia judicis Dt 25,1. Prov 17,15. Jes 5,23.
2 E locis propheticis unum afferam Jes 28,17: Et faciam jus normam et justitiam trutinam. Cf. Jes 5,16.

quis *jus dicendum* petit eundem plane inde sperans eventum ac ne hoc quidem solum is, qui nullius sibi conscius est culpae. E. g. legimus ψ 37,28: Quia Jehovah amat *judicium*, non derelinquet sanctos suos", eriget scilicet lapsos v 23 sq., non damnabit quum judicabit v 33. Item conferatur ψ 103,6 cum vv 3. 10, inprimis ψ 51,6[3]. Non igitur solveris nodum asserendo justitiam divinam non esse forensis naturae. Cf. Jes 59.

Non in eo erravit opinio vulgaris, quod nimis ursit justitiae divinae indolem forensem, sed in eo, quod fere omnem delevit. Quantulum enim redolet forum decolor illa definitio deum appellari צַדִּיק, quia peccata puniat, remuneretur bene facta! Et id ipsum quod inest perexiguum odoris toto coelo differt ab ea rei forensis notione, quam supponit Vetus Testamentum divino judicio. Fingunt enim actionem, qua singuli pro se quisque judicantur neque plures sunt necessariae personae quam judex et unus judicandus. Contra ex sententia Veteris Testamenti ad judicium faciendum opus est praeter judicem duabus partibus, inter quas lis est, altera quae petit injuria affecta, altera quae fugit, quae intulit injuriam. Judicare in Vetere Testamento normaliter est dijudicare inter duos litigantes, justificando eum cujus causa recta est (צַדִּיק) alterum (רָשָׁע) condemnare et vice versa[4]. Duplex est eventus judicii: ni vincis causam, perdis – medium non datur, non gradata quaedam decernitur pensatio quae nullum justificat nullum damnat nisi relative et comparative. Primarius autem et proprius judicandi finis minus est damnare reum, quam ad integrum restituere jus laesum, ita ut דִּין et שָׁפַט κατ' ἐξοχήν significent jus vindicare, *zum Rechte verhelfen, Recht schaffen* objectumque judicandi potius sit insons quam reus. In usum enim miserorum potissimum et inopum, viduarum et orborum fiebat judicium[5]. Jes 1,17. 23. 3,14. 15. 5,23. 10,2. 11,4 cett., Jer 5,28. 7,5 [6] cett. Amos passim.

Nec aliter res habet in judicio divino. Duae semper sunt partes, inter quas judicat deus semperque eaedem piorum et impiorum inter quas disceptat con-

---

3 Vide Hitzigium ad 1,1. Vim logicam pronunciationis habeat necesse est praemissum illud לְךָ לְבַדְּךָ. Ergo sub שפט et דבר non intelligi potest sententia damnans; puniendi enim jus habet deus, si omnino peccavit quis sive erga solum deum, sive simul erga alterum. Dixerit quidem quispiam, omnia delicta non modo in deum – id quod nemo negaverit – sed in solum etiam deum committi. Ut sit haec generalis universorum peccatorum natura, tamen non est, cur eam premat hoc loco psalmista, si inde deducere volebat jus poenae divinae, quandoquidem hoc non inde manat, quod in solum, sed quod omnino in deum committuntur peccata, sive in solum sive simul in proximum.

At quo nobis judicium liberans. Cf. Job. 7,20 sq. Quoad proximum, nihil sibi conscit Jobus (19,4); si autem peccavi, inquit, in eo quod *tibi* debebam facere, cur non tollis peccatum meum! Similiter nostro loco inde, quod contra solum deum delictum sit, derivatur causa, cur non foret injusta sententia absolvens dei. Esset enim, si cum homine rem esset poetae, qui eum apud deum petisset injuriarum, quia tum justificando reo damnaret justum. V. 16 דָּמִים non est culpa effusi sanguinis, sed sententia capitis damnans. Cf. formulam דָּמִים לוֹ, quae abiit in sensum: capitis damnator!

4 צדק dicitur 1. de parte a) ea, quae justam habet causam b) ea, quae vincit causam (quasi sensu passivo = justificari. Gesenius Thes. s. v. צָדַק 2c.) 2. de judice, qui facit, ut ea pars quae habet causam justam vincat etiam causam et justificetur Dt 25,1. Prov 17,15. Jes 5,23. Stricte omnibus his notionibus respondet oppositum רשע (etiam l.b, cf. ψ 109,7).

5 si fiebat.

troversiam, de qua vitam suspenderunt utrique. Etiam ubi justitia dei judiciumque advocantur in litibus plane fortuitis et privatis – id quod saepissime accidit – hae tamen eatenus tantum ad forum divinum pertinent, quatenus litigantes subsumi possunt sub generales pietatis et impietatis categorias atque ita disceptanda est principalis illa harum partium controversia.

Agitur autem haec de fundamento salutis, utrum in deo an in carne poni debeat. Quae sit salus, consentiri inter utrosque ponamus interim: re vera originitus non ambigitur salutem esse vitam terrenam ejusque commoda. In eum igitur finem impius directo tendit nullaque interposita alterius intercessione ipse per se consequi studet salutem. Diserte et stricte sic definitur עֲצַת הָרְשָׁעִים (ψ 1,1. Job 10,13 [3]. 21,16 cf. ψ 14,6): In nostris ipsorum manibus collocata est salus. Job 21,16. Non negant esse deum, sed talem esse, unde sequatur agendi motivum. Molestum esset respicere deum, qualem pii esse fingunt; proinde salvere jubetur (יְבָרֵךְ): Recede a nobis, scientiam viarum tuarum nolumus. Quis est omnipotens, ut serviamus ei et quid juvat nos, si oraverimus illum!" Licet trans nubes resideat et firmamentum perambulet, dummodo ne curet homines! Certe, si qua intercedit inter eum et homines necessitudo, non ea tamen subjecta est definitis quibusdam conditionibus (בְּרִית), quae cognosci ideoque impleri possint, non inveniri potest via quae ad deum ducat. Seu quaeris eum seu negligis, seu es pius seu impius, nihil ejus refert[6], nihil inde percipies fructus aut detrimenti, ita ut ne tua quidem quicquam intersit, deum esse, quandoquidem uti non poteris existentia ejus: homini non est deus (בַּל־יִדְרֹשׁ = אֵין אֱלֹהִים) ψ 10,4. 14,1: eatenus enim deum esse testaris quatenus uteris eo). Itaque missis impius ambagibus petit quod cupit (תַּאֲוַת נַפְשׁוֹ), ipse per se efficit salutem sibi: carnem ponit bracchium suum deumque in manu sua gestat, divitiis confidit aut si quae aliae suppeditant ei opes.

Haec improborum sapientia pio videtur miro quo modo ignorare veras conditiones unde pendeat homo. Improbus ei est amens κατ' ἐξοχήν, stolidus ille, qui stat super vacuo atque captando ipsius ipse capillo se expedit ex palude. Cf. Job. 8. ψ 49. Homo neutiquam in ipsius, sed in dei est potestate; non igitur consequēris salutem nisi per deum. Aut per deum aut nulla est via: non crescit arundo extra aquam, ne homo quidem extra deum. Et ipsi hoc testantur improbi, nam etiamsi omnibus quascunque appetiverint fruantur rebus, tamen qua agitantur inquiete et sollicitudine confitentur, nunquam se esse securos de fundamento quo nituntur. Impietas quum desperet de via, desperat de salute, contra fundamentalis pietatis natura est confisio, et esse viam, communionem scilicet cum deo, et inveniri quaerentibus (Dt. 4,29. ψ 145,18. cf. Job 23,3), perveniri igitur posse ad salutem. ψ 14,5 [6] sic declaratur עֲצַת־עָנִי: Jehovam esse confugium ejus. At contentione cum improbis fit, ut communio cum deo non

---

[6] Cf. Job. 10,3 ubi deus confirmare dicitur עֲצַת הָרְשָׁעִים quum aspernatur et proculcat opus manuum suarum (= pium, quemadmodum apud Jesajam (c 40 sqq.) populus Isra-[sic!])

jam habeatur medium per se vile ad consequendum finem sibi transscendentem, cui non sit cognatum et congeniale, sed magis magisque in ipso gratiae divinae[7] usu collocetur salus. Quanquam aliquatenus semper retinetur vetus sententia. Non jam petitur quidem bona fortuna ut τὸ τέλος, verum eo ardentius ut signum gratiae (אוֹת לְטוֹבָה ψ 86,17). Ubique enim conscientia gratiae, qua pii gaudent, sequitur eorum res atque tempora. Si bene habent, ostendit deus faciem, sin minus, occultat et recedit. „Paras mihi mensam coram adversariis meis, rigas oleo caput meum, calix meus est abundantia" – inde gustat et videt (sic) poeta pacem illam et communionem cum deo, cujus fructu beatissimus heluatur. „Quando lavabantur pedes lacte et petra fundebat rivos olei" – ei erant dies Jobo desideratissimi „quibus illuminavit omnipotens lucernam super ejus capite habitabatque in ejus tabernaculo". Contra quum miseriis laborat pius, sentit incurrisse se in offensionem dei aut certe critice deum se gerere in ipsum quasi diffideret ei – hinc ille stimulus miseriarum. Plerique poenitentiariorum qui dicuntur psalmorum non ex gravibus peccatis sed ex profundis aerumnis nati sunt, quae aperuerunt poenitenti peccata aliunde ipsi non conscia multoque gravius feruntur ut „testes dei" quam propter corporis dolores quibus afficiunt. Non igitur probatur gratiă subjectivâ sola singulorum experientia (testimonio Spiritus Sancti, si licet uti mihi hoc termino technico), sed notis documentisque objectivis et visibilibus, quae generale omnibus suppeditant criterium.[8]

Ad hanc litem refertur justitia divina estque re vera judicatoria. Generale enim illud habet munus, ut causam justam (מִשְׁפָּט et צֶדֶק ψ 37,6.) faciat causam victricem (צֶ׳, quo induit justum quasi veste quadam externa Job. 29,[1]4. cf 19,9. ψ 132,9. Jes 61,10 cf similem metaphoram ψ 118,19) et jus immanens, quando occultari videtur, educat in lucem ut appareat (עַד־צֶדֶק הֵשִׁיב מִשְׁפָּט ψ 94,15 הוֹצִיא כָאוֹר צִדְקֶךָ וּמִשְׁפָּטֶךָ כַּצָּהֳרָיִם ψ 37,6, plerumque simpliciter שפט et דין = jus tueri et vindicare). Tres illae notiones vocis צדק (p 5 annot [hier Anm. 4]), quae non cohaerent inter se nisi ad usum forensem revocantur, etiam hic conjunctae occurrunt 1) de deo judice 2) de parte a) justa b) justificata; et ante omnia significans illa est disjunctio juris occulti et juris sententia judicatoria in lucem producti (*die innere und äußere Gerechtigkeit Hitzigs.*). – Sed juridicae notiones alioquin formales hic omnes imbutae sunt praedefinita quadam materia. Judex humanus omnes inter quaslibet partes disceptat lites, coelestis unam illam quae est inter pios et impios. In foro deinde notiones צַדִּיק et רָשָׁע (de parte) quum per se relativae sint, correlato demum causae, ad quam pertinent, definiuntur sic quidem ut eadem persona possit esse צַדִּיק eademque רָשָׁע, licet non in eadem

---

7 Gratia in deo correspondet pietati in homine. *In dem wechselseitigen Verhältniß der Beiden – liceat ad tempus projicere nobis vincula Romana – ist das einseitige Verhalten auf Seiten Gottes die Gnade = Freundlichkeit, Wohlgefallen, nicht hauptsächlich die unverdiente Milde gegen den Sünder.*
8 Cf. Jes 33,24. „Praeda spoliaque large distribuuntur, vel claudi spoliantur neque quisquam „Male valeo" inquit. *Populo qui ibi habitat peccata remissa sunt.* Jes. 44,3 f: Effundam spiritum meum in eos, *ut crescant sicut salices.*

causa. Hic vero ut una tantum agitur causa, ita etiam צַדִּיק et רָשָׁע absoluto gaudent sensu, quo *pius* est צדיק κατ' ἐξοχήν, nimirum coram deo (ψ 5,9. ψ 119,7. 106 = צִדְקַת אֱלֹהִים), profanus רשע κατ' ἐξοχήν. Denique quum una semper sit eademque res controversa, scilicet gratia dei erga pios, unicam quoque certamque a priori materiam habet notio justitiae divinae. Justitia d., si materiem ejus spectamus, est benevolentia et favor erga pios; quae inde manant sententiae (צְדָקוֹת ψ 11) materialiter sunt gratiae in eos collatae; status juris vindicati et agniti, qui hoc modo efficitur, est status gratiae, i.e. secundum id quod exposuimus supra, bona fortuna = צֶדֶק Job. 29,14. ψ 24,5. ψ 23,3. ψ 69,28[9]. ψ 85,11. 12. 14. ψ 112,3. ψ 118,19. ψ 132. – Respondet gratiae erga pios ira in improbos (Jes. 59,16–18), sed semper observandum est, controversiam agi de gratia non de ira, ergo hactenus tantum huc pertinere revelationem irae, quatenus cum illius controversiae disceptatione, quae propria est justitiae divinae provincia, cohaereat. Ut improbi reducantur in Hadem, eatenus tantum huc refertur, quatenus hoc modo etiam עַד־צֶדֶק יָשׁוּב מִשְׁפָּט – idcirco decernitur exstinctio, ut afferat statum juris vindicati Jes 10,22 (שׁוֹטֵף צְדָקָה = *einherschwemmend Gerechtigkeit*). Non *punit* deus secundum justitiam, sed *exstinguit*, non exstinguendi sed lavandi et purificandi causa[10]. Omnino autem tenendum est, deum non esse nisi pio, non curare nisi pium, impium solius pii causa. „Iram habeo nullam: quum autem in vineam meam irrepserint sentes carduique obstiterintque mihi, aggrediar eos, ad unum omnes comburam."

Verum sanguine satiemus has umbras et ante omnia explicemus quomodo fieri possit, ut obscuretur צֶדֶק piorum aut gratia dei erga eos. Si enim illa esset indubia semper manifestaque, non essent improbi, non certe piis certamen cum eis, non denique opus esset justitia divina, quae disceptaret litem. Causa patet.

Non enim semper bona fortuna utitur pius, non igitur semper percipit gratiam dei. Et ipse enim peccato necessarie (Job. 14,4. ψ 51,7) est obnoxius, salva pietate et justitia sua. Vide Job. 10,4 [13–15]: Habebas in animo, si foret ut peccassem, observare me neque absolvere, ut aut, si invenirer רָשָׁע perirem, aut, si invenirer צַדִּיק (quamvis חוֹטֵא) etiam tum non erigerem caput." Quae cum ita sint, potest quidem deus simpliciter ignoscere peccatori (1.1.). Verum quum non curet viam improborum, immo tradat eos in manum peccati Job. 8,4 et vel augeat eorum crimina ψ 69,28, ita ut se irretiant in operibus suis et tandem

---

9 Hunc locum non intellexit Diestelius [a.a.O. 186f.]. Non hic loquitur poeta de justitia deo insita, sed de justitia a deo in aliis producta; neque mirandum, non justificari improbos a deo.
10 Non temere Diestelius [181]: *Das gleiche Abwägen* inquit *von Heil und Unheil je nach der Beschaffenheit des Menschen bezeichnet niemals Gottes höchsten Zweck nach testamentlicher (?) Anschauung. Dieser liegt ausschließlich im Heile der Menschheit. Mithin wird seine gerechte* (cur haec?) *Handlungsweise alle Hindernisse beseitigen, welche der Erreichung dieses Zweckes und Zieles sich entgegenstellen*, sed nescio cur non agnoscere videatur, id ipsum cogitari finem judicandi, ut ad effectum perducatur idea aboleaturque omnis rerum status, qui pugnat cum idea – id quod innuunt etiam etyma vocum שפט „richten", aethiop. כּוֹנֵן (ייי). Ceterum nihil juvari videmur ad supremas illas et ultimas radices redeuntes – sic enim periculum est ne omnia confluant.

יֹאבְדוּ דָרֶךְ, bene castigat pium[11], ut morti eum ne tradat ψ 118,8 gravibusque laboribus vexans eum corripit, ut animadvertat peccata arcana et convertatur, ψ 32,8. 9. Prov. 3,12, praecipue Job 5,17 sqq. Ante omnia humilis ille et submissus animus, qui est fundamentalis pii habitus, hoc modo redintegratur et restauratur – in gravissimum enim discrimen vocatur perpetuo salutis gratiaeque conspectu Job 1. 2. ψ 30. nec alia pro homine potest esse gratia quam exaltans humiliatum, medens vulnerato, vivificans seminecem Job. 5,8 sqq. ψ 50,15.

Sed sic rem aestimat pius postquam liberatus est incriminatione et laboribus. Quamdiu adsunt, omnibus perturbatae conscientiae angoribus occupatur. Videtur ei deus inquirere et indagare cum voluptate peccata (Job 9. 10), ut rixosus quidam accusator et altercator[12], quasi sit ipse הַשָּׂטָן, qui Job. 1. 2. ψ 109 Sach. c. 3 ei substituitur. Sic vero plane obscuratur צֶדֶק pietatis labefitque ejus fundamentum. In eo enim niti non potest, quod deus puniat peccata – immo omne tum deleretur inter homines discrimen parique universi obnoxii essent supplicio, quia si deus in jus vocare vellet et imputare iniquitates, nemo justus foret, nemo probaretur ψ 130. 143. Inde demum proficiscitur motivum pietatis ejusque צֶדֶק contra impietatem seu desperationem, ut deus remittat peccata pio (ψ 130,4: Nam apud te remissio est in eum finem ut (לְמַעַן) timearis = *damit Gottesfurcht sei u. sein könne*), contra imputet profano. Qua re fit, ut pius quamquam agnoscit peccata tamen ubi punitur a deo, summa crucietur sollicitudine, nonne revera frustra in deo confisus sit, nonne triumphaturi sint ad extremum, qui laeti vident quam misere nunc deus clientem suum deserat et irridentes: „Ubi nunc est" inquiunt „deus tuus! Num adhuc perseveras in pietate tua? – Committat Jehovae, ut eripiat eum salvumque faciat, si curat eum!" Maxime quum letalem sentit esse eventum malorum, de pietate desperat; non quod vivere tantopere ejus interesset, sed quia mors praecidit spem gratiae denuo percipiendae[13]. Desperare de vita idem est ac desperare de causa pietatis: qua re Jobi uxor quum maritum jubet בָּרֵךְ אֱלֹהִים, explicat quid sentiat addendo וָמֻת idque opponit perseverando in pietate. V. etiam ψ 27: Nisi confiderem videre gratiam domini in terra viventium" – non audet pronunciare, quid foret tum. Cf. vocem יְחִידָתִי = anima ψ 22,21. 35,17.

Ubi sic stant res, intercedat opus est justitia judiciumque dei, quia causa pietatis agitur obscuratâque gratia divina erga pium vincere videntur causam pro-

---

11 Cf. Amos 3,2. „Vos solos novi inter omnes gentes orbis terrarum, propterea in vobis castigabo omnia delicta vestra." Israel: gentes = pius : improbus.
12 Nunquam hic depingitur deus ut judex, ne ψ 51,6 quidem (v. supra p 3 sq. [hier S. 790]), sed potius eum conferre licet cum parte, nempe petenti (*er richtet nicht, sondern er rechtet* הִשָּׁפֵט. בּוֹא vel הַקְרִיב לְמִשְׁפָּט. רִיב. הוֹכִיחַ). Immo recedit hoc modo a judicando deus, cf. Jes 59,14: Exspectavimus judicium et non est, multiplicatae enim sunt iniquitates nostrae coram te, propterea retrocessit judicium. V. quoque ψ 37,33: Non damnat deus (eum, qui confidit in eo), quum judicat.
13 Hac re maxima differentia oritur inter singulos et populum pariterque inter divinitus tractandos singulos et populum. Cf. Jes. 6,13 cum Job. 14,7–10. Populus comparatur therebintho reviviscenti, singuli non comparari possunt.

fani. Persaepe quidem invocari videtur justitia judiciumque d., ubi non in discrimine versetur generalis צֶדֶק pietatis, sed disceptanda est lis plane fortuita et privata inter opprimentem quendam et oppressum, v. g. [verbi gratia] inter Saulum et Davidem cett. Hoc igitur modo competere videtur judicium divinum non tantum, si vindicandum est absolutum צֶדֶק, sed omnino si vindicanda est quaelibet causa justa, ita ut continuet solum quodammodo jurisdictionem humanam. Ubi desinit justitia humana, incipit – ut videtur – divina. Injuriam alicui inferunt homines, vel capiti insidiantur protervi procaces, quippe qui bene sciant, non esse in terra, qui contra se tueatur jus: penes ipsos nimirum summa est judicandi potestas, sive sint autonomi sive auro potentes autonomorum. Quum igitur non competit jurisdictio terrestris ad judicem caelestem provocare videtur pars laesa, ut exsequatur jus oppressum victricemque reddat causam ejus qui aliunde non potest impetrare justitiam. V. ψ 7. 9. 10. 11. 17 ali. ψ 72 cf v 1. Job 24 (ubi enumeratur series „*himmelschreiender*" scelerum, quas committit homo in hominem).

Verum non est coeleste tribunal suprema quaedam instantia cuilibet adeunda injuria affecto, quodlibet in integrum restituens jus perversum[14]. Non veniet profanus in conspectum ejus, licet sexcenties injuriam patiatur (Job. 5,4. 13,16) atque si cogitari posset, pium juste meritoque, quia injuriam prior intulisset, ab improbo opprimi, tamen deus secundum justitiam pium deberet justificare, impium damnare; illâ enim non curat ullam nisi absolutam illam normam judicandi. Qua re ubi quis invocat judicium divinum, qui opprimitur ab hominibus, interdum quidem affert חִנָּם se opprimi (ab hominibus saltem), sed eo semper elicere studet intercessionem divinam, ut litem personalem referat ac reducat in absolutam et principalem, ita ut non sua solius causa sed causa pietatis contra impietatem disceptanda sit. Non quia sibi inferant injuriam, deum damnare jubet inimicos suos, sed quia in ipsum deum sint refractarii; quia deus confugium suum sit, se justificari vult liberatione ab hostibus – quod ipse non nisi juste egerit erga saevientes inimicos suos, secundarium quid est, consequens demum ex pietate. Non ergo singulare aliquod צֶדֶק, quod solius interest vindicari, sed צֶדֶק ipsius pietatis agitur; non solum ipse sed in ipso justificanda est pietas; jubilabunt omnes aeque pii, confundentur ad unum omnes profani.

Ubi haec est occasio provocandi ad justitiam divinam, dupliciter quasi ambigua controversaque evasit gratia, primarie obscurato צֶדֶק pii, secundarie victrice ut videtur causa impii. Sed etiam tum in dubitationem vocatur quum qualicunque ratione miseriis premitur impius – etiam tum הוֹפַע אֱלֹהִים עַל־עֲצַת רְשָׁעִים (ut

---

14 Non huc pertinet, quod omne omnino judicium in theocratia fiebat in nomine dei, ita quidem ut deus ipse judicare putaretur (unde בּוֹא אֶל־הָאֱלֹהִים cett = judicium adire theocraticum). Haec enim est *idealis* cogitandi ratio, de qua proficiscitur technica jurisprudentiae theocraticae dictio. Ea autem cogitandi ratio, quacum nobis res est, minime concedit, divinam sententiam pronunciari per judicem humanum; immo opponit potius ordinario judicio ideale divinum neque prorsus confundit.

in tractando Jobo). Cf Job 10,3. 16,10.11. 17,18 [8?]. 22,19. Sic quoque statim oritur generale quoddam duarum illarum partium studium (שִׂמְחֵי רָעָתִי et חֲפֵצֵי צִדְקִי ψ 35,26.27), *eine Art von religiösem Principienkampfe*; et ob id ipsum quia contentio est de fundamento salutis, pertinet ad tribunal divinum: talis igitur esse demonstratur ab eo qui provocat ad illud. Non hic magnopere refert, utrum per homines aut immediate premat deus pium, dummodo utraque ratione dubium fiat צֶדֶק pietatis: eo igitur semper recurrit qui elicere vult judicium d. Minime ignorat, non immerito se pati[15], sed profert, se confisum esse in deo, Jehovam sibi fuisse confugium atque spem. Ne jam curet deus relativas intra pietatem differentias, ubi agitur de principiis absolute contrariis judicandis. „Deus tu scis insipientiam meam et delicta mea a te non sunt abscondita. Ne erubescant in me qui exspectant te, Domine, non confundantur super me qui quaerunt te, deus Israel! – Ne intrent improbi in justitiam tuam, deleantur de libro viventium et cum justis ne scribantur!" ψ 69. Unde etiam fit, ut לְמַעַן שׁוֹרְרָי jubeatur deus planare asperam pii viam et sic deducere eum in justitiam suam ψ 5,9, quia illi scilicet miseriam clientis deducunt a misero patrono. Cum לְמַעַן שׁוֹרְרָי alternatur ψ 23,3 eadem fere sententia (ceteris paribus) לְמַעַן שְׁמוֹ. Nomen enim dei impositum est piis, qui in ejus clientelam se contulerunt, detrectatum ab impiis, quum censeant deum aut non habere potentiam aut certe non voluntatem opitulandi eis, qui confugerint ad eum.[16]

Ipsa κρίσις tum incidit quum eximitur pius ex supplicio, praesertim quum quasi ex Scheole reducitur, impii autem repente prosternuntur et quasi vivi in Scheolem descendent. Tum expergisci videtur deus ex somno ita ut intueatur pius faciem ejus cognoscatque ex rerum gestarum vestigiis agentem. Laetantur omnes qui noverunt nomen Jehovae praedicantque ejus justitiam: „Utique fit fructus justo, utique est deus, qui judicat in terra", erubescunt impii turpiterque abeunt.[17]

---

15 De vocibus תָּם et יָשָׁר cett, quod nimirum non habeant notionem puritatis et integritatis v. ψ 25,20 coll. v. 8. 18.
16 De sententia formulae לְמַעַן שְׁמוֹ, cf. Num. 14,16. Jos 7,9. Ez. 36,20. Jes 48,9. 11.
17 Ex locis probantibus psalterii unum afferam ψ 35,23 sqq: „Age expergiscere ad vindicandum jus meum, mi deus et mi domine ad agendam causam meam! Judica me secundum justitiam tuam, Jehovah mi deus, ne laetentur de me! Ne dicant mente sua: „Euge, ex sententia processit", ne dicant: „Devoravimus eum!" Erubescant pudoreque operiantur omnes, qui gaudent rebus adversis meis, induant dedecus et infamiam, qui insolenter se gerunt in me! Jubilent et gaudeant, qui me justificatum volunt, dicantque: „Semper extollatur Jehovah, qui amat salutem (cf. חפץ צדק cum חפץ שְׁלוֹם עַבְדּוֹ. Eadem est sententia) servi sui." Et mea meditabitur lingua justitiam tuam, quotidie laudes tuas!" Duos praeterea locos Jesajanos adscribam. Primum Jes 28,15 sqq: „Dicitis: „Foedus icimus cum morte et cum Hade fecimus pactionem, mendacium enim fecimus confugium nostrum et vanitate tegimus nos. Proinde sic fatur Jehovah: Ecce fundavi in Zione petram – qui confidit, non fugiet. *Et faciam jus regulam justitiamque libram*, et abripiet grando arcem mendacii undaeque abluent eorum munimenta. Frangetur foedus, quod cum morte icistis neque constabit pactio, quam inistis cum Scheole." Alterum Jes. 26,3. 7 sqq: „Cogitatio, quae firmis nititur fulcris: „Servas salutem, salutem, si in te confiditur. Via justi plana rectaque est; aequam facis orbitam justi. Viâ judiciorum tuorum exspectamus te, Jehovah, – simulatque enim illa apparuerunt in terra, jus (צדק)

Judicium semper extraordinaria quaedam est intercessio dei. Nemini venit in mentem in conditione hominis, qualis quoque temporis puncto esse videbatur, videri continuam quandam judicii divini manifestationem: immo illud singularibus reservatur et quasi reconditur (נִצְפָּן) temporibus atque diebus (יָמִים עִתִּים ὧραι): „cum accepero tempus, ego justitias judicabo, *wenn ich erfasse die rechte Zeit, so richte ich recht*" ψ 75,3. Quamquam enim deus etiam tum quum pium vexat angustiis frenos dat improbo, aperit qua sit mente erga unum et alterum, non tamen haec apertio est judicatoria, scilicet non ultima et finalis, sed relativa quaedam neque normata ad absolutum illud inter homines discrimen. Ideo in illa acquiesci nequit, sed intra hujus vitae fines sequatur eam necesse est manifestatio *justitiae* divinae, qua absolutam adhibet deus normam judicandi, pium justificans qua pium (= gratia sua confidentem, clientem suum), profanum damnans qua profanum (= gratiam contemnentem). *Die Gerechtigkeit Gottes erweist sich nicht in dem stillen Gange der Geschichte und des Weltlaufes, sondern in lodernden Blitzen, die voraufgehendes Dunkel erhellen; der Eklat ist dabei wesentlich.* Aliquamdiu dormire videtur Jehovah, quasi noctu; non cognoscitur ejus actio, oculos avertisse videtur ab hominibus et piis et impiis. Sed repente rumpit taciturnitatem, expergiscitur ex somno, convertit faciem, perniciosam improbis desideratam piis, illuminat tenebras. Spectat eum pius cognoscens opera ejus satiaturque in conspectu ejus. ψ 9,17. 11,7. 17,15 cett. Cf. similiter Jes. 60.

Rationi quae intercedit inter pium atque improbum ea respondet, quae est inter populum dei et gentes (הָרְשָׁעִים κατ' ἐξοχήν). Tertium rationis utriusque specifica illa est cum deo connexio (ut filiorum cum patre apud Jesajam, uxoris cum marito apud Hoseam), criterium effectae utrobique est visibile illud specialiter quoad Israelem, ut possideat terram divinitus sibi assignatam ejusque fruatur bonis, resp. ut propulset hostes qui pacem turbare conentur. At postquam aliquamdiu floruerunt res populi, diffinditur, ludibrium fit gentium, abducitur denique omnis in exilium. Sine dubio his omnibus significat deus testaturque, quomodo erga populum suum affectus sit, punit eum castigatque, verum hic non depingitur ut judex, verum ut pars laesa, quae in jus vocat propter non observatas conditiones foederis aut conjugii, quod iniit cum altera parte quodque ipse fideliter servavit. Cf. prae ceteris Micha 6,2 sqq. Jes. 1,1 sqq. 5,1 sqq. At non in aeternum rixatur (Jes 57,16 Mich. 7,18, parcit לַשְׁאָר [sic] apud Jes.), alioquin recte triumpharent gentiles et idola, recte quereretur Israel: „a deo meo jus meum transit", sed tandem aliquando facit judicium[18], quum jam vincere videtur causa gentilium vindicatque jus verae religionis liberando populo suo pro-

---

discunt ejus incolae. Si venia datur improbo, non discit jus (= quae sit causa justa), in plana regione peccat neque videt majestatem Jehovae." Proprie quidem רשע et צדיק hic sunt Israel et gentes – sed nihil inde oritur discriminis.

18 Verum non prius quam redierint ad eum filii renitentes, uxor perfida (שְׁאָר יָשׁוּב [sic]). Peccata Israelitarum retinent judicium, quod desiderant Jes 59: Ecce non infirmior est manus Jehovae, quam stratis gentilibus. Sic testatur justitiam deus qua semper respicit contentionem inter Israelem et gentes nec sequitur tanquam normam judicandi dignitatem quandam immanentem judicandis sed fundamentalem illam, qua differunt, cum ipso necessitudinem.[19] Sic apparet: „In solo Israele deus est neque alibi – verum tu es deus, qui se occultat, deus Israelis!" Sic apparet, non jussisse dominum semen Jaqobi: „Frustra quaerite me", immo annunciasse צֶדֶק et מֵישָׁרִים piis, contra, non esse salutem impiis (אֵין שָׁלוֹם אָמַר יהוה לָרְשָׁעִים = echo priorum duarum partium Deuterojesajae). V. inprimis Jes 40 sqq, sed superiorum etiam prophetarum locos, veluti Micha 7,7 sqq: „Ego autem in Jehovam convertam oculos, exspectabo deum salutis meae, ille exaudiet me. Ne laetata sis de me, inimica; quum enim cecidero, rursus surgam, quum in tenebris sedeo, Jehovah lumen meum est. Iram Jehovae sustinebo, quia peccavi in eum, donec agat causam meam vindicetque jus meum, *producens me in lucem ut conspiciam justitiam ejus*. Videbit inimica mea et pudore operietur, quae nunc: „Ubi est" inquit „Jehovah deus tuus. Oculos pascam conspectu ejus, conculcabitur ut lutum platearum. – Quis est deus qualis tu, qui remittit culpam et ignoscit peccata reliquiis peculii sui! Non in aeternum retinet iram, gratia enim oblectatur revelandâ." Sub eodem aspectu ponitur etiam eductio populi Israelitici ex Aegypto (בִּשְׁפָטִים גְּדֹלִים Ex 6,6. 7,4: „et sciunto Aegyptii, me esse Jehovam" = deum qui est, non fingitur, cf 5,2), quae postea apud prophetas recipitur exemplum sollemne judicii et justitiae dei.

Restat ut pauca de Jobeide addamus. Quibusdam enim illius libri locis gradus fieri videtur ad immutandam paullisper usitatam de propria judicii revelandi forma sententiam. Initio quidem Jobus, si moreretur elephantiasi, tolli putat judicium, tum apparere, si liberatus supplicio restitueretur in integrum. Tamdiu perseverat in pietate quamdiu perseverat in spe judicii; tamdiu perseverat in spe judicii, quamdiu perseverat in spe vitae. Quum desperat de vita c 3, quum deficit eum vis prolatandi desiderii, quia non lapideam sentit esse vim suam neque aeneam carnem 6,11. 12, timorem dei derelinquit 6,14. Desperat enim c 9. 10. de judicio divino, quo justificet justum proferatque in lucem צדק pietatis. „Non differt" inquit „et pium et impium deus consumit", non unum altero habet cariorem. *Er verhüllt nicht nur das Gericht durch das Rechten, sondern er rechtet so lange, bis das Gericht nicht mehr möglich ist, bis er den Menschen zu Tode gerechtet hat – denn immer kann er ja einen Grund dazu finden, welcher Mensch ist vor Gott rein? c 9. Sonst ist das Rechten die Vorstufe, gleichsam die Untersuchung zum Gericht – und auch so schwer verständlich –, hier aber folgt kein Gericht, welches je nach den Resultaten der Untersuchung entweder das צדק oder das רָשָׁע des be-*

---

quae juvet – sed peccata vestra intercludunt vos ab eo, non recte agitis, proinde frustra exspectatur judicium cett."
19 לְמַעֲנִי] Jes 40 sqq.

treffenden Menschen zu Tage brächte – denn Gott müßte seinen Knecht ja rechtfertigen, aber er will nicht dessen צדק, *er will um jeden Preis sein* רשע *herausbringen, und fast gelingt es ihm, gewaltsam ihn zum* רָשָׁע *zu machen, in Eile (10,5. 6) den unscheinbaren Keim zu zeitigen, auf dessen Entfaltung er zu jagen scheint wie der Löwe auf seine Beute 10,16.* Conferendi sunt inprimis versus jam prius laudati 10,14 sq: Habebas in animo, si foret ut peccassem, observare me neque absolvere, ut aut, si invenirer רשע, perirem, aut, si invenirer צדיק etiam tum non erigerem caput", deinde 9,29: „Ego inveniar רשע – sic vult deus, sive sum sive non (*ich soll als* ר' *erfunden w.*).

Sed non potest repente exuere pietatem Jobus. Eatenus recuperat eam, quatenus revertitur in fidem judicii. Non vitae quidem spem revocat, non in eo jam ponit judicium, ut retrahetur a limine foedissimae mortis בְּלֹא יוֹמוֹ – haudquaquam dubitat de letali exitu morbi sui et ludibrio haberi sibi videtur ab eis qui laetiora eum tempora sperare jubent. Nihilominus tenet viam suam (17,9), nihilominus enim appariturum esse divinitus jus suum confisus est (16,22), licet non restituatur in integrum. Atque initio quidem (16,22) etiam sic spem justificationis suspendit a vita terrena, properare enim jubet deum, ne sero veniat v 23. Verum c 19 quum instare videat mortem, non acquiescit in eo, ut posteritas agnoscat aliquando justam ejus causam (v 23. 24), sed ipsum, etiam post mortem, visurum esse se confidit deum (judicio), vindicem juris et victoriae nuncium. Non sperat vitam aeternam, sed judicium divinum post mortem, quod ipse conscio animo possit percipere. – Ceterum non perseverat in hac confisione ac ne poeta quidem Iobeidis hac ratione solvere conatur aenigma. Videtur quasi per ὀλιγοπιστίαν fieri, ut in tempora post mortem futura differat Jobus judicium. – Atque haec quidem hactenus.

2. Janu. 1868.

III. Predigt (1868)

Im Rahmen der Bewerbung um die Repetentenstelle gehalten am 22. März 1868*

Ev. Joh 8,46–59 (Lätare)
„Gedenket an den, der ein solches Widersprechen von den Sündern wider sich erduldet hat"[1], der Gedanke verbindet unser heutiges Evangelium mit dem des letzten Sonntags[2] und erklärt die Auswahl der beiden evangelischen Abschnitte für die kirchliche Zeit, in der wir jetzt stehen. Anders freilich als dort, wo der Herr den Vorwurf der teuflischen Besessenheit vertheidigungsweise von sich ablehnt, erscheint hier seine Rede als angreifend, der Widerspruch der Juden als gereizt und herausgefordert. Hier bewährt das persönlich gewordene Wort die alles Gewohnte störende, den Grund aufwühlende Natur des Wortes Gottes, seine ungebetene, aber nicht zu hemmende scheidende Kraft und richtende Schärfe. Denn in die milden und weichen Worte: „Kommt her zu mir alle die ihr mühselig seid, ich will euch erquicken, ich bin sanftmüthig und demüthig, unter meinem sanften Joche findet ihr Ruhe für eure Seelen", in diese Ruhe und diesen Frieden klingt herbe der Ton hinein, der doch dazu stimmt und sich in der Rede Jesu unmittelbar damit verbindet: „Ich preise dich Herr, daß du solches den Weisen u Klugen verborgen hast u. hast es den Unmündigen geoffenbaret" – was bisher galt über das Verhältniß der Leute zum Reiche Gottes wird umgekehrt, den Unmündigen wird das Heil zu Theil, den Inhabern wird es entzogen. In den hergebrachten Gang der Welt hinein tritt ein Neues, ein göttlicher Anfang, zu dessen Verständniß alle Weisheit u. Kunst nicht ausreicht, die Geschlecht auf Geschlecht vererbt hat; ein Rethsel, das nicht gelöst wird von dem an irdischer Nahrung erstarkten Geiste; es hat keine Ähnlichkeit mit den Fällen, die er zu beurtheilen gewohnt ist u. paßt nicht unter die Regeln u. Grundsätze, die seine irdische Erfahrung ihm erzeugt hat. Denn Gott wendet sich in Christo an das Unmittelbarste und Erste im Menschen, an seinen innersten Kern und sein eigentlichstes Wesen; alles Erlernte Erzogene Gewordene soll ferne treten, die Vollen Reichen Satten verstehen ihn nicht, sondern die, welche ein gottesbedürftiges Herz ihm entgegenbringen, ein Herz so, wie er es geschaffen hat, denn die Seele sehnt sich von Natur nach der Gemeinschaft Gottes und sie ist unruhig, bis sie in ihm ruht. Kindessinn verlangt der Herr, um ihn u. sein Wort aufnehmen zu können; dem Neuen, womit er kömmt, sollen wir die frische durch keine irdischen Eindrücke zum Voraus geprägte Ursprünglichkeit des Geistes

---

* Ebenfalls in der Repetentenakte.
1 Heb 12,3 war nach der hannoverschen Perikopenreihe Teil der „Epistolischen Lektion" des vorangegangenen Sonntags Okuli (Heb 12,1–13).
2 Evangelium und Predigttext für Okuli: Lk 11,14–28. – Auf den Einzelnachweis der Bibelzitate, die die Predigt durchziehen, wird verzichtet.

entgegenbringen, dem Göttlichen die Wurzel der Seele, die allein dafür empfänglich u. bestimmt ist. Und indem nun jetzt nach der Empfänglichkeit für das Evangelium der Mensch gemessen wird, entsteht die völlige Umgestaltung der geistigen Weltordnung; nichts von dem gilt im Reiche Gottes, was sonst den Werth des Menschen bestimmte; ein neues unerhörtes Maß wird angelegt, neue Waage und neues Gewicht werden eingeführt, womit gewogen das Schwere leicht, das Leichte schwer erscheint. Jesus Christus der Herr erscheint, die Welt nimmt ihn nicht auf; die ihn aber aufnehmen, denen giebt er Macht, Gottes Kinder zu werden, die an seinen Namen glauben. An seiner Person brechen sich zwei ganz neue Gegensätze, denen an Schärfe nichts entspricht, was vordem die Welt theilte u spaltete; bei den einen regt er den Glauben an und macht sie zu Gottes Kindern, die andern treibt seine Offenbarung zum vollendeten Widerstande gegen Gottes erlösende Gnade. So wird er den Juden ein Ärgerniß und den Griechen eine Thorheit, denen aber, die berufen sind, beide Juden und Griechen, göttliche Kraft u. göttliche Weisheit. Diesen seinen doppelten Charakter bewährt der Herr in dem heutigen Evangelium.

1. Den Juden, die ihm hier gegenüber stehen, wird er ein Geruch des Todes zum Tode. Unser Evangelium fällt in die Zeit des letzten Laubhüttenfestes, zu dem Jesus hinaufzog ins jüdische Land, das er seitdem nicht wieder verließ. Als er das letzte Mal vorher an einem andern jüdischen Feste in der heil. Stadt anwesend gewesen war, hatte er das allgemeine Aufsehen erregt durch die Heilung des Kranken am Teiche Bethesda u. diese That war dem Volke noch jetzt am Laubhüttenfeste lange nachdem sie geschehen war, in so lebendiger Erinnerung, daß sie gleich nach Jesu suchten u. fragten: Wo ist der? Es entstand ein großes Gemurmel von ihm unter dem Volk, wird uns erzählt, etliche sprachen: Er ist fromm, andere: Nein, sondern er verführet das Volk. Sie scheinen also anfangs eine wirkliche Theilnahme für den Herrn an den Tag gelegt zu haben. Aber der Herr urtheilt anders, ihm liegt nichts an ihrer Art der Theilnahme u. beinah geflissentlich beschleunigt er hier hier ihre Entwicklung zu der klaren und bittern Feindschaft, in der wir schließlich in unserer Perikope die Juden ihm gegenüber stehen sehen. Denn sie wendeten nicht ihr Herz dem Wesen der Sache zu, sondern ihre Augen u Ohren dem, was daran neu und unerhört war, was sie wunderte. Darum wenn das Volk sich drängt den Herrn zu hören, wenn sie ihn quälen mit ihrer Aufdringlichkeit, so urtheilt er von ihnen: „Mit den Ohren hören sie es u. verstehen es nicht und mit den Augen sehen sie es u. sehen es nicht ein, denn dieses Volkes Herz ist verstockt u. ihre Ohren hören übel u. ihre Augen schlummern". Jesu gegenüber hat keine blos kenntnißnehmende, wohlwollende oder übelwollende Gleichgiltigkeit statt; wer nicht mit mir ist, sagt der Herr, der ist wider mich, u. dem entspricht das andere Wort: „Wer nicht wider uns ist, der ist für uns"; ein Nicht-mit-Jesu-seyn giebt es so wenig wie ein Nicht-wider-ihn-seyn, sondern nur ein Wider-ihn-seyn oder Für-ihn-seyn. Überall sucht daher der Herr die Herzensstellung der Menschen gegen ihn zu klären, sie

ganz für sich zu gewinnen und so, daß sie im Vergleich zu ihm Alles für Schaden halten, oder ihrem unglücklichen Wesen zu klarem u. entschiedenem Ausdrukke zu verhelfen. Das Letztere sehen wir hier bei den Juden eintreten. Jesu Person, sein Wort u. sein Werk hat des gewaltigsten Eindruckes auf diese Juden nicht verfehlt; siegesgewiß kann sie der Herr hier fragen: Welcher unter euch kann mich einer Sünde zeihen?, und sie wissen nicht die zuversichtliche Behauptung, die darin liegt, zu entkräften. Sie bekämpfen auch nicht die Folgerung, die Jesus aus ihrem Stillschweigen auf seine Frage zieht – Eines aber merken sie: der mit ihnen redet, ist ein ganz anderer als sie, er will sie herausreißen aus alle dem, worin sie sich eingelebt und festgesetzt haben, er ist kein Jude wie sie, und das entscheidet: er ist ein Samariter und hat den Teufel. Haben sie vorher geschwankt und wenigstens eine Ahnung des Höheren, ihnen Überlegenen in Jesu verspürt, so reden sie es sich jetzt ein: Ja gewiß, wir haben recht zu sagen, daß er den Teufel hat. Denn der Herr erkennt ja nicht an, was ihnen als oberster Glaubenssatz feststeht, daß die Gotteskindschaft ihr angeborner Besitz sei; er verlangt die Erfüllung einer ganz neuen u. fremden Bedingung, von der ihnen nichts gesagt war, die ihre Väter u. Vorväter nicht gekannt hatten; er fordert, sie sollen seiner Rede glauben u. sein Wort halten u. er beruft sich dafür nicht auf die Ältesten u. Schriftgelehrten, nicht einmal auf Mosen u. die Propheten, auch nicht auf seine Zeichen u. Wunder; vielmehr davon macht er die Wahrheit seines Worts abhängig, daß er es ist, der es sagt, davon den Glauben daran, daß wer von Gott ist, Gottes Wort hört, daß wer sein Wort hält, den Tod nicht sehen wird ewiglich. Er verweist auf den unmittelbaren Eindruck seiner Person, welcher Gott in dem Herzen eines jeden, der von Gott ist, Zeugniß gibt und auf das Gewissen dessen, der Gottes Wort thun will. Er erreicht damit bei den Juden, was er voraussah, als er ihnen gleich am Anfang seiner Rede vorhielt: Warum suchet ihr mich zu tödten? Bei ihrer ersten Entgegnung bezeugte sich noch in der doch nicht ganz sicheren Frage: Sagen wir nicht recht? eine heimliche unüberwundene Scheu vor der ihr Gewissen befangenden göttl. Macht des Herrn; jetzt, nachdem er ihnen gesagt: „Wer mein Wort hält, der wird den Tod nicht sehen ewiglich" gehen ihnen die Augen vollends auf, „nun erkennen wir" sagen sie, „daß du den Teufel hast!" Wie kann der, der mit ihnen redet, mehr sein als Abraham u. die Propheten, die gestorben sind, während er schon denen, die sein Wort halten, verheißt, sie würden [den] Tod nicht schmecken ewiglich! Woran anders soll man denn den Menschen messen u. die Geister prüfen, als an dem was gilt, als im Vergleich mit der öffentlichen Meinung, mit der Losung, welche die Leiter u. Führer der Menge an die Hand geben! Und nun misachtet dieser Jesus von Nazareth in ihrem Stammvater sie selbst, er erklärt das ganze reiche Erbe, in dessen Genuß sie zu stehen glauben, für Wahn u. Schein u. für Schlimmeres; er sagt denen, die Abrahams Kinder zu sein sich rühmen: „Ihr kennet Gott nicht, ihr seid Lügner, nur ich kenne ihn – er verlangt also von ihnen, sich alles das erst von ihm geben zu lassen, was sie für ihren sichersten Besitz halten, sie sollen zu ihm kommen arm und bedürftig, an ihn glauben u. sein Wort halten, damit sie durch ihn erst zur Freude kommen, wie Abraham ihr Vater selbst, froh ward, daß er Jesu Tag sehen sollte u. sich freuete, da er ihn sah. „Was machst du aus dir selber", rufen sie ihm erstaunt u. entrüstet entgegen, sie setzen die Gewohnheit der Wahrheit entgegen, sie wollen sich nicht aufgeben u. werden wie die Kinder; sie lassen nicht von der Schale, welche das Leben um ihr Herz gelegt hat, die doch gesprengt werden muß, wenn Gott sein Werk am Menschen haben soll, u. um sich die Schale zu retten, verhärten sie auch den Kern u. vollenden so die Feindschaft wider Gott u. wider den, den er gesandt hat.

Wir fühlen uns wohl sehr frei von Allem, was wie ererbtes Vorurtheil aussieht, unsere Zeit glaubt weder Mosi noch den Propheten, sie nennt sich unbefangen u. voraussetzungslos u. im Unterschiede zur Vergangenheit liebt sie es, sich als die Zeit der freien Forschung u. Prüfung zu beschreiben. Allerdings mit solchen Vorurtheilen plagen wir uns nicht, wie die Juden es thaten, aber darum ist der Bann u. die Tyrannei der in der Luft wehenden unchristlichen Glaubenssätze nicht geringer, denen unsere Zeit bewußt u. unbewußt sich unterwirft u. die auch auf die ihren Einfluß ausüben, die sich in irgend einer Weise noch um Christum bekümmern; und die in ihnen so leicht das anfängliche getheilte Interesse zur vollen Feindschaft gegen Christum verwandeln. Gar sonderbaren Meinungen unterwirft sich jetzt die Welt, viel unglaublichere Dinge werden jetzt geglaubt, als je ein anderes Zeitalter geglaubt hat, Vorurtheile, die nicht blos das für Gott empfängliche Innerste des Geistes ersticken, sondern dahin geführt haben zu zweifeln, ob überhaupt ein Geist im Menschen lebe. Der Geist hat sich in Himmel u Erde vertieft, hat gelernt u. gelernt u. am Ende über all den Gegenständen seines Lernens sich selbst vergessen, den Lernenden, zweifelt nun an seiner eigenen Wirklichkeit. Läßt sich eine unnatürlichere Verdrehung des Ursprünglichen denken, als daß man die Wurzel leugnet, nachdem die Pflanze daraus hervorgeschossen ist und den Geist herleitet aus den Gegenständen, die erst Gegenstände ihm werden, nachdem er sie wahrgenommen u. erkannt hat? Und wenn sie sich selbst in sich nicht finden, wie wollten sie Gott in sich finden? Zwar bezeugt sich ihnen das Gewissen mit ununterdrückbarer Macht, aber sie verstehen nicht, was es meint, u. statt darin die Stimme Gottes zu hören, der hier zu den Menschen redet, lieben sie es, ihr Gewissen als den Ausdruck und Ausfluß ihres menschlichen Eigenwesens Gotte, der ihnen fremd ist, entgegen zu setzen. Und wie im eigenen Wesen, so hat man es überall verlernt, Gott zu sehen u. seine Offenbarung anzuerkennen. In Natur u. Geschichte, in den Schicksalen des Einzellebens, wo man ehedem Gottes Finger sah, jetzt versteht man es viel besser aus lauter todten u. kalten, um den Erfolg unbekümmerten Ursachen, die unvermeidlich u. unerbittlich ihre eigenen Wege gehen, ohne daß Gott darin zu sprechen hat; es sieht aus, als geschähe es aus Gnaden, wenn man überhaupt noch anerkennt, daß ein Gott sei, den man doch zu nichts in der Welt braucht. Über all dem Abgeleiteten vergißt unsere Zeit das Erste, über den Mitteln den Zweck, über den Formen den Sinn, über den Zeichen die Bedeutung. Es ist der weltliche u. äußerliche, allem Eingehen abgekehrte Sinn unserer Tage, der die Herzen besessen hat. Sofern er nun die Theilnahme an Christo gänzlich vertilgt hat, liegt es uns hier fern, darauf einzugehen, aber wie oft gelingt es doch auch denen nicht, sich davon loszumachen, die zu Christo wohl noch in irgend einem Verhältnisse stehen! Wie ist unsere Zeit durch dergleichen Ansteckung geknickt u. gelähmt, wie sucht sie den Glauben damit zu reimen u. zu vereinigen, und allerhand Stützen gar daraus zu suchen für das Christenthum, wie für eine baufällige Ruine, zerbrechliche Rohrstäbe, die dem die Hand durchfahren, der sich darauf lehnt. O daß wir dem Zeugniß Gottes in uns, welches er zeuget von seinem Sohne, voll Zuversicht u. Vertrauen uns hingäben, vor dessen barer Kraft alle die abgeleiteten Gegengründe verschwinden! Denn gefährliches Spiel wird mit dem getrieben, der uns ganz für sich haben will, wenn man nicht abläßt, zwischen ihm u. der Welt zu rechnen, wenn man sein innerstes Herz nicht frei macht für ihn u. sich hingiebt der freundlichen Gewalt des Sohnes Gottes.

2. Wer aber sind denn die, deren Seelen der Herr zum Heile führen will, wie sind die beschaffen, an denen sich seine Offenbarung als beseligend erweist, die er vollenden will nicht zur Feindschaft, sondern zur völligen Liebe Gottes? Er verlangt nichts weiteres als ein suchendes, nach Gotte und der Gerechtigkeit hungerndes u. durstendes Herz, in ihm will er den Glauben an sein Wort erwecken, seinem Suchen verheißt er das Finden, seinem Hunger u. Durst das Brot u. das Wasser des Lebens. Wer von Gott ist, der höret Gottes Wort; wer Gottes Willen thun will, der wird inne, daß seine Lehre von Gott ist. Es ist keine Redensart, was ein alter Kirchenvater von der Seele gesagt hat, daß sie von Natur christlich sei; es ist die volle Wahrheit, freilich nicht in dem Sinne, als ob sie von Natur schon das alles besitze, was das Evangelium ihr erst bringen will, sondern in dem Verstande, daß sie fühlt u. inne wird, das alles verloren zu haben, was ihr von Christo wiedergegeben wird, in ihm das Ziel und die Erfüllung ihrer Sehnsucht erkennt. Auf diesen Grund der Seele, worin Gott sein Wirken in uns hat, beruft sich Christus; damit soll man ihm gegenüber treten, um sein Wort zu hören u. zu verstehen. Denn unter denen, die von Gott sind, kann er hier nicht solche meinen, die es erst durch ihn sind; schon vor jeder Einwirkung von seiner Seite unterscheidet er ja die von Gott sind u. die nicht von Gott sind. Er kann aber auch nicht meinen, daß einige Menschen von Natur von Gott, andere gleicherweise von Natur Kinder des Teufels seien, sondern es ist die eigene Schuld der Juden, wenn sie nicht von Gott sind, u. ursprünglich ist jeder Mensch von Gott in dem Sinne, daß er sich seiner Herkunft u. des Gegensatzes, den sein dermaliger Stand dazu bildet, bewußt werden kann, seine eigene Blöße u. Nichtigkeit, sein sittliches Verderben fühlen, sein Bedürfniß nach der erlösenden Gnade Gottes verspüren. In diesem Sinne kann also der Heiland das von Gott Seyn zur Bedingung seiner Erkenntniß machen u. bei diesem Berührungspunc-

te seine Wirksamkeit zum Heile der Seele einsetzen. Er will sich aller Menschen erbarmen u. verlangt von ihnen als Vorbedingung nicht etwas, was nicht in eines jeden Macht steht zu erfüllen, sie sollen nur ihre eigene ursprüngliche Natur nicht vergraben u. verschütten lassen unter alle dem, was von außen hinzutritt, sich auf sich selbst besinnen und nicht ihr Inneres über der Außenwelt, die es aufnimmt, sich abhanden kommen lassen. Mittlerweile freilich ist das Christenthum selbst nicht mehr neu; kaum eine andere geistige Macht, die heute noch fortwirkt, ist von dem Alter der Überlieferung; an uns alle ist ja die christliche Wahrheit und Zucht von außen herangebracht, wir sind darin erzogen und großgeworden u. danken Gotte dafür. Wendet sich nun nicht gegen das Christenthum dessen eigene Forderung; oder verlangt es nunmehr für sich etwas anderes? Mit Nichten, auch jetzt noch verlangt es nicht, daß wir uns beruhigen bei der durch Jahrhunderte geheiligten Überlieferung; im Gegentheil, es hält die Aufforderung aufrecht, mit der es zuerst in die Welt eintrat: Geht in euch! – in der Erkenntniß der eigenen Seele, ihrer Herkunft u. ihres Zieles weist es noch heute den Menschen an den stets neuen u. kräftigen Beweis seiner Göttlichkeit zu suchen. Wir sollen uns auch der christlichen Wahrheit gegenüber nicht bei der bloßen Aussage anderer beruhigen, es muß einmal eine Zeit kommen, wo wir auch hier aus der blos aufnehmenden Empfänglichkeit heraustreten. Dann tauchen wohl allerlei Zweifel in uns auf, um so quälender, je ernster wir es mit unserer Seele nehmen, aber in der Tiefe des Gewissens beginnt Gottes Geist unserm Geiste Zeugniß zu geben, daß der Herr Jesus Christus der Weg die Wahrheit u. das Leben ist. Und keinen, der den Zug des Vaters zum Sohne in sich verspürt, hat der Herr je zurückgewiesen; nicht Gesunde u. Starke verlangt er ja für sein gnadenreiches Wirken, sondern Kranke u. Schwache, Arme u. Elende. Ihnen erregt u. mehrt er den Glauben u. wenn sie in seinen Gehorsam sich begeben u. sein Wort halten, vollendet er ihre Seligkeit, daß sie den Tod nicht sehen ewiglich. Wird er denen, die der Wahrheit widerstreben, ein Geruch des Todes zum Tode, so wird er seinen Gläubigen ein Geruch des Lebens zum Leben. Aber wir wollen beachten, daß er sagt: So jemand mein Wort wird halten. Nicht ein schnelles Ergreifen u. Auffassen seines Worts will er von uns haben, u nicht daran knüpft er seine herrliche Verheißung; es kommt ihm nicht auf eine Gefühlserregung an, in welcher wir uns ihm hingeben, auf eine Laune, die bald kommt bald geht. Halten sollen wir sein Wort, es festhalten. Nicht solche überschwengliche Stimmungen mit ihrer Ebbe u. Fluth verlangt er, sondern die feste u. treue Liebe zu Gott und den Brüdern, die unsern Willen im Ganzen u. Großen u. in jeder einzelnen Äußerung beherrscht, so daß nichts Zerstreutes Unsicheres Zufälliges in uns, sondern eitel geistliches Leben. Wir sollen uns zusammennehmen u. mit aller Kraft jenen Trieb des heil. Geistes bejahen: Ich will Christum lieb haben u. mich von ihm leiten lassen, ich will nicht matt werden in meinem Muthe u. nicht ablassen in dem verordneten Kampfe gegen die Sünde, sondern aufsehen auf Jesum, den Anfänger u Vollender des Glaubens. Das heißt treu sein im Gehorsam Christi u. sein Wort halten; u. darin haben wir die Bürgschaft des ewigen Lebens, ja das ewige Leben selbst. Nicht als ob wir durch unser eigenes Thun das Leben verdienten; vielmehr das Thun selbst, das nicht unser eigen, sondern des heil. Geistes ist, ist das neue göttliche Leben; unser Eigenleben ist aufgehoben, uns selbst u. der Sünde sind wir gekreuzigt u. leben Gotte in Christo ein Leben, das so lange nicht aufhört, als Gott lebendig ist; denn wir sind mit ihm in Gemeinschaft getreten u. wer wollte uns aus seiner Hand reißen! Wer will uns scheiden von der Liebe Gottes, ruft der Apostel Paulus aus; ich bin gewiß, daß weder Tod noch Leben, weder Engel noch Fürstenthum noch Gewalt, weder Gegenwärtiges noch Zukünftiges, weder Hohes noch Tiefes, noch keine andere Kreatur mag uns scheiden von der Liebe Gottes, die in Christo Jesu ist! Als die Sterbenden beschreibt er ein anderes Mal die Diener Gottes, und doch leben sie, sie werden gezüchtigt u. doch nicht ertödtet, sie sind traurig u. doch allezeit fröhlich, sie sind arm u. machen doch viele reich, haben nichts und haben doch Alles! Wo findet sich in aller Welt eine so felsenfeste Gewißheit Gottes u. seiner selbst, ein so triumphierendes sieghaftes Bewußtsein von der Sicherheit u. Unverrückbarkeit des eigenen Standpunctes, den die Welt u. Alles, was darinnen ist, nicht aus den Angeln heben kann, wie viele Hebel sie anlegt! Ist das nicht ein Leben, das den Namen verdient, ein ewiges Leben, das kein Tod nicht tödten kann, ein Leben, das sich durch Christum eingeschlossen fühlt in das Leben Gottes, das sich durch Christum eingegliedert weiß in den ewigen Zweck u. Rathschluß Gottes! Wie mager u. unsicher nimmt sich gegen diese Fülle des empfundensten u. wahrsten Lebensgenusses alles aus, womit menschliche Weisheit das Sehnen des Herzens befriedigen will, wie närrisch u. verzweifelt gegen diese Freudigkeit des Gottesbewußtseins der hohle Stolz des heidnischen Selbstbewußtseins, wo der Mensch sein Selbst nur behaupten kann, nachdem er es zuvor von Allem entblößt hat, was ihm erst Inhalt u. Werth giebt. Welch wundervolles Zeugniß des Vaters von dem Sohne bietet doch ein Leben wie das des h. Paulus dar u. so vieler anderer christlicher Helden, wie wird da das Wort wahr: Ich suche nicht meine Ehre, es ist aber einer, der sie suchet und richtet; mein Vater ist es, der mich ehret, welchen ihr sprechet, er sei euer Gott u. kennet ihn nicht; aber ich kenne ihn u. halte sein Wort. Ja wahrlich, der ist mehr denn Abraham u. alle Propheten, der eingeborene Sohn vom Vater, voller Gnade u. Wahrheit!

Gehalten d 22.' Merz 1868

J. Wellhausen, cand. th.

IV. Belegte Lehrveranstaltungen 1862–1865

Nach dem Abgangszeugnis vom 15. August 1865 im Göttinger Universitätsarchiv

Sommer 1862	Kirchengeschichte I *bei Prof. Wagenmann*
	Römerbrief *bei Konsistorialrat Wiesinger*
	Genesis *bei Hofrat Bertheau*
	Kirchengeschichte III *bei Prof. Wagenmann*
Winter 1862/63	Kirchengeschichte II *bei Prof. Wagenmann*
	Apostelgeschichte *bei Repetent Hupfeld*
	Amos und andere kleine Propheten *bei Repetent Cropp*
	Psalmen *bei Prof. Ewald*
	Biblische Theologie *bei Konsistorialrat Wiesinger*
Sommer 1863	Platons Gastmahl *bei Hofrat Sauppe*
	Geschichte der neuern Theologie *bei Abt Ehrenfeuchter*
	Jeremia *bei Repetent Hansen*
	Deutsche Geschichte des 18. Jahrhunderts *bei Prof. Waitz*
	Einleitung in die deutsche Geschichte *bei demselben*
Winter 1863/64	Einleitung in die Bücher des Alten und Neuen Testaments *bei Prof. Ewald*
	Historisches Konversatorium *bei Repetent Hupfeld*
	Schleiermachers Leben und Lehre *bei demselben*
	Symbolik *bei Abt Schoeberlein*
Sommer 1864	Hebräerbrief *bei Prof. Ritschl*
	Jesaja *bei Hofrat Bertheau*
	Dogmengeschichte *bei Konsistorialrat Duncker*
	Homiletisches Praktikum *bei Abt Ehrenfeuchter und Konsistorialrat Wiesinger*
	Katechetische Übungen *bei denselben*
	Liturgisches Praktikum *bei Konsistorialrat Schoeberlein*
	Praktische Theologie *bei demselben*
	Konversatorium *bei Repetent Klostermann*
Winter 1864/65	Dogmatik I *bei Prof. Ritschl*
	Einleitung in das Neue Testament *bei demselben*
	Homiletisches Praktikum *bei Abt Ehrenfeuchter und Konsistorialrat Wiesinger*
	Katechetische Übungen *bei denselben*
	Konversatorium *bei Repetent Cropp*
	Liturgisches Praktikum *bei Konsistorialrat Schoeberlein*
Sommer 1865	Dogmatik II *bei Prof. Ritschl*
	Logik *bei Dr. Teichmüller*
	Metaphysik *bei Hofrat Lotze*

V. Gehaltene Lehrveranstaltungen 1868–1913[1]

Göttingen 1868–1870 (als Repetent am Theologischen Stift)
Sommer 1868	Die Weissagungen des Jeremia
	Kirchengeschichtliches Konversatorium
Winter 1868/69	Erklärung der Briefe Jacobi, Judae, 1. und 2. Petri
Sommer 1869	Erklärung des Evangelium Marci
Winter 1869/70	Einige kleine Propheten

Göttingen 1870–1872 (als Privatdozent an der Theologischen Fakultät)
Winter 1870/71	Erklärung des Hiob
Sommer 1871	Geschichte des Volkes Israel
	Hebräische Grammatik
Winter 1871/72	Erklärung des Jesaias
	Erklärung des Amos und Micha
	Geschichte der Juden von Cyrus bis Hadrian
Sommer 1872	Hiob

Greifswald 1872–1882 (als ord. Professor an der Theologischen Fakultät)
Winter 1872/73	Genesis
	Pentateuch
Sommer 1873	Die kleinen Propheten
	Über die jüdischen Parteien zur Zeit Christi
Winter 1873/74	Erklärung der Psalmen
	Erklärung des Buches Daniel
Sommer 1874	Erklärung von Jesaja Cap. 1–39
	Einleitung ins Alte Testament
	Elemente der syr. Grammatik
Winter 1874/75	Das Buch Hiob
	Geschichte des Volkes Israel seit dem Auszuge aus Ägypten bis zur babylonischen Gefangenschaft
Sommer 1875	Erklärung der Bücher der Könige
	Gottesdienstliche Altertümer der Hebräer
Winter 1875/76	Erklärung von Jesaja 40–66 nebst ausgewählten Stücken aus Jeremia und Ezechiel
	Einleitung ins Alte Testament
Sommer 1876	Erklärung der Genesis
	Geschichte der Juden von Cyrus bis Hadrian

---
1 Zusammengestellt aus den Vorlesungsverzeichnissen, dem LZD und anderen Quellen unter Vernachlässigung kleinerer Unausgeglichenheiten und Lücken. Nicht alle angekündigten Veranstaltungen dürften zustandegekommen sein.

Winter 1876/77	Erklärung der Psalmen
	Über die prophetische Wirksamkeit Jesaias
Sommer 1877	Erklärung des Buches Hiob
	Einleitung in die Geschichtsbücher des Alten Testaments
Winter 1877/78	Erklärung der kleinen Propheten
	Einleitung in die prophetischen Bücher des Alten Testaments
Sommer 1878	Erklärung der Genesis
	Über den Kanon und den Text des Alten Testaments
Winter 1878/79	Erklärung des Jesaias
	Geschichte Israels in der Königszeit
Sommer 1879	Erklärung des Buches Hiob
Winter 1879/80	Propheten der assyrischen Periode
Sommer 1880	*beurlaubt*
Winter 1880/81	Erklärung der Genesis
	Hebräische Grammatik
Sommer 1881	Einleitung ins Alte Testament
Winter 1881/82	Erklärung der Psalmen
	Geschichte des Islam
Sommer 1882	Geschichte des Volkes Israel
	Propheten der assyrischen Zeit

In jedem Semester außerdem Alttestamentliche bzw. Hebräische (Interpretations-) Übungen im Theologischen Seminar

Halle 1882–1885 (als außerord. Professor an der Philosophischen Fakultät)

Winter 1882/83	Divan Hudhail
	Arabische Elemente
Sommer 1883	Erklärung des Jesaias und ausgewählter Stücke aus den übrigen Propheten
	Erklärung des Divan der Hudhailiten und die Reise des Ibn Gubair
Winter 1883/84	Erklärung des Buches Daniel
	Grundzüge der arabischen Geschichte und Literatur
	Fortsetzung der Lektüre arabischer Schriftsteller
Sommer 1884	Geschichte der israelitischen Religion
	Das Leben Muhammads
	Syrische Elemente
	Persische Elemente
	Lektüre arabischer Schriftsteller
Winter 1884/85	Deuteronomium
	Arabische Grammatik
	Persische Elemente
	Syrische Schriftsteller

Marburg 1885–1892 (als ord. Professor an der Philosophischen Fakultät)

Sommer 1885	Geschichte des Alten Orients
	Syrische Elemente
	Äthiopische Elemente
Winter 1885/86	Arabische Elemente
	Fortsetzung des Syrischen
	Fortsetzung des Äthiopischen
	Ibn Hischams Sira
Sommer 1886	Geschichte des Alten Orients
	Elemente des Syrischen
	Fortsetzung des Arabischen
Winter 1886/87	Fortsetzung des Arabischen
	Syrisch
Sommer 1887	Geschichte Muhammeds und der Ursprünge des Islam
	Äthiopische Elemente
	Arabische oder syrische Schriftsteller
Winter 1887/88	Geschichte des Alten Orients
	Syrische Elemente
	Fortsetzung des Äthiopischen
Sommer 1888	Übersicht über die semitischen Sprachen und Völker
	Arabische Elemente
	Syrisch
Winter 1888/89	Das Leben Muhammeds und die Anfänge der Geschichte des Islam
	Äthiopische Elemente
	Fortsetzung des Syrischen
	Fortsetzung des Arabischen
Sommer 1889	Erklärung der kleinen Propheten
	Erklärung des Korans
	Fortsetzung des Syrischen
	Fortsetzung des Arabischen
Winter 1889/90	Ausgewählte Kapitel aus Jeremias
	Geschichte des Alten Orients
	Erklärung des Korans (Fortsetzung)
	Anfangsgründe des Aramäischen oder des Abessinischen
Sommer 1890	Erklärung des Buches Hiob
	Chaldäisch (Daniel)
	Arabisch
Winter 1890/91	Erklärung der Proverbien und des Ecclesiasticus
	Geschichte des Islams bis zum Sturze der Omajjiden
	Fortsetzung des Syrischen
	Fortsetzung des Arabischen

V. Gehaltene Lehrveranstaltungen 1868–1913   811

Sommer 1891   Erklärung der Psalmen
                Ausgewählte Kapitel des Korans
Winter 1891/92 Jüdische Geschichte (statt, wie zunächst angekündigt, Übersicht über die Völker, Sprachen und Literaturen des semitischen Orients)
                Syrisch
                Arabisch
Sommer 1892   Erklärung der kleinen Propheten
                Syrisch
                Arabisch

Göttingen 1892–1913 (als ord. Professor an der Philosophischen Fakultät)
Winter 1892/93 Jüdische Geschichte seit dem babylonischen Exil
                Syrisch
                Arabisch
Sommer 1893   Erklärung des Buches Daniel
                Hebräische Grammatik
                Fortsetzung des Syrischen und Arabischen
Winter 1893/94 Erklärung ausgewählter prophetischer Stücke des Alten Testaments
                Erklärung des Tabari
                Fortsetzung des Syrischen und Arabischen
Sommer 1894   Ursprünge und ältere Geschichte des Islams
                Syrisch
                Arabisch
Winter 1894/95 Erklärung des Deuteronomiums und der historischen Bücher des Alten Testamentes
                Hebräische Altertümer
                Syrisch
                Arabisch
Sommer 1895   Erklärung der Hamasa
                Fortsetzung des Syrischen
                Fortsetzung des Arabischen
                Elemente des Persischen
Winter 1895/96 Erklärung der kleinen Propheten
                Erklärung des Divan der Hudhailiten
                Fortsetzung des Persischen
Sommer 1896   Jüdische Geschichte von Cyrus bis Vespasian
                Syrisch
                Arabisch
Winter 1896/97 Erklärung des Hiob
                Geschichte des Islams bis zu den Abbasiden

	Fortsetzung des Syrischen
	Fortsetzung des Arabischen
Sommer 1897	Erklärung der Sira des Ibn Hischam
	Jüdisch-Aramäisch
	Arabische Elemente
	Persische Elemente
Winter 1897/98	Erklärung der Psalmen
	Erklärung des syrischen 4. Esdrae
	Fortsetzung des Arabischen
Sommer 1898	Übersicht über die semitischen Völker und Sprachen
	Erklärung der syrischen Apokalypse Baruchs
	Elemente des Syrischen
	Fortsetzung des Arabischen
Winter 1898/99	Erklärung der Makkabäerbücher
	Fortsetzung des Syrischen
	Fortsetzung des Arabischen
	Arabische Poesie nach Nöldekes Delectus
Sommer 1899	Erklärung des Deuteronomiums
	Erklärung der Muallakat
	Syrische Übungen
	Arabische Übungen
Winter 1899/00	Erklärung ausgewählter Erzählungen des Alten Testaments
	Syrische Elemente
	Arabische Elemente
Sommer 1900	Erklärung der kleinen Propheten
	Syrische Übungen
	Fortsetzung des Arabischen
Winter 1900/01	Erklärung der Hamasa
	Fortsetzung des Syrischen
	Fortsetzung des Arabischen
Sommer 1901	Syrische Elemente
	Arabische Grammatik nach dem Mufassal
	Arabische Poesie nach Nöldekes Delectus
Winter 1901/02	Erklärung der Genesis
	Lektüre des Mufassal und des Divan Hudhail
Sommer 1902	Übersicht über die semitischen Völker und Sprachen
	Syrische Übungen
	Arabische Übungen
Winter 1902/03	Übersicht über die semitischen Völker und Sprachen
	Elemente des Syrischen
	Elemente des Arabischen
Sommer 1903	Erklärung der historischen Bücher des Alten Testaments

V. Gehaltene Lehrveranstaltungen 1868-1913

	Erklärung des Koran
	Syrische Übungen
Winter 1903/04	Erklärung des Daniel und des ersten Buchs der Makkabäer
	Syrische Elemente
	Arabische Elemente
Sommer 1904	Elemente des Äthiopischen
	Fortsetzung des Syrischen
	Fortsetzung des Arabischen
Winter 1904/05	Erklärung des Jesaias
	Fortsetzung des Syrischen
Sommer 1905	Die Geschichtsbücher des Alten Testaments
	Syrisch
	Arabisch
Winter 1905/06	Übersicht über die semitischen Sprachen und Völker
	Abessinische Elemente
Sommer 1906	Über die alten Araber und den Islam
	Arabische Grammatik nach dem Mufassal
Winter 1906/07	Erklärung der Genesis
	Erklärung der syrischen Chrestomathie von Brockelmann
	Erklärung des Delectus carminum arabicorum von Nöldeke
Sommer 1907	Jüdische Geschichte
	Erklärung des Korans
Winter 1907/08	Geschichte des semitischen Altertums
	Fortgesetzte Erklärung des Korans
Sommer 1908	Israelitische Geschichte bis zum Sturze des Nordreichs
	Erklärung von Nöldekes Delectus carminum arabicorum
Winter 1908/09	Erklärung des Jesaias
	Lektüre arabischer Poesie oder des Korans
Sommer 1909	Die Araber und der Islam
	Erklärung des Baladsori
	Erklärung der syrischen Didaskalia
Winter 1909/10	Erklärung der Genesis
	Erklärung syrischer Schriftsteller
Sommer 1910	Israelitische und jüdische Geschichte
	Erklärung syrischer Schriftsteller
	Erklärung arabischer Schriftsteller
Winter 1910/11	Erklärung der Apostelgeschichte
	Erklärung syrischer Schriftsteller
	Erklärung arabischer Schriftsteller
Sommer 1911	Muhammed und das arabische Reich
	Erklärung aramäischer Texte
	Erklärung arabischer Texte

Winter 1911/12　　Erklärung des Jesaias
　　　　　　　　　Erklärung arabischer Texte
Sommer 1912　　　Erklärung des Divans der Hudhail
　　　　　　　　　Erklärung der syrischen Didascalia Apostolorum
Winter 1912/13　　Erklärung ausgewählter Reden aus den kleinen Propheten,
　　　　　　　　　　Jeremias und Ezechiel
　　　　　　　　　Erklärung syrischer und arabischer Autoren
Sommer 1913　　　Erklärung des Buches Hiob
　　　　　　　　　Erklärung syrischer Texte
　　　　　　　　　Erklärung arabischer Texte

VI. EMENDATIONEN ZU JESAJA (1872)1[1]

Jes 3,10. אמרו צדיק כי טוב. Die Construction וירא את־האור כי טוב, nach welcher man zu erklären pflegt, ist hier nicht anwendbar; sie hat nur statt bei Verbis, die den substantivischen Akkusativ (und zwar den afficierten) regieren, wie ראה, aber bei אמר so wenig wie bei *sagen*. Das אוי des folgenden Verses, welches einen graden Gegensatz zu dem unsrigen einleitet, macht es wahrscheinlich, daß man אַשְׁרֵי zu lesen hat statt אמרו.

5,26. לגוים. Das schließende Mem stammt aus מרחוק, denn die unmittelbar folgenden Pronomina Singularis erheischen לגוי. Der determinierte Plural – das kommt hinzu und ist sehr zu beachten – verwischt das Geheimnisvolle der Rede.

8,9. האזינו. Vielleicht הָאָזְרוּ Ps. 65,7[2]. Denn in einem Zusammenhange, in welchem der Prophet die ganze Welt trotzig gegen den Berg Gottes in die Schranken fordert, erscheint es bedenklich, die כל־מרחקי ארץ als passive Zeugen von den activ betheiligten עמים zu unterscheiden. Auch durch den alsdann anzunehmenden Subjectswechsel für die folgenden Imperative wird diese Unterscheidung erschwert, und die Frage, worauf die Enden der Erde merken sollen, erhält aus dem Contexte keine deutliche Antwort.

11,4. ארץ ist ein ganz ungeheuerliches Object zu הכה בשבט פיו und bedeutet außerdem dem Jesaia nicht die böse Welt. Man schreibe עָרִץ, entsprechend dem folgenden רשע.

15,5. צער עגלת שלשיה sind drei verschiedene Städte. Denn über die Gleichheit von שלשיה und Telithon Antiq. XIII 15,4[3] kann kaum ein Zweifel walten, da letzteres in Verbindung mit Zoar und Horonaim erscheint. עגלת hält man mit Recht für Αγαλλα Ant. XIV 1,4[4], welches gleicherweise neben jenen beiden Städten genannt wird.

15,5. יעערו. Lies nach 16,10 יְרֹעָעוּ.

16,8. בעלי גוים הלמו שרוקיה. Gewöhnlich übersetzt man: die Herren der Heiden zerschlugen seine Reben. Indes muß nach dem Folgenden zu urtheilen der Satz relativisch und שרוקיה sein Subject sein. Diesen syntactischen Forderungen genügend übersetzt Hitzig[5]: dessen Reben Volksgebieter niederwarfen. Aber wie können Reben, grüne wuchernde Ranken, wie sie gleich darauf beschrieben werden, eine solche Wirkung ausüben?

---

1 Brief **10** beigelegt. Anmerkungen vom Hg.
2 Dort נָאְזָר.
3 = Jos. Ant. 13,397.
4 = Jos. Ant. 14,18.
5 Ferdinand Hitzig, Der Prophet Jesajas übersetzt und ausgelegt, Heidelberg 1833, 195 mit Anm. *z)*.

Gemeinsam leiden beide Übersetzungen an der unerweislichen Auffassung von בעלי גוים als *Herrscher* der Heiden. Sprachgemäß würde es *Besitzer* der Heiden bedeuten, diese Bedeutung ist hier aber nicht sinngemäß. Also liegt wohl ein Eigenname vor und zwar der eines Ortes. Der Zusammenhang erfordert folgenden Sinn: der Weinstock Sibma's, dessen Reben bis nach Baale Gojim *giengen*, bis Jaezer reichten, in die Wüste (nach Osten) irrten, bis ans Meer (im Westen) sich erstreckten. Da nun הלמו die angenommene oder eine entsprechende Bedeutung schwerlich haben kann, so ist vielleicht הלכו das Richtige.

17,5. קציר paßt weder als Subject zu אסף, noch als Explicitum zu dem Pronomen in זרעו. Also קֹצֵר, entsprechend dem folgenden מלקט.

22,6. ברכב אדם פרשים. Der Sinn wird sein: Aram besteigt die Rosse. Hienach ist der Text im Allgemeinen leicht herzustellen; nur ב im Anfange macht Schwierigkeit. Es ward wohl zugesetzt, um eine Verbindung der falsch gelesenen und misverstandenen Worte mit dem vorhergehenden Satze zu ermöglichen.

25,4f. כזרם קיר ist unverständlich. Es ist zu lesen קזרם קור. Aufs bestimmteste wird diese Emendierung durch den Zusammenhang bestätigt. Wenn man nemlich die beiden ersten Worte von v. 5 noch zu v. 4 zieht, so ist handgreiflich, daß der Satz כי רוח עריצים כזרם קר כחרב בציון eine Erklärung zu dem vorangehenden Gleichnisse מחסה מזרם צל מחרב liefern soll; denn die Stichworte des Gleichnisses kehren in gleicher Reihenfolge in der Erklärung wieder. „Du bist geworden ... ein Schirm vor dem Regengusse, ein Schatten vor der Hitze – denn der Zorn der Tyrannen ist wie ein kalter Regenguß, wie Hitze in der Dürre."

27,8. יום קדים. 1 Sam. 1,15 findet sich יום und רוח verwechselt[6]. Darnach wird es erlaubt sein, an unserer Stelle רוח קדים zu schreiben.

28,25. שורה und נסמן sind bisher nicht befriedigend erklärt worden. Mir scheint שורה = שעורה und נסמן, verschrieben aus כסמן = כסמת. „Er bepflanzt mit Weizen, Gerste und Spelz sein Stück."

37,27f. לפני קמה. Dem Ausdruck: Brandkorn vor der Saat – einen Sinn abzugewinnen, ist eine undankbare Aufgabe. שדמה bedarf keiner Ergänzung, dagegen aber steht שבתך v 5 dem Paare צאתך ובואך isoliert gegenüber. Man muß abtheilen und lesen: לְפָנַי קָמְךָ וְשִׁבְתְּךָ = vor mir (mir bewußt) ist dein Stehen und dein Sitzen, deinen Ausgang und Eingang kenne ich.

45,1. לְרַד ist eine Unform. Sprich לְרֹד. Auch 41,2 wird יֹרְד beabsichtigt sein.

48,16f. Wie 25,4f und 37,27f steht auch hier der Verstheiler an falscher Stelle. Die jetzt den 16ten Vers beschließenden Worte sollten den folgenden Absatz v17–22 eröffnen. „Und jetzt hat mich der Herr Jahve gesandt und sein Geist – so spricht Jahve:". ועתה steht im Gegensatze zu מראש v. 16. Nachdem Jahve die in Rede stehende weltgeschichtliche Katastrophe *längst* im Geheimen beschlossen hat – er war ja dabei seit sie in ihren Anfängen sich vorbereitete –, läßt er sie

---

6   Vgl. Der Text der Bücher Samuelis (Bibl. 3) 39 mit Verweis auf Thenius.

VI. Emendationen zu Jesaja (1872)   817

jetzt durch seinen Propheten verkündigen. לֹא v16 giebt nur als Frage einen Sinn, ebenso wie אָמַרְתָּ Jes. 36,5.

54,11. מרביץ בפוך אבניך. Aus מרביץ und dem parallelen יסדתי des folgenden Gliedes hat Ewald statt אבניך das richtige אֲדָנַיִךְ erschlossen[7]. Um so merkwürdiger ist es, daß er פוּךְ unangetastet gelassen hat. Denn so lange מרביץ nicht *rändern* heißt, wird man schwerlich mit der Augenschminke hier etwas anfangen können. Die LXX bietet בַּנֻּפֵּךְ. Nun entspricht אנכי מרביץ בַּנֻּפֵּךְ אֲדָנַיִךְ ganz dem folgenden ויסדתיך בספירים.

64,4. ונושע als einfache Aussage giebt gar keinen Sinn und als zweifelnde Frage einen falschen. In 1 Sam. 14,47 ist יושע zu ירשע geworden[8], hier umgekehrt וַנִּרְשַׁע zu ונושע. Aus ונרשע = *damnati sumus* erhellt, daß auch ונחטא nicht bedeutet *wir sündigten* sondern *wir entgalten unsere Schuld*.

Der Knobelsche Vorschlag ונפשע[9] ist nicht so leicht und liefert eine Aussage, welche Niemand das Recht hat, durch Conjectur zu schaffen – nemlich die, daß der Zorn Gottes nicht die Folge, sondern die Ursache der Untreue seines Volkes gewesen sei.

Übrigens ist auch בהם עולם nicht unverdächtig. In der LXX entspricht διὰ τοῦτο ἐπλανήθημεν. Denn ἐπλανήθημεν muß ein Verbum wiedergeben, dessen Verbindung mit בה (διὰ τοῦτο; aus בהם) irgendwie möglich war, kann also nicht dem Imperf. cons. am Schluß des Verses gelten. Πλανᾶσθαι steht für מעל Prov. 16,11[10] und für das äquivalente פשע Jes 46,8. Ezech. 33,10.12. Also entspricht wohl בה מעלנו der LXX dem masorethischen בהם עלם u. es ist vielleicht nicht zu gewagt, einen Wechsel der Person anzunehmen, בֹּה auszusprechen und zu übersetzen: wir fielen ab von ihm und mußten es büßen. Sonst wäre auch בְּמַעֲלֵנוּ eine Möglichkeit.

---

[7] Heinrich Ewald, Die Propheten des Alten Bundes, Zweiter Band, Stuttgart 1841, 457 mit 455–57 Anm. 2.
[8] Vgl. Text der Bücher Samuelis (Bibl. 3) 95.
[9] August Knobel, Der Prophet Jesaia, KEH 5, Leipzig ³1861, 454f.
[10] Gemeint ist Spr 16,10.

VII. BIBLIOGRAPHIE 1870–1914

Dieser Bibliographie liegt das von Alfred Rahlfs hergestellte „Verzeichnis der Schriften Julius Wellhausens" zugrunde (Karl Marti [Hg.], Studien zur semitischen Philologie und Religionsgeschichte. Julius Wellhausen zum 70. Geburtstag am 17. Mai 1914 gewidmet von Freunden und Schülern, BZAW 27, Gießen 1914, 351–68). Es wurde unter Beibehaltung der Rahlfs'schen Nummern in wenigen Punkten ergänzt und – ohne Anspruch auf Vollständigkeit – um Rezensionen, Übersetzungen in andere Sprachen sowie Neudrucke erweitert. – Die Abkürzungen entsprechen Siegfried Manfred Schwertner, Internationales Abkürzungsverzeichnis für Theologie und Grenzgebiete (IATG²), Berlin/New York ²1992.

1870

1. De gentibus et familiis Judaeis quae I. Chr. 2. 4. enumerantur. Dissertatio quam ordinis theologorum summe reverendi judicio ad licentiati in theologia honores in Academia Georgia Augusta rite obtinendos submisit Julius Wellhausen, de collegio repetentium Gottingensium, Göttingen: Dieterich, 41 S.
   Rezension: LZD 21 (1870) 1155f. (Th. Nöldeke). – Hebr. Ü.: *Mišpeḥôt Yehūdah. Šænimnû bassefær dibrê hayyāmîm 1 2, 4.* (übers. v. *Lîsah ʾÛlman*, m. Anm. u. Vorw. v. *Geršôn Gālîl*), *Kuntresîm – Meqôrôt umeḥqārîm* 63, Jerusalem 1985 (*Yerûšālayim* 5745).

2. Theses quas summe venerabilis theologorum ordinis auctoritate atque consensu in academia Georgia Augusta ad licentiati in s. s. theologia gradum rite capessendum d. IX. m. Julii a. MDCCCLXX hora XI publice defendet Julius Wellhausen de repetentium collegio. – Adversariorum partes suscipient: Max. Besser. Georgius Sauerwein, Göttingen, 4 S.
   Die Thesen lauten: I. Usus signi, quod vocari solet Shewa quiescens, tollendus est. – II. מוֹרָה (novacula) a radice ערה derivari debet pariter ac תַּעַר. – III. Vallis acaciarum Joel. 4, 18 eadem est, quae nunc quoque appellatur Wâdi-'l-sant. – IV. Justitia quae Deo attribuitur in Vetere Testamento virtus est forensis. – V. Lectio ἐγχωρίου III Esr. 6, 24. Jos. Antiq. XI. 1, 3 ab erronea proficiscitur lectione אזרה pro ארזם (= κεδρίνου); vid. ψ. 37, 35 LXX. – VI. Forma ἐπιούσιος aliam derivationem non admittit nisi ab ἡ ἐπιοῦσα. – VII. Probari nequit, evangelium quod dicitur Hebraeorum ex Graeco fluxisse fonte. – VIII. Errant qui perhibent, Lutheranismum negativam solummodo agnoscere vim legis (Schneckenb. Vergl. Darst. p. 111). – IX. Flacii sententia, quae est de peccato originis, quoad rem non differt ab ea, quam tuetur Formula Concordiae.

1871

3. Der Text der Bücher Samuelis untersucht, Göttingen: Vandenhoeck und Ruprecht, XVI, 224 S.
   Rezensionen: LZD 23 (1872) 621–23 (E. Schrader); ThLB (1872) 449–53 (Sammelbespr. F. H. Reusch); ThT 6 (1872) 95 (A. Kuenen); ZWTh 16 (1873) 117–22 (Th. Nöldeke).

4. Rez. David Cassel, Hebräisch-deutsches Wörterbuch nebst Paradigma der Substantiva und Verba, Breslau 1871: JDTh 16 (1871) 557f.
5. Rez. August Dillmann, Hiob, für die 3. Auflage bearbeitet, KEH 2, Leipzig ³1869: JDTh 16 (1871) 552–57.

1872

6. Anz. Julius Wellhausen, Der Text der Bücher Samuelis untersucht, Göttingen 1871: GGA 134 (1872) 69–76.

1874

7. Die Pharisäer und die Sadducäer. Eine Untersuchung zur inneren jüdischen Geschichte, Greifswald: Bamberg, 164 S.
   2. Aufl. Hannover 1924; 3. Aufl. Göttingen 1967 (ohne die Widmung). – Rezension: ThT 9 (1875) 632–50 (A. Kuenen). – Engl. Ü.: The Pharisees and the Sadducees. An Examination of internal Jewish History (übers. v. M. E. Biddle), Macon/Ga. 2001. – Rezension der engl. Ü.: JBL 122 (2003) 376–79 (D. Stoutenburg). – Ungar. Ü.: A farizeusok és a szadduceusok (übers. v. K. J. Kiadója), Budapest 2001.

1875

8. Die Zeitrechnung des Buchs der Könige seit der Theilung des Reichs, JDTh 20 (1875) 607–40.
   Berichtigung dazu: JDTh 21 (1876) 151.

1876

9. Die Composition des Hexateuchs, JDTh 21 (1876) 392–450. 531–602; JDTh 22 (1877) 407–79.
   Vgl. Bibl. 60. – Rezension: John William Colenso, Wellhausen on the Composition of the Hexateuch. Critically Examined, London 1878 (vgl. dazu A. Kuenen, ThT 12 [1878] 668).
9a. Ueber den bisherigen Gang und den gegenwärtigen Stand der Keilschriftentzifferung, RMP 31 (1876) 153–75.
10. Rez. Bernhard Duhm, Die Theologie der Propheten als Grundlage für die innere Entwicklungsgeschichte der israelitischen Religion dargestellt, Bonn 1875: JDTh 21 (1876) 152–58.
11. Rez. Alfred von Gutschmid, Neue Beiträge zur Geschichte des alten Orients. Die Assyriologie in Deutschland, Leipzig 1876: ThLZ 1 (1876) 534–38.
12. Rez. Abraham Kuenen, De Profeten en de Profetie onder Israël. Historisch-dogmatische Studie, 2 deelen, Leiden 1875: ThLZ 1 (1876) 203–08.
13. Rez. Otto Ohrloff, Die Bruchstücke vom Alten Testament der gotischen Bibelübersetzung kritisch untersucht, Halle 1876: ThLZ 1 (1876) 307f.

14. Rez. George Smith, The Assyrian Eponym Canon. Containing Translations of the Documents, and an Account of the Evidence, on the Comparative Chronology of the Assyrian and Jewish Kingdoms, from the Death of Solomon to Nebuchadnezzar, London 1875: ThLZ 1 (1876) 539-41.

1877

15. Rez. Wolf Wilhelm Graf Baudissin, Studien zur semitischen Religionsgeschichte, Heft I, Leipzig 1876: GGA 139 (1877) 185-92.
16. Rez. Franz Delitzsch, Biblischer Commentar über die poetischen Bücher des Alten Testaments, 2. Band, Das Buch Iob, BC 4,2, Leipzig ²1876: ThLZ 2 (1877) 73-77.
17. Rez. Ludwig Christian Seinecke, Geschichte des Volkes Israel, 1. Theil, Göttingen 1876: ThLZ 2 (1877) 97-99.

1878

18. Friedrich Bleek, Einleitung in die Heilige Schrift, 1. Theil. Einleitung in das Alte Testament, 4. Auflage nach der von A. Kamphausen besorgten 3. bearbeitet von J. Wellhausen, Berlin: Reimer, VIII, 662 S.
    Wellhausen zeichnet lt. Vorwort verantwortlich für: „§ 1-3. § 81-134. § 269-308, für die Klammern auf S. 60. 268. 333. 406-408. 425. 479. 494. 506f. 540f. und einiges Wenige außerdem. Die Vorbemerkungen, die in der 3. Aufl. über zehn Bogen wegnahmen, habe ich in einen Anhang zusammengedrängt; Kamphausens Zusätze habe ich belassen, wo sie mir nicht im Wege standen". – Weitere Auflagen: Bibl. 67. 114. – Rezensionen: Ac. 14 (1878) 434; Jahresberichte der Geschichtswissenschaft 1 (1878) 35 (H. Strack); LZD 30 (1879) 1145-49 (E. Nestle); NEKZ 20 (1878) 352; PKZ 25 (1878) 473-80 (Ad. Kamphausen); RCHL 12 (1878) 405-08 (M. Vernes); Studiën. Theologisch Tijdschrift 4 (1878) 339-43 (J. J. P. Valeton); ThLZ 3 (1878) 389-91 (R. Smend); ThT 12 (1878) 370-75 (A. Kuenen).
19. Geschichte Israels. In zwei Bänden. Erster Band, Berlin: Reimer, VIII, 442 S.
    Weitere Ausgaben: Bibl. 44. 66. 121. 147. 189. – Rezensionen: Ac. 15 (1879) 429-31 (W. R. Smith); Jahresberichte der Geschichtswissenschaft 1 (1878) 33f. (L. Strack); LZD 30 (1879) 825-28 (B. Stade); NEKZ 21 (1879) 84f.; PKZ 26 (1879) 102-07 (F. Köstlin); RCHL 14 (1880) 165-67 (M. Vernes); ThLZ 4 (1879) 25-30 (E. Kautzsch); ThT 13 (1879) 140-47 (A. Kuenen); vgl. Franz Delitzsch, Pentateuchkritische Studien XII. Das Heiligkeitsgesetz, ZKWL 1 (1880) 617-26 u. Hugo Johannes Bestmann, Geschichte der christlichen Sitte, Teil 1. Die sittlichen Stadien, Nördlingen 1880, 233-42. Vgl. außerdem die Wiedergabe einiger Abschnitte durch Maurice Vernes in RHR 1 (1880) 57-82; 2 (1880) 27-51. 170-96 (s.o. 113²).
20. Zu Matthäi 27,3-10, JDTh 23 (1878) 471f.
21. Rez. Albert Harkavy, Altjüdische Denkmäler aus der Krim. Mitgeteilt von Abraham Firkowitsch (1839-1872), Mémoires de l'Académie Impériale des sciences de St.-Pétersbourg, VIIe série, Tome XXIV, No. 1, St. Petersburg 1876: GGA 140 (1878) 145-51.
21a. Rez. Eberhard Schrader, Keilinschriften und Geschichtsforschung. Ein Beitrag zur monumentalen Geographie, Geschichte und Chronologie der Assyrer, Gießen 1878: LZD 29 (1878) 1691-93.

22. Anz. Julius Wellhausen, Einleitung in das Alte Testament von Fr. Bleek, Berlin ⁴1878 (s. Bibl. 18): GGA 140 (1878) 447f.

1879

23. Rez. Wolf Wilhelm Graf Baudissin, Studien zur semitischen Religionsgeschichte, Heft II, Leipzig 1878: GGA 141 (1879) 106-11.
24. Rez. Kaufmann Kohler, Das Hohe Lied. Übersetzt und kritisch neu bearbeitet, Leipzig/New York/Chicago 1878: ThLZ 4 (1879) 31f.
25. Rez. Julius Popper, Der Ursprung des Monotheismus. Eine historische Kritik des hebräischen Alterthums, insbesondere der Offenbarungsgeschichte. Kritik der Patriarchengeschichte, Berlin 1879: ThLZ 4 (1879) 609-11.

1880

26. Geschichte Israels, Greifswald 1880, 76 S. (Weihnachten, als Manuskript gedruckt)

Stimmt inhaltlich mit dem 1881 in der EBrit⁹ erschienenen Aufsatz (Bibl. 27) überein, reicht aber nur bis zum Exil (= EBrit⁹ 13, 1881, 396-417; Abschnitt 1-9), auch fehlen die Partien des Textes, welche in EBrit⁹ 13 (1881) 399-401. 403. 406. 414 mit kleinen Typen gedruckt sind, und mehrere Anmerkungen. Vgl. auch Bibl. 54. – ND: Julius Wellhausen, Grundrisse zum Alten Testament, hg. v. Rudolf Smend, ThB 27, München 1965, 13-64 (vgl. auch zu Bibl. 114. 166. 191).

1881

27. Art. Israel, EBrit⁹ 13 (1881) 396-431.

S. auch Bibl. 26. 44. 54. – Rezensionen: Ac. 21 (1882) 130-32 (S. R. Driver); Jahresberichte der Geschichtswissenschaft 4 (1878) I,147 (W. Lotz). – ND (mit Appendix aus Bibl. 54): Sketch of the History of Israel and Judah, London: A. & C. Black ³1891, 229 S.

27a. [Richtigstellung:] Ath. 2803 ([16. Juli] 1881) 82.

Zur Behauptung in Ath. 2795 ([21. Mai] 1881) 683f.

28. Rez. Otto Henne-Am Rhyn, Kulturgeschichte des Judentums von den ältesten Zeiten bis zur Gegenwart, Jena 1880: DLZ 2 (1881) 970f.
29. Rez. Paul Ernst Lucius, Der Essenismus in seinem Verhältniss zum Judenthum. Eine kritische Untersuchung, Straßburg 1881: GGA 143 (1881) 1375f.
30. Rez. Siegmund Maybaum, Die Entwickelung des altisraelitischen Priestertums, Breslau 1880: DLZ 2 (1881) 265.
31. Rez. Andreas Raabe, Die Klagelieder des Jeremias und der Prediger des Salomon. Im Urtext nach neuester Kenntnis der Sprache behandelt, (erstere metrisch) übersetzt, mit Anmerkungen und einem Glossar versehen. Neuer Gesichtspunct für hebräisches Versmaass eröffnet, Leipzig 1880: GGA 143 (1881) 317-19.
32. Rez. Isidore Loeb (Hg.), REJ 1 u. 2, Paris 1880: DLZ 2 (1881) 609-12.
33. Rez. William Robertson Smith, The Old Testament in the Jewish Church. Twelve Lectures on Biblical Criticism, Edinburgh 1881: ThLZ 6 (1881) 250f.

34. Rez. Gottlieb Julius Studer, Das Buch Hiob für Geistliche und gebildete Laien übersetzt und kritisch erläutert, Bremen 1881: DLZ 2 (1881) 513f.
35. Rez. Ferdinand Weber, System der altsynagogalen palästinischen Theologie. Aus Targum, Midrasch und Talmud dargestellt. Nach des Verfassers Tode herausgegeben von Franz Delitzsch und Georg Schnedermann, Leipzig 1880: DLZ 2 (1881) 1105f.
36. Rez. Ferdinand Wüstenfeld, Geschichte der Fatimiden-Chalifen. Nach Arabischen Quellen, Göttingen 1881: DLZ 2 (1881) 1476-78 (vgl. bereits AGWG.PH 26 [1880] u. 27 [1881]).

1882

37. Muhammed in Medina. Das ist Vakidi's Kitab alMaghazi in verkürzter deutscher Wiedergabe herausgegeben, Berlin: Reimer, 472 S.
    Rezensionen: Ath. 2895 ([21. April] 1883) 504f.; HebSt 2 (1883) 182f. (H. P. Smith); HZ 52 (1884) 130-32 (F. Hommel); LZD 33 (1882) 1485-88 (Th. Nöldeke).
37a. [Mitteilung:] LZD 33 (1882) 620.
    „Zur Antwort auf mehrfache Anfragen diene, daß in den nächsten Jahren weder der 2. Band meiner Geschichte Israels noch eine zweite Auflage des vergriffenen 1. Bandes erscheinen wird. Greifswald, März 1882. Wellhausen."

38. Rez. Willem Gerrit Brill, Schets der geschiedenis van het Israelitische volk (De geschiedenis der volken in schetsen, Deel 1), 's Gravenhage 1881: DLZ 3 (1882) 1154.
39. Rez. Reinhart Pieter Anne Dozy (Hg.), [Kitāb al-Muʻǧib fī talḫīṣ aḫbār al-Maġrib] The History of the Almohades. Preceded by a sketch of the history of Spain, from the times of the conquest till the reign of Yusof ibn-Tāshifīn, and of the history of the Almoravides. By Abdo-'l-Wáhid al-Marrékoshí. Now first edited from a Ms. in the library of Leiden, Leiden ²1881: DLZ 3 (1882) 1245-47.
40. Rez. Ludwig Horst, Leviticus XVII-XXVI und Hezekiel. Ein Beitrag zur Pentateuchkritik, Colmar 1881: DLZ 3 (1882) 1450.
41. Rez. Otto Loth, Über Leben und Werke des ʻAbdallah ibn ul Muʻtazz. Nach dem Tode des Verfassers herausgegeben von August Müller, Leipzig 1882: DLZ 3 (1882) 1526f.
42. Rez. Eduard Reuß, Die Geschichte der heiligen Schriften Alten Testaments, Braunschweig 1881: DLZ 3 (1882) 889f.
    Vgl. die Mitteilung über die 2. Auflage dieses Werkes in DLZ 11 (1890) 1140.
43. Rez. Bernhard Stade, Geschichte des Volkes Israel, Lieferung 1 und 2 (S. 1-304), Allgemeine Geschichte in Einzeldarstellungen 1,6, Berlin 1881: DLZ 3 (1882) 681f.

1883

44. Prolegomena zur Geschichte Israels. Zweite Ausgabe der Geschichte Israels, Band I, Berlin: Reimer, X, 455 S.
    Vgl. Bibl. 19. – Rezensionen: DLZ 5 (1884) 155f. (W. Nowack); GGA 145 (1883) 1448-63 (Ad. Jülicher); Jahresberichte der Geschichtswissenschaft 6 (1883) I,24f. (W. Lotz); LZD 35 (1884) 1508-10 (E. Nestle); HZ 54 (1885) 267-72 (Ad. Kamphausen); RCHL 18 (1884) 253f. (M. Vernes); ThT 17 (1883) 657f. (A. Kuenen). – Engl. Ü.: Prolegomena to the History of Israel, with a reprint of the article "Israel" from the "Encyclopaedia Britannica". Translated from the German, under the author's supervision, by J. S. Black and A. Menzies, with a preface by Prof. W. Robertson Smith, Edinburgh: A. & C. Black 1885, XVI, 552 S. – Anzeigen: Ath. 2998 ([11. April] 1885) 473; OTStud 8 (1889) 271. – Rezension der engl. Ü.:

Ac. 21 (1882) 131f. (S. R. Driver). – ND der engl. Ü.: New York 1957 u. ²1958 = Gloucester, Mass. ³1973 (unter dem Titel Prolegomena to the History of Ancient Israel); Atlanta/Ga. 1994 u. ö. – Rezensionen zum ND der engl. Ü.: JBL 124 (2005) 349–54 (R. T. Boer); JBR 26 (1958) 137 (J. M. Ward); VT 46 (1996) 143 (J. A. Emerton).

45. Art. Moab, EBrit⁹ 16 (1883) 533–36.
Vgl. Bibl. 171.

46. Art. Mohammedanism. Part I. Mohammed and the first four Caliphs, EBrit⁹ 16 (1883) 545–65.

47. Art. Moses, EBrit⁹ 16 (1883) 860f.

48. Rez. Louis-Marcel Devic, Le pays des Zendjs ou la côte orientale d'Afrique au moyen-âge (Géographie, Mœurs, Productions, Animaux légendaires) d'après les écrivains Arabes, Paris 1883: DLZ 4 (1883) 1816f.

49. Rez. Carl Friedrich Keil, Biblischer Commentar über den Propheten Ezechiel, Leipzig 1882: DLZ 4 (1883) 473.

50. Rez. François Lenormant, La Genèse. Traduction d'après l'hébreu avec distinction des éléments constitutifs du texte, Paris 1883: DLZ 4 (1883) 1057.

51. Rez. Guilelmus Lotz, Quaestiones de Historia Sabbati, Leipzig 1883: DLZ 4 (1883) 913f.

52. Rez. Adalbert Merx, Die Saadjanische Uebersetzung des Hohen Liedes in's Arabische nebst anderen auf das hohe Lied bezüglichen arabischen Texten, u. Heinrich Thorbecke, Ibn Duraid's Kitâb al-malâhin, in: Festschrift für die orientalische Section der XXXVI. Versammlung deutscher Philologen und Schulmänner in Karlsruhe am 26.–29. Sept. 1882, Heidelberg 1882: DLZ 4 (1883) 623–25.

53. Rez. Joël Müller, Kritischer Versuch über den Ursprung und die geschichtliche Entwickelung des Pesach- und Mazzothfestes (nach den Pentateuchquellen). Ein Beitrag zur hebräisch-jüdischen Archäologie, Bonn 1883: DLZ 4 (1883) 1841.

1884

54. Skizzen und Vorarbeiten. Erstes Heft. 1. Abriss der Geschichte Israels und Juda's. 2. Lieder der Hudhailiten, arabisch und deutsch, Berlin: Reimer, 175, ו ק ט = 129 S.
Über den „Abriss" sagt Wellhausen in der Vorbemerkung auf der Rückseite des farbigen Titelblattes: „Im ersten Hefte reproducire ich zuerst, in umgearbeiteter und erweiterter Form, einen Abriss der israelitischen Geschichte, welcher englisch in der Encyclopaedia Britannica veröffentlicht, deutsch aber nur in etwa zwanzig Exemplaren als Manuscript (Weihnachten 1880) gedruckt, darum in Deutschland wenig bekannt geworden und sogar offen oder stillschweigend als non avenu behandelt ist." Vgl. Bibl. 26. 27. – Anzeige: Ath. 2984 (3. Januar 1885) 13. – ND: Berlin 1985. – Rezension zum ND: Islam 63 (1986) 341f. (R. Jacobi). – Norweg. Ü. des „Abrisses": Israels og Judas historie i korthed. Oversat fra tysk, Bebliothek for de tusen hjem No. 335–38, Høvik 1889.

55. Art. Nimrod, EBrit⁹ 17 (1884) 511.

56. Rez. Gustav Bickell, Der Prediger über den Wert des Daseins. Wiederherstellung des bisher zerstückelten Textes, Übersetzung und Erklärung, Innsbruck 1884: DLZ 5 (1884) 1609f.

57. Rez. Rudolf Ernst Brünnow, Die Charidschiten unter den ersten Omayyaden. Ein Beitrag zur Geschichte des ersten Islamischen Jahrhunderts, Leiden 1884: DLZ 5 (1884) 838f.

58. Rez. Wilhelm Hollenberg, Hebräisches Schulbuch. Bearbeitet von Johannes Hollenberg, Berlin ⁵1884: DLZ 5 (1884) 1457.

59. Rez. Ferdinand Wüstenfeld, Die Çufiten in Südarabien im XI. (XVII.) Jahrhundert, Göttingen 1883: DLZ 5 (1884) 396 (vgl. AGWG.PH 30 [1884]).

1885

60. Skizzen und Vorarbeiten. Zweites Heft. Die Composition des Hexateuchs, Berlin: Reimer, IV, 208 S.
    Unveränderter Abdruck von Bibl. 9. Weitere Ausgaben: Bibl. 87. 148.
61. Zu den Huḍailitenliedern, ZDMG 39 (1885) 104–06.
62. Scholien zum Diwan Huḍail No. 139–280, ZDMG 39 (1885) 411–80.
63. Art. Pentateuch and Joshua, EBrit⁹ 18 (1885) 505–14.
    Vgl. Bibl. 168.
64. Rez. Moritz Engel, Die Lösung der Paradiesfrage, Leipzig 1885: DLZ 6 (1885) 1105.
65. Rez. Hartwig Hirschfeld, Das Buch al-Chazarî aus dem Arabischen des Abu-l-Hasan Jehuda Hallewi übersetzt, Breslau 1885: DLZ 6 (1885) 705.

1886

66. Prolegomena zur Geschichte Israels. 3. Ausgabe, Berlin: Reimer, VIII, 468 S.
    Vgl. Bibl. 19. 44. – Rezension: ThT 21 (1887) 245 (A. Kuenen).
67. Friedrich Bleek, Einleitung in die Heilige Schrift, 1. Theil. Einleitung in das Alte Testament, 5. Auflage besorgt von J. Wellhausen, Berlin: Reimer, VIII, 634 S.
    Vgl. Bibl. 18. In dieser Auflage ist die Analyse der Bücher Richter–Könige gestrichen und dafür der alte Text wiederhergestellt. Aber vgl. den Abdruck der Analyse in Bibl. 87. – Rezension: ThT 21 (1887) 108–10 (A. Kuenen).
68. Art. Reiske, Johann Jacob, EBrit⁹ 20 (1886) 354f.
    Dieser Aufsatz ist auch in EBrit¹¹ 23 (1911) 57f. in etwas gekürzter Fassung beibehalten, während Wellhausens übrige Artikel außer „Zechariah" (Bibl. 80) fortgefallen sind.
69. Art. Septuagint, EBrit⁹ 21 (1886) 667–70.
70. Rez. Rudolf Abicht, ʾAśʿâru-l-Huḍalijjîna. Die Lieder der Dichter vom Stamme Huḍail. Aus dem Arabischen übersetzt, Leipzig 1879: DLZ 7 (1886) 1372f.
71. Rez. Carl Heinrich Cornill, Das Buch des Propheten Ezechiel herausgegeben, Leipzig 1886: DLZ 7 (1886) 1401f.
72. Rez. Hartwig Derenbourg, Ousâma ibn Mounḳidh. Un émir syrien au premier siècle des croisades (1095–1188), Bd. 2. Kitāb al-Iʿtibār. Texte arabe de l'autobiographie d'Ousâma publié d'après le manuscrit de l'Escurial, PELOV 2,12/2, Paris 1886: DLZ 7 (1886) 1608–10.
73. Rez. Isaak Jos. H. Paul Herzsohn, Der Überfall Alexandriens durch Peter I, König von Jerusalem und Cypern. Aus einer ungedruckten arabischen Quelle mit historischen und kritischen Anmerkungen dargestellt, 1. Heft, Bonn 1886: DLZ 7 (1886) 1755f.

1887

74. Skizzen und Vorarbeiten. Drittes Heft. Reste arabischen Heidentumes, Berlin: Reimer, VI, 224 S.
    2. Ausgabe: Bibl. 134. –Rezension: ZDMG 41 (1887) 707–26 (Th. Nöldeke).
75. Rez. James Death, The Beer of the Bible. One of the Hitherto Unknown Leavens of Exodus. (A Confirmation of Biblical Accuracy.) With a Visit to an Arab Brewery, Notes on the Oriental Ferment Products, etc., and Map of the Routes of the Exodus, with Description of the Different Authors' Contentions, London 1887: DLZ 8 (1887) 1265.
76. Rez. August Dillmann, Die Bücher Numeri, Deuteronomium und Josua, KEH 13, Leipzig ²1886: DLZ 8 (1887) 481–83.
77. Rez. Gustave d'Eichthal, Mélanges de critique biblique. Le texte primitif du premier récit de la création. Le Deutéronome. Le Nom et le Caractére du dieu d'Israel Iahveh, Paris 1886. – Maurice Vernes, Une nouvelle hypothèse sur la composition et l'origine du Deutéronome. Examen des vues de M. G. d'Eichthal, Paris 1887: DLZ 8 (1887) 849f.
78. Rez. Abraham Kuenen, Historisch-kritische Einleitung in die Bücher des alten [sic] Testaments hinsichtlich ihrer Entstehung und Sammlung. Autorisierte deutsche Ausgabe von Th. Weber, 1. Teil, 1. Stück. Die Entstehung des Hexateuch, Leipzig 1885/87: DLZ 8 (1887) 1105f.
79. Rez. Theodor Nöldeke, Die semitischen Sprachen. Eine Skizze, Leipzig 1887: DLZ 8 (1887) 966–68.

1888

80. Art. Zechariah, EBrit[9] 24 (1888) 773–75.
    Auch in EBrit[11] 28 (1911) 962–64, überarbeitet von Henry Wheeler Robinson (vgl. zu Bibl. 68). Vgl. auch Bibl. 179.
81. Rez. Friedrich Baethgen, Beiträge zur semitischen Religionsgeschichte. Der Gott Israels und die Götter der Heiden, Berlin 1888: DLZ 9 (1888) 1321f.
82. Rez. Otto Gruppe, Die griechischen Culte und Mythen in ihren Beziehungen zu den orientalischen Religionen, Bd. 1. Einleitung, Leipzig 1887: DLZ 9 (1888) 507–09.
83. Rez. Ernest Renan, Histoire du peuple d'Israël, Bd. 1, Paris ²1887: DLZ 9 (1888) 130–32.
84. Rez. Eduard Reuß, Hiob, Braunschweig 1888: DLZ 9 (1888) 1657f.
85. Rez. Leopold Wreschner, Samaritanische Traditionen. Mitgeteilt und nach ihrer geschichtlichen Entwickelung untersucht, Berlin 1888: DLZ 9 (1888) 1809.

1889

86. Skizzen und Vorarbeiten. Viertes Heft. 1. Medina vor dem Islam. 2. Muhammads Gemeindeordnung von Medina. 3. Seine Schreiben, und die Gesandtschaften an ihn, Berlin: Reimer, II, 194, ٧٨ = 78 S.
    ND: Berlin 1985. – Rezension zum ND: Islam 63 (1986) 342f. (B. Spuler). – Engl. Ü.: Muhammad and the Jews of Medina. With an Excursus: Muhammad's Constitution of Medina (übers. [aus der Niederl. Übers.] u. hg. v. W. Behn), Freiburg i. Br. 1975. – Niederl. Ü.: Mohammed en de Joden te Medina (übers. v. A. J. Wensinck), Leiden 1908.

87. Die Composition des Hexateuchs und der historischen Bücher des Alten Testaments. Zweiter Druck. Mit Nachträgen, Berlin: Reimer, IV, 361 S.
Vgl. Bibl. 60. 67. – Rezension: ThT 23 (1889) 636f. (A. Kuenen).

88. Rez. Georg Bert, Aphrahat's des persischen Weisen Homilien. Aus dem Syrischen übersetzt und erläutert, TU 3,3/4, Leipzig 1888: ThLZ 14 (1889) 77–80.
89. Rez. August Müller (Hg.), Orientalische Bibliographie 1 (1887): ThLZ 14 (1889) 49.
90. Rez. Thomas Kelly Cheyne, Jeremiah. His Life and Times, Men of the Bible, London o. J.: DLZ 10 (1889) 297.
91. Rez. Carl Kayser, Das Buch von der Erkenntniss der Wahrheit oder der Ursache aller Ursachen. Nach den syrischen Handschriften zu Berlin, Rom, Paris und Oxford herausgegeben, Leipzig 1889: ThLZ 14 (1889) 435–37.
92. Rez. Ernest Renan, Histoire du peuple d'Israël, Bd. 2, Paris ²1889: DLZ 10 (1889) 511f.
93. Rez. Friedrich Rückert, Der Koran. Im Auszuge übersetzt, hg. v. August Müller, Frankfurt a. M. 1888: ThLZ 14 (1889) 49f.
94. Rez. Alexandre Westphal, Les sources du Pentateuque. Etude de critique et d'histoire, Bd. 1. Le problème littéraire, Paris 1888: ThLZ 14 (1889) 50.

1890

95. Zu E. Glaser's „Skizze", ZDMG 44 (1890) 172.

96. Rez. August Johann Heinrich Wilhelm Brandt, Die mandäische Religion. Ihre Entwickelung und geschichtliche Bedeutung erforscht, dargestellt und beleuchtet, Leipzig 1889: DLZ 11 (1890) 1497–1500.
97. Rez. Carl Brockelmann, Das Verhältnis von Ibn-el-Aṯîrs Kâmil fit-Taʾriḫ zu Ṭabaris Aḫbâr errusul wal Mulûk, Straßburg 1890: ZDMG 44 (1890) 397f.
98. Rez. August Dillmann, Der Prophet Jesaja, KEH 5, Leipzig ⁵1890: DLZ 11 (1890) 1121–23.
99. Rez. Maurice Vernes, Les résultats de l'exégèse biblique. L'histoire la religion – la littérature, Paris 1890: HZ 65 (1890) 99f.

1891

100. Rez. Ludwig Abel, Die sieben Muʿallaḳât. Text, vollständiges Wörterverzeichnis, deutscher und arabischer Kommentar, Berlin 1891: DLZ 12 (1891) 1269f.
101. Rez. Charles Montagu Doughty, Travels in Arabia Deserta, 2 Bde., Cambridge 1888: ZDMG 45 (1891) 172–80.
102. Rez. Johann Georg Ernst Hoffmann, Hiob, Kiel 1891: DLZ 12 (1891) 1489f.
103. Rez. Eduard Krähe, Jüdische Geschichte, Bd. 1. Von ihren Anfängen bis zu dem Untergange des Reiches Juda bis 586 v. Chr., Berlin 1888: HZ 66 (1891) 274f.
104. Rez. Chefik Mansour Bey, Abdulaziz Kalil Bey, Gabriel Nicolas Kalil Bey u. Iskender Immoun Effendi, Merveilles biographiques et historiques ou Chroniques du Cheikh Abd-el-Rahman el Djabarti traduites de l'arabe, Bde. 2–3, Kairo 1889: DLZ 12 (1891) 308f.
105. Rez. Theodor Mommsen, Fragmenta Vaticana. Mosaicarum et Romanarum legum collatio recognovit, in: Paul Krüger, Theodor Mommsen u. Wilhelm Studemund (Hgg.), Collectio librorum iuris anteiustiniani. In usum scholarum, Bd. 3, Berlin 1890, 1–106.107–98: ThLZ 16 (1891) 70f.
106. Rez. Theodor Nöldeke u. August Müller, Delectus veterum carminum arabicorum. Carmina selegit et edidit Th. Noeldeke, glossarium confecit A. Müller, Berlin 1890: DLZ 12 (1891) 53f.

107. Rez. Ernest Renan, Histoire du peuple d'Israël, Bd. 3, Paris 1891: DLZ 12 (1891) 628f.
108. Rez. Antoine Salhani,S. J., Dîwân al-Aḫṭal. Réproduction photolithographique du manuscrit de Bagdad. Avec préface et variantes, 1. Fasc., Beirut 1891: DLZ 12 (1891) 1638f.
109. Rez. Aloys Sprenger, Mohammed und der Koran. Eine psychologische Studie, Sammlung gemeinverständlicher wissenschaftlicher Vorträge NF 4,84/85, Hamburg 1889: HZ 66 (1891) 306f.

1892

110. Skizzen und Vorarbeiten. Fünftes Heft. Die kleinen Propheten übersetzt, mit Noten, Berlin: Reimer, 213 S.
Weitere Auflagen: Bibl. 115. 144. – Rezension: LZD 44 (1893) 937f. (K. Marti).
111. Rez. August Dillmann, Hiob, KEH 2, Leipzig ⁴1891: DLZ 13 (1892) 457f.
112. Rez. Ignaz Goldziher, Muhammedanische Studien, 1. u. 2. Theil, Halle 1889. 1890: ThLZ 17 (1892) 201–04.
113. Rez. Georg Jacob, Welche Handelsartikel bezogen die Araber des Mittelalters aus den nordisch-baltischen Ländern?, Berlin ²1891: DLZ 13 (1892) 589f.

1893

114. Friedrich Bleek, Einleitung in die Heilige Schrift, 1. Theil. Einleitung in das Alte Testament, 6. Auflage besorgt von J. Wellhausen, Berlin: Reimer, VIII, 632 S.
Vgl. Bibl. 18. – Rezension: BW 3 (1894) 476 (W. Taylor Smith). – ND des Abschnitts „Kurze Übersicht über die Geschichte der alttestamentlichen Wissenschaft" (S. 596–607) in Smend (s. zu Bibl. 26) 110–19 (vgl. auch Bibl. 18, 656).
115. Skizzen und Vorarbeiten. Fünftes Heft, Die kleinen Propheten übersetzt, mit Noten, 2. Auflage, Berlin: Reimer, 214 S.
Vgl. Bibl. 110.
116. Die Ehe bei den Arabern, NGWG 11 (1893) 431–81.
117. The Babylonian Exile. The New World, a quarterly review of religion, ethics and theology, Vol. II, 601–11.

1894

118. Israelitische und jüdische Geschichte, Berlin: Reimer, VI, 342 S.
Weitere Ausgaben: Bibl. 122. 135. 163. 183. 204. 234. – Rezensionen: BW 5 (1895) 231–35 (W. Taylor Smith); DLZ 16 (1895) 32–37 (R. Smend); ThLZ 20 (1895) 276–79 (E. Kautzsch); Die Zukunft 9 (1894) 462–70; außerdem Johann Kleophas Adolph Zahn, Israelitische und jüdische Geschichte. Beurtheilung der Schrift von J. Wellhausen 1894, Gütersloh 1895.
119. Gedächtnisrede auf Paul de Lagarde, NGWG Geschäftliche Mitteilungen 1894, 49–57.

120. Rez. Hartmut Derenbourg, Ousâma Ibn Mounķidh. Un émir syrien au premier siècle des croisades (1095–1188), Bd. 1. Vie d'Ousâma, PELOV 2,12/1, Paris 1893: DLZ 15 (1894) 397f.

1895

121. Prolegomena zur Geschichte Israels, 4. Ausgabe, Berlin: Reimer, VIII, 432 S.
 Vgl. Bibl. 66.
122. Israelitische und jüdische Geschichte, 2. Ausgabe, Berlin: Reimer, IV, 378 S.
 Vgl. Bibl. 118.
123. The Book of Psalms. Critical Edition of the Hebrew Text. Printed in Color. With Notes. English Translation of the Notes by J. D. Prince, SBOT 14, Leipzig: J. C. Hinrichs'sche Buchhandlung/Baltimore: The Johns Hopkins Press/London: David Nutt, 270–271 Strand 1895, IV, 96 S.
 Rezensionen: The Critical Review of Theological and Philosophic Literature (Edinburgh) 6 (1896) 126–29 (A. A. Bevan); ThLZ 21 (1896) 561–64 (K. Budde); vgl. auch ders. zur ersten Lieferung: ThLZ 18 (1893) 494–97. – Anzeige: Ath. 3582 (20. Juni 1896) 806.
124. Der syrische Evangelienpalimpsest vom Sinai, NGWG.PH 1895, 1–12.
125. Die Rückkehr der Juden aus dem babylonischen Exil, NGWG.PH 1895, 166–86.
126. Rez. Hugo Willrich, Juden und Griechen vor der makkabäischen Erhebung, Göttingen 1895: GGA 157 (1895) 947–57.

1896

127. Ergänzung einer Lücke im Kitab al-Aghani, ZDMG 50 (1896) 145–51.
128. Die alte arabische Poesie: Fernand Ortmans (Hg.), Cosmopolis. Internationale Revue, No. 2, London: T. F. Unwin/Berlin: Rosenbaum u. Hart u. a., 592–604.
129. Rez. Robert Lubbock Bensly, The fourth Book of Ezra. Edited from the Mss. The Latin Version with an introduction by Montague Rhodes James, TaS 3,2, Cambridge 1895: GGA 158 (1896) 10–13.
130. Rez. Rudolph Dvořák, Abû Firâs, ein arabischer Dichter und Held. Mit Ṭaâlibî's Auswahl aus seiner Poësie (Ietîmet-ud-Dahr Cap. 3) in Text und Übersetzung mitgeteilt, Leiden 1895: GGA 158 (1896) 173–76.
131. Rez. Arnold Meyer, Jesu Muttersprache. Das galiläische Aramäisch in seiner Bedeutung für die Erklärung der Reden Jesu und der Evangelien überhaupt, Freiburg i. Br./Leipzig 1896: GGA 158 (1896) 265–68.
132. Rez. Hermann Reckendorf, Die syntaktischen Verhältnisse des Arabischen. Erste Hälfte, Leiden 1895: GGA 158 (1896) 773–78.
133. Rez. Gerlof van Vloten, Liber Mafâtîh al-Olûm explicans vocabula technica scientiarum tam Arabum quam peregrinorum auctore Abû Abdallah Mohammed ibn Ahmed ibn Jûsof. Al-kâtib al-Khowarezmi edidit, indices adjecit, Leiden 1895: GGA 158 (1896) 83–86.

1897

134. Reste arabischen Heidentums gesammelt und erläutert, 2. Ausgabe, Berlin: Reimer, VIII, 250 S.
    Vgl. Bibl. 74. – Rezension: ASoc 1 (1896/97) 183–86 (H. Hubert). – 2. Aufl. Berlin 1927; unveränderte 3. Aufl. Berlin 1961. – ND: Saarbrücken 2007. – Rezensionen zum ND: Arabica 9 (1962) 90 (P. Masnou); BSOAS 25 (1962) 412 (J. Wansbrough); WI 7 (1961) 189–90 (G. Jäschke). – Arab. Ü.: Tārīḫ ad-Dawla al-ʿArabiyya. Min Ẓuhūr al-Islām ilā Nihāyat ad-Dawla al-Umawiyya (übers.u. hg. v. Muḥammad ʿAbd al-Hādī Abū Rīda u. Ḥusain Muʾnis), al-Alf Kitāb 136, Kairo 1958. – ND der arab. Ü.: Paris 2008.
135. Israelitische und jüdische Geschichte, 3. Ausgabe, Berlin: Reimer, VI, 388 S.
    Vgl. Bibl. 118. – Rezension: ASoc 2 (1897/98): 279–82 (I. Lévy).
136. Der arabische Josippus, AGWG.PH 1,4 (1897), Berlin: Weidmann, 50 S.
    ND: Nendeln, Liechtenstein 1970.
137. Bemerkungen und Nachträge, Nr. 2–4, MNDPV 3 (1897) 40f.
138. Rez. Ignaz Goldziher, Abhandlungen zur arabischen Philologie, Theil 1, Leiden 1896: GGA 159 (1897) 250–52.
139. Rez. Fritz Hommel, Die Altisraelitische Überlieferung in inschriftlicher Beleuchtung. Ein Einspruch gegen die Aufstellungen der modernen Pentateuchkritik, München 1897: GGA 159 (1897) 608–16.
140. Rez. Albin van Hoonacker, Nouvelles études sur la restauration juive après l'exil de Babylone, Paris/Louvain 1896: GGA 159 (1897) 97f.
141. Rez. Georg Jacob, Altarabische Parallelen zum Alten Testament zusammengestellt, Studien in arabischen Dichtern 4, Berlin 1897: ThLZ 22 (1897) 505.
142. Rez. Joseph Marquart, Fundamente israelitischer und jüdischer Geschichte, Göttingen 1896: GGA 159 (1897) 606–08.
143. Rez. Eduard Meyer, Die Entstehung des Judenthums. Eine historische Untersuchung, Halle 1896: GGA 159 (1897) 89–97.

1898

144. Die kleinen Propheten übersetzt und erklärt, 3. Ausgabe, Berlin: Reimer, VI, 222 S.
    Vgl. Bibl. 110. – 4. Aufl. Berlin 1963. – ND: Berlin 1985.
145. The Book of Psalms. A New Translation. With Explanatory Notes and an Appendix on the Music of the Ancient Hebrews. English Translation of The Psalms by H. H. Furness. English Translation of the Notes by J. Taylor. English Translation of the Appendix by J. A. Paterson, SBONT 14, New York: Dodd, Mead, and Co./London: James Clark and Co./Stuttgart: Deutsche Verlagsanstalt, XII, 237 S.
    Exemplare mit dem Aufdruck „Fifth Thousand. 1904" erschienen bei Hinrichs (Leipzig). Vgl. auch Bibl. 123. – Anzeige: Ath. 3689 (9. Juli 1896) 63.
146. Rez. Eduard Sachau, Muhammedanisches Recht nach Schafiitischer Lehre, Lehrbücher des Seminars für orientalische Sprachen zu Berlin 17, Stuttgart/Berlin 1897: GGA 160 (1898) 899–902.

1899

147. Prolegomena zur Geschichte Israels, 5. Ausgabe, Berlin: Reimer, VIII, 431 S.

    Vgl. Bibl. 66. - Rezension: ASoc 4 (1899/1900): 217-19 (H. Hubert)

148. Die Composition des Hexateuchs und der historischen Bücher des Alten Testaments, 3. Auflage, Berlin: Reimer, 373 S.

    Vgl. Bibl. 87. - ND: Berlin 1963.

149. Skizzen und Vorarbeiten. Sechstes Heft. 1. Prolegomena zur ältesten Geschichte des Islams, 2. Verschiedenes, Berlin: Reimer, VIII, 260 S.

    Unter „Verschiedenes" fallen: Bemerkungen zu den Psalmen (S. 163-87), Des Menschen Sohn (S. 187-215), Zur apokalyptischen Literatur (S. 215-49), Über einige Arten schwacher Verba im Hebräischen (S. 250-60). - Rezension: ASoc 3 (1898/99): 290-93 (H. Hubert). - ND: Berlin 1985.

150. Ferdinand Wüstenfeld, NGWG.PH Geschäftl. Mitth. 1899, 79f.

151. Rez. Stanley Arthur Cook, A Glossary of the Aramaic Inscriptions, Cambridge 1898: GGA 161 (1899) 244-46.

152. Rez. Justus Köberle, Die Tempelsänger im Alten Testament. Ein Versuch zur israelitischen und jüdischen Cultusgeschichte, Erlangen 1899: GGA 161 (1899) 612.

153. Rez. Mark Lidzbarski, Handbuch der nordsemitischen Epigraphik. Nebst ausgewählten Inschriften, I. Text, II. Tafeln, Weimar 1898: GGA 161 (1899) 602-08.

154. Rez. David Samuel Margoliouth, The letters of Abu 'l-'Alā of Ma'arrat al-Nu'mān. Edited from the Leyden Manuscript, with the Life of the Author by al-Dhahabi and with Translation, Notes, Indices, and Biography, Anecdota Oxoniensis, Semitic Series X, Oxford 1898: GGA 161 (1899) 251-54.

155. Rez. David Günzburg (Hg.), לחם חמדות לדניאל איש חמדות. Recueil des travaux rédigés en mémoire du Jubilé Scientifique de M. Daniel Chwolson, Professeur émérite à l'Université de St. Petersbourg 1846-1896, Berlin 1899: GGA 161 (1899) 608-11.

1900

156. Ein Gemeinwesen ohne Obrigkeit. Rede zur Feier des Geburtstages Seiner Majestät des Kaisers und Königs am 27. Januar 1900 im Namen der Georg-Augusts-Universität gehalten, Göttingen: Dieterich, 16 S.

157. Rez. Joseph Estlin Carpenter u. George Harford-Battersby, The Hexateuch. According to the Revised Version. Arranged in its Constituent Documents by Members of the Society of Historical Theology, Oxford. Edited with Introduction, Notes, Marginal References and Synoptical Tables, 2 Bde., London 1900: DLZ 21 (1900) 3285-87.

158. Rez. Thomas Kelly Cheyne u. John Sutherland Black, Encyclopædia Biblica. A Critical Dictionary of the Literary, Political and Religious History, the Archæology, Geography and Natural History of the Bible, Volume I. A-D, London 1899: DLZ 21 (1900) 9-12.

159. Rez. Ignaz Goldziher, Abhandlungen zur arabischen Philologie, Theil 2, Leiden 1899: GGA 162 (1900) 26-29.

160. Rez. Carl Grüneisen, Der Ahnenkultus und die Urreligion Israels, Halle 1900: DLZ 21 (1900) 1301-03.

161. Rez. David Heinrich Müller, Südarabische Alterthümer im kunsthistorischen Hofmuseum, Wien 1899: DLZ 21 (1900) 291-93.

162. Rez. Otto Procksch, Über die Blutrache bei den vorislamischen Arabern und Mohammeds Stellung zu ihr, Leipziger Studien aus dem Gebiet der Geschichte 5,4, Leipzig 1899: ThLZ 25 (1900) 385.

1901

163. Israelitische und jüdische Geschichte, 4. Ausgabe, Berlin: Reimer, IV, 395 S.
   Vgl. Bibl. 118.
164. Die religiös-politischen Oppositionsparteien im alten Islam, AGWG.PH 5,2 (1901), Berlin: Weidmann, 99 S.
   Rezensionen: AJTh 6 (1902) 543f. (C. H. Toy); DLZ (1902) 33f. (M. J. de Goeje); Museum 9 (1901) 369–72 (M. J. de Goeje); OLZ 5 (1902) 96–104 (M. Hartmann). – ND: Nendeln, Liechtenstein 1970; Hg. u. eingel. v. E. Ellinger. Nebst zeitgenössischen Rezensionen, Schwetzingen 2010. – Engl. Ü.: The Religio-Political Factions in Early Islam (übers. v. R. C. Ostle/S. M. Walzer), North-Holland Medieval Translations 3, Amsterdam/Oxford 1975. – Türk. Ü.: İslamiyetin ilk devrinde dinî – siyasî muhalefet partileri (übers. v. F. Işıltan), Ankara 1989. – Arab. Ü.: Aḥzāb al-muʿāraḍa as-siyāsīya ad-dīnīya fī ṣadr al-Islām. Al-Ḫawāriǧ wa-š-Šīʿa (übers. v. ʿA. Badawī), Kairo 1958.
165. Die Kämpfe der Araber mit den Romäern in der Zeit der Umaijiden, NGWG.PH 1901, 414–47.
166. Heinrich Ewald: Festschrift zur Feier des 150jährigen Bestehens der Königlichen Gesellschaft der Wissenschaften zu Göttingen. Teil 3. Beiträge zur Gelehrtengeschichte, Berlin: Weidmann, 61–88.
   ND: Smend (s. zu Bibl. 26) 120–38.
167. Zwei grammatische Bemerkungen, ZDMG 55 (1901) 697–700.
168. Art. Hexateuch: EB(C) 2 (1901) 2045–56
   = Bibl. 63, vom Autor revidiert.
169. Rez. Eduard König, Hebräisch und Semitisch. Prolegomena und Grundlinien einer Geschichte der semitischen Sprachen. Nebst einem Exkurs über die vorjosuanische Sprache Israels und die Pentateuchquelle PC, Berlin 1901: GGA 163 (1901) 738–42.

1902

170. Das arabische Reich und sein Sturz, Berlin: Reimer, VIII, 352 S.
   Rezension: Museum 10 (1902) 246–49 (J. M. de Goeje). – Unveränderte 2. Aufl. mit einem Geleitwort von R. Hartmann, Berlin 1960. – Rezensionen zur 2. Aufl.: BASOR 24 (1961) 617 (B. Lewis); IC 38 (1964) 75–79 (M. Saber Khan); Syria 41 (1964) 173 (J. David-Weill); WI 7 (1961) 199 (W. Björkmann). – ND: Boston 2005. – Engl. Ü.: The Arab Kingdom and its Fall (übers. v. M. Graham Weir), Calcutta 1927. – ND der engl. Ü.: Beirut 1963, London 1973, London 2000 u. ö. – Türk. Ü.: Arap Devleti ve Sukutu (übers. v. F. Işıltan), Ankara 1963.
171. Art. Moab § 10–13, EB(C) 3 (1902) 3175–78.
   = Bibl. 45, umgearbeitet.

172. Rez. Jakob Barth, Dîwân des 'Umeir ibn Schujeim al Quṭâmî herausgegeben und erläutert [Dīwān al-Quṭāmī wa-huwa 'Umair ibn Šuyaim ibn 'Umar at-Taġlibī ma'a šarḥ ad-Dīwān], Leiden 1902: GGA 164 (1902) 595-601.
173. Rez. Gustaf Hermann Dalman, Palästinischer Diwan. Als Beitrag zur Volkskunde Palästinas gesammelt und mit Übersetzung und Melodien herausgegeben, Leipzig 1901: GGA 164 (1902) 270-73.
174. Rez. René Dussaud u. Frédéric Macler, Voyage archéologique au Ṣafâ et dans le Djebel ed-Drûz, Paris 1901: GGA 164 (1902) 268-70.
175. Rez. Alexander George Ellis, Catalogue of Arabic Books in the British Museum, 2 Bde., London 1894. 1901: DLZ 23 (1902) 901-03.
176. Rez. Gustav Jahn, Das Buch Ester. Nach der Septuaginta hergestellt, übersetzt und kritisch erklärt, Leiden 1901: GGA 164 (1902) 127-47.
177. Rez. Maximilian Streck, Die alte Landschaft Babylonien nach den arabischen Geographen, 2 Theile, Leiden 1900/01: GGA 164 (1902) 927f.

1903

178. Das Evangelium Marci übersetzt und erklärt, Berlin: Reimer, 146 S.
    2. Ausgabe: Bibl. 216. - Rezensionen: AJT 8 (1904) 596-601 (G. H. Gilbert); ARW 7 (1904) 277 (Ad. Deißmann); BPhlWS 25 (1905) 821-26 (E. Preuschen); HibJ 3 (1904-05) 192-94 (J. Moffatt); RHR 25 (1904) 382-88 (A. Loisy); RTP 1 (1905) 93-102 (A. Menzies); ThLZ 29 (1904) 256-61 (Ad. Jülicher); ThR 8 (1905) 1-9 (J. Weiß); ThSt(U) 22 (1904) 61-63 (J. M. S. Baljon); vgl. außerdem Adolf Hilgenfeld, Der Evangelist Marcus und Julius Wellhausen, ZWTh 47 (1904) 180-228. 289-332. 462-524.
179. Art. Zechariah, Book of, EB(C) 4 (1903) 5391-93.
    = Bibl. 80, umgearbeitet.
180. Rez. Margaret Dunlop Gibson, The Didascalia Apostolorum in Syriac. Edited from a Mesopotamian Manuscript with Various Readings and Collations of Other Mss., u. The Didascalia Apostolorum in English. Translated from the Syriac, HSem 1. 2., London 1903: GGA 165 (1903) 258-62.
181. Rez. Christian Friedrich Seybold, Geschichte von Sul und Schumul, unbekannte Erzählung aus Tausend und einer Nacht. Nach dem Tübinger Unikum herausgegeben, u. Geschichte von Sul und Schumul. Unbekannte Erzählung aus Tausend und einer Nacht. Aus dem arabischen übersetzt, Leipzig 1902: GGA 165 (1903) 490-93.
182. Rez. Anthonin de Vlieger, Kitâb al Qadr. Matériaux pour servir à l'étude de la doctrine de la prédestination dans la théologie musulmane, Leiden 1903: GGA 165 (1903) 687f.

1904

183. Israelitische und jüdische Geschichte, 5. Ausgabe, Berlin: Reimer, IV, 395 S.
    Vgl. Bibl. 118. - ND: Hamburg 2011.
184. Das Evangelium Matthaei übersetzt und erklärt, Berlin: Reimer, 152 S.
    2. Ausgabe: Bibl. 236. - Rezensionen: AJT 9 (1905) 532-37 (W. C. Allen); BPhlWS 25 (1905) 821-26 (E. Preuschen); RHR 25 (1904) 382-88 (A. Loisy); RTP 1 (1905) 93-102. 155-59 (A. Menzies); ThLZ 30 (1905) 615-21 (Ad. Jülicher); ThR 8 (1905) 1-9 (J. Weiß).

185. Das Evangelium Lucae übersetzt und erklärt, Berlin: Reimer, 142 S.
Rezensionen: HibJ 3 (1904–05) 635f. (J. Moffatt); BPhlWS 25 (1905) 821–26 (E. Preuschen); RHR 28 (1907) 441–52 (A. Loisy); RTP 1 (1905) 93–102. 155–59 (A. Menzies); ThLZ 30 (1905) 615–21 (Ad. Jülicher); ThLZ 34 (1909) 599; ThR 8 (1905) 1–9 (J. Weiß). – ND: Berlin 1987 (mit Bibl. 213. 216. 222. 236).

186. Zwei Rechtsriten bei den Hebräern, ARW 7 (1904) 33–41.

187. Rez. Rudolf Ernst Brünnow, u. Alfred von Domaszewski, Die Provincia Arabia. Auf Grund zweier in den Jahren 1897 und 1898 unternommenen Reisen und der Berichte früherer Reisender beschrieben, Bd. 1. Die Römerstraße Mâdebâ über Petra und Oḏruḥ bis el-ʿAḳaba. Unter Mitwirkung von Julius Euting, Straßburg 1904: GGA 166 (1904) 940–43.

188. Rez. Samuel Ives Curtiss, Ursemitische Religion im Volksleben des heutigen Orients. Forschungen und Funde aus Syrien und Palästina, Leipzig 1903: GGA 166 (1904) 351f.

1905

189. Prolegomena zur Geschichte Israels, 6. Ausgabe, Berlin: Reimer, VIII, 424 S.
Vgl. Bibl. 66. – 6. Ausgabe Berlin 1927. – ND: Berlin 1981; 2001. – Hebr. Ü.: ʾAqdāmôt lᵉdibrê yᵉmê Yiśraʾel (übers. v. Y. Yᵉbærækyāhû), 2 Bde., Jerusalem 1937/38 (Einl. von H. Torczyner [N. H. Tur-Sinai]. – ND der hebr. Ü.: Haifa 1971; Jerusalem 1978. – Russ. Ü.: Vvedenie v Istoriju Izrailja (übers. v. N. M. Nikolski), Moskau 1907. – ND der russ. Ü.: St. Petersburg 1909; Moskau 2012.

190. Einleitung in die drei ersten Evangelien, Berlin: Reimer, 116 S.
2. Ausgabe: Bibl. 222. – Rezensionen: AJT 12 (1908) 650–55 (B. W. Bacon); RHR 27 (1907) 441–52 (A. Loisy); RHR 28 (1908) 311–44 (M. Goguel); RThQR 14 (1905) 520–39 (M. Goguel); ThLZ 30 (1905) 615–21 (Ad. Jülicher); ThLZ 33 (1908) 528; ThR 8 (1905) 1–9 (J. Weiß); vgl. ThR 9 (1906) 1–14. 43–51 (W. Bousset) u. ThR 10 (1908) 122–33 (J. Weiß); ThSt(U) 24 (1906) 139–41 (J. M. S. Baljon); vgl. außerdem Adolf Hilgenfeld, J. Wellhausen und die synoptischen Evangelien, ZWTh 49 (1906) 193–238.

191. Israelitisch-jüdische Religion: Paul Hinneberg (Hg.), Die Kultur der Gegenwart. Ihre Entwicklung und ihre Ziele, Teil I. Die geisteswissenschaftlichen Kulturgebiete, Abt. IV. Die christliche Religion mit Einschluß der israelitisch-jüdischen Religion, Berlin u. Leipzig: Teubner, 1–40.
2. Auflage: Bibl. 217. – ND: Smend (s. zu Bibl. 26) 65–109.

192. Über den geschichtlichen Wert des zweiten Makkabäerbuchs, NGWG.PH 1905, 117–68.

193. Mitteilung, ARW 8 (1905) 155f.
Zu Theodor Nöldeke, Sieben Brunnen, ARW 7 (1904) 340–44.

194. VI. Arabisch-israelitisch: Zum ältesten Strafrecht der Kulturvölker. Fragen zur Rechtsvergleichung, gestellt von Theodor Mommsen, beantwortet von H. Brunner u.a. Mit einem Vorwort von K. Binding, Leipzig: Duncker & Humblot, 91–99.
War schon 1903 als Manuskript gedruckt; s. S. VII. – Rezension: HZ 98 (1907) 339f. (A. Vierkandt).

195. Rez. Richard Laqueur, Kritische Untersuchungen zum zweiten Makkabäerbuch, Straßburg 1904: GGA 167 (1905) 334–36.
196. Rez. Agnes Smith Lewis, Acta mythologica apostolorum. Transcribed from an Arabic Ms in the Convent of Deyr-es-Suriani, Egypt, and from Mss in the Convent of St. Catherine, on Mount Sinai. With Two Legends from a Vatican Ms by Prof. Ignazio Guidi, and an Appendix of Syriac Palimpsest Fragments of the Acts of Judas Thomas from Cod. Sin. Syr. 30, u. The Mythological Acts of the Apostles. Translated … Sinai, and in the Vatican Library. With a Translation of the Palimpsest Fragments …, HSem 3. 4, London 1904: GGA 167 (1905) 165–67.
197. Rez. Enno Littmann, Semitic Inscriptions. Publications of an American Archæological Expedition to Syria in 1899–1900, New York/London 1905: GGA 167 (1905) 681–85.

1906

198. Ἄρτον ἔκλασεν Mc 14, 22, ZNW 7 (1906) 182.
199. Die Namen des Orontes, ZDMG 60 (1906) 245f.
200. Rez. Paul Bedjan, Homiliæ Selectæ Mar-Jacobi Sarugensis edidit, Bd. 1, Paris/Leipzig 1905: GGA 168 (1906) 164–68.
201. Rez. Anthony Ashley Bevan, The Naḳā'iḍ of Jarīr and al-Farazdaḳ edited, Vol. I, part 1, Leiden 1905: GGA 168 (1906) 574–79.
202. Rez. Jean Baptiste Périer, Vie d'Al-Hadjdjâdj Ibn Yousof, d'après les sources arabes, Paris 1904: GGA 168 (1906) 254–56.
203. Rez. Carl Bezold (Hg.), Orientalische Studien. Theodor Nöldeke zum 70. Geburtstag (2. März 1906) gewidmet von Freunden und Schülern, 2 Bde., Gießen 1906: GGA 168 (1906) 563–72.

1907

204. Israelitische und jüdische Geschichte, 6. Ausgabe, Berlin: Reimer, VI, 386 S.
   Vgl. Bibl. 118.
205. Erweiterungen und Änderungen im vierten Evangelium, Berlin: Reimer, 38 S.
206. Noten zur Apostelgeschichte, NGWG.PH 1907, 1–21.
207. Analyse der Offenbarung Johannis, AGWG.PH 9,4, Berlin: Weidmann, 34 S.
   Rezension: ThLZ (1908) 41f. (E. Schürer). – ND: Nendeln, Liechtenstein 1970.
208. Rez. Carl Heinrich Becker, Papyri Schott-Reinhardt I herausgegeben und erklärt, Veröffentlichungen aus der Heidelberger Papyrus-Sammlung 3, Heidelberg 1906: GGA 169 (1907) 168–70.
209. Rez. James Oscar Boyd, The Text of the Ethiopic Version of the Octateuch, with Special Reference to the Age and Value of the Haverford Manuscript, Bibliotheca Abessinica 2, Leiden/Princeton 1905: GGA 169 (1907) 171–73.
210. Rez. Enno Littmann, The Legend of the Queen of Sheba in the Tradition of Axum, Bibliotheca Abessinica 1, Leiden/Princeton 1904: GGA 169 (1907) 173f.

VII. Bibliographie 1870-1914   835

211. Rez. Traugott Mann, Tuḥfa Ḏawī-l-Arab. Über Namen und Nisben bei Boḥārī, Muslim, Mālik. Von Ibn Ḫaṭīb al-Dahša, Leiden 1905: GGA 169 (1907) 170f.
212. Rez. Alois Musil, Ḳuṣejr ʿAmra, Bd. 1. Text, Bd. 2. Tafeln, Wien 1907: GGA 169 (1907) 721–27.

1908

213. Das Evangelium Johannis, Berlin: Reimer, 146 S.
    Rezension: Vgl. Wilhelm Bousset, Ist das vierte Evangelium eine literarische Einheit?, II., ThR 12 (1909) 39–50, außerdem Caspar René Gregory, Wellhausen und Johannes. Versuche und Entwürfe 3, Leipzig 1910 (^{2}1910). – ND: Berlin 1987 (mit Bibl. 185. 216. 222. 236).
214. Strauß' Leben Jesu: Beilage zur (Münchener) Allgemeinen Zeitung, Tagesausgabe: 45 (24.03.1908) 353f. = Ausgabe in Wochenheften 13 (1908), 961–65.
215. Rez. Antonin Jaussen, Coutumes des Arabes au pays de Moab, Paris 1908: ThLZ 33 (1908) 553f.

1909

216. Das Evangelium Marci, 2. Ausgabe, Berlin: Reimer, 137 S.
    Vgl. Bibl. 178. – ND: Berlin 1987 (mit Bibl. 185. 213. 222. 236).
217. Israelitisch-jüdische Religion: Paul Hinneberg (Hg.), Die Kultur der Gegenwart. Ihre Entwicklung und ihre Ziele, Teil I, Abt. IV,1. Geschichte der christlichen Religion. Mit Einleitung: Die israelitisch-jüdische Religion, 2. Auflage, Berlin u. Leipzig: Teubner, 1–41.
    Vgl. Bibl. 191. – ND: Berlin 1922. – Russ. Ü.: Izrailsko iudejskaja religija (übers. v. I. M. Grevs), St. Petersburg 2004.

1910

218. Reis im Buch Sirach, ZDMG 64 (1910) 258.
218a. Art. Wüstenfeld, H. Ferdinand, ADB 55 (1910) 139f.

219. Rez. Johannes Flemming u. Adolf Harnack, Ein jüdisch-christliches Psalmbuch aus dem ersten Jahrhundert, TU 35,4, Leipzig 1910: GGA 172 (1910) 641f.
220. Rez. George Rendel Harris, The Odes and Psalms of Solomon. Now First Published from the Syriac Version, Cambridge 1909: GGA 172 (1910) 629–41.
221. Rez. Enno Littmann, Publications of the Princeton Expedition to Abyssinia. Tales, Customs, Names and Dirges of the Tigrē Tribes, Volume 1. Tigrē Text, Bd. 2. English Translation, Leiden 1910: GGA 172 (1910) 444–48.

1911

222. Einleitung in die drei ersten Evangelien, 2. Ausgabe, Berlin: Reimer, IV, 176 S.
 Vgl. Bibl. 190. - ND: Berlin 1987 (mit Bibl. 185. 213. 216. 236).

223. Rez. Agnes Smith Lewis, The Old Syriac Gospels or Evangelion Da-Mepharreshê. Being the Text of the Sinai or Syro-Antiochene Palimpsest, Including the Latest Additions and Emendations, with the Variants of the Curetonian Text, Corroborations from many other Mss and a List of Quotations from Ancient Authors, London 1910: GGA 173 (1911) 271f.

224. Rez. Norbert Peters, Die jüdische Gemeinde von Elephantine-Syene und ihr Tempel im 5. Jahrhundert vor Christi Geburt, Freiburg i. Br. 1910: ThLZ 36 (1911) 230f.

225. Rez. William Popper, Abû 'l-Maḥâsin Ibn Taghrî Birdî's Annals entitled an-Nujûm az-zâhira fî mulûk Miṣr wal-Ḳâhira, 2 Bde., UCPSP 2,1. 2, Berkeley 1909. 1910: GGA 173 (1911) 469-71.

226. Rez. Friedrich Schultheß, Kalila und Dimna. Syrisch und deutsch, Bd. 1. Syrischer Text, Bd. 2. Übersetzung, Berlin 1911: GGA 173 (1911) 330-33.

227. Rez. Hans Hinrich Wendt, Die Schichten im 4. Evangelium, Göttingen 1911: ThLZ 36 (1911) 747f.

1912

228. Carmina Hudsailitarum ed. Kosegarten Nr. 56 und 75, ZA 26 (1912) 287-94.

229. Zaww al-manijja, ZDMG 66 (1912) 697f.

230. Rez. Paul Brönnle (Hg.), Monuments of Arabic Philology. Commentary on Ibn Hisham's Biography of Muhammad according to Abu Dzarr's Mss. in Berlin, Constantinople and the Escorial, Bd. 1. Wuestenfeld's Edition p. ٥٤٠-١ [= 1-540]), Bd. 2. Continuation and End, Kairo 1911: GGA 174 (1912) 312.

231. Rez. Leone Caetani, Studi di storia orientale, Bd. 1. Islám e cristianesimo. L'Arabia preislamica. Gli Arabi antichi, Mailand 1911: GGA 174 (1912) 251-56.

1913

232. Zum Ḳoran, ZDMG 67 (1913) 630-34.

233. Rez. Henri Lammens, Fāṭima et les filles de Mahomet. Notes critiques pour l'étude de la Sīra, SPIB 2, Rom 1912: GGA 175 (1913) 311-15.

1914

234. Israelitische und jüdische Geschichte, 7. Ausgabe, Berlin: Reimer, IV, 372 S.
 Vgl. Bibl. 118. - 8. Ausg. Berlin 1921; 9. Aufl. Berlin 1958; 10. Aufl. Berlin 2010. - ND: Saarbrücken 2007.

235. Kritische Analyse der Apostelgeschichte, AGWG.PH 15,2 (1914), Berlin: Weidmann. II, 56 S.
236. Das Evangelium Matthaei übersetzt und erklärt, 2. Ausgabe, Berlin: Reimer, 152 S.
    Vgl. Bibl. 184. - ND: Berlin 1987 (mit Bibl. 185. 213. 216. 222).
237. [Nachruf auf Rudolf Smend:] Chronik der Georg-August-Universität zu Göttingen für das Rechnungsjahr 1913, Göttingen: Dieterich 1914, 8f.

Herausgeberschaften, Mitarbeit

— The Historians' History of the World. A Comprehensive Narrative of the Rise and Development of Nations as Recorded by over Two Thousand of the Great Writers of All Ages, hg. „with the assistance of a distinguished board of advisers and contributors" v. Henry Smith Williams, 27 Bde., London/New York: Outlook/London: Times, 1904/08.
    Wellhausen in Bd. XV („Germanic Empires (Concluded)") unter „Contributors, and Editorial Revisers" genannt.

— Internationale Monatsschrift für Wissenschaft, Kunst und Technik. Begründet von Friedrich Althoff, hg. v. Max Cornicelius, Leipzig/Berlin: Teubner, 1911-21.
    Wellhausen in der ersten Ausgabe (= Nr. 6 [1911]) unter „Unter ständiger Mitwirkung der Herren ..." genannt.

— Quellen der Religionsgeschichte, hg. v. der Religionswissenschaftlichen Kommission der Gesellschaft der Wissenschaften zu Göttingen, Leipzig: Hinrichs/Göttingen: Vandenhoeck & Ruprecht, 1911-27.
    Wellhausen im „Programm" der Serie vom 1. 7. 1913 unter „Beratend [...] zur Seite getreten", außerdem bei den ausarbeitenden Gelehrten der Gruppe 4 [Islam] genannt.

VIII. Verzeichnis der Nachrufe

Zur Trauerfeier: Julius Wellhausen. Trauerfeier auf dem Friedhofe zu Göttingen am 10. Januar 1918, Oldenburg i. Gr. 1918 (A. Bertholet, E. Littmann). –Littmanns Ansprache auch ZDMG 106 (1956) 18–22.

Nachrufe: AELKZ 51 (1918), 62. 110, vgl. PrBl 51 (1918) 109. – AZJ 82 (1918) 162–64 (S. Jampel). – Basler Nachrichten 10.2.1918 (Beil. zu Nr. 69; P. Wernle). – CW 32 (1918) 72–74 (Ad. Jülicher). – DBJ 2 (1928) 341–44 (E. Sellin). – Der Islam 9 (1918) 95–99 (C. H. Becker) = Carl Heinrich Becker, Islamstudien. Vom Werden und Wesen der islamischen Welt, Bd. 2, Leipzig 1932, 474–80. – Deutsche Rundschau 44 (1918) 407–12 (H. Willrich). – KiKul 25 (1918) 277–88 (S. Mowinckel). – Frankfurter Zeitung 25.1.1918 (Morgenblatt; H. Gunkel). – Göttinger Gemeindeblatt 9 (1918) 12f. (W. Ködderitz). – Göttinger Tageblatt 8.1.1918 (Todesanzeige); 9.1.1918 (Lebenslauf). – Göttinger Zeitung 8. u. 13.1.1918. – Handbuch für den Preußischen Staat 1918. – Hochl. 15 (1918) 705–08 (J. Goettsberger). – Illustrirte Zeitung 150 (1918) Nr. 3891 (H. Guthe). – The Inquirer 16.2.1918, 51f. (J. E. Carpenter). – KJ 45 (1918) 623f. – Kürschners Deutscher Literatur-Kalender 50 (1922). – Leipziger Neueste Nachrichten 11.1.1918. – Leipziger Tageblatt 11.1.1918. – Leipziger Zeitung 9.1.1918. – Literarisches Echo 20 (1918) 622. – LZD 69 (1918) 65. – Mitteilungen des Universitätsbundes Göttingen 4 (1923) 11f., vgl. 1 (1919) 63. – NGWG Geschäftliche Mitteilungen (1918) 43–70 (Ed. Schwartz, mit Beilage I u. Brief **6** [vgl. o. in diesem Band], ebd. 71–73) = Eduard Schwartz, Vergangene Gegenwärtigkeiten. Gesammelte Schriften, Bd. 1, Berlin 1938, 326–61. – Nachrichten des Verbandes Theologischer Studentenvereine auf deutschen Hochschulen (Leipziger Verband) 20 (1918) 4–6 (J. Rodenberg). – Neue Jüdische Monatshefte 2 (1918) 178–81 (H. Cohen) = Hermann Cohen, Zur jüdischen Zeitgeschichte. Hermann Cohens Jüdische Schriften, hg. v. Bruno Strauß, Bd. 2, VAWJ, Berlin 1924, 463–68, vgl. ebd. 483. – Neues Sächsisches Kirchenblatt 25 (1918) 89–94 (H. Guthe). – Norsk Kirkeblad 15 (1918) 306–12 (S. Mowinckel). – Ost und West (1918) 47–54 (F. Perles). – PrBl 51 (1918) 75–78 (H. Greßmann), vgl. auch PrM 22 (1918) 236–39. – Deutscher Reichsbote 5.2.1918 (A. Jirku). – RThPh 26 (1918) 1–7 (P. Humbert). – Schweizerisches Protestantenblatt 41 (1918). – Sozialistische Monatshefte 24 (1918) 359f. (H. Kühnert). – Tägliche Rundschau 9.1.1918; 10.1.1918 (Beilage; O. Eißfeldt). – TLS (21.2.1918) 90 (vgl. 7.3.1918; F. von Hügel).

Außerdem: Adolf Jülicher, Nachruf zu den Nachrufen auf Wellhausen, PrM 22 (1918) 145–53.

Abbildungsnachweis

Bildindex für Kunst und Kultur, Marburg: S. 335, 367, 389, 474.
Collectie Veenhuijzen, Centraal Bureau voor Genealogie, Den Haag: S. 72.
Gemälde von Sir George Reid, P. R. S. A. (Marischal Museum, Aberdeen), Photogravur in Familienbesitz: S. 94.
Gemeinfrei: S. 161.
Illustrirte Zeitung 49 (Nr. 1266 [1867]) 225 (Deutsche Nationalbibliothek / Deutsches Buch- und Schriftmuseum Leipzig): S. 48.
The Library of Enno Littmann. 1875–1958, Catalogue 307, Leiden 1959: S. 587.
R. Smend, Göttingen: Frontispiz, S. 5, 26, 38, 219, 245, 272, 281, 287, 505, 619, 648.

Empfänger der Briefe
und Besitzer / Aufbewahrungsorte

Empfänger	Zählung in dieser Ausgabe	Br.	Kt.	Aufbewahrungsort/Besitzer
Althoff, Friedrich	163, 167, 186, 209, 220, 224, 227, 234, 238, 250, 289, 293, 294, 295, 383, 390, 394, 399, 402	18	–	Geheimes Staatsarchiv Preußischer Kulturbesitz, Berlin[1]
Andreas, Friedrich Carl	728, 764, 768, 933, 934	1	4	Niedersächsische Staats- und Universitätsbibliothek Göttingen[2]
Bauer, Walter	823, 857, 923, 943	4	–	Privatbesitz R. Smend, Göttingen
Becker, Carl Heinrich	928, 930, 1065	–	3	Geheimes Staatsarchiv Preußischer Kulturbesitz, Berlin[1]
Bernoulli, Carl Albrecht	832	1	–	Staatsarchiv Basel
Bertheau, Ernst	24	1	–	D. Bertheau, Heilbronn (1980)
Bevan, Anthony Ashley	481, 643, 1007	2	–	Cambridge University Library[3]
Bewer, Charlotte-Marie	997	–	1	Privatbesitz Fam. Bewer, Berlin
Bewer, geb. Limpricht, Helene	520	–	1	Privatbesitz Fam. Bewer, Berlin
Bewer, Rudolf	1008	1	–	Privatbesitz Fam. Bewer, Berlin
Bezold, Carl	147, 645, 654, 688, 903	3	2	Universitätsbibliothek Heidelberg
Königliche Bibliothek Berlin	149	1	–	Staatsbibliothek zu Berlin Preußischer Kulturbesitz[4]
Black, John Sutherland	201	1	–	Cambridge University Library[3]
Bousset, Wilhelm	705, 737, 1006	2	1	Niedersächsische Staats- und Universitätsbibliothek Göttingen[2]
Brieger, Theodor	259	–	1	Staatsbibliothek zu Berlin Preußischer Kulturbesitz[4]
Burdach, Konrad	360, 489, 576	2	1	Archiv der Berlin-Brandenburgischen Akademie der Wissenschaften, Berlin
Burkitt, Francis Crawford	468, 623, 690, 816, 858	5	1	Cambridge University Library[3]
Caetani, Leone	689, 865, 914, 945, 989	4	1	Fondazione Caetani (Biblioteca dei Lincei) Rom
Cremer, Hermann	311	1	–	Privatbesitz W. Beyerlin, Münster
Dillmann, August	11, 12, 17, 28, 32, 34, 71	7	–	Staatsbibliothek zu Berlin Preußischer Kulturbesitz[4]

842 Empfänger der Briefe

Empfänger	Zählung in dieser Ausgabe	Br.	Kt.	Aufbewahrungsort/Besitzer
Duensing, Hugo	1078, 1082	2	–	Privatbesitz R. Smend, Göttingen
Ehlers, Ernst u. Marianne	458, 518, 541, 597, 598, 604, 605, 720	7	1	Niedersächsische Staats- und Universitätsbibliothek Göttingen[2]
Fischer, August	300	–	1	Universitäts- und Landesbibliothek Sachsen Anhalt in Halle (Saale) / Bibliothek der DMG
Fleischer, Heinrich Leberecht	152, 183, 279	1	2	Kongelige Bibliotek Kopenhagen
Fresenius, August	254, 258, 264, 265, 357	3	2	Archiv der Berlin-Brandenburgischen Akademie der Wissenschaften, Berlin
Freudenthal, Berthold	649	1	–	Staatsbibliothek zu Berlin Preußischer Kulturbesitz[4]
Furrer, Konrad	456	1	–	Privatbesitz R. Smend, Göttingen
Gesellschaft der Wissenschaften zu Göttingen	413, 506, 570, 592, 595, 636, 825	8	–	Archiv der Akademie der Wissenschaften zu Göttingen
Geuthner, Paul, Librairie	959	–	1	Staatsbibliothek zu Berlin Preußischer Kulturbesitz[4]
de Goeje, Michael Jan	76, 129, 164, 246, 270, 291, 309, 320, 380, 438, 485, 549, 550, 575, 578	6	9	Universiteitsbibliotheek Leiden[5]
Goldziher, Ignaz	187, 305, 319, 379, 490, 500, 503, 505, 678, 686, 750, 759, 761, 763, 766, 863, 893, 905, 1067	10	9	Magyar Tudományos Akadémiáról, Akadémiai Könyvtár, Budapest[6]
Grimme, Hubert	536, 538, 920	3	–	Universitäts- und Landesbibliothek Münster[7]
de Gruyter, Walter	652, 655, 661, 663, 669, 671, 682, 683, 710, 726, 732, 733, 800, 814, 815, 824, 827, 839, 840, 852, 853, 884, 908, 969, 976, 985, 988, 1003, 1084	26	3	Staatsbibliothek zu Berlin Preußischer Kulturbesitz, Verlagsarchiv de Gruyter
Häberlin, Paul	537	–	1	Universitätsbibliothek Basel
Harnack, Adolf	347, 358, 363, 374, 397, 432, 433, 462, 497, 535, 572, 573, 574, 610, 658, 662, 675, 687, 734, 739, 740, 753, 757, 779, 781, 785, 788, 790, 808, 811, 836, 838, 849, 855, 877, 878, 886, 887, 896, 904, 919, 926, 927, 941, 992, 995, 1009, 1016, 1070	47	11	Staatsbibliothek zu Berlin Preußischer Kulturbesitz[4]
	375	1	–	Staatsbibliothek zu Berlin Preußischer Kulturbesitz[8]
Hartwig, Otto u. Marie	651, 498, 594	2	1	Hochschul- und Landesbibliothek RheinMain, Wiesbaden

Empfänger der Briefe 843

Empfänger	Zählung in dieser Ausgabe	Br.	Kt.	Aufbewahrungsort/Besitzer
Haym, Hans	277, 308	1	1	Universitätsbibliothek Marburg
Herrmann, Wilhelm	190, 198, 332, 349, 369, 415, 417, 421, 427, 487, 546, 577, 773, 953, 965, 1037, 1038	12	5	Universitätsbibliothek Marburg
Hilgenfeld, Adolf	39, 263, 528	2	1	Privatbesitz H. M. Pölcher, Ebersberg
James, Montague Rhodes	982	1	–	Cambridge University Library[3]
Jülicher, Adolf	94, 160, 171, 206, 257, 452, 463, 466, 534, 646, 647, 665, 679, 695, 731, 780, 791, 807, 848, 911, 912, 947, 966, 984, 1004, 1089	17	9	Universitätsbibliothek Marburg
Justi, Carl	703	1	–	Universitäts- und Landesbibliothek Bonn
Justi, Ferdinand u. Helene	321, 354, 372, 388, 392, 395, 405, 406, 408, 410, 412, 414, 416, 422, 425, 426, 429, 431, 437, 439, 445, 467, 469, 472, 475, 476, 480, 483, 493, 501, 504, 507, 513, 521, 522, 539, 544, 553, 557, 562, 564, 566, 571, 580, 584, 585, 586, 587, 589, 599, 601, 602, 609, 611, 617, 628, 629, 638, 664, 669, 676, 680, 704, 735, 742, 743, 751, 765, 784, 789	43	27	Privatbesitz R. Smend, Göttingen
Körte, Alfred	1000	1	–	Universitätsbibliothek Leipzig
Kuenen, Abraham	26, 27, 31, 33, 37, 38, 41, 43, 46, 48, 50, 54, 56, 59, 60, 61, 68, 70, 73, 87, 88, 90, 101, 102, 103, 193, 199, 200, 216, 268, 271, 273, 278, 288, 301, 336, 366, 382	28	10	Universiteitsbibliotheek Leiden[5]
Kultusministerium Berlin, Preußisches	15, 16, 121	3	–	Staatsbibliothek zu Berlin Preußischer Kulturbesitz[7]
	448	1	–	Staatsbibliothek zu Berlin Preußischer Kulturbesitz[4]
	813	1	–	Geheimes Staatsarchiv Preußischer Kulturbesitz, Berlin[1]
de Lagarde, Paul	9, 19, 20, 21, 22, 25, 29, 36, 40	6	3	Niedersächsische Staats- und Universitätsbibliothek Göttingen[2]
Leo, Friedrich	559	–	1	Staatsbibliothek zu Berlin Preußischer Kulturbesitz[4]
	581, 630	2	–	Archiv der Akademie der Wissenschaften zu Göttingen

Empfänger	Zählung in dieser Ausgabe	Br.	Kt.	Aufbewahrungsort/Besitzer
Lietzmann, Hans	486, 531, 830	1	1	Bibelmuseum im Institut für Neutestamentliche Textforschung der Universität Münster
Limpricht, (Familie) Charlotte u. Heinrich	142, 153, 154, 165, 169, 170, 172, 173, 175, 176, 178, 179, 185, 188, 189, 191, 197, 204, 205, 211, 219, 229, 230, 245, 287, 315, 327, 337, 340, 344, 352, 353, 446, 455, 461, 464, 465, 477, 482, 484, 496, 514, 515, 545, 547, 560, 579, 583, 600, 702, 736	43	6	Privatbesitz Fam. Bewer, Berlin
Limpricht, Ella	856, 869, 871, 872, 873, 875, 876, 906, 910, 924, 950, 1039, 1041, 1051, 1058, 1060, 1064	11	6	Privatbesitz Fam. Bewer, Berlin
Littmann, Enno	616, 618, 619, 620, 621, 622, 644, 694, 698, 711, 821, 823, 829, 842, 850, 851, 866, 867, 874, 879, 881, 894, 898, 915, 918, 925, 931, 937, 938, 944, 946, 958, 960, 967, 968, 971, 972, 973, 974, 975, 977, 980, 993, 994, 996, 1001, 1011, 1012, 1013, 1014, 1017, 1018, 1019, 1020, 1021, 1022, 1023, 1024, 1025, 1026, 1028, 1029, 1030, 1031, 1032, 1033, 1034, 1035, 1036, 1040, 1042, 1043, 1044, 1045, 1046, 1047, 1048, 1049, 1050, 1054, 1056, 1057, 1059, 1062, 1068, 1069, 1071, 1072, 1073, 1074, 1075, 1076, 1077, 1079, 1081, 1085, 1086, 1087, 1088, 1090, 1091	38	63	Staatsbibliothek zu Berlin Preußischer Kulturbesitz[4]
Marti, Karl	306, 1005	–	2	Burgerbibliothek Bern
von Menzel, Adolph	591	1	–	Staatsbibliothek zu Berlin Preußischer Kulturbesitz[4]
Meyer, Eduard	345	1	–	Archiv der Berlin-Brandenburgischen Akademie der Wissenschaften, Berlin
Meyer, Wilhelm	418, 529, 660	–	3	Niedersächsische Staats- und Universitätsbibliothek Göttingen[1]
	502, 509, 510, 511, 516, 712	1	5	Stadtarchiv Göttingen

Empfänger der Briefe 845

Empfänger	Zählung in dieser Ausgabe	Br.	Kt.	Aufbewahrungsort/Besitzer
Mommsen, Theodor	97, 208, 210, 212, 213, 215, 218, 221, 247, 323, 324, 325, 356, 367, 471, 491, 492, 523, 524, 548, 552, 554, 556, 590, 607, 608	20	6	Staatsbibliothek zu Berlin Preußischer Kulturbesitz[4]
Müller, August	79, 285, 290, 338, 342, 359, 370, 371	3	5	Universitäts- und Landesbibliothek Sachsen Anhalt in Halle (Saale) / Bibliothek der DMG
Müller, Nicolaus	261	–	1	Staatsbibliothek zu Berlin Preußischer Kulturbesitz[4]
Nestle, Eberhard	403, 447, 542, 801	–	4	Universitätsbibliothek Johann Christian Senckenberg, Frankfurt am Main[9]
	436, 488	1	1	Württembergische Landesbibliothek Stuttgart
Nöldeke, Theodor	384, 530, 533, 555, 558, 561, 569, 588, 593, 673, 674, 697, 725, 730, 746, 755, 762, 770, 772, 774, 783, 792, 835, 837, 860, 868, 892, 895, 901, 909, 913, 921, 929, 936, 939, 940, 942, 949, 952, 961, 962, 963, 970, 981, 983, 986, 987, 990, 1002, 1015, 1052, 1053, 1063, 1066	27	27	Universitätsbibliothek Tübingen
Olshausen, Justus	7, 10, 13, 14, 23, 51, 65, 67	6	2	Geheimes Staatsarchiv Preußischer Kulturbesitz, Berlin[1]
Overbeck, Franz	266	–	1	Universitätsbibliothek Basel
Peake, Arthur Samuel	758, 907	–	2	The John Rylands Library, Manchester[10]
Pernice, Alfred	314, 451	1	1	Universitäts- und Landesbibliothek Münster[6]
Pietschmann, Richard	348, 627	2	–	Niedersächsische Staats- und Universitätsbibliothek Göttingen[2]
Pohlenz, Max	956, 1061	–	2	Privatbesitz R. Smend, Göttingen
Reimer, Georg u. Ernst	42, 44, 45, 47, 49, 52, 53, 55, 57, 66, 74, 86, 104, 113, 115, 116, 120, 123, 126, 127, 131, 136, 137, 144, 145, 151, 155, 156, 159, 161, 162, 180, 181, 184, 192, 217, 223, 226, 244, 248, 249, 262, 276, 280, 282, 283, 303, 304, 310, 313, 317, 322, 329, 331, 404, 441, 442, 443, 449, 450, 453, 454, 457, 459, 460, 470, 473, 474, 478, 479, 494, 495	70	4	Staatsbibliothek zu Berlin Preußischer Kulturbesitz, Verlagsarchiv de Gruyter

Empfänger	Zählung in dieser Ausgabe	Br.	Kt.	Aufbewahrungsort/Besitzer
Reuß, Eduard	75, 112	2	–	Bibliothèque nationale et universitaire de Strasbourg
Rietbrock, Friedrich	729	1	–	Privatbesitz R. Smend, Göttingen (Abschrift)
Rodenberg, Julius	691, 885, 891, 1055	1	3	Privatbesitz R. Smend, Göttingen
Rühl, Franz	351	1	–	Universitäts- und Landesbibliothek Bonn[11]
Sachau, Eduard	398, 499	2	–	Staatsbibliothek zu Berlin Preußischer Kulturbesitz[7]
Sauerwein, Georg	8	1	–	Stadtarchiv Gronau (Leine)
Schröder, Edward	376, 377, 407, 613, 639, 672, 834, 882	8	–	Niedersächsische Staats- und Universitätsbibliothek Göttingen[2]
Schwally, Friedrich	508, 519	–	2	Universitätsbibliothek Leipzig
Schwartz, Eduard	612, 614, 615, 624, 625, 632, 633, 634, 635, 637, 640, 642, 648, 650, 653, 656, 657, 659, 667, 668, 681, 684, 685, 692, 700, 706, 707, 708, 709, 713, 714, 715, 716, 717, 719, 721, 722, 727, 738, 741, 744, 745, 748, 749, 752, 754, 756, 760, 767, 769, 775, 776, 777, 778, 782, 786, 787, 793, 794, 795, 796, 797, 798, 799, 802, 803, 804, 805, 806, 817, 819, 820, 826, 828, 833, 841, 846, 859, 861, 862, 864, 880, 900, 955, 957, 1010	22	66	Bayerische Staatsbibliothek München[12]
	991	–	1	Bayerische Staatsbibliothek München[15]
Schweitzer, Albert	812, 902, 922	2	1	© Archives Centrales Schweitzer Gunsbach
Sievers, Eduard	565, 696	2	–	Universitätsbibliothek Leipzig
Smend, Hedwig	1027	–	1	Privatbesitz R. Smend, Göttingen
Smend, Leopold	889	–	1	Privatbesitz R. Smend, Göttingen
Smend, Rudolf	81, 381, 385, 386, 389, 391, 435, 512, 526, 527, 677, 724, 818, 831, 843, 844, 845, 854, 870, 888, 890, 916, 917, 935, 964, 978, 979	10	18	Privatbesitz R. Smend, Göttingen
	297, 298	2	–	Staatsarchiv Basel-Stadt[13]
Smend jun., Rudolf	543, 847, 948, 998, 1083	–	6	Privatbesitz R. Smend, Göttingen

Empfänger	Zählung in dieser Ausgabe	Br.	Kt.	Aufbewahrungsort/Besitzer
Smith, William Robertson	58, 69, 72, 82, 83, 84, 85, 91, 92, 93, 95, 96, 98, 99, 100, 105, 106, 107, 108, 109, 110, 111, 114, 117, 118, 119, 124, 128, 132, 133, 134, 135, 138, 139, 140, 141, 143, 146, 148, 150, 157, 158, 168, 174, 177, 182, 194, 196, 203, 207, 214, 222, 225, 232, 235, 236, 237, 240, 241, 243, 251, 253, 255, 256, 274, 281, 284, 286, 292, 296, 299, 307, 312, 316, 318, 328, 330, 346, 350, 355, 364, 365, 373, 378, 393, 401, 409, 411, 419, 420, 424, 428, 434	59	34	Cambridge University Library[3]
Snouck Hurgronje, Christiaan	423, 954	–	2	Universiteitsbibliotheek Leiden[5]
Socin, Albert	77, 78, 80, 125, 130, 228, 231, 233, 242, 260, 272, 275, 333, 334, 335, 362, 368, 400	13	5	Universitätsbibliothek Tübingen
Spitta, Friedrich	239	1	–	Staatsbibliothek zu Berlin Preußischer Kulturbesitz[4]
Stade, Bernhard	440, 693	1	1	Universitätsbibliothek Gießen
Taylor, Sedley	563	–	1	Cambridge University Library[3]
Teichmüller, Gustav	2	1	–	Universitätsbibliothek Basel
Tiele, Cornelis Petrus	289a	–	1	Universiteitsbibliotheek Leiden[5]
Torrey, Charles Cutler	951	1	–	S. o. 951[1].
Ulmann, Heinrich	387	1	–	Privatbesitz R. Smend, Göttingen (Abschrift)
unbekannter Empfänger	747	3?	–	Staatsbibliothek zu Berlin Preußischer Kulturbesitz[8]
	810 (Göttinger Kollege)	2	–	Universitätsbibliothek Basel
unbekannter Pastor	35	1	–	Universitätsbibliothek Greifswald
Universität Göttingen, Dekan der Philosophische Fakultät	430, 444, 532, 626	4	–	Universitätsarchiv Göttingen
Universität Göttingen, Ephorat der Theologischen Fakultät	1	1	–	Universitätsarchiv Göttingen
Universität Göttingen, Kurator	4, 596, 631, 718, 723, 883	6	–	Universitätsarchiv Göttingen
Universität Göttingen, Theologische Fakultät	3, 5, 6, 18	4	–	Universitätsarchiv Göttingen
Universität Greifswald, Juristische Fakultät	771	1	–	Universitätsarchiv Greifswald
Universität Marburg, Kurator	269	1	–	Universitätsarchiv Marburg[14]
Universität Tübingen, Kanzler	339, 341, 343	3	–	Universitätsarchiv Tübingen
Usener, Hermann	30, 252, 267, 302, 540, 606	5	1	Universitäts- und Landesbibliothek Bonn[10]

Empfänger	Zählung in dieser Ausgabe	Br.	Kt.	Aufbewahrungsort/Besitzer
Vatke, Theodor	122	1	–	zit. aus H. Benecke, Wilhelm Vatke
Vatke, Wilhelm	89	1	–	zit. aus H. Benecke, Wilhelm Vatke
Vischer, Robert	603, 932, 999	2	1	Universitätsbibliothek Tübingen
Wellhausen, Marie	1080	1	–	Privatbesitz Fam. Bewer, Berlin
Wendland, Paul	517, 582, 899	2	1	Niedersächsische Staats- und Universitätsbibliothek Göttingen[2]
Willrich, Hugo	551, 567, 568, 641	4	–	Privatbesitz R. Smend, Göttingen
Wüstenfeld, Ferdinand	525	1	–	Archiv der Akademie der Wissenschaften zu Göttingen
Zarncke, Friedrich	62, 63, 64, 195, 202, 326	3	3	Universitätsbibliothek Leipzig
Zimmern, Heinrich	361	–	1	Universitätsbibliothek Leipzig

1 VI.HA Nachl. Althoff, F.T., Nr. 1011 (auch 813), VI.HA, FA Olshausen (v.), B I Nr.7 Lit. Wa–We, VI.HA Nachl. Becker, C.H., Nr. 8762.
2 Cod. Ms. F.C. Andreas 1:435; Cod. Ms. W. Bousset 139, 2; Cod. Ms. philos. 182: J. Wellhausen, 23.7.1905 (M. Ehlers); Cod. Ms. E. Ehlers 2098; Cod. Ms. Lagarde 150:1266; Cod. Ms. W. Meyer XX:9, Bl. 3; Cod. Ms. W. Meyer XXXV:1, Bl. 9; Cod. Ms. W. Meyer 5); Cod. Ms. R. Pietschmann 25:991.992; Cod. Ms. E. Schröder 1155; 8 Cod. Ms. philos. 206:118–120 (P. Wendland).
3 MS Add.7449 u. MS Add.7476 (W.R. Smith), MS Add.7658 (F.C. Burkitt), MS Add.4229 (M.R. James), MS Add.6254–MS Add.6260 (S. Taylor). A.A. Bevan in MS Add.7658 (F.C. Burkitt), J.S. Black in MS Add.7449 (W.R. Smith).
4 Nachl. A. Dillmann; Nachl. Ad. Harnack; Nachl. E. Littmann u. Nachl. 245; Nachl. T. Mommsen / Nachl. T. Mommsen – Erg. 1 (darin **591** an Ad. von Menzel).
5 BPL 2389 (M.J. de Goeje), BPL 2710 (C.P. Tiele), BPL 3028 (A. Kuenen), Or. 8952 A:1065 (C. Snouck Hurgronje).
6 Bibliothek der ungarischen Akademie der Wissenschaften, Keleti Gyűjtemény/Orientalische Sammlung GIL/46/25/01–GIL 46/25/19 (19/06/1897, 19/12/1904, 19/05/1897, 15/04/1897, 27/12/1888, 24/04/1884, 27/07/1889, 13/11/1891, 03/06/1906, 02/07/1906, 26/12/1909, 17/06/1906, [10/03/1904], 20/07/1906, 03/04/1916, 24/02/1911, 15/08/1896, 13/07/1906, 02/11/1910). Die Korrespondenz Goldzihers ist inzwischen auch in Form digitaler Faksimiles im Online-Katalog der ungar. Akademie einsehbar *(http://www.konyvtar.mta.hu)*.
7 Nachl. Grimme 1,129–1,131, Teilnachl. Pernice 1,039–1,040.
8 Slg. Darmstaedter 2d 1880: Wellhausen, Julius (Ad. Harnack, E. Sachau, Preuß. Kultusministerium).
9 Nachl. E. Nestle Nr. 1682–1685.
10 Reproduced by courtesy of the University Librarian and Director, The John Rylands Library, The University of Manchester.
11 S 2616,d (F. Rühl); 2108,2 (H. Usener).
12 Schwartziana II.A. Wellhausen, Julius; Rehmiana IV.C. Wellhausen, Julius (nur **991**).
13 Erziehungsakten X 14.
14 Univ.-Arch. Marburg 310 Nr. 2865.

Namenregister
der in den Briefen erwähnten
im weiteren Sinn zeitgenössischen Personen

Achelis, Hanna (eig. Johanna), geb. Noltenius (* 1872), Ehefrau von Hans Achelis (∞ 1897) 346, 355
- Hans (eig. Johann, 1865–1937), Theologe, 1901 ao. Prof. Königsberg, 1907 ao., 1912 o. Prof. Halle, 1916 Bonn, 1918 Leipzig 346, 355
Ackermann, Aron (1867–1912), Rabbiner u. Schriftsteller, 1893 Doktorand bei Wellhausen in Göttingen 307
Adler, Friederike („Riekchen"), geb. Giesebrecht, Ehefrau von Theodor Adler (1813–1883) 144
Ahlwardt, Wilhelm (1828–1909), Orientalist u. Bibliothekar, 1861 Prof. Greifswald 55, 64, 97, 152, 184f., 187, 589f.
Ahrens, Heinrich Ludolf (1809–1881), Klass. Philologe, 1829 Prom., Habil. Helmstedt, 1831 Lehrer in Ilfeld, 1845 Gymn.-Dir. Lingen, 1849 Hannover (Lyceum), Lehrer Wellhausens 569
Althoff, Friedrich (1839–1908), Kulturpolitiker, 1882 Univ.-Referent im preuß. Kultusministerium, 1891 ao. Prof. Bonn, 1896 Hon.-Prof. Berlin, 1907 Geh. Rat 121–23, 125, 127f., 130, 135, 140, 145, 147, 149, 157, 159, 160, 170, 172, 175, 182, 184f., 189, 192, 202, 213–17, 242, 244, 251, 253, 260, 274, 278f., 282f., 285, 288, 321, 339, 365, 393, 416, 426, 521, 534, 605
Amalie, s. Rodenberg, Amalie
Amann, Joseph Albert (1866–1919), Mediziner, 1905 Prof. München, Arzt von Marie Wellhausen 555, 595
Andreas, Friedrich Carl (1846–1930), Orientalist, 1883 Türkisch- u. Persischlehrer in Berlin, 1903 Prof. Göttingen 417, 437f., 466, 486–88, 533, 588, 604, 608, 641, 645f., 649–51
Anning, s. Felix, Anna
Anton, Alois (1822–1878), österr. Geistlicher, eine d. Gründungsfiguren d. Altkatholischen Kirche Österreichs 11
Arabi, s. ʿUrābī
Assemani, Giuseppe Simone (1687–1768), Orientalist, Forschungsreisen nach Ägypten, Libanon, Syrien, Kustos der *Biblioteca Vaticana*, u. a. *Bibliotheca Orientalis Clementino-Vaticana* (4 Bde., Rom 1719–1728) 475
Auden, George Augustus (1872–1957), Arzt u. Archäologe in Cambridge 261

al Badewi, Schech, in *aṭ-Ṭāʾif* bei Mekka 181
Bædeker, Karl (1801–1859), Verleger u. Hg. der Baedeker-Reiseführer, 1827 Verlagsgründung Koblenz (ab 1887 in Leipzig ansässig) 174
Bähr, Karl Wilhelm Christian Felix (180–1874), Theologe, 1824 Diakon Pforzheim, 1829 Pfarrer Eichstätten, 1838 Dr. h. c., 1843 Oberkirchenrat 29
Baethgen, Friedrich (1849–1905), Theologe, 1884 ao. Prof. Kiel, 1888 Halle, 1889 o. Prof. Halle, 1895 Berlin 213, 218, 220, 224, 266, 326f.
Bamberg, Ludwig, Ratsbuchhandlung in Greifswald, gegr. 1705 213
von Bargen, Carl, Rechtsanwalt in Göttingen 316
Baron, Julius (1834–1898), Jurist, 1869 ao. Prof. Berlin, 1880 o. Prof. Greifswald, 1883 Bern, 1888 Bonn 139f.
Baronius, Caesar (Cesare Baronio; 1538–1607), Geistlicher u. Kirchenhistoriker, u.a. *Annales ecclesiastici a Christo nato ad annum 1198* (12 Bde., Rom 1588–93) 550
Barth, Jakob (1851–1914), Orientalist, 1873 Prom. Leipzig, 1874 Doz. am Rabbinerseminar Berlin, 1876 Habil., 1903 ao. Prof. Berlin 60, 250, 601
- Richard (1850–1923), Komponist u. Dirigent, 1889 ao. Prof. Marburg, 1894 in Hamburg tätig; 1904 Dr. phil. h.c. Marburg 206
Bartholomae, Christian (1855–1925), Iranist u. Indogermanist, 1884 ao. Prof. Halle, 1885 o. Prof. Münster, 1898 Gießen, 1909 Straßburg, 1909 Heidelberg 173
Graf (von) Baudissin, Wolf Wilhelm (1847–1926), Theologe, 1876 ao., 1880 o. Prof. Straßburg, 1881 Marburg, 1900

Namenregister

Berlin 36, 60f., 69, 103, 148, 153, 160, 166, 168, 173, 178, 180, 202, 212, 216–18, 227, 233, 319, 327, 603
Bauer, Bruno (1809–1882), Theologe u. Philosoph, 1834 Habil. Berlin, 1839 Prof. Bonn, 1842 Entzug d. Lehrerlaubnis 520, 541
- Max (1844–1917), Mineraloge, 1867 Prom. Tübingen, 1871 Habil. Göttingen, 1872 Priv.-Doz. Berlin, 1875 o. Prof. Königsberg, 1884 Marburg, Vater von Walter Bauer 298, 528
- Walter (1877–1960), Theologe, 1903 Habil. Marburg, 1913 ao. Prof. Breslau, 1916 o. Prof. Göttingen, Sohn von Max u. Julie Bauer, geb. Schnurrer (∞ 1874) 424f., 545, 575, 581f., 592
Baumann, Julius (1837–1916), Philosoph, 1869 o. Prof. Göttingen 570
Baumgartner S.J., Alexander (1841–1910), Literaturwissenschaftler, Mithg. „Stimmen aus Maria Laach", u.a. *Geschichte der Weltliteratur* (7 Bde., Freiburg i.Br. 1892–1911) 411
Baur, Ferdinand Christian (1792–1860), Kirchen- u. Dogmenhistoriker, 1817 Prof. Blaubeuren, 1826 o. Prof. Tübingen 385, 560, 582
Baynes, Thomas Spencer (1823–1887), Publizist, Philosoph u. Literaturwissenschaftler, 1864 Prof. St. Andrews, 1873 Hg. *Encyclopædia Britannica* (9th ed.; 24 Bde., Edinburgh 1875–88) 75
Bechtel, Friedrich (1855–1924), Sprachwissenschaftler, 1884 ao. Prof. Göttingen, 1896 o. Prof. Halle 334
Becker, Carl Heinrich (1876–1933), Orientalist u, Kulturpolitiker, 1902 Habil. Berlin, 1908 o. Prof. Hamburg, 1910 Gründer u. Hg. „Der Islam", 1913 Bonn, 1916 Berlin, 1921 u. 1925 preuß. Kultusminister 425, 529, 572, 585, 605, 642, 650
Bedjan, Paul (1838–1920), pers. Orientalist u. Priester, 1880 Berufung nach Paris, 1885 in Belgien, 1902 in Köln-Nippes tätig 268
Graf (von) Behr (-Behrendorf), Carl (1835–1906), Politiker, 1881 Landrat d. Landkreises Greifswald, 1878–81 u. 1883–95 Mitglied d. Reichstags 140
Bekker, Ernst Immanuel (1827–1916), Jurist, 1855 ao. Prof. Halle, 1857 o. Prof. Greifswald, 1874 Heidelberg 212, 248, 490, 533

- Helene, geb. Sulzer, verw. Zorn, Ehefrau von Ernst Immanuel Bekker (∞ 1911) 248
Bello, Hund der Limprichts in Greifswald 229
Belsheim, Johannes Engebretsen (1829–1909), norweg. Theologe, 1864 zunächst Pastor in Süd-Varanger u. Bjelland, 1875 u.a. Studien zu den Codices Aureus, Gigas, Corbeiensis I, Palatinus, Veronensis u. Claromontanus V 414
van Bemmelen, Pieter (1828–1892), niederl. Jurist, 1858 im Justizministerium, 1861–74 Richter in Alkmaar, Nijmegen u. Leiden, 1874–80 Mitgl. d. Intern. Gerichtshofs *Tribunaux mixtes* in Kairo, 1882 Anwalt in Arnhem, 1890 Mitglied d. Obersten Gerichts 152
Beneke, Friedrich Eduard (1798–1854), 1820 Habil. Berlin, 1822 Entzug der Lehrerlaubnis, 1824 Doz. in Göttingen, 1827 in Berlin, 1832 ao. Prof. ebd. 513
Benfey, Theodor (1909–1881), Orientalist, 1848 ao., 1862 o. Prof. Göttingen 535
Bengel, Johann Albrecht (1687–1752), Theologe 56, 510
Bennecke, Conrad (1838–1926), Sanitätsrat, Arzt in Göttingen 402, 519
Bensly, Agnes Dorothee, geb. von Blomberg, Ehefrau von Robert L. Bensly (∞ 1860) 446
- Robert Lubbock (1831–1893), Semitist u. Bibelwissenschaftler, 1857 *lecturer*, 1864–76 Bibliothekar in Cambridge, 1887 Prof. d. Arabischen Cambridge 446, 489, 622
Bentley, Richard (1662–1742), Klass. Philologe u. Bibliothekar, 1700 Rektor d. Trinity College (Cambridge) 60
Berger, Philippe (1846–1912), Orientalist, Mitarbeiter Ernest Renans, 1877 Prof. Paris, 1893 ebd. am *College de France*, Bruder von Samuel Berger 71, 73
- Samuel (1843–1900), Theologe, Bruder von Philippe Berger 71, 73
Bergmann, Julius (1839–1904), Philosoph, 1872 o. Prof. Königsberg, 1874 Marburg 251, 253
Bernoulli, Carl Albrecht (1868–1937), schweiz. Theologe u. Schriftsteller, 1895 Priv.-Doz., 1926 ao. Prof. Basel 530f., 580f.
Bertheau, Clara, geb. Burchardi (1829–1908), zweite Ehefrau von Ernst Bertheau (∞ 1865) 23
- Ernst (1812–1888), Theologe, 1842 ao., 1843 o. Prof. Göttingen 20, 22f., 145, 170, 215, 217, 221

Besser, Gustaf (1888-1915), Student d. oriental. Philologie in Göttingen 636
- Maria, geb. Landmann (1858-1939), Mutter von Gustaf Besser 636
- Rudolf (1811-1883), Verlagsbuchhändler in Hamburg (Perthes u. Besser), Stuttgart u. Gotha (Perthes) 105, 191

Bevan, Anthony Ashley (1859-1933), Orientalist u. Bibelwissenschaftler, 1890 *Lecturer*, 1893 Prof. Cambridge 337, 423f., 467, 489, 522f., 545f., 552, 569, 572, 612, 622, 624

Bewer, Charlotte Marie („Lotte", 1885-1960), Tochter von Rudolf u. Helene Bewer 340, 345, 358, 368, 618, 622
- Clemens (1894-1972), Rechtsanwalt, Sohn von Rudolf u. Helene Bewer 345, 358, 368, 618, 622, 642
- Helene („Lening"), geb. Limpricht, Ehefrau von Rudolf Bewer, Schwägerin Wellhausens 120, 139, 146, 164, 169, 254, 340, 345, 358, 368, 393, 409, 554, 618
- Rudolf (1855-1930), Jurist, 1889 Amts-, 1894 Landrichter, 1899 Rat, 1902 in Köln, 1910 am Reichsgericht tätig 248, 340, 345, 393, 409, 554, 618, 622

Beyer, Emil (1862-1943), Rechtsanwalt in Göttingen 463
- Frau, Ehefrau von Emil Beyer 463

Beyschlag, Willibald (1823-1900), Theologe, 1860 o. Prof. Halle 276

Bezold, Adele, geb. Bursian, Frau von Carl Bezold (∞ 1888) 571
- Carl (1859-1922), Orientalist, 1894 o. Prof. Heidelberg 118, 296, 299, 424f., 428, 445, 468, 571, 608

Bezzenberger, Adalbert (1851-1922), Philologe u. Archäologe, 1874 Priv.-Doz. Göttingen, 1879 o. Prof. Königsberg 552

Bianchini, Giuseppe (1704-1764), Theologe, Handschriftenkundler, u.a. *Evangeliarium quadruplex Latinae versionis antiquae seu veteris Italicae*, (2 Bde., Rom 1749) 414

Bickell, Gustav (1838-1906), Orientalist, 1871 ao. Prof. Münster, 1874 o. Prof. Innsbruck, 1891 Wien 29, 83, 97, 193, 400

Bierling, Ernst Rudolf (1841-1919), Jurist, 1868 Rechtsanwalt in Zittau, 1871 Priv.-Doz. Göttingen. 1873 o. Prof. Greifswald 121, 136, 150, 164, 490, 573, 594
- Helene, geb. von Biela (*1854), Ehefrau von Ernst Rudolf Bierling (∞ 1875) 121, 136, 150, 164

Birt, Theodor (1852-1933), Klass. Philologe u. Schriftsteller (Beatus Rhenanus), 1882 ao., 1886 o. Prof. Marburg 189, 221

von Bismarck, Otto (1815-1898), Politiker u. Staatsmann, 1862-90 preuß. Ministerpräsident, 1867-71 Kanzler d. Norddt. Bundes, 1871-90 erster dt. Reichskanzler 95, 149, 189, 217, 338, 382, 464

Black, Adam (1784-1874), Verleger, Buchhändler u. Politiker, Onkel von Charles Black, 1807 Gründung d. Verlags A. Black, Edinburgh, 1856-65 *Member of Parliament* 117, 126, 156, 186, 224
- Charles (1807-1854), Verleger u. Buchhändler, Neffe von Adam Black, ab 1834 Teilhaber im Verlag A. & C. Black, Edinburgh 117, 126, 156, 186, 224
- John Sutherland (1846-1923), Autor u. Übersetzer, *assistant editor* der *Encyclopædia Britannica* (9th ed.), Biograph W. R. Smiths 154f., 305

Blass, Friedrich (1843-1907), Klass. Philologe, 1876 o. Prof. Kiel, 1892 Halle 365, 492f., 508, 512, 560

Bleek, Friedrich (1793-1859), Theologe, 1823 ao. Prof. Berlin, 1829 o. Prof. Bonn 25, 40f., 43-45, 47, 49, 53f., 87, 90, 109f., 116, 168f., 172, 175, 188, 190f., 196, 223, 282, 289, 310f.

Blocher, Mathilde Elisabeth Hanna, geb. Wigand (1860-1927), Schwester von Emma Moré, geb. Wigand, Ehefrau von Eduard Blocher (∞ 1894) 518

Böckel, Otto (1859-1923), Bibliothekar u. Politiker, 1882 Prom. Marburg, 1887, 1890, 1893, 1898 Reichstagsmandat Marburg-Kirchhain, 1890 Gründung einer antisem. Partei (1893 „Deutsche Reformpartei") 194

Böhm, Gottfried (1879-1952), Radiologe, 1907 Ass. von Friedrich von Müller, 1913 Habil. München, Arzt von Marie Wellhausen 555, 595

Böhmer, Eduard (1827-1906), Romanist u. Theologe, 1866 ao., 1868 o. Prof. Halle, 1872 Straßburg, ab 1879 in Wien lebend 319
- Hedwig, geb. Berger (*1839), Übersetzerin, Frau von Eduard Böhmer 319

von Bohlen, Peter (1796-1840), Orientalist, 1826 ao., 1828 o. Prof. Königsberg 86

Bonwetsch, Nathanael (1848-1925), Kirchenhistoriker, 1878 Habil. Dorpat, 1882 ao., 1883 o. Prof. Göttingen 299, 304

Borchling, Conrad (1876-1946), Germanist, 1897 Prom., 1903 Habil. Göttingen, 1906

ao. Prof. Posen, 1910 Prof. Allg. Vorlesungswesen Hamburg, 1919 o. Prof. Hamburg 481
Boretius, Alfred Erwin (1836–1900), Historiker u. Politiker, 1868 o. Prof. Zürich, 1871 Hon.-Prof. Berlin, 1874 o. Prof. Halle, 1878–81 Mitglied d. Reichstags 121
Bosse, Robert (1832–1901), Politiker, 1876 Vortragender Rat im preuß. Kultusministerium, 1892 preuß. Kultusminister 290, 317, 321, 339, 340, 359
Bourgeois, Léon Victor (1851–1925), Politiker u. Staatsmann, 1895 *Président du Conseil d. ministres français*; versch. Min.-Ämter, 1920 *Président du Sénat* u. Präs. d. Völkerbundes, Friedensnobelpreis 586
Bousset, Wilhelm (1865–1920), Theologe, 1890 Priv.-Doz., 1896 ao. Prof. Göttingen, 1897 Mithg. „Theologischen Rundschau", 1916 o. Prof. Gießen 326, 455, 472, 520, 621, 630
Bradlaugh, Charles (1833–1891), Politiker u. Autor, Säkularist 77
Brandi, Karl (1868–1948), Historiker, 1897 ao. Prof. Marburg, 1902 o. Prof. Göttingen 412, 605
Brandt, A. J. H. Wilhelm (1853–1915), niederl. Theologe, versch. Arbeiten zur nandäischen Religion, 1893 Prof. (Neues Test.), 1900 (Rel. geschichte) Amsterdam 473, 504
Brecht, Walther (1876–1950), Literarhistoriker und Germanist, 1902 Prom., 1906 Priv.-Doz. Göttingen, 1910 ao. Prof. Posen, 1913–25 o. Prof. Wien, 1926 Breslau, 1927 München 481
Bredenkamp, Konrad Justus (1847–1904), Theologe, 1880 Priv.-Doz. Erlangen, 1883 o. Prof. Greifswald, 1889 em. wg. Krankheit, 1889 Hon.-Prof. Kiel, 1892 Beurlaubung wg. Krankheit 115, 133, 177f., 189, 220, 224
Bretschneider, Karl Gottlieb (1776–1848), Theologe, 1804 Prom. u. Habil. Wittenberg, 1816 Generalsuperintendent in Gotha, u.a. *Probabilia de Evangelii et epistolarum Joannis...* (Leipzig 1820) 520
Briand, Aristide (1862–1932), Politiker u. Staatsmann, mehrfach *Président du Conseil d. ministres français*, versch. Ministerämter (*Intérieur, Affaires étrangères, Justice*), 1926 Friedensnobelpreis 586
Brieger, Theodor (1842–1915), Kirchenhistoriker, 1873 ao. Prof. Halle, 1876 o. Prof. Marburg, 1886 Leipzig 197
Briegleb, Hermann, prakt. Arzt in Göttingen 390

– Emma/Emmi, Jugendfreundin Wellhausens, Tochter von Hermann Briegleb 328–30, 343
Brill, Evert Jan (1811–1871), Buchhändler, 1848 Übernahme d. Verlags Luchtmans (gegr. 1683) in Leiden u. Umbenennung in E. J. Brill 152, 210f.
Brockelmann, Carl (1868–1956), Orientalist, 1893 Priv.-Doz. Breslau, 1900 ao. Prof. Berlin, 1903 o. Prof. Königsberg, 1910 Breslau, 1922 Berlin, 1923 Breslau, 1937 Tätigkeit in Halle 321, 377, 485, 529, 547f., 559, 605
Brockhaus, Friedrich Arnold (1772–1823), Verleger, ab 1809 Hg. *Conversations-Lexikon* (versch. Auflagen), 1814/19 Gründung d. F.A. Brockhaus Verlags Leipzig 479
Brönnle, Paul (*1867), Orientalist, 1895 Prom. Halle 590
Brontë, Emily (1818–1848), brit. Schriftstellerin, u.a. *Wuthering Heights* („Sturmhöhe", London 1847, dt. Grimma 1851) 115
Brooks, Ernest Walter (1863–1955), Historiker u. Syrologe, 1883 *Scholar* in Cambridge (King's College), anschl. *Independent scholar* in London (Brit. Museum) 577
Brucker, Jakob (1696–1770), Theologe u. Philosophiehistoriker, Lehrer u. Pfarrer in Kaufbeuren, u.a. *Kurtze Fragen aus der philosophischen Historie. Mit ausführlichen Anmerckungen erläutert* (7 Bde., Ulm 1731–37) 347
Brugsch(-Pascha), Heinrich (1827–1894), Ägyptologe, 1854 Habil. Berlin, 1863 Hg. „Zeitschrift für ägyptische Sprache und Altertumskunde", 1864 Konsul in Kairo, 1868 o. Prof. Göttingen, div. Aufenthalte in Ägypten, u.a. *Hieroglyphisch-demotisches Wörterbuch* (7 Bde., Leipzig 1867–82) 483
Brünnow, Rudolf (1858–1917), Orientalist, 1890 ao., 1891 o., 1893 Hon.-Prof. Heidelberg, 152, 254, 256, 279, 468
Brunner, Heinrich (1840–1915), Rechtshistoriker, 1866 ao., 1868 o. Prof. Lemberg, 1870 Prag, 1872 Straßburg, 1874 Berlin, 1896 *Pour le Mérite* 375
Bruns, Ivo (1853–1901), Klass. Philologe, 1883 ao. Prof. Göttingen, 1884 ao., 1890 o. Prof. Kiel 149
Bryce, James (1838–1922), 1. Viscount Bryce, Jurist, Historiker u. Politiker, 1870–93 Prof. Oxford, 1908 *Pour le Mérite* 86
Bücheler, Franz (1837–1908), Klass. Philologe, 1958 ao., 1862 o. Prof. Freiburg i.Br., 1866

Greifswald, 1870 Bonn, 1878 Mithg. „Rheinisches Museum f. Philologie", 1906 *Pour le Mérite* 430
Bücher, Karl (1857–1930), Nationalökonom, 1881 o. Prof. Dorpat, 1883 Basel, 1890 Karlsruhe, 1892 Leipzig 370
von Bülow, Bernhard (1849–1929), Jurist, preuß. Politiker, 1897 Außenminister, 1900 Reichskanzler, 1909 Rücktritt, 1914 Sonderbotschafter Rom 496
Bürkner, Kurd (1853–1913), Mediziner (Ohrenheilkunde), 1885 ao. Prof. Göttingen 338, 463, 470
Budde, Karl (1850–1935), Theologe, 1879 ao. Prof. Bonn, 1889 o. Prof. Straßburg, 1900 Marburg 53, 62, 115, 117, 122, 138, 150, 218, 220, 285, 320, 385, 470, 621
Bugge, Christian August (1853–1928), norweg. Theologe, 1895 Prom., 1903 Gefängnispfarrer in Oslo 433
Bull, John (erstmals erwähnt 1712), Kunstfigur, Personifikation Großbritanniens, im ersten Weltkrieg als Karikatur d. brit. Kriegsgegners verwendet 632
Burckhardt, Jacob (1818–1897), schweiz. Kulturhistoriker, 1845 ao. Prof. Basel, 1855 o. Prof. Zürich, 1858 Basel 238, 363f., 500, 548, 614, 644
Burdach, Konrad (1859–1936), Germanist u. Literaturwissenschaftler, 1880 Prom. Leipzig 1880, 1884 Habil., 1887 ao., 1894 o. Prof. Halle 259, 342, 388
– Marianne 342
Burkitt, Francis Crawford (1864–1935), Theologe u. Paläograph, 1903 *Lecturer*, 1905 Prof. Cambridge 330, 414, 445f., 513, 531
Burnouf, Émile (1821–1907), Orientalist, 1867 Prof. Nancy, 1878 *Directeur de l'École française d'Athènes* 624
Burton, Richard Francis (1821–1890), Orientalist u. Konsul 85
Busolt, Georg (1850–1920), Althistoriker, 1879 ao., 1881 o. Prof. Kiel, 1897 Göttingen 365
von dem Bussche, Hans (1774–1851), General d. Infanterie, 1831 Generalmajor, 1843 Generalleutnant, 1848 als General pensioniert, Großonkel von Hilmar von dem Bussche-Haddenhausen 646
von dem Bussche-Haddenhausen, Hilmar (1867–1919), Diplomat, 1907 vortr. Rat im Ausw. Amt, 1910 Gesandter in Buenos Aires, 1914 Bukarest, Unterstaatssekr. d. Ausw. Amtes in Berlin 646

Caetani, Leone, Fürst v. Teano u. Herzog v. Sermoneta (1869–1935), Islamhistoriker, 1909 Mitgl. d. *Camera dei deputati*, 1924 Einrichtung d. *Fondazione Caetani per gli studi musulmani* (Accademia dei Lincei), 1927 Emigration nach Kanada 445, 550, 576f., 593, 614
Cammann, Ernst (1818–1875), Konsistorialrat in Hannover 4
Camphausen, s. Kamphausen
von Caprivi, Leo (1831–1899), preuß. Militär u. Staatsmann, 1890–94 Reichskanzler 278
Carlyle, Thomas (1795–1881), Historiker u. Essayist, 1874 *Pour le Mérite* 58, 60, 89, 95, 136, 224, 226
Carrière, Auguste (1838–1902), Orientalist, 1870 Prof. (semit. Sprachen, Armenisch) an d. *École des Langues Orientales* u. der *École Pratique des Hautes Études* in Paris 73
Cassirer, Ernst (1874–1945), Philosoph, 1906 Priv.-Doz. Berlin, 1919 o. Prof. Hamburg, 1933 Entzug d. Lehrstuhls, 1933 Emigration nach England (Oxford), 1935 Göteborg, 1941 Prof. New Haven, 1944 New York 570
Caussin de Perceval, Jean Jacques Antoine (1759–1835), 1782 Prof. Paris (*Collège de France*) 463, 467, 529
Ceriani, Antonio Maria (1828–1907), Orientalist u. Theologe, 1855 Prof. Mailand 96f., 195f.
Chamberlain, Houston Stewart (1855–1927), Schriftsteller, aufgewachsen in Frankreich u. England, 1916 dt. Staatsbürger, u.a. *Die Grundlagen d. neunzehnten Jahrhunderts* (München 1899) 640, 642
Cheikho S.J., Louis (eig. *Rizq Allāh Šayḫō*, 1859–1927), Orientalist, 1878, 1894 Prof. Beirut 613
Cheyne, Thomas Kelly (1841–1915), Theologe, 1868 Fellow in Oxford (*Balliol College*), 1885 Prof. Oxford, 1899 Mithg. *Encyclopædia Britannica* (10th ed.), EB(C) 256, 270, 273, 280
van der Chijs, Jacobus Anne (1831–1905), Jurist u. Diplomat, 1857 in Niederl. Ostindien (Indonesien) 181
Clay, Charles John (1827–1905), Drucker, 1854–94 Leiter d. Universitätsdruckerei (C. J. Clay & Sons) in Cambridge 445
Clemen, Carl (1865–1940), Theologe u. Religionshistoriker, 1892 Habil. Halle, 1910 ao., 1920 o. Prof. Bonn 621

854 Namenregister

Clemenceau, Georges (1841–1929), Politiker u. Staatsmann, 1871 Mitgl. der *Assemblée Nationale*, 1902 *Sénator*, 1906 *Ministre de l'intérieur* u. *président du Conseil d. ministres français*, 1909 Journalist, 1917 Pr. *du Conseil* u. *M. de la guerre* 586

Clermont-Ganneau, Charles Simon (1846–1929), Orientalist u. Archäologe, 1886 Direktor d. *École des Langues Orientales* u. Prof. am *Collège de France* 73, 551

Cobet, Carel (1813–1889), Klass. Philologe, 1846 ao., 1847 o. Prof. Leiden 31

Cohen, Hermann (1842–1918), Philosoph, 1876–1912 o. Prof. Marburg, dann in Berlin (Hochschule f. d. Wissenschaft d. Judentums) 315, 487, 517f., 575
- Martha, geb. Lewandowski (1860–1942), Ehefrau von Hermann Cohen (∞ 1878) 315, 487

Colenso, John (1814–1883), brit. Mathematiker u. Theologe, 1853 Bischof von Natal 43

Conrad, Ida, geb. Ritschl (1845–1911), zweite Ehefrau von Johannes Conrad (∞ 1877) 135, 164
- Johannes (1839–1915), Nationalökonom, 1870 ao. Prof. Jena, 1872 o. Prof. Halle 135, 164

Conti Rossini, Carlo (1872–1949), Orientalist, Studium in Rom, 1899 *Direttore degli Affari Civili* in Eritrea (Sammlung äthiop. Handschriften), 1914 Gen.-sekr. Tripolis, 1920 Prof. Rom 491, 526, 528, 538

Cornelius, Carl (1868–1945), Kunsthistoriker, 1896 Prom. Basel, 1898 Habil., 1905 ao. Prof. Freiburg, 1905 o. Prof. Basel (bis 1909) 416

Cornill, Carl Heinrich (1859–1920), Theologe, 1886 ao. Prof. Marburg, 1888 o. Prof. Königsberg, 1889 Breslau, 1910 Halle 180, 192, 195f., 199, 238, 257, 270, 280, 285, 319f., 337

Corssen, Wilhelm Paul (1820–1875), Klass. Philologe u. Lehrer 507, 623

Credner, Karl August (1797–1857), Theologe, 1830 ao. Prof. Jena, 1832 o. Prof. Gießen 448

Cremer, Hermann (1834–1903), Theologe, 1870 Prof. (u. Hauptpastor an St. Marien) Greifswald 11, 16, 22, 67, 132f., 137, 226, 229, 242, 325, 327
- Maria, geb. Hülsmann, Ehefrau von Hermann Cremer (∞ 1862) 136

Cureton, William (1808–1864), Bibliothekar u. Orientalist, 1837 Bibliothekar in London, u.a. *Remains of a very ancient recension of the four gospels in Syriac...* (London 1858; sog. Codex Curetonianus, sy^c) u.

Muḥammad al-Šahrastānī, *Kitāb al-Milal wa 'n-niḥal...* (2 Bde., London 1842/46) 446, 513

Curtiss, Samuel Ives (1844–1904), Theologe, 1876 Prom. Leipzig, 1878 Lic. theol. Berlin, Prof. Chicago 528

Curtius, Ernst (1814–1896), Klass. Philologe, Archäologe u. Historiker, 1844 ao. Prof. Berlin, 1855 o. Prof. Göttingen, 1867 Berlin, 1879 *Pour le Mérite* 180

Dalman, Gustaf (eig. Marx, 1855–1941), Theologe u. Palästinaforscher, 1895 ao. Prof. Leipzig, 1902 Direktor d. Deutschen Evangelischen Instituts f. Altertumswissenschaft d. Heiligen Landes, 1905 Hg. „Palästina-Jahrbuch", 1917 o. Prof. Greifswald 341, 397

Darmesteter, James (1849–1894), franz. Orientalist, 1885 Prof. am *Collège de France* 92, 165

Daude, Paul (1851–1913), Jurist, 1876 Staatsanwalt in Marienwerder, 1880 Berlin, 1885 Universitätsrichter in Berlin, 1888 Geheimer Regierungsrat, 1905 Syndikus d. TH Berlin 308

Davidson, Samuel (1807–1898), irischer Bibelwissenschaftler, 1842–57 Prof. Manchester, 1862 *Examiner* in London 84f., 93

Delbrück, Berthold (1842–1922), Sprachwissenschaftler, 1870 ao., 1873 o. Prof. Jena 133, 319
- Hans (1848–1929), Historiker u. Politiker, 1885 ao., 1895 o. Prof. Berlin, 1884–90 Mitglied d. Reichstags, 1883–1919 (Mit-) Hg. „Preußische Jahrbücher" 140, 191, 349

Delcassé, Théophile (1853–1923), Politiker u. Staatsmann, 1893 Mitgl. d. *Assemblée Nationale*, 1894 *Ministre d. Colonies*, 1898 *M. d. Affaires étrangères*, 1911 *M. de la Marine*, 1913 *Ambassadeur* (St. Petersburg), 1914 *M. d. Aff. étrang.* 586

Delitzsch, Franz (1813–1890), Theologe, 1844 ao. Prof. Leipzig, 1846 o. Prof. Rostock, 1850 Erlangen, 1867 Leipzig 37, 59, 60, 83, 88, 108, 114f., 142, 192, 214, 227, 273, 276
- Friedrich (1850–1922), Orientalist, 1877 ao., 1885 o. Prof. Leipzig, 1893 Breslau, 1899 Berlin 220, 424

Derenbourg, Joseph (1811–1895), dt.-franz. Orientalist u. Sanskritist, 1876 Prof. d. talmudischen u. nachbiblischen Wissenschaften an d. *École Pratique d. Hautes Études*, Paris 59, 197, 200, 222
Dieckmann, Bewohner d. Hauses Weender-Chaussee 11 in Göttingen (s. **446**¹) 316
Diels, Hermann (1848–1922), Klass. Philologe, 1882 ao., 1886 o. Prof. Berlin, 1913 *Pour le Mérite* 430, 517f.
Diestel, Ludwig (1825–1879), Theologe, 1858 ao. Prof. Bonn, 1862 o. Prof. Greifswald, 1867 Jena, 1872 Tübingen 28, 35, 37
Dieterich, Albrecht (1866–1908), Klass. Philologe u. Religionswissenschaftler, 1888 Prom. Bonn, 1891 Habil., 1895 ao. Prof. Marburg, 1897 o. Prof. Gießen, 1903 Heidelberg, Schüler H. Useners 496
Dieterichsche Universitätsbuchdruckerei s. Kaestner, Friedrich Wilhelm
Dietrich, Franz (1810–1883), Theologe, 1844 ao., 1848 o. Prof. Marburg 37, 55
Dillmann, August (1823–1894), Orientalist u. Theologe, 1853 ao. Prof. Tübingen, 1854 Kiel, 1860 o. Prof. Kiel, 1864 Gießen, 1869 Berlin 9–12, 14f., 27f., 31f., 34, 36, 44, 49, 59–62, 83, 88, 103, 109, 125, 191f., 197, 203f., 213f., 264, 318f.
Dilthey, Wilhelm (1833–1911), Philosoph u. Psychologe, 1866 Prof. Basel, 1868 o. Prof. Kiel, 1871 Breslau, 1882 Berlin, 1908 *Pour le Mérite* 437
Dittenberger, Wilhelm (1840–1906), Klass. Philologe, 1855 Lehrer in Berlin, Rudolstadt u. Quedlinburg, 1874 o. Prof. Halle 430
Djiatzko, s. Dziatzko, Karl
von Dobschütz, Ernst (1870–1934), Theologe, 1898 ao. Prof. Jena, 1904 o. Prof. Straßburg, 1910 Breslau, 1913 Halle, 1913/14 Austauschprof. Harvard 560
Dörpfeld, Wilhelm (1853–1940), Archäologe, 1878 Grabungsleiter in Olympia, 1882 mit Schliemann in Troja, 1892 Verleihung d. Prof.-Titels, 1910 mit Conze in Pergamon, 1923 Hon.-Prof. Jena 292
Dorner, August Johannes (1846–1920), Theologe, 1873 Prof. Wittenberg, 1889 ao., 1891 o. Prof. Königsberg 10
Doughty, Charles Montagu (1843–1926), Forschungsreisender u. Schriftsteller, u.a. *Travels in Arabia deserta* (2 Bde., Cambridge 1888) 166, 226f., 261, 297

Dozy, Reinhart (1820–1883), Orientalist, 1844 Abteilung oriental. Handschriften in Leiden, 1850 Prof. ebd. 87, 108, 119, 128
Drechsler, Luise, Ehefrau von Gustav Drechsler (1833–1890), Prof. d. Agrarwissenschaft in Göttingen 316
Driver, Samuel Rolles (1846–1914), Theologe, 1883 Prof. Cambridge 118, 270, 280
Droysen, Felix (1852–1919), Mediziner, 1884 Priv.-Doz., 1895 Tit.-Prof. Göttingen, Schwager von Eduard Schwartz 539, 544, 548
– Marie, geb. Schwartz, Ehefrau von Felix Droysen, Tochter von Hermann u. Schwester von Eduard Schwartz 518
du Bois-Reymond, Emil Heinrich (1818–1896), Physiologe, 1855 ao., 1858 o. Prof. Berlin, 1877 *Pour le Mérite*, bekannt durch Reden über Wissenschaft, Philosophie u. Kultur 518
Du Cange, Charles Dufresne (1610–1688), Historiker u. Lexikograph 631
Duchesne, Louis (1843–1922), Historiker, 1878 Prof. Paris (*Institut Catholique*), 1883 an d. *École d. Hautes Études*, 1895 Direktor d. *École Française de Rome* 509
Dümmler, Georg Ferdinand (1859–1896), 1887 Priv.-Doz. Gießen, 1890 o. Prof. Basel 347
Duensing, Hugo (1877–1961), Theologe u. Orientalist, 1900 Prom. bei Wellhausen, seit 1907 versch. Pfarrstellen in Niedersachsen, 1926 Goslar (Marktkirche) 493, 495, 647, 649, 651
Duhm, Bernhard (1847–1928), Theologe, 1871 Repetent, 1873 Priv.-Doz., 1877 ao. Prof. in Göttingen, 1889 o. Prof. Basel 21, 28, 31f., 34, 36f., 49, 101, 112, 122, 145, 170, 212f., 215, 217f., 221, 257, 318f., 321, 467, 630
Duncker, Ludwig (1810–1875), Kirchenhistoriker, 1843 ao., 1854 o. Prof. Göttingen 23
Duval, Rubens (1839–1911), Orientalist, 1895 Prof. Paris (Collège de France), 1892 Mithg. „Journal asiatique" 180
Dziatzko, Karl (1842–1903), Klass. Philologe u. Bibliothekar, 1871 Bibliothekar in Freiburg i.Br., 1872 Breslau, 1886 Göttingen, 1886 o. Prof. Göttingen 402

Ebstein, Wilhelm (1836–1912), Internist, 1874 o. Prof. Göttingen 308, 325, 543
Eck, Ernst (1838–1901), Jurist, 1860 Prom., 1866 Habil., 1871 ao. Prof. Berlin, 1872

o. Prof. Gießen, 1873 Halle, 1877 Breslau, 1881 Berlin 355
Ehlers, Ernst (1835–1925), Zoologe, 1869 o. Prof. Erlangen, 1874 Göttingen, 1892 Dir., 1893–1917 Sekr. d. math.-phys. Klasse d. Gesellschaft d. Wissenschaften zu Göttingen 323, 327, 349, 357, 368f., 401, 404f., 461
– Marianne, geb. Hasse (* 1843), Ehefrau von Ernst Ehlers (∞ 1865) 327, 349, 461
Ehrenfeuchter, Friedrich (1814–1878), Theologe, 1845 ao., 1849 o. Prof. Göttingen, 1856 Abt d. Klosters Bursfelde 7, 10f.
Eichhorn, Johann Gottfried (1752–1826), Orientalist u. Historiker, 1775 Prof. Jena, 1788 Göttingen 352, 536
– Albert (1856–1926), 1886 Diss. u. Habil., 1888 ao. Prof. Halle, 1901–13 Kiel 630
Eliot, George, Pseudonym d. Marian Evans (1819–1880), Schriftstellerin, u.a. *Middlemarch* (Edinburgh/London 1871–72 [in acht Folgen]; als Buch ebd. 1874) 115
Ella, s. Limpricht, Elisabeth
Elster, Ludwig (1856–1935), Nationalökonom, 1883 ao. Prof. Aachen, anschl. Königsberg, 1887 o. Prof. Breslau, 1897–1916 preußischer Hochschulreferent (Nachfolger Althoffs), 1922 Hon.-Prof. Jena 604
Elter, Anton (1858–1926), Klass. Philologe, 1887 ao. Prof. Czernowitz (heute Černivci/ Ukraine), 1890 Bonn, 1892 o. Prof. ebd., 1912 Geh. Rat 356
Emmi, s. Briegleb, Emma
Engel, Direktor d. Reichsbank-Nebenstelle Greifswald 133
Erdmann, Benno (1851–1921), Philosoph, 1873 Prom., 1878 ao. Prof. Berlin, 1879 o. Prof. Kiel, 1884 Breslau, 1890 Halle, 1898 Bonn, 1909 Berlin 131, 253, 255
– W.s Hund in Göttingen 322
Erdmannsdörfer, Max (1847–1905), Dirigent u. Komponist, 1871 in Sondershausen, 1882 Prof. am Moskauer Konservatorium, 1889 als Dirigent in Bremen 20
– Pauline, geb. Fichtner (1847–1916), Pianistin, Ehefrau von Max Erdmannsdörfer (∞ 1874) 248
Erlanger, Rosa, geb. Wertheim, Geschäftsinhaberin in Marburg, Elisabethstr. 15 306
Erman, Adolf (eig. Adolphe; 1854–1937), Ägyptologe, 1884 ao. Prof. u. Dir. d. Ägypt. Museums, 1892 o. Prof. Berlin, 1918 *Pour le Mérite*, 1934 Verzicht, 1936 Entzug d. Lehrerlaubnis 304f., 352

Ethé, Hermann (1844–1917), Orientalist, 1874 Bibliothekar in London, 1875 Prof. Aberystwyth/ Wales 173f.
Eucken, Rudolf (1846–1926), Philosoph, 1863 Studium, 1866 Prom. Göttingen, 1867 Lehrer in Husum u. Berlin, 1869 Frankfurt a. M., 1871 o. Prof. Basel, 1874 Jena, 1908 Nobelpreis f. Literatur 4
Eulenburg, Frau 136
Euting, Julius (1839–1913), Orientalist u. Bibliothekar, 1871 Bibliothekar, 1880 Hon.-Prof. Straßburg, 1900 Dir. d. Univ.-Bibl. Straßburg, versch. Orientreisen, u.a. *Tag[e]buch einer Reise nach Inner-Arabien* (2 Bde., Leiden 1896/1914) 300, 625
Ewald, Heinrich (1803–1875), Orientalist u. Theologe, 1826 ao., 1827 o. Prof. Göttingen, 1837 Entlassung (als einer d. „Göttinger Sieben"), 1838 Tübingen, 1848 Göttingen, 1867 Amtsenthebung, 1868 Entzug d. Lehrerlaubnis 4, 9, 12, 26, 32, 55, 59, 83, 87, 135, 149, 155, 179, 235, 294, 347, 352, 392, 397, 399, 401f., 535f.

Keith Falconer, Ion (1856–1887), Missionar u. Arabist, 1886 Prof. Cambridge, 1878 *World Cycling Champion* 250
Falk, Adalbert (1827–1900), Jurist u. Politiker, 1872 preuß. Kultusminister, 1882 Präs. d. Oberlandesgerichts Hamm 13, 14
Fechner, Gustav Theodor (1801–1887), Physiker u. Philosoph, 1828 ao., 1845 o. Prof. Leipzig 532
Felix, Anna, geb. Limpricht (*1871), Wellhausens Schwägerin, Ehefrau von Johannes Felix (∞ 1925) 120, 139, 146, 164, 345, 453, 554
– Johannes (1859–1941), Paläontologe, 1882 Prom., 1884 Habil., 1891 ao. Prof. Leipzig 453
Feuerbach, Ludwig (1804–1872), Philosoph, 1828–32 Priv.-Doz. Erlangen, 1837 Heirat mit Bertha geb. Löw, zahlreiche Schriften zur Religions- u. Idealismuskritik 532
Feußner, Wilhelm (1843–1928), Physiker, 1871 Priv.-Doz., 1879 Bibliothekar, 1881 ao., 1908 Hon.-Prof. Marburg 176
Fichte, Johann Gottlieb (1762–1814), Philosoph, 1794–99 Prof. Jena, 1805 Erlangen, 1806 ao. Prof. Königsberg, 1810 o. Prof. Berlin 513f.
Field, Frederick (1801–1885), Theologe, Bibelwissenschaftler, Pastor in Norwich, Hg.

von Werken d. Chrysostomus u. d. Origenes 81
Filchner, Wilhelm (1877–1954), Forschungsreisender u. Geodät, 1911 Antarktisexpedition, versch. Forschungsreisen 574
Finanzminister: 1869–78 Otto von Camphausen, 1878–79 Arthur Hobrecht, 1879–82 Karl Hermann Bitter, 1882–90 Adolf v. Scholz, 1890–1901 Joannes v. Miquel, 1901–1910 Georg v. Rheinbaben, 1910–17 August Lentze
Finck, Franz (1867–1910), Sprachwissenschaftler, 1896 Habil. (Indogermanistik) Marburg, 1903 Habil. (allg. Sprachwissenschaft) Berlin, 1909 ao. Prof. Berlin 417
Fischer, August (1865–1949), Orientalist, 1889 Prom., 1890 Habil. Halle, anschl. Priv.-Doz., 1898 ao. Prof. Berlin, 1900 o. Prof. Leipzig 178, 220, 377, 449, 529, 533
– Walther (1882–1969), 1907 Prom. Tübingen, 1911 Priv.-Doz. Göttingen, 1913 Schanghai, 1919 Prof. Göttingen, 1921 Bonn, 1922 Rostock, 1946 Jena, Ehemann von Hanna, geb. Smend (∞ 1915) 597f.
Fittica, Friedrich (1850–1912), Chemiker, 1884 ao. Prof. Marburg 176
Fleischer, Heinrich Leberecht (1801–1888), Orientalist, 1836 o. Prof. Leipzig, 1868 *Pour le Mérite* 88, 108, 120, 142, 148, 156f., 167, 182, 207, 218, 220, 254, 397
Flemming, Johannes (1859–1914), Orientalist u. Bibliothekar, 1884 Volontär u. Kustos in Göttingen, 1891 Kustos, 1902 Bibliothekar in Bonn, 1906 Berlin 567
Förstemann, Ernst (1822–1906), Bibliothekar u. Historiker, 1865 Bibliothekar in Dresden, 1887 Geh. Hofrat, u.a. versch. Beiträge zur Namensforschung 437
Förster, Vater u. Sohn 4
Fooken, Grafl Friedrich, Bankier u. Reeder in Jever u. Hooksiel 264
Fränkel, Albert (1864–1938), 1891 Arzt in Badenweiler, 1914 Lazarettarzt in Heidelberg, 1928 Prof. Heidelberg 606
– Siegmund (1855–1909), Semitist, 1880 Habil., 1886 ao., 1893 o. Prof. Breslau 159, 242, 254, 257, 279, 185, 463, 489
von Franklin, Otto (1830–1905), Rechtshistoriker, 1863 o. Prof. Greifswald, 1873 Tübingen 18
Franz, Robert (eig. Knauth; 1815–1892), Komponist u. Dirigent, 1851–67 Universitätsmusikdirektor in Halle 632

Frazer, James George (1854–1941), Klass. Philologe, Ethnologe, *Fellow* am *Trinity College* in Cambridge 375
Freiberg, Otto (1846–1926), Universitätsmusikdirektor in Marburg, 1887 akadem. Musikdirektor u. ao. Prof. Göttingen 206
Frensdorff, Ferdinand (1833–1931), Jurist u. Historiker, 1866 ao., 1873 o. Prof. Göttingen 375, 611
Fresenius, August (1850–1924), Literaturhistoriker, 1866–91 Hg. „Deutsche Literaturzeitung", 1893 Assist. am Goethe- und Schiller-Archiv in Weimar, 1908 in Wiesbaden 195, 197, 199f., 258
Freudenthal, Berthold (1872–1929), Jurist, 1905 Akademie f. Sozial- u. Handelswissenschaften Frankfurt a. M., 1909–11 deren Rektor, 1914 o. Prof. Frankfurt a. M. 426
Freytag, Georg Wilhelm (1788–1861), Orientalist, 1811 Repetent in Göttingen, 1815 Brigadeprediger in Königsberg, 1819 Prof. Bonn, u.a. *Lexicon arabico-latinum* (Halle 1830–37) 64, 265
Friedländer, Moritz (1844–1919), Religionshistoriker, unterbr. Ausbildung zum Rabbiner, anschl. Lehrer, 1875 Sekr. d. israelit. Allianz in Wien 436
Friedrich II. (1712–1786), 1740 preuß. König 561
Friedrich Wilhelm I. (1688–1740), 1713 preuß. König 447
Friedrich Wilhelm IV. (1795–1861), 1840 preuß. König 406, 408
Fritze, Marie, geb. Hoepfner (* 1834), Ehefrau d. Sanitätsrats Dr. med. Wilhelm Fritze in Bad Schwalbach (∞ 1860) 255
Frölich [auch: Fröhlich] S.J., Erasmus (1700–1756), Numismatiker u. Historiker, 1746 Bibliothekar u. Prof. Wien (Theresianum) 444
Fruin, Robert (1823–1899), niederl. Historiker, 1860 Prof. Leiden 150
Fuchs, Lazarus (1833–1902), Mathematiker, 1866 ao. Prof. Berlin, 1869 o. Prof. Greifswald, 1874 Göttingen, 1875 Heidelberg, 1884 Berlin 23
Fuhrmann, Marie, 1865–1894 Leiterin einer privaten Töchterschule in Greifswald 355f.
Furrer, Konrad (1838–1908), Theologe, Pfarrer, 1885 Priv.-Doz., 1889 ao. Prof. Zürich, u.a. *Wanderungen durch Palästina* (Zürich 1865) 322f., 333

Gans zu Putlitz, Gustav (1821–1890), Schriftsteller u. Politiker, 1863 Gen.-Intendant in Schwerin, 1867 Hofmarschall in Potsdam, 1873 Intendant in Karlsruhe, Vater von Stephan Gans zu Putlitz 129
- Stephan (1854–[24.7.] 1883), Nationalökonom, 1881 Priv.-Doz., f. Herbst 1883 als ao. Prof. d. Nationalökonomie vorgesehen 129
Garnett, Richard (1835–1906), Bibliothekar u. Schriftsteller, Bibl.-Assistent in London (British Museum), 1875, *Superintendent* d. *Reading Room*, 1881 Hg. *General Catalogue of Printed Books*, 1890 *Keeper of Printed Books* 224
Gaudet, s. Godet
Gauß, Carl Friedrich (1777–1855), Mathematiker u. Astronom, 1807 Prof. u. Leiter d. Sternwarte in Göttingen 535
Geldner, Carl Friedrich (1852–1929), Orientalist, 1887 Priv.-Doz., 1890 ao. Prof. Halle, 1890 Berlin, 1907 o. Prof. Marburg 260, 438
Gelzer, Heinrich (1847–1906), Klass. Archäologe u. Althistoriker, 1873 ao. Prof. Heidelberg. 1878 Jena 180
Genth, Adolph (1813–1888), Arzt in Bad Schwalbach 255
George, Johann Friedrich Leopold (1811–1873), Theologe u. Philosoph, 1834 Priv.-Doz. Berlin, 1856 ao., 1858 o. Prof. Greifswald 25
Gesenius, Wilhelm (1786–1842), Theologe u. Lexikograph, 1810 ao., 1811 o. Prof. Halle 270, 347, 535, 624
Geuthner, Paul, Verlag u. *Librarie orientaliste* in Paris, gegr. 1901 von dem Buchhändler Paul Geuthner (1877–1949) aus Schkeuditz bei Leipzig 600
Geyer, Rudolf (1861–1929), Orientalist, 1900 Priv.-Doz., 1906 ao., 1915 o. Prof. Wien 489, 640
Ghillany, Friedrich Wilhelm (1807–1876), Historiker u. Theologe, 1841 Stadtbibliothekar in Nürnberg, 1855 Übersiedlung nach München (s. Albert Schweitzer, *Geschichte der Leben-Jesu-Forschung*, Tübingen ⁹1984, 196ff.) 520
Gibbon, Edward (1737–1794), Historiker u. Politiker, u.a. *The History of the Decline and the Fall of the Roman Empire* (6 Bde., London, 1776–88) 548

Gibson, Alexander (1843–[9.3.] 1887), mit W. R. Smith befreundeter Rechtsanwalt in Edinburgh 77
Giesebrecht, Anna, geb. Wilke († 1854), Ehefrau von Karl Giesebrecht, Pfarrer in Droyssig, Mutter von Friedrich Giesebrecht 114, 135
- Friedrich (1852–1910), Theologe, 1879 Priv.-Doz., 1883 ao., 1895 o. Hon.-Prof. Greifswald, 1898 Königsberg 65, 82f., 105, 112, 114f., 118, 122, 131–33, 135, 137, 144, 149, 152, 157, 178, 189, 218, 220, 235, 257, 320f., 326, 327, 365, 385, 563
Gieseler, Johann Karl Ludwig (1793–1854), Theologe, 1819 Prof. Bonn, 1831 Göttingen, 1837 Konsist.-Rat 385, 520, 592
Gildemeister, Johann(es) (1812–1890), Orientalist u. Theologe, 1844 ao. Prof. Bonn, 1845 o. Prof. Marburg, 1859 Bonn 37, 88, 145, 156, 160, 214, 242, 250f., 256, 347, 397, 531
Gladstone, William Ewart (1908–1898), Staatsmann u. Altertumsforscher, 1832 *Member of Parliament*, 1843 Handelsminister, 1852, 1859 Schatzkanzler, 1867 Vors. d. *Liberal Party*, 1868–74, 1880–85/86 u. 1892–94 Premierminister, u.a. *Studies on Homer and the Homeric Age* (3 Bde., Oxford 1858) 253, 256
Glaser, Eduard (1855–1908), Archäologe u. Orientalist, 1882, 1885, 1887, 1892 Forschungsreisen nach (Süd-) Arabien, 1890 Dr. h.c. Greifswald, Veröffentlichung zahlreicher Inschriften 256, 258
Godet, Frédéric (1812–1900), Schweizer Theologe, 1850 Prof. Neuenburg (Akademie), 1887 an d. theol. Fakultät d. *Église évangélique neuchâteloise indépendante* 259
Ritter von Goebel, Karl (1855–1932), Botaniker, 1880 Priv.-Doz. Würzburg, 1881 ao. Prof. Straßburg, 1882 ao., 1883 o. Prof. Rostock, 1887 Marburg, 1891 München, 1909 Adelsstand 239, 240, 408
de Goeje, Michael Jan (eig. Michiel Johannes, 1836–1909), Orientalist, 1866 ao., 1869 o. Prof. Leiden, 1895 *Pour le Mérite* 35f., 64f., 87, 104, 128, 190, 202f., 215, 225, 231, 246, 312, 340, 373, 387, 390, 483, 486, 489f., 533, 547, 631
- Wilhelmina Henriette, geb. Leembruggen (1841–1900), dessen Ehefrau (∞ 1867) 387
Goldziher, Ignaz, ungar. Orientalist (1850–1921), 1871 Priv.-Doz. Budapest, 1876

Gemeindesekretär d. jüd. Kultusgemeinde Pest, 1905 o. Prof. Budapest 62, 145f., 223, 230f., 242, 247, 254, 257, 270, 273, 279, 286, 342, 348, 350f., 439, 443, 480, 485f., 488, 533, 549, 566, 568, 571f., 585, 643
- Karl (eig. Károly; 1881-1955), Mathematiker, Studium in Budapest u. Göttingen, 1935 ao., 1945 o. Prof. Budapest, Sohn von Ignaz Goldziher u. Laura geb. Mittler (1855-1925) 485

Göppert, Heinrich Robert (1838-1882), Jurist, 1865 ao., 1868 o. Prof. Breslau, 1874 vortragender Rat f. Universitätsangelegenheiten im preuß. Kultusministerium in Berlin 98, 102, 104

Gordon, Charles George (1833-1885), Generalmajor u. Generalgouverneur d. türk.-ägypt. Sudans 152

Gosche, Richard Adolf (1824-1889), Literarhistoriker u. Orientalist, 1847 Bibliothekar, 1860 ao. Prof. Berlin, 1863 o. Prof. Halle 112, 127, 173, 187

von Goßler, Gustav (1838-1902), preuß. Politiker, 1877 Reichstagsabgeordneter, 1879 Unterstaatssekretär unter von Puttkamer, 1881 Präs. d. Reichstags, Kultusminister, 1891 Oberpräs. (Westpreußen) 98-100, 104, 120, 125, 130, 145, 147-49, 153, 157, 166, 172, 174, 179, 202, 211, 215

Gottschick, Johannes (1847-1907), Theologe, 1882 Prof. Gießen, 1891 Hg. „Zeitschrift für Theologie und Kirche", 1892 o. Prof. Tübingen 253

Graetz, Heinrich Hirsch (1817-1891), Historiker u. Bibelwissenschaftler, 1852 Dozent Berlin, 1853 Dozent f. jüd. Geschichte am neu gegr. Jüd.-Theol. Sem. Breslau, 1869 Hon.-Prof. ebd. 159

Graf, Karl Heinrich (1815-1869), Alttestamentler, Schüler Ed. Reuß' in Straßburg, 1847 Lehrer in Meißen, 1852 Prof.-Titel 25, 59f., 62f., 91, 107, 134, 148, 263, 396, 447

Gramberg, Karl Peter Wilhelm (1797-1830), Theologe, Lehrer in Oldenburg, 1822 in Züllichau 86

Green, William Henry (1825-1900), amerik. Hebraist, 1846 Hebr.-Lehrer in Princeton, 1849 Pastor d. *Presbyt. Church* in Philadelphia, 1851 Prof. Princeton 118

Greßmann, Hugo (1877-1927), Alttestamentler, 1902 Priv.-Doz. Kiel, 1907 ao., 1921 o. Prof. Berlin, 1923 Leitung d. Inst.

Judaicum, 1924 Hg. „Zeitschrift für die alttestamentliche Wissenschaft" 467, 630

Griepenkerl, Friedrich (1826-1900), Agrarwissenschaftler, 1850 ao., 1857 o. Prof. Göttingen 326

Griesheim, s. Süssheim

Grill, Julius (1840-1930), Theologe, 1870 Priv.-Doz. Tübingen, 1870 Diaconus in Calw, 1876 Prof. Maulbronn, 1888 o. Prof. Tübingen 215, 241, 247

Grimm, Carl Ludwig Willibald (1807-1891), Theologe, 1833 Priv.-Doz., 1837 ao., 1844 o. Prof. Jena 441
- Herman (1828-1901), Kunst- u. Literaturhistoriker, 1873 Prof. Berlin, 1896 *Pour le Mérite*, Sohn von Wilhelm Grimm u. Dorothea, geb. Wild (1795-1867) 406, 412
- Jacob (1785-1863), Sprachwissenschaftler u. Märchensammler, 1842 *Pour le Mérite*, Bruder Wilhelm Grimms 450
- Wilhelm (1786-1859), Sprachwissenschaftler u. Märchensammler, Bruder Jacob Grimms 397

Grimme, Hubert (1864-1942) Semitist, 1889 Priv.-Doz., 1892 o. Prof. Freiburg i.Ü., 1910 Münster 365f., 580

Grotefend, Georg Friedrich (1775-1853), Altertumsforscher, 1802 Entzifferung d. Behistun-Inschrift u. weiterer pers. Inschriften (veröff. 1893, s.o. **420**[3]), 1821 Dir. in Hannover (Lyzeum), 1849 Schulrat, G.s Onkel Friedrich August war d. Ehemann d. Tante Nöldekes, Henriette Luise geb. Nöldeke 306, 425, 531, 535

Gruber, Johann, aus Oldenburg, Student Wellhausens in Göttingen 607

de Gruyter, Walter (1862-1923), Verleger, 1897 Kauf d. Verlags Georg Reimer, 1898 Geschäftsführer d. Verlage Guttentag u.a., 1919 Zusammenschluss zur „Vereinigung wissenschaftlicher Verleger, Walter de Gruyter & Co", 1923 Verlag Walter de Gruyter 344, 362, 427-29, 431f., 436f., 442, 452, 457, 465, 468f., 510, 521f., 525, 527, 536f., 543, 562, 573, 604f., 609, 612-14, 620, 627, 650

Guidi, Ignazio (1844-1935), Orientalist, 1878 ao., 1885 o. Prof. Rom 269, 271

Gunkel, Hermann (1862-1932), Theologe, 1888 Priv.-Doz. Göttingen, 1889 Halle, 1895 ao. Prof. Berlin, 1907 o. Prof. Gießen, 1920 Halle 326, 349, 630

Guthe, Hermann (1849–1936), Theologe, 1877 Priv.-Doz. Leipzig, Gründer d. Deutschen Palästina-Vereins, 1884 ao. Prof. Leipzig 218, 220

Frhr. von Gutschmid, Alfred (1831–1887), Philologe u. Althistoriker, 1863 ao., 1866 o. Prof. Kiel, 1873 Königsberg, 1876 Jena, 1877 Tübingen 39, 47, 57, 105, 112, 131, 164, 171, 180f., 252, 300, 415

Guttentag, Immanuel (eig. Meyer G., 1817–1862), Verleger u. Buchhändler, Gründer d. Verlagsbuchhandlung G. Berlin (1898 von Walter de Gruyter übernommen, 1919 Teil seines Verlags) 627

Guyard, Stanislas (1846–1884), Orientalist, 1863 Lehrer d. Arabischen u. Persischen an d. *École Pratique d. Hautes Études* in Paris 71, 87, 92, 117, 146, 250

Häberlin, Paul (1878–1960), Philosoph, Theol.-Studium, 1900 Hauslehrer, 1903 Prom., Lehrer in Basel, 1904 Seminardir. Kreuzlingen, 1908 Priv.-Doz. Basel, 1914 Prof. Bern, 1922 Basel 366

Haeckel, Ernst (1834–1919), Zoologe u. Philosoph, 1906 Mitgründer d. Deutschen Monistenbundes, 1862 ao., 1865 Prof. Jena, versch. Forschungsreisen 457

(von) Häring, Theodor (1848–1928), Theologe, 1886 Prof. Zürich, 1889 o. Prof. Göttingen, 1894 Tübingen 299, 304

Halévy, Joseph (1827–1917), Orientalist, 1879 Prof. an d. *École Pratique d. Hautes Études* in Paris 39, 61

(Frhr. von) Halkett, Hugh (1783–1863), brit.-hannov. Militär, 1848 General d. Infanterie 646

Hallwachs, Frida, geb. Zimmer (1864–1917; Bühnenname Frieda Zerny), Ehefrau von Karl Hallwachs (∞ 1901) 471

– Karl (1868–1959), Komponist u. Musikdirektor, Sohn von Alexander Hallwachs (1834–1881) u. Luise, geb. Reiche (1837–1922) 471

van Hamel, Anton Gerard (1842–1907), Theologe, Pfarrer u. Romanist, 1882–84 Paris, 1884 Prof. (Französisch) Groningen, 1887 Hg. „De Gids" 71

Hanne, Johann Wilhelm (1813–1889), Theologe u. Philosoph, 1861 Prof. Greifswald (u. Pastor an St. Jacobi) 11, 15

Hanssen, Georg (1809–1894), Nationalökonom u. Agrarhistoriker, 1837 o. Prof. Kiel, 1842 Leipzig, 1848 Göttingen, 1860 Berlin, 1869 Göttingen 326

de Harlez de Deulin, Charles-Joseph (1832–1899), belg. Priester, Orientalist u. Sinologe, 1871 Prof. Louvain/Leuven 92

Harmsworth, Alfred (1865–1922), 1. Viscount Northcliffe, Journalist u. Verleger, 1894 „Evening News", 1896 „Daily Mail", 1903 „Daily Mirror", 1905 Unterstützung d. „Observer", 1908 Kauf von „Times", „Daily Express", „Sunday Times" u. „Evening News", 1918 *Director of Propaganda in Enemy Countries* 634

(von) Harnack, Adolf (1851–1930), Theologe u. Wissenschaftsorganisator, 1876 ao. Prof. Leipzig, 1879 o. Prof. Gießen, 1886 Marburg, 1888 Berlin, 1902 Pour le Mérite, 1905 Generaldir. d. Preuß. Staatsbibl., 1910 Präsident d. Kaiser-Wilhelm-Gesellschaft zur Förderung d. Wissenschaften, 1914 Ritterstand u. erbl. Adel 166, 212, 216, 218, 220, 227, 251f., 258, 260f., 267f., 284, 296, 307–09, 319, 321, 326, 343, 346f., 362, 365, 385–88, 406, 408, 429–31, 438, 444, 469, 473, 475, 481–84, 493–95, 498f., 501–04, 517–21, 527, 529–31, 534, 536, 540f., 543f., 557f., 563, 567, 572, 575, 578, 580, 584, 591f., 612, 616f., 623, 625, 645

– Amalie, geb. Thiersch (1858–1937), Ehefrau von Adolf Harnack (∞ 1879) 258

– Anna (1881–1965), Tochter von Adolf u. Amalie Harnack 517

– Otto (1857–1914), Literaturwissenschaftler, 1880 Prom. Göttingen, 1883 Lehrer in Livland, 1896 o. Prof. Darmstadt, 1905 Stuttgart, Bruder von Adolf Harnack 617

Harrassowitz, Otto (1845–1920), Verleger u. Antiquar, 1872 Gründung d. Verlagsbuchhandlung *Richter & Harrassowitz* in Leipzig, 1875 alleiniger Inhaber 53, 168

Harris, James Rendel (1852–1941), Bibelwissenschaftler u. Paläograph, 1882 Dozent in Baltimore/MD (Johns Hopkins), 1885 Prof. Haverford/PA, 1893 *Lecturer* in Cambridge, Studiendir. in Birmingham, Beteiligung an d. Entdeckung d. Syro-Sinaiticus, 1909 Entdeckung d. syr. Oden Salomos, 1918–25 Bibliothekar in Manchester 328, 558

von Hartel, Wilhelm (1839–1907), Klass. Philologe u. Politiker, 1864 Prom., 1866 Priv.-Doz., 1869 ao., 1872 o. Prof Wien, 1891 außerdem Dir. der Hofbibliothek, 1900–05 österr. Kultusminister 122

Hartmann, Martin (1851–1918), Arabist u. Islamwissenschaftler, 1875 Prom. Leipzig, 1876 Dragoman in Beirut, 1887 Prof. Berlin, 1912 Hg. „Welt des Islams" 279, 285, 631
Hartwig, Helene (1873–1945), Tochter von Otto u. Marie Hartwig 400
– Marie, geb. Müller (1839–1928), Ehefrau von Otto Hartwig (∞ 1867) 427
– Otto (1830–1903), Bibliothekar u. Historiker, 1866 Sekr. Univ.-Bibl. Marburg, 1876 Bibliothekar in Halle, 1884 Oberbibliothekar, 1889 Bibliotheksdirektor, 1898 Ruhestand in Marburg 347, 400, 427, 476
Hauler, Edmund (1859–1941), österr. Klass. Philologe, 1893 Priv.-Doz., 1896 ao., 1899 o. Prof. Wien 419, 492
Haupt, Paul (1858–1926), Orientalist, 1878 Prom. Leipzig, 1880 Priv.-Doz., 1883 ao. Prof. Göttingen, zugl. Prof. Baltimore/MD, 1889 ausschl. dort 150, 282, 285f., 288, 317, 337, 466f.
Hausrath, Adolf (1837–1909), Theologe, 1867 ao., 1872 o. Prof. Heidelberg 11, 28, 542, 545
Havet, Ernest (1813–1889), 1846 *Suppleant* in Paris (*Sorbonne*), 1855 Prof. am *Collège de France* 166
Hayduck, Frl., möglicherweise die Tochter d. Greifswalder Klass. Philologen u. Gymn.-Dir. Michael Hayduck (1838–1909) 149, 339
Haym, Hans (1860–1921), Dirigent u. Komponist, Stud. d. Philos. u. Klass. Philologie, Prom. 1883 Halle, Musikstudium in München, Lehrer in Gießen, 1890 Musikdirektor in Elberfeld, Sohn von Rudolf u. Wilhelmine Haym 206, 225
– Rudolf (1821–1901), Literarhistoriker u. Publizist, 1848 Mitgl. d. Nationalvers., 1850 Habil., 1858 (Mit-) Hg. „Preußische Jahrbücher", 1860 ao., 1868 o. Prof. Halle 129, 135f.
– Wilhelmine, geb. Dzondi (1833–1920), Ehefrau von Rudolf Haym (∞ 1858) 129, 135f., 259
Heffter, Arthur (1859–1925), Chemiker u. Pharmakologe, 1883 Prom. bei Heinrich Limpricht, 1884 Ass. Halle, 1884 Rostock, 1890 Dr. med. Leipzig, 1891 Priv.-Doz., 1896 ao. Prof. Leipzig, 1898 Bern, 1906 Marburg, 1908 Berlin 132, 137, 144
Hegel, Georg Wilhelm Friedrich (1770–1831), Philosoph, 1790 Mag. phil., 1793 Lic. theol. Tübingen, Lehrer Bern u. Frankfurt a. M., 1801 Priv.-Doz., 1905 ao. Prof. Jena, 1808 Prof. Nürnberg, 1816 o. Prof. Heidelberg, 1818 Berlin, u.a. *Phänomenologie des Geistes* (Bamberg/Würzburg 1807, Berlin 1832), *Vorlesungen über die Philosophie der Geschichte* (Berlin 1837) 25, 91, 99, 513f.
Heinrici, Georg, (1844–1915), Theologe, 1873 ao., 1874 o. Prof. Marburg, 1892 Leipzig 182, 267, 299
Heinze, Richard (1867–1929), Klass. Philologe, 1893 Priv.-Doz. Straßburg, 1900 ao. Prof. Berlin, 1903 Königsberg, 1906 Leipzig 615
Heitmüller, Elisabeth („Else"), geb. Knoke (1876–1932), Ehefrau von Wilhelm Heitmüller, Tochter des Göttinger Theologen Karl Knoke (1908) 525
– Wilhelm (1869–1926), Theologe, 1902 Habil. Göttingen, 1908 o. Prof. Marburg, 1920 Bonn, 1924 Tübingen 455, 525, 621, 630
Helene (Schwägerin) s. Bewer, Helene, geb. Limpricht
Hell, Joseph (1875–1950), Orientalist, 1903 Habil., 1908 Tit.-Prof. München, 1911 ao., 1913 o. Prof. Erlangen 560, 565f., 568
Henneberg, Wilhelm (1825–1890), Chemiker u. Tierphysiologe, 1846 bei J. v. Liebig, 1849 Prom. Jena, 1857 Leitung d. landwirtsch. Versuchsstation Göttingen-Weende, 1865 ao., 1873 o. Prof. Göttingen 378
Herbart, Johann Friedrich (1776–1841), Philosoph u. Pädagoge, 1805 ao. Prof. Göttingen, 1809 o. Prof. Königsberg, 1833 Göttingen 513, 640
Hering, s. von Häring
Herrmann, Emilie („Milly"), geb. Bergmann (1865–1947), Tochter von Julius Bergmann, Ehefrau von Wilhelm Herrmann (∞ 1885) 298
– Johann Wilhelm (1808–1886), Pfarrer in Melkow, Vater von Wilhelm Herrmann 298
– Wilhelm (1846–1922), Theologe, 1875 Priv.-Doz. Halle, 1879 o. Prof. Marburg (1889/90 Rektor) 147f., 153, 229, 239f., 243, 246, 251, 253, 264f., 295f., 298f., 303f., 306, 308, 319f., 341, 371, 388, 410, 491, 517f., 593, 597, 603, 621
Herzsohn, Paul Isaak (1842–1931), 1886 Prom. Bonn, 1886/87 in Zoeterwoude bei Leiden, 1907 Privatgelehrter u. Orientalist Düsseldorf 200
Heyne, Moriz (1837–1906), Mediävist, 1864 Priv.-Doz. Halle, 1869 ao., 1870 o. Prof.

Basel, 1883 Göttingen (Arbeit am Grimmschen Wörterbuch) 481
Hilbert, David (1862–1943), Mathematiker, 1886 Habil., 1892 ao., 1893 o. Prof. Königsberg, 1895 Göttingen, 1902 Ablehnung eines Rufs nach Berlin 410
Hilgenfeld, Adolf (1823–1907), 1850 ao., 1869 Hon.-, 1890 o. Prof. Jena, 1858 Hg. „Zeitschrift für wissenschaftliche Theologie" 39, 199, 362, 444
Hiller, Eduard (1844–1891), Klass. Philologe, 1869 Priv.-Doz. Bonn, 1874 Prof. Greifswald, 1876 Halle 347
– Helene, geb. Lorey (1843–1914), Ehefrau von Eduard Hiller (∞ 1875) 133
Hilty, Carl (1833–1909), schweiz. Staatsrechtler u. Schriftsteller, 1855–74 Anwalt in Chur, 1874 Prof. Bern, ab 1886 Hg. „Politisches Jahrbuch der Schweizerischen Eidgenossenschaft", ab 1890 im Nationalrat, 1909 Vertreter am Haager Gerichtshof, u.a. *Glück* (3 Bde., Frauenfeld u. Leipzig 1890/95/99) 278
von Hindenburg, Paul (1847–1934), Militär u. Politiker, 1914 Generalfeldmarschall, 1916 Führung d. Obersten Heeresleitung, 1925 Reichspräsident 626, 635, 640
Hinrichs, Johann Conrad (1763–1813), Verleger u. Buchhändler, 1796 Gründer d. (J. C.) H.'schen Verlagsbuchhandlung (zus. mit August Leberecht Reinicke [1764–1834], Verleger u. Buchhändler) 42, 49, 102, 195
Hirsch, Karl (1870–1930), Internist, 1907 Prof. Freiburg i. Br., 1909 Göttingen, 1919 Bonn 588, 595, 598
Hirschfeld, Otto (1843–1922), Althistoriker, 1872 Prof. Prag, 1876 Wien, 1885 Berlin 171
Hirth, Hellmuth (1886–1938), Flugpionier u. Konstrukteur, 1914 Flieger (Jagdstaffel Boelcke), Leutnant, später im Flugzeugbau tätig 640
Hirzel, Ludwig (1801–1841), schweiz. Prediger u. Theologe, 1832 Prof. Zürich 8
– Salomon (1836–1894), Buchhändler u. Verleger, 1853 Gründung d. S. Hirzel-Verlags in Leipzig 50
Hitzig, Ferdinand (1807–[22.1.] 1875), Theologe, 1831 Priv.-Doz. Heidelberg, 1833 o. Prof. Zürich, 1862 Heidelberg 10, 12, 27, 28, 624, 627
Hodder & Stoughton, Verlag in London, gegr. 1868 von Matthew Henry Hodder

(1830–1911) u. Thomas Wilberforce Stoughton (1840–1917) 468
Hody, Humphrey (1659–1707), Theologe u. Klass. Philologe, 1692 *Chaplain* in Worcester, 1698 *Regius Prof. of Greek* in Oxford, 1704 *Archdiacon* ebd., u.a. *De Bibliorum textis originalibus* (4 Bde., s.o. 247³) 190
Hoffmann, Georg (1845–1933), Orientalist, 1868 Prom. Leipzig, 1870 Habil. Göttingen, 1872 o. Prof. Kiel 217, 224, 242, 246, 248, 250, 266, 279, 282, 286, 288, 307, 427, 586
– Heinrich (1821–1899), Pastor zu St. Laurentii in Halle, 1853 Ordin. Berlin, 1854 Pfarrer in Halle 214
von Hofmann, Johann Christian Konrad (1810–1877), Theologe, 1841 ao., 1842 o. Prof. Erlangen 44
Holle, Ludwig (1855–1909), Jurist u. Politiker, 1891 Geheimer Reg.-Rat u. vortragender Rat, 1900 Landeshauptmann Westfalen, 1904 Unterstaatssekretär im Arbeitsministerium, 1907 Kultusminister 521
Hollenberg, Johannes (1844–1892), Hebraist, Oberlehrer in Moers u. Bielefeld, Bearbeiter d. *Hebräischen Schulbuchs* seines Bruders Wilhelm (Berlin 1859, später bearb. v. Karl Budde u. Walter Baumgartner) 257
Holtzmann, Heinrich Julius (1832–1910), Theologe, 1861 ao., 1865 o. Prof. Heidelberg, 1874 Straßburg 11, 32, 319, 328, 496, 525, 529, 531, 534, 575, 581
Holzinger, Heinrich (1863–1944), Theologe, 1889 Repetent in Tübingen, 1893 Pfarrer, 1907 Lehrer in Stuttgart, 1917 Dekan in Ulm, 1922 Prälat in Ludwigsburg 612
Hommel, Fritz (1854–1936), Orientalist, 1877 Habil., 1885 ao. Prof. München 182
Hornyánszky, Aladár (1873–1939), slowen. Philologe, 1894–96 Studium der klass. u. semit. Philologie, 1897 Pastor in Óbuda/Budapest, 1899 Dozent, 1902 o. Prof. d. Hebr. u. d. Alten Test., ab 1920 auch d. Neuen Test. Bratislava 342
Horst, Ludwig (1856–1895), Theologe, 1881 Lic. theol., 1881 Pfarrvikar in Colmar, 1886 Dr. phil., 1889 Pfarrer in Straßburg, u.a. *Leviticus XVII–XXVI u. Hezekiel. Ein Beitrag zur Pentateuchkritik* (Colmar 1881) 218, 235
Horten, Max(imilian; 1874–1945) Orientalist, Bibliotheksrat, 1904 Prom., 1906 Habil., 1913 Tit.-, 1922 ao. Prof. Bonn 559

Houtsma, Martijn Theodoor (1851–1943), Orientalist, 1875 Prom. Leiden, Assistent de Goejes (oriental. Handschriften), 1890–1917 Prof. Utrecht, 1913–38 Hg. *Encyclopaedia of Islam* (9 Bde, Leiden) 71, 87, 387
Huber, Anton Vincent (1860–1888), Arabist, 1883 Prom., 1887 Habil. Leipzig 183, 190, 250
Hübschmann, Heinrich (1848–1908), Sprachwissenschaftler, 1876 ao. Prof. Leipzig, 1877 o. Prof. Straßburg 92
Hüsing, Georg (1869–1930), Historiker u. Sprachforscher, Priv. in Berlin u. Breslau, 1912 Priv.-Doz., 1921 ao. Prof. Wien, Mitbegr. d. „Orientalistischen Literaturzeitung" 625
Hueter, Victor (1832–1897), Mediziner, 1891 Prof. Marburg 255
– Carl (1838–1882), Mediziner, 1862 Prom., Ass. in Marburg u. Berlin, 1868 Habil., 1870 Prof. in Greifswald, 1881 Mitgl. d. Reichstags, Bruder v. Victor Hueter 105
von Humboldt, Wilhelm (1767–1835), preuß. Staatsmann u. Gelehrter 397, 399
Hunnius, Carl (1873–1964), Theologe u. Philologe, 1904 Prom. Göttingen, anschl. Lehrer u. Bibliothekar in St. Petersburg, 1907 Schuldir. in Mitau, 1919 Misdroy (heute Międzyzdroje/Polen), 1944 Lehrer in Wyk auf Föhr 450
Hupfeld, Hermann (1796–1866), Theologe, 1817 Prom. Marburg, 1819 Gymnasialprof. Hanau, 1824 Habil. Halle, 1825 ao. Prof., 1827 o. Prof. Marburg, 1843 Halle 196, 397
Husserl, Edmund (1859–1938), Philosoph u. Mathematiker, 1882 Prom. (Math.) Wien, 1887 Priv.-Doz. Halle, 1901 ao., 1906 o. Prof. Göttingen, 1916–28 Freiburg i. Br., 1933 Beurlaubung, 1936 Entzug d. Lehrerlaubnis 570

Ideler, (Christian) Ludwig (1766–1846), Astronom, 1794 Königl. Astronom u. Berechner d. Landeskalender, 1821 Prof. Berlin 602
Irving, Edward (1792–1834), 1812 Rektor in Kirkcaldy, 1819 Hilfsprediger in Glasgow, 1822 Prediger in London, 1829 Verurteilung als Irrlehrer, predigte die Neuausgießung d. Geistes u. das Wiederaufleben d. apost. Gnadengaben, 1835 Gründung einer „apostol.-kathol. Kirche" (Irvingianer), die insb. nach 1848 auch Deutschland erreichte 387

Jacob, Georg (1862–1937), Orientalist u. Islamwissenschaftler, 1892 Habil. Greifswald, 1896 ao. Prof. Erlangen, 1911 o. Prof. Kiel 269, 276, 377, 397, 449, 536, 556, 559, 567, 583, 590, 604–06, 612, 637
Jacobi, Friedrich Heinrich (1743–1819), Kaufmann, Philosoph, Schriftsteller, zunächst in Pempelfort bei Düsseldorf, 1794 Eutin, 1805 München, 1807–12 Präsident d. dortigen Akademie d. Wissenschaften, u.a. *Über die Lehre d. Spinoza. In Briefen an den Herrn Moses Mendelssohn* (Breslau 1785), *David Hume über den Glauben, oder Idealismus und Realismus. Ein Gespräch* (Breslau 1787) 479, 514
Jahn, Gustav (1837–1917), Orientalist, 1872 Prom. Leipzig, 1865 Oberlehrer, 1879 Habil. Berlin, 1890 o. Prof. Königsberg 254, 257, 412
James, Montague Rhodes (1862–1913), Altertumsforscher, Bibliothekar u. Schriftsteller, 1889 Dir. des *Fitzwilliam Museum*, Cambridge, 1905 Provost Cambridge (King's College), 1918 Eton College, 611
Jastrow, Marcus (eig. Mordechai J.; 1829–1903), Rabbiner u. Talmudgelehrter, 1855 Prom. Halle, 1858 Rabbi in Warschau, 1864 Worms, 1866 Philadelphia, 1867 Prof. ebd. (Maimonides College), 1866–1903 Arbeit am *Dictionary of the Targumim, the Talmud Babli and Yerushalmi, and the Midrashic Literature* (London and New York), 1900 D. Litt. (Univ. of Pennsylvania) 425
Jaurès, Jean (1859–1914), Politiker u. Historiker, 1883 Doz. in Toulouse, 1893 Abgeord. i. d. *Assemblée nationale*, 1902 Mitgründer d. *Parti socialiste français*, 1905 Präs. d. *Section française de l'Internationale ouvrière* 640
Jaussen, O.P., Antonin (1871–1962), Orientalist u. Archäologe, 1890 in Jerusalem (*École biblique et archéologique*) 1920 in Palästina, 1928 in Kairo (Gründung des dortigen Konvents), 1959 Rückkehr nach Frankreich 528
Jenner, Gustav (1865–1920), Komponist, lernte Orgel, Klavier u. Komposition in Kiel u. Hamburg, 1888 in Wien (bei J. Brahms u. E.

Mandyczewski), 1895 Akadem. Musikdirektor in Marburg 349f., 352
Jensen, Minna, geb. Imhoff († 1895, s. 467), erste Ehefrau von Peter Jensen (∞ 1892) 329
- Peter (1861–1936), Orientalist, 1884 Prom. Berlin, Bibliothekar in Kiel, anschl. Straßburg, 1888 Habil. ebd., 1892 ao., 1895 o. Prof. Marburg 285f., 288, 293f., 303, 329, 339, 368, 425
von Jhering/Ihering, Rudolf (1818–1892), Jurist, 1840 Prom., 1841 Habil. Berlin, 1845 o. Prof. Basel, 1846 Rostock, 1849 Kiel, 1852 Gießen, 1868 Wien, 1872 Göttingen 283f., 290, 308
Joachim, Herman(n) (1866–1917), Oberstleutnant, 1914 Leiter d. kartographischen Abteilung d. stellvertretenden Generalstabs, Sohn von Joseph Joachim u. Amalie, geb. Schneeweiß (1839–1899), Bruder von Johannes Joachim 643, 645
- Joseph (1831–1907), Violinist u. Komponist, Ausbildung in Leipzig bei Mendelssohn u.a., 1849 Konzertmeister in Weimar, 1853 Hannover, 1868 Lehrtätigkeit in Berlin, Gründung eines bekannten Streichquartetts, 1899 *Pour le Mérite* 582, 643
- Johannes (1864–1949), Bibliothekar, 1897 Bibliotheksrat in Göttingen, Bruder von Hermann Joachim 582, 643
de Jong, Pieter (1832–1890), Semitist, 1857 Prom., 1859 Doz. Leiden, 1866 Prof., 1868 Utrecht 250
Jost, Isaak Markus (1793–1860), Historiker u. Verleger, u.a. *Geschichte der Israeliten seit der Zeit der Maccabäer bis auf unsre Tage* (9 Bde., Berlin 1820–29) 86
Jülicher, Adolf (1847–1938), Theologe, 1880 Dr. phil. Halle, 1882 Pfarrer Rummelsburg, 1886 Lic. theol. Berlin, 1887 Priv.-Doz., 1888 ao., 1889 o. Prof. Marburg 78, 122, 125f., 134f., 158, 196f., 199, 264, 319f., 326, 328, 365, 410, 425f., 433f., 439f., 449, 468, 473, 494–96, 498, 503, 512f., 517, 540f., 575f., 578, 581, 593f., 603, 612, 620f., 651
Justi, Carl (1832–1912), Kunsthistoriker, 1866 ao., 1869 o. Prof. Marburg, 1871 Kiel, 1872–1901 Bonn, 1902 *Pour le Mérite*, Bruder von Ferdinand Justi 391, 394, 406, 408, 412, 453, 469, 497
- Eduard (1904–1986), Physiker, 1929 Prom. Marburg, anschl. Tätigkeit an der Physik.-Techn. Reichsanstalt Berlin, 1935 Habil. ebd., 1942 ao. Prof. ebd., 1944 o. Prof. Posen, 1946 Braunschweig, Sohn von Karl Justi 435, 454
- Emilie („Emmi", „Emy"), geb. Lüroth (1876–1946), Ehefrau von Ludwig Justi (∞ 1901) 394, 401, 403, 435
- Ferdinand (1837–1907), Orientalist u. Heimatforscher, 1861 Habil., 1865 ao., 1869 o. Prof. Marburg 176, 186, 232, 256, 260, 266, 277f., 280, 283, 288–92, 294f., 299–303, 305–07, 311f., 315, 328–34, 336, 338f., 343f., 348–50, 352, 354, 358–60, 368–70, 374, 376f., 380, 382, 386, 391f., 394–98, 401–03, 407–12, 416f., 421f., 432f., 435f., 440f., 454f., 469f., 476, 480f., 487, 497f., 502
- Friedrich (1869–1897), Arzt, Sohn von Ferdinand u. Helene Justi, 1894 Prom. Marburg 291f., 339, 358
- Helene, geb. Schepp (1844–1931), Ehefrau von Ferdinand Justi (∞ 1868) 176, 277, 290, 301f., 305, 328–30, 333f., 336, 338f., 343, 348f., 352, 359f., 369, 376f., 380, 392, 397, 407f., 416f., 421, 435f., 438f., 454, 470, 487, 497, 502, 518
- Karl (1873–1949), Arzt, Sohn von Ferdinand u. Helene Justi, 1897 Prom. Marburg, 1903 prak. Arzt in Hongkong u. Macao, 1913 Ass., 1913 Habil., 1916 Prof. Halle, 1919 Arzt in Marburg 339, 359, 376f., 380, 417, 421, 433
- Ludwig („Lux"; 1876–1957), Kunsthistoriker, Sohn von Ferdinand u. Helene Justi, 1898 Prom., 1902 Priv.-Doz. Berlin, 1903 ao. Prof. Halle, 1904 Dir. d. Städel-Instituts Frankfurt a. M., 1905 Sekr. d. Akad. d. Künste Berlin, 1909 Dir. d. Nationalgalerie Berlin, 1933 Absetzung, 1941 Pensionierung, 1946 Generaldir. d. ehemaligen Staatlichen Museen Berlin 336, 339, 359, 368, 376f., 380, 394, 401, 416, 421, 433, 454
- Wolfgang (1902–1980), Sohn von Ludwig u. Emilie Justi 408, 454

Kaestner, Wilhelm Friedrich, Leiter d. Dieterichschen (Universitäts-) Buchdruckerei W. Fr. Kaestner in Göttingen (1847 erworben) 141, 481, 485f., 507
Kaftan, Julius (1848–1926), Theologe, 1873 Priv.-Doz. Leipzig, 1874 ao., 1881 o. Prof. Basel, 1883 o. Prof. Berlin, 1904 Mitgl. d. Ev. OKR 214
Kahle, Paul (1875–1964), Theologe u. Orientalist, 1909 Habil. Halle, 1918 o. Prof. Gießen, 1923 Bonn, 1938 suspendiert, 1939

Emigration nach England, 1946 Prof. em. Bonn 457
Kähler, Martin (1835–1912), Theologe, 1864 ao. Prof. Bonn, 1867 Halle, 1878 o. Prof. ebd. 121, 229
Kaibel, Georg (1849–1901), Klass. Philologe, 1879 ao. Prof. Breslau, 1882 o. Prof. Rostock, 1883 Greifswald, 1886 Straßburg, 1897 Göttingen 129, 140, 146, 189, 345f., 390, 393, 402, 404
Kalisch, Moritz (1825–1885), dt.-engl. Hebraist u. Bibelwissenschaftler, 1848 Emigration nach Großbritannien, ab 1853 Lehrer u. lit. Berater im Hause Rothschild 42
Kalthoff, Albert (1850–1906), Theologe u. Philosoph, 1874 Prom. Halle, 1875 Pfarrer in Berlin, anschl. bei Züllichau (heute *Sulechów*/Polen), 1878 suspendiert, anschl. freier Journalist im Prot. Reformverein, 1884 Prediger in Basel, 1888 Bremen, 1906 Mitglied im Monistenbund, Verfahren zur Amtsenthebung wegen „Atheismus" 447
Kamphausen, Adolf (1829–1909), Theologe, 1855 Priv.-Doz. Heidelberg, 1859 Bonn, 1863 ao., 1868 o. Prof. ebd. 37, 43, 49, 126
(von) Karabacek, Joseph (1845–1918), österr. Orientalist u. Bibliothekar, 1869 Priv.-Doz., 1874 ao., 1885 o. Prof. Wien, daneben seit 1899 Direktor d. Hofbibliothek 385
Karlsburg, Frl., 1882 Hausmädchen bei von Wilamowitz-Moellendorffs 102
Kassirer, s. Cassirer
Kattenbusch, Ferdinand (1851–1935), Theologe, 1873 Rep., 1875 Lic. theol., 1876 Habil. Göttingen, 1878 o. Prof. Gießen, 1904 Göttingen, 1906 Halle 346, 433
Kaufmann, Georg (1842–1929), Historiker, 1872 Lehrer in Straßburg, 1887 beurlaubt, 1888 o. Prof. Münster, 1891 Breslau 244
Kautzsch, Emil (1841–1910), Theologe, 1871 ao. Prof. Leipzig, 1872 o. Prof. Basel, 1879 Tübingen, 1888 Halle 65, 67, 88, 107, 126, 134, 155, 181, 213–215, 217, 220, 226, 270, 275, 318–20
Kayser, August (1821–1885), Theologe, 1873 ao., 1879 o. Prof. Straßburg 34, 122
– Karl (1843–1910), Pastor u. Superintendent, 1885 Osterode, 1891 Göttingen (St. Jacobi), Studienfreund Wellhausens 275
Kehr, Paul Fridolin (1860–1944) Historiker, 1889 Priv.-Doz., 1893 Prof. Marburg, 1895 Göttingen, 1903 Direktor d. Preuß. Histor. Instituts Rom, 1919–34 Präs. der Zentraldir. d. *Monumenta Germaniae Historica*, 1915 Generaldir. d. Preußischen Archive Berlin, 1932 *Pour le Mérite* 397, 570

Keller, Gottfried (1819–1890), Schweizer Dichter, u.a. *Sieben Legenden* (Stuttgart 1872) 251

Keßler, Konrad (1851–1905), Semitist, 1875 Priv.-Doz. Marburg, 1886 ao. Prof. Greifswald 145, 159, 173f., 182, 184f., 187, 210f., 227, 232, 242

Kestner, s. Kaestner

Kiepert, Heinrich (1818–1899), Geograph u. Kartograph, Studium der Klass. Philologie in Berlin, 1852 bei Reimer in Berlin, 1854 Mitgl. d. preuß. Akademie der Wissenschaften, 1859 ao. 1871 o. Prof. Berlin, 1877 Mitgründer d. Deutschen Palästinavereins 461

Kießling, Adolph (1837–1893), Klass. Philologe, 1863 o. Prof. Basel, 1869 Lehrer an der Gelehrtenschule d. Johanneums in Hamburg, 1872 o. Prof. Greifswald, 1889 Straßburg 140, 149, 189

Kipling, Thomas (1745–1822), *Dean* v. Peterborough, 1784 Prom. (St. John's), 1787 *Deputy regius professor of divinity* in Cambridge, 1798 *Dean* v. Peterborough, u.a. *Codex Theodori Bezae Cantabrigiensis* (s.o. 463) 326

Kirchhoff, Adolf (1826–1908), Klass. Philologe u. Historiker, 1846 Prom. Berlin, anschl. Lehrer u. Prof. am Joachimsthalschen Gymnasium, 1865 o. Prof. Berlin, 1904 *Pour le Mérite* 430

Klein, Felix (1849–1925), Mathematiker, 1871 Priv.-Doz. Göttingen (daher Freund W. R. Smiths), 1872 o. Prof. Erlangen, 1875 München, 1880 Leipzig, 1886 Göttingen, 1923 *Pour le Mérite* 14, 174, 187, 227, 291, 293, 305, 309

Kleyn, Hendrik Gerrit (1859–1896), Theologe, 1882 Prom. Leiden, 1883 Pfarrer Wijngaarden b. Dordrecht, 1886 Hooge-Zwaluwe, 1888 Prof. Utrecht 271

Klostermann, August (1837–1915), Theologe, 1864 Priv.-Doz. Göttingen, 1868 o. Prof. Kiel 37, 83, 150, 260, 319

Kneipp, Sebastian (1821–1897), Priester u. Hydrotherapeut, Begründer d. „Kneippianismus" 387

Knobel, August (1807–1863), Theologe, 1836 ao. Prof. Breslau, 1839 o. Prof. Gießen 27

Koch, Adolf (1843–1912), Semitist u. Theologe,1869 Prof. Schaffhausen, 1879 Hofprediger d. bulg. Fürsten Alexander in Sofia, 1887 Pfarrer in Pfungstadt/Hessen 180f.

Köhler, August (1835–1897), Theologe, 1857 Priv.-Doz., 1862 ao. Prof. Erlangen, 1864 o. Prof. Jena, 1866 Bonn, 1868 Erlangen 37
- Ulrich (1838–1903), Althistoriker, 1862 am Dt. Archäolog. Institut Rom, 1865 Athen (*Corpus Inscr. Graec.*), 1872 o. Prof. Straßburg, 1875 Athen (Archäolog. Institut), 1886 o. Prof. Berlin 180

Körte, Alfred (1866–1946), Klass. Philologe, 1890 Prom., 1895 Doz., 1896 Habil. Bonn, 1899 ao. Prof. Greifswald, 1903 o. Prof. Basel, 1906 Gießen, 1914 Freiburg i.Br., 1917 Leipzig 619

Köstlin, Friedrich (1845–1932), Theologe, Lehrer u. Pastor, 1891 Dekan in Blaufelden 56

van Koetsveld, Cornelis Elisa (1807–1893) Theologe u. Schriftsteller, 1830 Pfarrer in Westmaas, Berkel en Rodenrijs, Schoonhoven u. Den Haag, 1878 Hofprediger ebd. 196

Kohler, Josef (1849–1919), Jurist u. Rechtshistoriker, 1873 Promotion, 1878 Prof. Würzburg, 1888 Berlin 62, 231, 631

Kolberg, Grete, Bekannte von Marie Wellhausen 144

Konrad, s. Conrad

Kosegarten, Johann Gottfried Ludwig (1792–1860), Orientalist, 1817 o. Prof. Jena, 1824 Greifswald 92, 141, 179, 585

Kosters, Willem Hendrik (1843–1897), Theologe, Prediger in Rockanje, Heenvliet, Barendrecht, Neede u. Deventer, 1892 Prof. Leiden 447

Kraut, Julie, geb. Oesterley (1850–1929), 2. Ehefrau von Karl Kraut (∞ 1881), Tochter von Sophie geb. Murray (der Schwester Charlotte Limprichts) 177
- Karl (1829–1912), Chemiker, 1858 Lehrer, 1868 etatmäßiger Prof. Hannover ([Poly-]Techn. Hochschule) 177, 337, 339

Krehl, Ludolf (1825–1901), Orientalist, 1861 ao. Prof. u. Bibliothekar, 1869 Hon.-Prof. u. Oberbibliothekar, 1874 o. Prof. Leipzig, 1925 *Pour le Mérite* 9, 30, 108, 218

Krohn, August (1840–1889), Philosoph u. Klass. Philologe, 1867 Lehrer in Brandenburg, 1875 Priv.-Doz., 1881 ao. Prof. Halle, 1884 o. Prof. Kiel 131, 139
- Florentine, geb. von Lilienthal, Ehefrau von August Krohn (∞ 1877) 131, 139

Krüger, Paul (1840–1926), Jurist, 1861 Prom., 1864 Mitarbeiter Theodor Mommsens in Berlin, 1870 ao., 1871 o. Prof. Marburg, 1872 Innsbruck, 1873 Königsberg, 1888 Bonn, (Mit-) Hg. versch. röm. Rechtsquellen 235, 492

Kühnemann, Eugen (1868–1946), Philosoph, 1891 ao. Prof. Marburg, 1903 Rektor in Posen 1906–36 o. Prof. Breslau 517

Kühl, Ernst (1861–1918), Theologe, 1885 Priv.-Doz., 1887 ao. Prof. Breslau, 1893 Marburg, 1895 Königsberg, 1910 Göttingen 298, 304, 306, 597

Kühner, Raphael (1802–1878), Klass. Philologe u. Gymnasiallehrer, 1825 am Lyzeum in Hannover, Lehrer Wellhausens, Verfasser verbreiteter Grammatiken der griech. u. lat. Sprache, bearb. u.a. von Bernhard Gerth (1844–1911) 139, 492, 569

Külz, Eduard (1845–1895), Physiologe, 1871 Dr. phil., 1872 Dr. med. u. Habil. Marburg, 1877 ao., 1879 o. Prof. Marburg 189, 308, 329

Kuenen, Abraham (1828–1891), Theologe, 1852 ao., 1855 o. Prof. (Neues Testament) Leiden, 1877 ebd. (Altes Testament) 8, 24, 30f., 33f., 36f., 39f., 42–45, 47f., 50–54, 58f., 60, 62, 67, 69, 70f., 73–75, 78, 82f., 88f., 96, 109, 117f., 138, 150f., 153, 167f., 172, 193, 200–05, 207, 209, 213, 221, 242, 250, 262f., 265, 273, 641
- Everdina Suzanna (ca. 1870–1920), Tochter von Abraham u. Wiepkje Kuenen 201, 263, 273
- Johannes Petrus (1866–1922), Physiker, ältester Sohn von Abraham u. Wiepkje Kuenen 201, 263, 273
- Wiepkje, geb. Muurling (1833–1883), Ehefrau von Abraham Kuenen (∞ 1855) 50, 58, 70f., 74, 273
- Willem Abraham („Bram"; 1873–1951), Mediziner, Sohn von Abraham u. Wiepkje Kuenen 201, 263, 273
- Wiepkje Sietske Christina (1855), Tochter von Abraham u. Wiepkje Kuenen 201, 263, 273

Küper, August W., Theologe, u.a. *Das Prophetentum d. Alten Bundes übersichtlich dargestellt* (Leipzig 1870) 31

Kuhn, Ernst (1846-1920), Orientalist, 1871 Priv.-Doz. Halle, 1872 Leipzig, 1875 o. Prof. Heidelberg, 1877 München, Mitarbeit an der Ztschr. seines Vaters, 1893 an der „Orientalischen Bibliographie", 1895 am Grundriß der iran. Philologie (mit W. Geiger, 2 Bde., Straßburg 1895-1904), Sohn d. Sprachwissenschaftlers Adalbert Kuhn (1812-1881) u. Albertine, geb. Schwartz 463

Kultusminister (Minister der geistlichen, Unterrichts- und Medizinalangelegenheiten): 1872-79 Adalbert Falk, 1879-81 Robert v. Puttkamer, 1881-91 Gustav v. Goßler, 1891-92 Robert v. Zedlitz, 1892-99 Robert Bosse, 1899-1907 Konrad v. Studt, 1907-09 Ludwig Holle, 1909-17 August v. Trott zu Solz

Kunstmann, Hugo, Apotheker in Greifswald, Markt 1 113

Kurator der Universität Göttingen: 1868-88 Adolf von Warnstedt (6), 1888-94 Ernst von Meier (228), 1894-1906 Ernst Höpfner (345, 401, 418, 446, 460, 462), 1907-20 Ernst Osterrath (561f.)

- der Universität Marburg: 1886-1888 Ernst von Meier (202), 1889-1905 Heinrich Steinmetz (228, 246, 248)
- der Universität Halle: 1883-1902 Wilhelm Schrader (133)
- der Universität Greifswald: 1891-1906 Max von Hansen (402)

Lachmann, Karl (1793-1851), Mediävist u. Klass. Philologe 1815 Habil. Göttingen, 1816 Priv.-Doz. Berlin, 1818 ao. Prof. Königsberg, 1825 ao., 1827 o. Prof. Berlin, 1835 300, 532, 535

de Lagarde, Paul (eig. Bötticher, 1827-1891), Theologe u. Orientalist, 1869 o. Prof. Göttingen 8, 16-21, 23, 28, 35-37, 39, 87f., 92, 96, 101, 103, 108, 122f., 134, 145, 172, 192, 205, 214f., 217, 233, 252f., 257, 265, 278, 282, 284, 286, 297, 317, 347, 351f., 357, 384, 397, 399, 486, 501, 504, 521, 651

- Anna, geb. Berger (1831-1918), Ehefrau von Paul de Lagarde (∞ 1854) 284, 293

Lahmeyer, Gustav (1827-1915), Pädagoge u. Schulmann, 1849 Prom. Göttingen, 1853 Oberlehrer in Hannover, Gymnasialdir. in Lüneburg, Lingen u. Hildesheim, 1873 Provinzialschulrat Schleswig-Holstein, 1883 in Kassel, 1901, Onkel W.s 321, 348, 349, 364, 378

Lammens S.J., Henri (1862-1937) belg. Orientalist, lebte im Libanon, Hg. „al-Bašīr" (البشير), 1907 Prof. Beirut, 1910-14 am Päpstl. Bibelinstitut Rom 601f., 625

Lamprecht, Karl (1856-1915), Historiker, 1880 Priv.-Doz., 1888 ao. Prof. Bonn, 1890 o. Prof. Marburg, 1891 Leipzig 244

Land, Jan Pieter Nicolaas (1834-1897), Orientalist u. Philosoph, 1854 Prom. Leiden, 1864 Prof. Amsterdam, 1872 Leiden 405, 549

Landauer, Samuel (1846-1937), Orientalist u. Bibliothekar, 1872 Prom. München, 1875 Habil., 1884 Bibliothekar, 1894 Hon.-Prof. ebd., 1918 Ausweisung 179

Graf Landberg [-Hallberger], Carlo (1848-1924), schwed. Orientalist, Privatgelehrter, 1882 Prom. Leipzig, 1888 Konsul in Alexandria, 1889 Generalsekr. d. 8. Int. Orientalistenkongresses Stockholm u. Oslo, 1895 u. 1898 Reisen nach Arabien 250

Lane, Edward William (1801-1876), Orientalist, versch. Forschungsaufenthalte in Ägypten, Begründer d. Arabic-English Lexicon (8 Bde., Edinburgh 1863-72, Bde. 6-8 hg. v. Stanley Lane-Poole 1877-93) 238, 265, 489

Lane-Poole, Stanley Edward (1854-1931), Orientalist u. Archäologe, 1874 im British Museum, 1897 Prof. Dublin, Hg. des Arabic Lexicon seines Großonkels Edward William Lane, s. dort

- Reginald Stuart (1832-1895), Orientalist u. Numismatiker, 1852 Assistant, 1870 Keeper im Brit. Museum, 1889 Prof. London (Univ. College), Autor f. d. Encyclopædia Britannica (9th ed.), Begr. d. Egypt Explor. Funds 137f.

Lange, Adolf Carl (1857-1931), Klass. Philologe u. Pädagoge, 1878 Prom. Marburg, 1879 Hilfslehrer in Kassel, 1885 Oberlehrer in Weilburg, 1892 Marburg, 1899 Dir. Höchst a. M., 1904 Solingen, versch. Einführungen u. Kommentare zu lat./gr. Autoren 274, 279

Laqueur, Richard (1881-1959), Klass. Philologe u. Althistoriker, 1907 Habil. Göttingen. 1908 Lehrauftrag in Kiel, 1909 ao., 1912 o. Prof. Straßburg, anschl. Gießen, 1930 Tübingen, 1932 Halle, 1936 vorzeitige Pensionierung, 1939 Emigration (USA), 1952 Rückkehr nach Hamburg, 1959 Hon.-Prof. ebd. 441-43, 454, 569

Larfeld, Wilhelm (1858-1928), Klass.
Philologe, Epigraphiker, 1881 Prom., 1882
Lehrer in Berlin, 1886 Oberlehrer in Krefeld,
1888 Remscheid 593
Lassen, Christian (1800-1876), norweg.-dt.
Indologe, 1827 Prom, 1830 ao., 1840 o. Prof.
Bonn, 1837 Mitbegr. der „Zeitschrift für die
Kunde des Morgenlandes" (-1850), 1857
Pour le Mérite 397, 624, 627
Lauterbach, Jacob Zallel, 1903 Prom.
Göttingen (*Saadja Al-fajjûmi's arabische
Psalmenübersetzung und Commentar. Psalm
107-124*, Berlin 1903) 415
Lavater, Johann Caspar (1741-1801) Pfarrer,
Philosoph u. Schriftsteller, 1762 versch.
Pfarrstellen in Zürich, 1769 Teilübersetzung
v. Charles Bonnets *La palingénésie
philosophique* (*Herrn Carl Bonnets
Philosophische Untersuchung der Beweise für
das Christenthum*, Zürich 1769), Streit mit
Moses Mendelssohn, u.a. *Physiognomische
Fragmente, zur Beförderung der Menschen-
kenntniß und Menschenliebe* (4 Bde., Leipzig
u. Winterthur 1775-78) 387
Lehmann, Max (1845-1929), Historiker, 1868
Lehrer in Berlin, 1875-93 Redaktion der
„Historischen Zeitschrift", 1875 Eintritt ins
Geheime Staatsarchiv, 1879 zus. Doz. Berlin,
1888 o. Prof. Marburg, 1893 Leipzig, anschl.
Göttingen 298, 308, 359
„Lenchen", „Lene", „Lening", s. Bewer, Helene
Lenz, Emma, geb. Rohde (1859-1934),
Pianistin, Ehefrau von Max Lenz (⚭ 1879)
176, 189
- Max (1850-1932), Historiker, 1874 Prom.
Greifswald, 1875 Archivar Marburg, 1876
Habil., 1881 ao., 1885 o. Prof. Marburg, 1888
Breslau, 1890 Berlin, 1914 Hamburg 176,
189, 308
Leo, Cécile, geb. Hensel (1858-1928), Ehefrau
von Friedrich Leo (⚭ 1882) 573, 608
- Friedrich (1851-1914), Klass. Philologe,
1881 ao. Prof. Kiel, 1883 o. Prof. Rostock,
1888 Straßburg, 1889 Göttingen, 1897-1914
Sekr. d. phil.-hist. Klasse d. Gesellschaft d.
Wissenschaften zu Göttingen 129, 349, 361,
378, 392, 404, 418, 462, 568, 570, 574, 608,
610, 615
Lepsius, Karl Richard (1810-1884), Ägyptologe, Sprachwissenschaftler u. Bibliothekar,
1842 ao., 1846 o. Prof. Berlin, 1872 *Pour le
Mérite*, 1873 Direktor der Kgl. Bibliothek 53

von Leutsch, Ernst (1808-1877), Klass.
Philologe, 1837 ao., 1842 o. Prof. Göttingen
18
Levin, Hermann Bartold (1855-1926), Salinenbesitzer in Göttingen, Göttinger Kandidat
der Nationalliberalen bei den Reichstags-
wahlen 1907 496
Levy, Julius s. Rodenberg, Julius
„Frau Lewis", s. Smith-Lewis, Agnes
Lidzbarski, Mark (eig. Abraham Mordechai;
1868-1928), Semitist, 1896 Habil. Kiel, 1907
o. Prof. Greifswald, 1917 Göttingen 497,
586, 605, 607f., 612, 642
Lietzmann, Hans (1874-1942), Theologe, 1900
Habil. Bonn, 1905 ao. Prof. Jena, 1908
o. Prof. Jena, 1923 Berlin 341, 364, 408,
529f.
Limpricht, Anna („Anning"), s. Felix, Anna
- Charlotte, geb. Murray (1832-1907),
Ehefrau von Heinrich Limpricht (⚭ 1843),
Wellhausens Schwiegermutter 74f., 102,
113d., 120-22, 128f., 131f., 134-37, 143f.,
146-50, 156-58, 163f., 169f., 176-78, 189,
212f., 228f., 236, 242, 244, 248f., 254f., 277,
306, 315f., 322, 325-28, 334, 339f., 345,
353f., 355-57, 368, 370-72, 379, 390f., 393,
402, 407, 409, 441, 452f., 470-72, 498, 518,
523
- Elisabeth („Ella"), Tochter von Heinrich u.
Charlotte Limpricht, Wellhausens
Schwägerin 100, 102, 114, 120, 132f., 136f.,
152, 164, 178, 197, 229, 260, 343, 452, 518,
539f., 544, 548, 551-57, 560, 568, 570,
572-74, 582f., 595, 626, 633f., 638, 640-42
- Heinrich (1827-1909), Chemiker, 1855
ao. Prof. Göttingen, 1860 o. Prof. Greifswald,
Wellhausens Schwiegervater 74f., 102, 114,
120f., 128, 135-37, 139f., 148-50, 152, 163f.,
178, 212f., 242, 244, 246, 248f., 254, 301,
306, 326-28, 337-40, 345, 349, 353, 357,
370-72, 378, 382, 390f., 407, 438, 452f.,
470-72, 518, 539, 645
- Helene („Lening"), s. Bewer, Helene
- Martha, s. Moeller, Martha
Lipps, Theodor (1851-1914), Philosoph u.
Psychologe, 1874 Prom., 1877 Priv.-Doz.,
1884 ao. Prof. Bonn, 1890 o. Prof. Breslau,
1894 München 253
Littmann, Enno (1875-1958), Orientalist, 1898
Prom. Halle, 1899 u. 1904 Teilnahme an
Expeditionen der Universität Princeton,
1905/06 Mitgl. d. dt. Aksumexpedition,
o. Prof. Straßburg, 1914 Göttingen (1915-16

Sekr. d. phil.-hist. Klasse d. Gesellschaft d. Wissenschaften), 1918 Bonn, 1921 Tübingen, 1931 *Pour le Mérite*, verh. mit Nöldekes Enkelin Elsa (1894–1983, ∞ 1921) 411–14, 424, 441, 448f., 451, 454, 457, 524, 528f., 531, 533, 538, 542, 551f., 556, 559f., 566–69, 577–79, 583f., 586, 590f., 593, 599f., 603–10, 612f., 616–18, 620, 623–47, 649–52
- Sophie, geb. Jacoby (1843–1924), Mutter von Enno Littmann, Ehefrau des Oldenburger Druckereibesitzers Gustav Adolph Littmann (1829–1893) 560, 629, 636

Litzmann, Karl (1850–1936), Militär, 1898 Generalmajor, 1902 Dir. d. Preuß. Kriegsakademie, 1914 General, 1915 Einnahme von Kowno, 1929 NSDAP-Mitgl., 1933 Reichstagsabgeordneter, 1940 Umbennung von Łódź in „Litzmannstadt" 636

Loeschcke, Georg (1852–1915), Klass. Archäologe, 1875 Prom. Bonn, 1879 ao., 1880 o. Prof. Dorpat, 1889 o. Prof. Bonn, 1912 Berlin 598
- Gerhard (1880–1912), Kirchenhistoriker, 1906 Lic. theol., Habil. Bonn, 1910 Habil. Göttingen, 1912 ao. Prof. Göttingen, Sohn von Georg Loeschcke u. Katharina, geb. Jäger (1852–1912) 598

Loth, Otto (1844–1881), Orientalist, 1869 Priv.-Doz., 1874 ao. Prof. Leipzig, 1874–80 Redaktion der „Zeitschrift der Deutschen Morgenländischen Gesellschaft" 44, 250

Lotze, Hermann (1817–1881), Philosoph, 1842 ao. Prof. Leipzig, 1844 o. Prof. Göttingen, 1881 Berlin 20, 532

von Lucanus, Hermann (1831–1908), preuß. Politiker, 1878 Ministerialdirektor, 1881 Unterstaatssekretär, 1888 Geh. Kabinettsrat u. Chef d. Geh. Zivilkabinetts, 1897 Mitglied d. Staatsrats 452

„(Dr.) Ludwig", s. Justi, Ludwig

Lücke, Friedrich (1791–1855), Theologe, 1813 Repetent Göttingen, 1814 Dr. phil. Halle, Habil. 1816 Berlin, o. Prof. Bonn, 1819 Dr. theol., 1827 o. Prof. Göttingen, 1843 Abt zu Bursfelde 509

Lüroth, Jacob (1844–1910), Mathematiker, 1867 Priv.-Doz. Heidelberg, 1869 Prof. Karlsruhe, 1880 München, 1883 Freiburg i. Br., Bruder von Helene, geb. Schepp und Schwager von Ferdinand Justi 394, 416

„Luischen", s. Reiche, Luise

Lukanus, s. von Lucanus

Lumby, Joseph Rawson (1831–1895), Theologe, 1879 *Norrisian Prof. of Divinity*, 1886 *Prof. Fellow* (St. Catharine's), 1892 *Lady Margaret Prof. of Divinity*, Cambridge 183

Lyra, Justus Wilhelm (1822–1882), Komponist u. Pastor, u.a. 1842 Melodie zu E. Geibels „Der Mai ist gekommen", 1843 Studium der Theologie u. Sanskritologie, 1867 Pastor in Wittingen, 1869 Bevenesen, 1877 Gehrden 646
- Friedrich Wilhelm (1794–1848), Kanzleiregistrator u. Sprachforscher, Vater von Justus Wilhelm Lyra 646

M, s. Limpricht, Charlotte

Mackay, Aeneas James George (1839–1911), schott. Jurist u. Historiker, 1874 Prof. Edinburgh, 1881 *Advocate-depute*, *Lord advocate*, 1882 *Legum Doctor* Edinburgh, 1885 Mitgründer der *Scottish History Society*, 1886 *Sheriff-principal* Fife u. Kinross (Schottland) 229

von Mackensen, August (1849–1945), preuß. Militär, 1903 Generalleutnant, 1908 General d. Kavallerie, Erfolge im 1. Weltkrieg, 1914 *Pour le Mérite* (milit.) u. Generaloberst, 1915 Generalfeldmarschall 641

MacLennan, John Ferguson (1827–1881), Ethnologe, Religionshistoriker u. Anwalt, 1857 Anwalt in Edinburgh, 1871 *Parliamentary draughtsman* f. Schottland in London 76

Maercker, Ethelinde, geb. Schach von Wittenau (1857–1929), Ehefrau von Max Maercker 113, 133
- Max (1842–1901), Agrikulturchemiker, 1872 ao., 1892 o. Prof. Halle 113, 133, 144

Maier, Heinrich (1867–1933), Philosoph, 1900 ao., 1901 o. Prof. Zürich, 1902 Tübingen, 1911 Göttingen, 1918 Heidelberg, 1922 Berlin 570, 597

Mankel, Johann, Universitäts-Hauptpedell u. „Logis-Commissar" in Göttingen, 1899 Oberpedell, Jüdenstr. 11 608

Montet, Edouard (1856–1934), Theologe u. Orientalist, 1882 Priv.-Doz, 1885 Prof. d. orient. Sprachen u. d. AT, 1894 d. Arabischen in Genf 597

Margoliouth, David Samuel (1858–1940), Orientalist, 1889 Prof. Oxford 250, 574

Marmé, Käte, Witwe d. Göttinger Pharmakologen Wilhelm Marmé (1832–1897) 452, 518, 557, 582, 634

Marquart (ab 1923: Markwart), Josef (1864–1930), Orientalist u. Historiker, 1892 Prom., 1897 Habil. Tübingen (Alte Geschichte), 1900 Assistent in Leiden, 1902 ebd. Habil. (oriental. Sprachen), 1912 ao., 1920 o. Prof. Berlin 368, 405, 533

Martha, s. Moeller, Martha

Marti, Karl (1855–1925), schweiz. Theologe, 1878 Pfarrer in Buus b. Basel, 1880 Priv.-Doz. Basel, 1884 Pfarrer in Muttenz b. Basel, 1895 o. Prof. Bern, 1907 Hg. „Zeitschrift für die Alttestamentliche Wissenschaft" 218, 223, 447, 621

„Tante Mathilde", s. Reiche, Mathilde

Matthes, Jan Carel (1836–1917), Theologe, 1877 Prof. Amsterdam, Schwager von Abraham Kuenen 50, 153
– Tjitske, geb. Muurling (1840–1920), Ehefrau von Jan Carel Matthes (∞ 1860) 50

Maurenbrecher, Max (1876–1930), Theologe u. Publizist, 1898 Prom. Leipzig, Lehrer in Zwickau, 1899 Beitritt zum Nationalsozialen Verein Fr. Naumanns Berlin, Generalsekretär, 1903 Beitritt zur SPD, 1906 Kirchenaustritt, 1909 Prediger in Nürnberg, 1911 Mannheim, 1913 Austritt aus der SPD, 1917 Wiedereintritt, 1919 Pfarrer in Dresden, 1921 Red. der „Deutschen Zeitung", Pfarrer in Thüringen 580

Mayer, Weinstube („Buschen") in Bozen 371

von Meier, Ernst (1832–1911), Jurist u. Univ.-Kurator, 1856 Prom. Berlin, 1857 Priv.-Doz. in Göttingen, 1865 Berlin, 1868 ao., 1871 o. Prof. Halle, 1886 Kurator Marburg, 1888 Göttingen, 1894 Berlin 228

Meinhold, Johannes (1861–1937), Theologe, 1884 Prom., Priv.-Doz., 1888 ao. Prof. Greifswald, 1889 Bonn, 1922 o. Prof. ebd. 152

Meißner, Eleonore („Lorle"), geb. Vischer (1880–1948), Tochter von Robert Vischer, Ehefrau von Rudolf Meißner (∞ 1904) 329, 379, 391, 394, 435
– Rudolf (1862–1948) Mediävist, 1889–1902 Ass. Moriz Heynes, 1896 Priv.-Doz. Göttingen, 1906 o. Prof. Königsberg, 1913 u. 1946 Bonn 388, 391, 435, 444, 481, 524

Ménégoz, Louis Eugène (1838–1920), Theologe, 1877 o. Prof. Paris (Sorbonne), 1901 Mitglied d. Conseil supérieur de l'Instruction publique 321

(von) Menzel, Adolph (1815–1905), Maler u. Illustrator, 1853 Mitglied d. Akademie der Künste Berlin, 1856 Prof. Berlin, 1870 Mitglied, 1886 Kanzler Pour le Mérite 398, 401, 453

Menzies, John Ross (1852–1935), Buchhändler in Edinburgh, Sohn d. Buchhändlers John Menzies (1806–1879) 117f.

Merx, Adalbert (1838–1909), Theologe, 1869 ao. Prof. Jena, 1869 o. Prof. Tübingen, 1873 Gießen, 1875 Heidelberg 37, 187, 428, 465, 542, 545, 573

Meyer, Arnold (1861–1934), Theologe, 1891 Prom., 1892 Priv.-Doz. Bonn, 1904 o. Prof. Zürich 341
– Eduard (1855–1930), Althistoriker, 1875 Prom., 1879 Habil. Leipzig, 1885 o. Prof. Breslau, 1890 Halle, 1902 Berlin, 1918 Pour le Mérite, u.a. Geschichte des Alterthums (5 Bde., Stuttgart 1884–1902, versch. Bearb.), Die Entstehung des Judenthums. Eine historische Untersuchung (Halle 1896), Julius Wellhausen und meine Schrift „Die Entstehung des Judenthums". Eine Erwiderung (Halle 1897), Ursprung und Anfänge des Christentums (3 Bde., Stuttgart 1921–23, [4–5]1924–25) 165, 174, 179, 249, 252, 326, 346, 447, 489
– Ferdinand, möglicherweise der schweiz. Jurist u. Historiker (1799–1840), 1822 Sekr. der Justizkomm. von Zürich, 1826 Dritter Staatsschreiber, 1830 Zürcher Großrat, 1831 Regierungsrat, Rücktritt, Verdienste um die Gründung d. Univ. Zürich (1833), 1839 erneut Regierungsrat 489

„Fränzchen Meyer", s. Meyer, Franziska

Meyer, Friedrich, s. Maier
– Franziska („Fränzchen"), Tochter von Leo u. Maria Meyer, geb. Haase (1840–1900; ∞ 1865) 471, 557, 582
– Heinrich August Wilhelm (1800–1873), Theologe, 1822 Pfarrer Osthausen (Thür.), 1831 Harste, 1837 Superintendent Hoya, 1841 Hannover, 1861 Oberkonsistorialrat, Begründer des „Kritisch-Exegetischen Kommentars zum Neuen Testament" 257
– Johannes (1869–1957), Theologe, 1890 Lehrer in Gartow, 1894 Hilfsprediger, 1897 Pastor in Stift Börstel, Echte u. Hildesheim, 1911 o. Prof. Göttingen 597
– Leo (1830–1910), Linguist, 1856 Prom., 1857 Habil., 1862 ao. Prof. Göttingen, 1865 o. Prof. Dorpat, 1899 ord. Hon.-Prof. Göttingen 395, 471, 557

- Victor (1848-1897), Chemiker, 1867 Prom. Heidelberg, 1871 ao. Prof. Stuttgart, 1872 o. Prof. Zürich, 1884 Göttingen, 1889 Heidelberg 248
- Wilhelm („aus Speyer"; 1845-1917), Bibliothekar u. Klass. Philologe, 1872 Sekretär in der Staatsbibl. München, 1875 Anstellung ebd., 1886 o. Prof. Göttingen, 1889 freigestellt f. einen Katalog d. Handschr. in Preußen, 1895 Wiederaufnahme d. Lehrtätigkeit 296, 349, 353f., 356, 362, 377, 431, 435, 458, 494

Meyer aus Tübingen, s. Maier, Heinrich

von Meyer(-Arnswalde), Leut(h)old (1816-1892), Politiker, 1846 Landrat in Arnswalde, mehrfach Mitgl. d. Reichtags (Deutschkonserv. Partei), u.a. 1890-92 Regierungsbezirk Frankfurt (Arnswalde) 251

Mez, Adam (1869-1917), Orientalist, 1892 Prom. Straßburg, 1894 Habil., 1897 ao., 1905 o. Prof. Basel 277f., 529

Michaelis, Adolf (1835-1910), Klass. Archäologe, 1857 Prom., 1861 Habil. Kiel, 1862 ao. Prof. Greifswald, 1865 o. Prof. Tübingen, 1872 Straßburg 157
- Christian Benedict (1680-1764), Theologe u. Orientalist, 1713 ao., 1714 o. Prof. der Philosophie, 1731 der Theologie, 1738 der orient. Sprachen u. d. Griech. in Halle 155, 157
- Johann David (1717-1791), Theologe u. Orientalist, 1739 Prom. Halle, 1745 Priv.-Doz., 1746 ao., 1750 o. Prof. Göttingen, 1751 Sekretär, 1761 Direktor der Gesellschaft der Wissenschaften zu Göttingen 35, 352

Michaud, Joseph François (1767-1839) u. Luis Gabriel (1773-1858), zus. mit Eugène Ernest Desplaces (1828-1868) Hg. *Biographie universelle ancienne et moderne. Nouvelle édition* (Paris o. J., ca. 1854-65) 166

„Frl. Michelsen", Bekannte von Charlotte Limpricht in Greifswald 355

„Karlchen Mießnick", Pseudonym von Ernst Dohm (eig. Elias Levy D.; 1819-1883), Journalist, schrieb u.a. im „Kladderadatsch", Redakteur d. nationalliberalen „Hannoverschen Kuriers" 603

Mirbt, Carl (1860-1929), Kirchenhistoriker, 1888 Prom., 1888 Habil. Göttingen, 1889 ao., 1890 o. Prof. Marburg, 1911 Göttingen 597

Misch, Georg (1878-1965), Philosoph, 1911 ao. Prof. Marburg, 1917 ao., 1919 o. Prof. Göttingen, 1933 entlassen, 1939 Emigration nach England, 1946 o. Prof. Göttingen 570

Mittwoch, Eugen (1876-1942), Orientalist, 1899 Prom., 1905 Habil., 1907 Priv.-Doz., 1915 ao. Prof. Berlin, 1917 o. Prof. Greifswald, 1919 Berlin, 1935 Zwangsemeritierung, 1939 Emigration nach Großbritannien 608f., 645

Moeller, Eberhard, Sohn von Hermann u. Martha Moeller 640, 642
- Eva, Tochter von Hermann u. Martha Moeller 640
- (auch: Møller), Hermann (1850-1923), dän. Germanist, 1878 Priv.-Doz. Kiel, 1883 Doz., 1888 o. Prof. Kopenhagen 212, 255, 640
- Martha, geb. Limpricht, Schwester von Marie Wellhausen, Ehefrau von Hermann Moeller 120, 129, 164, 176, 212, 255, 554, 640, 644

Mommsen, Marie, geb. Reimer (1832-1907), Ehefrau von Theodor Mommsen (∞ 1854) 100
- Marie, s. von Wilamowitz-Moellendorff, Marie
- Theodor (1817-1903), Jurist, Philologe, Historiker, 1848-51 ao. Prof. Leipzig, 1852 o. Prof. Zürich, 1854 Breslau, 1858 Forsch.-Prof. an der Preuß. Akad. d. Wissensch., 1861 o. Prof. Berlin, 1868 *Pour le Mérite*, 1894-1903 dessen Vizekanzler, 1902 Nobelpreis f. Literatur (*Römische Geschichte*), Großvater von Adelheid, Schwiegervater von Ulrich, Vater von Marie von Wilamowitz-Moellendorff 49, 56, 70, 80, 100, 110, 122, 125, 141, 158-60, 162-69, 171, 180, 183, 190, 233-35, 251, 257, 263, 310, 321, 331f., 342f., 360f., 372-77, 380, 398, 406, 408, 426, 560, 621

Moore, George Foot (1851-1931), Religionshistoriker, 1878 *Pastor* in Ohio, 1883 *Chair of Hebrew* Andover, 1855 D.D. (*Marietta College,* Ohio), 1893 Doz. f. Rel. geschichte, 1897 D.D. Harvard, 1902 Prof. Harvard, 1909 Austauschprof. Berlin. 544, 579

Mordtmann jr., Johannes Heinrich (1852-1932), Orientalist u. Diplomat, 1874 Prom. Berlin, 1886 Konsul Saloniki, 1903 Kons., 1904 Generalkons. Smyrna, 1910 Prof. Istanbul, anschl. in Deutschland u. Österreich, 1920 Prof. Berlin 552

Moré, Emma, geb. Wigand (1863–1940), Tochter von Albert Wigand (1821–1886), Prof. der Botanik in Marburg, u. Henriette Emma, geb. Vorster (1823–1905), Schwester von Mathilde Elisabeth Hanna Wigand, Ehefrau von Arnold Moré (∞ 1894) 518
Moritz, Bernhard (1859–1939), Orientalist, 1882 Prom. Berlin, 1883–85 Syrien- u. Mesopotamienreisen, 1787 Bibliothekar Berlin 1896 Leitung der Khedivial-Bibliothek in Kairo, 1911 Bibliotheksleiter in Berlin, Berater im Auswärtigen Amt 279, 547
von Mosheim, Johann Lorenz (1693–1755), Theologe u. Historiker, 1721 Prof. des. Kiel, 1723 o. Prof. Helmstedt, 1725 ebd. Prof. f. Kirchengeschichte, 1726 Konsistorialrat, 1727 Abt zu Mariental u. Michelstein, 1739 Senior Helmstedt, 1747 o. Prof. Göttingen 592
Moulton, James Hope (1863–1917), Theologe, 1888 *Fellow* Cambridge (King's College), 1901 D. Lit. London, 1905 *Lecturer*, 1908 *Greenwood Professor of Hellenistic Greek and Indo-European Philology* Manchester 546
Müller, August (1848–1892), Orientalist, 1868 Prom., 1870 Priv.-Doz. Halle, 1874 ao., 1882 o. Prof. Königsberg, 1889 Halle 66, 99, 102, 104, 130, 179, 187, 195, 203, 211f., 214, 227, 242–44, 246f., 249, 256, 258, 264–66, 270, 279, 288
– Friedrich Wilhelm Karl („F.W.K.", 1863–1930), Orientalist u. Bibliothekar, 1889 Prom. Berlin, Fernost-Forschungsreise, 1896 Direktorialass., 1906 Leiter der Ostasiat. Abt. d. Völkerkundemuseums Berlin 438
– Georg Elias (1850–1934), Philosoph u. Psychologe, 1880 Prof. Czernowitz (heute Černivci/Ukraine), 1881 Göttingen 501, 570
– Karl (1813–1894), Klass. Philologe, 1836 Prom. Göttingen, Gymnasialprofessor in Clausthal, 1840 Privatgelehrter in Paris, u.a. *Fragmenta historicorum Graecorum* (5 Bde., Paris 1841–1870, mit Theodor Müller u. Victor Langlois) 30, 257
– Nicolaus (1857–1912), Theologe, 1881 Prom. Erlangen, 1887 Lic. theol. Leipzig, 1887 Priv.-Doz. Kiel, 1890 ao. Prof. Berlin 198
(von) Müller, David Heinrich (1846–1912), Semitist, 1875 Prom., 1876 Habil., 1880 ao., 1885 o. Prof. Wien, 1887 Mitbegr. „Wiener Zeitschrift für die Kunde des Morgenlandes" 271, 304
– Friedrich (1858–1941), Internist, 1889 ao. Prof. Bonn, 1890 Breslau, 1892 Marburg, 1899 Basel, 1904 München, Arzt von Marie Wellhausen 538f., 553–55, 559, 571, 573, 595
Münter, Friedrich (1761–1830), Theologe u. Orientalist, 1784 Prom. Fulda, 1788 ao., 1790 o. Prof. Kopenhagen, 1808 Bischof d. Stifts Seeland 347
Muir, John (1810–1882), Sanskritologe, 1862 Prof. Edinburgh 52, 68f.
Munzinger, Werner (1832–1875), Forschungsreisender u. Sprachforscher, versch. Orientaufenthalte, 1864 Vizekons., 1871 Bey u. Gouv. v. Massaua, 1873 Pascha u. Generalgouv. d. ägypt. Sudan 379
Murray, Verwandtschaft der Schwiegermutter Wellhausens, Charlotte Limpricht, geb. Murray 340, 390, 557
Musil, Alois (1868–1944), österr.-tschech. Orientalist, 1895 Prom. Olmütz, Studium in Jerusalem, Beirut, London, Cambridge u. Berlin, 1902 Prof. Olmütz, 1909 Wien, 1914–18 versch. Orientmissionen, 1920 Prof. Prag 476
Muther, Richard (1860–1909), Kunsthistoriker, 1881 Prom. Leipzig, 1883 Habil. München, 1885 Konservator in München, 1895 o. Prof. Breslau 432

Naffaʿ Wad ʿEtmān (1882–1909), Mitarbeiter Littmanns in Abessinien, Tigreaner, vgl. **829**[12] 551
Nariman, Gushtaspshah Kaikhushro (1873–1933), pers.-ind. Orientalist u. Linguist 391
Nasse, Otto (1839–1903), Chemiker u. Pharmakologe, 1872 ao. Prof. Halle, 1880 o. Prof. Rostock 144
Natorp, Paul (1854–1924), Philosoph u. Pädagoge, 1881 Habil., 1885 ao., 1893 o. Prof. Marburg 517
Nauck, August (1822–1892), Klass. Philologe, 1846 Prom. Halle, 1847 Hauslehrer Dünamünde (heute *Daugavgrīva*) bei Riga/Lettland, 1853 Adjunkt Berlin, 1859 Mitgl. d. Akademie der Wissenschaften, 1869–83 o. Prof. St. Petersburg 3
Naudé, Albert (1818–1896), Historiker, 1889 Priv.-Doz., 1890 ao. Prof. Berlin, 1893

o. Prof. Marburg, 1896 Freiburg i.Br. (nicht mehr angetreten) 304, 396

Naumann, Friedrich (1860-1919), Theologe u. Politiker, 1886 Pfarrer bei Glauchau, 1890 Innere Mission (Frankfurt/M.), 1896 Gründung d. Nationalsozialen Vereins, 1907 Reichstagsabgeordneter, 1918 Vors. d. Deutschen Demokratischen Partei, Mitgl. d. Weimarer Nationalversammlung 580

Nemnich, Philipp Andreas (1764-1822), Reiseschriftsteller u. Enzyklopädiker, u.a. *Waaren-Lexikon in zwölf Sprachen* (3 Bde., Hamburg 1797-1802) 630

Nernst, Walther (1864-1941), physikal. Chemiker, 1887 Prom. Würzburg, 1889 Habil. Leipzig, 1890 Doz., 1891 ao., 1894 o. Prof. Göttingen (mit eigenem Inst.), 1905 Berlin, 1917 *Pour le Mérite*, 1920 Nobelpreis f. Chemie 340, 345

Nestle, Eberhard (1851-1913), Theologe, 1883 Prof. am Obergymnasium Ulm, 1890-93 Vertr.-Prof. Tübingen, 1898 Prof. am Seminar Maulbronn (1912 Ephorus) 63, 179, 218, 257f., 289, 310f., 317, 341f., 369, 473, 511, 546

Neubauer, Adolf, (1832-1907), ungar. Hebraist, 1853 Studium München, 1857 Paris, 1868 Bibliothekar, 1884 *Lecturer* in Oxford 138

Neumann, Carl (1860-1934), Kunsthistoriker, 1882 Prom., 1894 Habil. Heidelberg, 1903 Vertretung Rob. Vischers in Göttingen, 1904 o. Prof. Kiel, 1911 Heidelberg 432

Nicoll, Sir William Robertson (1851-1923), brit. Journalist, 1877 Pastor der *Free Church* Kelso (Schottland), 1878 Hg. „The Expositor", 1886 „British Weekly. A Journal of Social Progress" 88, 93, 96

Niebuhr, Carsten (1733-1815), Forschungsreisender, Studium der Mathematik in Göttingen, 1761 Kartograph der dän. Arabien-Expedition, 1767 Rückkehr nach Kopenhagen 227, 363, 535, 624

Niemeyer, Max(imilian David; 1841-1911), Verleger, 1870 Gründung des Max Niemeyer Verlags in Halle 246

Niese, Benedikt (Benedictus; 1849-1910), Klass. Philologe u. Althistoriker, 1872 Prom. Kiel, 1876 Habil. Göttingen, 1877 ao., 1880 o. Prof. Marburg, 1881 Breslau, 1885 Marburg, 1906 Halle 159, 231, 304, 333, 365, 398, 410, 441f., 444, 450f., 454, 470, 491, 569

– Bertha, gen. Zimmermann (1859-1937), Ehefrau von Benedikt Niese (∞ 1881) 557

Nietzsche, Friedrich (1844-1900), Philosoph, 1869 ao., 1870 o. Prof. Basel, 1876 aus gesundh. Gründen beurlaubt, 1879 auf Wunsch entlassen, versch. Aufenthaltsorte, insb. seit 1889 stetige Verschlechterung der (organ.-psych.) Gesundheit 383, 498, 531, 549

Nippold, Friedrich (1838-1918), Theologe, 1867 ao. Prof. Heidelberg, 1871 o. Prof. Bern, 1884 Jena 47, 313

Nöldeke, Theodor (1836-1930), Orientalist, 1864 ao., 1868 o. Prof. Kiel, 1872 Straßburg, 1888 *Pour le Mérite* 36f., 49, 63, 66, 88, 92, 97, 101, 106, 108, 122, 124, 138, 146, 148, 152, 156, 160, 162, 164, 171, 173, 180-82, 195, 214, 224, 235, 238, 246f., 262f., 265, 270, 274, 275, 279, 282, 286, 288, 305, 307, 321, 333, 340, 347, 353, 362-64, 375, 377-79, 381, 384f., 396f., 399f., 412, 414, 425, 428, 437f., 441, 449-51, 463-67, 473, 478f., 483, 485f., 489-92, 496f., 503f., 520, 528, 531-36, 547f., 551f., 559f., 565-67, 571, 574, 576, 579, 581, 585, 589-94, 596, 601-03, 605f., 611-16, 620, 625, 632, 635, 638, 642f., 649

Noltenius, Eberhard (1847-1919), Rechtsanwalt, Freund Wellhausens, Stiefvater von Johanna Achelis, geb. Noltenius 346, 355

Norgate, Frederick (1818-1908), Verleger u. Buchhändler, s. Williams & Norgate

„Lord Northcliffe", s. Harmsworth, Alfred

Novikova, Olga Aleksejevna, geb. Kirejeva (1848-1925), russ. Journalistin, Pseudonym „O. K.", vgl. o. 1041[1] 634

Nowack, Wilhelm (1850-1928), Theologe, 1872 Prom. Halle, 1873 Lic. theol., 1875 Habil. Berlin, 1876 Pfarrer in Berlin, 1880 ao. Prof. in Berlin, 1881 o. Prof. Straßburg, 1914-1918 Lazarettseelsorger, 1918 an der Leipziger Fakultät 141, 217, 257, 320, 364f.

„Frau Nowikoff", s. Novikova, Olga Aleksejevna

Oehler, Gustav Friedrich (1812-1872), Theologe, 1840 Prof. im Seminar Schönthal (Württemberg), 1848 o. Prof. Breslau, 1852 Tübingen 25

Oesterley, Clara („Clärchen"; 1831-1910), Tochter von Hermann Oesterley (1802-1858, Göttinger Bürgermeister) u. Mathilde, geb. Scharlach (1806-1889) 557

Oetinger, Friedrich Christoph (1702-1782), pietist. Theologe 133
von Oettingen, Wolfgang (1859-1943), Kunsthistoriker u. Germanist, 1882 Prom. Straßburg, 1888 Habil. Marburg, 1892 Prof. Düsseldorf, 1897 Sekretär d. königl. Akad. d. Künste Berlin, 1908 Dir. d. Goethe-Nat.-Museums Weimar 435
– Caroline, geb. Wilmanns (1858-1941), Ehefrau von Wolfgang von Oettingen (∞ 1887) 435
Oettinger, s. Oetinger
Oettli, Samuel (1846-1911), schweiz. Theologe, 1872 Pfarrer in Roggwil u. Wangen, 1878 ao., 1880 o. Prof. Bern, 1895 Greifswald 220, 453
Oiken, s. Eucken
Oldenberg, Hermann (1854-1920), Indologe, 1878 Habil. Berlin, 1889 o. Prof. Kiel, 1908 Göttingen 173, 570, 604, 608
von Olenhusen, Karl Götz (1847-1933), Politiker, 1890, 1903 u. 1907 Mitgl. d. Reichtags als Hospitant d. Zentrums für Göttingen, 1884 u. 1893 f. d. Deutsch-Hannoversche Partei, 1898 als Welfe 496
Olshausen, Detlef (1766-1823), Theologe, 1791 Dr. phil., 1994 Diakon Oldesloe, 1798 Hohenfelde/Steinburg, 1801 Hauptprediger in Glückstadt, 1815 Superintendent in Eutin, Vater von Justus Olshausen 535
– Justus (1800-1882), Orientalist u. Politiker, 1823 ao., 1830 o. Prof. Kiel, 1853 Bibliothekar Königsberg, 1858-1874 vortragender Rat u. Referent im preuß. Kultusministerium in Berlin 8f., 12f., 15, 22, 25, 44-46, 49, 52, 55-58, 91, 100, 116, 347, 397, 463, 466, 535
Oort, Henricus (1836-1927), niederl. Bibelwissenschaftler, 1873 Prof. Amsterdam, 1875 Leiden 36, 42, 43, 52, 60, 150, 253
von Orelli, Hans Conrad (1846-1912), 1869 Prom. Leipzig, 1871 Priv.-Doz. Zürich, 1873 ao., 1881 o. Prof. Basel 220
Otto, Rudolf (1869-1937), Theologe, 1898 Prom. u. Priv.-Doz., 1906 ao. Prof. Göttingen, 1915 o. Prof. Breslau, 1917 Marburg 630
Overbeck, Franz (1837-1905), Theologe, 1859 Prom., 1864 Priv.-Doz. Jena, 1870 o. Prof. Basel 200, 482, 530, 580-82, 584, 621

Paton, Lewis Bayles (1864-1932), amerikan. Theologe, 1892 Instructor, 1893 Associate Prof., 1897 Prom. Marburg, 1900 Nettleton Prof. Hartford/Ct. 1907 Jerusalem (American School) 339
Paulsen, Friedrich (1846-1908), Pädagoge u. Philosoph, 1871 Prom., 1875 Habil., 1877 Lehrauftrag, 1878 ao., 1894 o. Prof. Berlin 267, 387
Payne Smith, Robert (1818-1895), Theologe, 1857 Bibliothekar in Oxford, 1865 Prof. Oxford (Christ Church), ab 1860 Arbeit am Thesaurus Syriacus (9 Bde., Oxford 1868/79-1901), 1871 Dean of Canterbury 426
Peake, Arthur Samuel (1865-1929), Theologe, 1890-92 Lecturer in Oxford, 1892 Tutor, 1895 Lecturer, 1904 Prof. in Manchester 484, 573
Peiser, Felix Ernst (1862-1921), Orientalist, 1894 Priv.-Doz., 1905 ao. Prof., 1919 ao. Hon.-Prof. Königsberg, 1899 Hg. „Orientalistische Literaturzeitung" 548, 551f.
Perels, Kurt (1878-1933), Jurist, 1900 Prom. Berlin, 1903 Priv.-Doz. Kiel, 1908 ao. Prof. Greifswald, 1909 Hamburg, 1933 Niederlegung der Richterämter 538
Pernice, Alfred (1841-1901), Jurist, 1870 ao., 1871 o. Prof. Halle, 1872 Greifswald, 1877 Halle, 1881 Berlin 21, 49, 78, 80, 114, 122, 129, 171, 228, 249, 251, 318f., 321, 490
– Else, s. Pernice, Ilse
– Gertrud, geb. Behm, Ehefrau von Alfred Pernice (∞ ca. 1878) 150
– Ilse (1879-1946), älteste Tochter von Alfred u. Gertrud Pernice 129, 229
Pertsch, Wilhelm (1832-1899), Orientalist u. Bibliothekar, 1854 Prom. Berlin, 1855 Bibliothekar in Gotha, u.a. Die orientalischen Handschriften der Herzoglichen Bibliothek zu Gotha (8 Bde., Gotha/Wien 1859-93), 1879 Oberbibliothekar Gotha 351
Pescatore, Gustav (1850-1916), Jurist, 1875 Habil., 1881 ao. Prof Marburg, 1882 o. Prof. Gießen, 1884 Greifswald 139
– Franziska Helene, geb Eschner (1855-1924), Ehefrau von Gustav Pescatore (∞ 1881) 139
Petermann, Julius Heinrich (1801-1876), 1829 Prom., 1830 Priv.-Doz., 1837 ao. Prof. Berlin, 1852 Forschungsreise nach Syrien, Mesopotamien u. Persoen, 1868/69 Konsul in Jerusalem 473
Pfeiffer, Hotel in Marburg, Elisabethstraße 353, 518

Pfleiderer, Otto (1839-1908), Theologe u. Religionsphilosoph, 1864 Priv.-Doz. Tübingen, 1870 o. Prof. Jena, 1874 Berlin (Prakt. Theol.), 1876 ebd. (Syst. Theol.) 32, 51, 318, 325

Pietschmann, Richard (1851-1923), Bibliothekar u. Ägyptologe, 1875 Bibliothekar in Greifswald, 1876 Breslau, 1887 Marburg, 1888 Göttingen, 1889 ao. Prof. Göttingen, 1899 Bibl.-Dir. Greifswald, 1902 Bibliothekar in Berlin, 1903 o. Prof. u. Bibl.-Dir. in Göttingen 252, 298, 352, 415, 417

Pischel, Richard (1849-1908), Indologe u. vergl. Sprachwissenschaftler, 1875 ao., 1877 o. Prof. Kiel, 1885 Halle, 1902 Berlin 173

Pohlenz, Hildegard (1913-2007), Tochter von Max Pohlenz u. Elisabeth, geb. Vogel (* 1885) 599
- Max (1872-1962), Klass. Philologe, 1906 ao. Prof. Göttingen, 1909 persönl., 1916 planm. o. Prof., 1937 Lehrverbot, 1944/45-52 wieder Prof. Göttingen 599, 604, 608, 610, 641

Poincaré, Raymond (1860-1934), Politiker u. Staatsmann der frz. Dritten Republik, 1893 versch. Ministerämter (*Finances, Instruction publique, Beaux-Arts et Cultes, Affaires étrangères, Justice*), 1895 Anwalt, 1912 *Président du Conseil*, 1913 Pr. de la République, 1917 Prés. du Cons. 586

Popper, Julius (1823-1884), Rabbiner u. Religionslehrer, 1841 in Berlin, 1852 Dessau 43, 59, 62

Pott, August Friedrich (1802-1887), Sprachwissenschaftler, 1833 ao., 1838 o. Prof. Halle, 1866 *Pour le Mérite* 133, 136, 173
- Elise, geb. Ebeling (1817-1884), Ehefrau von August Friedrich Pott (∞ 1840) 133

Praetorius, Franz (1847-1927), Semitist, 1875 ao. Prof. Berlin, 1880 o. Prof. Breslau 159, 170, 377, 552, 559, 565

Prüfer, Curt Max (1881-1959), Orientalist u. Diplomat, 1907 Dolmetscher in Kairo u. Konstantinopel, 1914 in Palästina u. Syrien, 1930 Positionen im Auswärtigen Amt, 1937 Mitglied d. NSDAP, 1943 Übersiedlung i.d. Schweiz 536

Prym, Eugen (1843-1913), Orientalist, 1870 Habil., 1875 ao., 1890 o. Prof. Bonn 242, 246-48, 250, 256, 271, 449, 559

Pütter, Karl Theodor (1803-1873), Jurist, 1832 ao., 1845 o. Prof. Greifswald 20

von Puttkamer, Robert Viktor (1828-1900), preuß. Politiker, 1873 Mitgl. d. Reichstags, 1877 Oberpräs. (Schlesien), 1879 Kultus-, 1881-88 Innenminister, 1891 Oberpräs. (Pommern) 73, 93

Radermacher, Ludwig (1867-1952), Klass. Philologe, 1891 Prom., 1897 Habil. Bonn, 1903 ao. Prof. Greifswald, 1906 Münster, 1909 o. Prof. Wien 596

Rahlfs, Alfred (1865-1935), Theologe, 1887 Prom., 1901 ao. Prof., 1907 Gründung d. Septuaginta-Unternehmens (Leitung 1908-33), 1919 o. Prof. Göttingen 293, 322, 357, 462, 478, 501, 521, 560f., 574, 607f., 651

Rainy, Robert (1826-1906), Kirchenhistoriker u. Pastor der *Free Church of Scotland*, 1849 Pastor in Inchinnan/Glasgow, 1851 Huntly/Aberdeenshire, 1854 Edinburgh, 1862 Prof. Edinburgh, 1874 *Principal* d. *New College* 67

von Ranke, Leopold (1795-1886), Historiker, 1825 ao., 1834 o. Prof. Berlin, 1841 Historiograph d. Preuß. Staats, u.a. *Weltgeschichte* (unvollendet, 9 Bde., Leipzig 1881ff.), 1855 *Pour le Mérite* 141, 306, 380

Rathgen, Karl (1856-1921), Nationalökonom, 1893 ao., 1895 o. Prof. Marburg, 1900 Vertr. Max Webers in Heidelberg, 1907 Hamburg 349

Rathkamp, Conrad (1828-1910), Maurermeister, Inhaber d. Baugeschäfts C. Rathkamp u. Söhne (Robert [1854-1926] u. Wilhelm [1861-1937]) in Göttingen 589

Rathke, Bernhard (1840-1923), Chemiker, 1865 Prom. Königsberg,1869 Habil., 1876 ao. Prof. Halle, 1882 Beurlaubung, 1900 Hon.-Prof. Marburg, 1912 Ruhestand, anschl. in Meran, 1915 Hohenschwangau, 1919 Bad Reichenhall 176, 487, 602
- Frieda, geb. Hermann († 1949), Ehefrau von Bernhard Rathke 487, 602

Rauwenhoff, Lodewijk Willem Ernst (1828-1889), Kirchenhistoriker u. Religionsphilosoph, 1860 ao., 1865 o. Prof. Leiden 51, 71

Reckendorf, Hermann (eigentl. Salomon; 1863-1924), Orientalist, 1886 Prom. Leipzig, 1887 Priv.-Doz., 1893 ao., 1898 planm. ao. Prof., 1908 o. Prof. Freiburg i.Br. 339

Reger, Max (1873-1916), Komponist, 1905 Akad. d. Tonkunst München, 1907

Univ.-Musikdir. u. Prof. am Konservatorium Leipzig, 1911 Hofkapellmeister Meiningen 453, 455, 470, 480f., 530

Reich, Emil (1854–1910), ungar. Historiker u. Autor, 1884 in die USA emigriert, 1889 vor allem in Frankreich, 1893 in Großbritannien, Gegner d. „Higher Criticism" 380

Reiche, L[o]uise („Luischen", 1837–1922), Tochter von Johann Georg u. Mathilde Reiche 337, 339
- Mathilde, geb. Murray, Witwe d. Theologieprof.s u. Konsistorialrats Johann Georg Reiche (1797–1863), Tante Marie Wellhausens 177, 337, 339, 345, 354

Reifferscheid, August (1835–1887), Klass. Philologe, 1860 Habil. Bonn, 1861 Italienreise, 1867 ao. Prof. Bonn, 1868 Breslau, 1885 Straßburg 189

Reimer, Ernst (1833–1897), Buchhändler u. Verleger, 1865 Prokurist, 1876 Teilhaber, 1884 Inhaber d. Verlags Georg Reimer in Berlin, Sohn von Georg Reimer u. Marie, geb. Stavenhagen (1810–1889) 150, 153, 168f., 172, 174f., 188, 190–92, 199, 206, 208–11, 222f., 225, 227f., 230, 232, 237, 239, 289, 313f., 317f., 320f., 323f., 331–33, 336, 344, 362
- Georg (1804–1885), Buchhändler u. Verleger, 1842–84 Leitung der väterlichen Buchhandlung (Georg Andreas R.) in Berlin (Verlag Georg Reimer) 40–47, 49–51, 53, 56, 62f., 70, 79, 84, 91–93, 97f., 100, 102f., 105f., 109f., 116f., 120f., 122f., 125f., 127, 140f., 143, 168, 369, 645
- Hans (d. Ä., 1839–1887), Buchhändler u. Verleger, 1865–87 Inhaber der Weidmannschen Verlagsbuchhandlung in Berlin, 1866 Gründung d. „Hermes", Sohn von Karl August Reimer (dem Bruder von Georg Reimer, 1801–1858) u. Johanna, geb. Winter (1817–1902), Schwager von Theodor Mommsen 63
- Heinrich (1848–1922), Archivar, 1870 Prom. Bonn, 1889 Archivrat, 1902 Geh. Archivrat, 1903 Dir. d. Staatsarchivs Koblenz, 1912 Marburg 232
- Marie, s. Mommsen, Marie

Reischle, Max (1858–1905), 1887 Lic. theol. Tübingen, 1889 Gymnasialprof. Stuttgart, 1892 o. Prof. Gießen, 1895 Göttingen, 1897 Halle 346

Reiske, Johann Jacob (1716–1774), Gräzist, Arabist u. Byzantinist, 1748 ao. Prof. Leipzig, vgl. Bibl. 68 166, 171, 186, 342, 347

Reitzenstein, Richard August (1861–1931), klass. Philologe u. Religionshistoriker, 1889 ao. Prof. Rostock, 1892 o. Prof. Gießen, 1893 Straßburg, 1911 Freiburg i.Br., 1914 Göttingen 571, 615, 617, 637, 645, 651

Renan, Ernest (1823–1892), Religionshistoriker u. Orientalist, 1862 Prof. am *Collège de France* Paris 61, 73, 107, 209, 385

Rettberg, Friedrich Wilhelm (1805–1849), Theologe, 1827 Prom., 1827 Repetent, 1833 Lic. theol., 1834 ao. Prof. Göttingen, 1838 Dr. theol. u. o. Prof. Marburg 360

Reubke, Otto (1842–1913), Pianist, Organist u. Komponist, 1875 stellv., 1892 Universitätsmusikdirektor, 1895 Prof. Halle 144

Reuß, Eduard (1804–1891), Theologe, 1834 ao., 1836 o. Prof. (N.T.), 1864 o. Prof. (A.T.) Straßburg (Protest. Seminar), seit 1838 auch an der staatl. Fakultät 63, 90f., 122, 134, 319, 447

Reuther, H., Verlagsbuchhändler (Reuther & Reichard) in Berlin 191

Reyer, Eduard (1849–1914), österr. Geologe, 1883 ao., 1911 o. Prof. Wien, arbeitete u.a. zur altorient. Metallurgie 151

von Rheinbaben, Georg (1855–1921), preuß. Politiker, 1889 Geheimer u. Vortrag. Rat im Finanzministerium, 1892 Geh. Oberfinanzrat, 1896 Reg.-Präs. Düsseldorf, 1899 Innenminister, 1901 Finanzminister, 1910 Oberpräsid. Rheinprovinz 559

Rhoussopoulos, Petros, Chemiestudent in Göttingen (erwähnt in einer Publikation Wallachs 1903) 390

Riecke, Eduard (1845–1915), Physiker, 1871 Prom., 1873 ao., 1881 o. Prof. Göttingen 340

Riehm, Eduard (1830–1888), Theologe, 1861 ao. Prof. Heidelberg, 1862 o. Prof. Halle, 1865 Hg. „Theologische Studien und Kritiken" 9, 12, 37, 44, 56, 60f., 83, 111, 126f., 213

Riekchen, Tante, s. Adler, Friederike

Rietbrock, Friedrich (1857–1920), Fabrikant, Inhaber einer Seifenfabrik in Lengerich/ Westf. 466

Ritschl, Albrecht (1822–1889), Theologe, 1843 Prom. Halle, 1846 Priv.-Doz. (Alte Kirchengeschichte), 1852 o. Prof. (Neues Testament) Bonn, 1864 o. Prof. (Dogmatik u.

Kirchengeschichte) Göttingen 11, 13, 122, 131, 212f., 217, 229, 584
Ritter, Heinrich (1791–1869), Philosoph, 1824 ao., 1833 o. Prof. Kiel, 1837 Göttingen, u.a. *Geschichte der Philosophie* (12 Bde., Hamburg 1829–53) 570
Robert, Ulysse (1845–1903), Historiker u. Bibliothekar, 1873 Bibliothekar an der *Bibliothèque nationale* (Paris), 1883 *Inspecteur général des bibliothèques scolaires et populaires*, 1884 *des bibliothèques et des archives*, 1885 *de la direction du Catalogue Général des Manuscrits des Bibliothèques publiques de France* 233
Robertson, Jane (1821–1899), Ehefrau von Rev. William Pirie Smith (1811–1890; ∞ 1844), Mutter von William Robertson Smith 280, 282
Robinson, Joseph Armitage (1858–1933), Theologe, 1881 *Fellow*, 1896 D.D., 1893 *Norrisian Prof.* Cambridge, 1899 *Canon*, 1902 *Dean of Westminster*, 1906 *Lord High Almoner*, 1911 *Dean of Wells* 8, 300
Rodenberg, Amalie, geb. Zabel (*1886), Philologin, 1911 Prom. München, Ehefrau d. Bibliothekars Julius Rodenberg (∞ 1911) 639
– Julius (1884–1970), Bibliothekar u. Buchforscher, 1905 Studium der Theologie, 1908 Examen, 1909 Prom. Heidelberg, 1911–13 Ausbildung in Göttingen, 1921 Bibliothekar in Leipzig, 1926 Bibl.-Rat, 1959 Prof. der Bibl.-Wissenschaften, Sohn von Friedrich Rodenberg u. J. Wellhausens Cousine Mathilde, geb. Wellhausen, aus Hannover 446f., 562, 564, 567, 639
– Julius (ab 1855; eig. J. Levy; 1831–1914), Schriftsteller u. Publizist, 1856 Dr. iur. Marburg, 1859 freier Journalist Berlin, Hg. verschiedener Zeitschriften, 1874 Hg. „Deutsche Rundschau" (mit G. zu Putlitz u. B. Auerbach) 567
Rödiger, Emil (1801–1874), Orientalist, 1828 Lic. theol., 1830 ao., 1835 o. Prof. Halle, 1860 Berlin 179
– Johannes (1845–1930), Bibliothekar, Sohn von Emil Rödiger, 1869 Prom. Halle, anschl. als Bibliothekar in Leipzig, 1873 Breslau, 1876 Königsberg, 1887 Bibl.-Dir. Marburg 227, 243, 250
Roethe, Carl Gustav Ludwig (1829–1901), Druckereibesitzer, Vater von Gustav Roethe, Schwiegervater von Edward Schröder 407

– Gustav (1859–1926), Germanist, 1881 Prom., 1886 Habil., 1888 ao. Prof. Göttingen, 1902 o. Prof. Berlin, Schwager von Edward Schröder 413
Rohde, Erwin (1845–1898), Klass. Philologe, 1872 ao. Prof. Kiel, 1876 o. Prof. Jena, 1878 Tübingen, 1886 Leipzig, 1886 Heidelberg 105, 504
Roikhafer, Frl., s. Ruychaver, Antoinette
von der Ropp, Goswin (1850–1919), Historiker, 1875 Priv.-Doz., 1878 ao. Prof. Leipzig, 1879 o. Prof. Dresden, 1882 Gießen, 1890 Breslau, 1891 Marburg 244
Rosen, Friedrich August (bis 1817 Ballhorn; 1805–1837), Orientalist, 1826 Diss. Berlin, 1928 Prof. London 535
Rost, Paul (1869–1938), Assyriologe u. Slawist, 1892 Prom. Berlin, 1894 Habil. Greifswald, 1896 Umhabilitierung Königsberg, Lektor f. Russisch, 1915 ao. Prof. (slaw. Philologie) ebd. 325
– Reinhold (1822–1896), Orientalist, Indologe, 1847 Prom. Jena, Bibliothekar in London *(British Library)*, 1851 Lecturer in Canterbury, 1869 Bibliothekar *(India Office)* 265
Roth, Karl Ludwig (1811–1860), Klass. Philologe, 1831 Vikar, 1834 Prom. Heidelberg, 1834 Lehrer, 1855 ao. Prof. Basel 399
– Student in Göttingen 455
– Wilhelm (1837–1860), Philologe, 1859 Prom. Göttingen, Doz. f. oriental. Sprachen Basel, Sohn von Karl Ludwig Roth u. dessen erster Frau Sophie, geb. Huber (∞ 1836) 399
von Roth, Rudolf (1821–1895), Indologe u. Religionswissenschaftler, 1848 ao., 1856 o. Prof. u. Bibliothekar in Tübingen 67, 92, 240, 247, 397
Rothstein, Max (1859–1940), Klass. Philologe, 1880 Prom., 1887 Priv.-Doz., 1924 ao. Prof. Berlin, 1935 Entlassung 235
„Rudi", s. Bewer, Rudolf
Rückert, Friedrich (1788–1866), Orientalist u. Dichter, 1811 Prom. Jena, 1816/17 Red. d. „Morgenblattes" (Stuttgart), 1826 o. Prof. Erlangen, 1841 Berlin, 1842 *Pour le Mérite*, 1848 Rückzug 342, 397
Rühl, Franz (1845–1915), Historiker, 1867 Prom. Marburg, 1871 Habil. in Leipzig, 1872 Priv.-Doz., 1875 ao. Prof. Dorpat, 1876 o. Prof. Königsberg 254

Ruprecht, Verleger in Göttingen, 1787 Umbenennung d. 1735 v. Abraham Vandenhoeck gegr. Verlags in „V. & Ruprecht", 1861 geleitet von Carl (1821–1898), 1887 von Wilhelm (1858–1943) u. Gustav Ruprecht (1860–1950) 257
Ruychaver, Antoinette (1840–1907), zweite Ehefrau von Cornelis Petrus Tiele (∞ 1890) 71
Ryssel, Viktor (1849–1905), Theologe, 1885 ao. Prof. Leipzig, 1889 Prof. Zürich 58

„E. S.", s. Schwartz, Eduard
„Frl. M. S.", s. Stähelin, Maggy
Sabatier, O.B., Pierre (1682–1742), Theologe, *Bibliorum sacrorum latinae Versiones antiquae seu vetus Italica et caeterae...*, (3 Bde., Reims 1743–49) 365
Sachau, Eduard (1845–1930), Orientalist, 1869 ao., 1872 o. Prof. Wien, 1876 Berlin 102, 285, 298, 300, 305, 347f., 380, 438, 586, 609
Baron de Sacy, Silvestre (eig. Antoin Isaac Silv., 1758–1838), Orientalist, 1785 Mitgl. der *Académie des Inscriptions et Belles-Lettres*, 1795 Prof. Paris, 1806 Mitgl. der *Legislative*, 1813 Baron, 1822 Gründung der *Société asiatique*, 1831 Konservator der Kgl. Bibliothek u.a. 111, 166, 342, 397, 399, 624
Salm-Horstmar, Eduard Prinz zu (1841–1923), General, 1893 Generalmajor, 1894 Präses der Generalordenskommission (zust. u.a. f. den Orden *Pour le Mérite*), 1896 Generalleutnant, 1901 General d. Kavallerie, 1904 Generaladjutant d. Kaisers 401
Sauerwein, Georg (1831–1904), Sprachgelehrter, 1848–51 Studium in Göttingen, 1857 Hauslehrer Wied, 1868 Bibliotheksgehilfe in Göttingen, 1870 Mitarbeiter der *British and Foreign Bible Society*, 1873 Prom., zahlreiche Veröff. u.a. zum Sorbischen u. Norwegischen 8, 266
Sauppe, Hermann (1809–1893), Klass. Philologe, 1855 o. Prof. Göttingen 496
von Savigny, Leo (1863–1910), Jurist, 1885 Prom. Göttingen, 1890 ao., 1891 o. Prof. in Fribourg, 1898 ao. Prof. Göttingen, 1901 ao., anschl. o. Prof. Marburg, 1902 Münster 366
Sayce, Archibald (1846–1933), Altorientalist u. Archäologe, ab 1870 altoriental. Veröffentlichungen, 1891 Prof. Oxford 88, 166
Scaliger, Joseph Justus (1540–1609), Klass. Philologe, seit 1593 in Leiden 500

Schaff, Philip (1819–1893), schweiz.-amerikan. Kirchenhistoriker, 1842 Priv.-Doz. Berlin, 1843 Prof. Mercersburg/PN, 1863 Sekr. d. *Sabbath Committee*, 1870 Prof. New York (*Union Theol. Seminary*) 183, 295
Scheftelowitz, Isidor (1875–1935), Indologe u. Iranist, 1908 Rabbiner, 1919 Lehrauftr., 1923 Hon.-Prof. Köln, 1933 Emigration nach Oxford 411
von Schelling, Friedrich Wilhelm Joseph (1775–1854), Philosoph, Studium in Tübingen, 1795 Lehrer in Stuttgart, 1796 Studium in Leipzig, 1798 ao. Prof. Jena, 1803 o. Prof. Würzburg, 1806 München, 1820 Hon.-Prof. Erlangen, 1827 München, 1841 Berlin, 1842 *Pour le Mérite* 514
Schenk, Ernst, Apotheker in Greifswald, Baderstr. 1 113
Schenkel, Daniel (1813–1885), Theologe, 1838 Priv.-Doz., 1849 Prof. Basel, 1851 Heidelberg 10, 11, 263
Schepp, Ernst Rudolf, (1857–[13.3.] 1901), Landrat, 1890 Neuhaus a.d. Oste, 1894 Siegen, 1900 Regierungsrat Münster, Schwager von Ferdinand Justi 394
Schiller-Szinessy, Solomon Marcus (1820–1890), ungar.-brit. Rabbiner, Judaist u. Bibliothekar, 1845 Rabbiner in Eperies/Ungarn (heute *Prešov*/Slowakei), 1851–60 Manchester, 1865 Bibliothekar, 1866 *Teacher*, 1878 *Reader* (o. Prof. 2. Kl.) u. M. A. *propter merita* in Cambridge 146
Schirmacher, s. Schirrmacher
Schirmer, Rudolf (1831–1896), Mediziner, 1856 Prom., 1860 Habil. Berlin, 1867 ao., 1873 o. Prof. Greifswald 178
Schirrmacher, Friedrich Wilhelm (1824–1904), Historiker, 1849 Hilfslehrer, 1854 Oberlehrer, 1863 Prof. Liegnitz (Ritterakademie), 1866 o. Prof. Rostock 108
(von) Schlatter, Adolf (1852–1938), Theologe, 1875 Pfarrer u.a. in Neumünster, 1880 Lic. theol., 1881 Priv.-Doz., 1888 ao. Prof. Bern, 1888 o. Prof. Greifswald, 1893 Berlin, 1898 Tübingen 453
Schlegel, August Wilhelm (1767–1845), Philosoph u. Linguist, 1791 Hauslehrer in Amsterdam, 1795 Jena, 1798 Prof. in Jena, 1801 Berlin, Reisen, Vorlesungsreihen u.a. in Wien, 1818 o. Prof. Bonn 397
Schleiermacher, Friedrich Daniel Ernst (1768–1834), Theologe, Philosoph,

Pädagoge u. Kirchenpolitiker, 1804 ao., 1806 o. Prof. Halle, 1810 Berlin 25, 50, 385
Schlottmann, Constantin (1819–1887), Theologe, 1847 Habil. (Altes Testament), anschl. Prediger, 1855 o. Prof. Zürich, 1859 Bonn, 1866 Halle 108, 112, 127, 173, 212f., 250
Schmidt, Erich (1853–1913), Literaturwissenschaftler, 1875 Priv.-Doz., 1877 ao. Prof. Straßburg, 1880 o. Prof. Wien, 1885 Dir. d. Goethe-Archivs Weimar, 1887 o. Prof. Berlin 532
– (-Dumont), Franz Frederick (1882–1952), Journalist u. Presseattaché, 1910 Prom. Heidelberg, anschl. im vorderen Orient 572
– Johannes (1850–1894), Klass. Philologe, 1874 Prom., 1878 Priv.-Doz., 1883 ao. Prof. Halle, 1883 o. Prof. Gießen, 1892 Königsberg 127, 129, 131, 143, 148, 176, 253, 296, 299, 304
Schöberlein, Ludwig (1803–1881), Theologe, 1850 ao. Prof. Heidelberg, 1855 o. Prof. Göttingen, 1878 Abt d. Klosters Bursfelde 11
Schöll, Rudolf (1844–1893), Klass. Philologe, 1871 Habil. Berlin, 1872 ao., 1873 o. Prof. Greifswald, 1874 Jena, 1875 Straßburg, 1885 München 122
Schöne, Alfred (1836–1918), Klass. Philologe, 1864 Habil., 1867 ao. Prof. Leipzig, 1869 o. Prof. Erlangen, 1884 Bibliothekar Göttingen, 1887 o. Prof. Königsberg, 1892 Kiel 300
Scholten, Joannes Henricus (1811–1885), Theologe, 1840 ao. Prof. Franeker, 1843 ao., 1845. o. Prof. Leiden 51
(von) Scholz, Adolf, (1833–1924), Jurist u. Politiker, 1869 Regierungsrat, 1879 Unterstaatssekretär, 1880 Staatssekretär, 1882–90 Finanzminister 120, 125, 147–49, 152, 157
Schopenhauer, Arthur (1788–1860), Philosoph, 1813 Prom. Jena,1820 Priv.-Doz. Berlin, 1832 Rückzug nach Mannheim, 1833 nach Frankfurt a. M. 514
Schrader, Eberhard (1836–1908), Theologe u. Altorientalist, 1862 Priv.-Doz., 1863 o. Prof. Zürich, 1870 Gießen, 1873 Jena, 1875 Berlin 25, 28f., 34, 47, 54, 57f., 78, 180, 263, 380
Schrempf, Christoph (1860–1944), Theologe u. Philosoph, 1868 Pfarrer in Lenzendorf, 1891 Weigerung, das Apostolikum zu verwenden, 1892 Disziplinarverfahren („Apostolikumsstreit"), 1906 Priv.-Doz. Stuttgart, 1909 Austritt aus der Landeskirche, Hg. „Die Wahrheit" 296, 298
Schreyer, Student in Göttingen 415
Schröder, Edward (1858–1942), Germanist, 1880 Prom. Straßburg, 1883 Habil. Göttingen, 1885 Priv.-Doz., 1887 ao. Prof. Berlin, 1889 o. Prof. Marburg, 1902 Göttingen 259f., 268f., 290, 407, 409f., 416f., 421f., 437, 481, 532, 561, 593
– Gertrud, geb. Roethe (1863–1935), Ehefrau von Edward Schröder (∞ 1887) 416f., 437
– Johann Joachim (1680–1756), Orientalist u. Bibliothekar, 1713 Prof., 1737 daneben ao. Prof. (Theologie) Marburg 208
– Johann Wilhelm (1726–1793), Orientalist, 1755 Prof., 1759 dazu Prof. d. Hebr. u. Griech. Marburg, Sohn von Joachim Schröder 208
Schürer, Emil (1844–1910), Theologe, 1873 ao. Prof. Leipzig, 1876 Gründung der „Theologischen Literaturzeitung" (Hg. bis 1910, ab 1881 zus. m. Adolf Harnack), 1878 o. Prof. Gießen, 1890 Kiel, 1895 Göttingen 23, 31, 44, 49, 166, 197, 321, 323, 349, 365, 461, 473, 508, 560, 575
Schütz, Roland (1883–1979), Theologe, 1907 Vf. Zum ersten Teil d. Johannesevangeliums, 1908 Prom. Berlin, 1912 Oberlehrer, 1917 Lic. theol., 1918 Priv.-Doz., 1920 daneben Studienrat, 1924 ao. Prof. Kiel, 1933 Mitgl. der NSDAP, 1945 pens. Akademieprof. Ludwigsburg 515, 522
Schultheß, Friedrich (1868–1922), Semitist, 1894 Prom., 1895 Priv.-Doz. Göttingen, 1901 Tit.-Prof., 1910 o. Prof. Königsberg, 1914 Straßburg, 1917 Basel 448, 460, 462, 470f., 478f., 528, 533, 547f., 552, 556f., 559, 561, 565, 567, 589, 591, 594, 605, 610
Schultz, Hermann (1836–1903), Theologe, 1864 o. Prof. Basel, 1872 Straßburg, 1874 Heidelberg, 1876 Göttingen, 1890 Abt d. Klosters Bursfelde 54, 145, 170, 299, 320, 334
Schulz, s. Schultz
Schulze, Wilhelm (1863–1935), Indogermanist u. Klass. Philologe, 1887 Prom. Greifswald, 1890 Habil., 1892 ao. Prof. Marburg, 1895 o. Prof. Göttingen, 1902 Berlin, 1931 *Pour le Mérite* 502, 636
Schumann, Robert (1810–1856), Komponist, 1834 Gründung d. „Neuen Zeitschrift für Musik", 1840 Hochzeit mit Clara, geb.

Wieck, 1843 in Leipzig, 1844 Dresden, 1850 Düsseldorf 136
Schuppe, Wilhelm (1836–1913), Philosoph, 186ß Prom. Berlin, anschl. Lehrer, 1873 Prof. Greifswald 20, 178
Schwab, Gustav (1792–1850), Pastor, Lehrer u. Schriftsteller, 1817 Gymnasialprof. Stuttgart, 1825 Mitarb. an den „Blättern für literarische Unterhaltung", Red. im Cotta Verlag, 1837 Pfarrer in Gomaringen/Schwäbische Alb, u.a. Die schönsten *Sagen des klassischen Alterthums. Nach seinen Dichtern und Erzählern* (3 Bde., Stuttgart 1838–1840) 356
Schwally, Friedrich (1863–1919), Theologe, 1888 Dr. phil., 1892 Lic. theol., Gießen, 1893 Habil. Straßburg, 1901 ao., 1908 o. Prof. Gießen, 1914 Königsberg 330, 353, 358, 566
Schwartz, Eduard (1858–1940), Klass. Philologe u. Kirchenhistoriker, 1884 Priv.-Doz. Bonn, 1887 o. Prof. Rostock, 1893 Gießen, 1897 Straßburg, 1902 Göttingen, 1909 Freiburg i.Br., 1914 Straßburg, 1918 München, 1924 *Pour le Mérite* 345f., 402, 409–11, 414, 419–23, 426–30, 434f., 441–43, 447, 451, 455f., 458–62, 465, 467, 472f., 475, 477–81, 483–85, 488f., 492f., 495f., 499–501, 504, 506–17, 522–24, 526–29, 531f., 537, 539f., 546f., 548f., 550, 560, 569f., 596, 598f., 612, 615, 621, 623, 628, 632, 645
– Emma, geb. Blumenbach (1861–1942), Ehefrau von Eduard Schwartz (∞ 1888) 540
– Hermann (1821–1890), Gynäkologe, 1852 o. Prof. Marburg, 1862 Göttingen, Vater von Eduard Schwartz 421
General Schwartz, s. Schwarz, Karl
Schwarz, s. Schwartz, Eduard
Schwarz, Karl (1839–ca. 1913), Militär, Generalmajor z. Disp., in Göttingen (Hanssenstr. 1) 539
Schwarzlose, Karl (1866–1929), Theologe, Lic. theol., Dr. iur., Dr. phil., 1894 Pfarrer Berlin, 1903 Frankfurt a. M., 1922 Dozent ebd. 268, 285
Schweitzer, Albert (1875–1965), Theologe, Arzt u. Philosoph, 1899 Dr. phil., 1900 Lic. theol., 1902 Habil. (theol.) Straßburg, 1912 Prof. med., 1913 Krankenhausgründung in Lambaréné/Französisch-Äquatorialafrika (heute Gabun), 1952 Friedensnobelpreis, 1954 *Pour le Mérite*, u.a. *Von Reimarus zu Wrede. Eine Geschichte der Leben-Jesu-Forschung*, Tübingen 1906 (ab [2]1913 nur *Geschichte der Leben-Jesu-Forschung*, Tübingen [9]1984) 494, 520, 541, 571, 581f.

Schwenkow, Ludolf (*1865), 1892 Lehrer in Celle, 1894 Prom. Göttingen, 1895 Oberlehrer, 1911–23 Schulleiter in Celle 378

Seelheim, Heinrich (1884–1964), Geograph u. Diplomat, 1911 Antarktisexpedition, 1930 Konsul in Kanada, 1937 Yokohama 574

Sellin, Ernst (1867–1946), Theologe u. Archäologe, 1889 Prom. Leipzig, 1891 Lehrer in Parchim, 1894 Priv.-Doz. Erlangen, 1897 o. Prof. Wien, 1908 Rostock, 1913 Kiel, 1921 Berlin 617

Sethe, Kurt (1869–1934), Ägyptologe, 1895 Habil. Berlin, 1900 ao., 1907 o. Prof. Göttingen, 1923 Berlin 396f., 417, 462, 478, 604, 608

Seybold, Christian Friedrich (1859–1921), Orientalist, 1883 Prom. Tübingen, 1863 Repetent in Heilbronn u. Maulbronn, 1893 Priv.-Doz., 1897 ao. Prof., 1901 o. Prof. Tübingen 449, 529

Sickel, Wilhelm (1847–1929), Jurist, 1876 Priv.-Doz., 1883 ao. Prof. Göttingen, 1884 Marburg, 1885 o. Prof. ebd., 1888 Straßburg 559

Siebeck, Paul (1855–1920), Verleger (Akademische Verlagsbuchhandlung J. C. B. Mohr [Paul Siebeck], gegr. 1801), 1877 Verlagsleitung, 1880 Freiburg i.Br., ab 1899 Tübingen 198

Siegfried, Anna, Hausmädchen der Wellhausens in Göttingen 556, 557, 574, 582, 595, 602

Sievers, Eduard (1850–1932), Germanist, 1870 Prom. Leipzig, 1871 ao., 1876 o. Prof. Jena, 1883 Tübingen, 1887 Halle, 1892 Leipzig 259, 366, 381f., 449f.

„Tante Sillner" 316

Simson, August (1812–1888), Theologe u. Hebraist, 1831 Priv.-Doz., 1858 ao. Prof., 1868/9 Übertritt als o. Prof. an die philosoph. Fakultät Königsberg 98f.

Singer, Isidor(e; 1859–1939), tschech.-amerik. Schriftsteller u. Lexikograph, 1884 Prom. Berlin, 1885 Hg. „Allgemeine Österreichische Literaturzeitung", 1887 Diplomat in Paris, 1895 Emigration in die USA, 1901 Hg. *Jewish Encyclopedia* (12 Bde., New York/London 1901–06) 98f., 405

Namenregister

Smend, Adelheid, geb. Gauhe (1818-1894), Ehefrau von Friedrich Hermann, Mutter von Rudolf Smend 249
- Adelheid (1879-1880), Tochter von Rudolf u. Hedwig Smend 327, 339, 541
- Hanna (eig. Johanna Katharina, 1891-1974), Tochter von Rudolf u. Hedwig Smend 541, 563, 597-99
- Hedwig, geb. Weymann (1852-1940), Ehefrau von Rudolf Smend (∞ 1877) 243, 275, 327, 369, 466, 470, 539f., 563, 578, 589, 597, 609-13, 629
- Friedrich Hermann (1814-1883), Theologe, 1843 Pfarrer in Lengerich, 1857 Konsistorialrat Münster 214
- Leopold (1890-1987), Rechtsanwalt u. Notar in Göttingen, Sohn von Rudolf u. Hedwig Smend 538, 539, 541, 563f., 578, 599, 610
- Rudolf (1851-1913), Theologe, 1875 Priv.-Doz. Halle, 1880 ao., 1881 o. Prof. Basel, 1889 Göttingen 42, 44, 49, 53, 62, 67, 122, 160, 198, 212-14, 217f., 220f., 243, 271, 275-80, 292f., 295, 298f., 303f., 310, 318-20, 322, 325, 327, 349-52, 354, 359, 361f., 369, 399, 409f., 414, 439, 463, 466, 470, 491, 496, 499, 515, 523, 526, 530, 538f., 541, 543, 548, 550, 553, 563f., 570, 575f., 578, 583, 589, 591, 597, 599, 602, 605f., 608-13, 615-17, 639, 651
- Rudolf jun. (1882-1975), Jurist, 1908 Habil. Kiel, 1909 ao. Prof. Greifswald, 1911 o. Prof. Tübingen, 1915 Bonn, 1922 Berlin, 1935 Göttingen, Sohn von Rudolf u. Hedwig Smend 327, 369, 539-41, 594, 618, 650
Smith, Rev., schott. *Free Church*-Pastor 108, 113, 115
Smith-Lewis, Agnes (1843-1926), Theologin u. Orientalistin, 1890 Entdeckung d. Syrosinaiticus im Katharinenkloster/Sinai (zus.m. ihrer Schwester Margaret Dunlop Gibson u. James Rendel Harris) 576
Robertson Smith, William (1846-1894), Theologe u. Religionswissenschaftler, 1870 Prof. (Hebräisch) Aberdeen, 1877 Beginn d. ersten *Libel*, 1880 Ermahnung, Beginn d. zweiten *Libel*, 1881 Suspendierung, 1883 *Lord Almoner's Professor of Arabic* Cambridge, 1886 Bibliothekar, 1887 alleiniger Hg. *Encyclopædia Britannica* (9th ed.), 1889 *Sir Thomas Adams's Professor of Arabic* Cambridge 49, 52, 59, 61f., 67f., 70, 75-77, 79-81, 83-93, 95-97, 100f., 103, 106-15, 117-19, 123-27, 130f., 136-38, 142, 151-56, 158, 166-68, 171-74, 180, 182-84, 186-88, 193-96, 205, 208f., 211f., 215, 217f., 220, 223f., 226-31, 236-38, 249f., 253, 256f., 261f., 266, 269f., 274, 280, 282, 286, 288, 291-93, 296-98, 300, 304f., 309f., 423
- Alice (1858-1943), Schwester von William Robertson Smith 131
Snouck Hurgronje, Christiaan (1857-1936), Orientalist, 1881 Lehrer in Leiden, 1884 Mekkareise (u. d. Pseudonym عبد الغفار „'Abd al-Ġaffār"), 1885 Lektor an d Univ. Leiden, 1888-1906 i. Auftr. d. Regier. nach Niederl.-Indien (heute Indonesien), anschl. Prof. Leiden 138, 145, 180f., 188, 294, 204, 231, 247, 263, 300, 333, 490, 529, 547, 585, 597, 599, 612, 625, 631
- Anna Maria, geb. Visser (1819-1892), Mutter von Christiaan Snouck Hurgronje 273
Socin, Albert, schweiz. Orientalist, 1873 ao. Prof. Basel, 1876 o. Prof. Tübingen, 1877 Mitgründer d. Deutschen Palästinavereins, 1890 o. Prof. Leipzig 65, 66, 101, 102, 104, 105, 122, 175, 179, 180, 181, 187, 198, 203, 205, 218, 220, 240, 241, 248, 249, 259, 260, 264, 275, 285f., 321, 368
- Rosalie, geb. His (1820-1905), Ehefrau von Albert Socin (∞ 1879) 102
Frhr. von Soden, Hermann (1852-1914), Theologe, 1881 Pastor in Dresden, später Chemnitz, 1888 Pastor, 1890 Priv.-Doz., 1893 ao., 1902ff. Hg. *Die Schriften des Neuen Testaments in ihrer ältesten erreichbaren Textgestalt hergestellt auf Grund ihrer Textgeschichte* (Berlin 1902-13), 1913 o. Prof. Berlin 365
Sohm, Rudolph (1841-1917), Jurist, 1866 Habil., 1870 ao. Prof. Göttingen, 1870 o. Prof. Freiburg i.Br., 1872 Straßburg, 1887 Leipzig, 1916 *Pour le Mérite* 546f.
Sommer, Johann Georg (1810-1900), Theologe, 1847 ao. Prof. Bonn, 1850 o. Prof. Königsberg 37
„Sophia", Verwandte Wellhausens in Kassel 149
Sparagnapane, Gaudenz (1832-1895), Konditor in Greifswald, Markt 14 135
Spitta, Friedrich („Fritz", 1852-1924), Theologe, 1881 Priv.-Doz. Bonn, 1887 Prof. Straßburg, 1918 Göttingen 133, 185f., 250, 477, 567
- Johanna Maria Magdalena, Frau d. geistl. Dichters u. Superintendenten Karl Johann

Philipp S. (∞ 1837), Mutter von Friedrich u. Wilhelm Spitta 109
– Mathilde, geb. Grupen, Witwe des Musikwissenschaftlers Philipp Spitta, 338
– Wilhelm (1853–1883), Orientalist u. Bibliothekar, 1875–82 Bibliothekar der Vizeköniglichen Bibliothek in Kairo 109, 111, 190
Sprenger, Aloys (1813–1893), österr. Orientalist, Wirksamkeit in Kalkutta, 1850 Sekretär der Asiatischen Gesellschaft ebd., 1858–81 Prof. Bern, ab 1881 in Heidelberg lebend 61, 89, 271
Stade, Bernhard (1848–1906), Theologe, 1873 Priv.-Doz. Leipzig, 1875 o. Prof. Gießen, 1881 Gründung der „Zeitschrift f. d. alttestamentliche Wissenschaft" 36, 77, 83f., 87f., 90, 101, 107, 134, 153, 158, 180, 199, 221, 227, 252, 269, 313, 319f., 346, 447f.
Stange, Carl (1870–1959), Theologe, 1903 ao. Prof. Königsberg, 1904 o. Prof. Greifswald, 1912 Göttingen, 1932 Abt d. Klosters Bursfelde 597, 617
Stähelin, Maria Margaretha („Maggy"; 1870–1959), Tochter des Basler Theologen Rudolf Stähelin (1841–1900) u. Maria, geb. Stockmeyer (1849–1892, ∞ 1869) 369
Frhr. von Stein, Heinrich (1857–1887), Philosoph, 1874 Studium i. Heidelberg, 1877 Prom. Berlin, 1881 Priv.-Doz. Halle, 1884 Berlin, 530, 531
Steindorff, Ernst (1839–1895), Historiker, 1863 Prom. Berlin, 1866 Priv.-Doz., 1873 ao., 1883 o. Prof. Göttingen 278
Steinthal, Heymann (auch: Heinrich, eig. Ḥayîm, 1823–1899), Sprachwissenschaftler u. Philosoph, 1850 Priv.-Doz. Berlin, 1853–56 Parisaufenthalt, 1862 ao. Prof., ab 1872 auch Dozent an der Hochschule f. die Wissenschaft d. Judentums in Berlin 62
Steudel, Friedrich (1866–1939), Theologe, 1892 Pastor bei Weinsberg, 1896 Entlassung (wg. Abweichung vom Bekenntnis), 1897 Pfarrer in Bremen, 1906 Mitgl. im Monistenbund, 1907 erzwungener Austritt 447
Steuernagel, Carl (1869–1958), Theologe, 1895 Habil., 1907 ao. Prof. Halle, 1914 o. Prof. Breslau, 1935 em., 1945–48 Lehrtätigkeit in Greifswald 581
von Stintzing, Roderich (1825–1883), Rechtshistoriker, 1854 Prof. Basel, 1857 Erlangen, 1870 Bonn 135
Stoughton, s. Hodder & Stoughton

Strack, Hermann (1848–1922), Theologe, 1877 ao. Prof. Berlin, 1883 Gründung, 1886 Leitung d. *Institutum Judaicum*, 1910 Hon.-Prof. Berlin 107, 112, 115
Strauß, David Friedrich (1808–1874), Theologe, 1831 Prom., 1832 Repetent Tübingen, 1835 Gymnasialprof. Ludwigsburg, *Das Leben Jesu kritisch bearbeitet* (2 Bde., Tübingen), 1839 o. Prof. u. sogleich Pensionierung Zürich 451, 509, 514, 520, 532, 534, 560, 582
Stroth, Friedrich Andreas (1750–1785), Theologe u. Schulmann, 1773/4 Rektor in Quedlinburg, 1779 Gotha 636
Studemund, Wilhelm (1843–1889), Klass. Philologe, 1864 Prom. Halle, Italienreise, 1868 ao. 1869 o. Prof. Würzburg, 1870 Greifswald, 1872 Straßburg, 1885 Breslau 189
von Studt, Konrad (1838–1921), Jurist u. Politiker, 1876 im preuß. Innenministerium, 1882 Regierungspräs. Königsberg, 1889 Oberpräs. Westfalen, 1899 Kultusminister 370, 452
Stumpf, Carl (1848–1936), Philosoph, Psychologe u. Musikwissenschaftler, 1870 Priv.-Doz. Göttingen, 1873 o. Prof. Würzburg, 1879 Prag, 1884 Halle, 1889 München, 1894 Berlin, 1929 *Pour le Mérite* 20, 174, 332
Süssheim, Karl (1878–1947), Orientalist, 1902 Prom. Berlin, anschl. Aufenthalt in der Türkei (bis 1906), 1911 Priv.-Doz., 1919 ao. Prof. München, 1933 Entlassung, 1938 im Konz.-Lager Dachau, 1941 Emigration (Türkei) 559

Taylor, Sedley (1834–1920), Musikwissenschaftler u. Stifter, 1861 *Fellow*, 1870 Bibliothekar Cambridge *(Trinity College)*, versch. wohltätige Stiftungen 380
Teichmüller, Gustav (1832–1888), Philosoph, 1856 Prom. Halle, 1858 Lehrer in St. Petersburg, 1860 Priv.-Doz., 1867 ao. Prof. in Göttingen, 1868 o. Prof. Basel, 1871 Dorpat 3, 4
Teubner, Benedikt Gotthelf (1784–1856), Verlagsbuchhändler, 1811 Gründung d. B. G. Teubner Verlags Leipzig, 1832 auch Dresden 425
Teufel, Franz Ludwig (1848–1884), Orientalist, 1871 Bibliothekar Karlsruhe, 1872 Prom. Freiburg i.Br. 142, 250

Thomson, Peter († 1880), Pastor der schott. Free Church, Assist. von Andrew Bruce Davidson (1832–1902; 1863 Prof. d. oriental. Sprachen Edinburgh) 68, 96
Thorbecke, Heinrich (1837–1890), Semitist, 1873 ao. Prof. Heidelberg, 1875 Halle, 1887 o. Prof. ebd., 1889 Heidelberg (nicht mehr angetreten) 182, 187, 244, 246, 250, 265, 590
Thumb, Albert (1865–1915), Sprachwissenschaftler, 1888 Prom., 1891 Habil., 1895 ao. Prof. Freiburg i.Br., 1901 Marburg, 1909 o. Prof. Straßburg 392
Tiele, Cornelis Petrus (1830–1902), Theologe u. Religionshistoriker, 1873 Prof. Amsterdam, 1877 Leiden 44, 71, 652
de Tillemont, Louis-Sébastien Le Nain (1637–1698), Kirchenhistoriker, u.a. *Mémoires pour servir à l'Histoire ecclésiastique d. six premiers siècles, justifiés par les citations d. auteurs originaux avec une chronologie* ... (16 Bde., Brüssel 1693–1712) 459, 550
(von) Tischendorf, Konstantin (1815–1874), Theologe, 1845 ao., 1851 Hon.-Prof., 1859 o. Prof. Leipzig 190, 233
Titius, Arthur (1864–1936), Theologe, 1895 ao., 1900 o. Prof. Kiel, 1906 Göttingen, 1921 Berlin 597
Torhorst, Arnold (1841–1909), Pfarrer in Ledde (Tecklenburg), Ehemann v. Luise, geb. Smend (1847–1929; ∞ 1873), Schwager von Rudolf Smend 541
Torrey, Charles Cutler (1863–1956), Semitist u. Bibelforscher, 1892 Andover/Mass., 1900 Yale, 1900/01 Gründung der American School of Archaeology (später ASOR) Jerusalem 547, 579, 596
von Treitschke, Heinrich (1834–1896), Historiker u. Publizist, 1863 ao. Prof. Freiburg i.Br., 1866 o. Prof. Kiel, 1867 Heidelberg, 1871 Mitgl. d. Reichstags, 1873 o. Prof. Berlin, 1887 *Pour le Mérite* 464
Trendelenburg, Friedrich Adolf (1802–1872), Philosoph, 1826 Prom., 1833 ao., 1837 o. Prof. Berlin, 1872 *Pour le Mérite* 385
Frhr. von Trott zu Solz, August (1855–1938), preuß. Politiker, 1894 vortr. Rat im preuß. Innenministerium, 1898 Regierungspräs. Koblenz, 1899 Kassel, 1905 Oberpräs. Brandenburg, 1909 Kultusminister, 1917 Oberpräs. Hessen-Nassau 547, 603
Tuke, Sir Dr. John Batty (1835–1913), Psychiater, 1874 *Lecturer* in Edinburgh, 1900 *Member of Parliament*, Autor f. d. *Encyclopædia Britannica* (9th ed.) 138
Tycho, s. von Wilamowitz-Moellendorff, Tycho

Ubbelohde, August (1833–1898), Jurist, 1862 ao. Prof. Göttingen, 1865 o. Prof. Marburg 139, 176
– Therese Anna, geb. Unger (1839–1916), Ehefrau von August Ubbelohde 176
Uhlhorn, Gerhard (1826–1901), Theologe, 1852 Habil. Göttingen, 1855 Hilfsprediger in Hannover, 1860 Konsistorialrat, 1861 1. Hof- und Schloßprediger Hannover, 1864 Oberkonsist.-Rat, 1878 Abt zu Loccum 504
Ulmann, Heinrich (1841–1931), Historiker, 1870 ao. Prof. Dorpat, 1874 o. Prof. Greifswald 212, 229, 244, 276f., 345, 573
ʿUrābī (Bāšā), Aḥmad أحمد عرابي باشا; 1841–1911), ägypt. Militär u. Politiker, 1880 Oberst, 1882 zunächst Kriegsminister unter Muḥammad Šarīf Bāšā, Absetzung, Anführer eines Volksaufstandes („ ʿUrābī-Bewegung"), anschl. ägypt. Premierminister, Niederschlagung d. Aufstands durch brit. Truppen, Verbannung nach Ceylon, 1901 Rückkehr 108
Usener, Hermann (1834–1905), Klass. Philologe, 1861 ao. Prof. Bern, 1863 o. Prof. Greifswald, 1866 Bonn, 1897 *Pour le Mérite* 29f., 163, 193f., 201, 221f., 368, 392, 405f., 430, 481, 496

Valeton, Josué Jean Philippe (1848–1912), Theologe, 1877 Prof. Utrecht 54
Vatke, Minna, geb. Döring, Kaufmannstochter, Ehefrau von Wilhelm Vatke (∞ 1837) 448
– Theodor (1840–1897), Sohn von Wilhelm Vatke 99f.
– Wilhelm (1806–1882), Theologe u. Religionsphilosoph, 1830 Priv.-Doz., 1837 ao. Prof. Berlin 25, 28, 34, 44, 49, 74, 86, 90, 99, 199, 447f.
Veit, Friedrich (1871–1913), Orientalist u. Dialektforscher, Privatgelehrter in Tübingen 377, 528, 606, 629
Vernes, Maurice (1845–1923), Religionshistoriker, 1879 Prof. Paris (*Sorbonne*), 1880 Begründer der „Revue de l'Histoire de Religions", 1886 *Directeur adjoint* der *École Pratique d. Hautes Études (Section d. Sciences Religieuses)* 71, 207

Vilmar, Eduard (1832–1872), Theologe, 1865 ao. Prof. Marburg, 1867 o. Prof. Greifswald 10f.
Violet, Bruno (1871–1945), 1895 Prom. (Dr. phil.) Straßburg, 1903 Prom. (Lic. theol.) Berlin, Mitarb. der GCS, 1917 Pfarrer in Berlin, 1933 Mitgl. der BK, 1941 Geldstrafe, 1943 in den Ruhestand versetzt 457
Vischer, Friedrich Theodor (1807–1887), Philosoph, 1835 Priv.-Doz., 1837 ao., 1844 o. Prof. Tübingen, 1855 Doz. Zürich, 1866 o. Prof. Tübingen, Vater von Robert Vischer 391
– Helene, geb. von Flattich (1856–1928), Ehefrau von Robert Vischer (∞ 1879) 329, 350f., 390, 392, 394, 435
– Lorle s. Meißner, Eleonore, geb. Vischer
– Robert (1847–1933), Kunsthistoriker, 1879 Priv.-Doz. München, 1882 ao. Prof. Breslau, 1885 o. Prof. Aachen, 1893 Göttingen, Sohn von Friedrich Theodor Vischer 329, 350f., 368, 390, 394, 403–05, 412, 432, 435, 444, 481, 524, 557, 574, 586, 588, 608, 619
Voigt, Woldemar (1850–1919), Physiker, 1874 Prom., 1875 ao. Prof. Königsberg, 1883 o. Prof. Göttingen, daneben Dirigent u. Vf. musikwiss. Abhandlungen 340, 345, 349
Volhard, Jacob (1834–1910), Chemiker, 1855 Prom. Gießen, 1856 Ass. München, 1869 ao. Prof. Marburg, 1881 o. Prof. Halle 189
Volkelt, Johannes (1848–1930), Philosoph, 1879 Prof. Jena, 1883 Basel, 1889 Würzburg, 1894 Leipzig 253
Volkmar, Gustav (1809–1893), Klass. Philologe u. Theologe, 1838 Prom. Marburg, 1845 o. Prof. Fulda, 1852 Amtsenthebung, 1853 Priv.-Doz. (Theologie), 1862 o. Prof. Zürich 520, 541
Vollers, Karl (1857–1909), Orientalist, 1880 Priv.-Doz. Jena, 1882 Bibl.-Ass. Berlin, 1886 Dir. der vizekönigl. Bibliothek Kairo, 1896 o. Prof. Jena 190, 254, 256, 259, 279, 286, 293
Vollert, Ernst (1855–1931), Verleger, 1882 Prokurist, 1888 Geschäftsführer bei Paul Parey, 1891 Mitinhaber der Weidmannschen Verlagsbuchhandlung 405
Volquardsen, Christian August (1840–1917), Historiker, 1874 o. Prof. Kiel, 1879 Göttingen, 1897 Kiel 345
Vullers, Johann August (1803–1881), Orientalist, 1831 Priv.-Doz. Bonn, 1833 Prof. Gießen 339

Wachsmuth, Curt (1837–1905), Klass. Philologe, 1864 o. Prof. Marburg, 1869 Göttingen, 1877 Heidelberg, 1885 Leipzig 471
– Otto (* um 1861), Sohn von Adolf Wachsmuth (1827–1865) u. Bertha, geb. Murray (1838–1906) 132, 137
Wackernagel, Jacob (1853–1938), Gräzist u. Indogermanist, 1879 ao., 1881 o. Prof. Basel, 1902 Göttingen, 1915 Basel, Sohn v. Wilhelm Wackernagel 415, 565, 604, 608, 635
– Wilhelm (1806–1869), Germanist u. Kunsthistoriker, 1833 o. Prof. Basel 60
Waddington, William Henry (1826–1894), franz. Numismatiker, Archäologe u. Politiker, 1868 Mitgründer d. École Pratique d. Hautes Études, 1871 Mitgl. d. Abgeordnetenkammer, 1876 Senator, ab 1873 versch. Ministerämter, im Jahr 1879 Premierminister, 1883 Botschafter in London 205, 492
Waentig, Heinrich (1870–1943), Nationalökonom, 1893 Prom. Leipzig, 1895 Habil., 1897 ao. Prof. Marburg, 1898 Greifswald, 1899 o. Prof. ebd., 1902 Münster, 1904 Halle, 1909 Tokio, 1913 Halle, 1927 Oberpräsident in Sachsen, 1930 preuß. Innenminister 370
Wagener, Guido Richard (1822–1896), Anatom u. Musiksammler, 1861 Priv.-Doz. Berlin, 1867 Prof. Marburg 228, 333f.
Wagenmann, Julius August (1823–1890), Theologe, 1892 Diakonus, 1856 Archdiakon in Göppingen, 1861 o. Prof. Göttingen 20
Wagner, Hermann (1840–1929), Geograph, 1876 Prof. Königsberg, 1880 Göttingen, Bewohner des Hauses Weender-Chaussee 11 316, 351f., 338
– Richard (1813–1883), Komponist u. Schriftsteller 265, 387, 573, 640
Wähner, Andreas Georg (1693–1762), Orientalist, ab 1712 Privatvorlesungen, 1718 Konrektor, Dozent, 1737 Magister, 1738 ao., 1739 o. Prof. Göttingen 222
Walch, Franz (1726–1784), Philosoph u. Kirchenhistoriker, 1750 ao. Prof. Jena, 1754 o. Prof. Göttingen (Philosophie) sowie ao., 1857 o. Prof. (Theologie) 592
Waldmann, Hund Wellhausens in Göttingen 327
Wallach, Otto (1847–1931), Chemiker, 1868 Prom. Göttingen, 1870 Mitarbeiter Kekulés, 1873 Priv.-Doz., 1876 o. Prof. Bonn, 1889

Institutsdir. Göttingen, 1910 Nobelpreis f. Chemie 345, 378, 390
Weber, Albrecht (1825–1901), Indologe, 1848 Habil., 1850 Hg. „Indische Studien", 1856 ao., 1867 o. Prof. Berlin, 1897 Pour le Mérite 261, 380, 406
- Emilie, geb. Dittenberger, Ehefrau von Heinrich Weber (∞ 1870) 290, 327, 329, 582f.
- Emilie („Mila"; 1892–[15.11.] 1911), Tochter von Heinrich u. Emilie Weber, Übersetzerin 567, 579, 581–83
- Friedrich Percy (1844–1895), Redakteur u. Schriftsteller, 1866 Prom. Heidelberg, 1872 Mitarbeiter „Spenersche Zeitung", 1883 Mitarb., später Hg. „Nationalliberale Correspondenz" Berlin, Bruder von Heinrich Weber 329
- Heinrich (1842–1913), Mathematiker, 1866 Habil., 1869 ao. Prof. Heidelberg, 1870 o. Prof. Zürich, 1875 Königsberg, 1883 Berlin/Charlottenburg, 1884 Marburg, 1892 Göttingen, 1895 Straßburg, Ehemann von Emilie geb. Dittenberger 282, 290, 294, 298, 302, 327, 329, 528, 583
- Rudolf Heinrich („Rudi"; 1874–1920), Physiker, (ältester) Sohn von Heinrich u. Emilie Weber, 1902 Priv.-Doz., 1907 ao. Prof. Heidelberg, ao., 1919 o. Prof. Rostock 327, 329
Weddigen, Otto (1882–1915), Militär, 1911 Kommandant d. U 9, 1912 Kapitänleutnant, 22.9.1914 Versenkung von drei brit. Kriegsschiffen (ca. 1.500 Tote), galt von da an als Kriegsheld (versch. Auszeichnungen) 626
Weidmann, Verlagsbuchhandlung in Berlin, gegr. 1680 Frankfurt a. M., 1682 Leipzig, 1851 Berlin, 1865 gel. v. Hans Reimer d. Ä., 1888 Paul Parey u. Ernst Vollert, 1913 Hans Reimer d. J. 199
Weil, Gustav (1808–1889), Orientalist, 1836 Lehraufträge u. Bibliothekar, 1855 ao., 1861 o. Prof. Heidelberg 411
Weiland, Ludwig (1841–1895), Historiker, 1864 Prom. Göttingen, 1867 Mitarb. MGH Berlin, 1876 ao., 1878 o. Prof. Gießen, 1881 Göttingen 378
Weiß, Auguste, geb. Ritschl (1864–1945), Ehefrau von Johannes Weiß, Tochter Albrecht Ritschls (∞ 1889) 298
- Bernhard (1827–1918), Theologe, 1852 Habil., 1857 ao. Prof. Königsberg, 1863 o. Prof. Kiel, 1877 Berlin, 1880–99 Oberkonsistorial- u. vortr. Rat im Kultusmin. 196, 319f.
- Johannes (1863–1914), 1888 Priv.-Doz., 1890 ao. Prof. Göttingen, 1895 o. Prof. Marburg, 1908 Heidelberg, Sohn von Bernhard u. Auguste Weiß 326, 388, 433, 525, 546
Weiße, Christian Hermann (1801–1866), Philosoph, 1828–37 ao. Prof., 1841 Priv.-Doz., 1844 ao., 1845 o. Prof. Leipzig 512f., 520, 532, 534, 576
von Weizsäcker, Karl Heinrich (1822–1899), Theologe, 1851 Hofkaplan Wilhelms I. in Stuttgart, 1861 Prof. Tübingen 122, 125f., 275, 286, 298
Wellhausen, August (1808–1861), Pfarrer in Hameln, Vater von Julius Wellhausen 55, 83, 518
- Marie, geb. Limpricht (1856–1925), Ehefrau von Julius Wellhausen (∞ 1875) 28, 49f., 55f., 58–60, 66, 69, 74, 82f., 95, 103, 112–15, 119–21, 128f., 131f., 134–36, 139f., 144, 146f., 149f., 156, 158, 163f., 176f., 182, 200f., 213, 215, 218, 236, 244, 255f., 258, 260, 267, 273, 276f., 283, 291, 293, 298f., 301–03, 306, 308, 312, 315f., 322, 327–30, 334, 337–40, 343, 345, 347, 349f., 352, 354–56, 359–61, 370f., 376, 379, 382, 390–93, 395, 399–402, 407, 409, 411, 413, 416, 422, 432, 437, 440f., 454, 470, 480f., 487, 498, 518, 538f., 544, 546, 548, 550–54, 556–60, 562–64, 567f., 570–74, 577f., 582, 588, 590, 595, 598f., 602, 604f., 608f., 618, 622, 626, 629, 634, 639f., 642, 644–47, 649, 652
- Sophie, geb. Lahmeyer, verw. Sievers (1811–[23.4.] 1886), Wellhausens Mutter, Ehefrau von August Wellhausen (∞ 1843) 50, 55, 83, 115, 128, 137, 159, 177, 178, 248, 264, 364, 518
- (eig. Sievers), Sophie Theodore ([8.5.] 1833–[26.11.] 1878), Stiefschwester von Julius Wellhausen 50, 54, 56, 58, 202, 435
Wendland, Paul (1864–1915), Klass. Philologe, 1902 o. Prof. Kiel, 1906 Breslau, 1909 Göttingen 356f., 392, 540, 569f., 591, 608, 641
Wendt, Hans Hinrich (1853–1928), Theologe, 1877 Priv.-Doz., 1881 ao. Prof. Göttingen, 1883 o. Prof. Kiel, 1885 Heidelberg, 1893 Jena 584
Weniger, Ludwig, 23.4.1863 Stud. phil. Göttingen 4

Werenfels, Samuel (1657–1740), schweiz. Theologe, 1685 Prof. d. Griech., 1687 der Eloquenz, 1696 der Dogmatik, 1703 d. Alten Testaments, 1711 d. Neuen Testaments, 1696–1727 auch Univ.-Bibliothekar 634
de Wette, Wilhelm Martin Leberecht (1780–1849), Theologe, 1807 ao., 1809 o. Prof. Heidelberg, 1810 Berlin, 1822 Basel 50, 53
Wiedemann, Alfred (1856–1936), Ägyptologe, 1882 Priv.-Doz., 1891 ao., 1920 o. Prof. Bonn 53
Wieseler, Friedrich (1811–1892), Archäologe u. Klass. Philologe, 1842 ao., 1854 o. Prof. Göttingen 10f., 15f., 133
Wiesinger, August (1818–1908), Theologe, 1847 Habil. Erlangen, 1860 o. Prof. Göttingen 320
Wigand, Emma, s. Moré, Emma
von Wilamowitz-Moellendorff, Adelheid (1881–1954), Tochter von Ulrich u. Marie von Wilamowitz-Moellendorff, Wellhausens Patenkind (⚭ 1904 Carl Fredrich [1871–1930]) 100, 103, 163, 275, 452
- Dorothea (1879–1972), Tochter von Ulrich u. Marie von Wilamowitz-Moellendorff (⚭ 1906 Friedrich Hiller von Gaertringen [1864–1947]) 163, 275, 339
- Marie, geb. Mommsen (1855–1936), Tochter von Theodor Mommsen, Ehefrau von Ulrich von Wilamowitz-Moellendorff (⚭ 1878) 51, 80, 63, 100, 102, 106, 110, 140f., 146, 163, 233, 236, 275, 332
- Ulrich (1848–1931), Klass. Philologe, 1876 o. Prof. Greifswald, 1883 Göttingen, 1897 Berlin, 1908 Pour le Mérite 51, 63, 80, 84, 100, 102, 105, 110, 112, 121f., 129, 136, 146, 157, 164, 171, 178, 189, 227, 233, 236, 247f., 275, 280, 284, 286, 291–93, 295, 303f., 322, 326f., 332, 339, 343–46, 364, 393, 402, 429f., 473, 521, 531, 582, 598f., 612, 632
- Tycho (1885–1914), Klass. Philologe, 1911 Prom. Freiburg i.Br., Sohn von Ulrich u. Marie von Wilamowitz-Moellendorff 275, 582
Wilcke, Wilhelm Ferdinand (1800–1861), Theologe, 1827 Pfarrer in Rothenburg, 1849 Oberprediger in Löbejün/Saale 571
Wilcken, Ulrich (1862–1944), Althistoriker, 1885 Prom., 1888 Habil. Berlin, 1889 ao., 1891 o. Prof. Breslau, 1900 Würzburg, 1903 Halle, 1906 Leipzig, 1912 Bonn, 1915 München, 1917 Berlin 374

Wildeboer, Gerrit (1855–1911), Theologe, 1884 Prof. Groningen, 1907 Leiden 271
Wilhelm I. (1797–1888), 1861 König von Preußen, 1871 Deutscher Kaiser 111, 170, 196
- II. (1859–1941), 1888 König von Preußen u. Deutscher Kaiser 251, 262, 267, 270, 408
Wilke, Christian Gottlob (1786–1854), Theologe, 1814 Feldprediger, anschl. Pfarrer in Hermannsdorf, 1838 Dresden (*Der Urevangelist oder exegetisch kritische Untersuchung über das Verwandtschaftsverhältniß der drei ersten Evangelien*, Dresden u. Leipzig 1838), 1840–41 *Clavis Novi Testamenti philologica* (Dresden u. Leipzig 1840–41), 1846 Konversion zum Kaltholizismus, Prom. in Freiburg 571, 576
Wilken, Alexander Georgius (eig. George, 1828–1891), Ethnologe, 1885 Prof. Leiden 172, 271
Williams, Edmund Sydney (1817–1891), Verleger u. Buchhändler, s. Williams & Norgate
Williams & Norgate, brit. Verlag in Edinburgh u. London, gegr. 1843 von Edmund Sydney Williams u. Frederick Norgate 91f., 115, 126f.
Willrich, Hugo (1867–1950), Althistoriker, 1893 Prom., 1896 Habil., 1904 Lehrer, 1917 Hon.-Prof. Göttingen, 1919 Gründung eines „Vereins zur Befreiung vom Judenjoch", 1920/21 Lehrstuhlvertretung in Göttingen 374, 383, 423
Winckler, Hugo (1863–1913), Altorientalist, 1886 Prom. Berlin, 1890 Mitbegründer der „Orientalistischen Literaturzeitung", 1891 Habil. Berlin, 1904 ao. Prof. Berlin, 1906 Ausgrabungen in Boğazköy (Anatolien), dem hethit. *Hattuša* (mit Th. Makridi) 285, 325, 347f.
Windisch, Ernst (1844–1918), Indogermanist, Sanskritist u. Keltologe, 1871 ao. Prof. Leipzig, 1872 o. Prof. Heidelberg, 1875 Straßburg, 1877 Leipzig 88, 108, 151, 180
Winer, Georg Benedikt (1789–1858), Theologe, 1819 ao. Prof. Leipzig, 1823 o. Prof. Erlangen, 1832 Leipzig 44, 222, 624
Wissowa, Georg (1859–1931), Klass. Philologe, 1880 Prom., 1883 Priv.-Doz. Breslau, 1886 ao., 1890 o. Prof. Marburg, 1895 Halle; 1890–1906 Hg. *Realencyclopädie der classischen Altertumswissenschaft* („Pauly-Wissowa"), 1914 Hg. „Hermes" 285, 615

Wittrock, Albert (1843–1910), Vetter Wellhausens 121

Wöhler, Friedrich (1800–1882), Chemiker, 1825 Lehrer in Berlin, 1828 Prof., 1831 Prof. Kassel, 1836 o. Prof. Göttingen, Lehrer Heinrich Limprichts, 1864 *Pour le Mérite* 378

Wrede, William (1859–1906), Theologe, 1891 Priv.-Doz. Göttingen, 1893 ao., 1895 o. Prof. Breslau 520, 541, 563, 575

Wright, Emily, geb. Littledale, Ehefrau von William Wright (⚭ 1859) 229

– William (1830–1889), brit. Orientalist, 1855 Prof. London, 1856 Dublin, 1861 Leiter der syr. u. äthiop. Handschriftenabteilung im British Museum, 1870 Prof. Cambridge, 1887 *Pour le Mérite* 35, 87, 108, 142, 167, 227, 229, 236, 250, 293, 486, 548, 622

Wünsche, August (1838–1912), Theologe u. Hebraist, Lehrer in Leipzig u. Dresden 21

Wüstenfeld, Ferdinand (1808–1899), Orientalist u. Bibliothekar, 1838 Bibliothekar, 1842 ao., 1856 o. Prof. Göttingen 145, 170, 326, 351, 352, 361, 549

Z., s. Zarncke, Friedrich

Zachariae, Theodor (1851–1934), Sprachwissenschaftler, 1883 ao. Prof. Greifswald, 1890 Halle, 1921 o. Prof. ebd. 133, 157, 260

von Zahn, Theodor (1838–1932), Theologe, 1858 Lehrer in Moers u. Neustrelitz, 1865 Repetent, 1867 Lic. theol., 1868 Priv.-Doz., 1871 ao. Prof. Göttingen, 1877 o. Prof. Kiel, 1878 Erlangen, 1888 Leipzig, 1892 Erlangen 21, 44, 346, 428, 435f.

Zapletal O.P., Vincenz (1867–1938), Theologe, 1893 Prof. Fribourg, 1896 auch Hebräischdozent 396

Zarncke, Friedrich (1825–1891), Germanist, 1850 – Hg. „Literarisches Zentralblatt für Deutschland", 1854 ao., 1858 o. Prof. Leipzig 54, 151, 155, 235, 274

Graf von Zedlitz-Trützschler, Robert (1837–1914), preuß. Kultusminister, 1881 Regierungspräsident Oppeln, 1884 Mitgl. d. Staatsrates, 1886 Oberpräsident Posen, 1891 Kultusminister (Vorlage eines neuen Volksschulgesetzes), 1892 Rücktritt, 1898 Oberpräsident Hessen-Nassau, 1903 Schlesien, 1909 Mitglied der Kommission zur Verwaltungsreform 276–78, 282

Zeller, Eduard (1814–1908), Theologe u. Philosoph, 1836 Prom., 1840 Habil. Tübingen, 1847 Mithg. „Theologische Jahrbücher", 1847 ao. Prof. Bern, 1849 ao. Prof. Marburg, 1862 ao. Prof. Heidelberg, 1872 Berlin, 1877 *Pour le Mérite*, Hg. der Briefe D. F. Strauß' 520

von Zeppelin, Ferdinand (1838–1917), Militär u. Begründer d. Luftschiffbaus, 1884 Oberst, 1891 Generalleutnant a. D. Entlassung, anschl. zunächst verspottete Mißerfolge, seit 1900 erste Erfolge im Luftschiffbau, 1905 General, 1910 *Pour le Mérite* 542

Zimmer, Heinrich (1851–1910), Sprachwissenschaftler, 1881 ao., 1882 o. Prof. Greifswald (Indologie), 1901 Berlin (Keltologie) 88, 133, 140, 173, 285

Zimmermann, Carl (1816–1889), schweiz. Gymnasialdirektor u. Geograph, 1876 Mitgründer d. Deutschen Palästinavereins 91

Zimmern, Friedrich (1862–1931), Altorientalist, 1890 Priv.-Doz. Halle, 1894 ao. Prof. Leipzig, 1699 Breslau, 1900 o. Prof. Leipzig 259, 288, 368

Zincke, Theodor (1843–1928), Chemiker, 1872 ao. Prof. Bonn, 1875 Marburg 176f, 189, 249

Zitelmann, Elisabeth, geb. von Conta, Ehefrau von Ernst Zitelmann (⚭ 1881) 121, 131

– Ernst (1852–1923), Jurist u. Schriftsteller, 1879 ao. Prof. Göttingen, Rostock, 1881 o. Prof. Halle, 1884 Bonn 135, 139

Zöckler, Otto (1833–1906), Theologe, 1863 ao. Prof. Gießen, 1866 o. Prof. Greifswald 10f, 15, 114, 121, 146, 325

Zöpffel, Richard Otto (1843–1891), Theologe, 1872 ao., 1877 o. Prof. Straßburg 63

Zotenberg, Hermann (1836–1909), franz. Orientalist, Arabist u. Bibliothekar an der Bibliothèque nationale de France Paris 70f., 73, 196